Rudolf Kittel

Geschichte des Volke

1. Band

Rudolf Kittel

Geschichte des Volkes Israel

1. Band

ISBN/EAN: 9783965062085

Auflage: 1

Erscheinungsjahr: 2018

Erscheinungsort: Treuchtlingen, Deutschland

Literaricon Verlag UG (haftungsbeschränkt), Uhlbergstr. 18, 91757 Treuchtlingen.
Geschäftsführer: Günther Reiter-Werdin, www.literaricon.de. Dieser Titel ist ein Nachdruck
eines historischen Buches. Es musste auf alte Vorlagen zurückgegriffen werden; hieraus
zwangsläufig resultierende Qualitätsverluste bitten wir zu entschuldigen.

Printed in Germany

Cover: Crispijn van de Passe, Ahab und Naboth, 16. Jh., Abb. gemeinfrei

GESCHICHTE

DES

VOLKES ISRAEL

VON

RUD. KITTEL

PROFESSOR AN DER UNIVERSITÄT LEIPZIG

1. BAND

PALÄSTINA IN DER URZEIT. DAS WERDEN DES VOLKES.
GESCHICHTE DER ZEIT BIS ZUM TODE JOSUAS

FÜNFTE UND SECHSTE, VIELFACH UMGEARBEITETE AUFLAGE

LEOPOLD KLOTZ VERLAG / GOTHA
1923

Die 2. Auflage dieses Bandes erschien 1912,
die 3. 1916,
die 4. mit Zusätzen versehene, sonst im Text mit der 3. gleichlautende, 1921

Aus dem Vorwort zur 3. und 4. Auflage

Daß ich sowohl dem Boden, auf dem das Volk stand, und seiner ganzen Umwelt als der Kulturgeschichte im weitesten Sinn des Wortes auch diesmal einen großen Raum gegönnt habe, werden, wie ich hoffe, nur Unkundige tadeln. Auch für Israel wird man immer mehr einsehen müssen, daß man nur in Verbindung mit dem großen Weltgeschehen sein äußeres und inneres Erleben richtig erfassen kann. Und indem die Theologie sich der israelitischen Religionsgeschichte in einer besonderen Disziplin, der sog. Theologie des Alten Testamentes, angenommen hat, ist die Geschichte Israels vielfach der Versuchung unterlegen, die religiöse Entwicklung aus ihrem Bereich auszuschalten. Fehlte dann dazu noch das Verständnis für das übrige Kulturleben, so blieb wenig anderes übrig als eine Reihe von Kriegen.

Das Verhältnis dieser neuen Auflage zur vorhergehenden wird, was den Umfang anlangt, schon durch die Mitführung der Seitenzahlen der 2. Auflage am inneren Rande der Seiten (oben) ersichtlich. Ein senkrechter Strich im Texte bezeichnet den Übergang von einer Seite der 2. Auflage zur folgenden. Dem Leser ist damit die Möglichkeit gegeben, auch die Verweisungen auf die vorherige Auflage, soweit der Text in diese übernommen ist, leicht aufzufinden.

Vorwort zur 5. und 6. Auflage

Die wirtschaftliche Lage Deutschlands bereitet der wissenschaftlichen Arbeit vielfache Hemmung. Das Erscheinen dieser Auflage war deshalb von wesentlicher Kürzung des Inhalts abhängig. Ich habe darum das Opfer gebracht, das ganze mir und, wie ich weiß, vielen Lesern lieb gewordene 2. Buch (Einleitung in den Hexateuch), weil für eine Geschichte Israels nicht unbedingt erforderlich, auszuscheiden. Eine weitere Verkürzung des Umfangs wurde durch engeren Druck und etwas größeres Format erzielt. Auf der anderen Seite habe ich es mir angelegen sein lassen, alle neuen Entdeckungen und Forschungen nach

Kräften heranzuziehen. Der Leser wird finden, daß ich — um nur einige
Hauptsachen zu erwähnen — meine Stellung zur Arierfrage geändert,
daß ich zur Frage der Amurru erneut Stellung genommen, daß ich das
ganze (ehemals 5.) Buch über das Eindringen in Kanaan so gut wie
neu gearbeitet, einen Schlußabschnitt (§ 41) über die Zustände im Lande
beigegeben und zu den neuesten Hypothesen Sellins über Moses Tod,
über das Eindringen Israels ins Land und die Geschichte der Stadt
Sikem meine Anffassung geäußert habe.

Auch diesesmal sind die Seitenzahlen der vorhergehenden (3. und 4.)
Auflage am oberen Rande in eckigen Klammern mitgeführt, und die Übergänge von einer Seite zur andern durch einen senkrechten Strich gekennzeichnet, was ich besonders für die Benutzung des Registers zu
beachten bitte.

An diejenigen, die auf das Werk verweisen, richte ich die Bitte,
bei ihren Hinweisen doch die zitierte Auflage anzugeben. Es ist ohne
dies vielfach unmöglich den betreffenden Verweis wirklich aufzufinden.

Für freundliche Mithilfe bei der Korrektur spreche ich Herrn cand.
Kröcker meinen verbindlichen Dank aus.

Leipzig, im Dezember 1922.

Kittel

Inhalt

Zweites Buch.
Die Vätergeschichte.

Drittes Buch.
Mose und der Wüstenzug.

1. Kapitel. Die Tradition der Quellen.

2. Kapitel. Der geschichtliche Tatbestand.

Viertes Buch.

Das Eindringen in Kanaan.

Nachträge

Zu S. 20[3]. Auch *Adam* Mensch, das sicher zu *adāmā* bebautes Erdreich, Ackerboden zu stellen ist, also den Menschen als B a u e r n bezeichnet, gehört nach Kanaan.

Zu S. 31[4]. 71[2, 3] (H e t i t e r u. A r i e r) ist weiter zu vgl. Forrer in SBAW 1919, 1029 ff. und in MDOG 61 (1921) 20 ff. Er weist dort nach, daß Hattisch oder „Hetitisch" als Bezeichnung der Sprache ungenau ist. Jene im wesentlichen indogerm. Sprache im Hattireiche nennt er k a n e s i s c h. Das Harrische hingegen ist mehr und mehr als eine dem Mitannischen verwandte Sprache erkannt, während das eigentlich Hattische, jetzt besser p r o t o h a t t i s c h zu nennende, wieder für sich steht. Desgleichen das Luvische und Baläische. „Die nur mitannischen, nicht auch hattischen Götter Mitrassil, Arunasil, Indara usw. haben die Harrier vermutlich von den nordöstlich an sie grenzenden U r i n d e r n übernommen" S. 1036. Sie waren um 2500 von Norden über den Kaukasus gekommen. Sie werden dann weiter nach Westen geschoben und ein Rest von ihnen muß seine Sitze bis ins 14. u. 13. Jahrh. behalten haben (ebenda). Vgl. besonders noch die Übersicht von Herbig GGA 1921, 193 ff. „Das Hetitische ist indogermanisch, aber es ist nicht hetitisch" 212. Sind demnach die Harrier von Boghazköi k e i n e Arier, so haben sie natürlich auch mit den von Winckl. (oben S. 71) herangezogenen Ariern der Achämenideninschriften, obwohl die letzteren gelegentlich auch mit vorgesetztem H geschrieben sind, nichts zu tun. — Zur Frage der Arier vgl. noch G. B e e r, D. Bed. d. Ariertums f. d. isr.-jüd. Kultur 1922 (viel Maierial, aber für die ältere Zeit recht anfechtbar, ThLBl 1922).

Zu S. 49 ff. 66. Über die Frage der A m u r r u hat Dr. Landsberger die Güte, mir seine gegenwärtige Auffassung in den Grundzügen mitzuteilen. Danach wäre die erste Frage: ob A. überhaupt ein e i n h e i t l i c h e r Begriff sei. Tatsächlich haftet nach L. der Name gleichzeitig an verschiedenen Stellen und ethnischen Gruppen: a) seit der Dynastie von Ur (um 2300) tauchen Amurru auf in dem Gebirge Kur Martu nördlich von Südbabylonien. b) Sie haben nichts zu tun mit den Trägern der sog Ja-namen, die man zur Zeit gern als Amoriter oder Westsemiten bezeichnet. Sie tauchen historisch greifbar auf etwa seit 2100 und zwar etwa g l e i c h z e i t i g in Südbabylonien, dem Gebirge nördlich davon (Kur Martu), dem Osttigrislande, in Nordbabylonien und im eigentlichen Mesopotamien (Suchium). Wie diese Leute (die Ja-leute) sich nannten und ob sie zusammengehörten, wissen wir nicht. Ihre Sprache ist weder akkadisch noch aramäisch, aber am nächsten verwandt dem Kanaanäischen und Hebräischen. — Ein Reich Am. etwa am Mittellauf des Eufrat ist vollkommen hypothetisch. Erst in der Amarnazeit tritt ein Amarrustaat am Mittelmeer auf. Die große Schwierigkeit besteht eben darin, zu erklären, wie die Gegend am Mittelmeer zum Namen Amurru kam. — Achlamäer sind zur Zeit Hammurapis unbekannt; auch Sargon denkt mit den Amurru seiner Inschrifttexte an Kur Martu, man darf also selbst bei den später auf ihn bezogenen Omentexte denken an ein Westreich.

Zu S. 69[3] (Hetit.-Gesetz). Doch steht Ungnad manchen Teilen der Übersetzung zweifelnd gegenüber. Ebenso bei Weidner, Zug Sargons (S. 51[2]. 72[2]).

Zu S. 72[2] (Zug Sargons) s. zu S. 69[3].

Zu S. 153[7] (Philisterkunst) vgl. noch Burn. Judg. XCIV. Der Stil gleicht stark dem Spät-Minoisch III von Kreta, was ihn als Nachahmung der südwestkleinas. Kunst der unmittelbaren Vorfahren der Philister auszuweisen scheint.

Zu S. 173[2] (*elohim* und *ilu/ilani*) vgl. jetzt noch Jirku ZAW 39 (1921) 156 ff.

Zu S. 207³ (Ex. 4, 24 ff.). Anders, aber sprachwidrig und gewaltsam, deutet Richter ZAW 39 (1921) 127.

Zu S. 238 (Gen. 35, 7). Jirku ZAW 39 (1921) 158 findet hier die Spur eines altisr. Gottes *Betel*.

S. 252 Z. 4 v. u. (im Text) lies 3 statt 5.

Zu S. 284². Die Bemerkung über T i d ‘a l ist hinfällig, sofern *Tudḫalia* schon im 14. Jahrh. v. Chr. bezeugt ist, vgl. Jirku ZAW 39 (1921) 154 u. schon Böhl a. a. O.

Zu S. 290⁴ (El schaddaj). Nach Torczyner (s. nachher) soll El schaddaj der Gott des Amurrulandes sein. Aber nichts an dem Namen weist über Kanaan hinaus.

Zu S. 329⁶. 374 (Lade) vgl. Torczyner, Bundeslade und Anfänge d. Rel. Isr. (Festschr. d. Hochsch. d. Judt.) 1922. Er will Num. 10, 36 übers.: „Sitz auf, Jahve der Heerscharen (*rebabot*), der Tausende (= Stämme) Israels". Aber man würde vor *alfe* ein *el* erwarten. Immerhin mag an T.s manches Sonderbare und Gewaltsame enthaltender Auffassung richtig sein, daß er die Lade als Verkörperung oder Nachbildung der Wetterwolke faßt, in der Jahve einherzieht (260. 265).

Zu S. 331⁶ (Qorah) s. jetzt Richter ZAW 39 (1921) 128 ff. Er behauptet die strenge Einheitlichkeit, muß sie aber mit starken Textänderungen erkaufen.

Zu S. 373 (Passa u. Mazzot) vgl. Torczyner 267 ff. Er bestreitet, daß das Hüttenfest das Wohnen in Z e l t e n im Auge habe. Lev. 23, 43 bedeute: Die Laubhütte soll eine Nachbildung der Wolkenhülle sein, die Jahve auf dem Wüstenzug über dem Volk breitete. Dementsprechend soll auch das Mazzenfest mit dem Beginn der Ernte und dem Ackerbau nichts zu tun haben, sondern beide Feste als Vollmondsfeste des ersten Frühlings- und Herbstmonats sind K a l e n d e r feste der Äquinoktien, die den Anfang der Regen- und der Trockenzeit feiern (272 f.). Daher auch das Wassergießen am Sukkotfest. Dieses könnte das Auszugs-, Mazzot das Einzugsfest des Wettergottes der Lade sein (276).

Wichtigere Stellen des Alten Testaments

(Über die Zahlen s. S. 456)

Geschichte des Volkes Israel.

———

Einleitung.

Interesse und Behandlung des Gegenstandes.

Vielfaches Interesse kommt der Geschichte des hebräischen Volkes entgegen. Schon die allgemein menschliche Anteilnahme und der Drang psychologischer Beobachtung mögen mehr als anderwärts das Verlangen wecken, die Geschichte des Volkes kennen zu lernen, dessen ungeschwächte, allen Stürmen der Weltgeschichte und tausend Leiden besonderer Art trotzende Lebenskraft und dessen zähes Festhalten an seinem Volkstum und seiner angestammten Eigenart heute noch Staatslenkern wie Menschenkennern das größte Rätsel zu lösen geben. Interessen höherer Art aber werden rege, wenn man versucht, die Nachwirkung der Geschichte dieses Volkes auf die übrigen Völker, ja auf die Welt und ihre Geschicke ins Auge zu fassen.

Die Geschichte des menschlichen Geisteslebens seit dem Beginn unserer Zeitrechnung, wenngleich reichlich beeinflußt von den Ideen, die aus Griechenland und Rom geflossen sind, hat doch von nirgendsher stärkere und nachhaltigere Befruchtung erfahren, als von dem kleinen Judäa aus. Der Geist aber schafft sich seine Formen im äußeren Leben. Das Christentum, der Träger jener neuen Gedanken, hat mit Glauben, Denkart und Sitte auch das äußere Leben der Völker in Kultur und Staatenbildung in seinen Bereich gezogen und ihm seine Form geschaffen. Kaum ein Ereignis höherer Bedeutung wird sich bis zum heutigen Tag in den vom Christentum berührten Nationen aufzeigen lassen, dessen Werden und Geschehen nicht mit unter dem Einfluß jener grundlegenden Tatsachen stünde.

Die Religion Jesu von Nazaret, oder vielmehr das von ihm geschaffene, Leben und Welt in ihrer Gesamtheit umfassende Werk, ist aber nicht allein auf dem Boden Judäas und des israelitischen religiös-nationalen Volkstums erwachsen: der Stifter der christlichen Religion wurzelt mit seinem Wesen und besonders mit seiner Lehre aufs tiefste | in der Vergangenheit seines Volkes und den im Alten Testamente sich ihm bietenden Gedankenkreisen. Je tiefer die Forschung im Suchen nach den Quellen der christlichen Religion graben wird, desto näher wird sie immer wieder den Gedanken des hebräischen Altertums, vor allem seiner Profeten, vielfach aber auch seines Gesetzes, kommen. Das Volk Israel hat in der Reihe der Nationen die Aufgabe erfüllt, das Saatfeld zu sein, auf dem die Frucht der neuen weltbezwingenden Ideen reifen sollte. Saatfeld und Frucht aber stehen immer im engsten Zusammenhang. Die Stoffe sind

im Saatfeld geborgen und von lange her bereitet; nur ein neuer Lebens-
keim muß sie zur Entfaltung rufen und ihnen ihre bestimmte originale
Form geben. Auch der Islam hat sein Bestes hier geholt.

Die Ursache dieser ganz eigenartigen, von keinem Volke nur entfernt
erreichten Stellung Israels ist seine Religion und seine Vorstellung von den
göttlichen Dingen. Aber nicht die Religion für sich und abgesondert von
dem übrigen Volkstum, sondern im engsten Zusammenhang, in lebendigster
greifbarer Wechselwirkung zu jenem stehend: getragen, mitbestimmt und
mitgezeitigt von der Eigenart und den Geschicken des Volkes und selbst
wieder sie bestimmend und sichtlich beeinflussend.

Keine Macht der Erde gleicht dem Einfluß des religiösen Lebens.
Das hat das Volk Israel groß und bis heute nachwirkend gemacht. Mochten
immerhin die neben ihm siedelnden Phöniken Länder und Meere durch-
streifen und die Schätze dreier Weltteile aufhäufen; mochten die Völker
der Nil- und Euphratländer die halbe Welt sich zu Füßen legen; mochte
Hellas durch seine Weltweisheit und die unsterblichen Schöpfungen seiner
Kunst, Rom durch seinen Gesetze und Staaten schaffenden Genius sich
einen Namen in der Geschichte machen: an nachhaltigem, tiefgreifendem
Einfluß auf Schicksale und Denkart der Völker stehen sie dem hebräischen Volke entfernt nicht zur Seite. So verschwindend klein das Land
dieses Volkes, so unbedeutend das Volk selbst an Besitz und äußerer
Machtstellung wie an künstlerischem Können dasteht und so wenig ihm
das Vermögen eignet, auf dem Gebiete der materiellen Kultur selbständig
Neues zu schaffen — es hat einen Einfluß eigener Art auf die Welt ausgeübt, eine Art Weltherrschaft sich anzueignen vermocht. Seiner Weise
der Gottesverehrung — vertieft und gehoben durch das Christentum, aber
ursprünglich dem Volke Israel erschlossen — haben die Völker sich ge-
beugt [1]. —|

Die Beleuchtung, in welcher dieses Buch die Geschichte des Volkes
Israel dem Leser vor Augen zu führen suchen wird, ist in wenig Sätzen
gekennzeichnet.

Ist es überhaupt die Aufgabe der Geschichte, nicht allein die Tatsachen zu ermitteln und aneinanderzureihen, sondern zugleich das Werden,
Wachsen und Vergehen der Völker aus der innern Notwendigkeit der
in ihnen wirkenden Kräfte und ihrer Verknüpfung mit dem Gang und
den leitenden Ideen der Weltgeschichte im ganzen zu erkunden: so kann
diese Aufgabe fast nirgends lohnender, nirgends aber auch mehr in ihrer
Berechtigung und Notwendigkeit an den Geschichtschreiber herantreten
als auf diesem Gebiete.

---

1) Vgl. auch Ferd. Gregorovius, Kl. Schriften zur Gesch. u. Kultur III (1892),
231: „Das machtlose Volk der Hebräer hat kein großes Reich erschaffen . . . die Verhältnisse Palästinas, eines kleinen Landes ohne Meereshäfen, welches von mächtigen
Nachbarreichen umringt war, hinderten sie, zu Eroberern zu werden und die asiatische
Idee des Weltreichs in sich aufzunehmen [vgl. dazu unten S. 51 f.]. An dessen Stelle
haben sie die Idee der Weltreligion gesetzt, den großen synthetischen Weltgedanken,
welcher Monotheismus heißt." Heute muß man auf Grund der Ausgrabungen noch
hinzufügen, wie befremdlich arm an technischem und künstlerischem Vermögen der
israelitische Geist gegenüber den Einflüssen vom Ausland (Zypern und der Inselwelt,
Philistäa usw.) dasteht. Um so größer und um so mehr der Bewunderung wert erweist sich seine Überlegenheit auf dem Gebiete der Religion.

Findet er doch hier eine Reihe seltsamer, in ihrer Vereinzelung befremdlicher, ja verwirrender Erscheinungen, welche erst in der allgemeinen Verkettung der Dinge sich als sinnvoll und von Werten erfüllt darstellen. Ein Beispiel genügt für viele. Sonst pflegen wir die höchste Auswirkung der Kräfte eines Volkes mit Wachstum und Blüte seines Gemeinwesens vereint zu finden; höchstens rafft einmal ein sinkendes Volk der untergehenden Sonne gleich im Scheiden noch einmal die volle Glut seines Wesens in letztem Aufflammen zusammen. Bei diesem merkwürdigsten aller Völker aber ist gerade der nationale Untergang der Quellpunkt seines Bestandes geworden. Im Volke Israel eröffnet sich dem erstaunten Beschauer das seltsame Bild, daß der Zusammenbruch des Staatswesens und das Ende des selbständigen Bestandes der Nation ein neues Aufleben des Volksgeistes zur Folge hat. Und dies nicht etwa nur in dem Sinne, wie auch sonst untergehende Völker in ihren Trümmern die Erinnerung an die einstige Blüte und die Trauer um ihr Geschick zäh und unentwegt festhalten: was sonst der Untergang ist, ist in Israel der Anlaß einer dauernden Neugestaltung.

Die Ursache ist abermals die Religion, das eigenste Kleinod des hebräischen Volkstums. Der Staat ist gefallen. Aber in diesem Volke allein ist die nationale — eben darin als übernational sich erweisende — Religion stärker als er, und an dem religiösen Glauben rankt das | Leben des Volkes sich neu auf und schafft bleibende, alles Frühere überragende Gebilde — politisch untergeordnet, ja mehr als verschwindend, dem idealen Gehalte nach weltbezwingend.

Dieses Bild, für sich befremdend, ja störend, erhält sein Licht vom Blick auf das Ganze. Das sogenannte Judentum, d. h. die spätere Gestaltung des israelitischen Volkes, dem alten Hebräertum gegenüber mehrfach abstoßend und eine Karikatur wirklichen gesunden Lebens, reich an mancher Torheit und Abgeschmacktheit, verliert im Blick auf das lichte Ziel, dem es zuzustreben scheint, seine Verworrenheit und niedere Gewöhnlichkeit.

Die Auffassung der Geschichte, welche die folgende Darstellung vertritt, ist sonach ein teleologischer Pragmatismus. Ein Einzelzweck veranlaßt die Handlung des Menschen; aber das Einzelereignis gliedert sich in die Kette des Gesamtverlaufes ein und gewinnt darin erst seine Stellung. Und der Einzelzweck wird aufgenommen durch gewisse über ihm stehende, den sinnvollen Zusammenhang und damit den letzten Sinn des ganzen Prozesses der Geschichte darstellende leitende Ideen. Ist die Geschichte kein Beweis für eine teleologische Weltanschauung, so ist immerhin diese ein unentbehrliches Erfordernis für geschichtliches Verständnis. Denn nicht allein hat die Geschichte zurückschauend aus der Wirkung die sie schaffende Ursache zu ermitteln und vorausblickend den Keim neuen Werdens in dem Bestehenden aufzuzeigen: sie soll unserer Überzeugung nach aus diesem Wechselspiel das Gesetz zu ergründen suchen, dem alles menschliche Leben gehorcht, und das Ziel, dem es zustrebt; und sie soll nicht minder aus diesem Erkennen des Allgemeinen wiederum ihr Verstehen des Einzelnen bereichern und vertiefen.

Weit entfernt, die Geschichte damit nach eingelegten Ideen oder vorgefaßten Meinungen konstruieren zu wollen, suchen wir hierin nur die in den Tatsachen selbst waltenden Gedanken als die jedem Vorgang w e s e n t -

lichen Elemente aus dem äußeren Hergang der Dinge herauszulesen. Wir wissen uns dabei in Übereinstimmung mit dem großen Meister der Geschichtschreibung [1].

§ 2.
Wissenschaftliche Bearbeitungen der israelitischen Geschichte.

Über die älteren Arbeiten zur israelitischen Geschichte von Sulpicius Severus bis gegen die Mitte des 19. Jahrhunderts hat seinerzeit Köhler [2] sorgfältigen Bericht erstattet.|

Eine umfassende, kritisch angelegte Geschichte Israels im großen Stile hat zuerst Heinrich Ewald [3] geliefert. Sein Werk, wenngleich von teilweise nie zu voller Anerkennung gekommenen, teilweise heute nicht mehr haltbaren quellenkritischen Voraussetzungen ausgehend, war lange Zeit die großartigste auf dem Gebiete hebräischer Geschichtschreibung zutage getretene Erscheinung, vielfach bahnbrechend und die weitere Forschung anregend. Auch heute noch kann Ewalds Werk trotz mancher ihm anhaftender Mängel, zu denen auch vielfach störende Weitschweifigkeit gehört, nur mit Dank und Hochachtung genannt werden.

Eine vielfach fördernde, an neuen Kombinationen reiche, aber wie an Scharfsinn, so auch an willkürlichen Einfällen und haltlosen Hypothesen seine übrigen Schriften fast noch überragende Bearbeitung unseres Gegenstandes hat Hitzig [4] geliefert. Ihn hat später, wenn auch nicht an Gelehrsamkeit und philologischer Ausrüstung, so an Mangel kritischer Methode und historischer Vorsicht übertroffen L. Seinecke [5].

Im Sinne der älteren überlieferungstreuen Auffassung des Alten Testamentes haben besonders Hengstenberg [6], Hofmann [7] und Kurtz [8] gearbeitet, jener in strengerer, diese in ermäßigter Form sich an die Älteren anschließend. Ihnen hat später A. Köhler [9] sich zugesellt in seinem in fortschreitender Ausführlichkeit und Gründlichkeit den Gegenstand behandelnden, durch Gelehrsamkeit, Tiefe und Objektivität ausgezeichneten Werke.

Auf jüdischer Seite traten auf Grätz [10] in seinem ausführlichen Werke, das aber erst von der nachchristlichen Periode der jüdischen Geschichte an selbständigen Wert beanspruchen kann, und Herzfeld [11], dessen Werk zwar ebenfalls für die ältere Zeit dem Gelehrten im allgemeinen nichts Neues bietet, aber durch manche wertvolle Aufschlüsse in Iudaicis fördert.|

Eine neue Epoche der israelitischen Geschichtschreibung hat Wellhausen [12], zurückgreifend auf die anderwärts zu nennenden Schriften von

---

1) Vgl. außer Rankes Werken besonders über Rankes Geschichtsauffassung C. Rößler in Preuß. Jahrb. Bd. LVIII, S. 64 ff.   2) Lehrb. d. bibl. Gesch. d. Alten Bundes I (1875), S. 7 ff.; vgl. dazu besonders für das 17. und 18. Jahrh. Diestel, Gesch. d. Alten Testamentes, S. 460 ff. 577.   3) Gesch. des Volkes Israel 1843 ff., 3. Aufl. 1864 ff.   4) Gesch. des Volkes Israel von Anbeginn bis zur Eroberung Masadas im Jahre 72 n. Chr., Lpz 1869, 2 Teile.   5) Gesch des Volkes Israel, I Gött. 1876, II Gött. 1884.   6) Gesch. des Reiches Gottes unter dem A. Bunde, Berl. 1869 ff. 7) Weissagung und Erfüllung, Nördl. 1841. 44.   8) Gesch. des A. Bundes, Berl. 1848 ff. (3. Aufl. 1864).   9) Lehrb. der bibl. Gesch. des A. Bundes, Erlg. 1875 ff.   10) Gesch. der Juden von den ältesten Zeiten bis auf die Gegenwart, I 1874, II 1875.   11) Gesch. des Volkes Israel, 2 Bde., 1863.   12) Gesch. Israels, 1. Bd., Berl. 1878; 2. u. folg. Ausg. unter d. Titel: Prolegomena zur Gesch. Israels, seit 1883; Abriß der Gesch. Israels und Judas in Skizzen und Vorarbeiten, 1. Heft, Berl. 1884 (erweit. Übersetzung aus der Encycl. Britan., Vol. XIII, Art. Israel); Israelitische und jüdische Gesch. seit 1894 ([7]1914).

Vatke, Graf und Kuenen, eingeleitet. Mit seinen Voraussetzungen und Folgerungen werden wir uns vielfach zu beschäftigen haben. Hatte Wellhausen außer im „Abriß" sich zunächst wesentlich auf die Quellenkritik, freilich unter besonderer Betonung des realistischen Faktors derselben, beschränkt, so hat er sodann in seiner „Geschichte" die positive Ergänzung geboten. Große Gedanken und meisterhafte Darstellung kennzeichnen alles, was Wellhausen schreibt. Seinen Spuren folgend hat Stade[1] eine Geschichte Israels in zwei Bänden verfaßt. Mit lichter Darstellung und vielen neuen Ergebnissen verbindet Stade eingehende Schilderung und vielseitige Behandlung des Gegenstandes. Das Festhalten an einzelnen irrigen Hypothesen und der zu wenig ausgebildete Sinn des Verfassers für die Bedeutung der nationalen Überlieferung Israels beeinträchtigen den Wert des bedeutenden Werkes. Eine großangelegte und gern gelesene Geschichte Israels hat in Frankreich Ernest Renan[2] dargeboten. Sie trägt an sich alle Vorzüge und alle Mängel der schriftstellerischen Arbeit des gelehrten und geistreichen Verfassers: neben reichem und sicherem Wissen auf manchen Gebieten ein Überwuchern der Phantasie und der geistreichen Willkür. Im Sinne Wellhausens und Stades hat H. Guthe[3] einen kurzen, aber reichhaltigen und geschickt angeordneten Grundriß geliefert, während die Schriften von Cornill und Löhr[4] einen weiteren Leserkreis im Auge haben.

In vielfacher Berührung mit Hofmann und Köhler, was die Sache anlangt, in literarkritischer Hinsicht eigene Wege gehend, auch sonst eine kräftige Eigenart nicht verleugnend, hat Aug. Klostermann die Geschichte Israels erzählt. Zwischen ihm und der ersten Auflage des vorliegenden Werkes, doch in der Hauptsache sich an gebildete Laien wendend, hält etwa die Mitte Öttlis vor bald zwei Jahrzehnten erschienene Darstellung. In Anordnung und Ergebnissen trifft sie mehrfach mit der ersten Auflage dieses Buches zusammen. Das Gegenstück zu Guthes | Grundriß ist Königs Büchlein[5]. Eine vortreffliche Darstellung im Grundriß danken wir Erik Stave in Upsala.

Eine eigenartige und schwer zu definierende Stellung nimmt Hugo Wincklers Geschichte Israels ein[6]. In der Darstellung selbst scheinbar alle Geschichte bis auf Salomo herab in astrale Mythen auflösend, verwahrt sich Winckler am Ende des zweiten Bandes gegen die Meinung, als sei mit der Anwendung des mythologischen Schemas die Geschichtlichkeit des Inhaltes selbst in Frage gestellt. Den letzteren Gesichtspunkt hat W. auch später noch gelegentlich betont, so daß man den Eindruck gewinnt, daß in ihm zwei verschiedene Betrachtungsweisen um die Herrschaft ringen. Reiches Wissen und gewaltige Kombinationsgabe bleiben, auch wo man dem im Dienste der Wissenschaft vor der Zeit Hingerafften nicht beipflichten kann, Eigenschaften, die seinen Arbeiten anregende Kraft sichern.

1) Gesch. des Volkes Israel (in Onckens Allg. Gesch. in Einzeldarstell.), Berl. 1881 ff. (2. Bd. im Verein mit O. Holtzmann).   2) Histoire du peuple d'Israel[3] 1887 ff. 3) Gesch. des Volkes Israel 1899 (³1914) im Grundriß der theol. Wissensch.   4) Cornill 1898, Löhr 1900, Klostermann 1896. Auch Weinheimer (1909) mag hier noch genannt werden.   5) Öttli, Gesch. Israels bis auf Alexander d. Gr. 1905; König, Gesch. des Reiches Gottes bis auf Jesus Christus 1908; Stave, Israels Historia, Stockh. 1916. 6) Gesch. Israels in Einzeldarstellungen I 1895; II 1900.

Noch ist der zusammenhängenden Werke über die Geschichte des alten Orients zu gedenken. Von ausländischen Werken sind zu nennen die groß angelegten Arbeiten von M a s p e r o [1] und L e n o r m a n t [2]. Der erstere ist unter allen Umständen mehr Ägyptolog als Kenner des Alten Testamentes. Dies nimmt dem an wertvollen Einzelheiten reichen Buche einen erheblichen Teil seiner Bedeutung für unseren Gegenstand. Bei Lenormant anderseits ist kritisches Verständnis des hebräischen Altertums zu vermissen. Hingegen ist es in Deutschland M a x D u n c k e r [3] gelungen, im Rahmen einer allgemeinen Geschichte des Altertums ein kritisch gesichtetes, zugleich die Beziehungen Israels zu anderen Völkern ins Licht stellendes Bild der hebräischen Geschichte zu zeichnen. Heute freilich ist dasselbe in fast allen seinen Teilen veraltet. In noch glücklicherer Weise hat es E d. M e y e r [4] verstanden, auf Grund selbständiger Durchforschung fast des gesamten Quellenmaterials einen großartigen Überblick über die Geschichte der einzelnen Völker, wie über ihren wechselseitigen Zusammenhang zu geben. Die im Erscheinen begriffene durchgreifende Neubearbeitung des Werkes, die erste Auflage an Vielseitigkeit und großzügiger Behandlung des Materials noch übertreffend, behandelt vorläufig nur die allerersten Anfänge und bietet, auch wo man ihr widersprechen muß, überall reichste Anregung. |

§ 3.
Israels Land und seine Erzeugnisse.

1. D a s L a n d [5]. Der südliche Teil Syriens, vom Fuße des Libanon bis zu jenem Wüstenlande, das Ägypten von Asien scheidet, und vom Mittelmeer in der Hauptsache [6] bis zur syrisch-arabischen Wüste reichend, ist das Land, das Israel innehatte und als sein ihm von Gott zugewiesenes Gebiet erkannte. Vom 31. bis etwas über den 33. Grad nördlicher Breite — von der Südspitze des Toten Meeres bis zu den Jordanquellbächen — und von 34,20 bis zum 36. Grad östlicher Länge sich erstreckend, umfaßt dasselbe einen Flächenraum von kaum mehr als 520 Quadratmeilen.

Die Hebräer selbst benennen ihr Gebiet Land K e n ā́ a n (Kanaan); wenigstens heißt so im Alten Testament das Land westlich vom Jordan. Das ostjordanische Gebiet führt den Namen Gilʿad, in seiner nördlichen Hälfte auch Basan. Der heute übliche Name Palästina ist aus *Peléschet,* der den Hebräern geläufigen Bezeichnung für die philistäische Küstenebene, durch Übertragung auf das ganze Land entstanden.

Ursprung und Sinn des auch in ägyptischen Denkmälern und in den Amarnatafeln bezeugten Hauptnamens Kanaan ist noch unaufgehellt [7].

---

1) Gesch. der morgenländischen Völker im Altertum, übersetzt von R. Pietschmann 1877. Im franz. Original 2. Aufl., 3 Bde. 1895—1899.   2) Histoire ancienne de l'Orient etc. 9ᵉ éd. 1881 sqq.   3) Gesch. des Altertums I, 5. Aufl., Lpz. 1878. 4) Gesch. des Altertums I—III, Stuttg. 1884—1901; 3. Aufl. I, 2 1913.   5) Vgl. Buhl, Geographie des alten Palästina 1896; Guthe in PRE.³: Palästina. Dort weitere Literatur; derselbe: Palästina (Monogr. z. Erdkunde) 1908; ferner: Dalman im PJB. 8 (1912), 67 ff. und unten § 28 zu Anfang, sowie bes. Schwöbel, Die Landesnatur Palästinas 1914.   6) Nur im nördlichen Ostjordanland, besonders im Hauran, greift das Fruchtland weiter nach Osten als das mit Grund zu Palästina zu rechnende Gebiet. 7) Vgl. Moore in Journ. of Amer. Orient. Soc. 1893 (Proceed) LXVII ff.; Guthe in PRE.³: Kanaan. Ägyptisch: pʾ-Kʿ-nʿ-nʾ (Müller. Asien u. Eur. 205 ff. — seit der 19. Dynastie), el-Amarna: *Kinaḫni* und ähnlich. Die Ägypter denken vorwiegend an

Eine früher fast allgemein übliche Fassung deutete das Wort als „Nieder-
land" im Gegensatz zu Aram, dem Hochlande. Die dabei sofort sich er-
hebende Schwierigkeit: daß nämlich Israels Land vorwiegend ein Gebirgsland und nur in einzelnen Teilen Ebene und Tiefland ist, wurde mit der
Annahme beseitigt, die Bezeichnung sei, ursprünglich von den am Meere
ansässigen Phöniken und ihrem Lande gebraucht, je mehr diese in ihrer
Ausbreitung nach Osten vom Meere zum Gebirge heraufstiegen, desto
mehr auch auf das gesamte Westland angewandt worden [1]. | Es hätte
demnach in alter Zeit schon ein der Bildung des Namens Palästina ähnlicher Prozeß stattgefunden. Allein auch wenn man die Möglichkeit des
letzeren zugeben wollte, so stünde der ganzen Annahme immer noch mehr
als ein Umstand hindernd im Wege. Vor allem ist die Bedeutung „Nieder-
land" selbst für Kanaan nicht minder als das vermeintliche Gegenstück,
Aram als „Hochland", durchaus fraglich [2]. Auch die Annahme, daß Aram
das Land der Erhabenen, Adligen, der „Arier" *(bnē schēm)* bedeute [3],
wogegen in den Kanaanitern die Gebeugten, Unterjochten, somit eine Benennung für das überwundene Volk zu erkennen sei, wird neben den
sprachlichen Gründen schon durch die Tatsache ausgeschlossen, daß der
Name Kanaanäer viel älter ist als die Unterjochung der Kanaanäer durch
Israel.

Das ganze Land Palästina wird in zwei Hälften geteilt durch eine
von Norden nach Süden laufende und über das Gebiet Israels südlich
bis zum Arabischen Meerbusen sich fortsetzende E i n s e n k u n g. Sie
bildet vom Fuß des Hermon an bis zum Toten Meere das Tal des israelitischen Hauptflusses, des Jordan. Schon am Fuße des Hermon in verhältnismäßig geringer Höhe über dem Mittelländischen Meere beginnend,
erreicht dieses merkwürdige Tieftal beim Ausfluß des Jordan ins Tote
Meer seinen niedersten Punkt mit jetzt etwa 391 Metern unter dem Meeresspiegel, um sich dann gegen den Arabischen Meerbusen hin langsam, aber
immerhin erheblich über den Meeresspiegel, wieder zu erheben.

Vom See Genezareth (— 208) bis zum Toten Meere legt der J o r d a n
eine Entfernung von kaum 15 geographischen Meilen bei einem Gefälle
von 183 Metern zurück; das beträgt für einen Kilometer etwa 1,7 Meter.
Bedeutend stärker ist sein Fall im Oberlaufe. Er fällt bis zum Hule-See
(+ 2) um fast 520 Meter, d. h. etwa 14 Meter auf einen Kilometer, von
da bis zum Galiläischen Meere (= 16 km) um 210 Meter, d. h. 13 Meter
auf 1 Kilometer. Infolge des überaus starken Abfalles und des dadurch
erzeugten raschen Wasserlaufes ist der Jordan auf keinem Punkte ohne
Gefahr schiffbar. Zwar wird im Ghôr (Ror), der Strecke zwischen dem
Galiläischen Meere und der Mündung des Jordan, sein rascher Lauf da-

---

den südlichen Teil des Landes, die Am.tafeln an die phön. Küste (während sie bei den
Amoritern an das Gebirge östlich davon bes. den Libanon denken). In betreff Ägyptens vgl. bes. Burchardt, Die altkan. Fremdworte und Eigennamen im Ägyptischen
1910; im allgemeinen: Böhl, Kanaaniter u. Hebräer (= BWA. 7) 1911, 1—4. Dazu
jetzt Peiser, OLZ. 1919, Sp. 7. Er denkt an eine ältere Form *K-n-h* (= *F-n-h*), die
vielleicht mit sum. *Ki-en-gi* zusammengehöre. Vgl. noch S. 20f.
    1) So z. B. Bertheau, Zur Gesch. d. Isr., S. 153f.; zweifelnd Reuß, Gesch. d. H.
Schr. d. AT.[2], S. 46f.   2) Es darf nicht ohne weiteres angenommen werden, daß
Kena'an mit hebr. *kana'* (כנע) zusammengehöre. Ebenso hat Aram (*aram* ארם) mit
hebr. *rām* (רם) hochsein kaum etwas zu tun.   3) Vgl. das Urteil Naemans in 2 Kön. 5,
12 (Die Wasser von Aram sind mehr als die von Israel).

durch zum Teil verzögert, daß durch eine Fülle von Windungen, welche
der Strom zu machen genötigt ist, sein Weg auf etwa 40 Meilen Strom-
länge sich ausdehnt. Aber Stromschnellen und | Strudel machen trotzdem
die Schiffahrt fast unmöglich, und die den Fluß umgebenden Wildnisse,
dazu die in der tiefen Lage herrschende tropische Hitze, vermehrt durch
rechts und links anstehende, jeden kühlen Wind abhaltende Gebirge —
kurz eine Fülle widriger Umstände erschweren den Verkehr auf dem Jordan
und in seiner Umgebung. Zwar fehlt es durchaus nicht an Furten — man
zählt im ganzen etwa 60 —, aber sie sind keineswegs das ganze Jahr
hindurch gangbar: sie sind im Winter und Frühjahr nicht zu benutzen,
und noch im Juni muß heute gelegentlich zum Fährboot gegriffen werden[1].
Das Wasser des Jordan hat südlich vom Galiläischen Meere fast durchweg trübe, schmutzige Farbe, erzeugt durch das fortgesetzte Wegschwemmen
des Lehm- und Mergelbodens der Ufer.

Man hat schon öfter Jordan und Nil verglichen. Beide teilen ihr
Land in zwei Hälften. Aber ist dieser die Quelle der Fruchtbarkeit und
die wichtigste Verkehrsader für sein Land, so trennt jener die beiden
Landeshälften so sehr, daß sie vielfach in der Geschichte ein selbständiges
Dasein für sich führen[2].

Unter den übrigen Flüssen Kanaans sind zunächst als Nebenflüsse
des Jordan zu nennen: im Westen der Nahr Dschalūd und der Wadi
Fārʿa, im Osten der Jarmuk und Jabboq, sowie, dem Toten Meere zu-
strömend, westlich der Qidron, östlich der Arnon.

Der *Nahr el-Dschalūd* entspringt in der Nähe des alten Jizreel aus
mehreren dort zutage tretenden Quellen, deren eine wohl in der im Richterbuch genannten Quelle Ḥarod, wie in der aus der Geschichte Sauls bekannten Quelle Jizreels zu erkennen ist. Am Fuße des Gilboagebirges
sich hinziehend, fließt er bei Bētscheān in den Jordan. — Einer der
schönsten[3] Flüsse des Heiligen Landes ist der *Wadi el-Fārʿa*. Er besitzt
Wasser im Überfluß und erzeugt zum Teil eine üppige Vegetation. Aus
der Gegend von Nablus herkommend, fließt er dem über das Jordantal
emporragenden Qarn Ṣarṭabe zu und nimmt von hier an immer mehr eine
genau nordsüdliche Richtung an, so daß er — im Ror bedeutend wasser-
ärmer geworden — erst nahe dem 32. Grad den Jordan erreicht. — Vom
jenseitigen Lande her strömt dem Jordan im Norden der *Jarmuk* zu. Von
Plinius wird er Hicromices genannt. Zwei Stunden unterhalb des Gali-
läischen Meeres ergießt er sich im | spitzen Winkel in den Jordan. Aus
dem Hauran kommend und durch reichliche Zuflüsse, besonders von Norden
her, gespeist, mag er nächst dem Jordan der wasserreichste Fluß Palästinas
sein. Er führt dem Jordan ebensoviel Wasser zu, als dieser selbst bei
seinem Einfluß besaß. — Dem weidereichen Gilead entströmt der stattliche Jabboq, heute *Nahr ez-Zerqa* genannt. Sein eigentlicher Quellfluß,
der *Nahr ʿAmmān*, entspringt bei der dem Alten Testament wohlbekannten
Stadt Rabbat ʿAmmon, etwa 900 Meter über dem Meere. Zuerst nach
NO. fließend, nimmt er dann die Richtung nach West und SW. an und

1) Vgl. Mitteil. u. Nachr. d. DPV. 1899, 35.   2) Siehe näher über den Jordan
Robinson, Pal. II, S. 494 ff. 504 ff.; Phys. Geogr. d. H. Landes, S. 140 ff.; und bes.
Lynch, Bericht über die Exped. der Ver. Staat. nach dem Jordan und dem Toten Meere,
Lpz. 1850 und Ritter, Der Jordan und die Beschiffung des T M., Berl. 1850; Guthe
im Bibelwörterb.   3) Vgl. auch Robinson, NBF., S. 97 f.

strömt fast unter dem 32. Grad, wenig südlich von Wadi Fār'a, bei der
Furt *ed-dāmīje* (— 349 m), in den Jordan. Er kann durch Regengüsse
stark anschwellen, so daß der Übergang schwierig wird.

Dem Toten Meere fließt von Osten zu der Arnon, heute *Wadi Mōd-
schib*. Gegen das Tote Meer hin verengt sich sein Tal mehr und mehr,
steile Felswände treten zu einer großartigen Schlucht zusammen, durch
welche der Fluß tosend seinen Weg ins Tote Meer sich bahnt. Von
Westen her mündet der *Qidron* ins Tote Meer. Das Qidrontal beginnt
eine halbe Stunde nordwestlich von Jerusalem und umsäumt die Stadt
selbst von zwei Seiten, im Norden und Osten. Von hier wendet die
Schlucht sich südöstlich dem Toten Meere zu. Ein Bach füllt das Tal
nur nach stärkeren Regenfällen. — Nach dem Mittelmeere zu ergießt sich
aus dem Heiligen Lande nur ein bemerkenswerter Fluß, der Qison, heute
el-Muqaṭṭa' geheißen. Er durchfließt die fruchtbare, Samarien und Galiläa
oder das efraimitische und nordpalästinische Gebirgsland trennende Ebene
Megiddo, hebräisch auch *'emeq Jizre'el*, heute *Merdsch ibn 'Āmir* genannt.
Sie ist das eigentliche Schlachtfeld des Heiligen Landes und hat „das
Blut der Jahrhunderte getrunken" seit Thutmes III., Debora und Gideon,
Ahab und Pharao Neko bis auf die Kreuzfahrer und Napoleon I. Der
Qison fließt aus mehreren teils vom Gilboa', Tabor und Kleinen Hermon,
teils vom Gebirge Efraim kommenden Quellbächen und unbeständigen
Rinnsalen zusammen und gelangt unfern dem Berg Karmel ins Meer.

Neben diesen Flüssen besitzt das Heilige Land drei größere S e e n.
Sie liegen alle drei in der durch den Jordanlauf bezeichneten Linie von
Nord nach Süd. Schon in seinem Oberlauf wird der israelitische Haupt-
strom zweimal durch größere Süßwasserbecken unterbrochen. Beide sind
gebildet durch vulkanisch erzeugte Bodensenkungen, welche sich quer über
das Jordantal legen. Die erste derselben bildet den von den Arabern
Bahr el-Hule und von den neueren Geographen, seit Reland ihn vermutungsweise mit den Wassern *Mērōm* des Josuabuches zusammenstellte,
Merom-See genannten Sumpfsee. Er liegt noch | 2 Meter über dem Meere.
Auf einer Strecke von wenigen Stunden stürzt sodann der Jordan in wil-
dem, zahlreiche Wasserfälle darstellendem Laufe durch eine tiefe Felsen-
schlucht dem zweiten der Süßwasserseen, dem Meer von Kinneret *(Kin-
narōt)*, im Neuen Testament und bei Josephus See von Gennezaret genannt,
entgegen. Er liegt schon 208 Meter [1] unter dem Meere, ist 20 Kilometer
lang, etwa 10 breit und an der tiefsten Stelle 45 Meter tief, an Fischen
reich und schiffbar; rings von Bergen umsäumt, liegt er meist als blauer
Spiegel ruhig da, wird aber je und je auch von heftigen Stürmen auf-
gewühlt.

Das Ende des Jordanlaufes ist bedingt durch ungeheure am südlichen
Abschlusse der großen Einsenkung aufgetürmte Steinsalzlager, rings umgeben von hohen schroff ansteigenden Felswänden. Das zwischen ihnen
liegende, etwa 75 Kilometer lange und 17,8 Kilometer breite Becken ist
durch das einmündende Jordanwasser zu einem langgestreckten Salzsee,
dem T o t e n M e e r e, gemacht. Beide Namen führt der See mit vollem
Recht. Die an seinem Südrande vorgelegten Salzmassen, sowie die bei

---

1) Kiepert, Alte Geogr., S. 173 gibt irrtümlich 191 Meter an.

der starken Verdunstung [1] ihm verbleibenden sonstigen mineralischen Bestandteile haben seinem Wasser einen stark salzigen [2], zugleich widerlich bittern Geschmack verliehen und machen dessen spezifisches Gewicht größer als das des Menschen, so daß der menschliche Körper in ihm nicht untersinkt. Ein lebendes Wesen — von gewissen Mikroben abgesehen — kann ebendeshalb hier nicht bestehen; weder Fische noch Muscheln oder Korallen finden sich in ihm [3]. Trotzdem ist er der Mittelpunkt einer Landschaft von seltener Schönheit und mannigfaltigen Reizen. Sein Spiegel schwankt; er liegt jetzt etwa 391 Meter unter dem Meere [4], im Jahr 1865 betrug er noch fast — 394 Meter; er lag aber einst erheblich höher: die fortgesetzt starke Verdunstung hat seine Wassermasse langsam vermindert [5]. Seine größte Tiefe ist | etwa 400, die mittlere 330 Meter; die Südbucht zeigt nur etwa 3—6 Meter Tiefe [6].

Nächst der Jordanniederung und der Ebene Megiddo besitzt das Land Kanaan nur noch eine bedeutendere Einsenkung, die große, am Mittelländischen Meer von Gaza bis Cäsarea und Dōr sich hinziehende Küstenebene. Sie heißt in ihrer südlichen Hälfte *Schefēlā*, in der nördlichen *Schārōn*. Das Alte Testament [7], wie neuere Reisende, wissen die Fruchtbarkeit und Schönheit dieser Ebene zu rühmen.

Alles übrige Land ist G e b i r g s l a n d. Auf beiden Seiten des Jordan füllen das Land zwei große, den Libanon und Antilibanon fortsetzende Höhenzüge. Es sind im allgemeinen von Nord nach Süd fortgehende Kalkgebirge, aber vielfach durch Täler und Klüfte unterbrochen. Sie erreichen eine mäßige absolute Höhe, in Galiläa 1200 bis 1300, im übrigen Westland wenig über 800 bis 900 Meter, im Osten etwas über 1000 Meter. Können die Berge Israels also mit denen des Libanon und Hermon sich nicht messen, die bis zu 3000 Metern ansteigen, so stellen sie doch, besonders von der erheblich unter dem Meere liegenden Jordansenke aus gesehen, stattliche Erhebungen dar. Die Berge selbst sind selten einzelstehende Spitzen; meist tritt das Gebirge in Form von zusammenhängenden Höhenzügen auf und eignet sich daher bis zur Höhe vielfach zum

1) Der Jordan soll allein täglich 6 Millionen Tonnen Wasser ins Tote Meer ergießen, welche vollständig verdunsten. Blanckenhorn nimmt als Maximum der Wasserzufuhr 130 Kubikmeter für die Sekunde an. 2) Nach Kiepert, Alte Geogr., S. 174 über 18 Prozent (5—6 mal so viel als der Ozean); neuerdings nimmt man sogar 24—26 Prozent an (Schwöbel 55). 3) O. Fraas bei Riehm, HWB., S. 973 (²988). 4) Vgl. über diese Schwankungen H. Fischer in ZDPV. 36 (1913), 143 ff. 5) Die Entstehung des heutigen Toten Meeres hat sich jedenfalls in verschiedenen Stufen vollzogen. Über die erste s. unten S. 24 f. Erst später hat sich in einer Trockenperiode das Steinsalzlager im Süden gebildet. Der See muß dann in einer feuchten Periode wieder gestiegen sein, denn es finden sich etwa 180—270 Meter über seinem heutigen Spiegel abgelagerte Gips-, Mergel- und Geröllmassen. Er muß sich damals bis weit in den Ḳor hinauf erstreckt haben. Ein noch späteres Gebilde muß die sog. Niederterrasse der *lisān*-Schichten darstellen, die sich jetzt etwa 50—150 Meter über dem See vorfindet. Nun erst haben sich durch eine neue Trockenperiode die Wasser zu jener Lauge zusammengezogen, als die wir das heutige Tote Meer kennen. Seine Entstehung in der jetzigen Gestalt fällt zusammen mit einem durch Erdbeben veranlaßten Einsinken des damaligen Grundes zu Anfang der Alluvialzeit — Noch heute ist Palästina ein viel von Erdbeben heimgesuchtes Land. Man zählt seit Christi Geburt 33 größere Beben. Die Gegend des Ḳor war unter der Nachwirkung jener gewaltigen Erschütterungen begreiflicherweise immer besonders gefährdet. 6) Siehe näher über das Tote Meer: O. Fraas, Das T. M., Stuttg. 1867; Blanckenhorn, Entstehung und Geschichte des T. M. in ZDPV. 19 (1896), 1 ff. u. Naturwiss. Studien am T. M. u. im Jordantal 1912. 7) Hohesl. 2, 1. Jes. 33, 9; 35, 2; 65, 10.

Ackerbau, so daß auch das Gebirge in der Regel urbares und fruchtbares Land bietet. Das Land östlich des Jordan, dessen Berge im Norden gegen den Hermon bis nahe an 1300 Meter, südlich vom Jabboq bis 1100 Meter und in Moab bis 900 Meter ansteigen, besteht südlich vom Hermon aus dem ebenfalls stark bewaldeten *Dscholān* (Gaulanitis), einem durchschnittlich 700 Meter hohen Plateau, das mit einer Menge von Lavablöcken durchsetzt ist. Wo sie fehlen, ist der Boden ungewöhnlich fruchtbar. Daran schließt sich die Hauranebene (heute *nuḳra*), im Altertum Basan ge|nannt. Rotbraune Lavaerde macht die Landschaft zu einer Kornkammer des ganzen Landes. Die reichlichen Lavafelder und viele ausgebrannte V u l k a n e zeigen, daß sich hier große Herde vulkanischer Ausbrüche befinden. Sie setzen sich, wenn auch vereinzelt, nach Westen in die Gegend des Galiläischen Meeres und im Süden bis nach Moab und gegen das alte Edomitergebiet fort [1] und haben da und dort, auch bei Tiberias, heiße Quellen erzeugt. Die Erscheinungen, mit denen auch die jüngste Gestaltung des Toten Meeres irgendwie im Zusammenhang stehen wird, müssen sich bis herab in die historische Zeit (im weitesten Sinne) fortgesetzt haben [2]. Denn nicht allein scheint die Sage von der Entstehung des Toten Meeres sich ihrer noch zu erinnern, sondern vor allem haben neueste Funde im Hauran gezeigt, daß die Lava ganze Herden von damals schon gezüchteten Haustieren in ihrem Schoße birgt [3]. — Die Landschaft südlich von Jarmuk, heute ʿ*Adschlun,ʾ* ist heute noch reich an schönen Wäldern. An dieser Gegend haftet heute noch der alte Name Gilead *(dschebel dschilʿād)*. Gegen Südosten desselben schließt sich die Hochebene des alten ʿAmmon an. Das Land östlich vom Toten Meere ist das Gebiet des alten Moab, heute *Belqā* genannt.

Im W e s t e n d e s J o r d a n sind es hauptsächlich die zwei physikalisch freilich wenig geschiedenen Gebirge, oder vielmehr die zwei Teile des einen vom Karmel und der Qisonebene südwärts sich zie|henden Gebirges, das Gebirge Efraim und Juda, auf welchen die Geschichte des Volkes sich abspielt.

Das Gebirge Efraim besitzt, besonders in seiner nördlichen Hälfte, viel fruchtbares Land und reichliche Triften. Nur gegen die Saron genannte Ebene hin und besonders gegen Osten wird das Gebirge weniger

---

1) Vgl. die geolog. Karte Blanckenhorns in ZDPV. 1912. Auch der Wasserreichtum des Moabiterlandes wird mit seinem vulkanischen Untergrund zusammenhängen. 2) Verhältnismäßige Jugend der Ausbrüche beweisen auch die frische, unverwitterte Erhaltung vieler Krater und der Umstand, daß noch relativ junge Schotterterrassen im Flußgebiet des Jordan selbst wieder mit dieser Lava übergossen sind. 3) Das Kgl. Naturalienkabinett in Stuttgart ist im Besitze einer Sammlung von Knochen, die unlängst von Dr. Endriß in el-Huberije im Hauran unter der Lava gesammelt wurden. Es sind nur zufällig und in der Eile zusammengeraffte Proben aus einem, wie es scheint, ungeheuren unter der Lava liegenden Knochenfelde. Die Untersuchung durch den Vorstand der Naturaliensammlung, Prof. E. Fraas, ergab, daß es sich durchweg um Haustiere: Ziegen, Schafe und der Art der heute noch im Lande gezüchteten, sowie um kleine Rinderarten handelt. Demnach scheint hier eine große Herde von Haustieren, vielleicht durch die heranrückende Gefahr eng zusammengedrängt, von der Lava übergossen worden zu sein. Es müssen also jene Gegenden zur Zeit dieser vulkanischen Ausbrüche schon von Hirtenstämmen bewohnt gewesen sein. Augenscheinlich wird den Tierarten nach eine jüngere als die unten § 5 vorausgesetzte Periode in Frage kommen. Es wird sich frühestens um die Stufe von § 16, vielleicht aber um eine erheblich spätere Entwicklungsstufe handeln.

bebaut. Die Hügel sind hier zum Teil schroff und kahl und in wilde Schluchten zerrissen. Doch trifft man auch fruchtbare Gegenden, und eine Reihe von Ruinen lassen erschließen, daß das Land früher hier noch mehr angebaut gewesen sein mag [1]. — Das Gebirge Juda bietet im ganzen das Bild eines kahlen und noch stärker als das Gebirge Efraim durchklüfteten Berglandes dar. Doch sind auch seine Berge und Gründe teils mit Bäumen, teils mit Getreide-, Öl- und Weinpflanzungen heute noch reichlich angebaut und waren es ohne Zweifel in alter Zeit noch mehr.

Ein eigenartiges Gepräge erhält das judäische Land durch die im Osten und Süden an es anstoßenden Wüsten- oder Steppengebiete. Die südliche Steppe, *Negeb* genannt, geht mehr und mehr in die Sinaihalbinsel mit ihren eigentlichen Steinwüsten über, die östliche findet ihr Ende am Jordangraben, dem Ror. Beide sind durchaus nicht als Wüsten im strengen Sinne vorzustellen. Sobald der Regen fällt, entfaltet sich hier ein reiches farbenprangendes Pflanzenleben. Aber nach wenigen Wochen ist die Vegetation vertrocknet und die Landschaft erscheint als eine kahle Fläche. Im großen ganzen haben diese Gebiete immer denselben Charakter getragen; im einzelnen aber verschiebt sich die Grenze des Fruchtlandes gegen die Steppe allezeit. In der Römerzeit war der Negeb viel weiter nach Süden seßhaft besiedelt [2], wie sich auch bis in die Gegenwart unter dem Schutz der türkischen Regierung die Ansiedlung wieder weiter gegen Süden vorschob. Und in alttestamentlicher Zeit muß die Wüste Juda noch eine stattliche Zahl von Ortschaften beherbergt haben, die heute verschwunden und Beduinengebiet geworden sind [3].

Die Bewohner dieser Steppengebiete sind nicht Bauern, sondern wandernde Viehzüchter, Nomaden. Doch sind auch hier die Übergänge vielfach fließend; besonders in den Randgebieten sind viele Beduinen den größten Teil des Jahres seßhaft, und man trifft vielfach Stämme, die den dürftigen Boden zum Ackerbau verwenden [4], ohne darum die Zeltwohnung aufzugeben. Sie sind dann Halbbeduinen geworden. Deren Zeltlager, gleich denen der Vollbeduinen vielfach der Sicherheit halber kreisförmig, auch im Oval oder Rechteck angelegt, so daß das Vieh in der Mitte nächtigt, sind dann gelegentlich fast zu stehenden Dörfern geworden [5].

---

1) Ritter, Erdk. XVI, S. 462 ff. Robinson, NBF., S. 379 ff. Weiter unten S. 17. 2) Palmer, Der Schauplatz der 40jährigen Wüstenwanderung 1870, 277 ff. u. öfter, auch Guthe in PRE.² XIII, 695. 3) Schwöbel, Die geogr. Verhältnisse ... in der Wüste Juda in PJB. 3 (1907), 76 ff., bes. 125 ff. (Teqoa̓, Ma῾on, Karmel, Zif u. a.). Weiter noch über die immer neu auftretenden Veränderungen in der Besiedlung der Randgebiete Hans Fischer in ZDPV. 33 (1910) 210 ff. 4) Schwöbel 97. Dasselbe gilt für die Gegend von Beersaba, s. Rotermund im PJB. 5 (1909), 107 ff., bes. 114: „Die Kinder der Wüste wissen den Pflug zu handhaben. Sie sehen auf den ansässigen Bauern herab, sie betonen, daß sie nicht seinesgleichen sind. Aber wo er den Boden es irgend gestattet, benutzen sie ihn zum Getreidebau. Da zwischen Saat und Ernte nur wenige Monate liegen, bindet der Ackerbau nicht so eng an die Scholle, daß er ein eigentliches Nomadenleben ausschlösse. In der trockenen Jahreszeit zieht der Beduine mit seinen Herden dem Futter nach. Aber wenn schon das Schwergewicht bei ihm durchaus auf der Viehzucht liegt, so leistet er doch auch im Feldbau ganz Tüchtiges." Vgl. überhaupt H. Fischer in ZDPV. 36 (1913), 211 f. 5) Die Beduinen selbst scheiden streng zwischen ῾arab und bedu; die ersten teilweise seßhaft und neigen schon zum Ackerbau, die zweiten sind die eigentlichen Wüstenbewohner, die den Ackerbau als Schmach betrachten und Brot kaum kennen; Schumacher MuN. 1900, 69 f. — Über die wichtigsten Wege und Straßen s. Bd. II⁴ 195 (³249) u. R. Hartmann, ZDMG. 1910, auch Löhr, Paläst. Kulturentwicklung 1911, 14 ff.

2. Klima, Pflanzen- und Tierwelt. Ein einheitliches Klima
besitzt Palästina vermöge seiner beträchtlichen Höhenunterschiede nicht.
Doch lassen sich gewisse allgemeine Erscheinungen festhalten [1]. Auch mag
das Klima der alten Zeit infolge des sorgfältigeren Anbaus dem heutigen
gegenüber leise Modifikationen gezeigt haben. Im großen ganzen kann
aber das heutige Klima des Heiligen Landes als dem der alten Zeit gleichartig gelten.

Dasselbe ist, dem Breitengrade des Heiligen Landes gemäß, subtro-
pisch; an der Küste und auf dem Gebirge steht es dem der gemäßigten,
in dem tief eingeschlossen daliegenden Rôr demjenigen der tropischen
Zone näher, am Toten Meere wird es geradezu tropisch.

Palästina kennt nur zwei Jahreszeiten: Sommer und Winter, d. h. die
regenlose und die regnerische Zeit. Der sog. „Frühregen", zu Ende Oktober fallend und seinen Namen führend, weil er das Erdreich nach langer
Trockenheit zur Bestellung des Feldes wieder tauglich macht, leitet die
Regenzeit ein. Die eigentlichen Wintermonate sind, nachdem der November
vielfach noch mild und heiter, der Dezember aber trüb und stürmisch verlaufen ist, der Januar und Februar. Sie bringen in der Ebene Sturm und
Regen, auf der Höhe nicht selten | Schnee. März und April führen die
das Wachstum befördernden, die Winterfrucht reifenden „Spätregen" herbei.
Ihr Ausbleiben bringt das Land zum Teil heute noch, jedenfalls aber im
Altertum, in die Gefahr der Hungersnot. — Mit dem Mai beginnt der
Sommer. Bis Ende Oktober sind Wolken und Regen nur noch Ausnahmen.
Auch die zuweilen noch sichtbaren Nebel im Gebirge schwinden mehr und
mehr. Der Himmel bleibt monatelang wolkenlos klar. Mond und Sterne
entfalten des Nachts den wunderbarsten Glanz. Ist der Tag heiß, so die
Nacht in der Regel erquickend kühl, durch erfrischenden Tau gewürzt.
Der Weizen wird, höhere Lagen ausgenommen, meist im Mai, die Gerste
in der Niederung oft schon im April zur Ernte reif. Besonders im Rôr,
mit seiner höheren Temperatur   reift jede Frucht früher als im übrigen
Lande [2].

Die Flora Palästinas ist im allgemeinen diejenige der Mittelmeerländer, doch mit manchen Eigentümlichkeiten. Für die Zwecke der Geschichte hat eine Aufzählung der wichtigsten Nährpflanzen und Baumarten
das erste Interesse.

Korn, Öl, Wein, auf Tenne und Kelter, die das Alte Testament oft
genug zusammen nennt, gewonnen, bilden die wichtigsten Produkte des
Heiligen Landes. Die Geschichte Salomos lehrt, daß das Land imstande
war, außer seinem eigenen Bedarf noch erhebliche Mengen an Getreide
und Öl an das Ausland abzugeben [3]. Die wertvollste Getreideart war und
ist der Weizen; als Brot der Ärmeren gilt die Gerste, doch oft genug
genannt. Daneben sind Dinkel, Hirse, Roggen, Mais, Bohnen, Linsen und
eine Menge von Küchengewächsen viel gepflanzt [4].

Neben dem Ertrag des geackerten Bodens kommt besonders derjenige
der Rebe und des Olivenbaumes, sowie des Feigenbaumes — und zwar
seit der frühen Urzeit — in Betracht. „Weinstock, Ölbaum und Feigen-

---

1) Siehe näher PRE.³ „Palästina" IV; Schwöbel, Landesnatur 22 ff.; Klein in
ZDPV 37 (1914), 217 ff. 297 ff.   2) Robinson, Pal. II, S 308 f. 519 ff. 650. 660 ff.;
III. 370 f. Ritter, Erdk. XV, 1, S. 504 ff.; XVI, S. 134 f.   3) 1 Kön. 5, 11.   4) Siehe
„Ackerbau" im HWB. und in PRE.³, doch auch Dalman PJB. 6 (1910), 27 ff.

baum" sind eine dem Alten Testament überaus geläufige Zusammenstellung,
wenn der Segen des Landes vorgeführt wird. Die Frucht der durchs
ganze Land hin, besonders am Libanon und auf dem Gebirge Juda, wachsenden Rebe dient frisch, getrocknet oder gekeltert als vorzügliches Nah-
rungs- und Genußmittel [1]. Die Olive gedeiht außer den rauhen Höhen
des Gebirges und | den feuchten Talgründen überall im Lande, besonders
an den Hängen der Hügel. Das Ernten der reifen Frucht besorgt man
im Herbste; für die Ölbereitung, von der für das Altertum auch zahlreiche noch erhaltene Ölkeltern ablegen, werden sie schon früher
abgenommen. Der Feigenbaum liefert seine Früchte fast das ganze Jahr
hindurch; sie werden frisch, wie getrocknet und gepreßt genossen. Auch
Sykomoren- und Granatbäume, Apfel- und Birnbäume, sowie Mandeln,
Pfirsiche und Aprikosen, Orangen u. a. kennt das Heilige Land, wenngleich zum Teil in beschränkterer Ausdehnung und einzelne von ihnen,
wie die Aprikose und Orange, erst in neuerer Zeit. Die Dattel reift,
Ausnahmen abgerechnet, nur bei Jericho, „der Palmenstadt", und an einigen
anderen Punkten.

Außer den Fruchtbäumen ist jedem Leser des Alten Testamentes
wohlbekannt der edelste Baum Syriens, die Zeder des Libanon, einst die
Kämme und Abhänge dieses Gebirges füllend, heute im Aussterben begriffen. Ferner sind Eiche, Terebinthe, Tamariske, Zypresse dem Alten
Testament wie dem heutigen Palästina gleichsehr eigen.

Unter den Haustieren sind dem Alten Testament besonders geläufig
Schaf und Rind. Die Schafzucht ist heute noch wie vor alters über das
ganze Land hin in Blüte, wogegen das Rind heute bedeutend seltener geworden zu sein scheint, als es ehedem war. Auch die Art scheint de-
generiert. Daneben sind Ziege und Esel geschätzte Haustiere, jene um
der Milch willen, dieser als Reit- und Lasttier. Das Pferd, heute in ganz
Palästina viel benutzt, hat sich im alten Israel erst seit der Königszeit
eingebürgert [2]. Auch dann noch scheint es in Israel ein kostbarer und
nur dem König und den Vornehmen zugänglicher Besitz gewesen zu sein.
Das Kamel ist zwar den Israeliten sehr wohl bekannt, doch findet es
mehr bei den Beduinen der Wüste als bei der ansässigen Bevölkerung
Verwendung.

Unter den wilden Tieren, zu denen wohl auch schon der im Orient
herrenlos umhergehende Hund, sowie die im Heiligen Land selten zahme
Katze gerechnet werden können, steht obenan der in Poesie und Prosa
Israel wohlbekannte Löwe. Er ist heute aus Palästina verschwunden,
scheint aber im Altertum besonders in den Dickichten der Jordanniederung und im Libanon nicht ganz selten gewesen zu sein. Wolf und Bär
sind im Libanon heute noch zu Hause. In den Schluchten des Karmel
wird je und dann auch jetzt noch ein Panther erlegt, im Krokodilfluß ein
Krokodil [3]. Hyäne und Schakal finden sich häufig durchs | ganze Land hin.
Das nördliche Syrien kennt in älterer Zeit noch den Elefanten [4].

---

1) Vgl. V. Hehn, Kulturpflanzen und Haustiere in ihr. Übergange a. Asien usw.
(⁶ 1894), S. 65 ff.; ferner die Art. „Wein" in den RealWB.   2) Dazu Hehn, Kulturpfl. u.
Haust.⁶, S. 20 ff.   Riehm im HWB.², S. 1197 ff.   3) ZDPV. 31 (1908) 229.   Ein frisch
erjagtes Pantherfell sah ich dort 1907.   4) Meyer, Gesch. Ägypt. 241; Breasted-
Ranke, Gesch. Ägypt. 258.

Eine schwierige, aber für die Geschichtschreibung bedeutsame Frage
ist endlich die nach den Veränderungen, die etwa das Land nach
Bodenbeschaffenheit, Klima und Fruchtbarkeit im Laufe der Jahrhunderte
der geschichtlichen Zeit [1] durchgemacht hat [2]. Meist setzen wir voraus,
die Geschichte Israels dürfe das Land genau so, wie wir es heute sehen,
als ihren Schauplatz annehmen. So richtig diese Annahme im allgemeinen
ist, da große Naturkatastrophen seit den Tagen der Urzeit nicht mehr
über das Land hingegangen sind, so irrig ist sie vielfach im einzelnen.
Denn die starken geschichtlichen Erschütterungen, von denen das Land
wie kaum ein zweites betroffen worden ist, haben begreiflicherweise auch
in seiner Beschaffenheit vielfach ihre Spuren hinterlassen. Auf der anderen Seite hat Menschenhand bewußt manches Neue geschaffen, manches
Bestehende beseitigt.

Von tiefeingreifender Bedeutung ist vor allem die arabische Invasion
im 7. Jahrhundert n. Chr. geworden. Zahllose aus dem Innern Arabiens
vorbrechende Horden haben sich im Kulturgebiet Palästinas festgesetzt.
Der Araber ist seiner ganzen Vergangenheit nach kulturfremd und Feind
der Arbeit, dazu seit Muhammed aus religiösen Gründen dem Weine ab-
hold. Eine Menge von Ansiedlungen wurden dadurch vernachlässigt,
blühende Weinkulturen zerstört, die systematische Pflege des Landes hint-
angesetzt. So dehnte an den Randgebieten die Steppe sich aus [3], und
im Innern des Landes müssen zahlreiche, an den Höhen sich hinziehende
Terrassenanlagen verfallen sein [4]. Der ehedem erheblich reichere Wald-
bestand [5], wahrscheinlich jetzt | schon stark geschwunden, wird vollends,

---

1) Über die Vorzeit s. unten S. 25f.   2) Vgl dazu Dalman, Einst und jetzt
in Palästina, PJB. 1910 (6), 27 ff.; Schwöbel, Landesnatur 36.   3) Siehe darüber
oben S. 14.   4) Spuren davon kann man heute noch vielfach beobachten, z. B. bei
Bittir unweit Jerusalem (s. Paläst. Kulturbilder, Lpz. 1907, 104 f.; dazu Abb. 34).
Noch deutlicher sprechen Ortsnamen, die an heute wüstliegenden Orten an ehemalige
Kultur erinnern: „Tal der Maulbeerbäume", „Terrassenland der Schößlinge" u. a.;
s. Bauer in ZDPV. 24 (1901), 40. Über immer neu auftretende Veränderungen der
Besiedlung der Randgebiete s. noch H. Fischer in ZDPV. 33 (1910), 210f.   5) Die
allmählich fast vollkommene Vernichtung der Wälder ist zweifellos die verhängnisvollste
Veränderung. Die als Ernst muß Palästina als waldreiches Land gekannt haben. Im
Papyrus Golénischeff kommt Wen Amon um 1150 nach der Hafenstadt Dör wenig süd-
lich vom Karmel (beim heut. Tantura). Es ist freilich nicht ganz klar, weshalb er
hier landet. Doch liegt es nahe anzunehmen, daß ihm schon hier der Landesfürst
Holz für Ägypten verkaufen sollte. Das Gebiet des Karmel und sein südliches Hinterland wäre demnach damals Waldgebiet gewesen. Ähnliches setzt für große Teile des
Gebirges Efraim für die Zeit der Eroberung durch Israel das Buch Josua voraus·
Nach Jos. 17, 14—18 müssen die von Josef erst die Wälder im Gebirge roden. Noch
in viel späterer Zeit, unter Nehemia, wird als ein eigener königlicher Beamter der
„Holzfürst", wohl der oberste königliche Forstbeamte, genannt. Von früheren Forsten
sind heute in der Umgebung Jerusalems nur die allerdürftigsten Reste vorhanden
(westlich und südlich von Jerusalem). Als weitere Belege für einstigen reichen Wald-
bestand mögen noch angeführt werden: die häufige Erwähnung von ja'ar im Sinne von
Hochwald im AT. (vgl. Gesenius-Buhl, Lexik.); manche mit ja'ar zusammengesetzte
Eigennamen wie Qirjat-Je'arim; der ganze, reichlichen Holzverbrauch voraussetzende
Opferdienst am Altar; die Beschaffenheit des alten mit Holz geheizten Backofens
tannur, dem daher heute der mit Dünger erhitzte tābūn gewichen ist (PJB. 6, 32).
Wie es ehedem im Lande aussah, aber auch wie in den Wäldern gehaust wurde, kann
man heute noch an den herrlichen, aber vielfach auch schon rapid abnehmenden Wäldern des Ostjordanlandes sehen, vgl. z. B. ZDPV. 16 (1893), 159; über den Karmel
ZDPV. 30 (1907), 132. Zum Ganzen vgl. Guthe, Paläst. 75 ff. Löhr, Isr. Kulturentw.
(1911) 2f. Auch am Galiläischen Meer sah Arkulf um 680 n. Chr. noch große Wälder,
s. Geyer, Itinera Hierosol. 269.

da der steppengewohnte Araber seinen Wert nicht zu schätzen weiß, ganz verschwunden sein. Das an sich zu starken Gegensätzen und zu Sturm und verheerenden Wolkenbrüchen neigende Klima ist durch diese Entwicklung wie durch das fortschreitende Übermaß der Verdunstung über die Menge der Niederschläge [1] zunehmend ungünstiger geworden. Die dünne Humusschicht an den Hängen wird ohne schützenden Anbau mehr und mehr zu Tal geschwemmt, und die immer vergrößerten kahlen Felsflächen wirken aufs neue schädigend auf das Klima.

So darf man annehmen, daß, wenn auch große Strecken des Heiligen Landes, besonders des Gebirges und der Steppe Juda, nie dem Anbau günstig, ja nur zugänglich waren, doch die Zeit des alten Israel das Land unter in manchen Stücken g ü n s t i g e r e n natürlichen Bedingungen gesehen hat, als wir es heute infolge seiner eigenartigen physikalischen Entwicklung wie der arabischen Überschwemmung und jahrhundertelanger Mißwirtschaft kennen.

3. E r g e b n i s s e. Fassen wir zusammen, so darf der Schauplatz der Geschichte Israels als ein Land bezeichnet werden, das vermöge seiner spärlichen Bewässerung und seines Mangels an großen steinfreien Ackerebenen wie an brauchbaren Häfen seinen Bewohnern einen harten Kampf ums Dasein auferlegte, der nur dem noch schwerer ringenden Wüstensohn als ein paradiesisches Ruhen an Milch- und Honigbächen erscheinen konnte [2]. Palästina verfügt nicht, wie Babylonien und | Ägypten, über das Land befruchtende Ströme, auch nicht, wie das kaum viel fruchtbarere Griechenland, über eine reich entwickelte Küste, die den Kulturaustausch nach außen förderte. Zum Kulturträger ersten Ranges scheint es damit nicht geschaffen.

Aber das Land hat auf der anderen Seite den Vorteil einer überaus günstigen Lage als Grenz- und zum Teil Durchgangsgebiet für die großen Weltmächte und ihre Kulturmittelpunkte am Nil und am Eufrat und Tigris. So konnte es freilich von Anfang an dazu bestimmt scheinen, der Zankapfel der Großmächte und damit der Schauplatz zahlreicher Kämpfe zu werden. Aber es konnte auch nie aus dem Weltverkehr und der Kulturbewegung, die in jenen Gebieten Mittelpunkte hatten, ganz ausgeschaltet werden. Es mußte immer an ihnen teilhaben und sich mit ihnen auseinandersetzen, und vor allem seine Religion konnte sich nur in steter Berührung mit den Religionen jener Völker gestalten — mochte sie Anlehnung oder Abweisung bringen. Dabei war das Land seiner ganzen Lage nach doch wieder gegen außen abgeschlossen genug, um die politische Selbständigkeit wenigstens eine Zeitlang behaupten zu können und auf religiösem Gebiete sich allezeit seine Freiheit zu wahren.

Auf der andern Seite bringt es freilich die Bodengestaltung des Landes mit der starken Verschiedenheit des Charakters der einzelnen Landesteile wieder mit sich, daß schon von alters her wenig Zusammenhalt seiner Bewohner zu beobachten ist. Das Auseinandergehen nach Landschaften

---

1) Der aus der sog. Pluvialzeit stammende Überschuß an Bodenfeuchtigkeit mag im Altertum noch weniger stark aufgesaugt gewesen sein als heute. Daß im vorgeschichtlichen Pluvial noch großer Waldbestand in Palästina und Syrien vorhanden war, darf als selbstverständlich gelten und ist durch die damals vorkommende Tierwelt (Auerochs, Nashorn, Elefant, Wildpferd usw.) noch besonders bezeugt.   2) Dalman, PJB. 1912, 70.

und Gauen ist schon ein Kennzeichen der Amarnazeit. Große, gemeinsame nationale Errungenschaften oder Gebilde werden daher die Ausnahme
sein. Doch hat auch hier wieder wenigstens die Trennung des Ostens
vom Westen durch den Jordangraben bei allen Nachteilen den einen
Vorzug, daß die Stätte der eigentlichen Entwicklung des Volkes und der
Schauplatz seiner Kulturarbeit für die Regel vor dem kulturfeindlichen
Überfluten der östlichen Beduinenhorden geschützt war. Die tiefe Kluft
erschwerte das Vordringen und das kräftige, in rauhem Kampf gestählte
Geschlecht im Osten, vor allem Ammon und Moab, hatte den ersten An-
prall auszuhalten und diente Israel als schützender Wall.

§ 4.
Die Bewohner und Nachbarn Kanaans [1].

1. **Die Bewohner.** Das in der Zeit nach Mose in Kanaan ansässige Volk, dessen Geschichte dieses Buch gewidmet ist, nennt sich
selbst Söhne Israels oder kurzweg Israel. Auch dieses Wort ist | seiner
Ableitung nach dunkel [2]. Die Annahme liegt nahe, daß der Name Söhne
Israels, wie er in geschichtlicher Zeit noch lange in besonderer Weise an
den nördlichen Stämmen haftete, so ursprünglich einem einzelnen Haupt-
stamme [3] zukam. Derselbe müßte dann seiner Bedeutung wegen in der
Folgezeit seinen eigenen Namen der ganzen nördlicheren Stammgruppe
und sodann dem Gesamtvolke geliehen haben. Ähnliche Vorgänge bekunden auch andere Stammnamen, die mit der Zeit zu Völkernamen geworden sind. — Nach dem Alten Testament scheint Israel derjenige Name
gewesen zu sein, mit dem die Nation selbst sich mit Vorliebe benannte.
Er klingt nicht selten wie ein nationaler und religiöser Ehrenname. Dieser
Charakter des Namens tritt besonders gegenüber dem Gebrauch des Namens 'Ibrīm zutage.

Im Munde der Ausländer und ihnen gegenüber führt Israel im heutigen Alten Testament öfter den Namen 'Ibrim, Hebräer [4]. Seine vielleicht
in Hinsicht auf die Einwanderung dieser Stämme nach einem ihnen vorher
nicht zukommenden Gebiete geschaffene Bedeutung „Jenseitige" läßt verschiedene Erklärungen zu. Glaubte man früher den Namen als eine Erinnerung an das einstige Herüberwandern der hebräischen Stämme aus
Mesopotamien und die Überschreitung des Eufrat fassen zu sollen, so
herrscht gegenwärtig immer noch die Neigung vor, Israel mit dem Namen
Hebräer als die über den Jordan Gewanderten bezeichnet sein zu lassen [5].

---

1) Procksch, D. Völk. Altpaläst. 1914; Sachsse, Israel II 1922.   2) Vgl. Sachsse
in ZAW. 34 (1914), 1 ff. Er tritt mit beachtenswerten Gründen gegen die übliche
Deutung von שׁוֹרֵה ein und fordert die Aussprache יִשְׂרָאֵל (mit שׂ) in der Bedeutung:
El ist vertrauenswürdig gewesen.   3) So schon Stade, Gesch. Isr. I, S. 124 ff.
4) Die Bezeichnung 'ibrīm (die Form „Hebräer" geht zurück auf paläst. aram. 'ebrājā)
erweckt den Anschein, als werde sie nur gebraucht, wenn es sich entweder um eine
Selbstbezeichnung gegenüber den Ausländern handelt (z. B. Gen. 40, 15. Ex. 2, 6 f.;
3, 18) oder um die Benennung der Nation durch Ausländer (z. B. Gen. 39, 14. 17;
41, 12) oder aber um einen bestimmten nationalen Gegensatz zum Ausland (z. B.
Gen. 43, 32; Ex. 2, 11. 13). Aber es fragt sich, ob dieser Schein dem ältesten Sachverhalt entspricht. Schwierigkeiten bieten schon Stellen wie Gen. 14, 13. Ex. 21, 2
u. a., so daß auch hier die Möglichkeit, 'Ibrīm habe einmal eine eigene Stammgruppe
bezeichnet, ernstliche Erwägung verdient. Weiteres in § 28, 2.   5) Redslob, Altt.
Namen, S. 13. Stade, Hebr. Gramm. I, S. 1; Gesch. Isr. I, S. 110. Meyer, ZAW. I,
S. 142 (Gesenius-Kautzsch, Hebr. Gramm.²⁸ S. 9 zwischen beiden schwankend).

Doch wird man gut tun, den Namen überhaupt nicht zu eng zu fassen
und sich mit der allgemeinen Übersetzung „Jenseitige" im Sinne von
W a n d e r stämmen zu begnügen. Man wird | damit sowohl dem biblischen
Sprachgebrauch als dem Verhältnis zu den C h a b i r i leuten der Amarnazeit eher gerecht [1].

Die S p r a c h e Israels ist, soweit wir in seiner Geschichte zurückgehen können, jener Zweig des großen, unter dem Namen des semitischen
bekannten Sprachstammes, welchen wir kurzweg als das Hebräische zu
bezeichnen pflegen. Israel hat die hebräische Sprache, kleinere mundart-
liche Abweichungen — wie sie aber auch innerhalb des Nordens und
Südens Israels selbst vorkommen — abgerechnet, mit der vor ihm im
Lande ansässigen, wie mit der gleichzeitig oder vor und nach ihm hier-
hergewanderten, ihm nächstverwandten Nachbarbevölkerung gemein [2]. Dabei
darf als Tatsache angenommen werden, daß die hebräische Sprache, schon
ehe Israel das Land im Besitz hatte, hier gesprochen wurde [3]. Weitere
Vermutungen über die etwa von Israel früher gesprochene Sprache lassen
sich höchstens an gewisse geschichtliche Erwägungen über den früheren
Aufenthalt der Israelstämme und ihrer nächsten Verwandten anknüpfen [4].

Jedenfalls wohnen vor Israels Eindringen ins Land die K a n a a n ä e r
daselbst. Über die Bedeutung dieses Namens ist oben schon (§ 3, 1)
geredet. Im engeren Sinne werden als Kanaanäer in späterer Zeit auch
die an der nördlichen Hälfte der Mittelmeerküste angesiedelten Phönikier, |
die hierher zurückgedrängten Reste jener älteren Bevölkerung, bezeichnet.
Kena'anī kann dann geradezu gleichbedeutend mit „phönikischer Handels-
mann" werden [5]. Die Bezeichnung Kanaaniter für die Gesamtheit der

---

1) Die Genesis setzt voraus, daß Sem der Stammvater aller Söhne 'Ebers sei
(10, 21), und rechnet zu diesen auch Aramäer und Araber 11, 17 ff. 24 ff.; 10, 25 ff.
Der Name hat also viel umfassendere Bedeutung. Dazu stimmt die Stellung der Chabiri, deren Gleichstellung mit den 'Ibrīm im weiteren Sinn, von denen dann unsere
Hebräer = Israel nur ein Zweig wären, wenigstens nichts im Wege steht. Darüber
in § 28.   2) Von Moab haben wir dafür das Zeugnis Mesas, von Ammon fehlen
direkte Zeugnisse, doch kann kaum ein Zweifel aufkommen.   3) Als Belege dafür
können zahlreiche „hebräische" Ortsnamen im Lande, die Israel schon vorfand, gelten
(s. unten S. 32 Anm. 1); ferner die bekannten kanaanäischen Glossen in den Amarnatafeln; die Himmelsgegenden jām Meer = Westen, negeb Steppe = Süden; endlich
die Bezeichnung „Sprache Kanaans" Jes. 19, 18. Kleine Besonderheiten sind auch
hier selbstverständlich.   4) Darf man die Herkunft der Väter Israels aus den Gebieten zwischen dem Jordan und Damasq einer- und dem Eufrat andererseits annehmen,
so würde ihre Sprache am ehesten ein dem Aramäischen verwandter Dialekt gewesen
sein, vgl. Deut. 26, 5. — Einen bedeutsamen Schritt vorwärts in der Erkenntnis der
Entstehung der hebräischen Sprache bringt uns das im Erscheinen begriffene Werk
von B a u e r und L e a n d e r, Histor. Grammat. d. hebr. Sprache 1918 ff. Das Werk
erschien mir, als ich seine erste Lieferung in die Hand bekam (ohne daß ich damit
über seine Theorien im einzelnen ein Urteil abgeben möchte), wie die naturgemäße
Folgerung aus gewissen Abschnitten des vorliegenden Buches. Wie hier der Nachweis angetreten ist, daß die Kultur Israels vielfach auf den Schultern der altkanaanäischen Kultur steht, so wird dort gezeigt, daß für die Sprache Israels genau derselbe
Hergang angenommen werden muß. In thesi stand mir seit der 2. Aufl. der Gesch.
des V. Isr. die für die Sprache sich ergebende Konsequenz fest; das Buch von B.
und L. hat sie t a t s ä c h l i c h erwiesen. Für die Religion vgl. meine „Religion des
V. Isr." 1920.   5) Jes. 23, 8. Ez. 17, 4. Hos. 12, 8. Seph. 1, 11. Zach. 14, 21.
Prov. 31, 24. Hiob 40, 30. Hierher gehört wohl auch Nu. 13, 29, wo als ihre Sitze
die Meeresküste und die Seite des Jordan (es mag an Betseān und Jericho gedacht
sein) genannt sind. — Daneben gibt es einen engern Sprachgebrauch, nach welchem
die Kanaaniter neben einer größern oder geringern Zahl von „Urvölkern" des Landes

vorisraelitischen Bevölkerung des Landes besitzen wir übrigens im Alten
Testament nur bei dem hexateuchischen Quellenschriftsteller J und den
etwa an ihn sich anschließenden Autoren. Die Quelle E nennt jene alte
Bevölkerung vorwiegend oder ausschließlich A m o r i t e r [1]. Auch dieser
Name, wie der Name Kanaaniter ist als alte, schon dem zweiten Jahrtausend v. Chr. geläufige Bezeichnung altpalästinischer Bevölkerungselemente durch die außerbiblischen Zeugnisse belegt [2]. Ja im Unterschied
von jenem findet er sich schon ein Jahrtausend früher. Auch bei ihm
läßt sich ein engerer und weiterer Sprachgebrauch feststellen, nur daß die
Amoriter im engeren Sinn — ganz anders als die Kanaaniter — als die
Bewohner des Berglandes erscheinen [3]. — Neben den beiden Hauptnamen,
welche offenbar die zwei wichtigsten Bevölkerungsschichten [4] jener vorisraelitischen Bewohner des Landes darstellen, nennen besonders jüngere
Schriftsteller eine Reihe untergeordneter vorisraelitischer Völkerschaften:
die Girgasiter, Perizziter (Pheresiter), Ḥivviter und Jebusiter. Ihre Namen
haben zum Teil nur örtliche Bedeutung, so heißen Jebusiter die alten Ein-
und etwa Umwohner von Jebus, Ḥivviter vielleicht die Bevölkerung von
Gibeon und Sikem. Zu einem andern Teil sind die Namen ihrer Bedeutung nach überhaupt nicht mehr erkennbar und weisen vielleicht auf
eine noch weiter zurückliegende Vorzeit.

Daß die Kanaaniter und Amoriter nicht die autochthone Ur|bevölkerung
des Heiligen Landes darstellen, geht im Alten Testament auch weiterhin
daraus hervor, daß noch die blasse Erinnerung an die von ihnen ver-
drängte Urbevölkerung lebt. Der Umstand, daß dieselbe als riesenhaft
— Refaim, ʿAnaqim — bezeichnet wird, ist noch kein Grund, jene Erinnerung kurzweg in das Gebiet der Dichtung zu verweisen. Ebenso sollen
in Israels Nachbarschaft vor' den sofort zu nennenden späteren Völkerschaften reckenhafte Stämme dunkler Art und Herkunft gehaust haben:
in Moab und ʿAmmon die Z a m z u m m i t e r und E m i t e r, in Edom und
Philistäa die Ḥ o r i t e r und ʿ A u w i t e r.

2. I s r a e l s N a c h b a r n [5]. Als Israel nächstverwandte Nachbarvölker, die daher im weiteren Sinne mit ihm unter die hebräischen Stämme
befaßt werden können, gelten die Leute von Moab, ʿAmmon und Edom.
Geradezu als Bruderstamm Israels gilt E d o m, die Nachkommenschaft
von Jaqobs Bruder Esau darstellend. Edom ist der ältere, früher zu

---

als eines derselben erscheinen. Doch sind hier die andern ursprünglich — die Stellen
sind mehrfach erweitert — wohl nur als ihre Unterstämme gedacht; vgl. Gen. 15, 19 f.
Dt. 7, 1. Jos. 3, 10 u. ö.   1) Wellhausen, JDTh. XXI, S. 602; Ed. Meyer, ZAW. I, S. 122 ff.; Böhl, Kan.
u. Hebr. 52 ff. — Ob der Sprachgebrauch ausschließlich oder nur vorwiegend herrscht,
hängt von dem Urteil über einzelne Stellen ab.   2) Böhl a. a. O; weiter unten § 10.
3) Gen. 14, 7. 13; 48 22; Nu. 13, 29; Dt 1, 7. 19 ff. u. ö. Die später zu nennenden
ostjordanischen Amoriterstaaten können hier außer Betracht bleiben.   4) Daß beide
Namen von Haus aus einfach dasselbe bedeuten, sollte man nach wie vor nicht behaupten. Schon die Zweiheit, auch den ägyptischen Namen (Kanāna und Amarra),
spricht dagegen. Wohl aber werden sie, wie es scheint, in unsern Texten gelegentlich
gleichwertig gebraucht. Weiteres unten S. 52 und S. 55, Anm. 1. Dort auch Näheres
über das Verhältnis beider.   5) Von einem Beurteiler ist die Kürze dieses Abschnitts
bemängelt worden. Die meisten Leser werden leicht erkennen, daß es sich hier lediglich
lich um eine allgemeine Übersicht handeln kann. Was die betreffenden Völker zur
Geschichte Israels beigetragen haben, ist nicht hier, sondern je am gegebenen Orte
zu schildern.

Selbständigkeit gelangte, aber auch durch Jaqob um die Erstgeburt gebrachte, d. h. später überflügelte Bruder. Demgemäß erfahren wir, daß in Edom schon lange vor Sauls Zeit ein Königtum bestand [1], hingegen später seit Saul und David die Edomiter mehr und mehr in Abhängigkeit von Israel gerieten [2]. Was ihr Volkstum anlangt, so haben die Edomiter ihr ursprünglich hebräisches Blut reichlich mit fremden Elementen gemischt. Die horitischen [3] Urbewohner der von Edom besetzten Gegenden scheinen allmählich ganz in Edom aufgegangen zu sein, noch längere Zeit aber ihre Eigenart bewahrt zu haben [4]. Auch arabische Wüstenstämme haben den Edomitern, besonders von Süden her, sich angeschlossen; und im Norden ihres Gebietes, in Südjuda, vermengen sie sich mit kanaanäischen und anderen Elementen: Esau ehelicht neben einer Horiterin eine Ismaelitin und eine Hetitin [5]. Das Gebiet Edoms ist das wilde, zerklüftete, seine Bewohner mehr auf Raub und Jagd als auf Ackerbau und Herdenzucht anweisende Gebirgsland Se'īr. Mit diesem Namen bezeichnet das Alte Te|stament das bergige Land zwischen dem Toten Meere und dem Älanitischen Meerbusen, doch so, daß zuzeiten [6] die Ostgrenze wohl kaum über die 'Araba hinüber griff, während in anderen Zeiten [7] auch das Gebiet östlich dieses vom Toten zum Roten Meere sich hinziehenden Einschnittes zu Se'īr gerechnet wird. Die Hauptorte Edoms, soweit sie uns bekannt sind, liegen in der östlichen Hälfte: Elat, 'Eṣjōn - Geber, Sela' u. a., wogegen die Edomiter aus dem Westen, auch dem judäischen Norden, mit der Zeit verdrängt werden [8].

Ebenfalls Israel nahe verwandt, und vielfach in Beziehung mit ihm tretend, ist sein südöstlicher Nachbar M o a b. Sein Gebiet ist im Westen durch das Tote Meer, im Süden gegen Edom hin durch den Arabbach (nahal ha-'araba), im Osten durch die Wüste, teilweise auch durch das nordöstlich anstoßende 'Ammonitergebiet begrenzt. Seine Nordgrenze ist für die spätere Zeit (seit Mesa') jedenfalls der Arnon. In alter Zeit saßen die Moabiter ohne Zweifel auch erheblich weiter nördlich, bis in die Gegend Jerichos. Über die Nordgrenze Moabs in der Zeit Moses ist weiter unten [9] zu reden. Das Volk dieses durch Bäche gut bewässerten, nach manchen Anzeichen einst wohl bebauten Berglandes scheint nach Sprache, Kultur und Religion den Israeliten sehr nahe gestanden zu haben. Die Inschrift Mesa's läßt auf einen verhältnismäßig entwickelten Sinn für Literatur und Schrifttum schließen.

Der nordöstliche Bruderstamm Moabs ist 'A m m o n. Sein Gebiet ist zwischen das von Ruben, Gad und Manasse besetzte südliche Ostjordanland und die Wüste eingelegt und mochte sich in gewöhnlichen Zeiten vom oberen Jabboq, der die Nordwestgrenze gebildet haben soll [10], bis zum Arnon im Süden erstreckt haben. Doch haben die Ammoniter öfter versucht, sich weiter auszudehnen. Besonders gegen Norden hin scheint

---

1) Gen. 36, 31 ff. Num. 20, 21. Jud 11, 17.   2) 1 Sam. 14, 47 (allerdings Dt.), vgl. 1 Chron. 18, 12. 2 Sam. 8, 13 ff. (lies םרא).   3) Nach dem Sinn der Masora wohl = troglodytischen; über den Höhlenreichtum des Edomiterlandes s. Robinson, Pal. II, S. 695. Doch s. unten S. 31 f.   4) Siehe Dillmann, Gen.⁵, S. 375. Stade, Gesch. Isr. I, S. 122.   5) Gen 26, 34; 28, 9; 36, 2; s. bes. zur letztern Stelle Dillmann, Gen.⁶.   6) Jud. 5, 4. Dt. 33, 2. Gen. 14, 6   7) Dt. 2, 1 ff. Ez. 25, 8; 35, 15.   8) Vgl. Buhl, Gesch. der Edomiter 1893; Dalman, Petra und seine Felsheiligtümer 1909.   9) § 35, 7.   10) Dt. 3, 16.

ihnen dies gelungen zu sein. Schon die Lage ihrer Hauptstadt Rabbat-Ammon am Jabboq selbst, wie ihre späteren Kämpfe um den Besitz von Gilead machen dies wahrscheinlich.

Im Südwesten stößt an Israel das streitbare, den Nachbarn oft aufsässige Volk der **Philister** (hebr. Pelischtim). Ihr Gebiet ist der am Mittelmeere sich hinziehende Küstenstrich in seiner südlichen Hälfte von Gaza bis Jafo, d. h. von der ägyptischen bis an die phönikische Grenze. Hier versperren sie Israel den Zugang zum Meere. Sie besitzen eine Reihe fester Städte, die unter selbständigen Fürsten stehen: Gaza, Asdod, Asqalon, Gat, 'Eqron. Von hier aus sind sie zeitweise | weit in das eigentliche Kanaan eingedrungen. Ihrer Herkunft nach sind sie weder Eingeborene Kanaans noch überhaupt Semiten. Sie sind nach dem Alten Testament [1] aus Kaftor eingewandert, worunter aller Wahrscheinlichkeit nach die Insel Kreta zu verstehen ist. Daß die Philister später stark semitisiert erscheinen, unterliegt keinem Zweifel [2].

Nördlich reihen sich an die Philister die **Phöniken** an. Sie vertreten in der israelitischen Königszeit die an die Küste zurückgegangenen Reste der Kanaanäer. Sie haben nicht allein materiell, durch Reichtum und Beherrschung des Handels, allezeit erheblichen Einfluß auf das Binnenland geübt, sondern haben auch noch in der Königszeit auf die Kultur und das geistige Leben Israels überhaupt vielfach bestimmend gewirkt. Von ihrer alten „Fischerstadt" Ṣidon, dem ursprünglichen Zentrum ihres großartigen Seehandels, führen sie unter sich wie bei den Hebräern und Griechen den Namen Sidonier.

Im nördlichen Binnenlande endlich stoßen an Israel die **Aramäer** [3] und **Ḥetiter**. Die letzteren werden uns baldigst zu beschäftigen haben. Neben ihnen und an ihrer Stelle haben sich, besonders nach dem Sinken ihrer Macht, mehr und mehr die aus den Achlamäern entsprossenen Aramäer im Norden und Nordosten Palästinas festgesetzt. Sie sind wohl ähnlich den Israeliten selbst ein in der Zeit der großen Völkerbewegung des zweiten Jahrtausends aus der syrisch-arabischen oder mesopotamischen Nordsteppe hergekommener semitischer Stamm, den Hebräern nach Sitte und Sprache nächst verwandt. Ihre Hauptsitze haben sie in geschichtlicher Zeit bei Damaskus, am unteren Orontes und weiterhin in der östlichen Ebene bis gegen den Eufrat und zerfallen dort in mehrere Einzelreiche. |

---

1) Am. 9, 7. Dt. 2, 23. Über Gen. 10, 13 f. s. Dillmann, Gen.   2) Siehe weiter § 34 a. E. u. bes. in Bd. II⁴ 86 f. (³139 f.)   3) Vgl. Schiffer, Die Aramäer, Lpz. 1911, jetzt auch die schöne Schrift von Kraeling, Aram and Israel N. Y. 1918.

Erstes Buch.
Palästina in der Ur- und Frühzeit.

1. Kapitel. Die älteste Besiedlung des Landes.

§ 5.
Die ältere Steinzeit.

Die Urzeit Palästinas liegt wie diejenige aller anderen Länder unseres Erdballs jenseits jeder menschlichen Erinnerung und jedes geschichtlichen Zeugnisses. Auch zu welcher Zeit das Land zum erstenmal von Menschen besiedelt worden ist, werden wir schwerlich je zuverlässig erfahren. Ebensowenig wer seine ersten Bewohner waren. Immerhin können wir vielleicht noch eine gewisse Spur jener ältesten Bewohner entdecken.

Die neueren Ausgrabungen haben uns an mehreren Punkten des Heiligen Landes die Möglichkeit gewährt, bis auf den Grund des Felsbodens vorzudringen, auf dem wenigstens an jenen Stellen die erste menschliche Ansiedlung sich vollzogen haben muß. Schon vorher war es gelungen, an manchen Stellen des Ost- und Westjordanlandes Steinwerkzeuge aufzufinden, die das Leben primitiver Menschen an jenen Orten zweifellos verrieten. Es kommen dazu eigentümliche (megalithische) Steinbauten, besonders im Ost-, aber auch im Westjordanlande, deren hohes Alter ebenfalls die größte Wahrscheinlichkeit für sich hat. Und endlich dürfen nicht übersehen werden gewisse aus ägyptischen und babylonischen Nachrichten der Frühzeit dieser Länder zu schöpfende Mitteilungen, aus denen sich entnehmen läßt, daß die Herrscher des Nillandes und des Eufratgebietes schon in grauer Vorzeit mit Palästina und Syrien in Beziehung getreten sind und dort eine Bevölkerung vorfanden. Aus diesen vier Quellen fließt unsere Kunde über die Vor|geschichte Palästinas. Unsere Aufgabe wird es vor allen Dingen sein, den Versuch zu machen, aus den verschiedenartigen hier angedeuteten Nachrichten ein Bild der ältesten Besiedlung des Landes zu gewinnen.

Die Beschaffenheit der Erdoberfläche in Palästina und was wir über ihre Entstehung vermuten können, läßt erwarten, daß die tertiäre Zeit den Menschen hier noch nicht kannte. Mindestens haben sich bis jetzt nirgends im Lande sichere Spuren seines Daseins in dieser Periode gefunden [1]. Hat doch das Land selbst vermutlich erst am Ende der Tertiär- und dem Anfang der Quartärzeit oder der Zeit des Diluviums diejenigen Ereignisse erlebt, die seine heutige Gestaltung endgültig anbahnten. Jetzt erst bildete sich durch den Einsturz des Bodens eines bisher verhältnis-

---

[1] Vgl. dazu Blanckenhorn, Steinzeit Paläst. usw. I (= Land d. Bib. III, 5) 1921, 18. 39.

mäßig seichten [1] großen Binnensees der gewaltige syrische Graben, der sich vom Galiläischen Meere im Norden bis über das heutige Tote Meer herabzieht. Indem die Wasser nachdrängen, bildete sich bald ein See derselben Ausdehnung, nur viel tiefer, und erst dem Verlaufe der vierten Periode der Erdgeschichte, der Quartär- oder Diluvialzeit war es beschieden, das Wasser der Hauptsache nach aufzusaugen und so den Jordanlauf und das Tote Meer zutage zu fördern [2]. Auch sonst haben sich in der älteren Diluvialzeit noch manche Veränderungen an der Bodengestaltung des Landes vollzogen, so daß auch für sie das Erscheinen des Menschen höchstens etwa für einige Gebiete des Ostjordanlandes wie die Hochfläche des Ammoniter- und Moabitergebietes (Belqā) oder den Hauran, allenfalls auch für die Refaiterebene bei Jerusalem, in Frage käme [3]. Um so sicherer bietet die spätere D i l u v i a l zeit die Bedingungen für das Fortkommen des Menschen in Palästina. In sie werden auch die ältesten Funde, die auf das Walten menschlicher Hände hindeuten, zu verlegen sein [4]. Es ist wohl nicht zufällig, daß sie nicht durch die neueren Ausgrabungen zutage gefördert worden sind, sondern an anderen | Stellen sich vorfanden. Die Geschichte der Entstehung des Landes selbst lehrt uns, daß in der Tertiärzeit und bis tief in die Quartärperiode hinein das Land selbst noch vielfach erst im Werden war. So ist außer der Jordanspalte auch die Küstenlandschaft am Mittelmeere zwar verhältnismäßig später, doch immerhin noch recht früh entstanden [5], während das Gebirge des Westjordanlandes sowohl als das des Ostlandes schon in der früheren und mittleren Tertiärzeit (eozän und miozän) aus den Fluten aufstieg. So wird man denn die ältesten Spuren des M e n s c h e n in den genannten Gegenden zu suchen haben, während die Orte, an denen in jüngster Zeit der Spaten angesetzt worden ist, durchweg erdgeschichtlich jüngeren Schichten angehören.

Tatsächlich zeigt eine Übersicht über die bisher bekannt gewordenen ältesten Steinwerkzeuge, also die paläolithischen Funde, daß sie vorwiegend an der Küste zwischen Tyrus und Sidon, bei Beirut und Byblos und am Westabhang des Antilibanon, ferner in Galiläa bei Nazaret, Tiberias und Kāna, weiterhin auf dem Plateau östlich vom Toten Meere und im Gebirge um Jerusalem, auch am Karmel und in der Gegend von Qades und Petra gefunden sind [6]. Eine stattliche Sammlung derselben ist im Besitze

---

1) Sein Spiegel stand, wie Hull nachgewiesen hat, ehedem über 420 Meter über dem heutigen Spiegel des Toten Meeres, d. h. etwa 30 Meter über dem heutigen Spiegel des Mittelmeeres. Sein Grund muß, da ein gewaltiger Einsturz erfolgte, erheblich höher gelegen haben als heute. Vgl. vor allem Blanckenh., Entstehung und Geschichte des Toten Meeres, ZDPV. 19 (1896), 31. 2) Über seine spätere Ausdehnung s. oben S. 12. 13. 3) Sie haben ihre Gestalt seit jener Zeit nicht mehr verändert. Siehe im allgemeinen Blanckenh., Syrien in seiner geologischen Vergangenheit in ZDPV. 15 (1892), 40 ff. Tatsächlich sind um Jerusalem und bei Derāt, Dscherasch und 'Ammān, weiterhin auch im Negeb und bei Petra, sowie an der früh gestalteten Mittelmeerküste die ältesten paläolithischen Funde gemacht (Typus von Chelles bei Paris). 4) Vgl. Blanckenh., Über die Steinzeit u. d. Feuersteinartefakte in Syrien-Pal., Ztschr. f. Ethnolog. 37 (1905), 447 ff. bes. 465, sowie die Abb. von S. 24 [1]. 5) Vgl. die geologische Karte von Blanckenhorn, ZDPV. 35 (1912) u. oben S. 13 Anm. 2 (auch Vincent, Canaan 363) und für die Gegend des Toten Meeres besonders Blanckenh., ZDPV. 1896, bei S. 16. 6) Vgl. vor allem Blanckenh. ob. Anm. 4, außerdem die Karte bei Vincent a. a. O. 394 und dessen Erörterungen auf S. 378 ff. Weitere Literatur bei Thomsen, Pal. Altert.kunde 20 u. bes. bei Karge, Rephaim 1917, 10 ff.

des Hospizes Notre Dame de France in Jerusalem. Es sind in vollkommen primitiver Weise durch Abhauen und Absplittern einzelner Stücke zugerichtete Faustschläger, Schaber, Hacken und Beile, Messer, Pfriemen, Meißel, zuletzt auch Lanzen- und Pfeilspitzen aus Feuerstein, gelegentlich auch schon aus Knochen [1]. Sie mögen aus verschiedenen Zeitaltern der älteren Steinzeit stammen [2], haben aber alle das gemein, daß sie Menschen voraussetzen, die über die roheste Art der Technik noch nicht hinausgeschritten sind.

Das Klima der Diluvialperiode Palästinas wich von dem des heutigen Landes ganz erheblich ab. Die starken Niederschläge und die wesentlich kühlere Temperatur erzeugten überall, wo irgend die Bodenbeschaffenheit es zuließ, üppige Vegetation. Die Höhen waren | vermutlich infolgedessen mit den Palästina heute fast ganz verloren gegangenen Laubwäldern — Buchen und Eichen — bestanden [3], die dementsprechend wiederum eine viel zahlreichere Tierwelt beherbergten als das heutige Palästina und ohne Zweifel manche Arten, die heute und schon seit vielen Jahrhunderten dort ausgestorben sind.

Die Folge dieser Erscheinung ist, daß auch der Mensch unter ganz anderen Lebensbedingungen stand als heute und überhaupt in geschichtlicher Zeit. Das Zusammenleben mit anderen und zumeist wohl größeren Tierarten fordert ihn zum Kampf oder zur Flucht vor ihnen auf. Die kältere und weit mehr regnerische Witterung heißt ihn wärmere Kleidung und Schutz unter Häusern oder Hütten suchen oder, sofern er ihre Herstellung nicht kennt, in den zahlreichen Höhlen des Gebirges [4]. Wofern es erlaubt ist, aus einem benachbarten und nahe verwandten Gebiete Schlüsse auf das eigentliche Palästina zu ziehen, so darf angenommen werden, daß auch hier der Mensch damals noch mit dem Höhlenbären und Höhlenlöwen, dem Nashorn, dem Auerochsen zusammenlebte und mit ihm sich zu messen hatte. Wenigstens wollen Oskar Fraas und andere in einer Höhle des Libanon ihre Knochen zusammen mit denen des Menschen gefunden haben [5].

Welcher Rasse die Menschen jener frühesten Vorzeit angehörten und welcher Körperbeschaffenheit sie waren, wird uns so lange ein Geheimnis bleiben, als wir nicht über reichlichere Funde verfügen; die wenigen Knochenreste aus dem Libanon können hierfür nicht zureichen [6]. Aber es ist kein Grund, die Hoffnung aufzugeben, daß hier oder im eigentlichen

---

1) Blanckenh., Steinz. Pal II, 21.   2) Vgl. Blanckenhorn in Z f. Ethnolog. a. a. O. und im besonderen sein Urteil S. 453: „Ich möchte mich ... der Ansicht zuneigen, daß dieses klimatisch noch heute begünstigte Hochplateau bei Jerusalem, welches den Menschen der Steinzeit so reiches und gutes Material für ihre Werkzeuge bot, doch während der ganzen Steinzeit bewohnt gewesen ist, wenigstens von Strepyien und Chelléen an. Die durch den mehrfachen Klimawechsel der Diluvialzeit an andern Plätzen der Erde bedingten Hemmnisse der Besiedlung, wie Überschwemmungen, Gletscherbildung, fielen ja hier fort, ebenso wie auf den Hochplateaus bei Theben in Ägypten.‟   3) Daß sie noch lange fortbestanden, ist oben S. 18 [1] dargelegt.   4) Über ihnen vorangehende freilich vorläufig bloß vermutete, schwarze „Freiluft‟menschen s. Blanckenh., Steinz. I, 40f. 51.   5) Vgl. Blanckenh., ZDPV. 1892, 61f. u. Zsch. f. Ethnol. 1905, 458f. 465f. Zumoffen, La Phénicie 1900. Jagdtiere: Karge 65. 68. 71 u. ö. (bes. nach Zumoffen).   6) Blanckenh., Steinz. II 24 vermutet Angehörige der nordischen weißen kaukasischen Rasse (östl. Hamiten) mit viell. kannibalischen Gewohnheiten. Sie sollen bereits ansässige negroide (s. Anm. 4) Vertreter der Chelleo-Mousterienkultur verdrängt haben. Über den paläolithischen Menschen s. auch Karge 72f. 75. 93. 113f.

Palästina die Zukunft uns noch weitere Aufschlüsse bringen werde. Nicht viel mehr können wir über die Z e i t des Auftretens jener primitiven Menschen und die Dauer der paläolithischen Periode sagen. Die Phantasie hat hier ein ergiebiges Feld. Auch ist es ihr ein leichtes, Jahrtausende, selbst Jahrzehntausende mit freigebiger Hand auszustreuen. Richtiger aber ist es, ehe wir bestimmte Maßstäbe haben, an denen wir die Verhältnisse auf unserem Gebiete messen können, sich mit dem Geständnis unseres vielfachen Nichtwissens zu bescheiden, sobald wir wagen wollten, über eine rein negative Aussage hinauszugehen. Denn auch die auf anderen Gebieten, in der Dordogne und anderwärts etwa gewonnenen Ansätze dürfen keineswegs ohne weiteres auf unser Gebiet übertragen werden. Es ist durchaus unwahrscheinlich, daß die Menschen unter verschiedenen Lebens-| bedingungen und auf ganz verschiedenem Boden sich so gleichartig entwickelt haben, und daß die an einem Punkte gewonnene Zeit sofort auf die analoge Entwicklungsstufe an einem anderen Punkte der Erde übertragen werden dürfte. Dies wird gelten, auch wenn an sich ein Kulturzusammenhang mit Europa nicht bestritten wird. Jene negative Aussage aber besteht lediglich darin, daß wir die obere Grenze des neusteinzeitlichen (neolithischen) Zeitalters der unteren des altsteinzeitlichen gleichsetzend [1] sagen: jene Menschen haben im ganzen n i c h t   n a c h dem Jahre 5000, vielleicht 6000, vor Christus gelebt. Wie viele Jahrhunderte oder Jahrtausende wir dieser unteren Grenze zuzulegen haben, um an den wirklichen Eintritt von Menschen in das Land zu gelangen, entzieht sich, soweit ich sehe, zurzeit noch unserer Erkenntnis [2].

§ 6.
Die jüngere Steinzeit. Nichtsemitische Elemente.

Die Funde der jüngeren Steinzeit — der neolithischen Periode — sind weitaus am zahlreichsten vertreten an den Stätten der neuesten Ausgrabungen. Jerusalem, Jericho, Gezer, Taanak, Megiddo und andere Orte haben in ihren unteren Schichten gewetteifert, das vorher bescheidene Material zu einem erstaunlichen Reichtum anschwellen zu lassen [3]. Sie unterscheiden sich von jenen durch sorgsamere und kunstreichere Herstellung, vor allem durch sorgfältigere Glättung des Steines an Stelle der rohen Absplitterung mit dem bloßen Steinhammer. Natürlich werden die Werkzeuge und Waffen dadurch sowohl gefälliger als gebrauchsfähiger. Schönheitssinn und Technik haben unverkennbare Fortschritte gemacht. Hand in Hand damit geht eine Steigerung der Bedürfnisse und Ansprüche. Soweit sie sich in Stoffen betätigt, welche die Zeit zu überdauern imstande sind, äußert sie sich außer im Steine besonders im Tone, der nunmehr zu allerlei Erzeugnissen rohester Technik und Kunst verwandt wird, während das Metall zunächst noch fehlt. Selbstverständlich ist aber auch diese jüngere Steinzeit keine vollkommen gleichartige Größe. Auch in ihr hat

---

1) Wobei die üblichen Zeitansätze als die zurzeit wahrscheinlicheren angenommen sind, doch mit dem Vorbehalte, der sich aus S. 28 Anm. ergibt. 2) Blanckenh., Steinz. I a. E., glaubt jetzt das Vollneolithikum von 5000 ab, die Übergangszeit (altpaläol. u. frühneol.) 14000—6000 und die ersten Anfänge bis rund 40000 v. Chr. ansetzen zu können. 3) Weitere Orte neolithischer Kultur: Phönizien, Kölesyrien, Obergaliläa: Karge 131.

sich eine Entwicklung abgespielt, die sich über einen längeren Zeitraum
ausbreitete. Im ganzen ist man geneigt, die frühere Periode der neolithischen Zeit ungefähr von 5000 oder 4500 bis 3500 anzusetzen, die
spätere von 3500 bis 2500, stellenweise — so im Ostjordanland — auch
bis | 2000 [1]. Doch ist wohl möglich, daß mit dem Anfang höher zu greifen
ist. Ihr mögen größtenteils die älteren Funde von Gezer, Megiddo und
Taanak zugehören, während die anderen, der ersten Hälfte der jüngeren
Steinzeit angehörigen, sich an verschiedenen Orten zerstreut finden.

Über die Lebensverhältnisse der Menschen dieser neusteinzeitlichen
Zeit soll später gehandelt werden [2]. Was uns an dieser Stelle, wo wir
von der Besiedlung Kanaans handeln, in erster Linie interessiert, ist die
Frage nach ihrer Herkunft. Für ihre Entscheidung ist vor allen Dingen
Gezer von Bedeutung.

Die ältesten Ansiedler haben sich hier, wie anderwärts mehrfach, auf
dem kahlen Felsen ihre Wohnung geschaffen, und zugleich unter ihm in
den natürlichen, vielfach unter dem palästinischen Kalkgestein sich hin-
ziehenden Höhlen, die sie mit ihren Steinwerkzeugen künstlich erweiterten.
Die Spuren hiervon sind da und dort noch wahrzunehmen. Eine der
Höhlen wurde als Verbrennungsstätte benutzt. Ihr Boden fand sich bedeckt mit einer Aschenschicht von 30 cm Höhe. Die Decke weist ein
künstlich hergestelltes Loch gegen die Oberfläche hin auf, das als Kamin
für den Abzug des Rauches gedient zu haben scheint. Wenigstens lassen
sich an den Wänden noch deutlich die Spuren von Rauch und Ruß erkennen [3]. Die Aschenschicht selbst weist die Spuren mehrfach nachein-
ander erfolgter Verbrennungen auf. Die Aschen- und Knochenreste sind
von dem Vater des Leiters der Ausgrabungen, Alexander Macalister, Professor der Anatomie in Cambridge, genau untersucht worden. Der Befund
ergab, daß es sich nur um eine kleine, kaum mittelgroße, hagere Rasse
handelt, Gestalten von etwa 1,67 m Länge für die Männer, 1,60 für die
Frauen [4]. |

Diese Tatsachen lassen uns einige nicht unwichtige Schlüsse wagen.
Allem Anschein nach sind wir berechtigt anzunehmen, daß die unterirdische
Verbrennungsstätte uns die Art der Totenbestattung enthüllt, welche jene
Menschen der späteren Steinzeit übten. Nun ist, soweit wir wissen, allen
Semiten die Sitte gemein, ihre Toten zu begraben. Auch das Alte Testa-

---

1) Vgl. Macalister im PEF. und PJB. 5 (1909), 81 und über die Scheidung der
Perioden PEF. Qu. Stat. 1902, 347 ff., aber auch 1907, 203. Anders Blanckenhorn,
Zsch. f. Ethnol. a. a. O. 466, der zu höheren Ansätzen kommt, indem er für Palästina
besondere Verhältnisse voraussetzt (vgl. ebenda Anm. 1). So will er schon mit 4000 bis
5000 (Karge 146: 6000) die spätneolithische Periode Palästinas anfangen lassen und
die frühneolithische mit 10 000. (Etwas anders Steinz. I [ob. S. 27]). Ich habe kein
selbständiges Urteil und muß mich auf die Autoritäten verlassen. Tatsache ist jedenfalls — unbeschadet des am Ende von § 5 Bemerkten —, daß die Zeitalter nicht durch
eine bestimmte Zeitgrenze streng zu scheiden sind, sondern vielfach ineinander übergreifen. Würden also die Hauptfunde neolithischer Art nicht über das 5. oder 6. Jahrtausend zurück- und die des paläolithischen Zeitalters nicht über diesen Termin herab-
gehen, so wäre ein längeres Zusammenbestehen beider und ein erheblich früherer Beginn der neolithischen Periode immer nicht ausgeschlossen. 2) Unten § 16. 3) Die
letztere Angabe wird jetzt Gezer I, 286 als nicht ganz sicher bezeichnet. Im übrigen
vgl. Gezer I, 74 ff. 285 ff. u. schon PEF. 1903, 50 f. 322—326; 1902, 347 ff. 353—356;
„A people of slender build and small, but not dwarfish, stature. None exceeded 5 feet
7 inches, and most were under 5 feet 4 inches" (353). 4) So jetzt nach Gez. I, 59.

ment kennt, wo es sich nicht um Schändung des Toten handelt, nur sie [1].
Das Verbrennen der Leiche gilt den Semiten nach ihrer ganzen Anschauung
über Tod und Seele als vollkommen unverständlich und erscheint als
schwerster Frevel. Daraus ergibt sich mit höchster Wahrscheinlichkeit,
daß jene Bewohner von Gezer k e i n e S e m i t e n waren [2]. Sie müssen
einer Bevölkerungsschicht angehört haben, die auf die Erhaltung der Leiche
keinen Wert legte, vielleicht ihre ·Vernichtung wünschte, nach manchen
einer arisch-indogermanischen, da die Neigung der Indogermanen zur Aussetzung und Verbrennung der Leichen uns auch sonst vielfach bezeugt ist [3].

Zugleich mag hier schon darauf aufmerksam gemacht werden, daß
diese Sitte bei den Indogermanen durchaus nicht überall und allezeit festgehalten worden ist [4]. Bei vielen von ihnen ist noch innerhalb der jüngeren
Steinzeit an ihre Stelle die Sitte der Bestattung der Leiche getreten.
Daraus würde sich für uns ergeben, daß diejenige Bevölkerungsschicht
von Gezer, mit der wir es hier zu tun haben, sollten wir sie als indogermanisch ansprechen dürfen, den ersten Anfängen der jüngsten Steinzeit,
also der spätneolithischen Periode (4000—3000) zuzurechnen wäre. Es
wird sich fragen, ob sich hieraus nicht zeitliche Schwierigkeiten ergeben.

Zu der Annahme n i c h t s e m i t i s c h e r Elemente im ältesten Palästina
stimmt nun die zweite in jener Höhle festgestellte Tatsache, die von der
sehr mäßigen Größe jener Rasse, wenigstens soweit, als wir überall sonst
in Palästina, wo wir Skelette erwachsener Menschen finden, eine erheblich
größere Körperlänge voraussetzen dürfen [5]. Es wird sich also mindestens
für Gezer in der Zeit zwischen 4000 und 3000 eine der semitischen Bevölkerungsschicht vorangehende andersartige voraussetzen lassen. Damit
ist es aber wahrscheinlich geworden, daß auch | anderwärts in Palästina
in jener Zeit sich nichtsemitische Elemente vorfanden, und man wird geneigt sein, einen beträchtlichen Teil der ältesten Besiedlung Kanaans, nicht
nur diejenige der sogenannten spätneolithischen Zeit von Gezer, einer

---

1) Eben desbalb wird 1 Sam. 31, 12 (falls es sich nicht um eine Ausnahme
handelt, die ihre bestimmten Gründe haben müßte, wobei aber vor allem zu beachten ist, daß tatsächlich doch noch ein Begräbnis stattfindet, V. 13) einen Text-
fehler enthalten. Die Worte fehlen in der Chronik. Doch vgl. dazu jetzt Meinhold,
Festschr.-Baud. 334. (Er denkt an Reinigung der schon verwesenden Fleischteile.) Am.
6, 10 ist ganz dunkel und setzt wohl die Ausnahmeverhältnisse einer Pest voraus. Vgl.
noch Torge, Seelenglaube und Unsterblichkeitshoffnung (1909), S. 101.　　2) Über
gelegentliche Verbrennung in Babylonien s. Meißn. 425.　　3) Zur Frage der Verbrennung der Toten vgl. jetzt neben Meinh. a. a. O. bes. H. Schreuer, Das Recht der
Toten 1916 (= Zschr. Vgl. Rechtsgesch. 33, 333 ff. und 34, 1 ff.). Er bestreitet 33,
396 ff. die bes. auf E. Rohde zurückgehende Annahme, die Verbrennung diene dem
Vernichten des Toten, um seine Wiederkehr zu hindern. Vielmehr diene sie der E h r u n g
und sei eine Art Leichenkult. Der Zweck ist ihm Beschleunigung der Verwesung,
und als Beweis gilt ihm das Mitverbrennen von Beigaben, deren Vernichtung sinnlos
wäre. Als Zeit gilt bei den Indogermanen das Ende des II. Jahrtausends. So auch
Stengel, Griech. Kultaltert. ³144 f. Mir scheint, wie schon früher I ³, S. 49 ² angedeutet,
diese Auffassung richtig für die Zeit, die Sch. im Auge hat und unter der Voraussetzung einer schon einigermaßen vom Körper losgelösten Seele (Hauch- oder Wind-
seele). Man verbrennt oder vernichtet jetzt nicht wie in alter Zeit die Leiche, um den
Toten unschädlich zu machen, sondern wohl um die Seele desto rascher dem Hades
zuzuführen. Ob sie für die Urzeit zutrifft, bleibt die Frage.　　4) In Mykenä wird
begraben. Ebenso bei den Griechen wieder seit dem 6. Jahrh.　　5) Allerdings sind
nur wenig Messungen zugänglich. Aber der oben hervorgehobene Tatbestand von Gezer
läßt sich kaum anders deuten. Für Megiddo s. unten § 15, 4: 165—170 cm; für
Gezer s. unten § 17, 1: bis zu 180 cm.

nichtsemitischen Schicht zuzuweisen. Woher sie kam, ob sie im Lande selbst entstand oder von außen eindrang, ebenso welcher größeren Völkergruppe sie zugehörte, läßt sich vorläufig nicht entscheiden. Ihre Zuwanderung von Norden her liegt immerhin nahe.

Nun hat das Alte Testament selbst uns die Erinnerung überliefert, daß lange vor den Israeliten und ihren nächsten Vorgängern oder Nachbarn gewisse Volksstämme mit teilweise dunkeln Namen das Land und seine Nachbargebiete bewohnt haben. Sie scheinen ihm als die eigentlichen Urbewohner zu gelten. Manche dieser Namen scheiden wahrscheinlich als durchsichtige Gebilde, deren Bedeutung auf fabelhafte Vorstellungen von Riesengeschlechtern der Vorzeit hindeutet, aus [1]. Dahin gehören die Refaiter, die man wohl mit Recht als die Totengeister, die längst abgeschiedenen Riesengeschlechter deutet, und die deshalb auch „Kinder des Totengeistes" im Sinne von Riesenkindern heißen und denen zuliebe dann ein Grund der „Riesengrund" hieße [2]. Übrigens ist es bezeichnend, daß jene Urbewohner mit Vorliebe gerade mit den Gegenden in Verbindung gebracht werden, die nach dem Obigen als besonders ergiebige Stätten paläolithischer Funde zu gelten haben, so der Refaiterebene bei Jerusalem und dem Hochland im Osten, das jene Riesenbauten der neolithischen Vorzeit besonders zahlreich erhalten hat. Man sieht daraus, daß noch in späterer Zeit sich die Erinnerung daran erhielt, wo die ältesten Siedlungen stattgefunden hatten [3].

Neben jenen stehen die ʿAnaqiter, die man doch wohl am ehesten als die Langgestreckten, also die Riesen, deutet, und die demgemäß ebenfalls geradezu als „Riesenkinder" bezeichnet werden [4]. Sehr zweifelhaft ist hingegen, ob man berechtigt ist, auch die Emiter so zu verstehen. Wenn dies der Fall ist, müßten sie die „Schreckhaften" heißen, doch wird man schon hier ernste Bedenken nicht zurückhalten können [5]. Noch mehr ist dies der Fall bei den Zuzitern, ʿAwwitern und Zamzummitern [6]. Letztere hat man noch versucht auf ähnliche | Weise zu verstehen. In der Tat liegt es ja nicht fern, sie mit hebr. *zamam* in Verbindung zu bringen und als die „Murmler" im Sinne von Geistern zu erklären. Allein da doch die zwei anderen Namen jeder Erklärung ähnlicher Art spotten, so ist es geratener, auch hier auf sie zu verzichten. Wahrscheinlich empfiehlt sich dies auch bei den Emitern.

Es bleiben uns somit jedenfalls die Zuzīm, die ʿAwwīm (ʿAuwim) und vielleicht noch einige andere Namen, die eigentliche Völkernamen sein wollen. Und zu ihnen treten nun noch die Ḥoriter oder Horīm. Von den letzteren heißt es, daß sie als Vorgänger der Edomiter das Gebirge

---

1) Siehe dazu Schwally, Über einige palästin. Völkernamen ZAW. 1898, 126 ff. 2) Vgl. bes Dt. 2, 11. 20 f. Sie werden dort wie die Emiter und Zamzummiter nach dem Ostjordanland verlegt, über dessen frühe Besiedlung das oben S. 25 Gesagte zu vergleichen ist. Weiter siehe *jelīdē hārāfā* 2 Sam. 21, 16. 18 (1 Chr. 20, 8) und *ʿemeq harefaʿīm* 2 Sam. 5, 18. 22 u. ö. 3) Wie weit wir die nichtsemitische Schicht in Gezer über das andere Land ausdehnen dürfen, ist allerdings zweifelhaft. Immerhin bleibt ihre Beschränkung gerade auf Gezer recht unwahrscheinlich. Über die Refaiter s. Karge 626. 638. Der Name denkt sicher an die Riesenbauten der Urzeit, besonders die Dolmen, die als Riesengräber den hier beigesetzten Toten den Namen gaben. Siehe unten S. 37. 4) Dt. 2, 10. Nu 13, 22. 28. Dt. 9, 2 u. ö. 5) Dt. 2, 11 f. Sie gelten als Ureinwohner Moabs; *ʿema* ist der Schrecken, aber die Ableitung ist recht prekär. 6) Dt. 2, 20. Gen. 14, 5.

Se'ir bewohnten [1]. Es ist dies das zerklüftete, höhlenreiche Kalkgebirge im Süden des Toten Meeres. Mit Rücksicht auf diese Tatsache hat man längst erkannt, daß zwischen dem Namen Horiter und der Beschaffenheit ihres Landes ein Zusammenhang bestehen könnte. Sie wären dann geradezu von der Nachwelt als Höhlenbewohner oder Troglodyten bezeichnet, und die Übereinstimmung mit dem, was in Gezer und an anderen Orten als die älteste Art des Wohnens erscheint, gibt dieser Vermutung ernsten Nachdruck. Trotzdem ist es auch hier viel wahrscheinlicher, daß die Benennung Höhlenmenschen lediglich einer Angleichung ihres eigentlichen Namens an ein hebräisches Wort entstammt — natürlich mit Beziehung auf ihre Wohnstätten.

Welches ihr eigentlicher Name war, erfahren wir aus ägyptischen Inschriften, in denen die Bewohner Palästinas den Namen *Charu* führen [2]. Es kann kein Zweifel sein, daß beide Namen identisch sind. Aus dem Umstande, daß im Papyrus Anastasi III. ihr Gebiet von der Sinaihalbinsel — diese selbst eingeschlossen — bis in die Gegend um Damaskus zu reichen scheint, leitet Ed. Meyer das Recht ab, die Horiter auch in der biblischen Überlieferung als die einstigen Besitzer des ganzen Palästina anzusehen [3]. Mit Sicherheit läßt sich jedoch in der | biblischen Überlieferung nur ihr Vorhandensein in voredomitischer Zeit im Edomiterlande, außerdem wohl in der Gegend von Gezer, nachweisen [4].

Derselbe Name in der Form *Charri* ist nun aber bekanntlich auch von Winckler in Boghazköi in Kleinasien nachgewiesen worden [5]. Winckler

1) Vgl. Dt. 2, 12. 22. Gen. 14, 6. Das hebräische *hōr* bedeutet Loch, Höhle. 2) Vgl. Meyer, Gesch. d. Alt. § 467; Israel. 330.   3) Die Beseitigung der Hiwwiter (Hewiter) in Gen. 34, 2 und Jos. 9, 7 (auch Jes. 17, 9 LXX) zugunsten der Horiter auf textkritischem Wege, und zwar weil eine bewußte Änderung vorliege, die Meyer versucht, kann ich nicht für ausreichend begründet halten. Von den etwa 25 Stellen des hebr. Textes, an denen die Hiwwim vorkommen, haben nur Gen. 34, 2 und Jos. 9, 7 Χορραῖος. Das ist augenscheinlich bloße Verwechslung von ן und ר. Sich dieser Erkenntnis zu verschließen, hätte Meyer schon die ihm bekannte (Israel. 331 ²) Tatsache abhalten müssen, daß genau dieselbe Verwechslung sich in Gen. 36, 2 findet (nur in umgekehrter Richtung), wo es sich nach V. 20 augenscheinlich nur um einen Lesefehler handelt. Die Änderung auf Grund der bekannten Listen, welche gern die Hewiter unter den Kanaanäern mit nennen (sie aber weiter nördlich suchten), müßte erst nach LXX erfolgt sein, da LXX an jenen Stellen die Horiter bietet. Nun hat aber LXX in Jos. 9, 1 tatsächlich die Hewiter. Der Übersetzer wird sie also hier gelesen haben. Das würde einen Zustand des vormasoretischen Hebräers in Jos. 9 ergeben, den man keinem Redaktor vernünftigerweise zutrauen kann. Daß — worauf sich M. stützt — V. 7 älter ist als V. 1, ist zuzugeben. Aber wenn R in V. 7 die Horiter vorfand, so konnte er nicht in V. 1 für sie die Hewiter entweder selbst einsetzen oder stehen lassen. Daß er die Änderung einem ganz späten Diaskeuasten überlassen hätte, ist höchst unwahrscheinlich und darf m. E. nicht zu so weitgehenden Schlüssen verwandt werden, wie sie aus Meyers Hypothese besonders in Gesch. d. Alt. a. a. O. gezogen werden. Seine ganze Theorie über die Horiter in Sikem, Gibeon usw. ruht auf so schwachen Füßen, daß sie, solange wir nicht weitere Zeugnisse haben, mit ganz anderer Zurückhaltung vorgetragen werden müßte.   4) Siehe besonders Gen. 36, 20—28 und dazu Meyer, Israel. 338 ff. Er weist mit Recht auf Manachat, den Sohn Sobals in Gen. 36, der den Manachatiern, den Abkömmlingen Sobals in 1 Chr. 2, 50. 52 zusammengehört. Diese Manachatäer aber wiederum sitzen in Ṣor'a, der Heimat von Simsons Vater Manoach. Er scheint demnach von Hause aus ein Horiter. 5) Mitt. d. DOG., Nr. 35, S. 49 ff. Will den Horitern beide die Charri von Boghazköi nichts zu tun, wohl aber wird das hebr. *horim* Edle, Freigeborne nichts anderes als jene „Arier" bedeuten. Es ist ein arisches Lehnwort, das ehedem den Adel, dann wohl überhaupt die ältesten Geschlechts- oder Stadthäupter bezeichnete. (Eisler, Ken. Weihinsch. 77.) [Doch s. d. Nachtr.]

trägt kein Bedenken, in jenen Charri tatsächlich die biblischen Horiter zu sehen. Dort handelt es sich allem Anscheine nach um ein nichtsemitisches, arisches Volk. Diese Tatsache könnte an sich zu einer Vergleichung mit den Ergebnissen der Ausgrabungen in Gezer. reizen, von denen oben berichtet ist. Es schlösse sich dann in kühner, aber bedeutsamer Kombination ein Glied an das andere zu lückenloser Kette. Die unsemitischen und vorsemitischen Höhlenbewohner von Gezer wären desselben Stammes wie die voredomitischen, also vorsemitischen arischen Höhlenbewohner des südlichen Gebirgslandes, und das arische Wort Charri wäre als ein semitisches Ḥorī gedeutet worden. Gleichzeitig würde sich die noch zu besprechende Perspektive, die sich von einigen megalithischen Denkmälern aus eröffnet, ganz erheblich erweitern.

Allein dem widerspricht die Tatsache, daß die Horiter, deren Einzelstämme uns in Gen. 36 aufgezählt werden, dieser Aufzählung nach durchaus als Semiten erscheinen. Ihre Namen lassen darüber keinen Zweifel; sie sind zu einem beträchtlichen Teil durchsichtig und enthalten gutsemitische Elemente in so ausreichender Zahl [1], daß un|bedenklich behauptet werden kann, die im Alten Testament uns entgegentretenden Horiter seien der Hauptsache nach Semiten gewesen. Damit wird die Zusammenstellung mit jenen arischen Charri höchst zweifelhaft, und wir werden gut tun, uns darauf zu beschränken, in den Horitern eine semitische, mindestens stark semitisierte Schicht der frühen Vorzeit Kanaans zu sehen.

Hingegen sind nun vom Semitischen aus angesehen vollkommen undurchsichtig die Zuzīm und die ʿAwwīm oder wohl ʿAuwīm [2]. Hier könnten in der Tat nichtsemitische Schichten vorliegen. Daß die Namen in späten Stücken vorkommen, wird man kaum ernstlich in Anschlag bringen dürfen. Denn gerade so unhebräische Namen hätte die spätere Sage am wenigsten erdichtet. Wenn wir die ersteren mit den Zamzummīm zusammenbringen dürften, so würden wir durch die Überlieferung in das ammonitische Hochland gewiesen, von dem wir früher hörten, daß es zu den Gebieten gehört, die am allerersten und schon in paläolithischer Zeit besiedelt worden sind. Hier wäre also am ehesten die Möglichkeit, an vorsemitische Stämme zu denken. Allein tatsächlich entspringt jene Gleichsetzung doch lediglich der Verlegenheit, da wir sonst mit den Zuzīm nicht viel anzufangen wissen. Die zweiten, die Auwiter, stehen uns jedoch nicht weniger fremd gegenüber. Die Vermutung, daß sie die in ägyptischen Inschriften vielfach vorkommenden ʿAmu seien [3], empfiehlt sich, wie mir scheint, wenig. Die Auwiter beschränken sich auf die Philisterebene [4], jene ʿAmu haben allem nach eine viel weitere Ausdehnung

---

1) Vgl. Namen wie Timnaʿ, ʿAlwan (עַלְוָן), Manachat, Schefō (Schefī), Ṣibʿon, Aja, ʿAna, Dischon, Ḥemdan, Jitran u. a. Man vergleiche dazu die unten S. 43 f. ausgesprochenen allgemeinen Grundsätze für diese Fragen. Aber auch unter voller Berücksichtigung des dort Gesagten wird sich das im Texte gegebene Urteil aufrecht erhalten lassen. Es findet sich in der Liste kein Name, den man mit voller Sicherheit als nichtsemitisch ansprechen könnte. 2) Vgl. besonders die Etymologien von Schwally in ZAW. 1898, 137. 148. Es ist möglich, daß man später in Israel bei den Zamzummīm ähnliche Gedanken hatte, wie sie Sch. dort vorträgt; aber schon bei ihnen ist mir fraglich, ob sie dem eigentlichen Sinn des Namens entsprachen — ganz abgesehen von den Zuzīm und Auwīm. 3) So Meyer, Israel. 336 [2], doch selbst nur zweifelnd. 4) Dt. 2, 23. Jos. 13, 3 (vgl. dazu BH). Sie scheinen erst durch die ins Land einbrechenden Philister verdrängt worden zu sein.

besessen. Es wird daher wohl richtiger sein, die 'Amu, wie es öfter geschehen ist, mit dem hebräischen 'am Volk zusammenzubringen und in den Auwitern einen eigenen Volksstamm dunkler Ableitung zu sehen.|

§ 7.
Megalithische Denkmäler.

Lassen sich also, soweit wir bis hierher ermitteln konnten, auf Grund der Ausgrabungen sowohl als nach dem, was die biblischen Nachrichten erschließen lassen, nur vereinzelte Spuren nichtsemitischer Besiedlung Kanaans mit Sicherheit nachweisen, so bleiben nur noch die sogenannten m e g a l i t h i s c h e n Denkmäler der Vorzeit Palästinas übrig, und es erhebt sich die Frage, ob vielleicht sie imstande sind, uns noch genauere Aufschlüsse zu geben [1].

Dieser Gruppe von Denkmälern gehören vor allem an die Dolmen, Menhire, Kromleche und ähnliche Gebilde, sowie weiterhin kyklopische Mauern oder Steindämme, auch Steinkammergräber, die man mit Grund derselben Kategorie zuweist. Unter D o l m e n verstehen wir Steingebilde aus mächtigen, zu einer Art von Stube, einer Behausung der Toten, zusammengefügten unbehauenen Steinblöcken oder Steinplatten. Man hat sie öfter für primitive Altäre oder Anbetungsstätten angesehen; genauere Untersuchungen haben aber ergeben, daß es sich in erster Linie um Begräbnisstätten handelt, womit von selbst schon eingeschlossen ist, daß sie auch zu sakralen Zwecken, wie zur Weihung von Gaben an die Toten, verwandt wurden [2]. Sie finden sich in großer Anzahl im Ostjordanlande, aber auch im Westlande lange nicht so selten als man glaubte [3], teilweise

---

1) Vgl. jetzt zu diesem ganzen Abschnitt K a r g e , Rephaim. Die vorgeschichtliche Kultur Palästinas und Phöniziens 1918   K. nimmt mit großer Entschiedenheit Stellung gegen die Erklärung der paläst. Megalithkultur als der Hinterlassenschaft eines durchziehenden Wandervolkes. Sie ist ihm organisch mit den Steppengebieten des Landes und seinen steinzeitlichen Bewohnern verwachsen, sie ist b o d e n s t ä n d i g (650) und „bildet die geradlinige Fortsetzung und höchste Entfaltung der steinzeitlichen Zivilisation" in gewissen Gegenden Palästinas. Ihr Träger ist die Hirten- und Bauernbevölkerung des Ostjordanlandes im 3. Jahrtausend und bis ins 2. hinein (646. 651.) Der pal. Westen entwickelte früh eine ausgesprochene Kultur ansässiger Bauern und Städter, die Hirten und Halbfellachen des Ostens und der galiläische Norden brachten die spätneolithische Megalithkultur hervor, die aus der Praxis der Hirten herauswuchs (658. 661). Als Erbauer scheidet die kleinasiatisch - armenoide Bergbevölkerung Palästinas aus, da die Ebenen Kleinasiens keine Megalithgräber kennen (687). Ebenso die Indogermanen (691), da die Megalithzeit zeitlich ihrem Erscheinen vorangeht. Auch die bodenständige nordafrikanische Megalithkultur hat mit den indogerm. Wanderungen nichts zu tun (707). Vielmehr sind die Dolmenerbauer Palästinas S e m i t e n , in deren Religion auch die großen Steingräber, die Masseben und Steinkreise eine große Rolle spielen (709). Dabei ist das paläst. Megalithgebiet weder als Ansgangspunkt noch als Endpunkt oder Glied einer Kette westöstlich gerichteter Bewegungen verständlich (711). Das Wahrscheinlichste ist ihre s e l b s t ä n d i g e Entwicklung aus günstigen Vorbedingungen (712). 2) Ein rein profaner Akt ist eine solche Weihung von Gaben, wie man sie sonst fassen mag, keinesfalls. Vgl. noch Kittel, Studien z. hebr. Archäol. 121. 124. 144. Über dolmenartige Steingräber aus vorgeschichtlicher Zeit berichten Graf Mülinen auch im Karmelgebiet ZDPV. 31 (1908), 113f. u. Mader a. a. O.   3) Vgl. die freilich jetzt nicht mehr erschöpfende Zusammenstellung der Fundorte bei Vincent, Canaan 411 und dessen Karte megalithischer Denkmäler, S. 395. Dazu Paläst. Jahrb. 4 (1908), 113; 8 (1912), 12. 45; 9, 57 und Musil, Arab. Petr. I, 257. 267ff. 334ff.; II, 1, 47, vor allem aber Mader in ZDPV. 37 (1914), 20ff. und Karge, Reph. 293ff. M. ist es gelungen, auch im Westlande eine ganz stattliche Zahl von Großsteindenk-

in größerer Anzahl, selbst zu Hunderten [1], vereinigt als eine Art Nekropolen. Neben ihnen sind zu erwähnen die Menhire und Kromleche, wenn auch lange nicht in so großer Zahl vorkommend, jene monolithischen Steinsäulen nach der Art der Masseben, nur roher behauen oder auch ganz unbehauen, auch größer als jene der Regel nach sind, vorwiegend auch nicht in Gruppen, sondern vereinzelt vorkommend [2], diese Steinkreise von unbehauenen, im Rund nebeneinander|gestellten Steinblöcken darstellend [3]. Die Steinkreise dienen heute in den in Frage kommenden Gegenden vielfach als Grabstätten. Es ist nicht abzuweisen, daß sie diesem Zwecke auch in der Vorzeit dienten, vor allem in Verbindung mit Dolmen. Doch liegt nach manchen Andeutungen im Alten Testamente näher, daß manche von ihnen eigentlichen Kultuszwecken dienten. Denn wir werden kaum irregehen mit der Annahme, daß der hebräische Name *gilgal*, der tatsächlich einen Steinkreis oder Wälzstein bezeichnet, derartige megalithische Denkmale im Sinne hat [4]. Gilgal ist aber gleichzeitig im Alten Testament Bezeichnung einzelner kanaanäischer und vorisraelitischer, von Israel übernommener Kultusstätten. Auch bei den Menhiren ist es weitaus das Nächstliegende anzunehmen, daß sie Kultuszwecken dienen sollten. Schon ihre Ähnlichkeit mit den kanaanäischen Masseben spricht dafür.

malen (Dolmenfelder bis zu 50 Stück) nachzuweisen. Mehrfach fand er auch Reste eines den Dolmen umschließenden Steinkreises (S. 26. 38). Schwerlich hat übrigens M. recht mit der Vermutung (41). daß das eigentliche Grab unter dem Dolmen zu suchen und dieser selbst nur das Haus für den Geist war. M. kommt hinsichtlich des Alters zu demselben Ergebnis, das unten vorgetragen ist. K. anderseits hat eine Anzahl prähistor. Höhlen am See Tiberias wieder in Erinnerung gebracht, ebendort eine Anzahl Dolmen und andere Großsteinbauten (Steinkreise, Wohnhütten, Blockhäuser, eine stattliche Fliehburg [K. Hattin]) teils gefunden, teils eingehender beschrieben.
1) Schumacher, North 'Ajlûn 168 ff. 2) Siehe bei Vincent, Canaan, S. 411 und die Karte S. 395, auch Blanckenhorn, Ztsch. f. Ethnol. 37 (1905); 451. 456. 467. Bei Legun, nordöstl von Kerak, wollen die französischen Patres von Jerusalem eine Gruppe von 18 Menhiren entdeckt haben. Für den Karmel vgl. seither Graf Mülinen, ZDPV. 31 (1908), 40f, im allgem. Karge 446ff. Auch auf Kreta scheint der monolithische und einfache Spitzpfeiler der Vorläufer des zubehauenen Kultuspfeilers (der Massebe) zu sein (unten § 20, 2): in Knossos liegen im Norden der Anlage zur Seite eines mit Wasserleitung versehenen, also wohl für den Kultus bestimmten Rechtecks von 2.10×1.70 m zwei geborstene Spitzpfeiler. Nichts anderes sind auch die kyprischen (durchlochten) Monolithe Dussaud, Civilis. préhell. 211. 3) Ob der vielfach abgebildete Steinkreis bei Bethel (auch Vincent, Canaan 410) ein künstliches und nicht vielmehr ein natürliches und darum hier auszuschaltendes Gebilde darstellt, mag dahingestellt bleiben. Die Sache selbst ist nicht zu bezweifeln (s. auch die vorvorletzte Anm.). Vincent 395 gibt die Gegend von Bet Nuba, Taanak, 'Amman, es-Şalt, Hesban und den Osten des Toten Meeres an (vgl. bei Karge das Regist. 757). Wahrscheinlich sind auch alle ehedem *gilgal* genannten Orte so zu deuten. Denn Gilgal bedeutet jedenfalls etwas Ähnliches. Eine Abbildung gibt Benzinger, Hebr. Archäologie² 323 u. bes. Volz, Bibl. Altert. Taf. 3. — Zweifellos richtig ist, daß viele Steinkreise, besonders die kleineren in der Belqa und anderwärts Beduinengräber aus jüngerer Zeit darstellen (vgl. Paläst. Jahrb. 1 [1905], 41). Aber damit ist die Sache nicht erledigt, vgl. ebd. 4 (1908), 93. Einen besonders großen Kromlech von fast 60 Meter Durchmesser, „gebildet aus zwei Reihen orthostatischer Steine von oft 1½ Meter Breite und ³/₄ Meter Dicke", fand Graf Mülinen im Karmelgebiet ZDPV. 31 (1908), 39. Auch das Heiligtum des Nebi Musa scheint aus einem alten Kromlech entstanden zu sein, R. Hartmann in MuN. 1910, 68. Eine gute Abbildung eines Kromlech in MuN. 1900, 26; dazu ZDPV. 16 (1893), 158. 4) Vgl. jetzt auch noch Dalman, PJP. 15 (1919), 5ff. Er bestreitet die Bedeutung Steinkreis für *gilgal* und will nur „Wälzsteine" überhaupt zulassen. Die Frage ist nebensächlich gegenüber der Tatsache, daß es sich jedenfalls um megalithische Male für Kultuszwecke handelt. Siehe noch in § 16.

Ebenso die Analogie anderer Gebiete, die ebenfalls den gottesdienstlichen Gebrauch solcher Monolithe befürwortet [1].

Es ist nicht sicher, aber immerhin in hohem Grade wahrscheinlich, daß nun auch noch jene anderen obengenannten prähistorischen Gebilde megalithischer Art, wie orthostatische Straßen und kyklopische Mauern, mit den bisher beschriebenen in engen Zusammenhang zu setzen | sind. Die Straßen sind aus teilweise bis zu 7 und 8 Meter auseinanderstehenden, mächtigen Steinblöcken gebildet, die mit dem spitzeren Ende in die Erde eingegraben sind und bis 1 Meter aus dem Erdreich emporragen. Graf Mülinen hat eine solche im Karmelgebiet entdeckt [2], auch das Ostjordanland kannte sie höchstwahrscheinlich. Im späteren Israel nannte man solche Straßen Königsstraßen [3]. Es ist aber kein Zweifel, daß sie viel älter sind als die israelitische Königszeit, und daher gar nicht ausgeschlossen, daß der Name eine richtige Erinnerung enthält. Solche Straßen werden eigentlich nur unter dem Schutze einer kräftigen Zentralgewalt hergestellt, und es ist wohl möglich, daß sie das Werk alter, im Lande herrschender Dynasten sind.

Zu ihnen wird man am ehesten die kyklopischen Mauern und die megalithischen Burgen zu stellen haben, die sich ebenfalls an gewissen Stätten recht alter Besiedlung und Kultur finden, nämlich in der ostjordanischen Hochebene, in Galiläa und im Karmelgebiet. „Die Abhänge jener mächtigen [ostjordanischen] Hügel waren stellenweise mit Felsblöcken geradezu gepanzert, die unbehauen, aber gut aneinandergefügt, böschungsartig den Berg bekleiden. ... Die stattlichste der heute noch stehenden Mauerpartien findet sich in Irbid: hier ist die Ostseite des oben fast ganz flachen Teils noch mit einer ca. 100 Meter langen und bis zu sieben Schichten hohen Felsblockmauer bekleidet, deren einzelne Steine bis über 2 Meter lang sind [4]." Im Karmelgebiet hat Graf Mülinen außer der schon genannten Straße allerlei orthostatisches Kyklopenmauerwerk, selbst Gebäude dieser Art, entdeckt, die, wie er glaubt, mit einer großen Kultusstätte, zu der auch der Kromlech (neben den Menhiren) gehört haben würde, in Beziehung standen [5]. Auch sonst scheint das Karmelgebiet ähnliche megalithische Gebilde zu beherbergen [6]. |

1) Vgl. Meyer, Gesch. des Altert. § 485. 505 und auf S. 34 Anm. 1 a. E. 2) Vgl. ZDPV. 31 (1908), 25 ff. nebst Abbildung, S. 46: „Die Mauerstraße ist nicht bloß an sehr vielen Punkten des Karmels, sondern auch in der westlichen Küstenebene ... zu erkennen; wie sie in Moab gefunden wurde, so dürfte sie einst das ganze Land Kanaan durchzogen haben." Vgl. noch ebenda S. 28. 49. 214. 3) Vgl. Num. 20, 17; 21, 22. Hier kommen jedenfalls nur die südlichen und östlichen Gebiete in Frage. Vgl. ZDPV. 31 (1908), 27 unten und 28 oben (dort auch ein Verweis auf das schon von Ritter, Paläst. I, 580 Wahrgenommene). 4) Thiersch und Hölscher in Mitteil. D. Orient-Ges. 23 (1904), 30. 5) ZDPV. a. a. O., S. 36 ff. Die in die Skizze S. 38 eingezeichnete Mauer ist die Fortsetzung der Straße, scheint aber zugleich ein selbständiges, die Kultusstätte abgrenzendes Gebilde zu sein, vgl. S. 41 unten. Die Bauwerke A—E auf S. 88 bezeichnet M. durchweg als kyklopisch. 6) Siehe a. a. O. S. 47 f. Es ist eine dolmenartige Gruppierung von stattlichen Kalksteinblöcken, umgeben von einer rundlichen Umwallung von roh, ohne Eisen zugerichteten Blöcken [es ist die Art der Dolmenanlage am obern Jarmuk (er-ruqqâd) im Dscholan, vgl. PJB. 4 (1908), 113; 9 (1913), 57; 1912, 45; 1913, 54; Karge 419], unweit davon die Spuren eines runden orthostatischen Turmes. In qal'at el-menâbir (Kanzelfeigung — am Abhang gegen die Qisonebene) will M. eine kyklopische Festung aus prähistorischer Zeit erkennen. Die Höhe der Mauer beträgt in der Mitte 2½, zu beiden Seiten gegen das Tal hin 3 Meter und darüber (a. a O. 108—110). Unweit davon glaubt er eine

3*

Welchem Zeitalter gehören die megalithischen Denkmale an? Ein Blick auf die Karte kann uns zunächst darüber keinen Zweifel lassen, daß sie höchstens teilweise der älteren Steinzeit zuzuweisen sein könnten. Ließen dieses hohe Alter die Fundstätten in den Gebirgsgegenden, besonders des Ostjordanlandes an sich für möglich erachten, so erhebt auf der anderen Seite gegen eine so frühe Ansetzung die Tatsache Einspruch, daß wir eine stattliche Zahl von ihnen in Gegenden finden, die in der Hauptsache erstmals in der jüngeren Steinzeit besiedelt zu sein scheinen. So der Karmel, die Jesreelebene und die Gegend des Galiläischen Meeres. Damit wird sich als frühester Termin die jüngere Steinzeit empfehlen. Ihr entspricht wohl auch die Art der Behauung bei einzelnen Dolmen und Orthostaten.

Weiter als in die jüngere Steinzeit — und zwar ihre zweite Hälfte — wird man anderseits auch nicht herabzugehen haben. Es versteht sich dabei von selbst, daß es sich hier nur um die Regel handelt. Ausnahmen von ihr, spätere Nachbildungen früherer Muster oder Ergänzungen und Weiterbildungen älterer Anlagen, werden von diesem Urteil nicht betroffen. Aber als die Regel wird festgehalten werden können, daß die Anlagen jener Zeit zugehören [1]. Hierfür sprechen eine Reihe von Umständen. Einmal die Tatsache, daß wir die größte Zahl solcher Denkmale und die wichtigsten unter ihnen, wie Straßen, Mauern, Dolmenfelder, durchweg an Orten treffen, die uns auch sonst als Stätten recht alter Besiedlung und Kultur bekannt sind. Es ist zum voraus zu erwarten, daß sich an ihnen, die wir teilweise zugleich als Herde paläolithischer Kultur kennen, in der Periode des zu Ende gehenden älteren Steinzeitalters eine neue, der jüngeren Steinzeit angemessene Kultur entwickelte [2]. Die Zeugen dessen, was wir von | diesen Erwägungen aus zu erwarten berechtigt sind, hätten wir in jenen Denkmalen tatsächlich vor uns.

Es kommt dazu der Umstand, daß der Dolmen seinen Ursprung einem Geschlechte verdankt, das seine Toten nicht verbrannte, das also nicht der raschen vollständigen Vernichtung des Leichnams, sondern seiner Erhaltung und vielleicht der sorgsamen Einschließung sein Interesse zuwandte — doch wohl, weil es an ein Fortleben des Toten auch nach dem Tode (wohl eben in jener Behausung) glaubte.

Man sieht, es ist eine Weise der Bestattung, die, sobald die Idee des Fortlebens nach dem Tode den Menschen zu erfüllen begonnen hat, zur Gewohnheit des Wohnens der Lebenden in Häusern oder Höhlen vortrefflich paßt. Diese Gewohnheit finden wir zweifellos beim steinzeitlichen

---

Opferstätte gefunden zu haben (S. 111 — von Dalman PJB. 5, 16 bestritten, der aber dafür bei *chirbet ed-drēhime* einen der in Petra vorkommenden sigmaförmigen Opfermahlplätze entdeckt haben will). Vgl. noch unten die Ausführung in § 16 gegen Ende. — Von einem kyklopischen Turm im Ostjordanland berichtet Dalman PJB. 8 (1912), 57. Auch in Jericho und Jerusalem sind neuestens kyklopische Bauwerke zutage gefördert, vgl. in § 15 unter 5 und 7 und in § 16. — Über die galil. Fliehburgen s. Karge 320 ff. 352 ff.
1) Auch Blanckenhorn, Ztschr. für Ethnol. a. a. O. 456. 466 rechnet die megalithischen Denkmäler zur spätneolithischen Periode. Ebenso Mader u. Karge. Nur darf nicht übersehen werden, daß die Steinzeit im Osten des Jordans wesentlich länger anhält als im Westen. 2) So wird wohl auch die Tatsache zu deuten sein, daß gerade in Verbindung mit Dolmen und Menhiren paläolithische Funde zutage treten. Siehe Blanckenhorn a. a. O. 451, Fig. 8—11 und bes. die Beschreibung des Befundes im Wadi Wa'leh, S. 456.

Menschen jüngerer Ordnung in Palästina in Übung. Damit ergibt sich
von selbst die Wahrscheinlichkeit, daß auch diese megalithischen Bauten
der jüngeren Steinzeit angehören. Als willkommene Bestätigung dieses
Ergebnisses werden wir es anzusehen haben, wenn sich uns nachher zeigen
wird, daß auch auf anderen Gebieten die Errichtung von Dolmen als
steinzeitliche Sitte der neolithischen Periode anzusehen ist. Seine direkte
Bestätigung auf unserem eigenen Gebiete dürfen wir aber darin erkennen,
daß tatsächlich im Karmelgebiet im Zusammenhang mit den vorhin beschriebenen Denkmalen sich auch Feuersteinwerkzeuge neolithischer Herkunft gefunden haben [1].

Damit sind wir von selbst zu der Frage weitergeführt, welcher Rasse
oder welchem größeren Völkerzusammenhang die Schöpfer jener Großstein-
Erzeugnisse und somit die Bewohner der Gegenden, in denen wir sie finden,
in der zweiten Hälfte der jüngeren Steinzeit angehört haben mögen [2]. Der
Gegensatz zu jenen leichenverbrennenden Nichtsemiten, deren Spur wir,
vielleicht etliche Jahrhunderte früher, in Gezer entdecken, könnte uns zum
voraus der Annahme geneigt machen, sie für Semiten zu halten. Waren
doch jene oben als ein Geschlecht nichtsemitischer | Abkunft erwiesen.
Dieselbe Annahme könnte die in Gezer nachgewiesene verhältnismäßige
Kleinheit der Rasse zu empfehlen scheinen. Wird doch gerade an den
Anblick jener „Hünen"gräber und kyklopischen Bauwerke in besonderem
Maße die Überlieferung der Späteren von gewaltigen Recken und Riesengeschlechtern, die ehedem das Land bewohnt haben, sich angeschlossen
haben [3]. Sind uns Heutigen jene späteren Sagen auch nicht beweisend,
so werden doch auch wir nicht geneigt sein, die megalithischen Bauten
Palästinas einer besonders kleinen Rasse zuzuschreiben.

Allein beide Gründe, verdienen sie auch alle Erwägung, sind doch
nicht beweisend. Wir wissen, daß auch die ältesten Europäer und die
Indogermanen im Laufe der Zeit, und noch innerhalb des Steinalters, vielfach die Bestattung der Toten geübt haben [4]. Haben sie diesen Brauch
anderwärts gepflogen oder auch — wie die Indogermanen — den Übergang anderwärts vollzogen, so stünde nichts im Wege anzunehmen, daß sie
auch in Palästina dieser Art der Behandlung der Toten huldigten. Und
sind jene Leute von Gezer kleiner als andere, so haben sie damit schwerlich eine besondere Rasseneigentümlichkeit — jedenfalls nicht diejenige
der Alteuropäer oder Indogermanen — an sich getragen [5], sondern die
Eigenart ihres besonderen Stammes oder Zweiges innerhalb eines größeren
Ganzen. Waren sie Nichtsemiten oder Semiten, so hindert nichts anzu-

---

1) ZDPV. 31 (1908), 50: ein Feuersteinbeil und andere neolithische Waffen.
Ausnahmsweise finden sich zugleich Spuren von Metall (Mader 43. 44). Man darf
also wohl gelegentlich bis in die Anfänge der Bronzezeit gehen. Diesem Befunde
entspricht der Umstand, daß auch die untersten Schichten der Tells und der Festungs-
werke mehrfach kyklopische Bauart bekunden, ferner daß die Grabhöhle von Gezer
diese Art von Grabbauten kennt.   2) Vgl. Wilke, Südwesteurop. Megalithkultur u.
ihre Bez. z. Orient 1912; anderseits bes. Montelius, Der Orient und Europa 1897.
3) Es ist durchaus bezeichnend, daß Refaim sowohl die Riesen als die Totengeister
heißt. Das letztere (eigtl. „Schlaffe") ursprünglich, das zweite ohne Zweifel als Folge
des Nachdenkens über die Entstehung jener Steinbauten in Verbindung mit der Erinnerung an ihre Bestimmung als Totenhäuser. Vgl. noch S. 21. 30.   4) Meyer, Gesch.
d Altert., § 535. 537 u. 554.   5) Doch vgl. die Maße bei Wilke 156f. (154—162
und 160—162 cm).

nehmen, daß neben ihnen in der großen Völkergemeinschaft, der sie angehörten, sich Völker und Stämme genug von der üblichen oder selbst einer sie überragenden Körpergröße fanden.

Läßt sich also von diesen allgemeinen Erwägungen aus überhaupt nicht zu einem Ergebnis kommen, so weist uns vielleicht eine andere, längst beobachtete Tatsache den richtigen Weg.

Die eigenartigsten jener megalithischen Gebilde: Dolmen, Kromleche und Menhire, sind nämlich keineswegs auf Palästina beschränkt. Sie finden sich — sei es alle zusammen, sei es einzelne von ihnen, besonders die Dolmen, — vor allem in den Küstengebieten von Südindien und Nordafrika an bis nach Unteritalien und den Mittelmeerinseln und bis zur Pyrenäischen Halbinsel, Frankreich und Großbritannien, sowie bis an die deutsche und skandinavische Nord- und Ostsee [1]. Sie gelten dort überall als ein Erzeugnis der jüngeren Steinzeit. Nun sind | Indien — freilich nicht das hier in Frage kommende Südindien —, Deutschland und Skandinavien, Großbritannien und Frankreich Hauptsitze der indogermanischen Völkergruppe. Auch wissen wir, daß die Indogermanen große Wanderzüge unternommen haben, wie sie ja selbstverständlich sind, wenn derselbe Völkerstamm sowohl die indischen Flußgebiete als die äußersten westeuropäischen Länder besiedelte. Die Frage, die uns hier jedoch nicht näher berührt, kann daher nur sein, ob sie ehedem von Indien oder den Abhängen des Himalaya nach Westen oder umgekehrt aus dem fernen Westen, etwa der norddeutschen Tiefebene, nach Osten wanderten. Außerdem wissen wir neuestens aus den von Winckler zutage geförderten Tontafeln von Boghazköi, daß Indoeuropäer (Arier) noch bald nach der Mitte des zweiten Jahrtausends in Kleinasien saßen [2] und daß sie die später in Indien, und zum Teil hauptsächlich dort, verehrten Hauptgötter Indra und die beiden Nāsātya, Mitra und Varuna, kannten [3]. Daraus scheint sich mit höchster Wahrscheinlichkeit der Schluß zu ergeben, daß jene gewaltige Wanderung vorzeiten auch einmal Palästina und Nordafrika [4] berührt haben werde und dort — wenigstens in Palästina — für kürzere oder längere Zeit eine arisch-indogermanische Bevölkerungsschicht zurückgelassen habe [5]. |

---

1) Allerdings auch in Oberägypten, Madagaskar u. Peru; vgl. unten Anm. 5.
2) Ja Meyer, Chetiter (1914) 58 meint die Arier schon in der 18. Dyn. — seit etwa 1600 — in ägyptischen Darstellungen von Syrern nachweisen zu können. Ebenso vermutet W. M. Müller, OLZ. 15 (1912), 252f. (vgl. schon Burchardt) Mithra auch in Ägypten und nimmt an, zu den Mitaninamen, besonders die rein arischen, haben soweit nach Süden gereicht, daß zu vermuten sei, Palästina gehörte einst zum Machtbereich der arischen Eroberer und habe, und zwar vielleicht lange vor der Amarnazeit, einen iranischen Adel besessen; vgl. noch unten S. 54f. 3) Dieser Umstand scheint mir — beiläufig bemerkt — viel eher dafür zu sprechen, daß Indien das Ziel, bzw. die letzte Station, nicht der Ausgangspunkt ihrer Wanderung war. Waren Indra, Varuna usw. von Hause aus indische Götter, die nach Vorderasien und weiterhin nach dem Balkan und Westeuropa wanderten, so müßte man sich wundern, von ihnen keinerlei Spur mehr im Westen vorzufinden. Denn sie müßten dann nach 1400 (und bei der Langsamkeit solcher Wanderungen ziemlich später) nach Europa gelangt sein und wären vielleicht erst im Verlaufe des ersten Jahrtausends v. Chr. nach Deutschland und Britannien gekommen. Sind sie umgekehrt in Indien haften geblieben, so spricht dieser Umstand dafür, daß sie dorthin zuletzt kamen. Vgl. Hirt, Die Indogermanen, Karte IV. Zu ähnlichen Ergebnissen kommt jetzt auch Wilke 9 von der Bauart der Steingräber aus. Über Europa als die Heimat der Arier jetzt auch v. Schröder, Ar. Relig. 214ff. 4) Doch s. dazu Karge 707. 5) Die Frage ist

Man kommt so vielfach, wenn auch mit allem Vorbehalt, zu dem
Ergebnis, daß in der zweiten Hälfte der jüngeren Steinzeit, genauer
wohl um den Beginn und bis zur Mitte des dritten Jahrtausends (3000
bis 2500), in Palästina ein Volk oder eine Völkergruppe nichtsemitischer,
vielleicht arisch-indogermanischer Art lebte, die in jenen megalithischen
Werken die Spur ihres kraftvollen Daseins bis auf unsere Tage erhalten
habe. Ich habe diese Auffassung in den früheren Auflagen dieses Werkes
selbst vertreten und sie ist von da aus oder unabhängig von ihm bei
nicht wenigen andern Gelehrten zu finden. Doch muß ich gestehen, daß
die starken Gegengründe Karges mir nicht ohne Eindruck blieben. Vor
allem der Umstand, daß die Wanderung der Arier nach diesen Gegenden
oder ihr Auftreten in ihnen vor dem Jahr 2000, geschweige vor 2500
bis jetzt in keiner Weise erwiesen werden kann [1], sodann der andere, daß
die Großsteinbauten in Palästina, besonders seinem Osten, in der Tat vortrefflich zum Leben der dortigen Hirten und Bauern paßt und sich aufs
beste in die Gesamtentwicklung der einheimischen Steinzeitkultur ein-
reihte, haben in mir die Überzeugung wachgerufen, daß die Dolmenerbauer
einheimische Palästiner und somit der Hauptsache nach Semiten waren.
Wenigstens daß dies zur Zeit für das Wahrscheinlichste zu erachten ist,
ehe neue Untersuchungen, sei es über die Arier, sei es die Dolmen und
verwandte Gebilde uns neues Licht zuführen [2]. |

2. Kapitel. Die ältesten Völkerverhältnisse im Lande.

§ 8.

Das Eindringen der Semiten in Palästina.

Semiten nennen wir, dem Sprachgebrauch der biblischen Völkertafel
folgend, im Unterschied von den Indogermanen und den afrikanischen
Hamiten die Völkergruppe, welche in Vorderasien südlich vom Taurus und
vom Mittelmeer bis zum Eufrat und Tigris die herrschende geworden ist.
Körpergestalt, Sprache und Eigenart scheiden sie von jenen beiden Grup-

---

nicht ganz unabhängig von der andern, ob jene megalithischen Gebilde, besonders die
Dolmen, überall, wo sie sich finden, auf das Wandern derselben Völkergruppe hindeuten. Da man auch in Südindien (s. darüber besonders Max Müller, Essays, dtsch.
Ausg. III 1872. S. 226), ferner auf Madagaskar und im Sudan und selbst in Peru
ganz ähnliche Grabstätten findet, so wird sie unbedingt zu verneinen und anzunehmen sein, daß sich auf verschiedenen Gebieten selbständig analoge Entwicklungen
vollzogen haben. Aber die Frage bleibt, ob dieser Satz auf Palästina seine Anwendung
findet. Da wir einmal wissen, daß die Dolmen bei Indogermanen besonders stark vorkommen, und ferner wissen, daß die Arier durch Kleinasien gewandert sind, so bliebe
für unser Gebiet die oben angedeutete Lösung durch die Annahme der Wanderung,
also der Anwesenheit von Ariern, die wahrscheinlichste, wofern besonders die Zeitfolge
sich befriedigend aufklären ließe.
1) Meinhold, Festschr. Baudissin 347 gleitet gerade über diesen mir entscheidenden Punkt mit auffallender Leichtigkeit weg.   2) Einzelne Schwierigkeiten wie das
Fehlen der Dolmen bei den andern Semiten oder gewisse verschiedenen Gebieten eigene
sonderbare Merkmale wie die eigenartig geformte Türöffnung im Giebel- oder Seiten-
tein mancher Dolmen (worauf schon Sophus Müller, Nord. Altert.kunde I, 72 f. aufmerksam machte) bleiben und warnen davor, die z. Z. wahrscheinlichere für die endgültige Lösung anzusehen.

pen. Woher sie in letzter Linie gekommen sind, wissen wir bis heute nicht. Aber daß sie in der Zeit, die für uns in Frage kommt, in der arabischen Halbinsel einen wichtigen Mittelpunkt gehabt und von ihr aus des öfteren und in immer neuem Vordringen die nördlich gelegenen Länder überflutet haben, bedarf heute kaum mehr des Beweises [1].

Da Ägypten in sehr früher Zeit — wie seine Sprache zeigt — unter den Einfluß der Semiten gekommen ist, so ist es an sich wahrscheinlich, daß auch die Ägypten zunächst liegende Sinaihalbinsel samt dem Süden Palästinas frühzeitig von semitischen Stämmen besetzt wurde. Die ägyptischen Nachrichten bestätigen die Erwartung. Es darf als in hohem Grade wahrscheinlich angesehen werden, daß die ägyptische Macht von Anfang an, sobald die Herrscher des Nillandes überhaupt begonnen hatten, über die engsten Grenzen des eigenen Gebietes hinauszugreifen, also tief im vierten — wo nicht noch im fünften — Jahrtausend, sich über die Sinaihalbinsel und weiterhin über Palästina und einen Teil Syriens erstreckte. Sichere Zeugnisse dafür haben wir erst aus dem zu Ende gehenden vierten Jahrtausend, aber wir können von ihnen aus Rückschlüsse wagen. Zweifellos aber finden | wir von da an, wo sichere Zeugnisse uns Aufschluß geben, auch schon Semiten als Bewohner Palästinas.

Den Anfang machen schon die Herrscher der ersten und zweiten Dynastie, die Thiniten, deren Zeit man von etwa 3400 an setzen darf. Usaphais, der fünfte König der ersten Dynastie, wird abgebildet, wie er einen Asiaten mit mächtiger Keule niederschlägt. Schon lange vor ihm hatten vermutlich die Pharaonen die Hand auf die ergiebigen Kupfer- und Türkisminen der Sinaihalbinsel gelegt [2]. Viele Hunderte von uralten Steinmessern zeigen heute noch den Besuchern des Wadi Maghara, in wie frühe Zeit die erste Ausbeutung jener Minen zurückgehen muß [3]. Dabei scheint es je und dann zu Kämpfen um den wertvollen Besitz gekommen zu sein. Einen von ihnen wird jene Abbildung zum Gegenstand haben [4]. Nach Tracht und Bart haben wir es hier mit einem Semiten, sei es der Halbinsel, sei es des südöstlichen Palästina zu tun.

Ebenfalls noch unter die Herrscher der ersten Dynastie und in das vierte Jahrtausend gehört die Abbildung [5] eines gefangenen Asiaten (Setet) auf einem Elfenbeinstäbchen im Grabe des Königs Sen (Qaʿ-Sen). Nach Art der Gefangenen sind ihm die Hände auf dem Rücken zusammengebunden. Die gekrümmte, stark vorspringende Nase, die vollen Lippen, der kräftig entwickelte Backen- und Kinnbart, gegen die Brust spitz zulaufend, die vielleicht glatt rasierte Oberlippe, das bis zu den Knien reichende Lendentuch kennzeichnen ihn deutlich als Semiten. Denselben

---

1) Besonders seit Sprenger, Leben und Lehre Muhammeds I, 241 ff. und Die alte Geographie Arabiens 1875 war man lange geneigt, Arabien als ihre eigentliche Heimat anzusehen. Doch scheint Arabien eher der Platz, an dem sie sich stauen und aus dem sie immer wieder zurückfluten, gewesen zu sein. 2) Vgl. Meyer, Gesch. d. Alt. § 171. 212. 253. Meyer, Sumerier und Semiten in Babylonien (= Abh. Berl Ak. 1906), 21 [1]. 3) Vgl. Bracht, Silexgeräte aus den Türkisminen von Maghara in Ztschr. für Ethnologie 1905 (37), 173 ff., Fl. Petrie, Researches in Sinai 1906, Abb. 60 (bei S. 50). 4) Siehe Breasted, Geschichte Ägyptens, deutsch von Herm. Ranke (1910), Abb. 17 bei S. 36. Weiter für Könige der 1.—3. Dynastie Petrie, Researches in Sinai Abb. 45. 47. 50 f. Vgl. auch die Abbildung 64 bei Breasted-Ranke, Gesch. Ägypt. bei S. 108. 5) Siehe Meyer, Sumerier u. Semiten 20, auch Greßmann, TuB. Abb. 242 nach Fl. Petrie, Royal Tombs I, pl. XII.

Typus verraten der von dem König Neuserrē (fünfte Dynastie um 2650) als Löwen niedergeschlagene und mit der Tatze zu Boden gedrückte Asiat, der durch seine gekrümmte Nase, den Spitzbart und die Tracht sich ebenfalls als Semit erweist [1], und fernerhin besonders die längst bekannten Gestalten auf der Darstellung von semitischen Beduinen („ʿAmu der Wüste"), die unter Sesostris II. 1901 in Ägypten Waren einführen. Auch sie tragen keinen Lippenbart, hingegen kurz | gehaltenen und gegen die Brust spitz zulaufenden Backen- und Kinnbart [2]. Das Kopfhaar ist jetzt bei den Männern abgeschnitten und bildet einen starken Schopf im Nacken.

Sind also die von der Sinaihalbinsel oder ihren nördlichen und nordöstlichen Nachbargebieten kommenden Asiaten auf ägyptischen Denkmälern bis um die Wende des dritten zum zweiten Jahrtausend mehrfach zweifellos als Semiten zu denken, so findet diese Auffassung ihre entschiedene Bestätigung in dem, was die Inschriften selbst uns über die ältesten Beziehungen der Pharaonen zu Palästina und Syrien sagen. Nachdem der Pharao Zoser, mit dem Manetho seine dritte Dynastie eröffnet (um 2900), die Vorherrschaft von Memphis begründet hatte, nahm er die Ausbeutung der Kupferminen am heutigen Sinai aufs neue kräftig in die Hand. Damit hängt es wohl zusammen, daß nun die Expeditionen nach Syrien im großen Stile einsetzen oder vielleicht wieder aufgenommen werden. König Snofru aus der vierten Dynastie (um 2850) hat auf der Sinaihalbinsel eine Siegestafel errichtet [3]; er sendet seine Schiffe nach Syrien, um Zedernstämme für seine Bauten hier zu holen. Es ist von 40 mit Zedernholz — natürlich vom Libanon stammend — beladenen Schiffen die Rede. Der Hafen, den man von Ägypten aus seit uralter Zeit aufsuchte, war Byblos, das schon damals seinen vielleicht semitischen Namen Gebal (Berg) führte [4], zum Beweis, daß es jetzt schon in semitischen Händen ist.

Noch deutlicher treten diese Verhältnisse zutage in einzelnen der Zeit der fünften Dynastie angehörigen Bildwerken. Das erste ist ein Wandgemälde in Dešāše oberhalb des Fajums. Hier wird die Eroberung einer Stadt Neṭia dargestellt [5]. Die Darstellung findet ihre Ergänzung durch das große, aus den deutschen Ausgrabungen bei Abusir bekannt gewordene Relief aus dem Totentempel des Saḥurē (um 2700) [6]. Beide zeigen deutlich, daß es sich auch bei den vorangegangenen Expedi|tionen schwerlich um bloße Handelsverbindungen gehandelt hatte, mindestens aber, daß sich aus jenen rasch eine Besitzergreifung entwickelte. Die Stadt Neṭia wird von den Asiaten mit Keulen verteidigt, während die Ägypter mit Bogen kämpfen und im Nahkampf die Streitaxt gegen den Gegner schwingen. Die Stadt ist bewehrt mit Wall und Türmen. Die Belagerer kämpfen

---

1) MDOG. 24 (1904), 11 (aus seinem Totentempel bei Abusir); danach bei Meyer, Ägypt. zur Zeit der Pyramidenerbauer (1908) Taf. 14 und TuB., Abb. 243.   2) Vielfach abgebildet, in schöner farbiger Wiedergabe schon bei Riehm, HWB. (Art. Ägypten), neuerdings Spiegelberg, Der Aufenthalt der Israeliten in Ägypten [2] (1904), 28f. Greßmann, TuB., Abb. 249f.   3) Er gilt später als der eigentliche Begründer der Oberherrschaft Ägyptens am Sinai und wird als Schutzgott der Gegend verehrt. Vgl. Breasted, Ancient Records of Eg. I, § 146f 168f. 722. 731.   4) Vgl. W. M. Müller, Asien und Europa usw., S. 188 ff. sowie jetzt Meyer, Gesch. d. Altert., § 229 und die dort angeführten Zeugnisse, auch TuB I, 212 [2]. Zum Ganzen bes. Sethe, Ägypt. Ztsch. 45, 7 ff.   5) Siehe Flind. Petrie, Deshasheh. pl. 4.   6) MDOG. 1908 (37), Bl. 6. 7. Danach Meyer, Ägypt. zur Zeit der Pyr., Taf. 15; TuB., Abb. 247; Breasted-Ranke, Abb. 74A bei S. 134 (vgl. aber auch die Bedenken Sethes S. 10).

gegen sie auf Sturmleitern und mit mächtigen Stangen. Die Verteidiger tragen deutlich die Kennzeichen semitischer Rasse: kräftige Nase, Vollbart und Haarschopf. Das Relief von Abusir zeigt, wie die ägyptische Flotte von einer Kriegsfahrt nach dem Libanongebiete siegreich heimkehrt. Neben den Ägyptern, stehen in den Schiffen die asiatischen Gefangenen, abermals in ganz semitischer Tracht und Art, mit Lendenschurz, Bart und Haarschopf [1].

Dasselbe Bild gewährt die Zeit der A u s g ä n g e des alten Reiches unter Pepi I., auch Phiops I. genannt (um 2550).   Er hat mehr als einer der Pharaonen vor ihm seine Blicke nach auswärts gerichtet und hat fünf Züge nach der Halbinsel zur Sicherung der Bergwerke und zur Abwehr der Beduinen, sowie zur Festigung der Herrschaft in Palästina unternehmen lassen und auf einem sechsten Zug dieser Art hat er seine Truppen und Schiffe bis an die Küste Palästinas gesandt [2].   Der Bericht darüber zeigt uns, wie ernst die Verhälnisse geworden waren. Pepi findet für nötig, ein ganz gewaltiges Aufgebot von Truppen nach Palästina zu schicken.   Es wird „das [Acker]land verwüstet, die Kastelle zerstört, die Feigenbäume und Weinstöcke abgeschnitten, die Gehöfte verbrannt".   Das läßt uns deutlich sehen, daß die Feinde, obwohl sie neben ʿAmu mehrfach Heriuša' d. h. die auf dem Sande Wohnenden, also Wüstenbewohner heißen, durchaus nicht bloß Beduinen der Halbinsel sind.   Vielmehr ist das Unternehmen gegen das Kulturland Palästinas gerichtet, wie denn der letzte Zug geradezu gegen „die Barbaren im Land der Gazellennase" (womit doch wohl nur der Karmel und sein Hinterland gemeint sein kann) geht, so daß die Schiffe „am Ende der Höhen des Bergzuges im Norden der Sandbewohner" landen.   Das würde auf eine Landung bei Jafa oder Haifa und auf Kämpfe im mittleren Palästina, auf dem Gebirge Efraim und Juda oder den vorgelagerten Ebenen hindeuten.   Vollkommen klar tritt damit die Tat|sache zutage, daß die Pharaonen um jene Zeit, also um die Mitte des dritten Jahrtausends, wie wohl schon lange vorher, schon um der Sicherheit ihrer gewinnbringenden Sinaibergwerke willen, weiterhin ebenso um des Zugangs zu den Zedernwäldern des Libanon willen, Palästina und die phönikische Küste als ägyptisches Gebiet betrachteten.

Der Umstand, daß die Feinde zu den ʿAmu gerechnet sind, macht es auch hier wieder im höchsten Grade wahrscheinlich, daß wir es mit Semiten zu tun haben. In welchen größeren Zusammenhang die Ereignisse zu stellen sind, wird sich bei anderer Gelegenheit zeigen [3].   Hier können wir, wenn wir zunächst rückschauend das Bisherige überblicken, als unumstößliches Ergebnis feststellen, daß die Sinaihalbinsel und die nördlich anstoßenden Gebiete des südlichen und wohl des mittleren Syrien schon in sehr früher Zeit, jedenfalls von der Mitte des vierten Jahrtausends an bis zur Mitte und dem Ende des dritten, also bis um 2000, u n u n t e r - b r o c h e n v o n B e w o h n e r n s e m i t i s c h e r A b k u n f t b e s e t z t w a r e n.

---

1) Seit der 12. Dynastie (um 2000) sind Skarabäen in Gezer genannt. Gez. II, 314 ff. Auf Spuren einer großen Asiateninvasion der Zeit zum Teil lange vor der 10. Dynastie, die Ägypt. bis an die Südgrenze erschütterte und mit fremden Elementen durchsetzte, weist W. M. Müller, Ägypt. Weltschr. (1912) 50 f. 73. 81 ff. 88.   2) Breasted, Ancient Records I § 291 ff. 311—315. Sethe, Urk. des alt. Reichs 98 ff. (Inschrift des Una, seines Vertrauten und Feldherrn). Jetzt in neuer Übersetzung in TuB. I, 233 ff. 3) Siehe unten S. 53.

Halten wir dieses Ergebnis zusammen mit dem zuvor ermittelten Befunde, nach welchem sich in derselben Zeit oder wenigstens in Teilen
dieses Zeitraums nichtsemitische Elemente in augenscheinlich nicht ganz
geringer Zahl in denselben Gebieten — sie als Ganzes genommen — feststellen ließen, so läßt sich natürlich die Frage nach dem Verhältnis beider
Ergebnisse zueinander unmöglich umgehen. Dies Verhältnis kann sich
doch wohl zum voraus nur so stellen, daß wir seit etwa 3500 ein N e b e n -
e i n a n d e r beider Gruppen, entweder zu allen Zeiten dieser ganzen Periode
oder jedenfalls in der ersten Hälfte anzunehmen haben. So wenigstens
verhalten sich die Dinge für das spätere Neolithikum. Daß das frühere
Neolithikum und die Altsteinzeit nichtsemitische, darunter wesentlich der
kleinasiatisch-armenoiden Rasse zugehörige Bewohner besaß, ist durchaus
wahrscheinlich [1].

Damit wird freilich von selbst die vielfach verbreitete Meinung hinfällig, als wären von Anfang an die Semiten allein im Lande gesessen [2].
Nicht nur, was wir soeben gehört haben, spricht dagegen, sondern auch
die Ortsnamen im Lande selbst. Richtig ist zweifellos, daß die überwiegende Mehrheit von ihnen semitischer Herkunft ist. Aber die Zahl
der nichtsemitischen Namen ist immerhin nicht gering. Ich rechne dazu
beispielsweise: Jarden (Jordan) [3], Jabboq, Basan, Gilboaʿ, Jebus, Lakis. Die
Liste ließe sich aber leicht vermeh|ren [4]. Es kommt zu ihnen eine Anzahl,
deren Ableitung so dunkel und so wenig gesichert ist, daß man fragen
kann, ob sie nicht etwa semitisierte Fremdworte darstellen, künstliche An-
gleichungen ähnlich klingender Namen an das Hebräische, wie Jerusalem,
Megiddo, Elteqe.

Nun ist es selbstverständlich, daß die nichtsemitischen oder bloß se-
mitisierten Namen von Flüssen, Bergen, Orten viel schwerer wiegen als
die semitischen. Diese können immer zum Teil nachträglich an Stelle
anderer angenommen sein, beweisen also durchaus nicht alle für eine semitische Bevölkerung, jene sind für eine nichtsemitische schlechthin beweisend. Es kann danach, auch wenn nicht alle oben angeführten Namen
richtig gedeutet sind, kein Zweifel darüber entstehen, daß weit über Gezer
und seine nächste Umgebung hinaus einmal eine Anzahl von Gebieten Palästinas von Nichtsemiten bewohnt waren und zugleich, daß sie von Nichtsemiten e r s t m a l s b e s i e d e l t worden sind. Welcher Art die letzteren
gewesen sein mögen, ist aus dem vorhin Gesagten zu entnehmen. Wären
sie semitische Siedlungen und nur nachträglich von Nichtsemiten über-

---

1) Diese Vermutung (s. oben S. 26. 30) begünstigen sowohl einzelne Ortsnamen (s.
Anm. 3) als das frühe Vorkommen von Wein und Rind (§ 16, 3. 4) im Lande, wozu
die sprachlichen Gleichungen *jain*-Wein, [*par*-Farre?], *schör*-taurus stimmen. Hier könnte
man sogar an vorindogerm. Urgut zu denken geneigt sein. Doch ist allergrößte Vorsicht schon um deswillen geboten, weil οἶνος u. ταῦρος nur dem Lat. u. Griech. bekannt sind. Es könnte sich also auch bloß um a l t k l e i n a s i a t. Worte handeln.
2) Vgl. auch Ed. Meyer, Gesch. d. Alt, § 354 A., die der Meinung ausspricht, es sei
im eigentlichen Palästina im Unterschied von Nordsyrien „eine ältere Kultur der
semitischen Besiedlung nicht vorangegangen". Das ist jedenfalls in dieser Allgemein-
heit unrichtig.   3) Der Name findet sich auch auf Kreta und in Elis. Auch gibt
es einen Heros des Namens in Lydien. Die Stellen bei Meyer, Gesch. d. Alt., § 522 A.
4) Vgl. z. B. noch Namen wie Salka Siqlag Kitlisch Hinnom Anacharat Schaʿalbim.
Grimme, OLZ. 1913, 152 ff. fügt hinzu Arwad Gebal Akzib Akko Jabne Dama-q
Taʿanak Jericho, und Procksch, Genesis 77 f. 511 hält Namen wie Jerusalem, Damasq,
Jordan und selbst Kanaan für hetitisch. Zu Elteqe: ZDMG. 1917, 420.

nommen, so wäre, da die spätere Zeit vorwiegend nur semitische Bewohner im Lande kennt, mit überwiegender Wahrscheinlichkeit zu erwarten, daß die alten semitischen Namen wieder in ihre Rechte eingetreten wären.

Da wir nun auch Semiten als frühe, bis tief in die Vorzeit des Landes hinaufreichende Bewohner anzunehmen haben, so kann für die Zeit seit 3500 in der Tat nur von einem Nebeneinander beider Teile die Rede sein, und die weitere Frage kann demnach wohl nur die sein, wie wir das Nebeneinander beider Rassen uns vorzustellen haben. Im ganzen wird man, da die Semiten dieser Frühzeit nach den ägyptischen Zeugnissen hauptsächlich im Süden des Landes zu sitzen scheinen, anderseits später die Hetiter und andere Nichtsemiten, soweit wir sehen können, mehr den vorderasiatischen Norden innehaben, vermuten dürfen, daß der semitische Teil dieser ältesten Palästiner von Süden her [1], der nichtsemitische von Norden her ins Land eingedrungen sei.

Dabei darf es als selbstverständlich gelten, daß beide Bevölkerungsteile nicht eine längere Zeit nebeneinander wohnten, ohne sich zu vermischen. Nun hat man längst wahrgenommen, daß die heutigen | Juden sowohl als die Israeliten und Juden, die wir auf den Denkmälern antreffen, nicht genau denselben Typus vertreten wie die Araber oder auch die Babylonier. Neuere Beobachtungen haben ferner ergeben, daß die heutigen Kleinasiaten und Armenier anthropologisch demjenigen Typus am nächsten stehen, den die Hetiter auf ägyptischen Denkmälern und in den Darstellungen von Sendschirli in Nordsyrien vertreten [2]. Es hat sich also die hetitisch-kleinasiatische Rasse bis heute erhalten, und von Luschan hat wahrscheinlich recht, wenn er annimmt, daß die Assyrer und die heutigen Juden die Vermischung semitischer und kleinasiatischer Elemente erkennen lassen [3]. Ist diese Theorie richtig, so läßt sie sich nach unseren bisherigen Ergebnissen noch weiter zurückverfolgen. Wohnen schon in der Urzeit Palästinas und im dritten Jahrtausend Semiten und Nichtsemiten in Palästina nebeneinander, so spricht die höchste Wahrscheinlichkeit dafür, daß schon sie jenen Mischtypus hervorgebracht haben, wie denn in der Tat die Semiten Palästinas aus den ältesten Zeiten gewissen Typen der heutigen Juden viel näher stehen als denen der arabischen Beduinen.

§ 9.
Sumerer und Semiten im Zweiströmeland.

Die Anfänge der Geschichte, und nicht minder der Zeitrechnung im Zweiströmeland sind noch in vielfaches Dunkel gehüllt. War man früher geneigt, der Angabe Naboneds folgend, Naramsin, den Sohn Sargons von

---

1) Auf die umgekehrte Reihenfolge in Gen. 10, 19 wird bei dem Charakter der Völkertafel (s. S. 50⁴) nicht zu bauen sein.   2) Siehe v. Luschan, Die Tachtadschy und andere Überreste der alten Bevölkerung Lykiens in: Petersen und v. Luschan, Reisen in Lykien, Milyas und Kibryatis 1889 (Archiv für Anthropologie 19 [1891], S. 31 ff.). Vgl. auch Meyer, Sumerier und Semiten (Abh. Berl. Akad. 1906), 90 f. und Gesch. § 433ᵃ A. und W. Max Müller, Asien und Europa 331; Garstang, Land of Hittites 1910. S. 12 u. Taf. 84 (bei S. 320).   3) Auch die heutigen Armenier, ebenso viele Angehörige der Balkanvölker, vertreten einen Typus, der dem einen Haupttypus der heutigen Juden außerordentlich nahesteht. Auch hierfür sind wohl Mischungen nichtsemitischer, insbesondere hetitischer und semitischer Stämme verantwortlich zu machen. Daß dieser Typus schon am Ende des 4. Jahrtaus. einsetzt, scheint aus dem Bild des gefangenen Asiaten im Grab des Sen (ob. S. 40) hervorzugehen.

Akkad, 3200 Jahre vor Naboned, also um 3750 v. Chr. anzusetzen [1], und demgemäß die vorsargonischen, sumerischen Herrscher | bis an das Jahr 4000 heran- oder über es hinüberreichen zu lassen, so ist man neuerdings viel zurückhaltender geworden. Man hat gegen die Rechnung Naboneds starke Bedenken [2] und wagte auch mit den ältesten bis vor kurzem bekannten Denkmälern und Schriftstücken aus Babylonien nur wenig über das Jahr 3000 hinüberzugreifen. Erst der allerneuesten Zeit ist es dann aufs neue gelungen, die ältesten Herrschergeschlechter von Kisch, Uruk und Ur bis tief ins 5. Jahrtausend zurück zu verfolgen.

Die Tiefebene, welche der Eufrat und Tigris in ihrem Unterlauf durchströmen, zerfiel in der ältesten Zeit, zu der wir heute vordringen können, in zwei Gebiete. Der Norden nannte sich A k k a d, der Süden S u m e r. Das letztere Gebiet darf als der älteste Sitz der nichtsemitischen Erfinder der Keilschrift im Lande angesehen werden [3]. Hier hat sich auch später noch die alte Sprache verhältnismäßig lange erhalten, während die Inschriften aus Akkad schon in frühester Zeit semitische Texte enthalten. Hier müssen also früh semitische Elemente, die doch wohl aus Arabien heraufgewandert waren [4], die Oberhand gewonnen haben.

Politisch angesehen zerfielen Sumer und Akkad in der ältesten Zeit in eine große Zahl Stadtherrschaften unter einem Oberkönig, dem „König des Landes". Der eigentliche Herrscher war der Gott des Heiligtums, sein Vertreter der König oder Patesi. Wichtige Heiligtümer und Städte dieser Art sind Akschak, Eridu (für Ea), Ur (für Nannar oder Sin), Larsa (für Šamaš), Uruk (für Innina oder Ištar), Nippur (für Enlil) u. a. Die älteste Geschichte dieser Städte und Stadtgebiete beschränkt sich naturgemäß — soweit sie uns überhaupt bekannt ist — auf Sumer und Akkad selbst. Von den meisten wissen wir überhaupt noch nichts. Eine Ausnahme bietet eine Stadt Lagaš (heute Tello) in Sumer. Ihre ältesten bekannten Herrscher sind Enchegal und etwas später Urninā (um 3100), von dem wir drei roh gearbeitete Kalksteintafeln besitzen. Sein Enkel ist Eannatum von Lagaš. Sitze der Herrschaft über das Land | sind ferner besonders Kiš, östlich von Babylon (an einem Eufratarm) — erst unter

---

1) KB. III, 2, 104 Naboneds Zylinder v. Abu Habba II, 56—58: Ich suchte den Grundstein des Samastempels. „18 Ellen Erde ließ ich ausheben und den Grundstein des Naramsin, Sohnes des Sargon, den 3200 Jahre lang kein König, der vor mir gewandelt war, gefunden hatte" — Samas zeigte mir ihn. — Doch ist zu beachten, daß Naramsin an parallelen Stellen lediglich ganz allgemein ein „ferner" oder „früherer" König, also ein solcher der fernen Vorzeit heißt (ebenda S. 107 unt., 111 unt., 115 unt.). 2) So schon Winckler in KAT.³, 17f. u. öfter, und neuerdings viele andere, vgl. Meyer, Gesch. d. Alt.² § 329. Doch hatte schon Hilprecht, Der neue Fund zur Sintflutgesch. (1910), S. 3. 5 wieder einen etwas höheren Ansatz angenommen. Er setzt Sargon I. zwischen 3000 und 2700, die 2. Dynastie von Ur c. 2346 bis 2230, die zweite Hälfte der 1. Dyn. von Isin 2229—2005. Besonders aber ist durch Kugler und Scheil (vgl. Meyer in Berl. AW. [Ber.] 1912, 1062ff.) neues Material beigebracht worden, vermöge dessen die vor kurzer Zeit noch gültigen (auch in der 2. Aufl. dieses Werks übernommenen) Ansätze sich um 250—300 Jahre höher stellten. Vgl. noch Thur.-Dang. OLZ. 14 (1911), 325. Diese Ansätze sind nun aber soeben wieder stark angefochten durch Weidner, Die Könige v. Assyr. 1921. Vgl. auch S. 65.   3) Nach Meyer, Gesch. d. Alt.², 437 wären die Sumerer selbst erst von den Bergen im Nordosten hier eingedrungen.   4) Es wird sich dabei mit um die Frage handeln, ob nicht auch schon von Anfang an im Süden (so in Ur, der Stätte des Mondgottes Sin) Semiten wohnten, wie bald in Kiš, vgl. Meyer, Gesch. d. Alt. § 368. 382. Andernfalls müßten die Akkader von Norden gekommen sein.

sumerischen, später unter semitischen Herrschern — und weiter nördlich Opis (Upi). Der älteste bekannte Herrscher von Kis ist Mesilim um 3200 [1]. Einige Zeit nach ihm gelingt es Eannatum, das Königtum von Kiš mit der Würde des Patesi von Lagaš zu vereinigen, um 3050 v. Chr. Auch Uruk, Ur und andere Städte unterwirft er, und er dringt siegreich nach Norden vor. Die berühmte Geierstele stellt dar, wie er den König von Kiš mit der Lanze tötet.

Seine Macht ist nicht von Bestand gewesen. Es folgt ihm sein Bruder Enannatum I., der sich aufs neue und mit zweifelhaftem Erfolge mit den Gegnern seines Vorgängers messen muß. Erst sein Sohn Entemena (um 3000) hat dauernderen Erfolg. Aber einer seiner Nachfolger, vielleicht selbst wieder ein Usurpator, Urukagina (um 2800), der sich bereits großer Reformen rühmt, wird aufs neue von einem Angriff der alten Widersacher betroffen. Der Patesi von Gišḫu, Lugalzaggisi (um 2800), erobert Lagaš. Er erwirbt sich eine bedeutende Machtstellung, indem er ganz Sumer unterwirft. Von hier greift er weiter und unterjocht sich ganz Sinear und macht dann die Gebiete bis zum Mittelmeere sich untertan. Er rühmt sich, daß Enlil (Bel) „seiner Macht die Länder unterworfen hatte" und daß er „vom Anfang bis zum Untergang eroberte, vom unteren Meer ... bis zum oberen Meer hat er die Wege ihm geebnet" [2].

Es mag sich dabei wohl eher um das nördliche Syrien als um das eigentliche Palästina handeln. Immerhin haben wir hier die erste Kunde von einem Vordringen babylonischer Heere nach Syrien und dem Mittelmeere. Noch ehe die Semiten im fernen Osten ernstlich zur Herrschaft gekommen waren, noch zu den Zeiten der alten Sumerer, hat der Gedanke, die Libanonländer und von ihnen aus den Zutritt zum Westmeere zu besitzen, seinen Zauber auf die Beherrscher des Zweiströmelandes ausgeübt. — Schon diese altsumerischen Herrscher haben, wie neuere Funde zeigen, lebhaftes Interesse für die rechtliche Ordnung des öffentlichen wie des Familienlebens ihrer Staaten bekundet [3].

Semitische Bevölkerungen gab es im Zweiströmeland, wie oben dargelegt, seit den ältesten Zeiten. Ihr wichtigster Sitz war das Land Akkad (Agade), das Gebiet, wo der Eufrat in die Marschen eintritt und die beiden Ströme sich nähern. Ihre Hauptgötter sind der Sonnengott Šamaš von Sippara (jetzt Abu Habba), Ištar (Annuit) von Akkad, der Mondgott Sin und wohl auch der Orakelgott Nebo (Nabu), sowie der Lokalgott von Babel, Marduk. Hier gelingt es um 2800 Sargon I., ein im wesentlichen semitisches Reich zu gründen, das neben Babylonien auch Elam im Osten, Subartu (Mesopotamien) im Norden und Amurru (Syrien?) im Westen umfaßte [4]. Eduard Meyer hat das Verdienst, in eingehender Untersuchung das Verhältnis dieser ältesten hier ansässigen [Semiten zu den Sumerern dargelegt zu haben. Starke fleischige Lippen, wulstige gebogene Nase, sowie langes gekräuseltes Haar und wohlgepflegter Bart, vielfach ein kurzer, in breiten Streifen über die Schultern laufender Leibrock, durch einen Gürtel zusammengehalten, auch ein um den Körper gewickeltes langes Wolltuch, das die rechte Schulter frei läßt, unterscheidet sie von

---

1) Siehe dazu Thureau-Dangin, Die sumer. und akkad. Königsinschriften 1907, S. XIV f. Meyer, Gesch., § 381. 386, und für die ältesten Königslisten bes. Poebel, Histor. Texts (Un. Penns. Mus. Publ. IV, 1, 73 ff.). 2) Thureau-Dangin a. a. O., S. 155. 3) S. ucten S. 67. 4) Vgl. S. 51.

den Sumerern mit ihren spitzen, schmalen und geraden Nasen und schmalen
Lippen, schräg gestellten Augen und stark vortretenden Backenknochen,
ihren meist glattrasierten Gesichtern und kahlgeschorenen Schädeln und den
vielfach zottigen, nur Unterleib und Beine bedeckenden Wollröcken [1].

Außer der Landschaft Akkad haben sich semitische Stämme frühe
im eigentlichen Mesopotamien, soweit es nicht Wüstengebiet ist, also weiter
nordwestlich, festgesetzt. Man faßt die älteren Bewohner dieses Gebietes
unter dem Namen S u b a r i zusammen. Den Hetitern sind sie nicht, wie
man lange annahm, verwandt; wohl aber gehören die später hier herrschenden Mitani zu ihnen. Mehr und mehr drängen sich zwischen ihnen
Semiten ein, so auch in der ehedem den Mitani gehörenden Stadt Assur
(Ašur) am mittleren Tigris. Die Semiten haben sich dann von hier aus
sowohl nach Osten als nach Westen und Nordwesten weiter vorgeschoben.
Auch die Tatsache der sumerischen Herrschaft wird daran nichts geändert
haben. In Charran (Haran, Karrhä) hatte der Mondgott Sin seit alters
sein Heiligtum. Von Charran führen von jeher die Straßen hinüber und
herüber, nach Nordsyrien und nach Assur und Babel. Mit dem Vordringen
der Semiten bis dorthin ist auch ihre weitere Schiebung, mindestens in
Ausläufern, nach Westen bis zum Meere hin gewährleistet.

§ 10.
Die Amoriter im Westland. Sargon von Agade. Die Achlamäer [2].

Überblicken wir das Ergebnis der bisherigen Erörterungen über das
Hervortreten der Semiten in den uns interessierenden Gebieten, so können
wir zusammenfassend feststellen, daß sie bis etliche Jahrhunderte vor der
Mitte des dritten vorchristlichen Jahrtausends sowohl im eigentlichen
Palästina und den südlich angrenzenden Gebieten als im Zweiströmeland
und von dort aus bis nach Nordsyrien herüber sich geltend machen.
Seinen Charakter als eigentlich semitisches Gebiet scheint aber Palästina
um etwa 2900 gewonnen zu haben. Um diese Zeit scheinen Verhältnisse
einzutreten, die dem Lande und seinen Nach|bargebieten, besonders auch
Assyrien und Babylonien einen neuen Charakter geben, die Bildung des
Staates der A m o r i t e r [3] unter den in Syrien ansässigen Semiten.

Von den Amoritern erhalten wir erstmals Kunde in babylonischen
Nachrichten. Schon unter Sargon von Agade werden sie mehrfach genannt, und zwar als solche, gegen die er Feldzüge unternahm, aber ohne
daß wir aus jenen Nachrichten für sich bis jetzt mit Sicherheit entnehmen

---

1) Eduard Meyer, Sumerier und Semiten in Baylonien (= Abh. Berl. AW.) 1906
mit einer Anzahl trefflicher Abbildungen. Streng ist die Scheidung in der Tracht
freilich nicht durchzuführen. Beide Elemente sind eben schon früh gemischt.
2) Das in diesem Kapitel Dargelegte leidet noch an mehrfacher Unklarheit. Der
Gegenstand befindet sich zur Zeit stark im Fluß. Ich gebe die Auffassung, wie sie
sich mir im Unterschied von der gegenwärtig üblichen schon in den Nachträgen zur
letzten Auflage dieses Werkes unter dem Einfluß von Ungnad ausgebildet hatte. Ich
kann aber nicht verhehlen, daß inzwischen auch diese Auffassung mir wieder etwas
ins Wanken geriet; schon durch die Schrift von Weidner, D Könige v. Assyrien, 1921,
besonders aber durch eingehende Besprechung mit Dr. Landsberger, worüber die Nachträge berichten werden. Auch L. bezweifelt indes, daß die Hammurapi-Dynastie als
amoritisch zu gelten habe.   3) Siehe zur ganzen Frage auch Weber bei Knudtzon,
El-Amarnataf. (1910) 1132 ff. und bes. Böhl, Kan. und Hebr. 31 ff., vor allem aber
Ungnad unt. S. 49 f.

könnten, wer jene Amoriter waren und wo wir sie zu suchen haben. Erst
der Zusammenhang der Nachrichten aus den verschiedenen Zeiten läßt
auch für die Zeit Sargons einigermaßen Schlüsse zu [1]. Unter den Namen
der Zeit Hammurapis, überhaupt der ersten Dynastie von Babel (und
schon der ihr vorangehenden von Larsa) finden sich neben sumerischen
Namen solche, die deutlich das Gepräge semitischer Abkunft an sich haben,
ohne daß ihre Träger bei der wesentlich anderen Art der Namenbildung
der älteren akkadischen Schicht angehören können [2]. Hier trifft man auf
zahlreiche Bildungen echtsemitischer Art, die aber deutlich den spezifisch
babylonisch-akkadischen Typus vermissen lassen und einigermaßen dem
arabischen, besonders aber dem hebräischen sich nähern [3]. Man hatte deshalb längere Zeit den Gedanken, daß es sich bei ihren Trägern um Stämme
handeln müsse, die nähere Beziehung zu Arabien hatten als die Akkader.
Und da sich zeigte, daß die Sprache, welche die Semiten jener Schicht
in Babylonien sprechen, und wohl auch die Religion, die sie üben, manche
Berührung mit dem aufwies, was wir sonst in etwas späterer Zeit im
Westlande, d. h. in Syrien und Palästina, antreffen [4], so nahm man an,
daß jene Stämme sich früh nach Westen gewandt und den vorderasiatischen Westen stark mit ihrem Einfluß durchtränkt haben; man belegte
sie demgemäß mit dem Namen Westsemiten. |

Andere zogen vor, einen später in Palästina heimischen Volksnamen
vorausnehmend, sie Kanaaniter zu nennen [5]. Doch ist der Name Kanaaniter für jene Schicht und Zeit — so nahe die Berührung beider ist —
bis jetzt nicht nachgewiesen. Wohl aber glaubte man nachweisen zu
können, daß jene Semiten selbst den schon unter Sargon, freilich wohl
an anderer Stelle, auftretenden Namen Amurru führten [6], der doch wohl
mit demjenigen der Amoriter, den uns das Alte Testament überliefert hat,
identisch ist. Jetzt tritt der Name in Babylonien selbst auf, ehedem war
er — wie sich noch zeigen wird — aller Wahrscheinlichkeit nach erheb-

---

1) Vgl. die einzelnen Notizen und ihre Verwertung für das Gesamtbild sofort
nachher und S. 49 f. 2) Vgl. bes. Hommel, Altisr. Überl., S. 57 ff. 88 ff. Dort die
nähere Darlegung der Entwicklung der Frage. Weiter bes. Ranke, Die Personennamen
in den Urkunden der Hammurabidynastie 1902 (bes. S. 46 ff.) und Early babylon. per-
sonal names (Bab. Exped. ser. D, III), 1905. — Man dachte früher auch an Namen
der Könige von Ur und Isin (um 2470) wie *Išmē-dagan* und *Idin-dagan*. Aber Dagan
hat sich inzwischen als gut akkadischer Gott erwiesen. (Schon unter Sargon I. kommt
ein *Nūr-dagan* „Licht Dagans" [Weidner, Bogh. Stud. 6, 77 f. 83] als Führer der
babyl. Kolonie der Gegend von Kültepe am Halys vor. Als dessen Schutzgott tritt der
babyl. Enlil auf [Weid. 96].) 3) Neben den bekannten Imperfektbildungen mit *ja*
erinnert Landsberger bes. an Formen wie *Sumu-abu* neben hebr. *Schemu-el*, *Metu-
schelach* usw. Auch *'Ammiel*, *'Ammihud*, *'Amminadab* sind zu vgl. mit *(H)ammurapi*,
Ammiditana usw. Vgl. Burney, Judges LXVIII f. 4) Vgl. Hommel, Altisr. Überl.
97 ff. Winckler, KAT.³ 177 ff.: Alt. Orient I, 12 ff. einerseits und anderseits Böhl a. a. O.
36 ff. 5) Siehe Winckler, KAT.³ 14 ff. 178 ff. 6) Meist wird Ranke, Early babyl.
person. names 33 — „from this passage we learn that the native Babylonians called
these foreign cousins, who had become residents in their country, by the name of
mârê Amurrum i. e. children of the Westland" — hierher gezogen. Aber es handelt sich
um eine rechtliche Urkunde, in der keine Angabe über die Bevölkerung erwartet wird.
Da *Amurru* auch sonst als Eigenname bezeugt ist, ist auch hier lediglich an die
„Familie des Amurru" zu denken. Außerdem ist die Benennung „Amoriterort"
unter Ammisaduqa bei Meißner, Beiträge zum altbab. Privatrecht, Nr. 42; Toffteen,
Researches in Ass. Geogr. I (1908), p. 29 f., wohl auch die Bezeichnung Hammurapis
als „König der Amoriter" KAT.³ 178. 433; King, Letters of Hammurabi III, 195;
TuB. I, 107 f.

lich weiter nördlich zutage getreten. So brachte man beide Erscheinungen,
die sprachliche und die ethnische, in Verbindung und nannte jene Schicht
Amoriter.

Es ist aber allem nach nicht wahrscheinlich, daß die Amoriter erst
von Babylonien her sich über das Westland ausbreiteten. Die Wahrscheinlichkeit dieser Annahme wird noch verringert durch die Tatsache,
daß (allerdings später) sowohl die ägyptischen als die Nachrichten der
Amarnatafeln darin einig sind, daß sie im Amoriterland das Gebiet am
Libanon, teilweise auch das südliche Syrien bis nach Palästina herein,
sehen [1]. Ähnliches gilt von den neuerdings durch Winckler bekannt gewordenen Tafeln von Boghazköi in Kleinasien, die uns ebenfalls die Amoriter der Amarnazeit als jenen Gegenden zugehörig annehmen lassen [2].
Man wird daher geneigt sein, sie ihren Ausgang höher im Norden nehmen
zu lassen. Doch muß hier schon die Frage erhoben werden, ob jene
sprachliche Erscheinung tatsächlich mit den Amoritern in Verbindung zu
bringen sei und nicht vielmehr mit andern, wenn auch ihnen verwandten
Gruppen.

Damit wird uns die Spur gewiesen, der man vielleicht folgen darf.
Es scheint im nordöstlichen Syrien in den Tagen Sargons ein mächtiges
semitisches Reich Amurru gegeben zu haben, das sich seit dem | Beginn
des dritten Jahrtausends bis in die Amarnazeit und bis weit über sie herunter in die biblische Zeit hinein in jenen Gegenden erhalten hat. Seit
Sargon wird es mit Babylonien in Kämpfe verwickelt, die es erheblich
schwächen, um so mehr, als bald auch vordrängende Nomaden ihm aufsässig werden. Neben den Amoritern und von ihnen mindestens durch
ihre nomadische Lebensweise verschieden tritt nämlich eine für die spätere Entwicklung bedeutsame Gruppe auf, die A c h l a m ä e r. Sie sind
noch Nomaden, als die Amurru längst zur Seßhaftigkeit übergegangen
waren. Auch sie sind Semiten und der Sprache nach den Amurru noch
gleichartig. Wie alle Nomaden drängen sie nach dem Fruchtland. Nach
Ungnad [3] ist dieser nomadische Semitenstamm, der in den Omentexten [4]
die Rolle der feindlichen Angreifer gegen die schon seßhaften Amoriter
(wie die Chabiri später in Palästina) spielt, den Vorgängern der A r a m ä e r
und zugleich derjenigen Schicht gleichzuachten, welcher Hammurapi zu-
gehört [5], ebenso Abraham nach Dt. 26, 5. Es spricht somit alle Wahr-

---

1) Vgl. darüber besonders Winckler, KAT.³ 178 ff. (*mât Amurri* erscheint in den
Amarnabriefen wie ein fester geographischer Begriff), und W. Max Müller, As. u.
Eur. 218 ff. 229 ff. (das ägyptische *Amarra* ist besonders das Land um Qades am
Orontes). Vgl. noch ob. S. 8 f. u. Toffteen im AJSL. 23, 335 ff.   2) Vgl. Winckler
in den MDOG. 35, S. 24 ff. 43 ff. Es wird hier, wenn auch im einzelnen vieles dunkel
bleibt, jedenfalls so viel ganz klar, daß auch hier die Leute von *Amurri*, also wieder
die Amoriter, eine Rolle spielen, und weiter, daß wir sie in Verbindung mit den
Chatti, den Hetitern, einer- und den Ägyptern anderseits zu denken haben, also wohl
als Staat derselben Gegend und Art wie zur Zeit der Schlacht von Qades, nur noch
weiter nach Osten greifend, nämlich bis an die Grenzen Babyloniens (S. 25), so daß sie
die große syrische Wüste und ihre Randgebiete beherrschen.   3) Sunday scool Times
1911 (Philad.), 139 u. Hebr. Gramm. 1912, 3.   4) Vgl. Jastrow, Rel. II, 498. 464.
465; Ungnad, Rel. d Bab. (1921) 317.   5) Vgl. über sie bes. Streck in Klio 6
(1906) 185 ff., bes. 193 f., wo er die Achl. den Aramäern gleichsetzt (nach einer
Prismainschr. v. Tigl. Pil. I, wo sie *Armaia* heißen), u. MVAG. 1906, 3. H., S. 13 f,
wo das Vorkommen des Namens bis 1906 zusammengestellt wird und die Achl. als
älteste Repräsentanten der aram. Völkerfamilie und als Kollektivname für alle nomad.

scheinlichkeit dafür, daß wir es in beiden Fällen mit einer Schicht von Semiten zu tun haben, die im Laufe der Zeit sich von der syrisch-arabischen Nordsteppe und weiter zurück vielleicht von den Gebirgen des östlichen Taurusgebietes aus, die sie innehaben, sowohl gegen das Zweiströmeland als besonders gegen Syrien und Palästina hin wandten, die aber für längere Zeit ihren eigentlichen Mittelpunkt im letzteren Gebiete, besonders den Libanongegenden und ihrem nordöstlichen und östlichen Hinterland, weiterhin dann im nördlichen und mittleren Palästina hatten. Es bleibt bis auf weiteres ein Problem, wie diese Amoriter- und die Achlamäerschicht sich von demjenigen Gebilde unterscheidet, das wir besonders aus der Bibel, doch gelegentlich auch aus den Inschriften, als K a n a a n i t e r [1] kennen lernen. Soviel scheint sicher, daß die Amoriter nicht etwa von Süden und aus einer Ebene, sondern von einem nördlichen Bergland ihren nächsten Ausgang genommen haben [2].

Auch das läßt sich sagen, daß die spätere Aramäerschicht ihre Vor-läuferin in den schon genannten Achlamäern hat, die die Amurru be-drängen und den Vorstoß der Hetiter vorbereiten [3]. | Für uns sind sie darum von besonderer Bedeutung, weil wir in ihnen augenscheinlich die-jenige Semitenschicht zu erkennen haben, der nicht allein die Moabiter, Edomiter und ʿAmmoniter angehören, sondern im besondern auch die He-bräer selbst [4]. Der spätere schroffe Gegensatz der in erheblich jüngerer Zeit den Amoritern und Kanaanitern nachdrängenden Aramäer und He-

Aramäerstämme bezeichnet werden. Vgl. noch Kraeling, Aram. 18 f. Die astron. O m i n a stammen freilich aus später Zeit (Assurbanipal), sie setzen aber Verhältnisse voraus, wie sie seit der Ham.-Zeit nicht mehr möglich waren. Vgl. über ihr Alter bes. auch Winckl. OLZ. 1907, 294. Es sieht ganz aus, als wären die hier in Frage stehenden von den Priestern Ham.s oder eines seiner Vorgänger für ihre Gegenwart zurecht gemacht. Trotz einiger Zweideutigkeit gewinnt man den Eindruck, sie stehen auf der Seite der Achlamäer. Es sind die, denen die Zukunft gehört („sie beherr-schen Amurru", „verzehren den Reichtum A.s"). Vgl. noch S. 66f. 1) Siehe über den Namen oben S. 8 f. und zur Sache unten Anm. 4. 2) Ihr Gott Amurru wird als „großer Berg(gott)" bezeichnet; auch erscheint Hammurapi auf seiner Diarbekrsäule (Procksch, Völk. Altpal. 11. 25) kurzweg als König von Amurru. Ebenso Ammiditana: Winckl., Altor. Forsch. I, 144ff. Vgl. S. 51 [5]. Das Land Amurru wird also wohl dort zu suchen sein (vgl. TuB. I, 107). Freilich wird schließlich alles davon abhängen, ob wir den Begriff Am. überhaupt als eine völkische E i n h e i t fassen dürfen. 3) Das Königreich Amurru wird durch die Hetiter zersprengt, und so könnten die nach Palästina getriebenen K a n a a n i t e r recht wohl die Reste des alten Königreichs Amurru sein. Die Amarnazeit kennt ein k l e i n e s Königreich Amurru, zuvor war es ein Weltreich gewesen, jedenfalls ein Großstaat. Die versprengten, nicht zum spätern Amoriterstaat gehörenden Reste des alten mochten sich Kanaaniter nennen. 4) Eigenartig verhält es sich mit den Kanaanäern, obwohl auch sie als Semiten in Anspruch zu nehmen sind. Dies zu bestreiten geht bei ihrer zweifellos semitischen Sprache kaum an. Die Berufung auf die Völkertafel von J in Gen. 10 kann angesichts der Tatsache, daß hier auch Assur und Babel und in einer Glosse selbst die Amoriter von Ham abgeleitet werden, nicht weiter führen. (Denn die Reichsgründung Nimrods kann, auch wenn N. nicht Vater von Babel usw. genannt wird, doch nur so gemeint sein, daß sie als hamitisch gelten kann.) Es mag eine verblaßte Erinnerung an älteste hamitische Elemente im Land vorliegen, aber des erst irriger Beziehung auf die Kanaaniter. Die Frage kann nur sein: sind sie trotz des erst spätern Vorkommens ihres Namens v o r den Amoritern ins Land gekommen oder erst n a c h ihnen, indem sie jene teils unterjocht, teils ins Gebirge zurückgedrängt haben? Im letzteren Fall, der hier angenommen ist, könnte ihr Auftreten mit dem Auftreten der Hetiter und Achlamäer gegen die Amoriter am Ende der 1. babyl. Dynastie zusammenhängen. Sie wären dann (s. o.) nachdrängende Semitenhorden, die sich die Schwächung des Reiches Amurru zunutze machten. Vgl. noch S. 69, Anm. 4, auch S. 55, Anm. 1.

brüer zu ihren Vorgängern darf darüber nicht täuschen, daß diese tatsächlich einer und derselben großen Gruppe angehören wie jene und daß
es sich nur um verschiedene Etappen innerhalb desselben großen Gesamt-
prozesses handelt.

Der erste Zusammenstoß der aus den Nordgebirgen und der Steppe
hervorgebrochenen Amoriter mit den bisherigen Inhabern der von ihnen
eingenommenen Gebiete erfolgte, soweit wir bis jetzt wissen, unter dem
semitischen Herrscher von Akkad, S a r g o n. Er hatte sich zunächst von
seiner Stadt Akkad (Agade) aus ganz Sumer unterworfen, um 2800, Lugalzaggisi gefangen genommen und damit schon seinem sumerischen Reiche
ein Ende bereitet. Augenscheinlich ist er der Träger der Erhebung der
Semiten von Akkad gegen die Herrschaft der Sumerer. Sargon hat dann
seine Herrschaft über Elam und über das Land der Subari, also Assyrien
und Mesopotamien, ausgedehnt. Nach diesen sozusagen vorbereitenden
Feldzügen konnte er es wagen, | zu einem Hauptschlag auszuholen [1]. Es
heißt, er habe, mit dem Abzeichen — vielleicht dem Ringe — der Istar
versehen, das ihm glückverheißend die Weltherrschaft verbürgte, seinen
Schrecken über die Länder ausgegossen. Er habe das Meer im Osten,
womit nur die östlichen Teile des Mittelmeeres gemeint sein können, überschritten und das „Land des Westens bis an sein Ende" erobert, habe
dort im Westen seine Bildsäulen errichtet [2]. Gleichzeitig wird nun von
ihm berichtet, er sei nach A m u r r u gezogen und habe damit „die vier
Weltgegenden" unterworfen [3]. Ohne Zweifel wird die Unterwerfung der
Amurru damit als seine größte Tat gepriesen: außer Ägypten und wohl
einem Teil von Syrien scheint in der Tat die bekannte Welt ihm zu
Füßen zu liegen. Kein Wunder, daß die Herren dieses Weltreichs sich
nunmehr als Götter fühlen und bald auch das Götterzeichen vor ihren
Namen setzen.

In welcher der vier Weltgegenden Amurru, das Amoriterland, lag,
sagen uns die Omentafeln Sargons, denen diese Nachricht mehrfach zu
entnehmen ist, nicht. Aber nach allem, was wir über die Amoriter gehört haben, und nach dem, was wir über die Richtung der wichtigsten
und weitreichendsten Feldzüge Sargons, die ihm den Namen eines Beherr-
schers der vier Weltgegenden eintrugen, aus seiner Chronik ersehen, scheint
kein Zweifel aufkommen zu können, wo wir das Amurru seiner Zeit zu
suchen haben. Es kann sich bei dem Zug gegen die Amoriter tatsächlich
nur um eben jenen Zug ins Westland, d. h. in die Libanongegenden und
ans Mittelmeer handeln, den er dann, wenn wir seinen Nachrichten auch

---

1) Eine sichere chronologische Anordnung der einzelnen Feldzüge läßt sich, da
unsere Nachrichten unter sich nicht zusammenhängen und mehrfach auch nicht zu-
sammenstimmen, nicht geben. Es handelt sich daher nur um eine gewisse Wahrscheinlichkeit. Jedenfalls braucht man sich durch die Reihenfolge der Chronik nicht bestimmen zu lassen. Siehe auch Meyer, Gesch. d. Alt. § 398 A. 2) Vgl. die Omen-
tafel und die Chronik bei Winckler, TB., S. 1. 2. Ebenso Ungnad in TuB. I, 105.
Vgl. auch KB. III, 1, 105. 3) Siehe schon KB. III, 1, 103. 105 (aber in ungenauer
Wiedergabe mit der Lesung Acharru für Amurru); besser jetzt besonders in Thureau-
Dangin, Sum-akk. Kön.inschr 225; Winckler, TB. 1; Ungnad, TuB. I, 106, Anm. 11. —
Daß er auch bis tief nach K l e i n a s i e n hinein, wo sich schon vor ihm eine Kolonie
semit. Babylonier festgesetzt hatte, vordrang, haben uns die neuen Funde von Kültepe
(Weidner, D. Zug Sargons 1922) gelehrt. Die vorgetragene Auffassung über Amurru
findet darin doch wohl eine Stütze. Ebenso in dem, was wir nachher über Gudea er-
fahren. Dazu S. 50 [2]. 52 (Marmor).

hierin Glauben schenken dürfen, bis an das „Ende des Westens", d. h. doch wohl, wenn auch nicht bis an die Säulen des Herakles, so doch bis zu den Inseln im Mittelmeer fortsetzte [1]. Ist | die Darstellung richtig, so müssen die Amoriter sich schon zu Anfang des dritten Jahrtausends in Syrien festgesetzt haben [2]. Die ihnen folgenden Achlamäer müssen dann immer weiter nach Assyrien und Nordbabylonien vorgedrungen sein, bis sie in der Zeit der Hammurapidynastie Babylonien selbst in Besitz nehmen und sich dort zur herrschenden Schicht erheben. Um dieselbe Zeit oder kurz vorher hatten auch die Pharaonen der 4. und 5. Dynastie ihr Auge auf Syrien geworfen (oben Ş. 41). So mußten zwischen dem akkadischen Reiche Sargons und jenen ägyptischen Herrschern oder ihren Nachfolgern von selbst mancherlei Beziehungen erwachsen. Vielleicht erklären sich von hier aus gewisse von W. M. Müller (oben S. 42) stark betonte Tatsachen.

Wie wichtig aber jetzt schon die durch Sargon wiederhergestellte Verbindung Babyloniens mit dem Westlande wurde, zeigt der Umstand, daß nicht lange nachher König Gudea (um 2600) sich rühmt, daß er zur Erbauung seiner Tempel Zedern vom Amanus herbeigeschafft und aus den Bergen von Amurru große Steinblöcke geholt habe, um sie zu Stelen zu verarbeiten. Auch Marmorblöcke aus Amurru werden genannt [3]. Doch blieb es natürlich nicht bei der Lieferung von Baumaterial. War der Weg zum Libanon und zum Meere, ja selbst nach Zypern und vielleicht weiter, den Herrschern Babyloniens erschlossen, so eröffnete sich ein lebhafter Handelsverkehr. Dem Krieger folgte wie überall der Kaufmann, der Handwerker und der Ansiedler. Es werden babylonische Waren und Künste nach dem Westen gelangt sein und es kommen amoritische Händler und Handwerker und ihnen nach | amoritische Ansiedler nach Babylonien und ihnen nach achlamäische Scharen, und es bereitet sich so der Gang der Dinge vor, den wir unter Hammurapi abgeschlossen wahrnehmen.

Aber wie überall und allezeit, so hat natürlich auch hier der einmal

---

1) So Winckler im TB., S. VII. Doch wird es sich um eine Hyperbel handeln, so daß nur Zypern und die Inselwelt, besonders aber Kleinasien und Syrien in Frage kämen. Auf Zypern zeigt sich tatsächlich der babylonische Einfluß seit dieser Zeit: Zylinder von bab. Beamten dieser Zeit und Bilder der Muttergöttin tauchen jetzt hier auf (Meyer, Gesch., § 498). 2) Hier ist der Punkt, an dem das interessante Buch von Alb. T. Clay, Amurru, the home of the Northern Semites (1909) einsetzt. Clay macht den Versuch, auf Grund jener Tatsache zu zeigen, daß die ganze bisher übliche Vorstellung über den Gang der ältesten Kultur irrig sei: nicht von Ost nach West soll sie sich bewegt haben, sondern umgekehrt von West nach Ost. Die bekannten urgeschichtlichen Sagen, soweit sie Babylonien und dem Westen gemeinsam sind, sollen demgemäß nicht erstmals aus dem Osten herüber-, sondern aus dem Westen nach Babel gekommen sein. Sie sind entstanden in Amurru und von hier aus gewandert. Es versteht sich von selbst, daß, sollten Clays Theorien sich bestätigen, eine gewaltige Umwälzung in unsern Anschauungen über die ältesten vorderasiatischen Kulturverhältnisse bedeuten würden. Nun ist nicht zu verkennen, daß in ihnen ein gewisser Kern von Wahrheitselementen steckt. So wie die Dinge liegen, sind gewiß auch bedeutsame Einflüsse von den schon im Westen sitzenden Amoritern nach dem Zweiströmeland zurückgeflossen (s. unten S. 53). Aber daß jene Ursagen gerade in Amurru und nicht in den älteren Kulturgebiet Babyloniens entstanden seien, hat der Hauptsache nach, soviel ich sehen kann, Clay nicht erwiesen. Vgl. noch Böhl 39 und unten § 18, 3 gg E. — Inzwischen ist ein neues Buch von Clay über die Amoriter erschienen: The Empire of the Amorites 1919. Im wesentlichen führt es die früheren Gedanken nochmal eingehend aus, natürlich unter Berücksichtigung des inzwischen zugewachsenen Stoffes. Über seine ganze (etymol.) Methode s. Ungn. ZAss. 34, 19 ff. 3) Siehe Winckler, TB. VIII f. und besonders Thureau-Dangin a. a. O. S. 70 (Gudeastatue B 6, 6 ff.).

eröffnete lebhafte V e r k e h r sich nicht auf den Handwerker und Händler beschränkt. Mit beiden kommen Götter, Religionsideen und Kulturgüter. Da wir tatsächlich wissen, daß babylonische M y t h e n u n d S a g e n nach Westen gewandert sind [1], so ist hier schon die Stelle, wo die Anfänge dieses geistigen Wanderns angesetzt werden können. Die Bahn war gebrochen. Und da weiterhin ein starker Zug der amoritischen Invasion nach Babylonien hin feststeht [2], so ist auch die andere Möglichkeit an sich durchaus nicht von der Hand zu weisen, daß auch umgekehrt die Amoriter die Gebenden und Babylonien der Empfänger gewesen wäre [3]. Nach manchen Forschern sind auch eine ganze Anzahl amoritischer Götter in das babylonische Pantheon eingedrungen; Hadad, der Blitz- und Wettergott, von den Akkadern als Rammān („Brüller") bezeichnet, Amurru, der kriegerische ehemalige Stammgott der Amoriter, Hadad nahe verwandt, Aschrat, auch Aschēra, seine Gemahlin, dargestellt im heiligen Pfahl neben dem Altar, endlich Dagan oder Dagōn [4].

Es ist früher davon die Rede gewesen, daß um dieselbe Zeit, in welche wir den Zusammenstoß Sargons mit den in Syrien immer kräftiger vordringenden Amoritern anzusetzen haben, auch die ä g y p t i s c h e n P h a r a o n e n des ausgehenden alten Reiches sich aufs neue kräftig um den Besitz Palästinas bemühten [5]. Pepi I. hat dann, wie wir sahen, fünf Züge nach dem Sinai˙ zur Sicherung seiner dortigen Herrschaft und einen sechsten nach Palästina selbst veranstaltet und ist bis ins Karmelgebiet vorgedrungen. Der Gedanke liegt außerordentlich nahe, daß die Unruhen in Palästina und die Notwendigkeit, die sich für Ägypten ergab, mit großem Truppenaufwand hier seine Herrschaft zu stützen, im engen Zusammenhang mit dem Vordringen erst der Amoriter gegen Syrien und später der Achlamäer gegen sie selbst stand. Die Wanderhorden der syrisch-arabischen Nordsteppe strecken immer begehrlicher ihre Hände nach dem Ackerland Syriens und˙ nach den mesopotamischen Grenzgebieten aus. Von Osten her und in N o r d - und M i t t e l s y r i e n finden sie ihren Meister an Sargon, | der sie für eine Weile im Zaume hält; in Südsyrien, südlich vom Karmel, wohin sie zuvor schon ihre letzten Ausläufer entsandt hatten, treffen sie mit den Ägyptern zusammen, die ebenfalls nicht gesonnen sind, ihre Ansprüche auf jene Gebiete leichten Kaufes preiszugeben.

Dabei hat sich hier schon ohne Zweifel der Zustand herausgebildet, den wir später lange Zeit hindurch fast als die Regel ansehen lernen, daß nämlich die n ö r d l i c h e n Gebiete Palästinas — noch mehr natürlich die Landstriche nördlich vom eigentlichen Palästina —, soweit sie fremde Einflüsse auf sich wirken lassen, vorwiegend unter dem Einfluß des b a b y l o n i s c h e n Ostens, die s ü d l i c h e n, in der Hauptsache die Landschaft südlich vom Karmel, vorwiegend unter demjenigen Ä g y p t e n s stehen. Jedenfalls darf diese Regel festgehalten werden, sofern der für große Zeit-

---

1) Vgl. dazu unten § 18, 3 u. Bd. II⁴ 84f. (*137).   2) Ähnlich wie in Ägypten hat man sich um 2400 auch in Babylonien sogar durch die Errichtung einer Sperrbefestigung, der „Amoritermauer", gegen das Eindringen ihrer Scharen zu schützen gesucht. Meyer § 415.   3) Hier liegt das Berechtigte von Clays Theorie, s. oben S. 52. 4) Über Dagon s. indessen S. 48². Auch bei den andern Göttern sind ernste Zweifel angebracht. 5) Siehe oben S. 41 die Eroberung von Netia und dazu auf S. 42² die Inschrift des Una.

räume ausschlaggebende Gegensatz zwischen Ägypten und Babel-Assur in
Frage kommt. Daß daneben auch noch die andern Einflüsse vom Nor-
den und später vom Westen her auf das politische und das geistige Leben
Palästinas einwirken, bedarf hier keiner Erörterung.

Wohl aber bedarf eine a n d e r e Erscheinung hier schon noch eines
kurzen Wortes. Wir haben früher die Wahrnehmung gemacht, daß schon
die frühe Urzeit zu der Vermutung begründeten Anlaß gibt, es haben
Bewohner semitischer Abkunft größere Teile Palästinas besetzt gehabt,
vor allem seine südlichen Landschaften. Bald nach dem Beginn des dritten
Jahrtausends nun können wir erstmals das Vorhandensein der amoritischen
Schicht in Syrien, vielleicht auch im nördlichen Palästina, feststellen [1].
War sie auch schon einige Zeit vorher vorhanden, und muß mindestens
angenommen werden, daß den etwa gleichzeitig erfolgenden Gegenstößen
Sargons von Osten und Südosten und der Pharaonen Zoser und Snofru
von Süden her mehrfache und längerdauernde Vorstöße der Amoriter von
Syrien und der syrisch-arabischen Steppe her vorangingen, so bleibt es
trotz alledem immer ausgeschlossen, daß jene ältesten palästinischen Semiten
selbst schon Glieder der amoritischen Invasion gewesen wären. Nach
allem, was wir wissen, haben sie mit ihr nichts zu tun. Vielmehr gehören sie vermutlich einer viel früheren, d. h. einer der akkadischen,
spezifisch babylonischen, Schicht im Osten gleichzeitigen Wanderung (vielleicht arabischer) Semiten nach jenen Gegenden an. So gut wie zwischen
Sargon und Akkad und den nordsyrischen Amoritern mag daher auch
zwischen diesen und den südsyrischen schon im Lande weilenden vor-
amoritischen Semiten von Anfang an ein G e g e n s a t z bestanden haben,
am stärksten natürlich in den Gebieten | des mittleren und nördlichen
Palästina, wo beide Teile sich vermutlich am engsten berührten, und genährt durch den Einfluß der ägyptischen Politik und Diplomatie, die selbstverständlich das höchste Interesse an `ihm als ihrem nächsten Bundes-
genossen im Kampfe um die Herrschaft in Palästina nahm.

Wir wissen zur Genüge, welche Bedeutung in späterer Zeit und bis
ans Ende des israelitischen Staates, ja zum Teil lange über ihn hinaus,
das politische Widerspiel z w i s c h e n N o r d u n d S ü d für die Entwicklung der Dinge in Palästina hatte. Wir wissen ferner, daß schon in die
Anfänge des israelitisch-jüdischen Volkstums, in die Hergänge bei der
Bildung der Nation und bei der Festsetzung in Kanaan wie bei der Einrichtung der königlichen Verfassung der Gegensatz von Israel und Juda
als Gegensatz von Nord und Süd hereinragt [2], wie er die Menge der Jahrhunderte und den bunten Wechsel der Schicksale des Landes und seiner
Bevölkerung überdauernd in seinen letzten Ausläufern bis h e u t e sich erhalten hat [3]. Um so bedeutsamer ist es zu sehen, in wie frühe Anfänge

---

1) Vgl. dazu oben S. 51, auch noch unten S. 61 u. 65.   2) Vgl. Bd. II⁴ 274
(⁸348) und vorher schon ⁴135. 177.   3) Jedem Kenner des Orients ist die Tatsache
geläufig, daß durch den Islam hindurch bis auf den heutigen Tag ein Gegensatz
zwischen nördlichen und südlichen Arabern fortbesteht. Jene heißen Q e j s i t e n ,
diese J e m e n i t e n *(qēs* und *jemen).* Er äußert sich natürlich in Arabien selbst in
anderer Weise als in Palästina. Hier aber scheint er mit der alten Völkermischung
zusammenzuhängen. Dafür spricht, daß noch heute da und dort die beiden Parteien
nicht nur durch bestimmte äußere Kennzeichen, sondern auch durch eine gewisse
sprachliche, dialektische Verschiedenheit sich voneinander abheben. Die Ursachen
des Zwists sind dem Gedächtnis längst entschwunden — man weiß nur, daß man Feind

er aller Wahrscheinlichkeit nach zurückreicht. Wir werden kaum irregehen mit der Annahme, daß jener Gegensatz, der auch in den besten Zeiten Israels nie ganz überbrückt worden ist und der darum allezeit das Verhängnis seines Staatslebens in sich barg, tatsächlich schon den allerletzten Wurzeln hebräisch-israelitischen Volkstums angehört. Er reicht zurück in die früheste uns geschichtlich überhaupt erreichbare Urzeit und damit in jene Zeit, in der im Schoße der vorderasiatischen Völkergebilde die allerersten Keime, aus denen nach Jahrhunderten das spätere Israel hervorgehen sollte [1], sich schüchtern zu | regen begannen. Sie liegen in dem Zusammentreffen der voramoritisch-semitischen und der amoritisch-semitischen Schicht auf dem Boden Palästinas um 2500 v. Chr. |

3. Kapitel. Das zweite Jahrtausend bis zur Amarnazeit.

§ 11.
Palästina und das Ägypten des Mittleren Reiches.

Es kann nicht unsere Aufgabe sein, dem Gang der Entwicklung der ägyptischen oder der babylonischen Geschichte in selbständiger Darstellung folgen zu wollen. Wohl aber muß eine auf die Völkerverhältnisse des frühen Vorderasiens und Orientes sich gründende Beschreibung der ersten Anfänge des Volkes Israel dem Lauf der Dinge in jenen Staaten und Völkergebieten wenigstens so weit ihre Aufmerksamkeit schenken, daß deren wichtigste Beziehungen zu dem Lande des späteren Israel als dem Schauplatz seiner Betätigung aufgezeigt werden.

Wir haben gehört, wie unter Pepi I. ernste Kämpfe um den Besitz Palästinas geführt werden. Ob es den Ägyptern schließlich gelang, des Landes Herr zu werden, wissen wir nicht. Den Anspruch auf die Oberhoheit werden sie jedenfalls erhoben haben. Aber indem mit dem Nieder-

ist, aber seit unvordenklichen Zeiten. Vgl. Robinson, Paläst. usw. II, 601; Goldziher, Muhamm. Stud. I, 80; auch PJB. 3 (1907), 89.

1) Es bedarf keiner nochmaligen Hervorhebung der Tatsache, daß die hier besprochenen *Amurru* ethnologisch dasselbe sind wie die Amoriter *(Emorī)* der Bibel, die neben den Kanaanitern vom Alten Testament besonders gern als Hauptvertreter der vorisraelitischen Urbevölkerung des Heiligen Landes genannt werden. Nun ist öfter schon beobachtet worden, daß die Benennung Emorī den nordisraelitischen Urkunden (E, Amos usw.), Kena'anī den Süden Palästinas (J) geläufiger ist. (S. darüber Procksch, Nordhebr. Sagenbuch 176 u. ob. S. 21⁴.) Dürften wir mit Grund vermuten, daß die jedenfalls semitischen Kanaanäer trotz der verhältnismäßig späten Bezeugung ihres Namens die ältere Semitenschicht darstellen, so wäre nicht ausgeschlossen, daß auch in diesen beiden Namen sich jener Gegensatz mit enthalten wäre. Kanaaniter wären dann in der Hauptsache die (von Süden her?) in frühester Urzeit eingedrungenen Semiten — daher vielleicht ihre Ableitung von Ham in der Genesis —, Amoriter die ihnen nachfolgende Schicht. (So etwa Procksch. Völk. Altpaläst. 12) Daß die Phöniken Kanaaniter, nicht Amoriter heißen, spräche nicht dagegen, sondern bewiese nur, daß sie zur ältesten, mehr und mehr an die Küste und hier nach Norden gedrängten Südschicht gehörten (vgl. Herod. I, 1; VII, 89, wonach die Phöniken nach ihrer eigenen Erinnerung vom Erythräischen Meere, d. h. von Ostarabien her gewandert sein sollen). Aber das sind doch bloße Möglichkeiten, denen gegenüber die auf S. 50⁴ vorgetragene, obwohl auch nur eine solche, im Zusammenhang des Ganzen größere Wahrscheinlichkeit hat. Vor allem sind die Amoriter der Bezeugung nach die viel älteren. — Zum Alter der Kanaaniter in Paläst. vgl. auch Müller, Ägypt. Weltschr. 84¹.

gang des Alten Reiches dessen Macht sich allmählich erschöpft, ist das
Pharaonenreich natürlich auch nicht imstande, auswärtigen Ansprüchen
entschiedenen Nachdruck zu leihen. So verläuft die Zeit von der sechsten
bis zur zehnten Dynastie (bis 2160).

Es kommt das Mittlere Reich auf und mit ihm die Verlegung der
Herrschaft nach Theben in Mittelägypten. Die Könige der zwölften Dynastie (bis 1785) streben mit aller Macht danach, die Stellung ihrer großen
Vorgänger aus dem Alten Reiche wieder zu erringen. Amenemhet I. (seit
2000) scheint seine Scharen wieder nach Palästina gesandt zu haben.
Wenigstens nennt sein Feldherr Nessumontu die uns schon als Bewohner
der Steppe und des südlichen Palästina bekannt gewordenen Menziu und
Heriuša als von ihm besiegte und in ihrem eigenen Gebiet heimgesuchte
Gegner [1]. Ähnliches erwähnt der Wesir | Sesostris' I. (seit 1980), ein ge-
wisser Mentuhotep, freilich ohne daß wir hier sicher bestimmen können,
ob es wirklich zum Kriege, geschweige zur Unterwerfung der Asiaten und
der Sandbewohner gekommen ist [2]. Die Geschichte des Sinuhe läßt uns
jedenfalls keinen Zweifel darüber, daß eine Unterwerfung Palästinas, überhaupt die Ausdehnung der ägyptischen Herrschaft über die Sinaihalbinsel
hinaus, nicht in Frage kommen.

Um so lebhafter ist schon damals der Verkehr von Ägypten nach
Asien gewesen. Darüber besitzen wir eine vortreffliche Urkunde in der
Geschichte des Sinuhe [3]. Sie spielt in der Zeit Sesostris' I., dessen Ge-
folgsmann Sinuhe in der Zeit vor seiner Thronbesteigung war. Er hat
den Prinzen dabei nach Libyen begleitet und erfährt zufällig im Königs-
zelt den plötzlichen Tod des Pharao Amenemhet I., den Eilboten dem
Sesostris melden. Dieser eilt, noch ehe das Heer etwas von der Kunde
weiß, nach der Residenz, um den Thron seines Vaters zu besteigen, ehe
einer der Haremssöhne ihm zuvorkommen kann. Sinuhe aber fühlt sich
im Besitz eines gefährlichen Geheimnisses und in der Erwartung bedroh-
licher Thronstreitigkeiten (Z. 6) in Ägypten selbst nicht mehr sicher genug
und ergreift die erste Gelegenheit, nach Asien zu entfliehen. Er kommt
zur „Fürstenmauer, die errichtet ist, um die Beduinen fernzuhalten", also
der Grenzmauer gegen die asiatischen Beduinen. Er verbirgt sich vor
der Wache auf der Mauer, und so gelingt es ihm, die Grenzwächter zu
täuschen. Nun gelangt er nach den Bitterseen auf der Landenge von Suez
und kommt hier zu einem herdenbesitzenden Beduinenstamm, dessen Häuptling ihn von seinem Aufenthalt in Ägypten her kannte. Er wird gastfrei
aufgenommen und freundlich weiterbefördert. „Ein Land gab mich weiter
an das andere. Ich kam nach Byblos und gelangte nach Qedem", der
Landschaft östlich von Damaskus. Dort bleibt er anderthalb Jahre. Der
Fürst Ammi-enschi [4] von Ober-Retenu — womit das palästinische Berg-

---

1) Vgl. dazu Breasted im AJSL. 21 (1905), 154 ff. Mindestens handelte es sich
um die erneute Sicherung der Sinaihalbinsel. 2) Siehe darüber Meyer, Gesch. d.
Altert. § 290 nach Mariette, Abydos II, 23, Z. 10. Die Ausdrucksweise in der Sinuhe-
geschichte ist ganz ähnlich: „Der Pharao ist dazu geschaffen, die Beduinen zu schlagen
und die Wüstenwanderer niederzuwerfen" (Zeile 71 ff. TuB. I, 212 unten). Es scheint
fast, als liegen typische Wendungen vor, die des öfteren schematisch angewandt wurden.
3) Siehe darüber Ranke in TuB. I, 211 ff. (nach Gardiner) und besonders Gardiner,
Die Erzählung des Sinuhe und die Hirtengesch. 1909 (in Erman, Lit. Texte d. M. R.
II). Auch wenn die Geschichte mehrfach romanartig klingt, so wird sie doch typisch
für die Verhältnisse sein. 4) Augenscheinlich ein „amoritischer" Fürst עמֻי־אֶנְשׁ;

land bezeichnet | wird —, der durch Ägypter, die an seinem Hofe weilen, Gutes von Sinuḥe gehört hatte, beredet ihn, bei ihm zu bleiben: „Du hast es gut bei mir und hörst die Sprache Ägyptens". Sinuḥe redet dem Fürsten zu, sich dem Pharao zu unterwerfen: „Wahrlich, er behandelt ein Land gut, das ihm ergeben ist". Jener will davon nichts wissen. Er macht Sinuḥe zu seinem Eidam und weist ihm ein reiches Land an mit Namen Jaa [1]. „Feigen gab es darin und Weintrauben und mehr Wein als Wasser. Sein Honig war reichlich und viel seines Öls, und alle Arten von Früchten auf seinen Bäumen ... ich hatte gekochtes Fleisch und gebratene Gänse, dazu das Wild der Wüste, das man in Fallen mir erjagte ... außer dem, was meine Jagdhunde erbeuteten." So gewinnt er eine mächtige Stellung im Lande. „Der Bote, der (von Ägypten) nordwärts zog oder südwärts zum Hofe reiste, verweilte bei mir; ich beherbergte jedermann ..." „Wenn die Beduinen auszogen ... die Fürsten der Länder zu bekriegen, so beriet ich ihren Zug, denn der Fürst der Retenu ließ mich viele Jahre den Anführer seiner Krieger sein."

Doch die Sehnsucht nach der Heimat ist in Sinuḥe nie erloschen. Und als nun gar ein Schreiben des Pharao bei ihm eintrifft, das ihn zur Heimkehr mahnt: „es soll nicht geschehen, daß du im Fremdlande stirbst und daß Asiaten dich bestatten und man dich in ein Schaffell hülle!", da läßt er sich nicht mehr zurückhalten. Als er in der Heimkehr begriffen die „Horuswege" betrat, sandte der Offizier, der die Grenzwache an der Fürstenmauer befehligte, eine Botschaft an den | Pharao. Der König läßt ihn infolgedessen durch eine Gesandtschaft feierlich zu Schiffe nach Ägypten bringen.

Die Schilderung ist von höchstem Werte. Sie zeigt uns, daß Palästina damals im ganzen unter ähnlichen Verhältnissen stand wie zur Amarnazeit. Es sind wohl ostjordanische Zustände gezeichnet und die Stämme sind schon ziemlich weit auf dem Weg zum Seßhaftwerden vorgeschritten [2]. Wenn Sinuḥe „von einem Land zum anderen" weitergegeben

---

vgl. Weber in OLZ. 1907, 146. Im ersten Glied wird das bekannte 'am = Stamm stecken, im zweiten 'insch Mann — also: Männerstamm, Reckengeschlecht.
1) Ein Land dieses Namens kennen wir sonst nicht. Da aber in Zeile 240 ff. von „süßen Bäumen", was Ranke als Dattelpalmen deutet, die Rede ist, so wäre, ist die Wiedergabe richtig, die Wahl nicht groß. Das Verbreitungsgebiet der fruchttragenden (nicht wilden) Dattelpalme in Syrien ist, soweit mir bekannt, das folgende. Sie gedeiht in Jericho, und vereinzelt wohl noch im Ror; weiter an der Küste bei Gaza, Jafa, Haifa und Tyrus; nach Post (vom. amerik. protest. College in Beirut) in Hastings Diction. of Bible (Art. Palm.) gedeiht die Palme auch noch weiter nördlich, bei Beirut und Tripolis an der Küste, doch ist über ihre Fruchtbarkeit dort nichts zu entnehmen. In der Niederung am See Tiberias sieht man heute ebenfalls Palmen; im Altertum scheinen sie nach Josephus (Bell. Jud. III, 10, 8) sehr zahlreich gewesen zu sein; von Datteln redet er nicht ausdrücklich, doch da er die dortigen Palmen unter den Fruchtbäumen und als Beweis der Fruchtbarkeit der Landschaft nennt, ist wohl an Dattelkultur zu denken. Da Jericho wegen der Erwähnung von Byblos doch wohl zu weit südlich ist, und da wegen der Nähe der Beduinen und der Steppe (Zeile 95 ff.), auch von Qedem (Zeile 30 ff. 182), die Küste nicht wohl in Frage kommen kann, wird man am ehesten an eine Gegend unfern dem See Tiberias, wohl im Osten desselben, zu denken haben. Dann wird es sich aber vielleicht (vgl. Z. 80 ff.) überhaupt eher um Feigen und Wein handeln [so jetzt auch Ranke nach brieflicher Mitteilung]. Eisler, Ken. Weihinsch. 139 erinnert an phön. ja' = schön (Lidzb. Handb. 284) und bringt Jaa zusammen mit (wa'ja) ajja Gen. 36, 24; 1 Chr. 1, 40, das dann ins Südgebiet gehören würde. 2) Die Führerschaft scheint bis zu einem gewissen Grad erblich (TuB. 215, 20 ff.).

wird, bis er nach Byblos kommt, so darf daraus geschlossen werden, daß keine Zentralgewalt vorhanden war, sondern das Land unter einzelnen Dynasten stand, von denen vielleicht schon die Mehrheit, jedenfalls einzelne, den Amoritern zugehörten (vgl. Ammi-enschi). Im ganzen gewinnt man den Eindruck geordneter Zustände, wenngleich es an Raub- und Kriegszügen der Beduinen gegen das Land oder seine Nachbargebiete, auch sonst an feindlichen Überfällen nicht fehlt. Auch die Dynasten des Landes scheinen sich beutelustig an solchen Zügen beteiligt zu haben [1].

Von besonderem Interesse ist natürlich das Verhältnis zu Ägypten. Der Wunsch und Anspruch des Pharao, Ägyptens Oberhoheit über das Land zur Geltung zu bringen, blickt mehrfach durch. Will man dem Pharao schmeicheln, so redet man in diesem Sinne. „Retenu gehört dir, ja es ist wie deine Hunde [2]." Und redet man in seinem Sinne, so spricht man den Dynasten zu, sich dem Pharao zu fügen. Aber von einer wirklichen Herrschaft ist, wie oben schon dargelegt, keine Rede. Ammi-enschi lehnt das Ansinnen, das ihm Sinuhe stellt, entschieden ab. Im Lande leben, wie es scheint, mancherlei ägyptische Flüchtlinge und Abenteurer, die Grund haben, die Heimat zu meiden, ohne daß aber des Pharao Arm weit genug reichte, sich ihrer zu bemächtigen [3]. Vor allem aber scheinen jene unruhigen, zu räuberischen Überfällen geneigten Elemente, die das Land gelegentlich unsicher machen, auch den Ägyptern zu schaffen gemacht zu haben. Daher findet man seit der Zeit des Mittleren Reiches [4] Ägypten durch die Fürstenmauer aufs strengste gegen die Sinaihalbinsel abgesperrt. Eine Truppe, mit einem Offizier an der Spitze, ist hier postiert, und auf der | Mauer stehen Späher, die jeden, der die „Horuswege" passiert, anhalten [5]. Wir haben ohne Zweifel an die Straße vom Wadi Tumilat nach der Halbinsel zu denken, der Posten wird beim heutigen Ismailije gestanden haben. Von da kann man zu Schiffe auf einem Vorläufer des heutigen Süßwasserkanals nach dem Nil gelangen.

Trotz jener Abgeschlossenheit besteht aber ein lebhafter Verkehr hin und her. Beduinenhäuptlinge müssen zeitweilig am Hofe von Theben leben, denn einer von ihnen kennt von daher den Sinuhe. In Palästina selbst gibt es Ägypter genug. Am Hofe Ammi-enschis weilen Ägypter, die Sinuhe kennen, ja der König kann ihm verheißen, er höre bei ihm die Sprache Ägyptens [6]. Auch scheint ein regelmäßiger Botendienst zwi-

---

Jedenfalls ist schon eine ziemlich feste Organisation vorhanden (Vorläufer des Amoriterreichs von Sihon u. Og?).

1) Vgl. Zeile 95 ff. 109 ff. 144.   2) Zeile 220 ff. Außerdem vgl. Zeile 71 ff. 3) Zeile 219 ff. Die hier genannten Länder der Fenchu, auch wenn dabei nicht an die Phöniken gedacht sein sollte (W. M. Müller, Asien und Europa 208 ff.), müssen jedenfalls in nächster Nachbarschaft des Aufenthalts Sinuhes, also in oder bei Palästina gelegen haben. Der Name scheint übrigens nach Sethe, Ägypt. Zeitschr. 45, 140 schon aus der Zeit des Alten Reiches (5. Dyn.) zu stammen, und nach demselben (MVAG. 1916, 305 ff) sind die Zweifel Müllers hinfällig.   4) Die Fürstenmauer spielt auch eine Rolle in den Profezeiungen eines Priesters unter König Snofru. Da die Abfassungszeit des Textes aber das Mittlere Reich ist, so kann man die Sache selbst erst aus dieser Zeit sicher belegen. Vgl. Ranke in TuB. I, 204. Ebenda S. 206, Anm. 6.   5) Vgl Zeile 15 ff. und 241 ff.   6) Von besonderem Interesse ist auch die von Müller, OLZ. 4 (1901), 4 f. und Ägypt. Weltschrift 8 f. mitgeteilte Tatsache, daß ein Bote um 2000 beschriebene Backsteine nach Asien bringt. Das scheint doch wohl Keilschrift zur Voraussetzung zu haben.

schen dem Pharao und den Dynasten Syriens bestanden zu haben [1]. Natürlich entspricht dem diplomatischen Verkehr ein lebhafter Handelsverkehr. Byblos wird besonders als Hafenort für die Versendung der Libanonzedern aufgesucht worden sein. Die Nilbarken sind aus Zedernholz [2]. Auch sonst hat ohne Zweifel ein reicher Austausch von Lebensbedürfnissen und Kulturerrungenschaften stattgefunden. Die Wandgemälde im Grabe von Benihassan geben darüber Aufschluß, daß die Beduinen Südpalästinas, ebenso natürlich die Städter des eigentlichen Palästina, wie sie von Ägypten vieles empfingen, so auch ihm manches zu bieten hatten. Meist wird die bekannte Abbildung [3] von Benihassan als Darstellung von auswandernden Semiten gedeutet, die in Ägypten Einlaß begehren, weil ihnen Palästina zu enge geworden sei. Es ist aber viel wahrscheinlicher, daß es sich um eine Handelskarawane handelt. Ihr Führer ist ein Beduinenschech Abscha [4]. Er bringt in Begleitung von 37 Beduinen grüne Schminke (Augensalbe) nach Ägypten. Es scheint also, daß sie diese Ware in Ägypten zum Kauf anbieten. Die Szene gehört unter Sesostris II., um 1900.|

Auch über Byblos hinaus wird der Handel nach dem Norden und nach dem babylonischen Osten im Schwunge gewesen sein [5]. Die Ausgrabungen im mittleren Palästina lassen darüber auch für unsere Zeit keinen Zweifel, während diejenigen im Süden des Landes besonders den Verkehr mit Ägypten ins Licht stellen. Ja einzelne Gebiete des südlichen Landes scheinen, trotzdem im allgemeinen der Pharao in Palästina nur die Stellung eines mit Achtung, wohl auch mit heimlicher Sorge genannten Nachbars genießt, doch geradezu in Abhängigkeit von Ägypten gestanden zu haben. Wenigstens hat sich in Gezer, westlich von Jerusalem am Abhang des judäischen Berglandes gegen Jafa hin, der Denkstein eines ägyptischen Beamten dieser Zeit gefunden [6]. Die Tatsache läßt kaum eine andere Erklärung zu, als daß die Stadt damals unter der Botmäßigkeit des Pharao stand.

Hatte man sich auf seiten des Pharao bisher mit gewissen ideellen Ansprüchen auf Palästina begnügen müssen, so trat allerdings mit Sesostris III. (1887—1850) eine Wendung ein. Er hat einen richtigen Kriegszug, nicht nur etwa nach der Sinaihalbinsel oder den südlichen Grenzgebieten Palästinas, sondern ins Land selbst unternommen. „Seine Majestät zog nach Norden, um die Asiaten (Menziu Satet) niederzuwerfen. Seine Majestät kam zu einem Gebiet namens Sekmem. Seine Majestät zog wieder nach der Residenz zurück, nachdem Sekmem gefallen war [7]."

Handelt es sich, wie Breasted wohl richtig annimmt [8], auch nur um einen Raubzug, der noch lange kein Recht gab, von einer wirklichen Er-

---

1) Zeile 94 f. Zum Vorhergehenden vgl. Zeile 25 ff. 30 ff. Auch eine eigentliche Gesandtschaft des Pharao nach Retenu wird erwähnt, vgl. Meyer, Gesch. d. Alt. § 289 (nach Weill).   2) Die Abbildung des Totenschiffs Sesostris' III. aus syrischem Zedernholz s. bei Breasted-Ranke, Gesch. Ägypt, Abb. 82 bei S. 168.   3) Siehe z. B. bei Spiegelberg, Der Aufenthalt Israels in Ägypten [2] (1904) 28 f. Danach TuB. II, 124. Besonders gut ausgeführt bei Riehm, HBA.[2], Art. Ägypten. Im allgemeinen vgl. dazu Müller, Asien und Europa 35 ff.   4) Der Name scheint derselbe wie der biblische Name Abišai, der gelegentlich auch Abšai heißt 2 Sam. 10, 10.   5) Das Nähere s. unten § 17 zu Anf.   6) Palest. Expl. Fund Quart. Statem. 1903, 37. 125; 1905, 317; 1906, 121.   7) Denkstein des Sebekchu (Chu-Sebek), eines Offiziers Sesostris' III. in Abydos; siehe Breasted, Records I, § 676 ff. Ranke in TuB. I, 235. 8) Breast.-Ranke, Gesch. Ägypt., S. 173.

oberung Palästinas zu reden, so bleibt immerhin die Tatsache bestehen, daß Ansehen und Einfluß Ägyptens im Lande durch ihn eine wesentliche Stärkung erfahren mußten. Es war augenscheinlich, daß man in Ägypten anfing, die Politik des Alten Reichs wieder allen Ernstes aufzunehmen und die mehr oder minder zaghaft geäußerten Ansprüche und Wünsche der letzten Pharaonen in die Tat umzusetzen. Das Gelingen des Raubzuges, an dem kaum zu zweifeln sein wird, konnte auch auf die Palästiner unmöglich seines Eindrucks verfehlen. Und wie es auf die Ägypter selbst wirkte, können der Stolz und die Begeisterung lehren, mit denen der Berichterstatter von des Königs und seinen eigenen Heldentaten redet. Die Art, wie er von dem Fall des „elenden Syrien" spricht, läßt etwas von dem Bewußtsein ahnen, | daß Ägypten zur Weltherrschaft bestimmt sei. Auch sonst hat Sesostris III. den Anfang einer Weltpolitik und des Anspruchs auf ein Weltreich gemacht und er ist damit der Vorläufer der großen Pharaonen des 16. Jahrhunderts geworden.

Für die nähere Beurteilung des Charakters und der Tragweite, die dem Zuge Sesostris' III. für Palästina selbst zukommt, wäre es nun freilich von höchstem Werte, zu wissen, was unter Sekmem zu verstehen ist. Sucht man unter den Namen des alten Palästina, die in Frage kommen können und bei denen wir aus inneren Gründen oder aus inschriftlicher oder ähnlicher Bezeugung auf hohes Alter schließen dürfen, so kann nur Sikem in Betracht kommen [1]. Wir kennen es aus der Amarnaliteratur, desgleichen aus dem Papyrus Anastasi I. [2] und wir haben außerdem allen Anlaß, es für einen der ältesten Orte Kanaans zu halten. Seine zentrale, zugleich beherrschende Lage im Lande, in fruchtbarster Gegend und am Fuße zweier altheiliger Berge spricht ebenso wie das Zeugnis der biblischen Überlieferung für das hohe Alter der Stadt, zugleich aber für die Wahrscheinlichkeit, daß Sesostris bei einem Zuge nach Palästina nicht an ihr vorübergehen konnte. Es ist dann wohl anzunehmen, daß Sikem damals schon, ähnlich wie viel später unter Gideon und Abimelek, der Sitz eines Gaufürstentums und seines Dynasten war, und daß, wie es der Lage des Orts in der Mitte des palästinischen Berglandes entsprach, um den Dynasten von Sikem der Widerstand der Landesbewohner gegen die eindringenden Ägypter sich sammelte.

Was die Folgen des Zuges im einzelnen waren, vor allem, wie das Verhältnis Kanaans zu Ägypten des näheren sich gestaltete, darüber fehlen uns weitere Nachrichten. Es läßt sich aber nach der Zuversicht, die die Inschrift des Sebek-chu atmet, kaum annehmen, daß man sich am Pharaonenhofe mit dem einmaligen Erfolge zufrieden gab. Tatsache ist, daß die Pharaonen des Mittleren Reiches sich mit Vorliebe „Beherrscher der Asiaten" oder ähnlich nennen [3]. Der Umstand ferner, daß unter den kostbaren Schmucksachen — wahren Meisterstücken altägyptischer Goldschmiedekunst [4] —, die bei Dahschur am Rande der Libyschen Wüste unweit Memphis gefunden wurden, sich nicht allein | Sesostris III. selbst

---

1) Man hätte dann wohl eine Form שכמם vorauszusetzen, die als Plural zu einer Form שכמי anzusehen und somit gleich שכמים zu setzen wäre. Die Aussprache des Singulars wäre etwa Śekmī, der Sikemit. Vgl. dazu Meyer, Die Israeliten usw. 413, auch die folgende Anm. 2) Vgl. Amarna Kn. 289, 23 (W. 185, 10) Šakmi. Für Ägypten: Müller, Asien und Europa 394. 3) Siehe Müller a. a. O. 34. 4) Einige Abbildungen bei Breasted-Ranke, Gesch. Ägypt. bei S. 182.

vorfindet, wie er durch seine Symbole, zwei Greife, zwei asiatische Feinde
niedertritt, sondern auch noch Amenemḥēt III., wie er einen knienden
Asiaten beim Schopfe nimmt und mit der Keule zu Boden schlägt [1]: läßt
mit Sicherheit erwarten, daß auch noch Amenemḥēt III. (1849—1801)
sich an den Expeditionen nach Asien beteiligte [2].

§ 12.
Das Verhältnis zu Babylonien und den Nordstaaten bis 1600.

1. Von dem Eindringen der Amoriter in die Grenzgebiete der
syrisch-arabischen Steppe, besonders die Libanongegenden, ist gegen Ende
des vorigen Kapitels die Rede gewesen. Schon Sargon von Agade hatte
einen Zusammenstoß mit ihnen gehabt und sich den Zugang zum Westen
erzwungen [3]. Nicht minder hat noch Gudea von Lagasch — ob selbständig oder als Vasall eines anderen [4] — die durch Sargon eröffnete Verbindung mit dem Westen aufrecht erhalten. Das Amoriterland scheint
immer noch in Abhängigkeit von Sinear zu stehen.

Allein das Reich von Akkad selbst nahte mit der Zeit seinem Ende.
Es wird nach manchen Wirren abgelöst durch die Dynastien von Ur und
Isin (seit 2400). Die bisher im Zaume gehaltenen Amoriter scheinen
seinen Verfall zu kräftigen Vorstößen gegen Babylonien hin benutzt zu
haben. Schon unter Gimilsin, dem vorletzten Herrscher der Dynastie von
Ur (um 2300), wird die Notwendigkeit der Errichtung einer „Amoritermauer" erwähnt [5]. Sie mag sich am ehesten mit der gegen die Asiaten
der Sinaihalbinsel und Palästinas errichteten Fürstenmauer in Ägypten [6]
vergleichen und wird zweifellos als ein Sperrfort oder eine Befestigungsanlage zur Abwehr der vordrängenden Amoriter zu verstehen sein. Schon
bedeuten diese also eine Gefahr für das Reich.

Der Dynastie von Ur — in ihr ragt besonders Schulgi hervor —
folgt diejenige von Isin, das ebenfalls im südlichen Babylonien, unweit
von Lagasch, liegt (seit etwa 2260). Wie wenig es gelungen war, die
Amoriter auf die Dauer fernzuhalten, beweist nach manchen der Umstand,
daß der dritte und vierte König der Dynastie „amoritische" Namen führen [7].
Es wäre den Amoritern danach nicht allein | gelungen, sich vielfach im
Lande festzusetzen, etwa als Landbauer oder als Kaufleute und Handwerker, sondern sogar zur Herrschaft zu gelangen. Doch liegt die
Vermutung näher, daß durch das Vordringen der waffenkundigen Achla-
maēr- oder Urhebräerscharen [8] die Könige von Ur sich genötigt sahen,
deren Führer als Söldner in ihren Dienst zu nehmen. Aus Söldnerführern
werden mit der Zeit selbständige Herrscher gleich den Germanenführern
im Römerreich [9]. Die Leute jener Schicht sind damit Herren von Sumer
und Akkad, und ein stattlicher Teil der Bevölkerung gehört natürlich nun
derselben Schicht an.

Das Reich von Sumer und Akkad tritt in die Periode des Zerfalls

---

1) Siehe Baedeker, Ägypten (Steindorff), 6. Aufl. (1906), 87. Abbildungen bei
de Morgan, Fouilles à Dahchour I, pl. 15. 19 f. (vgl. p. 63 ff.).   2) Über die Bedeutung siehe unten S. 64 ff.   3) Vgl. bes. oben S. 51 f.   4) Siehe oben S. 52 u. Meyer,
Gesch. d. Alt., § 410.   5) Thureau-Dangin, Sum.-ak. Königsinschr. 234 (Nr. 4. 5).
6) Oben S. 56 f.   7) Doch siehe darüber S. 48.   8) Siehe zu dieser Benennung
oben S. 48.   9) Vgl. Meyer, Gesch. d. Alt. § 416a

ein. Im Süden zweigt sich das Reich von Larsa (Ellasar, zwischen Ur und Isin; heute Senkereh) ab und macht sich selbständig; es wird dann bald hernach durch die Elamiter bedroht. Im Nordwesten hingegen reißen achlamäisch-urhebräische Scharen die Herrschaft an sich. Ihr Führer Sumu-abu hat um 2150 [1] Akkad erobert und ist hier der Gründer der ersten Dynastie von Babel geworden. Er mag von Hause aus ein einzelner Häuptling oder ein lokaler Dynast gewesen sein. Aber der Umstand, daß nun hier ein Führer jener Scharen die Herrschaft an sich zu bringen imstande ist, zeigt uns die Ausdehnung der Invasion im Lande. Es ist nicht ausgeschlossen, daß neben den Herrschern von Babel noch da und dort Gewalthaber derselben Schicht auftauchten, von denen wir bis jetzt nur dunkle Spuren besitzen [2].

Die vorhin erwähnten Elamiter haben um diese Zeit mehrfach bestimmend auf die Gestaltung der Dinge in Babylonien eingewirkt. König Asurbanipal von Assur berichtet um 645 [3], er habe nach der Eroberung von Susa der Göttin Nanai von Uruk ihre Bildsäule zurückgebracht, welche der Elamit Kudurnanchundi 1635 Jahre früher, als er die Tempel des Landes Akkad ausplünderte, weggenommen habe [4]. Daraus geht hervor, daß gegen Ende des dritten Jahrtausends die Elamiter Babylonien zeitweilig beherrschten. Auch sonst scheinen sie vielfach an den Schicksalen der Dynastien von Isin, Larsa usw. Anteil gehabt zu haben. Vor allem geht der Sturz der Dynastie von Larsa auf sie zurück. Zwei der letzten — schon elamitischen — Herrscher von Larsa | sind die Brüder Waradsin (Aradsin) und Rimsin. Waradsin nennt Kudurmabuk seinen Erzeuger und dieser selbst nennt Waradsin seinen Sohn [5]. Zugleich nennt er sich „adda [Vater, Schēch] des Amoriterlandes", und sein Name läßt keinen Zweifel an seiner elamitischen Abkunft [6]. Der Sachverhalt muß demnach der gewesen sein, daß Kudurmabuk ein elamitischer Eroberer war, der der Reihe nach seine beiden Söhne auf den Thron von Larsa setzte, den er schon von seinem Vater überkommen hatte, welcher letztere, wie es scheint, den Elamiten in Larsa zur Herrschaft verhalf. Wenn Amurru hier dasselbe bedeutet wie sonst [7], so hat die Nachricht für uns ein besonderes Interesse, weil auch die biblische Überlieferung eine Ausdehnung der Elamiterherrschaft bis in das Westland kennt.

2. Das 14. Kapitel der Genesis, das uns in anderem Zusammenhang noch beschäftigen wird, berichtet uns bekanntlich von einer zwölf Jahre währenden Herrschaft der Elamiten über Palästina. Ein König Kedorla- ʿomer von Elam, heißt es, habe danach, als Palästina abgefallen war, mit seinen Vasallen [8]: Amrafel, König von Sinear, Ariok, König von Ellasar

---

1) Doch siehe über die Chronologie die Bemerkung auf S. 65, Anm. 2. 3.   2) Vgl. z. B. Rimanu, einen semitischen Gewalthaber jener Zeit (Meyer, Gesch., § 440; Lindl, Beitr. z. Ass. 4, 382 A).   3) Siehe KB. II, 208.   4) Die sich ergebende Zahl 2280 ist wohl zu hoch gegriffen.   5) Siehe Thureau-Dangin, Königsinschriften 211 ff. (Backstein A und B).   6) Auch der Name adda von Emutbal (Backstein B 1, 9) beweist sie.   7) Siehe dazu oben S. 50 [2]. Man sucht es neuerdings im Westen Elams. Weidner, Kön. Ass. 43.   8) Als solche treten sie in Gen. 14, 4 f. deutlich auf. Vgl. dazu A. Jeremias, MVAG. 1916, 96 f. und besonders Böhl, ZAW. 36 (1916), 65 ff. B. macht auf die großen Schwierigkeiten der Gleichungen Hammurapi—Amrafel, Ariok—Rimsin (doch siehe wieder Ungnad ThLZ. 1917, 36), Ellasar—Larsa usw. aufmerksam und empfiehlt die Könige von Gen. 14 ganz von der Zeit Hammurapis zu lösen. Er denkt an die Amarnaperiode und bringt Tidʿal in Verbindung mit dem Hetiterkönig Tudʿalja

(Larsa?), und Tid'al, König von Goim, eine Strafexpedition nach Kanaan unternommen, deren Erfolg aber durch das plötzliche Dazwischentreten Abrahams in letzter Stunde vereitelt wurde.

Nun unterliegt es keinem Zweifel und ist längst ausgesprochen, daß Kedorla'omer sogut wie Kudurmabuk und Kudurnanchundi ein echt elamitischer Name ist. Denn auch seine zweite Hälfte ist durch die susische Gottheit Lagamar wohl bezeugt. Wenn er vom biblischen Erzähler als Zeitgenosse des vorhin genannten Rîmsin und Hammurapis bezeichnet wird, so muß er von ihm wohl als einer der nächsten Nachfolger Kudurmabuks, des Gründers oder Erneuerers der elamitischen Herrschaft über Larsa und damit wohl über Südbabylonien und des Vaters von Rîmsin, angesehen werden. Nun ist zwar die Gleichheit der Namen Ariok von Ellasar und Rîmsin oder Waradsin von Larsa nicht inschriftlich bezeugt, ebensowenig als diejenige von Amrafel und Hammurapi. Sie wird sich vielleicht auch nie restlos und zwingend erhärten lassen. Denn augenscheinlich handelt es sich in Gen. 14 um die freie Wiedergabe babylonischer Namen in einer (jedenfalls den Ereignissen nicht gleichzeitigen) kanaanäischhebräischen oder aramäischen Urkunde. Die | Namen können also durch Zufall oder Willkür abgeändert sein. Allein es ist mir mindestens für Amrafel kein Zweifel, daß der Erzähler an Hammurapi denkt[1]. Aber auch für Larsa und Ellasar wird man diese Erklärung unbedenklich annehmen dürfen[2]. Dies um so eher, als die Lesung Eriaku = Ariok für Rîmsin, so oft und eifrig sie bestritten ist, bis heute immer wieder wie in den Tagen Schraders und der älteren Keilschriftforscher ihre Anhänger findet[3]. Ich bin auch hier der Meinung, daß weniger die endgültige wissenschaftliche Richtigkeit der Lesung Eriaku = Rîmsin die Frage zur Entscheidung bringe als vielmehr die Tatsache, daß sie immer wieder von ernsten Forschern zur Erwägung gestellt werden kann. Sie beweist meines Erachtens schlagend die Möglichkeit, daß auch der biblische Erzähler, oder richtiger sein Gewährsmann, diese Lesung seiner babylonischen Urkunde — ob mit Recht oder Unrecht, mag dahingestellt bleiben — entnehmen und sie so weitergeben konnte.

Denkt also der Erzähler, auf den wir Gen. 14 in diesen Bestandteilen zurückzuführen haben, an den uns schon bekannten Rîmsin und an den sofort zu besprechenden Hammurapi, so brauchen wir uns kaum weitere Gedanken darüber zu machen, wieso er den letzteren als Vasallen Elams ansehen konnte. Jedenfalls mußte die Festsetzung der Elamiten in Larsa auch auf die Machtstellung Babels und seiner Herrscher von

---

(Du-ud-ḫa-li-ia), der freilich erst um 1250 lebte. Sin'ar ist ihm ein Teil des Mitannireiches und Amrafel soll demgemäß etwa $^{ilu}Amurru$-apil sein. Mit hetitischer Hilfe unternehmen zwei Stadtkönige vom oberen Eufrat einen Raubzug nach Palästina. — Daß die Schwierigkeiten auch hier nicht gering sind, erkennt B. selbst. Ich nenne neben der Zeitrechnung besonders den Widerspruch gegenüber dem sonst herrschenden Sprachgebrauch über Sin'ar.

1) Abgesehen von dem Endkonsonanten ל, den man keinesfalls auf textkritischem Wege (durch Ziehen zum folgenden Worte) erklären darf (auch was Hommel, Bibl. Zsch. 15, 214 aus phön. Inschr. anführt, paßt absolut nicht), stimmt der hebräische Name so eben zum babylonischen, daß man an der Identität nicht wohl zweifeln darf. Es wird einfach ein Schreibfehler für עמרפי 'Amrafi vorliegen.   2) Es wird sich wesentlich um die Metathesis לסם aus לרם handeln. Das vorgeschlagene א wird kaum ernsthaft ins Gewicht fallen.   3) Siehe neuerdings Hommel, Bibl. Zsch. 15, 215. Ungnad in ZAW. 1910, 32 dachte an Waradsin.

Einfluß sein. Die Tatsache, daß man von Babel aus das Vordringen Kudurmabuks und weiterhin Waradsins, der sich geradezu „König von Sumer und Akkad" nennt, nicht hindern konnte, spricht nicht für große Erfolge der Herrscher vor Hammurapi. Es wäre demnach gar nicht ausgeschlossen, daß auch Babel eine Zeitlang, und noch unter Hammurapi, Vasallenstaat Elams war [1], wie es sich für Larsa von selbst verstand. Aber selbst wenn es nicht wirklich dazu gekommen sein sollte, so fehlte hierzu augenscheinlich so wenig, daß es durchaus begreiflich erscheint, wie der volkstümliche Erzähler, der allem An|scheine nach in babylonischen Urkunden wohl zu Hause war, zu jener Vorstellung kommen konnte.

So viel geht aus dem Bisherigen deutlich hervor, daß die Herrscher von Elam bis auf die Zeit der großen Erfolge Hammurapis allen Grund hatten, sich als Oberherren nicht nur von Sumer und Akkad, sondern im besonderen auch der Amoriter des Westlandes anzusehen. Dem Sinne nach wird also jenes *adda* (Vater) des Amoriterlandes [2] im Munde Kudurmabuks kaum viel anderes zu bedeuten haben als: sein „Beherrscher". Wenn nun die erwähnte Erzählung der biblischen Genesis, wie sich zeigte, auch wo sie etwa die Namensformen in freier oder minder genauer Wiedergabe darbietet, doch die Verhältnisse des alten Babylonien durchaus richtig zeichnet, so wird man allen Grund haben, ihr auch darin Glauben zu schenken, wo sie von einem zeitweiligen Vordringen elamitischer Heere bis nach Palästina berichtet. Sie erzählt damit nichts, was nach der Lage der Dinge, wie wir sie sonst kennen, außerhalb des Bereiches der Möglichkeit, ja selbst der Wahrscheinlichkeit läge. Wie vorher schon Sargon und Gudea und wie später die großen Assyrerkönige, so mag auch um 2000 ein Elamitenkönig den Weg bis ins Westland gefunden und die Amoriter von Sumer und Akkad an bis an das syrische und palästinische Mittelmeer sich, wenn auch nur für kurze Zeit, untertan gemacht haben. Der Name Kedorlaʿomer ist dabei auch hier nebensächlich. Zwar spricht, wie wir sahen, nichts gegen die Existenz seines Trägers. Aber solange diese nicht nachgewiesen ist, geht es natürlich auch nicht an, sie zu behaupten. Sollte also auch dieser Name irrig überliefert sein, so bliebe die hohe Wahrscheinlichkeit der Tatsache selbst bestehen, daß Kudurmabuk oder einer seiner Nachfolger bis zum Westland vorgedrungen ist.

3. Welche B e d e u t u n g dieser Tatsache zukommt, ist leicht zu ermessen. Die elamitischen Herrscher haben, als sie in Babylonien zur Herrschaft gelangt waren, sich ganz als die rechtmäßigen Könige des Landes gefühlt und gebärdet. Sie haben deshalb sich selbst semitische Namen beigelegt und haben, wie die Semiten selber, die alte sumerische Kultur und Religion übernommen und weiter gepflegt. Es darf also angenommen werden, daß das Vordringen der Elamiter bis nach Palästina dem Westlande nichts wesentlich anderes brachte, als dasjenige Sargons. Wohl aber ist damit ein neuer Strom babylonischen Kultureinflusses auf den Westen eröffnet. Selbst wenn die Herrschaft so kurz dauerte, wie

---

1) Daß es zu Kämpfen mit Babel kam, ist zweifellos, nicht minder, daß es Babel nicht gelang, die Elamitenherrschaft abzuwehren. Es scheint sogar, daß Sinmuballit von Babel die Oberhoheit Rimsins anerkannte (Meyer § 443). Dann hätte Hammurapi vermutlich diesen Zustand der Dinge zunächst übernommen. Vgl. zu diesen Verhältnissen noch Clay, Emp. of Am. 97 ff. u. Weidner, Kön. Ass. 44.   2) Thur. Dang., Rev. d'Assyr. XI. 93.

die Erzählung der Genesis annimmt, so war sie nicht zu kurz für jenen Erfolg. Denn die einmal gegebene Anregung | blieb bestehen und die einmal neueröffnete Verbindung offen, lange über die Zeit der eigentlichen Herrschaft hinüber.

Es wird darum höchstwahrscheinlich auch nicht von großem Belange sein, ob Hammurapi, zu dem uns diese Betrachtung von selbst hinüberleitet, selbst noch die Herrschaft in Syrien ausübte oder nicht. Sein hoher Einfluß auf Syrien und Palästina darf als zweifellos angenommen werden [1].

Eine bedeutendere Machtentfaltung hat die erste Dynastie von Babel jedenfalls erst unter Hammurapi, und zwar durch seinen Sieg über Rimsin, erlebt. Mit ihm tritt dann auch der Einfluß der achlamäischen Bevölkerungsschicht im Zweiströmeland und über seine Grenzen hinaus in die Periode seines Höhepunktes ein. Die Zeit Hammurapis ist noch nicht übereinstimmend festgestellt. War man lange geneigt, ihn um 2300 anzusetzen, so ist man jetzt darüber einig, daß dieser Ansatz erheblich zu hoch gegriffen ist. Eduard Meyer wollte früher für Hammurapi 1958 bis 1916 annehmen; doch gehen Ungnad und andere, denen jetzt auch Meyer folgt, ziemlich höher [2]; man wird ihn wohl in Wahrheit um 2000 ansetzen dürfen [3].

Unter dem Sohn und Nachfolger des Gründers der Dynastie Sumulailu hebt sich bereits die Macht Babels. Vor allem erkennen die einzelnen Staaten, die sich im Laufe der Zeit in Akkad gebildet haben, seine Oberhoheit an. Dasselbe gilt von dem nördlichen Sinear. Die Dynastie von Babel scheint dann aber einen Stillstand, wo nicht einen Rückgang ihrer Macht durchgemacht zu haben, vor allem unter dem Einfluß der vordringenden Elamiterherrschaft [4]. Erst Hammurapi gelingt es, ihr zu weitgreifendem Ansehen zu verhelfen. Nicht lange nach seinem Regierungsantritt kann er sich schon rühmen, daß Anu und Enlil ihm die Herrschaft über Sumer und Akkad und die vier Weltteile gegeben [5]. Im 31. Jahr seiner Regierung begründet er dauernd die Vorherrschaft Babylons: er zieht gegen Rimsin und erobert sein Reich und „brachte ihre Habe nach Babel" [6]. Damit hat er Babylon zum Mittelpunkt und seinen Gott Marduk zur wichtigsten Gottheit des Reiches erhoben.

Daß Hammurapi zugleich Beherrscher von Mesopotamien war, ist | zweifellos. Auch die Herren von Assur betrachtet er als seine Untergebenen und Assur als Teil seines Reiches [7], was natürlich nicht ausschließt, daß Assur eigene Vasallenkönige behielt. Es liegt von hier aus nahe anzunehmen, daß es Hammurapi auch gelungen sei, seine Macht nach Syrien weiterzutragen, das ja aller Wahrscheinlichkeit nach unlängst eine Zeitlang den Elamiten und vorzeiten schon den Herrschern von Akkad

---

1) Doch s. unt. S. 66[1]. 2) Ungnad in TuB. I, 140 setzt die Zeit 2130—2088 an (Bab. Rel. 5 um 2000). Ähnlich Meißn. 26. Anders Weidner, MVAG. 20, 4 u. 26, 2 (1955—1913); ihm folgt jetzt Meißner in ZDMG. 76, 86. Doch ist auch damit wohl noch nicht das letzte Wort gesprochen. Siehe oben S. 45, Anm. 2. 3) Natürlich müssen dann auch manche andere Ansätze entsprechend geändert werden, wie es oben geschehen ist. 4) Oben S. 64, Anm. 1. 5) Thureau-Dangin, Sumer. u. akkad. Königsinschriften, S. XIX, Anm. 3. 4; Gesetz Hammurapis Kol. V, 10 ff. Meyer, Gesch. d. Alt., § 444. 6) Thureau-Dangin a. a. O., S. XX. 7) Gesetz Hammurapis, Kol. IV, 55 ff.: „Der da zurückbrachte seine gnädige Schutzgottheit nach der Stadt Assur" (Ungnad in TuB.).

gehört hatte. Ein Feldzug Hammurapis nach Syrien ist bis jetzt nicht bezeugt, aber die Tatsache, daß er König des Amoriterlandes heißt, reicht aus, seinen maßgebenden Einfluß über Syrien und wohl die Herrschaft selbst zu erhärten, auch ohne sein persönliches Vordringen dorthin. Doch haben wir oben schon gehört, daß die Frage nicht von allzu großer Bedeutung ist.

Vergegenwärtigen wir uns den Umstand, daß seit dem Vordringen der Elamiter nach Syrien der Verkehr zweifellos aufs neue eröffnet war, und nehmen wir zu ihm die weitere Tatsache, daß Hammurapi im Unterschied von jenen elamitischen Eroberern selbst der semitischen Schicht in Babylonien angehörte, ja das anerkannte Haupt und der Vorkämpfer derselben war, so mögen wir leicht erkennen, daß die Tragweite seines Einflusses auf das amoritische Syrien auch dann noch groß genug sein mußte, wenn es ihm selbst nur gelungen war, an die Grenze des Westlandes vorzudringen, nicht aber dieses selbst noch zu erreichen.

Zugleich wird man nicht zweifeln dürfen, daß Hammurapi und seine Nachfolger, auch wenn sie nicht wirkliche Beherrscher des syrischen Westens waren, doch auf Grund des Vordringens ihrer Vorgänger den Anspruch auf die Oberherrschaft über diese Gebiete nie aufgegeben haben [1]. Ja es wird auch unter den Amoritern des Westens nicht an Leuten gefehlt haben, welche die Verbindung mit den mächtigen Stammverwandten im Osten wünschten und kräftig betrieben. Schon Hammurapi wird bei den Dynasten Syriens seine politischen Agenten nicht minder besessen haben als die Pharaonen und die Herrscher des Nordens und Ostens jetzt und in der Amarnazeit, und seine Partei | wird für den Anschluß an Babylonien gewirkt haben, so daß es seinem Reiche keinesfalls an Einfluß auf den Westen fehlte. Noch gewisser aber als diese Tatsache ist die eines gerade jetzt fortbestehenden lebhaften Verkehrs mit dem Westen. Die Handelszüge und Karawanen Arabiens zogen längst und auch jetzt über Syrien nach dem unteren Eufrat und von ihm zurück nach den Häfen Syriens, und mit dem Austausch der Erzeugnisse werden natürlich auch geistige Güter, Kultur- und Religionsideen getauscht.

4. Allem nach, was wir von Hammurapi wissen, fühlt er sich durchaus als das, was wir oben Achlamäer oder Urhebräer nannten [2]. Er läßt sich selbst nicht in der bei den längst in Babylonien ansässigen Akkadern üblichen Weise abbilden, sondern in eigentümlicher Tracht; auch den Sonnengott läßt er ähnlich darstellen [3]. Die fast zahllosen spezifisch urhebräischen Namen der Zeit, die der Könige an der Spitze, zeigen, wie verbreitet diese Schicht unter der Bevölkerung des Landes ist [4]. Es konnte

1) Doch s. die unten S. 69 [1] erwähnte Tatsache, daß noch Ammiditana sich König von Amurru nennt, vgl. Böhl, Kan. 36. Es mag also doch mehr als ein bloßer Anspruch bestanden haben. Wahrscheinlich hat Hamm. einfach das ehemalige Weltreich Sargons u. Schulgis wieder erstehen lassen. 2) Daß er Cod. Ham. IV, 28 Sohn Dagans heißt, beweist nach S. 48 [2] nicht. Dasselbe sagt er II, 15 in betreff des Sin von Ur. Wichtiger ist, daß nach Weidner, MVAG. 26, Nr. 2, S 40 die Ham. Dynastie als Dynastie v. Amurru (palê MAR.TU.) bezeichnet wird. Ungnad vermutet, es könnte dies daher kommen, daß man später diese Benennung für vornehmer hielt, da Amurru ein anerkannter Großstaat war, Achlamu aber die Bedeutung „Wüstenräuber" annahm, und anderseits das Gebiet der Ach. später zu Amurru gerechnet wurde. Doch wird man überhaupt erst den genaueren Zusammenhang dieser vorläufigen Notiz abwarten müssen, ehe ein sicheres Urteil möglich ist. 3) Meyer, Sumerer und Semiten (Abh. d. Berl. Akad.) 1906, 14 ff. 4) Vgl. die S. 48 [2] angeführten Arbeiten von Ranke.

nicht ausbleiben, daß entsprechende Kultureinflüsse und Religionsanschauungen sich in stärkerem Maße auch in Babylonien und darüber hinaus
im Reiche Hammurapis überhaupt geltend machten. Damit war die Grundlage dafür gegeben, daß die Herrschaft Hammurapis ganz von selbst ihren
Einfluß auch über die Grenzen des Reiches selbst hinüber, falls diese bei
Assur endeten, ausdehnte. Die stammverwandten, nicht nur nach Blut,
sondern auch nach allgemeinen, politischen, kulturellen und religiösen Anschauungen der Schicht Hammurapis im Zweiströmeland nahestehenden
Amoriter in Syrien waren seit dem Aufkommen und Mächtigwerden der
ersten Dynastie von Babel, vor allem seit Hammurapi, mit innerer Notwendigkeit darauf hingewiesen, ihre Blicke stärker und mit wärmerer Anteilnahme als zuvor dorthin zu richten. Gingen also von den Herrschern
der Hammurapidynastie Anregungen aus, die für den Westen von Bedeutung
werden konnten, so durfte auch bei zeitweiliger politischer Unabhängigkeit
des Westens von Babylon mit Sicherheit darauf gerechnet werden, daß
sie auch dort ihren kräftigsten Widerhall finden würden.

Tatsächlich fehlt es nicht an solchen Anregungen. Hammurapi scheint
ein genialer Organisator, zugleich eines der größten Verwaltungstalente
des Altertums gewesen zu sein. Auf allen Gebieten der Staatsverwaltung
hat er Großes geleistet. Seine Erlasse an einen seiner höchsten Beamten
im Süden seines Reiches geben davon Zeugnis, sie geben uns zugleich
einen Einblick in die wohlgeordnete, auf festen | Rechtsgrundlagen stehende
Verwaltung seines Staates, sein Steuer- und Pachtwesen, die königlichen
Domänen, den Prozeßgang, die Stellung der einzelnen Klassen der Bevölkerung, die Kanalisation, das stehende Heer und seine Versorgung mit
Ländereien[1]. Vor allem aber hat Hammurapi für die Rechtsprechung
in seinem Staate Sorge getragen durch sein berühmtes Gesetzbuch. Es
stammt nicht seinem Gesamtinhalte nach von Hammurapi selbst. Schon
die Könige der alten Vorzeit und weiterhin Hammurapis Ahnherr Sumulailu
haben wichtige Anordnungen zur Begründung und Förderung einer ge-
regelten Rechtspflege getroffen[2]. Sie hat Hammurapi gesammelt und ge-
sichtet und durch neue erweitert. Es tut der unvergleichlichen Genialität
seiner Leistung als Gesetzgeber keinen Eintrag, daß er auf den Schultern
früherer Gesetzgeber steht, denn ohne sein kraftvolles und originales Eingreifen wäre ohne Zweifel das Werk so, wie wir es kennen und wie es
nun der Geschichte angehört, nicht zustande gekommen. Das Ganze trägt
unverkennbar das Gepräge einer eigenartigen, das ganze Material selbständig durcharbeitenden und nach eigenem Ermessen entscheidenden Persönlichkeit[3]. Besonders der Vergleich mit dem jüngst gefundenen alt-

---

1) Vgl. King, Letters of Hammurabi, III. Bd.; Meißner, Beitr. zum altbabyl.
Privatrecht 1893; Winckler, Die Gesetze Hammurabis 1904, S. XXII ff; Schorr, Das
Gesetzbuch Hammurabis und die zeitgenöss. Rechtspraxis (Bull. Ac. Cracov. Juli
1907); Koschaker, Rechtsvergl. Stud. z. Ges. b. Hamm. 1917; Hammurapistudien 1918.
Selbst sumerische Vorlagen lassen sich nachweisen, s. besonders Ungnad in Zsch. f.
Rechtsgesch. 41, Rom. Abt. (1920) 186 f, auch Koschaker ebenda 286 f., sowie jetzt
Ausführliches: Meißner 148 ff, auch ZDMG. 76 (1922). 90 f.   2) Winckler, Gesetze
Hamm. (1904), S. XVI ff., bes. XIX f., weiter oben und in der vor. Anm.   3) Vgl.
dazu besonders neben Koschaker in Eheloff-Kosch., Altass. Rechtsb. 1922, 7 schon
Winckler, Gesetze Hamm. (1904), S. XIV unten. Er will diesen Sachverhalt auch aus
dem Ausdruck *dinānu* schließen, den er als „Person, persönliche Entscheidung" faßt.
Vgl. Fälle wie Zsch. f. RGesch. 41, 285.

assyrischen Rechtsbuch zeigt, wie hoch dieses viel ältere Werk nach der Seite der gesetzgeberischen Schärfe und Klarheit steht [1].

5. Sein Kodex ist bekanntlich auf einen mächtigen Dioritblock eingegraben, der im Marduktempel von Babylon aufgestellt war und Hammurapi selbst im Bilde darstellt, wie er vom Sonnengott das Recht empfängt. Der Block ist später durch die Elamiten nach Susa verschleppt und dort unlängst aufgefunden worden [2]. Nach einer Einleitung, in der die Taten des Königs zum Wohl des Landes aufgezählt und die Segnungen einer guten Rechtsordnung für den Bürger dargestellt werden, sowie nach etlichen allgemeinen Bestimmungen über Ankläger, Zeugen und Richter und wie sie zu verfahren haben, werden die Gesetze selbst vorgeführt. Es werden die Hauptgebiete des Eigentumsrechtes, Diebstahl, Einbruch und Raub, abgehandelt, sodann die Rechte der Krieger, besonders was ihren Grundbesitz anlangt, umschrieben, ferner die Rechte an Feld, Garten und Haus, das Recht im Handel und bei Forderungen, | besonders in Hinsicht auf Darlehen, Pfändung, Schuldrecht und Schuldknechtschaft u. dgl. Es folgt das Familienrecht, das vielfach bis in die Einzelheiten geht, hernach das Recht bei Körperverletzungen, das im ganzen als Talion gedacht ist, die gelegentlich durch Geldbuße abgelöst wird; die Haftpflicht des Arztes, des Baumeisters, des Schiffbauers; Bestimmungen über das Mieten von Rindern, von Schiffen oder den Kauf von Sklaven.

Vielfach ist das altbabylonische Recht bloß Recht einer einzelnen Stadt. Hier aber ist augenscheinlich ein Reichsrecht beabsichtigt [3]. Bei der ungeheuren Bedeutung, die die Wohltat eines festen, in sich klaren und dabei doch reichlich den Geist der Milde atmenden [4] Rechtes in sich schloß, darf angenommen werden, daß dies Recht Hammurapis vielfach auch über die Grenzen seines Staates hinaus Geltung erlangte. Nach dem, was oben über den Verkehr mit Syrien gesagt ist, wird gerade hier bei den stammverwandten Amoritern die Wirkung des neuen Rechts nicht ausgeblieben sein. Nach allem, was wir aus der Amarnazeit über die Verbreitung babylonischer Mythen und babylonischer Kultur überhaupt in Syrien wissen, muß außerdem angenommen werden, daß auch die babylonischen Rechtssätze denselben Weg wanderten. Wir wissen, daß frühe schon Abschriften des Hammurapigesetzes in größerer Zahl im Lande verbreitet waren [5]. Es ist nicht ausgeschlossen, daß die eine oder andere von ihnen auch nach Syrien kam und dort den Herrschenden zum Muster ihrer Rechtsprechung diente. Aber es bedarf der Annahme schriftlicher Wiedergabe nicht; es können wichtige Grundsätze der Rechtsprechung auch durch mündliche Übertragung durch Kaufleute, Krieger, reisende Boten und Diplomaten nach Westen gekommen sein. So wird denn an

---

1) Ehelolf-Kosch 7. 2) Vgl. Winckler a. a. O. S. V ff. Weiter Kohler und Peiser, Hammurabis Gesetz (1904); Ungnad in TuB., I. 3) Koschaker, Hammurapistudien 180 f. 4) Es ist unverkennbar, wie für die Armen, überhaupt die wirtschaftlich Schwachen, eingetreten wird (vgl. § 117. 137. 168. 226; außerdem die Worte im Anfang: „Der Unterdrückte möge vor das Bildnis von mir kommen und hier sein Recht finden." Ungnad in TuB. I, 169). Immerhin ist das Gesagte dahin einzuschränken, daß an den genannten Stellen nirgends — im Unterschied vom biblischen Gesetz — die Witwen und Waisen genannt sind. Nur in den Schlußworten TuB. I, 169 (Z. 59 ff.) sind sie erwähnt („die Witwen und Waisen Schutz finden"). Daß das Gesetzbuch trotzdem noch Härten und Unvollkommenheiten in sich barg, ist damit natürlich nicht ausgeschlossen. 5) Winckler, Gesetze Hamm. (1904) S. XIII.

der Tatsache kaum gezweifelt werden können, daß, wie die babylonischen
Mythen in der Form, die sie in unserer Zeit erlangt hatten, so besonders
auch die jetzt zusammengefaßten und neu redigierten Rechtssätze Babylons
ein neues Band zwischen den Semiten Babyloniens und Syriens bildeten.

6. Nach Hammurapis Tode (um 1980) hatte sein Reich Mühe, sich
noch eine Weile zu behaupten. Es ist trotzdem rasch von seiner Höhe|
herabgesunken und mehr und mehr der Zersetzung anheimgefallen [1].
Gegen Ende des 19. Jahrhunderts (um 1820) hat es sein Ende erreicht.
Zugleich ist mit dem Erschlaffen des Reiches von Babylon auch die Kultur
Babyloniens selbst raschem Zerfall entgegengegangen. Sie hatte ihre große
Zeit hinter sich und lebte mehr noch von den Überlieferungen der Vergangenheit als daß sie die Kraft in sich gehabt hätte, noch Neues zu
schaffen. So ist denn auch von jetzt an für lange Zeit wenig Anregung
auf die Nachbarvölker vom Zweiströmeland ausgegangen, wenngleich natürlich auch jetzt der Verkehr mit Syrien und dem Westlande nicht ruhte.
Aber was das Zweiströmeland dem Westen zu geben hatte, war nun längst
nicht mehr Neues, sondern die alten immer noch mit Stolz gehegten Errungenschaften. Besonders gilt dies von den Kossäern (seit etwa 1760).

Das Ende des babylonischen Reiches der Hammurapidynastie war
wohl geradezu von den Hetitern, den Chattu (um 1850), ausgegangen [2].
Jedenfalls wissen wir, daß ein Volk dieses Namens am Ende der Hammurapidynastie Babylonien schwer bedrängt [3] und seine Herrschaft über
Amurru bricht, sowie daß Babel damals in die Hände von Feinden fiel.
Es muß also wohl ein Zusammenhang bestehen [4]. Auch ist es recht
wahrscheinlich, daß ihr Vordringen in Zusammenhang zu bringen ist mit
dem um jene Zeit bezeugten Auftreten der Mitani in Mesopotamien [5]
und der Ausbreitung kleinasiatischer Stämme in Nordsyrien, so daß sogar
die Möglichkeit erwogen werden kann [6], es möge dieses Vordringen fremder Völker nach Syrien und selbst Babylonien im Zusammenhang stehen
mit dem Eindringen der Hyksos in Ägypten und es könnten die Hyksos
selbst nichts anderes sein als ein Teil jener ins Wandern geratenen Klein-
asiaten. Im nördlichsten Mesopotamien, dort, wo der Eufrat | sich stark
nach Westen biegt und fast bis Nordsyrien herüberreicht, ist das Land,

---

1) Immerhin nennt sich noch Ammiditana, Hammurapis Urenkel, um 1900 König
von Amurru (TuB. I, 108). Es scheint also, daß die babyl. Oberherrschaft über die
damit bezeichneten Westgebiete fortbestand, wahrscheinlich bis zum Ende der 1. babyl.
Dynastie.   2) Vgl. Weber bei Knudtzon, Amarnabriefe 1086 ff., sowie Garstang, The
land of the Hittites 1910. Dazu Böhl 12 ff. und bes. E. Meyer, Chetiter (1914), 57 u.
Forrer MDOG. 61, 28 ff.   3) King, Chronicles II, 22: „Gegen Samsuditana und das Land
Akkad zogen die Chattu." Vgl. dazu Winckler, Mitteil. DOG. 35, 47. Nach dem
neuen von Ungnad veröffentlichten Material, vgl. Weber a. a. O. 1070 f. 1088 ob.,
würde es sich auch hier schon lediglich um eine „neue", hetitische Völkerwelle in
Babylonien handeln gegenüber früherem Vordringen der Mitani in Assur und von da
in Babylonien. Über Namen und Zeit s. jetzt Meißner, ZDMG. 76, 100. Daß auch
sie, ähnlich den Babyl. und Assyrern, frühzeitig zu Rechtsbildungen geschritten sind,
bekundet das unlängst bekannt gewordene het. Rechtsbuch, das sich selbst als Reform ältern Rechtes darstellt, vgl. Friedrich u. Zimmern AO. 23, 2, S. 4.   4) Mit
diesen Vorgängen hängt auch die Zersplitterung des alten Königreichs Amurru und
damit wiederum die Trennung zwischen Amoritern und Kanaanitern zusammen (so
Ungnad schon in den Nachträgen zur 2. Aufl. dieses Bandes).   5) Wenn auch durch
die von Delitzsch veröffentlichten Sumer.-akkad.-hetitischen Vokabularfragmente (Berl.
1914) die sprachliche und ethnologische Scheidung beider erwiesen ist (vgl. auch Ungnad, OLZ 1915, 241).   6) Siehe Meyer, Gesch. d. Alt., § 467; Forr. 30.

das die Ägypter Naharina nennen. Hier haben die Mitani einen stattlichen Staat errichtet, der die Handelsstraßen, die von Babylon herauf
nach dem Mittelmeer führen, beherrschte und so wahrscheinlich ganz
wesentlich zur Auflösung des babylonischen Reiches beitrug, weil er ihm
die aus dem Handel nach Westen fließenden Hilfsquellen abgrub [1]. Die
Bewohner des Reiches Mitani, auch wenn sie der hetitischen Gruppe nicht
unmittelbar, angehören, sind jedenfalls später gleich den Hetitern — wohl
schon vor der Mitte des zweiten Jahrtausends [2] — mit arischen Elementen
stark vermischt. Winckler hielt sie (als Charru) noch für die älteste
Schicht unter den Hetitern. Neuestens hat sich als sicher herausgestellt,
daß die Subaräer, zu denen auch die Mitani gehören, schon zur Hammurapizeit in Babylonien einen bedeutenden Einschlag der Bevölkerung
bildeten [3]. Das gewaltige und kriegstüchtige, uns im übrigen noch vielfache Rätsel aufgebende Volk der Hetiter, das uns hier zum erstenmal
begegnet, würde dann vielleicht auch tief in das dritte Jahrtausend zurückreichen. Zweifellos ist jedenfalls, daß die Hetiter, nachdem sie sich auf
Amurru geworfen und diesen Staat zerschlagen hatten, sich dann frühe
auch nach Süden wandten, so daß wir hetitische Bevölkerungselemente
schon erhebliche Zeit vor den Amarnabriefen in Syrien und Palästina
vermuten können [4]. Der Mittelpunkt des Hetiterreiches, das zeitweilig
in ernsten Wettbewerb mit Ägypten und Babylonien trat, ist Boghazköi
am mittleren Halys. Der Staat erreicht eine namhafte Kulturhöhe, wie
sowohl die stattlichen Bauwerke als die in neuer Zeit gefundenen historischen und juristischen Texte bekunden. In den letzteren weht in
der heute vorliegenden jüngeren Form aus der Zeit um 1300 oder wenig
später ein Geist großer Milde, vermöge dessen sie sich besonders von
dem altassyrischen, etwas jüngern Gesetze bemerkenswert abheben [5].
   Doch ist diese große Völkerwanderung nicht von Kleinasien oder
dem mesopotamischen Syrien ausgegangen. Vielmehr ist die Bewegung
hier selbst wieder veranlaßt durch das Vordringen der Arier, die zu
Beginn des zweiten Jahrtausends sich in Bewegung setzen und andere ins
Wandern bringen [6], so daß bald nach der Mitte des Jahrtausends, wie
uns die Entdeckungen Wincklers gelehrt haben, arische Götter und Herrscher in Kleinasien zu finden sind [7]. Dasselbe gilt für Syrien. Auch
hier ist das Vordringen arischer Elemente um jene Zeit durch eine Menge
arischer Herrschernamen in den Amarnabriefen sicher belegt [8]. Wir haben

---

1) Vgl. Weber bei Knudtzon a. a. O. 1039 ff. 1070; unten S. 71.   2) Schon in
den Dokumenten der Kossäerzeit kommen sog. Mitani-Namen vor, Bork, OLZ. 9, 588;
Ungnad, OLZ. 10, 14; Clay, Pers Names from ... cassite period 1912. Weiteres sofort. — In der Amarnazeit besteht ein Gegensatz zwischen Hetitern und Mitani.
3) Ungnad, Beiträge zur Assyriol. VI (Unters. zu den ... Urkunden aus Dilbat). Selbst
Assur soll eine Gründung von Mitani sein.   4) Vgl. hetitische Personennamen in Amr.
58 (W. 118), wo wenigstens Knudtzon das nördl. Syrien vermutet, und besonders in
Jerusalem Amr. 285—290 (W. 184. 179—183): Abdichiba (Chiba ist eine in Mitani
verehrte Gottheit); ferner hetitische Glossen in Briefen aus Tunip, Byblos usw. Es
ist nicht wahrscheinlich, daß das alles erst jetzt in die Erscheinung trat. Ein Hetiter
im engern Sinn (Arzawa) ist Labaja im Süden (s. Weber 1075; Böhl 15 f.).   5) Vgl.
Friedr.-Zimm. oben S. 69 und zum altass. Recht S. 67/68.   6) Siehe Meyer, Das erste
Auftreten der Arier in Ber. Berl. Akad 1908, 14 ff.   7) Vgl. die S. 32. 38 angegebenen
Tatsachen   8) *Suwardata*, *Jašdata*, *Artamanja*, *Arzawija* u. a. Dazu *Biridija*
oder *Biridašja* [= sansk. *Brhad-aśwa* großes Pferd besitzend] *Namjawaza*, *Teuwatti*,
Sutarna. Es scheint, daß eine arische Schicht innerhalb der Hetiter die Herrschaft
an sich riß; vgl. noch oben S. 38.

demnach anzunehmen, daß Syrien im zweiten' Jahrtausend von zwei Seiten her gleichmäßig überflutet und mit neuen Bevölkerungsteilen durchsetzt worden ist, hetitisch-kleinasiatischen und arischen. Von den ersteren dürfen wir annehmen, daß sie sich auch im eigentlichen Palästina fest-setzten [1]. Wie weit von den Ariern dasselbe gesagt werden darf, muß noch dahingestellt bleiben [2]. Doch kann wenigstens daran erinnert werden, daß heute von Vielen das Vorhandensein arischer Elemente in Palästina aus ganz anderen Gründen als wahrscheinlich angenommen wird [3] und daß die Herrschernamen auch nach Palästina herabreichen.

7. In Babylonien selbst ist hernach, im Zusammenhang mit der heti-tischen Invasion, das Erbe der Hammurapi-Dynastie durch die Herrscher der kossäischen (kassitischen) Dynastie angetreten worden. Sie hatten sich wohl durch das Vordringen der Hetiter den Herrschern von Babel unentbehrlich gemacht und sich mit der Zeit an ihre Stelle gesetzt (um 1760). Doch reicht ihre Macht keinesfalls nach Syrien herüber, so daß sie für uns ausscheiden. Immerhin ist durch ihr Eindringen in Babylonien und Mesopotamien und indem sie dort zum herrschenden Volke werden, auch ihr Anspruch auf Syrien wahrscheinlich gemacht. Und selbstver-ständlich bleibt auch unter ihnen der rege Verkehr zwischen dem Zwei-strömeland und dem Westen bestehen. Was 'für das Reich Ham|murapis und die Achlamäerherrschaft in Babylonien galt [4], das gilt, auch wenn es sich jetzt nicht mehr um Stammverwandte handelt, in allen Hauptsachen auch für die Kossäerfürsten. Der Strom babylonischen Einflusses wird auch unter ihnen, auch wenn er schwächer fließt als ehedem und immer weniger unmittelbar aus der Quelle, doch nie ganz versiegt sein. Vor allem trifft dies für das nördliche Syrien zu.

Neben dem Auftreten der Mitani im Norden — aber ihm zeitlich zum Teil vorangehend — und der Kossäer im Süden geht wahrscheinlich in Assur dasjenige der Assyrer her [5]. Sie stellen wohl, ähnlich wie die Juden, eine Mischung des kleinasiatisch-armenischen und des semitischen

---

1) Vgl. vorhin S. 70, Anm. 4; weiter unten S. 84, auch Weber a. a. O. 1088 f. und Böhl 15.		2) Das in den Nachträgen zur 3. Aufl. auf S. 665 noch mit viel Vor-behalt über den indogermanischen Einschlag des Hetitischen Gesagte hat inzwischen doch mehrfache Bestätigung erfahren. Es kann danach kaum mehr ernsthaft an-gezweifelt werden, daß die Hetiter der 2. Hälfte des 2. Jahrtausends eine starke indog. Schicht in sich schlossen, sei es als Ober-, sei es als Unterschicht. Mit Rücksicht auf die indog. Flexionselemente bezeichnet mir Streitberg das letztere als wahrscheinlicher. Vgl. Hrozny, Die Sprache der Het. 1918; Het. Könige 1920 und Sommer, Hethitisches 1920.		3) Vgl oben S. 31 f. 38 f. In einer wichtigen Ergänzung zu seinem Artikel in MDOG. 35 führt Winckler, OLZ. 13 (1910), 289 ff. (Die Arier in den Urkunden von Boghaz-köi) aus, daß er nun der Überzeugung sei, daß die dort genannten Charri nicht bloß „Arier", sondern „die Arier" seien, d. h. daß der Name Charri mit der der Arier identisch sei. Als Beweis gilt ihm die Schreibung des Namens in den Achämenideninschriften (Har-ri-ja), weiter das mehrfache Vorkommen des Wortes *mariannu* = Adel, Gefolgschaft in Boghazköi. Er sieht in ihm das vedische *márya*, *mária* = Mann, Held, das sowohl im Ägyptischen als im Aramäischen (mar') als Lehnwort arischer Herkunft anzusehen sei. — Weiter vgl. dazu jetzt Böhl a. a. O. 16 ff, der auch für die Amarnazeit den westsemitischen Charakter der Kanaanäer ent-schieden bestreitet. Bis tief in den Süden des Landes findet er sowohl mitanische Eigennamen als Arzawanamen (Abdichiba, Labaja, Arzawa). Dabei ist er nicht ab-geneigt, die Kanaaniter mit der Mitanischicht zusammenzustellen. [Doch s. d. Nachtr.] 4) Vgl. oben S. 65 f. Vgl. im übrigen Meyer, § 459 f. Tatsächlich herrschen jetzt die Hyksos und die Assyrer		5) Siehe jetzt bes. Weidner, MVAG. 26, 2 (Kön. v. Ass.) 1921.

Typus dar und regen sich erstmals wohl schon um 2300, damals als Vasallen Babels [1]. Es scheint aber, daß sie schon vor 2300 als Kolonisten bis nach Kleinasien vorgedrungen sind, wie die in Kappadokien gefundenen Tontafeln wahrscheinlich machen [2]. Unter Samsiadad, etwa in der Zeit der 2. Dynastie von Babel und des hetitischen Einbruchs, unterwerfen sie sich das nördliche Mesopotamien. Sie drängen die ehedem hier herrschenden Hetiter immer weiter zurück. Aber ihre Herrschaft ist nicht von Dauer. Im 16. und 15. Jahrhundert folgen ihnen die Mitani, deren Land bei den Ägyptern jener Zeit mit Naharina (bibl. Naharaim) bezeichnet wird [3]. Sie sind den Hetitern, wie wir sahen, nicht verwandt, haben aber Fürsten arischer Herkunft. Noch um das Jahr 1600 hatte die Macht der Assyrer einen Aufschwung genommen. Damals scheint einer ihrer Herrscher ganz Mesopotamien erobert zu haben [4]. Doch wird auch diese Herrschaft nicht von Bestand gewesen sein: die Entwicklung der Mitani im nördlichen Mesopotamien, die uns die Amarnatafeln, und diejenige der Hetiterherrschaft in Kleinasien, die uns die Tafeln von Boghazköi enthüllen, zeigt, daß jenes assyrische Großreich spätestens im 15. Jahrhundert mächtigeren Gegnern erlag. Es | kommt dazu, daß formell Assur immer noch unter der Oberhoheit Babylons stand. Burnaburiaš von Babylon wenigstens erhebt den Anspruch, um den sich freilich weder der Assyrer Ašuruballiṭ noch Amenhotep IV. viel kümmern [5]. Daß alle diese Vorgänge, wenn sie sich auch in der Hauptsache im hohen Norden oder fernen Osten abspielen, doch auch auf Syrien und Palästina nicht ganz ohne Einfluß geblieben sind, lehren uns am deutlichsten die Amarnatafeln.

§ 13.
Die Hyksos und die ägyptische Herrschaft in Syrien.

1. Mit dem Ende der zwölften Dynastie und dem Auftreten der dreizehnten beginnt in Ägypten der Verfall des Mittleren Reiches. Es tritt eine rasche Auflösung ein, in der ein Einfluß Ägyptens auf Palästina nicht in Frage kommt. Bald folgt ein Thronwechsel dem andern und das Land wird zum Spielball ehrgeiziger Usurpatoren, ähnlich wie in Israel zuzeiten im Nordstaat. So wird der schon seit einiger Zeit sich vorbereitenden Überflutung Ägyptens durch ausländische Eroberer das Feld bereitet, und es scheint, daß die letzten Herrscher der dreizehnten Dynastie sich schon als eine Art von Vasallen der Fremden mit jener Fremdherrschaft abfinden mußten [6].

---

1) Über das Verhältnis zu Hammurapi siehe oben S. 65. 2) Delitzsch, Beiträge zur Entzifferung der kappadok. Keilschrifttafeln in den Abh. Sächs. Ges. Wiss. XIV (1894); auch Peiser in KB. IV, 50 ff. Sie gehören der Zeit nach jedenfalls vor die Gründung des großen Hetiterreiches nördlich vom Halys mit der Hauptstadt Boghazköi. Denn damals haben die Assyrer hier nicht mehr geherrscht. Man legte sie deshalb bisher in die Zeit um 1600. Weiteres bei Meyer § 435, und bes. jetzt bei Weidner, Der Zug Sargons 1922 (Bogh. Stud. 6), woraus hervorgeht, daß schon um 2700 oder 2800 eine babyl. Kolonie dort saß. 3) Über sie besonders Messerschmidt, Mitanistudien in MVAG. 1899; Weber bei Knudtzon 1015; über die Amarnabriefe 1, 38; W. 15 (Kn 16), 22. 26; 18 (Kn. 20), 17 usw. 4) Siehe über ihn (Samsiadad III.) Delitzsch in den MDOG. 21, 50 und jetzt Meyer, Gesch. § 464 A. 5) Amr. 9, 31 ff. (W. 7, 31 ff.); dazu Weber bei Knudtzon 1035. 6) Vgl. über diese Verhältnisse Breasted-Ranke, Gesch. Ägypt. (1910), 195; Meyer, Gesch. d. Altert., § 301.

So dürftig die Nachrichten über die fremden Eindringlinge im ganzen
sind, so läßt sich doch so viel mit Gewißheit sagen, daß wir es mit einer
aus Asien nach Ägypten vordringenden Völkerwelle zu tun haben, ähnlich
derjenigen, die bald nach Muhammed ganz Vorderasien überflutet hat.
Woher sie in letzter Linie kam, können wir nicht mehr mit Sicherheit bestimmen. Es ist aber in hohem Grade wahrscheinlich, daß die Vorstellung sowohl der ägyptischen Texte [1] als des Josephus und seiner Gewährs-
männer [2], als wären sie aus Palästina oder | Syrien gekommen, nicht die
volle Wahrheit enthält. Sie gibt das letzte Ende der Bewegung an, die
ohne Zweifel über Palästina ging und von hier und den Nachbargebieten
eine Menge semitischer Elemente mit sich führte, schwerlich aber ihren
Ausgangspunkt. Vielmehr ist nach dem schon oben Dargelegten [3] eher
anzunehmen, daß die gegen Ende des 20. Jahrhunderts in Babylonien einbrechenden Hetiter und die um dieselbe Zeit ins Wandern kommenden
kleinasiatischen und verwandten Nordvölker die eigentlichen Urheber der
Bewegung sind, die sich von Norden und Osten her auch über Syrien
und Palästina ausbreitete und von hier aus Ägypten überflutete, um dort
ihr Ende zu finden.

Josephus nennt sie bekanntlich **Hyksos** und deutet dies Wort als
Hirtenkönige, doch mit ausdrücklicher Berufung auf die ägyptische Volks-
sprache [4]. Die ägyptischen Texte bezeichnen sie als ʿ*Amu* d. h. | als sy-

---

1) Königin Hatschepsut ·berichtet zwei Menschenalter nach der Vertreibung der
Hyksos: „Ich habe hergestellt, was zerstört, und aufgerichtet, was unvollendet war,
seitdem die Asiaten (ʿ*Amu*) inmitten von Auaris im Nordland lebten und die Barbaren
mitten unter ihnen (denen vom Nordland) wohnten, indem sie stürzten, was geschaffen
war, und herrschten, ohne von Reʿ etwas zu wissen." Breasted, Ancient Records II,
§ 303; Sethe, Urkunden der 18. Dynastie, S 390. Die Stelle zeichnet zugleich das
Treiben der Hyksos. Ähnlich redet der Papyrus Sallier I. wahrscheinlich von der
„Stadt der ʿAmu", welche die Befleckten innehatten.   2) Manetho berichtet nach
Josephus ct. Apion. I, 14 (§ 75ff.; vgl. dazu Eusebius, praepar. evang. X, 13; Jul.
Afric. und Euseb. bei Syncell. ed. Bonn. I, p. 113 f.): „Wir hatten einen König namens
Timaios; während seiner Regierung war, ich weiß nicht weshalb, die Gottheit übel
gelaunt. Da drangen wider Erwarten Leute von niederer Abkunft mit keckem Mut
in unser Land und rissen es leicht und ohne Kampf an sich. Sie brachten unsre
Führer in ihre Gewalt, legten die Städte schonungslos in Brand, zerstörten die Tempel
der Götter, behandelten die Einwohner auf das feindseligste: die einen machten sie
nieder, den andern schleppten sie Weib und Kind in die Sklaverei. Schließlich machten
sie einen der Ihren namens Salatis zum König. Der kam des öftern nach Memphis,
legte dem obern und untern Lande Tribut auf und legte Besatzungen in die ge-
eignetsten Plätze. Besonders sicherte er die östlichen Teile des Landes, um sich
gegen die damals übermächtigen Assyrer zu schützen, von denen er annahm, daß sie
sein Land begehren und einen Einfall machen könnten Als er nun im saïtischen
[sethroïtischen, so richtig: Jul. Afric. u. Euseb.] Gau, östlich vom bubastischen Nilarm eine geeignete Stadt fand. die nach einem alten Mythos Auaris hieß, da baute er
sie um, befestigte sie mit sehr starken Mauern und siedelte in ihr 240 000 Mann
Schwerbewaffnete als Besatzung an." Selbstverständlich ruht die Erwähnung der Assyrer
auf den sagenhaften griechischen Erzählungen von Ninos und Semiramis. Im übrigen
mag ihr, abgesehen von gewissen Übertreibungen, wohl richtige Erinnerung zugrunde
liegen.   3) Siehe oben S. 69.   4) „Jenes ganze Volk führte den Namen Hyksos
(Ὕκσως; Eusebius, praepar. evang. X, 13, 2 und Chron. I, 157: Ὑκουσσώς), d. h. Hirtenkönige. *hyk* nämlich bezeichnet in der heiligen Sprache: König, *sôs* aber ist: Hirt und:
Hirten — in der gemeinen Sprache; beides zusammen ergibt Hyksos. Manche halten
sie aber auch für Araber" (Jul. Afric. u. Euseb. haben Phöniken). Es scheint, daß
Manetho, dem Josephus auch diese Notiz entnimmt, mit dem Plural an eine Nebenform
hyku (hqa) Könige, Herrscher, neben *hyk*, welcher die Variante bei Euseb. entsprechen
könnte, denkt, daß aber Josephus den Plural irrtümlich auf die Hirten statt auf die Könige

rische Semiten [1]. Dementsprechend finden sich auch unter ihren Königen solche mit augenscheinlich semitischen Namen, ohne daß jedoch fremde, offenkundig außersemitische fehlten [2]. Ob sie im ganzen Semiten waren und nicht etwa Kleinasiaten, bleibt nach wie vor dahingestellt.

2. Die Dauer ihrer Herrschaft wird von Manetho und Josephus ungeheuer übertrieben, wenn sie sie auf ein halbes oder fast ein ganzes Jahrtausend ansetzen. Tatsächlich wird man nicht viel mehr als ein Jahrhundert der Hyksosherrschaft in Ägypten anzunehmen haben, etwa 1700 bis 1580, wobei zugleich zu beachten sein wird, daß nicht allein die letzten Könige der dreizehnten Dynastie schon eine Art Vasallenstellung den Fremden gegenüber einnahmen, sondern auch weiterhin im Süden des Landes sich einheimische Fürsten als Tributäre der Hyksos behaupteten.

Einmal in den Besitz Ägyptens gelangt, haben aber die neuen Herren des Pharaonenlandes, so wenig sie ihren Ausgang vom Niltal genommen hatten, ebensowenig auch ihre Herrschaftsansprüche auf das letztere beschränkt [3]. Sie betrachten Syrien und Palästina als ihr Eigentum, ja sie haben weit über seine Grenzen hinaus ihr Zepter auch über Mesopotamien und Babylonien geschwungen. So kurz das Reich währte und so gründlich im ganzen seine Spuren später wieder weggeschwemmt sind, so scheint doch kein Zweifel, daß wir es mit einem Versuch der Gründung eines Welt-, jedenfalls Großreiches zu tun haben, der in der Tat eine Weile gelang. Schon die Tatsache, daß sie ihre Residenz in Auaris im östlichsten Delta aufschlugen, ist augenscheinlich mit der Absicht in Zusammenhang zu bringen, daß von dort aus die asiatischen Besitzungen besser im Zaume zu halten waren als von Theben aus. Doch haben wir auch unmittelbare Zeugnisse für die Ausdehnung ihrer Herrschaft. Von Apophis existiert ein Altar, den er für seinen Vater Sutech setzen ließ, „dem Herrn von Auaris, als er alle Länder | unter seine Füße gelegt hatte" [4]. Von einem andern Hyksoskönig Chian (Ḥajan) sind Skarabäen in Gezer in Palästina ausgegraben worden [5]. Ja im Palaste von Knossos auf Kreta ist der

deutet. In dem sos des Manetho mag die übliche Bezeichnung šasu für die Beduinen stecken. Vielleicht entspricht jenes griechische Hyksos auch dem Titel „Herrscher der (Fremd-)Länder" ḥqa chasut, den sich der Hyksoskönig Chian beilegt; so W. M. Müller, MVAG. III 1898, Breasted - Ranke, Gesch. Ägypt. 199 u a. — Ganz anderer Art ist die bei Josephus in einer jüdischen Interpolation (s. Meyer, Chronologie der Ägypt., S. 71ff. 80ff. Nachträge S. 34) zu lesende Deutung von hyk = ḥôq αἰχμά-λωτοι, c. Apion. I, 14, § 83. 91. Daß sie nicht ernstlich in Frage kommt, liegt auf der Hand. (Siehe noch Sethe in ZÄgSpr. 47, 73ff). Zur ganzen Frage vgl jetzt besonders Raim Weill, Les Hyksos et la restauration nationale in Jour. As. (Sér. II, 16) 1910. Er betont besonders den typischen Charakter der Wendungen über Unheil und Verderben oder über Rettung und Befreiung in ägypt. Texten. Aber die Tatsache reicht nicht hin, hier den geschichtlichen Hergang in Frage zu stellen. Dasselbe gilt augenscheinlich von dem ausführlichen Werk W.s: La fin du moyen emp. Eg. 1918, das ich nur aus Pieper, OLZ. 1922, 102ff. kenne.
1) So der Papyrus Sallier und Königin Hatschepsut s. ob. S. 73, Anm. 1. Vgl. noch über ihre Rassenzugehörigkeit: Burchardt in ZÄgSpr. 50, 6—8. Er erklärt eine große Zahl der Namen aus dem Westsemitischen und hält die H. für eine horitische Bevölkerung. 2) Über einen von ihnen, der gerne Jaʿqobher gelesen wird (Variante: Jʿbqhr, Jʿpqhr u. a.), ist später noch zu handeln. 3) Chian (Ḥajan) nennt sich „Umarmer der Länder", Breasted-Ranke 199 4) Breasted-Ranke 199 (nach Mariette). Der Altar ist in Kairo. 5) PEF. (Qu. St.) 1904, 225; Gez. I, 253; II, 316. Der Name ist gut semitisch und findet sich auch in der Inschrift v. Kalumu als חיא, vgl. KB. I, 170 Ha-ia-ni.

Deckel eines Alabastergefäßes mit demselben Namen gefunden worden [1], und selbst in Bagdad ist ein kleiner Löwe aus Granit oder Basalt — jetzt in London — mit seinem Namen zutage gekommen [2]. Darf man einer im übrigen ganz vereinzelt dastehenden, wahrscheinlich aus einer alten Urkunde versprengten Notiz des Buches Numeri (13, 22) Glauben schenken, nach der Hebron sieben Jahre vor Tanis (Şoʿan) erbaut wurde, so wäre wohl Hebron der wichtigste Stützpunkt der Hyksosherrschaft im palästinischen Bergland gewesen [3]. Sie haben wohl eine Reihe von Städten in Palästina gegründet [4] oder befestigt. Jedenfalls wird das Stadtkönigtum im Lande von ihnen stammen, ebenso die Bildung eines besonderen Kriegeradels. Desgleichen sind sicher wie es gewesen, die Pferd und Wagen in die Kriegführung im Lande eingeführt haben [5]. Sklaven gab es immer: durch die Städte und die dichtere Besiedlung entsteht das Proletariat der Halbfreien.

Ihrer Herkunft und der souveränen Art, mit der die Fremdherrscher in Ägypten, auch wo sie sich seiner Kultur und dem Einfluß seiner Eigenart nicht ganz entziehen konnten, schalteten, entspricht es nun auch, daß sie auf religiösem Gebiete vielfach ihre eigenen Wege gehen. Es wird von ihnen mit Bestimmtheit behauptet, daß sie die Landesgötter ablehnten und ihren eigenen Gott mitbrachten. „König Apopi", heißt es im Papyrus Sallier I., „machte sich den Seth (Sutech) zum Herrn und diente keinem der Götter des Landes außer Seth und erbaute ihm einen prächtigen Tempel und opferte ihm alle Tage." Seth ist bei den Ägyptern der Gott der Wüste und des Auslandes; er wird später dem kanaanäischen Baʿal gleichgesetzt. Das zeigt jedenfalls, auch wenn der Hyksosgott nicht gerade den Namen Baʿal führte, in welcher Richtung wir zu suchen haben, wenn wir jenen Gott bestimmen wollen. Es wird, welchen Namen er immer führte, einer der semitischen Baale gewesen sein. |

3. Die Vertreibung der Fremdherrscher kam jedenfalls von Theben her. Sie erfolgte bald nach der Wende des 17. und 16. Jahrhunderts, um 1580. Besonderer Anlässe bedurfte es nicht, wenn auch die volkstümliche Überlieferung der Ägypter solche kennt. Stärker als sie war aber das wiedererwachende Nationalgefühl. So kommt es zu langwierigen Kämpfen zwischen den Fürsten von Theben und den im Delta sitzenden Fremdherrschern. Als der eigentliche Befreier gilt Aḥmose I., der erste König der 18. Dynastie. Es folgt eine langewährende Belagerung von

---

1) Evans im Annual of the Brit. School at Athens VII, 64 f. (Abb. 21). 2) Revue Archéol. Nouv. série IV, 256. Auch wenn es sich in dem einen oder andern Fall um ein verschlepptes Stück handeln sollte, so beweisen die an so entgegengesetzte Orte verschlagenen Gegenstände doch die große Macht des Königs. 3) So Meyer, Gesch. d. Altert., § 306. Die Notiz verdient in der Tat alle Beachtung. Tanis ist das heutige *Sān*, im Osten des Deltas ziemlich nah der Mündung eines Nilarmes in den Menzalehsee gelegen. Etwa 20 Kilometer von Tanis geht die alte Karawanenstraße nach Syrien vorüber. An ihr und unfern von ihr wird auch Auaris gelegen haben. Tanis - Şoʿan wird demnach mit der Hyksoshauptstadt in enger Verbindung gestanden und es wird zur Hyksoszeit eine besondere Rolle gespielt haben. Wird nun in Num. 13, 22 die Gründung der Hauptstadt des südlichen Palästina mit derjenigen einer der mutmaßlichen Hyksoshauptstädte in enge Verbindung gebracht, so darf man darin wohl die richtige Erinnerung daran erblicken, daß Hebron gerade zu den Hyksos besondere Beziehung hatte. 4) Hebron? s. Anm. 3. 5) Einer meiner Schüler, Hr. Alfr. Jepsen, hat sogar den Gedanken geäußert, daß die Kanaaniter die Reste der Hyksos im Lande seien, vgl. die eisernen Wagen.

Auaris. Endlich gelingt es, die Hauptstadt zu erobern und die Feinde aus dem Lande zu jagen [1]. Die Ägypter ſetzten ihnen bis nach Süd-palästina [2], ja bis Phönizien oder Kölesyrien nach [3], und es ſcheint auch jenseits der ägyptischen Grenze noch zu langen und erbitterten Kämpfen gekommen zu sein.

Die Erfolge Ahmoses haben auf Ägypten und seine Verfassung be-greiflicherweise zurückgewirkt. Es wird zum absoluten Militärstaat, zu-gleich zum Erobererstaat. An den Hyksos und nach ihrer Vertreibung aus dem Lande an den ihnen Schutz gewährenden reichen und festen sy-rischen Städten hatten die ägyptischen Heere ihre Kraft erprobt, aber auch den Reiz reicher Beute kennen gelernt. Kein Wunder, wenn die ägyptische Politik nun wieder Weltpolitik wird und immer aufs neue die Blicke der Pharaonen sich wieder nach Syrien richten.

Den Anfang hat schon Ahmoses Nachfolger Amenhotep (um 1550) gemacht. Es scheint, daß er weit nach Norden, vielleicht schon bis zum Eufrat vordrang. Jedenfalls aber hat er seinem Nachfolger so erfolgreich vorgearbeitet, daß dieser sich schon vor seinen asiatischen Eroberungen der Herrschaft über das Gebiet bis zum Eufrat rühmen konnte [4]. Jener selbst, Thutmosis I., hat um 1530 einen Zug nach Syrien unternommen, auf dem er nach Naharina vordringt, dem Gebiete des nördlichen Syrien, in dem der Eufrat bis nach Syrien herüberreicht. Er rühmt sich, dort ein großes Blutbad unter seinen Feinden angerichtet zu haben [5]. Er er-richtet in jener Gegend einen Grenzstein, der zugleich das Zeichen seiner Hoheit über die Gebiete südlich und westlich von | dem Stein darstellt [6]. Palästina und Syrien sind nun dem Pharao tributpflichtig.

Es war die Zeit, in der jene Gegenden von allerlei zugewanderten, wahrscheinlich den Hyksos nahe verwandten Elementen beunruhigt wurden und in der im Zusammenhang damit das altbabylonische Reich immer mehr ins Wanken geriet [7]. Hier wäre denn auch einer der Punkte, an denen wir uns das Eindringen hebräischer Wüstenstämme ins Land ohne Schwierigkeit vorstellen könnten. Für Ägypten erwuchs aus dieser Lage der Dinge ein doppelter Anlaß einzugreifen. Die Stammverwandten der Hyksos oder die Völker und Staaten, die sonstwie mit ihnen in Ver-bindung gestanden hatten, bildeten immer eine Gefahr für Ägypten und waren am besten unschädlich gemacht, wenn sie im Schach gehalten wur-den. Und der Niedergang der babylonischen Macht reizte für sich selbst dazu, das in Syrien und am Eufrat etwa fällige Erbe dem Pharaonenreiche zu sichern.

Auch Thutmosis II. scheint um 1490 einen Zug hierher unternommen zu haben, wahrscheinlich, um sich aufs neue den Tribut des Landes zu

---

1) Breasted, Records II, § 8—10. 12.   2) Inschrift bei Elkab (Felsengrab des Ahmose): „Ich folgte dem König, ich erbeutete für ihn in Zahi (Südpalästina) einen Gefangenen und eine Hand", Breasted, Records II, § 17 ff. Sethe, Urkunden IV, 32 ff. Ranke in TuB. I, 235. Noch deutlicher im Felsengrab eines Offiziers des Ahmose: „Man belagerte Scharuhen — dieselbe Stadt wird Jos. 19, 6 als simeonitisch genannt — sechs Jahre lang und Seine Majestät nahm es ein." Sethe IV, 32 ff. Breasted II, § 13; Ranke a. a. O.   3) Breasted, Rec. II, § 20.   4) Breasted, Rec. II, § 73. 5) Inschrift des Ahmose bei Elkab (Fortsetzung der vorigen, vgl. Anm. 2); Breasted, Rec. II, § 81; Ranke, TuB. I, 236.   6) Breasted, Records II, § 478: Thutm. III. rühmt sich, östlich vom Eufrat einen Denkstein neben den seines Vaters (Thutm. I.) gesetzt zu haben.   7) Siehe oben S. 69 ff.

erzwingen [1]. Doch muß ihm das nur teilweise, jedenfalls nicht für die
Dauer gelungen sein. Denn die Annalen Thutmosis' III. zeigen uns
deutlich, wie mächtig allmählich der Widerstand gegen die ägyptische
Herrschaft geworden war. Die Dynasten von Palästina und Syrien haben
sich, augenscheinlich durch das ägyptische Joch veranlaßt, zusammen-
geschlossen. An ihrer Spitze steht der König von Qades am Orontes.
Zehn Jahre lang hat Thutmosis III. — er regiert mit Thutmosis II. zusammen 1501—1447 — zu kämpfen, ehe es ihm gelingt, in den Besitz
der festen Hauptstadt und des von ihr beherrschten Gebietes zu kommen.
Aber noch einmal empört sich Qades, ohne Zweifel unterstützt von zahlreichen Vasallen, und erst nach fast zwanzigjährigem Kampfe hat Thutmosis Stadt und Land schließlich endgültig unterworfen.

4. Über den Verlauf seiner Feldzüge sind wir, vor allem auf Grund
seiner „Annalen", die an den Innenmauern des Tempels des Amon von
Karnak eingemeißelt sind, vortrefflich unterrichtet. Es sind Auszüge aus
Tagebüchern, also einer offiziellen Feldzugschronik, die während des Krieges
geführt wurde [2]. Es werden im ganzen 17 Feldzüge genannt. |

Bis etwa zum 20. Regierungsjahr des Königs scheinen die früheren
Verhältnisse fortbestanden zu haben. Nun aber scheint ein allgemeiner
Aufstand eingetreten zu sein. Die ehedem eroberte Hyksosfeste Scha-
ruḥen [3] scheint wieder abgefallen zu sein, und der Aufstand dehnt sich
aus „bis zu den Seen des Landes", womit nicht wohl die Seen Palästinas,
sondern diejenigen des nördlichen Syrien in der Gegend von Chalkis und
gegen den Eufrat hin (es-Sabaḥa) gemeint sind [4]. An der Spitze steht
abermals Qades, jene feste Stadt am oberen Orontes, wenig nördlich von
Ribla, an der Straße nach Hamat und zum Eufrat. Sie scheint längere
Zeit hindurch der Vorort eines mächtigen syrischen Städtebundes zu sein.
Die Verbündeten haben ihre Heeresmacht bei Megiddo an der Kison-
ebene, also im Herzen Palästinas vereinigt. Dort erwarten sie den Pharao [5].
Dessen erster Feldzug wird in sein 22./23. Regierungsjahr (1479) verlegt.
Es wird Kriegsrat gehalten, ob man den gefährlichen, zwischen den Ausläufern des Karmel sich durchzwängenden Paß von Megiddo, durchs Wadi
'Āra und beim heutigen 'ain Ibrahim, wählen solle, obwohl er von den
Feinden bedroht scheint; oder den Umweg auf der Damaskusstraße durch
die Ebene von Dotan über Taanak und über das heutige Dschenīn oder
wohl eher etwas links von ihm, der Megiddo von rechts her erreicht, einschlagen solle; oder ob man endlich einen Umweg nach Norden zur Umgehung des Passes bei Kefti (beim heutigen Kefrēn) vorziehe. Der Pharao,

---

1) Inschriftfragment von Dēr el-baḥri bei Theben, nach Sethe und Breasted bei
Ranke, TuB I, 236.   2) Sethe, Urkunden IV, 3, S. 645 ff. Breasted, Records II,
§ 391 ff.   Ranke in TuB. I, 236 ff.   Vgl. dazu besonders die interessante Angabe Zeile
94 f.: „Alles, was Seine Majestät ... tat, das wurde täglich nach seinem Namen verzeichnet und nach dem Namen des Zuges und der Truppen-Obersten — verzeichnet
auf einer Lederrolle im Amonstempel noch am heutigen Tage (?)." Siehe
auch noch die Bemerkung auf S. 78, Anm. 2.   Zum Ganzen jetzt: Alt, PJB. 10, 53 ff.
3) Siehe oben S. 76, Anm. 2.   4) Zeile 13 (TuB. 237).   5) Zeile 19 ff.: Der „Feind
von Qades ist gekommen und in Megiddo eingezogen. Er befindet sich eben dort und
hat die Fürsten [aller] Länder um sich versammelt, [die] Ägypten untertan sind ...
von Naharina an." Man vergleiche dazu die Bemerkung auf Zeile 91: „Die Fürsten
aller aufrührerischen Länder sind in ihm [doch wohl in Megiddo] und die Einnahme
von Megiddo bedeutet die Einnahme von tausend Städten." Das weist deutlich auf eine
Vereinigung einer großen Zahl von Städten zu einem großen Städtebund.

wird berichtet, habe sich für den Paß entschieden und sei selbst an der Spitze des Heeres geschritten [1].

Wider Erwarten findet sich im Passe kein Feind vor. Die Gegner haben entweder die prachtvolle Gelegenheit, den Ägyptern schwerste Verlegenheit zu bereiten, übersehen oder den Angriff unterlassen, um ihre Wagen in der Ebene zur vollen Geltung zu bringen — in schönster Ordnung wird das Heer durch den Paß geführt. Es steigt im Süden | von Megiddo in die Ebene herunter und umgeht auf der uralten Straße nach dem Mittelmeer den Hügel mit seiner Feste, um sich im Norden von Megiddo zu lagern, so daß „sein südlicher Flügel am Berge stand, südlich vom Wadi von Ḳene, der nördliche Flügel im Nordwesten von Megiddo; seine Majestät in der Mitte" [2]. Es kommt zum Kampf, die Feinde aber fliehen nach der Feste zurück, „lassen die Pferde im Stich und ihre gold- und silberbeschlagenen Wagen. Indem man sie an ihren Kleidern in die Höhe zerrte, zog man sie in die Stadt. Die Leute hatten nämlich die Stadt verschlossen und ließen Kleider hinab, um sie in die Stadt heraufzuziehen".

So entkommt auch der Fürst von Qades und „alle Fürsten aller aufrührerischen Länder" hinter die Mauern der Feste. Thutmosis schreitet zur regelrechten Belagerung, indem er einen Wall um die Befestigungswerke der Stadt zieht, „eingefaßt mit frischem Holz von allen ihren süßen Bäumen" [3]. Inzwischen unterwerfen sich die Fürsten des Landes freiwillig und bringen Tribut; ihre Abgaben und viele Gefangene werden nach Ägypten abgeführt, an ihrer Stelle neue Fürsten ernannt. Die Belagerten selbst sind durch Mangel an Nahrungsmitteln, der sich in der Stadt einstellt, nach wenigen Wochen genötigt, sich zu übergeben. „Die Fürsten des Landes kommen auf ihren Bäuchen." Doch gelingt es dem König von Qades, irgendwie zu entkommen [4].

5. Thutmosis zieht nun nach Norden, erobert das Land südlich des Libanon und ersetzt die abgefallenen Dynasten durch ihm ergebene. Auch Damaskus gehört zu seinem Herrschaftsgebiete [5]. Aber das nördliche Syrien, vor allem das feste und mächtige Qades ist damit noch nicht in seiner Gewalt. Auch weitere Züge nach Palästina, die in den nächsten Jahren folgen, setzen ihn zunächst nicht in den Stand, dieses Ziel zu erreichen. Erst in seinem 29. Jahre — dem Jahre 1472 — gelingt es ihm auf einem fünften Zuge, dem Ziele näherzukommen, indem er mit Hilfe der Flotte die nordphönikischen Küstenstädte angreift. Sein Plan ist augenscheinlich, sich für einen Angriff auf Qades erst die Flanke zu decken. Es werden unter anderen die Städte Tunip und Arwad erobert und geplündert, und die Schätze der reichen phönikischen Handelsorte fallen in des Thutmosis Hand. Seine Truppen | sind „alle Tage trunken und mit Öl gesalbt wie bei einem Feste in Ägypten" [6].

Nun steht dem Angriff auf Qades selbst nichts mehr im Wege. Er erfolgt auf dem sechsten Feldzug 1471. Qades ist der Schlüssel des

---

1) Zeile 26 ff. 54—56.   2) Zeile 85 ff. Wadi Kene ist augenscheinlich der südlich vom Hügel vor Megiddo hinfließende Mühlbach von el-Ledschön [so jetzt auch Alt]. Die Genauigkeit der Ortsangaben zeigt aufs neue, daß eine richtige Feldchronik vorliegt.   3) Dattelpalmen (Ranke a. a. O. 239, Anm. 6) können hier jedenfalls nicht in Frage kommen. Es handelt sich wohl um Feigen-, Sykomorenbäume u. dgl.   4) Breasted-Ranke, Gesch. Äg. 252 (Records II, § 596).   5) Rec. II, § 402.   6) Breasted, Records II, § 462. Ranke, TuB. I, 204 f.

Orontestales und des ganzen nördlichen Syrien und von ungewöhnlicher
Festigkeit. Es wird belagert und durch Sturm erobert [1]. Dann werden
die Hafenstädte, besonders Arwad und Simyra, die wieder aufsässig geworden waren, niedergeworfen, und die Syrer schicken aufs neue Geiseln.
Und „jedesmal, wenn einer dieser Fürsten stirbt, läßt Seine Majestät dessen
Sohn an seine Stelle treten" [2]. Das zeigt klarer als alles andere, wie entschieden der Pharao sich als Herrn von Syrien ansieht.

Jetzt erst hat Thutmosis so weit freie Hand, daß er wagen kann,
auch das letzte Ziel, die Eroberung Naharinas, also des nördlichsten Syrien
und der Eufratgegenden, ins Auge zu fassen. Das geschieht in seinem
33. Jahre. Er dringt bis Aleppo und selbst Karkemisch am Eufrat vor
und überschreitet sogar den Eufrat, „das Wasser von Naharina". Damit
ist er ins Gebiet des Königs von Mitani vorgedrungen [3]. Er hält dort
eine große Elefantenjagd, bei der er unter eigener Lebensgefahr 120 Elefanten erbeutet [4]. Die Dynasten von Naharina unterwerfen sich, und
selbst Babylon und die Hetiter schicken Geschenke, ja Zypern und das
ganze östliche Mittelmeer beugen sich der ägyptischen Herrschaft. Doch
ist auch jetzt seine Oberhoheit über Syrien und Palästina noch nicht endgültig. Mehrfach hat er in den folgenden Jahren noch mit Empörungen
dort zu tun, bis es ihm endlich im 42. Jahre seiner Regierung (1459), als
sich seine alte Gegnerin Qades aufs neue an die Spitze eines Bündnisses
gestellt hatte, gelingt, | den Widerstand dauernd zu brechen. Es war sein
siebzehnter Feldzug nach Syrien im Laufe von 19 Jahren gewesen [5].

6. Jetzt erst erreichte die Herrschaft der Hyksos ihr wirkliches Ende.
Denn die Macht von Qades ruhte ohne Zweifel auf dem Umstande, daß
sie sich die Rolle der Führerin unter den palästinischen und syrischen
Städten zuzuweisen verstanden hatte, und der zähe Widerstand, den der
Bund immer aufs neue Ägypten entgegensetzte, wird seinen wesentlichen
Grund in der Tatsache haben, daß die Reste der aus Ägypten vertriebenen
Hyksos in Syrien ihren Rückhalt fanden und so den Widerstand immer
aufs neue anstachelten. Darum hat die spätere Überlieferung auch Thut-
mosis III. als den eigentlichen und endgültigen Befreier Ägyptens von der
Fremdherrschaft gefeiert, und Manetho, der ihn Alisphragmuthosis (Mis —?)
nennt, weiß es nicht anders [6]. Noch Geschlechter hindurch war der Name

---

1) Breasted-Ranke 257 vgl. TuB. I, 241—243. Besonders kommt in Betracht
der Bericht eines Offiziers Amenemheb (Ranke in TuB. I, 242 nach Piehl, Breasted
und Gardiner), der sich rühmt, bei der Erstürmung persönlich hervorragend beteiligt
gewesen zu sein: „Seine Majestät sandte alle Tapferen seines Heeres aus, um die neue
Mauer, die Qadesch (sich) gebaut hatte, zu durchbrechen. Ich war es, der sie durch-
brach, als der erste von allen Tapferen; kein anderer tat es vor mir." — Im übrigen
scheint die Grabschrift des Amenemheb die Reihenfolge der Begebenheiten sehr frei
wiederzugeben: Negeb, Naharina, Aleppo, Karkemisch, Qades usw. Natürlich mußte
Qades erst genommen sein, ehe Nordsyrien und Naharina an die Reihe kommen und
selbst der Eufrat überschritten werden konnte (vgl. Zeile 9). 2) Ranke in TuB. I,
241. 3) Breasted-Ranke, ᴀgypt. 258; außerdem oben Anm. 1. Auch der Obelisk von
Konstantinopel, ehedem in Karnak, sagt dasselbe: „Thutmosis, der für die große Biegung
von Naharina (den Eufrat) mit Macht und Sieg an der Spitze seines Heeres überschritt." 4) TuB. a. a. O. Zeile 22 ff. 5) Breasted-Ranke, Gesch 265. — Interessant
ist die Art, wie er auf seinen Märschen durchs Land bei den Fürsten der einzelnen
Städte Quartier nimmt oder andere zu Lieferungen für das Heer heranzieht. Breast.,
Rec. II, § 771. 6) Josephus ct. Apion I, 14 (§ 86. 88). Neben jenem spielt auch
sein Sohn Thummosis dieselbe Rolle I, 14 (§ 88). Daneben nennt er aber auch den
Befreier selbst wieder Tethmosis I, 15 (§ 94), 26 (§ 231).

des glänzenden Feldherrn Ägyptens und des ersten Gründers eines wirklichen Weltreiches der Schrecken der syrischen Stämme, und von Ägypten verlassene syrische Vasallen beschwören spätere Pharaonen bei seinem großen Namen um Beistand [1].

Ägypten ist nunmehr die stolze Weltbeherrscherin geworden. Weder Babylon noch die Nordstaaten hatten mehr ernstlich in politischen Dingen mitzureden. Alle festen Städte in Syrien und Palästina waren wohl mit ägyptischen Garnisonen [2] und Posten besetzt; diplomatische und militärische Vertreter des Pharao schalteten im Lande, das im übrigen, zahlte es seinen Tribut willig, unter der Hoheit seiner einheimischen Dynasten blieb [3]. Es bedarf keines besonderen Beweises, daß auf diese Weise nicht allein ungezählte Reichtümer aus aller Welt nach Theben und den Handelsplätzen des Deltas flossen, sondern auch umgekehrt zahllose Produkte Ägyptens nach Syrien kamen und gleichzeitig eine starke Welle ägyptischen Lebens und Denkens das Land | durchflutete, von seinen Südgrenzen an bis zur Grenze Kleinasiens und bis an die Gestade des Eufrat.

Je und dann haben die nächsten Nachfolger Thutmosis' III. noch mit Empörungen zu kämpfen. Doch gelingt es ihnen stets, ihrer Herr zu werden. So hat Amenhotep II. gleich im Anfang seiner Regierung im Jahre 1447 mit einer bedrohlichen Vereinigung der Fürsten von Naharina und Mitani sowie des Libanon zu tun [4]. Er besiegt zuerst die letzteren bei einem Ort der Libanongegenden mit dem merkwürdigen Namen Schemesch-etem, was vielleicht Schimschi-Edom, „Edom ist meine Sonne", bedeutet. Sodann zersprengt er die anderen Gegner und zieht im Triumph, einem römischen Imperator gleich, der eine aufsässige Provinz zur Ruhe gebracht hat, nach Memphis und Theben heim — über 500 syrische Fürsten zieren seinen Triumphzug; sieben von ihnen opfert er mit eigener Hand dem Amon und hängt ihre Leichname zum warnenden Exempel aus [5]. Auch Thutmosis IV., der 1420—1411 regierte, zieht noch einmal nach Naharina; dann aber gelingt es ihm, das Land durch dauernde Bande an sich zu knüpfen. Die Tochter des Mitanikönigs Artatama wird seine Gemahlin und Mutter Amenhoteps III., und mit Babylonien kommt eine Art Bündnis zustande [6]. Ägyptens Stellung scheint damit unüberwindlich und nach allen Seiten gesichert. Die Gefahr der Erschlaffung war dadurch von selbst gegeben. Aber auch ohne sie dürfen Bündnis und Heirat vielleicht lediglich als Anzeichen des jetzt schon bedenklich werdenden Vordringens der kriegskundigen Hetiter gegen Syrien gedeutet werden [7].

---

1) Breasted-Ranke, Gesch. 265. 2) Siehe z. B. die Stele Amenhoteps II. (Ranke in TuB. I, 244) Zeile 11: „S. M. erhielt die Kunde, daß etliche der Asiaten in der Stadt Jeketi sich verschworen hatten, einen Plan zu machen, um die Besatzung Sr. M. aus der Stadt zu werfen." Vgl. auch S. 79 [5]. 3) Diese Annahme wird bestätigt durch die jüngst von Müller, OLZ. 17 (1914), 103 mitgeteilten Listen von Leistungen nach Ägypten. 4) Vgl. die Stele von Karnak bei Breasted, Records II, § 781 ff. Das Wichtigste daraus bei Ranke in TuB. I, 244. Dazu die Stele von Amada, ebenda 244 f. (Breasted, Rec. II, § 790 ff.). 5) Breasted, Rec. II, § 790. 797. TuB. 245. 6) Breasted, Geschichte Ägypt. 274. Bemerkenswert ist, daß er schon anfing, gefangene Syrer und Palästiner (aus Gezer) in Ägypten anzusiedeln. Es ist dies wohl das erste bis jetzt bekannte Beispiel hierfür (Breasted, Rec. II, 821; Ranke in TuB. I, 246). 7) Vgl. Knudtzon, El-Amarnabriefe, S. 44 und Weber ebenda S. 1089.

§ 14.

Die Amarnazeit.

1. Gegen Ende des Jahres 1887 kamen im Gebiete des heutigen Beduinenstammes el-ʿAmārna in einem etwa 300 Kilometer südlich von Kairo gelegenen Ruinenhügel (et-Tell) eine größere Anzahl Tontafeln zutage. Sie werden unter d_m Namen el-Amarna-Tafeln [1] oder kurzweg Amarna-tafeln geführt. Insgesamt belaufen sie sich auf rund 360 Stück; doch war ihre Zahl einst größer. Der Ort der Auffindung [2] stimmt mit dem Inhalt überein; beide zeigen, daß der Fund den Bestand eines königlichen Archivs darstellt.

Die Tafeln sind in babylonisch-assyrischer Keilschrift beschrieben, und außer dreien sämtlich in babylonisch-assyrischer Sprache. Ihrem Inhalte nach sind sie fast ausnahmslos Briefe, vorwiegend an den Pharao geschrieben, zu einem kleineren Teil von ihm stammend. Die Schreiber der ersteren Briefe sind fast durchweg vorderasiatische Könige und Große, außer den Königen von Babel, Assur, Mitani, Chatti besonders die syrisch-palästinischen Vasallen des Pharao. Der Pharao ist ausnahmslos entweder Amenhotep III. oder IV., mit ihren Thronnamen genannt. Daraus ergibt sich die Zeit von selbst. Für die Geschichte Pälästinas und der umliegenden Länder ist die in den Amarnatafeln enthaltene ausgiebige politische Korrespondenz von der höchsten Bedeutung. Es ist uns durch sie ein vollkommen neuer, ungeahnt reicher und vielseitiger Einblick in die politische Lage der Zeit und in ihre Kulturverhältnisse eröffnet worden. Vieles, was uns vorher dunkel, ja vollkommen unbekannt war, ist durch sie plötzlich in grelle Beleuchtung gerückt, so daß man nicht übertreibt, wenn man die Entdeckung der Amarnatafeln als ein Ereignis von epochemachender Bedeutung für die Kunde vom alten Orient und damit zugleich als einen der allerwichtigsten Funde, vielleicht den wichtigsten, bezeichnet, den das orientalische Altertum uns in neuerer Zeit beschert hat.

Daß die Briefe von allen Seiten, aus Babylon, Assur, dem Hetiterland, Mitani, Zypern (Alaschia), aus Nord- und Südsyrien beim Pharao eintreffen, wirft ein grelles Licht auf die Weltstellung, die Ägypten sich allmählich erworben hatte. Noch mehr, daß die Schreiber samt und sonders sich um die Freundschaft Ägyptens bemühen, ja oft genug — besonders gilt das von den syrischen Vasallen — den Pharao in den höchsten Tönen feiern, und selbst ihn in widerlicher Unterwürfigkeit umschmeicheln [3]. Aber fast noch deutlicher als diese Tatsache belegen die Briefe auch die andere, daß Ägyptens Macht schon den Höhepunkt überschritten, ja bereits außerordentlich rasch zu sinken begonnen hatte [4].

---

1) Vgl. Knudtzon, Die el-Amarna-Tafeln 1910 (1. Band Texte; ein 2. Band enthält wichtige Erläuterungen von O. Weber). Zum Folgenden vgl. S. 1 ff. 2) Knudtzon a. a. O., S. 10. Es ist die Residenz Amenhoteps III. und IV. 3) „Der Staub deiner Füße", „der Thron, auf dem du sitzest", „der Schemel deiner Füße", selbst „dein Hund" und „dein Pferdeknecht" — das sind die Wendungen, mit denen sie den Pharao anreden, vgl. z. B. Amr. 60 (W. 38), 7; 201 (W. 161), 15; 202 (W. 253), 13. Vgl. unten S. 87, Anm. 7. 4) Bemerkenswert ist, wie zum Teil der Mangel an Selbstbewußtsein, den sogar Babylon erkennen läßt, bei Amenhotep IV., den politischen Verhältnissen entsprechend, merklich nachläßt, vgl. auch Weber bei Knudtzon, S. 1014. 1022 und die immerhin recht deutliche Weise, in der Burnabariaš dem Amenh. IV. wegen seines Verhaltens gegenüber Assyrien Vorwürfe macht. Amr. (W. 7) Kn. 9, 19 ff.

2. Auf Thutmosis IV. folgte sein schon erwähnter Sohn Amen-hotep III. (1411—1375). Zunächst finden wir keinerlei Anzeichen eines Zurückgehens der Pharaonenmacht. Im Gegenteil, Amenhotep III. entfaltet sie in unvergleichlicher Weise. Briefe mit Ergebenheitserklärungen der Herrscher von Babylon, Mitani und den anderen Ländern lassen darüber keinen Zweifel, und was seine Herrschaft in Asien von der seiner Vorgänger günstig abzuheben scheint, ist zunächst der Umstand, daß er nicht wie sie nötig hat, sie immer wieder mit dem Schwert in der Hand zu verteidigen. Sie scheint nun unangefochten. Mehr noch als die verbündeten und befreundeten Herrscher, die „Brüder", wie sie sich nennen, von Babylon, Assur, Mitani usw. tun darin die Vasallen in Syrien und Palästina. An offenen Widerstand gegen den Pharao denkt hier niemand mehr. Jeder einzelne der Dynasten wetteifert dem anderen gegenüber in der Versicherung seiner Treue und Unterwürfigkeit. Überall hat denn auch der Pharao seine Vertreter [1]. Es scheint, daß in jeder größeren Stadt einer saß. Die Kleinfürsten Syriens erkennen in ihnen willig die Obergewalt des Pharao an. Durchweg scheinen ihnen auch Truppen, also wohl Garnisonen, an ihrem Amtssitz zur Verfügung gestanden zu haben, um etwaige Vergeßliche unter den Vasallen sofort an ihre Pflicht zu erinnern. Wahrscheinlich müssen die Vasallen sie selbst unterhalten. Und es scheint, daß die Statthalter des Pharao mit ihrer Hilfe ein straffes Regiment im Lande führen, so daß an Stelle früherer Anarchie und der Herrschaft des Faustrechts wieder der Segen von Ruhe und Ordnung tritt [2]. Freilich der Versuch Thutmes III., aus jenen Stadtkönigen ägyptische Beamte zu machen [3], scheitert um so mehr als die Könige selbst die erbliche Nachfolge beibehielten [4].

Tatsächlich braucht anscheinend der Pharao sich nicht mehr um die Dinge in Asien zu kümmern [5]. So kann er die fast unermeßlichen, | aus allen Provinzen nach Ägypten strömenden Reichtümer ungestört den

1) Der Titel der eigentlichen „Statthalter" des Pharao ist *rabiṣ* (äg. *p'wr [pawiru]*), vgl. Amr. Kn. 60, 10f. 20. 31f.; 68, 19ff.; 83, 31. 40; 104, 34; 106, 10ff. 22. 25. 35. Unter ihm stehen mehrfach einheimische Dynasten als „Regenten" *ḫazānu* (äg. *mr?*), 60, 8. 22f.; 65, 9; 68, 1; 107, 14(?); 162, 10 (vgl. O. Web. 1224/6). — In Simyra hat der Pharao sogar einen Palast als seine Residenz Amr. Kn. 62, 24f. 28 (15, 17?). 76, 36; 84, 12f. (vgl. Weber a. a. O. 1036. 1038). Daneben stehen die *amēlu*, das Wort bedeutet im Babyl. Mensch (später sogar Sklave), zuvor aber den Vollfreien (vgl. das deutsche „Herr", ehedem für den ritterbürtigen Adel und das städtische Patriziat vorbehalten). Also wohl etwa Burgherrn, Ritter, die gewöhnliche Soldaten ausraßen *ṣabē* (Heerleute), demnach die Vollfreien (= äg. *marianu*). Neben ihnen gehen einher die Halbfreien und die *ḫubšu* (beide dasselbe?) = Proletarier (Meiß. 374), die den Pharao unterhalten müssen. Sie sind eine Art Fellachen (O. Web. 1165), zur Seßhaftigkeit übergegangene und zu Bauern gewordene Beduinen, vielleicht mit Pfründen (M. Web. 18[1]). Über das städtische Arbeiter-Proletariat, das wohl aus solchen nach den Städten gekommenen *ḫubšu* bestand, s. Erman, Äg. 180ff., vgl. Breast. Rec. II § 480. 509: 606 u. 522 syr. Sklaven. — Natürlich müssen den Statthaltern Truppen zur Verfügung stehen, vgl. schon oben S. 80. Auch in Damasq stand ein Regent (s. S. 83, Anm. 2); desgleichen in Sidon 144 (W. 147). Wahrscheinlich sind mit der Residenz des Pharao, ebenso mit den Garnisons- und Statthaltersitzen, auch Anbetungsstätten verbunden gewesen. So wissen wir z. B., daß in Byblos ein ägyptischer Tempel stand (Breasted-Ranke, Gesch. Ägypt. 311). 2) Breasted-Ranke, Ägypt. 280. 3) Er bringt die alten nach Ägypten und setzt neue ein: TuB. 239. 4) TuB. 241. 5) Rib-Addi kann Amenhot. IV. schreiben Kn. 116 (W. 87), 61: sein Vater habe nicht nötig gehabt auszuziehen in die Länder. — Genau entspricht dies freilich nur im wörtlichsten Sinn den Tatsachen, s. d. folg. Anm.

Aufgaben und Künsten des Friedens zuwenden. Prachttempel und vornehme Bauten erstehen nun überall, ein ehedem unbekannter Luxus verschönt und bereichert das Leben. Ein vornehmer Baustil zeugt von dem feinen Geschmack der Zeit, und in Theben werden nun wahre Triumphe der Baukunst im größten Stile und von mächtigster Wirkung und ausgesuchter Pracht gefeiert.

Aber die Ruhe in Asien war nur täuschender Schein. Je länger der Pharao fernbleibt, desto zuversichtlicher werden die Herrscher und Vasallen draußen. Ja gegen Ende seiner Regierung zeigen sich da und dort bedenkliche Anzeichen der Gärung [1]. Die Hetiter brechen in das Gebiet von Mitani ein, und sie dringen bis in das ägyptische Vasallenland am nördlichen Orontes vor [2]. Einzelne der syrischen Vasallen machen sich bis in die Gegend von Damaskus herab die Unsicherheit der Lage zunutze und sichern sich auf Kosten des Pharao Landgebiet. Durch das Eindringen semitischer Nomadenstämme, der Chabiru, von der Wüste her, die wie immer, so auch jetzt über Syrien und Palästina hereinbrechen [3], wird die Lage noch verwickelter. Nur ein rasches und rücksichtsloses Eingreifen des Pharao selbst mit überlegener Heeresmacht hätte jetzt der ägyptischen Vorherrschaft wieder aufhelfen können. Statt dessen blieb der altgewordene, des Krieges längst entwöhnte Amenhotep III. zu Hause [4]. Seine Heere konnten wohl eine Weile die unruhigen Elemente zurückhalten, auch ungetreue Vasallen für den Augenblick züchtigen. Aber die mit Macht nach Süden vordrängenden Hetiter vermögen sie nicht auf die Dauer aufzuhalten, und als der Pharao um 1375 nach 36jähriger Herrschaft starb, hatte | das bei seiner Thronbesteigung unüberwindlich scheinende Ansehen Ägyptens in Asien schon einen empfindlichen, schwer wieder gutzumachenden Stoß erlitten.

3. Wäre nun ein Mann auf den Thron der Pharaonen gehoben worden, in dem der Geist des großen Thutmosis III. noch einmal lebendig war, so wäre wohl eben noch der Zeitpunkt gewesen, die schwer erschütterte Stellung Ägyptens in Asien noch einmal zu retten. Statt dessen war es das Geschick Ägyptens, nunmehr einen jugendlichen Schwärmer den Thron seiner Väter besteigen zu sehen, dem nichts ferner lag als das jetzt so hochnötige Verständnis für praktische Staatskunst und für kraftvolles, zielbewußtes Eingehen auf die politischen Notwendigkeiten. So versäumte Amenhotep IV. — er regierte bis 1358 — über Bestrebungen, die seinem religiösen Interesse und seinem erleuchteten Geiste zur höchsten Ehre dienen müßten, wofern sie aus seinem Eigenen stammten [5], doch

---

1) Amr. Kn. 118 (W. 83), 29 ff. (Amenh. III. sandte auf ein Schreiben Rib-Addis hin Truppen — doch wohl weil Unruhen ausgebrochen waren); 117 (W. 75), 21 ff. ähnlich (Amenh. III. sandte ein Heer); 132 (W. 94), 10 ff (Rib-Addi hatte Amenh. III. um Truppen gegen Abdi-aširta gebeten). Es ist nirgends direkt gesagt, aber überall höchst wahrscheinlich, daß es sich um die letzte Zeit Amenh.s III. handelt. Sendung von Truppen ist also immerhin erwünscht. 2) Amr. Kn. 53 (W. 139), 11 ff. 55 ff. Das Land Ube, bis wohin die Empörung sich erstreckt, ist wohl das Ḥoba des AT. (Weber bei Knudtz. 1110), 54, 27 ff ; 55, 55 ff. Die Hauptstadt wird Damasq gewesen sein, wo der Regent und wohl eine Garnison des Pharao stand (vgl. Weber 1117). 3) Amr. Kn. 85 (W. 69), 69 ff.: seit dein Vater (Amenh. III.) von Sidon heimgekehrt ist, haben sich die Länder den GAZ-Leuten angeschlossen. 4) Vielleicht huldigte auch er schon jenen religiösen Bestrebungen, in denen dann sein Sohn aufging, vgl. L. Borchardt in MDOG. 55 (1914), 18. 5) Das Bild Amenhoteps IV. ist durch Borchardt, MDOG. 57 (1917) stark angefochten. Nach ihm fehlt alles Originale,

die für Ägyptens Zukunft in Asien entscheidende Stunde. Jene Seite seiner Persönlichkeit wird uns an anderer Stelle noch beschäftigen; hier interessiert uns nur seine Stellung zu den politischen Dingen. Bei seinem Regierungsantritt zwar fehlt es nicht an den üblichen Versicherungen der Teilnahme an des Vaters Tod und der Freundschaft und Ergebenheit gegenüber dem neuen Pharao [1]. Man konnte doch nicht wissen, wie er sich entwickeln werde. Bald genug aber hat man sich in Asien hierüber beruhigt. Und nun besteht für die Nachbarn und Vasallen keinerlei Hindernis mehr, das schon unter dem Vater begonnene Spiel kräftig und ungescheut fortzusetzen. Auf diese Weise konnte es kommen, daß bald nach der Wende des 15. zum 14. Jahrhundert, jedenfalls aber seit etwa 1370 Syrien und Palästina fast nur noch dem Namen nach unter ägyptischer Herrschaft stehen. Im Norden bis fast an die Grenzen Kanaans selbst dehnen sich die Hetiter aus und im Süden, im eigentlichen Kanaan, ist die ägyptische Oberhoheit so stark in der Auflösung begriffen, daß sie eigentlich kaum mehr ernst genommen wird.

Im ganzen tritt uns aus den Amarnabriefen ein ziemlich trostloses Bild der allgemeinen Lage in Syrien und besonders in Palästina entgegen; offiziell besteht die ägyptische Herrschaft zu Recht, aber kein Mensch nimmt sie recht ernst. Der Großherr am Nil ist immer noch zu mächtig, als daß man wagte, sein Joch offen abzuschütteln; daher überall in den Worten der Vasallen die tiefste, oft geradezu von Unterwürfigkeit triefende Ergebenheit. Aber im Bewußtsein dessen, daß der Pharao | weit ist und ganz anderes und Nötigeres zu tun hat, als sich ernstlich um die Dinge im Norden der Sinaihalbinsel zu kümmern, tut jeder hinter seinem Rücken, was er will. Da fehlt es nicht an geheimem Einverständnis der Vasallen mit den Feinden des Pharao [2]; daneben wimmelt es von Eifersüchteleien und Reibereien der kleinen Fürsten unter sich selbst, und einer klagt beim Großherrn über den anderen.

4. Genauer angesehen sind es drei Elemente, welche die ägyptische Herrschaft bei der lässigen Art, mit der sie durch Amenhotep III. und besonders Amenhotep IV. aufrecht erhalten wird, besonders bedrohen: die Nachbarstaaten im Norden und Nordosten, die kleinen Herren im eigenen Lande und die von außen andrängenden Beduinen.

Unter den Nachbarn sind die schlimmsten die schon mehrfach erwähnten Hetiter [3]. Sobald der starke Arm Ägyptens sich nicht mehr fühlbar machte, begannen diese nördlichen Nachbarn, die ohnehin immer schon nach dem syrischen und palästinischen Süden gedrängt und sich in einzelnen vorgeschobenen Elementen längst schon hier festgesetzt hatten [4], aufs neue sich kräftig zu rühren. In welcher Weise sie in Syrien und Phönizien vordringen, zeigen die Klagen der dortigen Fürsten. Der König Rib-Addi aus Gebal (Byblos) in Phönizien klagt, daß sie mit ihren

---

er hat „nur bereits Bestehendes auf die Spitze getrieben" (1 ff. 25). Er steht sogar im Verdacht, pathologisch belastet zu sein (16). Vgl. freilich dazu Schäfer, Äg. Ztsch. 55 (1918) 1 ff., der B.s Übertreibungen wesentlich einschränkt.
1) Amr. Kn. 26. 27 (W. 22. 23): Tuschratta von Mitani. Manche beziehen auch Amr. 6 hierher; doch s Weber bei Knudtz. 1023. Vor allem aber s. Amr. 41 (W. 35): Subbiluliuma von Chatti. Doch ist hier der Ton schon ein recht gemessener. 2) Aufstandsversuche (wirkliche oder angebliche) mit Hilfe Babyloniens: Amr. 9, 19 ff. 3) Vgl. im allgemeinen Weber bei Kn. 1089. 4) Siehe oben S. 70, Anm. 4.

Truppen bereits die Umgegend seiner Stadt verwüsten [1]. Ebenso berichtet Abi-milki von Tyrus über sie in einer Weise, die erraten läßt, daß sie bis in die Nähe von Tyrus vorgedrungen sind [2]. Daß sie denen von Mitani aufsässig sind und Nordsyrien bedrängen [3], ist selbstverständlich.

Aber auch die Babylonier und die Mitani sind unter solchen Umständen mindestens recht unbequeme Nachbarn, die jeden Augenblick die Gelegenheit ergreifen können, Ägypten übel mitzuspielen. Assyrien steht, wie es scheint, da es eben erst im Begriffe ist, sich zur Selbständigkeit zu erheben, jedenfalls formell noch unter babylonischer Hoheit, es wird gelegentlich von Ägypten gegen Babel ausgespielt, scheint also noch kein gefährlicher Rivale des Pharaonenreiches zu sein [4]. Die | babylonischen Kassitenfürsten hingegen, wenn auch vom Pharao ziemlich brutal behandelt [5], sowie die mit mehr Rücksicht angesehenen Mitanikönige [6] scheinen zu manchen Klagen und Befürchtungen Anlaß gegeben zu haben. So beschwert sich Rib-Addi, daß sein Gegner mit ihnen gemeinsame Sache mache, und man könne nicht wissen, was für Ägypten noch daraus werden solle [7]. Man ist zu der Vermutung geneigt, daß, wenn sie im ganzen doch Ruhe hielten, es weniger der Respekt vor des Pharao Macht als die Rücksicht auf den gewinnbringenden Handel, den sie mit Ägypten treiben konnten, war.

5. Ein besonders lehrreiches Bild gewähren die Vasallen des Pharao im Lande selbst. Da sind die Kleinkönige, Fürsten und Gaugrafen von Tyrus, Sidon, Berut, Byblos, Akko, Simyra, von Jerusalem, Gezer, Ḥaṣor und anderen Städten und Bezirken- zu nennen. Unter ihnen ist der Krieg aller gegen alle an der Tagesordnung und daneben allerlei Machenschaft und Hehlerei gegen den Großherrn in Ägypten. Der Umstand, daß den Vasallen und Präfekten ein großes Maß von freier Bewegung gelassen ist, obgleich das ganze System der Verwaltung es eigentlich anders erwarten ließe, kommt ihnen natürlich zustatten.

Einen großen Teil der Amarnabriefe füllen diese Klagen und Anklagen und heuchlerischen Rechtfertigungen aus. Eine besonders bedenkliche Rolle spielten die Statthalter des A m u r r u landes Abdi-Ašrat (Aširta) und sein Sohn Aziru. Das Gebiet von Amurru bezeichnet in unserer Zeit die Landschaft nördlich von Bērut, also besonders den Libanon und Antilibanon. Nördlich wird es durch Nuḫašše (Chalkis), Nii usw., südlich durch Kinaḫna = Kanaʿan, das streng von Amurru geschieden wird, begrenzt. Seine Städte sind Ṣumur, Gubla-Byblos, Berut u. a. [8]. Die Verhältnisse in diesem Gebiete liegen nun durchaus nicht ganz klar vor uns. Natürlich

---

1) Amr. Kn. 126 (W. 104), 51 f. 58 ff.   2) Amr. 151, 58. Die Stelle ist freilich nicht ganz klar; A. berichtet nur, wie es im Lande aussieht, und Ugarit, das er zunächst erwähnt, liegt erheblich nördlicher (Weber bei Kn. 1017). Aber da die Hetiter schon vorher in Ube, d. h. der Gegend von Damasq standen (s. oben S. 83 [7]) und jetzt „die Städte von Amki", d. h. Kōlesyrien westlich und nordwestlich von Damasq innehaben 170 (W. 125), 16, so wird die Annahme sachlich zutreffen.   3) Amr. 17 (W. 16), 30 ff.; 75 (W. 79), 36 ff.   4) Amr. 9 (W. 7), 19—35.   5) Amr. 1, 10 ff.; 4 (W. 3), 4 ff. 6) Sie erlauben sich daher auch kräftigere Reklamationen, vgl. Amr. 20 (W. 18), 18 ff. 45 ff.; 29 (W. 21), 70—90. 119—135. 162 ff. (W. Rev. 72 ff.). 7) Amr. 104 (W. 86), 18 ff. vgl. W. 118, 5 (KB V, 415).   8) Doch scheint es wenigstens bald nachher auch die syrische Wüste bis zum Eufrat zu umfassen: Bantišinni von Amurru ist beschuldigt das Land zu beunruhigen; er erhebt aber Gegenklage gegen Akkad, scheint also die Karawanenstraße bis zum Eufrat innezuhaben (Figulla und Weidner, Keilsch.texte a. Bogh. I, Nr. 10).

war Amurru wie ganz Syrien vor der Amarnazeit ägyptisches Vasallenland gewesen. Das Vordringen der Hetiter gab wohl den ersten Anlaß zu ernsten Verwicklungen. Und hier tritt die Unklarheit in der Stellung der einheimischen Dynasten ein, die gewiß in ihrer eigenen Zweideutigkeit ihren vornehmsten Grund hat, daneben aber auch durch die Schwierigkeit der Datierung einzelner Briefe hervorgerufen ist. Darf man mit Weber die Briefe des Abdi-Aširta an den Pharao der Zeit vor den Wirren zuschreiben, so würde sich das Bild ergeben, daß Abdi-Aširta der vom Pharao eingesetzte Regent über Amurru war und beim Vordringen der Hetiter zunächst auch treu | dieses Amtes waltete [1]. Sein Vorgesetzter ist der Rabiṣ (Paḫamnata). Neben bzw. unter ihnen bleiben örtliche Einzelfürsten. Eine Weile scheint Abdi-Aširta Treue gehalten zu haben. Dann aber fällt er, wahrscheinlich weil er vom Pharao ungenügend unterstützt wird, selbst ab [2], wird das gefürchtete Haupt der aufsässigen Sa·Gaz-Leute und macht dem Pharao fast das ganze Amurru abwendig. Aus einem Vertrauensmann des Pharao ist ein Helfer und Nachahmer der Hetiter geworden. Nach seinem Tode tritt wohl sein Sohn Aziru seine Erbschaft an. Auch er hat, ohne daß der Pharao eingeschritten wäre, geradezu das Beispiel der Chatti befolgt, und zwar, wie es scheint, mit noch günstigerem Erfolge. Unter anderen Statthaltern oder Fürsten stehende Gebiete erobert er einfach mit Waffengewalt. Er beraubt Karawanen des Pharao, belagert und bedrängt Städte wie Simyra und Tunip [3], und wenn sie beim Pharao in noch so rührenden Weisen Klage führen, so weiß er jede Gegenmaßregel durch allerlei Ergebenheitsbeteuerungen und hochgestellte· Fürsprecher zu durchkreuzen [4].

6. Eine besonders reiche Quelle für das Studium dieser traurigen Verhältnisse sind die vielen Briefe Rib-Addis von Gebal (Byblos) in Phönizien. Sie hallen wider von Bitten um Hilfe gegen Aziru [5] und seinen Vater Abd-Ašrat — ohne Erfolg. Vergebens weist er den Pharao auf die übeln Folgen dieser Schlaffheit für die ägyptische Herrschaft — es scheint, als ob man am Hofe gar kein Ohr dafür habe [6]. Rib-Addis Notlage und seine Verstimmung über die Gleichgültigkeit der Regierung geht so weit, daß er geradezu droht, da man ihn keiner Antwort würdige, im Gegenteil seine Boten ausgeraubt worden seien, dazu noch der königliche Bevollmächtigte Janḫami ihn im Stiche lasse, so bleibe ihm nichts übrig, als mit dem verhaßten Gegner gemeinsame Sache | zu machen, so wie es bereits andere getan hätten, oder seine Stadt im Stiche zu lassen [7].

Auch diese Drohung verfängt nicht, und nach langem Ausharren und

---

1) Dazu würden die Notizen in Amr. 60 (W. 38), 8 ff. 20. 31 f.; Kn. 61, 5 Rev. stimmen, ebenso die Anfechtungen (durch die Sa·Gaz?) 63 (W. 40), 13 vgl. 64 (W. 39), 10 ff. Vgl. dazu Weber bei Kn. 1130 ff. 1134.   2) Dieses Bild tritt ganz zweifellos zutage durch die Rib-Addi-Briefe 71 (W. 54), 17 ff.; 76 (W. 56), 12 ff. und oft. — Über die Gründe vgl. Weber 1131, dort weitere Stellen.   3) Amr. 59 (W. 41). Vgl. bes. Z. 13 ff. und Z. 39 ff. (jetzt aber weint Dunip deine Stadt und ihre Tränen rinnen, und es gibt keine Hilfe für uns).   4) Amr. 156 (W. 42); 158 (W. 44) Dudu ist sein Fürsprecher bei Hofe.   5) Er ist wahrscheinlich nach dem Abfall des Abdi-Aširta an dessen Stelle als Vertreter des Pharao getreten (vgl. Amr. 161 [W. 51], 52 f.). Doch scheint der Wechsel sich noch unter Amenhotep III. abgespielt zu haben, denn schon unter ihm hat sich nach 55 (W. 138), 20 ff. Aziru als Friedensstörer betätigt.   6) Amr. 84 (W. 53) (Bitte um einen Statthalter);·74 (W. 55) (nur noch zwei Städte sind mir geblieben Z. 22 — aber alles Bitten bleibt ohne Antwort); 73 (W. 57) (Truppen nötig!); W. 58 ff. usw.   7) Amr. 82 (W. 59), 23 ff.; 83 (W. 61), besonders Zeile 7 ff. 24 ff. 40 ff.

nachdem ihm schließlich nur noch die eigene Stadt Gebal geblieben, muß er diese in die Hände Azirus fallen lassen [1]. Nun allerdings hat man sich, oder wohl auch schon etwas eher, am Hofe zu einem Schritte aufgerafft. Eine Botschaft fordert die Auslieferung des Schuldigen und Azirus persönliches Erscheinen nach Jahresfrist [2]. Allein Aziru hat von dem, was im Werke ist, längst vorher Wind erhalten und weiß durch kluge Ausflüchte und freches Leugnen alle Maßregeln zu hintertreiben [3], bis er, wie es scheint, schließlich, statt seinem Schicksal zu verfallen, von der ägyptischen Regierung geradezu zum königlichen Gouverneur und somit zum tatsächlichen Herrn des Amurrulandes ernannt wird. Ohne Zweifel glaubte man nur so seiner Verschlagenheit und Tatkraft Herr werden zu können, daß man sie in den Dienst der Regierung stellte [4]. Es ist derselbe Hergang, der sich unlängst in Marokko abgespielt hat, wo der gewerbsmäßige, aber schlaue und tatkräftige Bandit Raisuli als Lohn seiner Taten den Gouverneursposten erlangte. Übrigens scheint, nach gewissen Anzeichen zu schließen, Azirus eigenmächtiges und gewalttätiges Treiben wenigstens den Vorteil gehabt zu haben, daß nun statt vieler kleiner Diebe und Räuber ein einziger in Syrien gebot. An Stelle des Faustrechts ist die Tyrannis eines überlegenen Gewalthabers getreten [5]. Das alles spricht aber nur um so deutlicher für die vollkommene Schlaffheit und Ratlosigkeit der ägyptischen Regierung. — Wie lange Aziru dem Pharao nun wirklich die „Treue" hielt, wissen wir freilich nicht. Daß sie nicht von wirklicher Dauer war, steht nach Wincklers neuesten Ausgrabungen unter allen Umständen fest. Auch wird bei der Übermacht der Hetiter an seiner nördlichen Grenze seine Stellung ihnen gegenüber schwierig genug gewesen sein. So hat er sich denn tatsächlich — es blieb ihm vielleicht bei der Schwäche des Pharao nichts anderes übrig — nach | einiger Zeit unter den Schutz der Hetiter gestellt und wird als „König von Amurru" ihr Lehensmann. Ein Vertrag regelt die Grenzen. In ihm wird die Zeit der „Treue" als Abfall zum Pharao bezeichnet [6].

7. Fast noch schlimmerer Art scheinen übrigens die Verhältnisse weiter südlich im eigentlichen K a n a a n gewesen zu sein. Die Fürsten der phönikischen Hafenstädte verstehen ihren Handelsvorteil. Ihnen ist zum Teil kein Mittel der kriechendsten Streberei und der häßlichsten Angeberei zu niedrig, wo es gilt, um die Gunst des Pharao zu werben [7]. In der Gegend um Gezer und im mittleren Lande treibt ein gewisser Lapaia sein Wesen, doch scheint ihm durch eine Vereinigung der Häuptlinge übel mitgespielt worden zu sein [8]. Typisch aber sind vor allem die Verhält-

1) Amr. 98 (W. 123). 3—9; vgl. W. 80. 88. 91. 93 f. 96 ff. 102 f.   2) Amr. 164 ff. (W. 45 ff.); 162 (W. 50), 3—21. 45 ff. 55 ff. (W. Rev. 10—31).   3) Amr. 161 (W. 51) (Entschuldigung und Ausflüchte); 162 (W. 52) (Fürsprache für A. und Bitte um seine Freilassung).   4) Vgl. die Andeutungen in Amr. 162 (W. 50), 39: unterwirf dich, so wirst du leben, und 33 f.: wenn du dich unterwirfst, was gäbe es dann, das der König dir nicht täte! Dazu vgl. das Versprechen Azirus, denselben Tribut wie die andern zu zahlen 157 (W. 49), 36—41.   5) Niebuhr im Alt. Or. I, 23. Die Akissi-Briefe (Kn. 52 ff. W. 138 ff.) gehören unter Amenḫ. III.   6) MDOG. 35, 43. 7) Amr. 147 (W. 149) 66 ff. (Abi-milki von Tyrus denunziert Zimrida von Sidon, er konspiriere mit den SaʿGaz); 151 (allerlei Neuigkeiten) — beide Briefe von Unterwürfigkeit triefend. Ähnlich 148 (W. 154), 40 ff.; 149 (W. 150), 67 ff. usw. Weiter auch oben S. 81, Anm. 3, vgl. ferner den Brief aus Lakis, Kn. 333 (W. 219). 8) Amr. W. 165, 30 ff. (= Kn. 280); 195, 11 ff. 196, 6. 25 ff. (= Kn. 244 f.), auch 162 f. (= Kn. 252. 154).

nisse um Jerusalem. Die Stadt steht unter einem Präfekten namens Abdichiba. Er hat viel zu klagen, denn seine Hand scheint gegen jedermann
und jedermanns Hand gegen ihn gewesen zu sein. Gezer, Askalon, Lakisch,
Milkiel — ein Gaugraf der Philistergegend — dessen Schwiegervater Tagi,
die Sippe Lapaias und wohl noch mancher Ort und Fürst sind ihm ver-
feindet. Kein Wunder, daß die Chabiru um sich greifen und selbst des
Königs Karawanen ausgeraubt werden [1]!

Wer jene Chabiru sind, ist bis heute noch nicht restlos sicher,
immerhin erheblich geklärt. Ohne Zweifel haben wir es mit Beduinenhorden zu tun, die aus den östlichen Steppen vordringend die Wirren im
Lande sich zunutze machen und auf diese Weise hoffen, von einzelnen
Teilen des Landes Besitz ergreifen zu können. Insofern kann in der Tat
vieles für die Vermutung sprechen, daß sie nicht allein denselben Namen
führen wie die Hebräer (Ibrīm), sondern auch tatsächlich derselben größeren
Gruppe wie diese angehören werden. Kurzweg die Hebräer, d. h. die
Israeliten in ihnen zu sehen, geht natürlich nicht an. Wohl aber mögen
sie durch dieselbe Bewegung, welche die Israelstämme ins Wandern gebracht und nach Palästina geschoben hat, dorthin geführt sein, und es
mögen weiter die uns bekannten und gewöhnlich als Israeliten bezeichneten
Hebräer nicht viel anderes sein als ein | einzelner Zweig derselben größeren
Stammgruppe, die den Namen Hebräer oder Ḥabiru führte.

Eine neue Schwierigkeit entsteht nun aber dadurch, daß eine ganz
ähnliche Rolle wie die nur in den Briefen aus Jerusalem vorkommenden,
also wohl auf den Süden beschränkten Chabiru die im bisherigen öfter
genannten Sa·Gaz spielen, nur daß sie überall, besonders zahlreich aber,
wie es scheint, im Norden auftreten. Auch sie sind zweifellos Eindringlinge vom Osten her, die sich des Landes bemächtigen wollen. Daher
geht man keineswegs fehl mit der Annahme, daß die Sa·Gaz, deren wirklicher Name ḫabbatum „Plünderer" ist, der Sache nach jenen Ḥabiru nahe-
stehen, auch wenn eine wirkliche Gleichheit beider sich nicht sollte er-
weisen lassen [2]. |

Das so gewonnene Bild wird nach manchen Richtungen hin noch ergänzt durch die hochinteressante, freilich erst der Zeit Ramses XII. (um
1100) angehörige Schilderung Wen Amons über seine Reise nach Syrien [3].
Obwohl über 200 Jahre später wird sie doch im wesentlichen die Zustände
erkennen lassen, die sich jetzt schon anbahnten. Wen Amon soll in Syrien
Zedernholz für die Barke des Amon kaufen. Mit Gold und Silber als
Kaufgeld ausgestattet kommt er nach Dor zum Fürsten der Zakar. Hier
wird ihm sein Geld gestohlen. Er macht den Fürsten verantwortlich, da
es nicht sein Eigentum sei, sondern des Amon, „des Herrn der Länder".
Der Fürst lehnt den Ersatz ab, da der Dieb nicht seinem Lande an-
gehöre [4]. Wen Amon kommt dann über Tyrus nach Byblos zum Fürsten
Zekarba·al. Dort hat er das bekannte Erlebnis mit einem Verzückten [5].
In den Tagebüchern seiner Väter findet der Fürst, daß auch sie gegen

---

1) Amr. 287 (W. 180), 14 ff.; 288 ff. (W. 181 ff.); 286 (W. 179), 16 ff.; 280
(W. 165), 21 ff.   2) Vgl. über die ganze Frage und besonders das Ideogramm Sa·Gaz:
Knudtzon, El-Amarnataf., S. 46—52 und Weber ebenda, S. 1146. Neuerdings hat
indessen Winckler die Gleichung Sa·Gaz = Ḥabiru aus den Tafeln von Boghazköi
sogut wie sichergestellt (MDOG. 35, 25). Weiteres über sie in § 28, 2.   3) S. die
Übers. von Ranke in TuB. I, 225 ff.   4) S. dazu Bd. II⁴, 65 Anm.   5) Ebda. 421/2.

reiches Entgelt an Erzeugnissen Ägyptens Holz nach Ägypten verkauften. So erklärt auch er sich bereit, betont aber um so entschiedener: „Ich bin weder dein Diener noch dessen, der dich sandte." Er behauptet also seine volle Unabhängigkeit, erkennt freilich an, daß „Amon alle Länder ausstattet" und daß „Kunst und Unterweisung von ihm ausging" und nach Kanaan kam. Der Andere nimmt das auf und betont, Amons sei das Meer und der Libanon, „er war der Herr deiner Väter, die ihm ihr Leben lang geopfert haben".

Man sieht, die Oberhoheit Ägyptens über das Land besteht auch nicht mehr der Form nach. Es ist die Zeit, da schon an der Küste die Philister und im Innern Israel sich geltend machen.

4. Kapitel. Kultur und Religion der Urzeit Kanaans[1].

§ 15.
Die neueren Ausgrabungen in Palästina.

Das Wichtigste, was wir über die Kulturverhältnisse und das religiöse Leben des vorisraelitischen Kanaan wissen können, entnehmen wir außer den Amarnatafeln den an Ort und Stelle vorgenommenen Ausgrabungen. Sie gehören der Hauptsache nach erst der allerjüngsten Zeit an, und so wenig sie uns bis jetzt ein abschließendes Bild gewähren, so bedeutsam

---

1) Zu diesem ganzen Kapitel ist jetzt zu vergleichen das wertvolle Buch von B e r t h o l e t, Kulturgesch. Isr. 1919. Ich kann freilich gewichtige Bedenken gegen manches in ihm nicht unterdrücken. Den Aufbau des ganzen ersten Abschnitts kann ich nicht für glücklich halten. Es werden da vier Perioden unterschieden: die amoritische bis 1500, die kanaanitische seit 1500, die Kultur der Einziehenden und der Übergänge. Man kann über das Verhältnis von Kanaanitern und Amoritern denken wie man will: es in dieser Form zum Ausdruck zu bringen, ist jedenfalls verfehlt. Einmal wird der Schein einer viel größeren Sicherheit hierüber erzeugt als wir tatsächlich besitzen, denn wem unter beiden im Land zeitlich der Vortritt gebührt, ist mindestens noch eine vollständig o f f e n e Frage. Sodann aber geht es unter keinen Umständen an, materiell eine amor. und eine kan. Kultur zu scheiden. D i e s e S c h e i d u n g s t e h t m a t e r i e l l v o l l k o m m e n i n d e r L u f t. Denn wir haben auch nicht die Spur eines Anhaltspunktes darüber, wie etwa die kan. Baukunst, Bewaffnung, Handarbeit usw. sich von der amor. unterschied. Was wir w i s s e n, ist einzig und allein, daß mit T h u t m e s III. durch die Eroberung Kanaans ein tiefer Einschnitt in seine Geschichte und Kulturentwicklung gemacht wird. Somit ist die einzige Möglichkeit der Scheidung: Vor Thut. und nach ihm (wie es denn auch vor Th. wohl schon Kan. gab und jedenfalls nach ihm noch Amor.). — Noch bedenklicher sind die zwei folgenden Kapitel. Das letzte (die Übergänge) weckt schon durch seinen höchst bescheidenen Inhalt von 5 Seiten Zweifel an seiner Berechtigung. Man muß vielmehr sagen, daß die ganze Lebensbetätigung Israels in der vorköniglichen Zeit nichts anderes ist als Übergangskultur. Sie war also in Kap. 4 zu geben. Kap. 3 dagegen bietet viel Gutes, aber unter falschem Namen und an falscher Stelle. Was hier gegeben wird, ist einfach die Kultur der B e d u i n e n, nicht aber der „Einziehenden". Und zwar der Beduinen auf einer Stufe primitiven Lebens, die die Einziehenden zweifellos längst überwunden haben. Weder haben sie etwas mit dem Matriarchat (83) zu tun, noch sind sie Kamelnomaden (92) oder Polydämonisten (98). Das alles kann nur für kleine Bruchteile von ihnen in Betracht kommen. — Trotzdem ist eine solche Schilderung nötig. Nur gehört sie an den A n f a n g d e s g a n z e n B u c h e s. Denn auch die Amoriter und Kanaaniter waren einmal Beduinen und bei ihnen haben sich genau wie in Israel in Kultur und Religion gewisse Reste jener primitiven Daseinsform erhalten.

sind immerhin auch jetzt schon die Aufschlüsse, die sie uns darbieten.
Ich gebe deshalb einen kurzen Überblick über den Gang und Ertrag der
Ausgrabungen an den wichtigsten in Angriff genommenen Punkten [1]. Es
handelt sich für unsere Zwecke hauptsächlich um drei verschiedene Ge-
biete, an denen der Spaten eingesetzt ist: die Schefela, Gezer und die
Jesreelebene mit Taʿanak und Megiddo.

1. Die Hügel der Schefela. — Das Verdienst, die neuesten Ausgrabungen in Palästina eröffnet zu haben, gebührt dem englischen Palestine-
Exploration-Fund. Er sandte 1890 den in Ägypten rühmlich erprobten
Archäologen Flinders Petrie nach Tell el-Ḥezī im südwestlichen Palästina [2].
Seine Arbeit wurde 1891 fortgesetzt durch Fred. J. Bliß [3]. Der Ort liegt
26 Kilometer nordöstlich von Gaza und stellt höchstwahrscheinlich das
alte Lakis dar, dessen strategische Bedeutung an der Straße nach Ägypten
am besten durch den Umstand | beleuchtet wird, daß hier Sanherib sein
Hauptquartier aufgeschlagen hatte [4].

Es war ein besonders günstiger Umstand, daß sofort bei dem ersten
in Angriff genommenen Ruinenhügel sich das typische Bild einer durch
die Jahrhunderte hindurch sich immer wieder erneuernden Ansiedlung
darbot. Ähnlich wie man es von Troja her kannte, so lernte man auch
hier eine ganze Anzahl übereinander geschichteter Städte oder Siedlungen
kennen, von denen immer die nächstfolgende sich über dem Schutte der
zerstörten oder verlassenen vorangehenden aufbaute, so daß ein senkrechter
Schnitt durch den Hügel, der bis auf den Naturfels führte, die ganze
Entwicklung der Siedlung im Lauf der Jahrhunderte bis zu den ersten
Anfängen zurück verfolgen ließ.

Schon Petrie hatte innerhalb der einzelnen Schichten in halber Höhe
eine mächtige Brandschicht erkannt, die an dem Hügel zwei Hauptperioden
seiner Entwicklung unterscheiden lehrte, und brachte sie mit dem Eindringen der israelitischen Stämme im 13. oder 12. Jahrhundert in Verbindung. Sie wird aber eher mit den Kämpfen der Amarnazeit zusammenhängen. Bliß schied dann im ganzen 11 Städte und Siedlungen [5], von
denen natürlich nicht jede eine eigene Kulturschicht darzustellen braucht.
Sie reduzieren sich daher tatsächlich auf acht. Schon die älteste Schicht
zeigte ähnlich wie in Taanak und Megiddo eine starke Befestigung. Als
Ursache wird das Übergreifen Ägyptens nach Asien zu Beginn des zweiten
Jahrtausends [6] schon von Petrie richtig erkannt sein. Neben Feuerstein-
werkzeugen finden sich in den von der Mauer umschlossenen Häusern aus
Luftziegeln Waffen und Geräte aus Bronze und Topfscherben primitiver
Art, handgemacht, rot-, braun- oder grautonig und mit linearer gekämmter
Ornamentik, auch Scherben mit buchstabenähnlichen Zeichen [7].

1) Vgl. zum Ganzen Vincent, Canaan d'après l'exploration récente 1907;
H. Thiersch, Die neueren Ausgrabungen in Palästina im Archäol. Anzeiger zum
Jahrb. d. Arch. Inst. zu Berlin 1907—1909 u. ZDPV. 36 (1913) 40 ff. u. 37, 60 ff.
Thomsen, Palästina u. s. Kultur in 5 Jahrtausenden ² 1917 und: Paläst. Altertums-
kunde 1913.   2) W. M. Flinders Petrie, Tell el-Hezy (Lachis), Lond. 1891. 4°.
3) Bliß, A mound of many cities 1894 (² 1898).   4) Der Name ist neuestens auch
in Hieroglyphen des 15. Jahrh. nachgewiesen: Müller, OLZ. 17 (1914), 202.   5) Bliß,
A mound etc. Plate II (bei S. 14). Danach die Abbildung in Kittel, Die Alttest.
Wissensch. ⁴ 1921, S. 39.   6) Siehe oben S. 55 f.   7) Abbildungen bei Bliß, S. 18 ff.,
auch bei Thiersch, Arch. Anz. 1908, 15 f.

Über der ältesten Stadt lagern sich in mäßigen Abständen die zweite und dritte, die letztere besonders bedeutsam durch die leider — vielleicht nicht ohne Schuld des Leiters — vereinzelt gebliebene Auffindung einer den Amarnatafeln gleichartigen Tontafel [1], enthaltend den Brief eines gewissen Pābi an einen ägyptischen Großen, in dem zwei uns aus den Amarnabriefen bekannte Personen, Zimrida von Lakis und ein gewisser Schipṭi-baal, der Verschwörung gegen den Pharao | bezichtigt werden. Hier fanden sich auch Skarabäen der 18. Dynastie, einer mit dem Namen der bekannten Königin Tei, der Gemahlin Amenhoteps III., desgleichen eine Bronzefigur des Bēs. Zugleich treten hier schon altkyprische Tonwaren und mykenische Scherben aller Art zutage, vielleicht durch Vorläufer der späteren Philister gerade hierher gebracht [2]. Dieser Schicht nun folgt die erwähnte Brandschicht und über ihr die vierte Stadt mit vielfach ägyptischen Einfluß verratendem Charakter. Daneben finden sich kyprische, phönikische und spätmykenische Gefäße und eigentümliche, unter der Mauer des Hauses eingegrabene Tonlampen [3]. Die 5. bis 8. Besiedlung bietet wenig, was für uns hier in Frage kommt [4].

Unweit von Lakis, teils etwas westlich, teils etwas nordwestlich, wurde in den folgenden Jahren, ebenfalls durch die englische Palästina-Gesellschaft, eine Anzahl von Ruinenhügeln bloßgelegt [5]. Der eine davon, Tell Zakarīje [6], zeigt starke Befestigungen mit viereckigen Türmen, von denen vielleicht ein ganzer Kranz die Mauer umgab [7], und innerhalb der Mauer Gefäße aus dem Ende des 2. Jahrtausends und der Zeit zwischen 1000 und 600; hingegen fehlt es an Funden aus der Zeit vor 1500. Die Mauer scheint in der jetzigen Gestalt erst dem 8. Jahrhundert anzugehören, verwendet aber älteres Material. Bemerkenswert ist daneben unter der Stadt eine ausgedehnte Höhlenanlage, teils aus natürlichen Grotten, teils aus künstlich in den Fels gehauenen Kammern und Sälen bestehend, die vielleicht für den Fall einer Belagerung Zuflucht geben sollten — ähnlich den sogenannten Ställen Salomos im Innern des Tempelbergs von Jerusalem. Sie mögen schon aus vorisraelitischer Zeit stammen.

Hier kamen auch jene bekannten und vielfach noch rätselhaften Krüge mit gestempeltem Henkel zutage [8]. Sie deuten wohl auf königliche Töpfereien, welche die Könige Judas im 7. Jahrhundert in der hierfür besonders geeigneten Gegend unterhielten. Auch schöngeformte Amphoren ägyptischer Art aus der Zeit der 18. und 19. Dynastie, desgleichen solche einheimischer Art, aber gröberen Tones, fanden sich hier. Die Funde zeigen zugleich, daß die Besiedlung des Ortes nicht vor der Mitte des 2. Jahrtausends stattgefunden haben wird. |

Wenig westlich vom vermutlichen Aseqa, in beherrschender Lage bei der Mündung des Tales in die Philisterebene, liegt der Tell eš-Ṣāfi, vielfach für das philistäische Gat gehalten [9]. Hier fanden sich innerhalb

---

1) Siehe oben S. 87, Anm. 7 und unten § 18.   2) Siehe Bliß 62 f., auch Thiersch 17 f., aber auch R. Dussaud, Les monum. palest. Par. 1912, 101 ff.   3) Bliß 79 ff., Thiersch 23 ff. Dazu unten S. 149.   4) Vgl. dazu das Register in II⁴, 565 u. bes. II⁴, 291.   5) Bliß und Macalister, Excavations in Palestine (1898—1900). Lond. 1902.   6) Vielleicht mit dem alten Aseqa identisch. Vgl. dazu II⁴, 282.   7) Ähnlich wie in Lakis; vgl. Bd. II⁴, 550, Anm. u. das Bild Altt. Wiss.⁴, 77.   8) Siehe darüber Sellin in N. Kirch. Zsch. 17 (1906), 753 ff. Vincent, Canaan 357 ff. Thiersch, Arch. Anz. 1908, 357 (dort manches Nähere). Vgl. Bd. II⁴, 511¹ u. unten S. 94.   9) Etwas anders Procksch in PJB. 5 (1909), 66.

einer turmlosen Umfassungsmauer drei Hauptschichten, eine der ersten, eine der zweiten Hälfte des zweiten Jahrtausends und eine dem ersten Jahrtausend zugehörige. In der zweiten glaubte man eine später verbaute Kultusstätte gefunden zu haben [1]. Doch scheint es sich eher um eine alte Stallung zu handeln. Hingegen fanden sich Spuren ältester handgemachter Keramik mit nach oben geklapptem Leistenhenkel und eigentümliche, lokale, mit Spiralornamenten bemalte Stücke, dazwischen einzelne echtmykenische; daneben vielerlei Jüngeres, besonders griechischer Art. ·Am bedeutsamsten unter allen Funden sind aber, wie Thiersch vollkommen richtig erkannt hat, diejenigen, denen wir das Vorhandensein einer spezifisch philistäischen Kunst entnehmen können [2]. Sie gehören der mittleren Schicht, genauer der Zeit zwischen 1400 und 1100 an und zeigen lokale Imitation echtmykenischer, daneben vorkommender Ware [3].

Etwas südöstlich von Gat, an der Kreuzung wichtiger Verbindungswege von Hebron und Gaza her einerseits und von Nord nach Süd anderseits, muß das alte M a r é s a (Morèschet) gelegen haben (arab. — an etwas anderer Stelle — Chirbet Merâsch, griech. Marissa). Heute ist die Stätte durch das Dorf Bet Dschibrīn, das auf den Trümmern des alten Eleutheropolis aufgebaut ist, und den Tell Sandaḥanna bezeichnet. Besonderes Interesse wecken hier die zahlreichen unterirdischen Räume, mehr als 400 Gelasse enthaltend, zum Teil bis zu 15 Meter im Durchmesser. Die Gänge, welche die einzelnen Grotten und Gelasse unter sich verbinden, sind teilweise so enge, daß es große Mühe kostet, durchzukriechen. Sie dienten neben allerlei Gebrauchszwecken, wie als Speicher, Zisternen usw., gewiß ehedem als Wohn- oder Zufluchtsstätten, sei es überhaupt, sei es besonders für Zeiten der Belagerung. Ihrer ersten Anlage nach mögen sie vorisraelitischer Zeit angehören. Für die hellenistische Zeit sind von höchster Bedeutung die zahlreichen, leider größtenteils längst ausgeraubten Gräber [4].|

Die Grabungen in der Schefela haben sämtlich unter sich das gemein, daß die hier aufgedeckten Orte fast nie rein israelitische Städte gewesen sind. Sie verheißen also zum voraus auch in nachkanaanäischer Zeit eher über die Kultur und Religion der Philister und der an der Grenze judäischen Volkstums liegenden Mischbevölkerung als über die der Judäer selbst einen befriedigenden Aufschluß. Natürlich ist weiterhin hier wie in Gezer die Nähe Ägyptens und die Leichtigkeit des Verkehrs mit ihm von bestimmendem Einfluß.

2. Die Grabungen von Gezer. — Eine selbständige Stellung in der Geschichte der neueren Grabungen nimmt der Hügel des alten, seit Thutmes III. oft genannten Gezer ein. Er ist durch Clermont-Ganneau entdeckt und durch Macalister von 1902 bis 1909 mit kurzer Unterbrechung erschlossen worden [5]. Seine Lage an der Straße von Jerusalem und dem

1) Abbildung auch bei Vincent, Canaan 104; siehe Thiersch a. a. O. 370f. 2) Siehe schon Welch in Quart. Statem. des PEF. 1900, 342ff., dann Thiersch a. a. O. 378f. Weiteres in § 18.   3) In Tell el-Hesī gehört die echtmykenische Ware der Schicht, also wohl auch der Zeit der dort gefundenen Amarnabriefe an.   4) John P. Peters and H. Thiersch, Painted tombs in the Necropolis of Marissa. Lond. 1905. 5) Die ausführliche Darstellung ist 1912 erschienen: The Excavation of Gezer by R. A. Stew. Macalister. 2 Bde. Text, Bd. III Illustrationen. Vgl. das strenge, aber nicht unbillige Urteil von Thiersch in ZDPV. 37 (1914), 85ff. Es ist zu bedauern, daß das langerwartete, kostbare Werk so wenig auf der Höhe steht. Doch muß man

Gebirge nach der Hafenstadt Jafo und am Westrande des zur Küstenebene hinabführenden Hügellandes sicherte dem Ort allezeit seine hohe
strategische und politische Bedeutung.

Die Spuren der ältesten Besiedlung des Hügels finden sich hier schon
in vorsemitischer Zeit, die jedenfalls tief ins 3. Jahrtausend, wo nicht
stark ins 4., hineinreicht. Die ersten der jüngeren Steinzeit zuzurechnen-
den Ansiedler haben sich teils unmittelbar auf dem Felsen selbst, teils
unter ihm in Felshöhlen niedergelassen, die sie mit ihren Steinwerkzeugen
so erweiterten, daß auch die Herden eingetrieben werden konnten. Schon
in dieser Zeit finden sich rohe Tierzeichnungen, handgemachte Keramik mit
allerlei Verzierungen und aufgemalten Linien. Eine der Höhlen diente
als Verbrennungsstätte für die Verstorbenen [1]. Auch haben diese ersten
Bewohner schon stattliche Befestigungswerke anzulegen verstanden. Es
findet sich auf dem Naturfels aufsitzend eine Stadtmauer aus Stein mit
vorgelegtem dickem Erdwall.

Das stärkere Überhandnehmen der Semiten in Palästina dürfen wir
seit etwa 2500 ansetzen [2]. Die ältere vorisraelitisch-semitische Zeit Gezers
reicht von hier an bis etwa 1600 v. Chr. [3] Auch in ihr ist die Siedlung
befestigt, und zwar durch eine Anlage von, wie es scheint, | ägyptischem
Charakter [4]. An Stelle der Verbrennung ist jetzt die Bestattung der Toten
getreten, aber innerhalb der Stadtmauer. Dabei finden sich Krüge, Bron-
zen, Skarabäen der 12. und 13. Dynastie, überhaupt ziemlich viel ägyptische
Beigaben. Ein gewaltiger Tunnel, der zu einer Höhle mit mächtiger Quelle
führt, gehört vielleicht sogar noch der vorigen Periode, spätestens aber
dieser an.

Mit der Vertreibung der Hyksos und dem Eindringen Thutmosis' III.
wird eine neue, die dritte (2. sem. 1600—1200) Periode von Gezer einsetzen, an die sich die vierte (3. sem. 1200—900) ziemlich unvermittelt
anschließt. Zunächst bleibt die alte Mauer noch bestehen. Die Amarnazeit,
vielleicht auch das Eindringen der Israeliten ins Land, scheint aber den
Anlaß zur Zerstörung der bisherigen Mauer und der Errichtung einer neuen
geboten zu haben. Es ist eine teilweise noch 3—4 Meter hoch erhaltene,
weiter vorgeschobene Ringmauer. Sie scheint durch das ganze Altertum
stehen geblieben zu sein, wurde aber nachträglich mit Türmen versehen,
wahrscheinlich in der Zeit Salomos. Unter der Menge der kleinen und
unbedeutenden Häuser der Stadt ragt ein einzelner Bau aus dem Ende der
kanaanitischen Zeit (etwa 13. Jahrhundert) merklich hervor. Nun beginnt
mit dem Anwachsen der Bevölkerung, wie es scheint, auch die Bestattung
außerhalb der Ringmauer, und zwar in den sog. Schachtgräbern: von einem
senkrechten Schachte geht ein seitlicher Gang nach dem eigentlichen Grabe
hin. Als Beigabe tritt nun vielfach das Lämpchen — vielleicht als sym-
bolischer Ersatz des Menschenlebens — auf. Den bedeutsamsten Fund
aber in dieser ganzen Schicht, vielleicht in der ganzen Ruinenstätte, stellt

---

für das reiche Material dankbar sein. Vorläufige, aber eingehende Darstellung in Pal.
Expl. F. Qu. Stat. 1902—1909.
1) Siehe oben S. 28.   2) Siehe oben S. 42.   3) Macalister will eine 'First
Semitic Period' von 2500—1800 und eine 'Second Sem. Per.' von 1800—1400 scheiden.
Doch hat ihm Watzinger (Jericho 107) m. E. mit Recht entgegengehalten, daß die
ältere sem. Periode in Gezer bis 1600 herabgehend zu denken sei, ebenso die zweite bis
1200. (Das ist um so berechtigter, als Mac. selbst Gez. II, 131 die vorsem. Keramik
bis 2000 gehen läßt.)   4) Macalister in Qu. Stat. 1905, 29.

die vielfach bekannt gewordene Massebenreihe dar, die meist als ein megalithisches altkanaanäisches Heiligtum angesehen wird [1]. Acht der Säulen
stehen noch aufrecht, zwei sind unten abgebrochen, eine liegt umgestürzt
am Boden, für eine vermutlich besonders große ist nur noch der mit vier-
eckigem Loche versehene Sockel vorhanden. Es sind roh zubehauene
Monolithe verschiedener Größe, der größte 3,28 Meter hoch, der kleinste
1,65. Sie sind ziemlich deutlich in eine annähernd von Nord nach Süd
laufende Reihe gestellt. Einer der Steine ist durch vielfachen Gebrauch
(Salben, Küssen usw.) dunkel geglättet, so daß man in ihm vielleicht den
ältesten und heiligsten unter ihnen erkennen darf [2]. In einigem Abstand
von der Stelenreihe liegen zwei kreisrunde gemauerte | Behälter, in denen
sich neben zerbrochenen kyprischen Gefäßen der späteren Bronzezeit auch
eine kleine Bronzeschlange fand. Ebenfalls in engem räumlichem Zusammenhang mit den Säulen lagen in die Erde eingebettet eine Anzahl
zweihenkliger Spitzkrüge mit Kinderleichen Neugeborener. Sehr zahlreich
sind in dieser Schicht die „Hathorterrakotten" vertreten, Astartbilder in
verschiedenen Formen, doch im wesentlichen von demselben Typus: es ist
die meist nackte Fruchtbarkeitsgöttin. Vielfach sind sie in der unmittelbaren Umgebung der Stelen gefunden.

Ein Teil dieser Doppelperiode, etwa das 12. und 11. Jahrhundert um-
fassend, tritt auch in Gezer als die spezifisch philistäische Periode
hervor, wenn auch weniger in Einzelfunden wie in eṣ-Ṣafī, so doch in
eigenartigen Gräbern, die stark an diejenigen von Mykenä erinnern. Es
sind auf dem Fels aufgemauerte rechteckige Einzelgräber, ausgestattet mit
Speise für die Toten und eisernem Messer und mit Gefäßen ägyptischer
Herkunft, aber zugleich mit kretischen und mykenischen Motiven versehen.
Doch fehlen auch jene eigentlich philistäischen Keramiken nicht ganz, ebenso
mykenische Scherben [3].

Mit dem 10. Jahrhundert, also um 1000, setzt das spezifisch
israelitische Element in Gezer ein. Die Stadtmauer wird — doch
wohl durch Salomo — neu instand gesetzt und verstärkt [4]. Die Felsen-
gräber zeigen einen unverkennbaren Rückgang zu primitiveren Formen:
eine sorglos hergestellte Grabkammer mit rundlichem Einsteigeloch. Als
Beigaben finden sich Bronzewaffen und kleine Vasen kyprischer Art, mit
geometrischen, leidlich zierlich gemalten Mustern, auch bauchige Flaschen,
eine Lampe in Vogelgestalt von wohl einheimischer Arbeit — im ganzen
mehr rohes und entartetes als feines Fabrikat [5]. Was man in Kreta so
besonders handgreiflich beobachten kann, trifft auch hier zu: auch die
Kulturen gehen unter und müssen neu aufgebaut werden. Das Überhandnehmen einer neuen Bevölkerungsschicht gibt die alte hoch entwickelte
Kultur teilweise dem Verfall anheim. Besonders die Anlehnung an Ägäisches
wird immer unfeiner. Auch in Gezer fehlt es nicht an gestempelten Krughenkeln, die Macalister eine Zeitlang bis in das 9. und 8. Jahrhundert
verlegen wollte, während er jetzt an die Perserzeit denkt [6]. Auch Siegel

---

1) Abbildungen außer im Hauptwerk vielfach, z. B. in Kittel, Studien z. hebr.
Arch. S. 132 und Alttest. Wiss., Taf. II.   2) Die Abrundung einzelner oben ist vielleicht nicht ursprünglich, siehe Thiersch, Arch. Anz. 1909, 371.   3) Vgl. die Zusammenstellung bei Thiersch, Arch Anz. a. a. O. 385 und ZDPV. 37, Taf. XXIX.
4) Gezer I, 255.   5) Gezer II, 1. 195—211.   6) Gezer II, 210. Auch über diesen
Gegenstand möchte man gern Genaueres wissen. Die Abb. 359 ist ganz wertlos, 360
unbefriedigend; überhaupt mußte das Material vollständig vorgelegt werden.

ohne jedes Bild, wohl als Wirkung der bildlosen Jahvereligion, ein könig-
liches Gewicht aus Bronze und der bereits in weiteren Kreisen bekannt
gewordene Erntekalender [1] | fauden sich hier, sowie zwei assyrische Ver-
kaufsurkunden aus der Mitte des 7. Jahrhunderts [2].

Die fünfte und letzte Periode der Geschichte von Gezer ist hauptsächlich gekennzeichnet durch einige Bauwerke der hellenistischen Zeit.
Vor allem glaubt Macalister hier das „Makkabäerschloß" Simons entdeckt
zu haben [3], für das freilich die aufgefundene Verwünschung des Simon
noch kein zwingender Beweis ist, selbst wenn die sie bezeugende Lesung
zutrifft.

3. Die Grabungen von Taʿanak [4]. — Die Bedeutung der am
Südrande der Jesreelebene gelegenen Kanaaniterfeste Taʿanak, die später
in den Besitz Israels überging, erhellt schon daraus, daß sie bereits von
Thutmosis III. unter den von ihm eroberten Städten genannt wird, daß
sie weiter in den Amarnabriefen, hernach bei der Eroberung des Landes
durch Israel und in der Deboraschlacht von Richt. 5 eine Rolle spielt,
und darauf wieder unter den Bezirksstädten Salomos sowie unter den von
Sesonq geplünderten Orten namhaft gemacht wird. Daß dieser wichtige
Ort der Altertumskunde erschlossen wurde (1902—1903), ist ausschließlich
das Verdienst des damaligen Wiener Professors Sellin, ein Verdienst, das
um so größer ist, als Sellin der erste Deutsche gewesen ist, der die Notwendigkeit der Aufnahme der Arbeit auf dem Boden Palästinas erkannt
hat und als er als einzelner Mann ohne eine hinter ihm stehende große
Gesellschaft — nur auf durch ihn flüssig gemachte Spenden der Wiener
Akademie und hochsinniger Privatmänner gestützt — die Arbeit in Angriff zu nehmen wagte. Es muß das um der Billigkeit willen um so un-
umwundener anerkannt werden, als gerade seine Arbeit nachträglich zum
Teil nicht unberechtigten Angriffen ausgesetzt war. Er hat begreiflicherweise seiner Stellung als Pionier der neueren deutschen Grabungen ihren
Tribut gezollt [5].

Sellin glaubt nun im ganzen vier Schichten feststellen zu können, in
denen die Kulturentwicklung auf dem Hügel von Taanak verlaufen sei.
Jede von ihnen zerfällt nach ihm wieder in zwei Unterabteilungen.

Die älteste Schicht ist gekennzeichnet durch die rote, sogenannte |
gekämmte Tonscherbe und die vorwiegend unten flachen Krüge. Sie enthält Geräte und Waffen von Silex, aber bald auch schon Bronze: Messer,
Speere, Pfeile, Meißel usw. Wir befänden uns also wohl zu Anfang noch
im jüngeren Steinzeitalter, das dann allmählich in die Zeit der Bronze übergeht. Genauer beginnt die ältere Periode dieser Schicht in der Zeit von
2500 bis 2000, also wohl mit dem stärkeren Eindringen der Semiten in
Palästina. Spuren der vorsemitischen Kultur scheinen ganz oder fast ganz
zu fehlen. In dieser Zeit zeigt sich die Schraffierung der Scherben in

---

1) Gezer II, 24 ff. Quart. Stat. 1909, 26 f. 107 ff. 189 ff. ZAW. 1909, 222 ff.
2) Siehe Band II [4], 511, Anm. 1. 3) Vgl. jetzt besonders Gez. 1, 209-223. Dagegen Thiersch, Arch. Anz. 1909, 304 f., besonders aber, was die Lesung anlangt,
ebenda Sp. 576 (Wünsch). 4) Denkschriften der Wiener Akad d. Wissensch., L. Bd.,
IV: Sellin, Tell Taʿanek 1904 und LII. Bd., III: Sellin, Eine Nachlese aus dem Tell
Taʿanek 1905. 5) Vgl. besonders Thiersch im Arch. Anz. (Jahrb. des Kais. Arch.
Inst. Berlin) 1907, 311 ff. Dazu Sellin in Memnon II, 1909, 211 ff., sowie Th. und S.
in Internat. Wochenschr. 1910, 19. März und 17. Mai. — Über die Verwertung der
Ergebnisse vgl. S. 98.

Verbindung mit eingeritzten, nicht aufgemalten Dekorationen, und zwar als Wellenlinien, Kerben, Strickmotive d. dgl. Hier finden sich schöne Alabasterkrüge, Massen von Messern und Pfeilen von Silex, ein Siegelzylinder aus der Zeit um 2000, und vielleicht ein Skarabäus derselben Zeit. Auch gehört hierher der von Sellin für einen Steinaltar mit Stufe erklärte Felsblock. Hingegen fehlen noch die später so zahlreichen Astarten. Schon in dieser ältesten Schicht beginnt der Hausbau in der Form der Herstellung primitiver Lehmhütten über dem Naturfels[1]. Auch der letztere ist eine Strecke weit freigelegt und zeigte ähnlich wie in Gezer und Megiddo jene bekannten charakteristischen Vertiefungen.

Die zweite Unterabteilung dieser ältesten Schicht zeigt nun auch bemalte Scherben mit geometrischer Dekoration, daneben mit Vögeln, Fischen, Steinböcken, auch dem Lebensbaum. Die Krüge laufen spitz zu. Man verwendet neben ägyptischen ägäische und altkyprische Muster. Es ist nach Sellin die Zeit um etwa 1600 bis 1300[2]. Hier setzen sich die Alabasterkrüge fort, ebenso Messer und Pfeile aus Silex. Zugleich tritt ein richtiger Burgbau auf, wohl ein fürstliches Wohnhaus, die „Westburg" Sellins[3]. Ein Skarabäus der Zeit Thutmosis' III. macht | es wahrscheinlich, daß wir es mit der von diesem Pharao um 1500 geplünderten Burg zu tun haben. Ein zweiter Burgbau weist nach Sellin in die Amarnazeit, wie die hier gefundenen, durchaus in die Klasse der Amarnabriefe gehörigen Urkunden ausweisen. Kindergräber lassen die Sitte der Einmauerung als wahrscheinlich erscheinen. Ein stattlicher Goldschmuck und eine Anzahl von Gottes-, besonders Astartbildern lassen, sofern sie einheimisch sind, den Stand des Kunsthandwerks ersehen.

In einer zweiten Hauptschicht, die er wohl von etwa 1300 bis 1200 an rechnet, findet Sellin als Kennzeichen die weißgraue, auch die olivenfarbene Scherbe mit Leitermotiv; die Krüge sind unten spitz. Er nennt sie die Periode des phönikischen (vielleicht wäre richtiger: altkyprischen) Einflusses. Auch sie zerfällt nach ihm in zwei Unterabteilungen (2a und 2b). In der ersten (bis 1000) kommen die Keramiken der ersten Hauptschicht noch daneben vor. Es treten große Gebäude auf mit Werkzeugen von Silex und Bronze; Kindergräber mit

---

1) Sellin, Ta'anek, S. 90 ff. 94 f. 101. 103.   2) Ta'anek, S. 102, Nachlese S. 31.
3) Nach Nachlese 31 will nun Sellin die „Burg" Ischtarwaschurs um 50 bis 100 Jahre früher als die Westburg ansetzen. Doch scheinen mir die Kriterien für das Datum der ersteren nicht entscheidend, s. auch Thiersch a. a. O. 1907, 317. Zunächst ist, wie mir scheint, das gegenseitige Verhältnis der Westburg und der sog. Ischtarwaschurburg noch gar nicht feststehend. Die von Sellin betonte Kleinheit des letzteren Gebäudes (Nachlese 31) kann sich, selbst wenn es sich um eine Burg handeln sollte, auf allerlei Weise erklären, beispielsweise so, daß der frühere Dynast mächtiger war als sein Nachfolger, so daß die Kleinheit der Anlage nicht notwendig die zeitliche Priorität beweist. Allein ich zweifle ernstlich, ob jene wenigen Gemächer je ein Fürstensitz und nicht einfach ein Archiv oder eine Schatzkammer darstellten, woran auch Sellin (Nachlese 34) denkt. Sodann beweisen die Tontafeln keineswegs die Errichtung dieses Gebäudes in der Amarnazeit (Sellin, Ta'anek 96 oben), sondern nur, daß es in dieser Zeit noch im Gebrauch war. Man wird wohl die Gebäude derselben Zeit zuweisen müssen und wird sie nach ihrer ganzen Bauart am besten zwischen 2000 und 1500 ansetzen. Dazu stimmt auch das starke Uberwiegen der Steinfunde, sowie die Ta'an. 49 unten beschriebene alte Keramik, desgleichen der S. 50 (Fig. 53) abgebildete Skarabäus des mittleren Reiches. Jüngere Erzeugnisse wie etwa die auf S. 49 abgebildeten spätmykenischen Stücke beweisen natürlich wieder nicht gegen früheren Ursprung.

Einmauerung scheinen noch eine Rolle zu spielen. Die Mauern werden aus unbehauenen großen Kalksteinen hergestellt, rechtwinklige Behauung bahnt sich an [1]. In der Schicht 2 b schwinden die Scherben von 1 a und 1 b allmählich, dafür treten rote Scherben auf, tiefrot und schwarz bemalt — Imitation der alten. Es ist die spezifisch israelitische Schicht von etwa 1000 bis 800. Die Keramik, deren Erzeugnisse in 1 b und 2 a vielfach fein waren, wird jetzt gröber. Das Hauptbauwerk von 2 b ist die Ostburg — vielleicht von Salomo für seinen Gouverneur als Zwingburg außerhalb der Stadt erbaut [2]. Ausländische Einflüsse bleiben noch, wie ein Skarabäus vermuten läßt, doch nehmen die babylonischen ab, dafür treten wohl die kyprisch-phönikischen ein. Auch Bilder der Astart [3] und des Bēs spielen noch eine Rolle.

Diese ganze Einteilung Sellins hat nun freilich Thiersch [4] aufs entschiedenste angefochten. Er will weder das Nacheinander der Schichten I und II noch dasjenige der Unterstufen a und b in irgendeiner der vier Schichten gelten lassen. Innerhalb der ganzen Schutt|schicht will Thiersch nur drei deutlich erkennbare Phasen scheiden, die vorisraelitisch-kanaanäische, die israelitisch-jüdische und die mittelalterlich-arabische — von letzterer abgesehen also nur zwei für uns in Frage kommende. Doch leugnet auch er nicht die Möglichkeit einer unmittelbar auf den Fels gegründeten Siedlung und er behauptet bestimmt eine in ihren Resten heute noch imponierende Befestigung und eine ausgedehnte Besiedlung in der ersten Hälfte des 2. Jahrtausends. Im ganzen scheint Thiersch hierin im Rechte zu sein. Nur will mir scheinen, es sei der Anfang der Siedlung zu tief herabgedrückt. Das stärkere Eindringen der Semiten darf man sicher schon um 2500 ansetzen, und mit ihm wird vermutlich die Besiedlung des Hügels, soweit sie bis jetzt genauer ermittelt ist, zusammenhängen. Man wird daher besser nahe an das Jahr 2000 heran-, wo nicht über es zurückgeben, wodurch auch die Auffindung des um 2000 gefertigten Siegels [5], sowie das Vorkommen zum Teil doch recht primitiver Scherben, das auch Thiersch anerkennt, sich am besten erklären wird [6]. Sodann würde wohl das, was Sellin 2 b nennt, weil es eine bereits israelitische Schicht darstellt, schon in die zweite Periode Thiersch' einzureihen sein, als deren Anfang.

Bei Thiersch' Annahme werden dann die keramischen Funde aus der älteren Periode von Taanak von selbst als ein „Nebeneinander lokaler und importierter Ware" anzusehen sein [7]. Zur letzteren hat vor allem Zypern einen wesentlichen Beitrag geliefert. Ein großer Teil der besten in Taanak zutage geförderten Stücke scheint altkyprischen Ursprungs zu sein. Natürlich wird das heimische Handwerk zur Nachahmung angeregt. Mit jenen sind die spätmykenischen, die in besonders schönen Exemplaren die sogenannte Westburg enthielt, nächstverwandt, ohne daß das genauere Verhältnis sich zur Zeit feststellen ließe.

Die zweite Hauptperiode würde dann mit Sellins 2 b einsetzen. Jetzt baut man mit Quadern, ganz ähnlich wie in Megiddo in der 5. Schicht.

---

1) Taʿan. 96 f.   2) A. a. O. 102.   3) Ob sie importiert sind, ist wohl noch die Frage, s. Thiersch, Arch Anz. 1907, 341.   4) Arch. Anz. 1907, 317 ff.   5) Wofern es nicht etwa von einem hierher Gewanderten nach Taanak verschleppt wurde, was wenigstens möglich ist. Vgl. S 128, Anm. 2 u. S. 131, Anm. 5.   6) Arch. Anz. 1909, 354; dazu 1907, 351 (Abb. 27, c—g).   7) Arch. Anz. 1907, 326.

So in der Ostburg und später in der Nordburg. Im Verlauf dieser Periode tritt der Feuerstein nur noch vereinzelt auf, desto häufiger wird allmählich (seit Sellins 3. Schicht, die man etwa 900 ansetzen darf) das Eisen. Auch das Einmauern der Leichen und das Astartbild hört auf. In der Keramik macht sich besonders stark neben spätmykenischer Ware, importierter oder von eigener Herstellung, der Import kyprisch-geometrischer Krüge geltend. Sie sind kugelgestaltig aus | gelbem oder rotem Ton mit schwarzen oder roten konzentrischen Kreisen bemalt und sind in Zypern seit 900 bis etwa 700 im Brauche. — In diese Zeit, wohl um 700, gehören auch die von Sellin gefundenen Kohlenbecken, über deren profanen oder sakralen Zweck alsbald ein erbitterter Streit entbrannte. Gegenüber der Deutung des am bekanntesten gewordenen Hauptgerätes als „Räucheraltar" muß allerdings der Umstand bedenklich machen, daß der Fundort „ganz den Eindruck eines Privathauses machte" [1]. Doch ist dieser Umstand nicht entscheidend. Man wird gut tun, die Frage, bis weitere Funde genaueren Aufschluß geben, offen zu lassen.

4. **Die Grabung von Megiddo.** — In den Jahren 1903—1905 hat der Deutsche Palästinaverein es unternommen, an der Stätte des alten Megiddo, dem heute Tell el-Mutesellim genannten Hügel wenige Kilometer westlich von Taanak, den Spaten anzusetzen. Dem Leiter der Grabung, Dr. G. Schumacher in Ḥaifa, verdanken wir zugleich den ausführlichen Fundbericht [2]. Ist die Bedeutung Megiddos derjenigen von Taanak vielfach verwandt — auch jenes wird von Thutmosis III. erobert und geplündert, sodann in den Amarnabriefen mehrfach genannt, spielt dann bei der Deboraschlacht und unter Salomo dieselbe Rolle wie Taanak —, so gilt dasselbe von den Ergebnissen der Grabung. Nur daß bei der beherrschenden Lage Megiddos an der großen Hauptstraße von Ägypten nach Damaskus als Schlüssel zur Ebene und der hohen Wertschätzung, die der Ort von alters her genoß — Thutmosis III. hält ihn tausend anderen Städten gleich —, auch die Grabungen eine ältere, ausgedehntere und reicher entwickelte Anlage ergaben.

Hier wie bei Taanak wird man für die Verwertung der Ergebnisse die Lage an dieser Durchgangsstraße des großen Weltverkehrs im Auge behalten müssen. Manches von ausländischen Einflüssen, das sich hier findet, wird daher nicht ohne weiteres zu Schlüssen auf das ganze Land verwendet werden dürfen.

Zunächst erschloß sich hier, deutlicher und besser erhalten als sie vorher an irgendeinem anderen Orte zu sehen gewesen war, die Art der Befestigung. Sie zeigt, daß der Festungsbau einen hohen Grad der Vollkommenheit erreicht hatte. Nach Schumachers Annahme müßte die Ringmauer aus Lehmziegeln den Grabkammern gleichzeitig sein | und daher seiner zweiten Schicht zugehören [3]. Weiterhin ergibt sich hier ähnlich wie in Lakis und Gezer wieder besonders deutlich die Tatsache, daß die einander ablösenden Bewohner des Ortes die Spuren ihrer Anwesenheit

---

1) Tell Ta'anek, S. 78. 2) Tell el-Mutesellim I. Band Fundbericht, erstattet von G. Schumacher. A. Text, B. Tafeln. Halle 1908. Dazu die vorläufigen Berichte in MuN. des Pal.-Ver. 1904—1906. Vgl. ferner Thiersch im Arch. Anz. des Jahrb. d. Kais. Arch. Instit. 1907, 257 ff. Es ist lebhaft zu bedauern, daß DPV. dem Fundbericht nicht rechtzeitig eine wirkliche Bearbeitung hat folgen lassen. 3) Mutes., S. 36. Vgl. dazu Thiersch, Arch. Anz. 1907, 286.

in übereinander gelagerten Schichten hinterlassen haben. Schumacher nimmt 6—9 Kulturschichten an; vielleicht ist aber damit ihre Zahl noch nicht einmal erschöpft.

Die ältesten Spuren menschlicher Wesen finden sich auf, auch unter dem an zwei Stellen bloßgelegten Naturfels des Hügels. Der Fels zeigt neben natürlichen auch künstliche, zum Teil kreisrunde Vertiefungen. Ihr Zweck ist aus der Gestalt nicht unmittelbar zu ersehen und kann an sich auch der Sammlung von Regenwasser, dem Anzünden von Feuer, dem Zermörsern von Getreide oder dem Einrammen von Pfählen für dürftige Hütten gedient haben [1]. Sichere Schlüsse wird man nur aus Analogien ziehen können. Unter dem Felsen finden sich natürliche Höhlen, die künstlich erweitert sein mögen und die jedenfalls als Wohnstätten dienten, denn sie sind durch in Wandnischen gestellte Lämpchen erhellt. Die Siedlung auf dem Felsen selbst scheint zunächst nur in Form von Stroh- oder Lehmhütten erfolgt zu sein. Knochen, Feuersteinmesser, Scherben von handgeglätteten Tonwaren und Kohlen sind außer jenen Schalen im Fels die einzigen Spuren jener ältesten Besiedlung. Sie weisen auf Fleischgenuß und Feuergebrauch.

Es folgt eine zweite Schicht, von der ersten durch eine etwa 1½ Meter mächtige Schuttschicht getrennt. Hier zeigen sich schon die Anfänge festerer Wohnsitze mit Unterlagen aus Stein. Der Feldstein wird noch unbehauen verwandt; die Fugen füllen kleinere Steine aus. Es scheint, daß diese zweite Schicht Schumachers selbst wieder in zwei Perioden zerfallen soll. Aus der zweiten Periode fand sich ein großer Vorratskrug aus dickwandigem Ton, etwa 80 cm hoch [2]. Derselben zweiten Schicht will Schumacher die über dem Sockel von Feldsteinen errichtete Ziegelringmauer und die nach demselben System erbaute „ägyptische" Burg zuweisen [3]. Besonders fand sich unter der sogenannten ägyptischen Burg, wie Schumacher jene Mittelburg, weil sich hier zahlreiche Skarabäen fanden, nannte, eine primitiv aus rohen Blöcken | gewölbte Grabkammer, die eine Anzahl Skelette (165—170 cm lang) enthielt, dabei in Gold gefaßte Skarabäen im Stil des 20. Jahrhunderts und 42 Vorratskrüge. In einer zweiten Grabkammer befanden sich 12 Tote, die an den Fußgelenken eigentümliche Spangen und Bronzeperlen trugen [4]. Am Kopfende der Toten standen Vorratskrüge, Flaschen, Lampen, Schüsseln. Daneben Werkzeuge aus Knochen, Feuerstein, Bronze, aber auch Schmucksachen und Skarabäen [5]. Die Lampen scheinen die älteste Form zu repräsentieren. Man wird vorläufig vielleicht annehmen dürfen, daß Schumacher recht hat, wenn er diese Funde der frühesten Zeit der Bronze, 2000—1500, zuweist [6], doch ist eine sachkundige genaue Erforschung des Materials dringend nötig.

Über der zweiten Schicht Schumachers liegt eine sehr starke Schicht, die zeigt, daß die Ziegelstadt und Feste der zweiten gründlich zerstört,

---

1) So Thiersch a. a. O. 284. Siehe unten S. 120. 137.   2) Schumacher, Mutes. S. 12. Es ist bedauerlich, daß hierüber keine Abbildungen zugänglich sind. Eine Unklarheit besteht freilich über die I. und II. Kammer in den Berichten selbst — vgl. Mutes. 14 (Abb. 9) mit MuN. 1906, 20 (Abb. 21), wo ein und dasselbe Klischee für beide Kammern vorgeführt wird.   3) Mutesellim 36.   4) Mutes., S. 20, Abb. 17. Dazu Taf. VI.   5) Mutes., S. 21, Abb. 18; dazu MuN. 1906, S. 18ff.   6) MuN. 1906, 21 — vgl. freilich MuN. 1905, 9 (2500—2000). Doch siehe Weiteres unten S. 101.

wohl aber auch (s. u.), daß über ihr mindestens eine noch unentdeckte Schicht aufgebaut und wieder vernichtet wurde. Auch hier könnte wieder sehr wohl das Eindringen Thutmosis' III. eine Ursache der Zerstörung gewesen sein. Schumacher will seine hier folgende dritte Schicht selbst wieder in drei Abteilungen teilen: eine ältere und eine jüngere Unterschicht in der Nordburg und die Mittelburg der dritten Hauptschicht, die ihm aber älter scheint als die Nordburg dieser Hauptschicht [1].

Die Mittelburg, die also zuerst zu nennen wäre, enthielt gemauerte Gruben mit Asche und Tierknochen. In einer Ölzisterne fanden sich Knochen von Schafen und Ziegen. Die Keramik besteht aus kleinen einhenkligen Krügen mit spitzem oder flachem Fuß, ohne Scheibe hergestellt, Töpfen von hellem Ton mit braunen Streifen, einer altertümlichen Lampe u. dgl., Scherben mit Sparrenmustern und geometrischer Dekoration, auch Wellen [2]. Außerdem fand sich reichlich | Silex, aber auch Bronzenadel, -meißel, -speer. Dazu ein primitives Steinbild mit eingekratzten Andeutungen von Augen und Mund und ein noch roheres Brettidol [3]. Es wird die Zeit bald nach 1500 sein.

Die ältere Kulturstufe der Nordburg dieser dritten Schicht zeigt eine Grube mit Asche und Knochen und unweit davon einen Steintisch mit einem Aufsatz, den Schumacher für eine Maṣṣebe halten möchte. Zwischen der untersten Fundamentschicht im Mauerwerk eingebettet fand sich ein Krug mit der Leiche eines kleinen Kindes [4]. Im Vorhof der Burg stehen zwei Monolithe; zwei Gruben, noch fettig und ausgefüllt mit Asche, Kohlen, Tierknochen, Steinplatten, ohne Werkzeug zugerichtet, und ein primitives Götzenbild in nächster Nähe scheinen die Anwesenheit eines alten Heiligtums zu verraten. Auch ein hübsch gearbeiteter Scherben fand sich unweit davon, ebenso Stücke einer Tonschale mit rotbrauner Bemalung und Palmen, Böcken und Netzmustern [5]. Weiter fanden sich dort gewisse den Buchstaben $\prec$ und $\times$ (א und ת) nahestehende Zeichen. Für die Mehrheit dieser Funde wird man im ganzen die Zeit zwischen dem 16. und 13. Jahrhundert annehmen dürfen [6].

Derselben Art scheinen im wesentlichen [7] die zahlreichen Funde bei den vielen Gräbern der Nordburg dieser Schicht, sowie die außerhalb der Gräber zutage getretenen Kleinfunde. Besondere Erwähnung verdienen eine Kanne mit braunroter Mattmalerei von Sprossen, Zickzacklinien und

---

1) Mutes., S. 66 v. 37. Schumacher beruft sich auf die Kleinfunde, die Keramik und besonders das Mauerwerk, vor allem die kräftigere und regelmäßigere Schichtung der Nordburg. Allein entscheidend ist dieser Gesichtspunkt nicht. Wenn die Mittelburg nur eine südliche Fortsetzung der Nordburg war, so könnte ihre einfachere und losere Mauerung auch mit dem Umstand zusammenhängen, daß sie keine selbständige Bedeutung neben jener besaß. Wenn also sonst bestimmende Gründe für höheres Alter der Nordburg in dieser (3. Schumacherschen) Schicht sprechen, so stände die Mauer der Mittelburg nicht im Wege. Siehe weiter in Anm. 6 und auf S. 101.
2) Mutes., S. 70. 71 mit Abb. 90—94.   3) Mutes., Taf. XVII f., bes. XVII d) und XVIII g).   4) Mutes, S. 43 ff., Abb. 40. 41. Zum Ganzen vgl. Taf. XII   5) Mutes. 48. 50. 51 f., Abb. 47 f. 51—54.   6) Anders würde sich das Ergebnis nach dem S. 101 und oben Anm. 1 Dargelegten für die Mauer selbst und für einzelne Funde verhalten. Es müßte in diesem Fall angenommen werden, daß die Burg selbst älteren Datums sei, aber in einer späteren Zeit (etwa durch Thutmosis III.) übernommen bzw. auf den älteren Fundamenten neu aufgebaut, so daß die Mehrheit der Funde in ihr jener späteren Zeit angehören würde. Siehe weiter 138 [1] und § 18 gegen Ende.
7) Von den eben erwähnten Ausnahmen abgesehen.

Querbändern und hellgelbem Überzug, ein weiblicher Terrakottatorso, allerlei geometrische Muster, Terrakotta in Schneemannstechnik als Typus für die lokale Handtechnik, ferner solche in viel besserer Ausführung, auch eine primitive Handmühle, ein Pferdekopf; dabei immer noch viele Feuersteine, doch auch Bronze [1].

Die **zweite** Periode der **dritten Schicht** der Nordburg zeichnet sich vor allem durch das erstmalige Auftreten des **Eisens** auf. Damit ist, wie mir scheint, ein annähernd sicheres Kennzeichen für die | Zeitbestimmung gegeben [2]. Das Eisen ist bei den Kanaanitern in der Zeit des Eindringens der Israeliten im Lande im Gebrauch, aber wohl nur vereinzelt, besonders an den Kriegswagen. Daneben wird von ihnen Bronze und wohl noch Feuerstein gebraucht. So tritt auch hier neben dem Eisen noch viel Feuerstein, wenn auch schon besonders fein geschliffen, auf. Damit wird diese Unterschicht in die Zeit um 1250 verlegt, und die ältere Unterschicht der dritten Kulturschicht Schumachers ergäbe somit etwa die Zeit um 1500 bis 1300, vorwiegend also die Amarnazeit.

Nun hat aber die Schichtenzählung Schumachers, ebenso wie diejenige Sellins in Taanak, Widerspruch erfahren. Steuernagel [3] hat daran erinnert, daß gerade bei der Nordburg gewisse Schichten Schumachers erheblich stärker erscheinen als an sich wahrscheinlich sei. Es sei daher hier eher statt der dritten, teilweise auch der zweiten, eine vierte, wo nicht eine fünfte Schicht anzunehmen. Dasselbe gilt für die Grabkammer I, die er in die 4. Schicht verlegt, und — da sie nur durch Tiefgrabung entstanden ist — ihrer Entstehung nach in die 5. Bei der Wichtigkeit gerade dieser Grabkammer ist der Unterschied von großer Bedeutung. Gehört die Grabkammer, die einen Skarabäus aus der Zeit um 2000 enthält und deren Keramik derjenigen der Ziegelringmauer gleichartig ist [4], in das 20. Jahrhundert und dürfen wir sie der 4. bis 5. Schicht zuschreiben, so müßten die darunterliegenden Schichten noch erheblich Raum in Anspruch nehmen, und die erstmalige Besiedlung des Tell würde wohl mindestens dem 4. Jahrtausend zuzuweisen sein. Diese Beobachtung, der man, soweit nicht neue Untersuchungen das Gegenteil erhärten, vorläufig nur zustimmen kann [5], stimmt mit der Tatsache überein, daß nach Schumachers Darstellung [6] der Übergang innerhalb seiner — ohnehin, wie es scheint, selbst wieder in zwei Perioden zerfallenden — zweiten Schicht von den ersten Anfängen des Hausbaus zu der Herstellung einer Ziegelstadt und Ringmauer nicht leicht erklärlich wird. Hier schiebt sich also ganz von selbst und von | ganz anderen Gesichtspunkten aus eine, wo nicht mehrere Kulturstufen ein [7].

1) A. a. O. S. 58 ff. 63—66, dazu die zahlreichen Abbildungen.   2) Vgl. dazu Band II⁴ 60 f., Anm. Für Gezer auch vorhin S. 94 Mitte (eiserne Messer). 3) Bei Schumacher, Mutes., Anh. (S. 191 f.). 4) A. a. O. S. 36. Leider ist die den Sachverhalt begründende Abb. 26 nach Material und Wiedergabe etwas dürftig. Immerhin erweist die Beschreibung S. 28 f. gekämmte Stücke aus weißem festem Ton in Handtechnik, daneben in Scheibentechnik rötlichen festen Ton, einzelne Stücke mit breiten, hochroten geometrischen Linien und glänzendem Firnis, alles mit Steinchen vermischt. 5) Immerhin dürfen die von Schumacher S. 66 f. vorgetragenen Instanzen nicht geringgeachtet werden. Die ganze Frage bedarf noch der gründlichen Untersuchung. 6) Siehe oben S. 99 f.   7) Vgl außerdem noch besonders das unten S. 118/9 Ausgeführte, wodurch diese Erwägungen wieder von einer andern Seite her unterstützt werden.

Es folgt Schumachers v i e r t e, tatsächlich wohl die 5. bis 6. Hauptschicht. Man baut auch jetzt noch meist mit unbehauenen Quadern; im innern Aufbau werden sie einigermaßen behauen, aber ohne Bossen, mit breitem Instrument vierkantig geebnet [1]. Am südlichen Burgtor zeigen sich schüchterne Versuche des Ebnens der Flächen. Ein eigentümlich gewölbtes Gemach mit überkragenden Steinquadern enthält allerlei sehr alte Keramik. Schumacher will sie um 2000—1500 ansetzen [2]. Sollte sich das bestätigen, so müßten hier in dem unterirdischen Gelasse ältere Dinge aufbewahrt worden sein. Im übrigen zeigen die Funde, soweit ich urteilen kann, eher spätmykenischen, wohl auch altkyprischen Charakter, sei es nun importierte Arbeit oder einheimische Nachahmung [3]. Daneben findet sich ein stilvoller Bronzespeer mit Ösen für Kettchen wie an den Beduinenlanzen, je eine Hyäne mit Vogel, eine schöne Pfeilspitze, Rosette und Lotosblume — auch etwas weniges Glas [4].

Auch in der Nordburg zeigt diese Schicht starke Quaderbauten, wenn auch aus zwei Perioden. An Funden ist hier vor allem zu nennen ein zierlich gearbeiteter Dreifuß mit flötenblasender Figur als Trägerin einer Räucherschale aus Bronze. Besonders reich aber ist die teilweise bis zwei Meter starke Brandschicht über der 4. Schicht [5] am südlichen Burgtor. In ihr fanden sich Bronzeständer mit drei- und vierfüßigem Untergestell als Untersätze für Schalen [6], Stücke von guter Metalltechnik, allerlei Tonkrüge, eine große Zahl Skarabäen, ein Rauchfaß mit durchlochter Wand, vier Eisenmesser oder -sicheln mit Griff aus Knochen mit geometrischer, durch den Zirkel hergestellter Rosette. Einer reichen Schmucksammlung — hier lag vielleicht das Frauengemach — glich die Brandschicht über der mittleren Burg. Es fanden sich schön gearbeitete Salbentöpfe in Löwengestalt, einer mit aufgemaltem geometrischem Muster, auch als Enten, ja eine Tauben- und Affenfigur, letztere vielleicht als Untersatz einer Schale, dazu 32 Skarabäen zum Teil mit dem persönlichen Namen Thutmosis' III. Mencheperre.|

W a n n haben wir diese Schicht und ihre Zerstörung anzusetzen? Falls das oben aus dem erstmaligen Vorkommen des Eisens erschlossene Datum für die vorige Schicht richtig ist, müßte das stärkere, aber doch immer noch spärliche Auftreten des Eisens in dieser Schicht auf eine in ihrem Beginn etwa dem Eindringen der Israeliten in Kanaan gleichzeitige oder ihm bald nachfolgende Periode hindeuten. Nun enthalten zwar sowohl das unterirdische, eine Art Schatzkammer darstellende Gelaß als das eben beschriebene vermutliche Frauengemach mit seinen Toiletten und Schmucksachen erheblich ältere Stücke. Aber sie dürfen gerade an diesen Stellen nicht auffallen, so daß wir kein Recht hätten, aus ihnen weitere Schlüsse zu ziehen. Wahrscheinlich ist nun Megiddo, wie an anderer Stelle gezeigt ist [7], nach der Deboraschlacht in die Hände der Israeliten gefallen und ist bis auf Saul ihnen verblieben, doch so, daß die Kanaaniter immer mehr Boden neben ihnen gewannen und schließlich die Übergabe

---

1) Mutes. 75. 80.   2) MuN. 1905, 15.   3) Vgl. Abb. 112 auf S. 82 mit Sellin, Ta'anek, S. 27 und Mutes. Taf. XXIV mit Sellin, Nachlese 19.   4) Mutes. 81 f. Taf. XXII f.   5) Vgl. über sie Mutes. 80. Sie deutet auf einen großen Brand, doch wohl durch Feindeshand angezündet.   6) Doch wohl Räucherschalen, wenigstens enthielt die eine noch Kohlen, S. 86.   7) Siehe Band II [4], §2. 124/5. Vgl. noch 1 Sam. 31, 7

an die Philister erzwingen. Zweifellos hat aber David die Stadt baldigst
wieder an sich gebracht, und von da an ist sie bei Israel geblieben.
Im ganzen nun stimmt, soweit ich zu urteilen vermag, dieser Tatbestand zu dem Befunde vom Tell Mutesellim. Die 4. Schumachersche
Schicht vertritt, wie es scheint, die spätkanaanäische und frühisraelitische
Kultur der Stadt, und die Frage ist wohl nur, wann die Vernichtung der
vorhergehenden und dieser Schicht anzusetzen sei. Es wird sich die Annahme empfehlen, daß die Räumung der Stadt durch die Kanaaniter, da
es sich um eine starke Feste handelte, auch nach der Deboraschlacht nicht
gutwillig erfolgt sein werde. Hier fiel wohl die vorhergehende Schicht.
Die Bevölkerung mag in der Hauptsache kanaanitisch geblieben sein, nur
ist seit 1150, der Zeit jener Schlacht, die herrschende Oberschicht aus
Israel. In der Zeit der Philisterkämpfe, besonders in Sauls letzter Zeit,
mögen dann die Kanaanäer, obwohl sonst gewiß den Philistern nicht hold,
gegen das verhaßte Israel mit ihnen gemeinsame Sache gemacht haben.
Jedenfalls fallen die Städte der Jesreelebene nach Sauls Tode in die Hände
der Philister. Was sich Spätmykenisches oder etwa spezifisch Philistäisches
in dieser Schicht von Megiddo finden sollte, wäre wohl auf diesen Umstand zurückzuführen. Da nun der starke kanaanäische Bevölkerungsteil
in der Stadt dem Eindringen der Philister kaum entgegen war, so wird
es in diesem Falle n i c h t zur Zerstörung gekommen sein. Jenes Ein-
dringen | und die Räumung der Stadt durch die vollkommen geschlagenen
und entmutigten Israeliten vollzog sich wohl in aller Ruhe. Anders lagen
die Dinge vermutlich unter David. Seine Kämpfe gegen die Philister
verlaufen, soweit wir sehen können, überall besonders erbittert. Als nach
Esbaals Ausscheiden Nordisrael ihm zufiel, da war allem nach für Kanaaniter und Philister gleichermaßen die entscheidende Stunde gekommen [1].
Das spricht dafür, daß die starke Feste Megiddo, ohne die und deren-
gleichen David natürlich nicht an die weiteren Kämpfe gegen Aram und
andere Nachbarn denken konnte, nicht freiwillig sich in seine Hände geliefert haben werde. Es handelte sich für die Philister um Sein oder
Nichtsein. Hier ist vermutlich der Punkt, an dem die gewaltsame und,
wie es scheint, besonders gründliche Zerstörung der Stadt, die wir in der
starken Brandschicht vor uns sehen, anzusetzen ist.
Zu diesem Befunde stimmt nun auch die f ü n f t e Schumachersche
S c h i c h t durchweg. Die Zerstörung der Stadt unter David müßte um
1000 erfolgt sein. Ihr folgte natürlich der neue Aufbau der nunmehr
vollkommen israelitischen Stadt und Feste. Die Anfänge dieser Arbeit
müßten zu dem Können Israels um 1000 stimmen, womit natürlich nicht
gesagt ist, daß alles, was die Schicht bietet, schon der Zeit Davids oder
auch Salomos angehöre.
Die Schicht enthält, soweit sie ausgegraben ist, einen Palast, einen
Raum mit Steinsäulen in seiner Nähe und ein von Schumacher als Tempelburg bezeichnetes Gebäude am Ostrand. Das Mauerwerk des Palastes
zeigt in der Technik verständnisvolle Anordnung großer, mit Randschlag
behauener Quader. An sich kann diese zum Tempel Salomos im ganzen
stimmende Bauart recht wohl der Zeit Salomos angehören. Sie kann

---

1) Vgl. Band II⁴, 144 ff., besonders auch über das Verhältnis der beiden zueinander ebenda S. 145, Anm. 3.

natürlich auch, wenn Gründe dafür sprechen[1], erst der das salomonische Muster hochhaltenden Zeit des 8. Jahrhunderts angehören. Doch ist an sich ebensowenig ein grundsätzlicher Widerspruch gegen die Annahme geltend zu machen, schon David habe hier ein Bauwerk aufführen lassen. Was des Sohnes tyrische Meister vermochten, werden auch schon die des Vaters gekonnt haben. Gewisse Steinmetzzeichen möchte Thiersch nach Kreta verweisen[2], was ebenfalls zur Zeit und ihren Verhältnissen stimmen würde[3]. An Kleinfunden ragen besonders hervor das schöne, wohl in Kanaan selbst, wenn auch nach babylonischem Muster gefertigte Schema- oder Schamasiegel, | sowie das ägyptischen Einfluß verratende Asafsiegel, außerdem eine Anzahl weiblicher Figuren in Tonform und Terrakotta, teilweise stark ägyptisch im Stil, und vor allem neben immer noch zahlreichen Steinwerkzeugen und einiger Bronze schon etwas mehr Eisen als in der vorigen Schicht.

In einem an den sogenannten Palast anstoßenden Raum fanden sich drei Steinsäulen, von denen Schumacher besonders eine für eine Massebe in Anspruch nimmt; für seine Auffassung scheint zu sprechen, daß die Steinsäule oben pyramidal zugespitzt sein soll. Beachtung verdienen hier eine Anzahl Terrakottaköpfe von sonderbar fremdartigem, andere von ägyptischem Typus. In der sogenannten Tempelburg am Ostrand des Tell finden sich zwei Steinsäulen und zwischen ihnen ein runder Stein mit Loch und neben ihm eine Brandschicht aus Kohlen und Tierresten. Daraus schließt Schumacher auf einen Tempel. Doch wissen wir vor allem gar nicht, ob Altäre oder Opfersteine in jener Zeit und vollends im Innern einer Gebäudeanlage so aussahen. Es könnte sich daher auch bei den Steinen um einfache Pfosten oder Säulen handeln[4]. Von hohem Interesse ist jedenfalls ein schönes Volutenkapitell, das nach Thiersch altkyprischen Ursprungs sein soll[5], sowie ein Holzrost, wie er als Unterlage des Mauerwerks sonst in Nordsyrien vorkommt[6]. Auch einige zerbrochene Tonkasten, wohl zur Aufbewahrung von Schriftlichem, verdienen Erwähnung.

Wann und bei welchem Anlaß diese Schicht, die wohl bis ins 8. Jahrhundert reichen mag, zu Falle kam, ist uns vollkommen dunkel. Man könnte wohl an die Ereignisse von 722 oder den vorhergehenden Jahrzehnten denken, die der zweite Band dieses Werkes beschreibt. Doch fehlen uns alle näheren Anhaltspunkte. Auch in der s e c h s t e n Schicht will Schumacher einen Massebenraum gefunden haben. Beachtung verdient jedenfalls, daß eines der wichtigsten und kunstgeschichtlich interessantesten Stücke der Grabung, ein großes Räuchergefäß aus bemaltem Ton, dort gefunden wurde. Ein zweites derselben Art lag ehedem dabei. Die Manier erinnert an assyrische Muster[7]. Von besonderer Wichtigkeit aber ist die Aufdeckung einer richtigen Schmiedewerkstatt mit einer großen

---

1) So, wie es scheint, nimmt Watzinger in der Berlin. Philol. Wochenschrift 1908, 1348 an.   2) Archäol. Anz. 1907, 296.   3) Vgl. Kittel, Studien z. hebr. Archäol. 189 ff.   4) Thiersch a. a. O. 333 denkt an Verwendung alter Quadern aus salomonischer Zeit.   5) Mutes. 118, vgl. Arch. Anz. 1907, 307; die Tonkasten 122 f. 6) Koldewey, Sendschirli II, 131. 155; vgl. Vincent, Canaan 38 und unten S. 141 (Betsemes). Der Holzrost als Unterlage des Mauerwerks findet sich auch im alten Troja (vgl. Dörpfeld, Troja 90 ff.; Sendschirli II, 195) und besonders in Boghazköi (Puchstein, Bogh. 27 ff. 113 ff. Abb. 83); vgl. Bd II⁴, 203. 208. (*257. 262). — Ganz anders Thiersch 303 f. Er denkt an die zufällig erhaltene Decke eines Raumes der vorletzten oder vorvorletzten Schicht.   7) Vgl. auch Puchstein, Die jonische Säule, S. 36.

Zahl von eisernen Pflugscharen und Werkzeugen, sowie von Rohmaterial. Wir befinden uns | nunmehr in der Zeit der systematischen Verarbeitung des Eisens. — Am Nordostrand fanden sich in dieser Schicht, doch wohl aus älterer Zeit stammend, ein schönes, lebensvoll gezeichnetes Siegel mit Tierszenen und Greifen und ein Zylinder mit Keilschriftzeichen, und am Südrande des Tell ein Tonsarg. Thiersch möchte ihn als Kiste zur Aufbewahrung von Urkunden deuten [1], doch scheint sein Inhalt: menschliche Knochen und Keramik, für einen Sarg zu sprechen.

Die siebente Schicht gehört der letzten vorchristlichen, die achte der arabischen Zeit an. Beide bieten für uns nichts Bemerkenswertes.

5. Die Grabung von Jericho. — Im Winter und Frühjahr 1908 unternahm Sellin in Verbindung mit Watzinger u. a. eine systematische Erschließung des Hügels von Jericho (heute *erīḥā*), die im folgenden Jahre fortgesetzt wurde [2].

In einer Tiefe von 3,40 bzw. 2,70 m unter der Oberfläche wurde die Außenmauer erreicht. Das Steinfundament war völlig unberührt und wurde in einer Höhe von 7 m (bis zum Naturfels reichend) wieder herausgeschält. Die Verfolgung dieser Außenmauer, eines geradezu majestätischen Bauwerks, freilich nicht, wie man anfangs dachte, aus der ältesten geschichtlichen Zeit Palästinas, sondern aus der israelitischen Periode, bildet eines der wichtigsten Ergebnisse der Ausgrabung [3].

Die vortreffliche Konstruktion dieser Mauer verrät eine lange Erfahrung in der Technik des Zyklopenbaus. Die Mauer besteht aus drei Konstruktionsteilen. Die erste Schicht ist eine Unterfüllungsschicht von 0,80 bis 1,30 m aus Lehm und Klarschlag, da die Mauer nirgends auf dem Felsboden selbst aufsteht. Nun erst folgt die geböschte Bruchsteinmauer selbst. Sie weist Bauchung nach außen auf und ist 4,50 bis 5,40 m hoch. Unten sind mächtige Blöcke vermauert (1,00×1,20 bis 1,00×2,10 m). Sie ist gearbeitet in zyklopischer Mauerweise „nach dem System des großen Steins, der von kleinen und kleinsten umgeben liegt" [4]. Die Mauer scheint ein Werk verschiedener Baumeister, wenn nicht verschiedener Zeiten zu sein [5]. Die spätere Untersuchung konnte ergänzend noch feststellen, daß die Außenmauer einst außerhalb der | wasserreichen Quelle von Jericho ('Ain es-Sulṭān) lief, diese also zum Stadtgebiete gehörte [6]. Hier ·muß einst auch die Toranlage sich befunden haben [7]. Doch ist sie wie die ganze ältere Anlage an der Ostseite des Hügels durch die spätere byzantinische Besiedlung zerstört [8].

Über dieser geböschten Steinmauer erhob sich nun eine lotrechte Festungsmauer aus Lehmziegeln. Von ihr sind nur geringe Reste erhalten [9]. Sie ist 2 m breit und jetzt 2,40 m hoch. Doch mag sie einst 6—8 m oder mehr erreicht haben. „Vergegenwärtigt man sich das einstige Aussehen und die Gesamtgestalt des Werkes, das die Stadt eng und straff

---

1) Arch. Anz. 1907, 299.   2) Sellin und Watzinger, Jericho (22. wiss. Veröffentl. der DOG.) 1912. Dazu MDOG. 39 (Dez. 1908) und 41 (Dez. 1909). Vgl. E. Meyer im Arch. Anz. 1913, auch Cook in Qu. Statem. 42, 54 ff. u. Vinc. Rev. Bibl. 7, 404 ff. Über die Probegrabung von 1907 vgl. in MuN. des DPV. 1907.   3) MDOG. 39 (1908), 5; Jericho 7. Vgl. über die Zeitbestimmung Jericho 60, auch 61 unten. Weiter (gegen Vincent, Rev. Bibl. 1913 450 ff.) Thiersch in ZDPV. 37 (1914), 82. 4) MDOG. 39, S. 16; Jeri. 54 ff.   5) MDOG. 39, S. 18.   6) MDOG. 41 (1909), S. 4; Jeri. 61.   7) MDOG. 41, S. 4. 16.   8) Ebenda, S. 5.   9) MDOG. 39 (1908), S. 19 (über sie auch MDOG. 41, S. 14 f.); Jeri. 57 ff.

umgürtete, so tritt seine Wirkung klar ins Auge: Jericho mit seiner mächtigen Außenmauer mußte jener Zeit als unüberwindlich starke und durch Kriegsmittel uneinnehmbare Festung erscheinen. Sie war weithin sichtbar in der flachen Niederung der Jordanebene [1]."

Im Südosten wurde ein stattlicher Lehmturm freigelegt, in dem irrigerweise der Beginn einer Toranlage vermutet wurde [2].

Am Nordostabhang trat zuerst die Innenmauer Jerichos zutage. Da zunächst nur die Nordseite der Anlage bloßgelegt werden konnte, erschien das Ganze als die Umwallung einer Zitadelle. Spätere genauere Untersuchung ergab jedoch, daß die Anlage, und zwar in doppelter Ausführung, um den ganzen Hügel herumführte und somit nichts anderes war als eine doppelte Maueranlage. Freilich erwies sich die ursprüngliche Annahme, daß „die ganze Befestigungsanlage mit Außen- und Doppelinnenmauer ... in der Hauptsache einer und derselben Periode entstamme und von einer Idee beherrscht war" [3], als ein Irrtum. Tatsächlich ließ sich nur diese innere Mauer als ein Bauwerk der kanaanäischen Zeit ermitteln.

Die alte Kanaanäerfeste Jericho war demnach geschützt durch eine 3,30—3,70 m breite Mauer, der an der Außenseite eine zweite 1,50 m breite Mauer vorgelagert war. Zwischen beiden, oder über ihnen, zeigten sich die Spuren eines Fachwerkbaus. Am östlichen und westlichen Ende ist die Innenmauer durch je einen starken Eckturm [4] abgeschlossen. Die Mauer besteht aus Lehmstein auf Bruchsteinfundament. Die Lehmsteine sind meist regellose Patzen von nur annähernd gleicher Höhe. | Durch den gangartigen Raum innerhalb der Doppelmauer laufen Quermauern, von denen einzelne spätere, andere aber früheren Datums sind als die Doppelmauer. Von den letzteren fällt besonders in die Augen ein mächtiges Lehmziegelmassiv (Ziegel bis zu 0,70 × 0,40 m), über das die Fundamente der Innendoppelmauer wegschreiten. Es gehört anscheinend einer uralten Befestigung an, die Innendoppelmauer in der aufgefundenen Gestalt einer späteren, der kanaanitischen und zum Teil der spätkanaanitischen Periode. Jenes Lehmziegelmassiv erwies sich bei späterer Untersuchung [5] als eine außerordentlich starke, 5,60 m breite Mauer, die in nordöstlicher Richtung auf die Außenmauer zulief. Es ist der Rest einer vor- oder frühstkanaanitischen Feste Jericho, deren Spuren sich auch sonst noch finden und über deren Trümmer die eigentlichen Kanaaniter hinwegbauten. Der Umfang der Kanaaniterstadt betrug rund 600, derjenige des israelitischen Jericho etwa 778 m. Die erstere muß einer Zerstörung durch Feuer erlegen sein.

Zwischen der israelitischen Stadtmauer und der kanaanitischen Innenmauer, sowie innerhalb der letzteren und im Hügel an der Quelle sind Häuser aus verschiedenen Perioden aufgedeckt, vor allem aber zwischen den beiden Mauerringen ein eigentümliches und in seiner Bedeutung noch nicht vollkommen aufgeklärtes System von Treppen, die nach den einen der Auffüllung und Ebnung der Ruinen, nach den andern wohl richtiger der Herstellung einer raschen Verbindung der Verteidiger mit der obern

---

1) MDOG. 39, S. 22. 2) Hierzu und zum Folgenden a. a. O., S. 5 ff. 22 ff. 3) MDOG. 41 (1909), S. 6. 13 ff.; Jeri. 20 ff. 4) Der östliche Eckturm ist jedoch nach MDOG. 41, S. 13 zweifelhaft: vgl. Jeri. 29. 5) MDOG. 41, S. 12; dazu Abb. 6 auf S 15 u. Jeri. Blatt 3.

Stadt dienten [1]. — Im Quellhügel konnte ein Teil der einstigen judäischen Stadt, zu der teilweise ältere kanaanitische Mauern verwendet waren, rekonstruiert werden [2]. Die spätere Grabung förderte hier noch stehende Häusermauern von 1—2,20 m zutage und gewährte ein vortreffliches Bild einer solchen Stadtanlage mit ihren Türen, Höfen und Straßen. Größere kanaanäische Gebäude scheinen hier nicht gelegen zu haben. Hingegen tauchten unterhalb der jüdischen Häuser des 7. Jahrhunderts am Ostabhang mächtige Steinfundamente auf, deren Bloßlegung ein großes palastartiges Gebäude aus dem 10. oder 9. Jahrhundert ergab [3]. Sellin nennt es nicht mit Unrecht vermutungsweise den Palast Ḥi'els. „Der Grundriß dieses Gebäudes weicht von allem ab, was sonst von israelitischen Bauten in Palästina erhalten ist" ... und scheint „die nächste Verwandtschaft mit | dem Typus des syrischen Ḥilani zu haben" [4]: in der Mitte zwei langgestreckte rechtwinklige Räume — Vorhalle und Hauptsaal —, hinter und neben ihnen mehrere fast quadratische Zimmer. Unter seinen Fundamenten kommen überall mächtige alte Ziegelmauern zum Vorschein. Die Burg Ḥi'els wäre also über den Trümmern eines Kanaanäerpalastes errichtet.

Unmittelbar hinter der doppelten Innenmauer fand sich gegen Nordosten eine zu verschiedenen Zeiten erbaute Dorfanlage, deren Grundstock kanaanäisch ist, während einzelne der Fundamentmauern auf noch ältere Zeit weisen. Eine Straße führt kurvenförmig durch sie [5]. Es scheint sich in der nördlichen Hälfte um militärische Bauten — Kasematten — zu handeln, während die südliche Häusergruppe sich wahrscheinlich in vier selbständige Häuser mit einem Wohnraum und je einem kleinen Hofe scheiden läßt. Sie sind auch in der spätkanaanäischen Zeit wieder bewohnt worden. Außerhalb der Kanaanitermauer, am Nordende der israelitischen Stadtmauer angelehnt, fand sich eine größere Anzahl kleiner Räume, eng aneinandergeschachtelt und nur an einer Stelle durch eine Gasse getrennt [6]. Sie gehören dem 11.—5. Jahrhundert v. Chr. an. In alter Zeit erhob sich hier der Hügel nur wenig über die Ebene [7]. Er scheint aber künstlich aufgeschüttet worden zu sein. Die Zeit der Besiedlung des Nordabhangs weist auf das Ende des 2. Jahrtausends. Ein Kochtopf zeigt kanaanäische Form, wie sie auf dem Quellhügel unbekannt ist. Kindergräber finden sich unter dem Vorraum. Die Beigaben bestehen aus Keramiken, die als kyprischer Import aus spätmykenischer Zeit gelten können, oder sich mit Stücken aus der siebten Schicht von Troja vergleichen lassen [8]. Der israelitische Hausbau zeigt hier einen anderen Typus als am Quellhügel. Jedes Haus scheint nur einen langgestreckten Hauptraum mit parallel vorgelagertem Vor- oder Nebenraum zu besitzen. Der Eingang ist auf der Breitseite gegen Norden, wo dem Ganzen ein stattlicher Hof vorgelagert ist. Es ist der Typus von Sendschirli am Ende des 2. Jahrtausends. Daß die Häusergruppe älter ist als die des Quellhügels, zeigt auch das

---

1) Vgl. Watzinger, Jeri. 49 ff. und anderseits Thiersch, ZDPV. 37 (1914), 84, wo besonders auch auf das Beispiel von Boghazköi verwiesen ist (Taf. XVII). 2) MDOG. 39, S. 11 f.: 41, S. 6 f; Jeri. 39.   3) MDOG. 41, S. 8 f.; Jeri. 67 ff. 4) MDOG. 41, S. 23. Dort auch eine Abbildung (S. 24).   5) A. a. O., 39, S. 14; Jeri. 33 ff. Zu den ältesten Teilen s. oben.   6) A. a. O., 39, S. 9.   7) MDOG. 41, S. 19.   8) MDOG. 39, S. 32 f. 34 f.

Fehlen aller Spuren von Vasen des 8./7. Jahrhunderts und anderseits das Vorkommen von solchen des 9./8. [1].

Ebenso scheint den größten Teil des durch die Innenmauer um-| schlossenen Gebietes eine israelitische, später judäische Stadt ausgefüllt zu haben, die sich aber selbst auf den Trümmern einer kanaanäischen er- hob. Ihre Reste sind vielfach durch die spätere byzantinische Ansiedlung zerstört. Immerhin läßt sich die Anlage, besonders auf der Höhe des Quellhügels, noch deutlich erkennen [2]. Sie gehört ins 8. oder 7. Jahr- hundert und zeigt eine schmale Gasse von 2—3 m Breite mit kleinen Häusern von 2—3 Räumen, die an einem kleinen Hof oder um ihn liegen. Es ist die Anlage der Nordburg von Mutesellim, und außerhalb Palästinas die von Palaikastro auf Kreta. Hier läßt sich nicht nur Grundriß und Aufbau des israelitischen Hauses des 8. und 7. Jahrhunderts v. Chr. noch feststellen — es enthielt einen ungedeckten Hof mit einer Ruhebank an der Südostseite, ein langgestrecktes Zimmer im Südwesten und auf der Nordostseite des Flurs die Küche oder Speisekammer, in der die große Wassertonne aus Ton noch am alten Platze stand —, sondern auch das ganze Inventar, das zu seiner Ausstattung gehörte: Amphoren, Kochtöpfe, Kannen u. dgl. [3].

Von besonderem Interesse ist eine Tiefgrabung [4], die an einer Stelle bis auf 6 m geführt wurde. Unterhalb der durch die innere Um- fassungsmauer festgelegten kanaanäischen Stadt ließen sich hier mindestens noch vier andere durch übereinandergebaute Mauern oder Hausfundamente unterscheiden. In der vorletzten Schicht fanden sich drei Felsblöcke ver- baut, die einst andern Zwecken gedient hatten. Der eine trug zwei schalenartige, durch eine Rinne miteinander und früher auch noch mit andern ähnlichen Löchern verbundene Vertiefungen [5]. Außerdem fanden sich Feuersteingeräte in großer Anzahl. Watzinger hält für möglich, daß die Orthostatenplatten Teile eines einstigen Dolmens waren [6]. Sellin ist der Meinung, daß auf Grund dieser Tiefgrabung die Besiedlung Jerichos weit in das 3., wo nicht das 4. Jahrtausend zu verlegen sei.

Dem ungeheuren Gewinn gegenüber, den die Grabung von Jericho für die Erkenntnis des Haus- und Städtebaus abwarf, kommt das Aus- bleiben von Inschriften und hervorragenden Einzelfunden kaum allzu ernst- lich in Betracht. Dies um so weniger, als auch die Geschichte der Keramik neue Bereicherung erfuhr [7]. Es finden sich vorisrae|litische Tongefäße in drei Schichten, Scherben von Gefäßen mit umgebogenem Henkel, von großen Pithoi ohne Hals, die von plastischen Tonbändern mit Fingereindrücken umwunden sind, und von großen Gefäßen mit Hals und Seitenhenkeln, mehrfach mit weißer Engobe überzogen und gelegentlich mit ockergelben Streifen bemalt. Außerdem schwarz und rot gebrannte und polierte Gefäße von hoher Vollkommenheit, auch mattbemalte mit lilaroten und braunen Strichgruppen auf hellem Tongrund. Daneben aus

---

1) Jericho 63. 64 u. Taf. III (Haus A); von Thiersch, ZDPV. 37, Taf. XXI irrtümlich für spätjüdisch erklärt. 2) MDOG. 41, S. 20ff., dazu die Abb. 9 und in 39, S. 12 die Abb. 5 und S. 30; Jericho 72ff. 3) MDOG. 39, S. 30; Jericho 73f. 4) MDOG. 41, S. 10; Jericho 18f. 5) Siehe die Abb. 4 auf S. 11 in MDOG. 41 u. Jericho, Blatt 3 b. 6) Von Dalman, PJB. 1913, 19f. bestritten. Er denkt an ver- baute Stücke einer primitiven Ölpresse. 7) MDOG. 39, S. 27ff. und jetzt besonders Watzinger, Jericho 97ff.

jüngerer Zeit solche, bei denen die Mattfarbe mit dem Gefäß zusammen poliert ist.

Läßt sich hier überall neben etwaigen Spuren vorkanaanäischer Zeit die frühere und spätere kanaanäische Zeit annehmen, so hat besonders der Quellhügel eine reiche Ausbeute spezifisch israelitischer Einzelfunde aus dem 8. Jahrhundert geliefert: Schüsseln, Teller, Amphoren, Lampen u. dgl. Die Formen weisen nach Zypern und dem Westen und zeigen keinerlei Zusammenhang mit Kanaan [1].

Ein besonderes Interesse beanspruchen noch die mit Legenden versehenen Stempel auf Krughenkeln. Sie scheinen dem 5.—3. Jahrhundert anzugehören und enthalten den Gottesnamen Jah und Jahu [2]. Einige andere sind ohne Belang.

6. Die Grabung von Samarien. — Über diese bedeutsame jüngste Grabung sind bis jetzt nur vorläufige Mitteilungen in die Öffentlichkeit gelangt. Immerhin läßt sich ein zureichendes Bild des bis jetzt Erreichten gewinnen [3].

Reisner hat im Auftrag der Harvard-Universität von Cambridge, Mass., auf dem Hügel von Sebasṭije, der Stätte des alten Samarien, gegraben. Die Arbeiten begannen vor über 10 Jahren und brachten zunächst, wie erwartet werden konnte, Teile der Römerstadt Sebaste ans Tageslicht.

Nachdem schon 1909 Spuren althebräischer Bauten entdeckt waren, gelang es 1910, ihnen weiter nachzugehen. Es trat eine der altisraelitischen Zeit angehörige, also wohl von Omri stammende Umfassungsmauer der Burg zutage, die manche Ähnlichkeit mit der Bauart in Taanak und Megiddo in jener Zeit verriet [4]. Ein stattliches Gebäude | von der sonst bekannten hebräischen Bauweise war schon 1909 aufgedeckt worden, bestehend aus einer Reihe von Zimmern, die sich um Höfe lagerten; im Sommer 1910 wurde die Untersuchung fortgesetzt und ergab vier Bauperioden, die von den Ausgräbern versuchsweise als die Zeit Omris, des Vaters Ahabs, Ahabs selbst und seiner Nachfolger Jehu und Jerobeam II. vertretend angesehen werden.

Daß es sich wirklich um ein Bauwerk der Zeit von Omri und Ahab handelt — ob Palast oder Tempel [5], läßt sich noch nicht bestimmen —, scheint allerdings gesichert zu sein durch die Tatsache, daß sich hier eine Alabastervase mit dem Namen von Ahabs Zeitgenossen, dem Pharao Osorkon II. von Ägypten (874 bis 853), fand.

Auf derselben Fläche wie die Osorkonvase fanden sich nun eine große Anzahl — etwa fünfundsiebzig — beschriebener Scherben mit althebräischen Inschriften in nordsemitischer Buchstabenschrift und einem

---

1) MDOG. 39, S. 30.   2) MDOG. 39, S. 39f. 41, S. 26f.   3) Siehe Harvard Theol. Review (Jan. 1909 u. Apr. 1910), Jan. 1911. Danach der erste Bericht außerhalb Amerikas in meinem Aufsatz Theol. Lit.-Blatt 1911, Nr. 3. u. 4. Weiter Hölscher, MuN. 1911, 22 ff.; Thiersch, ZDPV. 36 (1913), 49 ff. Leider steht die genauere Darstellung immer noch aus.   4) Bedeutsam ist auch eine, wie es scheint, der Zeit der assyrischen Herrschaft nach 722 entstammende Ringmauer von 4,3 m Dicke. 5) Die Lage auf dem Gipfel des Hügels kann in der Tat an sich schon für einen Tempel sprechen, vgl. Jerusalem und Tyrus (in vielem das Vorbild Samarias), dessen Melkarttempel ebenfalls auf der höchsten Stelle der Insel stand. Es kommt dazu, daß Herodes in diesem Falle nur der alten Heiligkeit des Ortes folgte, indem er hier seinen Augustustempel errichtete. Doch könnte auch wie in Jerusalem Palast und Tempel im engsten Zusammenhang miteinander gestanden haben.

der Siloainschrift nahestehenden, schon stark kursiven Duktus von großer Leichtigkeit und Gefälligkeit. Die Scherben sind nicht etwa vor der Zertrümmerung der Gefäße beschrieben worden. Es handelt sich also, wenige Ausnahmen abgerechnet, nicht um sogenannte Kruginschriften, sondern um eigentliche, erst nach der Zerstörung des Gefäßes beschriebene Scherben, sogenannte O s t r a k a. Solche Ostraka finden sich bekanntlich in spätägyptischer, besonders ptolemäischer Zeit in großer Menge. Wir kennen sie ferner aus Griechenland in der Zeit des Aristides durch das bekannte Scherbengericht des Ostrakismus, d. h. die Abstimmung durch beschriebene Tonscherben. Wir kennen sie aber auch aus dem alten Ägypten des sogenannten Neuen Reiches. Hier treten die Ostraka besonders häufig in der Gestalt abgesplitterter Kalkstücke auf, wie sie die Bauleute beim Behauen der Steine in großer Menge beiseite zu legen pflegen. Das Material, mit dem die Scherben und Splitter ebenso wie die Krüge selbst in Ägypten beschrieben werden, sind Tinte und Rohrfeder, also genau dasselbe, mit dem man den in Ägypten schon in viel früherer Zeit gebrauchten Papyrus zu beschreiben pflegte.

Für Palästina und Syrien sind diese hier gefundenen Scherben, jedenfalls für die althebräische, überhaupt die ältere Zeit, die ersten bisher zugänglich gewordenen. Ihre Herstellungsweise scheint, soweit | man nach der bisher vorliegenden authentischen Beschreibung annehmen darf, genau dieselbe gewesen zu sein wie in Ägypten. Sie sind beschrieben mit Tinte (die vielfach noch vollkommen gut erhalten ist) und Rohrfeder und zeigen klare, nach fast 2800 Jahren noch beinahe durchweg leicht zu lesende Schriftzüge. Die Lesung wird noch wesentlich gefördert durch die uns auch sonst aus althebräischen und phönikischen Inschriften bekannte Abteilung der Wörter durch Punkte oder schräge Striche.

Die Ostraka scheinen eine Art Begleitschreiben oder beigelegte Lieferscheine zu Wein- und Ölkrügen oder Quittungen für ihre Lieferung zu sein. Was bisher aufgedeckt ist, scheint also ein Vorratslager oder ein Archiv des Palastes oder Tempels zu sein, und man wird am liebsten, wenn auch noch einiges Dunkel bleibt, an Krüge, deren Inhalt zum Teil aus den eigenen königlichen Weingärten und Ölpflanzungen stammte, denken, zum größeren Teil aber an Lieferungen, also wohl Abgaben der Untertanen an den Gott oder den König. Auch hier muß freilich, um ein endgültiges Urteil zu ermöglichen, erst der genaue Bericht abgewartet werden. Wenn man genauere Nachrichten hat, wird man wohl für die Verfassungs- und vielleicht die Besteuerungsverhältnisse, weiter über das Verhältnis des Königs zu den Provinzen und Städten im alten Israel manches Nähere erfahren. Gerade über diese wirtschaftlichen und Verfassungsfragen läßt uns das Alte Testament fast ganz im dunkeln.

Überhaupt kann die paläographische, kultur- und religionsgeschichtliche Bedeutung der Funde nicht wohl überschätzt werden. Was die letztere anlangt, so braucht nur darauf hingewiesen zu werden, daß unter der großen Zahl von Namen sich solche finden wie Meriba'al, 'Ageljau, Maranjau.

7. Die Grabung von Jerusalem. — Die abenteuerlichen Grabungen des sog. Parker-Syndikats auf dem Ofelhügel südlich vom Tempelplatz, die 1909--1911 in aller Stille betrieben wurden und plötzlich ein aufsehenerregendes Ende nahmen, haben der ernsten Altertumswissenschaft

viel Schaden gebracht. Um so erfreulicher ist es, daß wenigstens ein erprobter Fachmann, H. Vincent, beigezogen war, dessen vorläufige Berichte nunmehr vorliegen [1].

Es werden zunächst die Quellräume der sog. Stufen- oder Marienquelle, des alten Gihon, einer genauen Untersuchung unterzogen und | sodann ein ganzes Netz von Kanälen und Galerien, die mit der Quelle in Verbindung stehen, entdeckt. Es sind im ganzen vier Systeme von Kanälen, die der Ausnutzung der für Jerusalem so wichtigen Quelle dienten; und ein wichtiges Ergebnis der Untersuchung ist, daß der bisher bekannte sog. Siloakanal das jüngste unter ihnen ist. Während in der ältesten Zeit das Wasser der Quelle unmittelbar zum Qidrontal hinfloß, wurde, wie es scheint, schon in sehr früher Zeit ein Gang durch den Ofel geschaffen, um das Wasser den Bewohnern des Hügels auch in Kriegszeiten sicherzustellen. Zu diesem Zweck wird nämlich von der Höhe des Ofel aus ein bogenförmiger Gang hergestellt, der es gestattet, die Quelle unterirdisch zu erreichen. Man gelangt zunächst auf einer Stiege [2] in die Tiefe und sodann in einem nach Norden ausgreifenden Bogen (um das Gefälle zu mindern) zur Quelle. Dieser Ofelgang gehört der vorisraelitischen Zeit an, wie seine Ähnlichkeit mit dem Tunell von Gezer wahrscheinlich macht und der keramische Befund bestätigt. Erst viel später, unter Hiskia, wird das Wasser durch den sog. Siloakanal auf die Westseite des Ofelhügels geleitet, während gewisse Gänge [3] schon vorher, wohl seit Salomo, das Wasser behufs der Bewässerung der Königsgärten nach Süden führten [4].

Aber nicht nur für die Vorgeschichte des Siloakanals haben die Grabungen bedeutsame Aufschlüsse geliefert. Sie sind auch für die Baugeschichte Jerusalems und die Kulturgeschichte Kanaans von nicht geringem Werte. Unsere Kenntnis der alten Befestigungsanlagen zum Schutze der Stadt hat eine wesentliche Erweiterung erfahren. Am Abhang des Ofelhügels, in der Richtung des heutigen oberen Wegs nach dem Siloateich, da, wo von diesem der Weg nach der Quelle abzweigt, glaubt Vincent die deutlichen Spuren der vorisraelitischen Doppelmauer (5 und 5 ª) entdeckt zu haben [5], etwas östlich davon ein israelitisches Tor (6) und abermal eine Strecke weiter östlich gegen den Fuß des Abhanges, ziemlich da, wo der Weg zur Quelle den gegen den Haram kreuzt (bei 17), wieder ein gewaltiges Stück ältester Zyklopenmauer — die beiden letzteren in augenscheinlichem Zusammenhang mit den unterirdischen Zugängen zur Quelle und zu ihrem Schutz.

Weiterhin hat sich gezeigt, daß der ganze Ofelabhang reich mit Höhlen und alten Gräbern besetzt war. Einzelne Gräber — gebildet | wie im ältesten semitischen Gezer durch ein Gehege von Bruchsteinen — liefern prachtvoll erhaltene Keramik der allerersten semitischen Zeit, nach Vincent zwischen 3000 und 2500, nach Thiersch wohl richtiger — jedenfalls für die besten Stücke — um 2000.

---

1) Vincent, Jérusalem sous terre, Lond. Cox 1911 u. Rev. Bibl. 8 (1911), 566 ff.; 9 (1912), 86 ff. 424 ff. 544 ff. Dazu Baumann u. Thiersch in ZDPV. 36 (1913), 1 ff. 57 ff. 2) DEF auf Pl. V in Rev. Bibl. 1912 = Taf. II in ZDPV. 1913, vgl. ebenda Taf. IV. 3) Gallerie I und II auf Taf. I. 4) Zum Tunell am Ofel vgl. PJB. 11 (1915), 66: Gibeon und Etam. Zu der Bewässerung der Königsgärten vgl. Jes. 8, 5 die sanft fließenden Wasser von Siloa. 5) Die Zahlen geben die Stelle auf Taf. IV in ZDPV. 36 (= Rev. Bibl 9, 442) an. Vgl. auch Vincent, Jérusalem (Par. 1912) I, 1 Pl. VI (dort leider andere Zahlen: 4 u. 5); Pl. II u. XIX.

8. Die Grabungen von Betsemes, Sikem, Bet-seān. — In den Jahren 1911 und 1912 hat Duncan Mackenzie im Auftrag des eng-lischen Palästinavereins bei dem wenig südöstlich von Gezer gelegenen ʻAin-Schems, das wohl dem alten Betsemes entspricht, den Spaten an-gesetzt [1]. Es sind dabei zwei besonders wichtige Ergebnisse erzielt worden: die Aufdeckung der alten Stadtmauer und die Auffindung von Steinpfeilern, ähnlich denen von Gezer. Auch diese Stadt umschloß einst eine starke, heute noch zum größten Teil erkennbare Ringmauer von 2½ m Dicke. Ihr Fuß ist aus großen, roh zubehauenen Blöcken hergestellt, die in 2—3 Reihen geschichtet sind. Wie anderwärts, so füllen auch hier kleinere Steine und Lehm die Fugen aus. Darüber erhob sich eine Lehmziegelmauer mit ein-gelegten Holzbalken [2]. Das Tor, von dessen Türen sich noch verkohlte Reste fanden, lag an der Südseite. Die Mauer entstammt der Zeit um 1400. Derselben Zeit gehören wichtige keramische Funde aus mehreren, ihrer Anlage nach einer früheren Periode zugehörigen Grabhöhlen an. Die Stadt ist demnach in kanaanitischer Zeit entstanden und zwar muß sie — wohl unbefestigt — schon zu Beginn des 2. Jahrtausends bestanden haben, wie neolithische und altkyprische Funde belegen. Sie scheint aber im 11. Jahrhundert einer gründlichen Zerstörung anheimgefallen zu sein, wie eine starke Brandschicht ausweist. Damals mag sie in Israels Hände übergegangen sein. Hiemit hat dann auch der zuvor wahrnehmbare myke-nische und philistäische Einfluß auf die Keramik sein Ende gefunden; es findet sich nur noch israelitische Ware. — Im Innern des Stadtgebietes wurden 5 umgestürzte Steinpfeiler, einer neben dem andern liegend, zutage gefördert [3]. Sie sind oben abgerundet, erinnern überhaupt aufs stärkste an die von Gezer, nur daß sie erheblich jüngerer, nämlich der israelitischen Zeit angehören. Mackenzie vermutet damit das alte Sonnenheiligtum, das der Stadt den Namen gab, wieder aufgefunden zu haben. Beachtenswert bleibt jedenfalls die Tatsache, daß sich in nächster Nähe ein doch wohl heiliger Steinkreis und eine Anzahl Höhlen, die Bestattungszwecken dienten, fanden.

Im Herbst 1913 hat Sellin eine kurze Probegrabung an dem Hügel von Balata vorgenommen, um die Stätte des alten Sikem zu ermitteln und nachher zu erforschen. An der Westseite des Tells konnte eine schon vorher zutage tretende Mauer weiterverfolgt und als richtige Stadtmauer erwiesen werden. Sie bestand aus unbehauenen, bis zu 2,20 m langen Blöcken, die roh durchschnittlich in 9 Reihen geschichtet waren. In einer Entfernung von 7,50 m läuft ihr parallel eine 1,45 m dicke Innenmauer, so daß auch in Sikem das System der Doppelringmauer nachgewiesen ist. Ebenso gelang es, das ehedem von 4 Türmen flankierte Stadttor zu finden. Wie sich bei der zweiten im März 1914 vorgenommenen Grabung ergab, gehört die Mauer der frühen israelitischen Zeit an. Die einzigartige Tor-anlage konnte bei dieser Gelegenheit noch näher untersucht werden. Sie weist dreifachen Torverschluß auf. Das äußere Tor wird durch zwei aus der Mauer vorspringende Türme beschützt. Es führt in einen recht-winkligen Hof, aus dem man durch ein zweites Tor in einen zweiten Hof

---

1) Vgl. Palest. Expl. F. Annual 1911, S. 41—94; dazu Qu. Stat. 1911, 139 bis 142. 169—172; 1912, 125/7. 171/8.   2) Vgl. den Holzrost von Megiddo oben S. 104[6].
3) Vgl. darüber Qu. Stat. 1912, 171 ff.

gelangt[1]. — Auffallend ist nach dem, was wir über das hohe Alter von
Sikem wissen, daß die Funde aus der ältesten rein kanaanitischen Zeit
recht dürftig waren, wogegen die aus der zweiten Hälfte des 2. Jahrtausends
und dem Beginn des ersten recht zahlreich sind, desgleichen die aus der
samaritischen Schicht nach 722. Leider wurde der für den Herbst 1914
in Aussicht genommene vielverheißende Abschluß der Arbeit durch den
Ausbruch des großen Krieges vereitelt, so daß auch die genaueren Beschreibungen über das bisher Erreichte wohl noch länger auf sich warten
lassen werden [2].

§ 16.
Die Anfänge.

Suchen wir auf Grund dessen, was die eben beschriebenen Ausgrabungen in Palästina, zusammengehalten mit den uns sonst zugänglichen
Nachrichten, an die Hand geben, ein Bild der Lebensweise, der Kulturverhältnisse und Religionsanschauungen der Bewohner des ältesten Palästina
zu entwerfen, so werden wir auch hier zunächst auf die Urzeit zurückzugreifen haben.

1. Über den Menschen der älteren Steinzeit läßt sich nach dem
Wenigen, das uns bis jetzt über ihn zur Verfügung steht, kaum mehr sagen,
als daß er in der Hauptsache als Höhlenbewohner zu denken ist und nur
über die | allereinfachste Kunst der Bearbeitung von Stein, Holz, wohl auch
Knochen und Leder, verfügte. Er mag sich von Pflanzen und dem Ertrag der Jagd genährt haben. Er kennt die Kunst, Feuer zu bereiten,
wohl auch sich den Körper zu bemalen[3], wäre also an sich wohl auch
imstande gewesen, den Gedanken an höhere Wesen zu fassen.

2. Wesentlich deutlicher sehen wir das Bild der Bewohner Palästinas
in der jüngeren Steinzeit vor uns.

Als die älteste, vielleicht den Übergang von der älteren zur jüngeren
Steinzeit darstellende Schicht dürfen wir wohl jene Geschlechter ansehen,
denen wir die eigenartigen kyklopischen Bauwerke im Karmelgebiet,
im Ostjordanland und anderwärts verdanken. Auch mit ihnen sind schon
gewisse einfache, aber starke Befestigungsanlagen, sowie kyklopische Gebäude und, wie es scheint, selbst Kultusstätten verbunden[4]. Daß solche

---

1) Vgl. den kurzen vorläufigen Bericht im Anzeiger der phil.-hist. Klasse der
Wien. Ak. d. Wiss. 1914, Nr. VII (35 ff.) und XVIII (204 ff.).   2) Auch in S ä m i e
unweit des alten 'Ofra scheint neuerdings ein altes, vielleicht mykenisches Kultur-
zentrum erschlossen worden zu sein, BJB. 9 (1913), 129. In neuester Zeit sind die
Grabungen in G i b e a Sauls *(Tell-el-fūl)* und besonders in B e t - s c h e ä n in Angriff
genommen worden. Am letztern Ort hat, wie dem Jou. of the Univ. Mus. of Phila-
delphia, March 1922 zu entnehmen ist, im Sommer 1921 eine erfolgreiche Arbeit
eingesetzt. Man ist bis auf eine semitische Schicht der Zeit um 2000 v. Chr. vorgedrungen, ohne noch den Naturfels zu erreichen. Krüge aus dickem, roh bearbeitetem
Ton mit derbaufgetragener Bemalung, der eine mit eingeritztem Ibex, und etliche
Gräber, von denen das eine den Leichnam durch eine Reihe von Steinen eingefaßt
zeigte, waren das Ergebnis. In einer Tiefe von $2\frac{1}{2}$ m unter der Oberfläche fand sich
eine Basaltstele Setis I, mit schlechterhaltener Inschrift. Sie scheint von einer andern
Stelle hierher verschleppt. Ihre historische Stelle hat sie beim Stein von Tell eš-
šihāb (§ 34, 1).   3) Einiges Weitere über den paläolithischen Menschen jetzt bei
Karge, Rephaim 37. 72ff, und im Jungpaläolithikum 84ff. 93. 113f.   4) Vgl. oben
S. 35 bes. Anm. 2—6 und, was die Kultusstätte anlangt, bes. Anm. 5.

Werke ein hohes Maß von Kraft und Intelligenz voraussetzen, bedarf keines Beweises. Auch können wir verstehen, daß spätere Geschlechter diese wie die andern megalithischen Denkmäler grauer Vorzeit nicht anders denn als das Werk von ausgestorbenen Riesengeschlechtern zu deuten. wußten [1]. Geht die Bezeichnung „Königsstraße" [2] auf jene Straßen, so müßte noch die israelitische Überlieferung selbst die Erinnerung daran bewahrt haben, daß derartige Gebilde doch wohl nur unter der Herrschaft einer einheitlichen Gewalt zustande kommen konnten. Das setzt, so wenig wir sonst über Lebensart, Charakter und Eigentümlichkeit jener Menschen frühester Vorzeit wissen, immerhin eine gewisse Organisation und Disziplin, die etwas wie ein Staats- oder Gemeinwesen bedeutet und einen oder mehrere Dynasten als Leiter des Ganzen erwarten läßt, voraus.

Für Herkunft und Rasse dieser Schicht haben wir keinerlei Anhaltspunkte. Hingegen können wir bei der folgenden Schicht hierüber wenigstens Vermutungen wagen. Es ist oben gezeigt, daß manche Anzeichen für die Besiedlung gewisser Teile des Landes durch nichtsemitische Bewohner sprechen, während wir auf anderen Gebieten schon sehr früh die Spuren semitischer Ansiedler wahrnehmen können. Als Vertreter der ersten Klasse kommen in Betracht die ältesten Bewohner der in neuerer Zeit aufgedeckten palästinischen Städte Gezer und Megiddo, vielleicht auch Jericho, von denen man natürlich auf manche andere zu schließen berechtigt ist, sowie vielleicht die Erbauer gewisser megalithischer Denkmale aus der jüngeren Steinzeit, wenn auch nicht der Dolmen. Als diejenigen der zweiten Klasse sind zu | nennen die Bewohner der Küstenstädte, vielleicht auch manche binnenländische Stämme jener Frühzeit.

3. Lebensweise und Lebensgewohnheiten der ersten Klasse werden ausreichend beleuchtet durch den Befund in der ältesten Schicht von Gezer, der wir die unterste Schicht von Megiddo und Jericho an Alter mindestens gleichzusetzen haben. Auch Taanak liefert Beiträge zum Verständnis des Lebens der Palästiner der jüngeren Steinzeit, wenn auch die Besiedlung dieses Ortes erheblich später in Angriff genommen sein mag [3]. Nicht minder mag Jerusalem hierher gerechnet werden dürfen. Mehreren von ihnen ist gemein die Gepflogenheit, die zahlreichen Höhlen, mit denen das palästinische Bergland von der Natur ausgestattet ist, als Wohnstätten zu benutzen. Die Naturhöhle wird vielfach künstlich erweitert, mit Rinnen zum Ableiten des Regenwassers versehen, durch künstliche Vertiefungen mit Zisterne und Getreidespeicher ausgerüstet, durch Lampen erhellt [4]. So bietet sie zuerst wohl für immer, später jedenfalls für Zeiten der Feindesgefahr und der ungünstigen Witterung, ausreichenden Schutz und Unterschlupf. Bald scheint man sich auch auf die Oberfläche gewagt und hier dürftige Stroh- und Lehmhütten angelegt zu haben. Auch hier scheinen bereits Versuche der Befestigung und der Sicherung der Ansiedlung gegen Feindesgefahr unternommen zu sein. Spuren einer Steinmauer mit vorgelegtem Erdwall in Gezer zeugen davon [5]. Die Be-

---

1) Vgl. Gen. 6, 4; 14, 6; 36, 20 ff. Deut. 2, 12.   2) Num. 20, 17; 21, 22. Vgl. dazu oben S. 35. Doch könnte dabei auch an die später zu nennenden Dynasten der folgenden Zeit gedacht sein. Vgl. S. 123.   3) Siehe darüber oben S. 95 f. 4) Vgl. oben S. 99; dazu auch Volz, Altert. 277 f.   5) Qu. Statem. 1903, 116,. Fig. 1; Gez. I, 236 ff. Vgl. Vincent, Canaan, S. 30, Fig. 6. Ähnlich die kanaan.. Festung Netia (ob. S. 41).

schäftigung ist die Jagd, früh aber auch schon der Ackerbau und das Halten von Haustieren. Es finden sich die Knochen von Schafen, Ziegen, Kühen, Schweinen. Die Zubereitung des Fleisches scheint man in der auch später noch vielfach bezeugten Art in Feuergruben — die Gewinnung des Feuers scheint längst bekannt — vollzogen zu haben, die mit runden, etwa faustgroßen Steinen ausgelegt sind. Die Steine werden in Glut versetzt und auf diese Weise wird das zwischen ihnen liegende Fleisch gebraten. Neben Feige und Olive ist auch die Weinrebe schon bekannt [1].

Dabei lassen sich die ersten Anfänge einer gewissen Technik in der sorgfältigen Glättung des Feuersteins zu Messer, Schwert, Lanze und Pfeil und besonders in seiner Herrichtung zu Sichel und Pflugschar nicht verkennen [2]. Dieselbe Fähigkeit bekundet die eben genannte Sicherung der Ansiedlung durch Wall und Mauer oder die wohnliche Einrichtung der Höhle. In Jericho scheinen sogar, wie die dortige | Tiefgrabung ergeben hat, richtige Mauer- und Hausbauten bis tief ins 4. Jahrtausend hinauf, jedenfalls nahe an es heran, zu weisen [3]. Auch Handelsbeziehungen sind schon im Gange. Als Beweis für sie darf nicht nur das frühe Vorhandensein der phönikischen Handelsstädte, sondern auch das Vorkommen von Kupfer und Obsidian gegen Ende unserer Zeit angeführt werden [4]. Auch läßt die Masse der Silexwerkzeuge bereits auf richtige Fabriken schließen.

Gleich wichtig ist in dieser Beziehung die Verarbeitung des Tones [5]. Neben gewissen Handfertigkeiten weckt sie zugleich den Sinn für die Form. So werden schon in dieser Zeit allerlei Tongefäße: Krüge, Schalen, Schüsseln, auch Lampen hergestellt, die unverkennbar schon eine gewisse formgebende Kraft, ja einen gewissen Schönheitssinn verraten. Der rotbraune, teilweise auch weißgraue, stark poröse, mit viel Sand durchsetzte Ton ist mit der Hand verarbeitet, zunächst einfarbig und ohne jede Zeichnung, die Töpfe mit geradem oder wenig gebogenem Boden, vielfach mit Handhaben in der Mitte, die — zum Anfassen beim Tragen auf dem Kopfe — nach oben umgeklappt sind, bald auch mit leicht eingekratzten oder eingekämmten Strichen und Verzierungen; außerdem wird vielleicht jetzt schon ein heller, gelblichweißer Überzug aufgelegt und über ihm lineare Ornamente: Netzwerk, Wellenlinien u. dgl. in kräftigem Rot aufgezeichnet [6]. In Gezer ist neuerdings sogar der Versuch bildlicher Dar-

---

1) Gez II, 22. Über die neolith. Siedlung im allg. s. Karge 196 ff.   2) Besonders feine polierte Meißel: Qu. Stat. 1913, 190.   3) Siehe oben S. 108; wie hoch die oben S. 106 genannte alte Befestigung oder Umfassungsmauer (das „Ziegelmassiv") hinaufreicht, mag dahingestellt bleiben. Wenn aber unter der Kanaaniterstadt, die wir wohl der frühesten Amarnazeit zuschreiben dürfen, noch mindestens vier Schichten — der Fels ist nicht erreicht — liegen, so ist jene Annahme gerechtfertigt.   4) Einige schöne Kupfermesser aus Palästina habe ich h. Z. für die bibl.-archäol. Sammlung meines Seminars erworben.   5) Über die älteste Keramik s. jetzt Karge a. a. O. 220 f. Er macht darauf aufmerksam, daß die sicher rein neolithischen Stücke selten sind. Die rote Farbe diente ursprünglich dazu, den weichen Ton wasserdicht zu machen; die scheinbaren Ornamente stammen z. T. vom Aufstreichen der Farbe mit einem Holzstück oder Grasbüschel. Doch finden sich auch schon gekämmte und geritzte Ornamente anderer Art, die eine gewisse Kunstfertigkeit verraten. Ein Beispiel hochstehender phönik. Keramik um 2600 bei Borchardt, Grabm. Sachures II (1913) Bl. 3.   6) Für Gezer s. Gez. I, 80 ff., bes 83 f. 143 ff (Zeichnungen) II, 132 ff. (Arch. Anz. 1909. 353, Abb. 2 und Vincent, Canaan 306, Fig. 191 und Pl. VI bei S. 210); für Taanak Sellin, Tell Ta'an. Pl. I, i und Abb. 39 und 109, auch Arch. Anz. 1907,

stellung in der Form einer an die Wand der Höhle gekritzelten Tier-
zeichnung festgestellt worden [1]: Kühe, Büffel, Hirsche. Auch Schachbrett-
muster und Gruppen von Punkten bekunden, ähnlich wie die Bemalung
des Tones, das spielerische Bestreben, die kahle Fläche zu beleben. Eine
gewisse Ähnlichkeit mit den steinzeitlichen Zeichnungen, die in der Dor-
dogne und sonst zutage traten, springt in die Augen.|

Doch würden alle diese Fertigkeiten weit übertroffen, wenn es sich
bestätigen sollte, daß der unlängst in Gezer entdeckte umfassende und
geradezu eine gewisse Genialität der Anlage verratende Tunnelbau schon
dieser Zeit angehöre. Es ist ein etwa 70 Meter langer Bau, der sich
unter der Ostabhang der Westkuppe von Gezer im Felsen ausgehöhlt zu
einer Quelle hinzieht. Achtzig Stufen führen in die Tiefe, an den Wänden
sind von Zeit zu Zeit kleine Nischen zum Einstellen von Lampen in den
Fels gehauen. Seit der Amarnazeit scheint der Gang verschüttet gewesen
zu sein — wenigstens gehören die jüngsten in ihm gemachten Funde ihr
an. Doch haben sich bis heute gewisse Erinnerungen an sein Vorhandensein erhalten [2]: die Bewohner glauben, die Sintflut habe hier begonnen
und geendet, und zwar bei dem *tannūr* von Gezer. Der Steinzeit scheint
der Tunnel, da er dieselbe Bearbeitungsweise wie die Höhlen erweist und
auf die Verwendung von Steinmeißeln hindeutet, jedenfalls zuzugehören.
Aber es ist mit der Möglichkeit zu rechnen, daß wir dieses älteste bis
jetzt bekannte Werk der Ingenieurkunst in Palästina ans äußerste Ende
der Steinzeit zu verlegen haben. Ähnliches gilt von den Kanalanlagen,
die sich neuestens bei Jerusalem fanden [3].

Der jüngeren Steinzeit haben wir, wie früher dargetan [4] auch die
megalithischen Denkmäler wie die Dolmen und Verwandtes zuzuschreiben. Was über den Kulturzustand der Erbauer zu ermitteln war,
nämlich daß sie Hirten und Halbfellachen sind, also halbansässige Hirten-
stämme, die Kleinvieh zogen und an geeigneten Plätzen den Acker be-
stellten, ist schon angedeutet [5]. Sie mögen im Osten wohl schon Fleisch
und Wolle nach dem Westen abgeben, auch setzen die großen Toten-
städte — freilich in der Hauptsache der nächsten Zeit angehörig — schon
eine feste Gliederung der Stämme voraus. Aber dies gilt auch in ge-
wissem Grade jetzt schon. Denn die stolzen Gräber sind gewiß nur angesehenen Stammhäuptern zuteil geworden.

4. Von besonderer Bedeutung für die Erkenntnis gewisser Seiten
des Vorstellungslebens der Naturvölker sind ihre Bestattungsbräuche.
Über sie erhalten wir gerade bei jenen vermutlich nichtsemitischen Be-

---

351, Fig. 25, c—g; für Jericho MDOG. 39 1908, S. 27 ff. und bes. Jeri. 97 ff. (Teile
hiervon gehören jedenfalls in unsere Zeit); für Jerusalem in besonders guter Erhaltung
und z. T. prachtvoller Ausführung — freilich der Hauptsache nach der nächsten Periode
zugehörig — Jérus. sous terre Pl. IX—XII u. Rev. Bibl. 1912 Pl. XV f. — Im Pa-
lästinamuseum des Deutschen Pal.-Ver. zu Leipzig befinden sich außerdem Scherben
eines großen dickwandigen Kruges (mehrfach über 1 cm dick) und einer mächtigen
Schüssel, die nach Schumachers handschriftlicher Angabe (Nr. 39 der Liste) der Fels-
wohnung unter der Nordterrasse von Megiddo entstammt. Der Ton ist weißgrau, einfarbig und von der rohesten Art. Aber um das ganze Gefäß scheint sich ein mächtiges
Strickornament allerrohester Form (durch Fingereindrücke hergestellt) gezogen zu haben.
Ähnliches ist auf Kreta (bes. Knossos), nur in viel größeren Stücken, vielfach zu sehen.
1) Qu. Statem. 1908, 216; Gezer I, 145 ff.   2) Vgl. Qu. Statem. 1908, 13 ff.
96 ff. 218 ff., dazu Clermont - Ganneau, Archeol. Researches II, 237. 480. 490 und
Thiersch, Arch. Anz. 1909, 362.   3) Siehe darüber oben S. 111.   4) S. 36 f.   5) S. 39.

wohnern Palästinas mancherlei Aufschluß durch die Ausgrabungen. Unter den Ausgrabungsstätten steht auch hier Gezer voran. Die dort aufgedeckte Grabstätte ist oben beschrieben [1]. Sie legt Zeugnis davon ab, daß die Verbrennung als die geeignete Art der Bestattung angesehen wurde. Welcher Beweggrund zu ihr führte, ist nicht mit Sicherheit zu ermitteln. Am ehesten wird man den Wunsch rascher und möglichst vollständiger Beseitigung der Leiche dafür verantwortlich | machen dürfen. Dieser selbst aber wird sich wohl daraus erklären, daß der Geist mit dem Leibe in untrennbarer Verbindung stehend gedacht ist; man hofft den Geist des Abgeschiedenen, damit er keinen Schaden stiften kann, zugleich mit dem Leibe zu vernichten. Die Menschen dieser Gattung hätten wir uns demnach als Vertreter des primitivsten Seelenglaubens vorzustellen; sie glauben an eine Körperseele, eine mit dem Körper unlöslich verbundene und mit ihm zugrunde gehende, aber solange er der Verwesung ausgesetzt ist, Schaden stiftend umherirrende Seele. — Zur Unterstützung dieser Annahme dient wohl der Umstand, daß mit Ausnahme eines einzigen Amuletts (in Gestalt eines durchlochten Knochens) sich, soviel mir bekannt, keinerlei Arten der sonst üblichen Beigaben gefunden haben. Denn einige in der Bestattungshöhle gefundene primitive Topfscherben [2] wird man kaum so deuten dürfen [3].

Eine ganz andere Auffassung von Seele und Tod lassen uns die der spätneolithischen Zeit angehörigen Großsteindenkmäler erschließen. Sie setzen jedenfalls nicht die Verbrennung, sondern das Begraben der Leiche voraus [4], wie es die Semiten, soweit uns bekannt, zu allen Zeiten übten. Es ist klar, daß diese Bestattungsweise an der Erhaltung der Leiche, wenigstens für einige Zeit, vor allem aber an ihrer sorgsamen Verwahrung in einer festen Behausung höchstes Interesse hat [5]. Für diese Behandlung der Leiche wird die Vorstellung maßgebend gewesen sein, daß die Seele mit dem Tode nicht der Vernichtung anheimfällt, sondern fortlebt, daß sie aber besser in ihrer festen höhlenartigen Behausung zurückgehalten wird, damit sie an schadenstiftendem Umherschweifen gehindert werde. Das Totenhaus ist des Toten neue Wohnung; sie mit allem, was er bedarf, auszustatten [6] und ihm das Dasein hier behaglich zu gestalten, liegt im Interesse der Lebenden. Dasselbe gilt für die Höhlengräber dieser Zeit [7]. Mitgabe von Speise und Trank und ein zeitweiliges Tränken des Toten am Orte seines Weilens vertragen sich damit aufs beste. Die Vorstellung vom Weiterleben der Ahnen und von ihr aus gewisse animistische Vorstellungen, die zur Verehrung der Ahnengeister führten, stehen ohne Zweifel von Anfang an in engster Verbindung mit dieser Auffassung. Sehr eigentümlich ist die in Jerusalem — aber bei Semiten — in die Erscheinung tretende Sitte, die menschlichen Knochen mit kräftigem Rot zu färben [8]. |

---

1) S. 28.   2) Gez. I, 286 f.: das Amulett findet sich Gez. II, 449.   3) So Thomsen, Palästina usw., S. 16; Karge 702, aber wenig überzeugend.   4) Siehe oben S. 36 ff.   5) Von künstlichem Längererhalten durch Einbalsamierung erfahren wir nichts.   Der Hauptnachdruck wird also wohl auf der Einschließung liegen. 6) Schumacher ZDPV 9 (1886) 268 u. dazu Karge 414 f. 425 f.   7) Vgl. Gez. I 289 (Teller, Schüsseln, Krüge usw.; auch Schmuck).   8) Rev. Bibl. 9 (1912), 444.   Sie kommt auch anderwärts vor, ist aber ihrem Sinne nach noch dunkel.   Es besteht wohl ein Zusammenhang mit dem Bestreichen oder Betupfen hl. Plätze mit rotbrauner Hennafarbe z. B. PJB 8 (1912) 141 f. (vgl. unten S. 127 Anm.).   Das Bestreichen der

Daß die leichenverbrennende Bevölkerung Gezers und wohl anderer
Orte nichtsemitischer Abkunft war, daß aber auch sonst die Wahrscheinlichkeit für eine nicht unerhebliche v o r s e m i t i s c h e , wohl über Kleinasien von Norden gekommene Bevölkerungsschicht spricht, wissen wir. Desgleichen ergab sich, daß schon in sehr früher Zeit auch S e m i t e n in Palästina, jedenfalls in seinen südlichen Distrikten gesessen haben [1]. Seit dem
Jahre 3000 und besonders seit der Mitte des dritten Jahrtausends treten
sie an der Küste, und weiterhin auch im Binnenlande, wahrscheinlich im
Hinterland von Jafa und dem Karmel sowie in Jerusalem, deutlich auf.
Sie haben die Hafenstädte und wohl einige andere Städte inne, die sie
mit Wällen und Türmen befestigen, vermutlich denen ähnlich, die wir in
Megiddo in der nächsten Periode finden werden. Ihre Waffe ist die Keule
für den Nahkampf, für den Fernkampf ohne Zweifel Bogen und Lanze [2].
Sie sind Ackerbauern, die auch schon die Kultur das Weinstocks und
Feigenbaumes kennen [3].

Es unterliegt keinem Zweifel, daß diese Semiten, so lückenhaft die
Kenntnis von ihnen ist, bereits auf einer erheblich höheren Kulturstufe
angelangt sind, als diejenige ist, die wir bei den Nichtsemiten etwa desselben Zeitalters annehmen dürfen. Darf man, wie Vincent will, einen
Teil der in Jerusalem gefundenen Tonwaren schon dieser Zeit zurechnen,
so würde durch sie dieser Satz noch seine besondere Bestätigung finden.

Sind die früher für die ältesten Bewohner der bisher ausgegrabenen
Orte, besonders Gezer, Jericho und Megiddo, gewonnenen Ansätze richtig,
so müssen wir zur Erklärung dieser Tatsache die Annahme zu Hilfe
nehmen, daß zwei wesentlich v e r s c h i e d e n e und auf ganz verschiedenen
Kulturstufen stehende Elemente gleichzeitig im Lande saßen. Die Semiten müßten dann vermutlich schon im frühen oder mittleren vierten Jahrtausend von Süden und Südosten her ins Land eingedrungen sein. Sie
müßten sich früh der Hafenplätze bemächtigt und dort die Seefahrt erlernt
haben. Durch die Berührung mit Ägypten und eigene Bildungsfähigkeit
hätten sie frühzeitig mancherlei Kenntnisse und Fertigkeiten in sich aufgenommen, durch die sie den zugleich mit ihnen im Lande sitzenden
Nichtsemiten, die sie an Aufnahmefähigkeit übertroffen haben müßten,
rasch überlegen wurden, bis sie sie dann mit der Zeit überwanden.

Es läßt sich nicht leugnen, daß diese Annahme in sich möglich ist
und manche Analogie für sich hat. Aber erwünschter wäre eine andere
Lösung der Schwierigkeit. Auch die Semiten müssen einmal, als sie ins
Land kamen, mindestens zum Teil auf jener Kulturstufe gestanden haben,
die uns die unterste Schicht jener Ausgrabungsstätten enthüllt. Entweder
also müssen jene frühsten Spuren zum Teil auf in der Entwicklung zurückgebliebene Semiten weisen, oder aber wir müssen aus der Analogie der
aus ägyptischen Denkmälern gewonnenen Kenntnis der palästinischen Semiten uns zu dem Schlusse bequemen, die untersten Schichten in Gezer,
Megiddo und wohl anderwärts erheblich h ö h e r a n z u s e t z e n als wir

---

Toten oder ihrer Gebeine hat wohl den Zweck, bei ihnen den Schein des Lebens vor-
zutäuschen, um sie vor schädlichen Einflüssen zu schützen. Vgl. v. Duhn, Rot und
Tot. ARW. 9 (1906), 9; auch Samter 186 ff.
    1) Siehe oben S. 40 ff., bes. S. 43 ff.   2) Vgl. die Bildwerke von Dešāše und
Abusir (um 2740) oben S. 41.   3) Siehe die Belege für die Zeit kurz vor 2500 oben
S. 42. 115 oben

bisher taten. Wir müßten dann die jüngere Steinzeit in ihren primitivsten Äußerungen etwa um 5000 beginnen lassen [1]. Semiten und Nichtsemiten, soweit wir solche wirklich voraussetzen dürfen, hätten dann bis etwa 4000 oder 3500 auf jener oben kennengelernten Stufe primitiver Kultur gestanden, die im wesentlichen als troglodytische bezeichnet werden kann, und sie hätten seit etwa 3000 die aus ägyptischen Nachrichten zu entnehmende Stadtkultur übernommen. Natürlich ist keine dieser Kulturen restlos im Lande vorhanden, fließende Übergänge und rückständige Gegenden oder Stämme, dazu Ober- und Unterschichten, müßten auch so vorausgesetzt werden. Aber die Stetigkeit der Entwicklung böte doch im ganzen ein befriedigenderes Bild. Hier kann nur das Problem gestellt und die Frage aufgeworfen werden. Die Lösung kann erst eine spätere ausgiebigere Öffnung der palästinischen Ruinenhügel, besonders ihrer untersten Schichten, bringen. Es kann aber auch nur immer wieder an die mit Ausgrabungen Befaßten die dringende Bitte gerichtet werden, gerade den untersten Schichten die größte Aufmerksamkeit zuzuwenden.

　　　5. **Die Religion** [2]. — Unter den altmegalithischen Denkmalen scheinen besonders die **Kromleche** oder Steinkreise und die **Menhire** oder monolithischen Steinsäulen dem Zweck der Kultusübung gedient zu haben. Welcher Art der Kultus war, entzieht sich zurzeit vollständig unserem Wissen. Aber die Tatsache, daß dem späteren Israel der hergewälzte, vielfach zum Steinkreis *gilgal* zusammengefügte Stein als kanaanäisches Heiligtum und die dem Menhir nächstverwandte Massebe als Sitz oder Symbol der Gottheit gilt, läßt hinsichtlich der Sache selbst kaum einen Zweifel aufkommen [3]. Auch die primitivsten Vorläufer der späteren Masseben in der Gestalt des natürlichen, lediglich mit dem spitzen Ende nach oben gerichteten und höchstens hier leicht | zugespitzten Steinblockes dürfen wir wohl dieser Urzeit zuweisen [4]. Auch in betreff der Vorstellung, die man sich von den hier verehrten Wesen machte, sind wir lediglich auf Vermutungen und Rückschlüsse aus der späteren Zeit auf die frühere angewiesen. Der Steinkreis wird wohl — wie noch heute [5] — als die Umhegung eines heiligen Bezirks anzusehen sein. In seinem Innern wird also die Verehrung des höheren Wesens sich abgespielt haben. Und da die Steinkreise bis heute sich vielfach auch als Umfriedung einer Grabstätte — teilweise mit dolmenartiger Eingangspforte — darstellen, so darf

---

1) Vgl. dazu das von anderen Gesichtspunkten aus oben S. 101 gewonnene Ergebnis. Desgleichen würde der oben S. 106, 108 erwähnte Befund von Jericho hierfür sprechen. Es ist demnach sehr wohl möglich, daß die 2. Schicht von Megiddo tatsächlich schon in dieser Zeit unterzubringen ist. Doch habe ich, ehe weitere Untersuchungen vorliegen, keine Entscheidung zu treffen gewagt. 2) Vgl. Paton in Hastings, Enc. Rel. a. Eth. (Art. Canaan.), auch Wood in J. Bibl. Lit. 1916 (dem letzteren scheint diese seit 1912 zugängliche Darstellung nicht bekannt zu sein, sonst wäre das Bild nicht so vielfach verzeichnet); weiter S. 138. 3) Das Nähere oben S. 34. 4) So oder ähnlich ist der Stein Jakobs in Betel gemeint. Schöne Reste einer solchen primitiven Spitzsteinanlage hat Petrie im Sinaigebiet gefunden; sie haben sicher auch in Palästina einmal existiert. Vgl. Petrie, Res. in Sinai 63 ff. u. bes. Abb. 76, sowie für heute Kahle, PJB. 6, 90 ff. und Jaussen, Cout., § 43. 5) Kahle, PJB. 7 (1911), 87 f., Taf. 4. Dalman bestreitet S. 26 (ob. S. 34 [4]), daß die Steinkreise von Gräbern unabhängige Heiligtümer waren. Damit mag er im ganzen recht haben. Aber Verehrungsstätten sind sie trotzdem vielfach. Ebenso wenn *gilgal* an sich auch keinen Kreis zu bedeuten braucht, so ist nicht gesagt, daß die hergewälzten (nämlich zu heiligen Zwecken vgl. 1 Sam. 13, 33) Steine nicht auch zu Kreisen, die einen hl. Bezirk umhegten, zusammengefügt wurden.

wohl auch hier an animistische Vorstellungen gedacht werden: es werden
den Ahnengeistern in ihrem heiligen Bezirke Gaben dargebracht. Der
Menhir hingegen wird wohl eher als Sitz eines lokalen Genius, eines mäch-
tigen Erdgeistes, der die Umgegend beherrscht, erachtet worden sein.
Nicht selten mag auch beides verbunden worden sein. Im Innern des
Steinkreises steht ein Monolith [1].

Noch deutlicher als bei den Steinkreisen tritt der Zusammenhang mit
der Grabstätte heraus bei den — in der Hauptsache spätmegalithischen —
D o l m e n oder Steinstuben [2]. Es finden sich auf ihnen gelegentlich Schalen-
vertiefungen [3], die, wofern sie aus der Zeit der Errichtung des Dolmens
selbst stammen, keine andere Deutung zulassen, als daß sie der Tränkung
des Toten gelten, die in dieser Form vielfach auf Grä|bern nachgewiesen
ist. Aber auch wo sie sich nicht nachweisen lassen, darf nach allen
Analogien bestimmt angenommen werden, daß die hier bestatteten Toten
in alter Zeit mit Gaben bedacht wurden, eine Sitte, die ihre Hochachtung
beweist und von ihrer Verehrung als höherer Wesen in Theorie und Praxis
wenig abgestanden haben wird. Man fürchtet sie, da sie leicht gefährlich
werden können und sucht sie darum günstig zu stimmen. — Eine wichtige
große Kultusstätte aus grauer Vorzeit, verbunden mit Kromlech und Menhiren, will Graf Mülinen im Karmelgebiet entdeckt haben [4]. Es scheint,
daß sie, bestätigt sich Mülinens Annahme, auch schon jene rätselhaften
Schalengebilde im Fels, von denen sofort zu reden ist, enthielt.

Besonders reich an Rätseln ist nun aber die Religionsübung der ältesten
Bewohner der durch die neuesten Ausgrabungen bekannt gewordenen Stätten.
Mehrfach, am deutlichsten in Gezer und Megiddo, aber auch in Taanak
und am Tell Sandaḥanne, hat man die Beobachtung gemacht, daß der
Naturfels, wo er zutage trat, mit einer größeren oder geringeren Anzahl
von napf- oder schalenartigen V e r t i e f u n g e n versehen war. Sie konnten
teilweise allen möglichen Zwecken, etwa dem Zerstoßen von Getreide als
Mörser oder dem Einrammen von Pfählen für Hütten dienen. Teilweise

---

1) Eine merkwürdige Form des primit. Heiligtums nennt Kahle a. a. O. 87 (vgl.
auch Jaussen, Coutumes d. Arab. dans ... Moab 1908, 303 f.): ein einfacher Steinhaufen von lose übereinander geschichteten Stücken.   2) Siehe darüber schon oben
S. 33, sowie das vorhin über die Bestattungsbräuche und ihre Voraussetzung Gesagte.
Soweit sie irgendwie mit einer Ehrung der Toten als machtvoller Wesen zusammenhängen, gehören sie von selbst hierher.   3) Vgl. die Platte von Dschebel Nebâ unten
S. 121, Anm. 2 und Conder, Survey of East. Palest. 20. 268, vielleicht auch die Orthostaten von Jericho (oben S. 108). Außerdem ist noch zu vergleichen was Musil Im
nördlichen Ḥeǧâs (1911), S. 16 mitteilt: „Die Gräber [in der Oase al-Bed'a] ...
sind von einer niedrigen runden Mauer aus losem Stein von etwa 2,8 m Durchmesser
umgeben. In der Mitte bemerkt man drei Steinplatten, die in der Art der alten
D o l m e n entweder gegeneinander gelehnt, oder so, daß zwei im Boden stehen, der
dritte jedoch auf ihnen ruht, aufgestellt sind. Gewöhnlich im östlichen Teile ist in
der Umfassungsmauer eine schmale Öffnung gelassen und vor dieser eine seichte, becken-
artige von Steinen umrahmte V e r t i e f u n g von etwa 40 cm Durchmesser ausge-
hoben. ... Das Becken gießt man W a s s e r und verehrt auf diese Weise den
Toten". Vgl. ebenda S. 10 die Beschreibung eines *madbah* genannten unbehauenen
Felsblocks, „der heute noch als Schlachtaltar Verwendung findet". Vgl. auch noch
ZDPV. 1914, 120 (Dolmen mit Schalen). Mein Kollege D. Haas macht mich darauf
aufmerksam, daß im primitiven Japan die Dolmen auch als Wohnstätten der L e b e n -
d e n dienen. Auch die heutigen Hirten Palästinas benutzen solche ebenfalls als Unterschlupf. Das mag schon im Altertum so gewesen sein.   4) Siehe oben S. 34 (auch
Thomsen, Paläst. 18); von Dalman bestritten PJB. 5 (1909), 16.

aber können sie nur zur Aufnahme von Flüssigkeit gedient haben, da sie
mehrfach durch Rinnen miteinander in Verbindung gesetzt sind [1]. In
diesem Falle bleiben überhaupt nur zwei Möglichkeiten: sie können als
kleine oder kleinste Zisternen zur Aufnahme des Regenwassers für profane
Zwecke oder als Schalen zur Aufnahme von geweihter Flüssigkeit: Wasser,
Wein, Öl, Blut, — somit als Opferschalen gedient haben [2]. Die Schalen,
soweit | sie heiligen Zwecken dienten, mögen zunächst der Tränkung der
Toten an Gräbern gewidmet sein. Allmählich löst sich die Schale vom
Grabe los und dient an beliebiger Stätte der Verehrung lokaler Geister.
So kann sie auch lediglich andeutend an senkrechten Wänden angebracht
sein, ohne darum zu anderer — etwa obszöner — Deutung Anlaß zu geben.
　　Andeutungen des Alten Testaments über die Verwendung des Natur-
felsens, besonders auch der Felsplatte (man vergleiche die „Tenne" Aravnas)
zu gottesdienstlichen Zwecken, sowie über das Ausgießen von Flüssigkeit
als Opfer [3], daneben manche Analogien lassen es mir nach wie vor zweifel-

1) So auch zuletzt wieder in Jericho, s. oben S. 108. Weiterhin verdient besonders
Beachtung die Gruppe von 48 in ein gewisses System gebrachten Löchern auf dem
Felsgrund der Höhle 28 II in Gezer (Gez. I, 112. 139)　　2) Vgl. unten S. 137,
ferner: Vincent, Canaan 154. 218; Kittel, Stud. z. hebr. Arch. 118ff.; Greßmann,
Dolmen Masseben Napflöcher in ZAW. 29 (1909), 113ff.; Thomsen, Palästina usw.
10; Karge 594ff. — Dalman, PJB. 4 (1908), 23ff. kommt für Palästina und die
alte Zeit zu fast vollkommen negativen Ergebnissen. Nur für Petra will er den
Charakter der Schalen als Spendeschalen für Spenden an die Gottheit zugeben (hier
sind sie allerdings vollkommen sicher, vgl. Dalman, Petra 61. 81. 140. 222ff. 232.
281. 286f. 298). Für Palästina selbst will er, da in manchen entscheidenden Fällen
mit dem profanen Gebrauch, auch der Tränkung der Tauben, nicht auszukommen
ist (hier fragt man sich ohnehin, weshalb man für diesen Zweck Dutzende kleiner
und kleinster Schalen macht, neben einer oder einiger großen!), nur die Spenden an
die Toten zugeben (PJB. a. a. O. 36. 41). Solche mögen, wo Gräber in der Nähe
sind, so bei Dolmen (vgl. z. B. die Dolmenplatte von Dschebel Nebâ ZDPV. 16 (1893),
163, sowie oben S. 120 [3]) sicher stattgefunden haben Auch wird man vielfach an
nichts Weiteres als an den Durst der Totengeister dabei gedacht haben (vgl. Hammurapi 27 r. 39 „der Totengeist schmachtet nach Wasser" und Karge 560. In den
arabischen Grabliedern ist der Wunsch, das Grab des Toten möge reiche Bewässerung
erhalten, stehende Formel, vgl. die Lieder im 2. Kap. der Hamasa. Die heutigen
Araber gießen Wasser auf das Grab, Türken und Juden bringen Schalen an,
angeblich für die Vögel. Weiter Dalman, PJB. a. a. O. 40). Aber erledigt ist die
Frage damit nicht. Der Totengeist ist nicht lediglich ein nach Speise und Trank
lechzendes Wesen. Er wird für die primitive Anschauung der Menge zugleich zu einem
höheren Wesen und seine Speisung zu einer Art Gottesdienst, jedenfalls zu einer Art
heiliger Handlung. Schon der Umstand, daß der Totengeist als Inhaber eines
höheren Wissens angesehen und deshalb zum Wahrsagen gerufen wird (1 Sam. 28, 7ff.
Jes. 8, 19. Dt. 18, 11 und seine Bezeichnung als elohîm usw.), müssen zur Vorsicht
mahnen (vgl. unten § 20, 5). Und es ist sehr fraglich, ob man in Gezer, Megiddo usw.
zwischen den im Innern der Erde und der Höhle hausenden Erdgeistern, die man verehren und begütigen wollte, und den Totengeistern überhaupt einen erheblichen Unterschied machte (man vergleiche die Ausführungen Dalmans selbst S. 49ff.). Damit war
jenes Tränken von selbst sakral und die Schalen „Opfer"schalen geworden. Gewiß
darf auch der Umstand herangezogen werden, daß die Gräber häufig in der Nähe
heiliger Stätten angelegt sind oder umgekehrt. Es scheint also eine Verbindung zu
bestehen (Karge 466). — Es kommt dazu, daß in Petra der Brauch kaum aus der Anschauung der späteren Zeit für sich eine Erklärung findet. Es würde dann das Bindeglied vom Altertum zur Spätzeit fehlen. Daher wird man auch von hier aus angesehen
besser tun, in Petra die Erhaltung einer primitiven Sitte anzuerkennen. Neuestens
denkt D. an eine Art Regenzauber, „Widmungen an die regenspendenden Mächte"
PJB. 10, 33.　3) Vgl. Richt. 6, 1ff.; 13, 1ff. 1 Sam. 14, 33; 2 Sam. 24, 18ff.;
1 Sam. 7, 6 u. II, 23, 16 (Wasseropfer). Vgl. auch noch Kahle in PJB. 6 (1910),

los erscheinen, daß wir es auch hier teilweise mit Opferschalen zu tun haben. In diesem Falle hätten wir wohl die hier geübte Verehrung so vorzustellen, daß die Gabe auf die Felsplatte gelegt oder in sie gegossen und von dem mit ihr bedachten Wesen weggeholt wird. Die verehrten Wesen wären demnach am ehesten als lokale Numina zu denken, Erd - und Quellgeister, vielleicht auch schon Dämonen der Fruchtbarkeit u. dgl., die in der Nähe von Felsplatten, Fruchttennen, Quellen ihren Sitz haben [1].|

§ 17.
Die Zeit von 2500 bis 1500.

1. Bis etwa 2000. — Hatte schon die frühere Periode den Verkehr mit Ägypten und dem Osten begonnen [2], so wird seit der Zeit zwischen dem Beginn und der Mitte des dritten Jahrtausends der Verkehr Palästinas sowohl mit dem Pharaonenland als mit den Östreichen stehend. Besonders seit Sargon von Agade das Amurruland erobert und seit Gudea sich des Libanons bemächtigt hatte, reißt die Verbindung zunächst mit Babylonien nicht ab. Mit den babylonischen Kriegern ziehen babylonische Kaufleute und Waren und mit ihnen Kulturgüter aller Art, nicht zuletzt Gottheiten, Religionsideen und Mythen denselben Weg [3]. Um diese Zeit schon mögen die Städte Syriens und Palästinas die erste Bekanntschaft mit den babylonischen Erzählungen von der Schöpfung und der großen Flut gemacht und ihre Tempel die Verehrung gewisser Gottheiten wie Istar, Nabu, Sin, Nergal übernommen haben. Zugleich mag auch jetzt schon der Westen manche Göttergestalt und manchen Einzelzug jener Erzählungen nach Babylon hinübergegeben haben. Nicht minder dringt von Süden her der ägyptische Einfluß aufs neue kräftig vor, wenn auch mit dem Niedergang des Alten Reiches Ägyptens politische Macht allmählich erlahmt. Immerhin scheint seit der Mitte des dritten Jahrtausends Palästina bereits der Tummelplatz der streitenden Weltmächte zu werden, und wahrscheinlich sind jetzt schon eine nördliche amoritische und eine südliche, vielleicht kanaanäische, unter ägyptischem Einfluß stehende Schicht einander gegenübergetreten [4].

---

93 ff. Auch die ehemalige Besprengung des heiligen Felsen von Jerusalem mit wohlriechendem Wasser (ebenda 90) ist wohl so zu deuten. 1) Vgl. auch unten S. 126, Anm. 5 (Blutritus) und weiter § 20. Weiter Studien zur hebr. Arch. 114 f. und Kahle, PJB. 6 (1910), 90 ff. 93 ff. Vgl. außerdem Karge, Rephaim S. 564 ff. Die Seelen der Toten leiden Durst (s. oben) und ziehen deshalb das Wasser an sich, so daß Dürre entsteht. So mag sich 2 Sam. 21, 1 ff. erklären. Wie sie Wasser an sich nehmen, so geben sie es auch wieder her und werden so zu Regen- und Fruchtbarkeitsspendern. Auch Hammarstedt, Schwed. Opfersteine in Beitr. z. Rel.wissensch. II (1914/5): „Elfenmühle nennt man eine kleine, in einem Stein oder Felsen von Menschenhand ausgehöhlte . . . napfförmige Vertiefung . . . Nur sehr selten läuft von hier eine kleine Rinne aus." Man salbt sie mit Tierfett oder Butter zu Heilzwecken. H. hält die Salbung für ein ursprünglich den Toten gespendetes Speisopfer. 2) Siehe oben S. 41 und 46: König Snofru der 4. Dynastie hatte schon um 2850 seine Schiffe nach Libanonzedern ausgesandt. Ebenso war schon Lugalzaggisi um 2900 mit seinen Sumererscharen bis zum Libanon und dem Mittelmeer vorgedrungen. Vgl. weiter über die alten Beziehungen zu Ägypten Müller, Spuren d. ägypt. Weltschrift (1912), S. 8 (Depeschen zur Zeit der 12. Dyn.). 53 (Einführung asiat. Elemente: Köcher usw.). 73 (Weltverkehr, Kenntnis der Keilschrift in der ägyptischen Diplomatie.) 3) Siehe oben S. 53. 4) Siehe oben S. 54 f.

Es darf daher nicht wundern, wenn jetzt schon in den palästinischen Ruinenhügeln die ˎSpuren fremder Beeinflussung zutage treten, vor allem aber wenn das immer stärker auftretende und mehr und mehr die Herrschaft in der Bevölkerung an sich nehmende semitische Element sich nunmehr stärker geltend macht.

Der Fortschritt der Zeit bringt von selbst eine wichtige Verände|rung der Lebensweise mit sich. Mit der erwachenden Kunst der Befestigung der Wohnstätte durch Wall und Ringmauer ist die Notwendigkeit des Wohnens in Höhlen erloschen. Das troglodytische Dasein beginnt daher zu schwinden oder sich in die Unterschicht der Bevölkerung zurückzuziehen und dem Wohnen in Dorf und Stadt Platz zu machen. An der Küste und an einigen wichtigen Punkten im Binnenlande hatte dieser Prozeß, wie uns die ägyptischen Denkmale lehren, schon seit längerer Zeit seinen Anfang genommen [1]. Natürlich ist damit von selbst eine reichere Entfaltung und Betätigung des Lebens verbunden. Die Verbindungen über Land und mit dem Auslande lassen besonders in den Städten am Meere, allmählich aber auch im Binnenlande an Handelskarawanen und gewinnbringende kaufmännische Verbindungen denken. Die überall neben der Land- und Stadtbevölkerung noch im Lande selbst und besonders an seinen Grenzen lebende Beduinenbevölkerung wird den Binnenhandel vermittelt haben. Die dem nächsten Zeitabschnitt angehörenden Händler von Benihassan [2] werden lange nicht die ersten ihrer Art gewesen sein. Der Bauer gewinnt dem Land seine Erträgnisse ab: Getreide, Öl, Wein, und verhandelt sie an den Beduinen und Städter. Der letztere pflegt die Anfänge von feinerem Handwerk, Haus- und Städtebau und Kleinkunst. Das zuzeiten rauhe und unwirtliche Klima des Berglandes ließ ohne Zweifel frühzeitig die Kunst des Spinnens und Webens erwachen. Wolle und Ziegenhaare dazu, auch Fleisch, die der Westen nur kärglich erzeugt, liefern die dolmenbauenden Herdenbesitzer des Ostens [3]. Sie mögen dafür den Schutz gegenüber den allzeit räuberischen Beduinen vom Westen begehrt haben. Die politischen Verhältnisse nötigen zur Pflege des Kriegshandwerks, zur Vervollkommnung der Waffen und zur Erweiterung und Vergrößerung der ersten primitiven Befestigungen nach dem Muster der älteren, wohl unter ägyptischem Einfluß schon früher entstandenen Städte. Der Schutz der Städte hat von selbst einzelne Dynasten an die Spitze gestellt, so daß wir wahrscheinlich jetzt schon das Land in den Händen einzelner Stadt- und Gaufürsten zu denken haben. Keule, Pfeil und Bogen [4], wohl auch die Lanze mit Steinspitze und das Steinmesser, scheinen die Hauptwaffen. Mehr und mehr beginnt die Bronze, besonders bei Vornehmen, den Feuerstein zu verdrängen; im Westen wesentlich vor dem Osten.

In Megiddo würde nach dem oben Ausgeführten [5] für diese Zeit die zweite und dritte von Steuernagel in Anspruch genommene Schicht in Betracht kommen. Über das, was sie einst barg, können wir nur Vermutungen hegen, die aber durch die Analogie von Gezer einigermaßen erhärtet werden. In Gezer entspricht die zweite für unsere Zeit in Frage kommende Schicht etwa der zweiten Stadt von Troja, wird | also der

---

1) Oben S. 118 f.   2) Oben S. 59.   3) Oben S. 116.   4) Oben S. 41 unten.
5) Oben S. 101.

zweiten Hälfte oder der Zeit gegen Ende unseres Zeitraums angehören. Sie ist gekennzeichnet durch eine starke, den ganzen Hügel umgebende Ringmauer. Dieselbe ist mit Türmen flankiert, die -in regelmäßigem Abstande von etwa 30 Metern vorspringen. Die Mauer ist errichtet aus wenig behauenen großen Mauersteinen. Auch die Türme sind ihrem Kerne nach aus Stein hergestellt, dann mit Luftziegeln umkleidet und hernach mit großen Steinplatten belegt [1]. Die Häuser innerhalb der Mauer sind aus ziemlich schwachen Bruchsteinmauern in unregelmäßiger Anordnung hergestellt. Auch die Maueranlage von Jericho, die nach dem oben Dargelegten das Werk mehrerer Zeitalter ist, wird in ihren Anfängen hierher, wenigstens an das Ende unserer Zeit, gehören [2] — ganz abgesehen natürlich von der ältesten Befestigungsanlage von Jericho. Doch auch die letztere, die alte Lehmziegelfeste von Jericho, über deren Grundmauern die hier in Frage stehende kanaanitische Innendoppelmauer hinschritt, könnte dieser Zeit, und dann wohl ihren ersten Anfängen nach, zugehören, falls sie nicht eher der vorigen Periode zuzuweisen ist. Nicht minder wird man die ebenfalls nach dem System der Doppelmauer angelegte Ofelbefestigung in Jerusalem der Zeit um 2200 zusprechen dürfen [3]. Ihre Turmanlagen entsprechen denen von Gezer.

Dieses ganze System der Doppelringmauer ist uns für Palästina erst durch die Erschließung des alten Jericho deutlich vor Augen geführt. Damit werden nun auch gewisse ägyptische Abbildungen syrischer Städte deutlicher. Es entspricht etwa dem doppelten Fortsgürtel moderner Festungen und hat seine Analogie in der hetitischen Hauptstadt Boghazköi, der auch das früher beschriebene System der Treppen, sowie die Überdachung des Zwischenraumes zwischen beiden Mauern mit Holz entnommen ist [4]. Nach ägyptischen Darstellungen dürfen wir bestimmt | vermuten, daß beide Mauern reichlich mit Zinnen und Altanen gekrönt waren, hinter deren Geländer die Verteidiger stehen.

Ein wichtiges Zubehör einer umschlossenen Stadt ist ihre richtige Versorgung mit Wasser. So finden sich überall schon in den alten Schichten der Städte Zisternenanlagen. In Gezer und Megiddo sind für diesen Zweck die Höhlen, die Wohn- und Grabstätten der älteren Ansiedler, benutzt worden, indem man den Eingang zur Höhle verschloß, durch die Decke ein Loch brach und im Boden der Höhle eine Vertiefung, in der das Wasser sich sammeln konnte, anbrachte. Eine besonders mühsame und kunstreiche Anlage zur Gewinnung von Wasser stellen jene oben beschriebenen, vielleicht aber erst unserer Zeit angehörigen Tunnelbauten in Gezer und am Ofel von Jerusalem, die Vorläufer des Siloa-

---

1) Quart. Statem. 1904. 204 ff.; 1905, 28 f. Gez. I, 238 ff. Vincent, Canaan 42 ff. Thiersch, Arch. Anz. 1909, 356.   2) Siehe über sie oben S. 106 (MDOG. 1908, 18). 3) Vgl. über sie oben S. 111 und die Abbildung Jérus. sous terre Pl. XIX. War nicht auch Gezer mit einer Doppelmauer umschlossen? Was bedeutet in Gez. III, Taf. II und III der hintere Maueransatz bei Nr. 2?   4) Puchstein, Boghazköi bes. S. 39. 43 f. 48. 52. Zu den Treppen oben S. 106; zu den Spuren von Holzbalken und Kasematten zwischen den zwei Mauern Watzinger 26 ff. Vgl. dazu Ed. Meyer im Archäol. Anzeig. ,1913, 72 ff., der mit Nachdruck auf die schon in der 2. Aufl. dieses Bandes S. 153², 167⁵ betonte Bedeutung der ägyptischen Darstellungen syrischer Festungen für unser Verständnis des Gegenstandes hinweist. Die Bauweise ist nahezu gemeinorientalisch (ZDPV 1914, 85) und hat sich, wie wir jetzt wissen, bis in die israelitische Zeit erhalten (oben S. 112²).

kanals, dar [1]. Doch ist bei der eigentümlichen Anlage der ersteren die
Möglichkeit nicht ausgeschlossen, daß der Schacht ursprünglich weniger
der Wassergewinnung dienen sollte als dem Zwecke, für Fälle der Belagerung einen Notausgang zu schaffen. Unsere Bewunderung verdient das
Werk in beiden Fällen in gleichem Maße.

Dieser Art werden die „Kanaaniter"- und Amoriterfesten gewesen
sein, gegen die die Ägypter und Babylonier zwischen 2500 und 2000
kämpften. Außer Gezer, Megiddo, Jericho und Jerusalem kommen, soweit
wir bis jetzt wissen, in Betracht jene uns aus ägyptischen Nachrichten
bekannten Städte wie Neṭia und Byblos.

Das Bild einer offenen oder nur wenig befestigten Ansiedlung bot,
wie es scheint, in jener Zeit Taanak [2]. Es besteht aus Häusern und Hütten
von Lehm, die in primitiver Art auf dem Naturfels errichtet sind. Die
bescheideneren Dörfer mögen die einfachere und ursprünglichere Art länger
beibehalten haben.

Schon in der Bauweise von Gezer verrät sich wahrscheinlich ägyptischer Einfluß [3], in der Jerichos und Jerusalems derjenige Kleinasiens und
des nördlichen Syrien. Noch mehr macht sich das Ausland geltend in
einzelnen Fundstücken, die da und dort zutage treten. Als wichtigstes
Beispiel mag hier schon der auf der Grenze unseres Zeitraums stehende
Siegelzylinder des Atanaḥili von Taanak gelten. Er stammt aus der Zeit
um 2000 und trägt teils babylonische und ägyptische Zeichen und Sinnbilder
in seltsamer Mischung. Er ist damit ein sprechender Beleg dafür, wie
beide Kulturen sich in Palästina berühren und wie man im Lande den
Einfluß beider auf sich wirken läßt [4]. |

Immerhin darf der ausländische Einfluß in Städtebau, Technik und
Kunst auch nicht überschätzt werden. Im ersteren scheint er sich auf
den Festungsbau beschränkt zu haben, denn die Städte und Dörfer selbst
zeigen im ganzen eine stark primitive, dem Bedürfnis des Augenblicks an-
gepaßte Eigenart. Auch Hausgeräte und Waffen bekunden wenig fremde
Muster: neben dem Feuerstein tritt die Bronze auf, aber in einfachen einheimischen Formen; und die Keramik zeigt in Taanak noch ganz die Art
der vorigen Periode mit den gekämmten, unten flachen Krügen mit Wellenlinien und Strickmotiven, zugleich aber noch ohne alle Bemalung [5]. Auch
anderwärts wird dieselbe Erscheinung zu beobachten sein, nur daß im
ganzen wird angenommen werden dürfen, daß die vorgeschritteneren Formen
der ältesten Keramik [6] stark in unser Zeitalter herabreichen — so in
Gezer —, ja über dasselbe hinaus — so in Jericho. Eine Sonderstellung
scheint nur Jerusalem einzunehmen, insofern hier allerdings nach den

1) Über beide siehe oben S. 116.   2) Siehe oben S. 95.   3) Macalister, Qu.
Statem. 1905, 29.   4) Sellin, Tell Ta'n., S. 105. Siehe das Weitere über das Siegel
unten S. 128. 130². 131 f. 138 f. Nach Müller, Weltschrift 3 wäre das Siegel aus Babylonien nach dem Westen verschleppt und nachträglich mit Hieroglyphen versehen.
Für die Beurteilung des ausländischen Einflusses würde dies wenig verschlagen: man
verwendet babylonische Stücke und versieht sie mit ägyptischen Sinnbildern. Die
Frage könnte nur sein, wann und durch wen die Herübernahme des Siegels und weiter:
wann seine Umgestaltung in ägyptischem Sinne erfolgte, ob gleichzeitig oder nach-
einander. Hierüber ist wohl kaum eine Entscheidung möglich. Denn die ägyptische
Einfluß ist viel älter als die eigentliche Herrschaft der Pharaonen.   5) Siehe oben
S. 95 und Watzinger, Jeri. 107.   6) Siehe darüber oben S. 115 und bes. Jeri. 107.

jüngsten Ofelfunden schon in der Zeit vor und um 2000 eine wesentlich vollkommenere Technik der Töpfergeräte zu Hause war als anderwärts [1]. Den überwiegenden Einfluß semitischen Geistes verrät die Behandlung der Toten. Mit der Sitte der Verbrennung ist gebrochen und an ihrer Stelle wird die Bestattung eingeführt. In Gezer scheint dieselbe Höhle, die ehedem der Verbrennung diente, nun als Grabstätte benützt worden zu sein. Die Leichen — jetzt augenscheinlich einer größeren und semitischen Typus verratenden Rasse angehörig [2] — werden an den Wänden entlang ausgestreckt oder auch mit angezogenen Knien im Innern der Höhle zusammengelegt. Besonders Angesehene werden mit einem Steinkranz, einer Art Umwallung umgeben. Eine Menge von Gefäßen deuten auf allerlei Beigaben, besonders Speise und Trank für die Toten. Der Gedanke, daß die Toten drunten ihr Dasein ähnlich dem Dasein auf Erden fortsetzen, ist damit klar ausgesprochen. Ähnlich wird die Leiche gegen 2000 in Jerusalem behandelt.

Wahrscheinlich schon in dieser Zeit beginnt ebenfalls in Gezer eine Totensitte, die uns zugleich einen Blick in das r e l i g i ö s e Denken der Bewohner tun läßt. Sie setzt sich aber, den Beigaben nach zu schließen, längere Zeit fort. In zwei Fällen scheint die untere Körperhälfte einer jugendlichen Leiche noch vom lebenden Körper abgetrennt worden zu sein. In einem dieser Fälle, es handelt sich um einen etwa 18 jährigen Jüngling, befand sich die allein bestattete obere Körperhälfte in engster Verbindung mit den Leichen zweier Erwachsener, die der Länge nach unter dem Grund einer Mauer lagen [3]. Die beiden Männerleichen scheinen sich nur als B a u o p f e r deuten zu lassen, und die bestatteten Leichenteile von Jüngling und Mädchen werden demnach vielleicht mit Recht als die Spuren eines kannibalischen religiösen Ritus gedeutet, auf Grund dessen die untere Körperhälfte von den Rippen abwärts, in einem Falle wohl in Verbindung mit der Hausweihe, der O p f e r u n g an eine Gottheit und vielleicht geradezu der Verspeisung durch die Opfernden anheimgefallen war. Auch das Verwenden von Schädel- und anderen Knochenteilen zu Gefäßen und das Trinken aus Schädelschalen scheint bezeugt [4].

Mit den letztgenannten Sitten scheint, auch wenn sich eine Verehrung der Toten nicht nachweisen läßt, jedenfalls die Vorstellung verbunden zu sein, daß dem Körper des Getöteten eine besondere Kraft innewohne, die auf den Inhaber der Körperteile, am besten auf den, der sie durch Verzehren in sich aufnimmt, übergeleitet werden kann. Näher an das Gebiet des eigentlich religiösen Denkens führen die anderen Bräuche heran. Das Bauopfer setzt augenscheinlich den Glauben an Erdgeister als Besitzer der Baustelle voraus. Ihnen soll durch ein Opfer das Eigentumsrecht an den Platz sozusagen abgekauft werden [5]. Der Glaube an

---

1) Näheres oben S. 115, Anm. 6.   2) Im Durchschnitt 1,67 m groß. aber bis zu 1,80 gehend. Dabei ist charakteristisch langes Gesicht und vorstehendes Nasenbein. Quart. Statem. 1902, 354 ff. Thomsen, Palästina usw. 46.   3) Qu. Statem. 1903, 12 ff. 50 ff.; 1908, 206 ff. Gez. II, 426 ff. Die alte Frau von II 3 A (S. 427) scheint einfach in einem unter dem Hause hergestellten mit Steinen umfaßten Hockergrab zu liegen. Wenn aber über den Leichen Mauern weglaufen die Beschreibung ist freilich nicht ganz zureichend — wird man doch an Opfer denken müssen. Zur Sache auch Bd. II [4], 79.   4) Qu Statem. 1905, 32.   5) Man vergleiche die noch heute bestehende Sitte des Haus- bzw. Zeltopfers, besonders die Schlachtung bei der Grundsteinlegung oder dem Legen der Schwelle usw. Als

Geistwesen als Besitzer des Ortes stimmt | aber durchaus zu den früher
von uns kennen gelernten Vorstellungen der vorsemitischen Bevölkerung[1].
Wäre er nicht so vielfach auch sonst verbreitet[2], so könnte der Gedanke
nahe liegen, er sei von jenen Urbewohnern auf die Semiten übergegangen.
Welchem besonderen Zweck das Menschenopfer dient, und in welcher
Weise es vollzogen wird, entzieht sich vorläufig noch unserer Kunde.
Doch können weitere Funde leicht näheren Aufschluß bringen. Vor allem
wäre von Interesse zu wissen, ob eine Verbrennung, also ein Brandopfer dabei in Frage kommt. Eher wird an Ausgießen des Blutes zu denken sein.

In Taanak ist in einer Schicht, die wohl ebenfalls noch unserer
Periode angehört, ein stattlicher Steinaltar mit Stufe gefunden worden[3].

Sinn des Opfers gilt den Eingeborenen: „Das Haus will es so haben, sonst stirbt
jemand von den Bewohnern oder Bauleuten." In der Belqa gilt bei der Schlachtung geradezu das Wort: „Mit Verlaub, o Herr des Platzes" (Jaussen, Coutumes
d. Arab. 339. 342. Kahle, PJB. 6, 84; 8, 154). Zugleich wird bei diesem Opfer
Blut des Opfertieres an die Türpfosten gestrichen oder getupft. Das erinnert natürlich an den Brauch beim alten Passa und erklärt sich nur aus dem Gedanken, daß
der hier weilende Geist Blut haben will, d. h. das Leben eines Wesens — teils um
es zu trinken, teils vielleicht, um daraus die eigene verlorene Lebenskraft wiederzugewinnen. Der eine oder andere dieser Gedanken muß auch bei dem Totenopfer
und verwandten Bräuchen der peträischen und palästinischen Araber maßgebend sein,
wenn sie z. B. dem Toten nicht nur Milch, sondern auch Blut aufs Grab gießen,
Musil, Arab. Petr. III, 450f. (Zum Passa vgl. Ex. 12, 13. 23. Daß die Gottheit
das Blut nur „sehen" will, ist bereits spätere geläutertere Auffassung im Jahvekultus).
Vgl. Dalman, PJB. 4 (1908) 49f.; Kahle, ebda 6, 71; 7, 88 und bes. 8, 158 f. (heute
wohl als Erinnerung an geschehenes Opfer gedeutet). Die letzte Wurzel scheint der
Blutdurst der Geister des primitiven Seelenglaubens zu sein. Über ihren Durst überhaupt s. vorhin S. 121. Der Durst nach Blut äußert sich zunächst bei den Er-
schlagenen: Abels Blut schreit nach Rache, d. h. seine Leiche nach Blut. Der Mord
hat ihn von Blut entleert, soll er weiterleben (im Grabe), so muß ihm Blut zugeführt
werden. Hier ist die Wurzel der Blutrache, vgl. Schreuer (ob. S. 29[8]) 160f. 171.
Von hier aus scheint sich dann der Gedanke entwickelt zu haben, daß die Toten und
deren Geister überhaupt blutleer und darum blutb-dürftig seien. Vom Geist ging die
Vorstellung über auf den Gott. — Hier ist die Wurzel des noch in Israel bestehenden
und bei ihm zu großer Bedeutung gelangten Blutritus. Auch von Jahve gilt es
noch, daß das Blut als das Leben ihm gehört, ja daß es bei ihm Sühne schafft. Natürlich ist hier Jahve nicht mehr ein Blut schlürfender Dämon. Wohl aber schafft das
Blut eine geheimnisvolle Verbindung zwischen der Gottheit und dem Menschen (und
der Menschen unter sich), weil es Träger eines Lebens ist, das letztlich der Gottheit
gehört (in Israel denkt man, weil es von ihr stamme (u. S. 205[1]), ehedem: weil sie es
haben will), und es stellt so eine Berührung mit göttlichem Leben und dadurch zugleich „Sühne" her (vgl. Stade. Bibl. Theol. I, 157). Vielleicht dachte man sich die
Gemeinschaft, die durch das Blut geschaffen war, als eine Art Blutbund in der
Weise, wie heute noch die Araber gewisser Gegenden unter sich Blutsbrüderschaft
schließen. Auch der Gedanke des Ersatzes spielt gewiß öfter mit; vgl die Zusammenstellung bei Samter, Geb. Hochzt usw. 183ff. (fremdes Leben statt des eigenen oder
eigenes Blut als pars pro toto, ähnlich dem Haaropfer). — Söderblom, Urspr. d. Gottesidee (1915), S. 38 bestreitet, daß in solchen Fällen an den hier waltenden Geist gedacht sei. Es genüge anzunehmen, daß der Platz der im Verstorbenen lebenden
Kräfte teilhaftig werde. Dies mag gewiß für viele Fälle auf andern Gebieten zutreffen, so bei der Färbung der Knochen (oben S. 117[8] u. Volz, Altert. 331) oder dem
vielfach heute üblichen Bestreichen der Häuser mit roter Farbe (Samter 186ff). Aber
hier möchte ich nach den vorhin angegebenen Zeugnissen doch bei der Deutung als
Opfer stehen bleiben.

1) Siehe oben S. 121.   2) Für Babylonien s. Hilprecht, Explorations in Bible
Lands, 403.   3) Sellin, Tell Ta'anek, S. 103. Außerdem in Memnon a. a. O (vgl.
oben S. 95[5]). Ich glaube, daß kein Grund vorliegt, an dem sakralen Charakter
des Blockes zu zweifeln So viel ich sehe, ist auch bis jetzt keine andere Deutung,
die befriedigen könnte, aufgetreten. Dalman vermutet eine Ölpresse, PJB. 9 (1913), 42 f.

Ob er als Brandaltar oder nur als Spendestätte diente, ist nicht vollkommen klar. Doch ist das letztere wahrscheinlich. Es darf demnach angenommen werden, daß die Sitte des Hinlegens oder Hingießens der Gaben auf der Opferstätte immer noch eine wichtige Rolle spielt, vielleicht noch ausschließlich zu Recht besteht. Auch der stattliche Steinaltar von Ṣar'a (Zorea'), auf den die Simsongeschichte Bezug nimmt, wird, welches immer die Zeit seiner heutigen Gestalt sein mag, schon jetzt heiligen Zwecken gedient haben, vielleicht auch schon der Felsblock vom Wadi 'ammūrie [1].

Leider wissen wir nichts über den Namen der hier verehrten Gottheit. Daß aber außer den einheimischen lokalen Gottheiten auch schon fremde, insbesondere babylonische verehrt werden, beweist das Siegel des Atanaḥili, das seinen Besitzer als Verehrer [2] des Nergal bezeichnet. Da Nergal eine Unglücksgottheit ist, so wäre nicht ausgeschlossen, daß die vorhin beschriebenen Menschenopfer von Gezer ebenfalls diesem Gotte galten. Denn gerade solche Gottheiten lieben die blutigen Opfer. Hingegen ist die später so vielfach verehrte Astart in dieser Zeit noch nicht nachweisbar, es sei denn, daß einige Kultidole primitivster Arbeit, die in Megiddo und Gezer zutage traten [3], sie oder eine ihr ähnliche Muttergöttin darstellen sollten, was immerhin möglich ist. Aber man muß zweifeln, daß Gebilde von so ungewöhnlich roher Technik erst unserer Zeit und nicht einem viel früheren Altertum angehören sollten. Fallen also auch diese Gebilde, deren religiöser Charakter außerdem nicht durchweg über den Zweifel erhaben ist, als vermutlich vorsemitisch weg, so gewinnt der Eindruck mehr und mehr an Bedeutung, daß die älteste Semitenreligion, die wir auf dem Boden Palästinas feststellen können, überhaupt keine bildliche Darstellung der göttlichen Wesen kannte, oder wofern sie eine solche besaß, außerordentlich selten von ihr Gebrauch machte [4].

Wohl aber darf das Fortbestehen der ihrer Entstehung nach wohl schon der vorigen Periode angehörenden Steinkreise, Monolithe (Menhire), Spitzsteine, Dolmen und heiligen Felsplatten und der mit ihnen verbundenen religiösen Vorstellungen auch in dieser Zeit als sicher angenommen werden. Schon die wichtige Rolle, die sie noch in biblischer Zeit spielen, liefert den Beweis dafür.

Auch das Vorkommen des Namens Atanaḥili in unserer Zeit — bis jetzt des ältesten Namens dieser Art auf palästinischem Boden — darf zum Schlusse hier noch einmal in Erinnerung gebracht werden. De

---

1) PJB. 8, 23 und die Abb. in Kittel, Alttest. Wiss., Taf. III.   2) So wird das „Knecht des Nergal" nach der beigegebenen Abbildung, die einen Adoranten (doch wohl den Besitzer) gegenüber von Nergal zeigt, zu deuten sein. Die ägyptischen Symbole sprechen für Entstehung mindestens der heutigen Gestalt im Lande, und das entscheidet, wer immer der Besitzer war. Er kann ein Kanaaniter sein, der es beiden Herren recht machen wollte, oder ein babyl. Kolonist, der auch der ägyptischen Gottheit gegenüber nichts versäumen wollte. Irgend ein Synkretismus scheint im Spiele zu sein.   3) Zusammengestellt bei Vincent, Canaan 153 ff., besonders Fig. 95. 96. 98 und Pl. III bei S. 158, Fig. 1. 2. 4. 7. Die Bezeichnung einzelner Stücke als „Taraf" dort ist vollkommen willkürlich und irreführend (vgl. noch S. 174 unten). 4) Die wohl jetzt schon und bes. später vielfach auftretenden kleinen Bilder der Aschtart-Hathor dienen sicher nicht dem öffentlichen Kultus. Es sind zum großen Teil Amulette und Talismane, wohl auch Votivgaben, wie man sie beim Heräon in Argos, in Delos und sonst findet. Auch bei den Arabern ist das Bild der Gottheit erst spät, Wellhausen, Skizz. und Vorarb. III, 99f. Weiter in § 20, 2.

Umstand, daß gerade dieser Träger des Namens ein Verehrer Nergals heißt, kann, weil vielleicht rein zufällig, nicht dagegen aufkommen, daß der Name auch für das Palästina dieser Zeit dieselben Gedanken wachruft, welche die Namen derselben oder verwandter Bildung in weiterblickenden Geistern des Zweiströmelandes wecken konnten [1]. Wir würden dann vielleicht jetzt schon anfangen dürfen, auf dem Boden Kanaans an das Auftreten von Ideen über die Gottheit zu denken, die dem in weiten Kreisen der Bevölkerung und vor allem in deren Niederschichten herrschenden Geisterglauben und gewöhnlichen Polytheismus eine t i e f e r e A u f f a s s u n g von der Gottheit entgegensetzen. Ob sie wirklich zum Ausdruck kamen und wie viele sie vertraten, bleibt freilich bis auf weiteres noch dunkel.

2. Die erste Hälfte des zweiten Jahrtausends. — Mit dem Aufkommen des Mittleren Reiches beginnt sich Ägyptens Machtstellung wieder zu heben. Vor allem richten sich die Blicke der Pharaonen seit etwa 2000 wieder stärker nach Norden, wenn es auch vorläufig nicht zur wirklichen Unterwerfung Palästinas kommt. Sie tritt aber mit Sesostris III. ein, und von ihm an scheinen die Pharaonen des Mittleren Reiches sich mit gutem Grunde „Beherrscher der Asiaten" genannt zu haben. Folgt dann auch seit etwa 1800 wieder eine Erschlaffung der ägyptischen Macht, so wird Palästina seit dem Aufkommen der Hyksos desto vollständiger unter die politische Übermacht Ägyptens gestellt [2], der natürlich auch eine starke geistige Abhängigkeit entspricht. — Etwa seit dem Beginn des mittleren ägyptischen Reiches hat sich aber auch der neue Vorstoß von Babylonien her gegen Syrien geltend gemacht, zunächst durch die Elamiter, hernach in noch höherem Grade unter Hammurapi und seinen Nachfolgern, auch wenn sie nicht die politische Oberherrschaft über Palästina besaßen [3]. Die Elamiter und | Hammurapi werden sich zeitlich etwa gerade zwischen den Verfall des alten ägyptischen Reiches und das Jahr 1900 einschieben, während dem politischen Vorwiegen ägyptischer Einflüsse in Syrien das Auftreten und Wirksamwerden hetitischer [4] parallel läuft.

Wie die politischen Verhältnisse sich näher gestaltet haben, und welches ihre Wirkung auf Palästina und Syrien war, ist oben dargelegt [5]. Hier genügt es, daran zu erinnern, daß der Verkehr mit Babylonien und besonders mit Ägypten im südlichen Syrien und dem eigentlichen Palästina allem nach jetzt schon außerordentlich lebendig war. Und zwar handelt es sich nicht bloß um lebhaften Handel, sondern auch um regelrechten diplomatischen Verkehr.

So können wir die K u l t u r - und die allgemeinen L e b e n s v e r h ä l t - n i s s e Palästinas in dieser Zeit schon einigermaßen deutlich übersehen. Vor allem mag hier noch einmal an den reichen Ertrag der Sinuhegeschichte für die Kenntnis der Verhältnisse in Palästina erinnert werden, die uns lehrte, wie das Land in verhältnismäßig geordneten Zuständen,

---

1) Siehe darüber unten S. 167f. War Atan. kein Kanaaniter, sondern ein bab. Kolone, so ist der Name freilich nicht für die einheimischen Kanaanäer, wohl aber für die im Lande lebenden Fremden von Bedeutung. Aber ihr Einfluß auf die Einheimischen ist zweifellos.   2) Siehe oben § 11.   3) Siehe oben § 12. Dazu unten S. 160⁵.   4) Zu ihnen auch St. A. Cook, Qu. Stat. 1913, 205 u. Dhorme, Rev. Bibl. 1909, 61 ff.   5) Siehe besonders oben S. 57 f.

aber ohne einheitliche Zentralgewalt, stand, also wohl unter einzelnen kanaanäischen oder amoritischen Dynasten [1]. Zwischen ihnen und dem Pharao — und vermutlich dem König von Babylon — besteht ein regelmäßiger Austausch von Kurieren neben gelegentlicher Sendung richtiger Gesandtschaften. Ebenso haben sie unter sich lebhaften Verkehr: ein Land gibt Sinuhe ans andere weiter. Am Hofe einzelner Dynasten spricht man ägyptisch, es weilen zahlreiche Ägypter im Lande. Sie scheinen sogar eigene Quartiere und Gilden in einzelnen Städten besessen zu haben [2]. Die Beduinenhäuptlinge und Dynasten senden ihre Söhne zu zeitweiligem Aufenthalt an den Hof nach Theben, etwa | so, wie heute einzelne angesehene Schêche ihre Söhne nach Damaskus, Kairo oder gar nach Stambul senden, damit sie Welt und Leben kennen lernen. Was von Ägypten, seinem Hofe, seiner Sprache, seinen im Lande lebenden Untertanen gilt, werden wir mutatis mutandis auch auf Babylon und später auf die Hetiter anwenden können [3].

Feindliche Überfälle, besonders von räuberischen Beduinen, aber auch Bedrohungen von seiten der Weltmächte am Nil und Eufrat-Tigris, die den Wert Syriens für ihre Machtstellung längst schätzen gelernt haben, sind nicht selten. Gegen die letzteren scheinen sich die Dynasten Syriens gelegentlich zusammenzuschließen [4]. Unter den ersteren hat auch Ägypten zu leiden, das sich gegen sie durch seine Fürstenmauer am Eingang zur Sinaihalbinsel abschließt [5]. Besonders seit dem kräftigen Vorstoß Sesostris' III. und weiterhin seit der Herrschaft der den Palästinern stammverwandten Hyksoskönige wird sich der Einfluß Ägyptens neu und in erhöhtem Maße geltend gemacht haben [6], während anderseits seit dem Einbruch der Elamiter ins Land und infolge der Amoriterherrschaft in Babylonien zugleich ein neuer breiter Strom babylonischen Kulturlebens nach Palästina hereinflutet. Der letztere erreicht ohne Zweifel in dem Gesetz Hammurapis seinen Höhepunkt [7]. Es wird demnach, was schon oben S. 122 für babylonische Gottheiten und Mythen vermutet ist, jetzt in verstärktem Maße zutreffen. Ebenso wird man nicht fehlgehen mit der Annahme, daß das Gesetz Hammurapis bei seiner hervorragenden Bedeutung schon bald nach seinem Auftreten auch die Rechtssitten Kanaans nicht unberührt ließ. Das unten nochmal zu berührende Siegel von Taanak und die Analogie der Amarnazeit, welche den Beleg für das Wandern

---

1) So auch unter Sesostris III., wo wir für Sikem dasselbe annehmen dürfen, siehe oben S. 60.   2) Am deutlichsten ist dies von Gezer seit der 12. Dynastie bezeugt. Die dort massenhaft und zum Teil in der ursprünglichen Fassung auftretenden Skarabäen seit der 12. Dynastie und der Hyksoszeit (Gez. I, 127ff.; II, 314ff. und oben S. 74. 93) lassen mit Bestimmtheit erwarten, daß sich in Gezer damals eine ägyptische Kolonie befand. Dasselbe erweist eine Grabfigur eines Ägypters aus Granit, die nach Griffith ebenfalls der 12. Dynastie angehören soll. Der Begrabene wird hier als „Koster" [der Bäckerei?] bezeichnet, was auf ein Amt innerhalb einer geordneten Gemeinschaft deuten würde. Die Gemeinschaft wird am ehesten die ägyptische Kolonie von Gezer sein ¡Qu. Stat. 1905, 317ff; 1906, 121ff. Gez II, 312. Dazu Thiersch, Arch. Anz. 1909, 401). Auf diese Weise finden auch die zahlreichen übrigen Grabfunde hier und in Megiddo ihre beste Erklärung Auch das Keilschriftsiegel von Taanak wird wohl, wenn auch vielleicht einheimische Arbeit, doch als Eigentum eines babylonischen Kolonisten zu verstehen sein (vgl. die bab. Form *atanah* sowie Ranke, Pers. names 68).   3) Über politische Agenten Babylons in Syrien s. oben S. 66 (Mitte).   4) So vermutlich gegen Sesostris III., siehe oben S 59.   5) Siehe über sie oben S. 58 Mitte.   6) Vgl. über die Skarabäen Chians in Gezer oben S. 74 unten.   7) Siehe oben S. 66ff., besonders S. 68.

des Adapamythos nach Westen erbringt, machen das eine wie das andere wahrscheinlich. Im ganzen wird angenommen werden können, daß die nördlicheren, besonders die amoritisch beeinflußten Gebiete Palästinas mehr dem babylonischen, die südlicheren mehr dem ägyptischen Einfluß offen standen. War doch die Gegend von Hebron höchstwahrscheinlich in der Hyksoszeit der eigentliche Stützpunkt Ägyptens [1].

Wie man bald nach 2000 im Lande lebte, zeigt uns abermals recht deutlich die Sinuhegeschichte. Im Lande Jaa gibt es Feigen und Weintrauben, Honig und Öl, Fruchtbäume aller Art. Man speist ge-| kochtes Fleisch und gebratene Gänse, fängt Wild mit Fallen und durch Jagdhunde [2]. Die Sitte der einfachen Bestattung wird im Gegensatz zur ägyptischen Art, den Leichnam künstlich zu erhalten, verächtlich ein Einhüllen in Schaffelle genannt. Daraus darf wohl der Schluß gezogen werden, daß die Bauern und Hirten Palästinas schon damals, wie heute die Fellachen, es liebten, sich in Schafpelze zu kleiden. Dem Toten scheint man seine Kleidung, mindestens seinen Mantel, mitgegeben zu haben.

Von der Kleidung, Ausrüstung und Bewaffnung der Palästiner dieser Zeit geben uns die in Benihassan abgebildeten Beduinen unter dem „Fürsten des Wüstenlandes" Abscha eine Vorstellung [3]. Sie tragen starken schwarzen, bis in den Nacken reichenden Haarschopf, dünnen Backen- und Kinnbart und rasierte Oberlippe, fast durchweg schöne buntgewebte Gewänder mit Borten und Fransen, die vorwiegend von der Schulter bis über das Knie herabreichen, mehrfach aber auch sich auf den alten Lenden- schurz beschränken. Die hier vorgeführten Vollgewänder werden von denen der Städter kaum verschieden gewesen sein. Als Waffen führen sie Bogen und Lanze, daneben ein gekrümmtes Wurfholz und eine Streit- axt, die derjenigen verwandt ist, die unlängst in Megiddo zutage trat: auf dem vorne mit einem hammerartigen Fortsatz versehenen Stil sitzt das kupferne Beil. Wasserschlauch, Eselsänfte und Zither fehlen nicht. Kupferne Waffen, besonders eine interessante Beilart, sind in Jericho bezeugt [4].

Über das Können dieser Zeit in Baukunst, Befestigung, Herstellung von Waffen und Geräten in Stein, Ton und Metall liefern vor allem die Ausgrabungen erwünschten Aufschluß. Sie lassen uns bei im ganzen immer noch einfachen Verhältnissen doch eine achtunggebietende Fertig- keit, vor allem ein starkes Vermögen der Aufnahme fremden Gutes und der Anpassung an fremde Muster, wahrnehmen. Man lebte nicht umsonst in vielfacher politischer und Handelsverbindung mit dem Auslande.

An der Spitze, weil alles andere überragend, muß hier stehen, daß wir in dem früher schon [5] genannten Siegel von Taanak wahrscheinlich die erste Spur des Schreibens auf kanaanäischem Boden vorfinden. Es darf als sichere Tatsache ausgesprochen werden, daß | es lediglich Sache des Zufalls ist, wenn dieses Siegel bisher das einzige aus unserer Zeit geblieben ist, obgleich das Ausbleiben weiterer uns annehmen läßt,

---

1) Siehe oben S. 75.   2) Siehe oben S. 57. Ebenda das Schaffell.   3) Siehe darüber schon oben S. 41 u. 59. Gute Abbildung in Farbendruck im HBA [2] bei S. 54/55.   4) Näheres unten S. 135 f.   5) Siehe oben S. 97. 128. 130 [2] (Text u. Anm.). Weiter unten S. 138 (bis).

daß die Schreibkunst noch höchst spärlich angewandt sein werde. Wie oben dargelegt, ist das Siegel zwar vielleicht eingeführt und in seiner Urgestalt mit der Inschrift nicht in Kanaan entstanden. Aber es darf angenommen werden, daß es im Lande gelesen werden konnte. Besonders wenn es von einem babylonischen Kolonen stammte, ist dies durchaus wahrscheinlich und das Natürliche. Konnte man lesen, so konnte man auch schreiben und es steht der Annahme wohl kaum etwas im Wege, daß man auch ähnliche Stücke im Lande selbst fertigte. Dies wäre von höchster Bedeutung deshalb, weil die Schrift und Sprache die babylonische ist. Der Umstand ließe sich nur so deuten, daß Kanaan noch keine eigene einheimische Schrift besaß. Weiterhin aber, wenn die ägyptische Schrift abgelehnt und die babylonische gewählt wird, so würde nach der Analogie der Amarnatafeln hieraus erschlossen werden dürfen, daß der geistige Einfluß Babylons in jener Zeit tatsächlich der mächtigere war [1]. Es mag das eine Wirkung der gewaltigen Persönlichkeit Hammurapis und im besondern seines Gesetzbuchs gewesen sein [2].

Was ferner Städtebau und Befestigungskunst anlangt, so wird der Stadt- und Festungsbau zunächst im ganzen derselbe gewesen sein wie kurz vor der Wende des 2. Jahrtausends. Als unbefestigte Städte von Bedeutung treten uns jetzt — soweit man zur Zeit urteilen kann — entgegen Bet-semes und Sikem. Das Vorhandensein des ersteren ist durch die in seinen Ruinen gefundenen Tonwaren dieser Zeit, das des letzteren durch die Erwähnung Sikems in ägyptischen Nachrichten wahrscheinlich gemacht [3]. An eigentlichen Befestigungen dürfen wir wohl die in Lakis zutage getretene Anlage der Zitadelle auf dem Osthügel [4] hierher rechnen. Sie verrät manche Ähnlichkeit mit dem, was in dieser Hinsicht Gezer schon ein halbes Jahrtausend früher besessen hatte, wird aber erst der Zeit um 2000 entstammen [5]. Jener Osthügel wird, vermutlich zum Schutz vor den wieder kräftige Vorstöße | nach Palästina unternehmenden Ägyptern, mit starken Mauern und Türmen versehen. Erst einer späteren Zeit war es dann vorbehalten, den ganzen Hügel mit einer Mauer zu umziehen. Die Häuser sind aus Luftziegeln errichtet.

Von besonderer Wichtigkeit sind aber in dieser Hinsicht die Ausgrabungen von Taanak und Megiddo geworden. An beiden Orten wird man die prächtigen, bis auf den Fuß des Hügels herabreichenden Befestigungsanlagen am ehesten unserer Zeit zuschreiben dürfen. Hier in der Jesreelebene sind in der Zeit um 2000 neben den heimischen Gegnern gleichzeitig die vordrängenden Ägypter und die von Norden nach Osten herüberbrandenden Scharen aus der Steppe und aus Babylonien abzuwehren. So mag die Not der Zeiten die Bewohner jener Hügel die Kunst der Sicherung ihrer Siedlung durch gründliche und umfassende Befestigungsarbeiten gelehrt haben. Am deutlichsten treten sie in Megiddo zutage [6].

---

1) Vgl. auch die ägypt. Ziegel derselben Zeit oben S. 58, Anm. 6, wo an der Schreibweise (Keilschrift) wohl kaum zu zweifeln ist. 2) Zur ganzen Frage sieht weiter unten S. 160ff.   3) Vgl. über Sikem oben S. 59f. und 112, über 'Ain Schems in dem das hebräische Betsemes vermutet werden darf S. 112. Bei beiden Orten haben die Ausgrabungen der allerjüngsten Zeit, sofern sie bis jetzt richtig gedeutet sind, Befestigungen erst aus späterer Zeit nachweisen lassen. Doch scheint besonders über Sikem noch nicht das letzte Wort gesprochen.   4) Siehe die Abbildung be Vincent, Canaan, Pl. I. II (bei S. 26).   5) Siehe oben S. 90.   6) Schumacher, Tell el-Mutesellim, Taf. VIIff., außerdem z. B. Kittel, Die Alttest. Wissensch

Auf einem Sockel aus Bruchsteinen wird eine etwas abgeschrägte Ziegel-
steinmauer errichtet, die sich in mehreren Absätzen um den ganzen Hügel
zieht. Die Ziegelmauer, die sich unmittelbar an den Naturhügel anlehnt,
hat trotzdem eine Dicke bis zu 6 und 7 Metern. So steigt terassenförmig
eine heute noch imposante und für ihre Zeit fast uneinnehmbare Mauer
vom Fuße des Hügels bis zu seinem Gipfel empor, unten über dem Bruch-
steinfundament zur Erschwerung des Heranrückens noch mit einem schrägen
Glacis aus festgestampftem, mit kleinen Steinen untermischtem Lehm.
Wie schon früher in Gezer und wie gleichzeitig in Lakis, so wird auch
hier die Verteidigung der Mauer noch unterstützt durch solide Turmanlagen, die in Megiddo besonders die Ecken der Stadtmauer sichern.
Stark | über die Mauer vorspringend bieten sie Raum für eine Menge
von Verteidigern. Natürlich sind sie und die Mauer selbst mit Zinnen
und Palisaden gekrönt zu denken, ähnlich wie schon die Doppelringmauer
von Jericho [1].

Mächtige Toranlagen, die für sich wieder kleine Festungen darstellen [2],
führen ins Innere der Stadt, deren H ä u s e r in ziemlich regelloser Anordnung und auffallend klein errichtet sind. Ihre ganze Anlage scheint darauf hinzudeuten, daß ähnlich den heutigen Fellachen Palästinas die Bewohner der Ortschaften den Tag vorwiegend außer dem Hause zubrachten,
auch, soweit sie Geschäft und Handel treiben, ihre Verkaufsräume und
Arbeitsstätten außerhalb des Hauses hatten, so daß das letztere vorwiegend nur als Nachtquartier für Menschen und Haustiere und als Vorratsraum in Betracht kommt. Daher die Kleinheit und Niedrigkeit der Räume
und der Mangel an Fensteröffnungen [3]. In Megiddo sind die Häuser
dieser Zeit, wenigstens in den Unterschichten, aus unbehauenen Feldsteinen,
deren Fugen durch kleinere Steine ausgefüllt werden [4]. Ähnlich geartete
Bruchsteinmauern zeigen die Häuser des kanaanitischen Jericho. Hier kann

---

[1] 43 (Abb. 2). Für Taanak, das eine ähnliche Anlage aufweist, vgl. außer Sellin,
Tell Ta'an. besonders Vincent, Canaan, S. 54 (Abb. 28) und dazu die Beschreibung bei Sellin, Tell Ta'anek, S. 48: Die Umfassungsmauer „war in vier Stockwerken erbaut, von denen jedes höhere immer zirka 10 cm hinter dem demnächst
tieferen zurücktrat. Das unterste, auf dem Naturfelsen ruhende bestand aus kleinen
Geröllsteinen und war 65 cm hoch; das folgende, gleichfalls aus solchen aufgeführt,
maß sogar nur 35 cm, das dann folgende enthielt größere Geröllsteine und hatte eine
Höhe von 1,30 m; das oberste endlich ruhte auch noch auf Geröllsteinen, bestand
dann aber aus drei Schichten genau ausgerichteter Felsen und hatte eine Höhe von
1,75 m. Von der Oberfläche aus führte, schräg abgedacht, ein starkes Glacis auf die
nächste Plattform des Hügels und zwar bestehend aus einer oberen Schicht Geröll
und Mörtel von 0,40 m Dicke, einer mittleren Erdschicht von 0,15 m und einer untern
aus weißem Mörtel und Kies von 0,45 m Dicke. Der übrige Raum zwischen Glacis
und Mauer war mit Erde ausgefüllt". Dasselbe Glacis tritt dann wieder an der Nord-
ostecke des Tell zutage, s. den Plan bei Sellin am Ende. 1) Vgl. die Darstellung
der Philisterstädte der Zeit Ramses' II. und Sanheribs
bei Greßmann, TuB. II, 129 u. 138 f. (auch Thomsen, Paläst. 29 u. öfter). Außerdem die assyrischen und ägyptischen Abbildungen von kanaanäischen Festungen, z. B.
Vincent, S. 46 f. (Abb. 21 u. 22) und besonders diejenigen der Kämpfe Sethos' I. gegen
kanaanäische Festungen in Karnak. Eine sehr schöne Anlage von vorspringenden
Bastionen bietet Tell Zakarije: Bliss and Macalister, Excavations, pl. III (= Vincent
63, Abb. 34). Zu Jericho oben S. 124. 2) Die Abbildung einer solchen Toranlage
in Gezer siehe bei Vincent, Canaan, S. 43, Abb. 18 (= Gez. II 242; Qu. Statem.
1904, pl. II auf S. 205). 3) Noch erheblich später sind die Häuser von Taanak
höchstens 4 m im Durchmesser groß (Sellin, Ta'anek 95). 4) Schumacher, Mutesellim, S. 12.

auch wenigstens der Versuch gemacht werden, die Anordnung des Wohn-
hauses einigermaßen zu bestimmen. Es ist wohl möglich, daß Watzinger
recht hat mit der Annahme, daß das kanaanitische Haus ähnlich dem
der heutigen Fellachen in der Regel aus einem Zimmer mit Backofen und
Vorratsraum, einer daranstoßenden Kammer und einem Hofe bestanden
hat. Das Dach mag flach aus aufgelegten Balken mit darübergebreiteten
Ästen und Zweigen wie heute gewesen sein [1].

Eine Ausnahme unter den Bauwerken der Stadt bilden mehrfach
einzelne durch Größe und Sorgfalt der Ausführung hervorragende Anlagen, in denen man mit Recht die „Burg" des Dynasten suchen wird.
In Taanak kommt hier in Frage die „Westburg", in Megiddo die von
Schumacher sogenannte „ägyptische" oder Mittelburg, sowie die Nordburg.
Die Westburg von Taanak stellt sich dar als ein unmittelbar an die Stadtmauer angelehntes, fast quadratisches Gebäude, 18,60 m breit und 20,08 m
tief. Es ist so angelegt, daß einem stattlichen Hofe im Süden und Westen
eine Anzahl Zimmer vorgelagert sind [2]. Die Bauweise erinnert stark an
die Kyklopenmauer. Es sind polygonale, nur gelegentlich viereckige Steine
aneinandergefügt, aber vorzüglich ausgerichtet, so daß sie nach außen hin
eine glatte Fläche darstellen, mehrfach auch zu diesem Zwecke auf der
einen Seite geglättet. Die Fugen sind auch hier mit kleinen Steinen ausgefüllt. — Die sogenannte ägyptische Burg oder Mittelburg der zweiten
Schumacherschen Schicht in Megiddo ist nach demselben System wie die
Ziegelringmauer erbaut und gehört wohl derselben Zeit an [3]. Die Bauweise ist ähnlich derjenigen der Westburg von Taanak, nur teilweise noch
primitiver, so daß man geneigt sein kann, sie etliche Jahrhunderte früher
anzusetzen. Vor allem scheint das Gefüge der Mauer weniger streng
durchgeführt, ebenso die Glättung der Flächen [4]. Dafür ist die Grabkammer I unter dieser Burg das Muster eines primitiven Tonnengewölbes
von höchster Tragfähigkeit [5]. Auch die Nordburg der dritten Schumacherschen Schicht wird man unbedenklich noch dieser Periode zurechnen dürfen,
wenn sie auch vielleicht etwas jünger ist als die Mittelburg [6]. Es wird
etwa die Zeit der Westburg von Taanak sein. Sie stellt ein stattliches
Viereck von etwa 35 m Länge und 30 m Breite dar, im Westen durch
einen mächtigen Festungsgraben von 6 m Tiefe und rund 4½ m obere
Weite gedeckt. Hinter ihm erhebt sich die Westmauer der Burg mit
vortretendem Sockel aus Bruchstein, darüber eine Bruchsteinmauer von
2—2½ m, über der auf einer halb so hohen, etwas zurücktretenden Steinmauer eine Ziegelmauer von 1 m aufsteigt [7]. Man sieht, auch der schon
in die Stadt eingedrungene Feind hatte noch schwere Hindernisse zu überwinden, ehe er sich in den Besitz der Fürstenburg setzen konnte.

---

1) Jeri. 36 ff. 45 und oben S. 107, wo auf Sendschirli verwiesen ist. Vielleicht
würde genauere Beobachtung auch anderwärts ähnliches ergeben haben.   2) Die Au-
gabe (S. 47), die Zimmer haben nur 2 Quadratmeter Flächeninhalt, scheint nach dem
Plane S. 43 irrig. Vielmehr ergeben sich 3—4 Quadratmeter, was eine normale
Zimmergröße bedeuten würde. Vgl. auch die Maßangaben bei Vincent, Canaan 53.
Zur Zeitbestimmung vgl. oben S. 96, Anm. 3.   3) Siehe oben S. 99. 101 und 96,
Anm. 3.   4) Siehe bes. Mutesellim, Taf. IV.   5) Ebd. Taf. V, nach Abb. 9 auf
S. 14.   6) So Schumacher, Mutes., S. 37. Man vergleiche aber dazu seine Bemer-
kungen auf S. 66 unten, die die nahe Verwandtschaft beider Bauwerke zeigen, dazu
die Bemerkungen oben S. 99 f. 101.   7) Mutesellim Taf. XII. Vgl. besonders den
Durchschnitt A—B.

Was die Zeit an Erzeugnissen von Kunsthandwerk und Technik des alltäglichen Lebens hervorbrachte, oder wenigstens besaß und verwandte, zeigen die mancherlei Kleinfunde. In Lakis finden wir neben Feuersteinwerkzeugen Waffen und Geräte aus Bronze und handgemachte Keramik mit linearen gekämmten Ornamenten, auch Scherben mit Zeichen, die an Buchstaben erinnern [1]. Auch in eṣ-Ṣafi, vielleicht dem alten Gat, finden sich Spuren ältester Keramik, die hierher zu rechnen sein dürften [2]. Besonders reichen Ertrag aber haben Gezer, Taanak und Megiddo geliefert. Neben allerlei Bronzen fanden sich in Gezer Krüge und Schalen verschiedener Art, sowie Skarabäen der 12. und 13. Dynastie und sonst mancherlei Ägyptisches. In einer in mannigfachen Windungen unter dem Hügel der Stadt sich hinziehenden Höhle [3], die augenscheinlich zu Begräbniszwecken diente, lagen als Totenbeigaben Gefäße aus Ton, Alabaster und Schiefer neben Skarabäen des Mittleren Reiches in ihrer ursprünglichen Fassung in Goldbügeln, schöngefaßte Zylinder, Elfenbeinblättchen, die als Verzierung von Holzkästchen gedient hatten, Gold- und Silberschmuck in Form von kleinen Halbmonden zum Anhängen, goldene und silberne Schmucknadeln, Stirnbänder aus Goldblech, goldene Armringe, Rosetten, Perlen. Wie viel von ihnen schon hier, wie viel in der nächsten Periode unterzubringen sein mag, läßt sich kaum genauer bestimmen. Die keramischen Beigaben mögen in der Hauptsache nach 1600 anzusetzen sein. Die unsrer Zeit (1. sem. Periode) zugehörigen Tonwaren in Gezer zeigen, wie in Jericho, noch wenig Fortschritt über die der ältesten Zeit hinaus. Immerhin ist unverkennbar, daß hier, im Unterschied von Jericho, die Anwendung der Töpferscheibe und der Bemalung mit weißer Engobe, bisweilen auch roten Ornamenten, einen Fortschritt bezeichnet. Nur Jerusalem scheint hier eine Ausnahme zu machen [4]. Seine Erzeugnisse | bestätigen den schon von Jericho und den andern Orten gewonnenen Eindruck, daß die palästinischen Gefäße dieser Zeit „den besten Erzeugnissen prähistorisch ägyptischer und altkyprischer Fabriken nicht nachstehen" (Watzinger). Dabei ist für Jericho besonders bezeichnend, daß sich hier die altkanaanitische Keramik als die älteste hier vertretene Art erwiesen hat. Am Ende der Periode finden sich auch in Jericho Kupfergeräte, darunter eine eigenartige Axt mit zwei Löchern, ähnlich andern in Syrien gefundenen.

In Taanak hat sich, ähnlich wie in Jericho, die älteste Gattung der Keramik bis gegen 1500 [5] erhalten, doch mag dem Ende unserer Zeit ein Teil der in der Westburg und wohl auch der in der sogenannten Burg Ischtarwaschurs [6] gefundenen Stein-, Bronze- und Tonsachen angehören.

---

1) Siehe oben S. 90; vgl. auch S. 100 (Megiddo).   2) Siehe oben S. 92 und Thiersch im Arch. Anz. 1908, 371.   3) Siehe oben S. 28. 93 f. und besonders Thiersch im Arch. Anz. 1909, 35° f. nach Qu. Statem. 1905, 309 ff. jetzt Gez. I, 111 ff.; II, 314 ff.; III, Pl. 31. Die Zeit der Skarabäen I, 141.   4) Vgl über die 1. sem. Periode der Keramik in Gezer (nach Macal. 2500 – 1800, auch 2000 – 1800 [III, Pl. II; Bd. II, 131]) Gez. II, 136 ff. und die zugehörigen Tafeln, bes. III, Pl. 141 ff. Immerhin sind Muster wie 146, 1—3 zu beachten. Über Jericho vgl. Jeri. 97 ff. (mit den Mustern von Tierfriesen wie bei den Hetitern und in Kreta Abb. 66 und den Tafeln Blatt 20—22), wo auch erstmals die Verbindungslinien nach der ägäischen Kultur und der von Mittel- und Nordeuropa hin gezogen sind S. 103 ff. Für Jerus. oben S. 115 [6]. Auch hier schon altkyprische Amphoriskoi mit Schnurösen Taf. X (Rev. Bibl. 1912, Taf. XVI). — Die Axt von Jericho: Jeri. 118.   5) Sellin, Ta'an. 37 ff. 102 und bes. Nachlese 31.
6) Siehe darüber im allgemeinen oben S. 95 f.

Neben Tonkrügen treten, wie schon früher, mehrfach Alabasterkrüge auf[1]. Das schon oben genannte Siegel des Atanaḥili und ein Skarabäus des Mittleren Reiches stehen an der Grenze dieser und der vorhergehenden Zeit, dürfen aber jedenfalls hier mit aufgeführt werden. Soweit sie im Lande gefertigt sind, zeigen sie, daß die Siegelstecherkunst zu blühen begann. Vielleicht treten jetzt auch einzelne Astartbilder auf.

In Megiddo[2] sind die Funde, die unsre Zeit beleuchten, besonders reich. Vor allem treten sie wie in Gezer als Beigaben für die Toten auf. Auch hier finden sich Skarabäen in der ursprünglichen Goldfassung, den Stil des 20. Jahrhunderts verratend, Spangen aus Bronzeperlen, Lampen altertümlicher Form, Vorratskrüge in edlen Formen, unten flach und spitz zulaufend, Alabastergefäße, Knochenwerkzeuge mit eingeritzten Strichen oder Kreisen, Bronzearmbänder, Emailperlen, der Emailgriff eines Bronzespiegels, ein kleiner goldener Ring. In der Keramik scheinen die gekritzten und gekämmten Ornamente, daneben bemalte lineare Ornamente, die Oberhand zu haben[3].

Die Übersicht zeigt zunächst, daß die Entwicklung durchaus nicht überall dieselbe ist. Sie schreitet hier mit rascherem, dort mit langsamerem Schritt voran. Sie zeigt ferner, daß in den Erzeugnissen der Kleinkunst ägyptischer Einfluß sowohl im Süden als in Megiddo, also der Jesreelebene, im Vordergrund steht, während in Jericho, das in der abseits gelegenen Jordansenke ein Dasein für sich führte, fremder Einfluß in unmittelbarer Form überhaupt nicht nachweisbar ist. Gegen die zahlreichen Skarabäen und kyprischen Gefäße kommt der eine babylonische Zylinder von Taanak nicht auf, während nach anderer Richtung der überwiegende babylonische Einfluß feststeht[4]. Wie weit das nicht direkt auf das Ausland Zurückzuführende wirklich einheimische Erfindung darstellt, entzieht sich noch unserer Kunde. Immerhin wird das Einheimische die Mehrheit ausmachen. Jedenfalls zeigt die reichere Auswahl der Stoffe, das allmäh-

---

1) Siehe oben S. 96. Dazu Sellin, Ta'an. 95.   2) Siehe oben S. 98 ff., dazu Schumacher, Mutesellim, S. 15 ff., besonders S. 15. 20 f. 23. 29. Leider fehlt über die Keramik von Abb. 19 (S. 23) alles Nähere; doch siehe S. 28/29 zu Abb. 26; außerdem die schönen, meist spitz zulaufenden, mit hübschen Henkeln versehenen Krüglein und die größern Krüge und Schüsseln aus den nachher (S. 137) zu besprechenden Opfergräbern. Auch sonst gehört, ist unsre Theorie über die Altersverhältnisse der Nordburg richtig, noch manches, was von älteren Bestand der Burg sich erhalten hat, hierher, so wohl die altertümliche Handmühle S. 64, Abb. 80 u. 81, das Idol S. 51, Abb. 51, sowie manches von den Keramiken, Stein- und Knochenwerkzeugen auf Taf. XIII—XV.   3) Siehe Mutesellim, S. 28/29 und 23, dazu die vorige Anm. Aus den im Museum des Deutschen Palästina-Vereins befindlichen Fundstücken von Megiddo würden dieser 2. Schumacherschen Schicht im besonderen noch angehören: Nr. 1—8 des von Schumacher eingesandten Verzeichnisses, bestehend aus 1 Krug, Nr. 1 und 1 Kännchen, Nr. 8, beide mit spitzem Fuß und Henkel, beide ähnlich der Abb. 18 auf S. 21 (3. Stück), doch von erheblich gefälligerer Form; 1 Schüssel mit Hohlfuß, Nr. 7; 1 Tonlampe, Nr. 2 (vgl. ebenda 4. Stück); Teile einer gefällig gearbeiteten Bronzespange, Nr. 3 (ähnlich der Abb. 17 auf S. 20); 1 Krügchen mit zweiteiligem Henkel, Nr. 4 (ähnlich der Abb. 18, 1. Stück, doch ohne die Einbuchtung links); 1 Knochennadel (in kleinem Krüglein mit Doppelhenkel?), Nr. 5; 1 Alabastertöpfchen, Nr. 6. Außerdem Teile von Nr. 12: ockergelbe und blaßgrüne Scherben mit aufgemalten braunen Sparrenmustern (nach Schum. = 2. und 3. Schicht). Auch treten hier schon ("2. und 3. Schicht") mykenische Waren von erheblich feinerer Ausführung auf, Nr. 35: blaßrosa Grund mit hochroter Bemalung (breites kreisförmiges Doppelband?) und blaßgrün mit zahlreichen braunen konzentrischen Ringen. Ähnliche Stücke mehrfach in der Sammlung meines Seminars.   4) Siehe oben S. 130.

liche Zurücktreten des Steins, das Aufkommen edler Metalle und feinerer
Formen den wachsenden Sinn für die Verfeinerung des Lebens und schöne
Gestaltung dessen, was ihm dient. Das mehrfache Auftreten von Schmuck-
und Toilettegegerständen verrät zugleich daneben den Beginn eines besitzenden Bürgertums in den Städten und ein gewisses Maß von Lebens-
freude.

Die Bestattung der Toten hat weiter durchaus die Form des
Begräbnisses angenommen. Das Bezeichnende an ihr ist die große
Sorgfalt, mit der sie geübt wird, und vor allem die reiche Ausstattung
des Toten mit Gaben, die ganz dem entsprechen, was der Lebende zur
Erhaltung und zum Schmuck des Daseins nötig hat. In dieser Hinsicht
haben uns besonders Gezer und Megiddo reiches Licht gespendet. Die
große Totenhöhle von Gezer ist vorhin, die Grabkammer von Megiddo
soeben beschrieben worden. Zu Häupten der Toten stand | hier in der
einen Grabkammer je ein größerer Vorratskrug und mehrere kleinere
Flaschen, eine Lampe, Teller und Schüsseln, dazwischen andere schon genannte Gegenstände [1]. Auch scheint es nach dem oben Ausgeführten,
daß man die Leiche in ihrer gewöhnlichen Kleidung beisetzte [2]. Von
besonderer Bedeutung ist in Gezer nur noch der Umstand, daß am Eingang der Höhle sich in den Boden des Felsen eingegraben nicht weniger
als 48 jener rätselhaften Napflöcher finden. Da hier, innerhalb der Höhle,
fast jede Art von gewöhnlich profanem Gebrauch der Schalen wie etwa
zur Ansammlung des Regenwassers, zum Tränken der Tauben u. dgl. ausgeschlossen ist, so kann es sich doch wohl nur um Spendeschalen für die
Toten handeln [3]. Dieser Umstand wirft dann wieder ein Licht zurück
auf die mutmaßliche Bedeutung dieser Felsschalen an andern Orten, wie
er es wahrscheinlich macht, daß man die Toten, auch wenn sie nicht geradezu als Gottheiten verehrt werden, doch mit hoher, dem außerirdischen
Geistwesen geziemender Sorgfalt oder Ehrfurcht behandelte.

Erschien der Brauch Menschen zu opfern in Gezer schon im
vorigen Zeitabschnitt nicht ganz unwahrscheinlich, so mag er sich in diesem,
speziell wohl auch als Kinderopfer, fortgesetzt haben. Dafür spräche
besonders die in der folgenden Zeit hier auftauchende Sitte des symbo-
lischen Ersatzes in Gestalt eines Lampendepositums, falls sie sich erhärten
läßt [4]. Auch in Taanak und Megiddo scheint jener Brauch mehr und
mehr aufzutauchen. Dort hat Sellin im Zusammenhang mit Scherben
ältester Art und in nächster Nähe des Steinaltars Krüge mit Kinderleichen
gefunden, die den Gedanken einer Opferung an heiliger Stätte ernstlich
nahelegen. Es ist wohl möglich, daß auch dort schon die Ablösung durch
ein Scheinopfer auftritt [5]. Und hier in Megiddo | sind desgleichen in den

---

1) Mutesellim 21.   2) Siehe oben S. 57. 131. Sinuhe wird in Aussicht gestellt, daß er in ein Schaffell 'gehüllt werde.   3) Siehe dazu oben S. 120f. Man
vergesse auch nicht die spätere seitliche (symbolische) Anbringung der Schalen
an Kultusobjekten.   4) Siehe unten S. 164f.   5) Ta'anck, S. 34 ff. „Ich fand
zunächst zwei große 85 bzw. 90 cm hohe Krüge; in dem einen war ein kleiner
Tontopf enthalten, unter dem andern lag, bzw. saß das Gerippe eines kleinen Kindes, neben sich einen kleinen Topf. Diese Erscheinung wiederholte sich nun un-
ausgesetzt in immer wechselnden Variationen: überwiegend befand sich das Kinder-
gerippe allerdings in dem großen Kruge, bald der kleine Topf lag bald außen
daneben, bald lag er mit in dem großen, vielfach aber saß das Gerippe zwischen
Steinen und hatte den großen Krug rechts, den kleinen links neben sich. Außer-

dieser Zeit angehörigen Schichten Leichenfunde zutage gekommen, die
kaum eine andere Deutung als die von Bauopfern zulassen [1].

Abgesehen von diesen Opfersitten wissen wir über das r e l i g i ö s e
Leben und Denken der Zeit wenig wirklich Sicheres. Wohl aber haben
wir manchen Anlaß zu wohlbegründeter Vermutung. Der einzige sicher
feststehende Gottesname ist, soweit mir bekannt, zurzeit derjenige des
Nergal auf dem an der oberen Grenze unsres Zeitraums stehenden Siegel
von Taanak [2]. Hat sich ein Kanaanäer oder ein babylonischer Kolonist
auf ihm als Knecht des Nergal bekannt, so darf allerdings von hier aus
vermutet werden, daß auch andere Götter des babylonischen Pantheons in
Kanaan ihren Einzug gehalten haben. Unter ihnen wäre wohl besonders an
Istar zu denken [3]. Darauf weist auch der weitere Umstand, daß die
folgende Periode zahlreiche Istar- oder Astartbilder von babylonischem
Typus aufweist. Es darf daher erwartet werden, daß die Verehrung dieser
Gottheit schon jetzt Eingang gefunden | habe. Doch fehlen uns, soweit
ich sehe, die sicheren Beweise. Wohl aber darf man Ortsbezeichnungen
wie Nebo und vielleicht Sinai, die auf babylonische Gottheiten zurückgehen
mögen, vermutungsweise gerade dieser Zeit des starken babylonischen
Einflusses zuschreiben. Dann würde mit der Verehrung von Nabu und
Sin zu rechnen sein. Anderseits bekunden die zahlreichen Skarabäenfunde
in unserer Zeit einen augenscheinlichen Einfluß der ägyptischen Religion
auf das religiöse Leben und Denken in Kanaan. Ihn erweist auch das

---

dem lag oft noch ein Teller aus Ton dabei." In dem Krug war immer Erde, die
also sogleich den Leichen mitgegeben zu sein schien. ... Außerdem standen in
diesem Bereiche zwei große Krüge, die n u r mit f e i n e m S a n d gefüllt waren, ohne
daß ein Gerippe oder dergleichen dabei oder darin war" (a. a. O. 33). Über die Deutung von Erde und Sand siehe unten S. 164. Die leeren Krüge mit Sand werden wahrscheinlich Deposita in der Weise der dort geschilderten Lampendeposita sein. Sellin
selbst spricht sich in betreff des Opfercharakters schwankend aus. Vgl. dazu Mader,
Bibl. Zsch. 10 (1912), 9. 350 ff. Ein zwingender Beweis ist auch nicht zu erbringen.
Aber die Analogien sprechen mehr für Opfer als für einfache Bestattung.
1) Mutesellim, S. 25, Abb. 23; S. 45, Abb. 41; S. 54, Abb. 59. Die beiden ersten
Abbildungen auch in Kittel, Die Alttest. Wissensch.⁴ (1921) 58 f. (Abb. 11 u. 12).
Die erste stellt ein in die Mauer am Ostrand des Tell eingepreßtes Kindergrab dar
(das Kind lag in einem großen als Urne dienenden Krug, "die Öffnung der Urne war
mit einer Schüssel zugedeckt; ein einhenkeliges Krüglein mit geteiltem Henkel lag
neben dem Kinde in der Urne und ein kleiner Topf neben der Schüssel. Die Knie
des Kindes waren hochgezogen, die Arme und Hände nahe am Munde, die Füße in der
Öffnung der Urne" (Mutes. 25; siehe die genauere Stelle auf Taf. VII), die zweite
eine Kinderleiche, die mitten in das Gemäuer der Nordburg "zwischen der untersten
Fundamentschicht und der zweiten Steinlage" (Mutes. 44; vgl. ebenda S. 54: "im
Fundament ... mit einer Steinplatte zugedeckt") eingelassen ist. Beide Leichen sind
in Tonkrügen beigesetzt. Im letzteren Falle scheint der Tatbestand eines Bauopfers
unzweifelhaft. Und da es sich um das Fundament der Nordburg handelt, so kann nach
dem früher Dargelegten (vgl. S. 100, Anm. 6) auch die Zeit nicht zweifelhaft sein.
Ebenso deutlich liegt der Sachverhalt, wofern Schumachers Bericht genau ist, beim
dritten Falle. Hier ist ein etwa 15 jähriges Mädchen "quer über die Fundamentsteine
der untersten Schicht ... gebettet" (Mutes. 54/55 und Abb. 59. 60). Nicht ganz klar
wird der Tatbestand aus Taf. XII A, wo bei Quadrat M 22 die Leiche eher an die
Westmauer angeschmiegt erscheint. (Doch scheint die Beschreibung keinen Zweifel
zu lassen.) Die Leiche war von Steinen eingefaßt. — Siehe zur Frage weiter unten
S. 164 f. 2) Siehe darüber oben S. 125. 3) Schon hier scheint nicht mehr Polydämonismus die Regel zu sein, sondern Polytheismus. Denn Nergal, den Atanachili
mit seinem El gleichsetzt, ist ein richtiger Gott. Der D ä m o n ist zum G o t t e geworden. Vgl. über diesen Prozeß meine Religion d. V. Isr. 1921, 5 ff.

mehrfach genannte Atanaḥili-Siegel, insofern es ägyptische Merkzeichen mit babylonischen mischt. Endlich muß daran erinnert werden, daß die Hyksos, als sie nach Ägypten einbrachen, ihren eigenen Gott, den die Ägypter Sutech nennen, mitbrachten [1]. Sutech aber entspricht dem kanaanäischen Baal.

Daraus dürfen wir mit hoher Wahrscheinlichkeit entnehmen, daß in Kanaan selbst schon zwischen 2000 und 1500 der uns später wohlbekannte Baal in verschiedenen Formen verehrt sein werde. Dann wird man auch wenig irregehen, wenn man alte Ortsnamen, wie Betsemes, ʿAinsemes, Jericho, Betʿanat, Baala u. a. schon unsrer Zeit zuweist und aus ihnen die Verehrung von Sonne, Mond, ʿAnāt und Baala als der weiblichen Entsprechung des Baal erschließt. Alles zusammengenommen würde sich also die Wahrscheinlichkeit ergeben, daß in unsrer Zeit in Kanaan die Gottheiten Baal und Astart als Gottheiten der Fruchtbarkeit wie der Sonne und des Mondes schon eine Rolle spielten — und neben ihnen wohl manche der einheimisch syrischen Gottheiten wie ʿAnat, vielleicht auch Hadad u. a. —, daß aber neben ihnen mit dem Zunehmen des fremden Einflusses in Politik und in Handel und Wandel sich auch allerlei ägyptische und babylonische religiöse Einflüsse geltend machen. Um so bemerkenswerter ist es, daß wir bis jetzt keinerlei B i l d n i s des Baal und kein sicher unsrer Zeit angehöriges Bild der Astart, vollends aber keines von einheimischem Typus, besitzen. Es ist das um so auffallender, als die Herstellung von Skarabäen und vielleicht die Siegelstecherkunst schon eine gewisse Fertigkeit der Darstellung verraten. Die Annahme, daß sowohl Baal als Astart von Hause aus in Kanaan nicht abgebildet wurden, gewinnt damit aufs neue an Boden [2].

Auch in dieser Zeit muß im übrigen das Fortbestehen der zum Teil auf vorsemitische Zeit zurückreichenden Kultusstätten und Symbole aus den oben [3] dargelegten Gründen angenommen werden. Es ist indessen sehr wohl möglich, daß die an ihnen ehedem verehrten Gottheiten mit dem Aussterben jener vorsemitischen Bevölkerungsschichten mehr und mehr zurücktraten und durch die einheimischen Baale abgelöst wurden.

Nicht minder gelten auch jetzt die oben [4] aus dem Namen Atanaḥili gezogenen Schlüsse.

§ 18.
Vom 16. bis zum 13. Jahrhundert. I. Die Kultur.

Diese Periode umfaßt die Zeit seit der Vertreibung der Hyksos bis zum Ende der sogenannten Amarnazeit. Es ist somit die der Besitznahme des Landes durch Israel unmittelbar vorhergehende Zeit, die Periode des vorisraelitischen Kanaanitertums im engeren Sinne, neuerdings auch als „spätkanaanitisch" bezeichnet. Ihre untere Grenze mag ungefähr durch das Jahr 1250 bezeichnet sein. Doch muß, da die kanaanäische Kultur doch wieder im ganzen eine einheitliche Größe darstellt, gelegentlich um ein bis anderthalb Jahrhunderte weiter heruntergegriffen werden. Besonders

---

1) Siehe darüber oben S. 74.   2) Siehe schon oben S. 128.   3) S. 128 unten; vgl. dazu S. 121.   4) Siehe S. 128 f.

kann die sogenannte Philisterkultur nicht von der des vorisraelitischen Kanaan losgelöst werden [1].

Palästina wird mehr und mehr zur ägyptischen Provinz, die in Ägypten geschlagenen Hyksos ziehen sich nach dem ihnen stammverwandten Syrien zurück und werden hier vielfach die Seele des nie ganz erloschenen Widerstrebens und Widerstands gegen die ägyptische Herrschaft geworden sein [2]. Vieles von dem, was sie selbst im Lauf der Jahrhunderte an ägyptischem Wesen angenommen haben, übertragen sie selbstverständlich auf die Orte und Gegenden, die ihnen als Stützpunkt dienen. Je mehr sie allmählich ganz aufgerieben werden, desto mehr verfällt Palästina widerstandslos der ägyptischen Herrschaft und in den meisten Dingen des äußeren uud vielen des inneren Lebens dem Einfluß des neu erstarkten Pharaonenreiches. Trotz dieser aus der politischen Lage sich mit Notwendigkeit ergebenden Verhältnisse fließt aber ein starker und nachhaltiger Strom babylonischen Geistes im Lande, der aus der früheren Zeit stammt und durch steten Verkehr neue Nahrung erhalten haben wird, ungehemmt weiter.

1. **Lebensverhältnisse und Verfassung.** — Was die allgemeinen **Lebensverhältnisse** anlangt, so hat sich seit der vorigen Periode nicht allzu viel geändert, nur daß das Leben in den Städten| augenscheinlich zu immer reicherer Entfaltung gediehen ist. Der Reichtum der phönizischen Handelsstädte hat sich auch den Städten des Binnenlandes mitgeteilt, in denen sich üppiges Leben entfaltet und deren Bevölkerung bald nachher den noch unverdorbenen Israelsöhnen wohl nicht mit Unrecht als von der Fäulnis einer bereits überreifen Kultur angefressen erscheint [3]. Abgesehen hiervon geht das Leben in der bisherigen Weise weiter. Die Bevölkerung Palästinas besteht wie zuvor aus Bauern und Städtern, zwischen denen sich da und dort noch nomadische Elemente bewegen, nur mit dem Unterschied gegenüber der unmittelbar vorhergehenden Zeit, daß seit der Amarnazeit das Vordringen gewisser Nomadenhorden, der Chabiru im Süden und der Sa-Gaz im Norden, wieder viel von sich reden macht. Die Städter werden sich wie zuvor aus Grundbesitzern, Kaufleuten und Händlern, Handwerkern, Kriegern zusammengesetzt haben. Daß Grundbesitz oder Handelsgut schon stattliche Summen vertraten, zeigt die Aufdeckung großer Vorratsspeicher in Gezer, deren einer nicht weniger als etwa 600 Körbe enthalten haben soll [4]. Ebenso

---

1) Für die Keramik käme also in Gezer ein großer Teil der 2. semitischen Periode (1600—1200) einschließlich der Philisterkeramik in Betracht, in Jericho die ganze spätkan. Schicht (1500—1200), samt den letzten Ausläufern der frühkan.; in Lakis gehört hierher die 3. und 4. Schicht. 2) Siehe oben S. 76. 3) Siehe darüber II [4] 62 ([3] 116). Uber die Lebenshaltung in Megiddo vgl. oben S. 78 und unten S. 144 die goldenen und silbernen, d. h. mit Gold und Silber beschlagenen Streitwagen seiner vornehmen Krieger (von Pferden gezogen) und die ehernen Rüstungen und silberbeschlagenen Zeltstangen. Weiter unten S. 151 den Frauenschmuck. Auch die oben S. 78 erwähnten üppigen Feste der siegreichen Truppen Thutmosis' III., „die alle Tage trunken und mit Ol gesalbt sind wie bei einem Feste in Ägypten", dürfen mittelbar herangezogen werden, und seit Thutmosis III. gilt das Gesagte insofern auch unmittelbar, als nun die Ägypter Herren in Syrien sind und somit ohne Zweifel auch das Leben hier, wenigstens in seinen Städten, vielfach bestimmen. Das Bild eines gezierten Streitwagens aus der Zeit der 18. Dynastie nach Wilkinson s. u. a. bei Nuoffer, Der Rennwagen im Altertum (Leipz. Diss.) 1904, 14, Taf. 3 (danach auch Studniczka im Jahrb. d. Berl. Arch. Inst. 1907, 148). 4) Gez. I, 199—202 (die obige Angabe finde ich nur bei Thomsen, Paläst. 51).

zeigen die in den Amarnabriefen mehrfach erwähnten Karawanen des Pharao, wie der Handelsverkehr im Schwunge war.   Denn sicher handelt es sich nicht lediglich um Durchgangsverkehr, sondern gewiß auch um syrische Waren und Erzeugnisse.   Die Handwerker sind vorwiegend Töpfer, Weber, Holzarbeiter und Verfertiger von Waffen und Schneidewerkzeugen. Siegelstecher, Bronze-, Gold- und Silberschmiede vertreten das Kunsthandwerk.   Zahllose Spinnwirtel und Webergewichte im Schutt der ausgegrabenen Städte zeugen von dem Fleiß der palästinischen und syrischen Weber, deren Erzeugnisse bekanntlich auch im Ausland vielfach begehrt waren [1].   Die Erzeugnisse des Landmanns sind neben Milch, | Fleisch und Fell der Weidetiere besonders Getreide, Flachs, Öl, Wein, Feigen und Sykomoren [2].

Nach wie vor ist das Land in den Händen einzelner Dynasten, nur daß sie seit Thutmosis III. einfache Vasallen — freilich mit der Zeit nur der Form nach — des Pharao sind und daß, wenigstens in der Amarnazeit, ihre Zahl fast ins Ungemessene geht.   Jeder Gau und jedes Städtchen scheint in ihr einen eigenen Fürsten oder „König" besessen zu haben.   Wie bescheiden, ja geradezu ärmlich zum Teil die Verhältnisse dieser Duodezfürsten sind, zeigten die Briefe von Taanak, in denen es sich fast durchweg um recht mäßige Ziffern handelt [3], noch deutlicher der Lakisbrief, in dem Jarami sich anheischig macht, wenn man ihm drei Dolche und Schwerter und etliche Bogen gebe, wolle er das Land des Königs unterwerfen [4].   Unter sich führen die Fürsten der Amarnazeit vielfach die wildeste Fehde, einzelne von ihnen sind nicht viel anderes als echte Raubritter, nicht selten herrscht unter ihnen das Faustrecht. Hatten sie in der Zeit der Kämpfe mit Ägypten sich zur Wahrung ihrer bedrohten Selbständigkeit zu einem größeren Städte- und Staatenbund zusammengeschlossen [5], so treibt sie auch in der Amarnazeit wieder das sich neu erhebende Faustrecht zu gelegentlichem Zu|sammenschluß [6].   Doch war ein derartiges Zusammengehen vermutlich nicht im Sinne der ägyp-

---

1) Über die syrischen Gewänder von Benihassan s. oben S. 131.   2) Man vgl. die in ägyptischen Texten des öfteren erwähnten „süßen Bäume" (z. B. oben S. 78, Anm. 3), außerdem die vielfach ausgegrabenen Öl- und Weinkeltern, auch Stellen wie die S. 140, Anm. 3 erwähnte über die Truppen Thutmosis' III.   3) So Hrozny bei Sellin, Tell Ta'an. 115. 118.   Es spielen 1 Messer, 1 Lanze, 2 Keulen schon eine Rolle, und die „Gesamtheit der Truppen" scheint in etlichen Dutzend Leuten zusammengefaßt zu sein. — Ein Bild davon, wie bescheiden im ganzen die Verhältnisse waren, gibt auch die Vergleichung der Größenverhältnisse der ausgegrabenen Orte.   Tell Zakarije umfaßt 3,5, Tell eṣ-Ṣafi 8 Hektar, Taanak 4,8, Megiddo 5,02, Gezer 9.   Die Umfassungsmauer von Jericho ist etwa 800 m lang.   Vgl. dazu noch Volz, Altert. 279 und Eerdmans, Alttest. Studien II, 77 ff., der darauf aufmerksam macht, daß die Menschenmengen, mit denen z. B. in den Feldzügen Thutmes' III. operiert wird, verhältnismäßig gering sind, Syrien also nicht sehr bevölkert gewesen sein könne.   Nach den Annalen des Thutmes III. wurden in der großen Schlacht bei Megiddo im 23. Jahr des Königs 83 Leute getötet und 340 gefangen.   Ganz Syrien liefert 2503 Gefangene, darunter 1796 Sklaven.   Ramses II. hatte in der großen Schlacht bei Qades 15—18000 Mann unter sich.   Die verbündeten Feinde haben 2500 (Breast., Rec. III, § 312) Wagen, je mit 3 Mann besetzt. — In den Amarnabriefen wird mit 50, 40, 20, 10 Mann zur Verteidigung und zum Angriff mit einigen Hundert gerechnet. 4) Kn. 333 (W. 219), 10 ff.   5) Siehe oben S. 77.   Der Bund mit Qades an der Spitze reicht von Qades am Orontes bis Megiddo, also über ein sehr stattliches Gebiet. 6) Siehe oben S. 87.   Die Koalition gegen Lapaia ist ein einfacher Akt der Selbsthilfe angesichts der schlaffen Regierung.

tischen Regierung und nur in den Zeiten ihrer Schwachheit geduldet.
Was wir sonst besonders von Thutmosis III. wissen, sieht ganz anders
aus und zeigt eine im Prinzip außerordentlich straffe Durchführung der
ägyptischen Oberhoheit. Thutmosis setzt die Herrscher Syriens nach
freiem Belieben ab und ein[1], er scheint im Lande unumschränkt geschaltet
zu haben[2], er selbst und seine Nachfolger haben überall im Lande ihre
Statthalter und Agenten und in allen größeren Orten ihre Garnisonen[3];
Thutmosis legt bei seinen Zügen im Lande sich selbst bei den Fürsten
ins Quartier und legt den Städten Lieferungen auf[4]. Da und dort, wohl
an den wichtigsten Statthaltersitzen, hat der Pharao selbst einen Palast,
um hier zeitweilig persönlich die Herrscherrechte auszuüben[5]. Von diesem
Bewußtsein, daß man die starke Faust eines übermächtigen Herrn jahrhundertelang kräftig verspürt hatte, sind denn auch die an den Pharao
gerichteten Amarnabriefe, auch wo die in ihnen zur Schau getragene Unterwürfigkeit nur noch erheuchelte Form ist, durchweg getragen.

Hinsichtlich der sozialen Verhältnisse im Lande mag, besonders
seit der Amarnazeit, folgendes gelten. Die Kleinkönige sind die Herrscher
in Stadtstaaten mit wehrhaftem Patriziat und Bürgertum. Denn Städte-
wesen und städtisches Bürgertum reicht bis tief ins 3. Jahrtausend zurück.
Ihnen zur Seite steht ein ritterbürtiger Adel, bestehend aus angesehenen
Grundbesitzern und reichen Handelsherren. Sie stellen als die Vollfreien
das Heer. Sie bilden wohl den Ausschuß, also die einflußübenden Vertreter der Bürgerschaft, wohl auch die Wehrmänner[6]. Für den Troß im
Kriege und die Fron und die grobe Arbeit im Frieden mögen in Stadt
und Land die Halbfreien und Proletarier gedient haben. Im Unterschied
von gekauften Knechten (Sklaven) leben sie für sich. In der Praxis wird
der Übergang oft fließend gewesen sein.

2. Kultur. — Was den Städte- und Festungsbau anlangt, so
scheint man auf dem Tell Zakarīje, der wahrscheinlich dem alten Aseqa
entspricht, auf die ältere Form der Anlage zurückgegriffen zu haben.
Das zerklüftete Felsgestein reizte zu ausgedehnten Höhlenanlagen, wie
sie im Prinzip jetzt überwunden waren, und die Stadtmauer, in der jetzigen
Gestalt auf die Zeit des 8. Jahrhunderts zurückgehend, läßt eine ältere
Anlage vermuten, die wohl ebenfalls schon das uns von Gezer, Lakis[7]
und andern Orten aus früherer Zeit bekannte System der die Mauer unter-
brechenden Türme und Bastionen zeigt[8]. In Lakis wird nunmehr die
Befestigung auf den ganzen Hügel ausgedehnt[9], — ohne Zweifel die Folge
des stärkeren Anwachsens der Bevölkerung, wohl auch des Strebens der
ägyptischen Oberherren seit Thutmosis III., die Städte an den Verbindungs-
straßen zwischen Ägypten und Kanaan in besonders gutem Verteidigungs-
zustand zu halten. In dieser Gestalt ist Lakis unter ägyptischer Ober-
hoheit von Zimrida, der nur aus dem | in Lakis gefundenen Briefe[10] bekannt

---

1) Siehe oben S. 78 f., bes. S. 79, Anm. 2.   2) Siehe oben S. 77, Anm. 5: „er
versammelte um sich die Fürsten aller Länder, die Ägypten untertan sind". 3) Siehe
oben S. 79. 82, Anm. 1.   4) Siehe oben S. 79⁵.   5) Siehe oben S. 82, bes. Anm. 1.
6) Siehe dazu oben S. 82 und M. Weber, Rel. Soz. Aufs. III 17 f.   7) Siehe oben
S. 123 f. u. 132.   8) Siehe oben S. 91, dazu die Abb. bei Vincent, Canaan, pl. I, II bei
S. 26. 27.   9) Siehe oben S. 132.   10) Ungnad in TuB. I, 127 f. auch bei Greßmann, Die Ausgrab. in Palästina (rel.gesch. Volksb.), S. 16. Außerdem kommt er
vor Kn. 288 (W. 181), 42; 329 (217).

ist, beherrrscht worden. In der nächsten dem Ende unserer Zeit angehörenden Schicht von Lakis scheint die aus irgendwelchem Grund —
wahrscheinlich in den Wirren der Amarnazeit — wieder zerstörte Burg
durch die Ägypter, jedenfalls unter ägyptischem Einfluß, neu aufgebaut
worden zu sein. Das ist die von Josua zerstörte Burg des Kanaaniter-
königs Jafia' [1]. Es scheint, daß sie eine neue Ringmauer erhalten hat,
und daß bei ihrer Einrichtung die ägyptische Bauweise in Stein bevorzugt
ist [2]. Hier hat auch die oben beschriebene doppelte Maueranlage — die
doppelte Innenmauer — von Jericho samt den an sie angelehnten Kasematten ihre zeitliche Stelle [3].

Auch in Gezer wie in fast allen bedeutenderen Ruinenhügeln scheint
das Eindringen Thutmosis' III. eine neue Periode der Entwicklung her-
beigeführt zu haben. Der Pharao scheint aber bei der Erstürmung der
Stadt die ältere Ringmauer nicht zerstört zu haben. Sie scheint erst
in der Amarnazeit oder während der Eroberungskämpfe Israels — ob
von den Philistern? — zerstört und durch eine neue — die dritte —
ersetzt worden zu sein, die zum Teil heute noch 3—4 m hoch erhalten
ist [4]. In der Zeit der israelitischen Könige, wahrscheinlich unter Salomo,
wird sie dann nachträglich mit Türmen versehen [5]. Die Mauer ist über
4 m breit, so daß bequem zwei Wagen nebeneinander auf ihr fahren
konnten. Sie besteht aus großen, unregelmäßig behauenen Steinen, die
Fugen wie früher mit kleinen Füllsteinen ausgefüllt. — Die Häuser selbst
sind immer noch unbedeutend und unscheinbar und in unregelmäßigem
Gewirre errichtet. Es sind Bruchsteinfundamente mit Vorrichtungen zu
Holzstützen, teils für Wohnzwecke, teils als Vorratsspeicher. Wie noch
heute hat jedes Wohnhaus seine Zisterne, auch finden sich schon Lei-
tungen für das Abwasser aus zusammengesetzten Tonkrügen [6]. Ein be-
deutenderer schloßartiger Bau hebt sich von den übrigen ab. Es mag der
Sitz eines Dynasten aus der letzten vorisraelitischen Zeit des Landes sein [7].|

Ebenso ist für Taanak das Eindringen Thutmosis' III. zweifellos
von großer Bedeutung gewesen, und es wäre nicht unmöglich, daß die
eine der beiden Burgen auf ihn zurückginge. Doch scheinen beide eher
etwas älter zu sein [8]. Dann müßte angenommen werden, daß die Stadt
sich übergab und von Thutmosis III. nur übernommen und geplündert
wurde. Dem weitern Verlauf unserer Periode — vielleicht der Amarnazeit — mag das große Gebäude im Schacht der Hauptstraße angehören.
Seine Mauern sind aus großen unbehauenen, aber gut ausgerichteten Kalksteinen [9]. Recht deutlich aber macht sich wahrscheinlich das Eingreifen
Thutmosis' III. wieder fühlbar in Megiddo. Die starke Schuttschicht
zwischen Teilen der 2. und 3. Schumacherschen Schicht weist jedenfalls
darauf, daß ein größeres, vielleicht mehrfaches Zerstörungswerk in jener
Zeit vor sich ging. Hier mag also recht wohl an das Strafgericht für den
organisierten Widerstand gedacht werden, dessen Mittelpunkt Megiddo

---

1) Jos. 10, 3; dazu oben S. 90 f.   2) Thiersch a. a. O. 20.   3) Jeri. 27 u. oben S. 106
4) Siehe oben S. 93, dazu die Abb. Gez. III, Pl III. IV.   5) Doch mögen einzelne
auch schon jetzt und in den folgenden Jahrhunderten entstanden sein, worauf die un-
gleichmäßige Bauweise hinzudeuten scheint (vgl. Thiersch a. a. O. 362, Anm. 20).
Immerhin gehören die wichtigsten, wegen ihrer Errichtung aus Quadern, späterer
Zeit an.   6) Quart. Statem. 1904, 13 ff.   7) Ebenda 1907, 192 ff.   8) Oben S. 96,
Anm. 3.   9) Sellin, Tell Ta'anek 96.

war [1]. Thutmosis hätte dann wohl die zerstörte Mittelburg und die Nordburg in neuer Schicht — der 3. Schumacherschen für die Mittelburg und einer neuen Bauschicht über Schumachers dritter, unter Benutzung der Grundmauern für die Nordburg — wieder aufgebaut [2].

Von dem Mauerwerk der Nordburg in dieser Gestalt haben wir, da sie früh zerstört worden sein muß, wenig, jedenfalls keine sichern Spuren mehr. An ihre Stelle trat in der Amarnazeit eine neue Nordburg, welche die starke Westmauer mit dem Festungsgraben (vermutlich nach dem Beispiel Thutmosis' III.) einfach übernahm, die aber im übrigen, zum Teil auf den alten Grundmauern, zum Teil unabhängig von ihnen, nach eigenem Plane errichtet war. Ihre Mauern sind im ganzen von derselben Art, teilweise aber dünner und weniger sorgfältig gefügt; an den Zisternen sind die Steine unbehauen, aber die Technik der Anlage erweist sich als vorgeschrittener als bei der älteren Nordburg [3].

Die Mittelburg dieser Schicht [4] ist eine starke Erweiterung der ehemaligen Mittelburg. Auch hier sind die Mauern aus unbehauenen Fels und Bruchsteinen. Als Bindemittel ist Erdmörtel verwandt [5]. | Die bisherige Ausgrabung hat die Burg nur zum Teil bloßgelegt; sie setzte sich ehedem nach Süden, Westen und Osten fort. Wahrscheinlich bestand sie selbst aus zwei, durch einen langen Gang voneinander getrennten Komplexen [6].

Die eingehende Schilderung der Feldzüge Thutmosis' III. läßt uns einen genaueren Einblick in die Art der K r i e g f ü h r u n g , zunächst der Ägypter, indirekt aber auch der Kanaanäer der Zeit tun. Denn manches wird gemeinsame Gepflogenheit gewesen sein, anderes mögen die Palästiner von dem überlegenen Gegner übernommen haben. Weiteres Material liefern uns die palästinischen Ausgrabungen und die Amarnabriefe. Vor der Schlacht wird Kriegsrat über die beste Art des Vorgehens gehalten [7]. In gefährlichen Lagen und beim Sturm ist es Sache des tapfern Feldherrn, an der Spitze der Truppen zu schreiten [8]. Vornehme Krieger verfügen über prächtige, mit Gold und Silber beschlagene Streitwagen, eherne Rüstung und silberbeschlagene Zeltstangen [9]. Ist ein Ausfall aus der Feste abgeschlagen, so werden für die heimkehrenden Krieger nicht die Tore geöffnet, sondern man läßt Kleider von der Mauer herab und zieht sie an ihnen herauf [10]. Kommt es zur Belagerung, so werden Wälle um die Stadt angelegt, um sie von hier aus zu berennen oder mit Leitern zu ersteigen [11]. Rings um die Stadt werden alle Fruchtbäume abgeschlagen,

---

1) Vgl. die eingehende Darstellung des Feldzuges und der Rolle, die Megiddo in ihm spielte, oben S. 78 f, außerdem s. oben S. 100. 2) Siehe darüber auch schon oben S. 100, Anm. 6. Vielleicht steht hiermit die von Schumacher, Mutes. 36 unten erwähnte, bis zu 1 m starke Brandschicht an der Mittelburg und an verschiedenen Bauwerken der Nordburg in Verbindung. 3) Mutes. 73; vgl. überhaupt S. 72—74. Dazu Taf. XII. 4) Vgl. Mutes. 66—72. Dazu Taf. XVI. 5) Mutes. 66. 6) Mutes., Taf. XVI. Der Gang ist dort mit d bezeichnet. 7) Oben S. 77 f 8) Oben S. 78 u. 79. 9) Oben S. 78 (auch vorhin S. 140, Anm. 3). 10) Oben S. 78. 11) Ebenda, weiter vgl. die Belagerung von Dapur im Hetiterland = (Tabor??) durch die Ägypter (nach Lepsius, Denkm. III, 166) bei Erman, Ägypten usw. 702 u. m. Alttest. Wissensch. '44 (Abb. 3). Als Zeichen der Ergebung schwingen die Belagerten das Rauchfaß den Angreifern entgegen; Wigand in Bonner Jahrb. 122 (1912), 25. Man beachte die kunstreiche Anlage der Mauertürme und Bastionen; über der eigentlichen Mauer erheben sich Zinnen und weit ausladende Balkone und zwar mehrere übereinander, von denen aus die Verteidiger kämpfen. In Dapur trägt ein mächtiger

sowohl um den Feind zu schädigen, als um Holz zur Berennung zu gewinnen [1]. Bei Raubzügen und im Kleinkrieg, wie in der Amarnazeit,
spielt natürlich die | einfache Verwüstung des feindlichen Gebiets eine
besondere Rolle [2]. Gefangene Feinde werden vom Sieger in die Heimat
abgeführt [3], über 500 syrische Fürsten zieren den Triumphzug Amenophis' II.,
sieben von ihnen hat er dem Amon mit eigener Hand geopfert und ihre
Leichname hängt er zum warnendem Exempel — gewiß aber auch dem
Sonnengott zu Ehren — aus [4]. Wenn wir in der Geschichte Samuels und
Sauls ganz ähnliche Dinge lesen [5], so darf daraus der Schluß gezogen
werden, daß derartige Sitten auch in alter Zeit des öftern und nicht bloß
seitens der Pharaonen geübt wurden. Gefangene Feinde werden jetzt
schon gelegentlich im Lande des Siegers angesiedelt [6].

Von wesentlicher Bedeutung für die Entwicklung des Kriegswesens
auf dem Boden des Landes ist die uns jetzt hier zum erstenmal entgegen-
tretende Verwendung des W a g e n s als Kampfmittel [7]. Seit der ägyptischen Herrschaft wird sie allgemein üblich geworden sein und zur Zeit
des Eindringens Israels im Lande kennen wir sie als einen der Hauptgründe der Überlegenheit der Landesbewohner über die Eindringlinge, die
diese nötigt, nach Kräften auf die freie Feldschlacht zu verzichten. Die
neue Technik bedeutet eine vollständige U m g e s t a l t u n g des Kriegswesens. Durch den Wagen wird erstmals, soweit wir sehen, die m e c h a -
n i s c h e Kraft in den Dienst der Heranführung des Kriegers an den Feind
gezogen. Das Prinzip ist dasselbe, welcher Art immer im Fortgang der
Zeiten das Hilfsmittel der Heranführung sein mochte. Die Folgen aber
sind weittragend. An Stelle des Kampfes von Mann zu Mann und des
Ringens auf Grund persönlicher Kraft und Geschicklichkeit tritt das
Ringen von Massen gegen Massen [8] und die Verwendung der Kraft von
Roß und Wagen. Das Roß aber will bedient und auch im Frieden ge-

---

Unterbau eine zinnengekrönte Mauer, auf der wieder mehrere kleinere Einzeltürme, mit
1 bis 6 Kriegern besetzt, und selbst wieder in mehreren Stockwerken angelegt, ruhen.
Über dem Ganzen ragt das Panier der Stadt auf hoher Stange in die Lüfte. — Die
Belagerung Askalons durch Ramses II. s. TuB., Abb. 261. Es mag von Interesse
sein, zur Vergleichung die mykenische Feste heranzuziehen, die uns auf einer zerbrochenen Silberschale erhalten ist: Dussaud, Civil. préhell. 9 (vgl. S. 147 [1]).
1) Oben S. 78 und oft sonst. Oft genug wird natürlich auch das Feuer um
die Mauer angezündet wie bei Abimelech Richt. 9, oder es werden Feuerbrände hin-
und hergeschleudert wie bei Sanherib, vgl. TuB., Abb. 271. 272. 2) Siehe oben
S. 85: Amr. Kn. 126 (W. 104), 51 f. 58 ff. 3) Ein Zug syrischer Gefangener unter
Seti I. (nach Lepsius, Denkm. III , 128) bei Greßmann, TuB., Abb. 258. Die Gefangenen marschieren in langen Zügen; durch ein langes, jedem einzelnen um den
Hals geschlungenes Seil sind sie miteinander verbunden. Außerdem ist jeder Gefangene an den Händen oder Armen gefesselt. Zum großen Teil scheinen sie bar-
häuptig, mit starkem Haarschopf und Spitzbart, einige tragen eine Art Hut oder
flachen Helm (in Askalon tragen die Verteidiger einen Reif um den Kopf). Allesamt
sind sie barfuß und ohne Obergewand, vgl. Jes. 20, 2 f. — Eine andere Darstellung,
das Relief aus dem Grab des Haremheb aus dem Neuen Reich (jetzt in Leiden), zeigt
gefangene Asiaten ebenfalls am Seile festgehalten und mit der Hand im Pflocke   Die
Männer tragen durchweg starke Spitzbärte (teilweise auch Lippenbärte) und vielfach großen, auf die Schulter gehenden Haarschopf mit Stirnband, mehrfach aber auch
kahlgeschorenen Kopf ohne Band (s. Breast.-Ranke, Agypt., Abb. 116 und 148). Vgl.
Benzinger, Arch. [2] 74 ff.   4) Siehe oben S. 78 (Thutmes III.) und besonders S. 80.
5) Vgl. 1 Sam 15, 33; 31, 10; 2 Sam. 21, 9.   6) Siehe oben S. 80, Anm. 6.   7) Das
Pferd mag von den Kassiten übernommen sein.   8) Das zeigen die äg. Schlacht-
bilder.

schult, die Technik dieses Kampfes geübt sein. Die Handhabung von Schwert, Lanze und Bogen konnte der kanaanitische und später der israelitische Bauernsohn zu Hause im Dorf vom Vater neben dem Ackerhandwerk lernen. Das Pferd zur Schlacht zu führen, den Wagen zu handhaben bedarf langer Übung, sie beide zur Stelle zu haben, nicht einzeln, sondern in Massen, fordert Einrichtungen: Ställe, Kasernen, Garnisonen. Aus dem Bauern oder Großbesitzer, der am Tage des Kriegs von Pflug und Arbeit weg dem Aufgebot folgen kann, wird ein Berufssoldat und Offizier des stehenden Heeres. Aus dem freien Kriegertum wird Stand und Kaste. Die Folgen sieht man deutlich an den sozialen Verhältnissen der Amarnazeit, wahrscheinlich sind sie aber älter. In der Zeit des Eintritts Israels im Lande unter Josua und der Kämpfe der Richter ist für Kanaan die Entwicklung längst abgeschlossen. Jahrhunderte später mußte Israel sie nachahmen. Im Kriegswesen unter Salomo (Davids Genie konnte sich über sie wegsetzen), im sozialen Leben bald nach ihm [1].

An Waffen kennt die Zeit Messer, Speer- und Pfeilspitzen aus Feuerstein und Bronze, so in Taanak [2], in Megiddo [3] und Gezer [4]. Die Bronze nimmt dabei stark überhand und löst den Stein mehr und mehr ab. Daneben scheinen auch Knochenspitzen gelegentlich den Dienst von Dolchen und Stoßwaffen getan zu haben [5]. Das schönste unter den uns erhaltenen Waffenstücken ist aber ein in Gezer gefundenes, prachtvoll erhaltenes Bronzeschwert babylonischer Herkunft. Es ist ein Krummschwert, nach der Analogie des Schwerts Rammanniraris I., und besonders der hetitischen Kriegerprozession von Jazylykaja, auch des Sichelschwerts Thutmosis IV., jedenfalls unserer Zeit angehörig [6]. Von besonderem Interesse ist ferner, daß nunmehr erstmals, wenn auch | vereinzelt, das Eisen nachweisbar wird [7]. Ohne Zweifel haben wir die obenerwähnten Streitwagen, wenn nicht schon zu Anfang, so zu Ende unserer Periode, bei den gewöhnlichen Kriegern der Regel nach als eiserne, d. h. mit Eisen beschlagen, vorzustellen [8]. In noch höherem Grade nehmen unsere Aufmerksamkeit in Anspruch die Reste eines am südlichen Burgtor von Megiddo gefundenen Tongefäßes, das auf blaßrotem, fleischfarbenem Grunde schreitende Krieger, in braunroter Farbe aufgemalt, zeigt [9]. Die Fundstelle gehört zwar der nächsten Schicht an. Allein die ganze Zeichnung, Bemalung und Technik des Stückes hat die allergrößte Ähnlichkeit mit einigen in Taanak gefundenen Stücken, die höchstwahrscheinlich noch dem Ausgang unserer Zeit angehören, so daß man auch diesen Fund seiner Entstehung nach wohl noch dem 13. Jahrhundert wird zurechnen dürfen. Der eine fast vollständig erhaltene Krieger trägt mächtigen schwarzen Haarschopf, schwarze Augenbrauen und schwarzen (Lippen- und?) Kinnbart, alle scheinen unbekleidet, ausgenommen einen kurzen dreieckigen, hellen (wohl hölzernen oder ledernen) Brustpanzer mit großen schwarzen (metallenen) Buckeln. Er ist an breitem Riemen oder Band um die Brust geschnallt. Die Linke führt einen kleinen runden

---

1) Vgl. Bd. II⁴ 224. 2) Sellin, Tell Taan., S. 94. 3) Mutes., S. 74 und bes. Taf. XIV. XVII u. XVIII. 4) In Gezer finden sich in einem einzigen Grabe unsrer Zeit 131 Speerspitzen aus Bronze. Thiersch, Arch. Anz. 1909, 401. 5) Mutes., Taf. XIV B. 6) Siehe Vincent, Canaan 231, Abb. 163 u. 164, wo beide Stücke einander gegenübergestellt sind; die Prozession von Jazyl.: Mey. Chet. 102; Thutm. IV. MDOG. 55 (1914), Bl. 5. 7) Mutes. S. 74. 8) Siehe darüber besonders Bd. II⁴, 60¹. 359⁷. 9) Mutes., Taf. XXIV. Vgl. dazu Tell Ta'anek, Nachlese, S. 19, Fig. 23.

Schild, die Rechte des ersten Kriegers ein Beil, die des zweiten eine Art schwerer Streitaxt [1].

Daß H a n d e l und V e r k e h r mit Ägypten und mit den Nord- und Ostländern blühten, soweit nicht Unruhen im Lande ihnen abträglich waren, ersehen wir für die frühere Zeit unserer Periode schon aus dem Reichtum der phönikischen Hafenstädte [2] und der großen Beute, die Thutmosis und seine Nachfolger aus Syrien und Kanaan nach Hause tragen, für die spätere aus dem vielfachen diplomatischen Verkehr der Völker und Fürsten untereinander, wie er in den Amarnabriefen seinen deutlichsten Ausdruck findet [3]. Natürlich ist er das Gegenstück eines | lebhaften und gewinnbringenden Handelsverkehrs. Dementsprechend hören wir denn wenigstens in der Amarnazeit mehrfach von starkem Karawanenverkehr, der durch das Land geht [4]. Daß gerade diese Zeit reicher an solchen Mitteilungen ist, darf aber sicher als bloß zufällige Folge des Umstandes angesehen werden, daß wir aus ihr bessere Kunde besitzen. Es liegt keinerlei Grund vor, der die Annahme widerlegen könnte, daß auch schon etliche Jahrhunderte früher in dieser Hinsicht dieselben Verhältnisse bestanden. Auch der überseeische Verkehr nach den Westländern, Zypern und weiterhin Kreta und den Gebieten der mykenisch-ägäischen Kultur steht mindestens seit der Amarnazeit fest [5]. Es ist aber durchaus nicht unwahrscheinlich, daß er nicht jetzt erst begann.

Besonders reich ist unser Zeitalter an Erzeugnissen von H a n d w e r k und K u n s t, die augenscheinlich schon einen achtunggebietenden Stand erreicht haben. Wenn man erwägt, einen wie hohen Grad der Vollkommenheit die ägyptische Kunst schon im Alten und Mittleren Reiche erlangt hatte, und zugleich bedenkt, wie lebhaft, besonders in der Amarnazeit, aber augenscheinlich auch schon längere Zeit vor ihr, die Beziehungen zu Babylonien, den Hetitern und Zypern waren, so wird man sich nicht wundern, die Früchte so vielseitiger Anregung nunmehr da und dort auch in der Kunst des täglichen Lebens und des Gottesdienstes wahrzunehmen. Die fremden Erzeugnisse werden vielfach übernommen oder nachgeahmt, nicht selten freilich so, daß das Abbild hinter dem Vorbild zurückbleibt. Doch bleiben immer achtunggebietende heimische Leistungen.

Eine lehrreiche Zusammenstellung von Erzeugnissen Syriens in dieser

---

1) Die früher von mir angenommene Keule des Kriegers von Megiddo ist mir jetzt zweifelhaft: es ist der Schild des folgenden Mannes. Vgl. auch die Streitaxt von Benihassan oben S. 131. Auch hier (s. S. 144 [11]) ist der Vergleich mit den mykenischen Kriegern auf der sog. Kriegervase interessant, vgl. Stais, Coll. mycen. II (Athen 1909), 93. 95. Er fällt freilich erheblich zugunsten der letzteren aus.   2) Vgl. z. B. oben S. 87. 131. 135; auch S. 87 über den Reichtum und die Handelsinteressen der phönikischen Städte.   3) Vgl. dazu auch Breasted-Ranke, Gesch. Ägypt. 311/312 u. Weber bei Knudtzon, Amarna 1045 f. 1047. 1096. Auch ein starkes Einströmen fremder Elemente in Ägypten ist jetzt an der Tagesordnung. Es konnte vorkommen, daß Ausländer zu hohen Ehren in Ägypten gelangten. Breast-Ranke 347.   4) Siehe z. B. oben S. 86. 88.   5) Siehe z. B. oben S. 91, wo von altkyprischen und mykenischen Tonwaren in Lakis aus der Amarnazeit die Rede ist. Dieselbe Erscheinung tritt aber auch anderwärts zutage, so besonders in Gezer (seit etwa 1600 vgl. Gez. II, 155 und R. Dussaud, Civilisat. préhellén. [1910] 150 ff.). Vgl. noch unten S. 148 ff. und dazu Fimmen, Zeit und Dauer d. kret. myken. Kultur (1909), bes. S. 80 ff. Zur ganzen Frage ist jetzt außer Fimmen besonders noch zu vergleichen: von Lichtenberg, Einflüsse der ägäischen Kultur auf Ägypt. und Paläst. 1911 (= Mitt. Vorderas. Ges. 16, 2). Dort auch S. 53. 56 weitere Darstellungen von Syrern der Zeit aus Ägypten (15. Jahrh.); sie scheinen teilweise mit Keftleuten verwechselt.

Zeit bietet das ägyptische Bild der tributliefernden Asiaten vor dem König Tutanchamon der 18. Dynastie [1]. Die Asiaten tragen wie|der die oben [2] schon erwähnten Spitzbärte ohne Lippenbart, teilweise kahlgeschorenen Schädel, teilweise starken Haarschopf oder auch langwallendes Haar mit hinten durch eine Schleife zusammengehaltenem Stirnband. Die Gewänder zeigen dieselbe reiche und farbenfrohe Weberei wie diejenigen von Benihassan [3]; aber ganz andern Schnitt. Die Stelle des Mantelrockes vertritt ein in mehreren Bahnen um den Leib gewundenes, enganschließendes, schalartiges Tuch, vom Hals bis an den Knöchel reichend und um den Leib durch ein Band mit großer Schleife festgehalten. Unter den überreichten Gaben fallen neben einem am Halsband geführten zahmen Löwen, einem Pantherfell und edlen Rassepferden besonders eine Anzahl Vasen von klassischer Form auf. Ihre spitzen Böden stecken in zierlichen Ständern und als Deckel dienen ihnen schöngeformte Tierköpfe. Die eine von ihnen ist von so stattlicher Größe, daß zwei Mann sie an einer über die Schulter gelegten Stange tragen. Diese Vasen sind schwerlich im Lande gefertigt; sie mögen übersee von den Ägäischen Inseln oder Kreta gekommen sein. Aber sie zeigen, was alles man in den phönikischen Städten kaufen konnte, und sie verraten uns, zu welch prachtvollen Stücken einzelne der uns noch gebliebenen Scherben gehören mögen.

Den Hauptertrag für unsere Funde liefern im übrigen natürlich auch hier die Ausgrabungen im Lande selbst.

In Lakis traten neben Skarabäen der 18. Dynastie, deren einer den Namen der berühmten und schönen Gemahlin Amenhoteps III. Tei trägt, und einer Bronzefigur der ägyptischen Gottheit Bēs allerlei altkyprische und mykenische Gegenstände zutage [4]. Besonders die Beziehungen zu Zypern scheinen recht lebhaft gewesen zu sein [5]. In Bronze ist zu erwähnen eine geschmackvolle Schmucknadel mit Öhr in der Mitte, und in der oberen Hälfte spiralisch gewunden. Die Keramik zeigt neben einheimischen, noch primitiveren Mustern besonders auch die typisch altkyprische halbkugelförmige Schale mit sepiabraunen aufgemalten Leiterornamenten auf blaßgrünlichem dünnem Ton, und daneben Scherben mit breiten, braunrot und schwarzrot aufgemalten Vogelgestalten. Zugleich treten neben echtmykenischen Firniswaren des 3. bis 4. Stils von Mykenä auch linear erstarrte Ausläufer mykenischer | Motive auf. Sie mögen ähnlich wie in Tell Zakarije neben den Importen die einheimischen unvollkommenen Versuche der Nachbildung darstellen. Daneben finden sich, allerdings in einer etwas jüngeren Schicht, die neben Skarabäen der 18. auch schon solche der 22. Dynastie enthält, zwei Exemplare des altkyprischen steifen Astartetypus mit großen abstehenden Ohren, wie wir ihn auch von Taanak [6] kennen. Sie werden wir auch noch unserer Zeit zu-

---

1) Siehe Breast.-Ranke, Abb. 115 u. m. Alttest. Wissensch.⁴ (1921) Taf. IX. Vor allem ist hier der Vergleich mit der Vergangenheit (vgl. besonders Benihassan) von Interesse. Das in Bahnen um den Leib gewundene Oberkleid erinnert stark an östliche Einflüsse; vgl. z. B. das Kalksteinrelief Gudeas bei Meyer, Sumerer und Semiten, Taf. VII u. öfter. — Sklaven und Leute niederen Standes tragen nach wie vor den Lendenschurz. Die Art der Farbenzusammenstellung hat viel Ähnlichkeit mit der von Benihassan.   2) Vgl. S. 145, Anm. 3.   3) Siehe oben S. 131.   4) Siehe oben S. 91.   5) Siehe darüber Bliß, A mound etc. 58 ff., auch Thiersch im Arch. Anz. 1908, 18 f.   Ebenda einige Abbildungen. Weiteres Dussaud, Mon. pal. 103. 6) Siehe unten S. 151.

rechnen müssen. — Auch in der spätkanaanäischen Burg von Lakis aus
der allerletzten vorisraelitischen Zeit der Stadt [1], die wir ebenfalls noch
in manchen ihrer Stücke heranziehen dürfen, herrscht neben dem ägyptischen das kyprische Muster vor [2]. In Bronze kommen in Betracht elegante Speerspitzen und Zangen sowie Äxte, Meißel, Nadeln ägyptischer
Form. Dazu eine Bronzestatuette des Ptah mit goldenem Brustschmuck
u. a.; in Ton dünne, blaßtonige, kürbisartige Schalen, kreisrunde Pilger-
flaschen, Kännchen mit kleinem Fuß und hohem Hals, auch zurückgelehnte
(sog. *bilbil*) sowie fußlose, unten spitze Kännchen [3]. Die bemalten Scherben
zeigen in den Linien Ähnlichkeit mit kyprischen Stücken, in denen das
Spätmykenische ins Geometrische übergeht. Die Musterung ist mit dick-
roter Farbe auf einen feinen kreideweißen Überzug aufgemalt. Doch werden
diese Stücke der folgenden Periode angehören.

Auch der Tell Zakarije, vielleicht die Stätte des alten Aseqa [4], lie-
ferte etliche lehrreiche Beiträge zur Kenntnis der Töpferei dieser Zeit.
Besondere Beachtung verdient eine schlanke, langhalsige, nach unten sich
stark verjüngende Amphora mit intensiv rot und schwarz ausgemalten
Querstrichen und vertikalen Zickzackbändern. Das Stück zeugt von feinem
Formen- und Farbensinn und entspricht ziemlich genau dem ägyptischen
Wasserkrug der 18./19. Dynastie. Augenscheinlich haben wir es hier mit
dem importierten Original für die einheimische, wesentlich gröbere Ware
zu tun: Krüge derselben Art, in denen aber vor allem der feine Rhyth-
mus der Formen ins Schematische gezogen | ist. Man wird an die vorhin
erwähnten Vergröberungen echtmykenischer Formen in Lakis erinnern.

In Gezer kommt für unsere Zeit in Betracht zunächst der Hauptteil der keramischen Erzeugnisse der 2. semitischen Periode, wie sie sich
besonders in der oben S. 135 erwähnten großen Grabhöhle fanden: neben
den unten geraden oder flachgewölbten nehmen jetzt die nach unten stark
verjüngenden oder spitz zulaufenden Töpfe und Krüge überhand, zum
Teil in überaus gefälligen Formen und feiner Arbeit, zumeist einfarbig
rötlichbraun, auch gelbbraun und hellgelb. Auch Lampen derselben Art,
als offene flache Schalen mit leichter Biegung an der Dochtstelle treten
jetzt auf. Allerlei Ornamente, gekämmt, poliert, geformt oder eingegraben
wie in der früheren Periode, zieren zum Teil die Geräte. Besonders aber
macht sich jetzt ein starker Einfluß des Verkehrs nach dem Westen
geltend. Die Zahl der kretischen und ägäischen Einfuhrstücke ist neben
den kyprischen recht groß. Sie verleihen der sonst vielfach einförmigen
Keramik einen eigenartig reizvollen Charakter. Meist bemalt und mit
Spiralen, Ringen, Streifen und Tiermustern versehen, bringen sie Leben
und Bewegung in das Bild [5]. Ferner kommen in Frage die oben erwähnten

---

1) Siehe oben S. 91.   2) Vgl. dazu Bliß, A mound etc., Pl. 4. 5, auch
Thiersch im Arch. Anz. 1908, 23 ff. Dort auch einige Abbildungen.   3) Bliß
a. a. O., Pl. 4, Nr. 177. 184; Thiersch 23. Die eigentümliche Gattung der *bilbil*,
Kännchen mit flachem Boden und schiefem, das Trinken erleichterndem Hals,
findet sich auch in Gezer ziemlich häufig, z. B. Gez. III, Taf. 67, 1. Sie stammen aus Zypern, sind aber dann auch nach Ägypten gekommen. Vgl. über sie
auch Dussaud, Mon. pal. 107. 111 (Louvre) und bes. Civil. préhell. 152 (Zypern), sowie
Wigand in ZDPV. 37 (1914), 156 u. Taf. 43. Ich selbst habe für mein Seminar eine
ganze Anzahl solcher Gefäße erworben.   4) Siehe oben S. 91; dazu Thiersch
a. a O., S. 359 (Abb. 3d).   5) Siehe bes. Gez. II, 155—176, dazu die Abb. in III,
Taf. 38—41 und Taf. 150—157. — In Jericho sind die Verhältnisse wesentlich ein-

kyprischen Gefäße, die in Verbindung mit einem bronzenen Schlangenidol gefunden sind [1], weiterhin die ebenda genannten zweihenkeligen Spitzkrüge mit Kinderleichen, vor allem aber die zahlreichen Astartbilder,
mehrfach nackt und nicht selten die Darstellung der weiblichen Fruchtbarkeitsgöttin ausdrücklich betonend, gelegentlich auch bekleidet und mit
Schmuck überladen, das Tamburin der Tänzerinnen schlagend [2]. In ägyp-
tisierender Form als Hathor trägt die Göttin auch die ägyptische Götter-
krone und hat einen Lotosstengel in der Hand [3] — in der anderen viel-
leicht ursprünglich in der Weise der syrischen Gottheit Qades [4] eine|
Schlange [5] haltend —; dann wieder erscheint sie ebenfalls wie Hathor als
fruchtbare Kuh gedacht, mit Hörnern [6]. Wie häufig sie vertreten und
wie viel begehrt ihre — durchweg kleinen — Abbildungen waren, zeigt
am besten der Umstand, daß sie vielfach nach Formen gegossen, also in
größeren Mengen hergestellt worden zu sein scheint [7]. Zeigt schon die
Darstellung der Astart vielfachen ägyptischen Einfluß der Kunst von Gezer,
so wird diese nach allem, was wir sonst wissen, gerade hier am wenigsten
befremdliche Tatsache [8] noch erhärtet durch eine Menge ägyptischer oder
nach ägyptischem Muster am Orte gefertigter [9] Fundstücke, darunter
allerlei ägyptische Götterbilder sowie Stücke eines großen Skarabäus Amenhoteps III. [10]. Daß hier im Süden des Landes der hetitische und babylonische Einfluß zurücktritt, versteht sich von selbst. Doch fehlt er nicht
ganz. Der wichtigste Beleg für ihn ist das oben beschriebene vortrefflich erhaltene hetitisch-babylonische Bronzeschwert aus einem Grabe
unserer Zeit [11].

Recht ergiebig waren auf unserem Gebiete auch die Grabungen von
Taanak und Megiddo.

In Taanak gehört unserer Zeit vermutlich ein wesentlicher Teil der
in der Westburg und in der sogenannten Ischtarwaschurburg gefundenen

---

facher. Es finden sich hauptsächlich Fortbildungen der älteren Formen, nur hand-
gefertigte Ware in rötlichem oder hellbraunem Ton, vielfach mit gestochener oder
gekämmter Verzierung. Watzinger (111) weist auf die parallele Entwicklung in
Troja VI.
  1) Siehe oben S. 94 ob.   2) Quart. Statem. 1909, 15.   3) Vgl. die Abbildung in Kittel, Alttest. Wiss. [4]57, auch bei Greßmann, TuB., Abb. 150 (dort daneben
Abb. 151 Hathor). 4) Zweifellos findet sich die Schlange auf dem ägyptisch stili-
sierten Bilde bei W. M. Müller, Egyptolog. Researches, Taf. 41 (auch TuB., Abb. 129),
zweifelhaft ist dies auf der analogen Darstellung TuB., Abb. 128 und 130. Noch
unkenntlicher ist das zweite Emblem auf dem Gezerbilde geworden. Aber die Tonform von Megiddo (s. unten S. 152) und das Bild bei Vincent, Canaan 160, Abb.
103 (aus Tell eṣ-Ṣâfi) scheinen den älteren Typus noch bewahrt zu haben. 5) Vgl.
das vorhin erwähnte Schlangenidol, das danach auch einfach ein Symbol der Astart sein
könnte. 6) Quart. Stat 1903, 227 ff. Abbildungen bei Vincent, Canaan 164 (Fig. 107)
und bei Thiersch, Arch. Anz. 109, 382 (Abb. 17), auch bei Kittel, Altt. Wiss. [4] 56,
Abb. 9. Man sieht die am Kopf herabhängenden Ringe auch für eine Art Ösen zum
Anhängen als Amulett angesehen. Aber der Fußzapfen zeigt, daß das Bild nicht als
Amulett gedacht ist, sondern als Statuette, die in ein Holzpostament gesteckt wurde.
Danach kann es sich nur um herabhängende Hörner handeln, wie sie neuerdings im
Totentempel des Sahure (5. ägypt. Dynastie) ihre Analogie gefunden haben (MDOG.,
Nr. 34, S. 43). Vgl. noch nachher S. 151.   7) So das vorhin in Anm. 3 be-
schriebene Bild; vgl. weiter besonders die Tonform von Megiddo bei Schumacher,
Mutesell. 65, Abb. 86.   8) Siehe oben S. 93. 138/9.   9) Bĕsamulette wurden, wie
eine gefundene Tonform zeigt, ähnlich wie die Astartbilder in Gezer selbst hergestellt;
danach wird dies auch von manchen andern ägyptischen Stücken gelten.   10) Qu.
Statem. 1905, 186.   11) Siehe oben S. 146, Anm. 6.

Gegenstände an, zu einem andern Teil sind sie allerdings späteres Er-
zeugnis. Es sind in der Hauptsache Gegenstände der von Sellin als 1b
bezeichneten Schicht. Aber auch von den durch Sellin unter 2a gefaßten
Stücken darf noch eine Anzahl herbeigezogen werden. Das Bild ist dem
bisher kennen gelernten außerordentlich ähnlich, nur daß der ägyptische
Einfluß hier bedeutend zurücktritt. Ein Skarabäus Thutmosis III., viel-
leicht noch einige andere Skarabäen, sind alles, was | sich mit einiger
Sicherheit für unsere Zeit aus Ägypten ableiten läßt. Und das, obwohl
Taanak, auch wenn der erste Brief an Ischtarwaschur es nicht sagen sollte [1],
zweifellos unter ägyptischer Herrschaft steht. Um so stärker tritt bei den
zahlreichen Astarten, während der ägyptische ganz zurücktritt, der spezifisch lokale und neben ihm der altkyprische Typus heraus. Der spezifisch
lokale zeigt die Fruchtbarkeitsgöttin mit eigenartiger, vielleicht babylonischer, Krone, Halskette, Hüftgürtel und Fußspangen, sonst unbekleidet.
Mit den Händen drückt sie die Brüste [2]. Der altkyprische Typus, ähnlich
dem in Lakis gefundenen [3], tritt dreimal auf, beidemal die Hände gegen
den Leib gepreßt, das eine Mal vielleicht mit herabhängenden Hörnern,
wie in Gezer, das andere Mal mit den großen abstehenden Ohren, in
denen drei, ehemals vier, mächtige Ohrringe prangen [4]. Ein drittes Mal
ist nur der Rumpf erhalten. Die Behandlung ist dieselbe, nur daß die
Hände einen Gegenstand — vielleicht ein Tier — tragen [5]. Ganz anderer
Art ist die schöne bronzene bekleidete Statuette mit Fußzapfen in der
Weise derjenigen von Gezer, doch ohne Hörner und die Hände gegen
die Brust gehalten [6]. Auch an Tonsachen ist Taanak ergiebig; auch hier
tritt das ägyptische Muster zurück hinter dem altkyprischen und ägäischen,
oder dem von beiden beeinflußten einheimischen. Manches gehört der
nächsten Zeit an, da es (nachmykenischen) geometrischen Stil verrät, doch
mag es hier mit aufgeführt werden [7]. Es ist kein Zweifel, daß manche
dieser Stücke einen durchaus achtunggebietenden Formensinn verraten.
Und nicht minder sicher ist, daß sie lange nicht alle ausländische Ware
im strengen Sinn darstellen. Schon die Schwierigkeit der Beförderung
gerade bei Tonkrügen | und -schalen läßt das früh erwachte Bestreben der
Nachbildung am Orte erwarten. — An Frauenschmuck ist von Bedeutung
der bekannte Metallschmuck, darstellend ein Stirnband aus Goldblech,
acht goldene Ringe, zwei Silber- und sieben größere Bronzeringe, eine
silberne Spange u. a. [8].

Für M e g i d d o kann im allgemeinen auf die oben schon gegebene

---

1) So nach Sellin, Tell Ta'anek 98 (nach Hrozny). Von Ungnad, TuB. I, 128
bestritten. (Vgl. dort Anm. 14.)   2) Sellin a. a. O. 45. 106; abgebildet auch Kittel,
Alttest. Wissensch.⁴, Taf. IV.   3) Oben S. 148. unt.   4) Sellin a. a. O. S. 50, Abb.
52 und S. 80, Abb. 113. Zu Abb. 52 vgl. oben S. 150, Anm. 6.   5) Ebenda 40,
Abb. 37.   6) Sellin, Nachlese 16, Abb. 20; vgl. oben S. 150 ⁶.   7) Siehe im
allgemeinen oben S. 96. Es gehören wohl hierher Sellin a. a. O., S. 19, Abb. 11
und 12 (altkyprisch); S. 27, Abb. 21 (spätmykenisch?), S. 49, Abb. 50 (Krug mit
Vogeldekoration, spät- oder nachmykenisch?); S. 62, Abb. 73 und 76; S. 64,
Abb. 79 (Steinbock, spätmykenisch?); S. 65, Abb. 80; S. 70, Abb. 88 und 90 (wie
Abb. 79). Außerdem Nachlese, S. 13, Abb. 12 (wohl einheimische Stücke spät-
kanaanäischer Art); S. 14, Abb. 13 und 14 (schöne Zeichnung von Fisch und Gazelle [?],
spätmykenisch); endlich besonders noch die schönen Stücke eines fleischfarbenen
Kruges mit Vogel- und Schilfdekoration (unten rechts eine Gazelle?) in der Weise
der Krieger von Megiddo (oben S. 146; einheimische Arbeit vom Ende unserer Zeit).
8) Nachlese, Taf. IV und S. 15, Abb. 16. ·

Übersicht verwiesen werden [1]. Im einzelnen mag noch darauf aufmerksam gemacht werden, daß die stark primitiven Götzenbilder [2] entweder aus einer viel früheren Zeit überkommen oder nach ihrer Art, sei es unbewußt, sei es absichtlich, hergestellt sein werden, während der Typus der Zeit selbst durch die zwei den uns sonst bekannten ganz analogen Astarten vertreten wird [3]. Wie die Tonform zu beurteilen sei, ist oben dargelegt. Dasselbe trifft für andere Bildnisse primitiver Technik oder Form zu, die höchstens den Stand der künstlerischen Bildung in gewissen niederen oder rückständigen Schichten, nicht aber Megiddos überhaupt, zu unserer Zeit zur Anschauung bringen können. Dies gilt besonders von der Terrakottafigur in Schneemannstechnik [4]. In der Keramik tritt der Unterschied des Einheimischen vom Eingeführten an einzelnen Stücken recht deutlich zutage [5], nicht minder aber auch der Fortschritt der Leistung vom Anfang bis zum Ende unserer Periode. Dort steht ein rotbraun bemalter Topf mit noch recht unbeholfenen viereckigen geometrischen Mustern und Andeutungen von Palmen und Steinböcken, hier die oben beschriebenen schreitenden Krieger in höchst unbeholfener, aber doch lebensvoller Darstellung [6].

Hier ist nun auch der Ort, anhangsweise noch der schon in die nächste Periode gehörenden Philisterkunst zu gedenken. Sie scheint in Gat, dem heutigen Tell eṣ-Ṣafi, einen ihrer Hauptsitze gehabt zu haben [7]. Wenigstens hat sich dort eine ungewöhnliche Fülle von Proben von ihr gefunden. Aber sie hat sich sicher nicht auf diesen Ort beschränkt [8]. Eigentümlich ist zunächst die unverkennbare Übereinstimmung des Philistertypus auf den Bildern von Medinet Habu [9] mit dem Typus der vorphilistäischen Keft-Leute, d. h. der Kreter und Ägäer. Der Lendenschurz bei sonst bis auf die Sandalen nacktem Körper, das bartlose Gesicht, der starke Haarschopf bekunden, daß wir es mit Leuten derselben Art zu tun haben. Dann wird aber auch das unverkennbar griechische Profil der größern Bilder auf die kleineren und damit die eigentlichen

1) Oben S. 100 ff.   2) Mutesellim, S. 51, Abb. 51 und Taf. XVIII d u. XVIII g. 3) Ebenda S. 65, Abb. 86 und Taf. XVII a (mit Lotos); beide ägyptisierend. Zur Tonform der Abb. 86 siehe oben S. 150. Auch Abb. 79 a auf 63 scheint übrigens nach der an Taanak erinnernden Krone und dem herabhängenden Schleier(?), besonders aber weil sie die Hände gegen die Brust preßt, nichts anderes als eine Astart bzw. Istar, wohl nach babylonischem Typus, zu sein.   4) Mutesell., S. 63, Abb. 78. 5) Man vergleiche das elegante Sparrenmuster auf S. 51, Abb. 55 mit den Topfscherben aus der Mittelburg, S. 71, Abb. 92.   6) Vgl. S. 51, Abb. 54 und Taf. XXIV. Hierzu oben S. 146 das Nähere. Auch die Keramik auf S. 70, Abb. 90 zeigt schmucke einheimische Arbeit. Leider fehlen über die S. 59 beschriebene braunrote Mattmalerei von Sprossen, Zickzacklinien und Querbändern auf hellgelbem Überzug und den rotbraunen geometrischen Mustern nähere Abbildungen. Von hohem Interesse ist auch der S. 61, Abb. 71 gegebene schöne Terrakottatorso.   7) Vgl. oben S. 91 f. und besonders die S. 147 [5] erwähnte Schrift von v. Lichtenberg. Interessant sind die S. 32 ff. gegebenen Abbildungen von vorphilistäischen Keftleuten aus der Zeit von Thutmes III. mit griechischem Profil, bartlosem Gesicht, langem glatt abfallendem Haar, nacktem Oberkörper und Lendenschurz. Auf S. 27 vergleicht L. den philistäischen Baustil (die Säulen mit Simson) mit dem des ägäischen Megaron. Außerdem nenne ich: S. 62 f. (Ochsenkarren und Schiffe der Peleset); S. 65 f. (Bart und Federkrone); S. 67 (Bart bei Philistern und Zakkara). Vgl. m. Alttest. Wiss.⁴ 55 (Abb. 7 u. 8).   8) Auch in Askalon, ebenfalls einer Philisterstadt im engern Sinn, darf man ohne Zweifel von ihr reden, ZDPV. 37 (1914), 69. Der Bericht redet sogar von „enormous quantities" dieser Keramik.   9) Vgl. dazu m. Alttest. Wissensch.⁴ Taf. VII.

Philister zu übertragen sein. Dementsprechend verrät auch die Kunst der Philisterstädte einen zweifellos ägäischen Charakter.

In der zweituntersten Schicht von Gat, der „spätvorisraelitischen", die hier der Zeit von 1300 bis 1000 zuzuschreiben sein mag [1], finden sich Keramiken, die engen Anschluß an mykenische Muster, aber eigenartige Ausführung bekunden, so daß es sich um lokale Weiterbildung jener Vorbilder, d. h. eben um philistäische Kunst handeln muß. Diese selbst stellt nichts anderes dar als eine „spätmykenische Schwestergruppe zu dem allmählich ins Geometrische erstarrenden Zyprischen vom Ende des 2. Jahrtausends" [2]. So spielt hier die für das Spätmykenische besonders charakteristische Form des tiefen, weiten, zweihenkeligen Napfes eine besondere Rolle [3]. Unter den Ornamenten scheinen sich besonderer Beliebtheit die entarteten „Lilien"blütenmotive mit Spiraleinrollung am Ende erfreut zu haben. Auch sonst ist die Spirale vielfach anzutreffen [4]. Außerdem sind noch beliebt Wasser|vögel und Ziegen oder Steinböcke. Die einzelnen Motive werden gerne in metopenartig abgeteilte Felder eingegliedert. Auch finden sich solche Felder mit Schachbrettmustern, großen Spiralen, konzentrischen Halbbogen u. dgl. gefüllt. Neben karierten Rautenreihen, die an Zypern erinnern, kommt auch das die Volutenaugen füllende „Malteserkreuz" vor, das auch auf Kreta und Thera vom mykenischen Stil zum geometrischen überleitet, zugleich aber auch in Zypern eine große Rolle spielt [5]. Ähnlich verhält es sich in Gezer, wo die letzten Ausläufer der 2. [6], daneben aber hauptsächlich Stücke der 3. semitischen Schicht (seit 1200) im Frage kommen [7].

Mit vollem Recht sieht Thiersch eine Bestätigung der Annahme einer eigenen Philisterkeramik in der Tatsache, daß unlängst in Tell Jehudije dieselben Ornamente im Palaste Ramses' III. gefunden worden sind [8]. Ramses III. hatte mit den Philistern gleich nach ihrem Eindringen ins Land schwere Kämpfe zu führen, hatte also jedenfalls vielerlei Berührung mit ihnen. Daß in einem von ihm errichteten Bauwerk sich ihre Spuren wiederfinden würden, war durchaus zu erwarten [9].

---

1) Es finden sich noch echtmykenische Stücke dabei, daher die Zeitbestimmung; vgl. Macal., Qu. Stat. 1900, S. 87, Fig. 34.	2) Thiersch, Arch. Anz. 1908, 381. 3) Macal. Pl. 20, 11 und Pl. 35 (= Thiersch Abb. 10, S. 379 f. Mitte).	4) Macal. Pl. 35. 39 f.	5) Macal. Pl. 39 (Rautenreihe); 40. 42. 44 (Malteserkreuz) = Thiersch, Abb. 10 S. 379 f. unten.	6) Z. B. die doppelhenkelige Vase Gez. II, 163.	7) Die vortrefflich orientierende Zusammenstellung gibt Thiersch, ZDPV. 37 (1914), Taf. 29. Einige Proben philist. Töpferei auch Alttest. Wiss.⁴ S. 54 (Abb. 6). Thiersch (Rhein. Mus. 65 [1910], 203/4) betont gegenüber Fimmen, der auf Meggido verweist, das Fehlen der charakteristischen spätmyken. S p i r a l e und nimmt zwei verwandte, aber verschiedene lokale Gruppen an: die jüngere nördliche, mehr k y p r i s c h - g e o m e t r i s c h e und die ältere südliche, ausgesprochen s p ä t m y k e n i s c h e. Eine andere Frage wäre freilich, ob das, was wir zumeist als ägäisch oder mykenisch bezeichnen, auf palästinischem Boden nicht eher als kleinasiatisch (kappadokisch, lydisch usw.) anzusprechen ist. Die Philister haben ihren Weg auch zu L a n d e über Kleinasien und Nordsyrien genommen, vgl. St. A. Cook, Qu. Stat. 1913, 206. Dazu bes. Myres, Jou. Anth. Inst. 33 (1903), 367 ff. Er redet geradezu von einem kappadokischen Stil, der auf selbständige nordkleinasiatische Einflüsse verwandter Art hinzudeuten scheine.	8) Fl. Petrie, Hyksos and Israelite Cities 1906, Pl. XVII.	9) Gegen Thierschs Auffassung macht Dussaud, Mon. palest. 103 geltend, daß die Festsetzung der Philister im Lande erst unter Ramses III. (nach 1200) falle. Er will deshalb überall kyprischen Einfluß sehen. Jedoch ist einmal der mykenische Einfluß stärker als der kyprische, sodann treten die Seevölker (unten § 34) schon erheblich vor Ramses III. auf.

Zeigte sich nach dem Bisherigen, daß in der Kunst unseres Zeitalters im Süden der ägyptische Einfluß entschieden die Oberhand hat, die ihm nur langsam vom Mittelmeer aus streitig gemacht wird, während im Norden Palästinas der ägyptische, westliche und östliche sich ziemlich die Wage halten, am ehesten mit Überwiegen des westlichen; zeigte sich ferner, daß in der Politik offiziell Ägypten allein maßgebend ist, lange tatsächlich, allmählich nur noch der Form nach, während die einheimischen Dynasten selbständig schalten oder sich vom Norden her, besonders dem Hetiterland, beeinflussen lassen: so bietet nun das Schrifttum der Zeit ein total anderes Bild.

3. **Schrifttum und Bildungsstand.** — Das Zeitalter bietet uns, wie wir sahen, in seiner zweiten Hälfte, der sogenannten Amarnaperiode. ein ganz überraschend reiches Schrifttum dar. Fast aus jeder Stadt Kanaans liegen Briefe vor, teils an den Pharao geschrieben, teils zwischen den Dynasten unter sich oder mit den Statthaltern gewechselt. Aus Taanak und Lakis besitzen wir solche, oder Listen, die uns zeigen, wie viel und aus wie verhältnismäßig geringfügigen Anlässen man schrieb. Entsprechend der starken Verbreitung und der häufigen Übung des Schriftgebrauchs kann es uns daher auch nicht befremden, wenn wir bereits von regelrechten Sammlungen von Schriftstücken vernehmen, Archiven, in denen die wichtigeren der geschriebenen Dokumente aufbewahrt werden. In Taanak ist ein solches in Gestalt einer Tonkiste aufgedeckt worden, in Jericho hat ohne Zweifel ein ähnliches existiert[1] und dementsprechend wohl an jedem bedeutenderen Orte, mindestens an jedem, auch dem kleinsten Fürstensitze[2].

Wie es in Ägypten schon lange, besonders unter Thutmosis III., Sitte war, daß wichtige Ereignisse auf Lederrollen aufgezeichnet und diese im Tempel der Götter niedergelegt wurden[3], so wird man es wohl seit der neuen ägyptischen Herrschaft auch in Kanaan sich zur Regel gemacht haben, über wichtige Ereignisse in Form von Chroniken Buch zu führen, jedenfalls aber bedeutendere Dokumente sorgsam aufzubewahren. So hat denn auch das Alte Testament höchstwahrscheinlich noch eine Erinnerung an den häufigen Schriftgebrauch in Kanaan bewahrt, indem es uns den alten, aus vorisraelitischer Zeit stammenden Ortsnamen „Buchstadt" oder vielleicht „Schreiberstadt" überliefert[4]. Es ist wohl möglich, daß es be-

---

1) Für Taanak vgl. Sellin, Tell Ta'an. 113 ff. und 41. Nachlese 36 ff.; für Jericho MuN. 1907, 68. Es fanden sich 22 unbeschriebene Tontafeln. Ihnen müssen wohl beschriebene entsprochen haben. Vielleicht bedeutet Qirjat sefer Ri. 1, 11 auch einfach: Archivstadt. 2) Vgl. Amr. 74, 10 ff. (Kn.), wo zwar an den Inhalt der älteren ägyptischen Archive appelliert wird („der König möge die Tafeln des Hauses seines Vaters ansehen"), aber in einer Weise, welche die Existenz solcher Archive als ganz selbstverständlich erscheinen läßt, und für die Zeit um 1100 den Bericht des Wen-Amon, der geradezu königliche Archive mit Tagebüchern, also Chroniken, und Rechnungsbüchern über die Ausgaben der Väter, also der vergangenen Generationen, voraussetzt: TuB. I, 227. 3) Siehe Anm. 2 und oben S. 77 und bes. Naville, La decouverte de la loi, etc. (= Acad. des Inscr. etc. Bd. 38, 137 ff.), Paris 1910, 1 ff. 4) Richt. 1, 11 Qirjat-sefer. Doch ist die Lesart *Qirjat-söfēr* recht gut bezeugt, vgl. die BHK. zur Stelle. Außerdem gab es vielleicht noch ein Bet-sefer im Norden, Pap. Anastasi I, 22, 5 (s. GGN. 1917, 464). Ist das zu S. 156 Ausgeführte richtig, so könnte der Name im Zusammenhang stehen mit der Übernahme der ägypt.-sinaitischen Schrift durch die Kanaaniter.

stimmte Orte und Gilden gab, in denen die schwierige und gewiß noch
seltene Kunst besonders heimisch war.

In der Reihe dieser Orte scheint eine besonders wichtige Rolle das
phönikische B y b l o s gespielt zu haben, dessen Archive und Chroniken
schon erwähnt sind, über dessen Schrifttum am Ende unserer Zeit | der
Bericht Wen-Amons uns aber noch weitere Aufschlüsse gibt, die meines
Erachtens noch nicht die genügende Aufmerksamkeit gefunden haben.
Genauer sind es zwei Stellen in dem Berichte des Wen-Amon (um 1100)
über seine Fahrt nach Byblos. Die aus ihr zu ziehenden Schlüsse standen
mir längst fest, sie finden aber, glaube ich, durch die neuen Ostraka von
Samarien [1] willkommene Bestätigung. Die eine erzählt von 500 Papyrusrollen, die die ägyptischen Herrscher als Kaufpreis für Libanonholz nach
Byblos senden [2]. Die andere [3] ist, soweit mir bekannt, überhaupt kaum
beachtet, jedenfalls nicht in ihrer Tragweite. Sie lautet in Rankes Übersetzung (der Ägypter spricht zum Fürsten von Byblos): „Läßt du dir
nicht einen Denkstein machen, auf dem du sagst: ‚Amon-Re, der Götter-
könig, ... sandte um Bauholz ... Ich ließ es fällen ... und brachte es
nach Ägypten, um für mich 10 000 Lebensjahre von Amon zu erflehen'
...? Wenn dann in künftigen Tagen ein Bote aus Ägypten kommt, der
schriftkundig ist, und liest deinen Namen auf dem Denkstein, dann wirst
du Wasser(spenden) im Westen empfangen wie die Götter, die dort leben."

Die erste Notiz von den nach Byblos kommenden Papyrusrollen, zu
der auch die vorhin erwähnten „Tagebücher der Väter" hinzugenommen
werden können, läßt uns zunächst keinen Zweifel darüber, daß im ausgehen-
den zweiten Jahrtausend Papyrus für Syrien ein wichtiger Einfuhrartikel
war. Es ist nicht ausgeschlossen, daß er nicht bloß dem eigenen Bedarfe
des Dynasten oder der Stadt, sondern auch dem anderer Orte und Gebiete diente, also zugleich Handelsartikel war. Dann werden solche Rollen
an die Städte im Binnenlande von Syrien und Palästina weitergegeben
worden sein. Zu welchem Zwecke, kann nicht zweifelhaft sein, und die
Stelle erweist damit jedenfalls für das Syrien und Palästina jener Zeit
bereits ein hochentwickeltes S c h r i f t t u m — zunächst bei den Kanaanäern, wahrscheinlich aber auch schon da und dort in Israel. Auch wird
die Nachfrage nach diesem Schreibmaterial keineswegs auf diesen einen
Fall beschränkt gewesen sein [4].

In w e l c h e r S c h r i f t hat man jene Papyri beschrieben? Die zweite
Notiz redet von einem Denkstein, also einem Steindenkmal, auf | dem der
Fürst von Byblos eine seiner Taten verewigt. Die Sitte, Steininschriften
zu fertigen, wird als geläufig vorausgesetzt. Sie sind natürlich in erster
Linie für die einheimische Bevölkerung bestimmt. Daß ausnahmsweise
einmal ein dieser Schrift kundiger Ägypter die Inschrift lesen und den
hier Verherrlichten in seiner Weise ehren wird, darf schwerlich zu der

---

1) Sowie jetzt durch Gardiner-Sethe s. u.   2) Zeile 41 in Rankes Übersetzung,
TuB. I, 229 ob.   3) Ebenda Zeile 55 ff. Das Folgende z. T. schon in Th.Lit.Bl. 1911,
Nr. 4.   4) Es ist schwerlich zufällig, daß gerade Byblos der Handelsplatz für Papyrus
ist. Von Byblos hat das Buch: βιβλίον seinen Namen wie das Pergament von Per-
gamon. Für den vorderen Orient und die Mittelmeerländer knüpft sich also an die
Vorstellung von Papier und Buch diejenige von Byblos. Das erklärt sich nur, wenn
Byblos im Mittelpunkte des Buchgewerbes stand als Stapelplatz für Papyrus und
wohl auch als Mittelpunkt von Schreiberschulen. Was Qirjat-sefer im Süden, das war
Byblos im Norden Kanaans.

Meinung verleiten, solche Steine seien in ägyptischer Schrift beschrieben worden. In welcher dann? Es bleiben nur die Keilschrift und die kanaanäische Schrift. Der Mesastein und die Schale von Limassol und verwandte althebräische und aramäische Denkmale einerseits und auf der anderen Seite die Tatsache, daß man in Zypern und Kreta schon recht früh in eigener Schrift schrieb, machen an sich wahrscheinlich, daß solche Denksteine nicht in Keilschrift, sondern in einheimischer Schrift verfaßt waren. Es kommt dazu, daß die 500 Papyri und demgemäß auch die „Tagebücher der Väter" die Keilschrift so gut wie ausschließen. Man wird den Papyrus in derselben Schrift beschrieben haben wie die Steine[1]. So werden wir von hier aus mit Notwendigkeit zu der Vermutung gedrängt, der die Schrift des Mesa- oder Kalamusteines keinesfalls widerspricht, daß die n o r d s e m i t i s c h - k a n a a n ä i s c h e B u c h s t a b e n s c h r i f t (wenn auch nicht genau in der späteren Gestalt) schon um 1100, überhaupt im ausgehenden zweiten Jahrtausend, in Übung war, und zwar mit Rücksicht auf die Tagebücher der Väter schon seit mindestens einem Jahrhundert.|

Hier nun greift der Fund von Samarien in bedeutungsvoller Weise ein. Was ohne ihn zur hohen Wahrscheinlichkeit geworden war, wird durch ihn fast zur Gewißheit erhoben. Ist die Schrift um 900 schon auf das Ostrakon übertragen, so hat sie in Stein, Erz, Tierhaut und Papyrus fast zweifellos schon eine längere Vergangenheit hinter sich. Denn es ist so gut wie ausgeschlossen, daß die Anwendung von Tinte und Schreibrohr für die Tonscherbe zum erstenmal aufgebracht worden wäre. Auch zeigen die Buchstaben der samarischen Ostraka bereits eine längere, also vor 900 liegende Übung der Schrift. Alle diese Daten bestätigen die Annahme eines viel früheren Auftretens der kanaanäischen Schrift, als man bisher anzunehmen wagte[2].

Das hier[3] über das hohe Alter der kanaanäischen Buchstabenschrift schon seit Jahren von mir Ausgeführte ist inzwischen nicht allein reichlich bestätigt, sondern über Erwarten überboten worden. Die seit längerer Zeit bekannten, aber bisher für unentzifferbar gehaltenen Inschriften von Serabiṭ el-Chadem[4] auf der Sinaihalbinsel sind unlängst von Gardiner und Sethe gleichzeitig und mit gutem Erfolge wieder in Angriff genommen worden. Über das Ergebnis konnte in den Nachträgen zu Band II[3] dieses Werkes noch kurz Bericht erstattet werden. Sethe glaubt mit der Entzifferung der bisher rätselhaften Inschriften zugleich den U r s p r u n g d e s A l f a b e t s entdeckt zu haben. Er hält für die Schöpfer der neuen Schrift die Hyksos. Sie haben die ägyptische Schrift zur richtigen Buchstabenschrift weitergebildet und sie im 16. Jahrhundert nach Kanaan gebracht. Seither bestand sie dort und wurde nur im offiziellen Verkehr noch länger durch die babylonische Sprache und Schrift ersetzt. Behält Sethe recht, so wäre damit auch die Frage der H e r k u n f t der Schrift, bei der man bisher mehrfach an Zypern und Kreta dachte, gelöst[5].

---

1) Breasted, Rec. IV, S. 277 denkt an die hieratische ägyptische Schrift, aber lediglich, weil die einheimische noch fehle. Schon die Funde von Samarien (oben S. 109 ff.) lassen das an sich als zweifelhaft erscheinen.   2) Man vgl. dazu noch die Nachricht Dt. 27, 4, nach der auf dem Garizzim (MT. Ebal) getünchte mit Gesetzesbestimmungen beschriebene Steine standen. Sie können ebenfalls nur in Buchstabenschrift abgefaßt gewesen sein.   3) Vgl. auch Beil. III über Mose.   4) Vgl. S. 169[4]. 5) Vgl. GGN. 1916, 88 ff. und 1917, 437 ff. und Gardiner im Jour. Eg. Arch. III,

Vielleicht war das Verhältnis der einheimischen Schrift zur Keilschrift, solange die letztere noch benützt wurde, dies, daß bei Schriftstücken in babylonischer Sprache, d. h. bei solchen für den diplomatischen Verkehr, oder wenn die Duodezdynasten die Manieren des letzteren
nachahmten, die Keilschrift, bei Schriftstücken in der Landessprache
die heimische Schrift angewandt wurde [1].

Natürlich fällt unter diesen Umständen, wenn wir von Archiven,
Chroniken und regstem Briefverkehr lesen, auch auf die Gestalt des
Schreibers ein neues Licht. Schon die vorige Zeit hat uns seine Be-
deutung ahnen lassen [2]; sie ist jetzt mit dem Wachsen des Schrifttums
fast ins Ungemessene gestiegen. Nicht nur hat der König und Dynast
an seinem Hofe einen oder mehrere Schreiber; nicht nur begleitet der
Schreiber selbst Abgesandte auf ihrer Reise [3]; sondern der Schreiber er-
scheint, als im Besitz einer geheimen Kunst, zugleich geradezu als der
Inhaber einer unheimlichen Macht. .Er gilt als großer Herr, um dessen
Gunst man werben und dem man gute Worte geben muß, damit er das
Gewollte richtig schreibt oder das Geschriebene dem Empfänger richtig
und mit gebührendem Nachdruck zu Ohren bringt [4]. | In die Praxis des täg-

---

1 ff. und dazu schon uns. Bd. II[4] 67[2], wo unter Zustimmung zu den Ergebnissen die Mit-
hilfe der Hyksos für überflüssig erklärt ist. Eine kenntnisreiche und scharfsinnige
Weiterführung von Sethes Arbeit hat dann Eisler geliefert: Die kenit. Weihinschr. der
Hyksoszeit 1919. Leider ist fast nie die richtige Grenze zwischen dem an sich Möglichen und dem Wahrscheinlichen eingehalten. Auch läßt der Verf. sich keine Gelegenheit, ein hebr. Wort falsch zu schreiben, entgehen. Vgl. noch J. Herrmann,
Th.Lit.Bl. 1918, 241 ff.; Stübe, Entst. u. Entw. d. Schr. 1921. — Über die bisherigen
Theorien s. II[4] 67 und Prätorius in ZDMG. 1909, 189 ff. 191; König ebenda 1911,
727, auch Zerbe, Antiquity of hebr. writ., Clevel. (Oh.) 1911 (vgl. Th.Lit.Bl. 1912,
123). Prätorius kommt aus rein paläographischen Erwägungen hinsichtlich des Alters
zu ganz ähnlichen Ergebnissen wie die früher von mir vorgetragenen. Man bedenke,
wie alt in Kreta das Schriftwesen ist; schon um 1800 haben wir drei verschiedene
Schriftarten! Wenn wir die Buchstabenschrift als von Kreta und den Inseln her nach
Kanaan kommend denken dürften, wofür in der Tat bisher manches sprach (vgl. auch
Dussaud, Civ. préhell. 297 ff. ([2]432 ff.); auch Diod. V, 74 nimmt dies an), so könnten
recht wohl die Philister oder ihre Vorläufer und Verwandten als die Vermittler angenommen werden. Eine ganz andere Frage ist freilich, ob die Gründe noch zureichen
und noch mehr, ob wir das Recht haben, noch weiter zurückzugreifen auf die steinzeitlichen Denkmäler der iberischen Halbinsel wie etwa den Dolmen von Alvão, wie
es unlängst von Wilke, Südwesteurop. Megalithkultur 1912, 55 ff. und von Lichtenberg, Arch. f. Schriftkunde I (1914), 17 ff., auch von der Leitung der kulturgeschichtl.
Abteil. der Intern. Ausstell. f. Buchgew. usw. in Leipzig 1914 geschehen ist. Solange
wir nicht wissen, was jene Zeichen bedeuten, auch nur, ob sie Buchstaben sind, sind
solche Theorien voreilig und wenig besser als die wilden Phantasien der Astral-
mythologen. Für die Herkunft aus Ägypten — ohne über den Weg, auf dem sie erfolgte, etwas aussagen zu wollen — trat wieder mit großer Entschiedenheit ein
H. Schäfer in Z. äg. Spr. 52 (1914/15), 95 ff. Kreta scheint ihm als nichtsemitisch
grundsätzlich auszuscheiden. Nur in Ägypten trifft beides zusammen: eine Bilder-
schrift als Vorstufe und die Eigenart der Sprache, daß die Konsonanten die Träger
der Wortstämme sind. — Die Vermutung von Galls in Hess. Blätt. f. Volksk., Bd. 10,
Heft 1, 43 ff.: Davids Staatsschreiber Sisa sei als Kreter der Erfinder der Buchstabenschrift (auf Anregung Davids) gewesen, mag wenigstens erwähnt werden. Allein was
über Sisa (= vorisr. Sesaj in Hebron?) zu sagen ist, ist schon Bd. II[4], 220/1, gesagt.
Eine weitergehende Vermutung wird sich kaum empfehlen.

1) Doch s. unt. S. 160[5]. Ganz ohne Bedenken ist auch diese Annahme nicht.
2) Siehe oben S. 131. 3) So bei Wen-Amon, TuB. I, 228, Z. 34. 4) Vgl. die
Einleitungsformel bei zahlreichen Briefen: „Zum König, meinem Herrn, sprich:
also sagt N. N." — wo also der Brief sich eigentlich an des Adressaten Schreiber

lichen Lebens umgesetzt werden wir die Schreiber der Großen als Inhaber fetter, Gelegenheit zu reichlicher Erpressung bietender Posten denken müssen.

Für den Stand des geistigen Lebens Kanaans im allgemeinen ist dieser starke Schriftgebrauch freilich an sich noch nicht von besonderer Bedeutung. Solange wir nicht weiteres Material besitzen als bis jetzt, beschränkt sich das im Lande selbst Geschriebene vorwiegend auf die bekannten diplomatischen und politischen Korrespondenzen, auf Mitteilungen über Fehden und Händel, Treubruch und Geldnot, Sendung von Soldaten und Tribut, oder auch Listen u. dgl. Daneben besitzen wir einige Verweise auf Archive und die in ihnen liegenden | Urkunden, deren Inhalt wir aber mehr nur vermuten, keinesfalls sicher bestimmen können. Urkunden und Geisteserzeugnisse höheren Stils wie Kriegsberichte, Geschichtserzählungen oder gar Lieder oder Religions- und Rechtsurkunden fehlen bis jetzt ganz, obwohl niemand sagen kann, sie seien an sich ausgeschlossen. Ehe wir sie besitzen, wird man, soweit man sich auf unmittelbare Aussagen stützen will, leicht geneigt sein können, den Stand des geistigen Lebens nicht wesentlich anders einzuschätzen, als wir es nach den vorhandenen Briefen und zusammen mit allen andern Kulturerzeugnissen und Errungenschaften der Zeit: Handel und Verkehr, Waffen, Gottesbildern, Ton-, Gold- und Erzwaren zu tun vermögen. Aus diesen direkten Zeugnissen zusammen ergibt sich ein gewiß reges, von vielen

---

als den Sekretär und Vorleser wendet (siehe zur Übersetzung des *kibima* Knudtzon, Amarna 989, aber auch OLZ. 16 (1913), 288 ff., wo er an den Überbringer denkt), und besonders die beweglichen Bitten am Schluß, z. B. Am. 288 (W. 104), 62 ff.; 286 (W. 102), 61 ff.: „An den Schreiber des Königs, meines Herrn! Also (sagt) Abdi-chiba, dein Diener: Bringe die Worte schön vor den König, meinen Herrn: Verloren sind alle Länder des Königs, meines Herrn!" Also nicht nur des Königs, sondern auch seines Schreibers ergebener Diener ist der Absender — so sehr weiß er sich in dessen Händen! Auch wenn, was wohl möglich ist, die ursprüngliche Bedeutung des *kibima uma* längst verblaßt war und es nur noch Redeform ist (Ranke), so bleiben diese Anreden bestehen. — Die Bedeutung des Schreibers kann im übrigen nicht befremden, wenn wir bedenken, eine wie wichtige Person er in Ägypten ist. (Vgl. Breasted-Ranke, Gesch. Ägypt. 94 ff. 157.) Er ist der Inhaber der Kunst, das gesprochene und gedachte Wort weiterzugeben. Damit ist er eine Art Weiser und Künstler in einer Person und steht als solcher über der Menge, ähnlich wie der Priester. Aber er ist ein Weiser ganz anderer Art als dieser. Der Priester ist Weiser durch seine besondere Verbindung mit der Gottheit, und darum von Gottes Gnaden; der Schreiber ist Inhaber einer Kunst, die wohl im letzten Grunde auch von den Göttern stammt, aber nun unter Menschen lebt und hier in greifbarer Weise dem praktischen Nutzen dient (Breast.-R. 95. 157). So wird der Schreiber in Ägypten der Inhaber der Lebensweisheit und der Weisheit des Alltags: der Wohlanstand des Lebens, der Verkehr mit den Großen und dem König, das richtige Verhalten in Geldangelegenheiten, Maßhalten im Trinken, Zurückhaltung fremden Frauen gegenüber und verwandte Dinge sind die Gegenstände seiner Belehrung. Sie wird dargeboten in der Form von Sprüchen, wie sie die Weisheitslehrer aussprechen und der Nachwelt in Spruchsammlungen überliefern. Weise solcher Art sind Imhotep, Ptahhotep u. a. (Breast.-R. 103. 122). Es ist bezeichnend, daß Imhotep, ein alter Baumeister und Spruchweiser, im neuen Reich der Schutzpatron der Schreiber wird und zugleich aller derer, die sich mit Gelehrsamkeit, Medizin und geheimen Künsten befassen (a. a. O. 107; Erman, Ägypt. Rel. [2] 91. 194). Der fromme Schreiber weiht ihm eine Wasserspende aus dem Wassernäpfchen seines Schreibzeuges. — Wir haben bis jetzt keinen Beweis dafür, daß solche Spruchweise und ihre Spruchsammlungen ihren Weg auch ins alte Kanaan fanden. Aber die Möglichkeit ist nicht von der Hand zu weisen, und die Überlieferung, daß schon Salomo einen Stab von Spruchweisen um sich gehabt habe, sieht ganz danach aus, als hätte schon er gewisse Muster seiner Spruchweisheit im Lande vorgefunden (1 Kön. 5, 11). Vgl. noch S. 160 (Psalmen).

Seiten her befruchtetes Geistesleben, aber doch ein solches, das über die Interessen des Alltags und — gewisse Ausnahmen abgerechnet — verhältnismäßig primitive religiöse Vorstellungen noch nicht hinausgekommen zu sein und sich beispielsweise mit dem ägyptischen und babylonischen Geistesleben, was geschichtlichen Sinn und höhere Spekulation, auch dichterische Betätigung anlangt, noch nicht messen zu können scheint.

Allein indirekte Zeugnisse geben doch ein erheblich anderes Bild. Haben wir freilich auch keinerlei unmittelbaren Beweis für ein höheres Geistesleben in Kanaan, so lassen sich immerhin auf Grund jener mittelbaren Instanzen ernste Wahrscheinlichkeitsgründe für ein solches geltend machen. Schon jene vorhin erwähnten kanaanäischen Archive und deren Inhalt ließen uns vermuten, daß der letztere sich nicht auf bloße Listen, Verträge und Abrechnungen beschränkt haben werde. Noch deutlicher spricht ein anderes Zeugnis. Unter den Amarnatafeln findet sich bekanntlich — wie eine Art Fremdkörper unter den Briefen um Truppen, Geld oder Schutz — ein Teil des sogenannten Adapamythos, sowie Bruchstücke des babylonischen Mythos von Nergal und Ereškigal[1]. Beide Mythen, und mit ihnen wohl noch andere, müssen also Bestandteile der Bibliothek Amenhoteps IV., welcher der Amarnafund entstammt, gewesen sein. Mehrere der Tafeln dienten sogar, wie die in ägyptischer Weise mit roter Tinte eingezeichnete Worttrennung beweist, einmal als Hilfsmittel, einem Übungsbuch oder einer Lesefibel vergleichbar, zum Erlernen der babylonischen Sprache oder für das Lesen babylonischer Texte[2].

Wir können nicht nachweisen, daß die betreffenden Mythen diesen Dienst auch außerhalb Ägyptens taten. Aber da Palästina ägyptische Provinz war, und da es so gut wie Ägypten selbst der Hilfsmittel zum Erlernen des Babylonischen bedurfte, da zudem jene Texte doch nur über Palästina nach Ägypten gelangt sein konnten, so darf es allerdings als so gut wie sicher angenommen werden, daß man auch in Palästina ähnliche Texte, sei es zu Übungszwecken, sei es — was doch gewiß die Regel gewesen sein wird — zu Zwecken der Belehrung und Erbauung, zu lesen gewohnt war. Auf diese Weise müssen nicht allein die alten babylonisischen Mythen und Religionsanschauungen, es müssen wohl auch die religiösen Lieder und die Rechtssatzungen Babylons den Schreibkundigen und den höher Gebildeten Kanaans, wollen wir sie unter den Dynasten und Statthaltern und an den Fürstenhöfen oder in den Priesterschaften und an den Heiligtümern der Istar und der anderen Götter suchen, bekannt, ja vertraut geworden sein. Dies um so mehr, als seit Jahrhunderten ein so reger Verkehr zwischen Kanaan und dem Eufrat bestand[3], daß es sich dort keineswegs um einen neuen Anfang, sondern lediglich um die Fortsetzung alter Beziehungen, vielleicht auch nur um das Lesen von Dingen handelte, die aus mündlicher Kunde in Kanaan bekannt waren.

Ist diese Annahme richtig, so eröffnet sich allerdings auch für unser Urteil über den Stand des geistigen Lebens in Kanaan ein neuer Ausblick. Dann haben wir tatsächlich allen Grund anzunehmen, daß man hier so gut wie in Babylonien selbst längst begonnen hatte, über die

---

1) Ungnad in TuB. I, 34. 69.   2) Knudtzon, El-Amarnatafeln 25.   3) Siehe darüber oben S. 122 und 147.

Forderung des Alltags hinaus den Fragen und Angelegenheiten nachzudenken, die des Menschen Herz bewegen: dem Recht, dem Werden und Vergehen der Welt, dem Ursprung des Menschen und seines Schicksals, dem Walten der Gottheit in Natur und Menschenwelt. Ja es ist in neuester Zeit auch der Versuch gemacht worden, geradezu das Vorhandensein einer einheimisch kanaanäischen Hymnendichtung zu erweisen. Nach dem, was wir über das Alter der ägyptischen und babylonischen Psalmen wissen, könnte es uns in der Tat nicht befremden, schon 400 Jahre vor David auch in Kanaan Psalmen — an einen kanaanäischen Gott gerichtet — vorzufinden [1]. Was im besondern das Recht anlangt, so haben wir bis jetzt keine Belege für eine einheimisch kanaanäische Gesetzgebung. Aber was früher über das Hammurapigesetz ausgeführt ist, läßt mit Sicherheit erwarten, daß es seinen Einfluß früh auch hier geltend machte. Ebenso gibt die vielfache Beziehung Kanaans zu den Hetitern in unsrer Zeit zu der Vermutung Anlaß, daß deren nunmehr schriftlich festgelegtes Recht auch für Kanaan — und damit auch für Israel — nicht ohne Bedeutung blieb [2].

Wie dem aber immer sei, eines bleibt unter allen Umständen gewiß, die Tatsache nämlich, daß Schrift und Schrifttum unserer Zeit beweisen, daß die Macht babylonischen Geisteslebens über Kanaan einen weit höheren Grad erreicht hatte, als man ohne sie vermuten könnte. Nicht allein die politischen Verhältnisse, sondern auch die zweifellos vorhandenen, aber mit anderen gemeinsamen oder hinter ihnen zurück|tretenden Beziehungen Babylons zur übrigen Kultur Kanaans würden für sich diesen Grad geistigen Einflusses entfernt nicht ahnen lassen [3]. Man bedenke, daß die Fürsten und Großen der Amarnazeit ihre Briefe an den Pharao nicht in ägyptischer, sondern in babylonischer Sprache und Schrift schreiben, einer Sprache und Schrift, die ihnen zum Teil viel ferner zu liegen scheint als die ägyptische, ferner daß der Pharao selbst ihnen in eben dieser Sprache, nicht in seiner eigenen, erwidert. Diese auffallende Tatsache kann nur darin ihre Erklärung finden, daß eben das Babylonische und nicht das Ägyptische die Sprache des Verkehrs in der Welt des vorderen Orients, im besonderen auch im ägyptischen Großreiche selbst war. Weiter erwäge man, daß die kleinen und kleinsten Machthaber Palästinas unter sich oder für den Gebrauch ihrer höchst bescheidenen Verhältnisse [4], selbst diejenigen Südpalästinas, sich nicht etwa der eigenen Sprache, oder wenn sie Gründe hatten, diese zu meiden, nicht der ihnen doch bei der Nähe Ägyptens und dem engen Verhältnis, in dem sie politisch zum Pharaonenreiche standen, viel eher zugänglichen ägyptischen Sprache bedienen. Dieser Umstand muß fast notwendig so gedeutet werden, daß selbst für den engen Verkehr im Lande, sobald er schriftlich war, immer noch ganz vorwiegend das Babylonische die herrschende Sprache darstellte [5].

---

1) Vgl. Böhl, Hymnisches und Rhythmisches in den Amarnabriefen aus Kanaan, Theol.Lit.Bl. 1914, Nr. 15 (Sp. 337—340).   2) Oben S. 69 u. 70.   3) Vgl. dazu noch die Ausführungen über das babylonische Siegel von Taanak und seine Bedeutung für unsere Frage, oben S. 131/2.   4) Man denke an den Herrn von Taanak und seine Listen, oder an die ärmlichen Verhältnisse von Lakis (siehe oben S. 141). 5) Natürlich läßt sich immer mit der Möglichkeit rechnen (s. oben S. 157 [1]), daß die kleinen Dynasten unter sich babylonisch schrieben, lediglich weil die Großen es

Wie aber erklärt sich dieser doppelte Umstand, der eine: daß das Babylonische ausschließlich Sprache des Weltverkehrs, Diplomatensprache, und der andere: daß es, soviel wir bis jetzt sehen können, bis etwa ein Jahrhundert über die Amarnazeit herunter fast ausschließlich Sprache des engeren schriftlichen Verkehr bleiben konnte?

Negativ findet der zweite Umstand seine Deutung jedenfalls darin, daß es eine heimische kanaanäische Schrift wie zu den Zeiten Atanaḫilis in Taanak, so auch jetzt entweder noch nicht gab, oder daß man sich langsam an ihren Gebrauch gewöhnte [1]. Die Kanaanäer sprechen | ihre eigene Sprache, und gelegentlich werden in den babylonischen Briefen aus dem Lande einzelne Worte durch das entsprechende Wort der Landessprache erläutert. Die Frage liegt darum außerordentlich nahe, weshalb man für den inneren Verkehr nicht auch, wo er schriftlich war, die Landessprache wählte, wodurch man sich doch sicher tausend Unbequemlichkeiten ersparte. Man hätte das sicher getan, wenn man die zu jener Sprache passende Schrift, deren Vorhandensein wir nun glauben annehmen zu sollen, schon hinreichend gewöhnt gewesen wäre. In Ausnahmefällen und für einzelne Worte konnte man sich behelfen, indem man ein kanaanäisches Wort, so gut es ging, in der unbeholfenen babylonischen Schrift wiedergab; für die Regel, das fühlte man deutlich, taugte dieses Verfahren nicht, weil es den Worten der heimischen Sprache doch zu viel Gewalt antat [2]. Mied man sie doch noch, wenigstens im amtlichen Verkehr, so zeigt uns dies, wie lange man bedurfte, bis die Schreiber und die öffentliche Meinung sich in das Neue eingelebt hatten.

Warum aber wählte man nicht die ägyptische Sprache und Schrift, die doch, wie man denken sollte, in jener Zeit mindestens so viele Leute in Kanaan, wahrscheinlich aber viel mehr — man denke an die Garnisonen, die Statthalter, die räumliche Nähe Ägyptens — verstanden als die babylonische? Die Antwort auf diese Frage fällt zusammen mit der Deutung des zweiten der vorhin erwähnten Umstände, nämlich daß das Babylonische ausschließlich die Sprache des Weltverkehrs werden konnte.

---

taten, also um der Mode willen. Aber das erklärt doch nicht ausreichend, weshalb man im Verkehr mit dem Pharao babylonisch schrieb und babylonische Briefe erhielt. Auf der andern Seite muß schon (ob. S. 69 [1] und schon I [2], 633) daran erinnert werden, daß noch Ammiditana (TuB. I, 108) König von Amurru ist, woraus zu schließen ist, daß die babyl. Oberherrschaft über Palästina—Amurru von Hammurapi bis zum Sturz der 1. babyl. Dynastie kaum unterbrochen wurde (etwa 170 Jahre!). Auf der andern Seite haben wir freilich auch gehört, daß Denksteine im Lande und die Chroniken für die Archive bald nach unserer Zeit und wohl jetzt schon in anderer als der babylonischen Schrift und Sprache verfaßt waren (ob. S. 155 f.). Zurückhaltung ist also immer geboten.

1) Es kommen wohl da und dort einzelne Zeichen vor (vgl. Mutesellim, S. 52; Ta'anek, S. 62 Abb. 74), die hebräischen oder altkanaanäischen Lauten im Alphabet entsprechen, so ⫞ und ✕ (= א und ת), aber es handelt sich vielleicht bloß um Steinmetzzeichen oder ihnen verwandte Marken. Doch ist nach dem Obigen nicht ausgeschlossen, daß wirklich Buchstaben gemeint sind, wie denn die spätere Buchstabenschrift sich wohl einer solcher schon vorhandenen Marken bedient hat. Alles in allem werden wir hierin eben doch schon die ersten tastenden Anfänge des Gebrauchs eigener Schrift vermuten dürfen. 2) Im Babylonischen war man daran gewöhnt, die Worte in Silben aufzulösen und sie den vorhandenen Silbenzeichen in der Schrift anzupassen; für andere Sprachen hatte das selbstverständlich große Unzuträglichkeiten, man vergleiche die kanaanäischen Glossen in den Amarnatexten oder kyprisches *pa-si-le-wo-se* für βασιλεύς.

Es darf meines Erachtens für beide Arten des Verkehrs, für den
großen Weltverkehr der Herrscher und Diplomaten untereinander wie für
den inneren Verkehr im kleinen Kanaan, als ausgemachte Tatsache angenommen werden, daß die Amarnazeit für sich diesen Zustand, den wir in
ihr vorfinden, nicht geschaffen hätte. Nach keiner Seite hin lagen in
ihr selbst die Bedingungen dazu vor. Im Lande selbst hatten die Babylonier damals politisch so gut wie nichts zu sagen. Der König von Babylon gilt zwar als „Bruder" des Pharao, aber seine Untertanen gelten
im Lande kaum mehr als die Leute von Mitani oder gar die Hetiter,
tatsächlich weniger als diese. Und draußen in der hohen Politik der Zeit
hatte Babylon längst seine Rolle ausgespielt. Hätte man seit den Tagen
Thutmosis' III. und des ägyptischen Weltreichs, ja seit der | Zeit des
Großreichs der Hyksos, nach einer Sprache zu suchen gehabt, die dazu
geeignet gewesen wäre, die Sprache des Weltverkehrs und vor allem der
diplomatischen Verständigung mit dem Weltbeherrscher am Nil zu werden:
man hätte sicher keine andere zu wählen gehabt als die Sprache Ägyptens.
Vor allem hätten die Pharaonen dieser Periode selbst keinerlei Veranlassung
genommen, die Sprache eines an Macht und Rang tief unter ihnen und
ihrem Reiche stehenden Herrschers und Reiches ihrer eigenen vorzuziehen.

Geschieht das doch, so geschieht es lediglich, weil sie beide, der
Pharao und die Dynasten des Landes Kanaan, sich stillschweigend einer
großen Tatsache der Vergangenheit fügen, die mächtiger ist als sie
selbst. Nicht die Amarnazeit hat diese Verhältnisse geschaffen, sondern
eine längst vergangene Periode; und die Amarnazeit, in der wir sie vorfinden, hat sie lediglich aus ihr übernommen als ein Erbe der Vorzeit.
Was die Dynasten Kanaans jetzt tun, das haben wahrscheinlich auch
manche Privatleute des Landes getan, wenn sie schrieben, und das hat
schon Atanaḫili von Taanak oder der Besitzer jenes Siegels in Taanak
weit über ein halbes Jahrtausend früher getan [1]. Wie er sein Siegel in
babylonischer Sprache schrieb oder ein so geschriebenes Siegel gebrauchte,
so haben es seine Landsleute und Zeitgenossen an anderen Orten Kanaans
sicher auch gehalten. Und sollten sie einander Briefe geschrieben oder
Listen und Dokumente verfaßt haben, so haben sie auch hiezu sicher keine
andere Sprache und Schrift als diejenige Babylons gewählt. Das alles
erscheint uns ganz selbstverständlich. Und während uns für die Amarnazeit der Tatbestand so befremdlich erscheint, daß niemand, läge er nicht
wirklich vor, ihn erdacht hätte oder ihn auch nur für glaubhaft erachten
würde [2], so finden wir ihn für die Zeit Hammurapis durchaus natürlich
und in den Verhältnissen selbst gegeben [3].

Hierin liegt in der Tat der Schlüssel für die Deutung unserer Erscheinung. In der Zeit der Elamiterherrschaft und Hammurapis, überhaupt in der Zeit des alten Babylonien, seitdem es seine Arme bis nach
dem Libanon und dem Westmeer ausgestreckt hatte, war Babylonien po-
litisch und geistig für ganz Syrien, Kanaan eingeschlossen, die | aus-

---

1) Oben S. 132.   2) Die älteren unter meinen Lesern werden sich recht wohl
noch des Staunens und Befremdens erinnern, das durch die gelehrte Welt ging, als
der Amarnafund uns jene von niemand geahnte Tatsache offenbarte.   3) Hierin irrt
vor allem, wie ich glaube, das oben S. 52 genannte Buch von Clay, daß es dieser
Tatsache nicht ausreichende Rechnung trägt. Man darf sie nicht übertreiben, aber
man soll sie auch nicht künstlich abschwächen.

schlaggebende Macht. Vor allem muß die gewaltige Herrschernatur H a m m u r a p i s selbst der Zeit vielfach den Stempel seiner überragenden Persönlichkeit aufgeprägt haben. Damals schon muß babylonisches Schrifttum — allen voran das geistesmächtige Gesetzbuch Hammurapis — auch den syrischen Westen beschäftigt und geistig gefangen genommen haben. Damals müssen auch schon die ohne Zweifel vielfach gepflogenen politischen Verhandlungen von Volk zu Volk, deren Mittelpunkt nach der Lage der Dinge — genau so, wie später der Pharao — jetzt der König von Babylonien war, in babylonischer Sprache und Schrift geführt worden sein. So haben die Völker des vorderen Orients sich schon damals zugleich mit dem politischen von selbst unter den geistigen Einfluß Babyloniens gestellt. Was sie aber in früher Vorzeit übernommen hatten, das haben sie unter ganz neuen politischen Verhältnissen beibehalten, und am politischen Mittelpunkt der Weltbegebenheiten, in Ägypten selbst, war man später nicht mehr imstande, den seit Jahrhunderten fest und dauernd gewordenen Zustand der Dinge beiseite zu schieben. Natürlich mußten diese Verhältnisse auch für die Religion ihre Folgen nach sich ziehen.

Doch darf das alles darüber nicht täuschen, daß trotzdem sowohl die einheimische, aber schon stark unter hetitischen und kleinasiatischen Einflüssen stehende als besonders die ägyptische Geisteswelt mächtig bei der Gestaltung der geistigen Verfassung im Lande mitwirkt. Nicht nur hörten wir mehrfach von Schriftstücken nichtbabylonischer Art, die noch an unsere Zeit heranreichen, sondern wir lesen auch von einem im übrigen auf seine Unabhängigkeit von Ägypten pochenden einheimischen Dynasten das desto wirksamere unbefangene Bekenntnis, daß im Grunde doch Wissenschaft und Bildung im Lande aus Ä g y p t e n kommen [1]. Solche Worte werden vielfach auch jetzt schon gelten.

4. T o t e n b e s t a t t u n g. — Die Bestattung der Toten wird auch jetzt durchaus in der Form des Begräbnisses vollzogen. In Megiddo wird die Leiche, sei es einzeln, sei es in Gruppen, fast durchweg durch einen Kreis von großen Feldsteinen umhegt und so in die Erde gebettet — natürlich nie ohne die üblichen Beigaben. Nicht selten sieht die Grabstätte sich an wie ein unterirdischer Kromlech [2]. In Gezer hat man, da augenscheinlich die alten Höhlen keinen Raum mehr boten, auch innerhalb der Ringmauer mit dem Anwachsen der Bevölkerung die Bewegungsfreiheit beschränkt war, die Totenstätten außerhalb der Mauer verlegt. Man beginnt jetzt hier die Bestattung in sogenannten Schachtgräbern. Es wird ein senkrechter Schacht zwei Meter tief in den Fels geführt, von seinem Boden aus wird ein wagrechter Zugang in das ebenfalls aus dem Felsen ausgehauene Grab geschaffen [3]. Diese Weise scheint von Ägypten hierher gekommen zu sein, was gerade in Gezer am wenigsten befremden könnte [4]. Wie früher, so wird auch jetzt bei den Kanaanäern die Hockerstellung beliebt: die Toten sind fast durchweg mit angezogenen Knien beigesetzt. Hier in Gezer ist erstmals auch die Sitte des sogenannten Lampendepositums beobachtet | worden, das man gern als symbolischen Ersatz für

---

1) Beides ob. § 14 a. E.; s. TuB. I, 228.　　2) Beispiele finden sich in Menge, vgl. Mutesell., S. 55 Abb. 61; S. 56 Abb. 63; S. 63 Abb. 75 und öfter. — Über Taanak siehe Sellin 96 ff.　　3) Quart. Statem. 1904, 324. Vgl. Vincent, Canaan 215; Thiersch, Arch. Anz. 1909, 367.　　4) Thiersch a. a. O. 366.

Menschenopfer deutet [1]. In derselben Weise wie die Leiche selbst könnte auch ihr Ersatz, die Lampe als das Symbol des Lebens, beigesetzt sein. Der Mensch bliebe demnach am Leben und das Opfer würde nur symbolisch vollzogen.

Dieses selbst, das **Kinderopfer**, soll nach manchen in der nächsten Nähe der oben beschriebenen Masseben von Gezer im Schwange gewesen sein [2]. In einer Erdschicht von fast einem Meter eingebettet und in großen, dickwandigen, zweihenkeligen Spitzkrügen ohne jeden Schmuck beigesetzt, fand sich hier etwa ein Dutzend Kinderleichen. Der Körper ist mit dem Kopf voran in den Krug hineingezwängt [3]; daneben sind zwei, auch drei kleinere Krüge, eine Schüssel und eine Schale in den Krug gelegt. Alles ist in feine Erde oder Sand gehüllt. Die Gefäße sind der Hausrat des Beerdigten für sein Leben drunten, das Sandmehl ist der Ersatz des Mehles, wenn die in den Gefäßen etwa beigegebenen Speisen gar sein sollten. So haben auch die Ägypter ihren Toten — sie sind ja nur Scheinwesen — in halb naiver Sparsamkeit Scheinmehl und allerlei zum Schein nachgebildete oder Speisen und Geräte andeutende Dinge ins Grab mitgegeben. Die Kinder von Gezer sind fast durchweg neugeboren, zwei von ihnen 5 bis 6 Jahre alt [4]. Die Art des Hineinschiebens in die Krüge läßt vermuten, daß man die Neugeborenen gewaltsam tötete — wohl durch Ersticken — und sie an heiliger Stätte der Gottheit darbrachte. Diese Gepflogenheit erinnert durchaus an das uns aus dem Alten Testamente wohlbekannte Erstgeburtsopfer, das dort im Verblassen ist, aber deutlich noch durchschimmert [5]. Darf es nach dem Alten Testament als zweifellos angesehen werden, daß die Kanaaniter das Erstgeburtsopfer — wie überhaupt das Menschenopfer — übten, so läge allerdings in Fällen, wo das Kindergrab in unmittelbarer Verbindung mit einem Heiligtum auftritt, der Gedanke sehr nahe, daß es sich hier wirklich um jene Sitte handle. Wofern es sich in Gezer in der Tat um ein Heiligtum handelt, was doch immer das Wahrscheinliche bleibt, kann man an dieser Deutung kaum zweifeln. Die an sich vorhandene Wahrscheinlichkeit wird wesentlich erhöht durch die Tatsache, die gerade in Gezer, aber auch anderwärts [6] zutage trat, daß die den Leichen mitgegebenen Beigaben, unter denen sich auch Lampen — sei es zum Leuchten, sei es als Symbol des

---

1) Quart. Statem. 1903, 32 ff. 205 ff. 307 ff. Gez. II, 434 ff. Freilich ist die Deutung nicht sicher. Es sind meist zwei mit dem oberen Rande zusammengelegte Schalen, zwischen denen eine Lampe liegt. Nun geht aus den schon von Hilprecht, Explor. in Bible lands 447 f. beschriebenen und von Montgomery (Aram. Incantation Texts from Nippur 1913) veröffentlichten Schalen hervor, daß die umgestürzte Schale als Gefängnis zum Festhalten der Dämonen verwandt wurde. Schalen, die an der Ecke des Hauses vergraben sind, dienen zu dessen Sicherung gegen Dämonen, solche unter dem Boden gegen hier begrabene Tote (Nr. 25). Die Lampe als Symbol des Lebens könnte auch den Geist, der gebannt werden soll, bedeuten, und das Ganze hätte dann apotropäische Bedeutung. Ähnlich Greßm. in ThLitZ 1913, 828 f. Aber s. unten. 2) Siehe oben S. 94 aber auch bes. unten S. 192 f. 3) Ähnlich in Taanak u. Megiddo, siehe oben S. 137 f. 4) Quart. Statem. 1903, 220. 223 ff. Da sie Brandspuren tragen, sind sie aber vielleicht doch anders zu beurteilen (Thiersch a. a. O. 375 Anm.). Opfer könnten sie auch sein. 5) Vgl Bd. II [4], 63, Anm. 2 u. 79, Anm 1. 6) Auch Lakis kennt sie, siehe oben S. 91, desgleichen Tell Zakarîje. Ebenso wird man die leeren mit Sand gefüllten Krüge von Taanak (siehe oben S. 137 [5]) zu deuten haben. Ein Scheinbegräbnis für Abwesende (so Sellin 97) wird, da es sich um Kindergräber handelt, kaum in Frage kommen. Doch s. auch Mader, Bibl. Zsch. 10, 9. 350 ff.

Lebens — finden, gelegentlich auch für sich allein, also ohne Leiche, auftreten. Sie sind dann ganz wie die Beigaben wirklicher Leichen behandelt, vor allem mit feiner Erde oder Sand gefüllt, nur daß die Leiche
selbst fehlt [1]. Dieser Brauch könnte sich wohl so erklären, daß die Beigaben die Leiche selbst ersetzen sollen, weil sie oder ein Teil von ihnen
als Ersatz für sie gelten. Wie man Scheinmehl verwandte, so konnte
man auch Scheinopfer üben, in der Hoffnung, daß die Gottheit mit dem
bescheideneren Ersatz [2] oder der bloßen Andeutung des Wirklichen zufrieden sei. Ist freilich jene Stätte von Gezer kein Heiligtum gewesen,
so wird man auch hier an einfache Kindergräber und an die Bannung
ihrer Totengeister denken müssen.

§ 19.

Vom 16. bis zum 13. Jahrhundert. II. Die Religion: Gottesidee und Pantheon [3].

1. Die Gottesidee. — Die allgemeinste, allen Semiten gemeinsame
Bezeichnung für die Gottheit als überirdisches, d. h. über dem Menschen
und der Natur waltendes Wesen ist *el*. Als gemeinsemitisches Gut, das
darum wohl den Ur-Semiten vor ihrer Scheidung in Einzelgebiete eigen
war, dürfen wir außer der Gottesvorstellung selbst auch gewisse religiöse
Grundbegriffe und Götternamen ansehen. Die ersteren betreffen hauptsächlich den Kultus und lassen vermuten, daß eine gewisse Art der Gottesverehrung den Semiten schon in der Urzeit eigen war [4]. Wo wir seit
den Zeiten, in denen die Semiten in Palästina und Syrien eine Rolle
spielen, Semiten hier und auswärts treffen, da haben sie bereits Götter
in der | Mehrheit, die sie unter dem Gesamtbegriff *el* zusammenfassen [5].
Sie verbinden mit ihm wahrscheinlich von Hause aus die Vorstellung der
„Macht" und des geheimnisvollen Machtwesens [6]. Doch wäre nicht aus-

---

1) Vgl. besonders Quart. Stat. 1903, 307 ff.: unter einer Hausecke sind Zwillinge
in einem Kruge beigesetzt. Unweit davon finden sich zwei Krüge mit ineinander ge-
betteten Lämpchen. Doch vgl. S. 164 [1]: es können die Geister der Zwillinge gebannt
sein.   2) Der bescheidene Ersatz für das wertvollere Opfer, sei es der menschlichen
Erstgeburt, sei es eines Tieres, spielt ja auch im Alten Testament eine bedeutende
Rolle. Eben deshalb wird man auch hier am ehesten an ihn denken.   3) Vgl. Stanl.
A. Cook, The religion of ancient Palestine, Lond. 1908; Paton in Hastings Encycl. of
Rel. etc. Art. Canaanites; Baudissin, Adonis u. Esmun 1911; Hehn, Babyl. u. bibl.
Gottesidee 1913, auch Nielsen in OLZ. 16 (1913), 200 ff.   4) Smend, Alttest. Rel.-
gesch. [2], 21.   5) Die älteste Spur findet sich, soweit ich sehe, in den altakkadischen
Königsinschriften seit Sargon (Thureau-Dangin, Sum. u. akkad. Königsinschriften 169 ff.).
6) Siehe dazu Dillmann zu Gen. 1, 1; Kittel, PRE. [3] 5, 315 ff. u. dazu 23, 389;
außerdem besonders Nöldeke in Monatsb. Berl. Ak. 1880, 760 ff.; SitzBer. 1882, 1175 ff.;
Lagarde in GGN. 1882, 178 ff. Die einzige ernstlich in Frage kommende Ableitung
ist die von *el* ausgehende und zu elohim und eloah weiterschreitende, bei welcher zu-
gleich *el* von einem Stamme אִיל = אלה hergeleitet wird. (Auch die interessante, von
Delitzsch Bab. Bib. 1921, 76 f. angeführte Tatsache, daß die bab.-ass. Gelehrten *ilu* als
Synonym von *qadmu* „Richtung" anführen, beweist nicht für die Urzeit.) Dessen
Bedeutung schimmert noch durch in *ela*, *allon*, dem Gottesbaum, zugleich dem starken
Terebinthen- oder Eichbaum, und in der Redensart: es steht etwas bei der Kraft (*el*)
meiner Hand. Die Redensart, die jedenfalls keine junge Erfindung ist, zeigt deutlich,
daß man im Hebräischen von alters her die Vorstellungen von „Gottwesen" und
„Kraft" als nächstverwandt ansah und darum mit demselben Worte *el* bezeichnete.
Ob das vom allerersten Anfang an so war, läßt sich nicht ebenso bestimmt behaupten,
wenn es auch nicht unwahrscheinlich ist. — Neuerdings hat nun Brockelmann für die
Redensart die Bedeutung vorgeschlagen: es steht etwas bei dem Geist (Numen) meiner

geschlossen, daß auch diese Vorstellung sich erst im Lauf der — freilich allerfrühesten — Zeit gebildet hätte, da tatsächlich Name und Sache letztlich noch im Dunkel einer für uns vorhistorischen Zeit liegen. Die Wahrscheinlichkeit besteht aber, besonders wenn wir die Analogie heranziehen dürfen, daß auch den Semiten, wie vielen andern, der Glaube an eine den Menschen und die Natur überragende große Macht ein aus gewissen Erfahrungen der frühsten Urzeit entnommenes Erlebnis darstellt.

Überall, wo wir in älterer Zeit *el* antreffen, ist es, soweit wir bis jetzt Kunde haben, appellativisch gebraucht. Es läßt sich kein sicherer Fall vor der Zeit des ersten Jahrtausends v. Chr. namhaft machen, in dem *El*, wie vielfach angenommen wurde, als der Eigenname einer bestimmten einzelnen Gottheit aufträte. Die Annahme, daß sich ein bestimmter Gott des Namens El oder Il (Ilu) in den Denkmälern finde, ist daher für unsere Zeit wohl aufzugeben. El heißt, soweit wir zurückgehen können, in den bis jetzt erschlossenen Quellen immer: Gottwesen, Gottheit [1]. In der

---

Hand, ZAW. 26 (1906), 29 ff. Er erinnert daran, daß *elohim* in 1 Sam. 28, 13 im Sinne von „Geistwesen, Totengeist" gebraucht wird, besonders aber daran, daß bei manchen Naturvölkern jeder Körperteil einen eigenen Geist besitzt (vgl. Söderblom, Werden d. Gottesgl. 26). Das Rätsel der selbständigen Bewegung von Hand, Fuß, Kopf usw. konnte natürlich auch im ältesten Israel oder Kanaan zu jener Vorstellung führen. Nur ist damit die Frage nach der Bedeutung von *el* nicht erledigt. Die Frage ist lediglich zurückgeschoben en. Denn es gibt keine Etymologie, die bei *el* zum Begriff des „Geistigen" als solchen führte. Vielmehr wird es nach wie vor dabei bleiben, daß *el* das „Kraft-" oder „Machtwesen" bedeutet, das unsichtbare Numen und damit die selbständige Kraft, die in Stein, Baum, Hand und Fuß usw. sich betätigt. — Die Deutung El = Machtwesen findet zugleich in der Religionsgeschichte ihre beste Stütze. „Machtgeladene Wesen und Gegenstände bezeichnen die Anfänge der Gottesidee." Söderblom, Werden d. Gottesgl. 112. Vgl. die bedeutsame Untersuchung von Beth, ZAW. 36 (1916), 129 ff.: El und Neter. Ihm ist *el* viel allgemeiner als „Gott" und bezeichnet die Zugehörigkeit zu einer Sphäre, deren Vertreter überall zu finden sind und sich durch den Besitz einer außergewöhnlichen Kraft vor ihresgleichen auszeichnen. Es ist die in Sachen *(betel)* und besonders Menschen wirksame übersinnliche Energie (153), zu vergleichen dem Mana und Wakonda der Naturvölker. — Vorläufiges zu El: A. Fischer, ZDMG. 1917.

1) Vgl. dazu Bäthgen, Beitr. z. sem. Rel.gesch. 271 ff. 297 ff. Lagrange, Études sur les relig. sémit.² (1905) 70 ff. Zimmern, KAT.³ 354. In der Hadadinschrift von Sendschirli ist eine Gottheit *El* neben Hadad, Rekubel, Schemesch und den andern genannt. Ebenso bei Panammu Z. 22. Hier liegt die Sache ganz klar, nur fällt auf, daß sonst im Aramäischen *el* für Gott nicht mehr üblich ist, außer in einer großen Zahl von Eigennamen wie Betuel, Adriel u. a. (s. Lidzbarski Nordsem. Epigr. 214 f.). *El* gehört also auch im Aramäischen an sich einer älteren Stufe der Entwicklung an; es hat (ähnlich wie im Hebräischen) mit der Zeit in der gewöhnlichen Sprache einem andern Worte Platz gemacht (im Aram. הלא = *alah, allah*, im Hebr. *elohīm, elóah*). Immerhin läßt sich ein Einzelgott des Namens El nicht vor dem 8. Jahrhundert belegen. Auch im Südarabischen (Bäthgen 307, Lagrange 74) kommt er keinesfalls früher in Betracht. Es könnte somit nur das alte Babylonische mit Namen wie *Ilumma-ila* (Kohler u. Ungnad, Hammurabis Ges. III, 1909, S. 1) oder *Šumma-ilu-la-ilia* (Hommel, Altis. Ranke. Pers. names 151. 214) in Betracht kommen, falls man sie deuten dürfte: „*Ilu* ist Gott", „Wenn *Ilu* nicht mein Gott wäre [so müßte ich vergehen]." Allein es wird neuerdings ernsthaft bezweifelt, ob nicht für Ilu (AN) der *Anu* der Himmelsgott oder auch *ili* mein Gott einzusetzen sei (Ranke will nach brief. Mitteilung den zweiten Namen mit Berufung auf Šumma-ili-lā-Šamaš [Pers. names S. 151], was mit Šumma-AN-la-Šamaš wechsle, jetzt lesen: *Šumma-ili-lā-ilija* „gesetzt, mein Gott wäre nicht mein Gott". [Danach auch Hehn 159] Nach Ungnads briefl. Mitteilung könnte der Name lauten: „Wenn *Anu*" ... oder: „wenn *mein Gott* etwas anderes als Gott wäre" = „Anu (oder mein Gott) hat sich nie anders als mein Gott erwiesen". Den ersten Namen will U. fassen „Mein Gott allein ist

Sinaihalbinsel gab es nach Ex. 15, 27 eine | augenscheinlich altheilige Stätte mit 12 Quellen und einer Palmenoase, die den Namen Elim „Gottwesen, Quellgötter" führte.

Immerhin ist das Band, das von einem zum andern, vom appellativen *el* zum Eigennamen des Einzelgottes *El* führt, wenn auch geschichtlich noch nicht hergestellt, so doch bestimmt zu vermuten: wenn im 8. Jahrhundert v. Chr. *El* neben *Rekub-el* als Einzelgott steht, so ist diese befremdliche Nebeneinanderstellung der zwei verschiedenen Gebrauchsweisen des Wortes „Gott" nur verständlich, wenn vor | alters auf einem andern Gebiete *El* als Hauptgott existierte [1]. Ein religionsmischender Polytheismus konnte ihn dann wohl als einen neben andern, selbst neben Rekub-el verwenden; da, wo er heimisch war, mußte er ehedem als oberster Hauptgott, wo nicht als einzig in Betracht kommender gelten. Nur so erklärt

mein Gott". d. h. nur mein persönlicher Schutzgott ist der Gott, der sich als mein Gott erwiesen hat; Ranke will AN-ma-ila am liebsten lesen *Ili-ma-ila* „Mein Gott ist Ila" [= Allah الله]; doch mag *ila* wohl nur Variante von *ilu* sein (so jetzt auch Hehn 209, vgl. noch besonders Ungnad, Unters. zu den . . . Urkunden aus Dilbat [= Beitr. z. Assyr. VI, 5], S. 122). In diesem Falle wäre also im Babylonischen *ilu*, wo es bestehen bleibt, durchweg appellativ zu verstehen, hat aber einen bestimmten Gott im Auge. Denn die zahlreichen mit ilu zusammengesetzten Namen (Huber, Die Personennamen . . . aus der Zeit d. Kön. v. Ur u. Nisin 1907; Ranke, Early bab. pers. names 1905) lassen dem Sinne nach nur diese Deutung zu. (Man beachte vor allem, wie mit Namen wie *Ib-ni-ilu*, [der] Gott hat geschaffen, solche wechseln wie *Ibni-Bel*, *Ibni-Marduk*, *Ibni-Ramman*, Ranke 92 f.). Sie ist dann aber auch für die ähnlichen Namen der Amarnazeit entscheidend. Zu *Ib-ni-ilu* erinnert mich Ungnad daran, daß der Name insofern nichts besagt, als das Zeichen auch *ili* = mein Gott oder *Anu* heißen kann. Von Interesse wäre der Name *Ibaši-An* = es existiert AN, doch wird hier das Verb. die Bedeutung des hebr. היה haben: er betätigt, offenbart, sich. Man will aus irgendwelchem Grunde einen bestimmten Gott nicht nennen und sagt deshalb [der] „Gott" überhaupt. Dies um so eher, als 'Sing. u. Plur. gelegentlich wechseln: *Bab-ili* und *Bab-ilē* Gottestor und Göttertor, *bit-ili* und *bit-ilānika* Gotteshaus und dein Götterhaus. — Delitzsch nennt Babel und Bibel [5] 77 (nach VAT. 654) einen Namen der 1. babyl. Dynastie: *Abdi-ilEli* = Knecht des Gottes El. Wenn die Lesung und Deutung sich bestätigt, so würde hier doch nur scheinbar (s. u.) eine Ausnahme vorliegen. Aber wie mir Zimmern mitteilt und wie auch aus dem bei Krauß, Die Götternamen in d. bab. Siegelcylindern 1911, 105 herangezogenen Namen *Nūršu-eli* (= sein Licht ist hoch) hervorgeht, kann jenes *eli* auch mit עלה hoch sein zusammenhängen. Die Übers.: Knecht Gottes ist also zweifelhaft. Einen *Warad-ilueli*..., der jedoch unvollständig ist und darum wieder nichts beweist, nennt Ungnad in Beit. Assyr. VI, 5, S. 118 (Vord.As. Schriftdenk. VII, 168 : 8). Wohl aber mögen noch in Betracht kommen: *Iarbi-ilu*, *Iakbar-ilu* „Groß ist Gott", *Iantin-ilu* „Gegeben hat Gott", *Iamlik-ilu*, *Iašub-ilu* „Gott entscheidet, kehrt zurück" u. a. Überall scheint hier an den Stammgott oder Lieblingsgott gedacht, wie sowohl der gelegentliche Wechsel von *ilu* und *Dagan* u. dgl. als der Umstand zeigt, daß ganz ähnliche Namen mit *Ili* „mein Gott" gebildet sind: Del. Bab. Bib. 1921, 79.

1) Von hier aus muß angenommen werden, daß es einmal in alter, wenn auch nicht gerade der allerältesten, Zeit einen westsemitischen Einzelgott des Namens *El* gegeben hat, auch wenn wir ihn nicht direkt nachweisen können. Es kann an sich ein ganz unbedeutender Lokal- oder Nebengott gewesen sein (auf die objektive Macht und Bedeutung kommt es zunächst nicht an), den einzelne sich zum Schutzgott wählten. Aber indem man ihm den Gattungsnamen als Eigennamen beilegte, hob man ihn mindestens für den eigenen engen Kreis über die andern Gottheiten hinaus. Der Vergleich mit Baal, das auch (sekundär) als Eigenname auftritt, trifft nicht ganz zu. Es ist kein Fall bekannt, wo etwa Baal Ḥamman und Baal als zwei selbständige Götter nebeneinander stünden. Lediglich das südarab. *Il* neben ʿAttar läßt sich heranziehen, nur daß wir hier über die Zeit nichts Sicheres wissen.

sich doch wohl die Verwendung des Gattungsbegriffs für das Einzelwesen [1].

Dem ganzen Charakter der Gottesvorstellung entsprechend ist wohl auch auf unserm Gebiete von Hause aus, jedenfalls von alters her, kein großer Unterschied zwischen *el* Gottwesen, Gottheit und verwandten Appellativen wie *baʿal* Besitzer, Herr oder *adon* Herr oder *melek* König, welche die Gottheit als das höhere Machtwesen in noch deutlichere Beziehung zur Welt, im besondern zum Menschen, setzen und hier ein Abhängigkeitsverhältnis, dort bei der Gottheit eine Herren- oder Herrscherstellung zum Ausdruck bringen. Wie denn auch die Gottesverehrung gemeinhin als ein Dienen *ʿabad* beim Gotte erscheint. So kann es kommen, daß alle jene allgemeinen Gottesbezeichnungen gelegentlich untereinander vertauscht werden [2], und eine und dieselbe Person sich nach der einen wie nach der andern nennen mag [3].

Von hier aus läßt sich im allgemeinen das Wesen der Gottheit bei den Semiten des vorisraelitischen Kanaan bestimmen. Die Götter sind Machtwesen, unsichtbare, nur ganz gelegentlich in die Erscheinung tretende geheimnisvolle „Mächte", deren Name sie außerdem als die „Herren" und „Eigner" ihres Gebietes erkennen heißt. Sie sind also von Hause aus keineswegs, wie gerne angenommen wird, personifizierte Naturkräfte oder

---

1) Wenn man von „dem König" statt von König Wilhelm, „dem Minister" statt vom Minister Bismarck redet und diese Redeweise sich in stehender Weise wiederholt, so ist sie ein Zeichen dafür, daß in dem betreffenden Kreise dieser König oder Minister — mag es an sich noch so viele Könige auf Erden oder Minister im Lande geben — der einzig maßgebende ist. Jene frühere Verwendung von *El* weist in dieselbe Richtung, aus der die zahlreichen Namen der Dynastie von Ur und Isin und diejenigen der Hammurapizeit stammen. Denn wenn dort bei sonst polytheistischer Anschauung eine ganz auffallende Bevorzugung der Gattungsbezeichnung *el* in der Bildung theophorer Namen zutage tritt, so erklärt sie sich nur so, daß entweder der Gott als solcher dabei betont oder ein ganz bestimmter Gott (den man, vielleicht um ihn andere nicht wissen zu lassen, nicht nennt) über die andern hinausgehoben werden soll. Das letztere scheint da der Fall zu sein, wo für *ilu* auch *ili* „mein Gott" eingesetzt wird (auch *iluśu* „sein Gott" kommt vor; desgleichen wirkliche Eigennamen wie Marduk, Ramman, Sin; doch sollen nach Hommel, Altisr. Überlief. 78. 87 die südarabischen Namen der Götternamen gegenüber den allgemeinen Bezeichnung *ilu* fast ganz zurücktreten lassen). Die Bevorzugung eines bestimmten Gottes als des Schutz- oder Lieblingsgottes gewisser Kreise spricht an sich schon für etwas wie monarchischen Polytheismus. Wird dabei noch dazu der Gattungsbegriff an Stelle des Eigennamens mit Vorliebe verwandt, so mußten tiefer Denkende damit eher noch einen weitern, dem Gedanken der Gottheit als solcher und damit als einer höhern Einheit nahetretenden Sinn verbinden. Vgl. unten S. 171 f. Man wird also auch bei der rein appellativen Fassung jenes *ilu* doch über sie selbst hinausgeführt. Einer meiner Kritiker nennt diese Ausführungen Spekulationen, die er nicht begreifen könne. Das letztere ist gewiß bedauerlich, ändert aber an der Sache nichts. Daß auch religiöse Scheu und Aberglaube mitspielen können, die den Namen des Gottes nicht aussprechen oder geheimhalten mögen, braucht gar nicht geleugnet zu werden. Aber müssen denn alle Leute gleich diese und gerade die niedrigste Betrachtungsweise anwenden? Vgl. dazu jetzt die verständigen Äußerungen von Bertholet, Kulturgesch. 69 oben. 2) Der Bundes-*baal* der Kanaanäer von Sikem um 1100 heißt auch Bundes-*el* (Richt. 9, 4. 46); der Stadtgott von Tyrus heißt *Melqart*, Stadtkönig: neben bibl. *Beeljada* steht *Eljada*, neben bibl. *Abiēl* kommt in den neuen samarischen Ostraka *Abibaal* vor usw. 3) Namen wie *Abimelek* und *Abibaal*, *Adoniṣedeq* und *Malkiṣedeq*, *Il-milki* oder *Milki-ili* (Amarna) und *Malkibaal* (Lidzb. 239) konnten gewiß ebensogut vertauscht werden wie alttest. *Urijah* und *Uriēl*, *Beeljada* und *Eljada*, oder hamatensisches *Ilu-bidi* und *Iau-bidi*. In den zwei letzten Fällen ist die Einheit der Person geradezu bezeugt, doch mag das nur Zufall sein.

Naturgegenstände. Nicht die Sonne oder der Mond persönlich gedacht
oder der persönlich gedachte Baum oder Stein scheint nach der in der
religiösen Sprache vorherrschenden Vorstellung das Wesen der Gottheit
auszumachen, sondern der B e s i t z , das Eigentumsrecht an einen Ort und
eine Sache und die Herrschaft über sie. Der Baal von Tyros, die Baalin
von Byblos oder von Juda sind einfach neben und hinter den sichtbaren
Königen und Herren die unsichtbaren und höchsten Beherrscher von Stadt
und Landschaft. Gleich irdischen Herren sind sie Eigner und Nutznießer
ihres Gebietes, denen daher auch das Beste seiner Gaben gebracht wird.
Sie sind, solange sie gnädig gesinnt sind, natürlich auch die Versorger
und Schützer ihrer Untertanen, die Spender von Gütern und Gaben. Zugleich ergibt sich daraus, daß sie auch nicht mehr wie die vorsemitischen
Geister unpersönliche oder halbpersönliche Geistwesen sind [1], sondern
wirkliche G ö t t e r. Hier scheint man denn auch schon über die Naturreligion in ihrer gewöhnlichen Form hinüberzuschreiten. Amon - Rē und
Schamasch sind die Sonne, der Himmelskörper, persönlich gedacht. Die
Natur ist Gott. Hier ist der Gott eine h i n t e r und ü b e r der Natur
stehende persönliche Macht. Es bleibt Naturreligion, denn die Hauptgötter sind an die Natur angelehnt. Aber zur vollen Trennung beider
bedarf es nur noch eines Schrittes. Insofern ist es doch vielleicht mehr
als bloßer Zufall, wenn die Religion des Geistes gerade auf diesem Boden
sich auswirkte.

So haben denn auch das Feld und der Weinberg, der Brunnen [2] und
die Quelle ihren Baal oder ihre Baalin. Auch sie sind nicht Per|soni-
fikationen, sondern unsichtbare Besitzer des Orts, die an ihm oder in
seiner Nähe — häufig in oder an auffallenden Bäumen [3] oder Steinen
ihren Sitz aufschlagend — wohnen. Folgerichtig müssen dann wohl auch
die Sonne, der Mond und die Gestirne ihre Baale besessen haben [4]. Doch

---

1) Ein Polydämonismus kommt für diese Stufe nicht in Frage, wenigstens nicht
als Regel. Wenn Bertholet, Kulturgesch. 46 ihn aus den Namen mit El erschließt,
so hat er übersehen, daß schon um 2000 Atanaḫili Verehrer nicht eines Dämon, sondern eines richtigen Gottes ist; s. S. 138 u. 196 f.   2) Vgl. hebr. *balaat beer*
Brunnenbaalin, Baalin beim Brunnen, und dazu Kittel, Studien z. hebr. Arch.
114 f. — Weitere Namen mit Baal: S. 174[8]. 175[4]; Paton 179.   3) Vgl. hebr. *baal
tamar* Palmenbaal, Baal bei der Palme Richt. 20, 33; Sonnenbaal S. 176[2].   4) So
spricht man denn auch tatsächlich von einem H i m m e l s b a a l , doch können wir
ihn in Syrien selbst erst in verhältnismäßig späterer Zeit nachweisen. Vgl. die Inschrift des Zakar (Bd. II, [4]260), in der Himmelsbaal als Hauptgott erscheint;
etwas später tritt er bei Asarhaddon auf KAT.[3] 357. Auch im Südarabischen ist er
durch Hommel, Aufs. u. Abh. 200 nachgewiesen als „Herr des Himmels, Baal von
Bin". Daß die Idee des Himmelsherrn in Babylonien uralt ist, zeigt (falls die Lesung
richtig ist) der Name *Bēl-šamē-ukin* aus der Zeit Sargons I. und Naramsins (Dhorme
in Beitr. z. Assyriol. VI, 3, 63 ff.). Auch Istar tritt als „Herrin des Himmels" auf
z. B. Amr. (Kn.) 23, 26 bei Tuschratta von Mittanni (weiter KAT.[3] 425 f.). Daß im
übrigen ihre späte Nennung in Palästina selbst nur Zufall ist, darf aus den Inschriften
von Serabiṭ el-Chadem in der Sinaihalbinsel erschlossen werden, wo ein Offizier, wahrscheinlich aus der XII. Dynastie, einen Kultus der „Herrin des Himmels" Hathor
einrichtet (Breasted, Anc. Rec. I, § 738). Denn Hathor ist in Byblos, das seit fast
den ältesten Zeiten engen Verkehr mit Ägypten hatte, ganz mit der großen Baalat
von Byblos zusammengeflossen. Sie heißt sogar geradezu Hathor von Byblos (vgl.
Sethe, Äg. Z. 45, 8; Ranke in TuB. I, 212, Anm. 2). Und die am Sinai verehrte
Hathor führt den Namen Ba'alat (s. Bd. II[4], 67[8]). Es handelt sich also hier um dieselbe Göttin, die sonst Hathor von Byblos oder Ba'alat von Byblos heißt. Auch ist
„Herrin des Himmels" in Ägypten gerade für asiatische Götter üblich (Müller, Asien

wird hier erst eine sekundäre und schwerlich lediglich auf einheimische Einflüsse sich gründende Stufe der kanaanäischen Religion vorliegen. Hier kann man darum auch am ehesten zu der Vorstellung einer Personifikation der Natur übergegangen sein [1]. — Auch der Stamm [2], desgleichen das Geschlecht und die Sippe können ihre eigene Gottheit [3], ihren Baal, haben. Auch hier handelt es sich nicht um die strenge Baalsvorstellung, sondern um Ahnenverehrung. Der örtliche Baal des Gaus oder der Stadt, der von Betlehem, Gad, Hebron, hat hier eine Verbindung eingegangen mit dem Geschlechtsahnen.

Der Name B a a l ist vielleicht nicht auf dem Boden Kanaans ent-|standen. Aber die Vorstellung von den Baalen hat hier eine eigenartige Entwicklung durchgemacht. Der altbabylonische sumerische Enlil von Nippur gilt schon frühe besonders als „Herr" der Länder *(bēl mātāti)* und weiterhin der Erde [4]. Allerdings ist hier *bel* zunächst Titel: „Herr", nicht Eigenname [5]. Aber das liegt in der Natur der Sache ist wohl auch anderwärts das Ursprüngliche. Zugleich wird mit dem Aufkommen Marduks als obersten Gottes in Babylon auch für ihn die Bezeichnung Bel gebraucht. Mit andern Titeln des alten Enlil wird auch dieser auf Marduk übertragen. Dieser Bel wird damit als Marduk zugleich Weltschöpfer und oberster Gott, „Herr der Herren". — Es ist früher gezeigt, daß die älteste Form der Verehrung überirdischer Mächte, die wir auf dem Boden Kanaans nachweisen können, auf den Glauben an Erdgeister und in der Erde hausende unsichtbare Wesen hindeutet. Welchen Namen sie führten, wissen wir nicht. Daß sie bei den Semiten Kanaans neben der gemeinsemitischen Bezeichnung *el* sehr früh schon die Bezeichnung *baal* „Herr" [6] übernahmen, könnte wohl die Folge des Vordringens des babylonischen Bel nach Westen sein [7]. Adon und Melek sind nur Syn-

---

u. Eur. 315, Anm. 3). Die Baalat von Byblos wird also ohne Zweifel schon vor alters auch als Himmelsbaalin verehrt worden sein; vgl. z. B. Meyer, Gesch. d. Alt., § 357. Für Baal kommt der Titel unter Ramses III. vor, s. unten S. 176, Anm. 4.

1) Baudissin, Adonis 26. 28 scheint anderer Ansicht und neigt (doch schwankend, s. 36) dazu, den Himmelsgott als das ursprüngliche anzusehen. Aber ich finde die Beweise nicht überzeugend. Vgl. noch S. 193, Anm 1. 2) So mag sich *baal Gad* und *migdal Gad* erklären, doch ist zu beachten, daß beide im AT. nur als Ortsname vorkommen. Gad ist also zunächst geographischer Begriff. Wohl aber gehört hierher *ʿAz-Gad* = stark ist Gad (S. 185[2]), wofern der Name alt ist. 3) Daher die Geschlechtsopfer noch innerhalb des AT. 1 Sam. 20, 6. Sie mögen schon in alter Zeit an den großen Dolmenfeldern und den verwandten neolithischen Nekropolen stattgefunden haben. Auch daß Absalom zur Einlösung eines Gelübdes nach Hebron geht 2 Sam. 15, 7, ist wohl ähnlich zu deuten. Absalom ist dort geboren (vgl. II[4], 173). 4) Siehe Zimmern, KAT.[3] 355. 373. — Auch er hieß — wohl in den ältesten westsemitischen Schichten? — daneben vielfach wahrscheinlich geradezu *Baal,* wie Eigennamen aus der Zeit Sargons I. und Naramsins und derjenigen von Ur und Isin zeigen; *Iti-* [doch wohl = Itti] *baal,* Baal mit mir, *Baal-ga-ba,* Baal löst (vgl. Dhorme in Beitr. z. Assyriol. VI, 3 70; Huber, Personennamen . . . von Ur und Nisin 85. 171 [*Ba-al-i-li* Baʿal ist mein Gott]). „Daß das *ba-al* in den Namen wirklich = Ba-al (בעל) ist und nicht etwa ein sumerisches, ganz andersartiges *bal* darstellt, ist, wie schon Huber bemerkt, nicht so ganz sicher, wenn auch recht wahrscheinlich" (Zimmern brieflich). — Weiter S. 174f. 5) Clay, Am. J. Sem. Lang. 23 (1907), 269 ff. 6) Vgl. jetzt auch Greßmann, Hadad und Baal nach den Amarnabriefen und nach äg. Texten (Festschr. Baudissin) 1918, 191 ff. 7) Eine Spur des ältesten Sinnes, den man mit der Verehrung der später Baal genannten Gottheiten verband, hat sich vielleicht in der Verwendung von Baal in der Bedeutung von unterirdischem Gewässer im Arabischen erhalten. Vgl. darüber W. R. Smith, Religion der Semiten 70; danach sagt

nonyma, letzteres seit dem Aufkommen der königlichen Gewalt [1]. Im Zusammenhang mit dieser Entwicklung versteht man dann auch die Erhebung
des Baal an den Himmel und seine Fassung als Stammgott. Die Heiligkeit
der Berge und ragenden Steine mag zu jener geholfen haben. |

Es bleibt also dabei, daß Baal von Hause aus eine Gottheit durchaus
örtlichen Charakters ist: lokale Numina, die an Gau, Stadt, Berg und
Quell haften. Es ist die semitische Bezeichnung der übernommenen älteren
Geistwesen. Aber die Gaue treten miteinander in Verbindung, mit dem
Aufkommen der Städte und der Entwicklung des Verkehrs tauschen
Städte und Gaue gelegentlich ihre Erzeugnisse und Bewohner und mit
ihnen selbst ihre Götter aus. Mit dem Eindringen Fremder ins Land und
dem beginnenden Verkehr mit dem Auslande hört man von fremden Göttern
und sieht ihre Bilder. So erweitert sich der Blick, und es werden allerlei
Anregungen aufgenommen. Die große Menge mag die fremden Baale
stillschweigend zu den eigenen hinzugenommen, auch einige ausländische
Gottheiten den heimischen beigesellt und so das Pantheon mehr und mehr
erweitert haben. Für nachdenkliche Geister war hier wie anderwärts damit
der Anstoß zu einer Weiterentwicklung der Gottesvorstellung gegeben [2].
Es mußte von selbst die Frage auftreten, ob alle diese Gottheiten an
Macht und Rang gleichartig seien, oder ob nicht vielleicht einzelne größere
und mächtigere sich über die Menge und über jene selbst wieder ein
oberster und mächtigerer Gott als der Herr der Herren erhebe. Damit war
man vom einfachen Polydämonismus und Polytheismus zu einer höheren Stufe
des letzteren, dem m o n a r c h i s c h e n P o l y t h e i s m u s, fortgeschritten [3] —

man nicht bloß, daß ein Land, das ohne Regen und ohne künstliche Bewässerung
Frucht trägt „vom Ba'l getränkt sei", sondern man sagt auch: „was vom Himmel
und den Quellen bewässert oder *ba'l* ist" (S. 176[8]). Augenscheinlich ist hier noch der
Gedanke an Erdgottheiten als die Quellenspender lebendig.
    1) Auch das nach babylonischem Muster, wo die Namen mit *šarru* König (auch
lugal) uralt sind; vgl. *Šar-ru-ba-ni* der König ist Schöpfer, *Lugal-utu* der König ist
Licht, *Lugal-ni-til* (= *Šarru-uballit*) der König ruft ins Leben (siehe Dhorme und
Huber, ob. S. 170 Anm. 4). 2) Daß die ägyptischen Vasallen der Amarnazeit vielfach
einfach aus Unterwürfigkeit sich ostentativ zu Amon bekennen und den Pharao ihre
„Sonne" und ihre „Götter" nennen, wodurch sie geflissentlich zum Ausdruck bringen,
daß sie ihren heimischen Polytheismus mit Freuden der einen Sonne von Theben
opfern, darf man gewiß an sich nicht allzu hoch anschlagen (S. 173f.). Aber
dieses offizielle Glaubensbekenntnis konnte unmöglich ohne Folgen bleiben. Es reizte
die Spekulation im Sinne des königlichen Grüblers in Theben, und es mußte fast mit
Notwendigkeit dazu führen, daß ernste Leute die Vielheit der Götter auf eine einfachere Formel brachten und die Einheit in der Vielheit in einem Höchsten, dem
el 'eljōn, suchten. Über ihn siehe unten bei Abraham und Malkisedeq. 3) Er tritt
mit voller Deutlichkeit zutage in dem „Herrn der Götter" des einen Briefes von
Taanak (Sellin, Tell Ta'an. 115 [Hrozny] und Ungnad, TuB. I, 129). Ob damit ein
einheimischer Baal oder ein fremder Gott gemeint ist, verschlägt nichts; er wird
in Kanaan verehrt. Mit Recht macht Greßmann (Die Ausgrab. in Pal. 20) darauf
aufmerksam, daß diese Art der Hervorhebung des Einen unter allen sich von den
anderwärts vielfach in gehobenen Hymnen oder in andächtiger Versenkung in die
Gottheit geäußerten Anklängen an Monotheismus wesentlich unterscheide. Einmal dadurch, daß es sich in unserem Briefe um schlichte Prosa handelt, und sodann besonders dadurch, daß gegen alle sonstige Regel hier kein Eigenname gebraucht ist. Dadurch unterscheidet er sich von Istar (s. nachher). — Wie Budde sich quält, dies
Zeugnis aus der Welt zu schaffen, mag man bei ihm selbst (Hist. Z. 113, 94) nach-
lesen. „Der Oberste der Trabanten" ist deren Gebieter, und „der Herr der Götter"
ist für die Götter dasselbe. Und das babyl. Zeugnis in der folg. Anm. sowie das

eine Entwicklung, in | der Babylonien mit seinem Anu und Bel-Marduk längst vorangegangen war [1].

Aber es fragte sich, ob höhere Geister — hier und in Babylon — dabei stehen bleiben konnten. Hinter den vielerlei Gottheiten, höheren und niederen, eigenen und fremden, mußte doch früher oder später eindringenderes Nachdenken [2] das Gemeinsame an ihnen allen suchen: die Gottheit als solche. Dann mußten jene vielen doch schließlich bloß als wechselnde Erscheinungsformen der im Grunde einen Gottheit angesehen werden. Das ist noch lange nicht Monotheismus. Aber es ist eine Betrachtungsweise, die den Polytheismus spekulativ vergeistigt und die, in ihrer Folgerichtigkeit durchgedacht, freilich irgend einmal zum wirklichen Monotheismus führen konnte. Sie gehört zu den mancherlei Vorstufen dieser höchsten Erfassung des Gottesgedankens [3].

Daß man ähnliche Gedanken in Palästina schon in alter Zeit hegte, schien schon bisher aus dem im Alten Testament für sich feststehenden Gebrauch des Plurals *elohim* mit singularischer Bedeutung noch durchzuschimmern. Die Amarnatexte haben sie zur Gewißheit erhoben. Die befremdliche Tatsache der Bezeichnung der Gottheit durch eine Mehrheitsform ist im Alten Testament, und hier gerade auch innerhalb durchaus monotheistischer Vorstellungsweise, mit Händen zu greifen [4]. Ihre Erklärung ausschließlich aus altem Polytheismus und als Reminiszenz an ihn ist durchaus unzureichend angesichts von Tatsachen wie der eben genannten einer wirklich monotheistischen Anschauung — von ihr | aus hätte man jene Reminiszenzen sicher ausgemerzt —, und besonders angesichts des Sprachgebrauchs verwandter Begriffe wie *beʿalîm* (ass. *bēlē*), *adonîm* „Herrschaft". Auch sie sind der Form nach Plurale, lassen aber dem Sinne nach keinerlei wirkliche Mehrheitsvorstellung mehr in sich aufkommen [5].

---

1) Schon in ältester Zeit ist Anu „König der Götter" und Länder, Thureau-Dangin, Sum. und akk. Königsinschr., S. 100 (10, 12); S. 160 (3, 1), Enlil „König der Länder, Vater der Götter" S. 36 (n, 1, 1 ff.), „König von Himmel und Erde" S. 14 (16, 20 f.), Ninharsag „Mutter der Götter" S. 60 (3, 8), Ninni (Istar) „Herrin" und „Herrin der Länder" S. 160, 3; 220 (f, 2, 12); 74 (c, 2, 2), Ninlil, die Gattin Enlis (Istar), „Herrin von Himmel und Erde" S. 160 (4, 3 ff.). Sodann im babyl. Weltschöpfungsgedicht (TuB. I, 5 ff.) ist II, 133 Anschar als „Herr der Götter" bezeichnet, und vor ihm Kingu I, 139; ihre Würde geht dann auf Anschars Sohn Marduk über IV, 1 ff. 14 f. Noch älter ist Anus Herrscherstellung unter den Göttern; s. Ungnad, TuB. I, 3, Anm. 2. In Amr. 23, 26 Kn. ist Istar „Herrin von Himmel und Erde". Vgl. noch A. Jerem., Monoth. Ström. 2) Ich verfehle nicht, meine Kritiker auf dieses Wort aufmerksam zu machen. Es steht nämlich nicht in den Inschriften: wir haben auch nachdenksame Leute — also gab es solche nicht, und das ganze Altertum war eine gleichartig und gleich niedrig denkende Masse. Vgl. S. 173 unten. 3) Daß man gelegentlich Marduk mit vielen andern Göttern zusammenbrachte, als wären sie alle in ihm aufgegangen, gehört in dasselbe Kapitel, beweist aber schon deshalb nicht mehr, weil der Dualismus von Gott und Göttin nie überwunden wird. Ungn. Rel. 212; Del. Bab. Bib. 1921, 78. 4) Siehe darüber im allgemeinen PRE.³, Art. Elohim. 5) Sie bedeuten einfach die „Herrschaft" ganz in unserm Sinne als feierlichen Ausdruck für den einzelnen Herrn — am deutlichsten in Jes. 1, 3: „Der Esel kennt die Krippe seines Herrn", wo entfernt nicht an eine Mehrzahl von Herren zu denken ist. — In letzter Linie mögen ja freilich auch solche abstrakte, das Gemeinsame in der Vielheit und damit die Einheit in der Fülle ausdrückende Plurale aus einem numerischen Plural geflossen sein. Aber die Mehrheit wird nicht mehr mitempfunden. Das zeigt klar der Umstand, daß mehrfach für sie eine bedeutsame Abwandlung der Form gewählt wird. Die Alten und Jungen in der einfachen Mehrheit heißt zeqenîm,

Für das Alte Testament, auf das man bisher für die Zeit vor den phönikischen Inschriften (welche die Erscheinung ebenfalls kennen) angewiesen war [1], bleibt nur die Erklärung von einem Pluralis mit singularischer Bedeutung im Sinne von G o t t h e i t neben *el*, dem Gottwesen. Es kann also innerhalb des Alten Testaments damit doch nur, auch bei bloß monolatrischer Praxis, welche die Mehrheit von Gottwesen als existierend voraussetzt, die E i n h e i t des göttlichen Wesens innerhalb der Vielheit der Kräfte und Erscheinungsweisen zum Ausdruck gebracht werden.

Mußte man nun bisher mit der Möglichkeit rechnen, daß in der hinter dem Alten Testament liegenden semitisch-kanaanäischen V o r z e i t, welche die hebräische Sprache und mit ihr das Wort elohīm schuf, dieser Pluralis lediglich aus der Erfahrung von einer Mehrheit göttlicher Wesen, also aus schlechtweg polytheistischen Gedanken geflossen sei, so haben uns die Amarnatexte darin eines andern belehrt. Sicher bestand diese rein polytheistische Betrachtungsweise in weiten Kreisen und bei der großen Menge der Kanaanäer innerhalb der Amarnazeit. Aber der Umstand, daß gelegentlich auch hier schon die Mehrheitsform „Götter" *(ilāni)* zur Bezeichnung nur e i n e s Gottes oder e i n e r göttlichen Person gewählt wird, zeigt uns zugleich unverkennbar, daß in einer geistigen Oberschicht schon damals auch die andere Betrachtungsweise ihre Vertreter gefunden hatte [2]. Der Ge|brauch der Mehrheitsform läßt auch hier nur die Deutung im Sinne von „Gottheit", ja von Gottheit als der ü b e r und hinter den Einzelwesen göttlicher Art stehenden h ö h e r e n E i n h e i t, zu [3].

2. D a s P a n t h e o n. — Über den kanaanäischen Hauptgott Baʿal ist bisher schon gehandelt. Es hat sich dort gezeigt, daß es einen Eigennamen Baal und dementsprechend einen bestimmten Gott dieses Namens in alter Zeit nicht gegeben hat. Baal ist die Benennung jeder lokalen Gottheit als des „Herrn" dieser Örtlichkeit. Aber die Natur der Sache brachte es mit sich, daß an dem Orte der Verehrung die Gottheit, die

neʿarīm — Alter und Jugend als die Zusammenfassung aller Einzelwesen zur Einheit heißt *zequnīm* und *neʿurīm*. Auch hier wird dann wie bei beʿalīm und adonīm, den nächsten Analogien für elohīm, von einer Mehrheit tatsächlich nichts mehr empfunden, vgl. PRE.[3] a. a. O. 319.
1) Über phönik. Inschriften mit dem Plural אלם, אלרים für nur eine Gottheit s. Hoffmann in Gött. Gel. Anz. 36 (1888/89), S. 17f. Außerdem CIS. I, 119, 2: *elīm Nergal* „der Gott Nergal" und dazu Hehn, Gottesidee 174. Vgl. aber auch ass. *bēlē* im sing. Sinn   2) Siehe vor allem Böhl, Die Sprache der Amarnabriefe (Leipz. Dissert. 1909 = Leipz. Semit. Stud. V, 2), S. 35 f. Es tritt zunächst der Plural *ilāni* als Bezeichnung des Königs in den meisten Stadtfürstenbriefen auf neben *bēlia* und *šamšia*. Der König wird damit als meine „Gott h e i t" neben „mein Herr" und „meine Sonne" bezeichnet. Und zwar bedeutet dies „Gottheit" geflissentlich etwas a n d e r e s, augenscheinlich mehr als bloßes „Gott": beide finden sich in einer offenbaren Klimax nebeneinander (z. B. Kn. 151, 1) *šamšia, ilia, ilānia* — „meine Sonne, mein Gott, meine Gottheit". — Außerdem finden sich Fälle, in denen sich der Plural *ilāni* überhaupt nicht auf den König, sondern geradezu auf die Gottheit selbst bezieht und trotzdem mit dem Singular konstruiert wird — somit genau wie *elohīm* im Hebräischen (96, 4; 97, 3; 189 Rev. 14). Der Tatbestand steht demnach außer jedem Zweifel. — In den von Winckler entdeckten Tafeln von Boghazköi treffen wir hier auch die letzte Konsequenz dieser Erscheinung, nämlich die Schreibung einzelner Götternamen mit dem Determinativ *ilāni* (neben *ilu* bei andern); vgl. MDOG. 35, S. 51; jetzt auch Jirku, OLZ. 1921, 246 f.; 1922, 38; sowie Del. Bab. Bib. 1921, 77 für die akk. u. ass. Texte *(ilāni ša ilāni* „Gott der Götter" u. dgl.), auch *Bab-ilē* ob. S. 167.   3) Vgl. besonders die Zusammenstellung: „Gott" und „Götter" *ilia ilānia* als Klimax in der vorigen Anm.

eigentlich Baal von Sidon, Stadtgott von Tyrus usw. hieß, kurzweg „der Baal" genannt werden konnte, was dann in der Tat wie ein Eigenname klang [1]. Im Grunde wiederholt sich hier dieselbe Erscheinung wie bei *el*, das, obwohl von Hause aus durchaus appellativer Gattungsbegriff, doch mit der Zeit wie ein Eigenname behandelt wird. Eben darum wird man auch annehmen dürfen, daß nach anderer Richtung auf Baal dieselbe Betrachtungsweise angewandt wurde, die man bei *el* übte. Auch diese so häufige Gottesbezeichnung wird in gewissen Kreisen nicht nur den Orts- oder Stadtgott bedeutet haben, sondern hinter der | Vielheit der Einzelgottheiten die ihnen gemeinsame göttliche Macht, die Gottheit [2].

Wie alt der Baalsglaube in Kanaan ist, mögen wir daraus ermessen, daß schon seit Sargon I. und Naramsin bis auf die Zeit Hammurapis sich in Babylonien Namen finden, die mit hoher Wahrscheinlichkeit auf die Verehrung des augenscheinlich „westsemitischen" Baal hindeuten [3]. Bei der engen Verbindung jener „westsemitischen", besonders der sogenannten amoritischen Kreise Babyloniens mit Kanaan [4] kann es keinem Zweifel unterliegen, daß die Verehrung des Baal, falls sie von außen kam, schon mit den ältesten von Osten herübergekommenen „Amoritern" nach Kanaan wanderte und hier sich mit dem einheimischen vorsemitischen Geisterglauben verband. Aber beherrschend scheint Baal hier erst im Laufe des 2. Jahrtausends geworden zu sein.

Dem entspricht es, daß wir schon in der Hyksoszeit den sonst dem kanaanäischen Baal gleichartigen Sutech in Ägypten in den Vordergrund treten sehen: er ist augenscheinlich der von den semitischen Hyksosherrschern aus Asien nach Ägypten mitgebrachte Baal [5]. Nicht minder entspricht diesem Tatbestande der Umstand, daß die Amarnazeit die Herrin (belit) von Byblos [6] — ohne Zweifel die Baalat von Byblos — sowie die mit Baal und Astart eng zusammenhängende Aschera (Aschirat) [7] als wichtige Göttin kennt. Natürlich entsprechen ihr in derselben Zeit Baale und Baalinnen anderer Orte, von denen uns nur eben der Zufall bis jetzt keine unmittelbare Kunde zugeführt hat. Mittelbare, aber durchaus zuverlässige, haben wir um fast dieselbe Zeit aus Ägypten, in dessen Urkunden uns syrische Baalsverehrer ebenso wie ägyptische, aber syrischem Muster folgende, Baalsanbetung überliefert sind [8]. Ja von Ramses II. wissen wir, daß unter ihm sogar ein Tempel des Baal und der Astart

---

1) So im AT. Richt. 6, 25; 1 Kön. 16, 31; 18, 26; 19, 18. Ähnlich im Plur. oder kollektiven Sing. die Baale Richt. 2, 11. 13; 3, 7; 8, 33; Hos. 2, 10; Jer. 2, 8; 7, 9 u. ö. Ebenso in vielen phön. Personennamen mit bloßem בעל: Baud., Adon. 28. Aber ohne Zweifel darf dieser Sprachgebrauch und die hinter ihm stehende Betrachtungsweise auch schon der vorhebräischen Zeit zugeschrieben werden. — Auch in Ägypten (der beste Beweis, wie populär diese Art in Palästina und Syrien war) hat Baal mit dem Artikel Eingang gefunden. W. M. Müller, Asien und Europa 309; Burchardt, Altkan. Fremd. usw. (1910), Nr. 652. 2) Auch Istar bedeutet gelegentlich ganz allgemein Göttin; vgl. S. 176 [8]. 3) Oben S. 170/1. 4) Oben S. 49 ff. 5) Oben S. 74. 6) Amr. Kn. 68 (W. 88), 4; 83, 3. 54. S. dazu auch oben S. 169, Anm. 4 am Ende. 7) In dem bekannten Briefe von Taanak, der vom „Finger der Aschirat" redet, ferner den Namen *Aschirat-jaschur* (Istarwaschur?), *Abdi-Aschirte* (-Aschratu) und *Abdi-Aschta(r)ti*, Amr. Kn. 60—64. 8) Im Papyrus Anastasi III (Ranke in TuB. I, 249) kommen die syrischen Namen *Baal-roi* aus Gaza, *Baalat-remeg*(?), Fürst von Tyrus, *Schem-baal* aus Gaza vor. Vgl. auch W. M. Müller, Asien und Europa 309 u. bes. Burchardt II, 68, ferner jetzt Greßmann, Hadad usw. (Festsch. Baud.) 197 und meine Religion d. V. Israel 1921, 30.

errichtet wurde [1]. Außerdem | besteht die höchste Wahrscheinlichkeit, daß auch die Amarnatexte selbst uns eine Anzahl von Baalsverehrern mit Namen nennen [2].

Schon hieraus ergibt sich, wie v e r b r e i t e t die Baalreligion in Palästina und Syrien gewesen sein muß. Der Eindruck wird noch ganz wesentlich verstärkt durch die Zeugnisse des Alten Testaments, deren ältere unbedenklich als Belege für die Verhältnisse der vorisraelitischen Zeit, zum Teil wohl einer ziemlich frühen, in Anspruch genommen werden dürfen. Schon die vielfache Erwähnung der Tatsache, daß Israel bei seinem Eintritt ins Land die Baal- und Astartverehrung hier vorfand, spricht deutlich genug, mindestens für die letzte vorisraelitische und die älteste israelitische Zeit Kanaans [3]. Für eine teilweise vielleicht viel frühere Zeit bieten uns die zahlreichen im Alten Testament erhaltenen Ortsnamen den deutlichen Nachweis einer weitverbreiteten Baal- und Astartverehrung. Wir wissen nicht, wann die Namen geschaffen sind; aber es liegt aller Anlaß vor zu der Annahme, daß mindestens ein Teil von ihnen den betreffenden Orten zugleich mit ihrer Besiedlung oder Inbesitznahme durch die semitischen Baalverehrer beigelegt wurde [4]. |

Sein W e s e n neben dem, daß er „Besitzer" ist, ist die Fruchtbarkeit. Als Besitzer des Ortes ist er für Acker- und Gartenbau sowie Viehzucht treibende Kanaanäer in erster Linie der Spender der Gaben des Landes und der Fruchtbarkeit der Herden [5]. Auch die menschliche Fruchtbarkeit

---

1) Breasted-Ranke, Gesch. Ägypt. 347. Er stand in Memphis und diente der zahlreichen syrischen Kolonie dort. Ramses selbst scheint den syrischen Gottheiten zugeneigt gewesen zu sein, wie aus dem Namen seiner Lieblingstochter *Bint-Anat*, Tochter der Anat, hervorgeht (s. unten S. 181 [6]. 187 f.). 2) Es handelt sich um die neuerdings fast durchweg *Mut-baal, Pu-baal* (Kn. 255, 3; 104, 7), *Baaluia, Paaluia* (170, 2; 165, 9), *Schipti-baal* (Kn. 330 f.) gelesenen Namen der Amarnabriefe, bzw. des Briefes von Lakis TuB. I, 128. Siehe über diese Lesung Knudtzon, El Amarna 814 f. Anm. und in Beitr. zur Assyriol. IV, 320 f.; Hommel, Altisr. Überl. 220; Zimmern, KAT.² 357; Böhl, Die Sprache der Amarnabr. 15. 88. 3) Siehe Band II⁴, 70 und dazu Stellen wie Richt. 2. 11. 13; 3, 7; 6, 25 (siehe oben S. 174, Anm. 1; die Stellen sind meist spät, für unsern Zweck aber sicher brauchbar), sowie die den entsprechenden kanaanäischen Eigennamen (S. 174, Anm. 8 u. 175, Anm. 2) vollkommen gleichartigen frühisraelitischen Eigennamen wie *Jerubaal, Ischbaal* usw. und besonders die jedenfalls dort schon seit einiger Zeit bestehende Verehrung des *baal berīt* in Sikem Richt. 9, sowie diejenige des auf dem Berge Pe'or sitzenden *baal Pe'or* Num. 25, 3. 5 und des bekannten *baal-zebūb* von Ekron, des Ζεὺς ἀπόμυιος (Fliegenabwehrers) 2 Kön. 1. 4) Vgl. die Namen *baal Pe'or* (siehe die vorige Anm.), der auch als Ortsname vorkommt (Hos. 9, 10), *baal Gad, baal Lebanon* (CIS. 5 Zypern 9. Jahrh.), *baal Hermon* (doch s. Meyer, Isr. 333³), *baal Hamon* (= Hamōn?), *baal Ḥaṣor* (dort 3 alte Kultusstätten noch h e u t e sichtbar PJB. 8, 25), *baale Jehuda* (lies baal J.) 2 Sam. 6, 2, *baal Me'ōn, baal Peraṣīm, baal Ṣephōn*, vgl. Gressm., Eschat. 117 f. (allerdings zu Ägypten gehörig Ex. 14, 2. 9, aber sicher eine alte kanaanäische Kolonie dort, vgl. noch Müller, Asien usw. 315 und für das spätere Vorkommen des Namens weiter nördlich und als eigentlicher Gottesname [wie in Memphis die *baalat-ṣaphon*] Zimmern, KAT.² 357), *baal Schalischa, baal Tamar*. Natürlich sind noch dazuzunehmen Orte des Namens *Baal* (1 Chr. 4, 33), *Baala, Baalat* und *Bealōt*, sowie *baalat-Be'er*. In allen diesen Namen tritt der Fall ein, daß der Name des am Orte verehrten Gottes übertragenerweise zum Namen des Ortes selbst geworden ist. Öfter hat auch die Kultstätte als das wichtigste und meist älteste, vielfach auch einzige Stück der ganzen Ansiedlung der Ortschaft den Namen gegeben, vgl. z. B. Haus des Baal Meon neben Baal Meon (Jos. 13, 17). 5) Siehe als Beleg hierfür besonders im AT. Stellen wie Hos. 2, 7. 10. — Seine Darstellung im Stierbild wird — wenn auch nicht ausschließ-

wird, schon weil er Gatte der Astart ist, auf ihn zurückgeführt worden sein [1]. Indem Baal dann mit dem babylonischen Bel-Marduk, der die Frühsonne darstellt, in engen Zusammenhang gebracht wird, wird er zum Sonnengott, wozu er als Förderer des Wachstums ohnehin sich eignete [2]. Als solcher hat er seinen Wohnsitz im Himmel als Himmelsherr [3]. Seitdem die asiatischen Götter in stärkerem Maße in Ägypten Eingang gefunden hatten, besonders unter Ramses II. und III., scheint Baal dort sowohl als Himmelsgott wie als mächtiger Kriegsgott gefeiert worden zu sein [4]. Das letztere war er für die Kanaanäer als ihr Hauptgott wohl von selbst mit der Zeit geworden [5].

Neben dem Baal steht als sein weibliches Gegenstück Baʿala, die Herrin. Unter diesem Gattungsnamen wird sie in Byblos und am Sinai, aber auch, wie uns das Alte Testament lehrt, an vielen andern Orten verehrt [6]. Daß sie als Herrin des Himmels, sowie als Baalin des Nordens (baʿalat | ṣephŏn) nach Ägypten gekommen ist [7], beweist nur aufs neue, wie rege ihre Verehrung in Palästina und Syrien war.

Immerhin ist, wenn auch eine eifrige Verehrung der weiblichen Baalgottheit mit voller Sicherheit angenommen werden kann, die Zahl der Fälle, in denen wir sie unter diesem Namen selbst nachweisen können, verhältnismäßig bescheiden. Dieser Umstand darf nicht zu falschen Schlüssen verleiten. Er rührt lediglich daher, daß die Baalin im Unterschied vom Baal früh einen Eigennamen: ʿAschtart angenommen zu haben scheint, unter dem sie dann auch ganz vorwiegend ihre Verehrung erhält. So tritt — außer in Byblos — die Baalin stark zurück und an ihrer Stelle hat der Baal um so häufiger Astart neben sich. So besonders im Alten Testament [8].

lich — damit zusammenhängen. Vgl. auch S. 178 [2] (Hathorkuh) und zur Bedeutung unten S. 184 (Ramman).
1) Unmittelbar bezeugt ist diese Seite nur in dem einen Falle vom baal Peŏr in Num. 25. Die Sache ist aber durch das, was wir über ʿAstart-Istar-Aschera wissen (s. unten), gesichert.   2) Es ist wohl möglich, daß es schon von Anfang einen Sonnenbaal in Kanaan gab; wie für alles, so mußte auch für die Sonne ein baal, ein Herr und Meister vorhanden sein. Er wird die Aufgabe gehabt haben, sie am Himmel auf ihrer Bahn zu führen (vgl. noch Ps. 19).   3) Siehe darüber oben S. 169. In Ägypten heißt er Sohn Amons s. unten.   4) Vgl. z. B. Breasted, Anc. Rec. IV, § 46. 62. 80 (man läßt ihn dann naiverweise mit Vorliebe gerade gegen die Asiaten kämpfen: die Asiaten sehen Ramses, wie er „wie mein [Amons] Sohn Baal in seinem Zorn" einherfährt). 82. 96 (der König zürnt gleich dem Baal im Himmel).   5) Vgl. dazu die Stellung, welche die Astart bei den Philistern einnimmt, unten S. 177, Anm. 4 und vor allem die der babylon. Istar.   6) Über Byblos siehe Amr. Kn. 68, 4 (W. 88, 4); 83 (W. 61), 3. 54. Das Alter der Verehrung beweist die Tatsache, daß die Baalat von Byblos schon im Mittleren Reiche in Ägypten eingebürgert ist, vgl. Sethe, Äg. Z. 45, 7 f. Meyer § 357. Im AT. siehe die Baala, Baalat, Bealot lautenden oder damit zusammengesetzten Ortsnamen oben S. 175 [4]. Weiter S. 169 [4].   7) Oben S. 175 [4] und S. 169 [4], sowie Müller, Asien und Europa 315. Die im Amarnabrief des Tuschratta Kn. 23 (W. 20), 26 genannte Himmelsherrin (Belit šamē) ist natürlich nur unsre Baala.   8) Vgl. Stellen wie Richt. 2, 13; 3, 7 u. a. Die Stellen sind ziemlich spät, aber sie geben den Sachverhalt richtig wieder. Ein starker Beweis für den engen Zusammenhang zwischen Baal und Astart ist auch der Umstand, daß auch bei Astart, das sonst im AT. durchaus als Eigenname auftritt, gelegentlich noch die appellativische Bedeutung vom Wurf der Schafe durchblickt. Deut. 7, 13; 28, 4. 18. 51 (vgl. auch über Baal in ähnlicher Bedeutung oben S. 170, Anm. 7). Auch wenn diese Bedeutung sekundär sein sollte (Zimmern, KAT.[3] 436, Anm. 7), was wohl möglich ist, da wir ja die Etymologie von Astart durchaus nicht sicher kennen, bestätigt sie immer den nahen Zusammenhang der Vorstellung von Astart mit derjenigen vom Segen und Wachstum in der Natur, wenigstens der tieri-

Vertritt Baal mehr die Fruchtbarkeit des Ackerfeldes und Gartens, so sie diejenige der animalischen Welt [1].

Ihre Verehrung ist im Alten Testament als Gepflogenheit der vorisraelitischen Kanaaniter, und von ihnen übernommen auch des älteren Israel, vielfach genannt [2]. Ebenso ist sie durch manche Namen, vor allem Ortsnamen, als altkanaanäisch bezeugt [3]. Sie erscheint hier ein|fach als kanaanäische, an einigen Stellen genauer als sidonische Gottheit, ohne daß ihr Wesen außer dem Hinweis auf die nahe Verbindung, in der sie zum Baal steht, näher beschrieben würde. Es wird als dem Leser geläufig kurzweg vorausgesetzt [4].

Wir entnehmen aber ihren Charakter ohne Schwierigkeit aus ihrem engen Zusammenhang einerseits mit der babylonischen Istar, anderseits mit der alttestamentlichen, aber auch außerhalb des Alten Testaments wohl bezeugten Aschera.

Ištar, deren etymologischer und sachlicher Zusammenhang mit ʿAštart, wenn auch keineswegs aufgeklärt, so doch zweifellos ist, hat in Babylonien die Stelle einer Göttin der sinnlichen Liebe und Wollust und ist als solche von einer Schar von Dienerinnen (auch Dienern) umgeben, die sich in ihrem Dienste der Unzucht weihen [5]. Sie muß also als Göttin und Patronin des zeugenden und sprossenden Lebens, vor allem des animalischen, gedacht sein. Das Leben war allezeit den Menschen als ein großes verehrungswürdiges Geheimnis erschienen, hier wird sein Ursprung in Mensch und Tier, vor allem das ganze Geschlechtsleben des Menschen, als unter Schutz und Leitung einer besonderen großen Gottheit stehend gedacht [6]. So entspricht sie der anderwärts als „große Mutter" bezeichneten [7] durch den ganzen vordern Orient, Kleinasien und Thrazien gehenden Gottheit.

schen. Immerhin verdient Beachtung, daß auch im Minäischen (Weber, Studien zur südarab. Altertumskunde [Mitt. Vorderas. Ges. 1901] II, 31) das nächstverwandte *Athar* (אתר) die Nachkommenschaft zu bedeuten scheint. — Auch im Sinne von „Göttin" schlechtweg tritt das babylonische Analogon Ištar und Aštar(t)u und zwar schon in alter Zeit appellativ auf (KAT.[3] 420; Gesen.-Buhl, Lex.[15], 621). 1) Doch ist wie bei Baal diese, so bei ihr jene nicht ausgeschlossen, vgl. den Ortsnamen *Baʿalat-beer* Brunnbaalin und den Baum als ihr Symbol, auch Baud., Adon. 21. 2) Siehe die vorvorige Anm. und weiter 1 Kön. 11, 5. 33; 2 Kön. 23, 13; 1 Sam. 31, 10 (hier philistäisch geworden). Mit Vorliebe tritt sie ganz wie Baal im Plural auf Richt. 2, 13; 3, 7; 1 Sam. 7, 3 f.; 12, 10. Für die Araber s. bes. die sinait. Inschr. bei Moritz, Sinaikult 30. 3) Vgl. den Personennamen *Ašterātī* 1 Chr. 11, 44, besonders aber die Ortsnamen *ʿAštarōt* und *ʿAšterōt-qarnaim* (viell. das heutige *tell-aštara* PJB. 9 [1913], 60) gehörnte Astarten, außerdem *Beʿešterōt* für *bēt-ʿEšterōt* Astartenhaus. Die zwei ersten Ortsnamen erklären sich nach dem oben S. 175, Anm. 4 über Ortsnamen der Form Baal, Baala, Bealōt Gesagten. Über die gehörnte Astart s. oben S. 150, Anm. 6 (auch nachher Anm. 5). — Auch die Amarnatexte kennen den Ortsnamen *Aštarti* Kn. 197 (W. 142) und 256 (W. 237). 4) Das einzige, was wir aus den Erwähnungen der ʿAštart oder ʿAšteret — so ist für masoretisches ʿAštóret zu sprechen — im AT. unmittelbar entnehmen können, ist, daß sie nach 1 Sam. 31, 10 bei den Philistern als Kriegsgöttin galt, ferner daß sie nach S. 176, Anm. 8 als Göttin der animalischen Fruchtbarkeit zu vermuten ist. Alles Weitere ergibt ihr Zusammenhang mit Istar und Aschera im Verein mit den Abbildungen. 5) Siehe darüber besonders Zimmern in KAT.[3] 420 ff. Man vergleiche auch, was Herodot I, 199 über die Verehrung der babylonischen Aphrodite oder Mylitta (= *mejalledet* Gebärgöttin) sagt. Sie fordert die Hingabe des Weibes ihr zu Ehren. 6) Solange sie im Unterwelt ist, stockt nach dem Gilgamešepos die Zeugung auf Erden. Das zeigt deutlich, wie sie gedacht ist. 7) So heißt sie als karthagische Tanit: Baud., Adon. 18.

Wie stark gerade diese Seite an der kanaanäischen Astart entwickelt
war, zeigen zunächst die zahlreichen oben beschriebenen Abbildungen von
ihr [1], welche uns die neueren Ausgrabungen in Palästina zugeführt haben.
Sie lehnen sich bald mehr an den babylonischen | Istar-, bald mehr an
den ägyptischen Hathortypus an [2], bald auch vertreten sie einen relativ
selbständigen einheimischen Typus, fast durchweg aber lassen sie, teilweise
in unmißverständlicher Deutlichkeit, die Beziehung der Göttin zum Geschlechtsleben erkennen. Vor allem aber tritt dieser Charakter der kanaanäischen Gottheit innerhalb des Alten Testaments da zutage, wo sie
den Namen A s c h e r a führt oder wo von der zweifellos mit Aschera im
Zusammenhang stehenden religiösen Prostitution gehandelt wird.

Von den zwei Bedeutungen, in denen sich im Alten Testament das
hebräische Wort *aschera* findet, kommt hier nur die lange bestrittene [3],
neuerdings aber durch die ausgegrabenen Texte über allen Zweifel gestellte in Frage, nach welcher es der Name einer Göttin ist [4]. Sowohl
die Amarnatafeln, als die Briefe von Taanak lassen keinen Zweifel mehr
aufkommen, daß es eine altkanaanäische Gottheit Aschera gegeben hat [5].
Welcher Art sie war, und daß ihr Name nur eine Art Variante zu Baala
und Astart darstellt, geht schon aus der regen Verbindung hervor, in die
auch sie wie jene beiden zu Baal gebracht wird [6], ferner aus der Schreibung in den Amarnatafeln [7], endlich besonders aus dem, was das Alte
Testament über sie zu berichten weiß. Nicht nur wird unter König Asa
von Juda von einem „Schandbild" der Aschera geredet, das schon die
Alten wohl nicht mit Unrecht im obszönen Sinne gedeutet haben [8], sondern sowohl hier als besonders an einer spätern Stelle wird die Verehrung
der Aschera in nächste Be|ziehung zu den *Qedeschen*, d. h. den Geweihten
oder Tempelprostituierten gebracht [9].

---

1) Siehe oben S. 150 ff.   2) Auf ihn weist wohl auch der Name des ostjordanischen Ortes *Asterōt qarnaim*, zweigehörnte Astarten (S. 177 [3]). Denn Hathor,
die ägyptische Liebesgöttin. wird als Kuh und mit Hörnern dargestellt.   3) Besonders von Stade, Gesch. Isr. I, 458; ZAW. I, 344 f.; IV, 294; VI, 318 f. und
leider noch Bibl. Theol. I, 113.   4) Siehe Stellen wie 1 Kön. 15, 13; 18, 19; II 21,
7; 23, 4. 7; außerdem Richt. 3, 7. — Über Aschera als Gegenstand unten S. 195 [1].
5) Vgl. die Namen *Abd Aschirti*, *Abd Aschrati* in den Amarnatafeln, die eine
Göttin dieses Namens voraussetzen. Eine solche hat denn auch tatsächlich Sellin
in Taanak gefunden (siehe den 1. Brief Z. 20 f. Tell Ta'anek, S. 113 f.: „der Finger
der *Aschirat*"; außerdem will Ungnad den Namen Istarwaschur lesen *Aschirat-jaschur*).
Auch abgesehen hiervon ist in Babylonien, und zwar schon seit der Zeit Hammurapis, eine westländische Göttin *Aschratu* bezeugt KAT.³ 432 f.   Daher vielleicht
auch das Verb. שרה hl. Dienst tun, vgl אשרת = Heiligtum im Assyr. und auf
der Inschr. von Ma'sul, Bauer, ZDMG. 71 (1917) 411.   6) Vgl. die Zusammenstellung von Baal und Aschera in 1 Kön. 18, 19; 2 Kön. 23, 4. 7.   7) Sie wird
gelegentlich mit dem Ideogramm für Istar versehen KAT.³ 433.   8) 1 Kön. 15,
13 und dazu meinen Kommentar. Hieronymus denkt an ein simulacrum Priapi.
9) 2 Kön. 23, 7: „Josia brach die Behausungen für die (männlichen) Qedeschen
ab, die sich am Tempel Jahwes befanden, woselbst die Weiber Zelte (oder Überzüge?)
für die Achera webten." Auch wenn man den letzten Satz, wozu aber keine Nötigung
besteht, als Glosse ansieht, gibt er die richtige Erklärung, daß nämlich die Qedeschen
der Aschera geweiht sind. Wenn in einer und derselben Behausung am Tempel sich
sowohl die Geweihten als die Weiber befinden, die für die Aschera arbeiten, so liegt
an sich nahe, daß die Qedeschen derselben Gottheit zugehören. Man vergleiche dazu
die Nennung der Geweihten unmittelbar vor der Aschera in 1 Kön. 15, 12 f. — Zur
Sache vgl. noch Am. 2, 7; Hos. 4, 13 f; Dt. 23, 18, wodurch es außer Zweifel gestellt
wird, daß auch im kanaanäischen Kultus die Preisgabe der Frauen zu Ehren der

Nun finden wir dieselbe Sache unter demselben Namen in Babylonien
in engster Verbindung mit Ištar [1]. Ihr ist, wie oben dargelegt, das geschlechtliche Leben geweiht und ihren Hofstaat bilden Buhlen und Buh-
linnen. Es darf daher als vollkommen sicher gelten, daß wir es hier mit
der Verehrung einer und derselben Gottheit zu tun haben, die in Babylonien Istar, auch Belit und (westländisch) Aschirtu oder Aschirat, in
Palästina Baala oder ʿAštart und Aschera hieß. Sie ist die Göttin des
Lebens und der Fruchtbarkeit — in Babylonien mehr des animalischen,
in Palästina als zum Baal gehörig zugleich, aber an zweiter Stelle, des
Pflanzenlebens und der Vegetation —, die Herrin des Landes und seiner
Quellen [2], aber auch des Himmels [3], in Byblos, wahrscheinlich aber auch
anderwärts, vor oder neben Baal die Schutzgöttin der Stadt, außerdem in
Babylonien ständig, in Kanaan wenigstens in sekundärer Weise, auch die
Göttin des Krieges [4].

Nur eine Seite der babylonischen Istar, diejenige, nach der sie zugleich Schwester des Sonnengottes und Göttin des Abends und Morgens
und des Venussterns ist, können wir in der biblischen und kanaanäischen
Astart nicht nachweisen. Immerhin, da sie Himmelsgottheit ist, im späten
Alten Testament sowohl als schon in der Amarnazeit, und da sie dazu
schon in der Amarnazeit gerade in dieser Eigenschaft von Mitanni durch
Palästina nach Ägypten wandert [5], so ist es durchaus nicht ausgeschlossen,
daß sie auch in jener bestimmten Stellung am Himmel, die sie in Babylonien einnahm, auch schon dem alten Kanaan bekannt war. Die mancherlei Mythen, die sich an diese ihre astrale Deutung anschlossen, welche
Deutung gewiß auch in Babylonien, wenn gleich recht alt, doch nicht das
Ursprünglichste an ihr war, mögen auch an den Priestersitzen Kanaans
eine Stätte gefunden haben. Noch mehr wohl diejenigen, die von ihrem
Erscheinen und Verschwinden als dem Sinnbild des Aufblühens und Ab-
sterbens der Natur handelten [6]. Denn als Göttin des Lebens und der

Göttin der Fruchtbarkeit dieselbe Rolle spielte wie in Babylonien (siehe oben S. 177,
Anm. 5). Die „Geweihten" sind nicht notwendig gewerbsmäßige Buhler und Buh-
linnen. — Auch die altarische Religion kennt an Festen eine weitgehende sexuelle
Freiheit zur Erhöhung der Fruchtbarkeit im Volk und der Natur. Der sexuelle Akt
gilt als sakral stilisierter Fruchtbarkeitsritus: v. Schröder, Ar. Rel. I, 359. Vgl. uns.
Bd. II[4], 503.   1) Der Name ist *ḳadischtu*, vgl. besonders den Kodex Hammurapi § 178 ff.
Er ist nicht der ausschließliche, kommt aber neben andern vor und bedeutet die
Istarhierodule (Zimmern, KAT[3]. 423). Natürlich hängt damit der Gottesname *Qades*
(unten S. 180) zusammen.   2) Vgl. die Brunnenbaalin und das oben S 169 a. E.
und 177 [1] Ausgeführte. Ihr Symbol oder die Stätte ihrer Erscheinung ist daher der
grünende Fruchtbaum oder dessen künstliche Nachbildung; darüber unten S. 195 f.
3) Siehe oben S. 169/70 und Jer. 44, 17—19. 25 (bes. LXX zu V. 17). Hier handelt
es sich um Istar der Verehrung nach, der Sache nach zugleich um Astart-Baala. Vgl.
auch Bd. II[4], 503.   4) Siehe oben S. 174[4]. Daß Astart nur ein nal und nur bei
den Philistern in dieser Rolle erscheint, mag bloßer Zufall sein. Immerhin scheint
dieser Zug erst übernommen. Auch in Ägypten ist sie wesentlich Kriegsgöttin, s. u.
S. 180.   5) Vgl. Amr. Kn. 23 (W. 20), 13 ff. 25 ff. Als Herrin der Länder und Herrin
des Himmels wird sie von Mitanni nach Ägypten und soll Ägypten Glück bringen.
Gewiß ist dieser Hergang typisch, und in ähnlicher Weise wird auch manches Istar-
bild nach Kanaan gelangt sein.   6) Die Tatsache des Wanderns babylonischer
Mythen, vor allem von Istarmythen, ist an sich durch die enge Verwandtschaft der
kanaanäischen Astart mit Istar nahegelegt, schon allein für den Kreis der Priesterschaften wichtiger Heiligtümer. Sie ist aber besonders bezeugt durch das Wandern
des Adapamythus und des Mythus von Ereskigal, die sich in schriftlicher Gestalt im

Fruchtbarkeit und darum wohl auch des Sterbens, Vergehens und Wieder-
auflebens war sie dem kanaanäischen Baal und der zunächst zu ihm gehörigen Baalin am nächsten verwandt [1].

So weit wird man, möchte ich glauben, der sogenannten panbaby-
lonischen Strömung Gerechtigkeit widerfahren lassen müssen, daß die
Richtigkeit dieser Tatsache grundsätzlich anerkannt wird. Eine andere
Frage freilich bleibt es, bis zu welchem Grade wir die Istarmythen oder
andere mythologische Stoffe Babyloniens und zugleich Ägyptens — das
hier unmöglich ausgeschlossen werden kann — als Gemeingut des alten
Kanaan ansehen dürfen. Beweise für ihr weiteres Vordringen, etwa aus
dem engeren Kreise der Priesterschaften und einer beschränkten Oberschicht, in weite und sogar weiteste Kreise haben wir bis jetzt nicht.
Auch haben wir zur Zeit keine besonderen Wahrscheinlichkeitsgründe, sie
zu vermuten. Eben darum wird es bis auf weiteres auch nicht angehen,
beliebige Aussagen des Alten Testaments, besonders in seinen früheren
Teilen, die unter der Annahme jener Voraussetzung | als versteckte oder
offene Anspielung auf babylonische Mythen, besonders Astralmythen, gefaßt werden könnten, tatsächlich für solche auszugeben. Für einzelne Fälle,
die als Ausnahme gelten können, oder in denen die Anspielung mit besonderer Deutlichkeit zutage tritt, mag dieses Verfahren zulässig sein.
Es zum System zu entwickeln und gewissermaßen zum Kanon für das
Verständnis des Alten Testaments erheben zu wollen, ist nach dem Stande
unseres heutigen Wissens ebenso unerlaubt wie das unglückselige Wittern
phantasievoller Forscher nach babylonischen „Motiven". —

Ebenfalls nur eine Abart derselben Fruchtbarkeits- und Muttergöttin
ist die uns dem Aussehen nach bis jetzt nur aus ägyptischen Denkmalen
bekannte Qades. Während Astart selbst in Ägypten in der Weise der
babylonischen Istar wesentlich als Kriegsgöttin erscheint [2], so scheint sie
als Liebesgöttin mit Vorliebe mit dem Namen Qades bezeichnet worden
zu sein. Die Abbildungen stellen diese Qades auf einem Löwen stehend
dar, nackt, den Kopf ganz nach Art der einheimisch ägyptischen Hathor
mit Perücke, auch Hörnern und der Sonnenscheibe geschmückt, gelegentlich auch mit einer Blütenkrone. In den Händen hält sie Blumen und
Schlangen [3].

Ihr Name läßt keinen Zweifel darüber, daß sie in Palästina und
Syrien verehrt war. Denn er ist gleichlautend sowohl mit der im Alten
Testament geläufigen — freilich auch in Babylonien vorkommenden —
Bezeichnung für die oben erwähnten „Geweihten", als auch mit einer
Reihe von Orten in Palästina und Syrien [4]. Der bekannteste und bedeu-

Archiv von Amarna befanden. Es ist anzunehmen, daß sich ähnliche Schriftstücke
auch in Palästina fanden, vgl. oben S. 159. Weiter noch zum Ganzen in Bd. II, § 12
(II [4], § 9) a. E.

1) Auch der in engem Zusammenhang mit Ischtar stehende Tamuzkultus mag
jetzt schon herübergewandert sein und mag sich von Byblos aus als Adoniskultus da
und dort im Lande festgesetzt haben. 2) Doch wird sie in Ägypten auch vielfach
mit Hathor gleichgesetzt, W. M. Müller, Asien und Europa 313 f. und vorhin S. 178,
Anm. 2. Auch heißt sie geradezu: Hathor, Herrin von Byblos, ist also mit der Baalat
von Byblos gleich, Müller 314 oben. 3) Siehe die Beschreibung oben S. 150 ff.
und die Abbildungen bei Müller, Asien usw. 314 und TuB. II, S. 70 f. 4) Vgl. das
bekannte Qades Barnea an der Südgrenze Edoms; ferner Qedes in Juda Jos. 15, 23;
in Galiläa gab es wahrscheinlich mehrere Qades Jos. 12, 22; 20, 7 usw. und Richt.
4, 6 ff. (s. Bd. II [4], 164 und Kittel, Richter).

tendste dieser Orte ist die berühmte Festung Qades am Orontes. Sind auch nicht alle den Namen führende Orte als ehemalige Heiligtümer dieser Gottheit in Anspruch zu nehmen, so jedenfalls einzelne [1]. Tatsächlich wird die Gottheit den Namen von jenem Qades am Orontes als dessen Hauptgöttin übernommen haben. Ihr eigentlicher Name muß anders gelautet haben [2]. Da die Verehrung | der großen Göttin der Liebe und Mutterschaft gerade in Nordsyrien und Kleinasien auch sonst bezeugt ist, ja nach manchen Anzeichen dort heimisch gewesen zu sein scheint, und da das Stehen der Gottheit auf Tieren, sowie besonders das Vorkommen einer großen Liebesgöttin auch bei den Hetitern [3] und Nordvölkern auftritt, wird man sie als von Norden nach Palästina gekommen ansehen müssen. Sie wird also wohl ehedem auch einen hetitischen oder mitanischen Namen geführt haben.

Eine nicht unwichtige, der Istar-Astart als Kriegsgöttin verwandte Göttin scheint weiterhin ʿAnāt gewesen zu sein. Aus dem Alten Testament kennen wir den Namen als den Namen des Vaters des Richters Samgar, wofern es sich nicht, wie mir wahrscheinlicher ist, um eine Bezeichnung seiner kriegerischen Tätigkeit handelt [4]. Außerdem tritt er hier als Ortsname oder Bestandteil eines solchen auf, der für sich schon einen Gottesnamen vermuten läßt [5]. Auch in Ägypten spielt der Name eine Rolle, besonders in der Zeit, als es Sitte wurde, syrischen Gottheiten hier Eingang zu gewähren [6]. Hier in Ägypten wird uns auch der Charakter der Anat vollkommen klar. Sie wird oft mit Astart zusammen genannt. Schon unter Thutmosis III. besaß sie in Theben ein Priestertum [7]. Dargestellt wird sie mit Speer und Schild [8].|

Ein syrischer Kriegsgott der Zeit scheint auch Rešef gewesen zu sein. Das Alte Testament kennt ihn nicht [9]. Das Wort *rešef* bedeutet hier nur noch die Glut und den Blitz, auch die Pest. Das läßt uns

---

1) Ehedem wird der Name Qades Heiligtümer der Baalat oder Astart bezeichnen. Da an den nördlicheren von ihnen, vor allem in Qades am Orontes, die Nordgöttin Eingang gefunden hatte, behält sie diesen Namen und tritt nun scheinbar als eigene Göttin auf.   2) Schon die männliche Form *Qades* spricht dafür. Sie wird einfach einmal Göttin oder Herrin (Baalat) von Qades geheißen haben. Es vollzieht sich dann der umgekehrte Prozeß wie bei den oben S. 175, Anm. 4, S. 177, Anm. 3 genannten Namen Baala, Bealot usw. Dort ist der Gottesname zum Ortsnamen, hier der Orts- und Gottesnamen geworden (ähnlich bei Betel, S. 195 Anm. 1). 3) Siehe die Felsenreliefs von Jasili-Kaia bei Garstang, The land of the Hittites 1910, Pl. 65; Mcy. Chet. 89.   4) *Samgar ben ʿAnāt* heißt also wohl einfach Samgar der ʿAnatsohn, d. h. der Kriegsheld („Marssohn") Richt. 3, 31; 5, 6. Wahrscheinlich geht auch *Baʿana* auf *ben-ʿAna* zurück. Siehe noch *Ana*. 6. Auch *ʿAna[t]melek* wohl = *ʿAnatm*.   5) *Anatōt* und besonders *bēt-Anāt* (= Bethanien; auch in ägyptischen Texten genannt) neben einem *Qart-Anāt* Anastadt, Müller, Asien u. Europa 195 und wohl *bōr-Anat* auf einer neugefundenen Amarnatafel MDOG. 55 (1914), 42 und *bet-Anōt* sind Formen wie *Bealōt*, *bēt Astart* u. dgl. und lassen an sich schon an Stätten der Gottesverehrung denken.   6) Ramses' II. Lieblingstochter führt den Namen *bint Anat* Anatstochter; eines seiner (nach Ranke ZAW. 30, 7 Sethis) königlichen Rosse heißt *Anat-herti*, Anat ist zufrieden; des R. Schwiegersohn, ein syrischer Seeoffizier, heißt *ben-Anat*. Auf den Weihtäfelchen dieser Zeit findet sich neben Baal, Astart, Qades, Resef auch Anat unter der Zahl der vielen Nothelfer des niederen Volkes. Die von Kriegsgefangenen aus Syrien herübergebrachten Götter gelten als Helfer der kleinen Leute. Vgl. Breasted-Ranke, Gesch. Ägyp'. 347. 355 (auch oben S. 175 [1]).   7) Müller, Asien und Europa 313.   8) Siehe die Abbildung bei Müller 313 und bes. TuB. II, 70 (Abb. 128).   9) Außer dem späten Personennamen 1 Chr. 7, 25. Einen Anklang an ihn enthält noch Hab. 3, 5.

immerhin ahnen, welcher Art vorzeiten in Kanaan der Gott gewesen war. Als Gott erweisen ihn nicht nur die späteren aramäischen und phönikischen Inschriften [1], sondern wahrscheinlich auch schon für das frühere Altertum die assyrisch-babylonischen Texte [2]. Besonders deutlich aber tritt er uns als kanaanäisch-phönikischer Blitz- und Kriegsgott unserer Zeit auf ägyptischen Denkmalen entgegen. Zahlreiche Bilder zeigen ihn ähnlich wie Anat mit Speer und Schild, auch mit der Keule bewaffnet und ganz in ägyptischer Tracht, die er, wie es scheint, auch in Phönizien selbst angenommen hatte. Zugleich gibt es auch noch einen Typus mit dem Pfeil, der wohl dem alten Blitzgott am nächsten steht [3].

Weiterhin kommen eine Reihe von Gottheiten in Betracht, die entweder im babylonischen Pantheon ihre eigentliche Heimat oder wenigstens dort ihre nächste Parallele haben. Bei dem starken geistigen Einfluß, den Babylonien immer noch auf Palästina und Syrien ausübte [4], sind jene (sei es früher schon, sei es jetzt) einfach herübergenommen, diese vermutlich in stark babylonisierender Weise dargestellt und verehrt worden.

Hierher gehören zunächst der Sonnen- und Mondgott Schamasch-Schemesch und Sin, letzterer im Lande selbst Jaréach genannt. Des ersteren Zusammenhang mit Babylonien läßt sich, von dem gleichlautenden Namen abgesehen, für die ältere Zeit nicht nachweisen [5]. Um so sicherer die Tatsache der Verehrung des Sonnengottes selbst. Einzelne Personen- und Ortsnamen in Palästina lassen darüber keinen Zweifel [6]. Nicht minder ist unverkennbar, wie einzelne | Personen der israelitischen Sage und Geschichte mit Zügen, die ursprünglich dem Sonnengott anhafteten, ausgestattet sind. Die vornehmsten unter ihnen sind Simson und Elias [7]. Was über sie erzählt wird, läßt, ebenso wie manche anderen Nachklänge von Sonnenmythen in späterer Zeit [8], erwarten, daß man auch in Israels Vorzeit und besonders auf dem Boden, in den das Volk eintrat, mancherlei Sonnenmythen kannte und weitergab. Auf das Einherfahren des Gottes in dem mit Rossen bespannten Sonnenwagen deuten die aramäischen Götter Baal Ṣemed und Rekubēl — Gespannbaal und Fahrgott [9].

Den Namen des babylonischen Mondgottes Sin will man im Namen

---

1) Baethgen, Beiträge 50 ff.; Lidzbarski, Nordsem. Epigr. 154. 370; Ephemeris II, 51; Beer in Pauly-Wissowa, ebenso über Rekub. Der Name *Rešef-Šalman* in OLZ. 1912, 75. — Über eine vermeintliche altkan. Gottheit *Ašimat* s. König in ZAW. 34 (1914); Baudiss., Ad. 215. 2) Zimmern, KAT.³ 478. 3) Siehe Müller, Asien usw. 311 f. und Egyptol. Res. Taf. 41, auch TuB. Abb. 128. 130 f. 4) Oben S. 160 ff. 5) Höchstens kommen in Betracht die 365 Jahre Henochs und seine Beziehung zu Enmeduranki, dem Freund des Sonnengottes und König der Sonnenstadt Sippar. Allein hier mag die ganze Gestalt herübergenommen und abgewandelt sein. — Anders liegt es in späterer Zeit 2 Kön. 23, 11 (s. Bd. II⁴, 504). 6) Vgl. *bēt-schemesch, 'ir-schemesch*, Sonnenhaus und Sonnenstadt und *'ēn-schemesch* Sonnenquelle (vielleicht ist auch *qîr-cheres* und *qîr-chareset* mit Wechsel des ש und ס hierher zu ziehen), und viell. *Schimschôn, Schimschai* Sonnenmann, Sonnenheld. Zur Vergleichung sind auch die spätern aramäischen und phönikischen Namen, die deutlich einen Sonnenkult voraussetzen, heranzuziehen (Lidzbarski, Epigr. 378 f.) und besonders auch *Schemesch* (Schamasch?) selbst im Sinne von Sonnengott, z. B. Hadad 2. 3. 11. 18, Panammu 22 u. s. 7) Über Simson siehe Bd. II⁴, 53. Gewiß lassen sich noch da und dort Züge finden; doch ist ohne klare Anzeichen Vorsicht geboten. 8) Man denke besonders an Schilderungen wie in Ps. 19. 9) Kalumu u. Panammu (9. u. 8. Jahrh), Rekubel auch in dem vielleicht erheblich älteren Stein von Ordek-Burnu, Lidzb, Ephem. III, 192.

des heiligen Gottesberges Sinai, auch in dem der Wüste Sin finden [1].
Doch kann die Gleichung keineswegs auf Sicherheit Anspruch machen.
Aber auch für den recht wohl möglichen Fall, daß sie richtig ist, läßt
sich über den Weg, auf welchem der babylonische Mondgott an den Sinai
gekommen wäre, wenig Sicheres sagen [2], so daß eine Verehrung des Sin
in Palästina von hier aus kaum zu erweisen wäre. Eher läßt sich denken,
daß bei der hohen Bedeutung, welche das mesopotamische Harran als
Verehrungsstätte des Mondgottes einnahm, und die ihm anderseits als
einem uralten Mittelpunkt des Verkehrs zwischen Ost und West zukam,
von hier aus die babylonische Mondverehrung nach Syrien und Palästina
gewandert wäre. Immerhin sind die Belege, die man hierfür in Namen
wie Laban, Sara, Milka zu finden meint [3], durchaus unzureichend.

Trotzdem ist die Mondverehrung im alten Kanaan zweifellos. Schon
die in Israel uralte Feier des Neumonds und gewisser anderer | Mond-
tage läßt vermuten, daß nicht nur bei den nomadischen Vätern Israels,
sondern auch in Kanaan Mondfeiern und damit ein Mondkultus üblich
war. Vor allem der kanaanäische Name *Jericho* Mondstadt läßt kaum
einen Zweifel darüber aufkommen [4].

Der Sonnen- und Mondgottheit nahe verwandt steht im babylonischen
Pantheon der Vegetations-, Wetter- und Gewittergott **Ramman**, auch
Hadad-Adad (*Addu*) genannt. Die letztere Form scheint die aus dem
Westland nach Babylonien gekommene, also dort heimisch zu sein [5]. Sein
Symbol ist das Blitzbündel und die Axt, sein Tier der Stier als Urbild
der Stärke und zeugenden Fruchtbarkeit. Daß diese Gottheit im alten
Syrien und Kanaan vielfache Verehrung gefunden hat, zeigen zunächst
die Amarnatexte, die den Gott selbst sowie eine Reihe mit Addu zu-
sammengesetzter Namen enthalten [6]. Weiterhin findet sich der Gott aber
auch in der Form Rimmon sowohl in einem Amarnabriefe, als besonders
in zahlreichen alttestamentlichen Orts- und Personennamen. Desgleichen

---

1) Haupt, ZDMG. 63, 508 f. bringt ihn mit hebr. סְנֶה Dornstrauch in Verbindung, was freilich mindestens ebenso unsicher ist.   2) Hommel z. B. nimmt an,
daß er nicht über Syrien, sondern über Südarabien hierher gekommen sei, Altisr.
Überl. 275.   3) *Lebānā* ist hebr. Mond, *šarratu* ist Bezeichnung der Mondgöttin,
von Harran, *malkatu* Epitheton der Istar (Jensen, Z. Assyr. XI, 299; Zimmern, KAT.[3]
364 f.). Doch wollen solche Anklänge wenig besagen.   4) Anders allerdings, doch
nicht bes. überzeugend, Hejčl in OLZ. 15, 395, der in ירי (ירי) das sum. *uru, eri*
Stadt und in חי das hebr. חי Leben findet, woher auch der Name: Palmenstadt komme,
da die Palme das Symbol des Lebens sei.   5) Zimmern, KAT.[3] 444 f.; Abb.:
Jerem., ATAO.[2] 113 (schwerlich S. 112, Nr. 44, wo an den freilich nah verwandten
hetitischen Tešub zu denken ist); TuB. Abb. 90 f. Er scheint geradezu als der
Baal des Westlands gegolten zu haben Hehn 87.   6) Vgl. *Adad* als Donnergott,
der den Himmel erzittern läßt Amr. Kn. 147 (W. 148), 14. Ebenso wird *Addu*
und *Adad* in Tanaak 3—6 mehrfach genannt. Weiter *Aaddu* Kn. 170 (W. 125),
17; *Addaja* 254 (163) 37; 287 (180), 47. 49; 289, 32 (W. 185, 19); *Japtiḫ-adda*
288 (181), 45; *Jappaḫ-addi* 97 (223), 2; *Sum-adda* 8 (11), 18; *Sumu-ḫadi* 97
(223), 1. Außerdem den öfter vorkommenden Namen *Rib-addi*. — Für die spätere
Zeit sind zu vergleichen die bekannten Namen *Hadad*, *ben-Hadad* (falls so zu sprechen
ist, worüber Band II[4], 320, Anm.), *Hadad-'ezer*, *Hadad-Rimmon* (s. u.), vielleicht
auch *Hadoram* (?), *Bedad* (= ben-Adad) und Adrammelek für *Adad-melek* (vgl. BHK.
zu 2 Kön. 17, 31), sowie die Inschriften von Sendschirli, des Zakar u. a. (Lidzbarski,
Epigr. 258), auch die Erwähnung des *Adad* von Aleppo Winckler, KAT.[3] 49, Anm. 1;
Zimmern 447.

wird er in der Zeit Elisas als der Hauptgott von Damasq genannt [1]. Er scheint im Symbol des Stierbildes verehrt worden zu sein [2].|

Auch in der Form *Baraq*, entsprechend dem babylonischen Blitzgotte *Birqu*, scheint diese Gottheit dem alten Kanaan bekannt gewesen zu sein [3].

Eine nicht unbedeutende Rolle muß im alten Kanaan auch der Gott *Malk* (*Melek*) oder *Milk* gespielt zu haben. Im Alten Testament wird seine Verehrung erst in der Königszeit Israels erwähnt. Und zwar erscheint er dort als ein grausamer, blutdürstiger Dämon, dem Menschenopfer gebracht werden müssen [4]. Er muß aber schon in der Amarnazeit und wohl auch schon ziemlich früher eine viel verehrte Gottheit gewesen sein, denn jenes *milk* tritt in den Amarnatexten in einer großen Anzahl von Namen auf [5], von denen jedenfalls ein Teil nur diese Deutung zuläßt. Demnach werden auch die entsprechenden biblischen Namen, wenn sie auch auf Jahve bezogen oder in betreff des *melek* (König) appellativ gedeutet wurden, von Hause aus jedenfalls teilweise so gemeint gewesen sein [6].

Seltener vorkommend und darum wohl von geringerer Bedeutung, aber doch in ihrem Charakter als altkanaanäische Gottheiten nicht zu verkennen, sind endlich noch Gestalten wie die von Hause aus babylonischen Götter *Nebo* [7], *Ninib* und *Nergal*. Ferner der wohl ein|heimisch akkadische,

---

1) Vgl. Amr, Kn. 250 (W. 145), 46 den Ort *giti-Rimūni* Rimmons- (oder Granaten-?) Garten und den im AT. mehrfach vorkommenden Ortsnamen *Rimmon* (heute *rummāna* und *rammōn*), *'ēn - Rimmon* Rimmonsquell und *selaʿ-R.* Rimmonsfels, auch *Rimmon-pereṣ* R. des Risses (er ist ein Gewittergott!). Daß hier zumeist oder durchweg nicht an die Bedeutung von *rimmon* Granatbaum, sondern an den Gott R. zu denken ist, zeigt sich bei der heutigen Ortschaft *er - rummāne* im Ostjordanland, einem im AT. nicht genannten weitern Ort Rimmon, sich jetzt noch findendes Stierbild. Siehe weiter das Stierbild von *er-rihab* TuB. II, 76 (nach MuN. 1899). — Der Gottesname *Rimmon* selbst findet sich im AT. für Damasq 2 Kön. 5, 18; dazu in den Namen *Ṭabrimmon* und *Hadadrimmon* (dessen Verehrung in einem Trauerritus [von Adonis her übertragen?] in Sach. 12, 10). Auch Rimmon selbst tritt als Personenname auf. 2) Vgl. Anm. 1 und Bd. II[4] 76[2]. Hehn 82 ff. 296 ff. Nach Greßmann, Hadad usw. 207 wäre in den Namen der Amarnatexte geradezu Baal für Adad (Adda) einzusetzen. Jedenfalls gehen sie ineinander über. 3) Vgl. den Stammnamen Blitzsöhne *bne-Beraq*, heute *ibn Ibraq*, bei Sanherib *banai-barḳa* KAT.[3] 451. 4) Er tritt hier unter dem Namen *Molek* (Moloch) auf, doch nur auf Grund absichtlicher Entstellung durch die Vokale von *bošet* Schande Lev. 18, 21; 20, 2—5; 2 Kön. 23, 10; Jer. 32, 35. Natürlich ist auch der Name des Ammonitergottes *Milkom* nur eine Nebenform dieses Melek. Als Stadtgott von Tyrus heißt er später *Mel[k]qart.* 5) *Abi - milki* von Tyrus Kn. 146 ff. (W. 149 ff.); *Abdimilki* Kn. 203 (W. 252) und 123 (77), 37; *Ili-milki(u)* 151, 45 und 171 (286), 36 und (zum Teil für dieselbe Person) *Milk - ili* 267 ff. (168 ff.). — Uber Parallelen hierzu aus den assyrischen Königsinschriften und Geschäftsurkunden vgl. Zimmern, KAT.[3] 470 f., über solche in phöniz. und aram. Inschriften Lidzb., Epigr. 310. 6) Es kommen in Betracht Namen wie *Malki-el*, *Eli-melek*, *Malki-jah*, *Abimelek*, die natürlich heißen können: Mein König ist Gott oder Jahve, Mein Gott ist König, mein Vater [der Gott?] ist König, und die gewiß später oft so gedeutet wurden. Aber wenn einmal ein Gott *Melek* (natürlich in der Hauptsache derselbe wie Baal) nachgewiesen ist, so liegt es nahe, die Namen ihrem ersten Sinne nach zu fassen: Melek ist Gott, ist Jahve, Mein Gott oder El ist Melek, Mein Vater oder Ab ist Melek usw. So sind dann auch Namen wie *Malki-ṣedeq*, *Malki-ram*, *Malki-šua* zu fassen (*Elimelek* vielleicht auch bei Burchardt Nr. 99). 7) Er ist der babylonische *Nabu*, der Sprecher der Götter und der Schreiber der Schicksalstafeln, zugleich der Schreibergott und Patron der Schreibkunst. Innerhalb des AT. kommen für die alte Zeit nur der Ortsnamen *Nebo* als Berg und als Ortschaft in Betracht, die, annehmen lassen, daß er im alten Kanaan einzelne Anbetungsstätten besaß (vielleicht auch Nob, die Priesterstadt). Zu *Ninib*:

wohl erst aus dem Zweiströmeland nach Kanaan und zu den Philistern gekommene *Dagon* [1], ebenso der kanaanäische und aramäische *Gad* [2], sowie die nur gelegentlich gestreiften und kaum mehr als lokale Bedeutung beanspruchenden Numina *Ṣedeq* [3] und *Šalem* [4].

Die hier gegebene Übersicht liefert ein nach dem früher über die Kulturzustände der Zeit Dargelegten überraschend scheinendes Ergebnis: das Pantheon des alten Kanaan besonders in der Amarnaperiode und den ihr nächstverwandten Zeiten, selbst soweit es einheimisch kanaanäische oder aramäische Gottheiten enthält, scheint sich danach ganz vorwiegend an die babylonische Götterwelt angelehnt zu haben. Nicht als fehlte der ägyptische Einfluß, aber er tritt dem babylonischen gegenüber stark zurück, vor allem im Binnenlande und in den von der ägyptischen Grenze weiter abliegenden Distrikten, und beschränkt sich bei den bisher behandelten Göttern im wesentlichen auf den Hathortypus der Astart. Die Tatsache ist um so befremdlicher, als wir sonst, den | politischen Verhältnissen entsprechend, in dieser Zeit ein starkes Überwiegen des ägyptischen Einflusses wahrnehmen. Sie kann ihre Erklärung wohl nur in dem Umstande finden, daß das Pantheon Kanaans in der Zeit, in der wir seine wichtigsten Gottheiten kennen lernen, d. h. der Amarnazeit und der Zeit der ägyptischen Herrschaft, in der Hauptsache s c h o n a u s g e b i l d e t war. Die Bildung des Pantheons muß wohl der Periode des ungeschmälerten babylonischen Einflusses, also der Zeit v o r 1 6 0 0, angehören [5]. Die Eroberung Syriens durch die Ägypter unter Thutmosis III. fand ein in der

---

Es findet sich in den Amarnabriefen ein *bet-Ninib* nahe bei Jerusalem Kn. 290 (W. 183), 16 vgl. Kn. 74 (W. 55), 31 (man dachte an Betel oder Betsemes, doch ist *bet Ninib* neuerdings als Betlehem festgestellt, Schröder OLZ. 1915, 295. In diesem Fall wäre das auch sonst nicht besonders passende „Brothaus" sekundäre Angleichung aus Hebräische) und eine Person in Kanaan namens *Abdi-Ninib* Kn. 84 (W. 53), 39. Zu *Nergal:* Schon um 2000 nennt sich Atanaḥili in Tanaak einen Knecht *Nergals,* siehe oben S. 125, Anm. 4. — Nach Hieron. soll in Betlehem (= *bet - Ninib*) ein Tamuz-Adoniskult üblich gewesen sein. Doch bleibt das S. 190 [1] Bemerkte in Kraft. Denn die Zeit jenes Kultus ist ganz unsicher, s. Baudissin, Adon. u. Esmun 83 u. 359, auch 522 (Hadrians Zeit?).

1) Als *Dagan* erscheint er in Eigennamen der Zeit von Sargon I. an (ob. S. 48 [2]) und in den Amarnabriefen Kn. 317 f. 215 f. Demnach wird er von Hause aus ein Getreidegott gewesen sein, denn *dagan* heißt Getreide. Bei den Philistern, die ihn so in der Schefela kennen lernten, wird er dann zum Fischgott *Dagon*; vgl. *bēt-Dagon* Jos. 15, 41, wohl dasselbe wie *bit-Daganna* unter Sanherib (K. B. II, 93) und ägypt. *baiti-Dukuna* (heute *bet-daġan* bei Joppe). Ein zweites in Asser Jos. 19, 27. 2) Er kommt vor in Jes. 65, 11 und ist wohl gemeint in biblischen Namen wie *(Gaddi?)* *'Az-Gad* stark ist Gad, viell. auch *Gaddi-el* Gad ist Gott, jetzt in den samarischen Ostraka als *Gaddi-jau,* wofern dies nicht = Mein Glücksgott ist El oder Jau ist (schwerlich aber in Ortsnamen *baal-Gad, migdal-Gad,* so KAT.[3] 479). Ferner ist über ihn zu vergleichen KAT. a. a. O. und Lidzbarski, Epigraph. 248. 3) Vgl. die bibl. Namen *Malki-ṣedeq, Adoni-ṣedeq,* die wohl so zu deuten sind, während man bei *Ṣidqi-jah* (Zedekia) in der Zeit, aus der wir den Namen haben, keinesfalls mehr an eine Gottheit Ṣedeq dachte. Wohl aber sind zu vergleichen Namen wie südarab. צדקאל (Hommel, Aufs. und Abhandl. 144), צדקדכר (Baethgen, Beitr. 128) und aram. und phöniz. צדק, צדק־רמן, כמש־צדק (Lidzb., Epigr. 297). Für die Fassung des צדק als Gottesname hier und im AT. spricht der Name *Rab-ṣidqi* in Amr. Kn. 170 (W. 125), 37, der ganz dem *Rab-ili* (groß ist Gott) ebenda Z. 36 entspricht; vgl. auch assyr. *Ṣidqi-ilu* KAT.[3] 474. 4) Man wird an der Existenz dieses Gottes nicht zweifeln können s. Winckler und Zimmern, KAT.[3] 224. 474. Dann wird er aber wohl auch in Jerusalem (Amr.: *Urusalim*) stecken. 5) Demnach scheint ein analoger Prozeß vorzuliegen, wie der oben S. 162 f. für die allgem. Kultur angenommene.

Hauptsache schon fertiges — unter babylonischem Einfluß zustande ge-
kommenes — Göttersystem im Lande vor, an dem sie nicht mehr viel
ändern konnte. Im Gegenteil, Ägypten scheint sich in demselben Maße
empfangend wie gebend verhalten zu haben: eine Reihe von Göttern
wandern nach Ägypten und finden hier ihre Verehrer auch unter den
Einheimischen, ja am Königshofe.

Immerhin ist es fast selbstverständlich, daß unter dem großen Gewicht, das Ägypten allezeit und besonders seit Thutmosis III. für Kanaan
besaß, sich auch der Einfluß seiner Götter nicht ganz verleugnen konnte.
Schon die von alters her, besonders aber seit dem 16. Jahrhundert, zahlreich als Fremde in Kanaan lebenden Ägypter — Kaufleute, Beamte und
Soldaten, Sklaven — werden ihren eigenen Kultus besessen [1] und manches
von ihm an die um sie lebenden Kanaanäer abgegeben haben. Noch mehr
werden die Vasallen des Pharao und alles, was mit dem Hofe in Verbindung stand, sich bemüht haben, auch durch religiöse Anlehnung an
Ägypten ihre Ergebenheit für den Großherrn zum Ausdruck zu bringen.
Endlich hat natürlich das niedere Volk dem Machthaber damit den Tribut
seiner Achtung gezollt, daß es zu den bisherigen Gottheiten und Dämonen
noch eine Anzahl ägyptischer Untergottheiten in den Apparat der alltäg-
lichen Frömmigkeit und Zauberei übernahm. Hiervon soll nachher die
Rede sein.

So finden wir denn neben dem schon erwähnten starken Eindringen
der Hathor in den Astartdienst vor allem manche Spuren der Verehrung
A m o n s. Natürlich handelt es sich für uns zunächst nicht um seine Ver-
ehrung durch in Kanaan lebende Ägypter [2]. Sie versteht sich | von selbst,
obwohl auch sie für die Umgebung von Bedeutung werden konnte. Wohl
aber kommt eine Amonverehrung im Lande bei dem Namen des syrischen Vasallen *Amanḫatbi* [3] in Betracht, desgleichen bei dem Syrer *Pen-
Amon* [4], dem Diener des Fürsten von Byblos im Papyrus Golenischeff.
Die hier erzählte Geschichte der Erlebnisse und Abenteuer des Wen-Amon
in Syrien bietet überhaupt ein vielfach interessantes Bild der religiösen
Zustände in Kanaan am äußersten Ende unseres Zeitraums. Der Ägypter
nennt dem Syrer gegenüber Amon kurzweg den Herrn der Länder; „der

---

1) Ein Atonheiligtum der Amarnazeit scheint der Name *Hinnatun* der Am.-
briefe zu erweisen. Da das Wort wie eine kan. Bildung (Huld des A.) aussieht, so
könnte das Heiligtum wohl auch ein solches der Landesbewohner sein.   2) Zu ihnen
gehört beispielsweise der Träger des Namens *Amamma* Kn. 114 (W. 81), 51, ebenso
der ägyptische Statthalter *Amanappa*, vgl. bes. Kn. 86 (W. 66), 1 ff. Ebensowenig
ist natürlich *Amon* selbst hierher zu ziehen, sofern er bloß als „Gott des Königs",
d. h. des Pharao genannt wird, wie Kn. 86 (W. 66), 1 ff. oder bei Rib-Addi Kn. 71
(W. 54), 4 oder in den Tuschrattabriefen oder beim Pharao selbst 1, 46. — Auch
der in den Taanakbriefen Nr. 5 und 6 (Sellin, Nachlese 36 f.) genannte *Amanḫasir*
scheint die Rolle des ägyptischen Beamten gespielt zu haben, war also wohl Ägypter
und käme somit nicht in Frage, während die Nennung Amons *(Amuna)* in Nr. 7
(Z. 6) (Sellin, Tell Ta'an. 119) so abrupt ist, daß sich mit ihr nichts machen läßt.
3) Er findet sich mehrfach, siehe besonders Kn. 186 (W. 135). Natürlich beweist
der Name Amenhotep, wie solche Namen meist, nicht gerade für den Träger und seine
Zeit, wohl aber für die ganze Periode. — Auch der Diener *Nechtamon* im Papyr.
Anastasi III (Breasted, Rec. III, § 630ff.; Ranke, TuB. I, 249) scheint Einheimischer zu
sein; fraglich ist der Offizier *Penamon* (ebenda 5, 3), doch s. Anm. 4.   4) Ranke,
TuB. I, 229. Falls die erste Silbe, was recht wahrscheinlich ist, dem *pèn* oder *penē*
in phönikischen, besonders punischen Inschriften vor Gottesnamen (*penē-Baal*) entspricht, so wird auch der vorhin (Anm. 3) genannte Offizier ein Syrer sein.

Libanon wächst für ihn", „sein ist das Meer und sein der Libanon" [1]. Mag darin auch nur der Anspruch der ägyptischen Priester, nicht der Glaube des Syrers wiedergegeben sein, so ist immerhin bezeichnend, daß jener sich darauf berufen kann, daß des Syrers Väter Amon geopfert haben und ihn als ihren Herrn anerkannten [2]. Nicht minder ist es bezeichnend, daß sowohl jener als die Fürstin von Zypern nicht wagen, an den Fremden Hand anzulegen, weil er ein „Bote des Amon" ist [3]. Amon muß demnach mindestens in den Hafenstädten, wohl aber auch im Innern des Landes, vielfache Verehrung genossen haben. So allein sind auch einzelne Äußerungen der Amarnabriefe verständlich, in denen er von Kanaanäern mit der Baalat von Byblos ganz auf gleiche Linie gestellt wird [4]. Den deutlichsten Beweis dafür, in wie hohem Grade sich die Machthaber und Großen in Syrien auch in religiöser Hinsicht dem, was man in Ägypten gerne hörte, anbequemten, besäßen wir in der Nachricht, daß die assyrischen Vasallen gelegentlich der neuen Lehre Amenhoteps entsprechend geradezu den Namen des Statthalters | Amanappa in Rianappa umänderten, wofern sie sich bestätigen würde. Doch ist sie stark bestritten [5]. Aber auch sonst haben wir Belege hierfür, den interessantesten vielleicht in dem Briefe Abimilkis von Tyrus, der ganz in der religiös überschwenglichen Weise des Pharao selbst seinem Schreiben einen förmlichen Hymnus auf die Sonne vorausschickt [6].

Wir sehen also, daß sich, ganz abgesehen von den mancherlei Untergottheiten der Niederschichten und abgesehen von den vielerlei Privatkulten, von denen die Urkunden nur ausnahmsweise Nachricht geben, unserer Erwartung entsprechend doch mindestens eine Verehrung des Amon-Re in der Oberschicht Kanaans unserer Zeit nachweisen läßt. Ja wir werden weiter gehen und sagen dürfen, daß die vielfach überlieferten Hathortypen der kanaanäischen Ba'alat nicht allein bei den zahlreich im Lande anwesenden Ägyptern einfach als Hathorbilder angesehen und verehrt worden sein mögen, sondern vielfach auch bei den Einheimischen. In Byblos stand ein ägyptischer Tempel [7]. Ohne Zweifel war er nicht der einzige im Lande. Wenn der Pharao Paläste und Residenzen hier besaß, wenn er Statthalter und Garnisonen hin und her im Lande hielt [8], so war für sie ganz gewiß auch für Anbetungsstätten, in denen sie den heimischen Göttern dienen konnten, gesorgt. Hier werden sie neben Amon die ägyptische Hathor verehrt haben, wenn auch wohl vielfach in einer Gestalt, die der der großen Baalin von Byblos oder anderer Orte nahestand. Und von hier aus werden sie auch den Landesbewohnern ihre Hathor und manche ihrer Gottheiten, von denen wir keine besondere Kunde haben,

---

1) TuB. I, 266 (1, 14); 228 (2, 23 ff.). Die eigentümlichen Worte „Amon stattet alle Länder aus" 2, 20 sind im Munde des Syrers nach dem, was er sonst sagt, etwas dunkel.   2) Ebenda 2, 31 f.   3) A. a. O. 230 (2, 73 81).   4) Rib-Addi an den Vertreter des Pharao: „Amon und die Baalat von Byblos" (Kn. 87 [W. 67], 5 ff.), ganz wie sonst die Baalat allein, z. B. 85 (69), 4. Ebenso auch 95 (110), 3 ff. Vgl. dazu auch S. 186, Anm. 1.   5) 292 (239), 36; 315 (236), 13; 326 (213), 17. Die Notiz ist, obwohl sie immer noch da und dort auftaucht (z. B. bei Bertholet, Kulturgesch. Isr. 59) nach Weber bei Knudtzon, Amarna 1158 unrichtig.   6) Amr. Kn 147 (W. 149), 5—15. Vgl. auch 287 (180), 60 f. „Der König hat gesetzt seinen Namen im Lande von Jerusalem auf ewig." Zur ganzen Frage vgl. Weber bei Knudtzon, El-Amarna-Tafeln, S. 1025, aber auch 1158.   7) Breasted-Ranke, Gesch. Ägypt. 311; Qu. Statem. 1908, 201 ff. Er gehört der 19. Dynastie an. Gewiß gab es auch noch ältere.   8) Oben S. 80. 82.

nahegebracht haben. Vor allem die herrschende Klasse, die ägyptischen Vasallenfürsten und die Kreise um sie, werden gelegentlich diensteifrig wie zu Amon so auch zu Hathor und Sutech [1] gebetet haben.

Auch die hetitischen Götter scheinen im kanaanäischen Pantheon nicht gefehlt zu haben. Bei der engen Berührung des nördlichen Kanaan mit den Hetitern erwarten wir sie zunächst in den nördlichen Distrikten des Landes zu finden. Dort wird vor allem der aramäische Ramman-Hadad nicht selten die Gestalt des hetitischen Blitz- und Wettergottes *Tešub* angenommen haben [2]. Daß wir selbst im Süden | des Landes, in Jerusalem, den Träger eines an die hetitische Gottheit *Ḫipa* erinnernden Namens [3] in dessen Fürsten Abdi-ḫiba vorfinden, ist wohl ein weiterer Beweis für die uns sonst bezeugte Tatsache des Vordringens der Hetiter bis in den Süden des Landes. Vor allem aber werden wir in dem Namen die Bestätigung der an sich wahrscheinlichen Annahme eines gelegentlichen Eintritts hetitischer Götter in das Pantheon Kanaans sehen dürfen.

Neben diesen Gottheiten, die, soweit wir sie näher kennen, alle den großen Göttern angehören, finden sich nun aber noch eine ganze Reihe untergeordneter Gottwesen. Sie sind teils wirklich als Untergebene und Gehilfen der Hauptgötter gedacht, teils als niedere Geister und Dämonen, die für die Zwecke der Zauberei beliebt waren und daneben besonders den unteren Volksschichten vielfach die großen Götter ersetzen. Wie in manchen anderen Religionen, so wird auch auf diesem Gebiete die Erfahrung zu machen gewesen sein, daß die großen Götter mit ihren reichen Heiligtümern und prunkenden Opfer- und Festfeiern im ganzen doch für die Besitzenden und Angesehenen da waren. Die breite Unterschicht der Armen und Dienenden, überhaupt des gewöhnlichen Volkes, das keine reichen Gaben zu bringen hat, muß sich mit Gottheiten von bescheidenerem Range und billigern Ansprüchen genügen lassen. Ihnen darf auch der gemeine Mann hoffen näher zu kommen [4].

So erscheinen schon in Babylonien neben den Hauptgöttern gewisse Nebengötter, die sich als Krieger und als himmlisches Sternenheer um den Himmelsgott scharen und die Umgebung, die himmlische Ratsversammlung der obern Götter darstellen [5]. Sie treten teils als Familienglieder, teils als Gesandte der Hauptgottheit auf. — Nun kennt auch das Alte Testament den himmlischen Hofstaat und die Ratsversammlung um Jahve, dessen Glieder teils *bnē elīm* Göttersöhne, teils geradezu Söhne Elohīms heißen und die anderseits wieder als Abgesandte und Boten Gottes erscheinen und zugleich das Heer Jahves ausmachen [6]. Es wäre an sich wohl möglich, daß diese Vorstellungen erst in alt|testamentlicher Zeit und in Israel selbst entstanden wären. Aber Ausdrücke und Vorstellungen von so befremdlicher Art wie *bnē elīm*, Göttersöhne, oder Ge-

---

1) Auch Sutech wird gelegentlich in den Amarnatexten genannt.   2) Er trägt Blitzbündel und Hammer, auch die Streitaxt. Abbildungen in den Ausgrab. von Sendschirli (Mitteil. aus d. orient. Samml. Berl. 1893), außerdem ATAO.[2] 112, Abb. 44 u. 45 (s. oben S. 183, Anm. 5). 467. Garstang, The land of the Hittites, Pl. LXXVII; Meyer, Chet. 67.   3) Siehe auch *Pudu-hipa* bei Winckler, MDOG. 35, 27. Der Name *Abdi-ḫiba* kommt auch in Taanak vor (Sellin, Nachlese 39, Nr. 7, 7), es müssen sich also auch hier hetitische Einflüsse geltend gemacht haben.   4) Oben S. 181[6].   5) Zimmern, KAT.[3] 453 ff.   6) Vgl. Hiob 1, 6; 2, 1 die Gottessöhne als Ratsversammlung um Gott; ähnlich Ps. 29, 1 als Hofstaat. Ebenso 1 Kön. 22, 19 das Heer des Himmels in derselben Stellung. Dazu Gen. 6, 1—4 die Söhne Elohīms.

schichten, wie die von den Söhnen Elohims erzählten, lassen es viel wahrscheinlicher erscheinen, daß man hier überkommenes Gut verarbeitete. Es
war das bei leichter Umdeutung wohl möglich, schwerlich aber läßt sich
annehmen, daß das Israel des AT. diese Begriffe geschaffen hätte, wenn
sie nicht längst schon da waren.

Ferner ist bekannt, daß in Babylonien eine Menge von Geistwesen
eine Rolle spielten, die es zu beschwören galt. Sie treten mit Vorliebe
in der Siebenzahl auf als *Sibitti* oder Siebengottheit. — Nun ist es höchst
merkwürdig, daß im Hebräischen „schwören" soviel ist als die Siebenzahl
auf sich anwenden oder sich mit ihr in Zusammenhang bringen. Dieser
Sprachgebrauch, der sicher so alt ist als Israel, setzt bereits jene Siebenzahl von Gottheiten oder Geistern als Idealzahl voraus. Sie wird also
neben dem, daß sie babylonisch ist [1], jedenfalls auch altkanaanäisch sein.
Dazu würde das zweifellos hohe Alter des Namens *Beerscheba'* stimmen,
der jedenfalls nicht: die sieben Brunnen, sondern nur: Brunn der Sieben
bedeuten kann [2].

In diesem Zusammenhang sind nun auch die mancherlei ägyptischen
niederen Gottheiten mit ihren Bildern, sowie die vielerlei in Ägypten
als Amulette und Talismane gebrauchten Zaubermittel zu erwähnen. Sie
mögen zunächt den vielen im Lande lebenden Ägyptern gedient haben,
sind von ihnen aber auch zu den Landesbewohnern gekommen und wahrscheinlich hier vielfach gebraucht worden [3]. So finden sich Bilder des P t a ḥ, des Schutzherrn und Patrons der
Künstler und Handwerker, der darum gewiß in deren Kreisen besondere
Gunst genoß, dann aber überhaupt zum obersten Geist wird, aus dem alle
Dinge hervorgehen und in dessen Geist alle Dinge, ehe sie wurden, als
Ideen existieren [4]. Ebenso des B ē s, der als drolliger, unförmlicher Zwerg
schon seinen satyrartigen Charakter verrät, und der Patron von Musik,
Tanz und allerlei Kurzweil war [5]. Zahlreiche S k a | r a b ä e n, die in Ägypten
so beliebten Nachbildungen des Mistkäfers, mit denen jedenfalls eine mystische, mit dem Totenkult zusammenhängende Beziehung zur Gottheit
verbunden war, müssen auch in Palästina, wie überall sonst, wohin ägyptischer Einfluß drang, als Siegelsteine, Totenbeigaben [6] und Amulette gedient haben [7]. Denselben Dienst taten H o r u s augen und Bilder des
Horusfalken [8]. Bei dem engen Zusammenhang, in dem der ägyptische

---

1) Hehn, Siebenzahl 19 ff. Bibl. u. bab. Gottesidee 18. 177.   2) Gen. 21, 29 ff.;
26, 33. Auch *Batscheba'*, *Elischeba'* und verwandte Namen gehören hierher und lassen
vermuten, daß irgendeinmal, wenn auch in grauer Vorzeit, diese Gottheit im Lande
verehrt wurde.   3) In Gezer hat sich eine Tonform des Bēs gefunden, die zeigt,
daß man die Figuren auch im Lande selbst herstellte. Siehe Anm. 5.   4) Breasted-
Ranke, Gesch. Ägypt 354 f. Erman, Ägypt. Relig.² 46 f. Er gehörte in Ägypten
ehedem zu den großen Göttern. Hier in Kanaan wird er wohl nur eine Nebenrolle
gespielt haben.   5) Vgl. z. B. oben S. 91.   6) Sie werden vielfach als Ersatz des Herzens des Toten behandelt: Röder, Urk.
z. äg. Rel. 254.   7) Vgl. z. B. oben S. 91. 93. 96 (Tbutm. III.). 101 und öfter,
besonders Schumacher, Mutesell. 15. Abbildungen z. B. auch in TuB. II, 102 f.
In Gezer fanden sich Teile des ganz großen Hochzeitsskarabäus Amenhoteps III. und
der Königin Teje (Tei). Auch das Henkelkreuz als Hieroglyphe des Lebens und
manches andere findet sich.   8) Siehe Schumacher, Tell Mutesell. 51. 88 ff. u. Taf.
XXVIII.

Horus zu Isis und Osiris, den die Phöniken A d o n i s nannten [1], steht,
wäre | ein Vordringen dieser Gottheiten nach Kanaan und besonders das
Auftreten des Adonismythus auch in unserer Zeit nicht ausgeschlossen,
um so mehr, als beide Mythen, der von Osiris und von Adonis, an Byblos

---

1) Vgl. Baudissin, Adonis und Eschmun 1911. Es existiert wahrscheinlich
ein Bild des phönikischen A d o n i s in dem Felsenrelief von el-Rîne (nahr Ibrahim)
ATAO.[2] 90; TuB. II, 74 (nach Renan, Mission en Phénicie); s. Baud. (Tammus): in
PRE.[3] 19, 349 (ein weiteres in Maschnaka, s. Baud., Adon. Taf. I—III). Doch wissen
wir weder sein Alter, noch haben wir ganz sichere Spuren des Mythus in alter Zeit.
Immerhin nennen die Amarnatexte zweimal einen König *Aduna* (Kn. 75, 25 [W. 79,
Rev. 2]; 140 [W. 119], 10). Der Name sieht ganz aus wie eine Abkürzung von
Adoniṣedeq, Adonibezeq oder (KAT.[2] 398) *Adunu-nadi-aplu*, so daß *adon* als Gottesbezeichnung und selbst gelegentliches *Adon* oder *Adoni* als Eigenname eines Gottes
(Baal) gesichert scheint. Durch Konjektur will nun Lagarde den Osiris in den Text
von Jes. 10, 4 hineinbringen (s. BHK.); ebenso vermutet man in der Erwähnung der
niśśē na'manīm Jes. 17, 10 eine Anspielung auf die sog. Adonisgärtchen. Das letztere
wohl mit Recht, da *na'man* jedenfalls einen Gottesnamen, vielleicht den des Adonis
selbst darstellt (Baud., RE. 354; Adon. 88). Auf denselben Gott wird sich dann
(hypokoristisch) der Name des Syrers *Na'man* beziehen (2 Kön. 5, 1). — Die Verehrung eines *adoni* „mein Herr" genannten Baal scheint also schon für die alte Zeit
gesichert und die Verehrung dieses oder eines ihm nahestehenden Gottes nach der
Weise des Mythus vom aufblühenden und sterbenden Jahre wenigstens für die Zeit
Jesajas (vielleicht sogar die Amos, vgl. Am. 8, 10, dazu auch LXX zu 1 Kön. [3 Reg.]
13, 11 Luc. = Swete 12, 24ᵐ: οὐαὶ κύριε — אֲדֹנִי הוֹי und dazu Baud., Ad. 91. Zu
Am. 8, 10 ist außerdem zu vergleichen Jer. 22, 18; 34, 5. Ebenso zu 1 Kön. 13, 11
Luc. ZDMG. 70 (1916): Der Klageruf mag wie auf hochgestellte Menschen, so auch
auf den mythischen Königssohn Adonis angewandt worden sein. Daß er von diesem
s t a m m e, ist damit keineswegs gesagt). Es ist ferner, wenn auch nicht sicher zu erweisen, so doch ganz gut möglich, daß jener Mythus weit über die Zeit Jesajas oder
des Amos zurückreicht. Bei der alten und engen Verbindung von Byblos mit Ägypten
(es stand dort sogar bald nach der Amarnazeit ein ägyptischer Tempel, siehe oben
S. 187), muß man daher in der Tat mit der Möglichkeit rechnen, daß der ägyptische
Osirismythus schon früh entweder den einheimischen Adonisdienst beeinflußte oder
sich mit ihm verband (Baud., RE. 371, 47). — Viel schwerer nachzuweisen, wenn
auch gleichfalls recht wahrscheinlich, ist ein altes Verhältnis zu dem inhaltlich nahe
verwandten babyl. Tamuzmythus, da T. erstmals bei Ezech. (8, 14), also in neubabyl.
Zeit, im AT. genannt wird. Aber bei der großen Rolle, welche, wie wir jetzt wissen,
die ganz ähnlichen Tamuzmythen schon im alten Babylonien spielten, kann an eine
Abhängigkeit von Kanaaniten nicht gedacht werden. — Eine verwandte Gestalt ist
Hadad-Rimmon Sach. 12, 10, vgl. S. 184[1]. — Vollkommen ablehnen muß ich, was
Alfr. Jeremias über den kanaan. Tammuz aus Gen. 14 und Richt. 9 herausliest (in
Roscher, Lexik. d. gr.-rö. Myth., Art. Tammuz). Nichts von alledem steht im Bibel-
texte, noch läßt es sich aus ihm erschließen. (Die Gleichung Sikem = Salem ist
überaus fraglich; LXX kommt in Gen. 33, 18 schon deshalb nicht in Betracht, weil
der ältere Sam. שלם hat; auch gab es in der Zeit der LXX mehrere Salem. [Die
Tochterstadt kann nicht עיר der Mutterstadt heißen: Fz. Del.] „Salemiter" in 34, 21
zu übersetzen ist ohne Textänderung sprachlich kaum zulässig. Die *ba'alē berīt* in
Gen. 14 [beachte den Plur. und vor allem den Sprachgebrauch: G-B[16] 107a Nr. 4!]
haben mit dem *ba'al berīt* von Sikem schlechterdings n i c h t s zu tun; ebensowenig
Jer. 41, 4 ff. mit Tammuz.) Demnach ist auch die ganze Idee, daß die ältere alttest.
Religion wesentliche Zusammenhänge mit dem Tammuzkultus aufweise, hinfällig. Mag
immerhin — was ja a n s i c h möglich ist — in Sikem oder Betlehem oder Betsemes
Tamuz m i t verehrt worden sein, worüber wir aber aus älterer Zeit nichts wissen: daß
die Idee des sterbenden und auferstehenden Gottes in der alttest. Religion eine
i r g e n d w e s e n t l i c h e Rolle spielte, ist z. Z. durch nichts zu erweisen. Vgl. noch
Bd. II[4] § 9 (II[3] § 12) a. E. Auch die Notiz, daß der 'Ελιοῦν, den man vielleicht
mit Adonis-Tamuz zusammenbringen darf (unt. § 27, 5), mit *Berut* Himmel und Erde
schuf (Philo v. Byblos nach Euseb. Praep. ev. I, 10, 36) darf nicht hierfür verwertet
werden. Berut hat mit *berīt* Bund nichts zu tun (so Jerem. ATAO[3] 272), sondern
ist *be'erōt*-Beirut (Berytus), wo die Spuren des Adoniskultes noch heute zu sehen sind.

haften. Doch ließe sich bei dem hohen Alter der Beziehungen zwischen Byblos und Ägypten auch der umgekehrte Weg denken. In dem als Jüngling dahingerafften Adonis wird jährlich das Sterben und Wiedererwachen der Natur durch Trauerbräuche und Totenklagen und durch das Pflanzen von rasch aufsprießenden und welkenden Blumen gefeiert. Immerhin fehlen uns über die Tatsache der Verehrung eines Baal als „Herr" oder „mein Herr" *adon, adonī* hinaus die sicheren Anzeichen für so frühe Zeit. Auch muß mit der Möglichkeit gerechnet werden, daß der phönikische Adoniskult selbständig, oder auch im Zusammenhang mit sumerisch-babylonischen und kleinasiatischen Kulten entstanden und erst sekundär, wenn auch früh, mit dem Osirismythus in Verbindung gebracht ist [1].

Hierher gehören vielleicht auch schon gewisse im Alten Testament genannte Gestalten, wie die *schedīm* [2], der *Azazēl* und die *Sᵉᶜīrīm*. Die erstern sind wohl überhaupt Dämonen, die beiden letzteren Unholde der Steppe oder des Feldes, denen man auch zuzeiten in Israel geopfert hat. Auch wenn die Stellen, an denen sie vorkommen [3], literarisch so jung sein sollten, wie man häufig annimmt, wäre es immerhin verfehlt zu meinen, auch die Gestalten selbst seien erst in später Zeit entstanden. Die Wahrscheinlichkeit ist im Gegenteil viel größer, daß wir es mit altkanaanäischen Feld- und Steppendämonen zu tun haben, die auch in Israel noch notdürftig ihr Dasein fristeten und darum nur gelegentlich erwähnt werden. Ebenso werden die Toten- und Wahrsagegeister (*ōbōt* und *jiddᵉᶜōnīm*), die der Mensch ruft und um Auskunft angeht, schon dem frühen Altertum angehören [4].|

§ 20.

Vom 16. bis zum 13. Jahrhundert. III. Die Religion: Kultus und religiöse Vorstellungswelt.

1. **Kultusstätten.** — Als Stätten der Anbetung kommen höchstwahrscheinlich alle wichtigeren Orte des Landes in Betracht. Jede wird ihren örtlichen Baal besessen haben, womit nicht ausgeschlossen war, daß auch andern Gottheiten gelegentliche oder dauernde Verehrung in öffentlichen und besonders in privaten Kulten erwiesen wurde. Außer den eigentlichen Kultusstätten besaß das Land aber zweifellos noch mancherlei heilige Plätze auf freiem Feld, Berggipfel, Felsplatten und -steine, Quellen, für heilig geachtete Bäume und Baumgruppen.

Als die wichtigsten jener Stätten [5] sind nach dem Alten Testament selbst etwa zu nennen: Sikem, Betel, Gilgal, Gibeon, Rama, Mizpa, Hebron;

---

1) Man vgl. dazu bes. auch Kretschmar, Glotta VII, 1. Heft, der an griech. ᾽Αδ. neben ᾽Αδ. und an das lange Α erinnert (vgl. ἡδύς), so daß Zweifel entstehen können, ob es sich nicht um eine selbständige, etwa vorgriech.-kleinasiatische Gestalt handelt. 2) In Ägypten kommt ein Gott dieses Namens im beginnenden Neuen Reich und der 18. Dynastie vor: ARW. 17 (1914) 209 f.   3) Lev. 16, 8. 10. 20. Jes. 13, 21; 34, 14; viell. auch Gen. 14, 3. 8. 10 (l. Dämonental?). Lev. 17, 7. 2 Kön. 23, 8 (l. Höhe der S.). Dazu unten S. 208.   4) Zweifelhaft ist dies bei den zum Hofstaat Jahves gehörigen *Kᵉrubīm* und *Serafīm* und den seine Dienerschaft bildenden *malᵉakīm* Boten Jahves, oder einzelnen unter ihnen wie dem *maschchīt*, dem Verderber. Wenigstens haben wir bis jetzt keinerlei Anhaltspunkte für ihre vorisraelitische Herkunft. Auch der *Saṭan* gehört erst späterer Zeit an. Wohl aber mögen die El-wesen von Pnuel und Mahanaim (s. § 22, 4) hierher gehören. — Über die Totengeister siehe schon oben S. 121. 137. Weiter unten S. 203 ff.   5) Vgl. dazu von Gall, Altisr. Kultusstätten 1898.

ferner nach den Ausgrabungen und den alten außerbiblischen Texten Orte wie Gezer, Taanak, Megiddo, Jerusalem, Jericho, Lakis usw.; endlich dürfen wohl alle nach ihrem Baal genannten Orte [1] als vorisraelitische heilige Stätten in Anspruch genommen werden. Für das übrige Syrien kommen natürlich die längst bestehenden phönikischen Städte in Frage: Tyrus, Sidon, Byblos, Berut usw. Daneben Quellen und Brunnen wie die von Beerseba, Lachaj-roi, Gihon und Rogel bei Jerusalem [2], heilige Bäume wie die Palme der Debora, die Orakelterebinthe bei Sikem, heilige Steine wie der bei Sikem, bei Gibeon oder Betsemes oder der Schlangen- und der Hilfestein [3].

2. **Kultussymbole.** — Wie eine reich ausgestattete vornehme **Kultusstätte** der Zeit ausgesehen haben mag, will man zumeist aus der oben beschriebenen Anlage von **Gezer** ersehen [4], von der uns noch bedeutsame Reste erhalten sind. Da aber gerade hier die Kultusstätte im engern Sinn zweifelhaft geworden ist, wird man besser von ihr absehen [5]. Wir sind damit bis auf weiteres auf die Beschreibungen | des

---

1) Siehe oben S. 175, Anm. 4 Berge wie Nebo, Karmel, Tabor, Peor, Hermon, oder Orte wie Hasor und viell. auch Eschta'ol und Eschtemoa' (Bauer ZDMG. 1917, 410). 2) Vgl. dazu die aus späterer Heilighaltung zu ziehenden Rückschlüsse bei Curtiss, Ursem. Religion (1903) u. Hartmann in ARW. 15 (1912), 139 ff. (Ebenda für Bäume und Steine; über sie noch besonders die betreffenden Abschnitte in Jaußen, Cout. d. Arabes 1908). Auch in Jes 51, 2; Dt. 32, 18 vgl. Jer. 2, 27 mag vielleicht noch ein blasser Nachklang jener Vorstellung vorliegen. 3) Siehe dazu in Bd. II [4] 72. 73. Der Hilfestein *eben ha'ezer* 1 Sam. 4, 1 scheint seinen Namen lange vor Samuel schon getragen zu haben. Vgl. noch die Ortsnamen von S. 138 unt. 4) Siehe oben S. 94 u. 164. 5) Bekanntlich sind unlängst in Assur (vgl. Andrae, Die Stelenreihen von Assur = 24. wiss. Veröff. d. deutsch. Or. Ges.) eine größere Zahl von Steinsäulen ähnlicher Art aufgefunden worden, die augenscheinlich lediglich als Denksteine gelten. Thiersch (Arch. Anz. 1909, 378. 401; ZDPV. 37 [1914], 87) und Ed. Meyer (Arch. Jahrber. 1913, 77 ff.) haben daraus geschlossen, daß auch die Steinsäulen von Gezer keinerlei sakralen Charakter haben. Nun muß zum voraus festgestellt werden, daß an sich das Beispiel von Assur für Kanaan keinerlei beweisende Kraft hat: hier ist die bloße Steinsäule als Kultussymbol vielfach bezeugt, dort spielt sie keine Rolle. Die Dinge liegen also an beiden Orten erheblich verschieden Immerhin läßt sich nicht verkennen, daß in Gezer die **Umgebung** der Masseben nicht sicher als spezifisch heilig in Anspruch genommen werden kann, der Charakter des Ortes als 'High place' also in Frage steht. Damit muß auch der Charakter der Stelen als Kultusmasseben im **engern** Sinn fraglich werden. · Es wird sich also vielleicht um Denksteine wie bei Saul und Absalom (1 Sam. 15, 12; 2 Sam. 18, 18; s. nachher) oder um Votivtafeln, richtiger wohl um Siegessäulen in der Art des Mesasteines handeln. Rein profan sind freilich auch solche Steine nicht. Sie wollen der **Gottheit** Ehre erweisen und den Urheber bei ihr in gute Erinnerung bringen, für Sieg danken usw. (Um den bloßen Nachruhm ist es ihren Schöpfern nicht zu tun.) Sie gelten auch so als beseelt und als Vertreter der Person selbst, besonders nach dem Tode, heißen deshalb *nefesch* Seele, Person, und sollen mit Salbung und **Opfern** bedacht werden, vgl. die in assyr. Königsinschriften gebräuchliche Schlußformel bei Weber, Liter. d. Bab. 232 f., nach der dem Namen des verstorbenen Königs und auf der Inschrift genannten Götter — der Name ist Vertreter der Person — Opfer zu bringen sind, und Kalamu 14 nach Bauers einleuchtender Deutung ZDMG. 67 (1913), 689, sowie Asarhaddon in Sendschirli, TuB. II, 9. Das gilt sicher auch für unbeschriebene Denksteine, deren Urhebernamen gewiß fortlebten. Thiersch, obwohl in der Hauptsache wahrscheinlich im Recht, irrt, wenn er ZDPV. 37, 67 meint: man könne profane und sakrale Gedenksteine trennen und 88: die Gezersteine seien keine 'Masseben'. Richtiger urteilt de Groot, Palest. Masseben, Groning. 1913, der neben den eigentlichen Kultusmasseben mehrere Arten halbreligiöser Masseben nennt: Erinnerungs, Sieges-, Grabsteine usw. Vgl. weiter S. 193 [1], außerdem noch Mader, BiblZsch. 10 (1912), 9 f., der in den 2 kleinen Stelen die ursprüngliche Höhe sieht, zu der die Nekropole mit Grabsäulen und Libations-

Alten Testaments angewiesen, die wir mit gutem Grund in vorisraelitische
Zeit übertragen dürfen. Die Opferstätte heißt *bama* „Höhe", weil sie
ursprünglich, d. h. seit der Ausdruck aufkam, wohl auf dem Gipfel des
Berges lag [1]. Doch ist diese Lage keineswegs die Regel. Man wird
sich nach der Nähe von Wasser, Felsgestein, heiligen Bäumen, bald das
eine, bald das andere bevorzugend, gerichtet haben. Das | Bezeichnendste
an der Höhe ist zunächst, daß sie augenscheinlich ehedem keinen Tempel,
keinerlei festes Haus und damit auch kein Gottesbild enthielt. Es ist
eine Heiligtumsstätte, die ganz darauf angelegt ist, die Gottheit unter
freiem Himmel, im Angesicht der Sonne, und wohl der aufgehenden Sonne
entgegen, zu verehren. Der Hauptbestandteil scheint die M a s s e b e, der
Malstein gewesen zu sein. Es ist die roh zugerichtete monolithische
Steinsäule, als Sitz oder Symbol — beides mag nebeneinander hergegangen
sein — des örtlichen Baal gedacht. Sie ist wohl herausgewachsen aus
dem noch einfacheren Steinblock, den man von alters her als Sitz eines
Numens — zunächst wohl, weil er auffiel, weiterhin vielleicht als Berg
im kleinen — ansah, vermutlich in Anlehnung an die uralten Menhire
und mit Beziehung auf den Baal als Sonnen- und Himmelsgott. Von
Hause aus gehörte wohl, wie oben gezeigt [2], dieser Stein überhaupt nicht

---

becken hinzutrat. — *Jad* in 1 Sam 15, 12; II, 18, 18 kann an sich die Hand und den
Ithphallos bezeichnen (Eisler, Weihinschr. 36). Es genügt, das erste anzunehmen.
Es ist die zum Schwur erhobene, zum Himmel gerichtete Hand. In der Tat findet
sich die Gebets- und Schwurhand auf Masseben dargestellt. Etwas anderes bedeuten
freilich die rohen Darstellungen einer Gestalt mit erhobenen Händen auf Tafeln wie
der von Lilybäum und Karthago (Greßmann, TuB. II 14.15 = Benzinger Archäol.'
S. 183. 326, auch Volz, Altert. S. 21). Sie sind ganz unverkennbar Darstellung des
Gottes, wie z. B. der Stein von Cirta bei Pietschmann, Gesch. d. Phön. 214, wo der
Gott den hl. Baum in der Hand hält, zeigt, auch die Stele von Karthago (Pietschm.
180 unten), wo die 2 Tauben auf eine Gottheit hindeuten. Danach ist also Greßm.
a. a. O. und schon Ed. Meyer (Baal bei Pauly-Wissowa) zu berichtigen. Wohl aber
ist so zu deuten die erhobene Hand auf Stelen wie der bei Pietschmann, Gesch. d.
Phön. 180 abgebildeten (oben). Außerdem ist die vielfach oben abgerundete Form
der Massebe kaum anders denn als Nachbildung der erhobenen Hand zu verstehen. —
Soll aber die Massebe den Sohn ersetzen, so ist die Absicht bei ihrer Errichtung doch
wohl, daß ihr ein Kult verrichtet wird: an Stelle des T o t e n o p f e r s, das der Sohn
brächte (er ist dazu bes. berufen: Scheftelowitz, Altp. Rel. 14), wird ihr von der Sippe
oder auch von anderen (auch Vorübergehenden) Gabe und Huldigung gebracht; vgl.
Karge, Rephaim 559. Eine gewisse Parallele zur Massebe Absaloms, die das Obige
bestätigt, s. jetzt bei Spiegelberg, ARW. 18 (1915), 594: Ein kinderloser Ägypter klagt,
daß sein „N a m e nicht genannt wird" und bittet deshalb die Vorübergehenden, an
der von ihm errichteten Stele ihm die Totengebete zu sagen.
  1) Der Berg, dem Himmel am nächsten, wird als Wohnsitz und Offenbarungsstätte, bald aber auch als Sinnbild und Vertreter der Gottheit gedacht. In Babylonien
heißt der Gott „großer Berg", hier und in Kreta wird der Gott als zwischen zwei
Bergen erscheinend dargestellt; in Kreta, auch bei den Hetitern auch auf einem Berggipfel. — Darin liegt auch m. E. die Widerlegung des Einwands Baudissins gegen
meine Auffassung: der Stein habe dem Menschen nichts zu bieten (Adon. 32). Er
bedeutet ihm wie alles Auffallende etwas Wunderbares (Tiele-Söderbl., Kompend. d.
RelGesch.' 24. 41), das Abbild der Wohnstatt des Gottes, oft genug diese selbst.
  2) Siehe oben S. 119 f. und die Literatur 121', dazu Baudissin, PRE.': Malsteine,
de Groot usw. oben S. 192, sowie Sellin und Budde in OLZ 15 (1912), 119. 248 usw. —
Weitere Abbildungen siehe TuB. Abb. 14. 16. 21. 25—27 (bes. auch Tell Ta'an.,
S. 83 = Kittel, Studien 126). Die Monolithe von Taanak (Abb. 27 und mehrfach bei
Sellin) sind neuerdings öfter angezweifelt und als einfache Türpfosten gefaßt worden.
Diese Fassung ist an sich denkbar; doch vergesse man nicht, daß der Hauspfosten
an sich schon sakralen Charakter hat und darum vielfach von der Massebe nicht streng

dem | Baal, sondern den vorsemïtischen ältesten Geistwesen, die hier ver-
ehrt wurden. Dem Aussehen nach haben wir uns die altkanaanäische
Massebe sicher so vorzustellen wie den Mesastein oder die in Gezer ge-
fundenen Steinsäulen, mögen diese nun dem eigentlichen Kultus oder andern
Zwecken gedient haben. Eine richtige Kultusmassebe stand in der ältesten
Zeit jedenfalls in Betel, vielleicht auch in Sikem, Betsemes und Gibeon[1].
Der Masseba als Sitz oder Abzeichen des Baal steht wohl durchweg
zur Seite die A s c h e r a als in derselben Weise der weiblichen Baalin,
die man mit Vorliebe ʿAštart oder auch Aschera selbst nannte, zugehörig.
Daß uns kein sicherer Rest einer solchen Aschera aus alter Zeit erhalten
ist, kann bei dem Gewicht unserer literarischen Zeugnisse nicht befremden,
da die lange Erhaltung dieses Kultusobjektes durch seine Beschaffenheit
so gut wie ausgeschlossen ist[2]. Das hebräische Wort *aschera* hat neben

---

zu scheiden ist, vgl. Ex. 12, 7; 21, 6; Jes. 57, 8. — Abbildungen aus späterer Zeit
z. B. auf der Stele von Lilybäum (TuB. II, 13 = CIS. I, Taf. XXIX, 138). Vgl dazu
Baud a. a. O. 132 ob. und 133 unt. (Larnaka). Auch die Stele von Chaldia ZDMG.
56 (1902) 101 ff. ist eine gottesdienstl. Massebe (7. Jahrh.). Der Stele von Chaldia zu
vergleichen ist die Siegessäule Asarhaddons in Sendschirli, wo die Inschrift O p f e r
voraussetzt. Das Aussehen einer ganzen 'Höhe' kann man sich nach Dalman, Petra
160 vorstellen (unt. S. 198). Auch der Steinpfeiler auf K r e t a — in Knossos mehrfach —, frei in der Mitte der Zella stehend und nur etwa mit der Doppelaxt verziert,
ist nichts anderes. Bezeichnend ist, wie hier überall das B i l d d e s G o t t e s f e h l t.
Er ist in seinem Symbol gegenwärtig. (Fehlen des Gottesbildes, also Bildlosigkeit bei
Masseben und ähnlichen Symbolen [dazu ob. S. 128] auch bei den Phöniken auf dem
Karmel, in Paphos, in Athieno, in Gades: Pietschmann, Phöniz. 204. Ebenso in Byblos
S. 201: in viereckigen Raum unter freiem Himmel steht nichts als ein Kultuspfeiler,
von einer Schranke umgeben. Das ist ganz dasselbe wie in Kreta, wo der hl. Pfeiler
als einziges Stück in der Mitte der Zella steht.) Auch sonst vertritt die aufgerichtete
Säule im kretisch-mykenischen Kulturkreis augenscheinlich die Gottheit, so in den
3 kleinen freistehenden Säulchen von Knossos (Dussand, Civ. préh. 216. ²351) oder
am Löwentor von Mykenä 213 (²348), wo sie auf dem Altar oder Gottessitz (vgl. dazu
das Siegel 195 [²328]!) steht, ebenso bei der Gemme mit den 2 Greifen 215 (²350),
wozu die Gemme 212 (²347) zu vergleichen ist, wo die 2 Löwen neben der Göttin
stehen. Das Meiste jetzt auch — und mehrfach in besseren Abbildungen — bei
Drerup, Homer ² (1915). — Ihrem W e s e n nach ist die Massebe künstliche Fortbildung
des alten heiligen Steins (unt. S. 194¹) wie die Aschere Ersatz des heiligen Baumes.
Mit dem Aufkommen der Altäre wird sie mehr und mehr Symbol (vgl. m. Studien
129). Als solches gilt sie dem Erzähler wohl auch auf dem Grabe Rahels Gen. 35,
20. Es ist aber naheliegend, daß die Kultus- und Grabstelen in ältester Zeit mehr
waren. Der massenhaft in Petra auftretende Kultpfeiler ist nur eine Fortbildung der
alten Massebe (s. S. 119 f. u. 198), wie natürlich auch in Israel und anderwärts sich
im Laufe der Zeit eine Verfeinerung der Form herausbildete (vgl. Hos. 10, 1 *hēṭíb*),
die in Griechenland zur Herme führte. Eine geschlechtliche Bedeutung, wo sie etwa
sich finden sollte, dürfte dann sind die Fälle zu zählen, kann ich sie nicht für ursprünglich
halten. Ich halte .die Massebe überall zunächst für einen Gedenkstein, die gottesdienstliche für einen solchen zur Festhaltung einer Gottestat oder -erscheinung. Auch
die Bezeichnung *jad* Hand (S. 193) spricht nicht dagegen: die nach oben gestreckte
Hand dient als Erinnerungsmal. Aber Mal und Sache fallen dem Urmenschen leicht
zusammen, das Zeichen für den Toten wird zur Person, das für die Gotteserscheinung
zum Sitz des Gottes, der Merkstein zum *betel*. Erst die erwachende Reflexion scheidet
wieder und macht die Massebe wieder zum Symbol.
1) Gen. 28, 22 (m. Stud. 116 f.); Jos. 24, 26 f.; Ri. 9, 6 (?); 1 Sam. 6, 14 (dazu
oben S. 112); 2 Sam. 20, 8. Nächst verwandt, als Erinnerung an Bundesopfer, sind
die Mass. von Ex. 24, 4 und Gen. 31, 45. 51 (S. 203¹). 2) Siehe Bd. II⁴, 74, Anm. 1;
zum Folgenden auch oben S. 178. Sehr merkwürdig ist das erstmals durch Vincent,
Can 141, jetzt auch durch Jastrow, Bilderatlas Nr. 93 allgemeiner zugänglich gemachte Erzbild von Susa. Weitere Abbildungen und genauere Beschreibung in Délé:.
en Perse Vol. XII (1911), 143 ff. und Gautier im Recueil des Travaux relat. à la

derjenigen Bedeutung, nach der es eine Gottheit bezeichnet, eine andere,
in der es mit Vorliebe als Bezeichnung eines hölzernen Gegenstandes auftritt, der mit der Massebe in engster Verbindung steht, also wohl auch
ähnlich gestaltet ist [1]. Nun ist die | Aschera-ʿAstart-Baala die Gottheit
der Fruchtbarkeit und des Wachstums, des tierischen und besonders auch
des pflanzlichen. Wir kennen ferner aus zahlreichen Abbildungen neben
den Masseben oder unabhängig von ihnen auf verschiedenen Gebieten
eigenartige gottesdienstliche Gegenstände, die das Aussehen eines Pfahles
oder Ständers, nicht selten gekrönt mit Abzeichen der Gottheit, haben [2].
Es unterliegt daher keinem Zweifel, daß die zur Massebe gehörige Aschera
den heiligen Pfahl oder die Holzsäule darstellt, das künstliche Abbild
des Fruchtbaumes oder überhaupt des das Wachstum und Leben zur
Anschauung bringenden Baumes. Die Aschera ist ohne Zweifel herausgewachsen aus dem Baume selbst. Wo man einen lebenden Baum an der
heiligen Stätte zur Verfügung hatte, mag man ehedem auf sie verzichtet

---

philol. et arch. Égypt. etc. Vol 31 (1909), 41 ff. Es unterliegt danach keinem Zweifel,
daß es sich tatsächlich um eine Heiligtumsanlage mit allem Zubehör aus der Zeit um 1100
im babyl. oder elamit. Sonnenkultus handelt. Dazu gehört nun auch neben Altar und
Massebe (L) der heilige Baum (K), wie er andeutungsweise jetzt noch vorhanden ist,
nach der Beschreibung (Gaut. 41, Dél 143) aber ehedem viel vollständiger zu sehen
war. Welche Rolle der heil. Baum auch sonst in außerpalästinischer Kultur spielte,
zeigt wieder besonders deutlich der kretisch-mykenische Kreis, vgl. Dussaud, Civ.
préh. 268f. (²411f.: Kultustanz vor ihm).
1) Er wird abgehauen und verbrannt Dt. 7, 5; 12, 3, ja er wird (neben dem
Altar) aus Holz gepflanzt, also eingesteckt Dt. 16, 21. Das Verhältnis des Kult-
gegenstands zum Gottesnamen ist doch wohl so zu verstehen, daß dieser das Ältere ist.
Als Sitz des Numens *(bet-aschera)* wird jener mit der Zeit mit dem Numen gleichgestellt. Es ist derselbe Prozeß, vermöge dessen anderwärts *bet-el* geradezu Gottesbezeichnung selbst werden konnte, besonders deutlich in Elefantine im 5. Jahrh.; vgl.
oben S. 181 ² und für assyr. Aschera = Göttersitz KAT.³ 437; ebenso *ṣalm* Bild, *baal-
ḥammān* (Mey. Papyrusfund v. Eleph. 59ff.). Immerhin ist der umgekehrte Hergang
nicht unmöglich, vgl. Ζ-νς βωμός oder Μιάβαχος, der vergottete Altar (Mey. Isr. 295).
2) Vgl. TuB., Abb. 156f.: zwei heilige Pfähle, der eine hetitisch, der andere
assyrisch, jener gekrönt mit einer geflügelten Sonnenscheibe, dieser mit Hörnern (oder
der Mondsichel?). Er ist eingelassen in einen Untersatz und versehen mit den oft
vorkommenden und noch unaufgeklärten zwei nach rechts und links herunterhangen-
den „Votiv-Troddeln", die besonders auch an dem sog. Abzeichen des Marduk oft
vorkommen. Es sind vielleicht Andeutungen der Früchte des Baumes, vgl. den sog.
Sündenfallzylinder TuB. Abb. 219, außerdem bes. auf der Felsskulptur von Bavian,
Jastrow Bildermappe Nr. 46, wo das Abzeichen des Marduk (das zweite von links in
der Mitte), während es in der Regel als Lanze erscheint, ausnahmsweise einfach die
Gestalt eines Fruchtbaumes hat, vgl. auch noch Jastr. 203f. (Wahrscheinlich sind
auch die Ständer bei der Opferszene von Balawat TuB. Abb. 78 so zu deuten. Aus
ihnen sind dann erst die „Standarten" wie in Abb. 52 hervorgegangen; sie haben
jedenfalls sakralen Ursprung.) — Außerdem ist zu vergleichen der eigentümliche
doppelte Pfahl oder Pfosten, durch angedeutete Blätter oder Zweige als Baum oder
Vertreter eines Baumes gekennzeichnet und oben mit der Doppelaxt und dem hl Vogel
gekrönt, unten in einen Untersatz gesteckt, auf dem Sarkophag von Haghia Triada,
siehe Dussaud, Civ. préh.², Planche D. — Zwei Exemplare einer Aschera will allerdings (wie Musil [s. Bd. II⁴ 74 ¹]) auch Schumacher in Megiddo gefunden haben
MuN. 1905, 25f. Doch sind Zweifel berechtigt. Sehr instruktiv hingegen ist außer
dem S. 194² genannten Bilde die Abbildung 185 bei Dalman, Petra (unt. S. 198): der Altar
zwischen zwei Palmbäumen mit rechts und links herabhängendem Fruchtbüschel genau in der Form jener „Troddel" bei Ascheren. — Vielleicht wirkte bei der Entstehung der Aschera, da sie mit der Massebe, die vielfach Grabstele ist, zusammengehört, der Grabbaum mit. Zum Osirisgrabe gehört ein grüner Baum (Plut. Is. et
Os. XV), in Busiris ein entlaubter Baum d. h. dasselbe, was in Palästina Aschera heißt.

haben. Fehlt er, so wird er durch einen in die Erde gesteckten Baum-stamm, der im Lauf der Zeit mancherlei Zierat erhalten haben mag, ersetzt. 3. Altar und Opfer. — Ohne Zweifel gehörte zur Ausrüstung der heiligen Stätte schon in unsrer Zeit auch ein Gabentisch, der Vor-| läufer des Altars. Darbringen von Gaben, also Opfer im weitesten Sinn, hat es sicher auch in Kanaan wie allerwärts gegeben, seitdem man höhere Wesen an bestimmten Stätten zu verehren begonnen hatte. Dementsprechend muß auch eine bestimmte Weise des Darbringens und eine Stätte für die Gaben vorhanden gewesen sein. Aber was wir gewöhnlich „Altar" nennen, ist jedenfalls kein Gebilde der Urzeit.

Die früher[1] beschriebene älteste Auffassung von der „Gottheit", nach der sie in der Weise von Erd- oder Totengeistern gedacht war, die im Innern der Erde hausen und bei bestimmten Gelegenheiten und an be-stimmten Orten in die Erscheinung treten, bedurfte keiner Altäre. Es genügte, den Erdgeistern Speise und Trank an die Stätten zu legen, an denen sie mit Vorliebe weilten, oder auch den Trank auf die Erde zu gießen, damit diese ihn aufsauge und den Geistern mitteile. Auch mit dem Aufkommen der semitischen Baale war an sich noch kein Bedürfnis für eigentliche Altäre gegeben. Die Baale waren ähnlich jenen Geistern lokale Numina, oft nicht viel von ihnen verschieden, nur daß sie die Fruchtbarkeit und das Wachstum in Acker und Herde, Baum und Quelle besonders zur Darstellung brachten. Auch hier konnte man sich genügen lassen, den Baalen das Ihre, was von dem Ertrage des Landes und der Herde ihnen zukam, an den Ort, an dem sie besonders gerne weilten, hinzustellen. Hierzu reichte in der Hauptsache die uralte aus vorsemi-tischer Zeit überkommene Felsplatte oder der' altheilige Felsblock oder Felsstein aus. So hat noch Gideon nach der altisraelitischen Überlieferung seine Gaben einfach auf den Fels gestellt, das Fleisch in einem Topf, und die Brühe darübergegossen. Auch jene heiligen Bäume mag man schon in ältester Zeit mit Gaben, soweit sie sich hierzu eigneten, behängt haben. Wollte man ein Besonderes tun, und bot sich die Gelegenheit, so wird man den Baalen neben dem Baum oder Fels einen eigenen Gaben-tisch hergerichtet oder den Felsblock so zubehauen haben, daß er als Spendetisch mit Spendeschalen oder für die Tieropfer wohl auch schon als Schlachttisch gelten konnte[2]. An ein Verbrennen der Opfertiere und -Gaben wird man zunächst nicht gedacht haben, und als Regel wird man auch für jene Tische oder Schlachtsteine nur unbehauene, von keiner Menschenhand berührte Steine genommen haben[3].

Mit der Zeit aber wird, unter Einflüssen, die wir zurzeit noch nicht genauer bestimmen können, der Baal aus einem bloßen Erd- und Frucht-barkeitsgott zum Sonnengott, die Baalin zur Himmelsherrin. Sie weilen dann auch noch am Orte der Verehrung oder lassen sich hierher rufen, wenn man ihren Namen hier nennt. Aber ihren Wohnsitz haben sie, wie

---

1) Siehe oben S. 120 f. 127 f. 2) Die Applikation des Blutes mag in älterer Zeit noch an der Massebe selbst vollzogen worden sein. 3) Daß man einfache Erd-altäre oder solche aus unbehauenen Steinen schon im alten Kanaan den behauenen vorzog, scheint schon aus der auf primitive Verhältnisse der Steinzeit hindeutenden Vorschrift in Ex. 20, 25 hervorzugehen, vgl. Bd. II⁴ 63/64 und 1 Sam. 14, 33 (dazu meine Bemerk. bei Kautzsch[4]). Ebenso beweist Ex. 20, 25 freilich auch, daß es schon in sehr alter Zeit andere, nämlich behauene Altäre gab, vgl. den Spendealtar von Taanak.

es wirklichen Göttern im Unterschied von bloßen Geistern ziemt, im himmlischen Luftraum. Darum tut man auch besser, sie nicht mehr einfach hier anwesend und die Gaben wegnehmend vorzustellen, sondern man hat ihnen die Gaben nachzusenden dahin, wo sie weilen, und in der Form, in der sie sie dort am besten erreichen. So entsteht das **Feuer-** oder **Brandopfer**. Im wohlduftenden Rauchdampf des verbrannten Opfers steigt die Gabe zum Himmel empor, sie steigt in des Gottes Nase und wird „gerochen" und so angenommen [1]. Es ist der erste Schritt zur Vergeistigung, jedenfalls zur Entkörperung der Gottheit; sie ißt und trinkt nicht mehr, sie nimmt nur den Duft, das Flüchtigste, am wenigsten Sinnenfällige am Opfer, entgegen. Und sie empfängt es durchs Feuer, das ihrem eigenen himmlischen und sonnenhaften Wesen verwandteste Element. Vom Tiere bleibt ihr nur das Blut, der Träger und das Symbol des Lebens, das an den Schlachttisch gegossen oder gestrichen wird [2].

Jetzt erst wird der Altar im Vollsinn dessen, was wir uns gewöhnlich unter dem alttestamentlichen Altar denken, zur Notwendigkeit, als Brandstätte, auf der sowohl Teile von Tieren als pflanzliche Gaben, aber unter Umständen auch ganze Herdentiere verbrannt werden. Wir wissen vorläufig noch nicht genau, wann diese Form des Altars und des von ihm vorausgesetzten Feueropfers in Palästina aufgekommen | ist. Doch sprechen manche Anzeichen dafür, daß unsere Periode ihn schon kannte, und daß etwa die Mitte des 2. Jahrtausends oder die letzten Jahrhunderte vor ihr als die Zeit angenommen werden dürfen, in der die Wandlung in der Anschauung von Baal und von der ihm genehmsten Art des Opfers sich vollzogen hat [3]. Aus dem Erdbaal ist damit ein Himmelsbaal, aus dem Gabentisch und Schlachtstein ein Brandaltar geworden.

4. **Kultussitten.** — Neben ihrer Bestimmung als Stätten des Opfers, also des Darbringens von Gaben, sind die Kultusstätten Kanaans aber augenscheinlich auch Stätten der eigentlichen Feier, vor allem des Genießens der **Gemeinschaft** mit der Gottheit gewesen. Es kommt für die Wertung der religiösen Bedeutung dieser Seite an ihnen nicht so wesentlich auf die Form an, in der das Streben, Gemeinschaft mit der Gottheit zu pflegen, sich äußerte, als auf die Tatsache dieses Strebens

---

1) Ri 6, 20 ff. und dazu m. Stud. z. hebr. Arch. 97 ff. 146 ff. Vgl. noch Gen. 8, 21 (J); Deut. 33, 10. Nach Beer, Bedeut. d. Ariertums 1922, 8 soll der Prozeß sich unter **a r i s c h e m** Einfluß vollzogen haben. Das ist mindestens recht unsicher. 2) Es muß angenommen werden, daß die Verbrennung des Opfers und damit die Betonung der Opferflamme schon jetzt den ursprünglichen Sinn des **B l u t b r a u c h e s** zu verwischen und damit zu vergeistigen begonnen hat. Dachte man ehedem (S. 127), der Gott wolle das Blut trinken, um gestärkt oder besänftigt und dem Verehrer gütig gestimmt zu werden, so wird man es jetzt, in der geistigen Oberschicht wenigstens, lediglich als Symbol des Lebens angesehen haben, das dem Eigner des Lebens zurückgegeben wird. Die Wirkung der Blutsprengung als Blutbund und Sühne vermittelnd bleibt natürlich, auch wenn der Gott das Blut nur zurückerhalten und sehen, nicht wirklich schlürfen wollte (S. 127, aber auch 205 [1]). Ob und wieweit etwa die anderwärts wahrscheinliche Vorstellung lebendig war, daß das Verbrennen des Tieres das Entweichen des **D ä m o n s** aus ihm als dem Vertreter des Menschen und damit von diesem selbst zur Folge habe, können wir nicht sagen. Eine Spur von ihr finde ich nirgends. War sie da, so müßte sie eine Zwischenstufe gebildet haben. 3) Siehe oben S. 139 und dazu meine Studien z. hebr. Arch. 153 f. Die oben S. 100 gegebene Beschreibung macht es immerhin wahrscheinlich, daß dort nicht bloß eine Opferstätte, sondern auch eine solche mit Feueropfer vorliegt. Doch läßt sich absolut Sicheres nicht sagen.

selbst. In ihr prägt sich viel mehr als in der dargebrachten Gabe das redliche Suchen nach Gott aus. Die Wege und Weisen es zu stillen sind freilich recht verschiedenartig und teilweise wunderlich [1].

Das Alte Testament hat uns, abgesehen von den Opfervorschriften, die uns zeigen, wie hohen Wert man in Israel auf das gemeinsame mit den Opferfeiern verbundene Mahl legte [2], einige Beschreibungen solcher Opfermahle aufbewahrt [3], aus denen wir ersehen, daß eine große Festgemeinde vom Feiernden geladener Festgenossen auf augenscheinlich stattlichem, hierzu bestimmtem Raume versammelt war. Den Mittelpunkt der Feier bildet, wenigstens äußerlich, das gemeinsame **Mahl**, das mit dem Fleisch der geschlachteten Tiere gehalten wird. Wahrscheinlich durchweg, vor allem aber wenn die Feier noch besondere Zwecke verfolgt [4], verbinden sich mit ihr reichliche Sprengungen von Teilen des **Opferblutes** an den Altar als den Thronsitz des göttlichen Ehrengastes, zugleich gelegentlich auch an die Feiernden selbst [5]. Schon dieser mit dem Mahle verbundene Ritus, auch wenn nicht noch ausdrücklich die Worte angefügt wären, daß die Feiernden über dem Mahle „den Gott Israels schauten", kann uns zeigen, daß der innere Höhepunkt der Feier ein anderer ist als das Mahl, soweit es Essen und Trinken umfaßt. Es ist das **Schauen des Gottes**, nicht äußerlich, wohl aber im Geiste — ist ein Bild da, zugleich in ihm —, das Haben und Genießen seiner Nähe und Gemeinschaft, das Sichfreuen vor dem Antlitz des Gottes. Die Schauer

---

1) Semitische Kultstätten im größten Stil haben sich uns in den Felsenheiligtümern der nabatäischen Hauptstadt des peträischen Arabiens P e t r a erhalten. Sie gehören ihrer heutigen Gestalt nach sämtlich einer viel fortgeschritteneren Zeit und Kulturstufe an als diejenige ist, die uns hier beschäftigt. Immerhin mögen die ältesten Anlagen bis in die alte Edomiterzeit Petras zurückreichen, und in manchen Punkten mögen auch die heutigen Gebilde noch die Spuren der ältesten Anlagen erkennen lassen. Es ist dies um so eher wahrscheinlich, als der das Grab Aarons tragende Berg *Hor* nach hebräischer Überlieferung unter die heiligen Stätten der Urzeit gehört. Als das Wesentliche einer für große Festfeiern bestimmten Anlage würde sich nach dem Befunde von Petra jedenfalls für später, vielleicht aber auch schon für das frühe Altertum ergeben: 1) ein Platz für das Schlachten der Opfertiere (Dalman, Petra und seine Felsheiligtümer 1908, S. 79); 2) ein stattlicher Raum für das Opfermahl mit L i e g e p l ä t z e n für die Feiernden (S. 56 f. 89. 132. 219 f.); 3) ein großer „Altar" (ohne Bild oder höchstens mit roher Andeutung der Gottheit) als T h r o n oder Ehrensitz der Gottheit, von dem aus sie an dem Mahl der Feiernden teilnimmt (S. 79. 166. 236); 4) als wichtigstes I d o l erscheint der Pfeiler, augenscheinlich nichts anderes als die leichte Fortbildung der alten Massebe (genauer der Sonnensäule *chammān*) als Symbol des Dusares, höchstwahrscheinlich eines Sonnengottes; gelegentlich auch in Nischen, wie oft der Pfeiler selbst, ein Gottesbild. — Daneben finden sich aber auch in Petra noch — und zeitlich hinter jenen Anlagen liegend — Spuren der primitivsten Verehrung auf F e l s p l a t t e n mit Spendeschalen (S. 232 f. 289 f. auch 80 f.). 2) Vgl. z. B. Lev. 3; 7, 11 ff., Dt. 12, 7. 12. 3) Vgl. 1 Sam. 9, 22 f. Ex. 24, 4 ff., auch 1 Sam. 1, 3 ff. Vgl. noch 1 Sam. 2, 13 ff., wo über den V o l l z u g eines solchen Mahlopfers *(zebach)* genauerer Aufschluß gegeben wird. Danach wird das Tier vom Opfernden selbst geschlachtet und zerstückt. Das Fett wird in die Opferflamme geworfen, das Fleisch in einem Kessel gesotten. Der Priester darf sich ein Stück mit der Gabel aus dem Kessel herausstechen. Auch dieser Brauch wird wenigstens in Silo, aber wohl in Gezer und anderwärts nicht anders, schon altkanaanäische Opfersitte gewesen sein. 4) So Ex. 24, 6. Nach König, Gesch. d. ATl. Rel.[2] 185 soll im Gegensatz hierzu das Gemeinschaftsmahl nur N a c h feier des Opfers sein. Aber ein Blick auf Ex. 24, 1 ff. zeigt doch ein anderes Bild. 5) Vgl. Ex. 24, 8; weiter Lev. 3, 2 und öfter. Über den wohl allezeit, wenn auch in verschiedenen Formen zu jeder Art des Opfers gehörenden uralten B l u t r i t u s, seine Entstehung und Bedeutung siehe schon oben S. 127. 197[2].

andächtiger Wonne und brünstiger Seligkeit, die aus dem Bewußtsein
fließen, in der unmittelbaren Gegenwart des Gottes zu sein, an seinem
eigenen Tische mit ihm Platz zu nehmen, von seinem Mahle zu essen, die
heiligste aller irdischen Gemeinschaften, die des Gastrechts, mit dem Gotte
zu tauschen und ihren Segen auf sich zu übertragen, erfüllen den Frommen [1].|

Die hier zugrunde gelegten Beschreibungen gehören freilich nicht dem
kanaanäischen, sondern dem israelitischen Altertum an. Aber sie stehen
zum Teil an der oberen Grenze desselben. Mag auch bei der Beziehung
auf Jahve manches an der Deutung der Kultusübung schon vergeistigt
sein, so liegt doch kein Grund vor anzunehmen, daß die Formen selbst,
die das älteste Israel dem Kultus gab, nach der hier in Frage kommenden
Seite irgend von denen des vorisraelitischen Kanaan abgewichen wären.
Wir mögen uns also die Baal- und Astartfeiern recht wohl als in dieser
Weise verlaufend vorzustellen haben [2].

Wir wissen zugleich aber auch, daß sie sich hierauf nicht beschränkten.
Zwar haben wir so wenig als über den Vollzug des Opfers einen Bericht
im Alten Testament über den weiteren Verlauf einer Opferfeier des alten
Kanaan. Wohl aber besitzen wir einen solchen in der Geschichte Elias
und manche Andeutungen an andern Stellen, die wir unbedenklich hier
verwerten dürfen. Daß die gehobene Stimmung jener Feiern und das
mit dem Mahle verbundene Gelage manche zum Übermaß verleitete, deutet
uns die Geschichte von Samuels Mutter an und läßt uns für die Zeit
Jesajas dieser selbst zweifellos wissen [3]. Und diese Zeiten werden darin
schwerlich der Vergangenheit gegenüber ein besonders eigenartiges Gesicht zeigen. Im Gegenteil ist es nicht ausgeschlossen, daß man im alt-

---

1) **Sich freuen**, fröhlich sein vor Jahve: Dt. 12, 7. 12 usw. Man würde die
Macht des religiösen Gedankens und der ehrfürchtigen Scheu, die auch in primitiven
Religionsäußerungen sich betätigt, vollkommen mißverstehen, wenn man diesen Ausdruck lediglich auf das fröhliche Genießen des Mahles beschränken oder nur in erster
Linie auf dieses beziehen wollte. Unsere Exegeten bleiben hier vielfach viel zu sehr
am Äußeren hängen, so daß die Kommentare fast ausnahmslos keine Ahnung von
diesen Dingen verraten. Es liegt eine tiefe Empfindung und eine tief geistige und
religiöse Freude darin, die man nur nicht modern spiritualisieren darf, aber darum
nicht abzuschwächen und ihrer kraftvollen Realität und Wahrheit zu berauben braucht.
Schauen des Gottes: Ex. 24, 10 und besonders in engster Verbindung mit dem
Mahle selbst als einem Gemeinschaftsmahle V. 11: „sie schauten Gott und aßen und
tranken" (zur Änderung ist kein Grund). Weiter Stellen wie Ps. 27, 4; 42, 3 (wobei
man sehr irren würde, wenn man die Ausdrücke für späte Produkte ansehen wollte).
Vgl. jetzt auch Baudissin in ARW. 1915, 173 ff. und zur Ergänzung des dort Gesagten
m. Kommentar zum Psalter zu Ps. 17, 15; 27, 4; 42, 5 usw., wo einige Baud. noch
nicht bekannte Parallelen mitgeteilt sind, die ein etwas anderes Bild ergeben. — **Gastrecht** beim Gott als dessen Gastfreund: Ps. 15, 1 und Namen wie *Ger-astart, Ger-baal*
in phönik. Inschriften: Lidzbarski, Epigr. 252 f. (s. m. Komm.). — **Tisch des Gottes:**
Ezech. 41, 22; 44, 16. Ex. 25, 23. 27 f. usw. Sache und Ausdruck sind gewiß nicht
jung. — In welcher Weise man sich die Übertragung des Segens (heute *baraka*)
dachte, mag aus den heutigen Opferfesten entnommen werden, vgl. Kahle, PJB. 8
(1912), 172: „Gerade in der Teilnahme an diesem von ihm [dem Heiligen] gespendeten
Essen liegt ein Segen und viele suchen von dem geheiligten Reis etwas nach Hause zu
nehmen." 2) Auch der im Gesetz Israels gebrauchte vollere Ausdruck für das Mahl
und Gemeinschaftsopfer *zebach schelem*, Schlachtung des Friedenszustands, entspricht so
sehr dem ganzen hier besprochenen Vorstellungskreis, daß man auch ihn sehr wohl
schon der kanaanäischen Zeit zuschreiben kann. Wer am Mahl des Menschen teilnimmt, genießt das Gastrecht und ist damit unverletzlich. Wer an der Gottes-
schlachtung teilnimmt, steht mit Gott und Menschen im Gastverhältnis und damit in
Gemeinschaft und Frieden. 3) Vgl. 1 Sam. 1, 13. Jes. 28, 7 f.

kanaanäischen und im späteren kanaanäischen Kultus gerade durch reichlichen W e i n g e n u ß — ist ja doch Baal | wie Bakchos auch der Gott des Weines [1] — sich den Gott einverleiben und sich so im Vollsinne in den Zustand der G o t t b e g e i s t e r u n g versetzen wollte.

Jedenfalls aber suchte man diesen Zweck durch andere Mittel zu erreichen. Die Profeten des Baal auf dem Karmel haben den heutigen Derwischen gleich sich durch w i l d e T ä n z e und Selbsverstümmlung in heilige Raserei versetzt [2]. Hier handelt es sich um einen ganz besonderen Vorgang, aber ein ähnliches Gesicht mag der altkanaanäische Kultus öfter gezeigt haben. Was andächtige Versenkung in die Gottheit und Weingenuß nicht erreichen, das wollen einzelne durch besondere Mittel zuwege bringen, und so weiß man sich durch rasende Bewegung in trunkenen Taumel zu versetzen, so daß der Rausch heiliger Begeisterung und Gottbesessenheit herbeigezwungen wird. In ihm wähnt man den Gott in den Menschen eingezogen. Dieser wird begeistet und des Gottes voll.

Daß tatsächlich nicht erst die spätestkanaanäische Zeit diese Art des Kultus kannte, zeigt uns mit voller Klarheit W e n - A m o n in seinem Berichte aus dem Ende unserer Zeit [3]. „Während er nun (einmal) seinen Göttern opferte, ergriff der Gott einen von seinen großen (vornehmen?) Jünglingen: er machte ihn tanzend (versetzte ihn in Verzückung?), und er sprach . . .“ Diese Worte lassen uns keinen Zweifel, daß die Verzückung, denn so sind die Worte vom Tanzen der Sache nach sicher zu deuten, aus Anlaß des Opfers, also in Verbindung mit der durch das Opfer und wohl auch das Opfermahl herbeigeführten engen Gemeinschaft mit dem Gotte erreicht wird.

Weingenuß, Tanz zu rauschender Musik, Festestaumel und wilde Ekstase scheinen außer dem eigentlichen Opfervollzug und dem Mahle die Stufen der Feier dargestellt zu haben, auf denen sie sich zu immer höherem Überschwang der Gefühle und zuletzt gelegentlich geradezu zur vollendeten O r g i e erhob. Es scheint auch das Letzte nicht ausgeblieben zu sein, die mystische Vereinigung der in wilden Sinnen|taumel Versetzten mit der Göttin der sinnlichen Liebe. Wie wir sie uns im Rahmen der Festfeiern zu denken haben, bedarf hier nach dem oben Gesagten keiner weiteren Ausführung. Die Andeutungen des Alten Testaments reden deutlich genug, um auch nur den geringsten Zweifel an der Tatsächlichkeit dieser traurigsten aller Verirrungen aufkommen zu lassen [4]. —

Es kann kaum einem Zweifel unterliegen, daß das alte Kanaan nicht allein Opfer kannte, sondern auch F e s t e , d. h. regelmäßig wiederkehrende Opfer- und Feierzeiten. Zwar haben wir auch hierüber bis jetzt nur

---

1) .Vgl. über die spätere Zusammenstellung des Dionysos mit Astarte: Baud., Adon. 232 f., über die mit Adonis ebenda 199 f. Denn Dionysos galt als Osiris. 2) 1 Kön. 18, 28 f. Siehe dazu auch Bd. II [4], 309, Anm. Über die V e r s t ü m m e l u n g vgl. noch besonders Hos. 7, 14, wo nach LXX zu lesen ist: „um Getreide und Most ritzen sie sich“ (vgl. BHK). Gewiß ein uralter Brauch; man will die Gottheit durch besondere Mittel auf sich aufmerksam machen und sie erweichen. Da dieselben Dinge aber auch in den Totenbräuchen vorkommen (Dt. 14, 1. Lev. 21, 5 u. ö.) zur Erweichung und Begütigung der Totengeister, daß sie nicht Schaden tun (s. oben S. 121 f.), vielleicht auch als Opfer an die unheimlichen an der Stätte des Todes waltenden Mächte (Elhorst in BZAW. 27, 120), so darf man nicht zweifeln, daß sie hohen Alters sind. 3) Siehe Bd. II [4], 422; jetzt auch TuB. I, 226. 4) Vgl. das oben S. 177 f. 179 Ausgeführte.

Nachrichten aus der frühisraelitischen Zeit und auch sie vorwiegend aus Israel selbst. Aber die ganze Art der Feiern läßt annehmen, daß sie nicht erst von Israel geschaffen oder seit seiner Anwesenheit eingeführt sein mögen.

In Sikem wird in den Tagen Abimeleks, demnach in der ersten Zeit nach dem Eindringen Israels ins Land, von den Kanaanäern ein Fest gefeiert, das den Namen *Hillulîm* Festjubel, Jubelfest führt. „Sie gingen hinaus aufs Feld, hielten die Weinlese, kelterten und hielten das Jubelfest, dann zogen sie in ihr Gotteshaus und aßen und tranken [1]." Der Gott, dem es gehalten wird, ist der Baal von Sikem, auch Bundesbaal geheißen. Und das Fest selbst ist nach der Beschreibung unverkennbar ein echt kanaanäisches, vermutlich uraltes, Erntefest. Es bedurfte nicht der besondern Erwähnung des Namens und der Sache im Gesetz des Levitikus, um uns zu sagen, daß die Feier später ihren Einzug nach Israel gehalten habe. Aber die Umstände, unter denen sie es tut, zeigen uns noch besser, als die Feier in Sikem schon vermuten ließ, daß wir es wirklich mit einem uralten Festbrauch zu tun haben. Er mag in das israelitische Laubhüttenfest übergegangen sein, oder eher neben ihm als selbständiges W e i h e f e s t fortbestanden haben [2]. Auch Trauerfeiern um gestorbene Götter hielt man wohl [3].|

Den eigentlichen Vorläufer des späteren Herbstdankfestes dürfen wir wohl bei den Kanaanäern des ältesten S i l o voraussetzen. Heute lesen wir in der Jugendgeschichte Samuels von einem alljährlich hier gehaltenen Feste, zu dem die Leute aus der ganzen Landschaft wallen. Sie bringen ihre Gaben vom Ertrag des verflossenen Jahres mit, die in den Hallen um das Heiligtum bei fröhlichem Mahl und Gelage verzehrt werden, nachdem das eigentliche Opfer dargebracht ist [4]. Das Fest gilt natürlich

---

1) Richt. 9, 27; vgl. dazu Lev. 19, 23 f. *Hillûl* heißt wahrscheinlich ursprünglich Hochzeitsjubel, Hochzeitsfeier. Es ist kaum zufällig, daß der „Hochzeit" des Feldes sein unbeschnittener Zustand (*'orla*) und seine Beschneidung vorangehen. Siehe weiter unten S. 207.   2) Siehe die vorige Anm. und beachte die zum Laubhütten- oder Herbsterntefest nicht stimmende Bemerkung in Lev. 19, 24, daß die Feier im vierten Jahr nach dreijährigem Ruhen des Feldes einen „der Vorhaut" stattfindet. Das ist der Ertrag der Feldgeister (in Israel Jahves); mit dem vierten Jahresertrag werden sie durch die Beschneidungsfeier abgefunden, und erst der fünfte würde ein wirkliches Erntedankfest möglich machen. *Hillul* ist also etwas anderes als das Lesefest, aber zeitlich mit ihm verbunden. Es ist die H o c h z e i t s f e i e r d e s F e l d e s als Einleitung seiner eigentlichen Fruchtbarkeitszeit. Bertholet, Landbau u. AT., Schweiz. Arch. f. Volksk. 20 (1916) 31 hält die 3 Jahre und das 4. für gleichbedeutend, nur daß hier Jahve, dort die Baale Empfänger seien. Allein es ist doch recht fraglich, ob Hillulim ein erst von Israel geschaffenes Fest ist. Von Interesse ist übrigens, daß in Lev. 19, 24 der Samar. für Hillulim ein Hill. bietet, was an die Ausdrucksweise: einen Weinberg in profanen Gebrauch nehmen *ḥillel* in Dt. 20, 6 und Jer. 31, 5 erinnert. Auch in der letztern Stelle tritt in LXX wieder *hillel* ein. Man scheint also tatsächlich beide Begriffe in Verbindung miteinander gebracht zu haben. Doch wohl erst spät: die spätern Juden verstanden den alten Brauch nicht mehr oder wollten von ihm nichts wissen. Vgl. schon Geiger, Urschr. und Übers. d. AT. 181. Nach Volz, Das Neujahrsfest Jahves, 16. 15 wären wohl hier die Ideen des babyl. Neujahrsfestes anzunehmen als dem Erntefest v o r a u s gehend. Doch finde ich keine zwingenden Gründe.   3) Zu ihnen ist zu vergleichen das oben S. 190 über Adonis sowie das Bd. II⁴ § 6 (³ § 9) über die Tochter Jeftas Gesagte.   4) 1 Sam. 1, 3—25. Manches an der Schilderung dieses alten Wallfahrtsfestes dürfen wir vermutlich nach dem heutigen Brauch bei ähnlichen Festen z. B. dem Nebi-Mûsa-Fest ergänzen, so die Art wie man hinzieht, die Gesänge unterwegs, den Umzug ums Heiligtum, die mancherlei mit dem Fest ver-

Jahve und seiner Lade. Aber hier oder an andern Orten hat man sicher ganz ähnliche Feiern für den Baal des Ortes oder Gaus gehalten. — Für Silo selbst haben wir noch eine zweite ältere Spur, die uns wahrscheinlich Zustände der Richterzeit, wo nicht des vorisraelitischen Kanaan, erhalten hat. Danach hielten in demselben Silo die Jungfrauen Jahr für Jahr ein Fest Jahves, indem sie von der Stadt und Kultusstätte hinausziehen nach den Weingärten, um dort Reigentänze aufzuführen [1]. Auch diese Feier muß wohl in die Herbstzeit fallen. Sie wird also von selbst ihre Beziehung zum andern Silofeste haben. Die Ähnlichkeit mit dem großen Herbstfest Israels liegt dann darin, daß auch dieses Silofest, wie das Israels, aus zwei Teilen besteht, einem örtlichen, an jedem Orte in Feld und Weingarten gehaltenen, und einem Wallfahrtsfeste. Ein bestimmtes, vielleicht Silo eigenartiges Stück der örtlichen Feier beschreibt uns das Richterbuch mit seinem Jungferntanz. Es mag einst der hier weilenden Baalin gegolten haben.

Es erscheint als naheliegend anzunehmen, daß das alte Kanaan den Herbstfeiern entsprechend auch gewisse Frühjahrsfeste besaß. Vor allem wird man an eine dem israelitischen Fest der ungesäuerten Brote entsprechende Feier des Ernteanfangs zur Zeit der Gerstenernte denken. Doch fehlen uns hier alle greifbaren Anhaltspunkte, vielleicht mit Ausnahme dessen, was aus den späteren phönikischen Adonisfeiern, die wir als Frühlingsfeste annehmen dürfen, zu vermuten ist [2].

Zu den wichtigsten Feiern besonderer Art gehören jedenfalls auch die V e r t r a g s w e i h e n oder Bundesschlüsse. In dem bekannten Vertrage, den Ramses II. um 1270 mit den Hetitern abgeschlossen hat, besitzen wir das Muster eines Bundesschlusses auf nahe verwandtem Boden, der uns eine wichtige Analogie gibt [3]. In der Vertragsurkunde werden die Götter beider sich einigender Völker als Zeugen und Wächter über den Vertrag angerufen, und natürlich werden ihnen unter entsprechenden Feierlichkeiten und Riten besondere Bundesopfer dargebracht. Nun besitzen wir im Alten Testament mehrere Stellen aus der Frühzeit Israels, in denen uns Bundesschlüsse und deren Ritus übermittelt werden [4]. Einige von ihnen mögen von den Riten der Steppenstämme ausgehen, in andern dürfen wir wohl Erinnerungen an altkanaanäischen Brauch vermuten. Daß ein solcher existierte — in vielem vielleicht dem der Nomaden gleichartig, sehen wir vor allem aus der Verehrung einer eigenen, Bundesherr *baal berīt* genannten Gottheit in Sikem [5]. Der Bund, dessen Hüter dieser Gott ist, war schwerlich nur der beide in Sikem lebende Teile, Israel und die Kanaanäer, zu freundlichem Verhältnis zwingende Vertrag, sondern in

---

bundene Kurzweil, die Reigen- und Schwerttänze, die Freudentriller der Weiber und die bis zur Erschöpfung gesteigerten Rufe und Evolutionen einzelner, vgl. Kahle, PJB. 8, 165 ff.; Hartmann, MuN. 1910, 71 ff. Auch die lauten Freudenrufe und das Umarmen und Küssen beim Passa der heutigen Samariter PJB. 8, 111. 114f. dürfen beigezogen werden.
1) Richt 21, 15—24. Der ganze Zusammenhang ist jung; doch hat sich gerade in diesem Stück (V. 19 ff.) eine alte, wohl ganz anderswoher stammende Episode erhalten, die ein altes Fest bezeugt (vgl. Bd. II², 23). 2) Vgl. darüber S. 190, Anm. 1 u. S. 191. Mit ihnen mag auch das Fest von Ri 11, 40 zusammenhängen. 3) Breasted, Records III, 367—391; Breast.-Ranke, Gesch. Ägypt. 339 f.; Winckler, MDOG., Nr. 35. 4) Vgl. S. 203¹ u. siehe Näheres unten aus Anlaß des mosaischen „Bundes". 5) Richt. 8, 33; 9, 4. 46; siehe dazu Bd. II⁴, 42. 81, auch ob. S. 190¹ a. E.

erster Linie das hier in Sikem bestehende Verhältnis enger Gemeinschaft
zwischen dem Gotte und seinen Verehrern. Es mag von Zeit zu Zeit
unter Wiederholung der üblichen Riten erneuert worden sein, wobei natürlich die Bundesgenossen gegenseitig aufs neue ihre Verpflichtungen auf
sich nehmen: der Gott Schutz und Segen der Stadt, die Menschen Ein-
haltung seiner Satzungen und Kultusforderungen. Welcher Art die Bundes-
riten selbst waren, mögen wir aus der Beschreibung des Abraham-, Mose-
und Josuabundes, die uns das Alte Testament gibt, entnehmen [1]. Es werden
Opfertiere zerstückt und die Hälften in Reihen gegeneinander gelegt.
Zwischen den Reihen schreiten die Vertragschließenden durch: wie die
Stücke des einen Tieres, so gehören sie nun zusammen als eine Einheit,
und wie dem Tiere geschah, so soll | es dem Verräter am Bunde ergehen.
Ein gemeinsames Mahl, bei dem der Gott als höchster Gast unsichtbarer
Teilnehmer ist, und Sprengen des Opferblutes an Stein oder Altar des
Gottes und an die Bundgenossen folgt. Und endlich wird der Vertrag
besiegelt durch feierliches Verlesen oder Vortragen der Bundesurkunde,
auf deren Satzungen beide Teile sich durch den heiligen Eid und furchtbare
Flüche verpflichten. — Auch die Königsweihe durch Salbung gehört
hierher.

5. **Totendienst und Geisterglaube** [2]. — Über die Totensitten
des alten Kanaan in seinen verschiedenen Zeiten ist bereits ausreichender
Bericht erstattet [3]. Es geht aus ihnen deutlich hervor, daß die Anschauung
herrschend war, den Toten komme, wenn auch durchaus nicht das voll-
gültige irdische Dasein, so doch ein gewisses schattenhaftes Weiterleben
zu. Unter der Erde im Grabe oder in seiner Nähe hausen sie und heischen noch Speise, Trank und mancherlei Gaben, die ihnen ins Grab mitgegeben oder auch in seiner Nähe aufgestellt werden. Wie sie sich zu
den an den heiligen Orten und ehedem vielfach unter der Erde verehrten Wesen verhalten, wissen wir nicht vollkommen sicher. Doch ist
es wahrscheinlich, daß beide in ältester uns zugänglicher Zeit zusammen-
fielen oder von der Menge verwechselt wurden. In der Volksreligion Israels sind jedenfalls, das ist sicher, die Ahnengeister vielfach als etwas
wie göttliche Wesen angesehen worden [4]. Es ist daher die Vermutung
begründet, daß diese Anschauung schon in altkanaanäischer Zeit bestanden
habe. Die weitere Entwicklung der kanaanäischen Religion läßt aber zugleich den Eindruck gewinnen, daß mehr und mehr die Baale und die

---

1) Vgl. Gen. 15, 7 ff. Ex. 24, 2 ff. Jos. 24, 25 ff. Jer. 34, 18 f. und bes. Meyer,
Isr. 556 ff. Aus den beiden mittleren Stellen darf wohl zugleich geschlossen werden,
daß die Bundesschließung öfter von der Errichtung von Masseben begleitet war (S. 194 [1]).
Vgl. noch MuN. 1907, 45 über die heutige Beduinensitte: „das Blut und die Fleisch-
stücke, durch die hindurchgegangen wird, verscheuchen den bösen Geist".
Das ist augenscheinlich die heutige Deutung eines dem Ursinne nach längst verschollenen Bundesritus. Außerdem Leipz. N. Nachr. 16. Juli 1913: Die alten Bulgaren
zerstückten beim Abschluß von Verträgen ein Tier (Hund?). — Zur Königssalbung vgl.
Amrn. Kn. 51 (W. 37), 5 f.   2) Vgl. Schwally, Sem. Kriegsaltert. 1901; Samter,
Geb. Hochz. u. Tod 1911; Bertholet, Isr. Vorstell. v. Zustand nach d. Tode [2] 1914;
Jirku, Die Dämonen usw. 1912; Elhorst in Wellhausens Festschrift (= Beih. ZAW.
27) 1914; Grüneisen, Der Ahnenkultus u. d. Urreligion Israels 1900. Der Verf. mahnt
mit Recht öfter zur Vorsicht, kommt indes vielfach im einzelnen, besonders aber in der
Gesamtanschauung nicht über die Ablehnung fremder Auffassung hinaus.   3) Oben
S. 120. 121 f. 126 f. 137 ff. 163 f.   4) Die Belege oben S. 121, Anm., auch nachher
S. 204.

sonstigen oberen Götter die eigentliche Gottesverehrung beherrschen und
der Totendienst nur als Verpflichtung gegen die Ahnen und die Abgeschiedenen nebenher läuft, hauptsächlich in der Unterschicht und zum
Behuf von Orakeln und Zauberkünsten.

Einen wie breiten Raum der Geisterglaube oder der Glaube an un-
heimliche Mächte [1] eingenommen haben muß, lassen uns zahlreiche Spuren
von ihm, die sich im spätern Israel in Anschauungen und Sitten erhalten
haben, ahnen. Die letztern lassen sich mehrfach nur verstehen teils als
Protest gegen eine im Prinzip überwundene Anschauung und | Praxis, teils
als ein Kompromiß mit ihr, bei dem ihre Bräuche — umgedeutet oder in
alter Form, aber unverstanden — auf Jahve bezogen werden. Sie sind
eben damit ein zwingender Beweis für deren ehemaliges Vorhandensein.
Die Zeit des letzteren können wir fast durchweg nicht bestimmen. Aber
wir können mit der ganz allgemeinen Annahme kaum fehlgehen, daß die
Bräuche dem volkstümlichen kanaanäischen Kultus und Vorstellungsleben
angehörten, das Israel bei seinem Eintritt ins Land erstmals und in
seinem weiteren Fortleben während des Aufenthalts im Lande vielfach
kennen lernte.

Der Umstand, daß im Alten Testament die S p e i s u n g d e r T o t e n
streng verpönt ist, d. h. die Teilnahme an einem dem Toten zu Ehren
veranstalteten Mahle [2], deutet darauf hin, daß man ehedem darin eine Art
Kultushandlung und im Totengeist ein zu verehrendes Wesen *(elohīm)*
gesehen hatte. Und was mit andern Göttern in Berührung bringt, macht
für Jahre unrein, d. h. unfähig zum Kultus [3]. Auch daß das Sterbehaus
nicht betreten und die Leiche nicht berührt werden dürfen [4], wird seine
letzte Ursache darin haben, daß sie ehedem Ort des Waltens jener unheimlichen Mächte gewesen waren. Ebenso ist das Verbot gewisser
Totenbräuche wie das Scheren der Haare und das Sichverwunden in der
Trauer und manches andere zu deuten [5]. | Daß wie der Tod so auch die

---

1) An sich sind beide nicht gleichartig. Aber in der Praxis Israels wird es
schwer halten, sie zu trennen. Daß der Glaube vorhanden war, macht an sich schon
die Analogie mit andern Völkern wahrscheinlich. Dunkelheit, Schmutz, Aborte und
Misthaufen, Leichen und Leichenplätze sind fast überall beliebte Aufenthaltsorte der
Dämonen (Scheftelowitz, Altp. Rel. 26 f.). Die Berührung mit ihnen abzuwehren,
mag von Hause aus der Sinn der Reinigungsriten gewesen sein. Mit dem Religions-
wechsel gewinnt sie dann weitere Bedeutung. 2) Dt. 26, 14. König, Gesch. d. AT.
Rel.² 87, hat ganz recht, daß nur von Speisung die Rede ist. Aber ein Elohimwesen
zu speisen wird von selbst zum Kultusmahle. Vgl. Ilias 23, 218 ff. u. Berth. 20 f. Über
die Anschauung von den Toten als *elohīm* und Totenspenden, selbst von Blut, s. oben
S. 121, Anm. 1 und 126, Anm. 5 (bes. Musil, Arab. Petr. III, 450 f.; Reste davon
noch heute im Karmel ZDPV. 30 [1907], 174, vgl. PJB. 6 [1910], 67 ff.; 8, 158). Über
Totenopfer bei E: Gen. 35, 14 s. § 22. Bei Baal Peor wird es vorausgesetzt in Ps.
106, 28. Zum Totenopfer durch den S o h n ob. S. 193. 3) Anders mag das „Trauer-
brot" Hos. 9, 4, das verunreinigt, zu verstehen sein. Es ist wohl kein zu Ehren des
Toten veranstaltetes Mahl, sondern einfach die während der Trauerzeit genossene Speise.
Aber wie alles in des Toten Umgebung, so ist auch sie unrein: sie steht unter dem
Einfluß dunkler Mächte, wofür besonders deutlich Nu. 19, 15 spricht: nur Speise in
zugedeckten und mit einer Schnur umwundenen Gefäßen bleibt rein — augenscheinlich
um n a c h der Trauerzeit noch brauchbar zu sein (vgl. S. 204¹. 205⁴). Das Fasten hin-
gegen diente wohl nur der Kasteiung, damit man die tabuierte Speise essen konnte (Schwally
50 f.). 4) Jer. 16, 5 ff. (vgl. Matth. 23, 27). Num. 19, 11. 5) Lev. 19, 28. Deut. 14, 1 f.
Über das Verwunden siehe S. 200²; das Scheren dient dem Totenopfer in der Form des
Haaropfers; vgl. z. B. Goldziher, Muhamm. Studien I, 248; Musil, Arab. Petr. III, 396;
Ilias 23, 135. 152 f. (Patroklos). Das Haar ist gleich dem Blute Lebensträger. Vielleicht

Geburt und gewisse **Ausscheidungen** und Vorgänge des menschlichen Körpers, besonders solche, die mit dem Geschlechtsleben zusammenhängen, **verunreinigen**, findet abermals eine beste Erklärung darin, daß ehedem alle diese Vorgänge unter der Leitung bestimmter unheimlicher Mächte zu stehen schienen [1]. Die kanaanitische Sexualorgiastik bot besondere Veranlassung den Gegensatz zu betonen.[2]. Es brauchten auch nicht notwendig gerade „Geister" zu sein. Schon als mit besondern Kräften erfüllt gelten solche Menschen als „tabu" und andern leicht gefährlich [3]. Aber Analogien sprechen am ehesten auch hier für Geister als die Urheber [4]. Ähnliches gilt von gewissen Krankheiten. Auch der **Aussätzige** wird nicht in erster Linie wegen des Ekel erregenden Charakters seiner Krankheit oder aus Furcht vor Ansteckung für unrein erklärt wor-

---

handelt es sich auch um ein Ersatzopfer (Samter 183; Curtiß, Ursem. Rel. 247. 249). Wahrscheinlich wird man es zugleich auch als Gemeinschaft bildend und Leben erhöhend (weil es Lebensträger ist) angesehen haben, denn solche Dinge lassen meist mehrfache Deutung zu. — Das Zerreißen der Kleider und Gehen im Sack oder Lendenschurz (der alten, die Nacktheit ersetzenden Kultustracht, entsprechend dem *Ihram* der Moslemin [vgl. die nackten Adoranten bei Jastrow, Bildermappe Nr. 81, 84]), das Lösen der Haare und Entblößen der Füße hängen vielleicht alle mit der Sitte, die Toten nackt zu begraben, zusammen Hi. 1, 21. Jes. 32, 11. Dann läge (wie das Ausziehen der Schuhe an heiliger Stätte eine Huldigung an die verehrte Gottheit ist, so) eine Huldigung an die Todesgottheit, den *Mašchīt*, vor. Zur rituellen Nacktheit überhaupt (als Entledigung von unreinen Hüllen) vgl. Samter, Geb. usw. 110 ff. 114; Meißn. 407. Übrigens scheint man die Toten nicht nur nackt, sondern auch als Nackter bestattet zu haben. Nur darauf kann eigentlich Jes. 32, 11 gehen. So erst ist die Huldigung an die Todesgottheit voll verständlich. Das Zerreißen der Kleider wird von andern zusammen mit dem Raufen der Haare und dem Zerkratzen des Gesichts auch als Selbstverstümmelung, symbol. Selbstmord, gefaßt (Schreuer 31 [vgl. ob. S. 29[1]]). Für unser Gebiet trifft dies nicht zu, da Selbsttötung zu Ehren der Toten nicht vorkommt. Auch die Asche der roten Kuh Nu. 19 mag so ihre Deutung finden: sie hebt die durch Berührung mit den Todesgöttern geschaffene Unreinheit w i e d e r a u f. Aber da es Jahve fremde Mächte sind, macht sie selbst wieder unrein. Hier treffen zwei Vorstellungen zusammen, die alte und die spätere. Das Verhüllen von Haar und Bart dient wohl wie das der Braut dem Schutz vor schädlichen Einflüssen, hier von seiten des Toten. So ist wohl auch das Bestreuen mit Staub zu deuten; es macht unkenntlich (Grüneis. 96; Berth. 9).

    1) Vgl. Lev. 12; 15, 1—15. 19 ff. Dt. 23, 11. Lev. 15, 16 f. Ez. 4, 12 u. a. Vgl. auch Samter, 22 f. und Schwally, Semit. Kriegsaltert. 67 f. Noch heute gilt die Wöchnerin vielfach als unter dem Einfluß böser Geister stehend. Ebenso die Menstruierende, eine im Orient weitverbreitete Anschauung. Die Verunreinigung wird uralt sein; in Israel hat man sie außer durch die Waschung mit „lebendem" Wasser (dem jene Macht bezwingenden Lebensstoff) noch durch sühnende Opfer, d. h. durch den noch stärkern Kraftstoff Blut, beseitigt. Auch hier treffen zwei Vorstellungen zusammen, da das Blut im israel. System dann als den Zorn Jahves bewältigend galt. Sekundär ist viell. die reinigende oder apotropäische Verwendung des Bluts durch Bestreichen oder Besprizen, z. B. Lev. 14, 5 ff. 49 ff., vgl. Schwenn, Menschenopfer, 82 f., aber auch S.. 91 f. (Blut als Lebensträger bekämpft den Geist). — Zur roten Farbe als Ersatz ob. S. 126[5] a. E. u. Scheftelowitz, Altp. Rel. 82.   2) Weber, Rel. usw. Stud. III 203.   3) Söderblom, Das Werden des Gottesglaubens (1915), 66. 74, 80. 101. 113. 4) Vgl. Schwally 67 f. (die Notdurft) und Jirku, Die Dämonen 46. 64 (der Dämon flüchtet sich in offene Gefäße Lev. 15, 12 und oben S. 204[5]). Vermutlich galt auch das Weib als solches als feindlichen Mächten leichter zugänglich, daher es meist heißt, man dürfe ihm gar nicht „nahen", vgl. Söderbl. 42 f Schwally 65 f. Bertholet, Kulturgesch. Isr. 48 vermutet als Geburtsdämon den El des Tales (und Baches) *Jiftachel* als des Öffners des Mutterschoßes (nach v. Gall). Aber dazu liegt gar keine Veranlassung vor. Das Wort *patach* öffnen hat ganz allgemeine Bedeutung. So heißt bei den Arabern Allah der *fattach* einfach im Sinn des Erlösers, Befreiers (z. B. Kahle, GGN. 1915, 356. 358).

den sein, sondern als ein von einer Gottheit Geschlagener. In Israel gilt
er als ein von Jahve Geschlagener [1].

Nach alledem wird man geneigt sein, auch manchen Speiseverboten und der Anschauung von der Unreinheit gewisser Tiere ähnliche Rückschlüsse zu entnehmen. Daß gewisse Tiere nicht gegessen werden, obwohl· sie an sich wohl eßbar sind, findet scheinbar seine Erklärung in erster Linie darin, daß manche dieser Tiere im außerjahvistischen, also heidnischen Kultus eine Rolle spielten, wie es denn Tatsache ist, daß einzelne Tiere auch bei den Kanaanäern als mit Gottheiten in Verbindung stehend gedacht waren. Dies gilt besonders von der Schlange [2], vielleicht auch dem Schwein und einigen andern Tieren [3]. Doch wird man die unreinen Tiere besser beiseite lassen, da sich ihre Ablehnung mehrfach vielleicht einfacher aus alter Abneigung gegen bestimmte Tierarten erklären läßt. Hingegen ist es wahrscheinlich, daß auch der Ausschluß gewisser Personen vom Kriegslager, das wie der Krieg selbst als heilig und als eine Stätte der Gegenwart Jahves galt, auf alten Geisterglauben oder verwandte Vorstellungen hindeutet. So muß, wer Hochzeit machen will, wer ein Haus gebaut und noch nicht geweiht hat, wer einen Weinberg gepflanzt und ihn noch nicht „beschnitten" hat, vom Felde daheim bleiben, weil er unter dem Einfluß von Geistern oder unheimlichen Mächten steht. Er ist kraftgeladen und darum ebenso selbst gefährdet wie andern gefährlich. Und wer im Felde steht, darf umgekehrt nichts unternehmen oder erleben, was ihn den andern gefährlich erscheinen lassen kann, weil er unter dem Einfluß jener dunkeln Mächte und Kräfte steht [4]. Auch hier hat | sich das Verbot in Israel vermutlich nur deshalb

---

1) Vgl. dazu Stade, BiblTheol. I, 139. Hier wird wieder einer der Punkte sein, an denen man auch schon in vorisraelitischer, also kanaanäischer Zeit den Begriff von Rein und Unrein und die Notwendigkeit gewisser Reinigungsriten wird vermuten dürfen. Der Aussatz verunreinigt in Israel nicht um der heidnischen Gottheit willen, mit der der Kranke in Berührung ist, sondern weil dieser von Jahve oder durch ihn von einer dämonischen, dem „Verderber" *maschit* ähnlichen Macht geschlagen ist. Das läßt vermuten, daß er auch schon in vorisraelitischer Zeit als ein Geschlagener und darum als unrein gegolten haben wird. Dann wird er auch schon damals nach der Genesung sich haben „reinigen" müssen. 2) Man vgl. die Stellung der Paradiesesschlange in Gen. 3, ferner Dinge wie den Schlangenstein und die Drachenquelle 1 Kön. 1, 9. Neh. 2, 13 und das Schlangenbild Nehustan 2 Kön. 18, 4 (Num. 21, 9). Der Umstand, daß hier mehrere Orte im Lande in Frage kommen, spricht dafür, daß es sich um kanaanäischen Kult und Glauben handelt. 3) Vgl. über das Schwein Smith-Stübe, Relig. d. Sem. 220 f. Dort eine Reihe weiterer möglicherweise in Frage kommender Tiere. Vgl. dagegen Wigand in ARW. 17 (1914), 413 ff. und über Ägypten Sethe, Urk. der 18. Dyn. (1914), 39. Bertholet, Kult.gesch. 23 denkt beim Schwein an seine bevorzugte Stellung im Opferdienst z. B. in Babyl. und Griechenl.; Scheftel., Altpr. Rel. 45, hält es seiner Unreinlichkeit halber für ein dämon. Tier, andre als aas-fressendes Tier. Besondere Beachtung verdient, daß der Stier, obwohl sicher in vielen heidnischen Religionen heilig gehalten, bes. auch in Kanaan, doch nicht unrein ist. Die Frage, ob gewisse mit Tiernamen gebildete Namen von Sippen (*bnē Kaleb, bnē Hezīr*) auf alte Verehrung von Totemtieren deuten, ist zwar möglicherweise zu bejahen, doch mit großer Vorsicht zu behandeln, da die Namengebung von sehr verschiedenen Umständen abhängig ist (vgl. Reuterskiöld, Totemism ARW. 15 (1912), 21; Bauer, Volksleben im Lande der Bibel 58). 4) Die Verbote stehen Dt. 20, 5—9; vgl. dazu Ilias 2, 698 ff.; Söderblom, Gottesgl. 43 68 und Schwally 74—98, wo freilich V. 7 gröblich mißverstanden ist: die Ehe ist noch nicht vollzogen. Das *jus primae noctis* heranzuziehen (Greßm., Mos. 57) ist unnötig. Die für die Entstehung der Vorschrift maßgebenden Gründe sind nicht genannt, auch nicht mehr bekannt, ergeben sich aber aus dem Zusammenhang mit Dt. 23, 10 ff. (s. oben S. 205, Anm. 1) und

erhalten, weil einzelne im Volk immer noch an jene Einflüsse glaubten.
Aber seine Existenz läßt uns erraten, daß jener Glaube ehedem bei den
Kanaanitern herrschend gewesen sein werde.

Zu den heiligen Riten der vorisraelitischen Kanaanäer gehörte vermutlich auch schon die Beschneidung. Sie ist in Ägypten uralt.
Auch die den Kanaanitern nächstverwandten Phöniken haben sie jedenfalls in der spätern israelitischen Zeit geübt [1]. Nun werden bei den vielfachen Kämpfen, die Israel in der ersten Zeit nach seinem Eindringen
ins Land zu führen hatte, ausschließlich die Philister als Unbeschnittene
bezeichnet, nie aber die Kanaaniter. Bei der Erbitterung, mit der die
Kriege gegen Kanaan zuzeiten geführt worden sind, würde man sich
wundern müssen, wenn Israel diesen Grund, die Kanaaniter verächtlich
zu machen, von dem es bei den Philistern ausgiebigsten Gebrauch macht,
sich hätte dauernd entgehen lassen, wenn ein Anlaß ihn zu verwenden
bestanden hätte. Ich glaube daher, daß jene schon in vorisraelitischer Zeit
die Beschneidung geübt haben. Was sie ihnen bedeutete, werden wir aus
der Tatsache entnehmen können, daß noch im frühesten Israel ein bestimmter Blutritus mit ihr verbunden war [2]. Als Sippora ihren Sohn
beschnitten hatte, betupfte sie mit der blutigen Vorhaut ihres noch unbeschnittenen Gatten [3] Scham und rief: „Nun bist du mir ja ein Blutbräutigam!" Mose hätte also vor dem Eintritt in die Ehe beschnitten
werden sollen; das Versäumte wird nun durch eine Art Blutzauber nachgeholt, doch hätte das Versäumnis sich fast an dem Erstgeborenen Moses
gerächt, den Jahve, der hier an die Stelle eines alten Dämons der Ehe
tritt, mit dem Tode bedroht, weil Mose unbeschnitten in die Ehe getreten
war. Ein richtiger Bräutigam muß also beschnitten sein und Beschneidungsblut an sich haben [4]. Erst dann ist die Fruchtbarkeit der Ehe gewährleistet und die Nachkommen|schaft geschützt. Daraus ergibt sich,
daß der Ritus einen Akt der Weihe bedeutet, durch den der junge Mann
für mannbar und heiratsfähig erklärt wird. Die Fruchtbarkeit der Ehe
muß einem Fruchtbarkeitsdämon durch das Opfer der Vorhaut gewissermaßen abgekauft werden, genau so wie die Fruchtbarkeit des Feldes durch
die Hingabe der Früche des Feldes, die dann übertragenerweise ebenfalls
als Beschneidung bezeichnet wird [5].

---

dem über die Hausgeister Gesagten (oben S. 126 [5]; dazu noch Kahle, PJB. 6, 84).
Berth. (oben S. 201) denkt an die Rache der Haus- und Feldgeister wegen der Vernachlässigung durch andern Kultusdienst und zieht beim Felde die 2100 Schutzengel der Pflanzen im Talmud heran.   1) ZAW. 1909, 73. 152; vgl. Herod. II. 104 und Jos. 5, 7 (Ez. 32, 30 ist dunkel
und jedenfalls im Text zweifelhaft; es wird gegen Herod. man Aristophanes nicht aufkommen). Zum Ganzen vgl. Stade, Theol. 147; Gunk.[3] 269. — Da die Kanaaniter
nie als Unbeschnittene bezeichnet sind, fällt ihr Nichtbeschnittensein in Gen. 34 auf.
Vielleicht handelte es sich — denn eine Tatsache liegt sicher zugrunde — um ein
rein örtliches Abweichen von der sonstigen Sitte.   2) Ex. 4, 24—26. Auch die
heutigen Araber betrachten z. T. die Beschneidung noch als Blutritus: man läßt das
Beschneidungsblut auf einen Stein fließen, dem dann, wie es scheint, ein Geschenk
gegeben werden muß, Musil, Arab. Petr. III, 223.   3) Es liegt keinerlei Grund vor
zu der Annahme Meyers (Israeliten 59), es könne sich nur um Jahve handeln. Ein
Blutzauber fordert das durchaus nicht. Es handelt sich um eine Scheindarbringung
wie vielleicht beim Lampendepositum (oben S. 164 f.).   4) Eigentlich vergießen bzw.
an einen hl. Stein oder dergleichen applizieren. Hier tritt ein Ersatz ein, s. vorhin.
5) Siehe oben S. 201, Anm. 1 und 2 und Schwally 82 f. In Arabien wird heute
noch beim ersten Umpflügen eines Landstückes dem „Dschinn" des Ortes Blut ge-

Hat so die Beschneidung und mit ihr wohl auch das Erstgeburtsopfer, das demselben Gedanken gedient haben wird, augenscheinlich ihre Analogie in den Abgaben und Weihefeiern für die Genien der Fruchtbarkeit des Feldes, so gehört in dieselbe Klasse wohl auch der verwandte Ritus des Stehenlassens eines Teils der Ernte[1]. Der Gedanke, daß man das Feld nicht restlos abernten soll, hat augenscheinlich sein Gegenstück in der Sitte mancher Völker, auf der Jagd einen Teil des Ertrages — öfter das erste Stück — nicht zu verwenden oder am Leben zu lassen. Die Sitte erinnert an den in Schillers Alpenjäger besungenen Glauben, daß das Getier des Waldes und der Berge den Gottheiten von Wald und Berg zu eigen gehöre. Derselbe Glaube läßt natürlich die Gewächse und Früchte des Feldes Eigentum der Genien des Feldes sein. Raubt man ihnen den Ertrag, so muß ihnen wenigstens ein Ersatz geboten werden, sei es in Erstlingen, sei es in Teilen des Ertrags, die auf dem Felde gelassen werden. Der Brauch reiht sich der oben beschriebenen Forderung des „Unbeschnittenhaltens" der Fruchtbäume[2] an. Er ist in Israel auf die Armen und Fremdlinge bezogen und so erhalten worden; seine Wurzel hat er im vorisraelitisch-kanaanäischen Geisterglauben.

Fassen wir die Ergebnisse der bisherigen Untersuchung zusammen, so zeigt sich das Bild eines vielgestaltigen reichen Lebens im alten Kanaan.

Indem das Land seit alter Zeit als Durchgangsgebiet von Babylonien und Kleinasien nach Ägypten dient, ist es durch seine geographische Lage dazu bestimmt, Kultureinflüsse von Norden und Süden her aufzunehmen und auf seine Bewohner wirken zu lassen. Seine Lage an der Küste des Mittelmeeres macht es zugleich zum Eingangstor für die Einflüsse der westlichen Kulturen, und durch die Flußtäler Syriens und die Pässe Kölesyriens strömen allezeit Ausläufer der geistigen Bestrebungen und Errungenschaften Kleinasiens und des nördlichen Syrien nach Süden. So ist der Gesamteindruck vielfach der einer Mischkultur, in der übernommene Elemente mit einheimischem Gut sich verbunden haben, oft genug aber auch die einheimische Zutat lediglich in der örtlichen Ausprägung übernommener Anregung besteht. Unter allen Umständen spielt fremder Einfluß eine nicht geringe Rolle. Wie in Babylon, so mag man auch in Damaskus oder Sikem babylonische Mythen gehört, und man mag dort nach dem Recht Hammurapis oder auch dem der Hetiter Urteil gesprochen haben; und wie in Theben, so mag man auch in Byblos, Akko und Megiddo Chronikschreiber gekannt und die Stimme der Spruchweisen vernommen haben.

---

sprengt: Rob. Smith, Rel. d. Sem. 124, Anm. 198 [S. zu 126[5]]. Durch die Analogien im AT. und die natürliche Konsequenz ihrer Deutung erledigt sich Greßm. 61[1].
1) Lev. 19, 9; 23, 22; vgl. Dt. 24, 19 ff., vgl. auch v. Gall, ZAW. 30, 91 ff. u. Beer, ZAW. 31 (1911), 152. Im Königreich Sachsen besteht heute noch der Brauch, einen Büschel für den Oswald, das Bärimandl usw. stehen zu lassen (Leipz. Neu. Nachr. 28. 7. 1913); in der Lausitz wirft man den ersten Fisch wieder ins Wasser und läßt auf dem Baume einen Apfel (Jes. 17, 6), damit er im nächsten Jahr gut trägt. Vgl. auch Levy in Mon. f. Gesch. u. Wiss. d. Judent. 55 (1911), 156 ff. Solche Bräuche brauchen nicht überall genau dieselbe Ursache zu haben. Wenn sie also anderwärts (vgl. Söderbl. 63. 80) eine andere Erklärung zulassen (nämlich daß in dem Reste die „Macht" des Ganzen sich sammelt; ebenso bei der Haarlocke 80), so können trotzdem hier die Analogien diese Deutung empfehlen. 2) Siehe S. 201, Anm. 1.

Ähnliches gilt von der Religion. Babylonische Gottheiten bevölkern neben ägyptischen und hetitischen das Pantheon Palästinas. Ägyptische Tempel gab es — vielleicht in nicht geringer Zahl — seit den Tagen der ägyptischen Herrschaft im Lande. Es ist, wenn auch nicht direkt bezeugt, so doch kaum zu bezweifeln, daß ehedem auch an babylonischen Heiligtümern da und dort im Lande babylonische Priesterweisheit und Götterlehre ertönte. Und seit den Zeiten der monotheistischen Reform in Ägypten haben sicher, auch wenn wir nur leise Andeutungen hiervon besitzen [1], nicht allein die Sklavenseelen übereifriger Vasallen, sondern auch freie Männer im Lande sich die Frage vorgelegt, ob nicht am Ende das, was der königliche Schwärmer auf dem Pharaonenthrone im Sinne hatte, die Spur des Richtigen weise und den Keim bleibender Wahrheit in sich berge.

Aber während im Kulturleben Palästinas das Wesentliche in der Aufnahme und Verarbeitung fremder Einflüsse besteht, geht die Religion Kanaans darin einen andern Weg, daß jene wertvollsten Anregungen von außen mit gewissen, wie es scheint, selbständigen heimischen Bestrebungen zusammentreffen. Schon die Entwicklung des Pantheons hat sich allem nach durchaus nicht auf die Übernahme fremder Gottheiten beschränkt: Baal und Astart, die heimischen Hauptgottheiten, sind — jedenfalls in der Form, in der sie hier herrschend wurden — spezifisch kanaanäische Gestalten. Das zeigt, daß im religiösen Leben Kanaans ein selbständiger Geist waltete. Wir werden nicht fehlgehen, wenn wir seine Spuren auch in jenen monotheisierenden | Spekulationen in Kanaan vermuten, von denen uns die oben gegebene Darstellung des religiösen Denkens in Kanaan berichtete. Auch sie mögen ihre Anregung von Babylon und in ihren jüngsten Ausläufern, wie vorhin erwähnt, auch von Ägypten empfangen haben. Aber die eigenartige Ausprägung und, wie es scheint, Weiterbildung, die sie in Kanaan empfangen, ist uns, bis jetzt wenigstens, nirgends in jenen Gebieten bezeugt [2]. Vor allem aber scheint die oben wahrgenommene [3] teilweise Überwindung der Naturreligion in der Richtung zu ihrer Vergeistigung eigentümliches Gut dieser Religion zu sein, so daß unverkennbar trotz alles Gegensatzes doch auch wieder gewisse Verbindungslinien zur spätern Israelreligion hinüberführen.

Wie weit sich ein näheres Verhältnis zwischen der hier ermittelten höheren Gottesanschauung einzelner oder einzelner Kreise und dem neuerdings von Religionsforschern wie Andrew Lang, Leop. von Schroeder [4] u. a. angenommenen allgemein verbreiteten Glauben an ein höchstes und gutes Wesen etwa behaupten läßt, kann hier nicht weiter verfolgt werden. Tatsache ist, daß sich bis jetzt auf unserem Gebiete keine Texte finden, die jenen Glauben unmittelbar bezeugten. Immerhin sollte über diese Fragen, besonders auch über die von vielen Kennern der Naturvölker immer wieder behauptete weitverbreitete Idee eines großen Geistes oder Gottes, der neben und hinter den Einzelgöttern, Geistern und Fetischen stehend gedacht wird [5], nicht mit derjenigen Kürze weg-

1) Siehe oben S. 171, Anm. 2 und S. 187. 2) Allerdings sind inzwischen einige Zeugnisse zutage getreten, s. oben S. 172f. Aber das S. 171 Anm. 3 Gesagte besteht immer noch zu Recht. 3) Siehe S. 197. 4) Wesen u. Urspr. der Relig. (= Beitr. z. Weiterentw. d. Rel. I), 26 ff. 5) Vgl. v. Schroeder a. a. O., S. 19 f.; Strehlow, Die Aranda- und Loritja-Stämme in Zentralaustralien 1907—1913 und unlängst W.

gegangen werden, die ihr zumeist die heutige Völkerpsychologie angedeihen
läßt [1]. Sodann aber darf doch nicht übersehen werden, daß auch die ge-
meinsemitische Urreligion uns wenigstens die Wahrscheinlichkeit einer in
der Urzeit verehrten „großen Macht" nahelegte. Nicht minder daß im
Verlauf der Untersuchung uns immer wieder Erscheinungen nahetraten,
die recht wohl als leise nachklingende Erinnerungen an sie gedeutet werden können.

Schmidt, Der Ursprung der Gottesidee 1912; ferner Jakob Spieth, Die Religion der
Ewe - Stämme 1907 (besonderes Interesse bietet die Menge der theophoren, mit dem
allgemeinen Worte „Gott" gebildeten Eigennamen; ferner alte Rechtsbräuche und
Sprichwörter, oder sprichwörtliche Redensarten, die am ehesten den Eindruck alten
einheimischen Gutes machen); Warneck, D. Relig. der Batak (1909), S. 3. 7 und bes.
S. 38 f. Lamb. Ehrlich, Orig. of Austral. Beliefs 1922, 65 f. Als ein besonders be-
geisterter Apostel der Anschauung vom höchsten und guten Wesen ist
neuestens v. Schroeder, Red. u. Aufs. (1913), 348 ff. 368 ff. und Arische Rel. I
(1914), aufgetreten. Es wird nicht durch Opfer verehrt (Ar. Rel. 82), stellt dar
einen primären Gedanken: es ist Einer da, der die Welt geschaffen hat und das
Handeln bestimmt (84). Beeinflussung durch Christentum und Islam scheint ausgeschlossen (85); seine Entstehung erklärt sich aus der Frage nach dem Warum der
Dinge: ein höherer Wille (101). Bei den Ariern lassen sich zwei Reihen von Vorstellungen beobachten. Die östliche Gruppe kennt einen milden, gütigen Gott
Bhaga-Bag (Baktrer, Perser, Phryger); die westliche einen Kriegsgott (Kelten, Ger-
manen, Römer, Griechen) — die staatenbildenden Völker (562). Der höchste Gott ist
Himmelsgott, Vater und Schöpfer, dann ethischer Gott: Schwurgott (Gottesurteil)
(568). Seine ursprünglichen Erscheinungen sind: der Lichthimmel und das Gewitter
(584). Doch scheint hier Vorsicht geboten.
    1) Eine erfreuliche Ausnahme macht (neben W. Schmidt) neuestens Söderblom,
Die Werden d. Gottesglaubens 1915. Er widmet dieser Erscheinung ein eigenes Kapitel: „Der Urheber", worin er die sogen. urmonotheistischen Göttergestalten der
primitiven Völker oder „Urväter" eingehend untersucht. In Wirklichkeit haben wir
es nach ihm hier nicht mit einem Gotte oder mit Göttern im eigentlichen Sinne zu
tun, wie sie genießen in der Regel keinen Kultus (151). Trotzdem kann man sie
„höchste Wesen" nennen (156). Nur wird der Ausdruck mißverständlich, wenn der monotheistische Glaube an das eine höchste Wesen hineingelegt wird (154). Er nennt sie
deshalb „Urheber" (183). Vielleicht noch richtiger redet Beth, Rel. u. Magie 1914,
228 von einer „naiv monotheistischen Idee". Nur muß man diesen naiven primitiven
Eingottglauben innerhalb des Fassungsvermögens des Urmenschen halten und
nicht ohne weiteres mit den Prädikaten des christl. Gottes ausstatten (Durkheim,
Form. élém. de la vie rel. 1912, 415 Anm.).

Zweites Buch.
Die Vätergeschichte.

1. Kapitel. Die Tradition der Quellen.

Das Wesentliche über Charakter und Herkunft der einzelnen Haupt-schriften, besonders des Jahvisten und Elohisten (J und E) muß hier vor-ausgesetzt werden. Man vergleiche im allgemeinen Bd. II⁴ 369 ff. [1]. Die Hauptschwierigkeit bereitet der gegenwärtigen Untersuchung über diese Quellen die richtige Verwertung der Erkenntnis, daß weder J noch E eine schlechthinige Einheit darstellen. Budde, Gunkel und Smend haben es jeder in seiner Weise auf dem Weg der fortgehenden Zerlegung in Unter-quellen versucht. Sie führt aber mit Notwendigkeit zur schließlichen Auf-lösung in lauter Einzelteile, also zur alten Fragmententheorie. Denn keiner der Genannten wird sich der Illusion hingegeben haben, daß ein genügend scharfes Auge auch innerhalb der von ihnen gefundenen Einheiten wieder Unstimmigkeiten, Risse und Nähte entdecken kann. Schon hierin ist ein Fehler der Methode unverkennbar. Es wird zu viel auf die rein lite-rarische Zergliederung gebaut, während Unstimmigkeiten und Schweißungen auch schon in dem einem Schriftsteller vorliegenden mündlichen Stoffe dagewesen sein können. Nicht immer neue Autoren, sondern verschiedene Traditionsströme und selbständige Gebilde, durch den Autor zu einer leid-lichen Einheit zusammengearbeitet, werden des Rätsels Lösung enthalten. — Damit geht Hand in Hand die Frage, ob J und E Verfasserpersonen oder ganze S c h u l e n darstellen; die Zerspaltung in Einzelstücke wie die Zerlegung der Sagen in Sagenkreise und Einzelsagen führt, sobald sie überspannt wird, mit Notwendigkeit zur Annahme der Schulen. Aus Schriftstellern werden Fragmente und die Person geht unter in der dichten-den Masse. Aber die innere Unhaltbarkeit dieser neuerdings besonders von Gunkel vertretenen Theorie leuchtet gerade bei einer so festumrissenen, zugleich künstlerisch so hochstehenden Schriftstellerpersönlichkeit wie J ohne weiteres ein [2].

---

1) Im einzelnen vgl. Wellhausen, JDTh. 21 (1876), 392 ff. (= Komp. d. Hexat.); Dillmann, Genes.⁶; Holzinger, Einleit. in d. Hexat.; Driver u. Skinner, Genesis 1904 (mit Additions usw. 1909 f.) u. 1910; Gunkel, Genes.³; Procksch, Genes.; Eichrodt, Quellen d. Genes. 1916, sowie die HBB. der Einleit. ins AT. 2) Vgl. auch die be-herzigenswerten Ausführungen von Eichrodt 151 f. Weder die Unstimmigkeiten soll man leugnen noch Sagenkränze u. Einzelsagen. Aber sie gehen durch die Hand großer Menschen. Die letztere Wahrheit betont, soviel ich sehe, jetzt auch Gu. ZDMG. 1922, 70 f. Dann bleibt eigentlich nur noch die Differenz in der Frage: wer der große Künstler war, der, den wir J nennen oder sein nächster Vorgänger?

§ 21.
Die Erzählung von J.

1. Den Jahvisten charakterisiert gemeinsam mit der Priesterschrift — im Unterschied von E, wie dies Buch uns heute vorliegt — das Bestreben, die Geschichte Israels in ihrer Beziehung zur Welt und den Völkern im ganzen zur Anschauung zu bringen. Demgemäß wird in kurzen Zügen Israels Herkunft und seine Verwandtschaft mit den andern Völkern bis zu den ersten Anfängen der Völkerbildung nach der großen Flut, oder auch nach der Völkerzerstreuung, zurückgeführt.

Schon diese letztere Wahrnehmung weist auf zwei Hauptarme der Überlieferung, aus welchen die Quelle J zusammengeflossen ist. Dieselben, von Wellhausen und Budde J^1 und J^2 genannt — besser würde man sie als j und J bezeichnen —, gehen in der Urgeschichte nebeneinander her [1], vereinigen sich aber von der Geschichte der Einwanderung Abrahams in Kanaan an überwiegend in ein gemeinsames Bette [2]. „J^1" (Procksch J^a) vertritt eine ältere, vom Haupterzähler übernommene | Gruppe von Geschichten innerhalb der jahvistischen Erzählung. Sie nennt die

---

1) Will man der Kürze halber hier die Bezeichnungen J^1 und J^2, weil sie sich mehrfach eingebürgert haben, beibehalten, so muß jedenfalls „J^2" als der eigentliche Erzähler gelten, dem wir das jahvistische Buch danken. Es wäre darum richtiger, ihn kurzerhand J zu nennen. Was man J^1 nennt, spielt wahrscheinlich eine viel größere Rolle als man heute noch deutlich wahrnehmen kann. Es sind die mancherlei Vorstufen von J, mündliche und schriftliche Vorlagen und Materialien. Sie verhalten sich zu J mehrfach wie d zu D und sind deshalb besser j zu nennen; daß wir sie in Gen. 2—11 stärker als sonst wahrnehmen, hängt von zufälligen Umständen ab. Richtig nimmt in ähnlicher Weise auch Gunkel [3] 26 für Gen. 2f. (worüber näher unt. S. 220) an, „daß der Red. im wesentlichen der einen Quelle [— nur wird man sie sich nicht notwendig schriftlich vorstellen müssen, sondern lediglich als Überlieferungsstrom, der eine Vorstufe der heutigen Erzählung darstellte —] gefolgt ist, und daß er von der andern nur Bruchstücke aufgenommen hat". Dies wird außer bei den Stammbäumen vorwiegend der Fall sein. Kleinere Anstöße wie 11, 5 gegenüber 11, 7 dürfen nicht überschätzt werden. Vgl. Weiteres Bd. II⁴ 232. 371, Anm. 2 und unten in den folgenden §§. 2) Eine Ausnahme s. u. Gen. 13, 3 f.; 15, 7 ff. und vielleicht in 18, 17 ff. 22 b ff.; 24; 26, 7—11. Hier liegt ein wirklicher J^2 vor. Neuerdings will Gunkel zwei Hauptquellen (dieselben oder andere), sowie die Hand eines jahvistischen Redaktors vielfach auch in der übrigen Genesis unterscheiden. Ebenso Smend, D. Erz. d. Hex. 1912. Grundsätzlich kann dem (mit der in der vorigen Anm. gemachten Einschränkung) nichts im Wege stehen; immerhin treten die Unterschiede später nicht in so kräftigen Zügen heraus wie in der Urgeschichte. Auch ist in diesem Falle nicht wahrscheinlich, daß (wie Smend will) nur J und nicht auch E an jener Eigentümlichkeit sichtbaren Anteil haben sollte. Konsequenterweise müßten auch bei E die Spuren derselben Erscheinung erwartet werden (vgl. z. B. S. 216, Anm. 6, weiter in § 22). Demgemäß glaubt Sievers sowohl in J als in E nach metrischen Grundsätzen mehrere Hauptschichten unterscheiden zu können. Doch ist zu fürchten, daß hier formale Erwägungen eine zu große Rolle spielen. Ich will damit durchaus nicht gesagt haben, daß Sievers' Beobachtungen vom metrischen Standpunkt angesehen unrichtig seien; nur ist mir fraglich, ob wir sie zur Herstellung der Unterquellen von J und E noch verwenden können. Vgl. Bd. II⁴, 232, Anm. 1; auch Greßm., Mo. 345. — Für unseren Zweck hat die Frage: ob mündlich oder schriftlich, keine allzu große Bedeutung (vgl. über das Allgemeine oben Anm. 1). Sowohl E als J sind jedenfalls Vertreter bestimmter Traditionskreise, zugleich fest umrissene Verfasserpersonen. Als von solchen Kreisen sind ihre Schriften hier im großen ganzen als Einheiten gefaßt, wofür auch literarisch und psychologisch alles spricht. Wo sich innerhalb des betreffenden Kreises auseinandergehende Strömungen der Überlieferung zeigen, die für uns von Bedeutung sind, da können sie für sich ins Auge gefaßt werden. Siehe noch, auch über Gen. 2f., S. 220. Dort auch über Smends jüngste Theorien.

Sintflut heute nicht, sondern setzt möglicherweise an ihre Stelle den Ausgang der Menschheit aus Babel infolge der Völkerzerstreuung ¹. Ob man aber hierauf weittragende Schlüsse bauen darf, ist eine ganz andere Frage ². Bei dem hohen Alter, das die jahvistische [Flutgeschichte in manchen Punkten bekundet, muß mit Bestimmtheit angenommen werden, daß sie lange vor „J²" und auch vor „J¹" in Israel bekannt war. Sollte sie je „J¹" übergangen haben, so müßte dies zufällige Gründe haben. Viel eher aber ist anzunehmen, daß der Redaktor die Version von „J¹" strich, weil sie zu der von „J²" nicht paßte. Sie mag zu weltlich gewesen sein ³. Als Noas Söhne gelten dieser Überlieferung Sem, Jefet und Kanaan. Abraham stammt von Noa und Sem als siebenter Nachkomme des ersteren. Er geht von Haran aus | nach Kanaan. „J²", der Haupterzähler, daher besser kurzweg J zu nennen, hat diejenige Erzählung über die Sintflut, welche der Redaktor uns aufbewahrt hat. Den Ort der Landung nennt er nicht ⁴. Noas Söhne sind ihm Sem, Ham, Jefet.

Drei große Völkerfamilien machen demnach für den sogenannten J² die gesamte Menschheit aus: die Nachkommen von Sem, Ham, Jefet, den Söhnen Noas. Von Jefets Nachkommen erfahren wir im heutigen Text von J nichts mehr. Von Ham leiten sich ab Kusch, Miṣraim, Kanaan ⁵. Kusch' Sohn ist Nimrod, der erste Gewalthaber auf Erden. Er gründet zuerst ein Reich in Sin'ar mit den Städten Babel, Erek, Akkad, Kalne; darauf wendet er sich nach Assur und baut Ninive, Reḥobot-'Ir, Kelaḥ und Resen. Von Miṣraim werden eine Reihe von Völkerschaften, darunter die Philister und die Kaftorim auf Kreta abgeleitet. Von Kanaan kommen her Ṣidon, Ḥet und die kanaanitischen Völkerschaften ⁶.

Unter Sems Söhnen ist für J (meist = J¹ und J²) der wichtigste 'Eber; so sehr, „daß er sogar gleichbedeutend mit Sem selber ist" ⁷; Sem ist Vater aller Hebräer. 'Ebers Söhne sind Peleg und Joqṭān. Von diesem stammen die südsemitischen, arabischen Stämme ab, von Peleg ohne Zweifel die Nordsemiten. Die Endglieder ihrer im Zusammenhang nicht mehr erhaltenen, nach Wellhausen vielleicht einst siebengliedrigen Genealogie ⁸ sind die Teraḥiden Abraham und Naḥor nebst ihrem früh verstorbenen Bruder Haran. Abrahams Weib ist Sara, Naḥors Weib Milka; jene ist unfruchtbar ⁹. Ihre Heimat ist nach dem ursprünglichen Bestand

---

1) Doch ist auch das nichts weniger als sicher. Denn wir wissen über den Ursprung und Charakter der Geschichte Gen. 11, 1 ff. selbst zu wenig Genaues. Sie war augenscheinlich ehedem ein selbständiges Stück und darf nicht in ein System von „J¹" eingereiht werden.   2) Man benutzt dieses Argument gern als Grundpfeiler für eine m. E. ganz irrige Vorstellung über das Verhältnis Israels zu Babylonien: die babylonischen Einflüsse haben sich erst seit J² geltend gemacht, weil er erstmals die Sintflut erwähne. Daß er wahrscheinlich der erste ist, von dem wir Heutigen sie besitzen, beweist für den Besitzstand des alten Israel absolut nichts. [3) Vgl. Gunkel, Gen.² 59. 60.   4) Zur Annahme eines südlichen Landungsberges (Budde, Urgesch., S. 438) ist kein Grund. Zu den Noasöhnen vgl. noch Herrmann im ZAW. 30 (1910), 127 f. und Procksch 70.   5) Gen. 10, 8—19 außer V. 9. Gunkel will auch hier beide Jahvisten erkennen, s. oben. Dann gehört natürlich V. 9 einem von ihnen (J²). Vgl. auch PRE.³ Nimrod. Smend 23 spricht für vorassyrische Entstehung.   6) Auch 10, 16—18 gehören wohl zu J (doch ist dies von Wellhausen u. a. bestritten). Eber mochten die Südaraber einst fehlen (Smend).   7) Wellh., JDTh. 21, 396 (Komp.⁵ Gb.)   8) Auch sie fand sich wohl schon vor und wird von J aufgenommen.   9) Gen. 10, 21. 25—30; 11, 28—30. Vgl. Böhmer, Lib. Gen. (1860), 21. Das erste Buch der Thora 32; ferner Budde 414 ff. und meine Erört. d. Stelle in ThStW. 1886, 193 f. Jetzt auch Driver, Gen. 140, Gunkel³ 157.

der Überlieferung Haran in Aram Naharaim, nach der etwas späteren Bearbeitung und Erweiterung derselben, welcher, wie ich glaube, auch Gen. 15, 7 ff. angehört, Ur Kasdim [1]. | Derselbe Name ist entweder schon von diesem Bearbeiter [2] oder erst von R als Ausgangspunkt der Wanderung in 11, 28 eingesetzt.

2. Damit hat J die nötigen Notizen gegeben, um A b r a h a m s Geschichte nun weiter fortführen zu können [3].

In seiner Heimat Aram Naharaim trifft Abraham der Befehl Jahves, der ihn aus Heimat und Vaterhaus ausziehen heißt in ein Land, das Jahve ihm zeigen werde. Dort will Jahve ihn zum großen Volke machen, ihn segnen und schaffen, daß in ihm alle Geschlechter der Erde sich segnen. Abraham gehorcht im Glauben dem göttlichen Befehle; Lot zieht mit ihm [4].

Abraham — von Lot ist zunächst nicht mehr die Rede — gelangt nach Kanaan [5] und dringt bis Sikem vor. Dort erscheint ihm Jahve mit der Zusage, dies sei das ihm zugedachte Land, das er nun auch besitzen solle. Abraham zieht hier als Nomadenführer umher, zunächst in S i k e m und B e t e l rastend und Altäre bauend [6]. Auch hier gilt, wie noch deutlicher in E, diese Gegend als Stätte uralter Gottesverehrung Israels.

Eine Hungersnot zwingt ihn, nach Ä g y p t e n zu ziehen. Er gibt Sara für seine Schwester aus. Der Pharao nimmt sie weg und wird darob mit heftigen Plagen geschlagen. Er gibt Sara, Abraham seine Lüge vorhaltend, wieder frei, und Abraham zieht zurück in den Negeb, das Südland Kanaans [7].

Abraham und Lot, der nun wieder mitspielt, sind reichbegüterte Herdenbesitzer. Sie ziehen zusammen in die Gegend von B e t e l. Ihre Hirten stoßen sich in dem engen Lande. Abraham wünscht den Streit vermieden und schlägt brüderliche Scheidung vor, Lot großherzig die Wahl des besseren Teiles überlassend. Lot wählt die üppige Jordanaue, den Ror bis zum Südende des Toten Meeres, wohin eine Menge von Bächen aus den Bergen herabströmen. Es ist die Gegend von Sodom. Abraham aber erhält als Ausdruck göttlichen Wohlgefallens über sein Verhalten eine neue Offenbarung Jahves, die ihm noch einmal den Besitz des Landes zusagt. Er nimmt nun seinen Aufenthalt unter der heiligen Terebinthe von Mamre bei H e b r o n. Dort baut er einen Altar [8]. |

Hier [9] kommt Jahve im Gesicht zu ihm und verheißt ihm reichen Segen. Abraham wendet seine Kinderlosigkeit ein; sein (oberster) Hausgenosse werde ihn beerben. Jahve verheißt ihm einen Sohn als Erben.

---

1) Über die Zugehörigkeit dieser Stellen zu J vgl. Budde, S. 418 f. 439 f. — Über die Lage von Ur Kasdim im Sinne von J (J²) s. u. § 28.   2) So Budde, Urgesch. 442.   3) Vgl. zu Gen. 12—50 auch Meinhold, ZAW. 39 (1921) 42 ff. Auch er will wie Smend, nur in anderer Weise, J¹ und J² noch reinlicher scheiden. Doch geht es nicht ohne eine gewisse Gewaltsamkeit ab.   4) Gen. 12, 1—4a.   5) Aus dem Zusammenhang zu ergänzen; R hat es wegen V. 5 weggelassen.   6) Gen. 12, 6—8 außer vielleicht V. 6b und außer einzelnen Notizen von E (s. unt.). Auch V. 9 gehört zu (E oder) R (gegen Dillm., Budde, S. 7, Anm.) wegen 13, 14ff.   7) Gen. 12, 10—13, 1 (außer ולרט עמו, denn Lot spielt bei dieser Episode keinerlei Rolle). Im übrigen s. unten S. 221. Sara ist hier jünger als Ribqa und Ägypten jünger als Gerar. Die Erzählung als solche aber scheint mir wegen der naiven Derbheit älter als 26, 7 ff. Anders Smend.   8) Gen. 13, 2. 5. 7—11a. 12b—18, welche Verse sich der Sache nach an 12, 8 unmittelbar anschließen; doch mögen 14—17 R zugehören. V. 3. 4 = J².   9) Doch s. nachher und besonders S. 217 f., auch 233, Anm. 9.

Abraham glaubt Jahve, das wird ihm zur Gerechtigkeit d. h. als sittliche Tat angerechnet [1].

Hieran hat nun R eine ursprünglich wohl in anderem Zusammenhang erzählte und jetzt mit Elementen von E gemischte Erzählung unseres Verfassers angeschlossen, welche über eine feierliche Bundschließung Jahves mit Abraham Bericht erstattet. Jahve, der Abraham aus Ur Kasdīm [2] ausgeführt, verheißt ihm das Land zum Besitze. Abraham vermag dies nicht zu glauben und bittet um ein Zeichen. Jahve heißt ihn Opfertiere zerlegen, läßt nach Sonnenuntergang einen Schlaf über ihn kommen und kündigt ihm den 400jährigen Aufenthalt der Seinen in Ägypten, Rückkehr und Besitz des Landes an. Eine Feuerflamme fährt an Stelle Jahves selbst zwischen den Opferstücken hindurch; so hat Jahve einen Bund mit Abraham geschlossen [3].

Zunächst freilich ist Sara noch unfruchtbar. Daher sie Abraham ihre Magd Hagar beigibt. Schwanger geworden verachtet diese ihre unfruchtbare Gebieterin. Sara macht ihr Recht als Herrin geltend, worauf Hagar entläuft. An einem Quell der Wüste, dem Brunnen Lachaj-ro'i in der Gegend von Qades, findet sie der Engel Jahves und sagt ihr, daß Jahve auf ihr Elend geachtet habe; Ismael, ihr Sohn, soll ein freier, unbändiger Wüstensohn werden [4].

Eines Tages erscheinen bei Abraham unter der Mamreterebinthe | drei Männer. Abraham lädt sie zu gastlicher Einkehr ein. Sie fragen nach Sara, und einer der drei, im Verlaufe als Jahve erkannt, verheißt ihr für kommendes Jahr einen Sohn. Sara, die schon gealtert ist, lacht ungläubig. Die Männer brechen auf in der Richtung nach Sodom. Unterwegs eröffnet Jahve dem ihn geleitenden Abraham sein Vorhaben, über die gottlosen Einwohner von Sodom und Gomorrha ein Strafgericht zu verhängen. Abrahams Fürbitte aber bestimmt Jahve zu der Zusage, er werde die Stadt verschonen, wenn zehn Gerechte sich in ihr finden. Abraham kehrt nach Hause zurück. Jahve trifft mit den zwei anderen Himmlischen in Sodom zusammen [5].

---

1) Gen. 15, 1. 3 f. 6 (V. 1 und 6 mit E gemeinsam). Die Scheidung weicht hier von Wellh., Dillm., Budde 416 f. ab. Vgl. noch Kuenen, Einl., § 8, Nr. 4. 8 und Driver 174 f., sowie unten in § 22. „Das Wort" Jahves in V. 1 ist sekundär. 2) Deshalb wird diese Erzählung wohl noch ein Stück aus J³ sein. Sie bietet einen altertümlichen Bundesritus (oben S. 202 f.). Daß V. 7 = J vgl. Budde 439. Vgl. auch Procksch 102. 3) Gen. 15, 7—18 (außer Teilen von E in V. 9. 12 [14 P?] und vielleicht 18). Daß die Erzählung im übrigen ganz aus J stammt (außer V. 19—21), wird von den meisten Erklärern (Dillm., Wellh. 21, 411 f.; Bu. 418) nur deshalb geleugnet, weil ein unmittelbarer Anschluß an das Vorhergehende gesucht wird. — Der Grund der Einstellung des Stückes an diesem Orte ist vielleicht das Verb. יָרַשׁ gewesen. Siehe näher ThStW. 1886, 195 ff., und gegenüber Dillm. ebenda, S. 220. Auch Holz. und Driver weisen das meiste (Gu. nur einiges) J zu. Ebenso Smend. Vgl. Skinner 276 f. 4) Gen. 16, 1b—14, außer den Stücken von P, s. unten. V. 8—10 bzw. 9. 10 sind vielleicht mit Böhmer, Das erste Buch der Thora, S. 203, auch Wellh. 21, S. 410 (Komp.³ 19 f.); Gu. u. a. Zusatz (richtiger Variante). — Der Brunn gehört einem el ro'i oder chaj ro'i, einer „Gottheit des Sehens", einem „Lebewesen", das den hier Betenden sieht. Über die Lage vgl. MuN. 1907, 48. 5) Gen. 18. Das Fehlen der letzten Notiz und vielleicht die Erwähnung eines Erdbebens 19, 25 als Ursache des Untergangs (doch s. auch unten § 27, 3 a. E.) sind die einzigen erheblichen Unebenheiten der schönen Erzählung. Vgl. im übrigen Wellh., Dillm. und Smend. Falls die VV. 17—19. 22b—33a aus anderer Feder stammen sollten als das übrige, was immerhin möglich ist, so stellen sie höchstens eine spätere Schicht in J (J²) dar. Jahvistisch im weiteren Sinne sind sie

Die nach Sodom vorausgegangenen Engel finden bei Lot gastliche Aufnahme, werden aber von den Sodomiten mit grober Mißhandlung bedroht.
Sie veranlassen Lot, mit den Seinen die Stadt zu verlassen, da Jahve sie
verderben werde. In der Tat läßt Jahve Schwefel und Feuer über Sodom
und Gomorrha regnen. Lot rettet sich mit seinen zwei Töchtern nach
Ṣoʿar. Sein Weib, das unterwegs sich umsieht, wird zur Salzsäule. Abraham aber sieht von ferne den Qualm der verbrannten Städte [1].

Ob die folgende Erzählung über die Entstehung von Moab und Ammon [2] dem Erzähler selbst angehörte, ist auch nach Wellhausens an sich
gewiß richtigem Satze [3], daß moralische Bedenken keine kritischen seien,
immerhin zweifelhaft. Denn sie will nicht zu der sonstigen Schilderung
Lots bei J und der Ehrbarkeit seines Hauses, auch nicht zur Landschaft
passen. Man wird sie deshalb doch eher mit Dillmann dem hebräischen
Volkswitz zuschreiben, welcher durch sie seinem Widerwillen gegen Moab-
Ammon Worte lieh [4]. Ein junges Gebilde wird sie auch so nicht sein.|

Die Sara gewordene Verheißung trifft zu ihrer Verwunderung ein;
sie fürchtet, wer es höre, werde ihrer lachen [5]. Der in Isaaqs Kindheit
fallende Aufenthalt Abrahams in Beerseba erscheint auch durch unsere
Quelle verbürgt [6]. Jahve heißt hier *elʿōlām*, der Uralte. Isaaq selbst tritt
uns sofort als Mann entgegen.

Als Überleitung zur Brautwerbung für Isaaq fügt nun J ein ihm
eigentümliches Stück über die Familie Nahors, des Bruders Abrahams,
ein [7], worauf nach einer eingelegten kurzen Abschweifung über eine zweite
Ehe Abrahams nach Saras Tode und die wohl gleichzeitig erfolgte selbständige Niederlassung Isaaqs beim Brunnen Lachaj-roʾi [8] die Brautwerbung
selbst und Isaaqs Heirat mit Ribqa [9] folgt. In einer lieblich idyllischen

---

jedenfalls. Durchgehende Scheidung von J[1] und J[2] (Kretzschmar, Smend) will nicht
gelingen. Gewisse Unebenheiten sind auf Rechnung des Umstandes zu setzen, daß eine
vorisrael. Vorlage bearbeitet ist (Gu., Eichr., Procksch).
1) Gen. 19, 1—28 (von 17 an möglicherweise Teile einer späteren Schicht in J.
Smend will hier wieder J[1] sehen). 2) Gen. 19, 30—38. 3) JDTh. 21, 417 (Komp.[2] 27).
4) Gunkel [3] 218 will die Erzählung für eine ammonitisch-moabitische Sage von heroi-
scher Blutschande in der Weise der altgermanischen Wölsungensage halten. Sie soll
ehedem dem Ruhm der Ahnfrauen gedient haben. Das wäre, wenn auch für unser Empfinden befremdlich, doch nicht ausgeschlossen. Jedenfalls aber ist die Lokalisation der
Sage in der Höhle, eben weil die Sitte, in Höhlen zu wohnen, vielfach bestand, kein Beweis für ihre Beziehung auf eine ganz bestimmte Höhle. Im Gegenteil darf man vielleicht aus ihr die Entstehung auf judäischem Boden, der viel reicher an Höhlen ist als
Moab und Ammon, erschließen. 5) Gen. 21, 1a. (2a?) 7. 6b (vgl. Budde 224. 215).
6) Gen. 21, 33; vgl. Dillm., aber auch Gunkel, der schon vorher J vermutet. In der Tat
kann die doppelte Begründung des Namens in V. 30 und 31 und die sonderbare Einlage
in 25f. nur auf zwei Schichten in E (so Kautzsch[2]) oder einen Anteil von J deuten.
Da nun 33 doch auf J weist, so mag Gunkel mit der Zuweisung von 25f. 28—30. 32f.
an J im Rechte sein. 7) Gen. 22, 20—24. Über die Zugehörigkeit zu J. vgl. gegen
Nöldeke (A) und Wellh. 21, 417. 419 = Komp.[2] 26ff. (E), Dillm., Holz., Driv., Gunk.
8) Gen. 25, 1—6. 11b. Über die Stellung dieses Abschnittes vgl. Wellh. 21, S. 417f.
Dillm.; über seine Zugehörigkeit zu J Budde 225, Gunkel, Driver. 9) Gen. 24. Auch
hier will Gunk. zwei Schichten innerhalb J erkennen. Ich zweifle, ob die Kennzeichen
überzeugend genug sind. Der einzige Anstoß, den man mit vollem Grunde geltend
machen kann, liegt, soviel ich sehe, in 57 ff., wo das Mädchen, trotzdem V. 51 schon
die Einwilligung gegeben ist, noch besonders gefragt wird. Aber auch dies ist m. E.
nicht entscheidend. Tatsächlich wird es im wirklichen Leben oft genug so zugegangen
sein und zugehen. Alle andern Verschiedenheiten fallen erst, wenn diese feststeht,
einigermaßen ins Gewicht, ohne sie nicht. Ich bezweifle deshalb auch Procksch' Scheidung (vgl. Skinner 339 ff.), der einen Teil für E reklamiert. Trotzdem ist nicht aus-

Erzählung, die vielfach an den Verfasser von Kap. 18 f. erinnert, wird
berichtet, wie Abraham, alt geworden, darauf bedacht ist, seinen Sohn vor
einer Verbindung mit den im Lande wohnenden Kanaanitern zu bewahren
und ihm eine Frau aus seiner Heimat Aram Naharaim zu verschaffen. Er
sendet seinen Hausverwalter dorthin in die Stadt Nahors. Unter Jahves
sichtlicher Leitung gelingt es diesem, das Ziel seiner Reise und an demselben die Isaaq bestimmte Jungfrau zu finden. Es ist Ribqa, die Tochter
Betuels, des Neffen Abrahams, | oder wohl besser: seines Bruders Nahor.
Der Knecht geleitet sie nach Kanaan, und Isaaq führt sie in das Zelt
seiner Mutter ein und tröstet sich damit über den Tod seines Vaters [1].
Eine weitere Notiz über Abrahams inzwischen erfolgten Tod scheint ausgefallen zu sein. So wird Ribqa die zweite Stammutter des Volkes Israel.

    3. **Analyse der Abrahamsage** [2]. — Überblickt man diese ganze
jahvistische Abrahamgeschichte, so ist unschwer zu erkennen, daß ihr eigent-
licher **Kern** die Erzählung ist, wie Abraham, aus Haran stammend, in
Kanaan einwandert [3] und bei Hebron und Beerseba sein Zelt aufschlägt.
Hier wird er zum Freunde der Gottheit, die ihm Beweise ihrer Huld gibt.
Seiner Lebenshaltung nach ist er als Schafzüchter [4] der | Gegend um
Hebron und Beerseba [5] gedacht. Damit scheint die älteste bei J erreich-

---

geschlossen, daß hier mehrere Erzählungsformen zusammengeflossen sind (auch Sievers
will von seinen Gesichtspunkten aus zwei Schichten finden, Metr. Stud. II, 206 f. 300 f.).
Aber sie vermuten ist etwas anderes als sie herstellen. Auch Smends Versuch befriedigt wenig.   1) V. 67, falls nach der von Wellh. 21, 418 vorgeschlagenen Lesart אבִיו angenommen werden darf.   2) Vgl. dazu besonders Gunk.³ 159 ff.; weiterhin Greßmann,
Sage u. Gesch. in d. Patr.erzähl. ZAW. 30 (1910), 1 ff.   3) Daß das **Wandern** zum
Kern der Sage gehört, darf man nicht bestreiten. Greßm. 9/10 meint, die ursprünglich
selbständigen Sagen seien von den Erzählern miteinander verbunden, „indem sie A. von
Ort zu Ort wandern lassen". Die „Wanderung" oder, wie man auch zu sagen pflege,
das „Nomadentum" dieses Patriarchen [dazu die folg. Anm.] beruhe hier „also"
nicht auf Überlieferung, sondern sei „eine künstliche Konstruktion, ... um verschiedene
Traditionen zu einer Einheit zusammenzuschweißen". „Diese elementare Erkenntnis der
Sagenforschung" soll alle Rätsel lösen. Tatsächlich wirft sie zwei Gesichtspunkte zusammen, den, daß A. wandert und den, daß auf Grund hiervon einzelne Sagenelemente
(wie der Aufenthalt in Betel s. u.) an die Hauptsage angeschlossen sind. — Demgemäß
sind denn auch Greßm. wirkliche Gründe für seine These (abgesehen von jener allgemeinen Erwägung) nicht überzeugend. Es fehle, sagt er, an konkreter Schilderung
historischer oder kultureller Art, besonders von Zusammenstößen mit der ansässigen
Bevölkerung, die keinen „Volksstamm" hätte friedlich durchziehen lassen. Aber wo
redet denn J von einem Volksstamm? Und was wissen wir denn über die Gründe,
weshalb J die Wanderung Haran-Hebron so kurz abmacht? Endlich, auch wenn
Abr. selbst kein Volksstamm heißt, so ist es doch ganz klar, daß Leute wie die
Chabiru und Stämme wie die ersten Israelstämme früher oder später erstmals ins
Land eindrangen, sowie daß die Schilderung des Verhältnisses der Jaqobsöhne zu
den Hamörleuten von Sikem in Gen 34, 10 („bleibt bei uns, das Land steht
euch offen, zieht darin umher und laßt euch drin nieder") genau das
darbietet, was Greßm. bestreitet und dabei sicher wirklichen Verhältnissen abgelauscht
ist. Außerdem mag in dieser Überlieferung Abraham gedacht gewesen sein wie
Sinuhe, der als einzelner Mann ins Land kam und nach kurzer Zeit vermögender
Herdenbesitzer und Führer eines kleinen Stammes ward (TuB. I, 215, Z. 240, auch
S. 214, Z. 145 ff.).   4) Ein Wandernomade ist freilich Abraham hier nicht, sondern
ein schafzüchtender Halbnomade (vgl. gelegentlicher Rinderzucht 18, 7 f. u. ö.). Aber
daraus folgt nicht, daß die Sage ihn immer an derselben Stelle oder auch nur in
der Nähe seiner spätern Weideplätze weilend gedacht habe. Auch Sinuhe ist von
draußen eingewandert, und es ist wenig glaubhaft, daß die Sage diesen mit seltener
Einstimmigkeit immer wiederkehrenden Zug erst nachträglich künstlich geschaffen hätte.
5) Nach Gu. 161 soll die Erzählung von **Hagars Flucht** in 16, 1—14 den Zu-

bare Gestalt der Abrahamsage gegeben, die, wie man sieht, eine einfache
und nach Verlauf und Entstehung noch ziemlich durchsichtige erzählende
Sage ist, am Schluß (in Kap. 24) mit novellistischem Einschlag.

Es fällt nun auf, daß sie schon in ihrer jahvistischen Form nicht streng
ein heitlich ist. Wie sie hier erheblich mehr enthält als das eben An-
gegebene, so stoßen sich auch mehrere ihrer Bestandteile untereinander [1].
So darf man wohl vermuten, daß wir es heute mit einem oder mehreren
Sagenkränzen zu tun haben, die aus älterem Material zusammengeflochten
sind. Sie mögen dadurch geworden sein, daß sich an jenen Kern als die
Grundlage allerlei von Haus aus andersartige und ehedem selbständige
Stoffe angeschlossen haben oder von Erzählern mit ihr verwoben worden
sind. Die Stoffe selbst mögen primitive und herrenlose Erzählungen oder
Lokal- und Kultussagen sein.

Eine erste Spur mangelnder Einheitlichkeit der heutigen Sage wird
man schon darin finden müssen, daß Abraham von Ägypten aus in den
Negeb, das Land südlich von Hebron, zieht, um von hier nach Betel,
wo er sich schon einmal befunden hatte, zurückzukehren [2]. Noch deutlicher tritt dieselbe Erscheinung in der Tatsache heraus, daß der Zug nach
Ägypten überhaupt den Fortgang der Erzählung sprengt, weshalb man
gerne zu einer Umstellung dieser Abschnitte griff [3]. Vielleicht ist jedoch
auch die Bundschließung mit ihrer losen Anknüpfung [4] erst anderswoher
hinzugekommen. Besser nimmt man deshalb an, daß die Versetzung Abrahams nach Betel nicht zum ältesten Bestande bei J gehört, sondern erst
hereingekommen ist, weil die Verbindung mit Lot die gemeinsame Wanderung beider und ihre Trennung weiter nördlich notwendig machte. Der
Gedanke an das zuzeiten wichtigste Heiligtum des Gebirges Efraim, und

---

sammenhang zwischen der Darstellung von Abrahams und Lots gemeinsamen Schick-
salen (also zwischen ihrer Trennung in 13, 1 ff. und der Sodomgeschichte in Kap. 18 f.)
sprengen und daher späterer Einsatz (aus J[b]) sein. Dasselbe gilt nach ihm von dem
Vertrag in Beerseba in 21, 22 ff., sofern er J angehört (s. darüber oben S. 216, Anm. 6)
— weil nämlich Abr. ursprünglich nur in Hebron weile. Hier liegt eine petitio
principii vor. Gehört in 21, 22 ff. eine Version zu J, was recht wohl möglich ist, so
weilte nach J Abr. in Beerseba. An sich ist dagegen gar nichts einzuwenden, da
Beerseba nahe genug bei Hebron liegt und alle Bedingungen für das Leben, wie
es bei Abr. vorausgesetzt wird, bietet. Was aber Kap. 16 angeht, so ist jedenfalls
das Zusammengehen mit Lot nicht das Erste in der Abrahamsage und nicht zu ihrem
Kern gehörig (siehe S. 219). Es fragt sich daher sehr, ob es geraten ist, andere Geschichten an diesem Maßstab zu messen. Bedenkt man, daß die meisten Einzelsagen
einmal als Stücke für sich erzählt wurden, so ist kein Grund einzusehen, weshalb nicht
schon vor der Aufnahme Lots in die Abrahamsage ein Sammler die Episode mit Hagar
in seinen Sagenschatz aufnahm. Nun geht diese schwerlich von Hebron aus, viel eher
von Beerseba. Denn der Brunnen Lachaj-ro'i liegt hinter Qades. Danach hat auch
in dieser Geschichte Abr. sein Weidegebiet nicht lediglich bei Hebron, wozu auch an
sich keinerlei Veranlassung vorliegt. Vgl. noch nachher Anm. 4.
  1) Vgl. außer dem Folgenden schon das S 214. 216 über den Bund und die Töchter
Lots Gesagte. Weiter über die Gottesanschauung schon Bd. II[4], 372.   2) Da seine
Gestalt gar nicht an Betel haftet, sondern Abraham nur hier durchzieht (was freilich
keine eigene Quelle heischt, geg. Smend u. a.), so ist es an sich schon wahrscheinlich, daß seine Rückkehr dorthin 13, 3 f. ein künstliches Gebilde innerhalb des J ist,
hergestellt, um eine Verbindung mit Lot zu gewinnen. Es kommt dazu, daß Betel
derjenige Ort ist, den eigentlich erst Jaqob entdeckt (28, 10 ff.; 35, 1 ff.), so daß auch
von hier aus Abrahams engere Beziehung zu Betel zweifelhaft wird.   3) Vgl. Dillm.
und dagegen Wellh. 21, 413 (Komp.[3] 23).   4) Die Einführung: „nach diesen Geschichten" paßt kaum zu dem Wenigen, was in Kap. 12 u. 13 erzählt ist, und setzt
anderseits doch schon eine vorangehende Erzählung voraus. Vgl. noch S. 215[1].

daß Abraham auch sein Stifter sein müsse, mag dabei mitgewirkt haben.
Abraham ist also hier wohl ehedem gleich nach Hebron gewandert und
hat dort Gottes Offenbarung empfangen. In welcher Weise sie sich vollzog,
sehen wir nicht mehr genau. Jedenfalls aber gehörte zu ihr die Ankündigung eines Sohnes [1].

Zu diesem Befunde stimmt die weitere Tatsache, daß die Sagen von
So d o m und von L o t durchaus den Eindruck s e l b s t ä n d i g e r G e b i l d e
machen. Lot wird kaum eine fremdländische Gestalt sein, sondern als
der Ahnherr von Moab und Ammon dem Ostjordanland angehören [2]. Und
der Untergang Sodoms ist so eng mit dem Toten Meer und dessen Entstehung verflochten, daß man die Entstehung der Sage wohl hier am Orte
suchen muß [3]. Dem Hauptstrang der Erzäh|lung hingegen gehören augen-
scheinlich wieder an die Sagen von Isaaq, Ismael und Hagar, sowie die
Brautwerbung für Isaaq.

Damit ist der A u f r i ß d e r A b r a h a m s a g e bei J gegeben. Einem
Hauptstrang der Sage, die von Haran nach Hebron und Beerseba führt
und von dort zeitweilig wieder zurücklenkt, sind Stoffe, die am Toten Meer
und in Moab heimisch sind, eingewoben. Durch die Verbindung mit Lot
ist Abraham sodann zum Aufenthalt in Betel veranlaßt. Gleichzeitig oder
später ist der Held der Sage nach Ägypten und wieder zurückgeleitet und
eines Bundes mit der Gottheit gewürdigt worden.

Wie hat man sich die Vorgeschichte des heutigen Textes von J zu
denken — m ü n d l i c h oder s c h r i f t l i c h ? Hierüber läßt sich kaum eine
sichere Auskunft gewinnen. Sind auch einzelne Spuren schriftlicher Vorlagen zweifellos vorhanden und läßt sich die Tatsache ihres Vorhanden-
seins in früher Zeit wahrscheinlich machen [4], so sind jene Spuren doch
im einzelnen viel zu geringfügig, als daß man auf sie die Herstellung der
Urgestalt größerer Sagenbücher, aus denen der Jahvist geschöpft hätte,
h e u t e n o c h bauen könnte. So sicher es also ist, daß J einzelne schriftliche Vorlagen zur Verfügung standen, so wenig läßt sich die Annahme
widerlegen, daß er mehrfach den Hauptstoff seines Buches aus mündlicher
Überlieferung aufnahm. Freilich mag auch sie schon damals mancherlei
Stufen der Entwicklung von der einfachen Einzelsage zum kunstreichen
Gebilde des Sagenkranzes durchgemacht haben [5].|

---

1) Damit ist mittelbar auch wieder die Hagargeschichte von Kap. 16 vorausgesetzt.
2) Abgesehen von der Episode von Lots Töchtern, die eher ins Gebirge Juda gehört,
s. oben S. 216.   3) Zur Sodomsage gehört jetzt auch diejenige über die Himmlischen
in H e b r o n 18, 1 ff. Von Hause aus gehört sie schwerlich zur Sodomsage, aber wohl
auch nicht zur Abrahamsage selbst. Das Motiv ist allgemein und international. Nach
Hebron ist es verlegt, weil hier eine Gottesoffenbarung an Abraham bezeugt war. So
wurde es mit der Abrahamgeschichte verbunden. Freilich daß das Fehlen des Weines
und das Liegen zum Essen (Gunk.² 200; Greß. 11) den einheimischen Charakter ausschließe, ist kaum zu belegen. Abraham ist Zeltbewohner; im Zelte aber führt man
keine Tische mit, am wenigsten, wenn man unter einem Baum oder grünem Rasen ißt.
Abraham ist weiter, auch wenn er in Hebron wohnt, doch nicht als Fellach oder Wein-
bauer der Gegend gedacht, sondern als zeltender Hirt. Wäre er Städter von Hebron,
so hätte er seinen Wein, so gut wie der trunkene Lot, der ihn aus Sodom noch in die
Höhle mitnimmt 19, 33. 35. Weiteres unten § 27, 3 a. E.   4) Darüber besonders
unten in § 24.   5) Gunkel legt Wert darauf, auch in der Abrahamsgeschichte
zwei S a g e n b ü c h e r (Gen.³ 161 unten wird Jᵇ so genannt), die von einem Dritten
Jʳ zusammengearbeitet seien, zu unterscheiden (vgl. über Jᵃ und Jᵇ auch Gen.³ 162 oben).
Genauer denkt er sich (S. 161) den Hergang so, daß in den Sagenkranz Jᵃ von
anderer Hand weitere Sagen (Jᵇ) eingearbeitet seien. Es ist mir aber sehr zweifel-

4. Über Isaaqs ferneres Leben hat auch unsere Quelle verhältnis-
mäßig wenig, wenngleich mehr als E berichtet.|

---

haft, ob es je ein Sagenbuch J^b in der von G. angenommenen Gestalt gegeben hat,
wie mir auch sein Buch J^a Bedenken erweckt. Daß dieses schon Lot mitziehen
läßt (12, 4; 13, 5 ff.), zeigt deutlich, daß wir es schon mit einem Gebilde zweiter
Stufe zu tun haben (vgl. vorhin S. 219). Wir können also jedenfalls ohne Schwierigkeit über J^a zurückgelangen zu dem Kern der Sage, der Lot noch nicht kennt —
dann aber ist die Bezeichnung J^a (die doch wohl = J^1 sein soll) ziemlich gegenstandslos. Was aber J^b anlangt, so versagt hier mehrfach die „Quellenscheidung".
Ich kann sie nur in 21, 22 ff. und allenfalls in Kap. 24 (siehe oben S. 216, Anm. 6 u.
Anm. 9) als einigermaßen begründet erachten. Darauf aber läßt sich die Hypothese
von einem „Buche" nicht bauen. In den übrigen Fällen läßt sich m. E. mit einem
Schriftsteller auskommen, der selbständige Erzählungsstücke, also Einzelsagen in mündlicher Überlieferung vorfand und sie zu einem künstlerischen Gebilde zusammen-
arbeitete. Das meiste von G.s J^r wird ihm ebenfalls zugehören. Meine Meinung ist
trotzdem nicht, daß J nicht neben mündlichen auch schriftliche Vorarbeiten vorfand,
die er verarbeitete. Aber es wird, abgesehen von einzelnen je und dann zutage tretenden Spuren, kaum möglich sein, sie heute noch irgendwie zuverlässig auszuscheiden.
Ja es läßt sich in den weitaus meisten Fällen gar nicht mehr bestimmen, ob schriftliche oder mündliche Vorarbeiten vorlagen. Nur daß sie da waren, sieht man mit voller
Deutlichkeit. — Ähnlich liegen die Dinge auch bei der eigentlichen Urgeschichte.
Ich wähle als Beispiel Gen. 2 und 3. Hier ist vollkommen klar, daß die heutige Gestalt der Erzählung keinesfalls die erste ist, welche der Stoff erhalten hat, sondern daß
ihr Vorstufen vorangehen, die der Erzähler verarbeitete. So kommt es, daß die
heutige Erzählung eine richtige Sündenfallgeschichte ist, die das Problem der Entstehung
von Gut und Böse im sittlichen Sinn und das Werden der Übel deuten will. Aber
was dem Verfasser vorlag, waren z. T. primitive, mit mythischen Elementen durchsetzte Geschichten (vielleicht kanaanitischer Herkunft), in die erst J die religiösen und
sittlichen Werte eingetragen hat, die wir ihnen heute beimessen. Jene „Vorlagen"
lassen sich nicht im Zusammenhang ermitteln; nur an einzelnen Punkten ist ihr Dasein noch erkennbar. 1) Die jetzt zur Haupterzählung erhobene Erzählung kannte
nur einen Baum, der vielleicht nur Baum des Erkennens (vgl. 2, 9. 17), vielleicht
aber gelegentlich auch schon Baum der Erkenntnis von Gut und Böse (so nach 3, 5.
22) hieß, jedenfalls aber den Charakter eines märchenhaften Zauberbaumes hatte. Als
„Erkenntnis" war wohl alles höhere Wissen (Kultur, sittliche Regungen, sexuelle Einsicht) gedacht. Erst J streift den primitiven Charakter ab. Ihm ist der Baum nicht
mehr magisch gedacht, sondern Vermittler der sittlichen Erkenntnis, an dem das Gewissen erwacht. Baum und Frucht als solche sind hier wertlos, sind nur Träger
einer Idee. — 2) Das Gebot ist für J Mittel der sittlichen Bewährung, überhaupt
der sittlichen Betätigung: hier ist wieder das Materielle des Verbots gleichgültig (eine
lockende Blume, ein Tier oder ein blinkender Edelstein im Garten tat denselben
Dienst) — die Tatsache und die hinter ihr stehende Idee alles. Es scheint aber eine
Vorstufe der Erzählung gegeben zu haben, in der die Gottheit dem Menschen die Erkenntnis vorenthalten wollte: nur so erklärt sich, daß sie nachher erschrocken ist
und sich sorgt 3, 22. — 3) Der Lebensbaum spielt ehedem eine selbständige Rolle.
Er tritt erstmals in 3, 22 praktisch in den Gesichtskreis des Lesers. Hier liegt ein
Fragment einer Sondergeschichte vor — vielleicht mit dem (Lebens-)Strom im Para-
diese zusammengehörig (Gu.) —, die Berührung mit dem Adapamythus zeigt. Die
Geschichte mag eine Parallele zur Grundlage der jetzigen Haupterzählung gewesen
sein. — 4) 3, 20 (Eva Mutter aller) steht ganz beziehungslos und scheint [nach einer
Lücke, in der sie erstmals Mutter wird] einst Fortsetzung von 2, 25 gewesen zu sein. —
Man erkennt leicht: die Art, wie J umgestaltet und souverän gestaltet, sieht durchaus
nicht nach „Redaktoren"arbeit aus. Es liegt Verschmelzung und Umgießung von
Vorlagen vor, aber wofern diese in Büchern oder Urkunden bestanden, sind höchstens
einzelne Stücke aus ihnen verwandt, das Wesentliche sind hier durchaus die Geschichten selbst, die Stoffe und ihre Verwendung. Dasselbe gilt von 11, 1 ff.;
18, 1 ff. Damit erledigen sich zum größten Teil auch die neuesten Aufstellungen
Smends, Hexat. 16 ff., die viel zu stark mit dem Seziermesser des Literarkritikers
der alten Observanz arbeiten. (Zu S. 19 f. über 3, 17 ff. ist die Frage gestattet: Aß
je ein Nomade das Kraut der Steppe?) Vgl. noch unten S. 225 ^{1}. — Zur Geschichte

Eine Hungersnot bringt ihn in die Versuchung, wie einst sein Vater
tat, nach Ägypten zu ziehen. Jahve wehrt es ihm. Er bleibt in der Gegend von Beerseba im Gebiete von Gerar und Jahve segnet ihn hier mit
großem Reichtum. Dem Philisterkönig von Gerar Abimelek erscheint er
deshalb zu mächtig, daher er Isaaq von sich weist. Isaaq wendet sich
südostwärts nach dem Nachal Gerar, dem Wadi esch-Scherï͑a. Hier graben
seine Knechte Brunnen, geraten aber darob mit den Hirten von Gerar in
Streit, was den Wüstenstationen ͑Eseq, Siṭna͑(Schuṭein), Reḥobot (Ruḥaibe)
die Namen gibt [1].

Auch Ribqa ist, wie einst Sara, unfruchtbar. Isaaq betet für sie, sie
wird schwanger. In ihrem Leibe stoßen sich zwei Kinder. Sie befragt
Jahve und erfährt, daß zwei Stämme aus ihrem Schoße sich scheiden werden, der größere aber dem kleineren dienen müsse. Sie gebiert Zwillinge,
den Esau, der ein schweifender Weidmann wird, des Vaters Liebling, und
Jaqob, den die Mutter liebt, weil er ein stiller Mann wird und bei den
Zelten weilt. Eines Tages hat Jaqob sich ein Linsengericht bereitet. Esau
vom Felde heimkehrend begehrt davon zu essen. Jaqob beutet in hinter-
listigem Eigennutz des Bruders Gier aus und verlangt als Preis die Erstgeburt. Esau, leichtfertig sein Vorrecht geringachtend, gibt sie hin und
heißt nun der Rote (Edom) [2].

Der hierin schon zum Ausdruck gekommene Gegensatz zwischen den
beiden Brüdern wird noch verschärft und führt zum Bruche durch Jaqobs
betrügliche Aneignung des Erstgeburtssegens. Die Erzählung derselben

---

vom Sündenfall vgl. Lina Keßler in ZWA. 35 (1915), 34. Auch sie betont, daß
letztlich Gewissensregung der Sittlichkeit, also das sittliche Bewußtsein hier das Ent-
scheidende ist. Außerdem vgl. Meinhold, Einf. ins AT. 1919, 104 f. 131 f. und bes.
Festschr. Budde 122 ff. Er glaubt drei verschiedene Erzählungen scheiden zu können. —
Zu den Urgeschichten überhaupt: Ehrenzwelg ZAW. 38 (1919/20), 65 ff. 85. Sie
sind ihm keine Sammlung volkstümlicher Sagen, sondern ein Erzeugnis priesterlicher
Gelehrsamkeit, die aus heiligen Texten, besonders Festlegenden eine „Bibel vor der
Bibel“ schuf, die von Land zu Land wanderte. Das Bindeglied mit dem Orient und
Kleinasien war Delphi. Seine Gedanken werden dann fortgeführt von Gruppe und
Rhodokanakis ZAW. 39, 67 ff. Das beigebrachte Material ist von höchstem Interesse.
Doch steht seine Verarbeitung mir nicht scheint, noch in den ersten Anfängen. Wie
der vorsätzliche Mörder Kain zu den „Wölfen“ — unvorsätzlichen Totschlägern — kommt
(71); wie sein Mord als Notopfer in Dürre erscheinen kann (72); wie der entrückte
Henoch mit der Flut zusammenhängt (75); wie Gen. 3, 15 sich als ursprüngliche Feindschaft zwischen Mann und Weib (77) erklären soll, und manches andere bleibt vorläufig dunkel. 1) Gen. 26. Die Hungersnot in V. 1, dann V. 2. 12—17 (außer 15). 19—22
stellen den Bericht von J dar. V. 7—11 hingegen kann nicht aus derselben Über-
lieferungsschicht in J stammen wie 12, 10 ff.; vgl. noch Kuen., Einl., § 13, Nr. 11.
Skinner. Holz. teilt 6. 7—33 (außer 15 u. 18) J zu, ähnlich Gunkel. Falls nicht E vorliegen sollte, was kaum möglich ist, so kommt für 7—11 ein jüngerer Nebentrieb von
J (also ein richtiger „J²ᵃ“) in Frage, dessen Erzähler aber schon die Version von E
bei Abraham kannte. Vgl. noch Wellh., Prol.⁵ 323, Anm. Procksch 297. Gunkel³ 225.
Smend 52 sieht hier den J¹. Auch hier kann natürlich nur das philistäische Gerar
gemeint sein. (Vgl. S. 232⁷ u. 214⁷.) Der Sache nach ist diese Gerargeschichte
(außer 7—11) die altertümlichste unter den verschiedenen Versionen derselben Sage
(vgl. S. 216 über die doppelte Rezension im 21, 22 ff.) und zugleich diejenige, die allein
wirkliches historisches Material enthält. In der heutigen Form freilich ist sie stark
überarbeitet, wie ja schon der Umstand zeigt, daß aus Abimelek von Gerar ein
Philisterkönig geworden ist. 2) Gen. 25, 21—24. 27—34 (V. 24. 27 f. auch in E).
Über die Stellung nach Kap. 26 s. Dillm.; über V. 27 Budde S. 117. Gunkel und
Procksch 29—34 = E. Smend vermutet hier J¹.

in Kap. 27 ist stark mit Zügen aus E gemischt, doch lassen sich eine Reihe von Teilen des ursprünglichen Berichts unserer Quelle noch ausscheiden [1]. Der Hergang verläuft fast genau in derselben Weise, wie sie unten für E angegeben ist. J eigentümlich ist nur die Erinnerung Esaus an den Namen des Bruders [2]: habe er ihm schon beim Verkauf der Erstgeburt die Ferse gehalten, so nun zum zweitenmal. Die Benennung Jaqobs leitet demnach J nicht von der Geburt der Brüder ab.

5. Von Beerseba, was jedenfalls nicht weit vom Nachal Gerar, dem letztgenannten Aufenthalt Isaaqs in unserer Quelle, ist, macht sich Jaqob auf nach Haran. Einmal des Nachts [3] träumt er, Jahve stehe neben ihm, gebe sich ihm als Gott Abrahams und Isaaqs zu erkennen und verheiße ihm glückliche Heimkehr und den Besitz des Landes, seinem Samen aber Ausdehnung über alle vier Winde. Erwachend erkennt er, daß Jahve an diesem Orte sei, und nennt ihn Betel [4].

Eine 29, 1 entsprechende Notiz aus J über die Fortsetzung der Reise hat R weggelassen. Wir finden Jaqob wieder vor einem Brunnen auf freiem Felde, wo er sich mit den die Herden tränkenden Hirten in Zwiesprach einläßt und vernimmt, daß er mit den Knechten Labans, des Sohnes von Nahor und des Bruders seiner Mutter, redet. Bald kommt Labans Tochter Rahel selbst. Jaqob küßt sie als Verwandter und weint vor Freude. Laban selbst begrüßt seinen Schwestersohn, führt ihn in sein Haus und erbietet sich, mit Jaqob, nachdem dieser ihm eine Weile gedient hat, einen Lohn zu vereinbaren [5].

Die Verhandlungen um Rahel, die Unterschiebung der Lea und die endliche Gewinnung der Rahel durch weitere sieben Dienstjahre werden nun von R aus E mitgeteilt. Nur die Entschuldigung Labans mit Hilfe einer Sitte des Landes scheint auf unsern Schriftsteller zu weisen [6].|

Lea gebiert Ruben, Simeon, Levi, Juda; Rahel aber ist unfruchtbar. Von ihrer Magd Bilha erhält Jaqob Dan und Naftali, von Leas Magd Silpa Gad und Ascher. Durch Rubens Liebesäpfel erkauft sich Lea von Rahel das Recht der Beiwohnung Jaqobs; Lea gebiert Issakar und Sebulon, Rahel den Josef [7].

Nun wünscht Jaqob in die Heimat zurückzukehren. Laban will ihn nicht ziehen lassen und ist zu neuen Verhandlungen bereit. Jaqob verlangt für sich keinen Lohn; aber was von jetzt ab in Labans Herden mit ungewöhnlicher Farbe geworfen wird, soll ihm gehören. Laban willigt ein; Jaqob aber weiß durch allerlei Hirtenkniffe die Abmachung zu seinem Vorteil zu wenden [8].

Jaqobs Glück erweckt Labans und der Seinen Unzufriedenheit. Daher heißt Jahve Jaqob nach Hause kehren. Laban jagt ihm nach, erreicht ihn auf dem Gebirge Gilead und stellt ihn zur Rede [9]. Auch unsere Quelle

---

1) Zu J gehörte wohl das meiste in 1—4. 5—10, ferner 15 zum Teil, 20. 24—27. 29 b. 30 a 35—38. 40*. 43*. 45. Vgl. auch S. 235.   2) Vgl. 36.   3) 28, 11 a muß mit E gemeinsam wenigstens dem Sinne nach in J gestanden haben. Vielleicht bot aber J noch erheblich mehr (ob auch die Himmelsleiter?), was die Redaktion verwischt hat.   4) Gen. 28, 10 (11a). 13—16. 19a. Siehe die vorige Anm.   5) Gen. 29, 2—14. 15a? Über V. 4f. wie über 28, 10 vgl. ThStW. 1886, S. 195.   6) V, 26 wegen צעיר und בכור.   7) Gen. 29, 31—35; 30, 3 b—5. 7. 9—16. 20 b. 24 b. Über gewisse Einzelheiten der Scheidung s. bei Gunkel.   8) Gen. 30, 25. 27. 29—43. Vielleicht ist Gunkel im Rechte, wenn er auch hier eine Erzählung von E mit derjenigen von J verwoben finden will. Smend denkt an J[1] neben J[2].   9) Gen. 31, 1. 3. 25. 27.

muß hier eine von R zugunsten des ausführlicheren Berichtes von E unterdrückte Erwähnung der schließlich zur Versöhnung führenden Verhandlungen zwischen Jaqob und Laban gehabt haben. Laban schichtet einen Wall auf, der Zeuge sein soll, daß keiner von beiden Teilen zum Schaden des andern die Grenze überschreite (Gal-ʿēd) [1].

Zu Esau sendet Jaqob Boten voraus. Sie kehren mit der Nachricht zurück, Esau ziehe mit 400 Mann Jaqob entgegen. Jaqob vermutet darin Feindschaft und teilt, um wenigstens die Hälfte zu retten, seine Leute und Herden in zwei Lager, erbittet sich Jahves Schutz und gleichzeitig durch reiche Geschenke des Bruders Gnade [2]. An der Furt des Jabboq erwartet er die Nacht und setzt in derselben mit seinen Weibern und Kindern über den Fluß. Hier ringt ein Mann die ganze Nacht mit ihm. Da Jaqob den Gegner im Ringen nicht zwingt, so schlägt er ihn an die Hüftpfanne. Nun legt sich jener, kampfunfähig geworden, aufs Bitten; doch will Jaqob ihn nicht loslassen, ohne Segen zu erlangen. Er besteht in der Verleihung des Ehrennamens Israel-Gottesstreiter [3].

Erst durch diesen Kampf mit Gott ist Jaqobs frühere Schuld gegen Esau gesühnt [4]. Nun bringt ihm die Begegnung mit Esau keine Gefahr. Esau kommt ihm versöhnt entgegen, und Jaqob gelangt wohlbehalten weiter westwärts nach Sukkot [5]. Von hier siedelt er wohl auch in dieser Quelle ins Westjordanland nach Sikem über [6].

Über Jaqob-Israels nun folgenden Aufenthalt in Kanaan erfahren wir vor der Josefsgeschichte nur noch wenig. Das Hauptstück ist Kap. 34, die aus J und E gemischte Erzählung über Dina. Allerdings gehen hier Wellhausen und Dillmann stark auseinander; letzterer denkt an P neben J, doch scheint mir jetzt des ersteren Scheidung die richtigere Beobachtung zugrunde zu liegen. Sikem, der Sohn des Landesfürsten Hamor, raubt Jaqobs Tochter Dina. Er liebt sie, und von Jaqobs [7] Söhnen zur Rede gestellt, ist er erbötig, jede Bedingung einzugehen, wenn er Dina zur Ehe erhalte. Sie fordern die Beschneidung der Sikemiten. Die vom Wund-

---

1) V. 51 f., aber ohne מַצֵּבָה, was harmonistische Glosse ist, da (gegen Wellh. XXI, S. 431 f.) das Verb. ירד nur zu גל paßt; vgl. הקים V. 45. Siehe aber unten S. 237, Anm. 4. 2) Geht aus 33, 9 f. hervor. 3) Gen. 32, 5–9. 14 a. 23. 25—29 (V. 30 f. vielleicht aus E vgl. Ex. 3, 13 f.: die Frage nach dem Namen der Gottheit: V. 33 = R.). Der Hauptgrund für J in V. 25 ff. (mit Wellh. gegen Dillm.) ist mir neben dem Namen Israel, der künftig ein Zeichen von J ist (nur der Abschluß dieser Geschichte selbst und Kap. 34 haben [ohne Zweifel durch R] der Gleichförmigkeit halber noch den Namen Jaqob), die Urwüchsigkeit der ganzen Szene, die stark an Ex. 4, 24 ff. erinnert. Daß die Erzählung nicht ganz einheitlich ist, haben Holz. und Gunk. richtig erkannt; ob die Spuren einer Parallelerzählung auf E weisen, ist nicht sicher. Gu.s Gründe für E haben wenig Überzeugendes (es ist ja freilich naheliegend, die Umnennung in Israel im „Reiche Israel", dem man meist E zuweist, entstanden sein zu lassen; aber Tatsache ist, daß J die Umnennung, die er doch jedenfalls a u c h kennen mußte, verwertet; vgl. Sachße, Israel I u. König Gen. 57 f. [s. S. 227 [1]], wohl aber ist die Beobachtung 26 a ǁ 26 b ganz richtig und aus ihr folgt dann, daß jedenfalls 32 b (das Hinken) zu 26 b (zur Verrenkung) gehört. Weiter bei E. 4) Das ist der Grund der Einschaltung der Geschichte an unsrer Stelle. R macht den Gedanken noch deutlicher durch das angelegte Gebet V. 10—13. 5) Daß er sich in Sukkot, das „Hütten" bedeutet, ein „H a u s" baut, darf nicht dazu verleiten, Jaqob als Städter zu denken. Wie soll er in diesem Orte anders wohnen? 6) Gen. 33, 1—4 a. 4 c. 5 a. 6—10. 12—17 (Teile aus V. 19 f. bzw. eine Parallele dazu?). Meyer, Isr. 275 f. läßt Jaqob bei J ums Tote Meer herum nach Hebron ziehen. Das ist, da die Dinageschichte bei Sikem spielt, wenig wahrscheinlich. 7) Über den Namen Jaqob s. vorhin die Anm. und das sofort folgende.

fieber Ergriffenen überfallen Simeon und Levi heimtückisch, ermorden
alles Männliche in der Stadt und nehmen Dina weg. Jaqob fürchtet die
Folgen der Tat und straft die Söhne hart [1].

Vielleicht infolge dieser Tat bricht Israel, welchen Namen der | Re-
daktor mit Rücksicht auf P 35, 10 jetzt erst in J einführt, von Sikem
auf zum Herdenturm bei Betlehem. Dort vergeht sich Ruben mit seines
Vaters Kebsweib Bilha [2]. Von Kap. 36, dem hier eingeschalteten Ge-
schlechtsregister Esaus und der Edomiter, gehören vielleicht einzelne
Teile unserer Quelle an [3]. Doch ist die Scheidung überaus unsicher und
bestritten.

6. Analyse der Isaaq-Jaqobsage [4]. — Eine selbständige Isaaqsage gibt es strenggenommen nicht. Soweit sie nicht der Sage von Abraham angehört, gehört sie zu derjenigen von Jaqob. Es war abgesehen
von dem Kind und Haussohn oder von dem Vater Esaus und Jaqobs über
ihn nicht viel zu melden; so ist eigentlich die Gerargeschichte das einzige,
was Isaaq selbständig erlebt hat. Sie bildet eine geschichtlich gar nicht
unwichtige Einzelerzählung, die heute in Ermangelung einer richtigen
Isaaqsage in die Jaqobsage eingelegt ist [5].

Einen um so breiteren Raum nimmt nun die Jaqobsage selbst ein.
Der verbindende Faden, an dem sie heute läuft, ist Jahves gnädige Leitung
trotz menschlicher Torheit und Ungerechtigkeit. Jene zu erweisen ist des
Jahvisten Absicht. So muß denn Jaqob um seines Unrechts willen vor
dem Bruder fliehen und kommt auf der Flucht zu Laban und bei ihm zu
Weib, Kind und Besitz, mit denen er, auch jetzt von Esau bedroht, aber
nicht gefährdet, ins Land der Verheißung heimkehrt. Auf diese Weise
bildet die Geschichte von Jaqob in ihrer Anlage viel deutlicher als die
von Abraham ein scheinbar von Anfang an ausgeführtes Ganzes. Der
Aufriß bietet von Anfang an mehr Konkretes; die Geschichte zerfällt in
mehrere einzelne, aber unter sich eng und mit einer gewissen Notwendigkeit zusammenhängende Glieder. Die Abrahamsgeschichte hat von Haus
aus nur ein Thema, dem einzelne Geschichten angegliedert sind; die
Jaqobgeschichte hat eine ganze Anzahl Themen: Jaqob und Esau — Jaqob
und Laban — Jaqobs Heimkehr.

Der Umstand nun, daß sowohl J als E diese Themen in der Hauptsache gleich behandeln, zeigt, daß die Geschichte schon vor J und E
in derselben oder einer ähnlichen Form wie heute vorhanden war. Trotzdem ist diese Form nicht die Urform. Zwei Gründe sind dafür maß-
gebend: erstens finden sich, in die Sage eingelegt, Stoffe, die nicht | not-
wendig zu dem eigentlichen Thema zu gehören scheinen; und zweitens
besonders finden sich in den Sagen Stücke, die zum Teil auf einer andern

---

1) Gen. 34, 2 b. 3. 5. 7. 11—13. 14. 19. 25 f. 30 f. Siehe aber darüber Wellh.,
Komp.[2] Text u. Nachtr.; Kuenen, TT. 14, 256 ff.; Einl., § 16. Nr. 12; Holzinger;
Skinner, jetzt auch Smend (J[1]). Sellin (Sichem 61 ff.) denkt an eine eigene Sikem-
sage, deren ältere Form (1. 2a. 3a. 2b. 5. 7. 11 f. 19. 25 f. 29 b. 30 f.) nur Sikem
handeln läßt, der Dina raubt, um sie zu heiraten. Von der Beschneidung ist hier
nicht die Rede. (Ähnlich schon Procksch.) Simeon und Levi ermorden das Adels-
geschlecht von Sikem (?). Vgl. noch unten bei E.   2) Gen. 35, 21 f.   3) Man
schreibt jetzt gerne V. 15—19 (15.—17. 19) und 31—39 J zu, doch ohne genügende
Beweise. Smend fordert sogar auch 2 f. 9—19. 20—30 für J.   4) Siehe dazu Wellh.,
Prol.[3] 339 ff. ([5]325 ff.); Gunk.[3] 291 ff.   5) Daher ist sie denn auch heute an die un-
richtige Stelle verlegt, nämlich hinter Kap. 25.

Stufe der Anschauung stehen als die übrigen. Wir kommen damit trotz
der strengeren Ordnung, in welche die Sagen hier gebracht sind als bei
Abraham, doch schließlich zu einem verwandten Ergebnisse: auch sie sind
zum nicht geringen Teil aus ehedem selbständigen Einzelsagen zusammengeflossen und erst nachträglich, wenn auch recht früh, in die heutige Ordnung gebracht. In dieser Ordnung als Sagenkranz haben sie denn auch
notwendig jenen Charakter des moralischen Pragmatismus angenommen,
der bei J und E deutlich durchblickt.

Die vorhin an zweiter Stelle genannte Wahrnehmung von einer andern
Stufe der Anschauung als diejenige ist, welche der heutige Erzähler
verrät, läßt sich schon gleich beim Übergang der Isaaqs- in die Jaqobs-
geschichte und dann des öfteren in deren Verlauf machen. Geschichten
wie die von der Erschleichung der Erstgeburt und hernach des Erstgeburtssegens durch Jaqob oder weiterhin von der Überlistung Labans
durch Jaqob, wohl auch derjenigen durch Rahel, sind mit viel zu viel
natürlichem Humor und urwüchsigem Behagen an tollen Streichen und
schalkhaften Kniffen erzählt [1], als daß man annehmen könnte, sie seien
von Anfang an in dem heutigen moralischen Pragmatismus: Jaqob muß
fliehen, weil er Esau betrogen hat, und muß, um seine Schuld zu sühnen,
mit Gott kämpfen und trotzdem noch sich vor dem Bruder ängsten, gestanden. Wäre das von Hause aus die Absicht gewesen, so wäre die
Geschichte mit ganz anderer sittlicher Entrüstung erzählt. Von ihr spürt
man aber im Texte selbst so gut wie nichts. Sie liegt lediglich in der
Verknüpfung.

Das weist uns die Spur. Der Text selbst d. h. die Geschichte als
solche ist hier älter als die Verknüpfung. Sie bestand einst für sich
und war dann eine urwüchsige Hirtengeschichte über Jaqob und Esau
oder Jaqob und Laban [2]. Im Kreis der Hirten am Lagerfeuer, im Dorf|
oder im Zeltlager wurden solche Geschichten als einzelne Stücke erzählt,
Hirtenschwänke, über die der Kreis der Hörer in heller Freude an den
tollen Streichen aufjauchzt. In der ersten und zweiten ist das Thema:
Edom und Israel, zugleich Jäger und Hirt, und wie der kluge Hirt Israel
den armen, etwas dummdreisten Hungerleider Edom, der doch vor ihm
im Lande war, überlistet und aus seinen Sitzen bringt. In der dritten ist
der leidtragende Teil Laban der Aramäer. Hier handelt es sich um einen
spezifischen Hirtenschwank, der sogar abgelöst von den Namen Jaqob und
Laban und damit Israel und Aram ganz wohl denkbar wäre und dann
lediglich die helle Freude an den gelungenen Kniffen durchblicken läßt.

---

1) Darauf hat in neuerer Zeit mit vollem Recht Gunkel (vgl. Gen.² 297. 324.
337. 348) aufmerksam gemacht. Diese Erkenntnis ist erheblich wichtiger als die von
Smend zumeist unter Mißachtung der Mitarbeit anderer in den Vordergrund gerückte
Frage, ob auch literarisch ein J [1] zu erkennen sei. 2) Man könnte hier, ähnlich
wie bei dem Kampf am Jabboq, daran denken, daß auch diese Geschichten einst herren-
loses Gut, in diesem Fall freischweifende Hirtenschwänke aus Grenzgebieten am Raude
der Steppe gewesen seien Aber die Verknüpfung mit der Erstgeburt ist zugleich Verknüpfung mit Jaqob und so müssen die Jaqob-Esau Geschichten wohl immer an den
Namen Jaqob und Esau gehaftet haben. (In Preuß. Jahrb. 176 [1919] 358 macht Gunk.
dagegen geltend, daß die Geschichte anders verlief, indem Israel Edom mit Gewalt,
nicht mit List bezwang. Aber daran bindet sich die Sage, wo sie zum Schwank greift,
nicht. Der ganze Artikel bedeutet keinen Fortschritt gegenüber des Verf. Kommentar)
Viel eher könnte in der Labangeschichte wenigstens der Hirtenkniff Jaqobs ursprünglich einen freischweifenden Hirtenschwank dargestellt haben.

Doch ist auch hier die Verbindung mit Laban um der Verknüpfung mit Labans vorausgegangener Hinterlist willen wahrscheinlicher [1].

Noch deutlicher tritt diese Erscheinung zutage in den Geschichten von der Gotteserscheinung in Betel und dem Ringkampf in Pnuel. Der hier geschilderte Gott, auch wenn die Himmelsleiter von Betel nicht zu J gehören sollte, ist nicht der Gott des Jahvisten, wie wir ihn aus den Texten, wo er selbst redet, kennen [2]. Vor allem ist die in Pnuel mit Jaqob ringende Gottheit so weit als möglich entfernt von jenem erhabenen und gütigen Himmelsgott. Es ist ein feindseliger, Jaqob angreifender Dämon, vielleicht ein den Durchzug wehrender Flußgott am Jabboq. Die erste Geschichte mag eine Kultussage aus Betel, die andere eine am Jabboq umgehende Recken- oder Riesengeschichte über die Art, wie man den hier hausenden Flußgott bezwingt, gewesen sein. Beide sind wohl auf Jaqob, mit dem sie schwerlich von Hause aus zu tun haben, nur übertragen [3]. Jedenfalls stammen sie aus viel früherer Zeit als der eigentliche Sagenkranz, wohl aus vorisraelitischer. Daß sie dauernde Aufnahme in die Jaqobsgeschichte | fanden, danken sie der geistigen Umdeutung, die in Israel schon ziemlich früh eingesetzt haben wird, vor allem aber der erstaunlichen Anpassungsfähigkeit, mit der die israelitische Religion ihr fremde Stoffe aufzunehmen und umzudeuten verstand.

Die andere oben erwähnte Beobachtung, diejenige, daß einzelne Stoffe nicht notwendig zum eigentlichen Thema gehören, läßt sich besonders bei der Pnuelgeschichte, vielleicht auch bei derjenigen von Betel machen [4]. Auch wenn die Einzelgeschichten schon miteinander verknüpft gedacht sind, so ist doch, wofern von dem heutigen Pragmatismus in J und E abgesehen wird, keine rechte Nötigung zum Kampf mit der Gottheit ersichtlich. Ähnliches gilt von der Dinageschichte und dem Vergehen Rubens. Sie haben mit dem eigentlichen Thema nichts zu tun und sind historische, genauer stammgeschichtliche Sagen, die vielleicht aus einem größeren Schatz von Erlebnissen Jaqobs in Kanaan ausgewählt und vollkommen lose hier angefügt sind. Desgleichen gehören hierher die Sagen über die Geburt der Kinder Jaqobs. Sie sind, jedenfalls zum Teil, erst in Kanaan entstanden [5] und sind vorwiegend aus den Namen, in der Weise allbekannter Volksetymologien, herausgesponnen.

---

1) Mindestens ist diese Verknüpfung jetzt in sehr feiner und geschickter Weise hergestellt.   2) Vgl. dazu Bd. II⁴ 372. Noch viel deutlicher tritt dies bei E heraus, der nicht nur die Engel Gottes auf einer Leiter auf und nieder steigen läßt, sondern vor allem auch noch die Erinnerung an den — erst zu einer Massebe hergerichteten — alten Menhir bewahrt hat, der als Gottesbehausung [Ed. König., Gesch. ATl. Rel.² 111 erhitzt sich über diesen Ausdruck nur solange, als ihm noch nicht die Einsicht aufgegangen ist, daß das schon kanaan. Anschauung gewesen sein könnte] galt. Aber auch J hat doch den Traum von persönlichem Erscheinen Jahves, der vor Jaqob „steht". An ein solches hat J selbst wohl nicht mehr anders als im Gesichte oder Traume geglaubt. Aber da es sich um eine berühmte Kultusstätte handelt, ist sehr wahrscheinlich, daß die alte Kultussage — eine solche liegt augenscheinlich vor — ehedem nicht ein einfaches Traumgesicht, sondern ein Inkubationsorakel im Sinne hatte (darüber m. Bem. in Kautzsch⁴ zu 1 Sam. 3 und 21, 8).   3) Daß Ja'qob und Jabboq etymologisch zusammen gehören sollen, Jaqob also deshalb an den Jabboq gebracht wird, ist wenig wahrscheinlich.   4) Sie ist ja heute durch 28, 15 ganz mit Jaqobs Reise verbunden; auch ist das Weilen an heiliger Stätte vor der Reise wohl motiviert. Wenn es sich aber um eine Inkubationssage handeln sollte, so wäre wohl anzunehmen, daß sie einst allgemeiner lautete.   5) Dan und Naftali gehören zusammen. — Dan wohnt also schon in Galiläa, was auf die Richterzeit (Richt. 17 f.) weist; Ruben geht

Fassen wir zusammen, so ist die Jaqobsage des J, die in der
jetzigen Gestalt und wahrscheinlich auch in der ihr nächstvorhergehenden
ein künstlerisch wohlgeordnetes Ganzes bildet, ebenfalls, wie die Abrahamsage, zusammengearbeitet aus Einzelsagen verschiedener Art und Herkunft,
die das Verhältnis zu Edom und Aram sowie zu Kanaan betrafen, und
neben denen einzelne Lokal- und Kultussagen, vielleicht allerältester Herkunft, ehedem selbständig hergingen. Daß alle diese Geschichten einmal
mündlich erzählt wurden, ist selbstverständlich. Aber da ihre Verbindung
zu einem Jaqobsagenkranz schon recht alt zu sein scheint, so ist es sehr
wohl möglich, daß auch J selbst schon schriftliche Vorlagen vorfand.

7. Eine zusammenhängende, mit derjenigen von E parallele Erzählung
bietet unsere Quelle nun wieder über J o s e f und seine Schick|sale. Die
Differenzen gegenüber E entsprechen ganz der Eigenart von J, wie wir sie
bisher kennen gelernt haben [1]. Der Traum tritt zurück, und wo er ein
wesentlicher Zug der Überlieferung ist, ist der betreffende Abschnitt jedenfalls von E mit weit mehr Ausführlichkeit gegeben. An Stelle Rubens
hat J u d a die Führerrolle unter den Brüdern. Die Darstellung von J gibt
folgendes Bild.

Josef weilt als Gehilfe bei seinen Halbbrüdern. Jaqob-Israel, noch
bei Betlehem weilend, liebt ihn als Alterssohn besonders und schenkt
ihm einen Ärmelrock. Die Brüder sind darum eifersüchtig auf Josef [2].
Von ihrem bisherigen (in der Nähe des Vaters gedachten Weideplatz) ziehen
die Brüder weiter nach S i k e m. Israel entsendet Josef, nach ihnen zu
sehen. Ein Mann teilt ihm mit, daß sie nach Dotan aufgebrochen sind,
wo er sie denn findet. Ihn von ferne erblickend beschließen sie, ihn zu
töten. Juda [3] spricht dagegen und dringt mit einem anderen Plane durch.

in der Weizenernte aufs Feld 30, 14: wäre es nur die Gerstenernte, so könnte man
eher an Halbnomaden denken; hier scheint aber doch das bäuerliche Leben im Lande
vorausgesetzt zu sein. Weiteres in § 28.
    1) Eine von den bisherigen grundsätzlich abweichende Scheidung der Quellen hat
E e r d m a n s (Altt. Stud. I, 65 ff.) versucht. Nach seiner Theorie über die Gottesnamen
will er auch hier nichts von J und E wissen, sondern geht von den Namen „Jaqob"
und „Israel" aus. ¬Er scheidet demnach eine Jaqob- und eine Israelrezension. Aber
die Art, wie er sie durchführt, zeigt vielfach keine glückliche Hand (man vergleiche
die Art, wie der Unterschied von Ruben und Juda verwischt wird) und kann entfernt
nicht zureichen, die alte Scheidung in J und E (und P) zu ersetzen. Vgl. weiter
Gunkel [3] 401; Sellin, Einl. 18; Holz, ZAW. 31 (1911), 44 ff. und Sachsse, Isr. I, 12. 20.
vgl. S. 223 [3]. Daß in der Tat hier ein schwieriges Problem steckt, das der endgültigen
Lösung noch harrt, hat die letztgenannte Schrift aufs neue gezeigt. S a c h s s e weist
darauf hin, daß nach dem Gebrauch von Israel zunächst außerhalb des Pentateuchs
die Entstehung dieses Patriarchennamens unbedingt im Nordreich zu suchen sei (S. 9),
ebenso daß in der Genesis der Gebrauch des Namens Israel nach Nordisrael und dem
Ostjordanland weise, während der Patriarch in der südisraelitischen Sage Jaqob heiße
(17. 21). Das Bedenken, daß in Gen. 43, 1 ff. Israel steht, trotzdem hier Juda die
Hauptrolle spielt, schätzt er freilich m. E. zu gering ein. Immerhin dürfte jener Befund für die Josefgeschichte zu Recht bestehen: die Josefgeschichte stammt eben aus
Efraim: sie ist doch sicher zur Verherrlichung des „Hauses Josef" erstmals erzählt,
und Ruben als Erstgeborner und Führer der Stämme ist älter als Judas Führerschaft.
Letztere aber weist auf Juda). Ob freilich auch sonst, bedarf mindestens noch eingehender Erwägung. Für die Genesis scheint übrigens S. die Scheidung in J und E
bestehen zu lassen, während er für Exod.-Num. (S. 61 ff. 75 ff.), wie es scheint, Israel
zum Scheidungsprinzip erheben will (desgleichen in den hist. Büchern). Es muß sich
fragen, ob die eine Instanz kräftig genug ist, ein ganzes System zu tragen. 2) Gen.
37, 2 b. 3. 4 a. 11 a. Über die Gründe der Scheidung s. u. § 22. 3) V. 21 lies wahrscheinlich Juda statt Ruben.

Angelangt, wird Josef seines Ärmelrockes entkleidet und einer eben vor-
beiziehenden is ma e li ti s c h e n Karawane verkauft. Den Ärmelrock senden
sie dem Vater zu, der ihn erkennt | und Josef als von einem wilden Tiere
zerrissen beklagt. Heuchlerisch besuchen die Söhne den Vater, ihn zu
trösten [1].

Die Zwischenzeit, bis wir von Josefs Ergehen weiteres erfahren, benutzt der Verfasser, eine Erzählung über die Entstehung einiger später
noch vorhandener jüdischer Geschlechter einzuschalten, Kap. 38. Die Geschlechter 'Er und Onan sind früh erloschen. An ihre Stelle traten Pereṣ
und Zeraḥ. Dies wird auf Vorgänge in der Familie Judas zurückgeführt.
Juda ehelicht ein kanaanitisches Weib und erhält von ihr 'Er Onan Schela.
'Er stirbt kinderlos, Onan soll als Schwager der Witwe T a m a r Kinder
zeugen, wird aber, weil er sich weigert, früh weggerafft. Da der dritte
Sohn aus Sorge vor dem Schicksal der andern von Juda der Tamar vorenthalten wird, so weiß sie sich durch List des Schwiegervaters Beiwohnung zu verschaffen. Die Söhne Judas von Tamar sind die Zwillinge
Pereṣ und Zeraḥ [2].

Josefs Geschichte wird nun wieder aufgenommen. Er ist von den
I s m a e l i t e n nach Ägypten gebracht und an einen ägyptischen Mann als
dessen S k l a v e verkauft worden. Er gewinnt das Vertrauen seines Herrn,
so daß dieser ihn über sein ganzes Haus setzt. Seines Herrn Weib aber
wirft ihre Augen auf den Jüngling und macht ihm Zumutungen, denen
Josef sich durch rasche Flucht zu entziehen weiß. Seine Herrin, Entdeckung fürchtend, verleumdet ihn bei ihrem Gemahl, der darauf Josef
ins G e f ä n g n i s werfen läßt. Aber auch hier gibt ihm Jahve Gnade bei
dem Gefängnisobersten (für J nicht identisch mit Josefs ursprünglichem
Herrn), so daß auch er Josef über sein Haus setzt [3].

Nur vereinzelte Anzeichen [4] geben uns in Verbindung mit dem ganzen
weiteren Verlauf der Erzählung an die Hand, daß auch unsere Quelle die
Befreiung und Erhöhung Josefs ähnlich wie E, wenn auch wohl viel kürzer,
erzählte. Demnach ist auch hier Josef durch glückliche Deutung der
Träume Pharaos auf eine Periode des Überflusses und des Mangels in
Ägypten emporgekommen und wird vom Pharao über Ägypten, besonders
über die Getreidevorräte des Landes, gesetzt.

Reichlicher und zusammenhängender greift J aber erst wieder ein|
bei der Schilderung der durch H u n g e r s n o t in Kanaan veranlaßten Berührung Josefs mit seinen Brüdern, besonders seit der zweiten Reise derselben Kap. 42 ff. Jaqob sendet seine Söhne nach Ägypten, nur Benjamin,
von dem wir jetzt erst erfahren, soll beim Vater bleiben. Josef, der Gebieter von Ägypten, erkennt sie, verleugnet sich aber. Er fragt nach
Vater und Bruder [5] und fordert zu ihrer Legitimation Benjamin zu sehen.
Von Simeon als Bürgen ist nicht die Rede. Sie ziehen heim und finden
unterwegs in dem Sack des einen von ihnen sein Geld wieder vor, die
andern entdecken das ihre zu Hause [6]. Die erhöhte Hungersnot zwingt

---

1) Gen. 37, 12. 13 a. 14—18. 21. 23 b. 25 aβ—27. 28 b α. 32 f. (zum größten Teil).
35 (außer dem Schluß).   2) Über die Heimat und Art der Erzählung vgl. Dillm.,
Gen.[6] 398; Kuenen, Einl., § 13, 9; Gunk.[2] 411. 419; Meyer, Isr. 200 ff. 433 ff. Weiteres
unten § 28, 7.   3) Gen. 39, 1 a b β. 2 f. 4 (außer אתו ורשתה). 5 b—23.   4) Gen. 40, 1
(außer den ersten 4 Worten). 3 b; einzelnes in V. 5 und 15 und in 41, 7; und ferner
41, 31. 34 a. 35 a. 41. 43 b. 44. 49. 55. Dillmann scheint sogar geneigt, 41, 17—24 J
zuzuweisen (Gunkel u. a. besser E).   5) Gen. 43, 7.   6) Gen. 43, 12.

Jaqob, seine Söhne abermals nach Ägypten zu schicken. Juda erinnert ihn daran, daß sie ohne Benjamin nicht dorthin kommen dürften. Er verbürgt sich selbst dem Vater für ihn. In Ägypten angekommen, werden sie in Josefs Haus geladen und, besonders Benjamin, mit Auszeichnung behandelt. Josef muß sich Gewalt antun, sich nicht zu erkennen zu geben[1].

Doch hat Josef noch eine weitere Prüfung über sie verhängt. Sie werden entlassen, in ihre Säcke wird außer dem Getreide noch ihr Geld gelegt, in Benjamins Sack aber Josefs silberner Becher. Kaum haben sie die Stadt verlassen, so wird ihnen nachgejagt und in Benjamins Sack der Becher gefunden. Sie kehren wieder um. Juda an der Spitze der Brüder geht ins Haus Josefs. Er macht keinen Versuch, sich zu rechtfertigen, sondern erkennt in ihrem Geschick — und dies ist der Zweck der ganzen Veranstaltung — Gottes vergeltenden Finger. Er erzählt Josef des alten Vaters ganzes Leid um Josef und um Benjamin und bittet, ihn selbst statt Benjamin zu behalten[2].

Nun wird Josef von Rührung übermannt. Laut weinend gibt er sich den Brüdern zu erkennen. Sie sollen dem Vater seine Herrlichkeit kundtun und ihn nach Gosen einladen. Dieser ist sofort entschlossen[3] und bricht mit allem, was sein ist, von da, wo wir Jaqob verlassen haben (S. 227), nach Beerseba[4] auf. Von hier aus geht die Reise. Juda wird vorausgesandt, Josef Nachricht zu bringen. Dieser holt Vater und Brüder feierlich ein und erstattet dem Pharao Bericht. Sie erhalten auf ihre Bitte die Erlaubnis, im Lande Gosen ihre, wie es scheint, vorwiegend aus Kleinvieh bestehenden Herden zu weiden. Denn das Hirtengewerbe ist den Ägyptern ein Greuel, so daß sie im | eigentlichen Ägypten nicht zugelassen werden, sondern nur in dem Grenzdistrikt Gosen, in dem auch der Pharao seine Herden weidet[5].

Die hier eingeschaltete Erzählung über Josefs Verdienste um Ägypten 47, 13—26 stand nun, wie einzelne Zeichen ergeben[6], wohl auch in J, wenngleich an etwas anderem Orte.

Auf dem Totenbette läßt Jaqob-Israel noch einmal Josef zu sich rufen und verpflichtet ihn eidlich, seinen Leichnam nicht in Ägypten zu lassen, sondern ihn bei seinen Vätern in Kanaan zu begraben[7]. Zugleich segnet Jaqob die Söhne Josefs, absichtlich den jüngeren Efraim vor dem älteren Manasse bevorzugend[8].

Höchstwahrscheinlich stand, wenngleich nicht von J selbst verfaßt,

---

1) Gen. 42, 2a. 4b. 6ab. 7aβ. 27f. 38; Gen. 43, 1—13. 15—23ab. 24—34. 2) Gen. 44; vgl. aber S. 240. 3) 45, 1a. 2. 4c. 5aαγ. 10. 13f. 28. 4) Gen. 46, 1a. Ob in der folgenden Liste der Familienglieder Jaqobs auch einiges aus J enthalten ist, z. B. 12b. 13f., ist nicht sicher, aber wahrscheinlich. 5) Gen. 46, 28—47, 5a. 6b. Weshalb Gunkel hier Josef eine Lüge vorbringen läßt, ist mir unverständlich. J nimmt an, daß Jaqobs Söhne als Halbnomaden (vgl. über sie S. 114. 217[4]) in erster Linie Schafhirten sind, daneben aber auch (in kleinerem Maßstabe) Rinderzucht und vielleicht etwas Ackerbau treiben. Daß die Rinderhirten bei den Ägyptern wegen ihrer Unsauberkeit verachtet sind, wissen wir (vgl. die Kommentare, meist nach Erman). Man wird ohne Schwierigkeit annehmen können, daß die Abneigung sich auf das ganze Hirtengewerbe ausdehnte. Daß man die Ausdrücke nicht im Sinne eines Gegensatzes zwischen Rinder- und Schafhirten pressen darf, muß schon aus Am. 7, 14f. hervorgehen: der „Rinderhirt" wird von der Schafherde weggerufen. In der Regel wird ein Rinderhirt beides gewesen sein. 6) In V. 13 und 25, vielleicht auch in 17. Siehe bei E. 7) Gen. 47, 27aβ. 29—31. 8) Gen. 48, 2b. 8—11a. 13f. 17—19. 21a. (in 8. 11a. 21a Teile von E).

so doch von ihm aufgenommen, auch Kap. 49, 1—28 mit dem sogenannten Segen Jaqobs in dieser Quelle. Denn sowohl die Voranstellung Judas als die Verwerfung Rubens und Simeons [1] passen durchaus zum ganzen Gedankenkreise des J, während diese Züge E geradezu widersprechen. Den toten Vater betrauert Josef und läßt ihn auf ägyptische Weise einbalsamieren. Darauf erbittet er sich vom Pharao die Erlaubnis, Jaqob seiner Zusage gemäß in Kanaan zu bestatten. Er kehrt sodann mit seinen Brüdern zurück und erreicht, auch jetzt noch großmütig gegen die Brüder, ein Alter von 110 Jahren [2].

8. Allgemeines über die Josefsage bei J. — Hier ist zunächst der Geschichte von Tamar in Gen. 38 zu gedenken. Sie zerreißt in augenfälliger Weise den Zusammenhang der Josefgeschichte und wird schon aus diesem Grunde nicht dem eigentlichen Tenor der jahvistischen Erzählung angehört haben. Bei genauerem Zusehen zerfällt sie in zwei Teile, eine Novelle über Tamars Notehe und einige | einleitende Notizen [3]. Die letzteren mögen schwerlich von J selbst stammen, aber auch die Novelle scheint J schon vorgelegen zu haben und wird von ihm nur übernommen sein [4]. Daß die Novelle sekundär-jahvistisch, überhaupt ein ziemlich junges Gebilde sei, ist nicht wahrscheinlich. Ebensowenig, daß sie erst die Zeiten nach David widerspiegle [5]. Allerdings enthält sie gut historisches Material, aber, wie mir scheint, für eine viel frühere Zeit [6]. Geschichtlich an ihr ist die Schilderung des friedlich im Lande sich eindrängenden und unter der Bevölkerung lebenden vermögenden Herdenbesitzers, vielleicht auch die Erinnerung an eine Sonderstellung Judas in alter Zeit, vor allem aber daran, daß altjudäische, später — aber schon früh — erloschene Geschlechter stark mit kanaanäischem Blute durchsetzt waren [7].

Wird von der Tamargeschichte abgesehen, so verläuft die Josefgeschichte in J derjenigen des E im wesentlichen gleichartig, nur in gewissen längst beobachteten Einzelzügen ihren eigenen Weg gehend. Unter

---

1) Vgl. Kap. 34 (oben S. 224). Doch vgl. auch Kuen., Einl., § 8, 6; 13, 16.
2) Gen. 50, 1—3 (gemeinsam mit E). 4—11. 14. Teile von V. 18. 21 f. 24. 3) Siehe B. Luther bei Meyer, Isr. 201. 4) Vgl. dazu Anm. 6. Wenig entscheidend hingegen ist die friedliche Haltung Judas gegenüber Richt. 1 oder Gen. 49, 8ff., denn dort handelt es sich um eine ganz andere Zeit. Ebensowenig kann ich finden, daß unsere Geschichte (38, 5) die Wanderung nach Ägypten ausschließe (Meyer, Isr. 433, B. Luther, ebenda 204, Gunk.² 410). Das wäre auch dann noch kaum der Fall, wenn sie dieselbe Zeit im Auge hätte wie Richt. 1. Richtig jetzt Smend 97, nur daß er alles durch seine J¹-Brille sieht. 5) Das erste Luther bei Meyer, Isr. 204, das zweite Meyer, Isr. 436. 6) Man beachte 1) daß die Geschichte, obwohl sie in der Gegend von Adullam am Westrand des Gebirges Juda spielt, nichts von Philistern weiß, sondern nur von Kanaanäern, und vergleiche damit die Simsongeschichten; 2) mit welcher Unbefangenheit sie die Mischehen mit den Kanaanäern behandelt und vergleiche damit den echten J in Gen. 24, 3; 3) die Tatsache, daß als Gebiet von Juda hier gar nicht das eigentliche Gebirge mit Betlehem, Hebron usw. in Frage steht, sondern dessen Westabhang mit Adullam, Timna, Kezib (Akzib, Koseba?), Enaim. — Nun weisen Nr. 1 und 2 entschieden auf eine frühere Zeit hin; es wird also auch Nr. 3 so zu verstehen sein. Es geht dann nicht an, mit Meyer (Isr. 436) die Okkupation des Gebirges als vorausgegangen zu denken — von ihr weiß die Genesis und überhaupt die alte Sage schlechthin nichts. Daß Juda die Gegend von Adullam erstmals nach David und der Eroberung Jerusalems besessen habe (ebenda), unsere Geschichte darum ebenfalls die Verhältnisse nach David voraussetze, ist wenig wahrscheinlich. In dieser Zeit hätte man sie sowohl in Beziehung auf Nr. 2 als auf das Verhalten von Juda und Tamar anders erzählt (vgl. Gu.² 415). 7) Vgl. dazu Luther a. a. O. 202f.

den letzteren sind die bekanntesten das Vorantreten Judas statt Rubens
und die Nennung der Ismaeliter an Stelle der midjanitischen Händler, die
Josef nach Ägypten bringen, endlich die Episode mit der verleumderischen
Ehebrecherin im Zusammenhang mit der J eigenartigen Fassung | der Ge-
stalt des Brotherrn Josefs, sowie diejenige mit dem versteckten Becher.
Der erstere Zug hat zugleich grundlegende Bedeutung. Weil sich in ihm
entschieden die Eigenartigkeit und die ursprünglichere Konzeption der
Josefsage des E bekundet [1], so ist über die Gesamtanlage und Zusammensetzung dieser Geschichte besser unten bei E zu handeln [2]. Soviel mag
aber schon hier für J bemerkt werden, daß die strenge Durcharbeitung
des Stoffes und die stark moralisierende Haltung des Ganzen sich auch
hier in ganz ähnlicher Art wie in E zeigen, ohne daß Abhängigkeit des
einen vom andern wahrscheinlich wäre. Es muß also wohl schon vor J
ein festes Schema der Josefgeschichte vorhanden gewesen sein, nach
dem sowohl J als E arbeiteten. E hat in Beziehung auf Ruben den älteren
Typus, den er im Schema vorfand, beibehalten, J hat ihn umgestaltet.

§ 22.
Die Erzählung von E.

Diese Quelle, von welcher uns in der Urgeschichte entweder nichts [3],
oder jedenfalls nur ganz dürftige Reste [4] erhalten sind, gibt uns auch noch
über Abrahams, des Stammvaters der Israeliten, Herkunft und Abstammung
in der Genesis keinerlei Nachricht. Weder sein Vaterhaus, noch sein Zug
nach Kanaan, noch seine Verheiratung mit Sara oder sein Verhältnis zu
Lôṭ [5] wird näher bestimmt. Erst Jos. 24, 2 f. erhalten wir eine kurze,
aber wertvolle Notiz hierüber. Den ersten größeren Zusammenhang über
Abraham, der sicher dieser Quelle zugehörte, besitzen wir in Kap. 20.
Doch zeigt dort deutlich der Beginn der Erzählung, daß ihr Verfasser
schon früher über Abraham berichtet hatte [6]. Möglicherweise sind einzelne
versprengte Be|standteile des in unserer Quelle einst hierüber Erzählten
noch im heutigen Texte von 12, 6 a und 8 a, und höchstwahrscheinlich
einzelne Glieder desselben in Kap. 15 enthalten [7].

1. Demnach gibt E von A b r a h a m folgendes Bild. Wir finden Abraham als begüterten Herdenbesitzer im Lande Kanaan vor. Er ist vom

---

1) Siehe S. 227.   2) Im einzelnen läßt sich schwer sagen, auf welcher Seite
hier, abgesehen von Ruben-Juda, das höhere Alter der Rezension liege. Doch spricht
jener Fall für das höhere Alter von E auch in den andern. Außerdem läßt sich kein
Grund finden, der E zur Streichung der Josefs Tugend besonders beleuchtenden Ehebruchsgeschichte bewogen hätte. Er mag sie also noch nicht als Teil der Josefgeschichte gelesen oder gehört haben. Jedenfalls läßt sich nirgends eine bewußte Beziehung von E auf J, geschweige eine Umgestaltung (wie anderwärts in Genesis und
Exodus) nachweisen.   3) So Wellh., JDTh. 21, S. 407 ff.; Kue., Einl., § 8, Nr. 8 und
fast alle Neueren.   4) So Dillm., Gen.⁴, S. XII (weniger entschieden Gen.⁶, S. XII).
5) Die betreffende Angabe in 14, 12 ist Glosse. Zu Gen. 14 s. S. 234, Anm. 4.
6) Gen. 20, 1: „Und Abraham brach auf von dort“ (wie Zusatz נ֫גבה würde (gegen
Dillm.) jedenfalls zu E gehören, wenn (doch vgl. S. 234, Anm. 4) Kap. 14 von E aufgenommen wäre (vgl. 14, 13). Aber auch im andern Falle liegt kein Grund vor, ihn
E abzusprechen. Sein Vorhandensein ist dann nur ein neuer Beweis dafür, daß uns
der Anfang von E — vielleicht weil er teilweise stark anders klang als J — vorenthalten ist.   7) Ähnlich auch Procksch, Nordhebr. Sagenbuch, S. 7 f. Vgl. S. 232,
Anm. 4 u. 5, auch schon oben S. 214/5.

fernen Osten hier eingewandert [1]. Er scheint bei Sikem zu zelten, vielleicht auch bei Betel [2] — an beiden Orten wohl Altäre bauend und Heiligtümer gründend [3] —; hernach wohnt er im Negeb, besonders bei Beerseba und westlich davon gegen Gazza hin.

Einmal erscheint Gott dem Abraham im Gesicht und verheißt ihm großen Lohn [4]. Abraham entgegnet Gott ungläubig: Was willst du mir geben? gehe ich doch kinderlos dahin und der Besitzsohn (Erbe) meines Hauses ist Damaskus des Elieezer (= Elieezer aus Damaskus?). Gott aber führt ihn zum Zelt hinaus und zeigt ihm die zahllosen Sterne. Ihnen gleich soll sein Same sein. Abraham glaubt; das rechnet ihm Gott zur Gerechtigkeit. — Im näheren oder entfernteren Anschluß hieran hat wohl auch E eine Bundschließung Gottes mit Abraham berichtet, von der uns aber höchstens noch einzelne Elemente, in den Text des J eingearbeitet, erhalten sind [5]. Als | Ort ist wohl noch Sikem gedacht; es ist der Empfang Abrahams im Gelobten Lande [6].

Nun wendet sich Abraham dem eigentlichen Negeb, dem Südland Kanaans, genauer der Philister, zu und läßt sich in Gerar nieder [7]. Abimelek, der König von Gerar, nimmt sein Weib Sara, das Abraham für seine Schwester ausgegeben hatte, weg. Gott erscheint Abimelek im Traum und droht ihm mit dem Tode, da Sara Abrahams Ehefrau, Abraham aber ein Profet sei. Abimelek, von Furcht ergriffen, hält Abraham sein zweideutiges Verhalten vor. Abraham weiß sich damit auszureden, daß Sara, obwohl sein Weib, zugleich seine Halbschwester sei. Es entspreche ihrer beiderseitigen Verabredung beim Wegzug aus seinem Vaterhaus, daß Sara sich für seine Schwester ausgeben solle. Abimelek gibt Sara, zur Entschädigung reich beschenkt, zurück. Auch Abraham wird mit Schafen und Rindern reich beschenkt, und Abimelek gewährt ihm freien Aufent-

---

1) Gen. 20, 13 und (s. besonders Meyer, Israel. 242. 245) Jos. 24, 2 f. „jenseits des Stromes" könnte allenfalls vom babylonischen Standpunkt gesagt sein (Steuernagel im Komm.); aber das Land Qedem (s. unten S. 236, Anm. 3) paßt dazu nicht. Ebensowenig die 7 Tagereisen bis Gilead Gen. 31, 23 (E). Abraham ist also für E eigentlicher Aramäer, freilich wohl aus dem äußersten Osten des in Frage kommenden Gebietes. Jos. 24, 2 f. ist sonach = E². 2) Gen. 12, 6 a. 8 a siehe im Text. Auch wenn die Versteile nicht zu E gehörten, muß Abrahams Anwesenheit in der Gegend von Sikem auch für E als wahrscheinlich angenommen werden. Die Wanderung setzt die Annahme ebenso voraus, wie es die Erzählungen von Kap. 15 und 22 tun. 3) Dies muß als den Sinn dieser Notizen auch bei E angesehen werden, auch wenn die jetzige Form von 12, 6—8 J angehört. 4) Gen. 15, 1; so lautete wohl der auf E entfallende Teil dieses Verses. Nach andern soll der Vers ganz zu J gehören, was schwerlich zutrifft Vgl. Procksch, Sagenb. 7. 5) Gen. 15. Die Bestandteile von E in diesem Kapitel sind: V. 2. 5 E allein, V. 1 und 6 E gemeinsam mit J angehörig; außerdem wohl einige Worte in V. 9 und 12 und vielleicht in V. 18. Siehe oben S. 215, Anm. 1 ff. Etwas anders Holz. u. Gu. Immerhin bleibt manches unsicher. Vgl. noch Smend 43 f. 6) Noch in der nächsten Begebenheit wird an den Einzug ins Land und die Wegwanderung aus der Heimat als etwas eben erst Erfolgtes erinnert. Es stimmt dazu, daß Sara noch als jugendliches Weib gedacht ist. 7) Die Annahme (Kautzsch³, Gu.² 220 u. a.) eines Gerar bei Qades (tief in der Wüste?) ist hier vollkommen ausgeschlossen. Die Gegend gehört gar nicht mehr zum Negeb. Und wie käme hierher ein König mit Rinderherden, der von seinem Land und Königreich redet (20, 14. 9. 15), ja einen Feldhauptmann hat (21, 22)? Es kann sich nur um den Negeb der Philister handeln, also um Gerar (Chirb. um-garrar) bei Gazza, so richtig Procksch 9, Greßm. ZAW. 30, 26 und schon Gen. 21, 32. 34; 26, 1. Demnach muß die Bemerkung „zwischen Qades und der Mauer" anderswoher stammen (sie kommt wohl aus J). Auf was משם „von dort" (V. 1) weist, und woher es stammt, läßt sich kaum mehr sicher sagen.

halt im Lande Gerar. Auf Abrahams Fürbitte hebt Gott Abimeleks und seiner Frauen geheime Krankheit, die den König gehindert hatte, Sara ein Leid zu tun[1].

Ein Bericht über Saras längere Unfruchtbarkeit und Ismaels Geburt von Hagar ist in unserer Quelle nicht enthalten, aber durch das Folgende notwendig vorausgesetzt. Dasselbe gilt von Isaaqs Geburt. Von letzterer sind im heutigen Zusammenhang nur noch die Isaaqs Namen in eigentümlicher Weise erklärenden Worte von E aufbewahrt: „Sara sprach: ein Lachen hat mir Gott bereitet"[2]. Der Knabe wächst heran und am Tage seiner Entwöhnung macht Abraham ein Mahl[3].

Bei diesem Mahle sieht Sara den Hagarsohn Ismael[4] in jugend-| licher Fröhlichkeit scherzen[5]. Da regt sich ihre mütterliche Eifersucht und läßt sie für das einstige Erbe ihres Sohnes fürchten. Sie verlangt die Entfernung von Mutter und Sohn. Abraham, hierzu ursprünglich nicht geneigt, wird von Gott veranlaßt, Saras Willen zu tun; auch der Magd Sohn soll zu einem Volke werden. Abraham legt den Knaben samt Speise auf Hagars Schulter und entläßt sie. Sie irrt in der Wüste von Beerseba umher, und da das Wasser im Schlauch zu Ende ist, wirft sie den Knaben unter einem Strauche nieder und geht eine Strecke weit weg, sein Sterben nicht mit anzusehen. Der Engel Gottes aber ruft ihr vom Himmel Mut und Gottes Trost zu. Mit wunderbar geöffneten Augen sieht Hagar einen Wasserbrunnen und tränkt ihren Knaben. Er bleibt hier in der Wüste Paran und wird ein Wüstenbewohner und Bogenschütze, der echte Vater der bogenkundigen Ituräer und Qedarener. Seine Mutter, selbst aus Ägypten stammend, nimmt ihm ein ägyptisches Weib[6].

Zu jener Zeit bietet Abimelek, durch Abrahams Glück weiter auf ihn aufmerksam geworden, dem Patriarchen ein Bündnis an. Abraham ist dazu erbötig, wünscht aber zuerst einen Streit um einen von seinen Knechten gegrabenen Brunnen beigelegt zu wissen. Abimelek entschuldigt sich. Der Brunnen wird Abraham zugesprochen, der Bund geschlossen und die Stätte erhält den Namen Beerseba, Schwurbrunn. Abimelek mit seinem ihn begleitenden Heerobersten Pikol kehrt nach Gerar[7] zurück[8].

Das letzte Stück der vielfach lückenhaften Abrahamsgeschichte unseres Erzählers ist Kap. 22. Sein Grundgedanke stimmt zu 15, 5 f. Mit Isaaq, dem unterdessen zum Knaben herangereiften einzigen Sohn seines Alters, soll Abrahams Gehorsam und Glaube die Probe bestehen. Er soll mit ihm ziehen und ihn opfern auf „einem der Berge", welche Gott ihm nennen wird[9]. Abraham macht sich mit Isaaq auf | und geht, bis er

---

1) Gen. 20, 1—17. V. 18 stammt von R und paßt nicht zu V. 6.   2) Gen. 21, 6a. Gegen Dillm.⁶, S. 284, vgl. Budde, Urgesch., S. 224. 215.   3) Zu E gehören hier nur 21, 6a. 8.   4) Der Name Ismael wird nicht genannt, ist aber in V. 17 ursprünglich eingeführt und gedeutet gewesen, vgl. Dillm.   5) Von Spotten ist nicht die Rede, wohl aber wird „mit ihrem Sohn" einzusetzen sein. Siehe Bibl. Hebr. Bei Kern, Orpheus 1920, 54f. finde ich die merkwürdige Beschreibung vom spielenden Zagreus. Der Dionysosknabe in den eleusin. Mysterien scheint als παῖς καβίρου aus Phrygien zu stammen.   6) Gen. 21, 9—21. Die ursprüngliche Überlieferung könnte hier wohl statt an Misraim = Ägypten an das nordarabische Musri denken. Doch liegt bei dem vielfachen Verkehr mit Ägypten (vgl. Schur = die äg. Mauer) kein Grund dazu vor.   7) So wohl im ursprünglichen Text von E. Die Lesung: „ins Land der Philister" ist harmonistischer Einsatz von R wegen Kap. 26.   8) Gen. 21, 22—32. Gunkel will daneben eine jahvistische Parallele finden. Siehe dazu oben S. 216⁶, auch Eichrodt.   9) Wellhausen (JDTh. 21, S. 410 = Komp.³ 19) vermutet

am dritten Tage den ihm von Gott genannten Ort in der Ferne sieht. Hier läßt er die Knechte zurück und geht mit Isaaq an den Ort, ihn zu opfern. Schon zum Äußersten bereit, empfängt er eine Gottesstimme, welche ihm Einhalt gebietet und ihm zeigt, daß Gott nicht das Menschenopfer will, sondern Abrahams hingebende Gesinnung erprobt hat. Er kehrt nach Beerseba zurück [1].

2. **Allgemeines über die Abrahamsage in E.** — Im Unterschied von J verläuft hier die Sage fast ganz einheitlich, der Ankunft im Lande folgt bald der Aufenthalt im Negeb. Diese Gegend verläßt Abraham nur in Kap. 22 vorübergehend [2]. Von Hebron hingegen als der Stätte Abrahams weiß E, soweit wir sehen können, nichts. Es mag das kaum Zufall sein, worüber sofort zu reden sein wird. Die einzige wirkliche Unebenheit in der Komposition finde ich in der Tatsache, daß der Name Beerseba schon auftritt, ehe der Ort seinen Namen hat [3]. Zwei selbständige Sagenbücher E¹ und E² wird man daraus kaum ableiten dürfen, wohl aber die Tatsache, daß auch bei E der Erzähler schon mündliche oder schriftliche Vorarbeiten besaß.

Unverkennbar tritt aber hier der Umstand zutage, daß E die Erzählung von J wenigstens an **einem** Punkte **vorauszusetzen** scheint. Was bei J in dem Handel mit Sara in urwüchsiger Derbheit als Lüge erscheint, wird hier durch eine Art Mentalreservation zu entschuldigen gesucht. Weicht an diesem einen Punkte E bewußt von J ab, so wird es auch wahrscheinlich, daß bei der schon erwähnten Umgehung Hebrons nicht der bloße Zufall, der uns gewisse Abschnitte des E vorenthielt, seine Hand im Spiel hatte. Wird es aus andern Gründen wahrscheinlich, daß E nach Efraim gehört, so scheint die Beseitigung Hebrons, der alten judäischen Hauptstadt, wohl verständlich [4].

Die bedeutsame Geschichte von der **Opferung Isaaqs** kann wohl als eine **moralisierende Kultussage** bezeichnet werden. Sie | setzt voraus, daß das kanaanäische Kinder-, besonders Erstgeburtenopfer an der hier genannten Kultusstätte — wohl Sikem — lange üblich war. Abraham ist der Typus eines Vaters jener Zeit, so wie ihn die spätere höher und zugleich weicher empfindende Zeit sich dachte. Die Gegenwart selbst lehnt das Kinderopfer ab und hat dafür ein Widderopfer eingesetzt; mit um so lebhafteren Farben malt sie sich aber noch die Gefühle aus, die die Brust eines sein Kind opfernden Vaters erfüllen mochten [5].

---

als ursprünglichen Namen חמרים 'א; Dillm. setzt als wahrscheinlich האמרי 'א. Der Sache nach ist beides richtig; es wird die Gegend von Sikem sein. Das würde auf neue dafür sprechen, daß auch in Kap. 15 Sikem vorausgesetzt ist. Über Gunkels wenig glückliches Jeruel s. bei Procksch S. 12 und Sellin, Einl.⁸ 45 (²41).   1) Gen. 22, 1—14. 19 außer einzelnem in V. 2 und 11 (Jahve).   2) Es ist des halb auch nicht richtig, wenn Gu.⁸ 161 meint, was zwischen der ersten und zweiten Gerargeschichte (20, 1 ff. und 21, 22 ff.) liege, sei verschiedener Herkunft. Das Landgebiet von Gerar (vgl. 20, 15) stößt natürlich an das Gebiet von Beerseba, so daß es sich um keinen entscheidenden Ortswechsel handelt.   3) Vgl. Gen. 21, 14 mit 21, 29 ff.   4) Bekanntlich sitzt auch in Gen. 14 Abraham in Hebron. Die aus manchen Gründen vielleicht naheliegende Vermutung, dieses Kapitel habe einmal in E gestanden, wird, wenn die eben vorgetragenen Erwägungen richtig sind, von selbst hinfällig. Zugleich wird es dadurch verständlich, weshalb auch von Lot in E nirgends die Rede ist. Lot gehört, wie sich in § 21 zeigte, durchaus mit dem Abraham von Hebron zusammen. Fehlt er, so wird auch Lot fehlen.   5) Es scheint, daß schon die alten Phönikier — ob bereits die Kanaanäer? — eine Kultussage besaßen, nach der El da

3. Von Isaaqs Geschichte weiß auch unsere Quelle in ihrem heutigen Bestande nur wenig zu berichten. Es scheint fast, daß dies dem ursprünglichen Sachverhalt ziemlich entspricht. Nur so erklärt sich das Bestreben des R, noch einiges mehr zu bieten, wie wir es in Kap. 26 deutlich erkennen können. Denn es finden sich hier neben Stoffen, die wohl ursprünglich in J standen, und solchen, die unzweifelhaft von R frei konzipiert sind, auch solche, welche durchaus an E erinnern und fast wörtlich aus ihm genommen sind, ohne doch wirklich in dieser Quelle so gestanden zu haben. R oder ein E² hat Teile der Geschichte Abrahams in E hier wieder eingesetzt mit leichten, von diesem Zweck erheischten Modifikationen [1].

Demgemäß wird denn Isaaqs eigene Lebensgeschichte kaum weiter berührt und sofort auf seine Söhne übergegangen [2]. Nur als Vater seiner beiden Söhne kommt Isaaq noch in Betracht. Ihre Geburt ist in ein paar Versen, die zum Teil wenigstens unsrem Erzähler zugehören müssen [3], berichtet. Es sind Zwillingsbrüder, der erste, von rötlicher Hautfarbe (Edom) und am ganzen Leibe behaart (Sē'îr) wie ein härener Mantel, heißt 'Esau (behaart). Der zweite, weil in der Geburt den Bruder mit der Ferse zurückhaltend, wird Ja'qob (Fersehalter) genannt. Esau wird ein Jäger im Gefilde und darum des Vaters Liebling, „denn Wildbret war nach seinem Munde"; | Jaqob, ein stiller Mann, bei den Zelten bleibend, wird von der Mutter [4] geliebt.

Damit nehmen wir in der Hauptsache auch schon von Isaaq Abschied. Zwar hatte unsere Quelle in ihrem ursprünglichen Bestande noch eine eingehendere Erzählung über ihn besessen. Sie ist aber im heutigen Texte durch die Redaktion mit einer gleichartigen Erzählung von J so enge verwoben, daß es schwer hält, das Eigentum der einzelnen Verfasser noch im Zusammenhang herauszuheben [5]. Man muß sich beschränken, einzelnes Charakteristische zu nennen [6]. E hat demnach jedenfalls (wohl neben manchem weiteren Zug) erzählt, wie Isaaq an seinem Lebensende Esau beauftragt, ihm ein Leckergericht zu bringen; er wolle ihn segnen, ehe er sterbe. Die Mutter möchte den Segen dem von ihr geliebten Jaqob zuwenden und nimmt den Fluch der Tat auf sich. Sie gibt Jaqob Esaus Kleider. Er geht zum Vater hinein und gibt sich für Esau aus, worauf er gesegnet wird mit Tau des Himmels und Fettigkeit der Erde und Fülle von Korn und Most. Nach ihm erst kommt Esau, erfährt was geschehen und weint über die Maßen. Esau sinnt Rache; die Mutter heißt Jaqob zu Laban fliehen. Es geht daraus zugleich hervor, daß E

Kinderopfer einführte, indem er seinem Vater Uranos in einer Zeit der Not seinen „einzigen" oder „geliebten" Sohn (Ιεδουδ oder Ιεουδ = ירִיד] oder יָחִיד) vgl. Gen. 22, 2 auf einem eigens erbauten Altar als Brandopfer darbringt (Müller, Fragm. hist. graec. III, 569. 571; Philo Bybl. 2, 24). — Iphigenie wird durch eine Hirschkuh ersetzt.
1) Deutlich scheint dies der Sachverhalt in V. 26—33 außer V. 27. Ähnlich aber mit noch freierem Verfahren auf seiten des R, liegt die Sache in V. 15. 18. 7 ff. Vgl. noch bei J (S. 221). 2) Über Kap. 24 s. ob. S. 216 3) Gen. 25, 24. 27 f. E und J gemeinsam, 25. 26 a E (Gunkel Teile von 25 u. 27 = E), außerdem 29—34 ganz. Ähnlich Procksch. Anders Smend, aber V. 36 spricht gegen seine Teilung. 4) Ob der Name Ribqa bei E stand, ist nicht verbürgt, aber der Sache nach ist es wahrscheinlich. 5) Gen. 27. 6) Zu E gehörten wohl 27, 1 b. 4. 11. 13 (15 zum Teil), 18 21—23. 28. 30 b. 33 b. 34. 40*. 42. 43*. Doch bleibt manches unentschieden, vgl. die Kommentare, auch Eichr.

ursprünglich auch über Isaaqs Verheiratung und Ribqas Verwandtschaft mit Laban wenigstens eine Mitteilung besessen hat. Wahrscheinlicher ist aber eine ausführlichere, von R unterdrückte oder nicht mehr vorgefundene Erzählung.

4. Die Darstellung ist damit auf J a q o b übergeleitet, über den sie wieder reichlicher fließt.

Jaqob zieht von Hause weg gegen Osten [1]. Unterwegs übernachtet er auf einem Stein. Da sieht er im Traum eine Leiter Erde und Himmel verbinden. Auf ihr steigen die Engel Gottes auf und nieder. Er glaubt hier die Pforte des Himmels zu finden und nennt den Ort Betel. Den Stein salbt er mit Öl und macht ihn zur Massebe. Dazu gelobt Jaqob: wenn er heil wiederkehre, so solle aus der Massebe ein Tempel werden, an dem von aller Gottesgabe der Zehnte gegeben werde [2]. | So setzt er seinen Weg fort '„nach dem Lande der Söhne des Ostens" [3].

Gewiß hat unser Erzähler einst eingehender über Jaqobs Ankunft und Erlebnisse dort berichtet, als der heutige Text von Kap. 29 f. es noch ausweist. Aber die Redaktion scheint die Darstellung von J der hier stärker volkstümlichen von E mehrfach vorgezogen zu haben.

Jaqob bietet sich L a b a n zum Dienste an. Sie bestimmen als seinen Lohn für 7jährigen Dienst die von Jaqob liebgewonnene jüngere und schönere Tochter Labans, Rahel. Nach Ablauf der Zeit verlangt Jaqob sein Weib; Laban unterschiebt ihm die ältere Tochter Lea. Jaqob sieht sich betrogen. Laban schlägt ihm höhnisch [4] vor, für Rahel eine weitere Jahrreihe auszuhalten. Er tut es [5].

Rahel, anfangs unfruchtbar, gibt Jaqob ihre Magd Bilha bei. Sie gebiert Dan und Naftali. Lea, die Jaqob schon vorher geboren hat [6], erhält nun weiter Issakar, Sebulon und eine Tochter Dina; Rahel, von Gott gesegnet, gebiert Josef [7].

Nun ergreift Jaqob die Sehnsucht nach der H e i m a t. Laban will ihn nicht ziehen lassen und wünscht Jaqobs Forderungen für eine weitere

---

1) Etwas derart stand nach 29, 1 an Stelle von 28, 10.   2) Gen. 28, 11f. 17f. 20. 21 a. 22. Siehe dazu meine Studien zur hebr. Archäol. 116f. Daß die Massebe hier dem Erzähler selbst nicht als Gottesbehausung, was das Wort *betel* eigentlich heißt, gilt, geht deutlich aus der Himmelsleiter hervor, deren Sinn doch nur sein kann, daß die Gottheit im Himmel wohnt und nur gelegentlich, zum Zweck der Offenbarung (hier im Traum) in ihren Boten herabkommt. Daß die Stadt, nicht der Stein, Bétel genannt wird, zeigt ferner, daß der Stein wohl überhaupt nur als Malstein, als S y m b o l und Erinnerungszeichen gelten soll. Auch der Ölguß ist demnach hier nicht als Opfer, sondern als Weiheguß gedacht. Das alles sind bewußte Umdeutungen älterer oder derberer Anschauungen. Sie verraten uns die Zeit des E, lassen aber auch keinen Zweifel darüber, daß es einmal eine Zeit gab, in der die Erzählung einen andern Sinn hatte; vgl. oben S. 226, dort auch über Königs Verständnis.   3) Gen. 29, 1. Es ist das Land Qedem (Kedme), östlich von Damaskus, also das Aramäergebiet, vgl. Deut. 26, 5. Freilich darf man nicht einfach an das Gebiet, wo Sinuhe weilte (s. oben S. 57) denken (so Meyer, Israel. 243). Denn dort gibt es Feigen, Wein, Öl, Getreide und Baumfrüchte (Ranke in TuB. I, 213), während Laban ein weites Weidegebiet innehat d. h. viel weiter nach Osten hin in der eigentlichen Steppe wohnt. Der Begriff Land Qedem muß also, wie sein Name erwarten läßt, ziemlich dehnbar gewesen sein. Er mag hier die Gegend um Palmyra und bis gegen den Eufrat umfassen.   4) Die Ent schuldigung V. 26 aus J oder wohl eher aus R (geg. Dillm.).   5) Gen. 29, 15 b—23 25. 27 f. 30. So fast allgemein.   6) Nach Gen. 30, 1 u. 17.   7) Gen. 30, 1—3 a 6. 8. 17—20 a. 20 c. 24 a. So in der Hauptsache auch Holz., Procksch und Gunkel wenn auch einzelnes strittig bleiben mag

Dienstzeit zu hören [1]. Jaqob stellt seine Forderungen und bleibt [2]. Gott segnet ihn, und die von ihm ausbedungene Art von Tieren wird in Menge geboren. Laban ändert mehrmals die Bedingungen, doch nur zum Segen Jaqobs. Dieser, des Betrugs überdrüssig | und durch ein Traumgesicht des Gottes von Betel aufgefordert, beschließt nach Hause zu fliehen. Seine beiden Weiber, zu ihm aufs Feld gerufen, stimmen dem Plane bei. Labans Abwesenheit zur Schafschur wird benutzt. So „täuschte Jaqob das Herz Labans des Aramäers"; Rahel aber stiehlt seine segenspendenden Terafim [3].

Erst weit im Westen, auf dem Gebirge Gilead, ereilt ihn Laban. Ein Traumgesicht verbietet ihm, Hand an Jaqob zu legen. Nur seine Götter verlangt Laban zurück; wer sie hat, soll sterben. Laban durchsucht die Zelte, Rahel weiß sich durch List zu retten. Jaqob, entrüstet, macht dem Schwäher bittere Vorwürfe. Laban, gerührt und beschämt, erbietet sich zum Bunde [4].

Er [5] errichtet am Orte eine Massebe, Jaqob dagegen einen Wall (gal) aus Steinen. Hier halten sie das Bundesmahl. Der Wall soll Zeuge sein ('ēd). Daher heißt der Gebirgswall Gil'ād [6]. Weiterziehend sieht Jaqob das Heer der Gottheit (Mahanaim) [7].

Nun ist nur Esaus Rache noch zu fürchten. Jaqob sendet Boten zu ihm nach Edom mit reichen Geschenken, in Abteilungen sich folgend [8]. Die Seinen und das Vieh setzt er über den Jabboq, er selbst bleibt jenseits des Flusses [9]. Was Jaqob hier getan, oder was ihm begegnet, erfahren wir aus dieser Quelle heute nicht mehr deutlich [10]; es lag aber aller Wahrscheinlichkeit nach eine ganz ähnliche Erzählung vor, wie wir sie in J über den Kampf Jaqobs mit dem Gotte besitzen. Es folgt sodann eine kurze Beschreibung der Begegnung mit Esau, welche durchaus freundlich ausfällt. Die Geschenke, die Esau mittler|weile erhalten hat [11], nimmt er auf besonderes Bitten Jaqobs an. Jaqob gelangt wohlbehalten in die Nähe von Sikem, wo er von dem Ḥamōrleuten für 100 Qesīṭa das Stück Feld, auf dem sein Zelt steht, kauft und eine Massebe errichtet [12], die er El, Gott Israels, oder wohl besser El ist der Gott Israels nennt [13]. Man hat

---

1) Gen. 30, 26. 28 (mit Dillm. geg. Wellh.)   2) Aus Gen. 31, 7. 41 zu entnehmen. Doch s. oben S. 222, Anm. 8.   3) Gen. 31, 2. 4—9. 11. 13—17. 19—21. V. 10 und 12 von R?   4) Gen. 31, 22—44 außer 25. 27 (Gu. auch 38f.; in Einzelheiten auch anders Pr.).   5) V. 45 Laban Subjekt statt Jaqob.   6) V. 45f. (gegen Wellh. Dillm.): 43—50 (außer 48 b. 49); ferner 53f. Kap. 32, 1.   1. Gu. will eine Gileadrezension in J (44. 46. 51—53 a. 48) und eine Misparezension in E (45. 49 f. 53 b. 54) unterscheiden, Smend innerhalb J eine solche mit dem Steinhaufen (48) und mit der Massebe als Zeugen (51 f.). Wieder anders Pr. — Für das Verständnis der Szene vgl. was Palmer, Wüstenwanderung 261 erzählt: Ehe die Kämpfenden „sich trennten, sagten sie: 'Gott hat diese Linie zwischen uns gezogen' und machten mit ihren Speeren das Zeichen (kleine Steinhaufen und eine durch den mit Kieseln bedeckten Sand gezogene Linie) in den Sand, welches wir nun sahen".   7) Gen. 32, 2f.   8) Gen. 32, 4. 14 b.—22.   9) Gen. 32, 24 25a.   10) Vgl. Wellhausen, JDTh. 21, S. 434; anders Dillm., Holz, Gu., Pr., s. oben S. 223. Eine Doppelerzählung scheint allerdings vorzuliegen; am ehesten darf man 26 b. 30f. 32 b, die jedenfalls zusammengehören, E zuweisen. Dann hat Jaqob sich beim Ringen verrenkt und muß deshalb hinken. Seine Frage nach dem Namen des Gottes wird abgewiesen, aber er empfängt einen Segen und weiß daraus, daß er einen El geschaut hat. Daher der Name Pnuēl. Vgl. auch Elhorst ZAW. 32 (1912) 299f.   11) Gen. 33, 11.   12) So wohl statt mizbeaḥ wegen des Verbums, vgl. 35, 14. 20.   13) Gen. 33, 4 b. 5 b. 11. 19 f. Über diese Benennung s. oben S. 195, Anm. 1 und Meyer, Isr. 295 f. und zur Übersetzung Smend 88. Deutlich wird aber hier und nachher die Erinnerung an die Tatsache ausgesprochen, daß ehedem gewisse örtliche Gottheiten verehrt wurden, die dann auf Israel und seine Heiligtümer übertragen

ganz den Eindruck, als spräche E hier dunkle historische Erinnerungen aus an eine vor Zeiten hier gepflogene Gottesverehrung — vielleicht im Verein mit den Ḥamorleuten.

Hier vor Sikem erleidet Jaqobs Tochter **D i n a** Gewalt von Sikem, dem Sohn Ḥamōrs. Er will sie zur Frau haben und bietet Jaqob das Konnubium an. Jaqobs Söhne gehen darauf ein, falls jene die Beschneidung annehmen wollen. So lassen Ḥamor und Sikem mit ihrer ganzen Stadt sich beschneiden. Nach drei Tagen, als sie wundkrank waren, überfielen die Söhne Jaqobs die Stadt und töteten alles Männliche und raubten ihre Schafe und Rinder samt den Weibern und Kindern [1].

Von Sikem zieht Jaqob zunächst nach **B e t e l**, um sein dort einst abgelegtes Gelübde zu erfüllen. Er baut dort einen Altar und gibt der Stätte den Namen *El ist in Betel*. Vor dem Aufbruch ließ er sich die ausländischen Götter, also Götzenbilder, und Ohrringe ausliefern und vergrub sie unter der Terebinthe von Sikem [2]. Bei Betel stirbt auch Debora, die Amme der Ribqa: man begräbt sie unter der „Klageeiche" und errichtet auf ihrem Grabe eine Massebe, die mit Öl gesalbt und mit Wasser begossen wird [3]. Bald zieht er auch von Betel weiter. Bei Efrat stirbt Rahel an der Geburt Benjamins. Auch auf ihrem Grabe | errichtet Jaqob eine Massebe [4], die „noch heute da ist". Er zieht dann weiter nach Süden [5].

5. **A l l g e m e i n e s   ü b e r   d i e   I s a a q - J a q o b - S a g e   b e i   E.** — Auch hier ist die Jaqobsage, wie schon oben bemerkt wurde, ein wohlgeordnetes Ganzes. Sie verläuft nach demselben Schema wie bei J. Mehrfach sind beide Darstellungen einander so ähnlich, daß es schwer hält, sie noch richtig auseinander zu halten. Doch fehlt es nicht an Fällen starken Auseinandergehens, die zeigen, daß E, auch wenn er J vor sich hatte, doch recht wohl imstande war, seine eigenen Wege zu gehen.

In der Hauptsache gilt demnach das oben über J Gesagte auch von E. An Besonderheiten, in denen sich E stärker von J abhebt, sind vor allem zu nennen die Himmelsleiter von **B e t e l** [6], die Geschichte vom Kampfe bei **P n u e l**, wo er nicht den Gott schlägt, sondern beim Ringen sich verrenkt [7], endlich die Begegnung mit dem himmlischen Heere bei **M a h a n a i m**, von der J überhaupt nichts weiß. In diesen drei Fällen handelt es sich

---

werden. Weiteres hierüber unten S. 257 f. und 264. Sie scheinen neben dem Namen *El* auch als *Chaj* „Lebendiger" bezeichnet worden zu sein, oben S. 215 [4]. — Vgl. noch Steuernagel in Festschr. Wellh. 344.

1) Gen. 34, 1. 2a 4. 6. 8—10. (14) 15—17. 20—24. Dillm., dem ich früher darin folgte, dachte an eine Version von P. Aber ich habe mich überzeugt, daß trotz mancher Anklänge an P doch P selbst nicht so geschrieben haben kann. Nun hat Cornill, ZAW. 1891, 1 ff. entschieden für E gesprochen. Auch Gu. und Pr. treten für E ein. Trotz mancher Bedenken reihe ich daher die Erzählung hier ein mit dem Vorbehalt, daß sie von einem ältern Vorläufer von P stammen könnte. 2) Gen. 35, 1—4. 7; vgl. Jos. 24, 14 ff.; doch könnte man für 2. 4 vielleicht auch an R aus P denken. Nach Procksch wäre 1—7 = E [2]. 3) Gen. 35, 8. 14. Die Worte „an dem Ort, da er mit ihm geredet hatte" stammen aus V. 15 (bzw. 13); scheiden sie aus, so bezieht sich der Vers auf das Grab und berichtet vom Totenopfer. 4) Gen. 35, 16—20. Man beachte E's Interesse an den hl. Gräbern hier. 5) 37, 22 weiden die Söhne in der Wüste, nicht bei Sikem, und 46, 5 befindet sich Jaqob in **B e e r s e b a** (vgl. S. 241). Josef gehört, wie sein Grab zeigt (Jos. 24, 32), gewiß nach Sikem; aber es scheint, daß J diesen Zug deutlicher erhalten hat. Vielleicht hat E diese Begebenheiten in den Süden verlegt, um die Verlegung des Schauplatzes nach Ägypten vorzubereiten. 6) Siehe darüber oben S. 236, Anm. 2. 7) Siehe S. 237, Anm. 10.

um uralte, wohl vorisraelitische Orts- oder Kultussagen, die lange vor E existierten, von denen aber augenscheinlich E eine ganz eigenartige Form der Erzählung kannte. Dazu kommen die starken Anklänge an die — wohl auf dem Gebirge Efraim beliebte — Elverehrung.

Das gegenseitige Verhältnis zwischen J und E läßt sich im ganzen so bestimmen, daß E die jüngere Gestalt der Sage darzubieten scheint, doch nicht ohne daß er selbst auch gelegentlich noch die ältere verträte. In betreff Betels vertritt E selbst zwar eher eine jüngere Anschauung als J, aber daneben läßt er zweifellos noch viel deutlicher und wesentlich weniger verblaßt die allerälteste Darstellung durchblicken. In der Angelegenheit der Liebesäpfel hat E die jüngere Form, ebenso wohl in den Verhandlungen mit Laban, am unverkennbarsten aber bei dem Kampf mit der Gottheit in Pnuel [1]. Der Kern ist gemeinsam.

6. Die Geschichte Josefs. — Ein Jüngling von 17 Jahren, hütet Josef mit den Brüdern des Vaters Herden. Durch Angeberei dem | Vater gegenüber macht er sich den Brüdern verhaßt [2]. Den Haß steigern noch eitle Träume, die zwar von seinem Vater getadelt, diesem immerhin zu denken geben [3]. Eines Tages nun ruft Jaqob den Josef zu sich und sendet ihn zu den Brüdern. Da sie ihn sehen, beschließen sie, den Träumer zu töten. Sie wollen angeben, ein Tier habe ihn gefressen. Ruben, um ihn zu retten und dem Vater nachher zu bringen, rät, nicht Blut zu vergießen, sondern Josef in eine Zisterne in der Wüste zu werfen. Nachdem dieser angekommen, ziehen sie ihm den Rock aus, werfen Josef in die Grube und gehen davon zum Mahle [4].

Unterdessen ziehen midjanitische Kaufleute vorüber Sie heben Josef aus der Grube und bringen ihn nach Ägypten. Ruben aber, zur Grube zurückgekehrt, findet Josef nicht und geht klagend wieder zu den Brüdern. Sie nehmen Josefs Rock, tauchen ihn in Blut und bringen ihn dem Vater. Jaqob erkennt den Rock seines Sohnes und trauert um seinen Sohn. Die Midjaniter aber verkaufen Josef in Ägypten an Poṭifar, einen Eunuchen des Pharao, den Obersten der Schlächter und wohl der Scharfrichter, der darum auch über das Gefängnis gesetzt ist. In seinen Dienst kommt Josef, und bald setzt er ihn über sein Haus und seinen Besitz [5].

Nach längerer Zeit zürnt der Pharao zwei seiner Eunuchen, dem obersten Bäcker und dem Mundschenken. Sie kommen ins Gefängnis, in das Haus des Obersten der Scharfrichter. Josef wird zu ihrem Dienste verwandt (als Sklave Poṭifars, nicht als Gefangener). Er deutet ihnen seltsame

---

1) Die Liebesäpfel hat E vermutlich als anstößig gestrichen; in den Verhandlungen mit Laban 31, 26 ff. ist E komplizierter und weniger unmittelbar; in Pnuel schlägt Jaqob nicht den Gott, sondern er verrenkt sich beim Ringen. 2) Der Ärmelrock (gg. Dillm.) gehört J. Nun paßt aber dem Sinne nach zum Rocke wie zur väterlichen Liebe nur die Eifersucht; wogegen zur Angeberei nur der Haß stimmt. Also gehören Eifersucht, Ärmelrock und Liebe zu J. Haß und Angeberei dagegen ergeben sich demnach für E, welchem aus anderen Gründen auch die Träume gehören. 3) Gen. 37, 2a und c (יוסף bis בצאן) und von (וירבא an). 4b–10. 11b. 4) V. 13b von (לכה an). 19f. (außer: „und in eine Grube werfen"). 22. 23abα. 24. 25aα. 5) Gen. 37, 28abβ. 29–31: Teile von 32 und 33; V. 34; die drei Schlußworte von 35; V. 36. In Kap. 39 einzelnes aus V. 4 (אתו וישרת) und aus V. 5f. Hier bei E ist Josefs Herr Eunuch; schon deshalb gehört die Ehebruchsgeschichte — mag es auch vielleicht einzelne verheiratete Eunuchen gegeben haben — von Rechts wegen zu J.

Träume, die nach seiner Deutung wunderbar eintreffen [1]. Zwei Jahre
später hat auch der Pharao merkwürdige Träume, die ihm niemand in
Ägypten zu deuten vermag. Da erinnert der nach Josefs Deutung frei-
gewordene Mundschenk sich Josefs und nennt dem | König den Knecht
des Schlächterobersten. Man läßt ihn holen, und er deutet auch des
Pharao Träume, und zwar auf eine demnächst eintretende Zeit des Überflusses, welcher eine Periode der Hungersnot folgen werde. Daran knüpft
Josef den Rat, man solle in den Jahren des Überflusses den Fünften vom
Getreide erheben und das Korn in Vorratshäusern für die Zeit der Not
aufbewahren [2].

Der Pharao erkennt in Josef Gottes Geist und erhebt ihn zum ersten
Mann im Reiche; er verleiht ihm seinen königlichen Fingerring, kleidet
ihn mit Byssusgewändern und legt eine goldene Kette um seinen Hals.
Er verleiht ihm den Titel Ṣafnatpaʿneaḥ, was Hieronymus als creator
mundi erklärt [3], und gibt ihm Asnat, eine Priestertochter, zur Gemahlin. —
Wie Josef angekündigt, so trifft es zu. Seinen früher gegebenen Rat führt
er selbst aus. Sein Weib gebiert ihm Manasse und Efraim. So kommen
allmählich die Jahre der Teuerung heran, die sich weit über Ägypten
hinaus ausbreitet [4].

Hier sendet auch Jaqob seine Söhne außer Benjamin nach Ägypten,
Getreide zu kaufen. Sie fallen vor Josef nieder. Er erkennt sie und
gedenkt seiner Träume, behandelt sie aber zunächst unfreundlich. Sie sollen
Kundschafter sein und müssen zum Beweis der Wahrheit ihrer Aussagen
den jüngsten Bruder von Hause mitbringen. Simeon soll als Geisel in
Josefs Händen bleiben, die übrigen, mit Getreide versehen, mögen nach
Hause ziehen. Sie willigen schweren Herzens ein und erkennen auf Rubens Mahnung die Schuld ihrer Sünde in ihrem Geschick. Ihr Geld
läßt Josef in die Säcke legen. Zurückgekehrt bringen sie Jaqob die Un-
glückspost. Er klagt: Josef ist nicht mehr; Simeon ist nicht mehr; Benjamin wollt ihr mir nehmen. Ruben verbürgt sich mit seinen zwei Söhnen
dafür, daß er Benjamin ihm zurückbringen werde [5].

Nun greift, nachdem E ausführlich am Worte gewesen ist, J wieder
mehr ein, um die zweite Reise fast allein zu erzählen. E ist nur noch
in ein paar Notizen erhalten [6]. Jaqob läßt tiefbekümmert die Brüder mit
Benjamin ziehen. Josef gibt ihnen Simeon heraus. Auch in Kap. 44
scheinen die Ausdrücke für den ältesten und jüngsten Bruder [7] nach dem
sonst in diesen Zusammenhängen streng festgehal|tenen Sprachgebrauch
noch Spuren eines Berichtes von E über die weiteren Erlebnisse in Ägypten
aufzuweisen.

Erst bei der feierlichen Eröffnungsszene läßt R wieder beide Quellen
mehr zur Geltung kommen. Zunächst wird wieder E zugrunde gelegt.
Josef entläßt seine Umgebung, um sich seinen Brüdern zu erkennen zu
geben. Er tröstet zugleich die erschreckten Brüder, denn Gott selbst habe

---

1) Gen. 40, 1 aα. 2. 3 a. 4—22 außer kleinen Einsätzen aus J in V. 5 u. 15.
2) Gen. 41, 1—16. 17—24. 25—36, abgerechnet kleine Einsätze aus J in V. 7.
31. 34 f.   3) Nach Steindorff (Ztschr. f. ägypt. Spr. 27 [1889], S. 41 f. 30, 50 ff. bedeutet der Name: Es spricht der Gott: er lebt.   4) Gen. 41, 37—40. 42. 43 a. 45 f.
47 f. 51 f. 53—57 teilweise.   5) Gen. 42, 1. 2 b.—4 a. 5. 6 c. 7 aα. 7 b—26. 29—37
6) 43, 14. 23 c.   7) Besonders in V. 12, vielleicht auch in 2. 23. 26. Gegen Dillm.
u. Wellh.

ihn hierher gesandt, damit er zum Retter der Seinen für die noch bevorstehenden fünf Jahre der Hungersnot werde. Sie sollen eilends den Vater nach Ägypten entbieten. Auch der Pharao, zu dem das Gerücht gelangt ist, lädt Jaqob und seine Söhne nach Ägypten ein. Sie sollen das Fett des Landes essen, und Wagen aus Ägypten sollen ihnen zum Transport der Weiber und Kinder zu Gebote stehen. Reich beschenkt kehren sie heim und bringen Jaqob die Botschaft. Er glaubt erst, als er die ägyptischen Wagen sieht, die dazu bestimmt sind, ihn und die Weiber und Kinder nach Ägypten zu bringen [1].

In Beerseba', wo nach E Jaqob sich damals aufhielt [2], wird ihm, als er eben ein Opfer bringt, ein nächtliches Gesicht vom *El*, dem Gott seines Vaters, das ihn ermuntert, nach Ägypten zu ziehen, denn dort soll er zum großen Volke werden. Auch soll er wieder zurückkehren. So entschließt er sich zur Reise mit den Seinen. Josef aber bestreitet, nachdem sie angekommen, ihren Unterhalt [3].

An einer nicht mehr ganz hierher passenden Stelle trägt nun R ein aus E und J bis zur Unkenntlichkeit der Teile gemischtes Stück über die Verdienste Josefs um Ägypten nach [4]. Nachdem alles bare Geld in Ägypten für Getreide aufgebraucht und weiterhin der ganze Tierbesitz des Volkes an Rossen, Eseln, Schaf- und Rinderherden weggegeben ist, veranlaßt Josef das Volk, sich selbst und alle Ländereien in Ägypten der Krone zu eigen zu verschreiben, um dafür in der Teuerung Korn aus den Vorratskammern zu erhalten. Grund und Boden ist damit von jetzt an in Ägypten Eigentum des Königs, und das Volk entrichtet dafür in Zukunft jedes Jahr den Fünften des Ertrages. Nur die Priester bleiben von diesem Verhältnis der Hörigkeit ausgenommen.

In einem ebenfalls stärker von R überarbeiteten Stücke wird nun vollends das Lebensende Jaqobs berichtet. Auf dem Todbette empfängt Jaqob den Besuch Josefs mit seinen beiden Söhnen Manasse und Efraim. Jaqob segnet Vater und Söhne, Efraim vor Manasse setzend. Josef verheißt er die Rückkehr nach Kanaan und dort einen Landstrich, den er selbst den Amoritern mit Schwert und Bogen abgenommen. — Den toten Vater betrauert Josef und läßt ihn einbalsamieren. Die Brüder aber, deren Gewissen nach des Vaters Tode aufs neue sich regt, beruhigt er. Josef selbst stirbt in Ägypten 110 Jahre alt; er bedingt sich von seinen Brüdern die Rückführung seiner Gebeine nach Kanaan aus [5].

7. Analyse der Josefsage bei E [6]. — Die Josefgeschichte hat, wie sich schon früher zeigte, bei E ihre ausführlichste und wohl auch in wesentlichen Punkten ursprünglichere Fassung erhalten [7]. Die Analyse wird also hier besser bei E als bei J einsetzen. Ihr leitender Gedanke tritt in Stellen wie Gen. 42, 21 f. 45, 5—7. 50, 20 deutlich zutage: Gott hat Josef nach Ägypten gesandt, lediglich um die Brüder später, wenn die

---

1) Gen. 45, 1 b. 3. 4 a b. 5 a β. 5 b—9. 11 f. 15—27. Gunkel will übrigens die Wagen durchweg (45, 19. 27; 46, 5 b) J zuweisen — vielleicht mit Recht.   2) Dillm.[5], S. 428 (⁶435); vgl. oben S 238.   3) Gen. 46, 1 b—5 (außer Israel V. 2; beachte *ha-êl elohê* ...); 47, 12.   4) Gen. 47, 13—26. Versuche der Scheidung jetzt bei Holz. und Procksch.   5) Gen. 48, 1 2 a (doch vgl. Sachsse, Isr. 1 16). 8. 9 a. 10 b. 11 f. 15 f. 20. 21 f. (davon 8. 11. 21 gemeinsam mit J); 50, 1—3 (gemeinsam mit J). 15—26 (außer Teilen von J in V. 18 21 f. 24). Vgl. übrigens Wellh. 21, S. 449 (Komp.³ 59 f.), sowie die Kommentare.   6) Über das Verhältnis von E und J in der Josefgeschichte s. oben S. 230 f.   7) Siehe oben S. 227. 230 f.

große Hungersnot kommen wird, nachholen zu können; die Menschen freilich kannten diesen Rat nicht, sie gedachten es böse zu machen, Gott aber gedachte es gut zu machen. Daraus ergibt sich, daß E die Geschichte als sprechenden Beweis des Waltens göttlicher Vorsehung erzählt. Die Zweckmäßigkeit irdischen Geschehens geht in letzter Linie auf Gott und sein Walten zurück, das soll der Leser aus der Geschichte lernen.

Es ist damit von selbst gegeben, daß die Josefgeschichte ihrem Aufriß nach eine streng einheitliche, einen bestimmten Gedanken durchführende Erzählung sein wird. Des Helden Schicksale und wundersame Erlebnisse werden, so wie eines aus dem andern folgt, und wie seine Tugend, Frömmigkeit und Klugheit es verdient, vorgeführt. Zugleich so, daß der Leser an Josef sich begeistert und an Gottes Weisheit und Gerechtigkeit sich erbaut. Das setzt eine streng geschlossene Komposition und ein starkes künstlerisches Vermögen des Erzählers voraus und zeigt, daß die erzählende Kunst ebenso wie die religiöse und moralische Betrachtungsweise in Israel schon eine achtbare Höhe erreicht haben müssen. Damit ist zugleich gegeben, daß die Erzählung, wie wir sie lesen, im ganzen das Werk des Erzählers selbst sein wird, dessen persönlichen Standpunkt sie auch deutlicher wiedergibt als viele | andere Stücke seines Buches. Im Verhältnis zur Jaqob-, besonders aber zur Abrahamsage zeichnet die Josefsage das wesentlich festere Gefüge aus. Auch die ehedem nicht zu Josef gehörigen Stücke sind der Erzählung von ihm durch kunstreiche Anordnung des Ganzen organisch eingegliedert, während sie dort viel loser angefügt sind. Ist nun unsere Geschichte auch wesentlich ein in sich einheitliches Gebilde, so folgt daraus freilich nicht, daß die Stoffe selbst, die der Erzähler oder vielleicht schon sein Vorgänger mit höchster Kunst zu den Einzelbildern der heutigen Josefgeschichte gestaltet hat, von ihm schon durchweg im Zusammenhang mit dieser Geschichte vorgefunden worden wären. Ebensowenig daß er sie alle frei gestaltet habe. Vielmehr zeigt der Umstand, daß jedenfalls ein Stück, vielleicht auch mehrere, ihre Parallelen im außerisraelitischen Märchenschatz haben [1], daß schon in verhältnismäßig früher Zeit allerlei Abenteuergeschichten, zum Teil internationaler Art, mit dem eigentlichen Kern der Josefsage verbunden worden sind [2].

---

1) Die Geschichte vom ehebrecherischen Weibe (sie gehört J, mag aber hier im Zusammenhang erwähnt werden) hat bekanntlich ihre Parallele in einem ägyptischen Märchen (Erman, Ägypt. 505; Ranke in TuB. I, 223 f.). Nach ihm leben zwei Brüder zusammen. In der Abwesenheit des älteren sucht dessen Frau den jüngeren zu verführen, wird aber abgewiesen, worauf die Frau den Schwager bei ihrem heimgekehrten Gatten des Ehebruchs bezichtigt. Die Ähnlichkeit im Wesentlichen: die Abweisung der Ehebrecherin und ihre verleumderische Rache sind hier so groß, daß an einem Zusammenhang nicht gezweifelt werden kann. Ein verwandtes Motiv scheint indes auch in Indien und anderwärts aufzutreten. Viel weniger einleuchtend ist die Vergleichung des Zauberbechers im Sacke (auch dieser Zug in J) mit den drei Kronen im Gerstensacke, Greßmann, ZAW. 30 (1910), 17 f. S. weiter Gunk. ZDMG. 76 (1922) 55 ff., wo auch die Träume Pharaos hierhergezogen und anderes in Aussicht gestellt wird. 2) Daß die Geschichten samt ihrer Verbindung mit Josef kein junges Produkt sind, am wenigsten erst von J geschaffen (s. d. folg. Aum.), zeigt der Umstand, daß sie in J und E, bei mannigfacher Abweichung im einzelnen, doch große Ähnlichkeit haben. Es muß also beiden schon ein fester Typus vorgelegen haben (s. über ihn oben bei J S. 231). — Die Stoffe im einzelnen lassen sich nicht mehr sicher festlegen. Versuche, doch nicht immer überzeugender Art, bei Gunk.[3] 400, Greßm. a. a. O. Am deutlichsten hebt sich die Erzählung von Josefs Finanzoperation als vermutlich ägyptische Sage heraus.

Als dieser ursprüngliche K e r n wird die Erzählung gelten dürfen, daß Josef, einer der Jaqobsöhne, vielleicht im Zwist mit seinen Brüdern, nach Ägypten kommt und, dort zu Ansehen gelangt, später seine Brüder nachkommen läßt [1]. Hier scheint Josef bereits als Stamm ge|dacht zu sein, was er tatsächlich auch einmal war, wenngleich die Erzählung selbst Josef fast durchweg als Privatperson, als einzelnen hebräischen Jüngling, behandelt [2]. Diesem an sich einfachen Stoffe, der freilich, wie sich zeigen wird, auch nicht mehr ganz die älteste Überlieferung enthält, sind zum Zweck der ausführlicheren Darstellung, vor allem aber der Belebung und der anschaulichen Wiedergabe eine größere Zahl von konkreten Einzel- zügen in Form von Abenteuergeschichten und Sagen beigefügt worden, so daß das Ganze jetzt die Gestalt einer abgerundeten und psychologisch vertieften Novelle darbietet.

§ 23.
Priesterschrift und Redaktion.

Diese beiden Bestandteile des Ganzen zusammenzunehmen ist deshalb berechtigt und geboten, weil sie tatsächlich die meiste innere Verwandt- schaft miteinander haben. Denn mag P die älteste oder die jüngste Quell- schrift des Hexateuchs darstellen, so ist jedenfalls Tatsache, daß keine jener Quellen den von R nachher befolgten Plan der Geschichtsdar- stellung schon so deutlich zum Ausdruck bringt, wie P. Insofern bleibt diese Schrift für alle Fälle die „Grundschrift" des Hexateuchs (wie sie früher mit Rücksicht auf das Alter hieß) in Beziehung auf den Inhalt. Sie stellt den Grundriß des Ganzen am reinsten dar. An ihren Gedanken- gang hat sich angeschlossen als an den „Faden, an welchem die Perlen von J und E aufgereiht werden" [3]. — 1. D i e P r i e s t e r s c h r i f t. — Auch P fügt die Geschichte Israels| ein in die allgemeine Völkergeschichte seit der Flut, wie sie in den drei

---

1) Nach Luther bei Meyer, Isr. 142. 144 wäre die Josefgeschichte vom Jahvisten frei „erfunden", um die Wanderung nach Ägypten zu erklären. Aber schon der Um- stand, daß gar nicht J, sondern E die Josefgeschichte erstmals erzählt haben wird, spricht gegen diese Theorie. Noch mehr der Umstand, daß Josef tatsächlich ein Stamm war, woran nach Richt. 1, 22 ff. und Gen. 49, 22 ff Deut. 33, 13 ff. nicht zu zweifeln ist. Siehe d. folg. Anm.   2) Darin hat Gu.³ 399 gewiß recht, vor allem gegenüber den Versuchen, alle oder fast alle Züge der Josefgeschichte stammgeschichtlich zu deuten (so z. B. Steuernagel, Einwanderung § 10). Aber wenn es überhaupt einen Stamm Josef gab, vollends wenn er einmal nach Ägypten gewandert ist, so ist es an sich wahrschein- lich, daß die Josefsage seine Schicksale im Auge hat und nur die weitere Ausmalung anderen Gebieten entnommen ist. Die Zurückführung des Ganzen auf ein „Glücks- märchen" (Greßm. 17) hat dann von selbst wenig für sich, wie es überhaupt nicht schwer fallen dürfte, für jede bewegte Lebens- oder Stammgeschichte ein analoges Glücks- oder Abenteuermärchen irgendwo zu finden. [Am selben Abend, nachdem Gunk. uns den vorhin S. 242¹ a E zitierten Vortrag gehalten hatte, wurde eine Kongreßteilnehmern eine Theatervorstellung dargeboten mit einer Oper, die viele an das Märchen von Hänsel und Gretel erinnerte. Was folgt daraus?] Darin hat die Märchenmethode ihre Schranke. (Vgl. über diesen Punkt auch § 26 a. E.) Demnach ist es auch nicht wahrscheinlich, daß „das Stammgeschichtliche" erst „dem märchenhaften Stoff eingefügt ist" (Greßm. 18), sondern umgekehrt werden dem Stammgeschichtlichen allerlei Abenteuergeschichten eingefügt sein. — Richtig bleibt, daß bei dieser Erklärung zwei ungleiche Elemente auch nach der Seite hin miteinander verbunden sind, daß Josef als Person und Josef als Vater von Efraim und Manasse, d. h. als Stamm nebeneinander stehen. Allein das kann uns bei der hebräischen Sage, die einmal Familien- und Stammgeschichte viel- fach vermengt, nicht wundern.   3) Wellh., Proleg.², S. 351.

Völkergruppen Sem, Ham, Jefet sich abspielte. Eingehend freilich hat der Redaktor von der Völkertafel dieser Quelle [1] nur die in J ausgelassene jefetische Familie mitgeteilt. Als Söhne Hams nennt P dieselben wie J: Kusch Miṣraim Kanaan, mit Beifügung von Pūṭ an dritter Stelle. Als Söhne Kuschs dagegen werden die von J dem 'Eber zugeteilten arabischen Stämme genannt. Man hat das Bewußtsein verloren, daß diese Stämme von Hause aus Brüder der Hebräer wären. Sems Söhne sind 'Elām, Assur, Arpaksad, Lūd, Arām.

Die wichtigsten dieser Söhne Sems sind für P Aram und Arpaksad. Des ersteren Söhne werden noch in der Völkertafel wenigstens genannt [2], des andern Geschlecht dagegen in Form einer zehngliedrigen [3] Genealogie der direkten Vorfahren Abrahams ausführlich nachgetragen. Abraham ist damit als im zehnten Gliede von Sem, und zwar durch Arpaksad, Schelaḥ, 'Eber, Peleg abstammend eingeführt [4].

Abrahams Vater ist Teraḥ. Seine Brüder sind Naḥor und Haran, der Vater Loṭs. Teraḥ bricht mit seinem Sohne Abram, seinem Enkel Loṭ und Saraj, Abrams Weib [5], von Ur Kasdim auf und will nach Kanaan ziehen. Sie gelangen bis Haran und verweilen dort. Teraḥ selbst stirbt hier 145 [6] Jahre alt; ebenso Haran [7]. Abram aber setzt im Todesjahr seines Vaters, 75 Jahre alt, den Zug nach Kanaan fort. Loṭ geht mit ihm [8]. — Über die Lage von Ur Kasdim im Sinne von P ist unten näher zu handeln.

In Kanaan angekommen scheidet Abram sich von Loṭ und setzt sich im Süden bei Mamre unweit Hebron [9] fest, während Loṭ sich die Jordanaue östlich davon wählt [10]. — Saraj ist unfruchtbar; daher sie 10 Jahre nach ihrer Einwanderung in Kanaan ihre ägyptische Magd Hagar Abram beigibt. Sie gebiert in Abrams 86. Jahre den Ismael [11]. 13 Jahre später, in Abrams 99. Jahre, schließt Jahve einen Bund mit ihm und nennt ihn Abraham, in welchem Namen die Aussicht auf große Nachkommenschaft verbürgt ist. Als Bundessatzung gilt das Gebot der Beschneidung alles Männlichen in Abrahams Hause. Ebenso | soll Saraj nunmehr Sara, Herrin, heißen, denn sie soll Stammutter von Völkern und Königen werden. Abraham lacht ungläubig. Daher soll sein im nächsten Jahre zur Welt kommender Sohn Isaaq heißen [12].

Aus der Verheerung der Städte des Kikkār errettet Gott Abraham und Loṭ. Zu der vorausbestimmten Zeit aber, in Abrahams 100. Jahre, wird der verheißene Sohn geboren; er wird Isaaq benannt und beschnitten [13]. Sara stirbt 127 Jahre alt zu Hebron. Abraham kauft für sie die Höhle Makpela von den Hetitern zum Erbbegräbnis. Er selbst wird 175 Jahre alt zu seinen Vätern versammelt. Isaaq und Ismael begraben ihn in eben jener Höhle [14].

---

1) Gen. 10, 1–7. 20. 22 f. 31 f.   2) 10, 23.   3) Über die Art der Zählung Budde, Urgesch. 412 f.   4) 11, 10—26.   5) Ob auch Naḥor in P als mitziehend gedacht ist, ist fraglich (s. Budde, S. 424 ff.) Natürlich kennt dann P auch keine Nachkommen von ihm in Haran.   6) So nach dem Samar. Budde, S. 429 ff. — Zu Smends Theorie s. S. 248 [1].   7) Gen. 11, 27. 31 f. Über V. 28 vgl. meine Erört. in ThStW. 7 (1886), S. 193 f. und 219 f., und dazu Dillm.⁶ z. St.; Wellh. 21, S. 398; Budde, S. 426. — Über die Lage von Ur Kasdim s. § 28.   8) Gen. 12, 4 b. 5.   9) Gen. 23, 17. 19; dazu Dillm.⁵ 229 (⁶ 232).   10) Gen. 13, 6. 11 b. 12 a.; dazu Eichr. 15.   11) Gen. 16, 1 a (Budde, S. 417 f. Vgl. Kuenen, Einl., § 6, Nr. 1). 3. 15 f.   12) Gen. 17.   13) 19, 29 (? s. Eich. 16); 21, 1 b. 2—5.   14) 23. 25, 7—11 a.

Man sieht schon an der Geschichte Abrahams das V e r f a h r e n dieses
Verfassers. Der Geschichtsverlauf wird eigentlich nur skizziert, nicht erzählt. Wenige Ausnahmen, nämlich Dinge, die den Verfasser ganz besonders interessieren, abgerechnet, ist die Darstellung eine durchaus sum-
marische. Kurz und trocken werden die Hauptdaten aneinander gereiht.
Fleisch und Blut zu dem Gerippe fehlt ganz und gar. Zahl und Maß
spielen eine besondere Rolle. Derselbe Charakter bleibt durch die ganze
Vätergeschichte und fernerhin.

Es folgen kurz die Toledot Ismaels: er wird 137 Jahre alt, und von
ihm kommen die Geschlechter der Wüstenaraber wie Nebājot Qēdār Tema [1].
Daran reihen sich sofort die Toledot Isaaqs. 40 Jahre alt nimmt er Ribqa,
die Tochter Betuels des Aramäers in Paddan Aram, sich zum Weibe.
Ihre Abstammung von Naḥor und Verwandtschaft mit Abraham ist bei P
nicht vorausgesetzt, wenigstens nicht genannt. Vielmehr scheint in der
Bezeichnung „der Aramäer" das Gegenteil zu liegen [2]. Bei der Geburt
seiner zwei Söhne ist Isaaq 60 Jahre alt. 40 Jahre später heiratet Esau
zum Schmerz seiner Eltern zwei Ḥetiterinnen. D i e s, nicht Streit mit
Esau, wird die Ursache, weshalb Ribqa und Isaaq Jaqob nach Paddan
Aram zu seinem Oheim Laban schicken, damit er sich dort ein Weib hole.
Isaaq segnet ihn, und zwar aus freien Stücken [3].

Über Jaqobs Aufenthalt in Paddan Aram haben wir im heutigen
Zusammenhang von P keine Notiz mehr [4]. Nur seine Rückkehr wird
31, 18 berichtet. Doch ist aus der Aufzählung seiner Söhne [5], die mit
den Nachrichten der andern Erzähler übereinstimmt (nur daß Benjamins
Geburt ebenfalls nach dem Osten verlegt wird), zu ersehen, daß P, wenn
auch keinen eingehenden Bericht über die Erlebnisse Jaqobs dort, | so
doch eine Notiz über seine dortige doppelte Verheiratung gehabt haben
muß. Der Aufenthalt dauert in P 80 Jahre.

Zurückgekehrt läßt sich Jaqob in der Nähe von Sikem nieder [6]. Dort
spielt die von J und E mitgeteilte Angelegenheit mit Dina. Die Erzählung
läßt sich zwischen J und E aufteilen. Aber es ist nicht unwahrscheinlich, daß einmal ein P in einer Vorstufe seiner heutigen Gestalt nahe-
stehender Erzähler an ihr Anteil hatte [7].

Schon vorher war, sofort nach der Rückkehr aus Paddan Aram, Gott
dem Jaqob erschienen und hatte ihm den Namen I s r a e l beigelegt; ihm
gehört das Land und Könige sollen aus ihm kommen. Den Ort dieser
Erscheinung nennt Jaqob Betel und heiligt ihn durch eine Massebe [8]. Von
hier kehrt er zurück nach Ḥebron zu Isaaq, der darauf, 180 Jahre alt,
stirbt. — Es folgt ein kleiner Abschnitt, die Toledot Esaus genannt. Esau

---

1) Gen. 25, 12—17.' 2) Gen. 25, 19f. 26 b. Vgl. Budde 421 f. 3) Gen. 26,
34 f.; 28, 1—9. 4) Auch wohl nicht in 29, 24. 29 (Wellh.). 5) 35, 22 b—26.
6) Gen. 33, 18. 7) Schon Wellh. und Kuenen (s. oben bei J) haben gegen die
Beteiligung von P an der Erzählung von Gen. 34 Bedenken geäußert. Besonders hat
sie dann Cornill, ZAW 1891, 1 ff. einer neuen Analyse unterworfen und starke Spuren
von E in ihr nachzuweisen versucht. Ihm folgen in der Hauptsache Holz. und Gu.
Demnach ist oben E angenommen. Allein die eigentümliche Redeweise von P bleibt
(vgl הֲמוֹל לָכֶם כָּל־זָכָר 15. 22, כָּל־זָכָר 24. u. a.), wozu kommt, daß Dinge wie Beschneidung und Konnubium ganz in den Gedankenkreis von P passen. Nach wie vor
scheint mir demnach diese Version von E irgendwie P nahezustehen, s. oben S. 238,
Anm. 1. 8) Gen. 35, 9—15 (außer 14), woran sich direkt 22 b—29 anschließen
(gegen Wellh, Proleg.², S. 349).

zieht mit seiner Habe von Jaqob weg in ein anderes Land, denn ihr Besitz war zu groß, so daß das Land sie nicht trug. Von einer Feindschaft der Brüder ist auch hier nicht die Rede. Vielmehr ist das Verhältnis Abrahams und Lots zum Muster genommen [1].

Der ganze Rest der Patriarchengeschichte läuft unter dem Titel Toledot Jaqobs. Jaqob wohnte im Lande Kanaan [2]. Hieran schließt sich sofort die Übersiedlung nach Ägypten. Von der ganzen Geschichte Josefs scheint aus P heute nichts Näheres mehr berichtet zu sein [3]. Doch muß einstens wenigstens das Gerippe der Josefgeschichte erzählt gewesen sein. Denn wo P wieder einsetzt, wird vorausgesetzt, daß Josef zuerst in Ägypten weilt und auf seine Veranlassung Jaqob und die Brüder nachkommen [4]. Als der Pharao ihre Ankunft in | Ägypten hört, erklärt er Josef, das Land stehe ihnen offen, sie mögen im besten Teile Ägyptens wohnen. Jaqob, 130 Jahre alt, segnet den Pharao; Josef aber gibt auf des Pharao Befehl den Seinen den besten Teil des Landes, das Land Ra'mses. Hier siedeln sie sich an und mehren sich. Jaqob lebt in Ägypten noch 17 Jahre [5]. Vor seinem Tode nimmt er Josefs zwei Söhne Efraim und Manasse als seine eigenen Söhne an; sie sollen ihm sein wie Ruben und Simeon. Auch segnet er seine Söhne (außer Josef), jeden mit einem besonderen Segen, und gebietet ihnen, ihn in der Höhle Makpela, die Abraham erkauft hatte und wo er mit Sara, Isaaq, Ribqa und Lea begraben sei, zu bestatten. Darauf stirbt Jaqob. Die Söhne aber tun, wie er geboten. Die Kinder Israel aber wuchsen, daß das Land ihrer voll wurde [6].

Überblicken wir das Ganze, so ist nicht zu verkennen, daß P eine leidliche Einheit darstellt. Der Verfasser gibt in knappen Zügen eine Skizze des Hergangs, so wie er ihm von seinen Gesichtspunkten aus sich spiegelt. Auf die Abweichungen von der älteren Überlieferung im einzelnen einzugehen, ist hier nicht erforderlich, da sie meist eine jüngere und beabsichtigte Wendung der Überlieferung enthalten. Wohl aber läßt sich auch hier nicht verkennen, daß die Erzählung, so sehr es auf den ersten Blick anders erscheint, doch nicht aus einem Gusse ist. Auch sie enthält neben dem Gesamtaufriß der priesterlichen Erzählung, der die jüngste Phase der pentateuchischen Geschichte darstellt, ältere Elemente, die dem Erzähler schon als Vorarbeiten oder als von ihm verarbeitetes Material vorlagen. Nicht nur in der Schöpfungsgeschichte, sondern auch an nicht wenigen anderen Stellen tritt diese Tatsache mit hinreichender Deutlichkeit zutage, so daß man auch für die Geschichte wohl eine ältere — wie es scheint einmal ziemlich ausführliche — priesterliche Darstellung von P [1] voraussetzen darf, der selbst wieder allerlei Materialien (p) vorgelegen haben müssen [7].

---

1) Kap. 36. Sicher zu P gehören V. 6—8. 40—43 (Kuenen, Einl., § 6, Nr. 1), doch wohl auch noch, Zusätze von R abgerechnet, (1—5?) 15—39 — freilich auf Grund älterer Urkunden. Siehe oben bei J.   2) Gen. 37, 1. 2 a α.   3) Es könnte an 41, 45 f. 50 gedacht werden, aber auch dies ist unsicher.   4) Gen. 46, 6 f. 8—27 (letzterer Abschnitt von R überarbeitet in 8 b. 12 b. 19 f. oder ein späterer Zusatz in P). 5) Gen. 47, 5. 6 a (LXX; vgl. Wellh. 21, S. 441 f.; Dillm.; Kuenen a. a. O.). 7—11. 27 (außer „Israel" und „im Lande Gosen"). 28.   6) Gen. 48, 3—7; 49, 28 b—33; 50, 12 f. Ex. 1, 1—5. 7.   7) Vgl. zunächst über Gen. 34 vorhin S. 245 und oben S. 238; über Gen. 36 Anm. 1, außerdem aber des. Eerdmans, Alttest. Studien I, 1 ff. Sellin, Einl.² 56. 58. Die Schöpfungsgeschichte von P (dazu jetzt auch Budde, ZAW. 35 (1915), 88 ff.) hat mindestens eine, tatsächlich aber mehrere Vorstufen

2. Der Redaktor. — Hinsichtlich der Beteiligung der Redaktoren an der Zusammenstellung des heutigen Hexateuchs, somit auch der Genesis, darf für unsern Zweck, der nicht der Literaturgeschichte als solcher dient, als bekannt angenommen werden, daß schon vor der letzten Zusammenarbeitung der Quellen durch R^h eine vorläufige durch R^d stattgefunden hatte. Aber die Hauptarbeit blieb R^h. Ihm verdankt das Buch seine heutige Gestalt.|

Wer sich die Mühe nehmen würde, die in den vorhergehenden Blättern im Zusammenhang gegebenen drei Quellenschriften J, E und P sich in dem heutigen Texte der Patriarchengeschichte anzumerken, würde die Wahrnehmung machen können, daß — vollends nach Abzug des etwa R^d Zuzuweisenden — nur ein verschwindender Bruchteil des Textes noch für R^h übrig bleiben würde. Daraus aber schließen zu wollen, daß die Tätigkeit dieses Redaktors nur geringfügig gewesen sei, wäre durchaus verfehlt. Es folgt vielmehr nur, daß sie eine rücksichtsvoll und mit zarten Mitteln geübte Arbeit war.

Tatsächlich ist es die Aufgabe des R, den gesamten in den drei Hauptquellen ihm entgegenkommenden Stoff zu einem lesbaren und besonders die mancherlei Unebenheiten und Verschiedenheiten so viel als irgend möglich ausgleichenden Ganzen zusammenzuarbeiten. Zugleich soll aber das Ganze nicht bloß äußerlich zusammenpassen, sondern es sollen ganz besonders die in den einzelnen Erzählungsbüchern, vor allem in J und E, den zwei profetisch gearteten Erzählungsschriften, schon hervortretenden sittlich-religiösen und theokratisch-nationalen Gesichtspunkte den das ganze Buch beherrschenden Grundton bilden.

hinter sich. 1) Die Zurückführung auf 6 Tagewerke hängt mit der Sabbatidee zusammen. Ehedem waren es 8, vielleicht 10 Akte, wofür das Zusammendrängen mehrerer Akte zu einem Tagewerk zeugt. 2) Aber auch die Sabbatidee selbst als der Gedanke des Ausruhenmüssens Gottes von schwerer Arbeit scheint in Gen. 1 nicht von demselben priesterlichen Verfasser zu stammen, nach dem das bloße mühelose Befehlswort die Welt geschaffen hat. 3) Die leben brütende Ruach Gottes (vgl. die Vorstellung vom Weltei) und das leben sprechende Wort entstammen zwei verschiedenen Vorstellungsweisen. 4) Die Schöpfung durchs Wort 1, 6. 14. 20. 24 [bes. deutl. in 24: אֲצֹרָה neben וַיִּצֶר, ganz anders als in 11 f.] setzt einen andern Hergang voraus, als die Schöpfung durchs Tun (er machte) 1, 7. 16. 21. 25 (vgl. Mattes in Teylers T. T. 1907, 1 ff.). Das Sprechen scheint demnach erst durch P selbst hereingekommen. 5) Die Redeweise Gen. 1, 26; 9, 6 weist auf eine ältere, feststehende Formulierung. P hätte sie nicht geschaffen. Ja er konnte sie wohl überhaupt nur übernehmen, weil er das Wort vom göttlichen Ebenbild in unserem Sinne geistig umdeutete. Genauer denkt das Wort bei seiner ersten Prägung in einer früheren Gestalt der Erzählung zwar nicht notwendig an ein Gottesbild, wohl aber mindestens daran, daß nach altisrael. Glauben Jahve in besonderen Fällen seinen Freunden ausnahmsweise in Menschengestalt zu erscheinen pflegte: erscheint Jahve (als Engel Jahves u. dgl.) in Menschengestalt, so muß der Mensch der Gestalt Gottes nahe verwandt sein (vgl. noch II⁴, 391²). — Außer der Schöpfungsgeschichte gehören hierher in 5, 24 und 6, 9 f. der starke Anthropomorphismus („wandeln mit Gott" war ehedem gewiß nicht rein geistig gedeutet) und die 365 Jahre Henochs 5, 23. Dasselbe gilt vom Gottesbogen 9, 12 ff., dem Auffahren und Erscheinen Gottes 17, 22; 35, 13 und 48, 3. Ex. 6, 3. Hierher gehört ferner die Werthaltung des Ahnengrabes Gen. 25, 9; 49, 29—32; 50, 12f. und das Wesentliche der Erzählung von der Makpelahhöhle Gen. 23. Auch die Verweise auf künftige Könige Gen. 17, 6. 16; 35, 11 haben im Exil und nach ihm kaum noch rechten Sinn. Man hätte in jener Spätzeit alle diese Dinge gar nicht oder ganz anders gesagt, hätte man ein total Neues zu schaffen gehabt. Nur wenn P an Vorlagen oder formulierte Stoffe gebunden war, erklären sie sich. Weiteres noch bei Procksch, Sagenbuch 322; Eichrodt, Quell. d Gen. 50 f.

Dieses Ziel konnte mit wenigen und ganz geräuschlosen Mitteln erreicht werden. Da in P ein festes chronologisches System schon vorhanden ist [1], so wird der Erzählungsfaden dieser Schrift für den äußeren Aufbau des ganzen Buches zugrunde gelegt. Ebenso wird für die innere pragmatische Anordnung der profetische Gedankenkreis von J und E als maßgebend festgehalten. Damit ist Plan und Gestaltung, Sachen- und Gedankenfolge fest vorgezeichnet. Um sie durchzuführen, muß nun aber der vielfach widerstrebende Stoff der Quellen geordnet und gesichtet werden. Als Hauptmittel hierzu dient R die mosaikartige Ineinanderschaltung. Die einzelnen Quellen werden in kleinere Erzählungsteile und -teilchen auseinandergenommen und nun sorgsam so zusammengefügt, daß das zu jedem Gegenstande Gehörige aus jeder der Quellen zusammengetragen wird. Sind die Quellen oder zwei derselben (besonders J und E) einander sehr ähnlich, oder aber weichen sie nach Inhalt oder Gedankenkreis zu stark voneinander ab, so werden zuweilen auch größere Partien nur aus einer Quelle mitgeteilt und aus der oder den andern nur kleinere Zusätze als Bereicherung und Ergänzung beigefügt. Nur wo dieses letztere Mittel gar nicht zureicht, und wo der Widerspruch nach dem Urteil des R zu groß wäre, wird | zu dem Mittel selbständigen Eingreifens durch die eigene Feder des R gegriffen.

Dasselbe vollzieht sich besonders in kleineren Glossen, Erklärungen, Überleitungen und Nähten; selten in größeren selbständigen Zusätzen; etwas öfter in Weglassungen, wie sie uns besonders bei P in der Geschichte Jaqobs und Josefs oder in E vor Gen. 20 begegneten. Hierher gehört z. B. auch der Umstand, daß, während nur P die Namensänderung von Abram und Saraj in Abraham und Sara berichtet, doch im jetzigen Texte alle Quellen erst von Gen. 17 an die letzteren Namen schreiben [2].

Ist dies die Art und Weise, wie R seine Quellen zusammenarbeitet, so ergibt sich daraus, daß wir gerade ihm das Bild der Patriarchengeschichte verdanken, welches wir aus dem heutigen Texte der Genesis zunächst entnehmen. Es ist der Natur der Sache nach ein ausgeführteres, an konkreten Zügen und besonders an Hervorhebung des moralischen und religiösen Gehaltes der Erzählung reicheres Bild als dasjenige jeder einzelnen unter unseren Quellenschriften. Aber ebenso klar ist es anderseits, daß dasselbe an historischer Treue demjenigen der ursprünglichen Quellen, soweit man in ihnen von solcher reden kann, möglicherweise nicht gleichsteht. Die Stärke des Redaktors liegt nicht in seiner Eigenschaft als Geschichtschreiber und nicht in seinen spezifisch historischen Interessen. Trotzdem dankt ihm die Geschichtschreibung nicht weniger als alles. Denn ohne seine erbauliche Neigung, die ihn veranlaßte, die älteren Texte in der Form zu verarbeiten, in welcher wir sie nun lesen, wäre schwerlich etwas Schriftliches über die erste Frühzeit Israels auf uns gekommen.

---

1) Vgl. darüber meinen Artikel „Zeitrechnung" in PRE.[3]. Smend (Hex. 11 ff.) hat den Versuch gemacht, das ganze System P abzusprechen und an R zu verweisen. Doch entstehen dadurch neue und größere Schwierigkeiten, worüber ich auf Budde, ZAW. 34 (1914), 241 ff verweisen kann.   2) Man vergleiche über das Einzelne der Tätigkeit des R die wertvolle Zusammenstellung bei Dillmann, Gen.[5], S. XV f., der wir vielfach zustimmen können. Ähnlich in Gen.[6] und weiterhin in der den Kommentar zum Hexateuch abschließenden Schlußabhandlung zu NuDtJos.

Am eingehendsten hat wohl Böhmer [1] über R gehandelt, der aber, eben weil er R zu viele Teile des Textes selbst zuweist, ein zu ungünstiges Urteil über ihn gewinnt. Böhmers Werk gehört längst der Vergangenheit an, aber es zeigt heute noch in vielen Stücken die richtige Spur.|

Zweites Kapitel. Der geschichtliche Tatbestand der Vätergeschichte.

§ 24.

Charakter und Zeit der Überlieferung.

Sollen wir nun unternehmen, die hier niedergelegte Überlieferung des israelitischen Volkes von seiner ältesten Vergangenheit nach Inhalt, Entstehung und historischem Charakter zu prüfen, so muß das erste, was uns beschäftigt, die Eigenart dieser Überlieferung selbst sein.

1. Schon ein oberflächlicher Blick in die Erzählungen, wie sie uns besonders in den Büchern J und E entgegentreten, läßt keinen Zweifel darüber, daß wir es hier im allgemeinen nicht mit Geschichte, sondern mit Sage zu tun haben. Die Art, wie hier Menschen zu Völkern werden, wie die Menschen mit der Gottheit verkehren, und vieles andere zeigt, daß die Phantasie von Geschlechtern, die auf der Stufe kindlicher Vorstellungsweise standen, viele dieser Erzählungen geformt hat. Für die geschichtliche Betrachtung kann es sich daher nur um die Art und den Umfang der Verwertung solcher Erzählungen für die Erkenntnis der Hergänge und Zustände einer frühen Vergangenheit, nicht um ihre einfache Herübernahme handeln.

In dieser Hinsicht ist schon der Umstand von Bedeutung, daß wir eine größere Anzahl dieser Sagen in doppelter, ja dreifacher Gestalt vor uns haben. Mögen sie auch bei P fast durchweg in abgeblaßter Form auftreten, so bleiben doch J und E, die bei großer Übereinstimmung in den Hauptzügen immerhin noch viele Varianten im einzelnen darbieten. Nun liegen die Dinge, auch wenn E den J gekannt hat, jedenfalls nicht so, daß er lediglich auf ihm fußte. Wir haben gesehen, daß auch E des öftern selbständige und ältere Überlieferung darbietet. Sie erklärt sich nur, wenn beide, J und E einen Stamm der Sage als ältere Grundform [2] voraussetzen, aus der beide | heutigen Formen als abgeleitete Typen geflossen sind. Die historische Untersuchung wird sich an die Grundform halten müssen.

Ergibt sich schon hieraus, daß die Gestalt der Überlieferung, die wir in J und E heute antreffen, nicht die Urgestalt sein kann, sondern daß sie eine ältere Gestalt voraussetzt, so findet dieses Ergebnis seine Bestätigung durch die Analyse der Stoffe selbst. Wie die Analogie der Sagengebilde anderer Völker, so zeigt besonders die Untersuchung der Sagen der Genesis selbst, daß die Gestalt, in der wir die letzteren in J und E und damit in der Hauptsache in der heutigen Form lesen, bereits eine wesentlich entwickeltere Stufe der Sagenerzählung voraussetzt. Einzelne Stücke, die einst für sich standen und je ein gesondertes Er-

---

1) Das erste Buch der Thora, S. 123—302.   2) Vgl. unten S. 260.

zählungsganzes darstellten, sind heute zu größeren zusammengesetzten Gebilden vereinigt und treten so als Sagenkränze auf. Die Voraussetzung des Sagenkranzes ist aber die Einzelsage und innerhalb der Einzelsagen vor allem die Grundsage, d. h. der eigentliche Kern der ausgeführten Sage. Auch nach dieser Richtung also weist die Erzählung von J und E über sich selbst hinaus (vgl. § 21 f.).

Von hier aus läßt sich nun auch ein Urteil über die Entstehungszeit gewinnen. Die Zeit der Darstellung unserer Überlieferung in derjenigen Form schriftlicher Wiedergabe, in der wir sie heute lesen, ist oben ermittelt: hier mag es genügen zu wissen, daß sie weder den Ereignissen gleichzeitig, noch ihnen unmittelbar nachfolgend ist. Auch der mosaischen und der ältesten nachmosaischen Zeit gehört, soweit wir sehen können, in der heutigen Gestalt kein Stück zwischen Gen. 12 und Gen. 50 an. Die ersten Spuren der Vätergeschichte in ihrer heutigen oder einer ihr nächstverwandten Gestalt finden wir wahrscheinlich in der späteren Richter- und der älteren Königszeit in einzelnen auf unsere Periode bezüglichen Sprüchen [1]. Auch hier haben wir freilich keine Gewähr dafür, daß die Niederschrift der Dichtung selbst gleichzeitig ist. Das Gegenteil ist vielmehr wahrscheinlich. Aber bei der festgefügten, streng metrisch gehaltenen Form kommt die Frage kaum oder gar nicht in Betracht; wir sind ohne weiteres berechtigt, aus der heutigen Gestalt die Zeit der Entstehung der Sprüche zu entnehmen [2].

Anders steht es mit dem übrigen Stoffe. Zwar berufen E sowohl als J, besonders aber E, sich mehrfach auf ältere Urkunden, die ihnen als Quellen, aus denen sie schöpften, vorlagen. Aber gerade in der Vätergeschichte versagt diese uns so willkommene Gepflogenheit. Mag es auch aus inneren Gründen sehr wahrscheinlich sein, daß der Jaqobssegen einst einer größeren Sammlung gleichartiger oder verwandter Stücke angehört habe, zu der wir noch dies und jenes in der Genesis rechnen könnten, so können wir uns für diese Annahme hier jedenfalls nicht auf das Zeugnis des Textes selbst berufen, sondern vermögen sie höchstens aus inneren Merkmalen zu erschließen. Anders wird sich uns der Sachverhalt bei der Mosegeschichte darstellen.

Wir sind somit zunächst durchaus wieder auf die Abfassungszeit jener Schriften selbst zurückgewiesen. Auf sie haben wir als Grundlage zurückzugehen. Innere Gründe ergeben, daß J sowohl als E in der heutigen Gestalt, auch wenn von einzelnen etwa zugeflossenen Elementen späterer Hand abgesehen wird, nicht vor der Zeit des 9. und 8. Jahrhunderts geschrieben sind. Alles Nähere mag aus dem Spiele bleiben. Denn was hier in Frage steht, ist schon nach dem Gesagten vollkommen klar: die Tatsache nämlich, daß unter diesen Umständen weder J noch E in seiner heutigen Gestalt Geschichtsurkunde im strengen Sinne für die Kenntnis der ältesten israelitischen Zeit sein kann.

2. Haben wir nun Gründe, bei der Abfassungszeit der Erzählung

---

1) Es handelt sich hier freilich nur um einzelne Stücke des sog. Jaqobssegens von Gen. 49, nämlich V. 2—10. Sie sind nicht die ältesten; aber die älteren Stücke betreffen nicht die Vätergeschichte. Immerhin kann hier schon erwähnt werden, daß auch die Entstehung des Systems der 12 Stämme der Richterzeit angehört (vgl. § 28, 4).
2) Vgl. im übrigen über das Gedicht Bd. II⁴, 12 f. 257¹.

in ihrer heutigen Gestalt, als gleichbedeutend mit der Zeit ihrer Entstehung überhaupt, stehen zu bleiben?

Eine Reihe von Umständen erweisen das Gegenteil. Zunächst läßt sich a priori schon erwarten, daß, wenn J und E für die spätere Geschichte ältere Quellen zu ihrer Verfügung hatten, dies auch für die Vätergeschichte der Fall gewesen sein werde. Diese Erwartung würde nur dann nicht berechtigt erscheinen, wenn wir Anlaß hätten anzunehmen, die Vätergeschichten selbst seien erst ein Produkt der Phantasie dieser Autoren oder, wo nicht ihrer eigenen, so doch einer ihnen nahestehenden Zeit. Die Unrichtigkeit dieser Annahme wird sich weiterhin ergeben. Sie ist aber auch bisher schon dadurch hinfällig geworden, daß uns in der vorangehenden Analyse der Quellen des öfteren Spuren der Tatsache begegnet sind, daß sie Vorarbeiten, seien sie mündlicher oder schriftlicher Art, benutzten.

Sodann aber hat man seit längerer Zeit schon, vor allem durch die Beobachtung der Eigenart und des hohen Wertes jener bekannten in unsere Erzählungsbücher eingestreuten älteren Lieder für die Geschichtskenntnis, die Vermutung gehegt, es seien größere Teile unserer ganzen älteren Erzählungsliteratur, jedenfalls aber derjenigen über die Ur- und Vorgeschichte Israels, aus alten Liedern geflossen. An Heiligtümern und bei Festen, dachte man sich, seien die auf Heiligtümer und gottesdienstliche Dinge, aber auch manche der auf die Taten der Väter gehenden Geschichten und Sagen, von Priestern und Sängern vorgeführt; auf dem freien Platz am Stadttor oder am Wachtfeuer des Wanderlagers diese und andere Geschichten von umherziehenden Erzählern oder einheimischen und zum Gau und Stamm gehörigen kundigen Männern vorgetragen worden [1]. Diese Vermutung entspricht durchaus dem, was wir bei andern Gebieten über die Entstehung der ältesten erzählenden Literatur wissen. Sie läßt schon in der bisher vorgetragenen Form erwarten, daß der Zeit der Aufzeichnung unserer Erzählungen in prosaischer Gestalt eine längere Periode vorangegangen sei, während welcher sie oder Teile von ihnen im Liede existierten und als Heldenlieder, Heiligtumsepen, Stammeschroniken in gebundener Rede mündlich vorgetragen und mündlich von Geschlecht zu Geschlecht weitergegeben wurden. Schon von hier aus kommen wir somit aufs neue und auf ganz anderem Wege als dem der literarischen Analyse dazu, zwischen der heutigen Gestalt unserer Erzählungen und ihrer Vorstufe zu unterscheiden, überhaupt über die heutige Gestalt zurückgreifend nach der Entstehung der Geschichten zu fragen [2].

In noch höherem Grade ist dies der Fall, wenn wir Sievers Glauben schenken dürfen, der meint den Nachweis führen zu können, daß sogar unsere Schriften J und E in der Gestalt, in welcher wir sie heute lesen,

---

1) Vgl. Stade: Wo entstanden die Sagen von Abraham, Isaak und Jakob? in ZAW. 1 (1881); Kittel, Die Anfänge der hebr. Geschichtschreibung (Rede) 1897. Jetzt auch Greßmann, Mose 348. Besonderen Wert legt Jirku, Die ält. Gesch. Isr. im Rahmen lehrb. Darstell. 1917, auf das frühe Vorhandensein und Fortbestehen mündlicher Erzählungstypen bis in die späte Zeit herab. Er denkt sie wohl mit Recht aus mündl. Vortrag entstanden. Manches im heutigen Tetrateuch mag sich so erklären; die bekannten schriftlichen Hauptquellen können aber nicht entbehrt werden, wenn auch bei ihrer Abgrenzung noch mehr, als man bisher annahm, unsicher bleiben mag.
2) Auch die homerischen Gesänge und ihre Vorgeschichte dürfen hier unbedenklich herangezogen werden. Weiteres unten S. 255f.

noch mit vollkommener Deutlichkeit als G e d i c h t e oder vielmehr als
Zusammenstellungen von einst selbständigen Gedichten, nämlich erzählenden
Volksepen, zu erkennen seien. Nicht allein die weissagenden Sprüche und
die in erhabenem Stile sich ergehenden Gottesworte, die nach den früher
gegebenen Anregungen Sievers' auch von anderen schon als metrische
Gebilde erkannt waren [1], will Sievers in ihrer metrischen Form wiedererkennen, sondern sowohl J als E und selbst P lösen sich ihm scheinbar
mühelos in gebundene Rede, am ehesten zu vergleichen den mittelalter-
lichen Reimchroniken und erzählenden Dichtungen, auf. Dabei | ergibt
sich ihm innerhalb J und E wieder eine Reihe von streng metrisch gehaltenen Schichten, so daß jede dieser Schriften selbst erst aus mindestens
drei, vielleicht aber mehr, selbständigen in gebundener Rede verfaßten Epen
zusammengearbeitet wäre [2].

Demnach müßte sowohl J als E, wie wir sie heute lesen und wie
wir sie im ganzen etwa dem 9. und 8. Jahrhundert zuzuschreiben gewohnt
sind, nicht etwa unmittelbar aus der mündlichen Überlieferung der Sänger
und Erzähler auf Schrift gebracht sein, sondern der Prozeß müßte in demselben Maße, in dem er wesentlich verwickelter wäre, als man bisher annahm, sich auch wesentlich weiter zurückverfolgen lassen. Jede der drei
oder mehr Vorstufen der heutigen Bücher J und E würde nicht eine
mündliche, sondern eine selbst wieder bereits schriftlich fixierte Vorlage
darstellen, und für sie alle, jedenfalls aber die Mehrheit von ihnen, würden
wir zu der Annahme geführt, daß sie aus verschiedenen hintereinander
liegenden Zeitaltern stammen und deren Überlieferung vertreten. Wir
kämen damit schon für die schriftliche Gestalt der Überlieferung der Genesis auf eine Zeit, die um ein oder zwei Jahrhunderte hinter derjenigen
liegt, die wir sonst als Abfassungszeit von E und J anzunehmen gewohnt
sind [3]. Damit würde sich für die erste Aufzeichnung jenes Stoffes etwa
die Zeit Davids und Salomos ergeben [4]. Niemand wird behaupten
können, daß an sich Bedenken ernster Art gegen diesen Ansatz vorzu-
bringen wären. Im Gegenteil, wenn Inhalt und Form jener Urkunden
halbwegs eine solche Annahme begünstigen, so wird man der Zeit nationalen Aufschwungs, die natürlich auch eine Zeit der Sammlung und Auswirkung aller physischen und geistigen Kräfte der Nation war, eine Betätigung des literarischen Triebes auch nach dieser Richtung hin zutrauen
dürfen.

5. Aber auch wenn man die gegen diese Anschauung sprechenden
vorhin erwähnten Bedenken aufs stärkste auf sich wirken läßt, so bleibt
doch immer die für uns ausschlaggebende Tatsache bestehen, daß den
Erzählern J und E ausgiebige und zu einem großen Teil in gebundener

---

1) Vgl. z. B. schon meine Bibl. Hebr.[1] (1905). 2) Vgl. dazu schon Bd. II[4]
232 und Procksch, Nordhebr. Sagenb. 210 ff. 220 ff; Gu., Gen.[4] XXVIII f. Es bleibt
m. E. die Tatsache bestehen, daß J und E bei noch so verschiedenartiger Herkunft
der Teile doch eine starke formelle Einheit darbieten. Und was die positive Lösung
des Problems durch Sievers anlangt, so muß leider gesagt werden, daß da, wo unser
ausgezeichneter Metriker eigene Quellenscheidung vorlegt, man ihm häufig nur mit
Zagen und vielerlei Einschränkungen, nicht selten aber überhaupt nicht folgen kann.
3) Der Sachverhalt stellt sich also hier wesentlich anders dar als bei den oben angezogenen Bestandteilen von Gen. 49. Dort handelt es sich um in der Hauptsache
einheitliche kleine Gebilde, hier um zeitlich verschiedene Schichten der Überlieferung.
4) Vgl. Steuernagel, Einl. § 49.

Rede [1] gehaltene Vorlagen schriftlicher Art zur Verfügung gestanden haben müssen, die dann selbstverständlich eine frühere Vorstufe der Sagenerzählung darstellen. Sie lassen sich nicht allein in der Urgeschichte vielfach vermuten und gelegentlich auch noch nachweisen, sondern auch noch am Anfang des Richterbuches [2], und solche poetische Elemente haben vielleicht einen nicht unbeträchtlichen Bruchteil der heutigen Sagenbücher J und E ausgemacht.

Man kann sogar geneigt sein, schon von den bisherigen Erwägungen aus selbst für die schriftliche Gestaltung der ältesten Sagen noch einen Schritt weiter zu gehen. Nach dem oben Ausgeführten ist die Möglichkeit der erstmaligen Aufzeichnung jener Stoffe in der Zeit von David abwärts durch den Rückschluß von der Zeit der Abfassung der späteren Stufen aus gewonnen. Die Zeit Davids dürfen wir aber zugleich als den Termin ansehen, über den mit den ersten Anfängen der Aufzeichnung nicht heruntergegangen werden darf, wollen wir hinreichend Raum lassen für die weitere Entwicklung der Aufzeichnungen bis zu dem Punkte hin, an dem wir sie in der heutigen Gestalt unserer Urkunden treffen. Es liegt aber auf der Hand, daß uns nichts zwingt, die Anfänge der Aufzeichnung erst hier anzusetzen, wofern Gründe dafür sprechen sollten, sie zeitlich weiter hinaufzurücken. Ob wir die Zeit der Richter und die der Eroberungskämpfe dafür in Anspruch nehmen dürfen, mag vielleicht zweifelhaft erscheinen, da politisch und vollends kriegerisch reichbewegte Zeiten der literarischen Betätigung nicht günstig zu sein pflegen, dazu vieles, was wir aus der Zeit erfahren, auf ein Wildheit der Sitten weist, die mit geistigen Interessen wenig zu tun zu haben scheint. Doch wissen wir anderseits auch noch viel zu wenig wirklich Sicheres von dem Leben in den israelitischen oder zwischen Israeliten und Kanaanäern gemischten Städten, um gerade in diesem Betrachte ein bestimmtes Urteil im verneinenden Sinne abgeben zu können [3]. Wohl aber darf zugunsten jener Annahme | geltend gemacht werden, daß die Überlieferung des Buches Exodus mit großer Bestimmtheit schon für die mosaische Zeit die Aufzeichnung wichtiger Erlebnisse und Verordnungen voraussetzt.

Um so eher könnte man für die Anfänge der Aufzeichnung an eine noch frühere Zeit, die Periode vor dem Eindringen Israels als Nation in Kanaan, denken. Wäre es noch vor wenig mehr als einem

---

1) Der Umstand, daß wir heute die gebundene Rede vielleicht zumeist nicht mehr zu erkennen vermögen, ist natürlich in keiner Weise entscheidend. 2) Vgl. das schon oben S. 212 f. Ausgeführte; außerdem für J in der Genesis Band II [4], 232; 371 [2], für J in Richt. 1: § 37, 2 u. Bd. II [4] 235 [3]. Vgl. auch: Kittel, Die ältest. Wissensch.[4] (1921) 106. 111. 166. 3) Man denke an das Sikem der Zeit Gideons und Abimeleks, vor allem aber an die früher (§ 18, besonders S. 154 ff.) gegebenen Schilderungen von dem relativ hohen Kulturzustand in den kanaanäischen und philistäischen Städten des 13. und 12. Jahrhunderts. Von hier aus angesehen nehmen sich die Verhältnisse ganz anders aus, als wenn wir bloß das Richterbuch zu Rate ziehen. Die jüngsten samarischen Funde (s. oben S. 155 f.) in Verbindung mit andern Nachrichten wie dem Namen Qirjat-sefer haben uns vollends gezeigt, daß wir allen Grund haben, für jene Zeit schon ein entwickeltes Schrifttum vorauszusetzen. Überhaupt darf daran erinnert werden, daß auch auf andern Gebieten die ältesten Funde nicht selten eine jahrhundertelang vorhergehende Übung des Schreibens voraussetzen. Die ältesten bekannten Runen gehören dem 4. nachchristlichen Jahrhundert an, sie setzen aber nach der Ansicht mancher Forscher paläographisch den Anschluß an die altgriechische Schrift etwa des 6. Jahrhunderts v. Chr. voraus.

halben Menschenalter fast vermessen zu nennen gewesen, eine solche Annahme auch nur in Erwägung zu ziehen, so wird man ein Unterfangen dieser Art heute nicht einmal mehr im Ernste als verwegen bezeichnen können. Vorausgesetzt wenigstens, daß wir Anlaß haben, die Stoffe selbst als zu einem größerem oder geringeren Teile schon dieser Zeit angehörig vorzustellen. In diesem Falle, der hier angenommen ist [1], liegt mindestens die Möglichkeit nicht ferne, daß auch mit der Aufzeichnung schon in jener Zeit vor der Eroberung Kanaans durch Israel begonnen worden sei. Denn das Zeitalter ist des Lesens und Schreibens keineswegs unkundig, auf kanaanäischem Boden so wenig als auf ägyptischem oder babylonischem. Die Amarnatafeln, vor allem soweit sie aus Kanaan stammen, und die aus altkanaanitischer Zeit stammenden Keilschrifttafeln von Taanak, sowie was wir von Qirjatsefer und Byblos wissen, sind hinreichende Beweise dafür [2]. Man wird die Möglichkeit nicht in Abrede stellen können, daß ebensogut wie kanaanäische Stadtkönige politische Korrespondenzen unter sich und mit ausländischen Fürsten führten oder sogut die Scheiche von Taanak und den Nachbarorten in Kleinigkeiten des täglichen Lebens schriftlich miteinander verkehrten, auch auf demselben oder einem benachbarten Boden sich Menschen finden konnten, die das Bedürfnis empfanden, dasjenige aufzuzeichnen, was man sich damals etwa, sei es über die Entstehung der Welt, sei es über alte Helden und hervorragende Gestalten, die vor Zeiten auf diesem Boden oder unter den hier weilenden Geschlechtern aufgetreten waren, erzählte [3].|

Weiter als bis zur Behauptung der Möglichkeit zu gehen, darf man nicht wagen, da Briefe und politische Korrespondenzen derart, wie wir sie bis jetzt besitzen, wohl den Schriftgebrauch, noch nicht aber eine Literatur beweisen. Fragt man sich, was Menschen auf niederer Kulturstufe — als solche haben wir jedenfalls die Israelstämme innerhalb der Kanaaniter, vielleicht aber auch diese selbst anzusehen —, wenn ihnen die Schriftzeichen erstmals nahegebracht werden, zuerst aufschreiben mögen, so wird man immer antworten müssen: vermutlich das dem Tagesbedürfnis zunächst Entsprechende, also wohl geschäftliche Abmachungen, Kaufkontrakte, Verträge und dergleichen, und sodann Briefe an Abwesende. Erst später werden Gesetze folgen; sie setzen schon eine Zentralgewalt und das Bedürfnis nach Regel und Ordnung in ihrem Bereiche voraus. Und nach ihnen, erst in dritter Linie, wird sich das Bedürfnis regen, Erinnerungen an Geschehenes der Nachwelt zu übermitteln, sei es in Gestalt von Priester- oder Herrscherlisten, sei es in der Form von Helden-

---

1) Siehe nachher S. 255f., bes. die Anm.   2) Überhaupt s oben S. 154 ff.
3) Unleugbar ist ja freilich das Ergebnis der bis jetzt auf kanaanäischem Boden vorgenommenen Ausgrabungen dieser Annahme nicht nach allen Seiten hin günstig. Soweit bis jetzt Kunde von jener altkanaanäischen Zeit vorliegt, haben wir allen Anlaß, uns die Verhältnisse derselben, wenigstens im Binnenlande, recht bescheiden vorzustellen. (Vgl. darüber oben S. 141, Anm. 3.) Und hätten wir nicht ganz unwiderlegliche Beweise dafür, daß vielfach geschrieben worden ist, so würden wir wohl Bedenken hegen können, den Schriftgebrauch, jedenfalls aber eine ausgedehnte Verwendung der Schrift für das tägliche Leben, in ihr zu vermuten. Insofern haben wir allen Grund, mit unserem Urteil so lange zurückhaltend zu sein, bis uns etwa genauere Kunden nach der einen oder anderen Richtung beschieden sein werden. Immerhin haben wir einmal jene Beweise des Schriftgebrauchs, und so können wir trotz aller sonstigen Anzeichen einfacher und zum Teil primitiver Lebensverhältnisse — wenigstens auf den meisten uns bisher bekannt gewordenen Punkten — jene Möglichkeit nicht von der Hand weisen.

gesängen, Heiligtumsüberlieferungen, Tagebüchern oder wie sonst. Als ihre Voraussetzung werden wir ein gewisses Maß von Freiheit und von Erhabenheit über die nächsten Interessen und Sorgen des Tages annehmen dürfen. An die Nachwelt denkt nur, wem die Gegenwart noch etwas zu denken und zu sorgen übrig läßt; wen sie ganz in Anspruch nimmt, der wird nicht an Geschichte, auch in ihrer primitivsten Form, denken können. Von hier aus angesehen muß man immer sagen, daß die im ganzen so einfachen Verhältnisse, wie sie aus den bisher gewonnenen Einblicken in das älteste Kanaan hervorleuchten, uns nicht allzu große Erwartungen in dieser Hinsicht erwecken können. Aber auf der anderen Seite bleiben die vorhin erwähnten und früher näher beschriebenen Tatsachen aus Palästina und Phönikien, so daß wir auch keinen Grund haben, die Möglichkeit schriftlicher Sagen und Überlieferungen Israels schon aus dieser Zeit in Abrede zu stellen.

4. Doch wie dem sei — ob schriftlich oder mündlich: das Vor-|handensein der Stoffe, die Tatsache also, daß die in J und E niedergelegten Überlieferungen oder ein Teil von ihnen erzählt wurden, läßt sich mit hoher Wahrscheinlichkeit schon für die Zeit der Eroberung Kanaans und die hinter ihr liegende mittel- und spätkanaanäische oder frühisraelitische Periode behaupten. Hinter der Zeit der ersten Aufzeichnung der Stoffe liegt nämlich selbstverständlich diejenige ihrer Entstehung selbst und diejenige der mündlichen Überlieferung. Wie lange wir die letztere anzusetzen haben, läßt sich vielfach überhaupt nicht genauer bestimmen. Nur so viel wird sich vorläufig schon mit Bestimmtheit behaupten lassen, daß nach allen Analogien die Wahrscheinlichkeit für eine lange Periode mündlicher Fortpflanzung der Stoffe spricht. Die Gesänge und dichterischen Erzählungen mögen, da sie verschiedenartige Elemente enthalten, auch jüngere und ältere Gebilde sich nicht selten voneinander abheben, zu recht verschiedenen Zeiten entstanden sein. Nicht wenige mögen schon jahrhundertelang in festen Formen umgelaufen und bei diesen und jenen Anlässen von Sängern und Erzählern vorgetragen worden sein, ehe sie den fanden, der sie der Nachwelt aufzeichnete [1]. Andere mögen verhältnis-

---

1) Wir haben uns hier dessen zu erinnern, daß in vielen geistig höher stehenden Völkern des Altertums und der Neuzeit (man denke an die Griechen, an das deutsche Mittelalter, die Finnen, Serben, Russen, Kirgisen), solange ihnen der Schriftgebrauch noch wenig geläufig ist, der Stand der Erzähler und Sänger eine große Rolle spielt. Vgl. dazu Drerup, Homer [2] (1915), 17 ff, bes. 23. 28 (Vortrag von Überliefertem und Improvisiertem; fahrende Sänger [Wanderschneider u. dgl.]). 31 f. 35 (Art der Improvisation und homerische Aöden). Dasselbe gilt von dem heutigen Orient, wo der Erzähler vielfach bis auf den heutigen Tag die Zeitung und die gedruckte Nachricht, zugleich aber das Lesen von Büchern ersetzt und das Unterhaltungsbedürfnis befriedigt (vgl. Burckh., Beduin. 60. 203 ff; über Frauenchöre: 66 f. 204. 207). Nicht anders wird es im Altertum gewesen sein. Vor allem mag bei den wandernden Hirtenstämmen die Überlieferung in den Händen solcher Erzähler und Sänger gelegen haben. Sie ziehen von Ort zu Ort, von Lager zu Lager, oder sie sammeln die Leute an bekannten Heiligtümern, Festen und Märkten um sich, um ihre Geschichten oder die Überlieferung des Heiligtums oder des Festes — dann wohl im Dienste der Priesterschaft — vorzutragen. Auch innerhalb der Familie wird die Kunst geübt, und an hohen Festen und patriotischen Gedenktagen trägt später der Hausvater die Geschichte des Festes vor (Ex. 13, 14). Daraus ersehen wir, in welcher Weise die Geschichte der Vergangenheit, lange ehe es Schreiber und Schriftsteller gab, von Mund zu Mund und von Geschlecht zu Geschlecht übertragen wird. Und zwar gilt dies für die nationale Überlieferung so gut wie für die religiöse — soweit beide überhaupt zu trennen sind.

mäßig jüngeren Da|tums und früher in die Literatur eingeführt worden sein. Jedenfalls aber gelangen wir auf diesem Wege schon nach dem bisher Ermittelten für manche Stoffe in die Zeit des 12. und 13. Jahrhunderts d. h. des Eindringens in Kanaan und der Ansiedlung im Lande unter Josua, für manche andere wird man alle Gründe haben, eine noch frühere Zeit in Anspruch zu nehmen. Um so dringender muß aber dann die Frage an uns herantreten, wie wir uns den Prozeß ihrer Erhaltung und ihrer Übermittlung an das spätere Israel vorzustellen haben. Zwei Wege sind denkbar.

Der eine führt uns nach Ägypten und darüber hinaus an die Orte der südlichen und östlichen Steppe, an denen die Väter des späteren Volkes, also die Stämme, Sippen und Geschlechter, aus welchen Israel als Volk hervorwuchs, sich vorzeiten aufgehalten haben. Was sie hier von Überlieferungselementen in sich aufnahmen, dazu was sie selbst etwa erlebten, nahmen sie als ihr geistiges Besitztum mit nach Ägypten und an die anderen Orte, die ihnen in der Zeit der Wanderung als Ruhepunkte oder als vorübergehende Heimstätten dienten, bis sie unter Mose und Josua ihren Einzug in Kanaan hielten. Je mehr sie in der Zeit der Wanderung fremden Einflüssen ausgesetzt sind, und je mehr die Gegenden, die sie berühren, den großen Karawanenstraßen nahelagen und dem Weltverkehr offen standen, desto verschiedenartiger konnten die Einflüsse, denen sie zugänglich waren, sein. So werden wir leicht annehmen können, daß Stoffe, deren Urgestalt auf Babylonien und den fernen Osten weist, sich in ihrem Überlieferungsschatz mit solchen mischten, die auf Arabien oder die südliche Steppe zurückgehen, und daß daneben Elemente sich finden, die kanaanäisch-phönikische und solche, die ägyptische Einflüsse erkennen lassen [1].

Nach dieser Betrachtungsweise hätte Israel, genauer der hier in | Frage kommende Teil der späteren Nation, erhebliche Stücke seines Überlieferungsschatzes, soweit er die alte und älteste Zeit anlangt, im wesentlichen b e r e i t s m i t g e b r a c h t, als er sich dauernd in Kanaan festsetzte [2].

Wir werden nicht fehlgehen, wenn wir annehmen, daß die F o r m, in welcher derartige Geschichten überliefert wurden, eine im ganzen f e s t s t e h e n d e war. Natürlich haben die verschiedenen Gegenden und Kreise ihre eigene Überlieferung, auch werden dem einzelnen, je nach Geschick und Gabe dazu, gewisse Freiheiten in der Fassung selbstverständlich gewesen sein. Aber im ganzen werden sich doch bald f e s t e T y p e n gebildet haben (Drerup 34). Die mündliche Überlieferung nimmt begreiflicherweise die Gedächtniskraft mehr in Anspruch als die schriftliche und nötigt zu bestimmter F e s t - l e g u n g des Stoffes. Ist der Stoff in bestimmte Form gegossen, so leistet bekanntlich das Gedächtnis der Naturvölker Erstaunliches (Drer. 14⁸, zum Gedächtnis der Naturvölker auch König, ATl. Rel.² 3. u. 160 [hier das Festhalten bestimmter Ereignisse]). Dem kam die weitere Tatsache zustatten (wie sie anderseits durch das Gesagte bedingt ist), daß, wie sich auf manchen Gebieten nachweisen läßt, die Vorstufe der erzählenden Literatur vielfach auf dem Gebiete der P o e s i e, besonders des Heldenliedes, zu suchen ist. Die gehobene Stimmung des Festes, des Sieges, der Heldenfeier kommt hier mit dem Bedürfnis nach fester Form zusammen, um dem Vorgetragenen die Gestalt gebundener, in bestimmtem Rhythmus gehaltener Rede zu geben

1) Vgl. dazu schon Bd. II⁴, 370f., weiter oben S. 158f. 208.   2) So auch Gu., Gen.³ LIX, Greßm. in ZAW. 1910 (30), 1 ff. Letzterer führt (S. 31) noch die Überlieferung von der Stadt Assur an, die nach Gen. 2, 14 auf dem westlichen Ufer des Tigris lag, was auf eine Erinnerung an die Zeit vor 1300 weist, weil damals Assur durch Kelach ersetzt wurde. Auf noch ältere Zeit soll die Notiz Num. 13, 22: Hebron sei 7 Jahre vor Zoan in Ägypten erbaut, hindeuten. Es würde sich dabei um eine Er-

Der andere Weg führt uns nach Kanaan selbst, oder vielmehr er hält uns hier fest. Die Kanaanäer und Amoriter sind die Besitzer des Landes, als Israel hier eindrang, ihre Heiligtümer stehen mehrfach an denselben Stätten, die Israel später heilig hielt, und Israels älteste Überlieferung im Lande haftet mehrfach an Orten, die auch den Kanaanitern politisch oder religiös wichtig waren [1]. Es wird also angenommen werden dürfen, daß manches, was an jenen Orten erzählt wurde, schon an ihnen haftete, auch ehe Israel sie — sei es erstmals sei es wieder — in Besitz nahm. Das heißt: Israel wird wohl mit einzelnen Heiligtümern auch die Heiligtumsüberlieferung, mit anderen Orten die lokale Sage übernommen haben, wenigstens eine bestimmte Form derselben.

Welcher Art war dieselbe, und wie kam sie in den Besitz Israels? Manche Spuren deuten darauf, daß ein Teil der Überlieferungen der Genesis uns nicht mehr in ihrer allerersten Gestalt erhalten ist. Gerade je älter sie sind, auf eine je längere Periode mündlicher Fortpflanzung sie also zurückblicken, um so größere Veränderungen werden sie durchgemacht haben. Unter jenen Sagen müssen sich wohl auch solche befunden haben, deren eigentliche Heimat Kanaan selbst ist. Wo die Heiligtümer Kanaans oder sonstige Orte des Heiligen Landes eine hervorragende Rolle spielen, ebenso wo kanaanäische oder in Kanaan wohnende Personen oder Stämme und Geschlechter im Mittelpunkt stehen, da ist, wofern nicht zwingende Gründe ein Wandern der Sage anzunehmen gebieten, auf einheimisch kanaanäischen Ursprung zu | schließen [2]. Im andern Fall müßte angenommen werden, daß die Überlieferung zwar anderswo zu Hause, aber im Laufe der Zeit auf kanaanäische Orte und Gestalten übertragen sei.

5. Ist nun die Heimat gewisser Erzählungen Kanaan, und zwar das Kanaan der vormosaischen Zeit, so folgt hieraus fast mit Notwendigkeit, daß sie auch in religiöser Hinsicht damals, als Israel sie vorfand und übernahm, keine spezifisch israelitische, zum mindesten aber keine ausschließlich israelitische Gestalt in dem Sinne, den wir später mit dem Namen Israel verbinden, an sich trugen. Die spezifisch und zugleich ausschließlich israelitische Gottesverehrung ist aber, soweit wir bis jetzt wissen, an den Namen J a h v e gebunden. Daraus folgt, daß, wo wir ihn finden, wir bis auf weiteres eine eigentlich israelitische Gestalt der Überlieferung anzunehmen haben, wo er hingegen fehlt, also elohistische Überlieferung vorliegt, wir an fremde Herkunft denken können.

Außerisraelitische, jedenfalls aber nichtjahvistische Herkunft schließt dann aber selbstverständlich auch eine eigenartige Religionsform in sich. Welcher Art die letztere, also die R e l i g i o n s form war, in deren Gewand Israel jene Überlieferungen übernahm, läßt sich wenigstens einiger-

---

innerung aus dem 17. Jahrhundert handeln (s. auch oben S. 75). Weiter ist natürlich auch an die babylonischen Namen und Vorgänge in Gen. 14 zu erinnern (s. oben S. 63 und unten § 27). Dazu nehme man das in § 25, 3 Auszuführende. Vgl. dort besonders den Nachweis, daß die Sagen geschaffen sein müssen, ehe Israel ein Bauernvolk wurde. Eißfeld, Prot. Monatsh. 17 (1913), 335f. übersieht das Meiste des dort Behandelten und redet dafür irreführend bloß von „gelegentlichen Nachrichten" und „Einzelheiten".

1) Man denke an Orte wie Pnuel, Mahanaim, Betel, Sikem, Hebron. Vgl. dazu oben § 21 f.   2) Ob im einzelnen Falle die Schöpfer der Sagen Kanaanäer (oder Amoriter u. dgl.) im engeren Sinn oder in Kanaan weilende F r ü h - I s r a e l i t e n sind, läßt sich vorläufig nicht ermitteln.

maßen noch bestimmen [1]. Ein krasser Polytheismus scheint es keinesfalls gewesen zu sein, wenn auch eine Mehrheit von Göttern deutlich bezeugt ist [2]. Wenigstens haben wir von jenem keine ausreichenden Spuren; und was wir besitzen, weist uns eher in andere Richtung. Die allgemeine Bezeichnung Elohim und El [3] für die Gottheit überhaupt, | in manchen Fällen sicher auch für die bestimmte Gottheit, die man eben verehrte — aber wie es scheint als die Vertreterin der Gottheit überhaupt —, läßt uns ahnen, daß wir es hier, ähnlich der Gottesanschauung, welche vielleicht der Kodex des Hammurapi, jedenfalls aber manche Namen aus seiner Zeit verraten [4], mit einer relativ höheren, dem Monotheismus sich annähernden Form des Heidentums zu tun haben, einem gewissen Monismus derart, wie er uns in Gen. 14 von Malkisedeq, dem König und Priester von Salem, dem Verehrer des „höchsten Gottes", berichtet wird [5].

6. Diese Vermutung nun, daß die Erzählungen über Israels frühste Vergangenheit älter seien als Israels dauernde Festsetzung in Kanaan, wird, wie sie durch den Inhalt der Erzählungen und die Betrachtung der realen Verhältnisse Kanaans gefordert wird, so auch durch den Blick auf eine bestimmte Seite der literarischen Eigenart der Erzählungen bestätigt. Es ist immer noch in vielfaches Dunkel gehüllt, welches im einzelnen Falle der eigentliche Grund der bekannten, bald jahvistischen bald elohistischen Redeweise vieler biblischer Stücke sein möge. Bei gewissen Teilen der älteren und ältesten Erzählungsliteratur scheint aber mehr und mehr als die einfachste Lösung des Rätsels die Tatsache angenommen werden zu dürfen, daß der elohistische Charakter der Erzählung nichts anderes ist als die zurückgebliebene Spur einer vorjahvistischen Form der Erzählung. Die Erzählung würde dann in eine vorjahvistische Periode der Geschichte zurückreichen, in der man nicht Jahve, sondern Elohim, „Gott", „die Gottheit", nicht selten wohl auch einfach „den Gott", verehrte; das ist die Zeit vor Mose, und erst mit der Übernahme durch das Israel der nachmosaischen, jahveverehrenden Zeit wäre die Erzählung auf Jahve, nunmehr den Gott Israels, bezogen worden [6].

---

1) Vgl. Hunnius, Natur u. Char. Jahves 1902; Haller, Relig. Recht und Sitte in den Genesissagen 1905; E. Zurhellen-Pfleiderer, Die Relig. d. Patr.-Gesch. 1908. 2) Nur sollte Greßm., Mose 425 dafür nicht die „Götter der Chabiru" heranziehen. Chabiru und Väter Israels sind doch nicht kurzweg dasselbe; vgl. außerdem oben S. 173 [2]. 3) Vgl. besonders auch Stellen wie die oben S. 238 genannten über den El-Kultus von Betel und Sikem (vgl. auch den dortigen Bundes*el* Ri. 9, 46), daneben *el-ro'i* in der Steppe, *el-'olam* bei Beerseba, *el-schaddaj* und *el-'eljōn*; dazu weiter das S. 238 f. u. 264 Ausgeführte (über das Alter auch bei Smend, Hex. 230 [2]). Es mag ausdrücklich betont werden, daß die Verehrung von *elīm* in der Mehrheit (vgl. die sinaitische Stätte dieses Namens) nicht bestritten werden soll. El bedeutet (vgl. den Ausdruck: der Gott meines Vaters) hier eben den Schutzgott. Aber man hat mehr den Eindruck, es seien einzelne Elim, nicht ein ganzes Pantheon. Und die Verwendung des Gattungsnamens an Stelle des Eigennamens führt von selbst weiter. In dieser Hinsicht ist das Fehlen von Baalnamen in der Genesis bedeutsam (s. unten S. 264, Anm. 4, dort auch über die Frage der Glaubwürdigkeit). Daß die Väter Israels und nach der Überlieferung schon die Urväter *Mechuja-el*, *Metuscha-el*, *Mahalal-el* (Gen. 4, 18; 5, 12 ff.) ihre Namen mit Vorliebe mit El bilden und Baal und andere Gottesnamen ablehnen, kann nicht zufällig sein. 4) Siehe dazu oben S. 165 ff. 172. 5) Siehe über ihn unten in § 27 (S. 286 f.). 6) Sollte sich bestätigen, was gegenwärtig zwar auf der einen und andern Seite mit großer Bestimmtheit behauptet, auf vielen andern aber ebenso entschieden bestritten wird, daß nämlich der Name Jahve als Gottesbezeichnung lange vor Mose bekannt und gewissen Israel nahestehenden Stämmen ge-

Auf diese Weise erklärt sich auch die immer wieder in die Augen | fallende Erscheinung, daß E mit J verglichen neben manchen Spuren größerer Jugend doch auch nicht wenige unverkennbare Anzeichen höheren Alters aufweist. E enthält im Pentateuch vielfach geradezu, auch wenn seine heutige Gestalt jünger ist, die im Prinzip ältere Sagengestalt. Die Erzählungen dieser Schicht, sofern sie Vormosaisches anlangen, sind zum Teil aus vormosaischer kanaanäischer Zeit, wenn nicht schriftlich, so mündlich herübergekommen und von Israel übernommen; zum andern Teile mögen sie in Kreisen des nachmosaischen Israel konzipiert sein, die zwar gut israelitisch und jahvistisch waren, aber starke Berührung mit Kanaan hatten. Auch ist in manchen Fällen nicht ausgeschlossen, daß der Verfasser wie für Israeliten so zugleich für Kanaanäer schreibt. Nur die jahvistischen Erzählungen sind eo ipso, wenigstens als jahvistische, erst in nachmosaischer Zeit entstanden. Nicht selten wird aber auch bei ihnen der jahvistische Charakter lediglich Folge späterer Bearbeitung sein, während die Substanz mancher dieser Erzählungen — ebenfalls in elohistischer Form — wiederum in wesentlich frühere Zeit zurückgreift [1].

Wir kommen somit, was die Erzählungen von der israelitischen Vorzeit anlangt, von verschiedenen Seiten her hier schon zu dem Ergebnis, daß sie in wesentlichen Teilen in ein früheres Alter zurückreichen werden als dasjenige war, das Israel als einem Volke zukam.

§ 25.

Die Vorzeit Israels.

Haben wir nun aber positive Gründe, irgend etwas von der vorägyptischen Überlieferung Israels als geschichtlich anzunehmen. Es liegt am Tage, daß bei dem sagenhaften Charakter dieser Über|lieferung, wie sie uns besonders in der Genesis vorliegt, die ganz überwiegende, fast übereinstimmende Neigung der Forscher dahin geht, ihr jeden historischen Gehalt abzusprechen [2].

---

läufig gewesen sei, so müßte sich diese Betrachtungsweise auch auf gewisse jahvistische Erzählungsschichten ausdehnen lassen. Doch müssen wir, ehe zureichende Beweise erbracht sind, von dieser Möglichkeit absehen (s. Beil. V). Es empfiehlt sich also, bis auf weiteres bei den elohistischen Schichten stehen zu bleiben. 1) Weiter unten S. 264 f. Procksch ist der Meinung, (Nordh. Sagenb. 197; vgl. Steuern. StKr. 1899, 337 ff.), der stete Gebrauch von Elohim bei E sei der Ausdruck seines konsequenten Monotheismus. Für die Urzeit kann das kaum E's Meinung sein. Ex. 3, 14 zeigt deutlich, daß er Elohim für die Urzeit als das religionsgeschichtlich Korrekte ansieht. Aber warum bleibt dann E nach Ex. 3 nicht bei Jahve (vgl. Ex. 13, 17 ff. Ex. 18 ff.)? Und warum setzt sich dieser Sprachgebrauch in Richter und Samuel noch fort? Hierfür müssen besondere Gründe maßgebend gewesen sein. Es muß lange nach Mose immer noch Kreise in Israel gegeben haben, die nach kanaanäischer und urisraelitischer Art wie vor die Gottheit Elohim und ha-Elohim nannten, sodaß also die ältere und die jüngere Redeweise nebeneinander hergingen. Das mochte der Verkehr mit den Kanaanitern von selbst so mit sich bringen. Im ganzen mag Israel unter sich Jahve, im Umgang mit Kanaanitern Elohim gesagt haben. Es ist nicht ausgeschlossen, daß manches elohistische Stück, auch wenn es aus Israel stammt, doch zugleich auch für Kanaaniter geschrieben ist. Vgl. Baumgärtel, Elohim usw. 1914. 2) Kuenen in TT. 1871, S. 255 ff.; Stade, Gesch. Isr. I, 127 f.; Wellh., Prol.[3] 336 ff. [5]322 ff.; Holzinger, Gen. 271; Meyer, Israeliten 249 ff.; Greßm., Mose 393 ff. Auf der andern Seite hat sich seit 1918 auch Burney eingehend geäußert: The book of Judges § 6 (vielf. = Isr. Settlem. in Can. 1918). Er kommt zu ähnlichen Ergebnissen wie sie in diesem Buche vertreten sind.

17*

1. Demgegenüber wird zunächst auf zwei uns bereits (S. 249 ff.) bekannt gewordene Tatsachen verwiesen werden dürfen. Die oben gebotene eingehende Darstellung der Überlieferungsschichten liefert augenscheinlich das Ergebnis, daß der Gesamtverlauf der Dinge, wie er in denselben niedergelegt ist, trotz vielfacher Verschiedenheit im einzelnen doch im großen und ganzen merkwürdig übereinstimmt. So wenig nun unter den obwaltenden Umständen für die Geschichtlichkeit einer Aussage ein zwingender Beweis in dem Umstand erbracht ist, daß dieselbe in allen uns zugänglichen Quellen sich findet: so sehr ist damit doch ein **fester Kern von übereinstimmenden Traditionsstoffen** gegeben. Derselbe darf als ein Gewinn von nicht zu unterschätzender Bedeutung gelten, denn er enthält die erste Vorbedingung für die Ermittlung eines wirklichen Geschichtsverlaufes. Dessen erste Voraussetzung ist eine im letzten Grunde einheitliche Überlieferung [1]. Sowohl für Abraham als für Jaqob und Josef konnten wir aus der Fülle der vorhandenen Erzählungen einige einfache und im wesentlichen unter sich gleichartige Grundsagen herausstellen [2]. Ginge die Tradition wirr durcheinander, so trüge sie von selbst den Stempel willkürlicher Konstruktion oder reiner Volksphantasie an sich. Daß sie dies nicht tut, ergibt — wenn auch entfernt noch nicht den Beweis der Geschichtlichkeit, so doch ein wichtiges Vorurteil dafür, daß es vielleicht gelingen werde, einen historischen **Kern** in der Geschichte der Erzväter aufzufinden.

Wenn zwei sonst eigene Wege gehende Erzähler sich in Einzelheiten enge berühren, so müssen sie dazu durch gemeinsame Überlieferung veranlaßt sein, und es darf dann, wenn nicht besondere Gründe dagegen sprechen, ein geschichtlicher Kern vermutet werden. Hier kommt noch hinzu, daß von den beiden Haupterzählern J und E bald der eine bald der andere die Urform der Sage darbietet. Mögen sie auch in der heutigen Gestalt nicht als vollkommen selbständige Erzähler nebeneinander hergehen, so ist damit trotzdem die **Unabhängigkeit** jedes der beiden dem andern gegenüber in der Wurzel erwiesen.

Ist nun diese wesentliche Übereinstimmung der überlieferten Stoffe immerhin ein beachtenswertes Moment, so wird seine Bedeutung noch erheblich erhöht durch den zweiten oben hervorgehobenen Umstand, daß große Wahrscheinlichkeit für das **hohe Alter** wichtiger Teile der Genesisüberlieferung spricht. Selbstverständlich ist auch dieser Grund für sich nicht von zwingender Beweiskraft: es kann eine Überlieferung sehr alt und doch ausschließlich sagenhaft und besonders mythisch sein. Immerhin legt sich die Annahme eines geschichtlichen Kernes ganz wesentlich näher, wenn wir es nicht mit Sagen zu tun haben, die lediglich — wie die herrschende Theorie immer noch mit Vorliebe annimmt [3] — zur Zeit ihrer heutige Gestalt darstellenden oder unmittelbar vorbereitenden Niederschrift entstanden sind, sondern in mündlicher oder schriftlicher

---

1) Was bei Livius, Polybius und Tacitus gilt, muß im Prinzip auch in Israel gelten.   2) Siehe oben in § 21 f., bes. S. 217 f. 238. 241 f., dazu S. 249.   3) Vgl. als Typus derselben z. B. Holzinger, Gen., S. 270 f. Wellh., Prol.² 336 ff. (⁵322 ff.): „Die spätere Zeit wird hier nach ihren inneren und äußeren Grundzügen absichtslos ins graue Altertum projiziert und spiegelt sich darin als ein verklärtes Luftbild ab ... die etwaigen Wanderungen der Völker und Stämme sind notwendige Folgen des angenommenen Verwandtschaftsverhältnisses. ..." Vgl dazu besonders die lesenswerten Bemerkungen bei Eerdmans, Stud. II, 28 ff.

Überlieferung einer viel früheren Periode angehören. Hat nicht etwa erst das 8. und 9. Jahrhundert v. Chr. die Stoffe hervorgebracht, sondern hat schon das zehnte, elfte, zwölfte und vielleicht manches frühere Jahrhundert sie oder manche von ihnen gekannt, so haben wir es jedenfalls nicht mit einfachen Rückspiegelungen aus der mittleren oder späteren Königszeit und mit einfacher Projektion ihrer Verhältnisse und Gedanken in die frühe Vergangenheit zu tun. Solche mögen gelegentlich mit hereinspielen, aber sie bilden nicht die Substanz der vorägyptischen Geschichte. Die Substanz muß in eine viel frühere Zeit zurückreichen.

Von hier aus ergibt sich als selbstverständlicher Schluß der weitere Satz: reicht sie in frühere Zeit zurück, so steht sie um so viel der vorägyptischen Zeit Israels und damit den Ereignissen, oder wenigstens den Verhältnissen, über die sie berichten will, näher. Auch so können diese Ereignisse, Personen und Verhältnisse noch Gebilde reiner Dichtung sein, wie ja auch beispielsweise Gunkel, trotz seiner richtigen Erkenntnis in betreff der Altersverhältnisse, in der Hauptsache annimmt; — aber die Schwierigkeit und Unwahrscheinlichkeit dieser Annahme ist bereits um ein wesentliches Stück größer als zuvor.

2. Es kommt dazu, daß Israel in der Zeit des Wüstenzuges und der Eroberung Kanaans bereits eine Vergangenheit hinter sich gehabt haben muß. Die Stämme Israels sind nicht damals erst entstanden. Sie haben sich zusammengeschlossen zu gemeinsamem Handeln, aber bestanden haben sie augenscheinlich längst. Mindestens gilt dies | von den damaligen Hauptstämmen. Ohne diese Annahme lassen sich die Vorgänge beim Auszug aus Ägypten und nach demselben schwer vorstellen. Als Stütze für sie selbst aber darf wohl der Umstand gelten, daß *Jaqob* und *Josef* nach einer teils unanfechtbaren, teils jedenfalls möglichen Deutung bereits geraume Zeit vor der Zeit Josuas und des damaligen Eindringens Israels in Kanaan als Namen palästinischer Gaue und Stämme vorkommen [1].

---

1) An den Pylonen des großen Tempels von K a r n a k findet sich eine Liste von über 100 Namen von Gebieten (Städten und Gauen), die Thutmes III. auf seinem Feldzug nach Syrien nach 1470 v. Chr. eroberte, bzw. deren Bewohner er bei Megiddo besiegte (ob. S. 77 ff.). Als Nr. 102 und 78 kommen vor *j-ʿq-b-ʾr* und *j-š-p-ʾr*. Da nun das Ägyptische auch sonst in ausländischen Namen das *l* durch *r* wiedergibt (so in *baʿal* und *el*, die gelegentlich als *bʾr* und *ʾ[a]r*, *ʾ[i]r* erscheinen), so ist anzunehmen, daß die beiden Namen ein kanaanäisches oder hebräisches יעקבאל und ישפאל darstellen. Es haben also im 15. Jahrhundert v. Chr. Gebiete, die diese Namen trugen, in Palästina, und zwar im mittleren Teile des Landes (Ŝanda, MVAG. 1902, 90 ff. denkt an den Jabboq), existiert. Auch wird es bei der Eigenart der Namen, die Stamm- und Personennamen gleicher Bildung entspreche, nicht zu kühn sein anzunehmen, daß die Namen der Gaue zugleich auf Namen von dort ansässigen Stämmen hindeuten (Stammnamen werden durch das Seßhaftwerden von Nomadenstämmen von selbst zu Orts- oder Gaunamen; so erklärt sich der vielfache Wechsel beider, vgl. auch Burch. II, 84), sowie daß diese Stämme sich nicht erst gebildet haben werden, sondern schon eine gewisse Zeit existierten. Ebenso bietet die Weglassung der Endung *el* keinerlei Schwierigkeiten (s. darüber unten S. 274). Es bleibt somit ein Name *Jaqob* und ein zweiter *Joschef*, welcher letztere bei der Verschiedenheit der *s*-Laute (שׁ und ס) die Identität mit dem biblischen Namen Josef zwar nicht ausschließt (in diesem Falle wäre etwa *Jaschuf* zu lesen), doch darf man vielleicht an einen Wechsel der Sibilanten denken wie zwischen Ramses [רעמסס] und Ramŝeŝ, vgl. Böhl, Kan. u. Hebr. 80. 95 oder פלשתים und *Pulasti*), aber immerhin nur als möglich. nicht als vollkommen sicher erscheinen läßt. Vgl. dazu: Groff, Rev. égypt. 1885, 95 ff.; Ed. Meyer, ZAW. 1886, 1 ff. (1888, 42 ff.); W. M. Müller, As. u. Eur. 159 ff. (162) und Die Palästinaliste

Freilich ist damit noch nicht unbedingt gesagt, daß diese Geschlechter dieselben seien wie die uns bekannten Geschlechter Jaqob und — wofern die Richtigkeit der Gleichung angenommen werden darf — Josef: es können auch mehrere dieses Namens existiert haben. Immerhin spricht das frühe Vorkommen der beiden Namen für hohes Alter auch der biblischen Geschlechter, mindestens des einen derselben.

Ähnliches gilt für *Israel* und *Asser*. In einer in jüngster Zeit vielgenannten Inschrift Merneptahs aus der Zeit um 1230 kommt „Israel" als ein vom Pharao gezüchtigter Volksstamm oder vielleicht Gau derselben Gegend vor [1]. Wer dieses Israel ist, können wir wiederum | nicht mit unbedingter Sicherheit sagen. Aber bei der merkwürdigen Übereinstimmung der geographischen Lage ist kaum zu zweifeln, daß Israel mit jenem Jaqob zusammenhängt, und dann ist zugleich für beide der engere Zusammenhang mit den uns bekannten Trägern der Namen Israel und Jaqob doch wohl so gut wie sichergestellt. Damit ist dann freilich auch das Vorhandensein Israels in Kanaan im 13., wo nicht im 14. oder 15., und dasjenige Jaqobs im 16. Jahrhundert gewährleistet. Ähnlich steht es mit Asser, das ebenfalls als Gauname alter Zeit gefunden zu sein scheint [2]. An dem Dasein einzelner israelitischer Geschlechter in Kanaan in vorägyptischer Zeit ist demnach nicht wohl zu zweifeln [3].

3. Weiterhin darf daran erinnert werden, daß die Sage selbst in nicht ganz wenigen Punkten r i c h t i g e E r i n n e r u n g e n erhalten hat, die nicht nur ihr vielfach hohes Alter, sondern auch die Tatsache bezeugen, daß sie in gewissem Maße, das man freilich auch nicht zu hoch anschlagen darf, historische Verhältnisse wiedergibt. Von der späteren Richterzeit an hat Israel lange Zeit hindurch mit den Philistern zu kämpfen; die Vätersage weiß von diesen Kämpfen nichts, sie muß also wohl vor der Richterperiode oder den Zeiten, in denen man diesen Kämpfen noch nahe stand, entstanden sein. Nun ist es aber weiter bemerkenswert, daß E — in diesem Punkte sich wieder gegenüber J als Erzähler älteren Stoffes erweisend — von der Anwesenheit der Philister in ihrem späteren Gebiete noch gar nichts weiß [4]. In der Tat sind die Philister erst um die Zeit des Eindringens Israels unter Josua in den Besitz ihres späteren Gebietes gelangt. Das Zusammentreffen dieser Tatsachen läßt sich wohl kaum anders deuten als durch die Annahme, E habe von dem richtigen Sachverhalt in betreff der Philister noch Kunde gehabt, während er für die in J wiedergegebene jüngere Version der Erzählung bereits zum Teil verschollen war [5]. |

Thutmes' III. (MVAG. 1907); Spiegelberg, Randgloss. 13; M. Burchardt, Altkan. Fremdw. (1910), Nr. 212. 239.
   1) Siehe darüber § 34, 3 u. schon Bd. II⁴, 11 und Ranke, TuB. I, 195. Doch ist noch zu vergleichen Spiegelberg, OLZ. 1908, 403/5, der übersetzt: „seine Saat existiert nicht mehr", wonach Israel seßhaft sein müßte. Siehe indes in § 34.
   2) In den Listen aus der Zeit des Seti I. und Ramses II. (um 1300), welcher letztere gewöhnlich als der Pharao der Bedrückung angesehen wird, ist ein Berg *Aser* erwähnt (Burchardt, Fremdw., Nr. 139; außerdem Müller, As. u. Eur. 236 ff.; Meyer, Israel. 540). Der Lage nach scheint derselbe mit dem Gebiete des späteren Stammes Asser zusammenzutreffen, so daß die Wahrscheinlichkeit besteht, daß im 14. Jahrhundert in jener Gegend auch schon ein Geschlecht oder Stamm Asser saß   3) Vgl. auch W. M. Müller, D. Paläst.-Liste Thutmos, S. 35.   4) Siehe oben S. 233, Anm. 7, dazu 221¹ u. 230⁶. Vgl. Gunk.² 269 f.   5) An sich ist natürlich auch die Deutung möglich, daß E die mehr reflektierte, bewußt korrekte, J die naiv anachronistische

Ferner erinnert schon E w a l d daran [1], daß die übereinstimmende Darstellung aller Berichte Abraham und die übrigen Erzväter, deren göttliche
Bestimmung es doch ist, das Land Kanaan in vorläufigen Besitz zu nehmen,
n i e schon das Land in seiner G e s a m t h e i t besitzen läßt. Sie beschränken
sich auf kleine und meist minder wichtige Teile desselben. Abraham besiedelt den Süden, indem er abwechselnd die Gegend von Mamre-Hebron
und Beerseba-Gerar beweidet, Isaaq hauptsächlich nur die letztere Gegend,
Jaqob das Land um Sikem, von hier sich langsam südlich wendend [2].
Hätten die Väter Israels nie wirklich in Kanaan geweilt, und wären somit ihr dortiger Aufenthalt wie überhaupt ihre Gestalten durchaus Produkt
der Sage: es ließe sich mit Bestimmtheit erwarten, daß die spätere Sage
den Anspruch der Hebräer auf das ganze Land nachhaltiger und kräftiger
zu begründen gewußt hätte, als es mit dieser nur teilweisen Besitzergrei-
fung durch die Väter der Fall gewesen wäre. Tatsächlich handelt es sich
um lokale Sagen, die in bestimmten Gebieten, vor allem im Negeb und
der Gegend um Hebron, aber auch im mittleren Lande entstanden sind [3],
denen aber irgendwie ein geschichtlicher Tatbestand zugrunde liegen wird.

Ein ähnliches Ergebnis liefert der Blick auf ihre Lebensweise.
Man hat erst in neuester Zeit richtig erkannt, daß die Vätergeschichte
durchaus nicht, wie man so lange meinte, beduinische, noch weniger die
Verhältnisse von Ackerbauern voraussetzt. Es ist durchaus die Lebenshaltung der H a l b n o m a d e n oder Maʿāze, wie sie heute spottweise im
Ostjordanland heißen [4]. Sie sind in erster Linie Schafzüchter und darum
nicht an einen Ort gebunden, wenn sie auch nicht wie die Vollbeduinen
auf weitem Raume schweifen, sondern ein beschränkteres Gebiet abweiden.
Wo die Gelegenheit zum Ackerbau sich bietet, da ergreifen sie sie, so
heute noch die Halbbeduinen der Gegend von Beerseba und der Wüste
Juda. Und wenn auch ihre Hauptbeschäftigung die Viehzucht ist, so leisten
sie doch auch im Feldbau Tüchtiges. Daher haben die Väter der Genesis
vorwiegend Zelte, gelegentlich | können sie aber auch in Häusern wohnen
und Getreide oder Früchte ernten. Ihr Hauptbesitz sind ihre Herden; das
Weiterziehen, wenn irgendwo das Weideland erschöpft ist, gelegentlicher
Streit um die Brunnen, aber auch das Bedürfnis nach friedlicher Auseinandersetzung mit den Landesbewohnern und Nachbarn durch Verträge, nicht
mit Waffengewalt, kennzeichnen ihr Leben und Treiben. Aber das ist
nicht das Leben des spätern israelitischen Bauern. Wohl aber seiner Vorfahren auf einer früheren Stufe. Auch sie ist vielleicht nicht die allererste, aber eine solche, auf der jener sich früher befunden hatte [5] und
die er später nur in den Randgebieten des Fruchtlandes noch kannte.
Ehedem war sie bei zugewanderten Hirtenstämmen, solange sie im Über-

---

Version der Erzählung darbiete. Aber nach dem bisher ermittelten und weiter noch
zu ermittelnden Charakter dieser Erzählungen wird die oben vorgetragene Deutung
hier die größere Wahrscheinlichkeit für sich haben.
    1) Gesch. d. V. Israel I[8], S. 437 f.   2) Siehe oben S. 238 f.   3) Siehe oben
S. 214. 226 f. Daraus ergibt sich, daß die Annahme von Gunkel[8] LIX, daß es sich
lediglich um Sagen der Südsteppe handle (vgl. auch den Namen *Lea* = Wildkuh),
irrig ist.   4) Vgl. Musil, Arabia Petraea III, 23. Weiter hierzu Mey., Israel 132.
305; Greßm. ZAW. 30 (1910), 25 f., Mose 394; Gu.[8] LX. Über die Halbnomaden das
Nähere oben S. 14. Dort auch Belege (Eerdmans, Studien II, 38 redet irrig von seßhaften Bauern).   5) Vgl. dazu die Überlieferung von kriegerischer Art der Väter;
sie scheint die allerälteste zu sein. Vgl. S. 266[8].

gang vom Wanderleben zur Seßhaftigkeit standen, auch im Lande selbst
üblich [1]. Die Spur des Richtigen hat sich in der Genesis erhalten. Die
Sage muß geschaffen sein, ehe Israel Bauernvolk wurde und sein Ideal
im Bauernstande sah. Hier spiegelt sich nicht die Königszeit [2].
Auch die R e l i g i o n [3] der Vätersagen liefert dasselbe Bild. Die
Qaingeschichte kennt das Opfer der erstgeborenen Herdentiere — gewiß
das Hauptopfer von Hirtenstämmen. Abraham ist bereit, seinen Sohn zu
opfern — auch darin wird sich ein Brauch der Urzeit spiegeln. Dasselbe
mag von dem Errichten von Opfer- und Malsteinen als den Stätten der
Darbringung gelten. Die El-Religion, welche neben der Jahveverehrung
die Genesissagen vielfach beherrscht, ist augenscheinlich die der letzteren
vorangehende Religionsstufe [4]. Öfter blickt die | Erinnerung hieran noch
durch; aber auch wo dies nicht der Fall ist und unbefangen Jahve für
El oder Elohim eintrat, spiegelt sich in jener El-Religion der wahre und
zweifellos historische Sachverhalt. El und die Elīm [5] sind Jahve vorangegangen und spiegeln die vorjahvistische und damit die vormosaische Stufe
der Religionsentwicklung gewisser Kreise in Kanaan wider [6]. Ja sie haben

---

1) Überall vollzieht sich der Übergang langsam. Vielleicht ist das Israel der
Merneptahinschrift so zu denken (doch s. S. 262). Jedenfalls blickt die Spur dieses
Übergangs noch durch in Gen. 34, 10 (siehe S. 217, Anm. 3), ebenso in dem
vermögenden Herdenbesitzer Juda Gen. 38 (oben S. 230, vgl. auch zum Ganzen
H. Fischer in ZDPV. 33 [1910], 210 f.).   2) Auch nicht die Richterzeit, deren wichtigste Orte wie Silo, Rama, Gilgal, Mizpa, Dan, gleich solchen der Königszeit wie
Jerusalem oder Samarien u. Gibeon gar nicht oder kaum genannt sind. Eißf. 342 erinnert dagegen an Nabal. Er hätte besser gleich die Rekabiten von Jer. 35 nennen
sollen, wenn er Teilzustände zur Regel machen wollte. Denn Nabal ist gar nicht
Nomade, sondern reicher Herdenbesitzer, der in Maon wohnt, wie heute Leute
seines Schlages in Damaskus oder Beirut und anderwärts.   3) Siehe dazu im allgemeinen schon oben S. 257; dort auch die Literatur.   4) Nicht selten tritt das auch
in den Texten selbst noch zutage; auch für Gen. 2 f. lag dem J wohl eine Grundsage
mit Elohim vor (dasselbe gilt für Gen. 4; 6, 1—4, viell. auch 15, 6 f.; vgl. auch oben
S. 257). Ex. 6, 3 hat hierin die ganz richtige Erkenntnis bewahrt, wenngleich es
die Betrachtungsweise verengt. Von Malkisedeq würde es schwerlich wissen wollen.
5) Vgl. im allgemeinen oben S. 165 ff., wo auch auf den interessanten Ortsnamen
Elīm in der Sinaihalbinsel aufmerksam gemacht ist; über bnē elīm auch S. 188. Über
ihre Namen S. 237 ¹³. 288 ³. Auch Gad, Ascher u. a. (§ 28, 5 a. E.) mögen dazu gehören.   6) Die Erklärer streiten sich, ob diese Stufe vorjahvistischer Elverehrung
kanaanäisch sei oder nicht. Jenes hat Gu. erst angenommen, Greßm. aber bestritten,
worauf Gu. einen m. E. vorschnellen Rückzug antrat, vgl. Gen.² 187. 236. 285 mit
S. LX, dazu Greßm., ZAW. 30, 28. Die Behauptung, daß „die Kanaaniter ihre Götternamen nicht mit El, sondern mit Baal" bildeten, ist nicht richtig (vgl. jetzt Mose 427).
Soweit wir aus den Eigennamen schließen können, muß vielmehr nicht nur in Babylonien, sondern auch in Kanaan El — hier neben Baal — eine nicht unbedeutende
Rolle gespielt haben, vgl. die Namen der Amarnatafeln: *Milki-ili, Il-milki* (oben S. 168,
Anm. 3), *Jabni-il* Ku. 328 (W. 218), *Batti-ilu* 170 (W. 125), 3. 29, *Rab-ili* Kn. 170,
36 (W. Ben-il), *Šabi-il* Kn. 62 (W. 126), 26. Demnach wird man keinesfalls die Elverehrung als ausschließliches Eigentum der ältesten Israeliten in Anspruch nehmen
können. Sie haben sie augenscheinlich mit Babyloniern und Kanaanitern geteilt. Unrichtig war freilich Gu. Meinung, sie sei spezifisch kanaanäisch; dagegen sprechen
die israelitischen Namen mit El: *Israel, Ismael* usw. (über sie S. 274 f.). Irrig ist auch
Greßmanns Meinung, die Kanaaniter haben ihre Gottheit nicht Baala genannt (s. oben
S. 176 ff., besonders auch die Ostraka von Samarien), richtig dagegen nur er beobachtet,
daß in den Namen der Väter und ihrer Religion von Hause aus nicht nur Jahve, sondern auch B a a l f e h l t, der in der ganzen Genesis nicht vorkommt. Aus diesem
Sachverhalt darf man wohl schließen, daß die Kanaaniter Baal und El gemeinsam
waren, aber so, daß Baal vorwiegt, hier also (wie in Babylonien) als Regel — Ausnahmen von ihr oben S. 171 ff. — ein stark entwickelter, „synkretistischer" Polytheis-

die Erinnerung an eine Zeit und an Kreise | bewahrt, wo man in Kanaan und den angrenzenden Gebieten entweder Baal bewußt ablehnte oder seiner Verehrung keinen breiten Raum gönnte. Vielleicht sind wir damit über die Amarnazeit zurückgeführt.

Desgleichen läßt sich die hohe Stellung, welche Orte wie B e t e l, H e b r o n, B e e r s e b a, M a h a n a i m, S i k e m im Bewußtsein des Israel der Richter- oder der frühen Königszeit einnehmen, wohl kaum anders als durch die Tatsache erklären [1], daß sie oder wenigstens einzelne von ihnen für Israel selbst bereits einmal eine Rolle gespielt hatten, an die wieder angeknüpft werden konnte. Für die Gebiete des Südlandes wie Beerseba, auch Hebron, wird man dieser Erwägung vielleicht am ehesten zustimmen [2]. Irgendwo müssen doch die israelitischen Geschlechter, ehe sie in Kanaan einwanderten, geweilt haben. Man wird also von manchen Seiten nicht abgeneigt sein, ihnen den Aufenthalt in der sinaitischen Steppe zuzugestehen; von hier aus könnten sich recht wohl einzelne Zweige im Süden Palästinas festgesetzt haben.

Um so weniger aber ist man im allgemeinen geneigt, dasselbe für das mittlere Land, vor allem das Gebirge Efraim zuzugestehen. Allein bedenken wir beispielsweise, welche Stellung S i k e m in der frühen Richterzeit einnimmt, und vergleichen wir damit die Überlieferung, daß Sikem bereits in vorägyptischer Zeit im Besitze Jaqob-Israels war, so muß sich doch fragen, ob jene Bedenken gerechtfertigt sind. Ich weiche in Beziehung auf die Erklärung des in Gen. 34 erzählten Handels mit Sikem erheblich von der jetzt fast allgemein üblichen Deutung ab, nach welcher diese Geschichte eigentlich ins Richterbuch gehören würde, weil sie Verhältnisse der Richterzeit widerspiegle [3]. Die Erzählung wird aber doch nur ganz verständlich, wenn Sikem bereits früher einmal den Jaqobsöhnen gehörte.

Es ergibt sich dann folgendes Bild. In der Richterzeit lernen wir nach dem 9. Kapitel des Richterbuches Sikem als eine im wesentlichen

---

mus herrschte, die Hebräer aber sich auf die Elim beschränkten; ferner daß die Sagen die Erinnerung an eine Zeit oder an Kreise bewahrt haben, wo man in Kanaan selbst von Baal noch wenig wissen wollte und von Jahve nichts wußte. Natürlich könnte man auch an absichtliches Beiseitelassen des Baal denken, aber dazu sind die Genesissagen zu wenig reflektiert, auch würde dann wohl bei den Kanaanitern Baal um so stärker betont. Nun hörten wir, daß Baal in Kanaan vielleicht gar nicht einheimisch ist, vgl. oben S. 139. 170 (beherrschend wird Baal in Kanaan erst seit etwa 1500 geworden sein). Auch das spiegelt sich in der Genesis und zeigt, ein wie h o h e s A l t e r die Sagen voraussetzen. — Nun hat freilich Baudissin, ARW. 16 (1913), 396 überhaupt das Recht, solche Schlüsse aus der Genesis zu ziehen, in Frage gestellt. Indessen bleibt Tatsache: 1) daß J und E die Elverehrung der Väter besonders betonen; 2) daß die s p ä t e r e Zeit nirgends ein Zeugnis für ihr Vorhandensein hat, eine Rückspiegelung also nicht in Frage kommt; 3) bleibt das Vorhandensein der Elnamen und das Fehlen der Baalnamen. Daraus darf man doch wohl schließen, daß eine richtige Erinnerung vorliegt. Es kommt dazu 4) die Analogie der Erinnerung der Genesis an die halbnomadische L e b e n s w e i s e der Väter (S. 263) und die anderen hier dargelegten richtigen Erinnerungen. Weiter m. RVI. 30 f.
1) Vor allem, wenn wir das oben S. 256 Angeführte dazunehmen.   2) Vgl. Gu.² LVI, über Beerseba auch unten Seite 302 ¹. Freilich ist die Unterscheidung zwischen Süd und Nord (so wichtig sie sonst ist) hier durchaus willkürlich; sie paßt lediglich zur Theorie, nicht zu den wirklichen Tatsachen, wie die richtig verstandene Überlieferung sie an die Hand gibt.   3) So auch in der ersten Auflage dieses Buches. Am ehesten nähert sich der richtigen Erkenntnis jetzt Greßm., ZAW. 30, 30. Vgl. schon Bd. II ², 77 f. (⁴ 24).

kanaanäische Stadt im Besitz der Benē Chamor kennen, die unter dem Einfluß von Gideon und Abimelek eine Weile israelitisch wird, aber nach des letzteren Tode allem Anscheine nach für | Israel wieder verloren geht [1]. Saul scheint sie nicht besessen zu haben. David wird es wieder gelungen sein, ihre Tore für Israel zu öffnen. Aber erst in der Zeit Salomos haben wir ein sicheres Zeugnis dafür, daß Sikem im Besitze Israels ist [2]. Es wird also wohl durch David erworben worden sein und erinnert sich sofort seiner stolzen Vergangenheit als israelitischer Königssitz. Angesichts dieses Tatbestandes ist es nun nicht wahrscheinlich, daß die Erzählung von einem mit Erfolg gekrönten Handstreich der Söhne Jaqobs gegen Sikem, wie sie die Dinageschichte in Gen. 34 enthält, und weiterhin die mit ihr nahe verwandte Überlieferung, daß Jaqob Sikem den Amoritern mit Schwert und Bogen abgenommen und Josef gegeben habe [3], erst in der Richterzeit etwa als Ausdruck der Wünsche Israels oder gewisser Erfolge, oder in der Königszeit als Niederschlag der Tatsache einer Eroberung Sikems unter Saul oder David entstanden sei [4]. Dann aber bleibt kaum etwas anderes übrig, als daß das Geschlecht Jaqob schon in alter Zeit einmal im Besitz der Gegend um Sikem, zeitweilig der Stadt selbst, gewesen ist. Die Stadt kam durch einen verräterischen Handstreich in die Hände von Simeon und Levi. Sie werden aber von ihren Stammesgenossen im Stiche gelassen und aufgerieben. Auch dieser ihr Unglücksfall wird bereits der vorägyptischen Zeit zuzuschreiben sein.|

Zu demselben Ergebnis führt eine andere Erwägung. In der Geschichte der Eroberung Kanaans unter Josua fragen wir vergeblich nach dem Anteil L e v i s an den Kämpfen. Wo bleibt er, von dem wir doch aus Gen. 49, 1 ff. wissen, daß er in alter Zeit durchaus nicht reiner Priesterstamm, sondern sich auch lebhaft in weltliche Händel verwickelte? Die Erklärung liegt darin, daß er schon damals aufgerieben war, nicht erst in der Richterzeit aufgerieben wurde. In diesem Falle verstünden wir nicht, weshalb er nicht mit den andern um das Land kämpfte. — Ferner:

---

1) Ganz anders jüngst Sellin. S. darüber später.   2) Bei seinem Lebensende ist S. israelitisch und spielt bereits eine wichtige Rolle 1 Kön. 12, 2.   3) Gen. 48, 22. Der Verlauf des Hergangs ist im einzelnen freilich hier ein ganz anderer als dort. Dort ein hinterlistiger Überfall einiger Jaqobsöhne ohne Jaqob, hier die Eroberung durch Jaqob und die Weitergabe an Josef. Aber ganz unverkennbar handelt es sich hier wie dort um alte Kämpfe, die zum Besitz Sikems führen. Die Gestalt des f r i e d - l i e b e n d e n Halbnomaden, die bei Jaqob in Gen. 34 besonders stark betont wird, ist augenscheinlich selbst schon sekundär, wenn auch gewiß sehr alt; die entgegengesetzte Überlieferung steht den Dingen selbst noch um eine Stufe näher (vgl. viell. auch Gen. 32, 8 die zwei „Heere"). Siehe dazu § 28, 4 ff. Die Eroberung, sei es in der Form des wirklichen Kampfes, sei es durch verräterischen Handstreich, wird also das Ursprüngliche sein, die Mißbilligung Jaqobs künstliche Zutat. Weiterhin, wenn Josef als Besitzer Simeon und Levi gegenübersteht, so verdienen die letzteren den Vorzug: ihre Einsetzung ist später unerfindlich, die Josefs selbstverständlich. Weshalb hier keine Überlieferung, sondern ein Nachklang der Abimelekgeschichte von Richt. 9 vorliegen soll (Gunk.³ 475, Mey., Isr 415, neustens auch Sellin, Sichem 1922), ist nicht zu verstehen (der Kauf eines F e l d e s bei Sikem Gen. 33, 19; Jos. 24, 32 hat mit dem hier Erzählten jedenfalls nichts zu tun). Vgl. noch in § 22, 4 geg. E.   4) Wie hätte man in der Zeit n a c h Abimelek oder gar in der Königszeit auf den Gedanken kommen können, gerade Simeon und Levi nach Sikem zu versetzen? Für jeden andern Stamm als für Simeon lag das nach dem, was wir über seine späteren Sitze wissen, näher. Und wie konnte sich überhaupt damals noch der Tatbestand von Richt. 9, der sich doch nicht im Verborgenen abgespielt hatte, sondern allgemein bekannt war, so verwischen? Vgl. schon Bd. II³, 77, Anm. 3 (⁴23⁴) und jetzt auch Burney, Settl. 43.-

von Simeon sagt uns Richt. 1, daß er sich nach dem Südland wandte,
um sich dort ein Gebiet zu erobern. Wenn jene Kämpfe von Simeon
und Levi derselben Zeit angehören würden, wie die Ereignisse von Richt.
1, so verstünden wir schlechterdings nicht, wieso Simeon dazu käme, sich
nach dem S ü d e n zu wenden. Das Gebiet, auf dem er seine Kämpfe in dieser
Zeit ausficht, ist doch nach der Theorie das Gebirge Efraim! Daraus ergibt sich aufs neue, daß wir es mit zwei ganz verschiedenen Perioden, in
denen Simeon gegen Kanaan zieht, zu tun haben, einer vor- und einer
nachägyptischen. — Endlich: Simeon wendet sich nicht allein gegen den Süden,
sondern im Verein mit Juda und in Anlehnung an ihn. Er tut dies offenbar, weil er für sich selbst nicht stark genug ist, seine Kämpfe auszu-
fechten. Und doch fällt sein Vorgehen augenscheinlich in die ersten An-
fangszeiten der Kämpfe um das Westjordanland. Ist der Anlaß seiner
Anlehnung an Juda eine frühere Schwächung Simeons, so muß Simeon
schon als geschwächter Stamm aus der Wüste gekommen sein. Er wird
demnach schon in diesem Zustande nach Ägypten gezogen sein und seine
Schwächung wird aus der Zeit seiner v o r ä g y p t i s c h e n Kämpfe um Kanaan herrühren [1].

Auch das Verhältnis zu A r a m, wie es die Vätersage widergibt, läßt
sich aus der nachmosaischen Geschichte des Volkes kaum zureichend verständlich machen, am wenigsten aber als Rückspiegelung der Königszeit.
Seit David und Salomo tritt Israel zu Aram in ein gespanntes Verhältnis;
seit dem 9. Jahrhundert hat es lange und erbitterte Kämpfe mit ihm zu
bestehen. Nicht einmal die Händel mit Laban und die Abmachung in
betreff der Grenze zwischen Israel und Aram spiegeln jene Verhältnisse
wider, wie Gunkel mit vollem Recht bemerkt [2]. Die Händel sind als rein
persönliche, nicht als nationale Kämpfe gedacht, und die Grenzscheide hat
durchaus einen harmlosen, friedlichen Charakter. Es handelt sich lediglich um den Gedanken, daß seit alten Zeiten hier in Gilead die Grenze
zwischen Aram und | Israel war. Es kommt dazu, daß vielleicht die elo-
histische Version [3] diesen letzteren Zug wiederum gar nicht kennt. Noch
weniger aber kann die Erzählung von Abrahams Auszug aus Aram oder
von Jaqobs Wanderung nach Aram und seiner Rückkehr nach Kanaan
ein Erzeugnis der nachmosaischen Zeit sein. Sie müßte spätestens in der
Richterzeit entstanden sein. Und gerade diese Zeit läßt uns keinen zu-
reichenden Grund für die Entstehung jener Sage, abgesehen von der ander-
weitig schon feststehenden Wahrscheinlichkeit ihres höheren Alters, erkennen. Damals sind die Gedanken Israels nach Ägypten, nach der
Sinaihalbinsel, nach Edom, Moab, Ammon, Amaleq und Midian, nicht aber
nach Aram gerichtet gewesen. Diesen ganzen Zug der Abraham-Jaqob-
Geschichte verstehen wir wiederum nur, wenn die Sage alt ist und auf
tatsächlicher Erinnerung ruht, der nämlich, daß in alter Zeit W a n d e -
r u n g e n der Väter Israels v o n A r a m h e r stattgefunden haben, und zwar
zu verschiedenen Malen [4].

Endlich mag noch die Tatsache Erwähnung finden, daß die nach den

1) Wie diese Erkenntnis sich in den ganzen Gang der Dinge einreiht, ist später
zu fragen; zunächst über Sikem s. S. 269 [1]; weiter § 28, 4 a. E.   2) Genesis [2] 312.
Anders z. B. noch Wellh., Prol.[5] 327, Smend.   3) Doch s. oben S. 237. Dort auch
eine Analogie von heute.   4) Weiteres dazu unten in § 28.

biblischen Texten selbst, um so mehr, da sie erst in P auftritt [1], überaus befremdliche Nachricht vom Vorhandensein der Hetiter in Südpalästina aus den Inschriften mehr und mehr ihre Bestätigung findet [2]. Der Name des Fürsten von Jerusalem in der Amarnazeit Abdichiba, dessen zweiter Teil eine hetitische Göttin enthält, läßt darüber um so weniger einen Zweifel aufkommen, als sein Träger selbst von sich bekennt, daß schon sein Vater Regent von Jerusalem war [3]. Es müssen also mehrere Geschlechter hindurch Hetiter hier geherrscht haben. Mit den Fürsten hängen natürlich andere Elemente der Bevölkerung zusammen, und wenn sie in Jerusalem bezeugt sind, so werden sie auch in Hebron und an andern Orten zeitweilig die herrschende Schicht gebildet haben [4].

4. Allerdings liest man je und dann den Einwand: Die Erinnerung an eine vorägyptische Anwesenheit israelitischer Stämme in Kanaan könne schon deshalb nicht richtig sein, weil das Land, wie uns die Amarnatafeln zeigen und auch das Alte Testament voraussetze, längst fest be|siedelt gewesen und unter einer Anzahl einheimischer Fürsten gestanden sei. Wie konnten da noch neue Einwanderer Raum finden? und wie konnten sie ungehindert mit ihren Herden im Lande umherziehen?

Zunächst mag daran erinnert werden, daß die Überlieferung selbst, von der es anerkannt ist, daß sie sonst in Beziehung auf die allgemeinen Verhältnisse und das, was man heute gerne das „Milieu" nennt, wohl Bescheid weiß, sich diese Frage vorgelegt hat. Sie weiß in Gen. 34, daß die Jaqobsöhne je und dann mit den stadtsässigen Kanaanäern zusammenstoßen, und sie macht in Gen. 12 f. besonders darauf aufmerksam, daß wegen der Anwesenheit der Kanaaniter im Lande nur gewisse Distrikte für Abraham und Lot und ihre Herden zur Verfügung standen. Weiter aber dürfen wir nicht übersehen, daß auch noch in viel späterer Zeit das Land nicht so ausschließlich in den Händen der ansässigen Bauern war, daß nicht in einzelnen — doch wohl vorwiegend in triftartigen, für den Ackerbau minder ergiebigen — Distrikten neben ihnen noch Nomadenstämme wie die Qeniter und Rekabiter sich erhalten hätten, wie auch heute noch selbst im Westjordanland, in Gegenden wie der Steppe Juda und der Küstenebene oder an den Rändern der Jesreelebene und in Galiläa im Gebiet des Sees Tiberias und sonst, neben den Fellachen die Beduinen und ihnen verwandte Wanderstämme ihr Wesen treiben.

Endlich aber bieten gerade die Amarnatafeln selbst uns den klarsten Einblick in die wirklichen Verhältnisse jener Zeit. Gerade hier lernen wir aber jenen Hergang, den die Genesis bei Abraham, Isaaq und Jaqob voraussetzt, auf Schritt und Tritt an analogen Erscheinungen kennen: überall neben den landsässigen Städtern und Bauern noch wandernde Horden und Stämme, die sich zwischen sie eingedrängt haben, die im Lande hin und her ziehen, sich bald im Frieden, bald in Fehde mit jenen Elementen auseinandersetzen, gelegentlich gerade so wie Simeon und Levi

---

1) Gen. 23; 26, 35 f.; 27, 46. Das Richtige gibt auch Greßm., ZAW. 30, 32. 2) Siehe schon oben S. 188 und jetzt besonders die gründliche Erörterung der Frage bei Böhl, Kanaanäer usw. (1911), S. 27 ff. Anders wieder jüngst Meyer, Chetiter 10 f.; doch s. dagegen z. B. schon Schwally, Kriegsaltert. 31, Anm. 3) Amrn, Kn. 286 (W. 179), 12 ff.; Kn. 288 (W. 181), 13 ff.: „nicht mein Vater, nicht meine Mutter, die mächtige Hand des Königs hat mich eingesetzt im Haus meines Vaters". Er dankt es allein dem Pharao, daß er auf seines Vaters Stuhl sitzt. 4) Weiteres S. 256 [2], auch 300 [1] a. E. (Ruben).

in Gen. 34 einen Gau oder eine Stadt überfallen und sie an sich bringen [1]. Was sind die Chabiru anderes als derartige Nomaden, die sich teilweise schon im Lande eingenistet haben? War scheinbar kein Raum für sie, so wußten sie sich welchen zu schaffen auf Kosten anderer, und rief man die ägyptische Regierung gegen sie an, so wußten sie nur zu genau, wieviel oder wenig sie von dieser Seite zu fürchten hatten [2].

5. Fassen wir zusammen, so wird man als sehr wahrscheinlich in Anspruch nehmen können, daß der im späteren Israel bewahrten Überlieferung, die Ahnen des Volkes haben vorzeiten schon einmal Teile des Heiligen Landes besessen, und sie seien in letzter Linie aus dem fernen aramäischen Osten zugewandert, eine, in diesen ihren großen Zügen wenigstens, richtige Erinnerung zugrunde liegen werde. Eine ganz andere Frage ist nun freilich die: wieweit die Erzählungen der Genesis diese Erinnerungen richtig oder getrübt wiedergeben. Hier wird man selbstverständlich zwischen Form und Inhalt, zwischen dem Wortlaute und der Substanz unterscheiden müssen. Man wird vor allem nie vergessen dürfen, daß wir es mit volkstümlicher, in der Form der Sage auftretender Überlieferung zu tun haben.

Sie tritt in der ganzen Erzählungsweise zutage, am deutlichsten in der Art, wie die Stammesverhältnisse in das Gewand der Familiengeschichte gekleidet sind. Es leidet nicht den geringsten Zweifel, daß, wie in der Völkertafel von Gen. 10 oder in den Genealogien des 1. Buchs der Chronik [3], so auch in den Vätergeschichten der Genesis Völker und Stämme vielfach als Einzelpersonen behandelt sind [4]. Der Stammvater tritt als heros eponymos für das Geschlecht ein, und diese Form der Darstellung wird dann in einer Weise festgehalten, daß man nicht selten den Eindruck gewinnt, daß dem Erzähler überhaupt das Bewußtsein, von einer Mehrheit zu reden, entschwunden sei, und er selbst der festen Überzeugung lebe, es mit einer Einzelperson zu tun zu haben [5].

Dieselbe Erscheinung tritt ferner zutage in der Neigung, gelegentlich in die Erzählung der Genesis das Leben und Denken einer späteren Zeit einzuweben. Esaus und Ismaels Charakter zeigen offenkundig die Züge des Wesens der von ihnen abgeleiteten Völker: der wilde Wüstensohn Ismael ist sichtlich der Typus des Beduinen der arabischen Steppe, der rauhe Jäger Esau, den Jaqob überlistet und um die Erstgeburt bringt, das Urbild der vor Israel zu selbständigem Volkstum erwachsenen, aber bald von ihm überflügelten und unterworfenen Edo|miter [6]. Es unterliegt somit auch nach dieser Richtung keinem Zweifel, daß es sich bei unsern Quellen

---

1) Vgl. Klostermann, Ein diplomat. Briefwechsel (1902), 21. Gerade von der Landschaft um Sikem heißt es Amrn 289, 23, sie sei in den Händen der Chabiru. Welcher Teil von ihnen dies war, ist freilich nicht gesagt, so daß wir keine Gleichung vollziehen können. 2) Siehe oben S. 87 f, weiter in § 28. 3) Vgl. in m. Komm. zur Chronik den Abschnitt über „das genealog. System von Kap. 2 u. 4" des 1. Buches, S. 7 ff., wo aber auch schon (S. 10) auf die Grenzen dieser Deutung (vgl. auch unten S. 271) hingewiesen ist. Es ist] ein grundlegender Fehler, den manche Neuern begehen, zu meinen, weil dies Schema oft paßt, müsse es immer passen. 4) Vgl. schon Kanaan und Sem, Ham, Jefet in Gen. 9; den Mann Sikem zu Sikem in Gen. 34 u. a. Siehe außer der im Komm. z. Chr., S. 7 angegebenen Literatur bes. noch Driver, Gen. LIV f. 5) Vgl. Komm. zur Chron., S. 10 unten. 6) Wellh., Prol.[2] 340 ([3]326). Das Gesagte zeigt, daß ich sehr wohl zwischen der heutigen und der ursprünglichen Gestalt der Sagen zu scheiden vermag, was mehrere meiner Kritiker übersehen.

nicht um historische Urkunden im strengen Sinne handelt. Es sind Urkunden, die in der Form der Sage, der Geschlechter- und Stammessage,
der Heiligtumssage u. dgl. Auskunft über vergangene Zeiten geben. Aber
auch die Sage ist nicht notwendig Dichtung; es ist ihr ein Element der
Dichtung beigemengt, oder richtiger: die Dichtung ist das Gewand, in das
sie sich kleidet, aber sie kann auch in dieser Gestalt geschichtliche Erinnerungen wiedergeben. Daß sie es in unserem Falle tut, ist oben gezeigt. Ein Dilemma wie das folgende: die Patriarchengeschichte ist
entweder Geschichte oder Sage, oder wie es in dem Satze liegt, die Patriarchengeschichte ist nicht Geschichte, sondern Sage [1], ist deshalb zum
voraus verkehrt. Jene Geschichte kann sowohl Sage als Geschichte sein.

§ 26.
Die sogenannten Volksväter: Personen? Stämme? Götter?

Immerhin hat die bisherige Erörterung uns nur erst auf den im typischen Sinn geschichtlichen Charakter der Vätergeschichten geführt: die
Genesis hat den Gesamttypus, die charakteristischen Merkmale der frühen
Vorzeit richtig erhalten. Außerdem hat sie manche Einzelzüge von Stammes-
und Geschlechtserinnerungen treu auf uns gebracht. Dürfen wir einen
Schritt weiter gehen und gewisse Erinnerungen an bestimmte P e r s ö n -
l i c h k e i t e n in der Genesis suchen? Die Frage wird fast durchweg
verneint. Man sieht heute in Abraham, Isaaq, Jaqob, Josef usw. fast
ausnahmslos personifizierte Stämme, wo nicht zu Menschen herabgesunkene
Gottheiten.

1. Was das erste anlangt, so ist zuzugeben, daß die oben beschriebene
mehrfach zwischen Familiengeschichte und Stammesgeschichte schwebende
Art der Darstellung jener Anschauung Vorschub leisten kann. Aber zum
allermindesten muß man sich hier vor pedantischer Konsequenzmacherei in
der Durchführung eines an sich richtigen Prinzipes hüten [2]. Wenn mehrfach Stämme als Einzelpersonen und Stammverhältnisse als Familienver-
hältnisse geschildert sind, was zu bestreiten absurd wäre, so ist es nicht
minder absurd zu verlangen, daß es sich | immer und überall in jenen Er-
zählungen so verhalten m ü s s e [3]. Weniger der Umstand, daß die Erzähler
vielfach und in der überwiegenden Mehrheit der Fälle gar keine Stammesgeschichte, sondern lediglich Familiengeschichte oder Einzelgeschichte erzählen wollen und an nichts anderes als an sie denken [4] — er könnte sich
ja aus dem oben beschriebenen Ineinanderfließen beider Gesichtspunkte
erklären [5] —, als vielmehr die Tatsache, daß immer wieder Fälle vorkommen, in denen von Kollektivsubjekten überhaupt nicht die Rede sein
k a n n , spricht laut dagegen [6].

---

1) Z. B. Holzinger, Gen. 267 als Interpret einer verbreiteten Meinung.   2) Vgl.
die Bemerkungen hiezu in § 39, 3.   3) Vgl. vorhin S. 269 [8], weiter Gunk.² XXI.
Luther, ZAW. 1901, S. 46.   4) Vgl. Gen. 18 u. 24 (Brautwerbung); Jakobs Traum
u. vieles andere.   5) Nachdem einmal der Stamm als Person oder als in der Person
des Stammvaters oder der Stammutter vertreten gedacht war, konnte an sich auch
eine ganze persönliche Lebensgeschichte als aus dieser Personifikation herausgesponnen
vorgestellt werden.   6) Die Edomiterfürsten von Gen. 36; Melchisedek König und
Priester von Salem in Gen. 14; der Philisterkönig und sein Feldhauptmann in Gen. 21
u. 26; der Pharao und seine Beamten in der Josefgeschichte usw. Vgl. noch m. Komm.
z. Chron. 10.

Man wird also immerhin gut tun, sich bei dieser Annahme auf diejenigen Gestalten zu beschränken, deren Namen uns sonst deutlich als Völker- oder Stammesnamen bezeugt sind, wie etwa Ismael, Israel, Gilead, Ruben, Simeon, Levi usw. Bei einem Teil von ihnen wird dies das letzte Wort sein, und es wird dabei bleiben müssen, daß wir hier Geschlechts- und Stammesgeschichten oder -sagen in der Form der Familiengeschichte vor uns haben. Ob aber bei allen und gerade bei den wichtigsten, die an der Spitze stehen, wie Abraham, Isaaq, Jaqob?

2. Hier darf es doch wohl zunächst Beachtung in Anspruch nehmen, daß Abraham überhaupt nie, Isaaq nur ganz ausnahmsweise (Am. 7, 9. 16) als Volksname vorkommt. Auch Jaqob, das zwar nicht ganz selten vom Volke gebraucht wird, tritt doch als Bezeichnung für die Nation ganz wesentlich zurück hinter dem Namen Israel, welcher der eigentliche Volksname geworden ist, während zur Bezeichnung der Person des Stammvaters vorwiegend und ehedem ausschließlich der Name Jaqob diente [1]. Sind also Abraham, Isaaq, Jaqob überhaupt Stammnamen gewesen, was nur beim letzteren neben dem, daß er als Personen|name auftritt, einigermaßen sicher [2], beim zweiten möglich, aber nicht mehr als dieses, beim ersten hingegen recht unwahrscheinlich ist, so haben sie jedenfalls alle drei als Stämme keine hervorragende Rolle gespielt. Der Stamm Abraham müßte schon früh vollkommen und zugleich absolut spurlos, Isaaq fast ohne eine Spur zu hinterlassen, verschollen sein; und Jaqob hätte sich schon in alter Zeit mit dem mächtigen Israelstamm so verschmolzen, daß sein Name für das Volk sich nur ganz gelegentlich noch erhalten hätte, hingegen für den Stammvater des Volkes als der herrschende geblieben wäre.

Man sieht deutlich, daß gerade bei diesen drei Hauptgestalten, wenn wir sie lediglich als Stämme fassen, etwas ganz Wesentliches dunkel bleibt: bei Abraham und Isaaq: wo sie als Stämme bleiben, wenn diese Stämme doch einst so bedeutend waren, daß sie den Ahnherren des Gesamtvolkes den Namen geben konnten? bei Jaqob: warum er als Ahnherr fast nur Jaqob, als Volk fast nur Israel heißt? Die Ausnahme, nach welcher der Vater auch Israel, das Volk auch Jaqob heißt, kann lediglich spätere Angleichung auf Grund der einmal bekannten Gleichheit beider Namen sein. Hier klafft eine Lücke in der landläufigen Theorie vom Heros eponymos. Die Analogie von Hellen dem Vater der Hellenen, Ion dem Vater der Ionier, Aiolos dem der Äolier paßt wohl zu Kanaan, Eber, Sikem, Israel als dem Vater der Kanaaniter, Hebräer, Sikemiten und Israeliten, auch wohl zu Ruben, Simeon und vielleicht Levi u. a., nicht aber zu Abraham, Isaaq und Jaqob.

Schon diese Erwägung kann uns darauf hinweisen, daß hier doch wohl der Sachverhalt ein anderer sein werde. Nach der bisherigen Erörterung sieht es viel eher aus, als wären Abraham, Isaaq und Jaqob von Hause aus als Stammhäupter oder Stammführer kleinerer alter Geschlechter

---

1) Vgl. Sachsse, Israel I, 21 (s. schon oben S. 227): „Der Stammvater hieß im allgemeinen Jaqob. Daneben existierte in den nördlichen Stämmen für ihn der Name Israel. Diesen Namen behielt er auch in den Erzählungen, die von hier in das Südreich übergingen. Doch wurde er hier nicht heimisch. Erst im Exil fing man an, ihn auch in Juda mehr zu gebrauchen." Weiter 73 f.: „Der Name Israel zur Bezeichnung des Patriarchen ist jüngeren Ursprungs" ... er war „Stammesname, ebenso wie etwa Moab oder Amaleq".   2) Siehe oben S. 261, Anm.

gemeint gewesen, aus denen dann durch Verbindung mit jüngeren und vielleicht größeren und mächtigeren Stammgruppen wie Israel oder seinen Unterstämmen — etwa Efraim und Manasse (Josef) u. a. — das spätere Volk Israel herausgewachsen ist, als daß man auf die Annahme, sie seien bloße Heroes eponymi, geraten könnte. Jene Annahme folgt m. E. mehr allgemeinen Erwägungen, Theorien und Analogien als der in der Sache selbst liegenden Wahrscheinlichkeit. Die Väter wären dann tatsächlich als begüterte Scheiche herdenbesitzender Nomadenstämme gedacht, ohne daß wir bei Abraham, vielleicht auch bei Isaaq, über die Namen der hinter ihnen stehenden Geschlechter etwas wissen, während bei Jaqob die Wahrscheinlichkeit sehr groß ist, | daß Geschlechtsführer und Geschlechtsahne eines und dasselbe geworden sind. Dies nämlich für den immerhin überaus wahrscheinlichen Fall, daß jener oben erwähnte Name Jaqobel auf diesen Stamm Jaqob zu deuten wäre, und nicht auf einen anderen, zufällig gleichnamigen.

Hier träfe dann weiter der Fall zu, daß ein Stamm, der alte Stamm Jaqob nämlich, sich auf eine bestimmte Person, den Stammführer Jaqob, der zugleich dadurch Ahnherr des Stammes wurde, zurückleitet. Das ist ein Hergang, der gerade bei kleineren Stämmen gar nichts Befremdliches hat [1], aber auch bei größeren und großen, sobald man ihn richtig versteht [2], gewiß vielfach der Wirklichkeit entspricht. Nur so erklärt sich doch wohl der im semitischen Orient bis auf den heutigen Tag so geläufige Sprachgebrauch, nach welchem Stämme und Geschlechter vielfach kurzweg als Söhne jemandes, nämlich des angeblichen oder wirklichen — ursprünglich jedenfalls des wirklichen — Ahnherrn bezeichnet werden [3].

3. Nun ist es allerdings ein vielfach verbreiteter Irrtum, als müßten Stämme notwendig aus vielen Hunderten oder gar Tausenden von Köpfen bestehen; es gibt bis auf den heutigen Tag kleine und kleinste, durch Abzweigung von anderen entstandene und immer neu entstehende Stämme [4]. Nichts hindert uns, gerade solche als Stämme verschollene und halbverschollene Geschlechter wie Jaqob und Isaaq als derartige kleine Stämme, die darum leicht in andern aufgehen konnten, zu denken. Gerade in solchen Fällen ist aber das Zusammenfallen des | namengebenden Stammführers mit dem Stammahnen gar nicht selten. Aber auch wo es sich

---

1) Nöldeke, ZDMG. 40, S. 170 f. Radloff, Aus Sibirien I, 514.   2) Siehe unten S. 273, Anm. 2.   3) Vgl. m. Schrift: Die orient. Ausgrab.⁵, S. 17, Anm. 2 ff. Curtiss, Ursemit. Relig. 41 f. 125. 101 u. ö. Natürlich tut es dabei nichts zur Sache, ob dieser Ahn wirklich existiert hat oder nicht. Die Neigung des Arabers, seinen Stammbaum von irgendeinem erlauchten Namen abzuleiten, ist so groß, daß er leicht auch einen Ahnherrn erfinden wird (Curtiss 101). Aber die Sitte, Ahnherren zu erfinden, wäre sicher nicht aufgekommen, wenn man nicht auf den Ahnen Wert gelegt hätte. Dieser Umstand aber läßt darauf schließen, daß vielfach der richtige Name bewahrt sein wird. — Auch der Umstand, daß der Ahn oft als eine Gottheit, ein Heiliger oder Weli, auch Fagir erscheint (Curtiss, S. 125 [Text u. Anm.] 101. 109 u. ö.), wird sich ebenso erklären. Es ist der durch den Ahnenkult zum höheren Wesen erhobene Ahn — ursprünglich und von Hause aus der wirkliche, weiterhin dann vielfach der vermeintliche. Besonders bei den Beduinen, aber auch sonst, ist die Verehrung der gestorbenen Ahnherren eines Geschlechts oder Stammes vielfach üblich, vgl. Kahle in PJB. 6 (1910), 75.   4) Siehe oben in Anm. 1; ferner in m. Schrift: Die or. Ausgrab.⁵, S. 16 f., jetzt besonders auch bei Curtiss, Ursem. Relig. vielfach, z. B. S. 27, Anm. 1. Er nennt neben mehreren Stämmen mit 20—30 Zelten (1 Zelt = 15 Seelen) einen mit 2—3 Zelten (30 Seelen); ebenso Musil, Ar. Petr. III, 47. 55 u. unten 296¹.

nicht um kleinste Stämme handelt, ist dieser Tatbestand, wofern man ihn
nur richtig versteht, durchaus nicht befremdlich. Der gewaltige Stamm
der Schammar im heutigen Nordarabien und Babylonien, vor dessen nach
Zehntausenden zählenden waffenstarrenden Kriegern Baghdad, wenn sie
in seine Nähe kommen, schon manches Mal erzitterte, könnte sich recht
wohl letztlich auf einen Mann dieses Namens zurückführen; wenigstens
ist Schammar ein altarabischer Personenname. Ähnliches ist bei anderen
größeren und bei vielen kleineren Stämmen der Fall.

Freilich wird nun immer wieder — und bis zur Ermüdung — solchen
und ähnlichen Erwägungen der Satz entgegengehalten: daß niemals in der
uns bekannten Geschichte ein zahlreicher Stamm oder gar ein ganzes Volk
sich auf eine Einzelperson als seinen Stammvater zurückführen lasse.
Denn es liegen immer viel zu große Zeiträume und viel zu verschieden-
artige Verwicklungen und Stammesvermischungen zwischen dem ersten
Anfang und dem späteren großen Stamme oder gar dem Volke, als daß
die Entwicklung sich nachweisbar bis auf einen Stammvater zurückführen
ließe [1]. Allein kein denkender Mann in einem Beduinenstamm wie dem
vorhin erwähnten der Schammar oder der ʿAneze u. dgl. wird in Wahrheit
der Meinung sein, daß sein Stamm mit allen seinen Gliedern physisch
und im strengen Sinne des Wortes von seinem Stammvater abstamme.
Die tägliche Erfahrung zeigt zu deutlich, wie Geschlechter und einzelne
in Menge an einen bestehenden Stamm sich angliedern [2], genau in der-
selben Weise, wie | ganze Geschlechter und einzelne Personen sich um
besonderer Gründe willen vom großen Stamme trennen und ihr Sonder-
dasein beginnen.

Ebenso wird kein Denkender in Israel die volkstümliche Redeweise,
daß Israel von Abraham und Jaqob abstamme, in dem buchstäblichen
Sinne verstanden haben, als handle es sich um physische Herkunft aller
Glieder des späteren Volkes von ihnen. Man wußte zu deutlich, daß
allerlei fremdes Blut von einzelnen wie von ganzen Geschlechtern [3], die
ursprünglich nicht zu Israel gehörten, sich dem Volke angegliedert hatte.
Daraus ergab sich von selbst, daß diese Vorstellungs- und Redeweise

---

1) Bernstein, Ursprung d. Sagen üb. Abrah. usw. 1871, 10 f. 38. Nöldeke a. a.
O. 158. Stade, ZAW. I, 347 ff. Gunk. a. a. O. XIX/XX.   2) Man vergleiche die
interessante Ausführung bei Curtiss, S. 41 f.: „Wenn es wahr ist, daß ‚Blutsbruder-
schaft‘ durch Bundesschluß bei den Orientalen ein festeres Band darstellt als Bluts-
verwandtschaft und die, die einem und demselben Häuptling folgen, als Stammesgenossen betrachtet werden, dann konnte das Blut dieser Urstämme unmöglich ohne
fremde Beimischung bleiben. Für die Tatsache, daß Leute im Orient als Familienglieder angesehen werden, ohne einander verwandt zu sein, gibt uns Trumbull einen
treffenden Beleg, wenn er berichtet (Studies in Oriental social life, Philad. 1894, 238):
,Meine beiden Reisegefährten waren junge Leute, die nicht zum Kreise meiner Verwandten gehörten. Obwohl nun dies unserem ägyptischen Dragoman sehr wohl bekannt war, so bezeichnete er uns doch dem Schech Mûsa, der uns von Kairo nach
Sinai geleiten sollte, bei unserem ersten Zusammentreffen als »Mr. Trumbull und seine
beiden Söhne«. Ich machte den Dragoman darauf aufmerksam und sagte ihm: »Keine
Söhne, sondern junge Freunde von mir sind es!« Er erwiderte: »Was tut's! Er würde
es anders doch nicht begreifen können!« Ich beobachtete, daß jede Reisegesellschaft
als Familie betrachtet wurde, deren Haupt das älteste Mitglied darstellte. Es war
nur die Frage, ob ich selbst als der Vater der jungen Leute gelten sollte, oder einer
von ihnen als der meinige   So kam es, daß ich während unserer Wüstenreise als Vater
der »Familie« galt!'"   3) Das Fremdvolk in der Wüste Ex. 12, 38; Uria der Hetiter, Obed Edom aus Gat, Rut die Moabiterin; — die Qeniter, die von Jeraḥmeel usw.

mehr im allgemeinen und übertragenen als im streng wörtlichen Sinne zu verstehen sei. Die Urkunden selbst mußten auf diese Deutung führen. Denn wenn sie Abraham einen Oberknecht zuschreiben, der über sein ganzes Haus gesetzt ist, oder ihn an der Spitze von 318 hausgebornen Knappen ausziehen lassen, oder wenn sie Jaqob mit großen Herden, die doch von Hirten geleitet sein müssen, ja mit zwei „Heeren" einherziehen lassen, so setzen sie deutlich voraus, daß jene Väter außer ihren „Kindern" und Familiengliedern im strengsten Sinne noch einen großen Troß von Hörigen und Stammesangehörigen mit sich führen, die selbstverständlich unter ihren „Söhnen" im weiteren Sinne miteinbegriffen sind, und die, auch wenn sie von Hause aus anderen Geblütes sind, doch als dem Stamme angegliedert gedacht werden.

Wenn also auf diese Weise Stämme, selbst größte, als „Söhne" eines Mannes in diesem weiteren Sinne tatsächlich entstehen; und wenn sich ferner nachweisen läßt, daß die Namen jener angeblichen Stammväter nicht durchweg bloße Idealgebilde der Phantasie späterer Geschlechter, sondern von Hause aus vielfach wirkliche Namen von lebenden Einzelpersonen gewesen sind, so sind, glaube ich, alle Bedingungen erfüllt, die billigerweise gestellt werden können, wenn es sich darum handelt, die Möglichkeit der hier vertretenen Auffassung zu erhärten. Jener Nachweis läßt sich aber mit voller Sicherheit für Abraham in der Form Abram = Abiram, sowie für Jaqob in der Form Jaqob und Jaqob-ēl und einige andere Namen führen [1]. Diese Tatsache | genügt, uns zu zeigen, daß

---

[1] Bei dem Namen *Ja'qob* und *Jiṣḥaq* (Isaaq), ebenso wie bei *Josef*, haben wir auszugehen von Namenbildungen wie *Isra-el*, *Jišma'-el*, *Jerahm-el* [dies gg. Bur. Judg. 252]. Die Endsilbe ist el = Gott, was vorhergeht ein Verbum: Gott streitet oder erbarmt (oben S. 19²), Gott hört, Gott erbarmt sich. Namen dieser Bildung sind unter den „westsemitischen" der Hammurapizeit und in Südarabien häufig, vgl. besonders die oben S. 166, Anm. genannten Arbeiten von Ranke, Ungnad und Hommel, sowie Ranke in ZAW. 30 (1910), 6. In Kanaan selbst sind sie uns durch *Atanaḥili* aus Taanak um 2000 und sodann in ziemlicher Zahl aus der Amarnazeit bekannt, vgl. S. 264. Nicht selten bleibt die Endsilbe als selbstverständlich weg, so in *Jiftah* (Jefta) neben *Jiftah-el*, *Natan* neben *Netan-el* (Natanael). Dies scheint auch bei Ja'qob für *Ja'qob-el* (Gott lohnt?) und Josef für *Josēf-el* (Gott mehrt) der Fall zu sein und demnach auch bei Isaaq *Jiṣḥaq-el* = Gott lächelt, ist hold). Da nun das mehrfach genannte *j'qb'r* als *ja'qobel* gelesen werden kann, und da es ferner einen Stamm- oder Gaunamen des mittleren Palästinas bedeutet (s. S. 261), so ist damit so gut wie erwiesen, daß Jaqob einmal einen Stamm oder Gau bedeutete. Dasselbe kann von Josef gesagt werden, nur etwa mit dem Vorbehalte, daß bei ihm die Gleichsetzung des inschriftlich erwiesenen mit dem biblischen Namen nicht gleich große Wahrscheinlichkeit besitzt, und nach diesen Grundsätzen kann dann auch bei Isaaq und Ismael jedenfalls die Möglichkeit ausgesprochen werden, daß sie einmal Stammnamen waren. Das formale Recht dieser Deutung darf nicht bestritten werden. Nur sollte, wo sie angewandt wird, immer auch nicht verschwiegen werden, daß der Name *Jaqob(el)* (desgleichen Sara und Nahor) ebenso wie *Jerahm(el)* und *Ismael* zugleich auch als Name von Einzelpersonen vorkommt (s. die Nachweise in m. Schrift Die babyl. Ausgrab.⁵, S. 17–20; ferner KAT.³ 482; außerdem Driver, Genes. XLIX, hauptsächlich nach Pinches, Old Test in the light of the records etc [1902]; und jetzt bes. Ranke, ZAW. 30, 6). Auch der unten S. 278⁴ (s. dort) erwähnte Hyksoskönig ist doch wohl am ehesten *Ja'qobel* zu lesen. Auch Burchardt (Z. f. äg. Spr. 50, 7) erkennt jetzt die Lesung *el* für *hr* an und Sethe hält nach brief. Mitteilung immer noch an ihr fest. Die Wahrscheinlichkeit, daß jene Stamm- oder Gaunamen auf gleichnamige Personen zurückgehen, ist damit, vollends wenn die früher über diese Frage angestellten Erwägungen zu Rate gezogen werden, ebenso gesichert. [Was Jer. ATAO³ 199⁶ dagegen redet, ist unbedacht.] — Über Jaqob, Ismael usw. als Gottesnamen s. S. 278. — Anderer Art ist der Name *Abraham*, in seiner älteren

jene Namen als wirkliche Personennamen aufgefaßt wurden, daß somit auch von dieser Seite aus der hier vertretenen Theorie nichts im Wege steht.|

4. Es bleibt noch die Frage, ob die Väter Israels etwa als alte, später zu Menschen herabgesunkene **Götter** angesehen werden können.

Die Fragestellung ist nicht neu. Männer wie Goldziher, Nöldeke und andere [1] hatten schon vor längerer Zeit die Möglichkeit, daß es sich bei den Patriarchen um alte Gottheiten handle, erwogen. In neuerer Zeit haben sich aber besonders einige Vertreter der Assyriologie dieser Theorie angenommen und haben aus Anklängen der Patriarchennamen oder -geschichten an mythologische Namen oder Sagen Babyloniens die Richtigkeit jener Meinung erhärten wollen, während neuestens besonders Ed. Meyer seine Autorität zugunsten der Deutung der Väternamen als Götternamen eingesetzt hat.

Tatsache ist zunächst, daß der israelitische Stamm **Gad**, vielleicht auch **Asser**, denselben Namen führt, den wir auch als den Namen eines semitischen Glücksgottes kennen [2]. Ebenso ist es möglich, daß der Name Obed-Edom (Diener Edoms) auf eine alte Gottheit **Edom** hindeutet [3]. Auch kann man wohl daran erinnern, daß im heutigen Orient eine beträchtliche Zahl der als höhere Wesen verehrten **Heiligen** als Stammväter gelten [4], wie denn auch im Altertum schon die Gräber der Väter hoch in Ehren gehalten und teilweise wohl selbst verehrt worden sind. Das letztere zeigt uns, daß der Ahnenkult bei den Kanaanitern und wohl auch in Israel eine gewisse Rolle spielte [5]. Aber gerade die Tat-

---

Gestalt *Abram*. Sie tritt in der Form *Abiram* schon im Alten Testament selbst als einfacher Personenname auf Num. 16, 1; 1 Reg. 16, 34; vgl. zur Bildung: *Abner* und *Abiner*, *Abšai* und *Abišai*, *Absalom* und *Abišalom* Ebenso ist sie in der Form *Abiramu* (Zimmern, KAT.³ 482) in Assyrien bezeugt. Neuerdings hat außerdem Ungnad (Beitr. z. Assyr. VI, 5, 60) aus Kontrakttafeln von Dilbat den Namen in der Form *Ab(am)rāma* ebenfalls als einfachen Personennamen festgestellt Der Name bedeutet: „er hat den Vater lieb" und bezeichnet sich schon hierdurch als **Individualnamen**. (Auch als *Abarahaam* festgestellt durch den Deutschamerikaner H. F. Lutz in Yale Or. Ser., Bab. Texts II, 1917.) Außerdem hat er (er ist echt babylonisch) viele Analogien, die seinen Charakter außer Zweifel stellen (vgl. Ranke, Early bab. names [1905] und ZAW. 30, 3). Auch in Ägypten ist der Name neuerdings als einfacher Personenname belegt in dem Ausdruck „Feld Abrams" der Scheschonqliste (W. M. Müller, Egyptol. research., Taf. 81, Nr. 71 f.; Spiegelberg, Ägypt. Randgloss. 13 f.). Einen Stamm Abram oder Abraham hat es, soweit wir wissen, nie gegeben. Hier kann somit kaum ein Zweifel aufkommen, daß der Name von Anfang an und immer als Name einer einzelnen **Person** gemeint war. Die Überlieferung hat A. allezeit als den Führer eines von Osten hergewanderten Hirtenstammes, als Nomadenscheich, vorgestellt. Vgl. jetzt auch Cornill in ZAW. 34 (1914), 150. 1) Nöldeke, Unters., S. 157; Dozy, Die Israeliten zu Mekka (1864), S. 21 ff.; ebenso Goldziher, Der Mythus bei den Hebr. 1876 und Popper, Der Urspr. d. Monoth. 1879. 2) Siehe ob. S. 185²; dazu noch „durch Gad" in Gen. 30, 11 u. *beošrī* V. 13, das viell. (analog dem *bā Gad*) aus *beašer* „durch Ascher", den Gatten der Aschera? geworden ist. 3) Sie ist auch in Ägypten bezeugt (als kanaan. Gottheit), s. Burchardt, Kan. Fremdw., Nr. 177 (vgl 854 *Schimschi-edom*). 4) Siehe darüber das Nähere oben S. 272, Anm. 3; über Totenverehrung u. Ahnenverehrung S. 203 f. 5) Schon zur Zeit des Josefus (Bell. Jud. IV, 9, 7) und Eusebius (Onomast. s. v. Ἄρβω) wird das Grab des Abraham in Hebron gezeigt. Es wird also damals schon als heiliger Platz (*maqōm*) gegolten haben. Ja die Betonung der Grabstätte und manche andere Spuren lassen erwarten, daß man schon innerhalb des AT. an den Patriarchengräbern ähnlich dachte, s. d. vor. Anm. und oben S. 238, Anm. 3 und vgl. außerdem Stellen wie Jes. 51, 1 f.; 63, 16; 65, 4; Jer. 31, 15. Weiter S. 277, Anm. 4.

sache des Ahnenkultus wird uns auch für das richtige Verständnis solcher Stammheiligen mehrfach den Weg weisen: es sind zumeist nicht zu Menschen herabgesunkene Götter, sondern zu höheren Wesen erhobene Menschen [1]. | Ob diese Erklärung auch bei Gad und Asser zutrifft oder eine andere, läßt sich zurzeit kaum mit Bestimmtheit sagen. Mit Gewißheit können wir nur aus dem Namen des Profeten Gad, den wir als Zeitgenossen Davids kennen, entnehmen, daß der Name in Israel schon früh als Personenname galt [2]. Als Stammherr der Edomiter endlich gilt dem Alten Testament nicht Edom, sondern Esau. Bei ihm ist es nicht ausgeschlossen, daß die Edomiter ihren Ahnherrn nach einer Stammgottheit nannten [3]; nur ist auch damit über das gegenseitige Verhältnis beider, des Stammes und des Gottes, noch nichts ausgesagt, und alle für die übrigen Patriarchen daran geknüpften Folgerungen können lediglich als Vermutungen gelten.

Einen Schritt weiter scheinen einige assyrisch-babylonische Data zu führen. In Namen wie Nahor, Terach und Haran wollen manche [4] die Namen gleich- oder ähnlichbenannter syrischer und mesopotamischer Gottheiten finden. Ebenso wird auf die Namen zweier mit dem Monddienst von Harran engverbundener Gottheiten Sara (šarratu) und Milka | (malkatu), Königin und Fürstin, verwiesen [5]. Von hier aus scheint es sich auch von selbst zu ergeben, daß Abram, dessen Weg von der alten Verehrungsstätte des Mondgottes Ur in Südbabylonien [6] über eine andere berühmte Mondstation Harran nach Kanaan führt, und der der Gatte der Sara und der Verwandte der Milka heißt, selbst ein zum Menschen herabgesunkener Mondgott gewesen sei, um so mehr, da auch der zu seinem Geschlecht ge-

---

1) Für Ägypten ist das bekannteste Beispiel der berühmte Weise Imhotep, der zum Gott erhoben wird; über ihn oben S. 158, Anm. Wie heute solche mit Verehrung bedachte, also der Gottheit nahegerückte Heilige (Welis) entstehen, ist bekannt (vgl. oben S. 272, Anm. 3). Manche genießen schon im Leben den Ruf der Heiligkeit und eine gewisse Verehrung, die sich dann auf ihren Geist und ihr Grab übertragen, andere werden erst nach dem Tode heilig, Kahle, PJB. 6 (1910), 67 ff. Jedenfalls handelt es sich, wo man irgend die Entstehung verfolgen kann, durchaus um Menschen von Fleisch und Blut. Nicht selten kann man heute noch die Entstehung von Welis unmittelbar beobachten. Dafür ist das schönste Beispiel der Arabienreisende J. L. Burckhardt aus Basel, der in Kairo am Bab en-naṣr einen *maqām* besitzt; vgl. noch Eerdmans II, 7. — Natürlich ist damit nicht ausgeschlossen, daß es a u c h Heroen gibt, die als entwertete Götter anzusehen sind. Hier aber liegt die Sache anders. 2) Man wird ihn als Kürzung für 'Ebed-Gad gefaßt haben. Aber wenn ein J a h v e profet den Namen führte, so muß jene Bedeutung l ä n g s t verschollen sein. 3) Über die Möglichkeit wird man auch hier nicht hinauskommen; jedenfalls ist die Zusammenstellung Esaus mit dem Ὀὸσῶος des Philo Byblius (Euseb. Praep. ev. I, 10, 7) nicht nur sprachlich bedenklich (s. Eerdm. 13), sondern auch deshalb prekär, weil Esau nach Edom, jener an die phönikische Küste gehört (ob mit der Usu der Amarnatafeln zusammenzustellen? s. Mey., Isr. 278). Viel mehr hat ein ägyptisches 'st ('Asit) für sich, das (Burch., Nr. 283) schon Müller, As. und Eur. 316 f. als Feminin zu 'Esau fassen wollte. Doch ist auch damit wenig zu machen. 4) Vgl. besonders Stucken, Astralmythen 1896 bis 1907; sodann bei Winckler, KAT.³ 204 ff., in seiner Gesch. Isr. und vielfach in seinen Schriften; ferner bei des letztern Schülern (so A. Jeremias, ATAO, teilweise auch Albright in JBL. 37 [1918] 111 ff.), doch mehrfach schon, wie schon bei Winckler in Gesch. Isr. II am Ende angedeutet, mit der Einschränkung, daß die mythologische Deutung die Geschichtlichkeit nicht ausschließe. Vgl. dazu Eerdm., Stud. II, 14 ff, Gunk.⁶ LXXVIII f. und über das System als solches oben S. 180. 5) Jensen, Z. f. Assyr. 11, 299. Weiteres in seinem Werk: D. Gilgames-Epos in der Weltliterat. 1906. 6) Deren Zusammenhang mit Abraham in der älteren Überlieferung freilich recht zweifelhaft ist, s. unten § 28.

hörige Laban dem hebräischen Namen des Mondes (lebana) auffallend nahe
zu stehen scheint.

Es ist zuzugeben, daß die Gleichklänge etwas Überraschendes und
auf den ersten Blick Bestechendes an sich haben. Aber bei näherem
Zusehen wird man auch erkennen, daß Gleichheit oder Ähnlichkeit der
Namen an sich schwerlich zum Nachweis für den Charakter der angeblichen Person als Gottheit ausreicht. Wirkliche Personen tragen nicht
selten, wie am besten an dem oben genannten Profeten Gad erhellt,
in hypokoristischer, oftmals der Bedeutung nach vollkommen abgeblaßter
Form den Namen von Gottheiten. Auf diese Weise können sich einige
der genannten Gleichheiten erklären, vollends wenn, wie bei Nahor und
Sara, ihr Vorkommen für Menschen[1] tatsächlich erwiesen ist. Es kommt
dazu, daß bei Sara und Milka, deren Bedeutung jedenfalls auf einen ursprünglich menschlichen Namen (Herrin, Fürstin) weist, der nur von
menschlichen Verhältnissen aus auf die Gottheit übertragen werden konnte,
der Zufall eine Rolle spielen kann.

In anderer Weise hat Ed. Meyer den Nachweis für den ehedem
göttlichen Charakter der Väter Israels versucht[2]. Auch er legt großen
Wert darauf, daß schon im Altertum, vielleicht schon im alten Israel, wie
noch heute die Gräber Abrahams und der Sara als heilige Stätten galten[3].
Im besonderen aber soll Abraham an dem Gottesbaum Mamre bei Hebron
haften und eine Baumgottheit darstellen. Allein dann wäre mindestens
zu erwarten, daß der Baum den Namen Abram, nicht Mamre führte[4]. Wie
Abraham mit | dem Baum Mamre, so nun sei Sara mit der Höhle Mak-
pela verknüpft[5]. Ihr Name soll noch erhalten sein in dem nabatäischen
Gotte Dusares. Ihn hatte bekanntlich schon Lagarde mit Sara und Abraham in Verbindung gebracht, ohne viel Glauben zu finden, da „der von
Šara" nicht auf eine Person Sara oder Saraj, sondern auf eine Landschaft
Šara hinzudeuten scheint. Auch heute steht die Sache nicht anders[6].
Auch darf wohl noch, als für unsere Sache wichtig, erwähnt werden, daß
Abraham und Sara mit Petra und seiner Umgegend nichts zu tun haben,
sondern mit Hebron und dem Negeb.

---

1) Siehe m. babyl. Ausgr.⁵ 20, zum Ganzen Altt. Wiss.⁴ 162 f. Eine merkwürdige
Inkonsequenz bei Albright 133. 137, der ausgesucht Abraham allein als histor. Person
gelten lassen will. 2) Israeliten 249 f, Gesch. d. Alt.² 371 (in ⁸401 f. ist manches
berichtigt). 3) Siehe dazu oben S. 275 f., dort auch die Beurteilung der heil. Gräber
im allgemeinen. Vgl. noch Eerdmans II, 12. 4) So richtig Greßm., ZAW. 30, 4.
Daß in oder bei Hebron früh ein wichtiges Stammheiligtum Judas war, steht nach
2 Sam. 15, 7. 9 fest (vgl. auch ob. S. 170, Anm 3). Ebenso, daß dort — wie heute
noch — ein heiliger Baum stand, der durch einen Altar ausgezeichnet ist, Gen. 13, 18.
Zu Josefus' Zeiten hieß er Ὠγύγη und stand 6 Stadien von Hebron weg (Ant. I, 10, 3
[18⁶]; Bell. jud. IV, 9, 7 [533]). Über den Zustand in unserer Zeit s. ZDPV. 17, 238 ff.
Vgl noch S. 275, Anm. 4. 5. 5) Auch hier weist Greßm. mit Recht auf den Umstand
hin, daß die Höhle in diesem Falle den Namen Sara erwarten ließe, nicht Makpela.
Er meint, Ahnherr und Ahnfrau Israels seien vielleicht geradezu deshalb hierher verlegt
worden, um Baum und Höhle, die ehedem einer anderen Gottheit gehörten, für Jahve
zu sichern. 6) Siehe über ihn und seine Verehrung jetzt besonders Dalman, Petra
usw. (1908), S. 49 ff. — Arab. dhu (du) entspricht etwa hebr. ba'al, so daß dhu-š-šarā
„Herr von Šara" oder „der von Šara" heißt. Eine Landschaft eš-šara gibt es nach
Dalman heute noch südlich der Gebalene (vgl. schon Wellh., Reste arab. Heident.² 51,
der šara als Schutzbezirk faßte — jedenfalls ist so oder so der Gatte der Sara ausgeschlossen; es ist derselbe Sprachgebrauch, wie wenn der Berggott von Peor den
Namen baal Peor führt). Zu der Inschrift von Bosra vgl. Eerdm. II, 13.

Daß Isaaq[1], Jaqob, Josef nur als von Hause aus menschliche Namen, nicht als Götternamen zu deuten sind, ist oben schon dargelegt. Ihre Deutung im Sinne von: „der lächelt ist El", „der mehrt ist El" usw. ist schlechthin ausgeschlossen[2]. Auch daß Jaqob bei dem „Schrecken Isaaqs" schwört[3], kann nicht in jenem Sinne verstanden werden. Für Jaqob könnte endlich nur noch der mehrfach auf Skarabäen gefundene Name eines Hyksoskönigs in Betracht gezogen werden, der in der Bedeutung „Jaqob ist zufrieden" auf einen Gott Jaqob weisen soll. Doch wird die Lesung immer zweifelhafter[4]. |

5. Der Beweis dafür, daß wir es bei Abraham, Isaaq, Jaqob, Josef, Ismael und einigen anderen Gestalten der Vätergeschichte mit Gestalten zu tun haben, die von Hause aus als eigentliche Personen gemeint waren, ist hiermit erbracht. Sind sie dadurch auch als geschichtliche Personen erwiesen?

In der Natur des Personennamens liegt dies nicht. Auch ungeschichtliche Sagen und märchenhafte Dichtungen können ihre Helden mit Namen aus dem Kreis der geläufigen Personennamen ihrer Zeit benennen. Sie tun es sogar mit Vorliebe. Die Heldensage redet von Siegfried und Brunhild, das Märchen von Johannes, Frieder und Dieter. Sie wählen damit geläufige Namen als Typen. So können an sich auch diese Namen Typen sein, und manche, wie Ismael, wohl auch Isaaq, und vielleicht diesen und jenen anderen werden wir tatsächlich so zu verstehen haben. Bei anderen, wie vor allem Abraham, aber auch Jaqob und Josef, scheint aber diese

---

1) Bei Isaaq stört, daß er im Grunde nur Vater Jaqobs ist. Hier könnte man am ehesten daran denken, daß er geschaffen oder irgendwoher geholt wurde als Abrah. u. Jaqob, die augenscheinlich von Haus aus wenig miteinander zu tun haben, in Verbindung gebracht werden sollten. Aber auch diese Annahme ist um nichts besser als die andre, daß er existierte und nur wenig über ihn bekannt war. 2) Siehe darüber schon in m. Orient. Ausgrab.[5], S. 18, Anm. 1; weiter ob. S. 274[1]. Vor allem spricht die Analogie der babylonischen Namen auf -el dagegen. Trotzdem taucht sie wieder bei Albr. 116 auf. Auch wird Josefs Gottheit 115 durch das Vorhandensein einer Lade Josefs ארון יוסך in Sikem erhärtet, von der kein Text etwas weiß. Im Unterschied von Winckler ist er Albr. ein Vegetationsgott (Adonis) — freilich auch zugleich der Eunuch 127 f. 3) Gen. 31, 42. 53. Vgl. dazu Mey., Israel. 254 ff. (nach Luther, ZAW. 21, 73 f.). Aber schon daß der Ausdruck parallel mit „Gott meines Vaters" steht, beweist die Bedeutung: der, den Isaaq verehrt, vor dem er erschrickt, vgl. Heiliger Israels = der von Israel heilig Gehaltene, als Gott Verehrte. Es fallen daher auch Meyers weitere Folgerungen, so geistreich sie sind, dahin. Vgl. noch bes. Greßm. a. a. O. 8. 4) Vgl. dazu Meyer, Israel. XV. 282; Sethe, GGA. 1904, 938 (der Ja'qob-el lesen will); Burchardt, Kan. Fremdw. II, 77 und bes. Ranke in ZAW., 30 (1910), 7. Der in Frage kommende Name wechselt stark in der Schreibung (J'qb-hr ist nur eine neben andern) mit J'qp, Jqp und besonders J'pq. Demnach wäre die vordere Hälfte vielleicht auch mit einem יעקב zusammenzubringen, vorausgesetzt, daß hr hier zufrieden heißt, was Ranke trotz der mehrfach herbeigezogenen Analogie eines Hyksoskönigs 'nt-hr (= Anather?) bestreitet. Die Bedeutung „Anat ist zufrieden" (s. oben S. 181, Anm. 6) wird wiedergegeben durch 'nt-hrtj, wonach jener Hyksosname tatsächlich zweifelhaft zu werden scheint. Auch jetzt noch hält Sethe briefl. die Gleichung hr = el für sehr wahrscheinlich: „Wenn die Ägypter später das sem. א durch ihr l wiedergeben (im N. R.), so schließt das nicht aus, daß sie es früher durch ihr h (ה) wiedergegeben haben können, wenn das sem. א der beduinischen Hyksos ihnen stärker klang als ihr eigenes א (das l) ... Tatsächlich entspricht das äg. h öfter sem א (nhp = נאף) und umgekehrt lwr = הר). Ich sehe in den Elementen j'qb und 'nt der gen. Hyksosnamen nicht Götternamen, sondern verbale Elemente, deren Subjekt der Gott hr ist: ‚hr faßt' wie Ja'qob-el, ‚hr hat 'nt gemacht (resp. die 'nt des hr)'." Der Name würde demnach nicht hierher gehören, sondern zu S. 274.

Deutung nicht auszureichen. Von Abraham werden sich noch einige Züge nachweisen lassen, die ihn als Führer und Haupt eines in Kanaan eindringenden Wanderstammes erscheinen lassen. Dasselbe gilt für Jaqob [1]. Der Überlieferung von beiden ist gemein, daß sie sich hinter die heutige Gestalt, nach welcher ihre Helden in der Hauptsache friedliche Schafzüchter sind, zurückverfolgen läßt und in dieser Urgestalt nicht mehr friedliche, sondern kämpfende Eindringlinge zeigt. Sie scheint den Tatsachen zu entsprechen. Auch die Geschichte Josefs läßt sich kaum anders befriedigend verstehen, als wenn eine geschichtliche Persönlichkeit als der Vertreter der nach Ägypten abwandernden Israelsöhne angenommen wird.

Die Neigung, die Vätergestalten jedes historischen Gehaltes zu entkleiden, ist in neuerer Zeit im Zusammenhang mit den Fortschritten | der Sagen- und Märchenforschung in neuer Gestalt zutage getreten [2]. Die genialen Aufschlüsse, die Wundt in seiner Völkerpsychologie von der Entstehung und Bedeutung der primitiven, märchenhaften Erzählung und von ihrem Verhältnis zum Mythus gegeben hat [3], haben begreiflicherweise die vorher stark im Vordergrund stehende Neigung zur mythischen Erklärung zurückgedrängt und insofern einer gesünderen Auffassung Raum geschaffen. Sie haben aber dafür den Gedanken wachgerufen, daß auch die Vätergestalten ausnahmslos als Märchenfiguren zu verstehen sein könnten, weil die Sagen der Genesis selbst sich im letzten Grunde auf primitive Erzählungen, „die man am besten unter dem Namen ‚Märchen' zusammenfaßt", zurückführen lassen [4].

Die Beurteilung dieser Annahme ist in der Hauptsache in den vorhergehenden Ausführungen gegeben. So richtig die von Wundt mit unvergleichlichem Scharfblick gegebenen Anregungen sind, so bleibt doch die Frage, ob sie uneingeschränkt ihre Anwendung auf unseren Gegenstand finden. Die frühere Darlegung hat gezeigt [5], daß die primitive Erzählung einen zweifellosen Anteil an der biblischen Vätergeschichte hat. Aber sie hat ihn, wie dort betont, doch wesentlich nur in dem Sinne, daß sich an

---

1) Siehe unt. in § 28.   2) Vgl. vor allem den bedeutsamen Aufsatz von Greßmann), Sage und Geschichte in den Patriarchenerzählungen in ZAW. 30 (1910), 1—34. Dazu jetzt bes. noch (vgl. auch Bd. II⁴ im Reg. unt. Märchen) Gunkel: Das Märchen im A T. 1917 (Rel.gesch. Volksb.). Es unterliegt keinem Zweifel, daß auch im alten Israel wie bei seinen Nachbarn Märchen erzählt wurden. Kinder und Naturvölker lieben zu fabulieren und das freie Spiel der Phantasie walten zu lassen. Der Sitz der Märchenerzählung mögen vor andern jene auf S. 255 dieses Buches beschriebenen Erzähler und Sänger gewesen sein. (Auch ist im allgemeinen auf das im Text Gesagte zu verweisen.) Es würde daher wohl die von mir gegebene Schilderung des Geisteslebens der Kanaaniter wie des mosaischen Israel erweitern, wenn es möglich wäre, eine zusammenfassende Darstellung ihrer Märchenwelt zu geben. Aber dazu reichen unsere Mittel nicht aus. Gunkel geht hierin, glaube ich, mehrfach zu weit. Nicht alles, was er als Märchen anspricht, ist ein solches. Noch weniger sind alle von ihm herangezogenen Fabeln oder kräftige Bildreden aus Märchen geflossen. Weder vom Weinberglied Jesajas oder der Parabel Natans, noch auch von Redensarten wie der, daß das Schwert „frißt", kann man dies sagen. Im letztern Fall kann man nur sagen: so könnte auch das Märchen reden. Aber es braucht solchen Redensarten keine ausgeführte Geschichte zugrundezuliegen. Auch in Äg. hat das Messer Hunger (Erman., Abh. BAW. 1918, Nr. 15, S. 10). In andern Fällen wird zum Teil der Originalität der Dichter zu wenig zugetraut. Auch die Erzählung von Ex. 4, 24 ff. ist auf S. 72 f. (bes. 73, Anm. 2 u. 3) gründlich mißverstanden. Vgl. dazu noch S. 242¹ a. E u. 243². 3) Vgl. bes. Wundt, Völkerpsychologie II, 3, S. 350 (²V, 395 f.). 4) Greßmann, ZAW. 30, 25. 5) Siehe oben S. 217 ff. 224 ff. u. ö.

vorhandene Sagen zu ihrer Ausschmückung und Belebung ihnen von Hause aus fremdartige, ihrer Herkunft und Eigenart nach verschiedene Elemente angeschlossen haben. Unter ihnen finden sich nicht ganz wenige von der Art primitiver Erzählungen, deren Mutter die dichtende Phantasie, etwa in Anlehnung an einen Ort oder Brauch, ist. Würden sie die Substanz der Vätergeschichten bilden, so wäre damit auch deren Urteil gesprochen. Bilden sie das Beiwerk, die um jene gerankte Zutat, so liegen die Dinge bei jenen Geschichten und im besondern bei den von ihnen geschilderten Personen anders. Es liegt dann, wo eine wirkliche Sage vorhanden ist, kein Grund vor, die handelnde Hauptperson als den Träger der Sage und der in ihr ruhenden Überlieferung — denn um solche wird es sich dann, wenn auch in sagenhafter Gestalt, handeln — für bloßen Märchentypus zu halten. Es wird demnach in erster Linie alles von der richtigen Analyse der Sagenstoffe abhängen, in zweiter von der Herausarbeitung ihres geschichtlichen Kernes.

Nun hat, was die letztere anlangt, schon die vorangehende Untersuchung den Nachweis erbracht, daß, zunächst abgesehen von den handelnden Personen, in der biblischen Vätersage ein reiches Material | zuverlässiger geschichtlicher Erinnerungen ruht. Ist dies der Fall — und die Übereinstimmung mancher sonst andere Wege gehender Mitforscher [1] mit dem Verfasser dieser Schrift mag auch andern eine gewisse Zuversicht geben, dies wenigstens für die Hauptpunkte anzunehmen —, so wird es schwer halten, die handelnden Personen vollkommen und ausnahmslos auszuschalten. Solange man sie für Götter oder Stämme hielt, mochte das angehen. Dürfen diese Annahmen heute als in vielen Hauptpunkten überwunden angesehen werden, so liegt die Frage ganz anders. Es kann dann vielleicht immer noch mit größerer oder geringerer Wahrscheinlichkeit diese oder jene Gestalt, vor allem nebensächliche Figuren neben den Hauptspielern, beiseite gelassen werden. Die letzteren selbst wird man kaum entbehren können.

Es tritt dazu noch ein letzter Gesichtspunkt. Die Namen von Typen unserer der Phantasie entstammenden Volkserzählungen sind durchweg dem Volke ihrer Zeit geläufige Namen: Hinz und Kunz, Hans und Grete, Johannes und Friedrich. Abram ist in Israel ein seltener, im alten Babylonien, wie es scheint, ein häufiger Name gewesen. Wie käme das hebräische Märchen zu einem Ausländer? Ist Abraham wirklich ein solcher und ist er vom fernen Osten herzugewandert aus dem Gebiet, in dem babylonischer Geist herrschte, so verstehen wir seinen Namen. Im andern Fall bleibt er uns ein Rätsel. Auch Jaqob und Josef sind, soweit wir sehen können, zu keiner Zeit in Israel geläufige, alltägliche Namen gewesen. Eher scheint dies vom ersteren für Babylonien zu gelten [2]. Auch hier entstehen somit bei jener Deutung ähnliche Schwierigkeiten, wenn sie auch nicht von derselben Tragweite sind [3].

---

1) Ich nenne vor allen Gunkel im Komm. zur Gen. u. Greßmann, ZAW. 30, 1 ff. 2) Siehe Ranke in ZAW. 30, 6, Anm. 7 u. 8.   3) Ähnlich auch Beer, Mose 45. Abraham ist ein spezifisch babylonischer Name, was von Jaqob nicht gesagt werden kann. Außerdem muß natürlich, wenn die Frage der Häufigkeit gestellt wird, die Lückenhaftigkeit unserer Überlieferung in Betracht gezogen werden, so daß dieser Gesichtspunkt immer erst in zweiter Linie zur Geltung kommen kann. — Der Versuch Abr. als bab. Namen aus der altbab. Herrschaft über den Westen zu erklären (man denke an „Schorsch" in Süddeutschland), wird schwerlich von jemand gemacht werden. Sie reichte nicht zu, um bab. Namen in Kanaan landläufig zu machen.

§ 27.
Abraham und Malkisedeq. Genesis Kap. 14.

1. Eine bedeutsame Stütze scheint nun die Annahme der Geschicht-
lichkeit Abrahams von einem Bestandteil unserer Quellen zu er|halten, der
durch seine Berührung mit außerisraelitischen Nachrichten aus alter Zeit
sich in bemerkenswerter Weise von unseren sonstigen Kunden über Abraham
abhebt: es ist dies das 14. Kapitel der Genesis [1].

Doch hat man gegen diese Erzählung vielfache Bedenken geäußert.
Schon ihre allgemein anerkannte literarische Eigentümlichkeit, wie sie sprachlich und sachlich zutage tritt, gab Veranlassung, sie erst sehr spät in den
jetzigen Verband der Quellen aufgenommen und wohl auch erst spät abgefaßt [2]
sein zu lassen. Besonders aber erregte ihr Inhalt Bedenken. Den Zweck
der ganzen Erzählung glaubte man durchsichtig darin erkannt zu haben,
daß Abraham, der bisher nur das Bild des „Muslim und Profeten" dar-
stelle, auch als Kriegsheld verherrlicht werden sollte. In den Namen der
aufrührerischen kanaanitischen Könige fand man Symbole des Aufruhrs,
in den von Osten einfallenden Fürsten teils frei für diesen Zweck erfun-
dene, teils aus unklar gewordenen Überlieferungsresten zusammengestellte
Namen. Der Feldzugsplan der fremden Könige wurde für sinnlos, die
von Abraham aufgebotene Streitmacht für ungenügend zu einer „Völker-
schlacht", die Verbündeten Abrahams für heroes eponymi der Hebron-
gegend ausgegeben. — Dasselbe Schicksal ward dem mit Abraham zu-
sammentreffenden Priesterkönig von Salem, Malkişedeq zuteil. Sein Name
wird als symbolisch und darum ungeschichtlich, seine Stadt als späterer
Reflex Jerusalems, seine Doppelwürde als tendenziös ersonnen, seine Gottesverehrung als historisch unmöglich dargestellt [3].

Indessen reichen diese Gründe nicht zu, die Geschichtlichkeit der
gesamten Erzählung zu erschüttern, freilich auch die Gegengründe nicht
zu ihrer unbedingten Sicherstellung.

2. Daß das Stück Gen. 14 seiner literarischen Beschaffenheit nach
in keine der vorhandenen größeren Quellschriften unmittelbar paßt, ist
einleuchtend und anerkannt, wenngleich es nach Art und Inhalt E am
nächsten steht [4]. Selbst wenn aus einer Reihe von Glossen und späteren|

---

1) Vgl. besonders Nöldeke, Unters. z. Kritik d. AT., S. 156 ff. (auch Hitzig, Gesch.
Isr., S. 25. 44 f. und schon Bohlen); (Wellh. s. unt.); Gunkel, Genesis; Meinhold, 1 Mose
14 (1911). — Anderseits Dillmann, Genes.; Hommel, Altisrael. Überl. 147 ff.; Driver,
Genes.; Sellin, Melchisedek, ein Beitr. z. Gesch. Abrahams, NKZ. 16 (1906), 930 ff.;
König, ebda 23, 425 ff.; Wilke, War Abrah. e. hist. Pers.? 1907; Böhl ZAW. 36 (1916),
65 ff. (ob. S. 62 [8]). 2) Mit einiger Reserve Wellh., JDTh. XXI, S. 414 f. (= Komp.[3]
23 ff.), viel entschiedener Komp.[3] 311 ff.; Gunkel; Meinhold. 3) So besonders Nöld.
u. Wellh.; besonnener Gunk. 4) Vgl. Dillm., Gen.[6] 233. Die Erwähnung und
Ehrung Jerusalems ist m. E. kein Gegengrund gegen nordisraelitische Abfassung. Nicht
nur Amos und Hosea, sondern besonders gerade E (vgl. Bd. II[4], 404) setzen voraus,
daß der Zion (vgl. Am. 1, 2) auch im Norden bei der Bevölkerung in hohem Ansehen
steht. Die Absichten Jerobeams I., der den Nordstaat von Jerusalem loslösen will,
sind nicht maßgebend für das wirkliche Leben und Denken des Volkes gewesen. Hier
kommt dazu, daß Jerusalem (vgl. 2 Sam. 24) eine auch den Kanaanitern heilige Stadt
gewesen ist. Stammt die Erzählung aus der Zeit vor dem Tempel, so hat der
Zehnte Abrahams an Salem von Hause aus gar nichts mit dem Tempel Salomos zu
tun, sondern mit der heiligen Stätte in Jebus. Der Tempel mag wohl den Grund

Notizen eine Überarbeitung hervorginge [1], welcher Überarbeitung nach manchen auch die Beziehung auf Jerusalem und die Entrichtung des Zehnten dorthin entstammen soll, so wäre damit doch keineswegs die Annahme späterer Abfassung des Stückes selbst geraten [2]. Denn es | zeigt anderseits unverkennbare Spuren **hohen Alters**. Es übermittelt uns Namen, die anderweitig nirgends mehr erhalten sind als in den Inschriften (s. unten) und dort auf hohes Alter hinweisen. Es bietet einen durchaus wahrscheinlichen, sonst nie vorkommenden alten Namen für Qades. Es weiß von Verhältnissen in Kanaan, wie sie sonst hinsichtlich dieses Landes in den alten Erinnerungen der Einheimischen wie der Ausländer [3] leben. Es kennt noch eine alte Gottesbezeichnung, wie sie in babylonischen und phönikischen Denkmalen ihre Analogie hat und innerhalb des Alten Testaments selbst in dem ebenfalls unzweifelhaft auf alter Überlieferung ruhenden Stück über Bileam vorkommt. Läßt es sich dabei in keine der vorhandenen Quellen unmittelbar einreihen, so ist auch dafür eine befriedigende Erklärung zu finden. Die schriftstellerische Eigentümlichkeit des Stückes erklärt sich tatsächlich nicht aus sehr später Abfassung, sondern nur daraus, daß es entweder außerhalb Israels im engern Sinne oder für Nichtisraeliten geschrieben ist. Die außerisraelitische Abfassung hat schon

---

dafür abgegeben haben, daß diese Geschichte als eine der wenigen aus einer vielleicht großen Reihe uns erhalten blieb. Für diese Deutung spricht auch der Umstand, daß Salem nicht im Besitze Abrahams, d. h. Jerusalem nicht im Besitze Israels ist. Eine zur Verherrlichung Abrahams und Israels erst viel später ersonnene Geschichte hätte hier eingegriffen. Ein Jude des babylonischen Exils hätte Jerusalem, die heilige Stadt, nicht in Besitz eines, wenn auch frommen Kanaanäers gelassen. (Auch 2 Sam. 5 hätte jene Spätzeit sicher nicht erfunden.) Die Erzählung ist relativ alt und nordhebräisch; von E selbst stammt sie aus den oben S. 234 dargelegten Gründen nicht.
1) Tatsächlich liegt zu dieser Annahme kein Grund vor. Die mehrfachen wie Glossen aussehenden Bemerkungen: das ist Zoar, das ist das Salzmeer, das ist Qades usw. V. 2 f. 7 f. 17, beweisen nur, daß der Verf. einen fest gefügten Stoff aus der Überlieferung einer Zeit, die noch andere Namen kannte, übernommen und ihn seiner Zeit gedeutet hat. Jene Zeit ist die kanaanäische oder frühisraelitische, seine Zeit ist die, in der man Dan für Laisch sagte V. 14. Nur Jahve in V. 22 wird späte Glosse sein (vgl. LXX). — Am ehesten könnten Adma und Zeboim, die eine Parallelüberlieferung zu Sodom und Gomorrha darstellen, später zugefügt sein, weil V. 10 f. nur noch diese zwei nennt. Aber auch das ist nicht entscheidend, denn der Erzähler interessiert sich eigentlich nur für Sodom. Beide Überlieferungen aber sind schwerlich jung. Daß sie erst bei Amos und Hosea auftreten, ist bloßer Zufall. Warum sollten sie nicht von Kanaan übernommen sein? — Über V. 17 ff. (Malkisedeq) s. unt. 2) Die oft behauptete Ähnlichkeit mit P beschränkt sich auf das eine Wort *rekusch* und allenfalls noch *nefesch* für Person; beides kann nicht ins Gewicht fallen. Die noch öfter behauptete Verwandtschaft mit exilischen und nachexilischen Schriften hat literarisch höchstens noch in V. 5 f. eine scheinbare Stütze, weil hier die Beschreibung der Urvölker an Deut. 2, 10—12. 20 erinnern kann. Aber auch dort sind diese Völker sicher nicht erfunden. Ferner: „die nachexilische Zeit, welche die Großkönige und ihre zahlreichen Heere kannte, würde kaum eine derartige Erzählung erfinden. Sie hätte auch den Gott Malkisedeqs und Salems, welcher den Abraham den Sieg erringen läßt, wohl Jahve genannt, nicht El-'eljön" (so 14, 22 gegen wichtige Textzeugen) Eerdmans, Stud. I, 92. Auch P hätte ihn schwerlich so oder El schaddaj genannt, vgl. S. 264 [5] [6]. Asmussen, ZAW. 34 (1914), 36 ff. denkt an ein politisches Flugblatt der Zeit des Kyros oder Nebukadnezzar: Abraham sei der eigentliche Herr des Landes. Ob derartige „semit.-babyl Spitzfindigkeiten" am Hofe Eindruck gemacht hätten? Auch ist die Meidung des Namens Jahve unzureichend erklärt. Besser Kohler, s. S. 287. 3) Vgl. die große Reihe von kleinen kanaanitischen Stadtkönigtümern in den Amarnatafeln, auch schon in dem Verzeichnis der Erfolge Thutmes' III.; sodann die mancherlei Berührungen mit der ägyptischen Sinuhegeschichte u. a.

Ewald [1] aus der Bezeichnung Abrahams als Hebräer geschlossen. Er hätte eine Anzahl von Hapaxlegomena wie „Schöpfer [2] Himmels und der Erde", „Bundesgenosse" u. a. hinzufügen können [3]. Doch wird man zweifeln können, ob eine kanaanäische Quelle so über Abraham, den Stammvater Israels, redete, wie unser Kapitel tut [4]. Es ist daher geratener, an ein israelitisches Schriftstück alter Zeit zu denken, das Kanaanäern von Abraham erzählte und ihnen Israels Ahnherrn in gebührendes Licht stellen wollte. Nimmt man das altertümliche Gepräge der Erzählung hinzu und darf man die Malkisedeqepisode als der Erzählung früh beigegeben betrachten, so ist die Vermutung gestattet, daß wir es mit einer etwa in dem Jerusalem Davids erzählten Geschichte zu tun haben, die der nichtisraelitischen Bevölkerung den Ruhm des Ahnherrn der herrschenden Nation und gleichzeitig denjenigen des neugewonnenen | Heiligtums verkünden sollte, das schon vorzeiten einmal Israel in Abraham gehuldigt hatte [5].

3. Nun gelingt es zunächst für einen Teil der fremden Namen, den ersten, zweiten und vielleicht auch dritten: Amrafel von Sinear, Ariok von Ellasar und Kedorla'omer von 'Elam, in ihren Trägern geschichtliche Personen zu erweisen. Wenigstens ist man jetzt vielfach geneigt, Amrafel mit dem in neuerer Zeit so viel genannten Hammurapi zusammenzubringen. Darf man annehmen, daß der biblische Name eigentlich Amraf oder Amrafi lautete, so steht dieser Gleichung sprachlich nichts im Wege [6]. Es ist nicht ausgeschlossen, daß wir einen Schreibfehler oder eine ungenaue Wiedergabe des Namens in der Genesis anzunehmen haben, und in diesem Falle ist die Vermutung sehr ansprechend, daß kein anderer als der uns sonst bekannte große König Babyloniens derjenige ist, nach dem hier die Zeit der zu berichtenden Ereignisse bestimmt wird [7]. — Hierzu würde vortrefflich stimmen, daß Hammurapi in der Tat Zeitgenosse eines Königs Rîm-Sin ist, dessen Name auch Eriaku lauten kann [8] und

---

1) Gesch. Isr.[3] I, S. 79f.   2) Zur Übers. Dt. 32, 6.   3) Auch der Name *Salem*, der nur noch Ps. 76, 3 vorkommt, wird wohl so zu verstehen sein. Er wird von Hause aus Gottesname sein, der wie in andern Fällen so auch hier für den Ortsnamen eintritt: Nebo, Baalē, Baal Hazor, Baal Gad, Aschtarot. Ich halte es für durchaus willkürlich, Salem wegen jener Psalmstelle für eine ganz späte poetische Bildung auszugeben. Daß nichts anderes als Jerusalem darunter verstanden ist, zeigt Ps. 110, 4, ferner der Zehnte und das Königstal, das nach Josefus (Ant. I, 10, 2) bei Jerusalem (wohl = Qidrontal) lag. 4) So auch Böhl 72. 5) Die Bezeichnung Abrahams als Hebräer läßt keine andre als die oben gegebene Deutung zu. Die Meinung (so wieder Gunkel [3] 283), der Bericht wolle den Schein fremdländischen Ursprungs erwecken, ist schwer verständlich. Wozu diesen Schein? und wer sagte im Exil so? Wohl aber darf daran erinnert werden, daß die Übersicht über das Kanaan der letzten vorisraelitischen Zeit uns ein reiches geistiges Leben und eine eifrige schriftstellerische Tätigkeit enthüllte. Sie sind in den kanaanäischen Städten auch nach dem Eindringen Israels nicht erloschen und gewiß frühzeitig da und dort auf einzelne in Israel übergegangen. Nun tritt der Ausdruck *Hebräer* überall im AT. in ganz bestimmtem Sinne auf (siehe S. 19 und 293). Kanaanäisch im spätern Sinn kann die Erzählung um der Verherrlichung Abrams willen nicht wohl sein. Also wird sie entweder für Kanaanäer bestimmt sein, oder sie stammt aus den Kreisen der S. 293. 296 genannten *'Ibrîm*. Die Einlage V. 18—20 ist wohl kanaanäischer Abkunft. 6) Siehe schon ob. S. 63, Anm. 1. Nur darf man die Gleichheit nicht durch Textänderung der Art, wie sie Winckler und einige andere vorschlagen, erzwingen wollen. Das l zum folgenden Namen zu ziehen und limelok zu lesen, ist schon durch V. 9 ausgeschlossen, auch müßte es *bimelok al-Sin'ar* heißen. 7) Siehe über ihn Näheres oben S. 65f. Dazu noch Jirku, OLZ. 1911, 203. 8) Doch ist die Lesung nicht ganz unbestritten. Als wahrscheinlich wird man die Gleichung immerhin annehmen können; s. oben S. 62 [8], 63 [7]. [9]. Dort im Text zugleich über die allgemeinen Grundsätze.

der in Larsa (dem heutigen Senkereh) residierte. In ihm hätten wir somit den **Ariok von Ellasar** unserer Erzählung zu erkennen. Er war, wie seine Inschriften | bekunden [1], Beherrscher eines Teils von Babylonien und heißt darum Herr von Sumer und Akkad. Ursprünglich war er vielleicht der Oberherr Hammurapis gewesen, bis dieser ihn besiegt und ihm die Herrschaft abnimmt. Sein Vater ist Kudur-Mabug. Er stammt aus **Elam**, dem östlichen Hinterlande jenseits des Tigris. Schon er hatte sich adda (etwa = Herr) des Westlandes d. h. Syriens und Palästinas genannt, welchen Titel dann auch Hammurapi sich beilegt. — Längere Zeit glaubte man auch **Kedorlaʿomer** König von Elam inschriftlich wiedergefunden zu haben. Doch ist die Gleichung zweifelhaft geworden; es muß deshalb hier von ihr abgesehen werden [2]. Bestehen bleibt die Tatsache, das Kedorlaʿomer ein echt elamitischer Name ist, dessen beide Teile, der eine in Kudurmabug, der andere in der Göttin Lagamar wohl bezeugt sind, so daß die Zusammenstellung Kudurlagamar keinesfalls lediglich freie Erfindung ist.

Fassen wir zusammen, so ergibt sich, daß zwei der genannten Könige: Amrafel und Ariok mit Wahrscheinlichkeit als historische Personen erwiesen sind, bei den beiden anderen jedenfalls mit der Möglichkeit, daß sie solche sind, gerechnet werden muß [3], bei Kedorlaʿomer von | Elam um

---

1) Vgl. KBibl. III, 1 S. 93 ff. Er herrscht über Nippur, Ur, Eridu. 2) Vgl. Hommel, Altisrael. Überlief. 174 ff. Zimmern, KAT.³ 486 (367). Driver, Genes. 157. Sofern es sich um sehr späte Heldengedichte (ca. 300) über die alten Elamiterkämpfe handelt, hat die Angelegenheit für unsere Frage auch keine allzu große Bedeutung. Dasselbe gilt für gewisse in dieser späten Zeit angeblich gefundene Namen wie Tidʿal (Tudchula). 3) Daß sie nicht Dichtung sind, schließt Wellh. 313 mit Recht aus der Namenlosigkeit des fünften. (Sellin 932 bringt Schinʿab mit Sin und Schemʿaber mit Schumabi oder Schumadda der Amarnatafeln zusammen.) — Im übrigen redet Wellh. von „fünf Stadtfürsten, die im Toten Meere hausen". Richtig ist, daß der Verf. das Siddimtal und das gegenwärtige Tote Meer gleichzusetzen scheint, die Meinung, er rede lediglich vom südlichen, erst später überschwemmten Teil des Sees, wird man ihm nicht unterlegen dürfen. Aber damit ist die Sache nicht abgetan. Tatsache ist, daß der südliche Teil ganz anderer Art und unter ganz anderen Bedingungen entstanden ist als das übrige. Das Tote Meer selbst ist ein Produkt der Tertiärzeit, jener Teil ist viel später durch Einsinken des Erdbodens um wenige Meter entstanden (s. oben S. 12 und 25). Eine Erinnerung an dieses Ereignis wird sich in Gen. 18 f. erhalten haben, und zu ihm würde an sich das hier Erzählte durchaus passen. Vgl. Blanckenhorn, Entstehung und Gesch. d. Tot. M. (= ZDPV. 1896), 1 ff. 44 ff. 51 ff.: „Es war eine plötzliche Bewegung der den Talboden bildenden Scholle der Erdkruste im Süden des Toten Meeres nach unten, ein selbstverständlich mit einer Katastrophe oder Erdbeben verbundenes Einsinken längs einer oder mehrerer Spalten, wodurch die Städte zerstört und ‚umgekehrt‘ wurden (vgl. dazu Gen. 19, 25 und oben S. 215⁵), so daß nun das Salzmeer davon Besitz ergreifen konnte". Auch der Umstand, daß die Katastrophe durch einen Feuer- und Schwefelregen vermittelt gedacht ist, kann dagegen nicht aufkommen. Denn solche Erdbeben sind nicht selten verbunden mit dem Ausströmen von brennenden Gasen, die den Eindruck wecken, als wäre Feuer vom Himmel gefallen (Blanckenh. a. a. O. 58; Greßmann, Urspr. d. isr. Eschatol. 32 f.). Man vergleiche auch die ersten Beschreibungen des Erdbebens von San Franzisko, die teils von Spaltung der Erde und Entströmen von Feuer auf die Straßen, teils davon redeten, es sei gewesen, als hätte es Feuer vom Himmel geregnet. Später stellte sich heraus, daß die Herdfeuer und die Gasvorräte der Stadt das Feuer entzündeten. Auch hier handelt es sich nicht um die objektive Richtigkeit der Vorstellung, sondern nur darum, daß sie auf Grund der Ereignisse leicht entstehen konnte. Sollte ein wirklicher vulkanischer Ausbruch vorausgesetzt sein, so müßte die Sage ehedem an einem der Lavafelder (Ḥarras) in Arabien (s. die Karte bei Doughty, Arab. Des. I) gehaftet haben. Der Umstand, daß das Wasser nicht besonders genannt wird

so mehr, als bei ihm Name und Herkunft durchaus für echte Überlieferung sprechen. Es kommt dazu, daß die Verhältnisse im ganzen durchaus richtig gezeichnet sind, sowohl was die Stellung Elams als was die Neigung der babylonischen Herrscher jener Zeit, Eroberungszüge nach dem Westland zu unternehmen, anlangt.

4. Natürlich ist mit dem oben gewonnenen Ergebnis noch lange kein zwingender Beweis für den historischen Charakter der Gesamterzählung erbracht; die genannten Umstände reichen nur zu der Behauptung hin, daß der Verfasser die geschichtlichen Verhältnisse der alten Zeit kennt, also nicht Namen und Dinge ohne weiteres frei erfunden hat. Kommt aber dazu, daß die Erzählung literarisch nicht der späten oder gar spätesten Zeit angehört, ferner daß ein Teil von ihr, der über Malkisedeq, für sich selbst aus inneren Gründen historische Verhältnisse wiederzugeben scheint, so gewinnt jenes Ergebnis eine wesentlich erhöhte Beweiskraft — vorausgesetzt, daß die Erzählung nicht materiell Unmögliches enthält.

Läßt sich nun auch über die jeder Deutung spottenden Namen der abgefallenen Könige nichts Näheres aussagen, als daß sie vielleicht unverständlich hebraisierte Fremdnamen darstellen, so hat jedenfalls die von den Rabbinen vorgeschlagene, von Hitzig und Nöldeke teilweise angenommene Erklärung derselben im Sinne von Bösewicht, | Schurke usw. mehr den Wert des launigen Einfalls als einer wissenschaftlichen Etymologie [1]. Liegt anderseits der in Frage kommende Feldzug der Elamiten durchaus im Bereich des historisch Möglichen, so ist bei der ungenügenden Kunde, welche wir über die Ausdehnung ihrer Herrschaft im „Westland" und die zeitgenössischen Vorgänge besitzen, auch kein zwingender Anlaß, von einem zweckwidrigen Feldzugsplane zu reden. Wird eine Expedition nach dem Westland unternommen, so faßt sie sich in der Regel nicht gegen einen oder zwei Gegner gerichtet, sondern das ganze Gebiet mit Krieg überzogen. Nach der Bibel erscheint auch Sanherib als lediglich gegen Hiskia ins Feld gezogen, tatsächlich ist sein Zug gegen Hiskia nur eine Episode in seinem Feldzug. Und welche Schilderungen über Heerzüge durch unwegsame Gegenden, über Waldgebirge, durch Steppen und Sümpfe entwerfen uns sonst die assyrischen und babylonischen Könige [2]! Daß „vier Könige gegen fünf" standen, ist nach dem Stil der assyrisch-babylonischen Berichte zu schließen durchaus keine Ungeheuerlichkeit [3]. Selbst wenn der Autor unserer Erzählung sich die Sache so dachte, daß Kedorla'omer und seine Verbündeten persönlich anwesend waren, was

---

(Gunkel [3] 215), scheint mir nicht entscheidend, da jedenfalls die „Umkehrung" und das Feuer die primären Ursachen des Untergangs sind. Auch daß ähnliche Sagen von untergegangenen Städten da und dort erzählt werden, ist natürlich nicht von entscheidender Beweiskraft gegen die Annahme einer wirklichen Erinnerung. Vgl. noch Dalman, PJB. 4 (1908), 77 ff. In die Zeit vor dieser historischen Katastrophe verlegt unsere Erzählung die Begebenheit von Kap. 14. Daß der Autor beide Katastrophen, die historische und die vorhistorische, in eines zusammenwirft und nicht ausdrücklich sagt: wo einst Siddim war, dahin habe sich später das Tote Meer ausgedehnt, ist gleichgültig. Es genügt, daß er wie der Autor von Gen. 19 von einer in historischer Zeit über jene Gegend hereingebrochenen Katastrophe etwas weiß.
    1) Von hier aus ist die Erzählung kaum mit Erfolg anzufechten.   2) Vgl. KBibl. I, 61. 71. 81 und oft, auch Sellin 934 gg. E., dazu die Art der Kriegführung bei Burckh., Bed. 439.   3) So Gunkel [3] 282.

wohl möglich ist, so folgt daraus für den Sinn der ihm vorliegenden Überlieferung gar nichts. Es handelt sich, wie die Erzählung selbst angibt, zunächst um Züchtigung tributsäumiger Vasallen. Dazu hatten die Könige des Ostens nicht nötig, persönlich zu erscheinen. Die Berichte nennen sie im feierlichen Stil als die Vertreter ihrer Heere [1]. Auch hier möchte ich also noch nicht von einem unüberwindlichen Hindernis gegenüber der geschichtlichen Auffassung der Erzählung reden.

Wenn der Bericht nun aber weiterhin geradezu von einer offenen Feldschlacht spricht, in der die paar Stadtkönige sich den feindlichen Heeren gegenüberstellen, und daß zwei der Könige in Asphaltgruben fielen, so hört hier jede Möglichkeit, an Geschichte zu denken, auf. Desgleichen wenn Abraham mit 318 Mann — die andern Truppen sind zersprengt [2] — sie, wenn auch nur in nächtlichem Überfall, in die Flucht schlägt und eine erhebliche Strecke weit verfolgt, so daß von einem „Sieg" über sie geredet werden kann. Wenigstens scheinen | V. 14—17 den Hergang so vorzustellen [3]. Es kommt dazu, daß Abraham, ist er geschichtliche Person, nur schwer als Zeitgenosse Hammurapis und der Elamiterherrschaft gedacht werden kann. Er muß mit Jaqob irgendwie im zeitlichen Zusammenhang stehen, und die Anfänge Israels gehören nicht ins 20. oder 21., sondern etwa in das 16., höchstens 17. Jahrhundert v. Chr. [4]. Damit ist es nun allerdings entschieden, daß diese Erzählung, mag sie auch keineswegs junges Machwerk sein, und mag auch dieser oder jener einzelne Zug an sich glaubhaft erscheinen, doch in ihrem Hauptpunkte, da nämlich, wo sie Abraham als Zeitgenossen Hammurapis und als Mitkämpfer in den Kämpfen der Zeit darstellt, ein romantisches Phantasiegebilde, wenn auch ein solches aus recht früher Zeit, ist.

Im übrigen deckt sich, was hier von Abraham erzählt ist, in manchen Zügen mit dem, was uns die ägyptische Sinuhe-Geschichte über ihren Helden erzählt. Es paßt aber auch in die Zeit, in der wir uns Abraham zu denken haben, und man sieht, daß vielfach die allgemeinen Verhältnisse der Zeit richtig wiedergegeben sind. In einer ähnlichen Lage wie sie hier von Abraham berichtet wird, könnte man sich, die romantische Erweiterung des Horizonts abgerechnet, jenen Sinuhe recht wohl vorstellen [5]. Das darf wohl als weiterer Beleg dafür angenommen werden, daß die Erzählung kein ganz junges Machwerk ist, sondern die alten Verhältnisse noch ausreichend kennt. Die Geschichtlichkeit selbst ist damit nicht gegeben.

5. Anderseits läßt sich nun wieder für die rätselvolle Gestalt Malkisedeqs, wenngleich der sie behandelnde Teil von Gen. 14 bei manchen Erklärern besonders starke Bedenken erregt hat [6], die | Geschichtlichkeit

---

1) Vgl. A. Jeremias, ATAO.², 225 und bes. Sellin 934. 2) Daß 'Aner, Eschkol und Mamre (V. 24) Stammfürsten seien (Sellin 934), ist nicht gesagt. Auch ist nicht von ihren Leuten die Rede. 3) Ich dachte früher an einen bloßen Überfall der Nachhut; aber der Text läßt diese Deutung nicht zu. 4) Verlockend ist ja der Umstand, daß nach Scheil, Rev. Assyr. 12 (1915) 114 f. schon unter Rimsin von Offizieren der „Chabiru" die Rede ist, was besonders zu Abrah. dem „Heb-äer" gut passen würde. Aber ich sehe kein Band zu Jaqob hin. 5) Auch Winckler weist darauf hin, daß so, wie Abraham und die Väter geschildert werden, man sich manche der Fürsten und Scheichs Palästinas auf Grund der el-Amarna-Briefe denken würde (Abraham als Babylonier S. 27 ff.). Vgl. bes. Sellin 936. 938 (dort auch über „Brot und Wein"). Vgl. S. 294². 6) Vgl. Baudissin, Einleit. ins AT. 85. Die Unebenheit in betreff des V. 23, wo Abrahams

mit überwiegenden Gründen wahrscheinlich machen. Daß der Name frei erfunden sei, ist unrichtig. Malki-Ṣedeq ist ohne Zweifel ein altkanaanäischer Name derselben Bildung und desselben Sinnes wie Adoni-Ṣedeq [1]. Man kann zweifeln, ob dabei Melek (Malik) bzw. Adon oder Ṣedeq der eigentliche Gottesname sein soll. Beide Auffassungen haben ihre Vertreter gefunden [2]. Jedenfalls gibt jene Analogie entfernt keinen Anlaß, den Namen für ungeschichtlich zu erklären. Ebensowenig kann die Doppelwürde eines **Priesterkönigs**, wie sie in Gen. 14 Malkiṣedeq beigelegt ist, in diesem Sinne verwertet werden. Denn nicht nur kennen wir in Moses Schwäher Reguel-Jitro einen derartigen Priesterfürsten alter Zeit, sondern auch die phönikische, die älteste babylonische und die ägyptische Geschichte weisen eine ganze Reihe von Priesterkönigen auf [3].

Es kommt dazu, daß wir aus Ps. 110, den man ohne ausreichende Gründe jetzt mehrfach für ein Erzeugnis des makkabäischen Zeitalters ausgegeben hat, wissen, daß die Überlieferung von dem alten Priesterkönig in Jerusalem bereits in der israelitischen Königszeit eine bedeutsame Rolle spielte. Gunkel weist darauf hin, daß die hervorragende Stellung, welche Jerusalem in israelitischer Zeit in Kanaan einnahm [4], für die Wahl Davids von Einfluß gewesen sein könne. Zu jener Stellung paßt unsere Erzählung und die Jerusalem durch Abraham zuteil werdende Ehrung vortrefflich. Natürlich wird sie später kurzweg als Huldigung vor dem Ort des nachmaligen Tempels gedeutet worden sein. Anderseits spricht gegen Wellhausens Meinung, Malkisedeq sei | lediglich der ins graue Altertum zurückgetragene Priesterfürst der nachexilischen Gemeinde, der Umstand, daß die spätjüdische Zeit sich ohne Zweifel gehütet hätte, einen der verhaßten Kanaanäer mit solchen Prädikaten, wie sie hier Malkisedeq führt, zu bedenken, geschweige ihn solcher Auszeichnung durch Abraham

---

Verhalten nicht erwarten läßt, daß er nach V. 20 b schon Teile der Beute weggegeben hat (oder aber seines Besitzes?), erklärt sich wohl am einfachsten daraus, daß hier zwei ehedem selbständige Züge der Überlieferung zusammengeflossen sind, vgl. Gu., auch Buhl in PRE.³ 12, 550. Natürlich gehört mit V. 20 b die übrige Malkisedeq-geschichte enge zusammen, so daß V. 18—20 eine Einheit für sich bilden. Anderseits gehört die Begegnung mit dem König von Sodom in 17 notwendig zusammen mit dessen und Abrams Verhalten in 21—24. Beides aber ist durch V. 1—12 mit der übrigen Geschichte verbunden. Man wird also 14, 1—16 und 14, 17. 21—24 als eine Erzählung für sich ansehen müssen und in 14, 18—20 ein selbständiges Fragment einer andern Geschichte erkennen. Die letztere war vielleicht eine Parallele zu jener, dann aber wohl aus anderer Zeit und mit andern Einzelheiten. Jedenfalls ist sie das Wertvollste des ganzen Kapitels. — Kleine Unebenheiten in der Haupterzählung, wie daß nach V. 10 das Schicksal des Königs von Sodom ungewiß ist (Sellin 940; doch s. dazu Dillmann; eine Zerstörung Sodoms steht nicht in Frage), wird man nicht hoch anschlagen dürfen. Ähnlich im Ergebnis Kohler in ZAss. 28, 364 ff. — 1) Jos. 10, 1. Siehe unten § 40, 1 a. E.   2) Vgl. für die eine E. Nestle, Isr. Eigennamen, S. 175 ff., für die andere (wohl richtigere) Baudissin, Stud. z. sem. Religionsgesch. I, S. 15 u. Adonis u. Eschmun (1911), 257 f. Außerdem bes. oben S. 185. 190. Sellin erinnert an Rab-zidki in Amarn. 170 (W. 125), 37.   3) Für die Phöniker vgl. die Inschriften des Tabnit und Eschmunazar, dazu Pietschmann, Gesch. d. Phön. 222 (auch Joseph. c. Ap. I, 18). Für Babylonien, wo die Herrscher sich Priester des Gottes nennen, Zimmern, KAT.³ 533 f. Jastrow, Rel. Ass. u. Bab. I, 85. 104 u. ö. Für Ägypten, wo das Priestertum des Königs in uralte Zeit zurückreicht, s. Breasted-Ranke, Ägypt. 60; Erman, Äg. Rel.² 58. 67. Der Hohepriester ist lediglich Vertreter des Königs. — Eine Vermutung über das alte Kanaan selbst bei Sellin 942 f. — Zu Ps. 110 s. mein. Komment.³ ⁴ (1921).   4) Gen.³ 287; vgl. dazu Jos. 10 und die Rolle Jerusalems in den Amarnabriefen.

zu würdigen [1]. Man wäre in jener Zeit gar nicht auf solche Gedanken
gekommen, ja wäre die Überlieferung nicht von alters her festgestanden,
so hätte man sie viel eher beseitigt, als daß man sie zu erdichten wagte.
Noch weit weniger geht es an, den Zweifel an Malkisedeqs Geschichtlichkeit auf die Notiz über seine Verehrung des höchsten Gottes (El
ʿeljon) zu gründen. El ʿeljon scheint ein alter semitischer Gottesname zu
sein, der daher durchaus nichts Künstliches oder für die Zeit Abrahams
Unmögliches an sich hat. Ist doch El = Il die Babyloniern, Assyrern,
Phöniken und Sabäern gemeinsame älteste Gottesbezeichnung [2]; einen
höchsten Gott aber kennen sowohl Babylonier und Ägypter als Phöniken,
letztere sogar dem Namen, die beiden ersteren jedenfalls der Sache nach [3].
Der Name ist außerdem durch Num. 24, 16 bezeugt. Die Versuche, auch
diese Benennung für sehr spät zu erklären, sind, wie mich dünkt, verfehlt.
Auch daß der Gott | „Schöpfer Himmels und der Erde" heißt, beweist
absolut nicht gegen sein hohes Alter. Seitdem wir das hohe Alter sowohl
des Glaubens an den Himmels- und Schöpfergott in Babylonien und
Ägypten als der engen Verbindung zwischen Kanaan, Ägypten und Babylon kennen, ist die Meinung gegenstandslos geworden, der Gedanke an
eine Gottheit, welche die Welt geschaffen habe, könne erst in relativ später
biblischer Zeit aufgetaucht sein. Daß es genau derselbe Gott ist, den
Abraham verehrt, ist nicht gesagt. Aber er stand dem Gotte Abrahams
am nächsten, konnte somit von diesem am ehesten anerkannt werden. Denn
mindestens war mit dieser monarchischen Bezeichnung „höchster Gott"
das krasseste Heidentum überwunden.

6. So gelangen wir denn zu dem merkwürdigen dreifachen Ergebnis.
Die Erzählung, mit der wir es zu tun haben, bietet zwar in ihrer geschichtlichen Umrahmung gute Kunde, indem sie wirklich einmal bestehende Ver-

---

1) Siehe darüber oben S. 281, Anm. 4 und über Salem S. 283, Anm. 3.   2) Siehe
oben S. 165 f.; dazu Nöldeke, Sitz.-Ber. Berl. Ak. 1880, 760 f.   3) El ʿeljon steht
auf derselben Linie wie El schaddaj, El ʿolam (S. 258 [3]) und wird im Munde der
Kanaaniter einen bestimmten Gott, vielleicht jenen Sedeq oder Salem, als den höchsten
im Unterschied von den übrigen bezeichnet haben. Als phönikischer Gottesname ist
El ʿeljon durch Philo Byblius (bei Eusebius, Praep. evang. I, 10 § 12 f. vgl. Fragm.
historicor. graec. ed. Car. et Theod. Müller [Paris 1874 ff.] III. S. 567 [= Philo 2, 12])
in der Form Ἐλιοῦν καλούμενος Ὕψιστος (nach Philo 2, 13 scheint er dem Adonis
verwandt zu sein) bezeugt. [Beachtung verdient besonders, daß er Euseb. Praep. evang.
der „Schöpfer von (Uranos und Gē) Himmel und Erde" heißt. Ebenso bezeichnet ihn
Philo als summus deus, der ohne Tempel und Opfer verehrt wird. So wenigstens nach
Jerem. ATAO[3] 272 und 252 (hier freilich ohne Zitat!)]. Ebenso El ʿolam als Χρόνος
ἀγήρα(τ)ος durch Damascius (Quaest. de prim. Princip. 123, ed. Kopp p. 381 f. [1826],
ed. Ruelle I [1889], p. 318), und Philo Bibl. 2, 14 (Müller a. a. O.) nennt als einen
der Götter (den Sohn des Οὐρανός und seiner Schwester Γῆ) Ἤλον τὸν καὶ Κρόνον. —
Über das Alter der ägyptischen und babylonischen Schöpfungs- und Himmelsgottheit
vgl. Erman, Äg. Rel.[2] 32 ff. 74. KAT.[3] 488 ff. TuB. I, 1 ff. und die Himmelsgottheit
im besonderen oben S. 169 [4]. — ʿEljon wird vermutlich übrigens zunächst einfach den
„Oberen", den Himmelsgott, und erst weiterhin den Höchsten dem Grade nach bezeichnen. Doch scheint diese Stufe, da er zugleich Gott der Erde heißt, hier schon
erreicht. Weiteres zu diesen Fragen s. oben S. 171 f. (257, 8. 264). Auch hier darf
vielleicht betont werden, was schon S. 171 in betreff des Götterherren von Taanak
erwähnt ist, daß der höchste Gott keinen Namen trägt. Sollte er auch mit Sedeq oder
einem anderen zusammenfallen, so ist immer bezeichnend, daß sein Name hinter seinem
Wesen als „Höchster" zurücktritt. Merkwürdig bleibt übrigens, daß gerade Jerusalem der Ort Abdi-chibas, der sich zum solaren Monotheismus bekennt (Amr. 287,
60 f. s. oben S. 188, Anm. 3), als Stätte dieser monotheisierenden Verehrung erscheint.

hältnisse voraussetzt. Hingegen stellt sie in der Ausführung selbst die Wiedergabe einer romantischen Sage oder allenfalls von sagenhaft aufgeputzten Tatsachen dar, die sich der näheren Kontrolle entziehen. Aber in diese schwer zu fassende Sage ist nun selbst wieder ein kurzes Erzählungsstück eingelegt, das alle Zeichen des wirklich Geschehenen an sich trägt. Ein König Jerusalems, der Verehrer des höchsten d. h. des Himmels- und Schöpfergottes ist, huldigt Abram, als er an seiner Stadt vorüberzieht, und preist ihn als Sieger über seine Feinde. Jener aber huldigt dem Gotte Malkisedeqs und seinem Heiligtum.

Wer jene Feinde sind, und wohin der Zug gegangen war, ist uns nicht gesagt. Es kann sich um einen Angriff räuberischer Beduinen, um einen Einbruch hetitischer oder sonstiger Dynasten gehandelt haben. Die Sage hat sie schon in alter Zeit mit einem viel früheren Einbruch der Elamiter ins Land in Verbindung gebracht; so ist uns das Nähere des wahren Sachverhaltes verloren gegangen. Aber geblieben ist die Tatsache, der gegenüber mir kein gegründeter Zweifel aufzukommen scheint, daß hier Abraham auch als wehrhafter Stammfürst, nicht bloß als friedlicher Herdenbesitzer auftritt, ganz ähnlich wie etliche Jahrhunderte früher der ägyptische Sinuhe [1]; — vor allem aber die andere, daß hier Abraham in alter, nicht zu beanstandender Überlieferung als greifbare, dem Leben entnommene Persönlichkeit vor uns zu stehen scheint.|

Erinnern wir uns nun der früher dargelegten Tatsache, daß in Kanaan neben dem heimischen, zugleich vielfach von außen her beeinflußten Polytheismus gewisse Bestrebungen — wenn auch als Ausnahme — hergingen, die über die gewöhnliche Vielgötterei hinausdrangen und sich monotheistischen Gedanken annäherten [2], so werden wir uns nicht wundern, hier ein Gegenstück zu jenen Bestrebungen anzutreffen [3]. Malkisedeq, der Verehrer des El ʿeljon und Schöpfergottes, paßt durchaus zu dem Verehrer des „Herrn der Götter" in Taanak. Zugleich ist das Vorhandensein des letzteren eine starke Stütze für die Geschichtlichkeit des ersteren.

Von hier aus werden wir auch in der Lage sein, die Gottesvorstellung Abrahams, wenn auch mit allem Vorbehalt, einigermaßen zu bestimmen. Wenn nach Gen. 14 Abraham zu Malkisedeq in nähere Beziehung tritt und seinem Gotte huldigt, so muß nach des Erzählers Meinung sein Gott dem Malkisedeqs tatsächlich nahe verwandt gewesen sein. Vielleicht wird er ihn geradezu als einen und denselben angesehen haben. Dürfen wir Malkisedeq für geschichtlich und zugleich Abraham für eine Gestalt aus dem wirklichen Leben ansehen, so liegt nun auch kein Grund

---

1) Ob die Sinuhe-Geschichte Tatsachen enthält oder nicht, ist hier gleichgültig; für die Verhältnisse des ältesten Kanaan ist sie unter allen Umständen typisch: s. oben S. 56 f., auch 286.   2) Über sie oben S. 172 f.   3) Ob man aus dem Umstande, daß Abraham in der vorexilischen Literatur, abgesehen von der Urgeschichte, nicht genannt wird und erst im Exil Erwähnung findet, weitere Schlüsse ziehen darf, als den, daß die Gestalt erst nachträglich an die Spitze der Väter gestellt worden sei (vgl. Nowack, Entst. der isr. Rel 4), ist mir zweifelhaft. Angesichts des früher nachgewiesenen Alters der Urgeschichte kann das Schweigen einzelner Autoren an sich nichts beweisen. Aber da die andern, wie es scheint, lieber und früher als Vertreter der Nation genannt werden, so darf wohl angenommen werden, daß Abrahams Stellung im genealogischen System und dieses selbst nicht der Urüberlieferung angehören. Daß das letztere künstlich ist, ist S. 296 gezeigt. Wenn einzelne seiner Gestalten trotzdem Verwendung finden und Abraham dabei zeitlich — aber fürs erste nicht genealogisch — vorangestellt wird, so ist dagegen nichts einzuwenden.

vor, an der Richtigkeit dieser Überlieferung Zweifel zu hegen. Abraham ist nicht Monotheist, aber er kennt einen höchsten Himmels- oder Schöpfergott, dem allein er seine Verehrung widmet[1]. Das will praktisch wahrscheinlich[2] nicht viel | anderes sagen, greift jedenfalls weit über den üblichen Polytheismus der Zeit hinaus. Wenn ferner Abraham der Überlieferung als Eingewanderter gilt, der auf seines Gottes besonderen Befehl seine alte Heimat verläßt, und dem dafür ein besonderer Segen wird[3], so scheint die Überlieferung mit dieser Wanderung tatsächlich den Sinn zu verbinden, als sei sie um der besondern Gottheit willen erfolgt, die er verehrt. Unter dem eben hervorgehobenen Gesichtspunkt tritt nun auch die Nachricht, obwohl sie aus später Quelle stammt, in ein besonderes Licht, die uns sagt, vorzeiten haben die Väter *El-schaddaj*, den Allgewaltigen, verehrt[4].

§ 28.

Der geschichtliche Hergang.   Hebräer und Israeliten.   Lea und Rahel.

1. Es ist überall auf dem großen Theater der Weltgeschichte ein erhabenes Schauspiel, zu sehen, wie sich an Stelle einer einzelnen oder inmitten einer Mehrheit von sinkenden Kulturen eine neue Kulturwelt herausarbeitet. Um die Mitte des 2. Jahrtausends haben sowohl die ägyptische als die babylonische Kultur ihren Höhepunkt teilweise schon längere Zeit überschritten. In Kanaan berühren sich die Ausläufer beider. Sie leben sich hier aus, indem sie in mannigfacher Verbindung mit fremden Elementen bei der hier einheimischen Bevölkerung eine Mischkultur erzeugen, die seit der Mitte des Jahrtausends bereits manche Zeichen der Ü b e r - r e i f e[5] an sich trägt. |

---

1) Das ist jedenfalls bei Abraham in Gen. 14 die Voraussetzung; sie wird auch bei Malkisedeq zutreffen.   2) Doch darf nicht übersehen werden, daß in Ägypten der Gedanke des Schöpfergottes sich noch durchaus mit dem des Volks- und Landesgottes verträgt. Erst die bekannte monotheistische Bewegung hat den Schöpfer zum Weltgott erhoben. (Doch s. Beil. II) Das Eigentümliche ist hier die Ausschließlichkeit (Breasted, Gesch. Ägypt. 295; Erman a. a. O. 32 ff.).   3) Gen. 12, 1 ff. Vgl. Jos. 24, 2 f.   4) Ex. 6, 1 ff. vgl. Gen. 17, 1. Zu El-schaddaj ist viell. zu stellen Σάδιδος, Sohn des Ἴλος *(el)* Kronos von Byblos bei Philo Bybl. (Euseb, Praep. ev. I, 10, 16). S. Baudissin Adonis usw. 35; an der Ableitung von *schadad* (vgl. Gen. 31, 42. 53 u. LXX) ändert das nichts.   5) Im allgem. s. oben S. 140'f. Die Besiedelung der fruchtbaren Ebenen, besonders der von Jesreel, die Gründung wohlbewehrter Städte, der Einfluß der reichen Hafenstädte Syriens, vor allem von Byblos, nicht zum mindesten auch das starke Eindringen ägyptischer Elemente, scheinen schon damals eine in behaglichem Wohlstand lebende Bauernschaft und ein reiches, zu üppigem Wohlleben neigendes Bürgertum von Handwerkern, Künstlern, Grund- und Handelsherren geschaffen zu haben. Die ägyptischen Statthalter und Garnisonen bringen ägyptische Sitten und das reiche ägyptische Leben mit. Vornehme Krieger von Megiddo haben goldene und silberne Wagen (ob. S. 140, Anm. 3), die Truppen Thutmosis III. sind nach der Eroberung Phöniziens „alle Tage trunken und mit Öl gesalbt wie bei einem Feste Ägyptens" (S. 78), kostbare Stoffe und Salben kommen schon seit 2000 aus Syrien (S. 131). Weiter S. 131 ff. 135 ff. (Gold- und Silberschmuck); 147 ff. (Kunsthandwerk); 148 (Weberei, Vasen); 151 (Frauenschmuck). Es kommt dazu, daß man in Kanaan frühe die verweichlichende dionysische Kultur und die wohl mit ihr zusammenhängenden entnervenden gottesdienstlichen Orgien (S. 177. 200 ff.) übernommen hatte, so daß das AT. gewiß richtige Eindrücke wiedergibt, wenn es auf die kanaanäisch-amoritische Kultur als sittenlos herabsieht (Gen. 9, 20 ff.; 15, 16; 19, 1 ff. usw.). Auch öffentliche Häuser an der Stadtmauer, wo sich allerlei lichtscheues Volk zusammenfand und man rasch durchs Fenster entschlüpfen konnte (Jos. 2), sind vorhanden.

Hier aber erhebt sich inmitten dieser sinkenden Mächte eine neue Kultur, deren Schwerpunkt freilich nicht in Zivilisation oder Verschönung und Bereicherung des äußeren Lebens oder dem Schmucke des allgemeinen geistigen Daseins liegt, die aber dafür ein so bedeutsames Element des geistigen Lebens der Menschheit, wie die Religion es darstellt, zum Gegenstand ihrer besonderen Sorge wählen sollte. Mit ihr ringt sich aus den vorhandenen Kulturen und Religionen eine neue Geisteswelt durch, die von ihnen allen lernt und doch von ihnen allen sich eigenartig abhebt.

Kein Land der Erde war seinen natürlichen Bedingungen nach geeigneter für diesen folgenreichen Gang der Ereignisse, der sich hier vorbereitet, als Kanaan. Wer an das Walten geistiger Kräfte in einer sinnvollen Leitung der menschlichen Dinge zu glauben geneigt ist, wird gerade hier eine Bestätigung seiner Gedanken finden. Die frühere Darlegung hat gezeigt, welcher Art die geographische Lage und Beschaffenheit des Landes war, und wie von fast allen Seiten die schon im Besitze gewisser Kulturgüter lebenden Völker in sein Gebiet einströmen und es geistig beeinflussen [1]. So sind die hier ansässig gewordenen Stämme und Geschlechter früh zur Bebauung der Ebenen und Berghänge angeleitet und zur Anlage von Städten und Verfeinerung der Lebenshaltung geführt worden. ~

Gegen die Mitte des 2. Jahrtausends tritt, wie ehedem so auch jetzt wieder, eine besondere Eigenart der Lage des Landes ausschlaggebend in den Vordergrund: Palästina ist nicht bloß nach Süden, Norden und Westen hin offen für die Aufnahme von kultivierten und der Kultur halb erschlossenen Eindringlingen, es ist vor allem nach Osten offen gegen die Wüste. In breiter Fläche stößt das Land vom Toten Meer und seinem südlichen Hinterland bis nach Galiläa hinauf an die oft wenige Stunden hinter dem Jordan oder dem östlichen Bergland beginnende in schier endloser Weite sich ausbreitende Wüste Arabiens. Ein weit geöffnetes Tor, weder durch Flüsse noch Gebirge verschlossen, ladet zum Eintritt ein. Allezeit hat hier Arabien den Überschuß seiner rassereinen, vom Hunger nach dem Fruchtland getriebenen Söhne an das Ost- und Westjordanland abgegeben. Das bebaute, für ihre Begriffe überreiche Sättigung bietende Kulturland zieht ihre lüsternen Blicke auf sich, die fruchtbaren Ebenen, vor allem die von Jesreel, weiter auch Saron und die Schefela, reizen zu vorübergehendem Raubzug und wenn möglich zu dauernder Festsetzung. Auch die Hänge der | Berge, nicht so hoch und rauh wie im eigentlichen Syrien, bieten oft genug willkommene Beute oder Gelegenheit zum Bleiben. Mit der Zeit werden die jungen Nachschübe, die anfangs lästige Eindringlinge waren, Herren einzelner Gebiete. Die ihnen von Hause aus fremde Art der Lebensführung wird, weil sichere Nahrung bietend, mehr und mehr übernommen. Aus räuberischen Wanderstämmen werden friedliche Halbnomaden und aus ihnen mit der Zeit Bauern und Städter. Das frische, rassereine Blut mischt sich mit den alten Geschlechtern und die jungen, erst kulturfremden, ja kulturfeindlichen Nachschübe werden selbst Kulturträger, ja vielleicht vermöge besonderer Eigenschaften sowie des reinen Blutes und früher von ihnen ausgehender Anregung Kulturförderer in besonderem Sinne.

Von keiner der vielerlei im Laufe der Zeit in Palästina eingedrungenen

---

1) Siehe oben S. 8 ff. 17 f., weiter besonders auch S. 208.

Schichten gilt dies in höherem Maße als von derjenigen, aus der das spätere **Volk Israel** herausgewachsen ist. Daß seine frühesten Anfänge in vielfachem Dunkel liegen, bringt die Natur der Sache mit sich. Sollte es uns gelingen, das erste Frühlicht, das jenes Dunkel zu erhellen begann, einigermaßen noch zu erfassen und aus ihm die allerersten Umrisse geschichtlicher Vorgänge und Gestalten herauszuerkennen, so haben wir geleistet, was überhaupt die Lage der Dinge erwarten läßt.

2. Noch tief in der ersten Hälfte des 2. Jahrtausends kommen die Völker des Nordens und Ostens aufs neue in Bewegung [1]. Ihre Folge ist die Überflutung Ägyptens durch die Hyksos und deren Austreibung aus Ägypten. An sie schließen sich die großen Kämpfe um die Herrschaft in Syrien unter Thutmosis I. und seinen Nachfolgern. Es ist begreiflich, daß die Unsicherheit der Verhältnisse den an den Grenzen lauernden Anwärtern, die allezeit der Gelegenheit harren, sich im Fruchtland mit an den Tisch zu setzen, nicht verborgen blieb. So werden wir schon bald nach 1600 das Andrängen der östlichen Wanderstämme auch gegen Palästina vermuten dürfen. Dasselbe hat sicher während der Kämpfe Thutmosis' III. nicht nachgelassen. Je unruhiger die Zeiten im Kulturland sind, um so verlockender ist allezeit die Gelegenheit für die draußen Harrenden, sie sich zunutze zu machen.

Eine klare Kunde von jenen Vorstößen gewinnen wir erst aus den Amarnatexten und damit aus der Amarnazeit. Aber es kann keinem Zweifel unterliegen: was wir hier als fertige Tatsache, als die Erscheinung auf ihrem Höhepunkt darstellend, antreffen, hat in der vorangehenden Zeit seine **Vorstufen**. Die Wirren der Amarnazeit haben die | Vorstöße der Sa·Gaz (Plünderer) oder Chabiru begünstigt; aber die jetzt auftretenden Vertreter dieses östlichen Beduinentums sind sicher nicht die ersten ihrer Art. Wenn wir ihr erstes Auftreten vermutungsweise um 1550 ansetzen, also anderthalb Jahrhunderte vor dem Beginn der Amarnazeit, so werden wir in der Hauptsache kaum ernstlich in die Irre gehen [2]. Doch darf auch nicht übersehen werden, daß diese Sa·Gaz-Chabiru wieder in engster Verbindung stehen mit den räuberischen Sutäern und Achlamäern, deren frühesten Ausläufern wir zusammen mit denen der Chabiru schon um 2000 begegnen [3].

---

1) Siehe oben S. 69 ff., weiterhin S. 72 ff. Für Thut. III. S. 304. 305 (*pr*).
2) Vor allem wird auch in Betracht gezogen werden müssen, daß die Amarnaliteratur doch nur einen ganz bestimmten, eng begrenzten Zeitraum umspannt. Besäßen wir aus der vorangehenden Zeit, besonders der Zeit der Kämpfe gegen die Hyksos und derjenigen von Thutmosis I.—III. ebenso ausgiebige einheimische Urkunden, so würden wir, das darf mit höchster Wahrscheinlichkeit erwartet werden, auch hier Ähnliches, und wohl neben den vereinzelten '*pr* auch weiter dieselben Namen vorfinden. — Der Umstand, daß die Chabiru nur im Süden, in der Gegend von Jerusalem auftreten, ebenso daß die Briefe, in denen sie vorkommen, jünger sind als die über die Sa·Gaz handelnden (Knudtzon, el-Amarn S. 52), darf m. E. nicht zu dem Schlusse verwandt werden, als seien die Chabiru erst damals eben ins Land eingedrungen, und zwar nach den Sa·Gaz. Die Frage ist bei der nahen Verwandtschaft beider nicht von besonderer Bedeutung. Immerhin ist, da wir keine früheren Briefe aus Jerusalem haben, dieser Schluß kaum zulässig. Sind aber, was durch Winckl. festgestellt ist (ob. § 14 a. E.), Chabiru und Sa·Gaz entweder dasselbe oder einander nächst verwandt, so hat sich augenscheinlich der Vorstoß gleichmäßig über den Norden und Süden des Landes ausgebreitet und hat ohne Zweifel auch seine Wurzeln schon in der Vergangenheit. Siehe auch Böhl, Kan. u. Hebr. 87 ff. Burn. Judg. LXXIII ff.   3) S. ob. S. 65 und 286[4].

Wie verhalten sich die Chabiru zu dem, was das Alte Testament Hebräer ('Ibrīm) nennt? Da sprachlich der Gleichsetzung beider nichts Ernsthaftes im Wege steht [1], dazu die Bedeutung des Namens 'Ibrīm, fasse man ihn im Sinne von „Herübergekommenen" oder, was richtiger sein mag, von „Wanderstämmen" [2], durchaus auch auf die Chabiru paßt, so empfiehlt es sich in der Tat, beide Bezeichnungen als gleichbedeutend anzusehen. Natürlich folgt daraus noch nicht, daß die Chabiru oder Hebräer mit dem | biblischen Israel oder seinen Vaterstämmen eines und dasselbe wären. Schon der Umstand, daß 'Eber, der Stammvater der Hebräer, nach biblischer Anschauung auch der Vater anderer Semitenstämme ist [3], spricht dagegen. Hebräer ist demnach auch innerhalb des Alten Testaments selbst nicht einfach gleichbedeutend mit Israel, sondern bezeichnet eine umfassendere Gruppe von Stämmen. Wie schon oben angenommen ist [4], wären daher die Chabiru, und mit ihnen die Sa·Gaz, jener größeren Gruppe d. h. den Hebräern im weiteren Sinn gleichzuachten. Chabiru-'Ibrīm ist der Name für die durch die vorhin beschriebene Völkerbewegung ins Wandern geratenen und nach Palästina vorgeschobenen Semitenstämme, in deren Mitte wir diejenigen Geschlechter zu suchen haben, aus denen das spätere Israel herausgewachsen ist. Nach Jahrhunderten noch hat man in Israel die Erinnerung bewahrt, daß beide, Israel und Hebräer, von Hause aus nicht gleichbedeutend sind. Noch einige Zeit, nachdem der eine Zweig der 'Eberstämme, der den Namen Israel führte, sich selbständig gemacht und einer ganzen Stammgruppe seinen Namen übermittelt hatte, lebt, wie es scheint, die Erinnerung an den alten Tatbestand fort [5]. Erst mit der Zeit werden wenigstens in Palästina die bis zur Richterperiode noch unter eigenem Namen, aber unter fremder Botmäßigkeit lebenden Reste jener 'Eberstämme von dem inzwischen erstarkten Israel aufgesogen [6]. Daß

---

1) Die sprachliche Möglichkeit eines Zusammenhangs mit dem Stamm חבר steht außer Zweifel, so daß die Bedeutung „Verbündete" durchaus annehmbar wäre. Aber der Umstand, daß sie durchaus als eingedrungene Fremdlinge erscheinen (Knudtz. 46), spricht nicht dafür — als wessen Verbündete sollten sie in Palästina erscheinen? Da nun anderseits die Zusammenstellung mit עבר sprachlich ebenso möglich ist (vgl. z. B. zeroa'-zuruuḫ, 'afar-ḫaparu, Kena'an-Kinaḫna), so liegt in der Tat die Vermutung viel näher, daß sie einem hebr. 'ibrīm entsprechen. — Clay, Pers. nam. of Cassite Rulers (Yale Orient. Ser. I 1912) 42 f. will die Chabiru der Amarnatafeln nicht den Hebräern, sondern den Hetitern gleichsetzen wegen der Nennung der „Götter der Chabiru" in einem Zusammenhang, wo nicht von Hebr., sondern von Het. die Rede ist. Aber es ist doch die Frage, ob hier die bekannten Chab. genannt sein können; vgl. Böhl, Int. Arch. f. Ethnol. 22 (1914), 199. Ist Chab. von Haus aus ein Appellativ, so kann es mehrfach angewabt worden sein. 2) Siehe oben S. 19 f. Weiter bes. 88. 3) Gen. 10, 25 ff.; 11, 16 ff. 24 ff. Wo im AT. Hebräer = Israel steht, liegt ein engerer, wohl zugleich sekundärer Sprachgebrauch vor. 4) Vgl. S. 88. 5) So erklärt sich auch die Erwähnung der 'pr-'ibrīm noch unter Rams. IV. (unt. S. 304). 6) Weinheimer, Hebr. u. Israel. ZAW. 29 (1909), 275 ff, hat (nach Winckler, Abr. a. Bab. 30) daran erinnert, daß die übliche Erklärung des Wortes 'Ibrim im AT. nicht für alle Fälle ausreicht. Vor allem weist er auf 1 Sam. 14, 21 wo es heißt, die Hebräer seien von den Philistern, mit denen sie ins Feld gezogen waren, zu den Israeliten übergegangen. Daraus scheint hervorzugehen, daß Hebräer und Israeliten nicht genau dasselbe waren. Jene scheinen also eine Israel verwandte Stammgruppe zu sein, von der einzelne Teile noch eine Zeitlang neben Israel im Lande wohnten. Sie mögen schon vor Israel dagewesen sein, gerieten aber nach dem Eindringen der Philister unter ihre Herrschaft und wurden, wie es scheint, erst von Israel, in dem sie allmählich vollkommen aufgingen, wieder befreit. Es kommen hier in Betracht 1 Sam. 4, 5—11; 13, 2—7. 19—22; 14,

sich | Spuren dieser Wanderstämme vielleicht auch auf anderem Boden, in Ägypten, noch erhalten haben, wird uns später beschäftigen.

3. Wann und woher kamen sie ins Land, und was wissen wir über die Art ihres Eindringens?

Die vorangehende Untersuchung hat uns gezeigt, daß die Überlieferung Israels über seine Frühzeit in einzelnen Sagen- und Sagenkränzen auf uns gekommen ist, die sich, von allem Beiwerk befreit, auf die Mitteilung gewisser einfacher Tatbestände zurückführen lassen. Jene Untersuchung hat ferner ergeben, daß, was die Stoffe anlangt, das Alter jener Sagen mehrfach in frühe Urzeiten zurückreicht, sowie daß da und dort unzweifelhaft noch historische Hergänge in ihnen durchblicken [1]. Die Frage kann demnach für uns auch hier nur sein, nicht ob die Sagen ihrem Kerne nach geschichtliche Kunde enthalten, sondern wieweit dies der Fall ist und wo wir die geschichtliche Anknüpfung ihres Inhaltes an uns sonst bekannte Hergänge zu suchen haben. Auch hier werden wir gut tun, uns der Grenzen unseres Könnens bewußt zu bleiben. Mehr als der Versuch des Wiederauflebenlassens der frühen Vorzeit wird uns nie gelingen.

Eine Überlieferung macht Abraham zum Zeitgenossen Hammurapis. Wir haben bereits erkannt, daß sie in diesem Punkte jedenfalls nicht sicher den Anspruch auf geschichtliche Treue erheben kann [2]. Wohl aber ist nach dem vorhin Dargelegten in der Zeit, die der Amarnaperiode unmittelbar vorangeht, von etwa 1570 oder 1550 an, die hinreichende Wahrscheinlichkeit für das erste Eindringen hebräischer Wanderstämme in Palästina gegeben [3]. Es mag sich um Jaqob-Israel, vielleicht schon mit einigen Unterstämmen handeln. Der Hauptteil der Stämme aber mag in der Amarnazeit selbst den vorangegangenen Blutsbrüdern nachgefolgt sein. Denn hier sehen wir deutlich, wie die Chabiru bereits zu einer Gefahr für das Land geworden sind.

Woher sie kamen, ergibt sich nach dem früher Dargelegten von| selbst. Die arabische Halbinsel und das anstoßende Aramäerland sind die Stätten, wenn auch nicht die letzte Heimat, jener vordringenden

---

1—21. Außerdem größere Stücke in Ex. 1—10, in denen abermals die „Hebräer" bedeutsam hervortreten, ferner die Josefsgeschichte, vgl. Gen. 39, 14; 40, 15; 43, 32. Daraus möchte W. eine eigene (wenn auch überarbeitete) Quelle erschließen, die von Hebräern redete, ja er ist geneigt, die ganze Sagengruppe von Josef und dem Auszug auf die Ibrim allein zu beziehen, so daß nur sie in Ägypten gewesen wären (280). So besonders wieder ZDMG. 66 (1912), 365 ff. — Die beiden Annahmen gehören nicht zusammen: es könnte eine Hebräerquelle gegeben haben, ohne daß ihr Vorhandensein jene Konsequenz nach sich zöge. Aber auch sie selbst als eigentliche „Quelle" scheint mir nicht erwiesen: es genügt m. E. auch hier eine Schicht der mündlichen Überlieferung, welche die Erinnerung an einen richtigen Sachverhalt bewahrte. Es ist sehr wohl möglich, daß einzelne Gruppen des späteren Volkes ehedem den Chabiru im engeren Sinne angehört haben und die Erinnerung daran behielten, während Jaqob-Israel nur jüngere Vettern jener eigentlichen 'Ibrim darstellen. 1) Für das eine s. oben S. 217 f. 249 f., für das andere S. 255 f. 259 ff. 2) Siehe oben S. 286. — Einfälle der Beduinen haben zweifellos auch in jener Zeit stattgefunden, vgl. oben S. 130 und die Schilderung des Sinuhe bei Ranke, TuB. I, 213, Zeile 95 ff. Ebenso zeigt die Art, wie Sinuhe ins Land kommt und dort sich festsetzt, den Weg, wie man sich (wenigstens nach manchen Richtungen) das Einwandern und Hochkommen Abrahams denken könnte. Auch scheint es schon Chabiru-Hebräer gegeben zu haben (§ 27, geg. E.). Aber wollen wir die Verbindung mit Jaqob-Josef nicht verlieren, an deren Eindringen doch wohl das Abrahams irgendwie geschichtlich angeknüpft werden muß, so geht es nicht an, so hoch heraufzugehen. 3) Vgl. noch das unten S. 304 über „Hebräer" in oder bei Joppe zur Zeit Thutm.' III. Vermutete.

Scharen. Sie werden auch die Hebräer ehedem beherbergt haben. An welchem Punkte sie hervorbrachen und wo sie Station machten, ehe sie an die Pforte von Palästina selbst pochen, wird sich nie endgültig entscheiden lassen. Die Urkunden nennen Abrahams Heimat Ur Kasdim. Aber weder wo diese Örtlichkeit eigentlich zu suchen ist, noch wie alt die Überlieferung über sie sein mag, vermögen wir auch nur mit annähernder Sicherheit noch zu bestimmen [1]. Mit größerer Bestimmtheit können wir an das östliche Aramäerland, das Gebiet zwischen Damaskus und dem Eufrat und vielleicht bis nach Harran hin als ihre Heimat denken [2], wenigstens in dem Sinne, daß jene Horden, | nachdem sie aus dem Innern der Steppe hervorgebrochen, dort eine Zeitlang Station machen, um die Gegend um Harran und das Land der „Söhne des Ostens" als Warteplatz zu benutzen, bereit, nach Westen oder Süden, je nachdem die Gelegenheit sich bot, weiterzuziehen.

Daß sie durchweg im Frieden kamen, ist nach allen Analogien nicht sehr wahrscheinlich. Vielfach ist dies allerdings der Fall. Die Art, wie die Genesis das Kommen der Väter ins Land, ihr Zelten und Weiden hier schildert, spricht deutlich dafür. Es wird auch kein Zweifel sein, daß die Chabiru, deren Bild wir noch in manchen Zügen der israelitischen Vätersage wiedererkennen, oft genug im Frieden und durch Bündnis sich einzelner Teile des Landes bemächtigt haben. Tatsächlich aber kennt auch die Überlieferung, wie wir sahen, in durchaus nicht unglaubhafter Weise sowohl Abraham als Jaqob noch als Krieger. Es ist gewiß kein

---

1) Siehe näher m. Abhandl.: Die Herkunft der Hebräer nach dem AT. in ThStW. VII (1886), S. 187—220. Ur Kasdim kommt zweifellos in P als Heimat Abrahams vor. Von hier aus wandert er nach Harran, Gen. 11, 31. Innerhalb J scheint Ur Kasdim ehedem keine Stelle gehabt zu haben. In Gen. 15, 7 und 11, 28 ist es mindestens zweifelhaft. Es liegt J² oder R vor (s. oben S. 215). Nun gab es zweifellos eine berühmte altbabylonische Mondstadt Ur (das heutige el-Muqajjar). Auch sind Kasdim die babylonischen Kaldäer. Daraus wird meist geschlossen, die Texte denken an dieses südbabylonische Ur. Sicher ist das keineswegs, denn Kasdim oder Kalder (ebenso einen oder mehrere Orte des Namens Ur) gab es auch im obern Tigrisland, auf das wohl auch der Name Arpaksad weist (vgl. dazu Lehmann-Haupt in Abh. d. Gött. Gel. Ges. 1907; weiter Z. f. Ethnol. 24 (1892), 131 f. u. Verhandl. d. Berl. Anthrop. Ges. 1892, 486 f. 1895, 578 ff. und später in Hilprecht Anniversary Vol. 1909, 259 ff., auch Albr. JBL. 37, 135). Nun ist es zweifellose Voraussetzung der Genealogie von P in Gen. 11, 10 ff., daß die Semiten der Linie Arpaksad sich mehr und mehr vom armenischen Norden her nach Mesopotamien fortbewegen und schließlich in geradlinigem Fortgang in Harran als vorläufigem Aufenthalt anlangen. Auch läßt P (in Übereinstimmung mit Gen. 11, 10 ff.) die Arche auf den Bergen von Ararat, also jedenfalls im Norden oder Nordwesten von Assur sich festsetzen; er hat demnach die weitere Geschichte und Ausbreitung der Menschheit von dort ausgehen lassen. Es ist daher fast undenkbar, wie er von hier aus die Semiten sollte plötzlich an der Eufratmündung auftreten und von dort ausgehen lassen — nur um sie genau an dem Orte, wo sie etwa mit Serug vorher gestanden waren, noch einmal ankommen zu lassen. Es ist deshalb recht wohl möglich, daß P (wie J) einfach Harran und Aram Naharaim als Heimat Abrahams ansah.　2) So stellt sich jedenfalls E die Herkunft Abrahams und der Seinen vor, und er scheint hier die älteste und richtige Überlieferung bewahrt zu haben, vgl. in der alten Spendeformel Dt. 26, 5 „ein in der Irre gehender Aramäer war mein Vater" (s. S. 232 [1]). Doch ist nicht ausgeschlossen, daß auch J, wenn er von Aram Naharaim und Harran redet, noch richtiger Überlieferung folgt. So weit entfernt sind beide Gebiete nicht, daß nicht wenigstens für die verschiedenen Stufen der Wanderung beide in Frage kommen könnten, so daß es der etwas künstlichen Erklärung Meyers, Isr. 248 nicht bedarf. Über die Dehnbarkeit des Begriffs Land Qedem s. S. 236 [3]. Abrah. als bab. Name spricht für Harran.

Zufall, daß Abraham in der einzigen Geschichte, die ihn als Krieger zeichnet, als Hebräer d. h. Chabiru auftritt. Hier hat die Sage das Richtige erhalten. Im ganzen jedoch hat dieser Zug sich stark verwischt. War eine oder die andere Gruppe eingedrungen, so konnte sie leicht Stammverwandte nachziehen, so wie in Ägypten allezeit Nomaden aus dem Norden im Frieden Einlaß begehrten und erlangten. Auch werden die ins Land Vorgedrungenen hier von selbst friedlich gesonnen. Richtige Wanderstämme, Kamelnomaden, kann das Land nicht beherbergen. Sie schweifen auf weitem Raum und gehören der endlosen Steppe zu. In Palästina werden sie von selbst halbseßhafte Schafhirten, heute Maʿaze genannt [1], oder auch Halbbauern, die den Acker bestellen, soweit er Ertrag gibt. Ihnen ist, so gut wie dem Bauern selbst, der Friede ein Bedürfnis. So atmen die Vätergeschichten der Genesis den Geist friedlichen Halbbauernlebens und haben fast vergessen, daß die Väter selbst einmal ein anderes Handwerk betrieben haben müssen.

4. Daß jene Hebräerstämme nicht auf einmal nach Kanaan gelangten, ist ein Zug, den die Überlieferung mit voller Deutlichkeit, und | ohne Zweifel richtig, bewahrt hat. Auf Abraham folgt in einer späteren Generation Jaqob, der wie Isaaq seine Frau im fernen Osten sucht. Es besteht in der Tat die höchste Wahrscheinlichkeit, daß wir hier die Sage historisch deuten dürfen: es haben wol nach den ersten Wanderungen neue Zuzüge aus Aram stattgefunden, so daß weitere Sippen und Stämme zu den schon vorangegangenen hinzuwuchsen. Die Frage kann nur sein, welcher Zeit und welchen Völkerverhältnissen oder Stammverbänden diese Züge angehörten. Dürfen wir die Benennung Abrahams als Hebräer [2] einerseits und andererseits die Gleichsetzung Jaqobs mit Israel betonen, so wird immerhin wahrscheinlich, daß in Abraham eine besonders frühe Chabirugruppe, in Jaqob-Israel eine ihr bald folgende Gruppe im Lande erschienen wäre. Ob man die Sage noch weiter dahin ausdeuten darf, daß Jaqob erst nach Südpalästina wanderte, dann nach Aram zurückzog, um nach einiger Zeit mit Zuzug von dort (Lea, Rahel) ins mittlere Land zurückzukehren, muß auf sich beruhen [3].

Jedenfalls erklärt sich so von selbst, daß die Gruppen und Etappen der Wanderung selbständige Namen führen. Abraham und Jaqob-Israel, dazwischen vielleicht Isaaq, scheinen die Hauptgruppen darzustellen [4]. Ihnen treten Unterabteilungen als jüngere, von ihnen abgeleitete oder auch abhängige Gruppen oder Sippen zur Seite. Die spätere Nachwelt hat sie in ein System von 12 Stämmen gefaßt [5]. Die Zahl ist | wohl künstlich

---

1) Vgl. oben S. 14f.; zu Abraham und Jaqob als Kriegern S. 289 u. 263 [5]. 266 [3]. — Heute sind diese Wanderhirten vielfach, aber nicht ausschließlich, auf die Steppe und ihre Randgebiete beschränkt. Um die Mitte des 2. Jahrtausends vor Christus lagen die Dinge gewiß wesentlich anders. Vor allem ist aber auch nie zu vergessen, daß der hier und später öfter gebrauchte Ausdruck „Stämme" über die Kopfzahl der einzelnen Geschlechter gar nichts sagt. Wir können sie so bescheiden vorstellen, als uns beliebt. Vgl. m. Orient. Ausgr. [5] 16f. u. jetzt bes. Musil, Arab. Petr. III, 28 ff., speziell S. 47. 55, auch Burckh., Bed. 7. 10. 27 u. ö. (kleinste Stämme von wenig Zelten oder gar Personen!) u. ob. 272 [4]. 2) Oben S. 295/6 und bes. S. 293 f. und 283 [5]. 3) S. unt. S. 298. Weiter möchte ich nicht gehen. 4) Mit welcher Annahme man oben über die Frage, ob sie zugleich Personen darstellen, Gesagtes nicht im Widerspruch steht. Es lassen sich beide Gesichtspunkte vereinigen, wenn auch über gewisse Wahrscheinlichkeitsgrade nicht hinauszukommen ist. 5) Das System der 12 Stämme, d. h. derjenigen Geschlechter, die sich zum Rang von Hauptgeschlechtern

geschaffen. Auch mag sie im Lauf der Zeiten vielfach geschwankt haben; früher verschollene Geschlechter werden durch neu eintretende andere er-

erhoben, ist im folgenden Schema niedergelegt, zu dem zu vergleichen sind Gen. 29, 32 ff.; 30, 1 ff.; 35, 16 ff. und die Liste von P in 35, 23 ff.

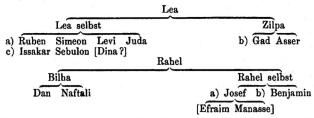

Lea

Lea selbst   Zilpa
a) Ruben Simeon Levi Juda   b) Gad Asser
c) Issakar Sebulon [Dina?]

Rahel

Bilha   Rahel selbst
Dan Naftali   a) Josef b) Benjamin
[Efraim Manasse]

Zilpa ist die Magd Leas, Bilha diejenige der Rahel. Werden die Söhne der Magd denen der Gattin zugerechnet, so muß angenommen werden, daß der Unterschied von Herrenständen und halbbürtigen (Bastard-)Stämmen, den auch andere Völker kennen, vorliegt. Untergeordnete, weniger angesehene oder durch Vermischung mit volksfremden Elementen entstandene Geschlechter werden auf diese Weise als solche zweiten Ranges gekennzeichnet. Wenn Zilpa nach Lea anfängt zu gebären, Bilha überhaupt vor Rahel gebiert, so darf man darin vielleicht die Spur der Erinnerung an das Altersverhältnis der Herren- und Dienerstämme sehen; doch liegt bei Rahel eine andere Erklärung näher. Das geliebte Weib ist die Unfruchtbare; ihre Unfruchtbarkeit soll betont werden; demnach muß wohl hier nach der ganzen Anlage der Sage die Magd vorantreten, und es wird in diesem Punkte eher freie Gestaltung der Sage vorliegen. Dann ist aber auch für Lea diese Erklärung wenigstens zu erwägen. Dies um so mehr, als Dina augenscheinlich nie ein Stamm war. Sie ist lediglich ein junges Mädchen, das aber wegen Gen. 34 hier nicht wohl fehlen konnte. (Es kann in Gen. 34 die blasse Erinnerung an irgendeinen persönlichen Handel zu Grunde liegen, s. Skinner 421 nach Doughty, Arab. des. II 114.) Eher wird man in der Geburtsfolge im ganzen und besonders darin geschichtliche Erinnerung sehen können, daß sowohl Lea als Rahel in zwei Perioden gebiert, also hier Issakar und Sebulon, dort Benjamin die jüngsten Stämme darstellen. Warum gerade die Zwölfzahl innegehalten wird, ist nicht ganz sicher. Die zwölf Tierkreisbilder als Grund beizuziehen liegt jedenfalls keine Nötigung vor (Gunk.² 332), wenn auch kein Gegenbeweis geführt werden kann. Eher wird man an gewisse Leistungen denken mögen, welche die zu einem Bunde vereinigten Stämme an ein gemeinsames Heiligtum wie Sikem zu bringen hatten (Meyer). Jeder Stamm hatte dann einen Monat den Gott zu versorgen, ähnlich wie unter Salomo jeder Bezirk den König (1 Kön. 4, 7). Auch wenn wir für Israel keinen Beweis hierfür haben, bleibt diese Entstehung die wahrscheinlichste. Die Zahl wird, nachdem sie aus dem genannten Grunde einmal üblich geworden war, auch wo er fehlte, beibehalten worden sein. — Wann ist das System in Israel entstanden? Das Deboralied kennt ein anderes System (vgl. Bd. II⁴ 11); der Jaqobsegen Gen. 49 hingegen bietet es genau in derselben Weise wie Gen. 29 f.; der Mosessegen Dt. 33 schaltet Simeon aus und setzt statt Josef (im Text selbst) Efraim und Manasse ein. Das System scheint demnach zwischen dem Deboralied und dem Jaqobsegen, also in der Richterzeit gebildet zu sein. Dazu stimmt die Stellung Dans. Naftali hat, soweit wir wissen, nie anderswo als in Galiläa gewohnt (doch s. 303⁷). Wenn nun Dan in engster Verbindung mit ihm genannt wird, so muß wohl auch Dan in Galiläa gedacht sein. Hier hat er einen Sitz erst in der Richterzeit erhalten. Früher kann demnach auch das System in dieser Form nicht entstanden sein. Ferner stimmt dazu, daß in Gen. 30, 14 Ruben in der Weizenernte auf dem Feld ist. So hätte man in der Zeit der ältesten Sagenbildung, die halbnomadische Verhältnisse, nicht aber eigentliches Bauernleben voraussetzt (vgl. oben S. 263), nicht gesprochen. An sich ist es möglich, daß man erst, als die Stämme wirklich zu zerfallen begannen, sie in ein System brachte. Aber tatsächlich ist dies durch nichts erwiesen. Und jedenfalls ist die Zusammenstellung erst im 10. Jahrhundert erfolgt, wie Meyer, Israel. 507 f. meint. Damals hätte man kaum mehr Josef als einen Stamm behandelt, sondern hätte wohl Efraim und Manasse betont, unter Ausschaltung von Levi. Man redete ja freilich immer auch

setzt. Aber zwei Hauptgruppen, zusammengefaßt in die Namen Lea und Rahel, die als Weiber Jaqob-Israels gelten, mögen den frühesten Bestand der zusammengehörigen Geschlechter dargestellt haben. Auch Jaqob und Israel mögen ehedem selbständige Stämme gebildet haben, die erst im Lauf der Zeit miteinander verschmolzen, doch ohne daß einer von ihnen, wohl weil sie beide als wesentlich älter und in gleicher Weise als Hauptstämme galten, dem System der Zwölfe einverleibt ward [1].|

Die Ausgrabungen von Jericho haben auf die Geschichte dieser Stadt ein merkwürdiges und vielfach überraschendes Licht geworfen. Sie haben vor allem gezeigt, daß die eigentliche Kanaaniterfeste Jericho nicht erst durch Josua und die Seinen gefallen sein kann. Die starke Doppelmauer, die sie umschloß, muß schon im 16. Jahrhundert durch Feinde,

---

vom „Haus Josef", so Ri. 1, 22 (J), oder dem „Schaden Josefs" Am. 6, 6. Wenn es sich aber um die Aufzählung der Stämme handelt, wird Josef geflissentlich nur als Zusammenfassung von Efraim und Manasse betrachtet, so Ri. 1, 35 vgl. V. 27 ff., während Jos. 17, 14 ff. augenscheinlich auf der Stufe von Gen. 49 steht (vgl über dieses Stück, genauer V. 14 f., Meyer, Isr. 512 f.). Eine gewisse Künstlichkeit des Systems tritt darin heraus, daß manche Stämme, die wir anderswoher kennen, hier fehlen. So Makir (Manasse), Gilead vgl. Ri. 5, 14. 17 und dazu Bd. II⁴ 14⁸. 19. Auch von den Untergeschlechtern Judas: Kaleb, Jerachmeël, Qain usw. ist abgesehen, obwohl sie schwerlich unbedeutender waren als manche andre, wenigstens zuzeiten. Sie konnten also wohl auch als Kebssöhne Judas erscheinen. Aber die andere Überlieferung über sie war augenscheinlich schon zu fest (wenigstens über Kaleb und Qain). Auf der andern Seite zeigt das Auftreten von Dina als Stamm (s. oben) und vielleicht das Altersverhältnis der Magdsöhne zu den vollbürtigen dieselbe Erscheinung. — Mag aber im einzelnen der geschichtliche Kern der im System enthaltenen Stammsagen noch so zweifelhaft sein, die Tatsache wird unter allen Umständen feststehen, daß die Grundlage der ganzen Stammgeschichte auf die Namen Lea und Rahel zurückgeht. Sie müssen neben Jaqob und Israel die ältesten Gebilde sein, auf welche die Erinnerung der Nation sich zurückbesinnen konnte. Es muß also wohl Stämme dieses Namens gegeben haben, mit denen Jaqob und Israel sich verbanden. Darin sah man die letzte Wurzel der Entstehung des spätern Volkes. Es scheint dabei verlockend, die Verbindung so vorzustellen, daß Lea dem einen, Rahel den andern zugehörte. In diesem Falle müßte dann wohl Lea sich mit Israel, Rahel mit Jaqob verbunden haben. So denkt sich den Hergang Procksch (Sagenb. 301). Für ihn ist eigentlich — schwerlich mit Recht — Rahel Jaqobs und Lea Israels Weib. [Haupt, ZAW. 29 (1909), 284 will sogar geradezu Lea und Rahel aus dem Gegensatz von Israel und Juda erklären, s. unten. Aber wie kann der Rahelsohn Josef zu Juda und der Leasohn Juda zu Rahel kommen?] Vgl. dazu noch Stade, Entsteh. des Volk. Isr. (1897) und Nowack, Entsteh. d. israel. Relig. (1895), 16 (die Meinung, daß nur Rahel in Ägypten gewesen sei, führt zu der üblen Konsequenz, Mose sei ein Levit gewesen; s. darüber in § 36, 1 a. E.). Vgl. noch Bublitz in ZAW. 33 (1913), 241 ff.

1) Eines Beweises hierfür bedarf es eigentlich nach allem früher Dargelegten nicht mehr. Über Israel als Stamm haben wir freilich inschriftlich bis jetzt nur den einen Beleg der Merenptah-Inschrift (vgl. § 34, 3 u. schon Bd. II⁴ 11.) — vorausgesetzt, daß sie nicht das „Volk" als solches meint. Aber schon die Zusammenstellung mit Jaqob als vollkommen gleichwertige Größe (vgl die Umnennung Gen. 32, 28 und die Parallelen Israel—Jaqob in Stellen wie die Bileamsprüche Num. 23, 7. 10. 23 usw.) läßt, wenn Jaqob als Stamm zu gelten hat, keinen Zweifel, daß auch Israel einmal ein Einzelstamm war, der mit Jaqob verschmolz. Vielleicht hatte er ehedem seinen Sitz im Ostjordanland bei Pnuel und Abel Mizraim: dort kämpfte Israel mit Gott, und dort zeigte man sein Grab Gen. 32, 24; 50, 11 (Procksch 303). Von hier aus würde sich die alte Beziehung Israels zu Moab und Ammon, die sich in der Lotsage in Juda (J) besonders deutlich erhielt, erklären. Über Jaqob als Stamm in der Zeit, ehe es ein Volk des Namens Israel oder Jaqob gab, d. h. eben als Einzelstamm s. oben S. 261. 274 f. Gehört Israel zuerst noch in den Osten, so sitzt Jaqob, wenigstens in der hier erreichbaren Zeit, schon im Westlande. Demnach wäre, wie es auch die Sage in der Namenfolge andeutet, Jaqob der ältere.

die aus Osten oder Südosten kamen, zerstört worden sein [1]. Und nicht
umsonst wird die Sage Israel mit dem Fall dieser starken Feste in besondere Verbindung gebracht haben: haben wir Grund zu der Annahme,
daß der Israelstamm ehedem noch dem Ostlande angehörte, als Jaqob sich
bereits im Westen festgesetzt hatte, so mag die Vermutung nicht zu kühn
sein, daß jenes älteste Israel vorzeiten schon einmal die Gewalt seines
ersten unwiderstehlichen Anpralls an den schier unüberwindlich scheinen-
den Mauern des alten Jericho erprobte. Ein Abglanz von dem Schimmer
dieser ersten Eroberung fiel dann später noch auf Josua und die Seinen,
als sie aufs neue genötigt waren, die Stadt zu erstürmen.

Schon vorher hatte Jaqob sich im Westland festgesetzt. Es scheint,
daß eine Gruppe bei Adam gegenüber der Jabboqmündung über den Jordan
zog und ihr Standquartier bei Sikem aufschlug. Ihr folgen in der Amarnazeit neue Scharen. Neben Jaqob selbst darf man an Simeon und Levi,
vielleicht auch Ruben denken. Die Überlieferung vom Feld Jaqobs bei
Sikem, vielleicht auch diejenige von einem Bundesschluß auf dem Garizim,
würden dazu ebenso passen wie die von Jaqobs gewaltsamer Eroberung [2],
die eine hier, die andere dort. Soweit mag Sellin im Rechte sein [3]. Nach
Gen. 34 wären sie aber wieder aus Sikem verdrängt worden; sie kommen
Josef nach: südwärts und weiterhin nach Ägypten.

5. Wird das vorhin dargelegte System der 12 Stämme verglichen mit
den uns sonst bekannten Nachrichten, so läßt sich daraus Wesentliches
über die älteste Geschichte der Stämme ermitteln, wenn es auch
entfernt nicht gelingt, ein vollkommenes Bild zu gewinnen.

In der Reihe der Leastämme mögen wohl Levi, der wahrscheinlich der eigentliche Träger des Namens und darum im letzten Grund mit
Lea eins ist [4] — worauf sich auch sein priesterliches Vorrecht | stützen
mochte —, und neben ihm Simeon, der im besonderen Sinne Levis
„Bruder" heißt, ehedem die erste Stelle eingenommen haben. Sie saßen,
wie wir eben hörten, in der Gegend von Sikem und haben hier frühzeitig
schweres Mißgeschick erduldet, das über ihre ganze Zukunft entschied [5].

---

1) Sellin-Watzinger, Jericho 32. Man könnte vielleicht auch an Thutmes III.
denken. Aber er scheint nicht weit nach Osten vorgedrungen zu sein. Weiteres unten
§ 39, 4; auch oben S. 105 f.   2) S. oben S. 266 f. 269 [1]. Wie später am Sinai und
bei Qades, so mögen auch hier schon die beteiligten Stämme im Namen ihres Gottes
eine Vereinigung getroffen und sie mit feierlichen Eidschwüren bekräftigt haben. 3) Gilgal 1917. Weiter § 39, 4.   4) Lea wird gewöhnlich als „Wildkuh", Rahel als
„Mutterschaf" gedeutet. Nach Haupt, ZAW. 29 (1909), 281 wäre richtiger „Kuh"
und „Schaf". Vielfach werden die Namen totemistisch als solche von Stammtieren
oder Stammgottheiten in Tiergestalt erklärt. Auch an eine Schlangengottheit
wollte man (B. Luther bei Meyer, Isr. 426) denken. Doch läßt sich über die Tatsache
hinaus, daß Lea Stammname ist, kaum etwas ausmachen. Nach Haupt 284 wären nun
die Leasöhne die rinderzüchtende israelitische Bauernschaft im Norden, Rahel die halb-
nomadischen schafzüchtenden Südstämme (Juda). Doch s. oben S. 298. Auch ist
„Rindersöhne" im Hebräischen nicht = Rinderzüchter. Besonders aber wissen wir
gar nicht, ob die Leasöhne von Anfang Rinderhirten waren. Was also immer die Bedeutung von Lea selbst sei, der Zusammenhang von Levi mit Lea scheint das einzig
Sichere. So schon Wellh., Prol.[5] 141. Die da und dort auftauchende Zusammenstellung der Leviten oder Levis mit einem nordarabischen לוי (fem. לויה), das „Priester"
bedeuten soll, ist viel zu unsicher, als daß sich Schlüsse irgendwelcher Art darauf
bauen ließen; vgl. Mey. Isr. 88 f. (el Ola) und dazu noch Jaussen-Savignac, Mission
arch. en Arabie 1909 Nr. 20 (לוא דוד = Levit des Dawûd?).   5) Siehe darüber
oben S. 265 ff. und schon Bd. II[4] 24. 26 f. Daß Simeon und Levi bei Sikem auf-

Ihnen gliederte sich früh R u b e n an, der, weil rasch zu größerer Bedeutung gelangt, vielleicht auch weil er vorher schon im Lande eingedrungen war, als der Erstgeborene angesehen wurde. Seinen Sitz muß er wenig südlich von jenen, etwa in der Gegend von Betel, gehabt haben [1].

Südlich von Ruben, aber an den Westabhängen des Gebirges und noch nicht im Mittelpunkt seines späteren Stammlandes auf dem Gebirge von Hebron und Betlehem, hatte J u d a sich ein Gebiet errungen, das durch die Orte Adullam und Timnat, auch Kezīb, gekennzeichnet ist. Es ist möglich, daß schon von Anfang an eine stärkere Schicht der bisherigen Landesbewohner zwischen ihm und seinen Bruderstämmen lag, die Juda von jenen trennte. Jedenfalls scheinen einige seiner Untergeschlechter, die sich aber nur kurze Zeit halten konnten, der Vermischung mit jenen entstammt zu sein. Sie mögen in der ägyptischen oder ersten nachägyptischen Zeit von Kanaan wieder aufgesogen worden sein [2], während Juda

---

gerieben wurden, steht nach Gen. 34, das durch Gen. 49, 5 ff. gestützt wird, fest. Sie müssen also einmal im m i t t l e r e n Lande geweilt haben. In der Zeit nach Josua ist Levi überhaupt kein Stamm mehr, der Taten tun könnte, Simeon aber gehört mit Juda in den Süden, wohin sie beide, er und Levi, abgedrängt werden. — Zugleich scheint aber Gen. 49, 5 im Zusammenhang mit 34, 30 vorauszusetzen, daß Simeon und Levi „Brüder" im besonderen Sinne sind (II⁴ 23⁵; zu lesen ´ochim Hyänen (Ball) ist geistreich, aber kaum zulässig — schon wegen des Folgenden, dessen Besserung durch B. ich nicht glücklich finde. Nicht besser freilich liest Sellin, Sich. 58 *sar* Fürsten für *schor* Rinder, als könnte Zef. 2, 4 belegen, daß שׂכב bei Männern etwas anderes sei als bei Rindern). Es scheint also, daß Levi der Leasohn κατ᾽ ἐξοχήν und Simeon noch enger mit Lea, d. h. also Simeon und Levi untereinander enger zusammengehören als beide mit Ruben und Juda. Levi bildet den Kern und Simeon haben sich ihm zuerst angeschlossen, tritt aber aus unbekannten Gründen, vielleicht weil kriegstüchtiger, voran. Über Levi u. Juda s. bei Juda.

1) R u b e n sitzt bekanntlich in der Zeit nach Josua im südlichen Ostjordanlande (vgl. z. B. Num. 32, 33 ff. Jos. 13, 15 ff.). An der Richtigkeit dieser Nachricht ist nicht zu zweifeln (vgl. Meyer, Isr. 531); auch Debora wird ihn hier gedacht haben: so erklärt sich seine Zurückhaltung Ri. 5, 15 f. Bald nach Debora scheint er mehr und mehr zurückgegangen zu sein (Bd. II⁴ 18); jedenfalls ist von einem Vordringen über den Jordan jetzt keine Rede mehr, er sieeht langsam hin. Trotzdem finden wir Ruben in der Vätersage im W e s t l a n d e. Nach Gen. 35, 21 f. vergeht er sich beim „Herdenturm" südlich von Sikem (und vielleicht identisch mit demjenigen bei Jerusalem Mi. 4, 8) mit seines Vaters Kebsweib Bilha. Nach Gen. 34, wo Jaqob sich nach J in Sikem befindet, und der ganzen Richtung der Reise Jaqobs (bei E über Betel) nach Süden ist die Annahme Meyers 276 ausgeschlossen, der Herdenturm sei im Ostjordanlande gedacht, in dem J den Jaqob weiterziehen lasse. Nun ist die Begebenheit — wie immer man sie deuten möge, vgl. z. B. Holz. im Komm. oder Steuern., Einwandrung 16. 94 — durch Gen. 49, 3 f. bezeugt. Eine Überlieferung dieser Art muß also schon in der Richterzeit existiert haben. Und an ihr muß mindestens so viel wahr sein, daß lange vor der Richterzeit Ruben im W e s t l a n d e weilte. Darauf deutet vielleicht auch Jos. 15, 6 (= 18, 17), wonach es auf der Grenze von Juda und Benjamin im Westlande einen Ort Daumenstein *Eben bohan* gab (PJB. 9, 18; 10, 9), der auf einen Rubeniten Bohan zurückgeführt wird (obgleich hier ein vereinzeltes Übergreifen über den Jordan möglich wäre). Wichtiger aber ist der Umstand, daß Ruben durchweg als der E r s t g e b o r n e der Jaqobsöhne erscheint und als solcher bei E in der Josefgeschichte die Führerrolle unter den Brüdern spielt. Zu dieser Rolle wäre er nicht gelangt, wenn er nicht vorzeiten eine bedeutende Stellung besessen hätte. Seit dem Deboraliede und wohl überhaupt seit der Zeit Josuas gehört er zu den geringen Stämmen. Er muß also seine Bedeutung in der vorägyptischen Vorzeit besessen haben. Es ist nicht wohl möglich, an diesem Schlusse vorüberzukommen. 2) Gen. 38. T i m n a, aus der Simsongeschichte bekannt, liegt ziemlich genau in der Mitte zwischen Betlehem und der Küste. Wenig südwestlich davon muß A d u l l a m ʿīd el-mĭje gelegen haben und zwischen beiden (etwas gegen Westen) K e z ī b (Akzib). Es ist

selbst früh nach Süden abgedrängt wird. Auch die starke Berührung mit Levi in älterer Zeit scheint auf diese Anfänge zurückzugehen [1].

Auch von Issakar dürfen wir annehmen, daß er schon in dieser Frühzeit, und zwar noch als angesehener Herrenstamm, im Lande war. Nicht die Kunde von seinem Dasein, nur sein eigentlicher Name ist uns verloren. Er mag seinen Sitz wie später in der fruchtbaren Jesreelebene, soweit sie ihm erreichbar war, oder im südöstlichen Galiläa gesucht haben. Jedenfalls zeigt seine Aufzählung unter den rechtmäßigen Jaqobsöhnen, daß er, ehe er seinen eigentlichen, später verschollenen Namen ablegte, das Ansehen eines Herrenstammes genoß [2]. An ihn lehnte sich wenigstens später Sebulon an. Neben beiden mag Asser die Verbindung mit den auf dem Gebirge Efraim sitzenden Leastämmen hergestellt haben. Er ist uns als ein verhältnismäßig früh in Palästina bezeugtes Geschlecht schon bekannt geworden. Sein Aufenthalt scheint dem späteren zu entsprechen [3], während sein Bruder Gad uns nie anders als im mittleren Ostjordangebiet begegnet. Warum beide als Bastarde gelten, verraten vielleicht ihre Namen [4].

Wie diese acht Leastämme, über deren Umfang nach Kopfzahl und Weidegebiet wir vollkommen im dunkeln sind, sich zueinander und zu den mit ihnen zusammen schon im Lande weilenden Stämmen Jaqob und Israel stellten, entzieht sich über das oben Angedeutete hinaus vollständig unserer Kunde. Ihr Verhältnis geht wahrscheinlich überhaupt nicht über die Erinnerung an das gemeinsame Blut und damit ein gewisses Gefühl der Zusammengehörigkeit hinaus. Mehr und mehr mögen sie die Überlegenheit jener beiden erkannt und sich ihnen enger angeschlossen haben.

6. Abseits von Lea und vielleicht Israel, aber auch wenigstens durch die Gemeinsamkeit des Blutes mit ihm lose verbunden, stehen die Rahelgeschlechter. Das ist der Grund, weshalb manche sie gern mit Jaqob in Verbindung bringen. Sie müssen ehedem allesamt im Süden des Landes, am nächsten dem bescheidenen Bezirke, den Juda beweidet, geweilt haben. Als sicher darf dies, wie ich glaube, von Josef angenommen werden [5],

---

heute 'ain el-kezbe gegenüber von *chirb. schuweke* (Soko) am Wadi *es-sanṭ*. Doch scheint es ein zweites Timna noch näher am Gebirge gegen Betlehem hin gegeben zu haben (Guthe, Bibelwörterbuch 675), vielleicht ist dies gemeint. Die Untergeschlechter sind ' Er, Onan, Sela. Daß der Hergang geschichtlich zu verstehen ist, wird im ganzen nicht bezweifelt, wohl aber wollen manche ihn der spätern Zeit, selbst nach David (Meyer, Isr. 436), zuweisen. Siehe dagegen oben S. 230 [6]. Nach Haupt, ZAW. 29, 284 würde Jehuda = Bekennerschaft sein. Es ist nicht ausgeschlossen, daß die merkwürdige Abstraktform an eine Kultgenossenschaft denkt. Welche? muß freilich offen bleiben.
1) Wird Levi nach Süden gedrängt und in Ägypten und Qades zum Priester, so verstehen wir, warum in Ri. 17, 7 ff. 19, 1 Leviten in Juda wohnen. Vgl. S. 308 [1].
2) Vgl. dazu schon Bd. II [4] 17. Seit der Deboraschlacht scheint er sich wieder aufgerafft zu haben, wie der Mosesegen Dt. 33, 18 beweist. Demnach ist Gen. 49, 14 f. vor Debora zu legen. Der Name „Dienstmann" wird also wohl in der ägyptischen Zeit als Spottname entstanden und dann haften geblieben sein. Seinen Sitz anlangend darf immerhin nicht übersehen werden, daß Ri. 10, 1. 2 einen Clan Tola' in Issakar auf dem Gebirge Efraim kennt. Ähnliches gilt von Sebulon nach Ri. 12, 11 ff., dessen Clan Elon nach Aijalon gehört. Ein solches kennen wir sonst nur bei Bethoron.
3) Vgl dazu oben S. 262, Anm. 2 und zur spätern Lage Bd. II [4] 16 f.   4) Auch sie sind wie Dan und Naftali an der Peripherie gelegen, also wohl stark mit fremdem Blut gemischt, wozu die Namen kommen; s. S. 185. 276 f.   5) Man darf sich durch die spätern, nachmosaischen Sitze von Josef, d. h. Efraim und Manasse nicht täuschen lassen. Daß sie jetzt auf dem „Gebirge Efraim" sitzen, hat wohl lediglich seinen

schon weil seine Wanderung nach Ägypten einen | südlichen Standort des Stammes voraussetzt, ferner weil Beerseba noch lange nachher als Heiligtum Josefs galt [1], endlich weil Debora direkt Ähnliches bezeugt [2]. Auch bei B e n j a m i n, dessen Entstehung erst in die nachmosaische Zeit zu verlegen kaum angehen wird, paßt mindestens der Name viel besser in diese Gegend als in diejenige seines späteren Aufenthaltes [3]. Von dem Bastardstamm D a n ferner ist jedenfalls soviel sicher, daß er ehedem, ehe er nach Norden wanderte, einmal im Süden des Landes, nicht gerade im Negeb oder bei Hebron, aber nicht sehr weit nordwestlich von letzterem bei Timna und Zorea geweilt hat. Er müßte sich dann, falls sein Weilen im Lande bis in vormosaische Zeit hinaufgeht, mit dem damaligen Juda nahe berührt haben. | Immerhin spricht Dans Zusammenhang mit Rahel dafür, daß er schon in der Zeit, als Josef und Benjamin im Süden saßen,

Grund darin, daß Simeon und Levi keinen Anspruch mehr auf diese Sitze erheben konnten. Der Name Efraim beweist gar nichts. Er ist als Ortsname jedenfalls älter als der Stamm und hat dem letztern erst den Namen gegeben. Eigentlich hieß die Landschaft Efrat, und der Bewohner ein Efrater *(Efrāti).* Auch daß das Grab der Rahel am Südabhang des Efraterlandes bei Betel gezeigt wurde (die Verlegung nach Betlehem ist ganz sekundär) 1 Sam. 10, 2; Jer. 31, 15, ist nicht entscheidend. Als der Josefstamm das Gebirge Efraim eingenommen hatte, wurde die eine Hälfte seiner Sippen nach ihrem Wohnort Efrater und der Stamm nach dem Stammgebiet E f r a i m genannt. Die andere Hälfte hieß Manasse, und beide, Efraim und Manasse, werden zu Söhnen Josefs. (Siehe noch Bd. II⁴, 13). D a s a l l e s s i n d s e k u n d ä r e P r o z e s s e, deren weitere Folge dann auch ist, daß des Ahnherrn Mutter, weil seine Söhne hier weilten, in Efrat ihr G r a b empfing. Dasselbe gilt von dem Grab Josefs, das auf Grund derselben Erwägungen bei Sikem gesucht wurde Gen. 50, 25 usw. Ehedem kann weder Josef noch Rahel auf dem Gebirge Efraim gesessen haben, sondern nur im Süden bei B e e r s e b a und H e b r o n. Von dort geht die Josefsgeschichte, von dort auch die Abwanderung aus Gen. 46, 5; 37, 14, auch 37, 22 (Zisterne in der Steppe). Wenn gelegentlich bei J S i k e m und die Gegend von Dotan einige Stunden nördlich davon als Weideplatz der Brüder genannt werden, so liegt darin lediglich die Erinnerung daran, daß die Leastämme ehedem tatsächlich dort hausten. Sie werden von der Sage auf diese etwas künstliche Weise in die Verbindung mit Josef gebracht, welche die Sage für den Verkauf nach Ägypten durch sie bedurfte. Damit erledigen sich Bedenken wie die von Meyer, Isr. 161, Anm. 2, Gunk.³ 406 geäußerten hinsichtlich der Entfernung zwischen Hebron und Sikem und demgemäß der Echtheit der Nennung von Hebron in Gen. 37, 14. 1) Elia sucht 1 Kön. 19, 3 Beerseba auf — gewiß nicht bloß als Durchgangsstation zum Horeb. Vor allem aber bezeugt Amos in 5, 5, daß B. neben Betel und Gilgal ein beliebter Wallfahrtsort des spätern Reichs Efraim war. Nun ist B. seit der Zeit Moses nie in den Händen von Efraim und Manasse (Josef) gewesen. Der spätere Kultusbrauch Efraims und mit ihm die Überlieferung der Genesis müssen also wohl hier auf vormosaische Tatsachen zurückgehen, vgl. Procksch 354. 2) Vgl. Ri. 5, 14 das sonst vollkommen dunkle Wort: „Efraim, deren Wurzel in Amaleq ist". Textänderung will nicht gelingen; es muß eine alte, verworrene Überlieferung von einem Weilen Efraims im Negeb enthalten. 3) Benjamin der „Rechtssohn" wird gewöhnlich gedeutet als der rechts, d. h. südlich von Efraim wohnende. So noch Meyer, Isr. 521. Weshalb aber gerade von Efraim? Wenn der Name geographisch zu verstehen ist, was wegen des arab. Jemen naheliegt, so ist Benjamin einfach das J e m e n P a l ä s t i n a s, d. h. der Negeb. Die Bedeutung Glückssohn wird ebenso sekundär sein wie das glückliche Arabien (s. auch Bd. II⁴, 35). — Ebenso ist die Annahme beliebt, daß Benjamin, weil erst in Kanaan geboren, auch als Stamm erst in Kanaan entstanden sei und zwar, weil er der jüngste ist, erst in nachmosaischer Zeit. Das erstere ist durchaus nicht unmöglich. Gegen erst nachmosaische Entstehung spricht schon das Königtum Sauls s. § 37, 1; 39, 3. — Vorzeiten also waren Josef und Benjamin die J e m e n s t ä m m e Israels, Lea die Q e j s i t e n (s. S. 54). Mit der Zeit trat Juda mit den Resten von Simeon (und Levi) und seinen zugewachsenen Unterstämmen in diese Rolle ein. An ihnen ist der Gegensatz historisch geworden.

in ihrer Nachbarschaft weilte [1]. In diesem Falle muß aber wohl auch sein
Bruder, der Rahelbastard N a f t a l i , ehedem hier gesessen haben [2], wenigstens wofern er nicht zu den allerjüngsten Gebilden gehört. Bei dieser
Lage ihrer Sitze leuchtet auch hier der Bastardcharakter von selbst ein.
  7. Unter den Rahelstämmen spielt eine besondere Rolle J o s e f . Dem
seit Jahrhunderten immer wieder gegebenen Beispiel von Semiten Kanaans
und der Sinaihalbinsel folgend wandert er nach Ägypten ab. Die Tatsache seiner Wanderung läßt sich nicht in Abrede stellen [3], wenn wir
auch ihre näheren Umstände nicht mehr bestimmen können. | Dürfen wir
der im Gewande der Familiengeschichte auftretenden Sage hierin Glauben
schenken, so wären Zwistigkeiten unter den Bruderstämmen Kanaans die
Ursache gewesen und Josef mehr abgedrängt worden, als daß er aus freien
Stücken abwanderte. Eine leitende Persönlichkeit muß selbstverständlich
an der Spitze des Stammes gestanden haben. Ob sie den Namen Josef
führte, oder welcher Art eigentlich der Josef unserer Sage ist, läßt sich
nicht mehr sicher bestimmen. Die Sage weiß davon, daß die Gestalt, in
der sie die Abwanderung personifiziert hat, in Ägypten zu hohen Ehren
gekommen sei [4] und dadurch den Seinen von großem Nutzen ward, sowie
daß infolge hiervon und aus Anlaß einer schweren Hungersnot in Kanaan
die Brüder Josefs samt dem Vater Jaqob nachwandern. Daß hierin ein

<hr>

1) Siehe über Dan in nachmosaischer Zeit Bd. II[4], 15 f. Ihn und Naftali von
Rahel und Josef zu trennen (Burn. Settl. 51 und Karte IV f.), geht nicht an. Weiter
unten Nr. 7 a. E.   2) Vgl. zunächst Bd. II[4], 16. Daraus ergibt sich, daß Naftali in
nachmosaischer Zeit zu den galiläischen Stämmen gehört. Damit paßt er durchaus
wie zu Sebulon, so zu seinem nächsten Bruderstamm Dan. Er muß also entweder erst
nach Dans Wanderung entstanden oder mit Dan gewandert sein.   3) Die Frage nach
dem geschichtlichen Charakter der Überlieferung von der A b w a n d e r u n g israelitischer
Geschlechter n a c h Ägypten hängt natürlich aufs engste zusammen mit derjenigen
nach dem Aufenthalt von Israeliten in Ägypten überhaupt und nach dem Auszug von
dort. Es ist daher auf die spätere Erörterung dieser Dinge in § 35, 1—3 zu verweisen.
Hier mag zunächst soviel festgestellt werden: 1) Abgesehen von der Josefgeschichte
in der Genesis, freilich jetzt an sie angeknüpft, kennt das Buch Exodus und mit ihm
die ganze spätere Überlieferung Israels die Nachricht vom Aufenthalt in Ägypten.
Sie geht, wie wir nachweisen können, bis in die R i c h t e r z e i t (§ 32, 2), und wenn
wir ihre Verknüpfung mit der über die Ägypter hereingebrochenen Katastrophe als
ursprünglich ansehen dürfen (ebenda), bis in die m o s a i s c h e Zeit zurück. 2) Die
S. 304, Anm. 1 als wahrscheinlich nachgewiesenen urkundlichen Zeugnisse für das Vorhandensein von Hebräerstämmen in Ägypten geben die Unterlage für die Geschichtlichkeit jener alten Überlieferung. Im besonderen würde die durch Hungersnot veranlaßte
Abwanderung Jaqobs vortrefflich zu der unter H a r e m h e b bezeugten Einwanderung
von Palästinern stimmen (§ 34, 3), vorausgesetzt, daß sonst die zeitliche Einordnung
der biblischen Vorgänge in die Weltbegebenheiten diese Gleichung empfiehlt, worüber
§ 35, 2. 3) Die gegen einen ägyptischen Aufenthalt von Israelstämmen geltend gemachten B e d e n k e n anderer Art lassen sich, glaube ich, entkräften. So wenn Mey.,
Isr. 62 das Schweigen des Mosesegen in Dt. 33, 8 ff. anführt (doch vgl. ebenda Anm. 1),
so ist zu sagen, daß der Dichter es dort in V. 8 ff. nicht mit der Nation als solcher
zu tun hat, sondern mit Levi, im besonderen mit dessen geistlichen Aufgaben. Oder
wenn Mey. 433 die Frage stellt, ob etwa die Tamarsage Gen. 38 wegen der friedlichen
Art, mit der hier einzelne Geschlechter das Land in Besitz nehmen, einer Sagengestalt
angehöre, welche vom Aufenthalt in Ägypten und dem Exodus nichts wußte (vgl. Mey.
108. 204), so ist zu erwidern, daß die Frage nur dann berechtigt wäre, wenn Gen. 38
dieselbe Zeit im Auge hätte, wie Richt. 1. Bezieht sich jene Erzählung auf eine
frühere Zeit, so ist das Bedenken von selbst hinfällig (s. oben S. 299, Anm. 5).
4) Vgl. dazu § 22 a. E. und § 34 a. E. — Winckler (Abr. als Babyl. usw. 31) glaubt
sogar in dem Statthalter Amenhoteps IV., dem Janchamu der Amarnabriefe, den biblischen Josef wiedergefunden zu haben. Ähnlich Marquart (Chron. Unters. 39). Aber
damit ist kaum etwas anzufangen.

historischer Kern liegt, ist überaus wahrscheinlich. Freilich nicht die Gesamtheit, wohl aber ein Teil der Jaqob-Israelstämme muß in der Tat einmal in Ägypten gewesen sein.

Das ihnen hier zugewiesene Gebiet ist die Landschaft Gosen, der östliche Teil des Deltas, für ihre Beschäftigung als Hirten der geeignete Ort. Es scheint, daß sie stammverwandte Elemente aus dem großen Kreise der Hebräer bereits hier in Ägypten vorfinden, mit denen sie gemeinsame Sache machen [1]. Darin mag der Grund liegen, | weshalb sie mehr und

1) Hier ist der Ort, die Frage nach der Erwähnung der Hebräer in ägyptischen Urkunden zu besprechen. Die Frage hat früher die Gemüter lebhaft beschäftigt (vgl. besonders Chabas, Mélanges égyptol. I [1862], 42 ff. II, 108; Ebers, Durch Gosen zum Sinai² 505 f. u. a.), ist dann wieder zurückgetreten und fast von der Tagesordnung verschwunden, bis sie unlängst Heyes, Bibel und Ägypt. 1904, 152 ff. wieder aufgenommen hat. Ihm folgte Eerdmans, Altt. Stud. II, 52 ff. Der Tatbestand ist dann nochmals sorgsam erwogen worden von Böhl, Kan. u. Hebr. 1911, 73 ff. — Tatsache ist, daß es in Ägypten eine Bevölkerungsschicht des Namens 'prjw oder 'pwrju (daher meist Apuriu gesprochen) gab. Die maßgebenden Konsonanten des Fremdworts — um ein solches handelt es sich — sind 'pr oder 'prj. Die Fremdbevölkerung wird zuerst genannt unter Thutmosis III. in der romantischen Geschichte über die Eroberung Joppes durch Krieger, die in Tonkrügen in die Stadt geschmuggelt werden. Dabei ist einer der Apuriu beteiligt. Sie haben also, wie es scheint, Kriegsdienste im ägyptischen Heere getan. — Aus der Zeit Ramses' II. kommen in Frage zwei Leidener Papyri. Der eine enthält den Brief eines Schreibers Kawiser an seinen Herrn, in dem er mitteilt, daß er den Befehl seines Herrn befolgt habe, der lautete: „Gib Proviant den Soldaten und den 'pr-Leuten, die Steine zur großen Festung des Tempels Ramsesmeri-Amon . . . schleppen.'' Der andere enthält einen fast wörtlich gleichlautenden Brief eines Keni-amon an den Stallmeister Hui. Hier erscheinen jene Fremden als Lastträger und Fröner im Dienste des Königs in Unterägypten. — Über die Zeit Ramses' III. gibt ein Abschnitt des großen Papyrus Harris Auskunft. Demnach muß in Heliopolis eine Niederlassung von Apuriu bestanden haben. Die letzteren werden hier neben Offizieren der Wagenkämpfer, libyschen Befehlshabern, asiatischen Großen genannt. Die Gesamtzahl jener Ansiedler ist 2093. — Ramses IV. endlich ist bei einem Besuch der Steinbrüche von Hammamāt unter anderen von 800 'pr-Leuten von den 'nwtj-Schützen (oder Beduinen) begleitet. — Im ersten der genannten Fälle braucht es sich nicht um einen in Ägypten selbst ansässigen Stamm zu handeln (vgl. über das Determinativ Böhl 75). Es können Leute aus Joppe oder seiner Umgebung sein, möglicherweise sogar solche im Dienste des Fürsten von Joppe. Darf man dem Märchen trauen, was in diesem Punkte wohl möglich ist, so hat Müller, OLZ. 16 (1913), 258 ganz Recht, die Ap. eine vorphilistäische Schicht in Palästina zu nennen. Nur sind seine hieran geknüpften Folgerungen unnötig. — In den andern Fällen sind in Ägypten ansässige Fremde gemeint, die unter Ramses II. als Fröner beim Bau von Tempeln, unter Ramses IV. als Krieger oder als Werkleute im Steinbruch Dienste leisten. — Da sie noch unter Ramses IV. (nach 1167) vorkommen, ist schon aus chronologischen Gründen ganz unwahrscheinlich, daß sie mit den Hebräern, wofern wir diese mit Israel gleichsetzen, identisch sind. Man wird aber zugeben, daß, wenn von dieser chronologischen Schwierigkeit abgesehen wird, sich kein nennenswerter sachlicher Grund wird geltend machen lassen, der die Gleichsetzung der ägyptischen Apuriu mit den ägyptischen Hebräern — wofern es solche gab — verböte. Tempelfröner im Dienste Ramses' II. und Bewohner und Tempelhörige von Heliopolis, dem biblischen On, passen unstreitig vortrefflich zu dem Bilde, das das AT. von Israel in Ägypten entwirft. Sollten sich also neben den sachlichen keine ernsten sprachlichen Gründe gegen jene Gleichung erheben, und sollten die chronologischen Bedenken gegen sie sich heben lassen, so wäre wohl kaum etwas Ernstes gegen sie einzuwenden. In diesem Falle wäre aber auch zugleich die Frage, ob es überhaupt Hebräer in Ägypten gab, in bejahendem Sinn beantwortet. — Was die sprachliche Möglichkeit, jene 'pr עֵפֶּר gleich hebr. 'br עבר zu setzen und demnach 'Ibrīm oder Hebräer unter ihnen zu verstehen, anlangt, so ist sie unleugbar tatsächlich vorhanden (vgl. Burchardt, Altkan. Fremdw. I, § 50; II, Nr. 686. 975: hrp = חרב, kpn = גבל; auch Heyes 148 f.). Entspricht die Gleichung auch nicht der Regel, welche vielmehr ein hebr. עֵבֶר oder בֵּל erwarten ließe, so läßt sie sich nach den gegebenen Beispielen doch nicht be-

mehr, besonders nach dem Ausscheiden Josefs oder überhaupt des Führers und derer, die ihm wohlwollen, als lästige Fremdlinge empfunden werden. | Wie viele der Jaqob-Israel-Stämme nach Ägypten kamen und welche von ihnen, läßt sich nicht mit Bestimmtheit sagen. Daß die Bewegung von Josef, also der Rahelgruppe ausging, zeigt, daß diese zunächst in Betracht zu ziehen ist. Wenigstens mit Josef und Benjamin, während die Bastarde Dan und Naftali vermutlich im Lande bleiben und hier ihr eigenes Schicksal erleben. Die eindringenden Philister und die durch sie geschobenen Amoriter haben ihnen hier früh zu schaffen gemacht [1]. Aber es ist nicht zu bezweifeln, daß auch Levi, der Stamm Moses, in Ägypten war. Mit ihm gehört vermutlich Simeon zusammen [2]. Aber auch Juda muß mit nach Süden abgewandert sein. Nur so läßt sich sein Anteil an der späteren Eroberung Kanaans und sein Zusammenwachsen mit ehedem arabischen Stämmen verstehen; während er ehedem zu den echten Leastämmen gehört hatte, wird er so mit der Zeit der spezifische Südstamm und tritt mehr und mehr in Gegensatz zu den Léastämmen. Der Gegensatz von Nord und Süd, eine der treibenden oder vielmehr der hemmenden Kräfte in der Entwicklung der Gesamtnation, wird nun auf ihn und sein Verhältnis zu den andern übertragen [3].

Ein Teil des alten Bestandes scheint an seiner Stelle geblieben zu sein. Mit ihm bleibt der Name Israel dort. Es ist das von Merneptah genannte „Israel". Für die später ins Land Zurückkehrenden, und schon für Moses Erwägungen und Entschlüsse, war diese Tatsache von höchster Bedeutung [4]. |

streiten; weshalb Müller, OLZ. 16, 256 gerade *kpn* unerwähnt läßt, weiß ich nicht; seine Beweiskraft scheint mir unerschüttert. Die hier vorgetragene Annahme wird nun aber ganz wesentlich unterstützt durch den jüngst von Ember, Ztschr. äg. Spr. 51, 121 betonten Vergleich von äg. *'pj* (III inf.) „über ein Gewässer fahren", „an etwas vorübergehen" mit hbr. עבר. Damit ist ohne Zweifel eine ganz neue Stütze für die Gleichsetzung des Volkes der *'pr* mit den עברים gefunden. Die chronologische Schwierigkeit aber läßt sich unschwer beseitigen, sobald wir uns dessen erinnern, daß nach dem früher Dargelegten der Ausdruck Hebräer-*'ibrîm* einen wesentlich weitern Umfang hat als die Bezeichnung Israeliten. Denken wir also unter den in Ägypten anwesenden *'pr*-Leuten Hebräer im weitern Sinne — sachlich, vielleicht auch sprachlich dasselbe wie die Chabiru — d. h. semitische Eindringlinge in Ägypten, so werden wir uns nicht wundern, sie noch in der Zeit Ramses' IV. hier anzutreffen. Ebensowenig, daß sie schon unter Thutmosis III. in Palästina nachweisbar sind (s. oben S. 293 [5]). So kann immerhin, wenn alle Instanzen in die Wagschale gelegt werden, die hohe Wahrscheinlichkeit dafür in Anspruch genommen werden, daß seit den Tagen Ramses' II. dieselben Hebräerstämme, die in der Amarnazeit und schon seit Thutmosis III. Palästina bedrängt hatten, sich damit von Ägypten einzudrängen wußten. Sie werden zum Teil zu Frondiensten herangezogen. Sie sind nicht die Israeliten, aber die Israeliten bzw. die Jaqobsöhne gehören zu ihnen. Eben darum mögen sich auch noch lange nach dem Auszug Israels solche Hebräer, d h. *'pr*-Leute in Ägypten gefunden haben.

1) S. ob Nr. 6 a E. 2) Siehe darüber oben S. 299 f. und den Umstand, daß nach Gen. 42, 24. 36; 43, 23 gerade er durch Josef in Äg. festgehalten wird. Weiteres in § 35 und 36. Über die Zusammengehörigkeit beider und den südlichen Aufenthalt Simeons vgl. auch St. A. Cook in Am. J. Theol. 13 (1909), 370 ff. (auch desselben Crit. Notes 84 ff.). Cook weist mit Recht darauf hin, daß die Notiz in 1 Chr. 4, 24 ff., Simeon habe Gerar und den Berg Seir erobert und Amaleq überfallen, nicht erfunden sein könne. Die Berührung mit Qades und Levi (§ 35, 5) ist damit von selbst gegeben. 3) Siehe oben S. 54, bes. Anm. 3 und vorhin S 302, Anm. 3 a. E. 4) Nach dem Dargelegten mögen es von den Jaqobsöhnen hauptsächlich sein: Dan, Naftali, Gad, Asser, Issakar, Sebulon, vielleicht auch Ruben — der Zahl nach jedenfalls die Hälfte.

Drittes Buch.
Mose und der Wüstenzug.

1. Kapitel. Die Tradition der Quellen.

§ 29.

Die Erzählung von J.

Fast überall in den Büchern Exodus bis Josua sind die beiden älteren
Quellen J und E durch den deuteronomischen Redaktor mit solcher Freiheit benützt, daß es weit schwerer fällt als in der Genesis, sie auseinander-
zuhalten. Es könnte deshalb naheliegen, hier auf den Versuch reinlicher
Scheidung derselben zu verzichten und ihre Zusammenfassung und In-
einanderarbeitung in der Gestalt, wie sie in der deuteronomischen Redaktion
(R^d; Wellh. JE) vorliegt, der geschichtlichen Untersuchung zugrunde zu
legen. Allein tatsächlich treten doch so reichliche Spuren jener ursprünglichen Quellenschriften zutage, daß der Geschichtschreiber überall da, wo
die beiden älteren Berichte irgend auseinandertreten, doch sich genötigt
sieht, jeden für sich ins Auge zu fassen. Wir ziehen es daher vor, den
Versuch getrennter Abhörung jener Quellenschriften auch hier zu wagen.
Liefert er der Natur der Sache nach nicht auf allen Punkten ein zweifellos
sicheres Resultat, so bietet er immerhin für die wichtigsten Angelegenheiten der mosaischen Geschichte manches interessante und überraschende
Ergebnis [1]. |

   1. Mose und der Auszug [2]. — Nachdem Josef und jenes ganze
Geschlecht gestorben, kommt ein neuer König in Ägypten auf, der Josef
nicht kannte. Ihm werden die Söhne Israels zu zahlreich. Er fürchtet,

---

   1) Dazu neben Dillmann, Kuenen und Wellhausen besonders Baentsch, Kommentar
zu Ex.-Num. und Driver, The book of Exod. 1911, außerdem Holzinger, Exod. und Num.,
Gray, Numb. (im int. Crit. Comm.) und Holz., Einl. in den Hex., sowie die Handbücher
der ATl. Einl. Dazu kommen jetzt noch Smend, Erzählung des Hexat. 1912 u. Greßmann, Mose u. s. Zeit 1913. 2) Für Ex. 1 ff. vgl. bes. Ed. Meyer, Die Israeliten usw.
1906, auch R. Weill, Le séjour des Israélites au désert 1909. — Auch hier wie in der
Genesis geht Eerdmans (ATl. Studien III) seine eigenen Wege. Im ganzen gilt über
seine Bekämpfung der üblichen Scheidung das früher 1³ 278f. Bemerkte; im einzelnen
ist vielfach von ihm zu lernen. Für Ex. 1—11 nimmt Eerd. einen Grundstock an,
zum Teil aus den P-stücken bestehend, der durch Einfügung von verschiedenartigen
Stücken erweitert wurde (S. 32. 34). Ähnlich denkt er sich die Entstehung von Kap.
12—18 (S. 58 f.), während er in Kap. 25 ff. mehrfach ältere Partien in P in Anspruch
nimmt (S. 109. 113). In der Hauptsache, der Herleitung des ganzen Stoffes aus verschiedenen Schichten der Erzählung, geht Eerd. mit seinen Gegnern. Neben gesunden
Beobachtungen (S. 39 unt. 54 [über Ex. 17]. 60 [nach Valeton] u. ö.) findet sich auch
recht Gewagtes (S. 46 [über Ex. 15, 25]. 71 [über die Tafeln] u. ö.). Vgl. noch § 31
und besonders Driver, Genes., Addenda II, Nov. 1910. — Über den Ausdruck „Hebräer" S. 293f. Zufällig ist sein öfter ganz unvermitteltes Auftreten hier nicht.

sie könnten sich zu den Feinden Ägyptens schlagen. So muß denn ihre Zahl eingeschränkt werden: die Wehmütter erhalten Befehl, alle hebräischen Knäblein in der Geburt zu töten, führen aber den Befehl nicht aus [1].

J besaß, wie aus einigen stehengebliebenen Resten [2] hervorgeht, auch eine Erzählung über die Aussetzung des Mose und seine Auffindung und Aufnahme durch Pharaos Tochter. Großgeworden erschlägt Mose einen Ägypter und flieht nach Midjan. Hier wohnt er bei dem Priester von Midjan und gewinnt dessen Tochter Șippora zum Weibe. Sie gebiert ihm Gersom [3]. Einmal erscheint ihm [der Engel] Jahve[s] in einem feurigen Busch, heißt ihn die Schuhe auszuziehen [4] und eröffnet ihm das Vorhaben Jahves, Israel aus der Hand der Ägypter zu befreien ins Land der Kanaaniter zu führen. Mose soll nach Ägypten zurückkehren und dem Volke Jahves Ratschluß mitteilen. Zugleich soll er vom Pharao die Entlassung Israels d r e i T a g e r e i s e n—weit in die Wüste zu einem Opfer für Jahve fordern. Dabei wird ihm schon in Aussicht gestellt, daß Pharao sie nicht freiwillig werde ziehen lassen [5]. — Mose sucht sich dem Auftrag Jahves zu entziehen mit dem Einwand, Israel werde ihm nicht glauben. Zu seiner Beglaubigung werden ihm daher von Jahve drei Zeichen gegeben, die er vor Israel tun soll: sein zur Erde geworfener Stab wird zu einer Schlange; seine Hand, in den Busen gelegt, wird aussätzig; Nilwasser, das Mose ausgießt, soll zu Blut werden. Einem zweiten Einwand Moses: er habe eine schwere Zunge, begegnet Jahve mit der Frage, wer dem Menschen die Sprache gegeben habe, er werde mit ihm sein [6].

Weiterhin gehört in diesen ursprünglichen Zusammenhang noch die mißmutige endgültige Absage Moses: Sende, wen du senden willst, worauf Jahve erzürnt erklärt: sein Bruder A a r o n , d e r L e v i t , der ihm eben entgegenkomme, solle zum Volke reden, was Mose ihm in den Mund lege [7].

---

1) Ex. 1, 6. 8—10. 15—19. Meist wird 15 ff. zu E gezogen (s. Mey. 41 f.); aber die Sache muß J wegen V. 10 jedenfalls gekannt haben. Anderseits muß auch E wegen 1, 20 ff. und 2, 1 ff. beteiligt gewesen sein, obwohl bei E, wie es scheint, die harte Fronarbeit noch besonders betont war.   2) Ex. 2, 6 a β (Dublette gegenüber a α). 3) Ex. 2, 11—14 wird von Wellh. geg. Dillm., Driv. u. a. zu J gezogen; es werden aber (s. Procksch u. Meyer 44 f.) nur Teile zu J gehören. Jedenfalls gehört zu J 15c—23. 4) Diese jetzt im Islam allgemein gewordene Sitte scheint schon in alter Zeit an gewissen heiligen Stätten, neben dem Sinai auch beim Gilgal Jos. 5, 15, geübt worden zu sein.   5) Ex. 3, 2—4a. 5. 7 f. 16—22 (einzelnes in diesem Abschnitt, bes. in V. 18 abgerechnet).   6) Ex. 4, 1—12.   7) Ex. 4, 13—16. Die Frage ist für die ganze geschichtliche Stellung und Bedeutung Aarons von Belang, bedarf daher einer etwas näheren Erörterung. Bekanntlich nimmt in J wie in E dem Pharao gegenüber tatsächlich M o s e s e l b s t das Wort, während in P Aaron für Mose und in dessen Auftrag redet und handelt. Wenn nun hier plötzlich Aaron eingeführt wird, so liegt der Gedanke an einen nachträglichen Eingriff der Redaktion nahe. Der Gedanke scheint unterstützt zu werden dadurch, daß auch vom Pharao fast jedesmal, nachdem Mose geredet hat, Aaron als mitanwesend vorgeführt wird, und Pharao selbst Mose und Aaron anzureden pflegt, wogegen dann die Fürbitte selbst wieder von Mose allein vorgenommen wird. Vgl. Ex. 7, 14. 26; 8, 16; 9. 1. 13; 10, 1 (Mose allein) mit Ex. 8, 4. 8. 21. 24; 9, 27. 28; 10, 3. 8. 10 f. 16. 17 (Mose und Aaron) einerseits und mit 8, 5. 22. 25; 9, 29 (Mose allein) und 8, 26; 9, 33; 10, 18 (Mose allein) anderseits — alles bei J. Demgemäß wird denn Wellh. JDTh. 21, S. 538. 541 (Komp.³ 68. 71) angenommen, die Einführung Aarons stamme vom Jehovisten (JE), der „gerade bei der Fürbitte die Assistenz Aarons für angemessen hielt", und Greßm. 50 redet geradezu von einer „Verdrängung" Moses — angesichts seiner Bezeichnung als Aarons „Gott" eine befremdliche Hyperbel. Augenscheinlich ist hier Aaron a u f G r u n d v o n Ex. 4, 16 nachgetragen. Aber diese Stelle selbst ist damit nicht anzufechten, wie es sich denn in ihr nur um das Reden vor dem

Es liegt aber kein Grund vor, jenen Abschnitt 4, 13 bis 16 hier zu streichen [1].|

    Jahves Befehl folgend, kehrt Mose mit Weib und Kindern nach Ägypten zurück [2]. Zuvor noch erhält er von Jahve den Befehl, dort dem Pharao zu sagen: Israel sei Jahves erstgeborener Sohn; weigere er sich, den ziehen zu lassen, damit er ihm opfere, so werde Jahve Pharaos Erstgeborenen sterben lassen [3]. Unterwegs tritt ihm dann Jahve entgegen und droht ihm den Tod — augenscheinlich, weil Mose nicht beschnitten ist. Er läßt erst von ihm ab, nachdem Sippora mit einem Feuerstein ihren Sohn beschnitten und Mose mit der Vorhaut desselben berührt hat [4].

    In Ägypten angelangt, rufen Mose und Aaron die Ältesten zusammen. Aaron macht den Sprecher, Mose tut die Wunder. Das Volk glaubt ihnen [5]. Sie treten nun vor den König mit der Forderung: er habe das Volk zu einem Fest für Jahve in die Wüste zu entlassen. Vom König trotzig abgewiesen [6], wiederholt am folgenden Tag Mose in Aarons Gegenwart jene Forderung mehrmals fast mit denselben Worten, jedesmal eine neue Plage über den König und sein Land verkündigend für den Fall, daß Pharao seiner Forderung nicht entspreche [7]. | Die Ausführung der Plage ist im Bericht des Verfassers nicht mehr selbst erzählt, sondern vorausgesetzt. Denn in der Mehrzahl der Fälle läßt Pharao Mose und

---

Volke handelt; so tritt A. auch wirklich in 4, 30 auf. Es wird sich zeigen, daß er auch in Ex. 24 wie in Ex. 32 bei J auftritt (ebenso wie in dem jedenfalls alten Text 17, 10). Vgl. auch Smend 117. Eerdm. 3, 17. Für Aaron s. § 30, 4.
    1) Levit kann in diesem Zusammenhang nur den Priester bedeuten als die geistliche Person, zu deren Funktionen zugleich die Rede ans Volk gehört — eine in der Zeit des J durchaus mögliche Vorstellung. So konnte vom Priester nur geredet werden damals, als Angehörige des Stammes Levi für das Priestertum den Vorzug genossen, vgl. Richt. 17, 13 und dazu Bd. II⁴, 252f. Das ist die Zeit von den Richtern und David abwärts, vermutlich bis längere Zeit vor dem Deut. Denn in ihm muß der Ausdruck Leviten bereits ständig durch „die Priester“ erläutert werden. Unsere Ausdrucksweise hat viel eher ihre Analogie in Richt. 17, 13 und Dt. 33, 8 ff. [von der Überschrift abgesehen]. Levit ist hier ganz Standesbezeichnung geworden und es noch geblieben. Damit ist die Zeit und Quelle gegeben. Es ist einerseits ganz ausgeschlossen, daß ein Später (P oder R) so von Aaron spräche (s. Westphal, ZAW. 26 [1906], 229), weil damals Levit etwas ganz anderes, zu Aarons Stellung nicht Passendes bezeichnete. Anderseits ist E wegen Ex. 2, 1 ff. ausgeschlossen: hier bedeutet Levi den Stamm. Aus diesem Grunde denken Meyer u. Procksch an E². Aber das Stück 4, 13—16 muß älter sein, desgleichen älter als J². So bleibt nur J übrig. Von einem Widerspruch zu V. 10 ff. ist keine Rede.   2) Ex. 4, 19 und dazu jedenfalls eine V. 20 a entsprechende Notiz oder dieses selbst. Smend denkt sogar an J¹.   3) Ex. 4, 22 f. Vgl. dazu Meyer, Isr. 37. Es ist wohl möglich, daß hier ein eigenartiges, von J nur übernommenes Wort vorliegt, also wieder J zugehörig. Trotzdem erscheint Jahve hier als Völkergott und Vater aller Nationen.   4) Ex. 4, 24—26. Vgl. zur Stelle oben S. 207. Dort ist gezeigt, warum Moses Scham in Betracht kommt. Jahve (so Meyer 59) ist schon deshalb ausgeschlossen, weil sich dabei absolut nicht erklären ließe, wie die Geschichte den Sinn des Beschneidungsritus deuten wollte. Letzteres ist aber schon ihre Absicht. Mit anderen Worten: man fragt vergeblich, weshalb in jenem Falle der Knabe beschnitten wird. Ähnlich jetzt auch Greßm. 57f.   5) Ex. 4, 29—31. Meyer, Isr. 16 findet hier seine Aufteilung zwischen J und E besonders evident. Aber Aaron in V 29 einfach zu streichen, geht nach 4, 16 nicht an. Und in V. 31 eine Teilung vorzunehmen, liegt kein Grund vor. Es gehört alles J.   6) Ex. 5, 3. 4 und wohl Teile von 5, 5—6, 1 (siehe bei E).   7) Ex. 5 (s. o.); 7, 14—18 (außer dem Stabe; Verwandlung des Nil in Blut); 7, 21 a. 23—29; 8, 4—11 a (Frösche); 8, 16—28 (Geschmeiß); 9, 1—7 (Viehsterben); 9, 13—21. 23 b—30 (Hagel; die letzten Verse gehören zu J gegen Wellh., Dillm. u. a.; auch אלהים beweist hier nicht). 33. 34; 10, 1—11. 13 b. 14 b—19 (außer 15 b; Heuschrecken); 11, 1. 4—7 (Sterben der Erstgeburt); s. unten.

Aaron vor sich rufen und verlangt, daß sie zu Jahve um Abwendung der
Plage beten. Aber es stimmt mit dieser Erzählungsweise überein, daß es
die Voraussetzung von J ist, daß nicht Mose die Plagen ausführt, sondern
sie nur ankündigt und Jahve selbst sie vollzieht [1]. Bei der vorletzten
Plage, der Finsternis, wäre der Pharao bereit, Israel zum Fest ziehen zu
lassen, aber ohne sein Vieh. Darauf will Mose nicht eingehen und erhält
deshalb vom König den Befehl, ihm nicht mehr unter die Augen zu
kommen. Er geht mit den Worten: Ich werde dein Antlitz nicht mehr
sehen [2]. Um so mehr kündet er aber nun dem Volk einen letzten entscheidenden Schlag an, auf Grund dessen der König sie austreiben
werde. Damit kann nur die Tötung der Erstgeburt gemeint sein [3]. |

Diese letzte Plage, das Sterben aller Erstgeborenen in Ägypten, hat
endlich die Wirkung, daß der König Israel ziehen heißt. Die Ägypter
selbst bestürmen Israel, das Land zu verlassen. So schnell vollzieht sich
ihr Weggang, daß sie nicht mehr Zeit finden, ihr Brot fertig zu backen.
Sie nehmen den ungesäuerten Teig mit sich und backen ihn unterwegs
zu Mazzen. Auch lassen sie sich von den Ägyptern kostbare Gerät-
schaften und Gewänder mit auf den Weg geben. So ziehen sie aus, und
Jahve selbst weist ihnen den Weg, am Tag in einer Wolken-, des Nachts
in einer Feuersäule vor ihnen herziehend [4].

---

1) Vgl. bes. Wellh., JDTh. 21, S. 533 ff. (Komp.³ 63 ff.). 2) Ex. 10, 24—26.
28 f Natürlich kann er nun nicht mehr zum Pharao gehen; s. unten. 3) Ex. 11,
1. 4—8; 12, 21—27. Der V. 11, 1 muß (gegen Driv. u. a.) die Fortsetzung von 10,
29 sein. Dagegen bietet nun der übrige Anteil von J an Kap. 11 und 12 große
Schwierigkeit. Vgl. dazu Meyer, Isr. 32 ff. In 11, 4—8 wird jener letzte Schlag dem
Pharao selbst angekündigt und Mose geht „mit großem Zorn" von ihm. Das wider-
spricht 10, 29. Anderseits ist die Art, wie Jahve in Ägypten umgeht 11, 4, und manches
andere, besonders in den Ausdrücken, gut jahvistisch. Nun hat der Abschnitt eine
Parallele in 12, 29—34. 38 f. Hier geschieht es, wie dort angekündigt. Zugleich ist
das Stück die deutliche Fortsetzung von 10, 24 ff., denn das dort Verweigerte wird jetzt
gestattet: sie dürfen das Vieh mitnehmen und, wie 11, 1 angekündigt, werden sie sogar genötigt, zu gehen. Aber die richtige Fortsetzung von 11, 4 ff. ist 12, 29 ff. doch
nicht: die Art, wie die Folgen des großen Sterbens beschrieben werden, wollen nicht
zueinander stimmen, vgl. 11, 5 die Sklavin an der Handmühle und 12, 29 der Gefangene
im Stockhaus. Wohl aber scheint 11, 4 ff. seine Fortsetzung zu finden in 12, 21—27.
Hier wird jener letzte Schlag nun auch den Ältesten des Volkes angekündigt und
die Vorkehrungen zum Schutze Israels angeordnet. Damit ist das Passa gestiftet,
während 12, 29 ff. es mit keinem Worte erwähnt, sondern nur den Backens und der
Mazzen gedenkt. Alles ist hier jahvistisch. Aber es ist klar, daß verschiedene
Varianten vorliegen. Ein so wichtiger Stoff fand eine Menge von Bearbeitungen.
R hatte hier mehrere jahvistische zur Verfügung. 11, 4 ff.; 12, 21 ff. denken ans Passa,
12, 29 ff. ans Mazzenfest. Die letztere Erzählung scheint den Vorzug zu verdienen, da
auch in Ex. 23, 15; 34, 18 das Mazzenfest, nicht aber das Passa unmittelbar an den
Auszug angeknüpft wird. So Meyer 34. Allein auch das Passa läßt sich nicht vom
Auszug trennen; das Wüstenfest mit den Herden im Frühling kann nur ein Erstgeburts-
opferfest sein. Daß es von der Wüste schon nach Ägypten projiziert wird, kann kaum
viel verschlagen. Immerhin ist keine unserer Versionen ganz ursprünglich, da Israel
hier ganz nahe der Hauptstadt, also nicht in Gosen wohnt 12, 31 (doch s. § 34, 2 gg E.).
Meyer hat deshalb wohl recht, wenn er annimmt, daß die älteste Auszugsgeschichte
des J uns gar nicht mehr erhalten sei. Existiert hat sie trotzdem: Israel flieht aus
Ägypten. 4) Ex. 12, 29—36 (s. d. vor. Anm.). 38 f.; 13, (3—16) 21 f. Die VV. 3—16
sind eine spätere Wucherung zu J, also J², aber vordeuteron. (Smend z. T. J¹); vgl. Ex.
23, 18 und bes. 34, 25, wonach das Passa schon in alter Zeit (wenn auch ursprünglich
vielleicht getrennt vom Mazzenfest) gefeiert wurde. Hier ist das zum Passa gehörige
Erstgeburtsopfer mit dem Mazzenfest verbunden wie 12, 21 ff. Weiter über den historischen Sachverhalt in § 35, 5.

Nach ihrem Weggang erst wird der Umgebung des Pharao klar, daß es sich für Israel nicht um ein bloßes Opferfest in der Wüste, sondern um ein Entrinnen aus der Knechtung der Ägypter gehandelt habe. Pharao sammelt sein Heer und zieht Israel nach. Plötzlich sieht Israel (am Schilfmeer) die Ägypter hinter sich. Das Volk murrt gegen Mose und wird von ihm auf Jahves Hilfe gewiesen. Die Wolkensäule verläßt ihren Ort, tritt Israel in den Rücken und kommt so zwischen Israel und die Ägypter zu stehen, so daß über Nacht die Heere nicht zusammenkommen können. Zugleich erhellt Jahve die Nacht (wohl auf der Seite Israels [1]) und trocknet die Nacht hindurch das Meer durch einen starken Ostwind aus [2]. Noch in der Nacht ziehen die beiden Heere hinüber. Gegen den Morgen aber, noch während des Durchmarsches, verwirrt Jahve durch die Wolkensäule [3] die Ägypter, zugleich hemmt er die Räder ihren Wagen im Schlamm, so daß die Ägypter bestürzt | zurückfliehen, während gleichzeitig das Meer, zurückkehrend, sie verschüttet [4]. Ein Triumphlied, von dem uns mindestens der Anfang noch erhalten ist, gibt der Nachwelt Kunde von dem Geschehenen [5].

Von hier wandern sie drei Tagereisen weit in die Wüste, ohne Wasser zu finden, und gelangen darauf an die Massa und Merība genannten Orte. Die wenigen, im jetzigen Zusammenhang verloren dastehenden und aus ihrer ehemaligen Umgebung herausgerissenen Mitteilungen hierüber lassen kaum eine andere Erklärung zu als die, daß nach unserem Erzähler Israel nun sofort nach der Gegend von Qades aufbricht. „Dort gab er ihm Gesetz und Recht, und dort versuchte er ihn." Damit ist die Deutung von Merība „Gerichtsstätte" und Massa „Versuchungsstätte" gegeben [6]. In

---

1) So wird der wirre Text in 14, 20 zu deuten sein (füge ein ‏הַלַּיְלָה‏). 2) Ex. 14, 5f. (zur Zerreißung [Meyer 20] liegt kein Grund vor). 10 a b α (bis ‏מִבֹּאַ‏). 11—14. 19 b. 20 a β (das Erhellen). 21 a β b α (vom ersten „das Meer" an). 3) Die Rolle, welche hier überall die von Gosen bis Moab mitziehende Wolkensäule spielt, zeigt, wie wenig diese alte Erzählung an das denkt, was Greßm. 112 am Vesuv sah. Ein vulkanischer Ausbruch „in der Nähe des Schilfmeers" (ebd. 119) ist bei der Entfernung der Vulkanzone vom Schilfmeer des Busens überhaupt ausgeschlossen. Das Lied weiß von alledem nichts. 4) V. 24f. 27 a β b. 30 f. Wellh., JDTh. 21, 546 (Komp.[3] 76) will den Hergang so vorstellen, daß noch in der Nacht die beiden Heere hinüberziehen und am jenseitigen Ufer (dem östlichen) in Kampf geraten, die Ägypter aber ins Meer zurückgetrieben werden. Meyer, Isr. 22 will dann folgerichtig geradezu ein Ziehen beider von Anfang an am Ostufer des Golfes annehmen und meint, von einem Durchzug durchs Rote Meer sei bei J überhaupt keine Rede. Ein Ziehen am Westufer „in die trostlose Wüste Ägyptens" wäre sinnlos (s. jetzt auch Greßm. 116). Allein falls überhaupt die Gegend von Sues gemeint ist (s. unten § 33. 35), so käme doch höchstens die äußerste Nordspitze in Frage. — Daß die Ägypter „mitten ins Meer getrieben werden" (V. 27), beweist nun aber noch nicht, daß sie schon eine Weile am jenseitigen (östlichen) Ufer angelangt waren oder überhaupt (Meyer) sich nur hier befanden. Eine lebendige Vorstellung der Meinung des J bekommen wir vielmehr nur durch Zuhilfenahme von V. 24f. Wenn die Räder der Ägypter in eine kebēdūt (Schwierigkeit) gebracht werden, so kann das doch nur den Schlamm oder Schlick bedeuten, in den sie gerieten. Das heißt: weil die Wolke sie einhüllt, und nur Israel die Helle für sich hat, sie aber die Dunkelheit, verlieren sie beim Nachrücken die richtige Spur und geraten in den Schlamm und bleiben zum Teil stecken, so daß die Räder ihrer Wagen abbrechen (‏וַיָּסַר‏). Sie kehren in der Verwirrung um, von der Nähe des Ufers ins Innere (V. 27 a. E.) des Seebettes, und da der Wind von Osten (genauer wohl Nordosten) jetzt nachläßt, so trifft sie dort das rückkehrende Meer, während die Israeliten heil vollends ans Ostufer kommen und später dort (V. 30) die angeschwemmten Leichen sehen können. 5) Ex. 15, 1; vgl. unten bei E. 6) Ex. 15, 22 b. 25 b. Vgl. dazu Wellh., Prol.[5] 347 ff. v. Gall, Altisr. Kultstätten 3. 11. 31 f. Baentsch zu

der Gegend von Qades muß aber | auch der S i n a i und das Gebiet von
Midjan geşucht werden [1]. Demnach mag wohl auch hier der heilige Dornbusch gestanden haben, in dem man das besondere Walten der Gottheit
spürte [2].

Der Weg nach Qades und zum Sinai wird Israel von den hier weilenden Amaleqitern verlegt.

Es scheint, daß auch J einen Zusammenstoß mit ihnen erzählt hat.
Denn es folgt eine Mitteilung aus J, nach der Jahve Amaleq für alle
Zeiten verflucht und Mose einen Altar baut, den er „Thron Jahves" nennt,
indem er ausruft: „Hand an den Thron Jahs! Krieg hat Jahve allezeit
mit Amaleq [3]."|

So ist der Weg zur heiligen Stätte und zum heiligen Berge frei. In
der Tat kündigt Jahve dem Mose an, daß er nun sich ihm offenbaren
und am dritten Tag vor allem Volk auf den Sinai herabkommen werde.

Exod. und E. Meyer, Israel. 61 ff. — Wellh. und Gall haben richtig gesehen, daß
V. 25 b „dort gab er ihm Gesetz und Recht, und dort versuchte er ihn" nicht in ihren
jetzigen Zusammenhang passen. Es kommt dazu, daß die letzten Worte augenscheinlich die Ätiologie zu Massa „Versuchung" geben wollen. Hier muß also ein versprengter
Rest einer Massageschichte liegen. Zu Massa gehört aber des öftern Meriba (Ex. 17,
7; Dt. 33, 8, auch Num. 20, 2—13, indem dort dasselbe, was Ex. 17 von Massa gesagt
ist, auf Meriba übertragen wird). Es werden also auch hier Massa und Meriba bei-
sammen gestanden haben, wozu durchaus stimmt, daß auch hier (V. 22 b) Wasser-
mangel vorausgesetzt ist. Auch dieser Halbvers wird daher zu J gehören; seine 3 Tage
werden zu den bekannten 3 Tagereisen zum Fest in der Wüste stimmen. Nun liegt
freilich Qades weit mehr als 3 Tage von Ägypten entfernt. Aber es mag wohl sein,
daß Massa nur als eine Station auf dem Wege nach M e r i b a gedacht war. Daß der
letztere Ort mit Q a d e s eines und dasselbe ist, und daß die Worte „er gab Gesetz
und Recht" die Ätiologie zu Meriba darstellen, kann wieder kaum bezweifelt werden.
Qades heißt in Gen. 14, 7 auch „Rechtsquelle". Hier spielt sich der Hergang mit
dem Haderwasser [richtiger „Prozeßwasser"] von Num. 20 ab, und nach durchaus
wahrscheinlicher Textherstellung heißt der Ort in Dt. 33, 2 geradezu *Meribat-Qades*:
die Gerichtsstätte am Heiligtum (heiligen Quell). — Daß es verschiedene Deutungen
beider Namen gab, darf nicht befremden. An unserer Stelle gibt Jahve Recht und
versucht (erprobt) er Israel. In Dt. 33, 8 hadert er mit Mose und versucht ihn; in
Ex. 17, 2. 7 und Num. 20 hadert Israel mit Jahve und versucht ihn. Daraus wird zu
entnehmen sein, daß strenggenommen auch in unserer Stelle nur V. 25 b g a n z u r -
s p r ü n g l i c h i s t (j) und V. 22 b , d e r b e r e i t s a u f d a s h a d e r n d e V o l k h i n -
d e u t e t , s c h o n z u J s e l b s t g e h ö r t.   1) Über seine Lage s. § 33.   2) Ob der Name *Sinaj* mit *senè* Dornbusch zusammenhängt oder, weil er Gottesberg ist, vielleicht eher mit dem Mondgott *Sin*, läßt
sich nicht mit Sicherheit entscheiden. Jedenfalls wird auf die Fabeleien der arabischen
Geographen (vgl. v. Gall a. a. O. 12 ff. [*ṭūr sīnā* scheint eine allgemeine, vielen Bergen
eigene Bezeichnung gewesen zu sein], auch Haupt, ZDMG. 63 (1909), 509 [demnach
könnte *sīnā* sich auf Steine beziehen]) nicht viel zu geben sein (§ 33).   3) Der
Hauptbericht Ex. 17, 8—13 gehört E (vgl. § 30). Schon mit V. 14 setzt wohl J ein.
Jedenfalls aber gehört J V. 15f. Es ist ein Schwur bei Gottes Stuhl, d. h. beim
Altar. Dieser heißt und ist (nach Art der Altäre in Petra) ein l e e r e r Gottesthron
(s. über solche Throne Reichel, Vorhellen. Götterkulte 39 ff.): er ist der Ersatz des
alten Opfersteines als des Gottessitzes, daher auch die Masseben (gleich den Hörnern
Symbole der Gottheit) gelegentlich auf den Altar zu stehen kommen. Lies in V. 15
כסי = כס יהוה und streiche das vorhergehende יהוה (vgl. das Paseq!). Daß der Stab
auch Stange oder Banner heiße, und vollends daß Jahve selbst (Greßm. 157) „mit dem
Mosestabe identisch" sei, ist mit nichts zu erhärten. Die Hand ist die Schwurhand
und nichts anderes. — Eine zum Teil eigenartige Überlieferung bietet übrigens hier
Dt. 25, 17—19: Israel wird, als es erschöpft war, auf dem Marsch überfallen und die
Marodeure abgeschnitten. Daß V. 14 R gehöre (Baentsch, Smend 147; weil z. T.
= Dt. 25, 19), ist nicht wahrscheinlich, vielmehr wird 14 b eine sprichwörtliche Redens-
art gewesen sein, Eerdm. III, 55.

Mose erhält den Auftrag, dem Volk zu gebieten, daß niemand zum Berge
sich nahe. Tatsächlich kommt Jahve herab, und Mose darf zu ihm auf
den Gipfel des Berges kommen [1].

2. **Analyse der Mose- und Auszugsage bei J.** — Überblickt man die ganze jahvistische Erzählung vom Tode Josefs bis zur
Ankunft des Volkes am Sinai, so fällt zunächst im Unterschied von manchen
chen Teilen der Vätersage eine starke **Geschlossenheit** des Ganzen
ins Auge. Von selbständigen Sagenkreisen ist nicht die Rede, sondern
in wohlbegründetem Fortgang schließt sich alles an die Person des leitenden
Mannes an oder genauer an die Aufgabe, die er an seinem Volke zu erfüllen berufen ist [2].

So ergibt sich eine historische Sage, deren **Kern** die folgenden
Hauptzüge darbietet. Der Bedrückung der in Ägypten lebenden Jaqobstämme soll Mose ein Ende machen. Er wird aus Midjan, wo er der
Eidam des Priesters geworden ist, von Jahve nach Ägypten gesandt, vom
Pharao die Entlassung des Volkes zu einem Wüstenfest zu fordern. Aaron,
der Priester, ist sein Begleiter und Sprecher. Der Pharao wird, sollte er
sich weigern, mit schwerer Heimsuchung bedroht. So wird der Abzug
der Stämme durch List erzwungen. Kaum aber ist er geschehen, so reut
den Pharao sein Entschluß. Die Ägypter verfolgen die Fliehenden, die,
günstige Verhältnisse am Schilfmeer benützend, sich in das Seebett hinein-
wagen. Die Nachsetzenden verlieren mit ihren Wagen die richtige Spur
und erleiden im Meer eine Katastrofe. | Die Erretteten gelangen in die
Gegend von Qades an Orte, die teils jetzt schon, teils später Namen wie
Massa und Meriba führen. Dort finden sie auch den heiligen Berg Sinai,
der wohl die Stätte der ersten Offenbarung Jahves an Mose war und ihnen
nun zum Berg der Gesetzgebung wird.

Man sieht, wie hier alles in sich geschlossen ist. Ein Stück schließt
sich mit voller Ungezwungenheit an das andere an, und der Ablauf der
Ereignisse bietet ein durchaus befriedigendes Bild.

Trotzdem ist in dem eben Wiedergegebenen die jahvistische Erzählung **nicht erschöpft**. Wie wir es anderwärts beobachten, so sind
auch hier an den eigentlichen Kern der Erzählung allerlei ihm ehedem
fremde Stoffe angeschlossen, die heute mit ihm verwoben sind, ohne aber
zur vollkommenen Einheit mit dem Übrigen verarbeitet zu sein. An ihnen
zeigt sich zum Teil schon bei oberflächlicher Beobachtung, daß die Gesamterzählung des J doch, auch wenn sie nicht in mehrere selbständige Sagenkreise zerfällt und darum den Eindruck der Geschlossenheit macht, keineswegs eine wirkliche **Einheit** darstellt.

---

1) Ex. 19, (4—8?) 11—13. 18. 20. Hier mußte bei J sofort der **Dekalog** folgen,
s. nachher im Text. Meist wird auch noch V. 3b hierher gezogen. Aber daß Jahve
vom Berg herab **ruft**, paßt nicht zu J. Hier **fährt** er herab V. 20. Außerdem hat
LXX überhaupt Elohim gelesen. — V. 21—25 ebenso wie 4—8 gehören entweder J [?]
(falls Elohim der LXX nicht ursprünglich ist, vgl. außerdem den Sinai; sonst E [?])
oder R [d]. Es ist augenscheinlich die Absicht, Aaron auf dem Berge zu haben; vgl.
Ex. 32. 2) Über die diesen Sätzen entgegenstehende Auffassung von Meyer (vgl.
auch St. A. Cook in Am. Journ. of Theol. 13 [1909], 370 ff. und dessen Crit. Notes on
O. T. Hist. 144), nach der ehedem eine größere Zahl unzusammenhängender Sagen
existierte, die erst durch J und weiterhin durch E in einen nachträglichen und künstlichen Zusammenhang gebracht seien, s. unten § 32, 1. Eine Verschiedenheit der Elemente des Ganzen ist, wie die nachfolgende Erörterung zeigt, auch hier anerkannt.
Aber sie wird auf anderem Wege erklärt.

Am offenkundigsten tritt der Mangel an Einheit zutage bei der Schilderung der Plagen. Nach Ex. 4, 22 f. soll Mose den Pharao, falls er Israel nicht ziehen lassen wolle, mit dem Tode seines Erstgeborenen bedrohen — von Plagen ist nicht die Rede. Tatsächlich aber verhängt Mose Plagen über Ägypten, und das Sterben der Erstgeburt, und zwar aller Erstgeborenen in Ägypten, erscheint nur als die letzte dieser Strafen. Daraus ergibt sich, daß die Plagen, obwohl schon bei J stehend, doch ein sekundäres Element der Überlieferung bilden. Der eigentliche Kern der jahvistischen Erzählung kennt sie nicht. — Dasselbe gilt, wie oben gezeigt [1], von den Verhandlungen und Vorgängen, die zum Auszug führen, und besonders der Stiftung des Passa- und Mazzenfestes. Auch sie gehören nicht zum Kern der Erzählung, sondern sind von J nach mehreren ihm zugänglichen Varianten mitgeteilt. In welcher Form er den Hergang selbst vorfand, läßt sich heute nicht mehr bestimmen. — Ähnlich verhält es sich mit der Jugendgeschichte [2] des Mose und der Schilderung der Bedrückung der Jaqobsöhne in Ägypten, soweit sie uns aus J erhalten sind. Es ist wahrscheinlich, daß sie ähnlich lauteten wie in E, doch hat R sie vorwiegend aus E mitgeteilt. Hier hat J mit der Sage von den ägyptischen Wehmüttern und dem Idyll von dem ritterlichen Tun Moses am | Brunnen in Midjan — letzteres an Jaqobs Verhalten in Haran und an alltägliche Vorkommnisse in der Wüste [3] erinnernd — ausmalend eingegriffen; wahrscheinlich kennt er auch Moses Jugend in Ägypten und seine Flucht. Aber alles das sind von J geschaffene oder aber vorgefundene Zugaben, mit denen Erzähler und Sänger der Nachwelt die Gestalt des Helden umkleideten. — Doch läßt sich, wenn wir eines der Ergebnisse der Eroberungsgeschichte hier vorausnehmen, nicht verkennen, daß auch der Kern von J, indem er kurzweg von Israel als der Gesamtheit der Jaqobstämme redet, doch augenscheinlich bereits eine Verschiebung der ältesten Überlieferung vorgenommen hat.

Können wir hierin durchaus die dichtendende Nachwelt beobachten, in deren Dienst sich J stellte, so verraten andere Spuren die mangelnde Einheit der Konzeption in der Gestalt von selbständigen, der Mosegeschichte ursprünglich fremden, aber nun mit ihr verwobenen Elementen. Sie mögen zum Teil viel älter sein als der Kern der Sage selbst. Den Weg kann uns hier die Gottesanschauung weisen. Wie J selbst über die Gottheit denkt, können wir aus seinem Werke unschwer erkennen [4]. Der Gott, der sich im Feuer offenbart, das aus einem brennenden Dornbusch hervorschlägt, ist ein anderer als der Gott des J, wie wir ihn sonst kennen und wie er Ex. 4, 11 geradezu als mächtiger Schöpfer des Menschen erscheint [5]. Nicht minder der Gott, der in einer Feuer- und Rauchsäule vor den Fliehenden herzieht, oder der bei der Nachtrast Mose überfällt und ihn zu töten trachtet. Der letztere gleicht dem nächtlichen am Flusse weilenden Dämon, der Jaqob den Übergang über den Jabboq wehren wollte, der andere stammt augenscheinlich aus der Steppe und knüpft an an gewisse hier zu beobachtende Naturerscheinungen wie die Wawerlohe

---

1) Siehe S. 309, Anm. 3. u. 4; über die Plagen s. S. 308 f.   2) Siehe darüber bei E (S. 326).   3) Vgl. Littmann, Arab. Beduinenerzähl. II (1908), 41.   4) Siehe dazu Bd. II⁴ 373, zum Folgenden schon II⁴ 370.   5) Schon die Vorstufe von J (also j) kennt ihn wahrscheinlich Ex. 4, 22 f. als Völkergott und Vater aller Nationen, s. oben S. 308, Anm. 3.

oder das ferne Leuchten vulkanischer Feuer. Solche Erscheinungen und an sie angeknüpfte Geschichten hat die alte vorjahvistische Sage mit der Mose- und Auszugserzählung in Verbindung gebracht, und J hat sie übernommen, weil er sie schon in Verbindung mit ihnen vorfand[1]. Zum Kern der Geschichte gehören sie trotzdem nicht, das zeigt nicht nur ihr stark primitiver Charakter, sondern auch ihre ganz lose Verknüpfung mit jener[2].

　　Außerdem hat schon die vorangehende quellenkritische Untersuchung ergeben, daß sowohl in betreff der dem Auszug unmittelbar vorangehenden Vorgänge als hinsichtlich des Weiterzugs nach der Katastrofe am Schilfmeer J selbst nicht mehr die älteste Überlieferung darbietet. Wie seine mündliche oder schriftliche Vorlage über den zweiten Punkt berichtete, konnten wir noch ermitteln.

　　Damit sind wir in den Stand gesetzt, das Ergebnis zu ziehen. Den Kern der Sage, im wesentlichen bestehend aus den oben angegebenen Hauptzügen, hat J vorgefunden. Teilweise schon vor ihm, teilweise von ihm selbst, ist die Erzählung erweitert worden durch allerlei der lokalen Sage entnommene — ehedem selbständige — oder durch die Phantasie der späteren Erzähler an die Mose- und Auszugsgeschichte angeschlossene Sagenstücke.

　　3. Die Sinaivorgänge[3]. — Von hier an verläßt uns der Faden von J noch mehr als bisher. Der Redaktor stieß offenbar an dieser Stelle in seinen Quellen auf größere Stücke ganz ähnlichen Inhalts. Dieselben ließen sich nicht wie in den rein geschichtlichen Abschnitten durch Trennung der Glieder und ihre darauf folgende Ineinanderschiebung zu einem Mosaikwerk zusammengefügt erhalten, sondern mußten teilweise fallengelassen werden. Dies Schicksal scheint einen größeren Teil des Textes von J in der Sinaigeschichte getroffen zu haben. Was erhalten blieb, mußte naturgemäß zum Teil an ganz andere Orte, als es ursprünglich einnahm, versetzt werden. So sind wir genötigt, die Trümmer von J mühsam und teilweise an entlegenen Stellen zusammenzusuchen und werden uns bei diesem Sachverhalt auch nicht wundern können, wenn das eine

---

1) Die Erzählungen waren ursprünglich auf irgendeinen El bezogen. Sie liefen in der Steppe um oder hafteten an bestimmten Orten. Israel lernte sie hier kennen und der Volksglaube hielt sie fest, auf Jahve übertragen, weil sie früh mit der Auszugsgeschichte verwoben worden waren. Er hatte außerdem ein gewisses Recht dazu, da jene Anschauung ja doch ein Element der mosaischen in sich schloß (§ 36, 3). — Irgend ein bestimmter Dornstrauch, von dem man wohl wie von andern heiligen Bäumen annahm, daß er des Nachts leuchte (Beispiele bei Kahle, ZDPV. 33 [1910], 231), wird auch in Dt. 33, 16 als Wohnsitz der Gottheit (dort Jahve) angesehen. Die Annahme gründet sich auf gewisse Naturbeobachtungen, muß aber deshalb noch lange nicht ausschließlich auf vulkanische Örter gebunden sein. Auch der Anklang seines Namens *senè* an Sinai mag auf Zufall ruhen (S. 311[2]).　　2) Ich kann es daher nicht für richtig halten, wenn Meyer, Isr. 21. 38 den Gott des Jahvisten kurzweg einen „Naturgott" oder einen „nächtlichen Dämon" usw. nennt. Wie wenig das angeht, zeigt seine Erklärung von Ex. 4, 11 auf S. 6: ist Jahve genug mächtige Gott, so kann er nicht zugleich „an diese Stätte gebannt" sein. Entspricht das eine seiner wirklichen Anschauung, so eben das andere nicht.　　3) Vgl. zu der Sinaiperikope außer dem oben genannten Literatur besonders noch: Kuenen in TT. 15 (1881), 164 ff. Wellh., Komp.[2] 327 ff. [3]329 ff　Budde in ZAW. 11 (1891), 193 ff. Steuernagel in StKr. 72 (1899), 319 ff. Lotz in NKZ. 1901—1905. Westphal, Jahves Wohnstätten nach den Ansch. d. alt. Hebr. (1908), 1—59.

oder andere Glied nur durch Versetzung von seiner jetzigen Stelle an
eine andere in den Zusammenhang gefügt werden kann.|

Unmöglich konnte der Dekalog von R hier schon zweimal berichtet
werden. Die Tatsache, daß er nur einmal mitgeteilt ist, beweist nicht
gegen sein Vorhandensein in J. Das im Ex. 34, 11(14)—26 uns noch
erhaltene kleine Gesetzbuch für ein Analogon des Dekalogs, ja für das
ursprüngliche Zehnwort zu erklären [1], ist gewiß eine Verirrung. Schon
die Zahl von 10 Worten ist bei demselben nur mit größter Willkür zu
erreichen. Es ist vielmehr der uns noch gebliebene Rest der auch bei J
dem Dekalog folgenden „Gesetze und Rechte", also ein verkürztes Analogon
zu Kap. 21—23. Sicher gab es schon in alter Zeit mehrere Exemplare
des BB, vielleicht für verschiedene Heiligtümer. So erklären sich die
verschiedenen Rezensionen von selbst [2]. Die Versetzung des Ganzen an
diese Stelle begreift sich nach dem Obigen leicht. Wir werden also nicht
fehlgehen, wenn wir den Dekalog als diesem Gesetzbuch vorangehend
denken und irgendwo vor 34, 11 einfügen.

Der Hergang der Sinaivorgänge war demnach in der Erzählung von
J mutmaßlich folgender. Nach der Ankunft am Sinai und den Kap. 19
erzählten Vorbereitungen, und nachdem Mose den Berg bestiegen, verkündet Jahve den Dekalog. Mose weilt hier einige Zeit, während welcher ihm Jahve die zehn Bundesworte des Dekalogs auf steinerne Tafeln
schreibt [3]. Zu dem Zehnwort fügt Jahve wie in E so | auch hier gleich
die übrigen Gesetze und Rechte und befiehlt Mose, diese Worte, d. h. den
Inhalt jener Gesetze aufzuschreiben. Auf Grund derselben wird der Bund
mit Israel geschlossen [4]. An welcher Stelle die Bundschließung selbst in
J eingefügt war, läßt sich nicht mehr bestimmen.|

---

1) So seit Wellhausen, JDTh. 21, S. 551 ff. (Komp.³ 81 ff.) Gesch. Isr.¹, S. 404 ff.
des öfteren und in verschiedenartiger Weise; vor ihm schon Goethe (zu diesem ZAW.
24 [1904], 134), nach ihm seine Schule fast einmütig. Man beachte aber die vielerlei
Versuche, 10 Worte aus den 13 oder 12 herauszubringen, und die Gewaltsamkeit, mit
der z. T. wichtige und geradezu unentbehrliche Stücke beseitigt werden. Die Einschaltung des Sabbats zwischen die zwei Erntefeste erklärt sich ungezwungen aus seiner
Ausdehnung auch auf die Pflüge- und Erntezeit, darf daher nicht als Interpolation behandelt werden. 2) Vgl. jetzt auch Duhm, Isr. Proph. 37f., der Ex. 34 nun auch
„das Hausgesetz eines paläst. Heiligtums" nennt. Auch in Griechenland pflegte man
Abschriften alter Dokumente für andere Heiligtümer herzustellen, für den Fall der
Vernichtung des Originals durch Brand oder Feindeshand eine unentbehrliche Vor-
sichtsmaßregel (Wilhelm, Beitr. z. griech. Inschriftenkunde 251); dazu Herzog, ARW.
10, 401. 3) Das muß aus 34, 1ff. (worüber nachher) in Verbindung mit 32, 19 entnommen werden. Nur der Aufenthalt von 40 Tagen gehört E, während J ihn erst
bei der Erneuerung der Tafeln (34, 28) kennt. — Wenn nun aber J außerdem in
Kap. 24 noch zweimal, 24, 1 f. und 24, 9 - 11, von der Anwesenheit Moses auf dem
Berge redet (beide Stücke gehören J [Steuern. will E² in V 2 annehmen], V. 9—11
wegen V. 11 und 1 f. wegen der Ähnlichkeit mit 9—11), so handelt es sich hier augenscheinlich um eine Variante zu dieser Überlieferung. Die Tafeln sind also er-
gänzende Bundesbuch sind die Bundesakte, auf Grund welcher dann auch in E die
Bundesschließung von Kap. 24 (s. in § 30) erfolgte. Ebenso in J in 34, 27 auf Grund
des Buches. In 24, 9—11 wird das Bundesmahl ohne die Tafeln und das Buch vollzogen, dafür aber sehen die dessen Gewürdigten: Mose, Aaron, Nadab und Abihu und
die 70 Vornehmen, den Gott selbst in seiner Herrlichkeit. Hier redet nicht J selbst,
sondern seine Vorlage j (ha-Elohim in V. 11 erklärt sich aus elohē-Jisrael 10); in 24,
1 f. redet J² (Smend 169 f. beidemal J¹). 4) Deutlich kennt E zwei Reihen von Her-
gängen: 1. Mose schreibt das Bundesbuch 24, 4. 7 und 2. Jahve beschreibt die
Tafeln 24, 12—14; 32, 15—20 (vgl. 31, 18). Diese zwei Reihen kehren auch in
Ex. 34 wieder: Nr. 2 in 34, 1—5 - dazu gehört V. 28; Nr. 1 in 34, 10—26 — dazu

Freilich gab es daneben noch eine andere, augenscheinlich wesentlich
ältere Überlieferung, nach welcher Mose mit Aaron und andern Auserwählten auf dem Berge persönlich des Anblicks der Gottheit in ihrer
Klarheit gewürdigt wird; sie dürfen Gott schauen und das Mahl der Gemeinschaft mit ihm halten ¹. Leider läßt sich diese Version der Sinaigeschichte nicht weiter verfolgen. Die Ergänzung bietet E. Es handelt
sich um ein Bundesmahl in der Weise von Gen. 31, 54.

Inzwischen aber hat das Volk, ungeduldig über Moses langes Verweilen, Aaron vermocht, ihm Götter zu machen, die vor ihm hergehen.
Aaron hat aus dem Geschmeide der Israeliten ein gegossenes Kalb ver-
fertigt. ... Mose, vom Berg herabgestiegen, sieht, was geschehen. Er wirft
die Tafeln zu Boden, daß sie zerschellen und stellt Aaron zur Rede, der
sich, wie einst Adam, entschuldigt: „Sie baten mich; da sagte ich: wer
Gold trägt, der nehme es ab. Da gaben sie es mir, und ich warf es ins
Feuer, da wurde dieses Kalb daraus." Mit Hilfe der Leviten, die
sich zu ihm und Jahve schlagen und ein Blutbad unter dem Volk an-
richten, schafft Mose Ordnung. Dem Stamm Levi wird zum Lohne das
Priestertum ².

---

gehört V. 27. Dies Ergebnis wird nun vollkommen klar durch die folgenden Erwägungen: wer die Tafeln schreibt, sagt V. 1: Jahve. Werden also in V. 28
Tafeln beschrieben, so kann nur Jahve das Subjekt sein; 28 ist also Fortsetzung
von 1 ff. Mose geht hier mit Tafeln auf den Berg, um sie von Jahve (mit dem Dekalog)
beschreiben zu lassen. Daß Jahve dies tut, wird nicht erzählt, weil V. 11ff. (14ff.)
als ein selbständiges Stück dazwischen kommt; es muß aber einmal erzählt gewesen
sein: V. 28 bringt das Verlangte. Der Dekalog selbst braucht von R nicht mehr mitgeteilt zu werden, da ihn schon Ex. 20 darbot. Sein Platz wäre spätestens hinter
V. 10a, bzw. V. 9 gewesen. Den Abschluß bildete dann 28b (die Bundesworte sind
Glosse). — Anderseits, was Mose schreibt (V. 27), sind die Bundesworte, auf Grund
deren der Bund geschlossen wird, also das der Bundesurkunde die E in Ex. 24, 7 entsprechende Buch bei J. Demgemäß finden auch, wie eine Vergleichung zeigt, fast
alle Sätze von 34, 18—26 ihr nahezu wörtliches Gegenstück im Bundesbuch des E.
(s. bei Driver, Ex., S. 370f., auch Eerdm. III, 88 ff., der die Abhängigkeit von BB.,
wie ich glaube, mit Recht, aber ohne Grund die nachexilische Herkunft von Ex. 34
behauptet). — Daß das V. 27 Aufgeschriebene (34, 14—26) nicht das Zehnwort selbst,
sondern das jetzt allerdings verstümmelte Analogon des Bundesbuchs war, zeigt am
deutlichsten eine Vergleichung des Wortlauts von V. 27 mit dem von 24, 4. 7.

34, 27: „Schreibe diese Worte nieder, denn auf Grund dieser Worte habe ich mit dir und Israel einen Bund ge- schlossen";	24, 4. 7: „Und Mose schrieb die Worte Jahves nieder ... und nahm das Buch des Bundes und las es dem Volk vor".

Die Tafeln von V. 28 gehören augenscheinlich nicht hierher. — Demnach gehört der
an seiner jetzigen Stelle durchaus verlorene Vers 34, 28 tatsächlich zu 34, 1—5. Die
Fortsetzung von 34, 27 kann derselbe unmöglich bilden, da ja die Worte 34, 11—26,
bzw. 14—26 nach V. 27 schon von Mose geschrieben sind. Jahve, nicht Mose, ist
im ursprünglichen wie im heutigen (vgl. 34, 1) Zusammenhang das Subjekt von וַיִּכְתֹּב.
Man vergleiche den häufigen Subjektswechsel gerade in dieser Quelle. Wellh.s (21, 554)
Annahme scheitert daran, daß (s. o.) das von Mose Geschriebene schon in V. 27 an-
gegeben ist, die Bundesworte in V. 28 also nicht der Inhalt von 34, 11—26 (14—26)
sein können, besonders aber an וּכְתַבְתִּי „ich will schreiben" V. 1. Auch ist V. 27
weder von Tafeln noch von 10 Worten etwas gesagt. V. 27 wird in ein Buch, V. 28
auf steinerne Tafeln geschrieben. Siehe weiter S. 317, Anm. 3 u. 4.

1) Siehe die zwei vorigen Anm. Für E (Greßm.) ist ein Schauen Gottes ausgeschlossen, noch mehr ein Essen und Trinken mit ihm. 2) Ex. 32, 1—3. . . 19.
21—29. 35. Weder bei 1a (Hempel, Deut. 115) noch bei 4a (Greßm. 199) läßt sich
ein Schnitt machen, wohl aber zwischen 4 u. 5. Wer ist das Subjekt von V. 4, das „es"
(אֹתוֹ) verarbeitet, während zuvor von Ringen die Rede ist? und wozu bedarf der Be-

Jetzt soll Mose mit dem Volk an den Ort seiner Bestimmung aufbrechen. Jahve selbst bleibt hier zurück. Aber er will als seinen Ersatz sein „Antlitz" vor Israel hersenden [1]. Zugleich errichtet Mose | das Offenbarungszelt [2], das dem Volke von jetzt an die unmittelbare Gegenwart Jahves am Sinai ersetzen muß. Ehe sie aber wegziehen, erhält Mose noch den Befehl, zwei n e u e T a f e l n an Stelle der von ihm zerbrochenen auf den Berg zu bringen, damit Jahve sie abermals beschreibe [3]. Er verweilt zu diesem Zwecke vierzig Tage bei Jahve und Jahve schreibt ihm die zehn Worte auf die Tafeln [4].

---

arbeiter eines Meißels? Für die Ringe doch kaum. Mit 4 setzt demnach eine Erzählung ein, deren Anfang fehlt, und in der ein unbekannter Mann Metall empfängt und daraus ein gegossenes Kalb macht. Als Aaron dieses sah, errichtete er vor ihm einen A l t a r 5 und hält ein Fest. Das Kalb hat „das V o l k", nicht Aaron, gemacht 8. Danach scheidet sich 4—8 von 1—3, wo Aaron die Kleinode in Empfang nimmt, doch wohl um sie selbst zu verarbeiten. Dies tut er dann auch in 21—24 (vgl. den Ausdruck: „Gott, der vor uns herziehe" in 1 u. 23), während in 19 f. das Volk das Kalb macht wie in 4—8. In 21—24 wird man um der Ähnlichkeit mit Gen. 3 willen am ehesten J vermuten, dem dann außer 1—3 noch 25—29. 35 gehören werden. — Zur Sache § 35, 5.

1) Über den Anteil der Quellen an Ex. 33 s. auch unten bei E. Zu J gehört jedenfalls V. 1a und 8—11a, vor allem 11a selbst. Mose erhält hier die Offenbarung persönlich durch vertraute Zwiesprache „Antlitz gegen Antlitz"; bei E scheint Josua Orakel zu erteilen. — Sehr schwierig ist die Fortsetzung V. 12 ff. J selbst wird nur 12a angehören. Daraus geht hervor, daß J a h v e s e l b s t n i c h t mitzieht. Statt seiner zieht sein Antlitz *(panīm)* mit (Westphal, Jahves Wohnstätten 28) V. 14 f. Das übrige wird J² gehören. „Antlitz" für Gott selbst ist ein schüchterner Versuch, den Anthropomorphismus zu überwinden. Das Dt. geht einen Schritt weiter und läßt Jahves Namen im Tempel wohnen. 2) Augenscheinlich zieht nun aber nach 33, 8 ff. auch das Offenbarungszelt mit. Daß es j e t z t errichtet wird -- die eigentliche Herstellung muß hinter V. 6 beschrieben gewesen sein —, kann doch nur den Sinn haben, daß es Ersatz des am Sinai bleibenden Gottes sein soll. Da Mose hier „Antlitz gegen Antlitz" *(panīm el panīm)* mit Jahve verkehren darf (V. 11), so wird das Zelt nichts anderes als die Offenbarungsstätte, also wohl der B e h a u s u n g des Antlitzes sein sollen (gegen Westphal 30). Das Antlitz selbst bedeutet natürlich von Hause aus das Gesicht. Das könnte von einem Bilde verstanden werden, sofern ein solches in Betracht kommt. Aber Erscheinen des Antlitz *(lifnē* oder *et-penē)* oder Sehen des Antlitzes der Gottheit bedeutet tatsächlich das Erscheinen an der Offenbarungsstätte, der Lade, dem Altar und Tempel Jahves, wie *Pnuēl* oder *Pnēbaal* die Stätte der Gegenwart des Gottes und *panīm* die Gegenwart bedeutet. Im heiligen Zelt zieht also der gegenwärtige Gott mit, d. h. die L a d e, und *panīm* bedeutet hier die letztere. Weiter § 35, 5. 3) Ex. 34, 1—5 (Kuenen z. T. E, Steuern. E², aber vgl. Sinai V. 4 u. 19, 12f. = J), wogegen V. 6 - 9 wohl Zusatz von R^d sein mögen. — Wellh. 21, S. 553 erklärt V. 1 von כרשׁאים an für Zusatz von JE und sieht die Verse überhaupt demgemäß für einen Bericht über den e r s t m a l i g e n Erscheinen Moses auf dem Sinai an. Das Urteil hierüber muß sich aus dem Vorhergehenden ergeben. — Daß das Kap 34 hinter Kap. 33 steht, ist jedenfalls nur Folge der unglücklichen Redaktionsverhältnisse. 4) Ex. 34, 28. Die „Worte des Bundes" neben den „10 Worten" sind sicher eine bloße Glosse, aus der jetzigen verkehrten Stellung des Verses entstanden. So jetzt auch Greßm., AT. I, 2 (1914), 60. Andere (Marti, Gesch. isr. Rel.³ 111; Baentsch u. a.) sehen „die 10 Worte" als Glosse an. Aber nach 34, 1 stehen auf den Tafeln die 10 Gebote, vgl. unt. S. 328, Anm. 1. Über die Beziehung des Verses zu 34, 1—5 und alles übrige s. ob. S. 315³ und 315⁴. Die Lostrennung des V. 28 von seiner richtigen Stelle ist seit Goethe die Quelle vieler Mißverständnisse geworden. An welche Stelle die Einlage 14—26 eigentlich gehört, ist schwer zu sagen; am ehesten doch wohl wie in E gleich nach der eigentlichen Verkündigung des Zehngebots. — Die 4 0 Tage stehen hier, wie man sieht, an ganz anderer Stelle als bei E. Die lange Zeit dient dann natürlich nicht dem Beschreiben, sondern dem engen Verkehr mit der Gottheit. Vgl. noch Eerdm. 3, 77 ff.

Noch während des Aufenthalts am Sinai hatte Mose sein Schwager Hobab (ben Reʿuēl) besucht ¹. ... Da Israel nun, Jahves Befehl fol|gend, vom heiligen Berge aufbricht, bittet ihn Mose, das Volk zu geleiten: Hobab kenne die Lagerplätze der Wüste und würde so „ihr Auge" sein können. Er verheißt ihm reichen Lohn in Kanaan. Hobab, der sich zunächst weigert, scheint nach J dennoch eingewilligt zu haben. Denn das spätere Israel kennt als Teil des Volkes ² ein von Hobab sich ableitendes qenitisches Geschlecht, dessen Zugehörigkeit zum Volke die Überlieferung auf jene Ereignisse zurückführte.

4. **Allgemeines über die Sinaivorgänge bei J.** — Auch hier wie bei der jahvistischen Mose- und Auszugssage verläuft die Erzählung im ganzen in sich geschlossen und wohl abgerundet. Mose steigt auf den Berg und erhält hier die von Jahve geschriebenen Bundesworte und die weiteren Verordnungen, auf Grund deren Jahve durch ihn einen Bund mit Israel schließen will. Bei der längeren Dauer des Aufenthalts gerät das Volk auf Irrwege und muß sein Vergehen büßen. Nicht Jahve selbst, sondern nur sein Antlitz, das ihn vertritt, zieht deshalb mit, und zwar in dem heiligen Zelte, das als seine Behausung gilt. Des Volkes irdischer Geleitsmann ist Hobab. Daß die Verehrung des Stiers von Betel und Dan bis in die Zeit Moses zurückgeleitet wird, und zwar auf ganz Israel, bekundet das Alter der Überlieferung und läßt geschichtliche Hergänge als Grundlage vermuten. Nicht minder bedeutsam ist die Stellung, die die Leviten einnehmen und ihr jetzt schon zutage tretender Gegensatz zu Aaron ³.

Daß sich hier an den Stamm der jahvistischen Sage fremde Elemente oder spätere Zuwachsbildungen in irgend nennenswertem Umfang angeschlossen hätten, wird man kaum mit Grund behaupten können. Trotzdem kann auch hier J nicht durchweg den wirklichen Sachverhalt wiedergeben. Die mit Jahves eigenem Finger geschriebenen Tafeln können in dieser Form nur das Produkt der dichtenden Sage sein. Es gab einmal Steintafeln, deren besondere Heiligkeit keine andere Deutung zuzulassen schien, als daß vorzeiten die Gottheit selbst sie mit | ihrem Finger beschrieben habe. Geben uns hier innere Gründe Anlaß, an der Richtigkeit der Erzählung des J in diesem Punkte zu zweifeln, so findet dies Ergebnis seine willkommene Bestätigung in der Wahrnehmung, daß gerade über den

---

1) Aus Kap. 18, das hierher gehört, werden zu J 1b und Teile von 9—11 gerechnet. Doch s. bei E, wo sie zu E² genommen sind. Es muß aber nach Num. 10, 29 ff. auch für J eine derjenigen von E ähnliche Erzählung angenommen werden. (Aus Smend 155 wird man nicht klug.) — Moses Verwandtschaft nach J und Richt. 4: In Ex. 2, 18 heißt Moses Schwiegervater der Priester in Midjan Reʿuel. Doch ist der Name vielleicht eine Glosse (LXXᴬ hat Jeter). Nu. 10, 29 heißt der Schwager (lies *chatan*) Moses Hobab, Sohn Reʿuels, der Midjaniter; Richt. 4, 11 heißt Moses Schwager (l. *chatan*) der Qeniter Hobab. Dementsprechend ist in Richt. 1, 16 entweder nach LXXᴬ (s. BHK.) Hobab einzusetzen und dann ebenfalls *chatan* zu lesen oder einfach der Artikel vor *qēnī* zu setzen. Eine Überlieferung, nach der Moses Schwiegervater Qain geheißen hätte (Meyer. Isr. 90) und demnach in Richt. 1, 16 so zu lesen wäre, ist nirgends bezeugt. — Für E steht bekanntlich der Name Jitro (Jeter) fest. — Nach Haupt OLZ. 12 (1909) 164 wäre Hobab überhaupt kein Name, sondern altes Wort für Schwiegervater. 2) Num. 10, 29—32. Die Einwilligung Hobabs ist von R weggelassen wegen Ex. 18, 27. Vgl. aber Stellen wie Richt. 1, 16; 4, 11. 1 Sam. 15, 5 f. 3) Vgl. Smend 177; Greßm. 206. Noch Dt. 9, 20 kennt Aarons Schuld; vgl. noch S. 316 f. 324.

Hergang der Bundesschließung eine andere, augenscheinlich ä l t e r e Version vorhanden war, nach welcher jener feierliche Akt sich ohne die Tafeln
und das Buch vollzog.

　　5. Das Ende des Wüstenzuges. — Auf dem von neuem an-
getretenen Wüstenzuge murrt nun das Volk wider Mose um Brot. Jahve
teilt Mose mit, er werde Brot vom Himmel regnen lassen, zugleich aber
wolle er sehen, ob das Volk sein Gesetz halte. Sie sollen jeden Tag
außer dem Sabbat davon sammeln, am Tag vor diesem aber zwei Teile.
Am Morgen gewahren sie feine Körner am Boden, dem Reife ähnlich,
die sie Man nennen. Sie sammeln, mancher selbst mehr als er für den
einzelnen Tag bedarf; das Übergebliebene wird unbrauchbar. So wird
Israel von Jahve gespeist bis zur Grenze Kanaans [1].

　　Das Mischvolk aber, welches mit Israel aus Ägypten zog, erweckt
im Volke dem Man gegenüber das Gelüste nach Fleisch und Zukost, wie
sie Ägypten in Menge geboten. Darüber entbrennt Jahves Zorn, und er
sendet ihnen Wachteln, an denen sie in ihrer Gier sich zu Tode essen.
Der Ort heißt Lustgräber. Von dort kommen sie nach Hazeröt [2].

　　Noch von Qades aus sendet Mose K u n d s c h a f t e r nach Kanaan,
aus jedem Stamm einen Mann, darunter Kaleb [und Josua?]. Sie sollen
in den Negeb und auf das Gebirge ziehen und sehen, wie Land und Volk
beschaffen sei. Sie gelangen bis Hebron, das sieben Jahre vor Şo'an in
Ägypten erbaut ist (also schon bestand). Dort herrschen die Riesenkinder
Ahiman, Sesaj und Talmaj. ... Die Kundschafter erzählen Mose, daß sie
in ein Land, überfließend von Milch und Honig, | gekommen seien, aber
auch, daß das Volk stark, seine Städte fest, seine Bewohner Riesen seien [3].
Amaleq wohne im Negeb, der Kanaaniter im Meere und zur Seite des
Jordan [4]. Das Volk, erschreckt, weint die Nacht durch und hadert wider
Jahve und Mose. Kaleb [und Josua] reden ihm Mut zu. Jahve aber
verhängt [5] ein Strafurteil über das Volk: außer Kaleb [und Josua?] soll
niemand vom Volk in das verheißene Land kommen. Reumütig will das
Volk nun doch hinaufziehen, wird aber von dem dort wohnenden Kanaaniter und Amaleqiter [bis Horma?] zurückgeschlagen [6].

---

　　1) Ex. 16 gehört wegen des Sabbatgesetzes und wegen V. 9 f. 23. 33 f. (Ewald,
Dillm.), aber auch weil Israel nach Ex. 12. 38; 17, 3 (J) anfangs Fleisch mit sich
führt, erst hierher. In J standen . . . V. 4 f. 14—16 a. 18 b—21. 27—30 (? Wellh. D [2]).
35 b. Ähnlich Baentsch, etwas anders Greßm., der eine Manna-, eine (ebenfalls ziemlich alte) Sabbatsage und eine Wachtelsage scheiden will; Procksch u. a. wollen auch
an E denken. Ob die Sage wegen מסה 16, 4 ehedem an Massa haftete, ist mindestens
unsicher. Aber in die Nähe von Qades paßt sie. 2) Nu. 11, 4—6. 10. 31—35.
Siehe bei E. Das zwischen J und E liegende gehört noch späteren (redaktionellen)
Schichten an. Auch 31—35 ist vielleicht sekundäre Dublette (J [2]) zu V. 10. Die Orte
sind jedenfalls auf dem (wenn auch nicht dem nächsten) Wege vom traditionellen Sinai
nach Qades gedacht, aber noch unfern dem Meere. Hazerot wird bei 'ain Hudherat
im Osten der Halbinsel gesucht (Palmer, Schauplatz 201), doch ist der Name „Ge-
höfte" viel zu allgemein, um für eine bestimmte Örtlichkeit in Anspruch genommen
werden zu können. 3) Nu. 13, 17 b—19. 22. 27 (gegen Meyer, ZAW. I, S. 139;
V. 26 b β sind parallel, daher nicht aus derselben Quelle, vgl. auch den Wechsel des
Numerus). 28 f. — So auch Baentsch. Wenig anders Holz. [K.[3]] u. Procksch; Kuenen
will gar keinen Bericht von J anerkennen. 4) Siehe über den V. 29 Meyer, S. 124;
dagegen Dillm. und schon V. 29 E zuweist. Die Entscheidung kann nicht zweifelhaft
sein. 5) Num. 14, 1 b (s. Dillm., NuDtJos., S. 74 f., Holz. in Kautzsch [4]). 3 f. 8 f.
30—33. Holz. bei Kautzsch [3] verzichtet auf Scheidung zwischen J und E ([4]R); 30—33
will Baentsch P zuweisen. 6) Über Spuren von J in Num. 14, 29--45 s. Dillm,

Gleichzeitig oder bald danach zieht der Kanaaniterkönig von ʿArad gegen Israel und nimmt einen Teil des Volkes gefangen. Israel tut das Gelübde: wenn Jahve ihm Sieg gebe, sollen die kanaanitischen Städte gebannt werden [1]. Nachdem Jahve den Kanaaniter in Israels Hand gegeben hat, nennt Israel den Namen jenes Ortes [2] H o r m a. ... Lange Jahre wohnt das Volk in Qades, wo auch Mirjam stirbt [3]. ...

Merkwürdigerweise wird der glänzende Sieg über die Kanaaniter, der eigentlich Israel den Eintritt in das gelobte Land schon zu eröffnen scheint, gar nicht verfolgt. Vielmehr scheint Israel auch nach J noch lange untätig in der Wüste zu bleiben, während es nach E trotz des von J berichteten Erfolges im Negeb nicht etwa sofort von Süden her weiter ins Land vordringt, sondern sich anschickt, in weitem Bogen um | das Edomitergebiet herumzuziehen. Die Gründe dieser Erscheinung sollen später dargelegt werden.

Der in E erzählte Kampf mit dem Amoriter ist hier heute nicht mehr erwähnt. Vielleicht nicht einmal die Verhandlungen mit Edom [4]. Unbestimmte, aber immerhin längere Zeit nach jenen Ereignissen steht Israel endlich an der Südostgrenze Kanaans, bereit, gegen das Land vorzudringen. Um dasselbe zu erreichen, muß Israel mit Moab zusammentreffen. Der König von Moab B a l a q fürchtet für seinen Besitzstand. Er sendet [gemeinsam mit dem in jener Gegend weilenden Zweig der Midjaniter [5]?] ins Land der ʿAmmoniter [6] zu dem Zauberer Bileam. Dieser stellt zwar sofort in Aussicht, daß er auch um alle Schätze Balaqs Israel nicht verfluchen könne, wenn Jahve es nicht zulasse, geht aber doch mit. Unterwegs wird ihm auf wunderbare Weise durch das Reden seines Tieres kund, daß Gott

---

NuDtJo., S. 80. Die Lesart כנעני darf nicht mit Meyer, ZAW. I, S. 133 einfach verworfen werden; sie ist ein Rest von J. Versuche genauerer Scheidung bei Baentsch und Procksch. Doch s. auch die nächste Anm.
1) Num. 21, 1—3. Die Verse verstehen sich allenfalls als direkte Fortsetzung von 14, 39 ff. Doch ist vielleicht das vorhergehende Stück (14, 39 ff.) überhaupt kein Bestandteil der alten jahvistischen Erzählung. Man müßte es dann zu J² rechnen. Vgl im übrigen überhaupt in § 37, 1 2, wo auch der Nachweis geführt ist, daß 21, 1—3 selbst schon eine ältere Vorstufe des jahvist. Überlieferung (j) zur Voraussetzung hat. 2) Der Ort der Schlacht ist nicht ʿArad selbst, sondern, wie Richt. 1, 17 zeigt, Şefat (*nakb eṣ-ṣafā*). — Zum Ganzen vgl. unten § 37, 1. 2. 3) Num. 20, 1 a β b (Wellh. 21, S. 577). 4) Doch siehe in § 30 (S 332, Anm. 7 und 333, Anm. 3) sowie in § 35. 5) Was freilich Schwierigkeiten bietet, daher vielleicht doch mit Wellh. 21, S. 579 an eine Interpolation aus P zu denken ist. Siehe dagegen Dillm 141. 6) So nach der Lesart בני כזור Num. 22, 5. Wo eigentlich B i l e a m s H e i m a t gedacht ist, ist schwer zu sagen. Das Lied 23, 7 redet von Aram und den Bergen des Ostens, was man besonders um des edomitischen Belaʿ ben Beʿor Gen. 36, 32 willen gern in Edom verbessert. Aber weder das Land Qedem im besonderen Sinn (s. ob S. 236¹), noch der Ausdruck „Berge des Ostens" an sich wollen recht zu Edom passen, das sonst immer als ein Südland, nicht ein Ostland gedacht ist. Es wird deshalb Aram beizubehalten und an eine Erinnerung an die eigentliche Heimat der Aramäer in der syrisch-arabischen Wüste, östlich von Moab, anzunehmen sein. Dazu stimmt dann das Land ʿAmmon, das in der Zeit des J östlich von Moab lag, ziemlich. Petor am Eufrat hingegen ist wohl von E aus Aram herausgesponnen. Zur Zeit des E reichten die Aramäer bis an den Eufrat. — Trotzdem scheint auch das AT. eine Überlieferung zu kennen, die Bileam ben Beʿor zu einem Edomiter machte. Denn die Gleichung mit Belaʿ ben Beʿor in Gen. 36 ist unverkennbar, nicht minder diejenige mit dem Spruchweisen Loqmān (arab *lqm* = hebr. *blʿ*) des Qoran. Aber die wahre H e r k u n f t ist in den Sprüchen verschollen und darf nicht durch Konjektur oder künstliche Geographie (so Greßm. [s. unten] 58, denn der Arnon bildet nach E die N o r d g r e n z e Moabs; er führt ihn dann weiter nördlich in das von Israel eroberte Gebiet) hereingebracht werden.

über seine Reise zürnt. Doch soll er nun mit den Männern weiterziehen, aber nichts reden, als was Gott ihm sagt [1]. Balaq empfängt ihn bei Ar Moab am Arnon und führt ihn nach der Gassenstadt am Nebo. Aber statt des Fluchs muß Bileam Segen über Israel verkünden [2]. J und E haben je min|destens zwei Sprüche Bileams. Die jetzige Zusammenstellung der vier Sprüche nacheinander ist vielleicht das Werk der Redaktion.

Auf einen Kampf scheint Balaq es nach den Eröffnungen Bileams nicht ankommen zu lassen. So dringt Israel ungehindert bis Sịṭṭīm vor und wohnt dort. Hier läßt sich das Volk zu buhlerischem Umgang mit den moabitischen Frauen und zur Teilnahme an ihren Götzenfesten verleiten. Zur Strafe werden die beteiligten Volkshäupter aus der Gemeinde ausgetilgt [3].

Mit Berufung auf ihren Viehbesitz wünschen die beiden Stämme Gad und Ruben hier im Osten zu bleiben. Mose findet in diesem Verlangen einen Mangel an Gemeingeist. Erst auf die Zusage, daß sie den anderen Stämmen Waffenhilfe zur Eroberung des Westens leisten werden, erklärt Mose sich mit ihrem Wunsche einig [4].

Hier [5] tritt nun das Deuteronomium störend in den Zusammenhang aller drei Hauptquellen ein. Der Faden derselben kann erst am Ende jenes Buches wieder angesetzt werden. Unsere Quelle schließt die Geschichte Moses am kürzesten ab. Möglicherweise ist die Ankündigung seines Todes, die jedenfalls vorhanden war, uns noch in ihr erhalten [6]. Dann aber eilt sie zu Moses Tode. Er stirbt auf dem Gipfel des Pisga, nachdem ihm Jahve das ganze Land Gilead bis Dan gezeigt hat [7].

6. Allgemeines über den Abschluß der Wüstenerzählung bei J. — Das Wesentliche der Erzählung ist hier das nach mancherlei Erlebnissen in der Wüste erfolgte Vordringen von Qades aus. Aus Gründen, die erst an einer späteren Stelle (§ 37) genauer dargelegt werden können, muß angenommen werden, daß J nicht mehr durchweg die älteste Überlieferung darbietet. Was ehedem (bei j) | den Qenitern [unter Hobab?] zugeschrieben war, ist hier für Israel in Anspruch genommen. Die älteste erreichbare Überlieferung weiß demnach nur von einem erfolgreichen Vordringen einzelner Geschlechter, während die übrigen Stämme in Qades bleiben.

---

1) Num. 22, 3 a. 4 (s. aber S. 320, Anm. 5). 5 a β. 7 a. 18. 21 a. 22—35 a. 2) Num. 24, 2—19. 25; vgl. 22, 18 = J. V. 20—24 sind anderer Art, wenn auch schwerlich sehr jung, die drei letzten Worte von V. 10 Zusatz von R⁴. Zum Ganzen vgl. die Kommentare von Dillm., Holz. u. Baentsch, außerdem Wellh., Komp.³ 347 ff.; Procksch, Sagenb. 112 f. und Greßm. in: Schr. AT. II, 1 (1910), 52 ff. Die Verteilung im einzelnen bietet Schwierigkeit, vor allem kann die Zuteilung der Sprüche selbst, da sie J und E schon vorlagen, nicht viel besagen. Für irrig halte ich die Annahme von Steuernagel, Einwand. 72f., daß J überhaupt von Bileam nichts sage, ja den Zug Israels durchs Ostjordanland gar nicht kenne. Die ganz späte, in sich unmögliche Ansetzung der Sprüche durch von Gall (Zusammens. u. Herk. der Bileamspr. 1900) scheint erfreulicherweise neuerdings immer mehr abgelehnt zu werden. 3) Num. 25, 1. 2. 4. Es handelt sich um gottesdienstl. Prostitution. 4) Zu J gehörten jedenfalls Bestandteile von Num. 32, doch sind sie schwer auszuscheiden, da das Kapitel stark überarbeitet ist. Man wird mit Dillm. jedenfalls den Kern des Berichts in 1 b. 2 a. 3. 5—13. 23. 25—27 hierher rechnen dürfen. Siehe dazu Kuenen, Einl., § 13, 29. 5) Einige Verse will Dillm. im B. Numeri noch für J festhalten, nämlich Num. 33, 52. 55 f. 6) Dillm. findet sie in Deut. 31, 16—22; immerhin müßte sie überarbeitet sein. 7) Deut. 34, 1 a β b. 5 (Dillm. V. 4, der aber wohl zu R⁴ gehört).

Über die Art, wie bei J der Weiterzug von Qades aus und das Eindringen in Kanaan erfolgte, sind wir leider wenig genau unterrichtet. Es ist aber nicht wahrscheinlich, daß J an ein Vordringen des Volkes von Süden her dachte. Wenn vollends diejenigen recht haben, die J einen Anteil nicht allein an der Geschichte von Bileam, sondern selbst an der Nachricht von den Verhandlungen mit Edom zuschreiben, so müßte wohl auch angenommen werden, daß auch J einmal einen Bericht über das Zusammentreffen mit Sihon besaß. Ohnehin ist es wahrscheinlich, daß jene alten Lieder, die E erwähnt, auch dem Jahvisten nicht unbekannt waren. In jedem Falle aber setzt seine Bekanntschaft mit der Balaq-Bileam-Sage fast mit Notwendigkeit voraus, daß ihm auch der Anlaß des Zusammentreffens mit Balaq und von dessen Sorge vor Israel, nicht minder der Anlaß des Auftretens Israels gerade an dieser Stelle des Landes nicht unbekannt war. Bedenkt man vollends, daß seine Beschreibung Züge enthält, die in den Liedern gar keine Rolle spielen [1], so wird man nicht fehlgehen mit der Annahme, daß hier, ähnlich wie bei Jaqobs Kampf und bei Moses Erlebnissen in der Wüste Midjan, eine viel ältere V o r l a g e von J durchblickt, in welche die in der Zeit Sauls und der Frühzeit Davids entstandenen Bileamlieder nur lose eingefügt sind.

§ 30.
Die Erzählung von E [2].

1. M o s e u n d d e r A u s z u g. — Auch hier muß erzählt gewesen sein, daß, nachdem Josef und jenes ganze Geschlecht gestorben, ein neuer König in Ägypten aufkam, der Josef nicht kannte. Ihm werden die Söhne Israels lästig. Daher werden sie beim Bau der Städte Pitom und Raʿmses durch Frondienst gedrückt [3]. Dazu erteilt der Pharao den hebräischen Wehmüttern den Befehl, alle hebräischen Knaben in der Geburt zu töten, und weil der Befehl keinen Erfolg hat, seinen Untertanen, sie in den Nil zu werfen [4]. Ein Ehepaar aus dem Stamme | Levi hält daher sein neugeborenes Knäblein zuerst verborgen und setzt es dann im Nil aus, wo es von des Pharao Tochter entdeckt und gerettet wird. Die Königstochter erzieht den Knaben und nennt ihn Moscheh als den von ihr aus dem Wasser Gezogenen [5]. Zum Mann geworden, muß Mose eines Frevels halber, der vor den Pharao gekommen ist, fliehen, gelangt nach Midjan und wird hier der Eidam des Priesters Jitro [6].

Eines Tages, als er dessen Schafe weidend über die Trift hinaus an den Gottesberg H o r e b gelangt ist, ruft ihn Gott an [aus einem feurigen Busche?]. Er offenbart sich ihm als der Gott der Väter [7]: er habe ge-

---

· 1) Man vergleiche vor allem die Geschichte mit der redenden Eselin, die augenscheinlich ein uraltes Fabelmärchen mit mythologischem Einschlag darstellt (s. Greßm., AT. II, 1, 61 f.).   2) Vgl. außer der S. 306 [1] genannten Literatur besonders Procksch, Nordhebr. Sagenb. 60 ff.   3) Ex. 1, 11, 12. Der Anfang muß abgebrochen sein. 4) Ex. 1, 20—22: es muß aber auch etwas wie 15—19 hier gestanden haben. 5) Ex. 2, 1—6 (außer 6 a α). 7—10. In der Tat ist der Name wohl zu vergleichen mit äg. Thutmose (Ṭhut ist geboren), Aḥmose, setzt also einen Gottesnamen voraus; vgl. hebr. Natan = Elnatan. Der Wechsel von s und sch ist kaum ein Hindernis. Siehe noch § 36, 1.   6) Aus Kap. 2 gehört hierher wohl das meiste in V. 11—14, doch s. zu J. 7) Die von Greßm. Mo. 34 hieran geknüpften Spekulationen erübrigen sich. Der Gott der Väter war freilich nicht namenlos: er hieß El Abrams, Schreck Isaaqs usw. Aber

sehen, wie die Ägypter Israel drücken, und heißt Mose zum Pharao gehen,
damit er Israels Entlassung aus Ägypten fordere. Auch in dieser Quelle
sucht Mose Gottes Auftrag sich zu entziehen. Gott verheißt ihm seinen
Beistand und nennt ihm als Zeichen seiner göttlichen Sendung die Tatsache, daß das Volk nach seiner Befreiung Gott an diesem Berge dienen
werde. Als weiteres Mittel seiner Beglaubigung bei den Söhnen Israel
wünscht Mose des Gottes Namen zu erfahren. Er erhält die ausweichende
Antwort: „Ich bin der ich bin." Erst nachträglich und sozusagen wider-
willig nennt Elohim ihm seinen Namen Jahve. Er befiehlt ihm, in
Ägypten die Ältesten Israels zu versammeln und mit ihnen zum Pharao
zu gehen, um Israels Entlassung zu fordern [1]. Dazu soll er den Gottes-
stab zur Hand nehmen, | um mit ihm in Gottes Namen Wunder zu tun.
So geht denn Mose zu seinem Schwiegervater Jitro (Jeter) zurück und
kündigt ihm seinen Weggang nach Ägypten an. Jitro läßt ihn in Frieden
ziehen. Mose nimmt den Gottesstab, Jahve aber spricht zu Aaron: Geh
Mose entgegen in die Wüste. Er trifft ihn am Gottesberg, und Mose berichtet ihm die göttlichen Befehle [2].

Nach Ägypten zurückgekehrt geht Mose in Begleitung Aarons zum
König mit der Forderung, Pharao solle Israel zu einer Festfeier in die
Wüste entlassen. Pharao schlägt die Bitte ab. Er weiß nichts von Jahve
und verschärft Israels Lasten. Stroh zum Ziegelstreichen, das bisher geliefert wurde, soll ihnen jetzt entzogen werden. Das Volk klagt Mose an,
dieser wendet sich an Jahve, welcher Hilfe verheißt [3].

Damit ist auch für diesen Verfasser der Übergang zu den Plagen
gewonnen. Von der Erzählung über diese selbst sind uns nur noch Bruchstücke erhalten. Aber sie genügen, um seine Darstellung des Hergangs
deutlich zu machen. Mose kommt zum Pharao und kündigt an, er werde
mit seinem Stab den Nil in Blut verwandeln, daß die Fische sterben und
das Wasser unbrauchbar werde. Pharao bleibt hart, Mose führt die
Drohung aus [4]. . . . Erst bei der Hagelplage setzt unsere Quelle wieder ein
und berichtet, wie Mose abermals auf Jahves Befehl seinen Stab ausstreckt,

---

die Hauptsache ist, daß E den J hier kennt und bewußt richtig stellt. Er hat nicht
die Urform der Sage, aber er hat hier den besseren historischen Takt.

1) Ex. 3, 1. 4 b—6. 9—15 und von V. 18 mindestens die ersten Worte nach dem
Atnach. Ich bin der Meinung, daß sowohl V. 14 als V. 15 zu E gehören. Ihr Verhältnis zueinander hat E sich so gedacht, wie oben angenommen ist. Trotzdem sind
die Verse Dubletten, der eine schließt eigentlich den andern aus. E's wirkliche Meinung drückt V. 15 aus, die Offenbarung des Jahvenamens. Aber E kennt eine ältere
Überlieferung (14 a), nach der der Gott ähnlich wie einst das Numen, mit dem Jaqob
in Gen. 32, 30 zu kämpfen hatte, seinen Namen verweigert. Es war auch der israelitischen Volksanschauung zu auffallend, daß Mose das Geheimnis des Gottes Israels,
seinen Namen, so leichten Kaufs sollte erlangt haben, daß sie es nicht anders als auf
Umwegen in den Besitz Moses gelangen lassen konnte. Die Übernahme dieser Überlieferung schwächt E selbst ab durch 14 b. Hier gibt er seine eigene Deutung von
Jahve. Er ist ihm der Sciende, der sich Betätigende, und 14 a soll nach ihm Jahve als
den sich dauernd Betätigenden, den ewigen Offenbarer und Helfer Israels erklären.
Vgl. zur Stelle Arnold in JBL. 1905, 107 ff; Volz, Mose 98; Eerdm. III, 14 und zu
den ausländischen Analogien noch Dillm., Ex. Lev.⁸ und Jerem. ATAO.³ 359 (Paus. u.
Plut.). Weiter § 36, 4.   2) Ex. 4, 17 (welcher Vers ursprünglich den Schluß einer
Erzählung des E über die Mose gegebenen Zeichen bildete). 18 (geg. Wellh.). 20 b. 21.
27 f. Weib und Kind läßt er E (vgl. 18, 2 a) vorläufig in Midjan.   3) Ex. 5, 1.
2 5—6, 1. Siehe Meyer 44; Driver will 5, 5—6, 1 zu J rechnen, Procksch 69 und
Greßm. 67 teilen zwischen J und E. Im Prinzip ist das richtig, die Durchführung
will aber nicht recht befriedigen.   4) Ex. 7, (Teile von) 15 u. 17. 20 a β b.

diesmal gegen den Himmel, daß er Gewitter und Hagel entsendet [1]. Ebenso ist uns noch ein kurzer Bericht dieses Verfassers über die Heuschreckenplage erhalten, woran der Redaktor eine unserer Quelle eigentümliche Mitteilung über die Verhängung dreitägiger Finsternis über Ägypten reiht [2].
  . . . Ein Bericht des E über das darauffolgende Sterben der Erstgeburt in Ägypten fehlt uns, ist aber im Zusammenhang vorausgesetzt. Durch diese Heimsuchung bewogen, läßt Pharao Israel gehen. So zieht Israel aus von Raʿmses nach Sukkot, . . . Mann Fußvolk ohne die Weiber und Kinder. Dazu zieht zahlreiches Mischvolk mit aus Ägypten [3]. Auf dem nächsten Wege über das Philisterland führt Gott Israel | nicht, weil es dessen streitbarem Volke gegenüber noch zu wenig kriegsgeübt ist. Vielmehr heißt Gott sie gegen das Schilfmeer hinziehen. Josefs Gebeine nehmen sie mit sich [4].
  Den Pharao aber reut sein Entschluß, und er verfolgt sie mit allen seinen Wagen, darunter 600 erlesene. Gott befiehlt Mose: erhebe deinen Stab über das Meer [und spalte es, daß die Kinder Israel trocken durchs Meer ziehen können]. Sodann rückt der Engel Gottes von der Spitze des Heeres an dessen Rücken, und die Israeliten ziehen unter seinem Schutze trockenen Fußes durch [5]. . . .
  Drüben angelangt ergreift Mirjam, die Profetin, „Aarons Schwester", die Handpauke, die Weiber Israels folgen ihr nach zum Reigentanz. Sie stimmt den Jubelgesang an:

> Singt Jahve ein Lied,   denn hoch hat er sich erhoben:
> Rosse und Ritter   warf er ins Meer. [6]|

---

1) Ex. 9, 22. 23 a. 31 f. 35 a.   2) Ex. 10, 12. 13 a α. 14 a α. Teile von 15 20—23. 27; 11, 1—3 (?).   3) Ex. 12, 37 f. ganz (wohl mit Ausnahme der Ziffer 600000, die aus P eingetragen sein mag). (Smend J[1].) V. 38 stand wohl auch in J. Die Erlaubnis zum Auszug ist aus 13, 17 zu entnehmen.   4) Ex. 13, 17—19. Kuenen schließt hieran auch V. 21 f., schwerlich mit Recht.   5) Ex. 14, Teile von V. 5, weiter V. 7. 16 a α. 19 a. 20 a α b β. 22 a. Hier bricht E ab.   6) Ex. 15, 20 f. Die Zugehörigkeit zu E kann schon wegen נביאה (wohl auch wegen Num. 12, 1 ff.) nicht bezweifelt werden (geg. Smend). Aber es ist wohl möglich, daß die ältere Vorlage gerade durch E selbst um jene Bezeichnung bereichert wurde. Nebiim gab es zwar mindestens seit Samuels Zeiten. Aber die Anwendung des Namens auf Mose, Abraham und gottbegeisterte Frauen wie Mirjam und Debora wird kaum viel vor der Zeit des Elias anzunehmen sein. Damals erst trat die Profetie in den Mittelpunkt des geistigen Volkslebens. Daß der Name Mirjam in 2, 1 ff. fehlt, beweist nicht gegen E. Wohl aber verdient Beachtung, daß Mirjam hier, wo doch Mose mit seinem Stabe das Wunder getan hatte, „Aarons Schwester" heißt. Warum nicht Moses oder Moses und Aarons? Gab es einmal eine Überlieferung, bei der Aaron die Hauptrolle hier spielte? oder in der Mose mit Aaron und Mirjam nichts zu tun hatte? vgl. noch § 30, 4. 5. Jedenfalls scheint das Lied- oder Liedstück mit dieser Überlieferung von Mirjam dem E schon vorgelegen zu haben. Die von ihm bewahrte Überlieferung ist augenscheinlich auch älter als die bei J in 15, 1 aufbehaltene. Denn haben wir die Wahl zwischen Mose und Mirjam, so kann schon deshalb nur Mirjam in Frage kommen, weil die Neigung, Mose voranzustellen, der spätern Zeit viel näher lag, als das Gegenteil. Es kommt dazu, daß gerade die hier erwähnte Sitte des Wechselgesanges der Weiber (ותען) zur Verherrlichung erfochtenen Sieges uns auch sonst als alte Sitte wohl bezeugt ist (Jeftas Tochter, die Weiber bei Saul und David). Wir werden es also mit einer alten und erheblich vor J liegenden Vorlage von E zu tun haben. An sich ist die Doppelstrofe ein Ganzes und würde für sich vollkommen· ausreichen; gerade zum Reigentanz werden kurze, im Wechselgesang oft wiederholte Stücke beliebt gewesen sein. Aber es ist ganz gut möglich, daß sie stets nur der Anfang eines längeren Liedes war, von dessen Fortsetzung Teile in 15, 2—8 oder 2—10 stecken können. Siehe die folg. Anm.

Das Lied mag wohl einmal mehr enthalten haben als jene zwei Zeilen, wird aber von E nicht vollständig mitgeteilt, vielleicht weil ihm bei J noch eine andere, ausführlichere Gestalt des Triumfgesanges bekannt ist. Jener teilt sie, Mose in den Mund gelegt, mit [1]. Das ältere, wohl aus der Mosezeit selbst herrührende Lied ist hier für den Gebrauch des Volkes in Kanaan zu einem kunstvoll gegliederten Psalm umgearbeitet. Es mag einmal der Passafeier gedient haben [2].

Vom Schilfmeer zieht das Volk nach der Wüste Schur und gelangt nach Mara. Das bittere Wasser, über das die Leute murren, wird durch einen von Mose in den Quell gelegten Baumzweig süß gemacht. So wird die Quelle heilkräftig und Jahve der Heilgott, der durch sie wirkt. Von da kommen sie nach Elim, einer Oase mit 12 Quellen und 70 Palmenbäumen [3]. Auf der weiteren Reise hadert das Volk abermals mit Mose um Wasser. Jahve befiehlt Mose, er solle mit einigen der Ältesten Israels vorausgehen und mit seinem Stabe den Fels am Horeb schlagen, so werde Wasser aus ihm kommen [4].

Der Beduinenstamm der Amaleqiter greift Israel an. An einer später Refidim genannten, noch lange durch einen Altar ausgezeichneten | Stelle kommt es zur Schlacht. Josua kämpft als Moses Feldherr mit der auserlesenen Mannschaft Israels, während Mose von Aaron und Hur unterstützt seinen Gottesstab hochhält, wodurch Israel der Sieg wird [5].

2. Analyse der Mose- und Auszugssage bei E. — Als mit J gemeinsame Züge sind zunächst festzustellen: die Bedrückung durch die Ägypter, die Flucht Moses nach Midjan und die ihm dort werdende Gottesoffenbarung, die Unterstützung durch Aaron, die Forderung des Urlaubs

---

1) Ex. 15, 1—18, wozu V. 19 Zusatz ist. Der Sprachbeweis für große Jugend des Liedes (Bender in ZAW. 23, 1 ff.) will nicht viel besagen. Bei der geringen Zahl nachweislich alter Lieder fehlt die sichere Grundlage für die Vergleichung alter und junger Dichtersprache. Inhaltlich führen V. 13 und 17 nach Kanaan „Du pflanztest sie ein in deinem heil. Bergland; eine Stätte dir zum Wohnen hast du geschaffen, ein Heiligtum haben deine Hände (dir) bereitet“ — so ist zu übersetzen — denkt entweder an den Zion, oder vielleicht noch an Silo. Unverkennbare Kraft und Frische, eine gewisse Plastik der Rede und Kühnheit der Phantasie, dazu die augenscheinliche Freude am Besitz des Landes könnten das Lied wohl als ein Erzeugnis jener Frühzeit in Kanaan verstehen lassen. Siehe die vorige Anm.   2) Vgl. Dillm., ExLev.[2], S. 154. 160 ([3]170).   3) Ex. 15, 22a. 23—25a. 26b. 27 (Sm. J[1]). Die Wüste Schur ist die Wüste hinter der ägyptischen Fürstenmauer, hier ihr südlicher Teil. Dort muß sich eine für heilkräftig geltende Quelle befunden haben, deren Entstehung hier gedeutet wird. Ehedem gehörte sie zu einem el. Vielleicht gehört sie mit dem Ort Elim zusammen. Später stand dort ein Steinaltar mit einer Inschrift „in alten unbekannten Buchstaben“. Der Ort hieß *Phoinikōn* und man feierte hier ein Fest mit Hekatomben von Kamelen zu Ehren der Götter der heilkräftigen Quelle. Es ist die Küste unweit des heutigen Sinai (Serbal). Auch der Name Mara ist vielleicht in den *Maraniten* noch erhalten; vgl. Meyer, Isr. 100f. nach Agatharchides von Knidos.   4) Ex. 17, 3—7, aber wohl in V. 3 und 7 mit Teilen von J gemischt. Aus der Erwähnung des Stabes und der Ältesten geht die Zugehörigkeit des Hauptberichtes zu E hervor. Der Ortsname mag wohl mit רפד stützen zusammenhängen, also „Stütze“ bedeuten (vgl. רְפִידָה). Darum aber die ganze Erzählung, statt etwa des einen Zugs, für ungeschichtlich zu erklären (Eerdm. 3, 55; Sm. 147f.), geht nicht an. Noch weniger geht es an, mit Jerem.[3] 368 in Ex. 17 die Amalekiter überhaupt für ungeschichtlich zu erklären. Was soll überhaupt an den Amalekitern besonders „mythisch anmuten“? — Kap. 16 gehört hinter Num. 10.   5) Ex. 17, 8—14 (s. § 35, 4) nach eigener, ohne Zweifel alter Quelle (14) wohl von E mitgeteilt. V. 14 mag in dieser oder etwas anderer Form auch in J gestanden haben. Die Erwähnung Hurs weist auf *e* (S. 328[2]).

zur Festfeier in der Wüste, die Sendung von Plagen, die Tatsache des Auszugs und des Zugs durchs Meer, endlich das Triumflied und die Amaleqiterschlacht.

Seine eigenen Wege geht E vor allem in betreff der Offenbarung des Jahvenamens und hinsichtlich des Namens und Ortes des Gottesberges. Er nennt den letzteren Horeb und sucht ihn wahrscheinlich im Südosten der Halbinsel in der Gegend des heutigen Sinai. Das ist durch die Orte Mara und Elim nahegelegt [1]. Damit ist natürlich auch die Richtung des Zuges für ihn bestimmt.

Nach dem früher über das Verhältnis von E zu J Ermittelten [2] wird sich vermuten lassen, daß E auch in diesem Abschnitt die Erzählung von J kannte, vielleicht ohne daß ihm das Buch selbst vorlag. Am ehesten wird man die Spur davon in der Beschreibung der Gottesoffenbarung in Ex. 3, 1 ff. finden können, wo der starke Anthropomorphismus von J geflissentlich abgeschwächt ist. Hier geht Mose ausdrücklich hin, sich das Schauspiel zu besehen, dort in E verhüllt er sein Antlitz, weil er sich fürchtet, hinzublicken. Sekundär gegenüber J — ob mit oder ohne Kenntnis der jahvistischen Version geschaffen — ist zweifellos auch E's Beschreibung des Meerzugs. Sie bedeutet eine wesentliche Vergröberung der Vorstellung.

Trotzdem kann kein Zweifel sein, daß E mehrfach seiner eigenartigen Überlieferung folgt. Was er vom Gottesberg und dem Weg zu ihm sagt, liefert den zwingenden Beweis dafür, wenngleich die Frage nicht zu umgehen ist, ob wohl, was er hierüber weiß, den ältesten Nachrichten näher stehe als das, was uns J vom Sinai erzählt. Die notwendige Folge seiner Anschauung von der Lage des heiligen Berges ist dann, daß er die Kämpfe mit Amaleq dorthin verlegt, obwohl kaum anzunehmen ist, daß Amaleq je den Süden der Sinaihalbinsel einnahm. | Liefert E hier, wenn auch eigenartige, so doch kaum bessere Nachricht als J, so hat er anderseits in betreff des Triumfliedes unstreitig den Vorzug vor dem Jahvisten anzusprechen. Auch seine Nachricht über Pitom und Ramses als die von den Israeliten miterbauten Städte verdient alle Beachtung, und was er über die Entstehung des Jahvenamens mitteilt, ist bis heute mindestens nicht widerlegt.

Ein jüngeres, aber, wie es scheint, auch J nicht unbekanntes Element stellt hingegen wieder die Jugendgeschichte Moses dar [3]. Ihr Hauptstück, die liebliche Erzählung von der Tochter des Pharao und dem im Schilfkästchen geborgenen Knäblein sowie von der Tötung des Ägypters durch Mose findet sich bei E. Die mancherlei, in neuerer Zeit deutlicher als früher ins Licht getretenen Parallelen auf anderen Gebieten zeigen, daß die Heroenlegende auch in die Geschichte Moses eingedrungen ist. Der historische Charakter der Gestalt selbst und ihrer Hauptschicksale ist hiervon, so gut wie bei Sargon, Kyros und Alexander, nicht berührt.

Suchen wir das Ergebnis, so können wir es dahin zusammenfassen, daß die wichtigsten Punkte der Haupterzählung bei E sich mit denen des J decken. Daneben aber finden sich jüngere oder minder zuverlässige Mitteilungen in nicht ganz geringer Zahl, denen nur wenige, wenn auch

---

besonders wichtige ältere gegenüberstehen, so daß im ganzen J den Vorzug
vor E ansprechen kann, in Einzelheiten aber dieser ihm vorantritt.

3. Die Vorgänge am Horeb. — Die Amaleqiterschlacht ist bei
E wahrscheinlich nahe dem Gottesberge im Süden der Halbinsel Sinai
gedacht [1]. Es mag sich hier um den Besitz der Oasen am Horeb gehandelt haben. So kann Israel nun ungehindert am Gottesberg sein Lager
beziehen. Hier sollen sich große, für das Volk denkwürdige Dinge vollziehen. Mose steigt zu Gott auf den Berg. Es wird ihm der Befehl, das
Volk solle auf den dritten Tag sich bereit halten. In der Tat künden
an ihm Donner und Blitz, eine über dem Berge gelagerte Wolke und
starkes Getöse wie von Trompeten die sich vorbereitende Offenbarung
Gottes auf dem Berge an. Mose führt das Volk aus dem Lager Gott
entgegen an den Fuß des Berges [2].
Vom Berge aus redet Gott zum Volk die zehn Worte.

Das Volk, erschrocken durch die Gottes Stimme begleitenden Don-|
ner, bittet, Mose möge allein mit Gott reden und dann ihm Gottes Willen
verkünden. So redet Gott zu Mose und offenbart ihm die weiteren dem
Volke geltenden Gesetze und Rechte [3]. Sie bieten eine etwas bunte Zusammenstellung von Vorschriften zivil- und kriminalrechtlicher Art für
das bürgerliche Leben Israels, damit verbunden sodann kurze Verordnungen über die Opfer und Festfeiern. Dieses sog. Bundesbuch in
seinem heutigen Gewande E abzusprechen, wie nach dem Vorgang Stähelins
Wellhausen tut, ist kein genügender Grund vorhanden. Eine ganz andere
Frage ist freilich, ob nicht jenem Widerspruch unbewußt die Ahnung eines
richtigen Tatbestandes zugrunde lag. Denn hat E auch das Buch aufgenommen und es damit auf uns gebracht, so ist es doch keineswegs seine
Schöpfung [4].

Nachdem er das Gottesgesetz empfangen, kehrt Mose zurück und teilt
dem Volke mit, was Gott geredet. Dieses verspricht, alle Gebote und
Rechte Gottes zu halten. Mose schreibt sie auf [5]; er baut sodann
am Fuße des Berges einen Altar mit 12 Masseben und läßt die Jünglinge
Israels ein Bundesopfer mit eigenartigem Ritus bringen. Das vorher geschriebene „Buch des Bundes", das somit hier als Vertragsurkunde
gilt, liest er sodann dem Volke vor und verpflichtet dasselbe feierlich auf
das Bundesgesetz [6]. Darauf ruft Gott Mose noch einmal | auf den Berg,

---

1) Der Besuch Jitros Kap. 18 gehört wie Kap. 16 an eine spätere Stelle, schon
wegen V. 16. 20; vgl. S. 329 f.   2) Ex. 19, 2 b. 3 a b. 10. 11 a. 14—17. 19.   3) Ex. 20,
1—10, 12—17, aber mit manchen späteren Zusätzen von R [d], besonders in der ersten
Hälfte. (Genauer gehören zur Vorlage von E V. 1. 2 a. 3. 4 a. 7 a. 8. 12 a. 13—17 a;
E selbst bot ohne Zweifel noch manches Weitere, was sich nicht mehr sicher ausscheiden läßt.) Weiter V. 18—21. 24—26; Kap. 21. 22. 23, 1—13. 20—22.   4) Wellh.
21, S. 556 ff. Nach ihm sollen Kap. 21—23 (zusammen mit 19, 20—25; 20, 23—26;
24, 3—8) J zugehören. Davon kann nun freilich kaum die Rede sein. Der Sprachgebrauch, soweit er hier mitzureden hat, spricht entschieden für E, vgl. אלהים, doch
kommt er eigentlich nur für die Einführung und da, wo etwa E selbst redet, in Betracht.   5) Eerdmans, Stud. 3, 68, meint, es könne sich hier nicht um das Bundesbuch handeln, weil V. 4 nur von „Geboten", V. 3 aber von „Geboten und Rechten"
rede. Aber es handelt sich doch wohl bloß um eine gewisse Lässigkeit des Ausdrucks.
6) Ex. 24, 3—8. Gegen Wellhausens Folgerung (21, S. 556 = Komp.[8] 87), das Volk
verpflichte sich nur auf das von Mose Kundgegebene, spricht deutlich genug der Wortlaut: „alle Worte, die Jahve geredet, wollen wir tun" V. 3. 7. Steuernagel a. a. O.
(oben S. 314[3]) legt großen Wert darauf, nachzuweisen, daß diese Verse von J stammen,

ihm die zwei Steintafeln mit den von ihm selbst darauf geschriebenen Geboten einzuhändigen [1]. Mose steigt mit seinem Diener Josua
wieder hinauf. Das Volk [2] läßt er unter Aarons und Hurs Leitung zurück. Vierzig Tage und Nächte bleibt Mose dort und empfängt die stei-
nernen Tafeln, beschrieben mit Gottes Finger [3].

Inzwischen hat das Volk sich ein goldenes Kalb machen lassen. Aaron
errichtet davor einen Altar und hält ein Fest. Mose kehrt mit den Gottes-
tafeln zurück. Während der Rückkehr hört Josua im Lager großes Ge-
tümmel und glaubt, es sei Kriegslärm. Mose, der genauer hört, erklärt,
was sie vernehmen sei nicht Schlachtruf, sondern Wechselgesang. Dem
Lager nahegekommen sieht Mose das unter Aaron zurückgelassene Volk
im Tanz um das Kalb. Er zermalmt das Kalb zu Staub und macht daraus
ein Fluchwasser [4]. Als weitere Strafe des Abfalls erhält das Volk den
Befehl, nun vom Horeb aufzubrechen.| Sie können wegen ihrer Versün-
digung nicht mehr am Wohnort Gottes bleiben [5]. Ihren Schmuck, den sie

---

und verwendet sein Ergebnis dann als Grundlage für wichtige weitere Schlüsse. Wer
glaubt, an dem elohistischen Charakter der Verse festhalten zu sollen, wird dann naturgemäß einen Teil jener Schlüsse für unzureichend begründet ansehen müssen. Tatsächlich wird es hier bei E bleiben müssen (vgl. die Masseben und dazu ob. S. 238;
das תחת הדהר vgl. 19, 17; 32, 19; die 12 Stämme u. a.). Auch Jahve dürft nicht
stören, da LXX zweimal Elohim dafür hat: das Stück wird also ganz elohistisch gewesen sein, weshalb auch kein Grund für E² vorliegt (geg. Procksch). Hingegen hat
Steuern. in jener Abhandlung (a. a. O. S. 339) richtig beobachtet, daß aus Ex. 3, 15
eigentlich die konsequente und ausnahmslose künftige Benennung Gottes als Jahve folgen
müßte. Fehlt sie mehrfach später noch, so darf dies wohl als Beweis dafür gelten, daß
3, 15 und die nachfolgende Verwendung von Jahve bei E (soweit es ursprünglich ist)
nicht von E selbst, sondern einem Erweiterer seines Buches (E²) herrührt. Aber das
Prinzip darf nicht nach St.s teilweise irriger Scheidung verwandt und es darf weiter
nicht übersehen werden, daß schon LXX doch manches Jahve als zweifelhaft erscheinen läßt (s. S. I³ 278 f.). Die tatsächlich für E² (dem m. E. auch Procksch zu
großen Raum zubilligt) übrigbleibenden Bestandteile schränken sich dann auf ein ziemlich bescheidenes Maß ein. 1) Genauer heißt es 24, 12: „Ich will dir die Steintafeln geben [und die Tora
und die Miṣwa], die ich geschrieben habe, um sie zu unterweisen (לְהוֹרֹתָם)". Sam.
und LXX lesen nur *tora*; doch scheint die Streichung des „und" lediglich die sekundäre Erleichterung der Lesart anzuzeigen. Holz. will daher Tora und Miṣwa streichen,
wogegen Eerdm. 3, 70 mit Unrecht Einspruch erhebt. Der Sprachgebrauch stimmt zu
Ex. 31, 18. Die Meinung ist, daß der Dekalog für Mose und später für die Priester
die Grundlage der religiösen und moralischen Belehrung des Volkes sein sollte. Schlüsse
von der Größe andrer Tafeln aus (wie des Mesasteins u. dgl.), wie sie Eerdm. zieht,
um zu beweisen, daß auf den Tafeln das ganze BB gestanden habe, sind m. E. vollkommen müßig. Ex. 32 denkt jedenfalls an Tafeln, die ein Mann bequem tragen konnte,
und denkt zugleich nicht daran, deshalb Mose zum mythischen Recken zu machen.
Weiter in § 36.   2) So ist V. 14 wohl statt „die Ältesten" zu lesen. Die jetzige
Lesart stammt aus R zur Ausgleichung von V. 14 mit 2 und 10. Aaron u. Hur wie
17, 10. Da hier in Kap. 32 bei E Hur neben Aaron fehlt, ist hier eine Sonderüber-
lieferung in E (= e) anzunehmen.   3) Ex. 32, 7—11; 31, 18b. Vgl. d. vor.
Anm.   4) Ex. 32, 4—8. 15—18. (19) 20. 30—35 (außer den Schlußworten). Siehe
die Begründung bei J (§ 29). Die Wendung „Götter" 4. 8 für das eine Kalb geht
wohl auf die Wendung von 1 Kön. 12, 28 zurück. Beachtung heischt, daß sowohl J
als E Aarons Schuld kennen. Daran ist nicht zu rütteln. Ob wohl schon Jerobeam
Aaronssöhne um sich hatte (Driv.)? Vielleicht als Laien?   5) Ex. 33, 1 a. Diese
Nachricht muß auch in E gestanden haben. Siehe im übrigen über das Kap. 33 Westphal, Jahves Wohnstätten 25 ff. Man muß auch hier auf die Zuteilung des Einzelnen
einfach verzichten. Deutlich aber ist, daß zu E V. 5 bzw. 5b u. 6 (schon wegen des
Horeb) gehören, ferner Teile von 7—11 (jedenfalls 11 b [Josua] und wohl 7 b, falls hier
nicht wegen Jahve E² vorliegt). Zu J gehört 8—11 a (s. Westph. 26).

vom Horeb her noch an sich haben, legen sie ab. Mose errichtet daraus
die Stiftshütte (und wohl auch die Lade) [1], die sie an Gottes Statt be-
gleiten sollen, und stellt sie außerhalb des Lagers auf. Josua, Moses Diener,
ist die Hut des Zeltes anvertraut.

Die Lagerplätze am Horeb sind die Gegend, in welcher nach E
Mose einstens schon als Hirt Jitros geweilt hatte. Von hier gegen Süd
und Ost, dem Meerbusen zu, zelten die Angehörigen seines Weibes.
Dieses selbst samt den Kindern hat Mose nach unserem Verfasser — bei
J hat er nur einen Sohn, den er nach Ägypten mitgenommen hatte —
hier in der Heimat zurückgelassen. So eilt denn Jitro, auf die Kunde
von dem, was in Ägypten und am Horeb geschehen, herzu, Mose aufzu-
suchen und ihm Sippora mit den Kindern zuzuführen [2]. Mose berichtet
ihm des nähern, was Jahve an Israel getan, und Jitro preist Israels Gott
als den höchsten unter allen Göttern. Mose [3] ver|anstaltet ein feierliches
Opfer, und Aaron und die Ältesten Israels nehmen am Mahle teil [4].
Tags darauf sieht Jitro zu, wie Mose allein und ohne Gehilfen dem Volke
Recht spricht. Er gibt ihm den Rat, Mose möge zwar auch in Zukunft
in schwereren Fällen dem Volke Gottes Urteil vermitteln: aber daneben
solle er zu seiner Hilfe taugliche Männer aus dem Volke zu Obersten
über 1000, 100, 500 und 10 bestimmen und ihnen die leichteren Rechts-
fälle zur Entscheidung überlassen. Dann kehrt Jitro an seinen Ort zurück.

Nachdem so Mose auf Jitros Rat das Gerichtswesen seines Volkes
„für alle Zeit" (V. 26) neu geregelt hat, bricht Israel, dem göttlichen
Befehl folgend, vom Gottesberge auf und zieht drei Tagereisen weiter. Die
heilige Lade zieht voran [5] und weist die Lagerstätten an. Wenn sie sich
erhebt, ruft Mose: Stehe auf, Jahve, daß deine Feinde sich zerstreuen ...,
wenn sie ruht: Laß dich nieder, Jahve, bei den Tausenden Israels [6]! Die

---

1) Diese Notiz ist zwischen 33, 6 und 7 zu ergänzen. Wellh. 21, 562 f. (Komp.[8]
93), Dillm., Baentsch u. a. Weil die ausführliche Beschreibung der Lade aus P folgte
(Kap. 25 ff.), hat R die kürzere und wohl in manchen Stücken abweichende hier gestrichen. Tatsächlich ist die Lade in Num. 10, 35 f. vorhanden und wird dort als bekannte Größe eingeführt (E). Desgleichen muß natürlich die Herstellung des Zeltes
erzählt gewesen sein. Weil hier im Unterschied von Nu. 10 aller Nachdruck auf dem
Zelte zu liegen scheint, will Baentsch 275 in 7—11 eine sekundäre Schicht (E[2]) sehen.
Doch kann man, ohne das Ausgefallene zu kennen, kaum urteilen. Aus andern Gründen
will Procksch 96 f. das Zelt zu E[2] stellen. Er meint (mit Holz., Ex. 109), die Lade
müsse bei E[1] im Lager, nicht draußen gewesen sein; auch habe E[1] überhaupt kein
Zelt gekannt. Umgekehrt meint Westphal, Wohnstätten 55, die Lade sei das sekundäre Element, das Zelt das ältere, s. nachher. Ich glaube bei der obigen Auffassung
bleiben zu sollen.   2) Hierher gehört der von R schon vor die Sinaibegebenheiten
gelegte Bericht Ex. 18, 1 a. 2 a (2 b ist harmonistischer Einsatz). 3—27, doch in V.
8—10 mit kleinen Teilen aus anderer, meist für J gehaltener Quelle vermengt. Steuern.
(StKr. 1899, 339) denkt wegen Jahve an E[2]. Da Jitro in J sonst fehlt, wohl mit Recht.
Daß Jitro, wenn er nicht schon Jahveverehrer war, nach V. 11 es hätte werden müssen
(Greßm. 163), folgt aus 2 Reg. 5, 17 nicht.   3) So muß statt Jitro usw. gelesen werden;
Mose ist der Gastgeber, wie er kann das Fest ausrichten. R nahm daran Anstoß, daß
dies nicht Aaron tat. Schon das Fehlen Moses im ganzen Verse weist die richtige
Spur. Damit erledigen sich manche unnütze Vermutungen. — Das „Fest in der Wüste"
kommt hier nicht in Betracht (Greßm.), so wenig als Ex. 32, 6.   4) Ob Aaron, wenn
er schon als Priestervater galt, nur nebenher am Opfer hätte Anteil nehmen können?
5) „Drei Tagereisen weit" ist wohl Glosse, Wellh. Kuen., Einl. 319.   6) Num. 10,
33—36 (nur V. 34 = R). Das Stück hat Jahve, müßte also nach Steuern. a. a. O. zu
E[2] gehören. Für den einführenden Vers 33 ist das auch recht wohl möglich. Der
Spruch selbst aber stammt keinesfalls von E selbst, sondern ist einfach übernommen
(s S. 330, Anm. 1); daher beweist die Gottesbezeichnung nicht für E[2]. Doch hat

beiden Worte sind ohne Zweifel alte, in der Überlieferung der Helden-
zeit feststehende Sprüche [1], möglicherweise in der späteren Zeit bei Zügen
mit der Lade noch in Gebrauch stehend.|

4. **Allgemeines über die Horebvorgänge bei E.** — Sieht
man von der Verschiedenheit der Ortsbestimmung ab, so deckt sich die
Erzählung von E im wesentlichen mit derjenigen von J. Der Amaleqiterschlacht folgt die Ankunft am heiligen Berge, die Verkündigung des göttlichen Willens und der Bundesschluß. Während des längeren, hier 40 Tage
währenden Aufenthalts Moses auf dem Berge, an dessen Schlusse ihm die
von Gottes Finger beschriebenen Tafeln überreicht werden, verirrt sich das
Volk und muß um seines Vergehens willen den Sitz Gottes verlassen.
Das Zelt mit der Lade begleitet sie.

Immerhin sind die Abweichungen nicht ganz geringfügig. Mose schreibt
hier zuerst das Buch, erst später erhält er die von Gott beschriebenen
Tafeln. Das Buch dient als Vertragsurkunde für den Bundesschluß, der
sich am Fuße des Berges an einem Altar und bei einem von den Jünglingen dargebrachten Opfer vollzieht. Eine Abhängigkeit von J läßt sich
nicht wahrnehmen; wohl aber scheint E der Vorlage von J gegenüber
die jüngere Stufe der Überlieferung zu vertreten: das Bundesmahl der
Jünglinge am Fuße des Berges ist die noch recht alte, aber doch schon
die j gegenüber jüngere Variante zu dem Bundesmahl der Auserwählten
auf dem Berge selbst im Angesicht des Gottes. — Eigenartig ist auch
die Stellung Aarons. Schien es schon beim Auszug, daß er eher ein
vornehmer Laie als Priester und Bruder Moses war (oben S. 324 [6]. 328 [4])
so gewinnt die Vermutung hier an Gewicht, da er auch beim goldenen Kalb
sich nicht als Priester betätigt und beim Opfer mit Jitro den Ältesten
gleichsteht. Es scheint demnach, daß in E Mose an oberster Stelle oder
allein Priester ist.

5. **Das Ende.** — Auf dem Zuge bricht, als Strafe für unwillige
Klagen des Volkes, am Ende des Lagers Feuer aus, das erst durch Moses
Fürbitte gehemmt wird. Der Ort heißt Tab'ērā [2].

Um einer Kuschitin willen, die Mose (neben Sippora? oder ist sie
selbst [3] gemeint?) geehelicht hat, erheben sich Mirjam und Aaron wider
Mose [4]. Man kann auch hier zweifeln, ob sie als seine Geschwister gelten.

---

jüngst Westphal, Wohnstätten 32. 55 ff. gegen die Überlieferung von der Lade als
Kultobjekt der Wüstenzeit mehrere Einwände erhoben. Die aus dem Buch Josua
entnommenen sind später zu erwägen. Hier mögen seine Einwände, daß die Lade nie
als Orakelmittel gebraucht sei und daß sie da, wo sie eine Hauptrolle spiele, sonst kein
Zelt bei sich habe, Erwähnung finden. Was den ersten anlangt, so mag an 1 Sam. 3,
3 ff.; 21, 8 (dazu Kittel, Sam.) erinnert werden, wo die Lade dem Traumorakel zu
dienen scheint (auch die Änderung in 1 Sam. 14, 18 wäre ohne jenen Charakter der
Lade nicht entstanden). Das Zelt aber hat David sicher nicht erstmals eingeführt,
auch wenn zeitweilig in Silo ein Haus stand. Als tragbares Heiligtum war die Lade
auf ein Zelt angewiesen; wo sollte sie im Felde in 1 Sam. 4 und 6 usw. weilen? Insofern haben 2 Sam. 7, 6 und 11, auch wenn sie literarisch jung sein sollten, tatsächlich ganz recht. Anders Küchler in Festschr. Baud. 292; vgl. weiter m. RVI. 42f.
Weiteres unten § 35, 5.
    1) Vgl. schon Ewald, Gesch. Isr.³ II, S. 31 und Delitzsch in ZkWL, 1882, S. 235,
jetzt auch Greßm. 352. Delitzsch macht besonders auf die in den masoretischen Texten
streng eingehaltenen hängenden Num aufmerksam. Sie sind das Zeichen dafür, daß
diese Signalworte einmal für sich bestanden.   2) Num. 11, 1—3 (Kuen., Dillm., Holz.,
Baentsch u. a. E).   3) Vgl. den Wüstenstamm Kuschan Hab. 3, 7 (bei Midjan).
4) Num. 12, 1. Dieser Vers steht jedenfalls für sich. Denn in V. 2 ff. handelt es sich

Auch sonst weiß die Überlieferung mancherlei von üblem Verhalten des Volkes, besonders von Widerstand und Widerstreben gegen Mose zu berichten. Doch wird nur weniges unserer Quelle und noch | weniger ihrer älteren Schicht zugehören. In der jüngeren werden diese Verhältnisse der Anlaß zur Einsetzung von 70 Ältesten, denen neben Mose die Leitung des Volkes übertragen wird. Zu diesem Behufe werden sie mit profetischem Geiste ausgerüstet [1]. Zu dieser oder einer nächstverwandten Schicht mag auch die andere Szene mit Mirjam und Aaron gehören. Weil Gott auch mit ihnen, nicht allein mit Mose, geredet hat, heischen sie die gleiche profetische Geltung wie er. Alle drei müssen sich beim Stiftszelt vor dem Lager versammeln. Mirjam wird aussätzig, aber auf Moses Gebet wieder geheilt [2].

An der äußersten Südgrenze Kanaans angelangt, sendet Mose von Qades aus zwölf Kundschafter nach dem verheißenen Land, darunter Kaleb. Josua bleibt bei Mose zurück. Sie sollen das Land erforschen und von seinen Früchten mitbringen. Die Kundschafter gelangen bis zum Traubenbach unweit Hebron, von wo sie eine Traube und andere Früchte mitnehmen. Die Früchte des Landes zeigen sie den Ihrigen. ... Das mutlos gewordene Volk beschwichtigt Kaleb, während seine Genossen ängstlich vom Hinaufziehen abraten, denn dort wohnen Riesen [3]. Das Volk läßt sich bereden, und so folgt die Strafe Jahves [4]. ... Reumütig will Israel nun doch gegen Kanaan vordringen und, als Mose abredet, es auf eigene Faust versuchen. Aber der Amoriter, der auf dem Gebirge wohnt, kommt herab und schlägt Israel zurück bis Horma [5].

Über die lange Zeit des nun wieder beginnenden Wüstenaufenthaltes schweigt unsere Quelle fast ganz. Nur zwei Ereignisse werden in sie verlegt, der Aufstand des Datan und Abiram und die Versündigung Moses. Jene zwei Rubeniten erheben sich wider Moses (und Aarons?) Führerschaft. Als Angehörige des ersten Stammes fordern sie gleiches Recht mit dem Levistamme. Mose kündigt ein Gottesgericht an, die Empörer werden von der Erde verschlungen [6]. Ist diesem Ereignis keine Ortsangabe beigefügt, so führen die daran angereihten Vorgänge am Haderwasser deutlich auf die Gegend von | Qades, wo demnach Israel auch nach dieser Quelle [7] sich längere oder lange Zeit aufgehalten hat. Der Hergang selbst ist im heutigen Text nicht mehr klar zu ermitteln. Was sich sicher er-

---

um ganz andere Dinge als um Moses Weib. Aber beide Stücke gehören E, V. 1 wegen Ex. 15, 20, V. 2—15 wegen Mirjam und Aaron und dem Profetentum. Aber hier redet (vgl. auch Jahve) deutlich E². Der Erzähler kennt die spätere Profetie. So auch schon Kuenen. Weder die Scheidung von Greßm., noch die ganz andere von Smend wirken überzeugend.   1) Num. 11, 14. 16 f. 24 a α b—30. So nach Procksch, dessen Scheidung mir hier richtiger scheint als die im ganzen ähnliche von Holz. und Baentsch.   2) Num. 12, 2—15. Siehe S. 330, Anm. 4; beide Stücke sind jüngere Varianten zu Ex. 18.   3) Num. 13, 20. 23 f. 26 b β, 30 f. 32 c. Siehe bei J.   4) Der Bericht hierüber ist durch J verdrängt.   5) Num. 14, 39 - 45. Der Hauptbericht ist aus E (Meyer in ZAW. I, S. 133), nur wird er von den Amoritern reden. Weiter oben bei J.   6) Num. 16, 1 b. 2 a α. 12—14. 15 b. 25 f. 27 b—31 (34?). Der Hauptbericht scheint aus E (Kuen.). Dillmann will daneben Spuren eines solchen aus J finden, ihm folgen viele Neuere, vgl. Procksch 103; Greßm. 251.   7) Auch wenn 20, 1 a β b, wie wir annahmen, zu J gehört. Vgl. Deut. 1, 46. Ri. 11, 17, welche Stellen wohl auf die Schule von E zurückgehen.

gibt, ist nur, daß .ein Murren des Volkes um Wasser Mose und Aaron
Anlaß zur Versündigung gibt [1].

Nach Verfluß der Wartezeit sendet Mose von Qades aus Boten an
den König von Edom mit der Bitte um freien Durchzug durch sein Gebiet. Edom verweigert denselben, und so ist Israel genötigt, im weiten
Bogen sein Land zu umziehen. Auch an Moab scheint eine Botschaft
ergangen zu sein [2]. Unterwegs wird das Volk aus Mangel an Speise und
Wasser mutlos. Gott straft es durch giftige Schlangen. Durch eine von
Mose aufgerichtete eherne Schlange werden die Gebissenen geheilt [3]: bei
einer Schlangenplage war ehedem einmal als Mittel der Abwehr die Errichtung eines Schlangenbildes angewandt worden. Das Bild kam nach
Jerusalem oder blieb dort stehen und ward bis auf Hisqia heilig ge-
halten [4]. Zu seiner Rechtfertigung im spätern Israel ward das Bild auf
Mose zurückgeführt.

Aus einem alten Stationenverzeichnis, das auch im Deuteronomium
wieder benützt wird, werden nun einige der Lagerorte Israels, nachdem
es Edom umgangen hat, aufgeführt: das Bachtal des oberen Zered und
das südliche Ufer des (oberen) Arnon [5]. Israel steht infolgedessen jetzt an
der südöstlichen Grenze des Amoritergebiets gegen Moab hin. Hierzu
zitiert unser Verfasser ein altes Liederbuch aus der Zeit der Heldenkämpfe,
„das Buch der Kriege Jahves", welches über den jetzt eingeleiteten Zug
gegen die Amoriter sang:

Das Wāhēb in Sūfā [durchzogen wir]   und die Bachtäler am Arnon,
auch den Hang der Täler,   der sich lehnt an den Rand von 'Ār
und sich lehnt an die Grenze von Moab [6].|

Nördlich vom Arnon zieht Israel am Rande der Wüste hin weiter
nach Be'ēr, einer Brunnenstation, die noch später im Volke mit den altertümlichen Strofen besungen wird:

Steig auf, du Brunn! Singt ihm zu,   dem Brunnen, den Fürsten gruben,
den die Edeln des Volkes bohrten   mit dem Zepter, mit ihren Stäben [7]!

Das alte, oben schon zum Worte gekommene Stationenverzeichnis
wird hier von E vorgreifend noch weiter benützt. Von der Wüste (an
deren Rand der Brunnen lag) ziehen sie nach Mattana, von hier nach dem
Gottesbach; von da nach Bāmōt und von hier zum Tal im Feld Moab
an der Höhe des Pisga. Pisga ist wohl der Nebo der Priesterschrift oder

---

1) Num. 20, 3—5. 7—11. 13. Doch kann bei den vielen Anklängen an P die
Zugehörigkeit zu E immerhin zweifelhaft erscheinen.   2) Siehe Richt. 11, 17 und
Procksch 107.   3) Num. 20, 14—21 (Mey., Kuen., Dillm. geg. Wellh.; Holz., Procksch
u. Greßm. wollen neben E auch J finden); 21, 4 a β b. 5—9.   4) Aber nicht im Tempel,
s. dazu Bd. II⁴, 475¹. Es mag sich um eine Weihgabe für Jahve nach Art der Mäuse
in 1 Sam. 6, 5 handeln, doch liegt hier das Symbol einer heilenden Gottheit (vgl. den
Schlangenstab) näher. Die Schlange als Gottestier und Inhaber geheimnisvoller Kraft
ist viel verbreitet; schon in Ägypten scheint geradezu der Schlangenstab vorzukommen:
Beth, ZAW. 38, 104.   5) Num. 21, 12 f. Vgl. Deut. 10, 6 f. (Mey., S. 119. Dillm.,
S. 121).   6) Num. 21, 14 f. (ל בארנן u. לשפח).   7) Num. 21, 16—18 a. Nach andern
würden 16—20 ganz oder zum Teil (Procksch, Holz.) zu J gehören, wodurch das Vorhandensein eines Parallelberichtes zu E in J aufs neue (gegen Steuern. u. a.) gesichert
wäre. Zur Sache vgl. Musil in: Die Kultur 11 (1909), 5 f. u. Arab. Petr. I, 297 f. 318.
Durch eine Art Quellenzauber wird beim Brunnengraben das Wasser zum Aufsteigen
gebracht.

ein ihm naher Gipfel; Israel steht somit jetzt dem Nordende des Toten Meeres und der Jordanmündung gegenüber [1].

Zuvor aber schickt Israel vom Arnon aus [2] Boten an den Amoriterkönig Sihon mit derselben Bitte, welche früher an Edom (und Moab) ergangen war. Sihon jedoch zieht gegen Israel, bei Jahaṣ kommt es zur Schlacht. Israel besiegt ihn und erobert sein Land gegen Norden vom Arnon bis zum Jabboq, und bis Jaᶜzer, das die Grenze der ʿAmmoniter bezeichnet, gegen Osten [3]. Israel nimmt des Amoriters Städte weg und wohnt in (besetzt) Hesbon und ihren Tochterstädten. Dieses Hesbon, eine von Haus aus moabitische Stadt, war in einem kurz vorhergegangenen Kriege Sihons gegen Moab von Sihon dem früheren Moabiterkönig abgenommen worden. Auf diese Niederlage Moabs und zugleich (am Anfang und vielleicht am Ende) die Siege Israels über Sihon bezieht sich ein von E hier eingefügtes altes [4] Lied: |

27ᵇ Kommt nach Hesbon:
    [auf]gebaut und befestigt   werde Sihons Stadt!

28 Ja Feuer ging aus von Hesbon,   eine Flamme aus Sihons Burg;
    sie fraß die Städte Moabs,   die Herren der Höhen des Arnon.

29 Wehe dir Moab,   bist zunichte, du Volk des Kemos!
    Der seine Söhne zu Flüchtlingen,   seine Töchter zu Gefangenen
    hingab dem Amoriterkönig Sihon . . .

30 . . . . . . von Hesbon bis Dibon . . . . . . [5]

Der Moabiterkönig Balaq, durch Israels Sieg über die Amoriter besorgt, läßt auch hier den Seher Bileam, und zwar aus Petor am Eufrat [6],

---

1) Num. 21, 18b—20. Vgl. über das Verhältnis dieser VV. zum Vorhergehenden und Nachfolgenden Kuen., Einl., S. 148. Pisga ist wohl der Berg Sijāgha. 2) Deut. 2, 26 heißt der Ort genauer Midbar Qedemot. Die Szene greift hinter V. 18b zurück. 3) Num. 21, 21 ff. Einzelnes darin wollen Baentsch und Procksch auch hier an J verweisen. 4) Über das Alter desselben vgl. gegenüber Ed. Meyer, ZAW. I, S. 128 ff. auch ZAW. V, S. 36 ff. (welcher das Lied auf die jüngste Vergangenheit des Verfassers, d. h. die Kämpfe des Mesa bezieht), Kuen., TT. 18, S. 479 ff. und Einl., S. 225; Dillm., NuDtJo., S. 129. Eine derartige Verwirrung der geschichtlichen Anschauung in Israel ist undenkbar. Unter den Lesern von E müssen sich auch solche befunden haben, die den Kämpfen der Zeit Omris durch eigene Jugenderinnerung oder die Erzählung der Väter noch nahestanden. Wie konnte E eine solche Verwechslung wagen? Über die Annahme, V. 26 sei bloßer Flickvers, weil ein amoritisches Reich gar nicht existierte, ebenfalls schon Kuen., Einl., S. 225 und weiter unten § 35, 7. In der Königszeit gab es hier längst keine Amoriter mehr; wie wäre also ein Interpolator auf sie verfallen? und wer hätte ihm geglaubt? Die Frage nach dem Alter des Liedes verliert indessen an Bedeutung, wenn man mit Corn., Zur Einl., 11 die Sache selbst anerkennt. Wie übrigens der Autor, falls er den Namen des früheren Königs von Moab nicht kannte und einen selbsterfundenen Namen nicht einsetzen mochte, statt מלך מאב הראשון sich hätte ohne lange Umschreibung ausdrücken sollen (vgl. Meyer, ZAW. 5, 41), ist nicht klar. 5) Num. 21, 27—30. V. 30 kann niemand übersetzen, die erhaltenen Reste würden wahrscheinlich machen, daß hier die Eroberung durch Israel selbst folgte, wenn die Richtung stimmte. Die Rede geht in V. 27 triumfierend an Israel. V. 28 f. können nicht Begründung für 27 sein. Es wird vollkommen neu eingesetzt und erzählt, wie von Hesbon aus, also von Norden her, das Unheil über Moab losbrach. Hier wird also (von einem Sänger aus Israel) Sihons Sieg über Moab erzählt. Dafür spricht 28 a, wenn sich auch kein zwingender Beweis führen läßt. V. 31—35 ist wohl späterer Zusatz. Einen König Og mag es dort immerhin gegeben haben. Sein Grab wurde wohl in einem der Dolmen der Gegend gezeigt. Er heißt bezeichnenderweise eine „Bette". Falls unter barzel Dt. 3, 11 Basalt gemeint sein sollte, läge eine Ungenauigkeit vor, denn der Basalt beginnt erst weiter nördlich. 6) Wofern hier wirkliche Überlieferung von E vorliegt. Siehe bei J.

kommen, damit er Israels Vordringen hemme. Er weigert sich anfangs zu kommen, willigt aber, nachdem Gott ihm die Erlaubnis gegeben, ein. Balaq zieht ihm an die Grenze seines Gebietes nach ʿIr (ʿAr) Moab am Arnon entgegen. Von da geleitet er ihn in das von Israel besetzte Gebiet nördlich vom Arnon nach Bamot Baal. Statt zu fluchen, segnet Bileam Israel. Dasselbe geschieht, als Balaq, den Standort wechselnd, ihn auf das Späherfeld führt [1].

Zum Kampf mit Moab kommt es nicht. Wohl aber schließt Israel (in Siṭṭim?) sich dem Dienst des in jener Gegend verehrten Baal Peʿor an. Ein durch Mose angeordnetes Blutbad straft die Schuldigen [2].|

Das Weideland im Osten des Jordan erbitten sich die Stämme Gad und Ruben. Sie wollen ihre Weiber und Kinder und ihren Viehbesitz hier zurücklassen, erklären sich aber zugleich bereit, ehe sie hier sich dauernd niederlassen, dem Volke bei der Eroberung des westlichen Landes Waffenhilfe zu leisten. Gad erhält zum Bau oder Wiederaufbau acht, Ruben sechs Städte im südlichen Teil des Ostlandes [3]. Den nördlichen Teil des Ostlandes, Gilead, erobern dann später die manassischen Geschlechter Makir und Jair. Ebenso erobert ein Geschlecht Nobaḥ das Gebiet von Qenāt [4], das vielleicht in dem Ruinenort Qanawat am Abhang des Ḥaurangebirges wiedergefunden ist.

Die große Einschaltung, welche die Einfügung des Deuteronomiums verursacht, hat auch für E den Zusammenhang zerrissen. Die Fortführung desselben folgt erst Deut. 31. Jahve kündigt Mose seinen Tod an und bestellt Josua zu seinem Nachfolger [5]. Aus älterer Quelle in E aufgenommen folgten dann ursprünglich in E ein Lied Moses [6] und sein Segen [7]. (Mose stirbt;) es steht hinfort kein Profet mehr in Israel auf [der Gott von Angesicht zu Angesicht gesehen hätte?] [8].

6. **Allgemeines über die letzten Nachrichten bei E.** — Hier fällt zunächst ins Auge, daß Israel nach dieser Überlieferung jetzt erst nach Qades kommt. Daß E hierin der minder guten Nachricht folgt, ist früher schon dargelegt. Des weiteren ist die Erzählung von der Aussendung von Kundschaftern und von einem an sie angeschlossenen ersten Vorstoß nach Kanaan, in der E mit J zusammentrifft, augenscheinlich der alten und guten Überlieferung entnommen.

In welchem Umfang in der nun folgenden Schilderung der Verhand-

---

1) Num. 22, 2. 3 b. 5—7 (Kleinigkeiten in V. 5 und 7 angenommen). 19. 21 b. 35 b 36—38. 40; 23, 1—22. 24 f. (geg. Wellh. vgl. שֹׁרִי מֵאַב אֱלֹהִים V. 17; קָרָה steht hier im abgeblaßterem Sinn als in Ex. 3, 18; 5, 3). Weiteres s. bei J.   2) Num. 25, 3. 5.   3) Aus dem jedenfalls stark überarbeiteten Kapitel Num. 32 gehören hierher V. 16 f. 24. 34—38 und wohl einzelne Teile aus V. 1 ff.   4) Num. 32, 39. 41 f., eine von E hier gleich eingefügte vorgreifende Mitteilung, aus der dann später bei (P? und) R die Meinung entstanden ist, als hätte Halbmanasse schon in mosaischer Zeit einen Teil des Ostlandes besetzt.   5) Deut. 31, 14—23 (?). Vgl Kuen., Einl, S. 149. 245. Er'nimmt den Abschnitt für JE in Anspruch. Dillm. weist V. 16—22 J zu   6) Darauf weist Deut. 32, 44, welcher V. ein Lied Moses voraussetzt. Das heute als Lied Moses geltende Lied Deut. 32, 1—43 kann (gegen Kuen., Einl., S. 119. 149 und Dillm., NuDtJo., S. 394) weder von E noch von J stammen, sondern ist jüngeren Datums. R^d hat dasselbe vorgefunden und an Stelle des älteren Moseliedes des E eingesetzt. Siehe auch Stade in ZAW. V, 279 ff. Budde, Lied Moses, 1921.   7) Deut. 33, 1—29 (V. 1 Zusatz von E); vgl. II⁴, 20⁶. 250.   8) Deut. 34, 10. Die Schlußworte mögen von R^d (nach J) stammen.

lungen mit Edom (und Moab) und vollends des Zusammenstoßes mit Sihon
E mit J zusammengeht, läßt sich nicht mehr vollkommen klar erkennen.
Die Gestalt des Bileam scheint jedenfalls beiden Er|zählern gemeinsam
gewesen zu sein. In ihr folgen sie augenscheinlich einer alten Überlieferung, von der es scheint, daß sie bereits die Verknüpfung Bileams mit
dem Wüstenzug und dem erfolgreichen Vordringen Israels kannte [1]. Jedenfalls aber liegen E für seine Schilderung des Vordringens Israels im Ostjordanlande allerlei alte Materialien in der Gestalt alter Lieder vor, auf
die er seine Darstellung stützt. Diese selbst ist entschieden jünger und
weniger eigenartig als die von J, wie schon die Gottesanschauung bekundet [2].

§ 31.

Der Erzählungsstoff von P.

1. Die nach Ägypten gezogenen Söhne Israels mehren sich dort stark.
Daher verbittern ihnen die Ägypter das Leben mit harter Fronarbeit [3].
Sie seufzen, und ihr Geschrei dringt vor Gott; er gedenkt seines Bundes
mit den Vätern [4]. Er teilt Mose mit, wie er den Vätern als *El schaddaj*
erschienen sei, seinen Namen Jahve aber ihnen noch nicht geoffenbart
habe; er wolle Israel aus Ägypten führen [5]. Mose hat er in Anlehnung
an E, aber indem P über E hinausgeht, zum Gott über Pharao gesetzt,
sein Bruder Aaron aber soll sein Profet sein. Mose soll Aaron Befehl
geben, worauf dieser mit seinem Stab die Wunder tut. Jahve aber wird
Pharaos Herz verhärten, daß er die Kinder Israel nicht ziehen läßt. Mose
ist zu jener Zeit 80, Aaron 83 Jahre alt. Aaron verrichtet mit seinem
Stab auf Moses Befehl das erste Wunder (Verwandlung des Stabs in eine
Schlange). Die ägyptischen Zauberer ahmen es nach [6]. In derselben Weise
vollzieht sich das zweite (Verwandlung alles Wassers in Ägypten, nicht
nur des Nils, in Blut) und dritte Zeichen (Frösche) [7]. Beim vierten (Läuse)
versagt die Kunst der Zauberer und vom fünften (Pestbeulen) werden sie
selbst heimgesucht [8]. Doch scheint hier P ältere Sagen (p) verarbeitet zu
haben. |

Vor der Erzählung vom Auszug wird nun von P die Anordnung des
Passa eingelegt, worauf der Zug aus Ägypten kurz geschildert wird. Von
Raʿmses ziehen sie 600000 Mann stark nach Sukkot, nachdem sie 430 Jahre

---

1) Siehe oben S. 322 und unten § 32 (S. 342).   2) Siehe darüber jetzt Greßmann in: Die Schr. des AT. II, 1, 59, 60.   3) Ex. 1, 1—5. 7 (V. aβ wohl Zusatz
des R). 13. 14 (z. T.).   4) Ex. 2, 23aββb—25.   5) Ex. 6, 2—30 (Kuen. V. 6—8.
13—30, Driver, Smend 13—30 = R). Über das Alter von El schaddaj s. oben S. 288³.
6) Ex. 7, 1—13. Eerdmans Altt. Stud. 3, 32 macht, wie ich glaube, mit Recht geltend,
daß ein Mann von der streng transzendenten Gottesanschauung des P nicht wohl von
sich aus erzählen konnte, daß die ägyptischen Zauberer es so gut wie Jahve verstanden haben, gewisse Wunder zu tun.   7) Ex. 7, 19. 20aα. 22 (23? s. o. S. 308).
8, 1—3.   8) Ex. 8, 11aβb—15; 9, 8—12. Als Abschluß gehört hierzu wahrscheinlich noch 11, 9f. Eerdmans 6f. stößt sich daran, daß die Erzählung von P so kurz
verlaufe und über den Stimmungswechsel in Ägypten und die Ursache der Bedrückung
nichts mitteile, ebenso daß Mose (S. 20) ganz unvermittelt als bekannte Person auf-
trete. Aber bei der Eigenart von P wäre selbst diese auffallende Kürze nicht unmöglich, obwohl sie eher dem Redaktor zur Last fallen wird (Baentsch). Über p vgl.
noch Greßm., Mo. 92. 94.

in Ägypten geweilt hatten [1]. Auch die Heiligung der Erstgeburt wird sofort beim Auszug schon geboten [2].

Von Sukkot ziehen sie nach Etām, von hier sollen sie auf Jahves Geheiß sich nach Pihaḥirot am Schilfmeer wenden. Hierher jagt Pharao ihnen nach. Israel schreit zum Herrn. Mose reckt seine Hand über das Meer, da spalten sich die Wasser ... die Ägypter verfolgen Israel bis zur Mitte des Meeres ... Mose reckt abermals seine Hand aus, da kehrt das Meer zurück und bedeckt die Ägypter [3]. Auch hier scheint das Eingreifen Moses (trotz 7, 9) statt Aarons auf eine ältere Schicht p zu weisen.

Von Elim, wohin sie gelangt waren, kommen sie am fünfzehnten Tag des zweiten Monats nach dem Auszug zur Wüste Ṣîn zwischen Elim und dem Sinai. Die ganze Gemeinde murrt wider Mose und Aaron um Brot und Fleisch. Die Herrlichkeit des Herrn erscheint in der Wolke, und Jahve verheißt dem Volk auf den Abend Fleisch und auf den Morgen Brot. Das Volk erhält Wachteln und Man [4]. In J ist, wie oben gezeigt, dieser Vorgang ursprünglich hinter den Sinaivorgängen erzählt gewesen; in P ist er bereits an eine vorsinaitische Örtlichkeit geknüpft.

Das nächste Lager ist Refidim [5]. Was sich hier ereignet, hat R aus J und E mitgeteilt. Von hier gelangt das Volk zur Wüste Sinai (im dritten Monat nach dem Auszug) [6]. Auch die Sinaivorgänge sind | zunächst ganz nach den älteren Quellen wiedergegeben. Daß auch P den Dekalog einst mitteilte, kann wohl keinem Zweifel unterliegen. Dasselbe wird schwerlich vom Bundesbuch gesagt werden können. Denn die Wahrscheinlichkeit überwiegt, daß in P an Stelle des letzteren die Beschreibung der Stiftshütte und die ausführliche Priestergesetzgebung getreten war. So wie der Zusammenhang unserer Quelle sich heute noch herstellen läßt, entsteht der Schein, als wäre nach P Mose am siebenten Tag der Ankunft am Sinai sofort — ohne vorherige Mitteilung des Dekalogs — zur Entgegennahme der Beschreibung der Stiftshütte auf den Berg gerufen worden [7].

Es folgt nun diese Beschreibung selbst und im Anschluß daran der Bericht über die Ausführung der Stiftshütte [8]. Ehe Mose zur Ausführung des Werkes vom Berge entlassen wird, erhält er die zwei Tafeln des Zeugnisses [9]. Auch wäre es möglich, daß P zwischen Offenbarung und Ausführung der Stiftshütte eine Notiz über das goldene Kalb eingelegt gehabt

---

1) Ex. 12, 1—20. 28. 37 z. T. (s. S. 324). 40f. 43—51. Die Ordnung ist hier durch R gestört; Dillm. setzt V. 14—20 hinter 49, V. 40f. hinter 50, die Ausführung des Strafgerichts hinter V. 28; Jülicher, Holz., Corn. u. a. wollen 12, 1—14 zu P, 15—20 zu P² rechnen; tatsächlich gehören 1. 3—14 einer alten Schicht in P (= p) an. Es handelt sich um einen alten, strenggenommen sogar vorisraelitischen Festbrauch, der zum nacherilischen Passafeier nicht paßte und jedenfalls vordeuteronomisch ist, s. I³ S. 339 und dazu noch Eerdm. 3, 115ff. 2) Ex. 13, 1. 2 (andere = Dt.; Smend z. T. = J¹). 3) Ex. 13, 20; 14, 1—4 (Sm. zumeist J¹; Wellh. V. 3f. = E). 8. 9aßb. 10bß. Das Meiste in 15—18. 21aαb. 22b. 23. 26. 28a. V. 29 wohl Glosse. 4) Ex. 16, 1—3. 6f. 9—13 (jedenfalls zum Teil). 16b—18a. 22—26. 31—35a. — Wellh. V. 6f. 14f. — JE; Driver will außer Ef. 13b—15b. 27—30 alles P zuweisen; Kuenen setzt 22—27 = R, Smend 16—36 zumeist = J¹ u. J². 5) Ex. 17, 1abα. 6) Ex. 19, 2a. V. 1 mit der Zeitbestimmung scheint Nachtrag zu sein. 7) An Ex. 19, 2a schließt sich sofort 24, 15b—18a an (Kuen. 18a = E). 8) Ex. 25, 1—31, 17; 35, 1—40, 38. Daß sich auch innerhalb dieses Abschnittes ältere von P nur übernommene Partien finden, hat Eerdmans (s. ob. S. 306 und unt. S. 339) nachgewiesen. 9) Ex. 31, 18a.

hätte; doch können die betreffenden Worte [1] auch Glosse sein. Es ist daher wahrscheinlicher, daß P diese Aaron wenig empfehlende Erzählung wegließ und Moses Herabsteigen vom Berge sich ohne weitere Störung vollzogen dachte [2].

Die Erzählung von P erleidet nun eine große Unterbrechung durch Einschaltung der großen, anderweitig von uns näher besprochenen Sammlung von Gesetzen. Dieselben sind gedacht als Mose von der Stiftshütte aus, sofort nach deren Errichtung, gegeben und füllen das ganze Buch Levitikus und einen erheblichen Teil von Numeri. Erst mit Num. 10, 11 wird der lange abgerissene Faden der Erzählung wieder vorläufig aufgenommen. Im zweiten Monat des zweiten Jahres, also nach etwa einjährigem Verweilen am Sinai, erhebt sich die Wolke über der Wohnung des Zeugnisses: die Söhne Israels brechen von der Wüste Sinai auf und ziehen nach der Wüste Paran [3]. Auf dem Wege liegt Qibrot ha-taawā, von wo das Volk nach Ḥaṣērot aufbricht [4], um sodann die Wüste Paran zu erreichen [5].|

Die Wüste Paran reicht im Norden bis an den Negeb Judas. Daher werden von hier aus Kundschafter nach Kanaan gesandt. Es sind zwölf Stammhäupter, deren Namen P mitteilt. Sie gelangen in starker Überbietung der alten Überlieferung von der Wüste Ṣin (die hier als zu Paran gehörig gedacht ist) bis nach Reḥob im hohen Norden Kanaans. Nach vierzig Tagen kehren sie zu Mose, Aaron und der Gemeinde zurück mit der Nachricht, das Land fresse seine Bewohner [6]. Das Volk beginnt gegen Mose und Aaron zu murren. Josua und Kaleb, die zu den Kundschaftern gehörten, reden ihm Mut zu. Jahve aber verhängt die Strafe, daß die Söhne Israels von zwanzig Jahren und darüber hier in der Wüste sterben werden: entsprechend der vierzig Tagen der Kundschaft sollen sie vierzig Jahre in der Wüste wandern. Nur Josua und Kaleb werden das Land sehen [7].

In die Zeit der 38jährigen Wanderung fällt der Aufstand Qoraḥs und seiner Rotte. Es ist wahrscheinlich, daß uns über sie zwei Berichte aus P erhalten sind. Jedenfalls hat Qoraḥ mit den Rubeniten Datan und Abiram von E ursprünglich nichts als die aufrührerische Gesinnung gemein. Er ist nach dem einen Bericht abtrünniger Levit (Wellh. Judäer?) und verbindet sich mit 250 nichtlevitischen Volkshäuptern gegen Mose und Aaron, besonders gegen das levitische Priestertum. Sie verkünden die Heiligkeit der ganzen Gemeinde und protestieren im Namen der Laienstämme gegen das priesterliche Vorrecht Levis. Die Herrlichkeit des Herrn vor der Stiftshütte entscheidet gegen sie. Jahve will das ganze auf ihrer Seite stehende Volk vernichten, läßt sich aber bewegen, Qoraḥ und die Seinen mit ihren Häusern von der Erde verschlingen zu lassen [8].

1) Einiges aus Ex. 32, 15, wozu wohl V. 35 zu fügen wäre? 2) Er hatte wohl hier die Erzählung über Moses glänzendes Antlitz Ex. 34, 29—32 (33—35). So Wellh., Dillm., Driv. u. a. (Kuen. = R). 3) Num. 10, 11f. V. 13—28 mag wohl späterer Zusatz zu P sein. 4) Num. 11, 35. Von den Vorgängen bei Qibrot ha-taawā hatte P vielleicht einen Bericht (7—9?). Vgl. die Spuren in 11, 24a und in V. 18—22. 5) Num. 12, 16. 6) Num. 13, 1—17a. 21. 25. 26a b α. 32a b. 7) Num. 14, 1a. 2. 5—7. 10 (mit Dillm.; Kuen. setzt 1a. 2a. 3. 5—7. 10. 26—38 = P). 26—29 (Kuen. von R überarbeitet). 34—39. 8) Dies ist der Bericht von p in Num. 16, 2b—7a. 15a (18.) 19—23. Teile von V. 24. 26. 27 (die Lesart למשכן יהוה Kuen., Dillm. ist nicht nötig; p und E, welche dieselbe Todesart haben, sind hier verschlungen). 32—34. Siehe schon I[3] S. 331. 343—345. Nach Greßm. 261 soll Abfall nur heute vorkommen.

Ein zweiter späterer Bericht in P kennt Qorah als Haupt einer aus 250 ihm gleichgesinnten Le v i t e n bestehenden Verschwörung der zurückgesetzten Leviten gegen das aaronitische Priestertum. Sie werden bei der Stiftshütte durch Feuer, das von Jahve ausgeht, verzehrt[1].

An den ersteren, den Bericht aus p, schließt sich die Erzählung von Aarons blühendem Stabe, der das Priestertum des Stammes Levi | gegenüber den Lai e n stämmen (nicht Aarons gegenüber den übrigen Leviten) dem über den Untergang der Meuterer murrenden Volke vor Augen führt[2]. Ohne Zweifel haben auch die zwei folgenden Gesetze über die Stellung der Priester und Leviten und über die Verunreinigung durch Tote[3] ihre jetzige Stellung in P, wenn nicht ihre Entstehung, ihrem Zusammenhang mit der Qorahgeschichte zu danken.

In die Zeit der 38 Jahre gehören auch bei P die Vorgänge bei Qades, das in der Wüste Ṣin gedacht ist. Israel hat auch bei P seinen Hauptsitz in dieser Gegend (Paran). Das Volk murrt um Wasser. Mose und Aaron aber versündigen sich selbst dabei in einer auch hier nicht mehr klar zu erkennenden Weise. Deshalb sollen auch sie das verheißene Land nicht sehen[4].

Nach dem Aufbruch von Qades gelangt Israel im 40. Jahre des Auszugs[5] nach dem Berge Hor. Damit ist die Grenze Edoms erreicht. Die hier genannte Grenze[6] Edoms kann wohl nur die Südgrenze sein. Aaron stirbt hier[7]. Es folgen sofort mit (wohl zufälliger) Auslassung von Salmona und Punon[8] die Stationen Obot und Ijje ʿAbārīm, womit die Ostgrenze Moabs erreicht, Edom also wie in E von Süden und zugleich Moab von Osten her umgangen ist[9]. Auch für P wie für die anderen Quellen ist der Name Bileams mit diesen Gegenden verknüpft, wenngleich er hier eine andere Rolle spielt. Die Weiber Midjans[10] verleiten die israelitischen Männer zur Unzucht; eine Plage von Jahve rafft 24000 von Israel weg, bis Pinhas' kräftiges Eingreifen ihr Einhalt tut[11]. Dieser Frevel ist in P auf Veranlassung Bileams geschehen, der Midjan den Rat gab, Israel so durch Gottes Zorn zu verderben[12]. Ein Vernichtungskrieg Israels gegen Midjan ist die Folge[13]. Zwischen die beiden letzten Erzählungen sind in P die Musterung Israels am Ende des Wüstenzuges, dazu einige Gesetze[14], sowie endlich die Ankündigung | von Moses Tod und Josuas Weihung zum Nachfolger Moses eingelegt. Dieser soll auf dem Gebirge ʿAbarim sterben, nachdem er das Land übersehen hat[15].

---

1) So P² in Num. 16, 1 a. 7 b. 8—11. 16. 17. (18.) 35; 17, 1—5. Vgl. zum ganzen Kapitel Wellh. 21, S. 572 ff.; Kuen., Th. Tijd. 12, S. 139 ff.; Dillm. NuDtJo., S. 87 ff., auch Kittel, ThStW. II (1881), S. 39. 162—165. 2) Num. 17, 6—28. Vgl. dazu meine Erörterung der Stelle in ThStW. II, S. 162 f und I⁸ S. 343. Jetzt tritt auch Greßm. 281 für hohes Alter ein. 3) Num. 18 und 19. 4) Num. 20, 1 a α. 2. 6. 12; vgl. V. 24. 5) Num. 33, 38; nach dieser Stelle ist die hier fehlende Ziffer zu ergänzen. 6) Jedenfalls kann wegen בקצה 33, 37 vgl. 20, 23 Hor nicht i n Edom gesucht werden. Siehe Dillm., NuDtJo., S. 116. 7) Num. 20, 22—29. 8) Vgl. Num. 33, 41. 42. 9) Num. 21, 4 a α. 10. 11. 10) Man kann deshalb immerhin schon bei Num. 22, 4. 7 an Reste von P denken, s. o. 11) Num. 25, 6—19; nach Kuen. wäre V. 16—18, nach Dillm. 10—13 späterer Zusatz in P. 12) Num. 31, 8. 16, was hierher zu ergänzen ist. 13) Num. Kap. 31. Der heutige Text ist ein ziemlich später Zusatz zu P, wohl auf Grund jener ursprünglichen, zu Num. 25, 6 ff. gehörigen Notizen. 14) Jene in Num. 26, diese in 27, 1—11. 28—30, 1. Zu Num. 30, 2 ff. s. Dillm. und Baentsch. 15) Num. 27, 12—23. Abarim ist wohl das Gebirge, zu dem Nebo und Pisga gehören.

Ruben und Gad (und Halbmanasse?) erbitten sich und erhalten Gebiete im Osten. Zu ihnen gesellt sich später das manassitische Geschlecht Makir [1]. Das den Zug durch die Wüste noch einmal überblickende Stationenverzeichnis [2], der Befehl zur Vernichtung der Einwohner des Landes und die Bestimmung seiner Grenzen, sowie einige nachgetragene Anordnungen [3] schließen das Buch Numeri ab.

Erst am Ende des Deuteronomiums taucht unsere Quelle wieder kurz auf. Die wenigen vor der eigentlichen Eroberungsgeschichte noch in ihr gegebenen Notizen sind von R aus begreiflichen Gründen von ihrem ursprünglichen Orte hierher versetzt worden. Mose erhält den Befehl, nun auf den Berg ʿAbarim, den Berg Nebo im Lande Moab gegenüber von Jericho, zu steigen, damit er das Land Kanaan übersehe und dann sterbe [4]. Er tut so (und stirbt), 120 Jahre alt. Josua wird sein Nachfolger [5].

2. Überblicken wir das Ganze, so bedarf es nach allem, was früher über den Charakter von P dargelegt ist, keines Beweises dafür, daß P auch in der Mosegeschichte als Geschichtsquelle im strengen Sinne nicht in Frage kommen kann. P als Ganzes tritt entschieden hinter J und E zurück. Haben diese selbst schon reichlich Anteil an der dichtenden Sage, so ist dies bei P in erhöhtem Maße der Fall, nur mit dem Unterschiede, daß P mit den älteren ihm bekannten Stoffen frei schaltet, und daß hier noch die priesterliche Theorie als weiterer frei gestaltender Faktor hinzutritt.

Wohl aber hat die vorangehende Untersuchung die früher schon ermittelte Tatsache aufs neue erhärtet, daß auch in P sich älteres, | teilweise auf recht frühe Zeit zurückgehendes Material vorfindet. Sowohl der Name El schaddaj als Ex. 7 und 12—14 und Num. 16 und 17 ließen darüber keinen Zweifel. Nehmen wir noch dazu, was früher in betreff der gesetzlichen Abschnitte in P ermittelt ist [6], so werden wir uns der Erkenntnis nicht verschließen können, daß auch P, obwohl im ganzen späten Ursprungs, doch noch mancherlei Stoffe enthält, die für die frühere und die spätere Königszeit, ja selbst solche, die für die vorkönigliche Zeit Israels bis zur mosaischen herauf wertvolle Kunde vermitteln. |

2. Kapitel. Der geschichtliche Tatbestand.

§ 32.
Charakter und Zeit der Überlieferung.

1. Die vorangehende Untersuchung der literarischen Quellen der Mosegeschichte auf ihren ehmaligen Zusammenhang und ihr gegenseitiges Ver

---

1) Teile von Num. 32 gehören jedenfalls zu P wegen Num. 34, 14 f.; Jos. 13, 15 ff. Vgl. Kuen., Dillm., NuDtJo., S. 193. Von P stammen wohl V. 2. 4. 18—22. 28—32. 40. Etwas anders Baentsch und Holz. Ob Halbmanasse V. 33 ebenfalls von P oder von R stammt, ist unsicher, letzteres aber wahrscheinlicher. 2) Num. 33, 1—49, wohl auf Grund älterer Schriftstücke von P mitgeteilt, aber in der heutigen Gestalt stark durch die kürzende und an einigen Stellen erweiternde oder den Sinn ändernde Hand von R gegangen. Siehe übrigens Dillm., NuDtJo. S. 202. Wellh. 22, S. 453. Kuen., Einl., S. 98. 322. Holz. bei Kautzsch. 3) Num. 33, 51. 54. Kap. 34—36. 4) Deut. 32, 48—52. 5) Deut. 34, 1 a α. 7 a. 8 f. Dillm. zieht dazu V. 5, den ich lieber J zuweisen möchte. 6) Vgl. auch, was Eerdmans Stud. 3, 109. 113 über älteres Material in Ex. 25 ff. ermittelt hat, bes. Ex. 25, 1—8 (Leuchter).

hältnis hat uns das Ergebnis geliefert, daß die heilige Sage Israels bei manchen zum Teil starken Abweichungen im einzelnen doch im ganzen ein einheitliches Bild der Vorgänge zeichnet. Vor allem die zwei älteren Hauptschriften J und E, auch wenn sie hinsichtlich der Richtung des Wüstenzuges und des Ortes der Gesetzgebung auseinandergehen, melden doch die Tatsachen selbst, den Auszug und Wüstenzug, sowie die Gesetzgebung und was ihr folgt, wahrscheinlich auch die Ereignisse im Ostjordanland, in ihren großen Hauptzügen übereinstimmend. Es hat sich ferner gezeigt, daß der jüngere von beiden Erzählern E bei gelegentlicher Abhängigkeit von J (wenn nicht dem Buche, so jedenfalls dem Erzählungstypus nach [1]) doch auch wieder seine eigenen Wege geht, und dies in Fällen, wo freie Erfindung der Erzählung kaum in Frage kommen kann. Auch hier wie in der Vätergeschichte wird dieser Tatbestand seine beste Erklärung in der Annahme finden, daß beiden Varianten der Sage eine ältere Grundform als der eigentliche Stamm der Sage zugrunde liege [2]. |

Spuren einer älteren, besonders einer kürzere oder längere Zeit hinter J zurückliegenden Form der Sage sind uns schon oben begegnet. Sie bestätigen das hier Gesagte. Können wir ihre Zeit und ihr Verhältnis zur ausgeführten zusammenhängenden Sage, wie sie J und E darbieten, noch näher bestimmen? Ed. Meyer [3] hat dies in neuerer Zeit für J in der Weise versucht, daß er annimmt, der Jahvist selbst sei erst der eigentliche Schöpfer der zusammenhängenden Sage über die mosaische Zeit, wie wir sie heute lesen. Was ihm oder seiner (mündlichen) Quelle [4] vorgelegen habe, seien unter sich selbständige, ehedem für sich stehende Einzelerzählungen gewesen, von denen schlechthin kein Nachweis darüber zu erbringen sei, daß sie je einmal im Zusammenhang unter sich gestanden hätten. Die Sage von dem Hirten Mose in Midjan, der zum Orakelpriester in Qades und damit zum Ahnherrn der Leviten von Qades geworden sei, habe demnach von Hause aus gar nichts zu tun mit derjenigen vom Ausbruch einzelner Semitengeschlechter aus Ägypten. Ebensowenig habe die Geschichte vom Auszug und dem Zug nach Qades von Hause aus mit der Sinaioffenbarung zu tun.

Es ist nicht zu leugnen, daß damit eine der am schwersten wiegenden Fragen der israelitischen Geschichte angeregt ist. Hätten wir sie in der Weise Meyers zu beantworten, so wäre wohl auch über die an die Sagengeschichte angeschlossene geschichtliche Frage ähnlich zu urteilen, wie Meyer tut [5]. Aber es fragt sich, ob sein Weg hier der richtigen Spur

---

1) Die an sich denkbare Annahme, daß da, wo E eigenartig erzählt, ohne daß freie Konstruktion in Frage steht, er einer inzwischen, d. h. seit der Entstehung von J oder des hier wiedergegebenen Typus, gewordenen Form der Sage folge, kann keinesfalls für alle Fälle gelten, in denen E Eigenartiges bietet. Man vergleiche das oben S. 326 über das Moselied, über Pitom' und Ramses, über den Jahvenamen Gesagte. 2) Über die allgemeinen Grundsätze oben S. 260. Schwierigkeiten entstehen durch den großen Reichtum an Parallelen und Varianten in der Erzählung. Aber sie lassen sich meist auf wenige Grundformen zurückführen.   3) Die Israeliten usw., S. 19. 24. 31. 72, vgl. S. 35 f. 61 f., und über die Sinaiepisode als spätere Einlage 63. 67. Vgl. übrigens schon Wellhausen, Prol.⁵, S. 347 f., auch St. A. Cook, Crit. Notes on OT. hist. 84 ff. 144.   4) Vgl. Meyer 49.   5) Ich kann diese Betrachtungsweise nicht für richtig halten. Aber sie hat vor andern den Vorzug der Klarheit und Konsequenz. Hingegen muß ich es für einen verhängnisvollen Fehler eines großen Teils unserer theologischen Historiker halten, daß sie Mose und die mosaische Geschichte darzustellen unternehmen, Mose sogar zum Teil mit hohen Worten preisen, ohne ein nennenswertes Zeugnis aus

folgt. Was zunächst den Zusammenhang der Gesetzgebung mit den Vorgängen bei Qades anlangt, so ist an anderer Stelle gezeigt, daß die vermeintlichen geografischen Schwierigkeiten kaum | in Betracht kommen [1]. Darf die räumliche Entfernung beider Stätten: Qades und Sinai verhältnismäßig gering angeschlagen werden, so fällt der Haupteinwand gegen den ursprünglichen Zusammenhang der jahvistischen Erzählung über diese Orte hin [2]. Es bleibt das Verhältnis der Sage von Mose zu derjenigen vom Auszug. Wenn J oder seine Vorlage beide getrennt vorfanden, so muß der Erzähler, der sie verband, Gründe gehabt haben, dies zu tun. Mit andern Worten: die Sage muß, indem sie jene beiden Elemente zusammenschweißte, mit der Möglichkeit, daß sie z u s a m m e n g e h ö r e n und in ihrer Vereinigung verstanden und gewürdigt werden, gerechnet haben. Handelte es sich doch nicht um beliebige Phantasiegebilde von rein ästhetischem Interesse, sondern um große nationale Güter, nicht um bloßen Unterhaltungsstoff, sondern um die Vorgeschichte der Nation, die jeder Hörer (bei festlichem Anlaß an Heiligtümern oder im Kreise der Sippe) mit leidenschaftlicher Anteilnahme des ganzen Herzens verfolgte. Entsprach das Vorgetragene nicht dieser Stimmung oder enthielt es Unwahrscheinliches, so wurde es abgelehnt und verschwand aus der ferneren Verkündigung [3]. Ferner: wenn

---

seiner Zeit oder einer ihr nahestehenden Periode für sich anführen zu können. (Wenn die Quellenfrage damit erledigt ist, daß J und E aus dem 8. und 7. oder auch aus dem 9. und 8. Jahrhundert stammen, geht das nicht an, sondern nur, wenn es glaubhaft erscheint, daß die Überlieferung bis in die mosaische und die frühe nachmosaische Zeit hinaufreicht.) Am wenigsten läßt sich die R e l i g i o n Moses so beschreiben, und der Vorwurf, daß solche Beschreibungen in die Luft gestellten Bauten gleichen, ist nur zu berechtigt. [Es ist wohl verständlich, daß einzelne meiner Rezensenten an diesen Worten Anstoß nahmen. Aber was sie gegen sie vorbringen, ist doch lediglich die Versicherung, daß es sich anders verhalte.] 1) Vgl. in § 33 über die Lage des Sinai. Es ist aber auf der anderen Seite auch gar nicht zu bestreiten, daß alle diejenigen Darstellungen, die von einem fernen arabischen Sinai ausgehen, an diesem Punkte in die größten Schwierigkeiten geraten. Wie kommt Mose und der Sinaibund von d o r t nach Qades? Wie kann sich d o r t ein Sinaibund auf Grund der „Versuche der Ägypter, die Nomaden der Grenzdistrikte dienstbar zu machen", bilden? Vgl. Stade, Entst. d. V. Isr. (Red. u. Abh. 107). Greßm. fühlt dies und gibt deshalb das Weilen Israels am Sinai auf (442). Sein ganzer Kampf für den nordarabischen Sinai wird mit d i e s e r Wendung ein mit etwas viel Lärm geführtes Rückzugsgefecht (vgl. unten S. 348 [Anm. 2 a. E.]). Immerhin wären wir also darin einig, daß sich tatsächlich der ganze Sinaivorgang in der Gegend von Qades abgespielt hat. 2) Das Gesagte gilt auch gegenüber der von Greßmann 386 ff. versuchten Trennung der Qades- und der Sinaisagen. Sie ruht zum Teil darauf, daß G. 166. 388 das Opfermahl von Ex. 18, 12 gegen alle Überlieferung mit dem Fest in der Wüste zusammenwirft. 3) Dahin würde z. B. gehören die Erzählung von der ägyptischen Bedrückung und dem Auszug gewisser Israelstämme aus Ägypten, wofern sie nicht auf Tatsachen ruhte. Als bloßes Phantasiegebilde eines Sängers wäre die S c h m a c h der ägyptischen Knechtung Israels vermutlich von den ersten Hörern mit Entrüstung abgelehnt worden und dann aus der Reihe der vorgetragenen Stoffe wieder verschwunden. Dasselbe gilt für den von Meyer angenommenen Fall, daß wohl etwa einige beliebige Semitengeschlechter einmal aus Ägypten gewandert seien, israelitische Geschlechter aber damit kaum etwas zu tun haben. Es ist wenig wahrscheinlich, daß man in Israel, nur um auf diesem dunklen Hintergrund die errettende Betätigung Jahves um so lichter erstrahlen zu lassen, die Schmach des ägyptischen Aufenthaltes lediglich e r f u n d e n, beziehungsweise bei den Sängern g e d u l d e t hätte. — Einen weiteren Grund für das Alter der Verbindung zwischen dem Auszug und dem Untergang der Ägypter liefert die Beziehung der Katastrofe auf Jahve, überhaupt ihre Erwähnung in einem israelitischen Liede. Wie kam gerade I s r a e l dazu? Siehe hierüber unten in § 35 (S. 368).

die Geschichte vom Auszug vorgetragen wurde, | so wird man auch lange
vor J im Kreise der Sänger und Erzähler in Israel sie nicht wohl anders
wiedergegeben haben als so, daß an der Spitze der ägyptischen Israelstämme eine leitende Person stand, die als die Seele des Ganzen galt.
Ob die Person gerade Mose hieß, und ob sie aus Ägypten stammte oder
aus der Wüste dahingekommen war, war eine Frage zweiten Ranges. Aber
die Verknüpfung des Helden des Auszugs mit dem Priester von Qades
und dem Manne vom Sinai war damit fast von selbst gegeben.

Die Frage, ob diese Dinge an sich oder in ihrer Verknüpfung geschichtlich sind, ist freilich damit für die Mehrheit von ihnen noch
lange nicht gelöst. Um sie zu entscheiden, bedarf es weiterer Zeugnisse,
vor allem alten urkundlichen Quellenmateriales [1]. Uns genügt hier die
Feststellung, daß jene Verknüpfung weit über den Jahvisten hinüberreicht
und den Vorlagen und Vorstufen seiner Erzählung, soweit wir sie zurückverfolgen können, schon eigen war. Daraus ergibt sich, daß dasjenige,
was wir als den Kern der älteren Sage ermitteln konnten, in der Hauptsache auch schon der vorjahvistischen Stufe der Erzählung zugehörte.

2. Welches ist die Zeit der letzteren? Vieles von dem über die
Überlieferung der Vätergeschichte Ausgeführten findet hier aufs neue seine
Anwendung. Jene früheren Erwägungen haben uns gezeigt, daß der Zeit
der Abfassung der großen Erzählungsbücher J und E in ihrer heutigen
oder einer ihr nahestehenden Gestalt eine längere Periode mündlicher und
schriftlicher Vorarbeit voranging. Vor allem im Lied und in der epischen
Erzählung, wie sie sich zum Vortrag an Festen, bei Heiligtümern oder
im Kreise der Sippe eigneten, sind gewiß auch die hier in Frage stehenden Stoffe schon früh vorgetragen worden. Man denke an das Passafest
und andere früh zu nationalen Erinnerungsfeiern gewordenen Anlässe.
Nun dürfen wir die Bileamsprüche der Zeit Sauls oder Davids, den Segen
Jaqobs der Richter- und der beginnenden Königszeit zuweisen [2]. Schon
mit ihnen ist uns im Zusammenhang mit dem eben Dargelegten ein Maß-
stab gegeben. Setzt die Erzählung von J und E | ältere Vorstufen voraus,
so werden wir für sie von selbst zunächst in die frühe Königs- und die
spätere Richterzeit geführt. Sie ist die Zeit der nationalen Sammlung und
Erhebung. Hat in ihr Gegenwart und Zukunft der Stämme, so im Segen
Jaqobs, und zugleich schon Vergangenheit und Zukunft der Nation selbst,
so bei Bileam, einzelne Sänger Israels beschäftigt, so haben sich gewiß
auch andere gefunden, denen die Darstellung und der Preis der großen
Taten der Vergangenheit am Herzen lag. Schon die Sprüche Bileams
sind ohne verbindenden Text schlechthin undenkbar. Er mußte von Balaq
und von dem Anlaß zu seiner Sorge handeln und damit von selbst auf
den Wüstenzug und die Großtaten Jahves an Israel auf ihm kommen [3].
Das Grundschema der Wüstengeschichte ist damit mindestens in die
spätere Richterzeit zu verlegen. Nun ist aber bisher von den zahlreichen in E zitierten älteren Liedern noch durchweg abgesehen. Nimmt
man sie noch hinzu, so läßt sich ohne Schwierigkeit zeigen [4], daß nicht

---

1) Vgl. das oben S. 340, Anm. 5 Ausgeführte. Geschichte läßt sich ohne Urkunden — mögen sie immer „Sagen" heißen — nicht schreiben. Besitzen wir solche
nicht, so tun wir besser, von jener abzusehen. 2) Siehe Bd. II⁴, 231. 3) Siehe
oben S. 322. 4) Der in früheren Auflagen (§ 25) gebrachte nähere Nachweis hierüber mußte diesmal mit Rücksicht auf den Raum wegbleiben.

allein E ältere Sammlungen zur Verfügung hatte, sondern daß auch die aus ihnen mitgeteilten Proben und die unabhängig von ihnen genannten Stücke mit ihrem Anspruch auf hohes Alter allen Glauben verdienen. Wir haben allen Grund anzunehmen, daß es schon in der Zeit Davids größere Liedersammlungen gab. Die Lieder selbst gehören dann natürlich einer früheren Zeit an. Auch darf mit Sicherheit angenommen werden, daß, was wir heute noch von solchen Liedern besitzen, nur ein bescheidener Bruchteil des einst Vorhandenen ist. So wird schon die Richterzeit einen stattlichen Bestand an Heldenliedern und vaterländischen Gesängen besessen haben, die meist den Ereignissen auf dem Fuße folgten. Der Untergang einer ägyptischen Truppe im Schilfmeer, die Kämpfe mit Amaleq, die Mitführung der heiligen Lade, die Ereignisse im Ostjordanland erhalten damit eine Bezeugung, deren hohes Alter ihr besonderes Gewicht gibt.

Bedenken wir weiterhin, daß sowohl die mosaische als die frühe nachmosaische Zeit auch die Bedingungen für die Aufstellung gewisser Verordnungen moralischer und religiöser Art in sich barg und tatsächlich eine gewisse Regelung des öffentlichen und privaten Lebens nicht wohl entbehren konnte, so werden wir auch ein bescheidenes Maß von Gesetzesbestimmungen als jenem ältesten Bestand von Überlieferungen angehörig ansehen dürfen.

Damit schließt sich der Kreis dessen, was wir über die älteste Bezeugung der mosaischen Geschichte wissen, und wir werden zusammenfassend als unser Ergebnis aussprechen dürfen, daß ganz wesentliche Stücke der Überlieferung ihre Bezeugung schon in der frühen nachmosaischen, ja einzelne schon in der mosaischen Zeit selbst finden. Die Grundlagen für die Ermittlung des geschichtlichen Hergangs sind damit gelegt. Es handelt sich deshalb nunmehr um die Frage, wie wir ihn im einzelnen zu bestimmen und zugleich, wie wir ihn in den Gang der allgemeinen Weltbegebenheiten einzureihen haben.

§ 33.
Geografische Vorfragen.

1. Wo lag der Sinai? — Es ist in neuerer Zeit üblich geworden anzunehmen, daß der Sinai [1] mit der Halbinsel, die wir nach ihm nennen, gar nichts zu tun habe, sondern viel weiter im Osten, im eigentlichen Arabien, an der Straße von Tebūk nach Medina und Mekka zu suchen sei [2]. Als Gründe dafür werden einmal die außerhalb der eigentlichen

---

1) Über den Namen s. oben S. 311, Anm. 2.   2) Siehe die Karte bei Doughty, Travels in Arabia deserta, weiter besonders Loth in ZDMG. 22 (1868), 365 ff. Für die Ansetzung des Sinai in dieser Gegend sind besonders zu nennen v. Gall, Altisrael. Kultstätten, S. 3. 11 f. 31 f. Wellh., Prol.⁶ 346 ff. E. Meyer, Israeliten 60. 67 ff. P. Haupt, Midian und Sinai in ZDMG. 63 (1909), 506 ff. (mit Irrtümern im einzelnen); Greßm., Mose 409 ff. Doch verliert G.s Ausführung viel an Interesse, wenn man schließlich (um der unten S. 346 f. betonten Schwierigkeiten willen) erfährt, daß Israel gar nicht an jenem Sinai war (442); s. ob. S. 341 ¹. — Weiterhin vgl. Dillmann, Exod.³ 209 ff.; Baentsch zu Ex. 16, 1; Guthe in PRE.³ 18, 381 ff.; Driver, Exod. 186 ff.; Westphal, Wohnstätten 41 ff.; Weill, Le séjour des Israél. 1909. Zur Orientierung: Oberhummer in Mitt. d. Wien. Geogr. Ges. 54 (1911), 628 ff. Auch vgl. jetzt noch Moritz in Abh. GGW., NF. 16, 2 (dazu ThLZ. 1917, 155). Über die Lage des Berges S. 34 (G. Farān).

Mosegeschichte sich findenden gelegentlichen Erwähnungen des Sinai angeführt, die nach Seʿir und zwar nach dem südöstlichen Teil dieses Gebietes, also dem Land östlich vom Busen von Aqaba weisen sollen. Ferner beruft man sich auf die in der Überlieferung betonte Beziehung Moses zu dem Priester von M i d j a n und glaubt diese Landschaft mit Hilfe der Zeugnisse der arabischen Geografen in der Gegend östlich jenes Busens finden zu sollen. Endlich werden gewisse, auf einen V u l k a n deutende Züge in der Beschreibung des Berges der Gesetzgebung so verstanden, als könne der hier gemeinte Berg nur ein Vulkan gewesen sein. Nun finden sich Vulkane in der heute sogenannten Sinaihalbinsel nicht, wohl aber ist die vorhin genannte Gegend des nordwestlichen Arabiens (die Harras) reich an erloschenen Kratern. Demnach scheinen alle Anzeichen dafür zu sprechen, daß einer jener Vulkane den echten Sinai dargestellt habe. Prüfen wir sie!|

Bei der Zwiespältigkeit und dem mehrdeutigen Charakter der Nachrichten in der eigentlichen Mosegeschichte geht man am besten von einigen wichtigen Stellen außerhalb derselben aus. Die älteste Erwähnung besäßen wir, falls sie zum Texte selbst gehört, im D e b o r a l i e d e, in dessen einleitenden Versen wir die Worte lesen [1]:

Jahve, als du auszogst von Seʿir her [2], einherschrittest vom Gefilde Edoms,
da bebte die Erde, auch die Himmel troffen, ja die Wolken troffen von Wasser;
Berge wankten vor dem Anblick Jahves — das ist der Sinai —,
        vor dem Anblick Jahves, des Gottes Israels.

Nun gehört die Nennung des Sinai zweifellos einer späteren, erläuternden Hand an. Aber ebenso sicher ist auch, daß sie den Sinn des Dichters richtig trifft, denn er will das Kommen Jahves, des Kriegs- und Wettergottes Israels, zur Hilfe für die Seinen in Kanaan schildern. Jahve thront auf dem Sinai. Unter Gewitter und Erdbeben verläßt er seine Stätte und schreitet, einem gewaltigen urzeitlichen Recken gleich, mit dröhnendem Riesenschritt, unter dem die Erde wankt, über die Lande hin. Nach Israel kommt er von Süden her. Die einzige dem Nordhebräer aus dem praktischen Leben, vor allem dem Handelsverkehr, bekannte Landschaft im Süden Palästinas ist Edom, auch Seʿir geheißen. Edom ist der einzige Staat hier und damit der einzige, dem Fernerliegenden geläufige geografische Begriff. Für den Dichter des Deboraliedes, der in der Gegend des Galiläischen Meeres lebt und schwerlich je das Tote Meer oder gar die Berge von Edom selbst geschaut hatte, ist Seʿir der Inbegriff des Südlandes [3]. Macht Jahve, der Sinaigott, sich auf, so kommt er vom fernen Süden her, genau so wie die assyrischen und babylonischen Heere

---

1) Richt. 5, 4 f.   2) = ins Feld zogest und dabei über Seʿir deinen Weg nahmst. 3) Für die These, daß der Sinai im Osten des älanitischen Meerbusens lag, ist, auch wenn der Dichter den Sinai oder besser den Standort Jahves (er selbst nennt ja den Sinai nicht) in Seʿir selbst liegend dachte, man also genauer übersetzt: „von Seʿir", gar nichts gewonnen, da jene Gegend weder Edom noch Seʿir heißt. Man bedenke ferner, daß jemand, der geradeswegs vom Innern der Sinaihalbinsel nach Galiläa oder der Ebene Jesreel kommen soll, fast gar nicht anders als ü b e r E d o m gehen kann. Es bleibt also überhaupt nichts übrig als anzunehmen, der Dichter habe entweder Jahve vom Edomiterlande selbst herkommen lassen und dann den Sinai etwa in der Gegend von Petra gesucht, oder er habe ihn ü b e r Edom von der Halbinsel her kommend gedacht.

von Norden oder von hinter Damaskus herkommen [1]. Für den Ort des
Sinai auf der Landkarte ist daraus schwerlich Neues zu entnehmen.|
Ebenso allgemein gehalten ist die Schilderung der Erscheinung Jahves
in einem dem heutigen Buche H a b a q q u q beigegebenen Psalm aus
späterer Zeit:

Gott kommt von Süden heran, und der Heilige vom Gebirge Paran ...
Er tritt auf, und es schwankt die Erde; er blickt hin, scheucht auf die
    Völker [2] ...

Hier sind sicher solche Schilderungen wie die eben kennen gelernte
und wohl auch die sofort zu besprechende zum Muster genommen. Für
ihre authentische Erklärung ist daher unser Text trotz seiner Jugend und
Abhängigkeit nicht ohne Belang. Auch ist sicher, daß hier wie dort das
Heranziehen des an seinem Gottessitze, dem Sinai, weilenden Jahve gemeint ist. Ist nun die obige Wiedergabe des ersten Versgliedes richtig,
so gibt sie die unmittelbare Bestätigung der Richtigkeit des soeben über
die Schilderung im Deboralied Bemerkten, und Paran ist als ein im Süden
Palästinas liegendes Gebirge gedacht, in oder besser bei dem der Gottessitz selbst zu suchen ist. Aber auch wenn statt: von Süden zu übersetzen ist: von Tēmān her, kann das Ergebnis kein anderes sein. Sowohl
das sonstige Vorkommen von Tēmān als dasjenige von Paran lassen darüber
keinen Zweifel [3].
Von hier aus mag dann auch der Anfang des M o s e s e g e n s zu verstehen sein:

Jahve kam vom Sinai her, erstrahlte seinem Volk von Se'ir,
Erglänzte vom Gebirge Paran und kam nach Meribat Qades ...|
Ein Gesetz hat uns Mose geboten, Besitz Jahs ward die Gemeine
    Jaqobs [4].

Aus diesem Spruch ist zu ersehen, daß es eine, freilich späte, Über-

1) Vgl. Zef. 2, 13; Sach. 2, 10; 6, 6. 8; Jes. 14, 31 u. oft; weiter Am. 5, 27.
2) Hab. 3. 3a .. 6a; zum Text s. BHK.   3) T e m a n als Eigenname bedeutet
eine Landschaft in Edom, der ein Stammname entspricht, vgl. Gen. 36, 11. 15. 42
(Enkel Esaus). Nach Obad. 9 gehört es zum Gebirge Esaus, nach Am. 1, 12; Ez. 25,
13 liegt es unweit von Bozra und ist im Verhältnis zu Dedān in entgegengesetzter
Richtung zu suchen. Daraus ergibt sich der Norden, genauer der Nordwesten Edoms.
Es muß also wie Bozra (= el-Buṣēra) zwischen Petra und dem Toten Meere liegen.
Vgl. Musil, Ar. Petr. II, 1, 32; 2, 4 (at-Twāne?) und Gesen.-Buhl Lex.[15]. Mit dem
tief in Arabien selbst liegenden Tēmā (Gen. 25, 15) hat es nur den im Grunde gleichen
Namen gemein, daher ist auch Meyers (Isr. 60) Bestimmung „im Osten Edoms" kaum
richtig. — P a r a n liegt nach 1 Kön. 11, 18 zwischen Edom und Ägypten; als Ausgang der Kundschafter Num. 13, 3. 26 scheint es in nächster Beziehung zu Qades zu
stehen. Der Name ist am Dschebel Faran, tief in der Wüste, etwa 80 Kilom. (in der
Luftlinie) westlich von Petra noch erhalten, s. Hans Fischers Karte in ZDPV. 33
(1910). Taf. VII; danach z. B. Guthe, Bib. Atlas Nr. 4. Hier wird die Wüste und
das Gebirge Paran zu suchen sein. Vgl. noch Weill a. a. O. 5. [Nach Greßm. 418 [1]
„unmöglich" — Gründe fehlen.]   4) Deut. 33, 2. 4 (für למו lies לריבת). Leider läßt
sich über die Zeit der Verse wenig sagen. Daß sie jünger sind als der Segen selbst
(6—25), ist durchaus wahrscheinlich. Unter den mancherlei möglichen Lesarten (s.
BHK.) ist meribat qadeš als Akkus. die allein zulässige. V. 3 ist freilich ganz dunkel;
V. 4 aber weist deutlich auf die Gesetzgebung. Sie zu streichen (so z. B. Marti bei
Kautzsch[4]) geht nicht an, man lese mōrasch Jah, so ist alles in Ordnung. Dazu
stimmt V. 5 vortrefflich (vgl. Ex. 19, 1 ff.). Dann findet Jahves Zug in Qades sein Ziel.

lieferung gab, nach der Jahve zur Gesetzgebung vom Sinai nach Qades kommt. Die Lage von Qades können wir ziemlich genau feststellen. Es lag eine Strecke nordwestlich vom Berg Paran. Alles Weitere, was man dem Spruch über den „Weg" Jahves entnehmen will, verstößt gegen die Gesetze der Poesie. Der dichterische Parallelismus sagt uns lediglich, daß Sinai, Seʿir und Paran zusammengehören. Das paßt zu der Tatsache, daß Seʿir die Landschaft südlich vom Toten Meere ist, und verlegt den Sinai in die Nähe von Qades und Paran [1].

Scheinen nun anderseits die pentateuchischen Quellen selbst den Sinai ebenso wie den Horeb in der Halbinsel selbst oder ihrer nächsten Nähe zu suchen, so ist kein Grund abzuschen, weshalb von dieser Überlieferung abgegangen werden sollte. Horeb und Sinai werden wohl kaum von Hause aus genau dasselbe gewesen sein. Sie werden aber auch kaum in allzu erheblicher Entfernung voneinander zu suchen sein und werden früh als dasselbe gefaßt. Es ist daher nicht unwahrscheinlich, daß eine recht alte [2] Überlieferung den Horeb in einem der Hauptgipfel des großen Gebirgsstockes im Süden der Halbinsel gesucht hat. Doch hätte die Richtigkeit dieser Annahme zur Voraussetzung | das höhere Alter von E gegenüber J, das gerade an diesem Punkte durch unsere oben gegebene Quellenuntersuchung fraglich erschien. Umgekehrt fällt gerade hier die allem Anscheine nach ältere und einfachere Überlieferung des J stark ins Gewicht, nach welcher zugleich Qades und das Gebirge Paran als in nächster Nähe des Sinai liegend gedacht sind [3]. So wird es am ehesten geraten sein, einen der stattlichen Berge der Landschaft um Qades für den wirklichen Sinai zu halten. Vielleicht darf man in der Tat an den schon da und dort [4] hierfür ins Auge gefaßten Berg ʿArāif denken. Er ist der höchste Berg der Umgegend und beherrscht die ganze Landschaft.

Was nun weiterhin die Beziehung Moses zu den Priestern von Midjan anlangt, so ist nicht zu verkennen, daß die Erzählung des Exodus von niemand, der sie unabhängig von diesen Erwägungen liest, so verstanden würde, als hätte Mose die stattliche Reise durch die ganze Halbinsel und um den Busen von Aqaba herum zu machen, um aus Ägypten dorthin oder umgekehrt von Midjan nach Ägypten zu kommen. Der Erzähler scheint die Orte viel näher beieinander zu denken [5]. Jedoch müßte

---

1) Dabei ist wahrscheinlich auch hier mit Unrecht vorausgesetzt, daß der Dichter über das Nähere eine klare geografische Vorstellung hatte. Hatte er sie nicht, so kann natürlich erst recht nicht näher bestimmt werden, auf welcher Stelle der Landkarte er den Sinai suchte. Jedenfalls ist durch nichts gesagt, daß er ihn im Osten oder Südosten von Seir (Wellh., Prol.⁵ 349, Mey., Isr. 60) suchte, auch nicht (Wellh.), daß „der Weg vom Sinai nach Qades über Seir und Paran" ging, sondern nur daß Jahve von Sinai-Seir (vgl. S. 344)·Paran nach Qades kam — wohl einfach weil unser Dichter Seir und Paran in seinen Vorlagen Richt. 5 und Hab. 3 fand. Er wußte vermutlich nicht viel mehr Positives, als daß der Sinai bei Seir und dem Berg Paran liege. Genauer Dt. 1, 2 (obwohl spät): „vom Horeb in der Richtung nach Seir 11 Tage" (geg. Greßm. 418 „über S."). 2) Sie geht nicht etwa erst, wie man gewöhnlich annimmt, auf die frühchristliche Mönchstradition zurück, sondern findet sich augenscheinlich schon in E (§ 30, S. 325 ff.) und von da wohl auch in P (vom Sinai). 3) Vgl. Weill a. a. O. 17. 4) Von Grätz, Burton und Bubl, Gesch. der Edomiter 23. Palmer, Schauplatz 265 f. beschreibt eine Besteigung des Berges. Unweit von seinem Fuße erweitert sich das Tal bedeutend und ist .. fast 2 (engl.) Meilen breit. „An den Hügeln fanden wir einige ausgezeichnet schöne vorzeitliche Lagerplätze." Musil II 2, 167 sagt von der dunkelblauen, fast schwarzen Riesenpyramide: „Etwas Schöneres habe ich noch nie gesehen." 5) Man vgl. Ex. 2, 15; 4, 19 usw.

dieses Bedenken zurücktreten, wenn sich erweisen ließe, daß Midjan tatsächlich hier und hier allein lag. Was wir darüber wissen, ist lediglich,
daß es au ch in Arabien einen Ort Midjan gab. Das biblische Midjan
hingegen [1] muß in der Landschaft | zwischen Palästina und dem heutigen
Sinai, wahrscheinlich unfern von Qades und Paran gelegen haben.|

Nirgends sieht es aus, als handle es sich um einen Weg von vielen Tagereisen. Das
arabische Midjan liegt nicht „6 Meilen" (Meyer, Isr. 314), sondern etwa 6 Tagereisen
südlich von Elat. Weiter ist auch hier schon zu erwähnen, daß weder die „3 Tagereisen" zum Fest in der Wüste, noch besonders auch die große Entfernung, die selbst
wieder zwischen dem arabischen Midjan und der Vulkanregion hinter Tebuk liegt, zu
jener Annahme stimmen wollen. Man könnte auch hier allerhöchstens sagen, daß J
bzw. seine Vorlage eine ganz dunkle Ahnung von der Gegend und den in Betracht
kommenden Entfernungen hatte, sie aber durchaus nicht kannte. Damit sind wir
aber schon sehr aufs Unsichere gestellt. — Daß die arab. Beduinen nicht selten auf
ihren Zügen große Entfernungen durchmessen, ist mir wohlbekannt; aber hier handelt
es sich um anderes. Ebenso jetzt auch Meinhold, Festschr. Wellh. 306 f.

    1) Am besten geht man doch für die Bestimmung unseres *Midjan* von den sicheren
biblischen Daten aus. Hier kommt in erster Linie in Betracht 1 Kön. 11, 15 ff. Da
flieht der Edomiter Hadad aus Edom nach Ägypten so, daß er von Midjan aufbricht und
nach Paran und von hier nach Ägypten kommt. Midjan liegt also zur Zeit Salomos
bzw. des Erzählers nördlich oder nordöstlich von Paran (dessen Lage nicht weit von
Qades und zwischen Qades und Petra wir kennen, s. S. 345) und näher an Edom, also
wohl zwischen dem Toten Meere und Paran oder wenig südlich vom Toten Meere. —
Eine weitere sichere Stelle bietet die Geschichte Gideons Richt. 6, 1 f. 33; 7, 12; 8,
4 ff. Hier kommen die Midjaniter mit den Amaleqitern und den Söhnen des Ostens —
hier wohl einfach gleich den Beduinen, wie heute noch, vgl. Musil, Arab Petr. III, 22 —
zusammen vom Ostjordanland her in die Ebene Jesreel und ziehen sich über Sukkot
und Pnuel zurück zur Steppenstraße nach Süden. Ihre Verbindung mit Amaleq, falls
sie dem alten Text angehört (s. darüber bei Kautzsch [4]), würde auf dieselbe Gegend
wie in 1 Kön. 11 weisen. Und wenn sie es auf die Jesreelebene abgesehen hatten,
konnten sie kaum einen anderen Weg als den durchs Ostjordanland einschlagen. Keinesfalls ist es wahrscheinlich, daß sie dort als vom Südende des Golfs von Aqaba herkommend gedacht sind. Die anderen Stellen im AT. außerhalb von J und E lassen
kaum etwas Sicheres erschließen, da sie zu allgemein gehalten sind. Auch die Ableitung Midjans mit anderen Araberstämmen wie Dedän, Saba u. a. von Qetura in Gen.
25, 1 ff. sagt nichts weiter, als daß Midjan zu den Beduinen gehört. (Jedenfalls aber
denkt auch die Josefsage, wenn sie neben einer ismaelitischen eine midjanitische Karawane nennt [Gen. 37, 28. 36], an die Gegend westlich von Aqaba.) Ganz anders läge
die Sache nun freilich, wenn unser biblisches Midjan ohne weiteres mit dem arabischen Midjan gleichgesetzt werden dürfte. Nun gab es in der Tat, ziemlich nah dem
südlichen Ende des Golfs von Aqaba auf der Ostseite desselben, beim heutigen Maqna
einen Ort *Madjan* (heute Marair Schu'aib), nur Ptolemäus (VI, 7, 2 und 27) *Μοδιάνα*
und *Μαδιάμα* genannt, nach Jaqut sechs Tagereisen von Tebuk (vgl. v. Gall, Kultstätten 9; dazu auch R. Weill, Le séjour des Israél. usw. [1909], 49 f.). An einer
anderen Stelle (ed. Wüstenfeld IV, 557: s. v. Gall a. a. O. 12) redet derselbe Jaqut
von einem Ort Madjan „in der Nähe von Ägypten". Ob man von seinem Standort
aus jene Stelle am Südostende des Golfes so bezeichnen konnte, ist zweifelhaft. Er
mag also hier doch an ein zweites Midjan gedacht haben. Wohl aber will er an der
ersten Stelle (IV, 451; v. Gall 14) die Stätte, wo Mose die Herden Schu'aibs [= Hobab?]
hütete, und selbst den Quell, wo er sie tränkte, genau kennen. Es ist also nicht zu
bezweifeln, daß es einen Ort des Namens dort bei Maqna oder al-Ḥrajbe, einer oasen-
reichen Gegend (vgl. Musil, Im nördl. Heǧaz [1911], 12), gab. Dann ist es auch ganz
natürlich, daß die Araber, seitdem sie Mose unter ihre Profeten rechneten, dessen Geschichte dorthin übertrugen. Daß sie von Anfang an hier gedacht war, läßt sich
durch nichts belegen (mit demselben Rechte könnte man den Wadi Schu'aib beim
heutigen Sinaikloster, vgl. Baedeker, Paläst. [7] 183. 190, für den traditionellen Sinai
geltend machen). Am wenigsten durch Josefus, wie Ed. Meyer (Israeliten 314) annimmt. Vgl. dazu Is. Lévi in Rev. des Ét. Juives 54 (1907) 45 ff. Nach Ant. VI,
7, 3 (§ 140) unterwirft Saul alles Land von Pelusium bis ans Rote Meer und verschont
nur die Sikimiten [= Qeniter?], die mitten im Land der Madianiter wohnen. Midian

Nun wäre freilich jene südöstliche Lage des Sinai und damit vielleicht indirekt auch wieder des biblischen Midjan aufs neue nahegelegt, wenn es erwiesen wäre, daß der Sinai unserer Mosegeschichte tatsächlich ein V u l k a n war. Aber auch hiervon kann kaum im Ernste die Rede sein. Gerade E, dessen Gottesberg Horeb zweifellos an irgendeiner Stelle des heutigen Sinaigebirges gedacht ist, hat starken Anteil an den Schilderungen, die zu jener Vorstellung führten. Das läßt sich doch wohl nur so erklären, daß er ihm aus Anschauung bekannte oder überkommene Vorstellungen von vulkanischen Ausbrüchen auf die Gottesoffenbarung am Horeb ü b e r t r u g [1]. Denn die Halbinsel selbst bot solche Erscheinungen nie. Was für E und den Horeb wahrscheinlich ist, ist damit für J und den Sinai von selbst für möglich erklärt. Wir bedürfen demnach auch für den Sinai keines wirklichen Vulkans. Es genügt die Annahme, daß der Erzähler die V o r s t e l l u n g hegte, jener Berg sei als Ort besonderer Gctteserscheinung durch solche wundersamen Vorgänge ausgezeichnet gewesen [2].|

---

liegt ihm also zwischen Pelusium und dem Roten Meer, d. h. ziemlich genau da, wo wir es nach 1 Kön. 11 suchen. Nach Ant. II, 11, 1 (§ 257) flieht Mose aus Ägypten nach der Stadt *Μαδιηνή* am Roten Meer. Danach scheint es, als dächte er an das arabische Midjan. Wenn er aber in 11, 2 (§ 259) fortfährt: die Leute dort haben nach Troglodytensitte gelebt, so ist es am wahrscheinlichsten, daß er doch an Edom denkt. Das heißt: er kennt wohl nur ein Midjan, hat aber etwas läuten hören, daß ein solches auch am Roten Meere liege, und so denkt er sich die zur Landschaft gehörige Stadt bei Aila. während sie etwa 6 Tagereisen (ca. 130 km Luftlinie) davon liegt. Demnach ist wohl auch auf das Onomastikon nicht viel zu geben, das (E. Klostermann, Onom. 124) augenscheinlich die Angaben des Josefus (vgl. die Beziehung auf Qetura) mit denen des Ptolemäus oder seiner Gewährsmänner zusammenwirft. Vgl. noch die Literatur von S. 343. Anm. 2.
1) Vgl. Ex. 19, 16 (E). So jetzt auch Meinhold (oben S. 346[5]). Natürlich galt jeder vulkanische Ausbruch, ebenso wie Sonnen-, und Mondfinsternisse und im Grunde auch jedes Gewitter ehedem als unmittelbar Äußerung der Gottheit. Noch in Ps. 18, 9 ff. wirken bei der Schilderung der Theophanie augenscheinlich solche Vorstellungen und (vielleicht verblaßte, vielleicht auch noch frische) Erinnerungen nach.
2) Der Gedanke, daß der Sinai ein Vulkan gewesen sei, scheint erstmals ausgesprochen von C. T. Beke, Mount Sinai a Volcano 1873; Discovery of the true Mount Sinai 1873. Er sucht ihn einige Stunden von Aqaba im (angeblichen, s. Musil II 1, 260 ff.) Dschebel Barir oder en-Nūr, dessen Name Lichtberg ihn als Vulkan aus der historischen Zeit ausweise (was er selbst noch als unrichtig erkannte). Später hat dann Gunkel (DLZ. 1903, 30. 58 f.), dem sich E. Meyer, Isr. 69 anschließt, den Gedanken neu aufgenommen. Nun ist es Tatsache, daß im nordwestlichen Arabien sich eine ganze Anzahl ausgebrannter Vulkane findet, vor allem südlich von Tebuk gegen Medina hin (s. Loth in ZDMG. 22, 365 ff.), während die Sinaihalbinsel nie Vulkane besaß. Wäre nun das arabische Midjan dem biblischen gleich, so ließe sich recht wohl an einen jener Vulkane denken, obgleich das eigentliche Vulkangebiet erst südlich von Tebuk (das selbst 6 Tagereisen von Midjan liegt, s. ob. S. 346 f.) anfängt, die Entfernung also nicht zu unterschätzen ist. Jedenfalls scheint es wieder Tatsache, das arabische Schriftsteller den Sinai bei ihrem Midjan dachten (vgl. bei von Gall, Kultstätten 14). Aber das darf nach dem über Midjan Gesagten nicht zu falschen Schlüssen verleiten. Lag unser Midjan selbst nicht in Arabien, so wohl auch der Sinai nicht. — Nun ist allerdings die Schilderung der Hergänge bei der Gesetzgebung derart (vgl. besonders Ex. 19, 16 und 18), daß man schwerlich mit der Beschreibung eines gewaltigen Gewitters (eine solche bei Ebers, Durch Gosen [2] 443) auskommt. Man hat durchaus den Eindruck, daß der Erzähler einen vulkanischen Ausbruch im Sinne habe. Nur braucht er, um einen solchen beschreiben zu können, nicht in den Harras Arabiens gewesen zu sein. Vulkanische Gebiete gab es da und dort in Palästina (vgl. auch Blanckenhorns Karte in ZDPV. 35 [1912], am reichlichsten im Hauran. Es ist oben S. 13, Anm. 3 gezeigt, daß dort noch in geschichtlicher Zeit Ausbrüche stattgefunden haben müssen. Gelegen-

Wir kommen damit zu dem Ergebnis [1], daß auch von dieser Seite
her keine Veranlassung vorliegt, den Sinai außerhalb des Gebietes der
Sinaihalbinsel oder ihrer Umgebung zu suchen. Vielmehr wird der geschichtliche Berg Sinai unweit von Ḳades in der Wüste südwestlich vom
Edomitergebiet gelegen haben [2]. Aber schon frühe verlor man in Israel
selbst die richtige Spur und setzte an seine Stelle den höchsten und im-
ponierendsten Gebirgsstock der Halbinsel, den Horeb.

    2. **Wie weit reichte im Altertum das Rote Meer?** —| Für
die Beantwortung der Frage, ob die Jaqobstämme durchs Rote Meer gezogen sind, und im Fall der Bejahung dieser Frage für die weitere: an
welcher Stelle der Durchzug stattgefunden haben könnte, ist von höchster
Bedeutung die Untersuchung der Beschaffenheit der hier im Betracht zu
ziehenden Landschaft.

    Das gegenwärtige Bild der Landschaft [3] liegt, seitdem wir über
die Hilfsmittel des modernen Verkehrs und der heutigen Kartografie
verfügen, vollkommen klar vor unsern Augen. Die Landenge von Suës,
heute von Suës bis zum Ende des Menzalesees bei el - Ḳanṭara in der
Luftlinie etwa 100 km lang (der bis zum Mittelmeer bei Port Saʿid reichende Kanal, der zugleich etwas nach Westen ausbiegt, hat 160 km Länge),
ist zwischen beiden Meeren mehrfach von Binnenseen durchbrochen. Die
wichtigsten unter ihnen sind die unter sich in Verbindung stehenden, also

---

heit, die Erscheinungen kennen zu lernen, hatte man demnach in viel größerer Nähe
und in Gegenden, die erheblich leichter zugänglich waren. Legt man aber Wert auf
Erinnerungen an die Wüstenzeit, so bedenke man, daß nach Samhûdî u. a. der vulk.
Ausbruch des Jahrs 654 d. H. am Dsch. Ohod (n. v. Medina) viele Tagereisen weit
die Nacht erhellte und noch in Damaskus Sonne und Mond durch den Rauch ver-
finsterte (Burckh., Arab. 548; Oberh. 639 ff.). Es liegt daher kein Grund vor, aus den
von Vulkanen abgenommenen Schilderungen gleich auf einen wirklichen Vulkan
zu schließen und die Landkarte nach Vulkanen abzusuchen oder gar nach Expeditionen
zur Ermittelung solcher zu rufen. Interessant ist das Zugeständnis Greßm.s 442, die
Dinge „brauchen nicht notwendig auf eigener Anschauung der Hebräer zu beruhen".
  1) Ich kann auch die neueste Befürwortung jener Theorie durch Musil, Im nördl.
Heǧâz (1911), 18 keineswegs für zwingend oder nur wahrscheinlich erachten. M. hat
in dankenswerter Weise festgestellt, daß der erloschene Vulkan al-Bedr heute noch als
ein hochheiliger Berg gilt. Nichts ist natürlicher, und gewiß gibt es derartige heilige
Berge noch manche da und dort. Eben deshalb braucht aber gerade dieser um seiner
Heiligkeit willen noch lange nicht der Sinai zu sein. Man stelle sich seine Lage nahe
dem 27. Grad vor und bedenke, daß er damit ziemlich genau 3 Parallelgrade südlich
von Sues und allein in der Luftlinie über 600 Kil. davon entfernt liegt, sodann vergleiche man dazu das oben S. 346f. Gesagte, auch S. 341, Anm. 1. 2) Es mag
noch bemerkt werden, daß sich unfern südwestl. von Qades auch ein Berg *Schureif*
findet. Der Name paßt freilich lautlich nicht recht zu Schuʿaib, vielleicht dem Hobab
der Araber, klingt aber wenigstens an ihn an. Auch von dieser Seite erhöbe sich
also die Frage, ob die arabischen Mose- und Sinaisagen nicht erst auf Grund des
Namens Madjan aus Arabien übertragen sind. 3) Dazu Schleiden, Die Landenge von Sues 1858 und die Karten bei Baedeker, Ägypten (Steindorff). Die Meinung, daß mit dem Schilfmeer urspr. durchweg der Busen von Aqaba gemeint
sei (Greßm. 416), ist durch nichts zu erhärten. Wenn Ex. 10, 19 bei J die Heu-
schrecken durch den Westwind von Ägypten ins Sch. getrieben werden und wenn
15, 22 (E, viell. J) Israel vom Sch. nach der Wüste Schur, die von der äg. Mauer
den Namen hat, zieht; endlich wenn das Volk 13, 18 (E) von Pitom nach der Wüste
[Schur] gegen das Sch. geht: so ist in allen diesen Stellen unter dem Sch. nur der
Busen von Suez zu verstehen. Daß anderwärts auch der älanitische Busen Sch. heißt,
beweist nur, daß beide Arme. viell. das Rote Meer überhaupt, den Namen führen
konnten.

eigentlich ein Becken darstellenden Bitterseen. Die Entfernung von ihrem südlichen Ende bis zum Nordende des Roten Meeres beträgt heute 16½ km. Nördlich an sie schließt sich mit einem Zwischenraum von 12 km Land der Timsachsee und an ihn hinter einer Erhebung des Bodens von etwa 16 m Höhe und 14 km Länge die Ballāchseen, die nur durch eine ganz schmale Landbrücke (el-Kantara) vom Menzalesee getrennt sind [1]. Der letztere ist aber nichts anderes als ein vorgeschobener seichter Meeresarm. Das Land zwischen dem Roten Meer und den Bitterseen ist eine nur wenige Fuß über das Meer emporragende Sanddünenbarre. Die Bitterseen reichen bis zu 13 m unter den Meeresspiegel. Die nördlich an sie anschließende Dünenbarre des Serapeum ist mehrfach von sumpfigen Stellen durchzogen.

Diesem heutigen Bilde der Landschaft steht nun das in ältester Vorzeit gegenüber [2]. Das ganze Gebiet der Landzunge muß einmal Meer gewesen sein. Die Dünenbarren sind Gebilde des hier auf- und abflutenden Meeres. Nun hält Th. Fuchs in der in der Anmerkung genannten Abhandlung das Land unmittelbar nördlich von den Bitterseen, das Serapeum, für eine ganz junge Bildung; desgleichen hält er die Landstrecke zwischen Sues und den Bitterseen für eine „vollständig rezente Landbildung". Er ist der Meinung, das ganze niedere Terassenland zwischen dem Timsachsee und dem Golf von Sues gehöre der quaternären Zeit an, ja er hält es für möglich, daß das Becken der Bitterseen noch in historischer Zeit mit dem Roten Meere in Verbindung stand.

Läßt sich diese Möglichkeit, die von geologischer Seite anerkannt wird, mit geschichtlichen Zeugnissen als wirklich erweisen? oder haben wir anzunehmen, daß die Verbindung, wenn immer in geologisch „rezenter" Zeit noch bestehend, doch schon in früher vorhistorischer Zeit unterbrochen worden ist? Neuere wissenschaftliche Untersuchungen und ihnen folgend manche Landkarten haben angenommen, die Nordspitze des Schilfmeeres habe in der mosaischen Zeit erheblich weiter nach Norden gereicht als heute, so daß die Bitterseen sowohl als der Timsachsee noch zum Meere gehört haben [3]. Läßt sich diese Annahme aus den Zeugnissen der Alten erhärten? [4].

Einen wesentlichen Beitrag zur Klärung unserer Frage hat Naville geliefert. Auf Grund seiner Ausgrabungen ist zweifellos festgestellt, daß das biblische Pitom sowohl dem heutigen Tell el-Mashuta als dem römischen Heroonpolis oder Hero im Wadi Tumilat gleichzusetzen ist. Das genannte Wadi aber schließt sich westlich an den Timsachsee an und ist von einem an den bubastischen Nilarm angeschlossenen Süßwasserkanal durchzogen. Ließe sich nun mit Naville erweisen, daß Heroonpolis, weil nach ihm das Rote Meer mehrfach genannt wird, an diesem selbst gelegen habe, so wäre in der Tat anzunehmen, daß der Meeresarm noch in römischer Zeit bis ans Wadi Tumilat herangereicht habe [5]. Allein es läßt

1) Über sie führte, wie noch heute, die Karawanenstraße nach Syrien.   2) Dazu Th. Fuchs, Die geol. Beschaffenh. der Landenge von Suez in Denkschr. Wien. Ak. d. Wiss. (Math.-nat. Klasse), Bd. 38 (1878) II, 25 ff. (Darüber Guthe, ZDPV. 8 [1885]. 222 ff.).   3) Z. B. Dillmann, ExLev.³ 153; Driver, Exod. 124 ff.; Sieglin, Histor. Handatlas; Guthe, PRE.³ 12, 498 f. und Bibelatlas (1911) — alle vorwiegend auf Grund von Naville, The Store-City of Pithom usw. 1885.   4) Vgl. dazu Naville, The Store-City of Pithom and the Route of the Exodus 18⁸5 (⁴1903); Dillmann, Über Pithom, Hero, Klysma nach Naville in Sitz. B. Berl. Ak. 39 (1885); Küthmann, Die Ostgrenze Ägyptens (Berl. Dissert.) 1911.   5) Eine starke Stütze der Annahme Navilles scheint freilich

sich nicht verkennen, daß gerade dieser An|nahme auch ernste Bedenken entgegenstehen. Nicht allein bezeugen die Alten mehrfach, daß das Nord-ende des Meeres wie heute bei Klysma (Qolzom) unweit von Sues gelegen habe [1], sondern eine Reihe dem Laufe des alten Kanales folgender Denkstein-inschriften des Darius [2] legen heute noch Zeugnis dafür ab, daß der schon von den alten Pharaonen angelegte Kanal bereits in vorrömischer Zeit bis zum heutigen Sues fortgeführt wurde, hier also schon im 5. Jahrhundert v. Chr. der eigentliche Anfang des Meeres lag [3].|

Man wird daher nicht umhin können, zuzugeben, daß 8—9 Jahrhun-derte nach der für den Auszug Israels aus Ägypten in Frage kommenden Zeit das Rote Meer nicht weiter nach Norden s c h i f f b a r war als heute. Folgt daraus, daß es im 5. Jahrhundert v. Chr. genau so aussah wie heute? Ich glaube, diese letztere Frage wird sich kaum mit Zuversicht bejahen lassen. Im Gegenteil scheint mir mehr als e i n Anzeichen für ihre Verneinung zu sprechen. Der Umstand, daß die Alten den Busen

---

die von ihm gefundene Inschrift des Ptolemäus II. zu bieten, welche über die Gründung der zu Ehren seiner Schwester A r s i n o e benannten Stadt handelte. Doch darf man sich über ihre Tragweite nicht täuschen. Die Stadt soll (Naville, Pithom S. 18[b] [[4]20[b]]) bei Kemuĕr, d. h. an den Bitterseen liegen, und es gehen (Zeile 22—24) Schiffe von Kemuĕr nach dem Roten Meer und von da wieder zurück. Damit ist aber eben ge-sagt, daß die Bitterseen vom Roten Meer selbst zu scheiden seien, n i c h t zu ihm ge-hören, und daß nur eine Verbindung für die Schiffahrt, d. h. ein Kanal zwischen ihnen besteht. Wenn nun weiter Arsinoe als am Kemuĕr (Z. 20: „er kam nach K. und gründete d o r t eine Stadt") liegend oder genauer: als v o m K. a u s gegründet be-zeichnet wird, so kann damit auch die Südseite der Bitterseen bzw. der Gegend zwischen ihr und dem Roten Meer als Ort der Gründung gemeint sein. Unter allen Umständen ist die Angabe so wenig bestimmt, als daß sie weitgehende Schlüsse zuließe. Auch scheint der Text selbst nicht ganz festzustehen (s. Küthmann 17, Anm. 1).
1) Vgl. auch die zum heutigen Isthmus stimmenden Entfernungsangaben bei Dillm., Pithom usw. 6 f. und Küthmann 20 ff. 2) Der genauere Text der einen (s. jetzt Weißbach, Keilinschr. d. Achäm. [1911] 105) lautet: „Es spricht der König Darius: . . . Ich befahl diesen Kanal zu graben von dem Strom namens Nil, der in Ägypten fließt, nach dem Meere, das von Persien ausgeht. Da wurde dieser Kanal gegraben, so wie ich befohlen hatte, und [S c h i f f e] f u h r e n v o n Ä g y p t e n d u r c h d i e s e n K a n a l nach Persien . . ." Man hat in den Stelen früher mehrfach (so noch Dillm. u. a.) Spuren von Kastellen zum Schutze der Schiffahrt auf dem Meeresarm, nicht Denksteine über den hier gegrabenen Kanal sehen wollen. Aber ihre Entzifferung läßt keinen Zweifel mehr, daß sie sich auf den Kanal beziehen. Nun setzen sie sich bis in die Nähe von Sues fort; die Fundstelle der südlichsten liegt unmittelbar nördlich vom heutigen Nordende (5—7 Kilom. nördlich von Sues, das selbst 5 Kilom. südlich vom Ende des Busens liegt), bei Kilom. 150 des Kanals (vgl. Weißbach, Keilinschr. d. Achäm. [1911], S. XXII und Baedeker, Ägypten [6] die Karte bei S. 172/173). Die Frage könnte also nur sein, ob sie nicht deshalb — so wie nach Mommsen der Stein von Hero — an ihre heutige Fundstelle v e r s c h l e p p t sind. Nach mündlicher Mitteilung von Stein-dorff soll das ausgeschlossen sein. Dann läßt sich an dem obigen Ergebnis nicht zweifeln. 3) Die Grabungen Navilles bei Tell el-Mashuta im heutigen Wadi Tumilat haben festgestellt, daß hier das ägyptische P i t o m (auch Zeku [Sukkot] genannt) lag. Derselbe Ort hieß in griechisch-römischer Zeit Heroonpolis oder H e r o (vgl. dazu Gen. 46, 28 LXX, wobei der Kopte Pitom nennt). Nun heißt der Meerbusen bei den Alten auch der Busen von Heroonpolis (vgl. S. 352 f.). Danach scheint er bis Hero oder Pitom gereicht zu haben. Ebenso meinte man aus einem ebenfalls von Naville gefundenen Meilenstein aus dem Jahr 306/7 n. Chr., der u. a. die Worte enthält: *ab Ero ad Clysma VIIII*, entnehmen zu sollen, Klysma habe nur 9 Meilen (östlich) von Hero abgelegen. Klysma aber kennen wir als Ort am Ende des Meerbusens und als die Stelle, an welcher der Durchzug gedacht wurde (s. unten). Demnach müßte der Busen damals noch bis in die Nähe von Pitom gereicht haben. Mommsen hat gegen diesen Schluß Widerspruch erhoben und erklärt jene Stelle vom 9. [freilich von seinem

mit Vorliebe als Busen von Heroonpolis bezeichnen [1], findet in der Tatsache, daß vor der Gründung von Arsinoe Heroonpolis die einzige Stadt der Gegend war [2], eine gewisse Erklärung. Aber sie will für sich allein nicht recht befriedigen. Man wird immer mit der Frage zu tun haben, wie man dazu komme, einen Meeresarm | nach einer 60 und mehr Kilometer entfernten Stadt zu benennen? Das hat doch wohl nur dann einen Sinn, wenn zugleich die Erinnerung noch lebte, daß der Busen einmal bis an jene Stadt reichte. Er hieß nach Pitom - Heroonpolis, weil er einst sie oder ihre Umgebung bespülte. Auch dafür haben wir wenigstens eine sichere Nachricht [3]. War nun auch in den Tagen des Darius und des Neko, dessen Werk Darius wieder aufnahm, das Meer über Sues hinaus nicht mehr schiffbar, so daß ein Kanal die Verbindung herstellen mußte, so mag es immer noch als Wattenmeer fortbestanden haben, dem nur für die Zeiten der Ebbe und des tiefen Wasserstandes durch eine die Schifffahrt sichernde Kanalrinne nachgeholfen werden mußte. Oder es kann sich in der Weise auf dem Wege zum heutigen Zustand befunden haben, daß die Verbindung an einigen Stellen unterbrochen, an andern die Ver-

---

Platze verschleppten) Meilenstein auf dem Wege von Hero nach Klysma. In der Tat scheint das Itinerarium Antonini Aug. (Parthey-Pinder, Berlin 1848, S. 75 f.) und besonders die Reisebeschreibung der Äbtissin Aetheria (zwischen 533 und 540 n. Chr.; vgl. Geyer, Itinera Hierosolymit.· Wien 1898, Bd. 39 und dazu bes. Meister, Rh. Mus. 64 [1909] 337 ff.) die Lage von Klysma beim heutigen Sues festzustellen, so daß jener Meilenstein nicht im Sinne von Naville zu deuten wäre (die Belege vgl. bei Küthmann). Es kommt dazu, daß Klysma („Brandung") augenscheinlich in dem heutigen Qolzom, ganz nahe bei Sues, erhalten ist. Seine Lage scheint demnach durch verschiedene Zeugnisse gesichert, und die Versuche, es bei Hero anzusetzen, sind wohl als gescheitert zu betrachten. Zu diesem Ergebnis würde der Umstand stimmen, daß sich Steindenkmale des Darius, der nach Herod. II, 158 den alten Kanal von Bubastis zum Roten Meer erneuerte, bei Schaluf zwischen den Bitterseen und Sues und weiter südlich gefunden haben, deren einer meldet, Darius habe befohlen, diesen Kanal zu graben. (Weißbach, Keilinschr. d. Ach., S. XXIf. u. 105. Siehe noch S. 351 [2]). Anderseits wird das Gewicht der Benennung des Busens nach Heroonpolis scheinbar wieder aufgehoben durch die vielfach bezeugte Zusammenstellung des Ausgangs des Kanals mit Arsinoe. Besonders Diodor I, 33 (ἐπὶ δὲ τῆς ἐκβολῆς πόλιν ἔχει ... Ἀρσινόην) und Strabo nach Artemidor S. 804 (ἄλλη [διώρυξ] δ' ἐστὶν ἐκδιδοῦσα εἰς τὴν Ἐρυθρὰν καὶ τὸν Ἀράβιον κόλπον κατὰ πόλιν Ἀρσινόην). Nun ist Arsinoe (dasselbe wie Kleopatris) als Hafenstadt am Roten Meere bekannt: Älius Gallus hat dort auf Befehl des Augustus 25/24 v. Chr. eine Flotte gebaut (Strabo, S. 780). Danach wäre Arsinoe in der Nähe des heut. Sues und nicht Heroonpolis der Ort der Mündung des Kanals gewesen (wozu auch noch das Zeugnis des Plinius V, 65 bei Küthmann, S. 20 zu vergleichen ist). — Zum alten Kanal, S. 351. 369 [3]. Weiter S. 352 [2].
1) Theophrast. Hist. plant. IV, 7, 2 ἐν τῷ κόλπῳ τῷ καλουμένῳ Ἡρώων (ähnlich IX, 4, 4); Eratosthenes bei Strabo XVI, 4, 2 (S. 767) ἀπὸ Ἡρώων πόλεως, ἥτις ἐστὶ πρὸς τῷ Νείλῳ μυχὸς τοῦ Ἀραβίου κόλπου [lies? ἐν τῷ πρὸς τὸν Ν. μυχῷ]. 2) So z. B. Küthmann a. a. O., S. 23. 3) Vgl. besonders Agathemeros III, 14 (bei Müller, Geogr. gr. min. II, S. 475) ὁ Ἀράβιος κόλπος ... ἄρχεται ἀπὸ Ἡρώων πόλεως (diese Aussage geht weit über die allgemeine Bezeichnung des Busens nach Heroopolis hinaus und läßt sich doch wohl nur aus der Vorstellung verstehen, daß H. nahe am Busen lag; es könnte also eventuell eine nur irrige Meinung des Agath. augenommen werden); ferner Ptolem. IV, 5, 7 f. (ed. Müller I, 2, S. 684): Arsinoe = 29° 10′, Klysma = 28° 50′, d. h. die Entfernung zwischen Arsinoe und Klysma beträgt 20 Minuten in nordsüdlicher Richtung, wodurch (die Minute zu 1850 m gerechnet) Arsinoe nicht an das heutige Rote Meer, sondern 37 Kilom. nördlich von ihm zu liegen käme (in die Gegend, wo der kleine Bittersee in den großen übergeht). Heroopolis hingegen würde danach einen vollen Grad nördlich von Klysma zu liegen kommen, vgl. ebenda: μετὰ τὸν μυχὸν τοῦ κόλπου τὸν εἰρημένον, ὃς ἐπέχει μοίρας 29. 50 (vorher redet er von dem καθ' Ἡρώων πόλιν μυχὸς τοῦ Ἀραβίου κόλπου = 29. 50). Nun stimmen frei-

sandung erst im Anfang begriffen war, doch so, daß für Schiffe eine Fahrt-rinne Bedürfnis war.

Soweit ich sehe, liefert Darius bzw. der Pharao Neko II. das letzte uns zugängliche Zeugnis. Daß das Meer selbst beim heutigen Sues | begonnen habe, sagen sie nicht. Sie zeugen nur von der Schiffahrt [1]. Nun ist der Grad der Versandung, den gerade die südlichen Teile der Landenge heute noch aufweisen, augenscheinlich gering [2], und dem geologischen Charakter nach gehört die ganze heutige Bodengestalt der jüngsten Periode an. Unter diesen Umständen kann die stattliche Reihe von Jahrhunderten, die zwischen jenen ältesten Zeugnissen über einen Schiffahrtskanal und der mosaischen Zeit liegen, uns in der Tat dazu berechtigen zu vermuten, die Entwicklung werde sich damals noch auf dem Stande befunden haben, daß der Meeresarm in Wirklichkeit noch bis in die Nähe von Pitom reichte, die heutigen Bitterseen und den Timsachsee also wenigstens für die Zeiten der Flut noch in sich schloß. Die Stärke der letzteren ist allgemein bezeugt. Der Unterschied beträgt in der Gegenwart bei Sues nicht weniger als 2,13 Meter [3].

Wir kommen damit zu dem Ergebnis, daß trotz mancher scheinbar entgegenstehender Zeugnisse die überwiegende Wahrscheinlichkeit dafür spricht, daß in der für uns in Frage stehenden Zeit das Rote Meer noch mit den Bitterseen in Verbindung stand, der Wechsel von Ebbe und Flut sich also auch noch bis in die Gegend von Pitom fühlbar machte.

§. 34.
Die geschichtliche Lage. Ägypten und Syrien seit der Amarnazeit.

1. Die frühere Darstellung hat uns gezeigt [4], wie unter Amenophis IV. Echnaton die politische Machtstellung Ägyptens in Syrien und Palästina

---

lich diese Angaben keinesfalls mit dem wirklichen Sachverhalt überein: weder liegt Klysma = Sues in Wahrheit 28° 50', noch kann die Entfernung von hier bis Heroopolis einen Grad ausmachen. Ptolemäus muß also hier wie in vielen andern Fällen ungenauen Messungen oder schätzungsweisen Angaben seiner Gewährsmänner gefolgt sein. Trotz alledem geht aus ihnen so viel klar hervor, daß er zwischen Klysma, Arsinoe und Heroopolis bedeutende Zwischenräume kennt, und daß die drei Orte in erheblichen Distanzen von Süd nach Nord aufeinander folgten. — Wie unzuverlässig im übrigen vielfach die Angaben des Ptolemäus sind, ist aus dem Aufsatz von W. Schwarz über ihn im Rhein. Mus. N. F. 48 (1893), 258ff. zu ersehen. Nach ihm bezieht sich die oben mitgeteilte Angabe 29. 50 nicht auf Heroopolis selbst, sondern auf den μυχός des Busens, während Ptol. Heroopolis selbst zu 30° ansetzt (Schwarz 260). Die Auffassung des Ptol. wird dadurch trotz seiner falschen absoluten Ansätze aufs neue klar: es folgen ihm Klysma, Arsinoe, die Nordspitze des Busens und Pitom-Heroopolis von Süden nach Norden aufeinander. Vgl. dazu meinen Aufsatz: Über das Nordende des Roten Meeres in ZDMG. 1916.
1) Vgl. besonders Artemidor bei Strabo XVI, 4, 5 (S. 769) ἀπὸ δὲ Ἡρώων πόλεως πλέουσι κατὰ τὴν Τρωγλοδυτικήν (doch s. dazu Küthm. 21). 2) Siehe ob. S. 350. 3) Küthmann, S. 11 (nach Weber, D. arab. Meerb. 1888). — Die Wahrscheinlichkeit der obigen Annahme ist um so größer als — wie Musil neuerlich festgestellt hat — auch der Ostarm des Roten Meeres, nicht minder der persische Golf dieselbe Erscheinung aufweist. — Nach Couyat-Barthoux (OLZ. 17, 1914, 41) freilich soll im Altertum der Spiegel der großen Seen viel niedriger gewesen sein als der des Roten Meeres. Aber die Nachricht bedarf der Bestätigung, schon deshalb, weil der alte Pharaonenkanal in die Bitterseen mündete und sie mit dem Roten Meere verband (Baed.⁶ 167 und oben S. 351), könnte also wohl nur auf eine Zeit der Versandung des Kanals gehen. 4) S. 81ff.

immer mehr ins Wanken geriet. Des Pharao Interessen liegen weit ab von dem Schauplatz und der Sfäre des politischen Lebens auf Gebieten, die seinen Geist in eine andere Welt versetzen. Aber die natürliche Folge dieses den Pharao uns vielleicht menschlich nahebringenden Idealismus ist der Zerfall des politischen Lebens, im besondern der Herrschaft Ägyptens in Syrien.|

Schon in den Amarnatexten finden wir die Hetiter bis in die Gegend von Tyrus, also bis an die Nordgrenze des eigentlichen Kanaan und in einzelnen Ausläufern bis über sie herab in den Süden des Landes vorgeschoben. Die Amoriter folgen ihrem Beispiel und beunruhigen die königlichen Vasallen besonders in den Gegenden am Libanon und Antilibanon[1]. Auch sie sind schon bis Tyrus und Sidon vorgedrungen[2]. Neben ihnen sahen wir die Chabiru, eine den Hebräern im weitesten Sinn gleich- und Israel nahestehende Stammgruppe, im Land ihr Wesen treiben und vielfachen Stoff zu Klage und Beunruhigung darbieten. Es ist zu erwarten, daß diese Verhältnisse auch über den Tod Amenophis' (Amenhoteps) IV. hinaus fortdauerten, wofern es nicht gelang, ihnen Einhalt zu gebieten, ja daß die Lage sich für Ägypten noch verschlimmerte, wenn nicht eine starke Gegenbewegung eintrat.

Aus dem Umstand, daß Städte wie Megiddo, Askalon und Gezer u. a. in ihren Briefen den Pharao um Hilfe gegen die Chabiru angehen[3], darf man schließen, daß jene Eindringlinge schon jetzt an verschiedenen Stellen des Landes die Rolle der Herren spielten. Wurde je einmal ein Versuch gemacht, das Ansehen des Pharao wieder herzustellen, so bestand er höchstens darin, daß ein Offizier mit einer ganz unzureichenden Truppenabteilung abgesandt wurde, die denn auch begreiflicherweise keinerlei Erfolg erzielen konnte. Die Folge jenes Treibens der Chabiru ist dann, daß manche der Bewohner des Landes es vorziehen, Kanaan zu verlassen und in Ägypten ihre Zuflucht zu suchen. Ein Beispiel hierfür bietet uns die erst neuerdings ausreichend verständlich gewordene Inschrift des Haremheb[4], eines Generals Ame|nophis' IV., die den Eindruck gewährt, als

1) Über die Hetiter s. oben S. 84; über die Amoriter S. 85.   2) Böhl, Kan. u. Hebr. 41.   3) Amr. Kn. 243 (W. 193). 244 (195). 290 (183), 5 ff. 287 (180), 11 ff. 30.   4) Vgl. Breasted, Records III, § 10 ff. Die Inschrift ist lückenhaft, läßt aber doch das Wesentliche erkennen. Sie lautet: „Sie sind zerstört worden, und ihre Stadt verwüstet, und Feuer ist [in ihr Getreide?] geworfen. ... Ihre Länder darben, sie leben wie die Bergziegen. ... Einige von den Asiaten, die nicht wußten, wie sie leben sollten, sind gekommen [um ein Heim zu erbitten in den Besitzungen? — etwas derart muß hier ergänzt werden —] des Königs, wie die Väter eures Vaters es schon taten, seit Anbeginn. ... Nun gibt der König sie in eure Hand, um ihre Grenzen zu beschützen." Die Übersetzung nach Breast.-Ranke, Gesch. Ägypt. 314. Hier handelt es sich um einen Text mit bildlicher Darstellung aus dem Grab des Haremheb (jetzt in Wien). Die richtige Deutung hat Breast. erschlossen. Haremheb gibt seinen Offizieren oder Beamten Anweisung in betreff der Asiaten, deren Stadt geplündert und zerstört ist. Es handelt sich um Flüchtlinge, die unter Verhältnissen, wie sie die Amarnatexte vielfach schildern, aus Asien geflohen sind. Der „König" ist Amenophis IV.; er heißt zugleich der [Landes]„Vater". Der Redende ist sein General Haremheb. Seinen Untergebenen werden die Flüchtlinge anvertraut, wie des Königs Väter vorzeiten schon Fremde hier aufnahmen. Diese Stelle und die verwandte in Papyr. Anastasi VI (Breast. III, § 636 ff., Tub. I, 219 f.) liefert den deutlichen Beweis, daß nicht nur vorzeiten immer schon, sondern auch jetzt noch und bis auf Merneptah Bewohner Palästinas und Edoms in Zeiten der Not Aufnahme in Ägypten fanden, um ihre Herden im östlichen Delta zu weiden. — Neben jenem (Wiener) Stück aus dem Grab des Haremheb stehen nun mehrere in Leiden befind-

wäre gerade damals jenes Verlangen, Palästina zu verlassen und im Delta,
also wohl in der Landschaft Gosen [1], Schutz und Unterkommen zu suchen,
besonders lebhaft zutage getreten. Innere Kämpfe und gelegentlicher Mißwachs in Kanaan scheinen in gleichem Maße zusammengewirkt zu haben,
um jenes Verlangen zu wecken. Mehr und mehr hören auch die Tribut-
sendungen auf [2], und Syrien und Palästina haben tatsächlich a u f g e h ö r t
ägyptische Provinzen zu sein.

Als Amenhotep IV. — ohne Zweifel der merkwürdigste Mann auf
dem Pharaonenthrone, nach den einen „der erste Idealist und die erste
Persönlichkeit in der Weltgeschichte", für andere ein pathologisch Be-
lasteter [3] — nach 17jähriger Regierung um 1358 vom Schauplatz abtrat,
war das gewaltige Kapital an Macht und Ansehen in Syrien, das seine
Vorgänger aufgesammelt hatten, dahin. Seinen nächsten Nachfolgern,
seinen zwei Schwiegersöhnen Sakerê und Tutanch|aton, gelang es nicht,
irgend etwas Nennenswertes zu seiner Herstellung zu tun. Tutanchaton
(„Lebendes Abbild des Aton") hat die Residenz wieder nach Theben ver-
pflanzt; die glänzende Atonstadt Achet-Aton mit ihrem prachtvollen Tempel
sinkt unter der Rache der Partei von Theben in Trümmer — unter ihnen
das Archiv von el-Amarna begrabend.

Mit der Zeit wird nun natürlich auch Amon selbst an Stelle Atons
wieder in seine Rechte eingesetzt. Der Pharao selbst ändert seinen Namen
in Tutanch-Amon „Lebendes Abbild des Amon". Nachdem noch ein oder
einige Herrscher untergeordneter Bedeutung ein kurzes Dasein auf dem
Throne geführt hatten, erlosch das berühmte Geschlecht von Theben, das
zweieinhalb Jahrhunderte Ägypten beherrscht, das die Hyksos verjagt und
Ägypten zu einem Weltreich gemacht hatte, — ohne daß für die Hebung
der tiefgesunkenen Macht des Reiches Sorge getragen worden wäre.

Erst der Gründer der neuen Dynastie — der 19. des Manetho —
betrat wieder eine neue Bahn. Es ist H a r e m h e b, dem wir schon unter

---

liche (eine Photogr. bei Breast.-Ranke, Abb. 147. 148: vgl. auch m. Altt. Wiss.⁴ Taf. VIII),
in denen Haremheb von Amenophis IV. mit Ehrengeschenken bedacht wird, augenscheinlich weil er glückliche Kriege gegen die Asiaten geführt hat, vgl. den Zug gefangener
Asiaten bei Breast.-Ranke, Abb. 116 (zu jenen gehörig). Heimkehrend wird er von
seinen Dienern begrüßt, und ein Trupp Asiaten huldigt ihm. Da sie nicht als Gefangene erscheinen, darf man vielleicht diese Darstellung als Illustration zum Wiener
Texte in Anspruch nehmen. Freilich trägt auf der zugehörigen Abb. Haremheb
die Uräusschlange, das Zeichen der königlichen Würde. Aber sie ist, wie Breasted
(Z. f. Ägypt. Spr. 38, 49 f.) erwiesen hat, nachträglich zugefügt. Es handelt sich also
ursprünglich nicht um den König, sondern den G e n e r a l Haremheb, somit um die
Regierung des Amenophis IV. Immerhin darf nicht übersehen werden, daß es sich
auch um schon in Ägypten ansässige, den General zu seiner eben erfolgten Ehrung
b e g l ü c k w ü n s c h e n d e A s i a t e n handeln könnte. Ich würde mich also nicht ganz
so zuversichtlich ausdrücken können, wie z. B. Lehmann-Haupt, Israel (1911), 40 f. tut.
    1) Daß es sich gerade um sie handelt, wird aus der vorhin erwähnten Stelle des
Pap. Anast. VI. (Breast., Rec. III, § 636 ff., Ranke, TuB. I, 249 f.) wahrscheinlich,
wo ein Grenzbeamter seinem Vorgesetzten berichtet, daß er „den Durchzug der Beduinenstämme von Edom her durch die Festung des Menephtah in Zeku (Sukkōt), nach
den Sümpfen von Pitom" . . . gestattet habe, „um sie und ihre Herden in der Besitzung des Königs . . . am Leben zu erhalten". Hier scheint Mangel an N a h r u n g
den Anlaß geboten zu haben.   2) Der letzte Tribut, von dem wir wissen, fällt ins
12. Jahr Amenhoteps IV. (1363), s. Breast, Rec. II, § 1014 f.   3) Siehe dazu oben
S. 83, Anm. Immerhin setzt der bewußte Bruch mit der Vergangenheit und ihrem
Nebeneinander der Götter zugunsten des Einen einen großen Entschluß und damit einen
geistig bedeutenden Menschen voraus (Kees in ungedr. Rede).

Amenhotep IV. als dessen Günstling und erfolgreichem General begegnet sind. Es scheint, daß er nach Amenhotep IV. unter dessen unbedeutenden Nachfolgern etwa die Rolle spielte, die Hildebrand in Rom bis zu seiner Erhebung auf den päpstlichen Stuhl einnahm. Er war die Seele der Regierung, bis er, nachdem seine Zeit gekommen war, als der selbstverständliche und allein noch in Frage kommende Anwärter den Stuhl der Pharaonen selbst bestieg. Das war im Jahr 1350. Mit ihm zog wieder ein neuer Geist in Theben ein. Haremheb muß ein bedeutender Organisator und Gesetzgeber gewesen sein. Ihm lag besonders daran, Ordnung in die Verwaltung zu bringen, der Willkür der Beamten und der Rechtlosigkeit der Armen zu steuern. Leider sind seine im Hinblick hierauf erlassenen Gesetze uns nur unvollkommen erhalten [1]. Was wir aber von ihnen besitzen, läßt uns einen Einblick in einen gerechten und weisen Geist gewinnen, zugleich freilich auch in die grobe Mißwirtschaft, die unter Amenhoteps Gleichgültigkeit gegen die Dinge dieser Welt eingerissen war [2]. Seine Gesetze, die streng sind, aber von weitem Blick zeugen und rücksichtslos dem Bestechungswesen und aller Benachteiligung der wirtschaftlich Schwachen zu Leibe | gehen, läßt er auf einem etwa 5 m hohen und über 3 m breiten Stein vor einem der großen Tortürme des Tempels zu Karnak öffentlich kundtun [3].

In religiöser Hinsicht ist Haremheb der eigentliche Erneuerer der alten Gottesverehrung geworden. „Er stellte die Tempel wieder her und ließ alle ihre Götterbilder (neu) anfertigen, zahlreicher als zuvor [4].“ Der alte Polytheismus ist wieder Staatsreligion geworden. In Syrien hingegen hat sich trotz seiner großen Befähigung als Soldat nichts geändert. Es scheint, daß die inneren Verhältnisse und die Notwendigkeit, sie zu ordnen, alle seine Kraft in Anspruch nahmen.

Ihm folgt Ramses I., der bei seiner Thronbesteigung 1315 bereits ein alter Mann war und nicht mehr die Kraft in sich fühlte, Neues hervorzubringen. Nach kurzer Mitregentschaft ersetzt ihn 1313 sein im besten Mannesalter stehender Sohn Sethos I. Jetzt erst zeigte sich, was es wert war, daß Haremheb im Innern geordnete Zustände geschaffen hatte. Kaum Alleinherrscher geworden, nützt Sethos die damit gewonnene Freiheit der Bewegung zu einem umfassenden Vorstoß nach Palästina, um die Ägypten entschwundene Oberhoheit dort wiederzugewinnen.

Den Anlaß zum Vorgehen gibt ihm das erneute Vordringen der Wanderstämme aus der östlichen Steppe in Palästina. Man wird durchaus an die Amarnazeit erinnert, wenn man davon liest, daß die Beduinen der Steppe in Palästina eingebrochen seien und die dortige Bevölkerung beunruhigten. Das Gebaren der Chabiru scheint ihnen nächstverwandte Elemente zur Nachahmung eingeladen zu haben [5]. Über den Gang seiner

1) Vgl. Breasted, Rec. III, § 45 ff.   2) Um die Beamten vor der Versuchung, daß sie sich bereicherten oder unlautern Gewinn suchten, zu schützen, rüstet er sie mit besonders hohen Einkünften aus; einem Steuerbeamten aber, der der Erpressung überführt wird, soll die Nase abgeschnitten werden, auch soll er nach der öden Wüstenfeste Zaru verbannt werden. Breast.-Ranke 323.   3) Breast., Rec. III, S. 22, Anm. d.
4) Ebenda § 31.   5) Über dem Kriegswagen des nach Ägypten zurückgekehrten Pharao findet sich unter den Beischriften zu den ausgedehnten Siegesdarstellungen am Tempel zu Karnak die folgende: „Man meldete Seiner Majestät: Die elenden [verfluchten] Beduinen [Schasu] planen Aufruhr. Ihre Stammhäupter haben sich zusammengetan und stehen auf den Gebirgen von Charu. Sie haben Zank und Streit an-

Feldzüge sind wir wesentlich aus den großartigen bildlichen Darstellungen seiner Taten an der Außenmauer der Tempelhalle von Karnak unterrichtet [1]. Nur wenige Beischriften erläutern sie. Sethos scheint sich das Vorgehen Thutmosis' III. zum Muster | genommen zu haben. Er unterwirft erst die Beduinen des südlichen Palästina, um von hier aus das mittlere Land mit der phönikischen Küste in seinen Besitz zu bringen. Die Städte der Ebene von Megiddo müssen sich ihm unterwerfen, ebenso Tyrus und Sidon. Dazwischen hat er auf demselben Feldzuge den Jordan überschritten und im Hauran ein, vielleicht mehrere, Siegesdenkmale errichtet [2].

Nach einem Krieg gegen die Libyer zieht er im folgenden Jahre abermals nach Norden und erstürmt Qades im „Reich der Amoriter". Es wird ohne Zweifel derselbe Amurrustaat sein, den in der Amarnazeit Abd-Aschirta und Aziru gegründet hatten, und der sich augenscheinlich in den Wirren der Zeit erhalten hatte. Nach der Amarnazeit haben seine Herrscher als Vasallenkönige zwischen dem Anschluß an die Hetiter und die Ägypter hin- und hergeschwankt, bald dem einen, bald dem andern die „Treue" haltend [3]. Bei dem fortschreitenden Niedergang Ägyptens scheinen sie zurzeit sich ganz von ihm losgesagt zu haben. Falls hier, wie mehrfach angenommen wird, das in der Nähe von Megiddo liegende Qades gemeint sein sollte, müßte der Amoriterstaat sich schon damals bis nach Galiläa oder sogar bis an die Nordabhänge des efraimäischen Berglandes vorgeschoben haben [4]. Von hier wendet Sethos sich gegen die Hetiter unter ihrem König Muršiliš [5]. Es kommt zur Schlacht, die aber allem Anscheine nach keine rechte Entscheidung bringt. So bleibt auch Qades am Orontes im Besitz der Hetiter und Sethos erreicht nur, daß die ägyptische Grenze nun etwa mit der Grenze Palästinas zusammenfällt. Ein Vertrag mit dem Hetiterkönig Mutallu (Muwattališ) [6], dem Sohn [7] von Muršiliš,

---

gefangen, jeder von ihnen erschlägt seinen Nachbar, und sie verachten die Gesetze des Palastes." Breast., Rec. III, § 101; Ranke in TuB. I, 247f. Wenn Beduinen, die Gesetze des Palastes von Ägypten verachtend, die Bewohner des südpalästinischen Berglandes — das ist Charu, s. oben S. 31 — bedrängen, so ist damit eine Stammgruppe gemeint, die den Chabiru nächstverwandt sein muß; vgl. Meyer in der Festschrift für G. Ebers, S. 75f.
1) Breast., Rec. III § 80 ff. 2) Bei Tell eš-Šihāb; vgl. PEF 1901, 347 u. TuB., Abb. 257, dazu auch Alb. Alt, Israel u. Äg. S. 11. Über ein zweites ob. S. 113 [2]. 3) Siehe ob. S. 85-87. Dazu Böhl, Kan. u. Hebr. 42 f. 4) Siehe dazu die Abb. 152 bei Breast.-Ranke, Gesch. Äg. Ein Qades außer dem unter Thutmosis III. mehrfach genannten am Orontes gab es sowohl in Galiläa (Qades in Naftali) als südöstlich von Megiddo. Eines der Reliefs in Karnak stellt nun dar (s. Breast., Rec. III, § 141) „das Hinaufziehen des Pharao, um zu plündern das Land von Qades im Lande des *Amur*". Müller, As. u Eur. 217 sieht in diesem Qades das bekannte Qades am Orontes, wogegen Breasted, Rec. III, S. 71, Anm. geltend macht, daß das Relief zeige eine Stadt auf felsigen Anhöhen, während Qades am Orontes im Tale liege; auch gehöre Qades am Orontes gar nicht zum Land der Amoriter. Auch Böhl 49 ist der Meinung, es werde dieses Qades kaum von dem des Thutmos. III. und Ramses II. zu trennen sein. Dieser Grund läßt sich um so eher hören, als ja die Expedition sich dann weiter im Norden abspielt. Aber entscheidend ist die Erwägung nicht. Auch ist es doch fraglich, ob jenes Qades am Orontes als amoritisch und nicht besser als hetitisch bezeichnet worden wäre. — Der „Abfall" der Amurru zu Ägypten in der Zeit vor Ramses II. (Böhl 42) wird doch wohl eben die Folge des Vorgehens Sethos' gegen Amurru gewesen sein. Auch dieser Umstand würde für ein anderes als das nördliche Qades sprechen. 5) S. Meißner, Bez. Äg. z. Hattireich ZDMG. 72 (1918) 34. 6) Breast.-Ranke, Gesch. Äg. 327 (Rec. III, § 375. 377). 7) Doch s. Meiß. a. a. O. 34.

beendet den Krieg. Den Rest seiner Tage hat Sethos den heimischen Dingen gewidmet. Er starb um 1292.

2. Ihm folgte unter Umgehung eines älteren Bruders sein Sohn Ramses II. Sein Ziel war es, das Werk Sethos' in Asien fortzusetzen und damit das Weltreich der Herrscher der 18. Dynastie für Ägypten wiederzugewinnen. Den Hetitern gegenüber hatte freilich der Vertrag, den Sethos mit Mutallu geschlossen hatte, eine schwierige Lage geschaffen. Mutallu hatte die ihm gegönnte Muße von 20 Jahren zur Befestigung seiner Stellung benützt, und so scheint es, daß die Hetiter wie einst in den Zeiten Thutmosis' III. sich in Qades am Orontes, dem Schlüssel zum Orontestal, eine fast uneinnehmbare Feste schufen, von der aus sie Ägypten das Vordringen gegen Syrien unmöglich machen konnten [1].

Eine der Felseninschriften am Nahr el-Kelb [2], dem Hundsfluß bei Beirut, liefert uns den Beweis, daß Ramses in seinem vierten Jahre die phönikische Küste besucht hat, ohne Zweifel um sich die Verbindung zur See mit Syrien zu sichern. Die Hetiter sammeln ein gewaltiges Heer, dem sich die Dynasten von ganz Nordsyrien, Naharina und den kleinasiatischen Grenzlanden anschlossen. Auch Söldner aus den Mittelmeergebieten, Lykier, Dardaner u. dgl. gehören zu ihm. Doch Ramses ist demgegenüber nicht müßig geblieben. Er bringt mit Zuhilfenahme von Nubiern und den „Scherden" oder Sardiniern, die schon längere Zeit in den syrischen Garnisonen der Ägypter standen, ebenfalls ein Heer von ungefähr 20000 Mann zusammen. Ramses zieht in seinem fünften Jahr gegen die feste feindliche Hauptstadt Qades am Orontes [3]. Einer Kriegslist Mutallu gelingt es, ihn vor Qades von einem Teil seiner Truppen abzuschneiden und den König selbst mit den Seinen in eine fast verzweifelte Lage zu bringen. Nur mit Mühe vermag dieser sich durch die feindlichen Scharen durchzuschlagen. Sein Lager fällt mit reicher Beute in die Hände der Hetiter. Doch gelingt es ihm, durch eine Reihe günstiger Umstände und mit Hilfe seiner tollkühnen Tapferkeit, die Feinde schließlich in die Stadt zurückzudrängen und so das Schlachtfeld zu behaupten [4].

Von einer Eroberung der hetitischen Hauptstadt und damit von einer Niederwerfung des Widerstandes war unter diesen Umständen freilich keine Rede. Ramses konnte zufrieden sein, heil nach Hause | zu gelangen. Das moralische Ansehen Ägyptens, das er herzustellen gekommen war, war eher gesunken. So war es kein Wunder, wenn nach seiner Heimkehr ein allgemeiner, bis zum Süden Palästinas reichender Aufstand Syriens eintrat. Durch ihn ist er zu einem neuen Feldzug nach Norden genötigt [5], der gleichsam die ganze Arbeit von neuem tun mußte. Er belagert und erobert Asqalon [6] — im 6. oder 7. Jahre seiner Regierung —, darauf im 8. Jahre eine Anzahl galiläischer Städte [7]. Auch im Ostjordanland hat er wie vor ihm Sethos I. sein Herrschaftszeichen aufgerichtet. Es

---

1) Doch siehe über diese ganze Frage oben S. 357, Anm. 4.   2) Siehe Breast.-R, Gesch. Abb. 158. TuB. I, S. 248.   3) Das Bild einer eroberten syrischen Stadt bei Uvo Hölscher, Medinet Habu 61. Ein interessantes Dokument aus der Zeit Ramses II. (um 1240) ist die Beschreibung einer Reise nach Kanaan durch den Schreiber Hori im Pap. Anastasi I (ATAO [2] 207).   4) Breast., Rec. III, § 298 bis 351. Ein hetit. Bericht: Meiß. a. a. O. 39f.   5) TuB. I, S. 248.   6) TuB. Abb. 261.   7) TuB. I, S. 248, vgl. Breast., Rec. III, § 454ff.

ist der sogenannte Hiobstein in Hauran [1]. Jetzt erst kann er wieder wagen, das Orontestal entlang zu ziehen. Er scheint den Hetitern stark zugesetzt zu haben und dringt bis Naharina vor; aber zur Unterwerfung dieser Gebiete kommt es nicht. Als daher in seinem 21. Jahre (1272) der Hetiterkönig Mutallu starb und dessen Bruder Chattušiliš (III.) den Thron bestieg, waren beide Teile des langen Krieges — er hatte 15 Jahre gewährt — müde [2], und es kommt zu einem „ewigen" Vertrage. Er wird auf einer silbernen Tafel eingegraben und bestimmt, daß beide Teile auf den Angriff verzichten und sich gegenseitig gegen fremden Angriff schützen wollen. Der Text ist in zwei ägyptischen Exemplaren an den Mauern thebanischer Tempel erhalten [3], wozu unlängst ein drittes und viertes, in babylonischer Keilschrift verfaßten trat, das in Boghazköi zutage gefördert wurde [4]. Im ganzen scheint Ramses seine Grenze etwa da angesetzt zu haben, wo sie unter Sethos lag. Er hat sein ganzes Leben hindurch an dem Frieden festgehalten. Das bedeutete, daß er nicht wagen konnte, mehr zu fordern als seinerzeit sein Vater erreicht hatte. Schließlich wird sogar aus dem Frieden eine, wie es scheint, aufrichtige Freundschaft der Herrscherhäuser, und der alternde Pharao heiratet zuletzt noch die Tochter des Mattušiliš [5].

In der Zeit der Kämpfe scheint der Vasallenstaat der Amurru sich (wohl unter dem Einfluß der Erfolge Sethos' I) an Ägypten gehalten zu haben. Beim Rückzug des Pharao und beim Friedensschluß aber scheint er preisgegeben worden zu sein. Nur das Eintreten des Chattušiliš zugunsten seines Fürsten Bente-šina und nachher seine Verschwägerung mit ihm erhält diesen auf dem Throne. Bente-šina (Bantišinni) erfreut sich, obwohl jetzt Vasall der Hetiter, großer Bewegungsfreiheit, und seine Macht reicht tief in die syrische Wüste hinein und bis in das Gebiet von Babylon. Das letztere ist zum Kleinstaat herabgesunken, während die Amoriter eine gefürchtete Vasallenherrschaft darstellen, die in den Grenzgebieten zwischen der Steppe und dem Kulturland ziemlich frei schalten und gelegentlich auch neue Gebilde schaffen konnte [6].

Seit Ramses II. ist um der vielen Beziehungen zu Asien willen der Schwerpunkt des Reiches und die tatsächliche Residenz der Pharaonen von Theben wieder nach dem Norden verlegt worden. Das östliche Delta gewann an Bedeutung. Tanis wird eine große und blühende Stadt und im Wadi Tumilāt, durch das der Weg nach der Sinaihalbinsel führte, errichtete Ramses eine Speicherstadt des Namens Pitom „Haus des Atum" [7]. Unweit davon ließ er eine zweite Stadt errichten, die er als seine Residenz Per-Ramses „Haus des Ramses" nannte [8]. Seine fast zahllosen Bauten,

1) TuB. Abb. 262.   2) Das Genauere Meiß a. a. O. 45.   3) Breast., Rec. III, § 367 ff.   4) Beide Fassungen, die äg. und die akk. bei Meiß. a. a. O. 46 f. 5) Meiß. a. a. O. 61 f. Mey. Chet. 70 (Fig. 58). 6) Vgl. Böhl 52, auch hier S. 357 [4]. 362 [5]. 363 [3]. 7) Ex. 1, 11. Vgl. dazu besonders Naville, The Store-city of Pithom 1885. 8) Die Israeliten nennen sie kurzweg Ramses Ex. 1, 11 und nach ihr wird dann die ganze Gegend „Land Ramses" genannt Gen. 47, 11. Neuerdings hat Gardiner, Delta Residence of Ramessides (= J. EgArch. V) 1918, 127 ff.; 1919, 179 ff. 242 ff. die Theorie von Chabas wieder aufgenommen, nach der das Ramses in 1 Pelusium gewesen wäre. Zur bisherigen Ansicht vgl. bes. Driver zu Ex. 1, 11 (in Cambr. Bible) und Roeder in Pauly-Wissowa Art. Ramses. Beachtung verdient jedenfalls, daß nach einem Pap. Anastasi III von Pi-Ramses als von einer stattlichen Hafenstadt gesprochen wird (S. 185 f.), in der Schiffe verkehren und alles zu haben ist, was eine große Handelsstadt bietet. Beachtung verdient ferner, daß nach S. 197 f. 257 f. Pi-Ramesse an den „Wassern der Sonne" liegt, was auf den bubastischen Nilarm weist, der einst bei

beinahe durchweg der Verherrlichung seines Namens geweiht — vielfach auf Kosten seiner Vorgänger —, unter ihnen besonders das gewaltige Ramesseum in Theben und der große Hof am Tempel von Luxor, sowie die riesige Säulenhalle von Karnak legen Zeugnis ab von der fast unersättlichen Baulust dieses Fürsten. Es ist begreiflich, daß er das Steuervermögen nicht minder als die Arbeitskraft seiner Untertanen in übergroßem Maße in Anspruch zu nehmen genötigt war. So kann man mindestens sagen, daß die Überlieferung des Buches Exodus, nach der die damaligen Bewohner des Delta von dem Erbauer der Städte Pitom und Ramses hart bedrückt wurden, alle geschichtliche Wahrscheinlichkeit für sich habe.

Im übrigen war Ramses durchaus kein Feind der Fremden. Nicht nur besaß er eine Leibwache aus schwerbewaffneten sard(in)ischen Söldnern [1], sondern überall im Lande sah man Ausländer in Menge. In Memphis hatten die phönikischen und andere fremde Kaufleute ein eigenes Quartier, das seinen Baal- und Astarttempel besaß [2]. Semitische und asiatische Sklaven fanden sich zahlreich am Hof und in den Häusern der Großen. Semitische Götter werden ins Pantheon aufgenommen, semitische Worte in die Sprache. Des Königs Lieblingstochter heißt Tochter der Anat und eine seiner Stuten „Anat ist zufrieden", und Ramses selbst wählte zu seinem Lieblingsgott den Sutech [3]. So kommt es auch, daß Ausländer, besonders Semiten, in Ägypten zu hohen Ehren kommen können. Am Hofe Merneptahs war ein Syrer namens ben Ozen oberster Herold. Die Bedingungen für Ähnliches waren schon seit der 18. Dynastie gegeben. Fremde Truppenführer in | höheren Stellungen scheint es unter Ramses II. bei der großen Zahl seiner ausländischen Söldner des öfteren gegeben zu haben [4].

3. Als Ramses II. nach 67jähriger glänzender Herrschaft als Neunzigjähriger starb, waren ihm schon zwölf seiner zahlreichen Söhne vorangegangen. Als dreizehnter folgte ihm, selbst schon in vorgerückteren Jahren, M e r n e p t a h (1225—1215). Aller Glanz und die noch so große Menge der Siegesinschriften Ramses' II. hatten nicht darüber wegtäuschen können, daß es auch ihm mit allem Aufwand von Kraft und persönlicher Tapferkeit nicht gelungen war, Ägyptens Stellung in Asien vollwertig wieder aufzurichten. Es war kaum zu erwarten, daß dem Sohne glücken werde, was vor 60 Jahren seinem Vater in der Kraft seiner rüstigen Jugend versagt geblieben war. Die Hauptgefahr für Ägypten lag nun in dem immer mächtiger werdenden Ansturm der S e e v ö l k e r [5]. Die Völker des nördlichen Mittelmeeres waren in Bewegung geraten. Mit ihnen zugleich diejenigen des inneren Kleinasien und Libyens. Alle zusammen bedrohten Ägypten bald von dieser, bald von jener Seite aus, und mehrfach fanden sie Ermutigung und Unterstützung bei den alten Widersachern des Pharaonenreiches, vor allem den Hetitern. So kam es, daß schon im

---

Pelusium gemündet haben soll (259). Auch verweist G. auf Ex. 8, 20 und 2, 1 ff. (die Nähe des Königs und des Nils).
    1) Eine Darstellung bei Breast.-R. Abb. 165.   2) Es ist das Gegenstück der oben S. 185 f. beschriebenen Verhältnisse.   3) Siehe über ihn oben S. 75. Er stammte aus Ägypten und war nach Syrien gelangt, aber mit den Hyksos wieder ins Land gekommen. Zum übrigen vgl Breast.-R., Gesch. 347. 355.   4) Siehe dazu Breast.-Ranke 347. 5) Breast., Rec. III, § 579.

dritten Jahre seiner Regierung im Zusammenhang mit dem Auftreten der Seevölker die ganze asiatische Provinz sich gegen Merneptah erhoben hatte (etwa 1223). Merneptah zog, nachdem er erst die Libyer zurückgeworfen hatte, mit einem Heere nach Norden, züchtigte die Aufrührer und unterwarf in seinem fünften Jahre ganz Palästina, I s r a e l eingeschlossen, das hier zum erstenmal außerhalb des Alten Testamentes genannt wird [1]. Es mögen die unter | diesem Namen sich zusammenfassenden Stämme oder Geschlechter sein, die wir demnach nun seit kürzerer oder längerer Zeit hier wohnend zu denken haben.

Wie lebhaft auch in jener Zeit der Verkehr nach Asien und von dort herüber, und wie begehrt immer noch ehedem die Aufnahme in Ägypten war, zeigt der Brief eines Grenzbeamten unter seiner Regierung, der von dem Durchmarsch einer Schar edomitischer Beduinen durch eine der Festungen an der Grenze — wohl beim Wadi Tumilāt — Kunde gibt. Sie wollen, ganz wie ehedem die Söhne Jaqobs, ihre Herden in der Gegend von Pitom weiden [2]. Eine andere Urkunde jener Zeit nennt uns sogar die Namen und, bis ins einzelne gehend, die Absichten der die Grenze Passierenden [3], so daß man daraus ersieht, | daß die Regierung im Grunde

---

1) Es handelt sich um ein längeres Gedicht auf einer Stele, die Fl. Petrie 1896 bei Theben in den Ruinen von Merneptahs Totentempel fand. Vgl. Breast., Rec. III, § 602ff. Ranke in TuB. I, 191ff. Für seine Verwertung ist vor allem im Auge zu behalten, daß es sich nicht um einen Prosabericht, sondern um ein Siegeslied handelt. Trotzdem gibt es uns, sogut wie das israelitische Deboralied und andere Gedichte, wichtige Kunde. Das Hauptstück des Gedichts feiert den Sieg des Pharao über die Libyer. Erst am Schlusse wird in kurzer Überblick über die sonstigen Siegestaten Merneptahs gegeben. Es heißt da, nachdem die Unterwerfung der Cheta und die Plünderung des „Kanaan" erwähnt ist, nach Ranke:
> Gefangen geführt ist Asqalon — gepackt Gezer — Jenoam vernichtet,
> Israel, seine Leute sind wenig — sein Same ist nicht mehr,
> Syrien (Charu) ist geworden — zur Witwe für Tameri.
> Alle Länder sind vereinigt in Frieden;
> Jeder, der umherstreifte, ist gefesselt. . . .
Zur Erklärung vgl. schon Bd. II⁴ 11, woselbst auch die Literatur (weitere bei Breast. a. a O., S. 256 f.). Spiegelberg, OLZ. 1908, 403 ff. hat in der zweiten Zeile „seine Saat" übersetzt und daraus auf Seßhaftigkeit Israels in Kanaan geschlossen. Doch ist zu vergleichen, was Breast., Rec. III, § 603 über die Wendung sagt. Er weist an Beispielen nach, daß es sich um eine konventionelle Phrase handelt, die kurzweg schwere Heimsuchung bedeutet (vgl. unten S. 362⁵). Über den Zustand, in dem sich Israel befand, und über das Schicksal, das ihm durch den Pharao zuteil wurde, kann demnach aus dieser Redensart nichts Näheres erschlossen werden. Es genügt, daß es einen Stamm oder eine Stammgruppe des Namens „Israel" damals im mittleren Palästina schon gab. — Die Stele stammt aus dem 5. Jahr des Pharao. Es wird sich also bei „Israel" um den Feldzug des 3. Jahres nach Palästina handeln (vgl. darüber die übernächste Anm.), wodurch die Lage „Israels" im mittleren Palästina aufs neue wahrscheinlich wird (Böhl 78). Nach Müller, OLZ. 16 (1913), 258 soll sich die Schilderung auf die Zeit Ramses II. beziehen. Für ganz ausgeschlossen halte ich die Meinung von Lehmann-Haupt, Israel 36 ff., „Israel" habe sich an der Südgrenze Kanaans befunden. 2) Vgl. den schon S. 355, Anm. 1 erwähnten Text. Es handelt sich um den sog. Papyrus Anastasi VI. Hier berichtet ein ägyptischer Grenzbeamter an seinen Vorgesetzten: „. . . Wir haben den Durchzug der Beduinenstämme von Edom durch die Festung des Merneptah in Zeku nach den Sümpfen von Pitom des Merneptah in Zeku gestattet, um sie und ihre Herden in der Besitzung des Königs, der guten Sonne jedes Landes, . . . am Leben zu erhalten" usw. 3) Papyr. Anastasi III. Vgl. Breast., Rec III, § 626 ff.; Ranke, TuB I, 249. Es sind Aufzeichnungen eines Beamten Merneptahs, der in einer jener Grenzstädte saß („Tagebuch des Grenzbeamten"). Sie enthalten Notizen über Namen und Absicht der die Grenze Überschreitenden. Man sieht,

über jede einzelne Person hier Buch führte und so allezeit aufs genaueste über alles, was aus- und einging, unterrichtet war. Merneptah starb um 1215. Seine Nachfolger, unter denen am ehesten noch S e t h o s II. zu nennen wäre, machen Ägypten zum Spielball der Parteileidenschaften. Auch Sethos (etwa 1209—1205) vermag sich nicht zu halten. Nach seinem Sturze aber trat völlige Anarchie ein, die einer jener zahlreichen S y r e r, die in Ägypten zu hohen Stellungen gekommen waren, dazu benutzte, die Herrschaft an sich zu bringen [1]. Doch glückte es einem Mann von unbekannter Herkunft namens Sethnecht, die Ordnung im Lande herzustellen. Nach seinem bald hernach erfolgten Tode wurde sein Sohn R a m s e s III. Pharao. Er regierte etwa 1198—1167, die lange Reihe der Ramessiden (20. Dyn.) eröffnend.

4. Mit Ramses III. setzt sich die schon unter Merneptah eingeleitete Periode des Ansturms der Seevölker fort. Besonders machen sich jetzt zwei Gruppen unter ihnen bemerklich, die Zekel (Zakar) und die Peleset (Pursati) [2]. Die letzteren kennen wir unter dem Namen „P h i l i s t e r". Sie kommen wahrscheinlich aus Kreta, die ersteren vielleicht aus dem kretischen Zakro, nach andern aus Sizilien (als Sikuler). Mit ihnen zusammen kommen verwandte Völker, darunter die Scherden (Sardesleute, Sardinier) und Denjen (Danaer? [3]) ins Wandern. Alle diese Völker samt einigen andern wie die Aḳaiwaša (Achaioi-Achivi), Luka (Lykier), Turša (Tyrseni, Tusci?) scheinen kleinasiatischer Herkunft und zwar karischer Abstammung zu sein [4]. Insgesamt sind sie wohl geschoben von einer großen indogermanischen Völkerwelle. Soweit sie zu Lande kommen, kommen sie von Norden her nach dem mittleren und südlichen Syrien. Hier scheinen sie sich auf die Amoriter zu werfen und ihnen hart zuzusetzen [5]. Von hier

wie streng die Bewachung war. Beispiele: „Der Diener Baal-Roi kam herauf [aus Ägypten], Sohn des Zeper, aus Gazza, der zwei verschiedene Briefe nach Syrien mit sich führte, und zwar: einen für den Offizier der Infanterie Chai, einen für den Fürsten von Tyrus Baalremeg (?) ... Rückkehr des Dieners Thuti, Sohnes des Zekerem, aus Gazza (?); des Mezdet (?), Sohnes des Schem-Baal (aus) derselben (Stadt); des Sutechmose, Sohnes des Eperdegel (aus) derselben (Stadt) usw. Vom höchsten Interesse sind aber weiter die Mitteilungen, die ergeben, daß Mern. in seinem 3. Jahr einen Feldzug nach Syrien unternahm, bei dem seine Truppen den „Brunnen des M. im Gebirge" (s. dazu Jos. 15, 9. 18, 15 nach v. Calice, OLZ. 1903, 224), die „Festung des M. auf dem Weg nach Hochtyrus", die „Stadt des M. im Bezirk von Amur (?)", außerdem „den Ort, an dem der König war", berühren. Der Feldzug scheint also besonders das e i g e n t l i c h e P a l ä s t i n a betroffen zu haben.

1) Der Papyrus Harris läßt hier (Breast., Rec. IV, 398; Ranke, TuB. I, 250) Ramses III. berichten, wie es vor seiner Thronbesteigung im Lande aussah. „Das Land Ägypten war ausgestoßen gewesen, und jedermann handelte nach seinem eigenen Belieben (?) ... Als danach andere Zeiten gekommen waren, mit Jahren der Teuerung, machte sich ein g e w i s s e r S y r e r (Charu) unter ihnen (?) zum Anführer. Er machte sich das ganze Land tributpflichtig. Einer vereinigte sich mit dem andern, um ihre [der Ägypter] Besitzungen zu plündern. Man behandelte die Götter wie Menschen und brachte keine Opfer dar in den Tempeln" usw. Freilich ist dazu zu vergleichen: Weill in Jour. Asiat. 1910, der darauf aufmerksam macht, daß solche Äußerungen etwas Typisches an sich haben und darum nicht wörtlich zu verstehen seien. Doch wird, auch wenn die Schilderung sich in gewohnten Phrasen bewegt, kaum die ganze Sache aus der Luft gegriffen sein.   2) Vgl. Breast., Rec. IV, § 44: weiterhin auch bes. § 64.   3) Abteilungen von ihnen scheinen schon lange im Lande zu sein Amr. Kn. 151, 49 ff. (der Name viell. noch bei Kalamu 7 f.).   4) Vgl. Bd. II⁴ 86 f. Nach Herod. I, 171. 173 gehören freilich Karer wie Lykier nach Kreta.   5) Vgl. Breast, Rec. IV, § 39. Die Stelle ist freilich nicht ganz sicher. Siehe dazu ebenda, Anm. c. auch Böhl, Kan. u. Hebr. 50. Sie lautet: „... Der Fürst der am — in Blut: seine

scheinen sie zu Lande und zugleich zu Wasser weiter vorgedrungen | zu sein und fangen an, das ägyptische Delta zu plündern. Eine gewaltige, von Ramses ihnen hier gelieferte Schlacht schützt das Reich nur für den Augenblick vor ihrem Anprall [1]. Es wälzen sich immer neue Scharen heran, zu Land auf schwerfälligen zweiräderigen Ochsenkarren [2], zur See mit Hilfe ihrer starken Flotte. Sie müssen Syrien von Norden bis Süden seiner ganzen Ausdehnung nach überflutet haben. Berichtet Ramses richtig, so hätten sie dem Amoriterreiche sein Ende bereitet [3]. Jedenfalls können auch viele der kanaanitischen Stadtfürsten, besonders an der Küste, ihnen nicht standhalten. So entsteht hier der **Philisterstaat**, der dann bekanntlich Israel für ein volles Jahrhundert ernstlich zu schaffen machte [4]. Ramses schickt eine Flotte nach den syrischen Häfen und eilt selbst an der Spitze eines Heeres nach Syrien. Es kommt zur Schlacht, in der die ägyptischen Söldnerscharen aus den Scherden (Sardiniern), kenntlich an horngeschmückten runden Helmen, so heftig gegen die Feinde mit ihren Ochsenkarren anstürmen, daß der Sieg Ramses gehört [5]. Unfern dem Schauplatz dieser Ereignisse im Amoriterland kommt es zur Seeschlacht, in der die ägyptische Flotte ebenfalls die Oberhand gewinnt [6]. Palästina und das südliche Syrien sind damit für Ägypten wieder gewonnen, und seine Bewohner gelten wieder als tributpflichtige Vasallen des Pharao.

Nachdem Ramses noch einmal zur Sicherung seiner Herrschaft nach Norden gezogen war [7] und da und dort im Lande Festungen [8] angelegt, auch einen Tempel des Amon errichtet hatte, an dem die syrischen Fürsten jährlich ihre Tribute niederlegen mußten [9], blieb das | Land ruhig. Die Kraft der Hetiter war erschöpft; die Amoriter und Philister, und wer sonst das mittlere und südliche Syrien bewohnte, Israel eingeschlossen, werden ihre Abgaben an den Amonstempel im Lande geleistet haben, wenigstens solange Ramses III. lebte. Nach ihm zerfiel auch die ägyptische Herrschaft, und die folgenden Pharaonen werden kaum imstande gewesen sein, solche, die sich ihr stillschweigend entzogen, mit Gewalt zu ihrer Pflicht zurückzuführen. Vielleicht hatten unter so günstigen Umständen die He-

---

Saat ist nicht mehr (vgl. dazu oben die Israelstele, S. 361), all sein Volk ist gefangen, weggeführt. ...“
    1) Ebenda § 52—54.   2) Abbildungen von ihnen s. bei v. Lichtenberg, Einflüsse d. äg. Kult. auf Syr. 191), 62 f. Kittel, Altt. Wiss.⁴ 55.   3) Ramses III. berichtet darüber (Breast., Rec. IV, § 64), wie „die Nordvölker auf ihren Inseln“ in Unruhe versetzt wurden. „Kein einziger hielt vor ihnen stand. Von *Cheta, Qode, Karkemiš, Arvad, Alasa* (= Zypern) an wurden sie verwüstet. Ihr Lager schlugen sie an einer Stelle im Amoriterland auf. Seine Bewohner wurden geraubt, sein Land ward, als wäre es nicht.“ Dann dringen sie gegen Ägypten vor; zu ihnen gehören die *Peleset, Zekel* (Zakar), *Šekeleš* (viell. = den *Sehlali* in Amr. Kn. 62), *Denien, Weseš*.   4) Siehe darüber Bd. II⁴, 86 f. (⁸139f.).   5) Siehe die Reliefs am großen Tempel Ramses' III. in Theben (vgl. Baedeker⁶ 306). Dazu Breast., Rec. IV, § 59—82.   6) Vgl. dazu die Abb. 173 bei Breast.-Ranke, Gesch. Äg.   7) Breast, Rec. IV, § 114 ff., bes. § 117. 127. 129, dazu Böhl, Kan. u. Hebr. 51.   8) Breast. a. a. O., § 141.   9) Die merkwürdige Stelle lautet (Pap. Harris 9, 1 ff.; vgl. Breast, Rec. IV § 219): „Ich baute für dich ein geheimnisvolles Haus im Lande Zahi ... (mit Namen:) 'Haus des Ramses ... in dem Kanaan' ... Die Asiaten von Retenu kamen zu ihm und brachten ihre Abgabe vor es (oder sie [die Statue des Gottes])“ ... Bemerkenswert ist auch, daß nach demselben Papyrus (Breast. a. a. O., S. 79) unter Rams. III. die ägyptischen Tempel in Ägypten, Syrien und Kusch zusammen 169, der Tempel von Theben (Amon) in Syrien und Kusch zusammen 9 Städte besaßen. Schon Thutmes III hatte dem Amon 3 syrische Städte geschenkt (Rec. II, § 557): Nuges, Jenoam, Herenkeru.

titer sich noch einmal aufgerafft. Aber nach dem, was uns Tiglat-Pileser I. um 1120 mitteilt [1], haben 50 Jahre zuvor, also um 1170, die wehrhaften Moscher (Muškaja bibl. Mešek) allem Anschein nach dem großen Hetiterreich sein Ende bereitet. Es zerfällt in einzelne Teilfürstentümer, von denen wir eigentlich erst in der Zeit Davids und Salomos wieder hören. Auch Assur und Babel haben nichts im Lande zu sagen. Eine Weile schien es ja, als wollten die Assyrer jetzt schon das Erbe des seit der Amarnazeit alt gewordenen Babylon an sich reißen. Denn 1275 erobert Tukulti-Ninib I. Babylon. Aber es treten Rückschläge ein, und erst ein Jahrhundert später (um 1170) erholt es sich wieder unter Assurdān I., um sich dann 1120 unter Tiglat-Pileser zu einer hohen, freilich nur kurzen Blüte zu erheben. Nach Kanaan selbst dringt auch er nicht vor.

§ 35.
Der geschichtliche Hergang. Auszug und Wüstenzug.

Sind Israelstämme in Ägypten gewesen und von dort ausgezogen? Sind die Ägypter ihnen nachgefolgt und im Roten Meer umgekommen? Ist Mose geschichtliche Person, und was ist sein Werk? Hat Israel in Qades und am Sinai geweilt, und was hat sich hier zugetragen? Wie ist Israel von dort nach der Grenze Kanaans gelangt? Welches ist die Zeit dieser Ereignisse?

1. Das einzige Zeugnis, das wir außerhalb des Alten Testamentes für die mosaische und die an sie anschließenden Perioden über Israels Weilen in Ägypten und der angrenzenden Wüste besitzen, ist die Nachricht von dem Vorhandensein von „Hebräer"stämmen in Ägypten, sofern sie sich als sicher erweisen läßt. Alles Sonstige, was uns Josefus und andere Schriftsteller der späteren Zeit berichten, sind entweder augenscheinlich wertlose Sagen oder zur vollen Unkenntlichkeit entstellte Erinnerungen an Ereignisse irgendwelcher Art [2]. Daß auch jene Nachricht von den ʿpr-Leuten (Apuriu) nicht weiter führt als zu einer hohen Wahrscheinlichkeit, und daß sie dabei immer noch nicht von Israel selbst, sondern nur von der größeren Gruppe von Stämmen redet, denen auch die Israelgeschlechter angehörten, haben wir oben gehört [3]. Immerhin ist sie willkommen zu heißen.

Wir sind somit für die endgültige Entscheidung wesentlich auf das Alte Testament zurückgewiesen. Was uns das Ausland, vor allem Ägypten, über jene Notiz hinaus darbietet, kann, so wichtig es sein mag, immer nur zur Beleuchtung, Erläuterung und allenfalls zur näheren Begründung des aus dem Alten Testament Gewonnenen dienen.

Hier aber hängt nun alles von der richtigen Wertung der hebräischen Texte ab. Ist der oben angetretene Nachweis richtig, daß wir eine Reihe älterer Urkunden über jene Hergänge besitzen, die zum Teil bis in die mosaische Zeit hineinreichen, so wird auch dasjenige, was wir ihnen zu entnehmen gedenken, eher glaubhaft erscheinen als andernfalls. Vor allem

---

1) K.B. I, 18. Vgl. Delitzsch, Parad. 250 f.   2) Sie waren z. T. in der 1. Ausgabe dieses Werkes mitgeteilt, werden aber hier beiseite gelassen. Vgl. jetzt darüber Weill im Jour. Asiat. 1910. Vgl. ATAO² 350 ff. Ebenda 213 ff. ein Pap. Goléuischeff (ca. 1100) z. B. mit der Betonung der Unabhängigkeit Syriens 2, 10 (= TuB I 227 unt.).   3) Siehe in § 28, bes. S. 304 ff.

ist dort[1] zu zeigen versucht, daß sich der Kern der Überlieferung über die Mosezeit ihrem Grundschema nach bis in die israelitische Richterzeit, ja in einzelnen Stücken bis in die Mosezeit zurückverfolgen läßt. Sein volles Gewicht erhält dieser Nachweis indessen erst durch die weitere von uns in Anspruch genommene Tatsache, daß auch einzelne religiöse Urkunden auf Mose und die frühe nachmosaische Zeit zurückreichen. Denn erst die religiöse Stellung Moses läßt sein Werk und damit seine Person einigermaßen klar erkennen.

Es muß aber hier schon offen ausgesprochen werden, daß wir gerade über diese grundlegende Angelegenheit, die Wertung der Texte selbst zur Zeit noch durchaus keinerlei einheitliche und unbestrittene Meinung besitzen. Solange also über das Alter der wichtigsten Urkunden erhebliche Verschiedenheit der Auffassung besteht und solange es Forscher gibt, die zweifeln, ob überhaupt eine Urkunde aus mosaischer Zeit auf uns gekommen sei, kann es auch nicht befremden, wenn immer wieder die Meinung auftritt, es sei überhaupt unsicher, ob Israel je in Ägypten gewesen und von dort ausgezogen, desgleichen ob Mose geschichtliche Person sei.

Unter diesen Umständen kann, was hier vorgetragen wird, nur als die persönliche, wenn auch wohlerwogene Stellung des Verfassers zu den obengenannten Fragen angesehen werden, — genau so wie jede andere Darstellung, von wem immer sie stamme, und zu welchen Ergebnissen sie gelange, von Rechts wegen stets nur unter demselben Vorbehalte in die Öffentlichkeit treten kann. Es mag nicht überflüssig sein, diesen Gesichtspunkt zum voraus zu betonen, weil manche Darstellungen des Gegenstandes, ältere und neuere, durch die verblüffende Sicherheit des in ihnen Vorgetragenen falsche Vorstellungen im Leser wecken. Die Sprödigkeit des Stoffes und der Mangel ausreichender inschriftlicher Zeugnisse wird bis auf weiteres diesen Vorbehalt nötig machen. Das einzige, was wir zur Zeit unbedingt sicher wissen, ist, daß unter Merneptah ein „Israel" in Kanaan vorhanden war.|

Die folgende Darstellung geht von dem oben reichlich begründeten Ergebnis aus, daß der Kern der Mose- und Wüstengeschichte bereits der Richterzeit vorlag, und dies nicht etwa bloß in selbständigen, voneinander unabhängigen Einzelerzählungen, sondern in der Form, daß die Einzelgeschichten bereits zu einer Gesamterzählung, die das Grundschema der Wüstengeschichte enthielt, verknüpft waren. Bedenken wir dazu, daß im besondern die Schmach der Bedrückung Israels in Ägypten nicht ererfunden sein kann, aus Gründen, die früher dargelegt sind[2], so gewinnt damit zunächst die Überlieferung vom Aufenthalt in Ägypten von selbst den Charakter der geschichtlichen Tatsache. Dies wird obendrein noch gestützt durch den an anderer Stelle schon[3] geführten Nachweis, daß der überaus wahrscheinliche geschichtliche Kern der biblischen Josefgeschichte in der Tatsache der Abwanderung israelitischer Geschlechter nach Ägypten besteht. Eine weitere Stütze erhält die Anwesenheit Israels in Ägypten durch die Tatsache einer über die Ägypter gekommenen Katastrofe, wofern wir ihren Zusammenhang mit dem Auszug Israels werden wahrscheinlich machen können.

---

1) Vgl. besonders § 29 und § 32.   2) S. 341, Anm. 3, wozu zugleich die Apuriu treten.   3) § 28, 7.

2. Als die Zeit der Einwanderung in Ägypten sind früher schon die Wirren der Amarnaperiode angenommen worden. Tatsächlich wird jene Wanderung sich in verschiedenen einander folgenden Zügen vollzogen haben, wie ja auch die Überlieferung Josef vorangehen und erst später Jaqob ihm nachfolgen läßt. Die Regierung Amenhoteps IV. bietet hierzu reichlich Gelegenheit [1]. Schon vor ihm hatte sie sich geboten, und nach ihm sind noch unter Seti (Sethos) I. Wanderstämme aus der Steppe, in denen man längst Nachzügler der Chabiru vermutet hat, den früheren Eindringlingen gefolgt [2]. Haben einzelne der späteren Israelstämme schon seit Thutmosis III., begonnen, sich in Kanaan festzusetzen, so dürfen auch die Versuche, bei eintretendem Nahrungsmangel in Kanaan, oder wenn sonst Anlaß und zugleich günstige Gelegenheit sich bot, in Ägypten Einlaß zu heischen, bis auf jene Zeit zurückgeführt werden. Ihren Höhepunkt mögen sie in der Amarnazeit erreicht haben.

Die Tatsache der Bedrückung Israels in Ägypten steht und fällt im wesentlichen mit derjenigen des Einzugs und Auszugs. Sie hat aber daneben ihre besondere Stütze in dem Umstand, daß sich schwer vorstellen läßt, wie ein Volk von dem ausgeprägten nationalen Selbstgefühl Israels die Schmach der Knechtung oder wie man gerne sagte: | des „Sklavenhauses" in Ägypten aus freien Stücken und ohne jeden Anhalt in den tatsächlichen Verhältnissen erfunden haben sollte [3]. Über die Gründe des allmählichen Wechsels in der Stimmung in Ägypten Israel gegenüber haben wir keine sichere Kunde. Eine Vermutung ist früher geäußert [4]. Was uns das Buch Exodus hierüber meldet, trägt mehrfach den Charakter sagenhafter Ausschmückung. Immerhin weckt die Mitteilung, daß die Fremdlinge bei der Errichtung der Städte Pitom und Ramses zu harter Fronarbeit herangezogen wurden, durchaus den Eindruck glaubhafter Überlieferung. Die seit langer Zeit immer wieder auftretende Vermutung, daß der Israel bedrückende Pharao Ramses II. gewesen sei [5], gewinnt

1) Siehe bes. S. 354 f, weiter S. 367 f.   2) Die Bewegung (vgl. S. 356) dauert noch länger fort, doch werden die späteren Züge für uns nicht in Betracht kommen. 3) Siehe hierüber schon S. 341, Anm. 3.   4) S. 304/5; vgl. noch Stade, Entsteh. d. V. Isr. (Ak. Red. u. Abh. 105).   5) Die hier angenommene Zeitbestimmung für die Bedrückung und den Auszug, von der natürlich dann auch diejenige für den Eintritt in Ägypten abhängig ist, stimmt im ganzen zu den Annahmen der Mehrheit der neueren Forscher. Vgl. z. B. Spiegelberg, D. Aufenth. d. Israel. in Äg. (1903), Lehmann-Haupt, Israel (1911), 36 ff. Ernste Einwände sind dagegen u. a. von Eerdmans und Böhl (im ganzen Obbink in TT. 1909, 238 ff.; 1910, 127 ff. folgend) erhoben worden. Böhl (Kan. u. Hebr. 76 ff 91 ff.) macht gegen unsere Annahme das Vorhandensein eines Israel vor Mer. in Kanaan geltend. Dieser Einwand ist durch unsere Deutung der Israelstele (s. nachher S 367 f.) erledigt. Positiv will B. die Schwierigkeit lösen durch die Ansetzung der Einwanderung in Kanaan vor der Amarnazeit. Diese selbst wäre dann die Richterzeit, und die Zeit des Auszugs fiele wohl unter Amenhotep III., die des Eintritts dort in die 18. Dynastie (so Obbink). Ich kann nicht umhin, diese Partie für die schwächste des sonst vortrefflichen Buches zu halten. Der einzige m. E. ins Gewicht fallende Grund für die Hypothese sind die biblischen Zahlen 480 in 1 Kön. 6, 1 und 300 in Richt. 11, 26. Doch stammt die erste aus künstlicher Berechnung, die zweite mag eine volkstümliche Schätzung darstellen. Gegen einen so frühen Ansatz spricht außerdem die Tatsache, daß der Papyrus Anastasi I (Müller, As. 174) unter Ramses II. noch den Namen Qirjat Sefer (Sofer) kennt. Die Eroberung von Debir Richt. 1, 11 f. muß also nach Ramses II. stattgefunden haben. [Dies auch gegen Asmussen, der (Memnon 7, 195) den Anfang der Eroberung unter Amenh. IV. setzt.] Ganz anders urteilt Eerdmans (Altt. Stud. II, 71 ff.). Er setzt die Einwanderung erst nach dem Feldzug der Israelstele, genauer nach dem

damit tatsächlich an Boden, da wir nicht allein wissen, daß Ramses II. jene beiden Städte errichten ließ, sondern auch allen Grund zu der Vermutung haben, daß er die Arbeitskraft seiner Untertanen in ungebührlichem Maße in Anspruch nahm [1]. Da Pitom und Ramses im Gebiete oder der nächsten | Nähe der fremden Ansiedler lagen, so spricht alles dafür, daß gerade sie unter jener unersättlichen Baulust des Pharao besonders schwer zu leiden hatten [2].

3. Was Israel zum Auszug veranlaßt habe, braucht demnach nicht gefragt zu werden. Der lästige Zwang der Knechtung konnte den Vorteil des Weilens in Gosen reichlich aufwiegen. Immerhin mögen, wenn anders wir mit Recht die Zeit Merneptahs als diejenige des Auszugs ansehen, noch weitere Gründe mitgespielt haben. Es ging jetzt eine starke Bewegung durch die Völker und Stämme ringsum [3]. Ramses' II. anger und kraftvoller Regierung war es trotz aller Kraftanstrengung nicht gelungen, Ägypten die Stellung in Asien wieder zu erwerben, die es ehedem besessen hatte. Von allen Seiten her bedrohte die ins Rollen gekommene Völkerwelle das Pharaonenreich. Dieses selbst aber besaß weder die Kraft noch das moralische Ansehen, sie auf die Dauer von sich fernzuhalten. Schon in Merneptahs 3. Jahre hatte sich die ganze asiatische Provinz gegen ihn erhoben — darunter „Israel" in Palästina. Gosen lag nichts weniger als außerhalb des Weltverkehrs. Truppenzüge und Boten nahmen vielfach ihren Weg durchs Wadi Tumilat und die ägyptische Grenzbefestigung. Was draußen vorging, konnte den geknechteten Gosenstämmen nicht verborgen bleiben. So mochte sich ihnen die allgemeine Erregung gegen Ägypten mitteilen und sie zu Gegnern des Reichs machen, dessen Gastfreundschaft sie ehedem gerne genossen hatten. Gleichzeitig mochten Sendlinge die Stammesbrüder in Kanaan, deren Merneptah Erwähnung tut, zum Zusammenschluß mahnen und dazu anregen, gerade jetzt die günstige Gelegenheit zum Entkommen und zur Festsetzung in Kanaan zu ergreifen [4].

Die Frage nach dem Daß des Auszugs ist indes damit nicht erledigt. Wie sehr sie an derjenigen nach der Anwesenheit von Israelstämmen in Ägypten hängt, sobald wir die Verknüpfung beider Er|eignisse zum Kern der ältesten Sage rechnen dürfen, ist schon dargelegt. Jedoch steht das Ereignis auch für sich fest. Das alte, früher besprochene Triumflied [5], das vielleicht ehedem lediglich in einer kurzen, in festlichem Wechselgesang

---

5. Jahr Merneptahs (in die Zeit der Wirren zwischen der 19. und 20. Dynastie). Der Auszug aus Äg. soll nach Ramses IV. fallen (um 1130), so daß für den Wüstenzug, die Eroberung, die Richterzeit (Samuel eingeschlossen) und die Regierung Sauls zusammen nur 125—130 Jahre blieben. Das sind chronologische Schwierigkeiten, welche die mit der Annahme des Auszugs unter Merneptah verbundenen weit übersteigen. Vgl. noch S. 370 [3. 4].

1) Siehe S 360. 2) Naville, The Store city of Pithom, S. 9 f. hat höchst wahrscheinlich gemacht, daß die in Pitom (über die Lage s. ob. S. 351 [3] und Gen. 47, 11: Land Ramses) vorgefundenen Reste von aus Ziegeln erbauten rechtwinkligen und nach oben offenen Räumen ehedem Kornspeicher darstellen, Pitom also in der Tat den ihm im Buch Exodus zugesprochenen Charakter einer Stadt mit Lagerhäusern trug. Auch verdient alle Beachtung, daß unter den in Pitom gefundenen Königsnamen keiner auf einen Herrscher vor Ramses II. weist. Es sind genannt: Ramses II., Sesonq II., Osorkon II. (ebenda S. 11 f.). 3) Siehe oben S. 360 f. 4) Vgl. die Erinnerung an ähnliche Erwägungen in Ex. 1, 10 (J), wo der Pharao fürchtet, Israel könnte sich bei einem Kriege mit Ägyptens Feinden zusammentun. 5) Siehe über es oben in § 29 u. 30.

immer wiederholten Doppelzeile bestand, besingt die Tatsache, daß Jahve vorzeiten Rosse und Ritter, d. h. Rosse samt den Wagenkämpfern [1] ins Meer versenkt habe. Wann das geschah, und wer die Umgekommenen waren, sagt das Liedchen nicht. Wohl aber läßt der begleitende Text keinen Zweifel darüber, daß die Ägypter gemeint sind, und unter dem Meer das Schilfmeer gedacht ist. Andere Wagenkämpfer und ein anderes Meer sind nach der Lage der Dinge in einem israelitischen Liede auch kaum denkbar. Die Liedstrofe, deren Alter zu bezweifeln kein Anlaß ist, bezeugt somit jedenfalls soviel, daß vorzeiten einmal eine ägyptische Truppe am Schilfmeer von einem schweren Mißgeschick ereilt worden ist. Man hat, wie früher dargelegt [2], indem man das Alter der Verbindung beider Ereignisse, des Untergangs der Ägypter und des Auszugs Israels, in der Überlieferung leugnete, bezweifelt, ob dies Mißgeschick irgend etwas mit Israel und seinem Auszug zu tun gehabt habe und nicht etwa bei ganz anderem Anlaß und ganz anderen Gegnern oder Flüchtlingen gegenüber eingetreten sei. An Gelegenheit zu Zusammenstößen mit Beduinenhorden hat es den Truppen der ägyptischen Grenzfestungen gewiß nicht gefehlt. Aber gesetzt, es handle sich um irgendwelche andere Gegner oder um einen Unglücksfall, der eine ägyptische Abteilung aus ganz anderem Anlasse, etwa bei einer Übung, betraf — wie käme man in Israel dazu, ihn zu besingen und gar ihn als ein Gericht Jahves zugunsten Israels zu feiern? Das alles ist doch wohl nur möglich, wenn es sich um einen Zusammenstoß mit Israel und damit um einen Sieg Jahves über die Götter Ägyptens handelte. Ein Zusammentreffen mit Ägypten, vollends an dieser Stelle, ist aber für Israel einzig in der mosaischen Zeit bezeugt. Hat sich damit auf anderem Wege als früher die Ursprünglichkeit der Verbindung jenes Unfalls mit dem Auszug Israels ergeben, so ist dadurch zugleich die Tatsache des Auszugs selbst neu erhärtet. Mit ihr aber ist nunmehr auch die Überlieferung vom Durchzug durchs R o t e M e e r geschichtlich gesichert. Die Berichterstattung über dieses Ereignis ist nicht einheitlicher Art, wie meist bei mehrfacher Schilderung einer Begebenheit die Einzelheiten des Hergangs in verschiedener | Form wiedergegeben zu werden pflegen. Besonders hat schon E, und weiterhin P, das Wunderbare des Hergangs aus der Verkettung der Umstände in den Akt selbst verlegt und dazu noch ins Magische umgestaltet, während es im ursprünglichen Berichte lediglich in dem zur rechten Zeit eintretenden Naturvorgange bestand. Hier weicht das Meer, durch einen gerade jetzt von Jahve gesandten Wind getrieben, zurück und nimmt mit dem Aufhören des Windes von selbst sein Bett wieder ein. Ebbe und Flut mögen dabei mitwirkend gedacht sein. Dort reckt Mose seinen Wunderstab oder auch seine Hand über das Meer aus, daß es sich spaltet, so daß Israel durchziehen kann. Reckt er sie abermals aus, so kehren die Wasser zurück und bedecken die Feinde. Aber es leuchtet von selbst ein, daß diese Verschiedenheit in der Art, wie die Einzelheiten des Vorgangs sich in der Erinnerung des späteren Israel widergespiegelt haben, die Tatsächlichkeit des Ereignisses selbst nicht beeinträchtigen kann [3]. Bemerkt

---

1) סוס ורכבו sind wörtlich: Rosse und die damit fahren.   2) S. 340 f. und dazu Meyer a. a. O.   3) Über das Nähere des Hergangs nach der am besten bezeugten Überlieferung, der von J, s. oben in § 29.

mag aber noch werden, daß die älteste Nachricht von dem Durchgang
durchs Rote Meer, das Lied, vom Untergang des Pharao selbst nichts
weiß. Augenscheinlich handelt es sich in der Tat nicht um Merneptah
selbst und sein Heer, sondern um eine wahrscheinlich bescheidene Ab-
teilung der an der Ostgrenze Ägyptens lagernden Truppen.

An welcher Stelle der Durchzug zu denken ist, hängt von der
oben erörterten Frage nach der Beschaffenheit des Schilfmeeres in alter
Zeit [1] ab. Zugleich spielt die nicht minder verwickelte Frage nach der
Lage des Sinai und der Richtung des Israelzuges, als er Ägypten verlassen
hatte, herein. Darf es, wie sich zeigen wird, als wahrscheinlich gelten,
daß Israel die Richtung nach Qades einschlug und damit zugleich diejenige nach dem Sinai, so lag vermutlich kein Grund vor, die Richtung
nach Sues hin und bis an die Stelle der heutigen Nordspitze des Golfes
einzuschlagen. Es ist begreiflich, daß man vielfach, von der Annahme
ausgehend, das Rote Meer habe an seinem Nordende zu allen Zeiten die
heutige Gestalt gezeigt, den Durchzug in der Gegend des heutigen Sues
suchte. Die Bedingungen für ihn waren auch hier nach den Erfahrungen,
die Napoleon I. nach dem Berichte des späteren Generals Doguereau [2]
machte, vorhanden. Indem man zugleich den Sinai an die Stelle des Serbal
oder Dschebel Musa im Süden der Halbinsel verlegte, erschien es geradezu
unumgänglich, daß der Zug, um an den | Sinai zu gelangen, die Gegend
des heutigen Sues passieren und dann an der Ostküste des Meerbusens
entlang den heiligen Berg aufsuchen mußte [3]. Derselbe Weg wird heute
noch von Sues zum Sinaikloster gewählt, wie ihn schon vorzeiten die ägyptischen Expeditionen nach dem Wadi Maghara eingeschlagen hatten.

Sollte sich die heute von vielen Gelehrten angenommene Theorie
bewahrheiten, nach welcher das Nordende des Roten Meeres in der Zeit,
um die es sich hier handelt, dasselbe Ansehen dargeboten hätte wie heute,
so müßte nach wie vor angenommen werden, daß die Ausziehenden entweder aus uns im übrigen unbekannten Gründen, jedenfalls aber um den
ägyptischen Grenzwachen zu entgehen, sich erheblich weiter als nach unserem Ermessen nötig schiene, nach Süden gewandt haben, oder aber daß
mit dem allgemeinen Namen Schilfmeer etwa auch die ihm naheliegenden
Bitterseen und ihnen verwandte kleinere Binnengewässer bezeichnet wurden
Mit wie scharfem Auge die ägyptischen Grenzoffiziere fast über jeden einzelnen wachten, der auf den üblichen Wegen die Grenze passierte, wissen
wir zur Genüge [4].

Immerhin liegt, nach dem, was sich uns früher ergab, kein Anlaß
vor, von der durch eine Reihe namhafter Forscher vertretenen Anschauung

---

1) Siehe über sie, zugleich über die Lage des Sinai oben § 33.   2) Journ. d
l'expédit. d'Eg. (herausg. von Jonquière) Par. 1904, 109. Vgl. Ebers, Durch Gosen [2]
59 (leider ohne Quellenangabe).   3) So stellt sich in der Tat auch schon E den Zug
zum Horeb vor, s. oben § 30, S. 325. 327. Freilich blieb hier immer die Frage übrig,
weshalb die Ausziehenden, auf die Gefahr hin, schließlich durch das Meer vom Weiterzug abgeschnitten zu werden, sich unnötig weit westlich in der wasserlosen Steppe
umhertrieben, statt nördlich oder südlich von den Bitterseen, jedenfalls aber nördlich
vom Nordende des Busens die östliche Seite der Wüste zu gewinnen. Doch darf man
bei unserer Unkenntnis hinsichtlich der alten Verkehrswege die Frage nicht so sehr
betonen. Auch lief auf dieser Seite wohl seit alter Zeit (Breasted-Ranke 172. 270)
ein Süßwasserkanal, wenigstens bis zu den Bitterseen (ob. S. 351).   4) Siehe oben
S. 361 [3].

abzugehen, nach welcher das Rote Meer in unserer Zeit noch in das jetzige Gebiet des Isthmus herein reichte. Es mag dies in der Weise der Fall gewesen sein, daß das Meer wenigstens in Zeiten der Flut mit den Bitterseen und über sie hinaus mit dem Timsaḥsee in Verbindung stand[1]. Nun ist anzunehmen, daß die leicht zu passierenden und darum die eigentlichen Verkehrswege enthaltenden Teile der Landenge, d. h. das Gebiet nördlich des Timsaḥsees bis an die Ballāḥseen durch die ägyptischen Grenzbefestigungen, die sogenannte Fürstenmauer, abgesperrt und demgemäß streng bewacht waren. Wollten die Ausziehenden die Gegend von Qades gewinnen, so führte ihr Weg von Gosen, d. h. vom Wadi Tumilat oder auch von Pitom, das wir nahe dem Ostende des Wadi zu denken haben[2], direkt nach Osten | durch die Befestigungen. Verbot sich ihnen dieser Weg, so blieb nichts übrig, als die Gelegenheit wahrzunehmen, um — wenig nach Süden abbiegend — durch die seichten Gewässer einen Übergang in die östliche Wüste zu suchen. Wie Israel ihn gewann, und wie die ihm nachsetzende Schar ihr Ende fand, wissen wir bereits[3].

Welcher Pharao derjenige des Auszugs ist, kann nach dem Gesagten nicht mehr zweifelhaft sein. Es kann sich, sind die bisher angenommenen Daten richtig, nur um **Merneptah** handeln, den Nachfolger Ramses' II. Was mit Vorliebe gegen ihn eingewandt wird, nämlich, daß nach seiner bekannten Siegestafel Israel bereits in Kanaan eingewandert oder aber noch gar nicht aus Kanaan nach Ägypten übergetreten sein könne, erledigt sich nach der vorhin gegebenen Deutung jener Stele. Ein „Israel" kann es, auch während einzelne seiner Geschlechter in Ägypten weilten, recht wohl in Kanaan gegeben haben. Wir hätten demnach den Auszug ungefähr ins Jahr 1220 — vielleicht auch 1240 — zu setzen[4].

4. Einer der festen Punkte der Überlieferung über die Vorzeit Israels ist nun die Kunde von seinem Aufenthalt in Qades. Die Lage von Qades ist durch die Beschreibung, die Clay Trumbull und besonders Musil und Kühtreiber von der Örtlichkeit gegeben haben, sichergestellt. Der Name ist im heutigen ʿain Qdēs (Qadîs) im Gebiet der | Tijāhabeduinen

1) Siehe dazu das Nähere ob. S. 352f.   2) Es ist Tell el-Mashuta, etliche Kilom. westlich vom heutigen Ismailija.   3) Es verdient Beachtung, daß das Lied selbst vom Untergang des Pharao nichts weiß, siehe schon vorhin S. 369 oben. Greßmann, Mose 410 bemängelt, daß ich mit der Möglichkeit, von Pitom nach Qades zu ziehen, rechne: einen solchen Weg gebe es nur in der Phantasie. Mach'sprüche haben mir noch nie imponiert: wenn Qades im Altertum ein wichtiger Mittelpunkt war (S. 372), so hatte es auch Zugänge und war nicht wie heute abgeschlossen. Übrigens redet Palmer 262 von einem betretenen Pfad von en-Nachl nach dem Berg ʿAraif, und Musil redet in der Gegend von Qades immer wieder von Wegen (II, 1, 235 [3 mal] u. oft). Ferner gibt die Karte von Fischer, ZDPV. 33 nicht allein von en-Nachl bis ʿain Qsēme (ganz nah bei Qades) einen doppelten Verbindungsweg an (in neuerer Zeit geht sogar hier ein Telegraf), sondern auch einen solchen von Ismailija am Timsabsee (Pitom) und von Sues bis zum Dsch. Jelek, von wo aus der w. Arm jenes Wegs leicht zu erreichen ist. So stand die Sache vor dem Kriege.   4) Das Verhältnis zu Ägypten, der Anlaß des Auszugs und das Ziel des Zugs in Verbindung mit den allgemeinen Völkerverhältnissen, die Deutung der Israelstele, die Benennung von Debir und manche andern Tatsachen reihen sich m. E. auf diese Weise am besten in den Zusammenhang des Ganzen ein. Weiter oben S. 366, Anm. 5 und 367. — Die ägyptische Zeitrechnung folgt Meyer und Breasted. Es macht sich aber neuerdings da und dort das Bestreben geltend, mit manchen Ansätzen etwas höher zu greifen; vgl. z. B. Ranke in Rel. in Gesch. u. Gegw. 1, 204, der für Merenptah die Zeit um 1250 ansetzt. Sollte dieser Ansatz sich bewahrheiten, so wäre natürlich mit dem Auszug und dem Eintritt in Kanaan entsprechend heraufzurücken.

erhalten, doch wird mit ihm das benachbarte ʿain el-Qdērāt, das viel wasser-
reicher und fruchtbarer ist, zusammengehören [1]. Die Gegend enthält mehrere von Hügeln umschlossene weite Ebenen, groß genug, um einer an-
sehnlichen Zahl von Menschen als Lagerplatz zu dienen [2]. Hier finden
sich auch breite und fruchtbare Wasserbetten, die selbst Getreidebau zulassen. Sie sind mit etlichen Bäumen bestanden und von Vögeln, nament-
lich Wachteln, belebt, und „schöne Felder von Weizen und Gerste be-
decken einen großen Teil derselben". ʿAin el-Qdērāt ist „eine sehr stark
fließende Quelle; auf einer Strecke von 3 m fließt aus Ritzen und Spalten
das Wasser aus dem Felsen". Das so entstehende „Bächlein führt Wasser
genug, um das ganze Tal künstlich zu bewässern. Es gedeihen hier Weizen,
Gerste, Tabak und Dura besser als in der fruchtbaren Ebene von Gazza" [3].
Das Ganze ist eine Oase mit üppiger Vegetation, die wasserreichste und
damit fruchtbarste Stelle in weitem Umkreis [4].|
  Schon der Name kündigt an, daß hier eine uralte heilige Stätte lag. Die
Sage, nach der Mose Wasser aus dem Felsen brechen läßt, knüpft augen-
scheinlich an sie an: der durch den Fels brechende Quell gilt als besonderes
Geschenk der Gottheit. In Verbindung mit jener Sage erhält die Quelle den
Namen Merība: Haderwasser, auch Massa: Versuchungsquelle oder Quelle
der Erprobung. Bedenken wir, daß der Ort auch Rechtsquelle (ʿen-mišpaṭ)
genannt wurde, so erscheint es glaubhaft, daß mindestens die Bezeichnung
Meriba ehedem die ähnliche Bedeutung Rechtssachenwasser, Schiedstätte
— wie Medīna — hatte. Die heilige Quelle war also von alters her zugleich die Gerichtsstätte für die hier und wohl für die in weitem
Umkreis zeltenden Stämme. Wer in der weiten Wüste im Kreise derer,

---

  1) Vgl. Clay Trumbull, Kadesh-Barnea 1884 (dazu Guthe in ZDPV. 8, 182 ff.,
bes. 196) und Kühtreiber in ZDPV. 37 (1914), 7 ff. Es muß allerdings betont werden,
daß sowohl K. als Musil die Verhältnisse besonders ungünstig antrafen, da das Jahr
ausnehmend trocken war (K. S. 19 unt., M. S. 230. 236 f.). Besser scheint es M. 1897
getroffen zu haben S. 177 ff. Trotzdem scheint die bekannte Schilderung Trumbulls
stark von der Phantasie beeinflußt; sie bedarf großer Abstriche. Mit Recht hat daher
auch Musil, Arab. Petr. II 1, 236 gegen die Gleichung Bedenken geäußert. Nur hat
sein Gegenvorschlag, Kurnub für den Ort des alten Qades anzusehen, geringe Wahrscheinlichkeit für sich. Man wird am Namen Qdēs nicht vorübergehen dürfen; aber
es wird der ganze Komplex von Quellen und Oasen der nächsten Umgegend darunter
zu befassen sein. Qdēs selbst liegt 520, el-Qdērāt 400 m über dem Meere. 2) Mus.
176 unt. 178 ob. 181 u. 182 Mitte. Palmer, Der Schauplatz der 40 jährigen Wüstenwanderung (1870), 271 nimmt an, daß Qades ehedem noch mehr Wasser hatte als
heute, überhaupt die Sinaihalbinsel einst fruchtbarer war als heute, auch noch Wald
besaß (264). Die Schmelzöfen im Wadi Maghara setzen Waldbestände voraus, wie
denn Nilus, der die Halbinsel genau kannte, meldet, an Holz und dürrem Reisig sei
Überfluß, da niemand in der Wüste das Holz fälle (Palmer ebenda). Trotzdem darf
man sich nicht darüber täuschen, daß es sich immer um eine Wüste handelte, die daher allezeit auch nur eine ganz beschränkte Zahl von Menschen beherbergen konnte,
vgl. dazu bes. Ebers, Durch Gosen [2] 547 f. 3) Kühtr. 10: Musil 182. 4) Ein
Ereignis wie das Erscheinen der Israelstämme unter den Bewohnern der Wüste Bewegung und zum Teil Widerstand hervorrief, ist wohl selbstverständlich, ein Angriff
der in den Gegenden um Qades zeltenden ʿAmaleqiter (Ex. 17, 8 ff.) daher in den Verhältnissen wohl begründet. Daß Mose dabei lediglich als „Zauberpriester" erscheine,
(Meyer, Isr. 72; Stade, Theol. § 95, 1), ist kaum zutreffend. Er führt den Gottesstab,
dem freilich allezeit eine göttliche Kraft innewohnte, auch bei den Königen, weshalb
sie noch lange nicht als Zauberer gelten; weiter S. 382. Hebt er ihn, so soll das ein
Zeichen sein, daß der Gott mit den Kämpfenden sei. Die Schilderung scheint durchaus aus dem Leben gegriffen (ob. S. 325, Anm. 4). Gewiß ist der Führer- und Königs-
stab oft genug so gehandhabt worden.

die das Heiligtum hochhielten, Recht suchte, mag sich mit seinen Gegnern an der heiligen Quelle eingefunden haben, um hier von der dort weilenden Gottheit, dem *el* von Qades-Meriba oder der Wasser von Meriba-Qades, Entscheidung zu erbitten [1].

Qades ist demnach vermutlich längst der Mittelpunkt einer über weiten Raum sich ausbreitenden Gottesverehrung gewesen, ein **Kultuszentrum** der Wüste für einen größeren Kreis von Stämmen, ähnlich wie es Mekka lange vor Muhammed schon gewesen war [2]. Ein solches Heiligtum, das zugleich Gerichtsstätte ist, setzt natürlich auch einen Zusammenhalt der Stämme, eine durch bestimmte Riten besiegelte **Bündnisgemeinschaft** [3] voraus. Zugleich pflegen solche Heiligtümer der Sitz bestimmter Priestersippen zu sein. Sie sind hier die Besitzer der heiligen Quelle und die Inhaber der Kunst und Übung, Orakel zu erteilen und Recht zu sprechen. Große Feste, mit Jahrmärkten verbunden, vereinen zu bestimmten Zeiten die Kultgenossen hier an heiliger Stätte.

Nun lagen, wie sich uns ergeben hat, sowohl der heilige Gottesberg **Sinai** als auch das Gebiet des Stammes **Midjan** im Bezirk dieser heiligen Quelle. Auch der heilige Dornstrauch, in dem man die Gottheit im Feuer erscheinend dachte, muß hier gestanden haben [4]. Die Priestersippen von Midjan, als deren Häupter Reʿuël-Jetro und Hobab | gelten, werden also die Inhaber jenes Heiligtums gewesen sein, und der Gott des Dornstrauchs und des heiligen Berges, in dessen Bereich der Strauch wuchs, wird kein anderer sein als der El von Qades. Ihrem Kreise gehört auch Mose aus dem Geschlecht Levi an, nach der Sage durch Verschwägerung mit den Priestern von Midjan.

5. Es ist kein Zweifel, daß wir uns hier auf gut **geschichtlichem** Boden befinden. Der Name Qades und die hervorragende Stellung, die der Ort in der Überlieferung vom Wüstenaufenthalt einnimmt, bürgen dafür, daß hier ein altes Heiligtum mit einer bedeutenden Priesterschaft lag, an dem sich in der Vorzeit Israels wichtige und für das Volk entscheidende Dinge ereigneten. Doch hat man auch hier versucht, die Verbindung mit der übrigen Geschichte abzureißen und Mose als den Priester von Qades von dem Mose des Sinai und damit die Qadesoffenbarung von der Sinaioffenbarung zu lösen, nicht minder das Band zwischen den Priestern von Qades und Ägypten zu zerschneiden, so daß auch das Priestertum der Leviten lediglich in Qades seine Heimat hätte und von hier nach Kanaan gelangt wäre [5].

Was die erste Annahme anlangt, so ist schon früher gegen sie geltend gemacht worden [6], daß ihre eigentliche Wurzel in der Vermutung ruht, der Sinai sei viele Tagereisen von Qades entfernt im fernen Arabien, am Wege nach Medina zu suchen. Fällt diese Vermutung hin und haben wir den Sinai in einer Gegend zu suchen, die von Qades aus leicht zu erreichen war, ja vielleicht wenig seitab vom Wege nach Qades lag, so ist

---

1) Für die Handhabung der Praxis ist typisch Ex. 18 — gewiß abermals eine aus dem Leben gegriffene Schilderung. Zu Meriba s. S. 310 [6].   2) Vgl. dazu Wellhausen, Reste altarab. Heident.[1] 183, auch Nowack, Entsteh. der isr. Rel. 15 f.   3) Über solche Eidgenossenschaften unter den Stämmen mit Bundesschluß vgl. Goldziher, Muhamm. Stud. I, 64 f., die Riten dabei 66.   4) Daß man für ihn keinen Vulkan zu suchen braucht, s. ob. S. 314 [1].   5) Meyer, Israeliten 63. 67. 78; weiter ebenda S. 46 ff.; vgl. schon Wellh., Prol.[5] 347 f.   6) In § 32, dazu über den Sinai in § 33.

die Theorie von dem großen „Abstecher" nach Qades durch nichts begründet, denn in den Nachrichten selbst findet sie, werden sie nicht unter
jenem bestimmten Gesichtspunkt angesehen, keinen Anhalt. — Was die zweite
Annahme betrifft, daß die levitischen Priester von Qades, mit ihnen Mose,
lediglich nach Qades gehören und mit Ägypten nichts zu tun haben, so
läßt die früher [1] dargelegte älteste Geschichte des Stammes Levi es nicht
wahrscheinlich erscheinen, daß die Leviten ihren eigentlichen Sitz in Qades
hatten. Der Levit Mose [2] kommt nach Midjan, somit wohl nach Qades,
zu den dort weilenden Priestern, den eigentlichen Inhabern des Heiligtums.
Von Hause aus gehören weder er noch die Leviten nach Qades. Die letzteren bildeten, wie wir hörten, wohl eines der Leageschlechter, ja das älteste
und wichtigste, und wanderten mit oder nach Josef nach Ägypten. Es
scheint, daß sie hier in Qades, vielleicht unter dem Ein|fluß und der An-
regung der dortigen Priestersippen des El von Qades, von Mose in das
Priestertum Jahves eingeweiht und so zu Priestern wurden, denn von der
Urzeit an waren sie es nicht [3]. Aber daß sie mit nach Ägypten gehören,
somit auch die Sage, daß Mose von Midjan und dem Gottesberge her mit
neuen Erkenntnissen und Aufträgen nach Ägypten kommt, auf gutem Grunde
ruht, darf nicht bestritten werden. Schon der Umstand, daß außer Mose [4]
auch Pinhas, ebenso Hur, Hofni, Putiel und vielleicht Aaron ägyptische
Namen sind, weist auf die enge Verbindung Levis mit Ägypten. Die Annahme, daß die Leviten von Qades lediglich einzelne ägyptische Namen
übernommen haben [5], erklärt jene Tatsache nicht.

Es müssen demnach schon Beziehungen zwischen Qades und seinen
Priestersippen und dem ägyptischen Israel bestanden haben, deren Ver-
mittler die Leviten gewesen sein mögen. Das **Fest**, zu dessen Feier
Israel drei Tagereisen weit in die Wüste ziehen will, wird eines jener
Feste von Qades gewesen sein, wohl das Passa, ein altes vorjahvistisches
Hirtenfest zum Schutz der Herden vor finstern Gewalten [6]. Solche | Be-

---

1) S. 266. 299. 316. Weiter vgl. in Bd. II das Register unter: Levi, Leviten.
2) Über die Frage, ob Mose Levit war, s. unten § 36 (S. 380). 3) Hierin wird
Ex. 32 (ob. S. 316) geschichtlich sein, auch darin, daß sie jetzt schon im Gegensatz zu Aaron treten, der bisher das Priestertum inne hatte (S. 307). 4) Dazu
oben S. 322[5]. 5) Meyer 450 f.; dazu Westphal, Wohnstätten 44; Beer, Mose 9.
6) Siehe oben S. 309. 336. Daß Qades tatsächlich mehr als drei Tagereisen von Ägypten
abliegt, fällt nicht an ins Gewicht, mag man nun an eine bewußte Überlistung der Ägypter
oder lediglich an eine ungenaue Zeitangabe denken. Die erstere liegt jedenfalls insofern in der Absicht der Sage, als das Fest ihr nicht der Hauptgrund des erwünschten
Wegzugs ist. Sie wird damit recht haben — Der historische Sachverhalt mag am
ehesten der gewesen sein, daß der Auszug selbst im Frühjahr stattfand und mit der
bestehenden **Passafeier** (vgl. das Wüstenfest Ex. 3, 12; 5, 3) zusammenfiel. Der
Sinn des Passa ist nicht zweifelhaft. Es ist ein vorjahvistisches Hirtenfest der Steppe
mit schützendem Blutritus für die Herden (vielleicht auch die menschliche Erstgeburt)
in der Weise der sattsam bekannten Blutriten (s. ob. S. 127, Anm. [vgl. I² 339], auch Volz,
Altert. 102). Vgl. noch Guthe in Festschr. Baud. 217 ff. Er nimmt eine dreifache
Entwicklung des Passa an: das Hirtenfest der Wüste, das Hirtenfest Kanaans, bei dem
die Erstgeburten 8 Tage nach dem Wurf geopfert werden, und das Passa des Dt.,
einmal im Jahr im Abib. Bedenken erregt freilich, daß wir von einem „Passa" der
zweiten Art gar nichts wissen. Zum Mazzotfest s. auch König, ATl. Rel.² 299. Das
Mazzenfest scheint nach seiner ganzen Art als Erntefest eher zum Ackerlande zu
passen. Es müßte dann ein altes Baalsfest in Kanaan gewesen sein. Hier wäre es
von Israel vorgefunden (einzelne Geschlechter mögen es auch von dorther noch gekannt haben) und mit dem **Passa verbunden** worden, weil beide dem Frühjahr
zugehören. Doch muß man bedenken, daß auch die Mazzen von Haus aus durchaus

ziehungen lassen sich aber nur vorstellen als besiegelt und zusammengehalten durch heilige Riten, also einen **Bund**. Die aus Ägypten kommenden und die hier schon weilenden — im letzten Grunde ihnen stammverwandten — Sippen schließen sich zusammen zu einer Gemeinschaft,
die nicht bloß Stammgemeinschaft ist, sondern zugleich Kultusgemein-
schaft [1].

Es ist nicht ausgeschlossen, daß die Wandernden hier in der Steppe
auch die Sitte übernommen haben, ein tragbares Heiligtum mit sich zu
führen, das dann als seine Behausung ein schützendes Zelt voraussetzt.
Jedenfalls ist die auf Mose zurückgeführte **Lade Jahves** ihrem ganzen
Charakter nach ein echtes Wanderheiligtum, das schon deshalb aller Wahrscheinlichkeit nach in seiner ältesten Gestalt der Wüste angehören wird [2].
Auch der **Sabbat** wird hier schon gestiftet worden sein.|

der Steppe und dem Wandern zugehören. Der Wanderhirt Abraham bäckt sie Gen.
18, 6, und noch heute sind sie das Brot des Nomaden (Burckhardt, Bed. 194). Ein
altes Wüstenfest wird also in Kanaan zum Erntefest geworden sein; sein letzter Ursprung ist dunkel. Daß das Mazzotfest bis auf D in Juda unbekannt gewesen sei
(Steuern. zu Dt. 16), ist mir schon wegen Ex. 34, 18, zu dessen Tilgung kein Grund
ist, wenig wahrscheinlich: Juda besaß allezeit zuviel Ackerbau und hatte, besonders
unter David und Salomo, zu enge Verbindung mit Efraim. Josia hat das Fest allerdings **deshalb** nach Jerusalem verlegt, um seinen ursprünglichen Charakter zu verwischen. Das beweist aber nicht, daß es vorher in Juda nicht existiert hätte. Wohl
aber ist es möglich, daß man in Efraim das Mazzotfest und in Juda alter Übung gemäß das Passa **bevorzugte**, und daß sich diese Tatsache auch in den Texten aus
J und E noch wiederspiegelt. So erklären sich gewisse Unebenheiten in Ex. 23, 14 ff.
und 34, 14 ff. und bes. in Deut. 16, 1 ff.; vgl. Baentsch, Exod. u. Steuern. a. a. O.,
weiter Marti bei Kautzsch zu Dt. 16 und Beer, Pascha (1911) 27.
1) Vgl. Stade, Bibl. Theol. 33; Meyer, Israel. 133 ff. 164.   2) Die **Lade Jahves**
(s. ob. S. 329 f.) gehört in die Klasse der im Altertum vielfach bezeugten Kasten- oder
Schreinheiligtümer. Der Name 'aron bedeutet Kasten, Lade. Jahve wird als in ihr
gegenwärtig gedacht, aber nicht in voller Person — die letztere bleibt für die Regel
auf dem Sinai-Horeb und wird dort z. B. von Elia besucht —, sondern in seinem Antlitz (panim), der Vertretung seiner Person s. oben S. 317. Indem die Lade mit Israel zieht,
zieht sein panim mit. Damit ist die vielfach vertretene Annahme, daß sie ein Fetisch
war, hinfällig; nur scheinbar wird sie mit Jahve selbst gleichgestellt (z. B. 1 Sam. 4, 7;
6, 19), aber bei genauerem Sprachgebrauch wird sie in denselben oder nahe verwandten
Schichten von ihm unterschieden (1 Sam. 3, 3 ff.; vgl. Dibelius 13 f.). Ebensowenig
enthielt sie einen Fetisch, etwa Meteorsteine (Stade, Theol. 117), auch nicht Steine
vom Sinai (Moore, Enc. Bibl. I, 2155). Wenn dem Panim etwas Ähnliches entsprechen
sollte, so könnte es sich nur um ein Bild Jahves handeln. Aber auch ein solches ist
ausgeschlossen: die Lade war allezeit in Israel die genuine Vertreterin des anikonischen
Kultus (s. Dibelius 103 ff.), und darum ein **leerer** Schrein. Vgl. jetzt Rich. Hartmann, ZAW. 37 (1917/18) 217 ff. und Greßmann, BWAT. NF. I und dazu m. Rel. d.
V. Isr. (1921) 42. 55 f. 60. 194 (ein Baalbild anzunehmen liegt keinerlei Anlaß vor.
Die exeg. Grundlage dafür ist insofern recht dürftig, als in 1 Kön. 7, 21 ba'al für
bo'az erst durch Konjektur gewonnen ist und in 8, 9 die Versicherung, die Lade habe
nichts als die Tafeln enthalten, doch im allerhöchsten Falle noch irgendetwas anderes
[Meteorstein, Jahvebild usw.], nicht aber gerade ein Baalbild vermuten ließe. Das Wertvolle an der Schrift ist das Material.); auch Eisler, Kenit. Weihinschr. 1919, 53. —
Daß die Lade schon der mosaischen Zeit angehörte, ist schon aus den Signalworten
Num. 10, 35 f. wahrscheinlich. Ihr Alter ist jüngst ganz ohne ausreichende Gründe
angefochten worden (Sevensma, ZAW. 29 [1909], 253 ff. stützt sich auf eine Statistik
des Wortes „Hasser" für Feind — ein etwas dünner Stab; außerdem auf die
„Myriaden" Israels. Als ich einmal einen Beduinen vom Stamm der 'Adwan nach
der Zahl seines Stammes fragte, erwiderte er: „Wir sind so viel Tausend, daß
niemand uns zählen kann"). Daß die Lade erst in Kanaan von Israel übernommen
worden sei, ist schon deshalb nicht anzunehmen, weil sie als tragbares Heiligtum
durchaus den Charakter des **Wanderheiligtums** hat. — Trotzdem die Lade von

6. Wie lange Israel in Qades verweilt, ist in der heutigen Gestalt der Überlieferung vollkommen verdunkelt. Es ist aber wohl kein Zweifel, daß die Hauptzeit des Wüstenaufenthaltes der ältesten Form der Sage nach auf das Lagern der Stämme in der Gegend des heiligen Quells fällt. Die Dauer des Aufenthaltes aber zu bestimmen, ist unmöglich. Schwerlich hat jedoch die Sage richtig gesehen, wenn sie über ein Menschenalter für ihn ansetzt. Indem. die Sage die Tatsache festhält, daß der eigentliche Führer des Auszugs und der Wüstenwanderung von hinnen geht, ehe er das Ziel der Reise geschaut hat, und ein Jüngerer aus dem nächsten Geschlecht an seine Stelle tritt, scheint es ihr selbstverständlich, daß mit dem Führer auch das ganze Geschlecht, das um ihn war, hinsterben müsse und erst das folgende das gelobte Land schauen soll.

In den Aufenthalt bei Qades schließt die älteste Überlieferung denjenigen am Sinai ein, ohne daß das Verhältnis beider vollkommen klar würde. Die Gegenden sind zu weit von Palästina, auch vom Süden des Landes, abliegend, und der Verkehr mit ihnen schon im | Altertum zu schwierig, als daß die Sagenerzähler der Richter- und Königszeit, denen wir die älteste Kunde danken, sich hätten ein genaues Bild der örtlichen Verhältnisse machen können. Keiner von ihnen mag wohl je selbst dort gewesen sein. So ist auch uns der genauere Hergang dunkel. Aber daraus zu schließen, daß der Sinai in nahezu unerreichbarer Ferne von Qades gelegen habe und die Sage hier mit schier ungemessenen Entfernungen rechne, geht trotzdem nicht an. In der ganzen Moseüberlieferung ist der heilige Gottesberg ein ebenso fester Punkt wie der heilige Quell von Qades, und wir können uns das Israel der Wüste ohne jenen ebensowenig

---

Hause aus schwerlich Thron, sondern Schrein des (unsichtbaren) Gottes ist, hat sie doch, wie es scheint, frühe in Israel den Charakter des Thronheiligtums angenommen. Das mag unter dem Einfluß der orientalischen (leeren) Götterthrone geschehen sein. Es war dies um so eher möglich, als auch der Altar eigentlich als Thron des Gottes galt (s. oben S. 311 [8]). In dieser Gestalt ist sie dann mit Keruben als den Trägern der Gegenwart Jahves versehen worden. Immerhin ist dies erst eine sekundäre, wenn auch wohl schon in der frühen nachmosaischen Zeit eingetretene Stufe der Entwicklung. Später seit Salomo scheint die Lade ihre Bedeutung verloren zu haben, so daß die das Heiligtum ausfüllenden Kerubgestalten als die eigentlichen Träger der Gottheit sie ersetzen. Das wird der Grund ihres allmählichen Verschwindens sein. — Zum Schrein für die Gesetztafeln ist sie erst in der dritten Phase geworden. Die ältere Überlieferung kennt wohl solche Tafeln (S. 316. 317). Sie mögen irgendwo an leicht erreichbarer Stätte aufgestellt gewesen sein (S. 356). Von ihrer Abschließung in der Lade weiß sie nichts. (Anders Volz, Altert. 9 f. Neuj.fest 12. 51). Zu den Tafeln mögen immerhin verglichen werden die babylonischen Schicksalstafeln, auch sie in einem Tabernakel ATAO [3] 371. 382. — Eine höchst merkwürdige Parallele nennt Musil (in Die Kultur 11 [1909], S. 8 f.): Bei dem Stamm der Rwala findet sich ein aus dünnen Holzstäben errichtetes, mit Straußfedern geschmücktes Gestell, das auf dem Lastsattel eines Kameles befestigt wird. Abu Zhûr — so heißt es — „ist das sichtbare Zentrum aller Stämme der Zana-Muslim." Es wird ihm eine weiße Kamelin geopfert. „Mit dem Opferblut werden die Eckstangen des Gestells bestrichen. In dem Abu Zhûr hält sich gern Allah auf." ... „Setzt sich das Kamel mit dem A. Z. in Bewegung, dann folgt ihm der ganze Stamm; wo sich der A. Z. niederläßt, dort wird das Lager aufgeschlagen. Wenn die Rwala von einem mächtigen Feind hart bedrängt werden ... dann holen sie den A. Z, und mit ihm an der Spitze greifen sie den Feind an." — Zum Ganzen vgl. noch Lotz, Bundeslade 1901; Reichel, Vorhellen. Götterkulte 1897; Meinhold, Lade Jahves (Theol. Arb. Rhein. Pred.-Ver. N. F. IV); M. Dibelius, Lade Jahves 1906; Budde, StKr. 1906, 489 ff. — Über den Sabbat s. in Beilage I.

vorstellen wie ohne diesen [1]. Der geschichtliche Sachverhalt wird wahrscheinlich der sein, daß das Wüstenheiligtum von Qades durch früher schon hierher gelangte Geschlechter Israel wertvoll geworden war, der heilige Berg Sinai hingegen für ihren Führer Mose die Stätte besonderer Erlebnisse darstellte, und daß der Berg um deswillen für die Israelstämme ein eigenes Ziel der Wanderung wird. Die Verehrung Jahves, ihres besonderen Gottes, hängt mit dem Aufenthalt am Sinai aufs engste zusammen.

Ist es nun richtig, daß die im Zusammenhang mit dem Vordringen der Seevölker stehende allgemeine Völkerbewegung unter Merneptah auch den Auszug der Israeliten aus Ägypten beeinflußte, so können unmöglich Qades und der Sinai das letzte Ziel ihrer Wanderung dargestellt haben. Wenn vollends gleichzeitig die früher ausgesprochene Annahme zutrifft, daß es in Kanaan schon vor dem Eintreffen der in der Wüste zeltenden und wandernden Stämme Israeliten gab [2], so wird es geradezu wahrscheinlich, daß das Israel der Wüste nicht allein über Qades und den Sinai hinaus-, sondern daß es nirgends anders hinstrebte als nach K a n a a n, dem Lande der Väter.

Es ist wahrscheinlich, daß als der Kern der Kundschaftersage eine Erinnerung daran zu gelten hat, daß schon bald nach der Ankunft in Qades ein Vorstoß gegen Kanaan von Süden her beabsichtigt war und tatsächlich versucht wurde. Demnach wäre es vielleicht von Anfang an die Absicht gewesen, nach dem Wüstenfest und der Huldigung an den Gott vom Sinai die Wiedervereinigung mit den Israelstämmen in Kanaan zu versuchen und so das Land zu gewinnen. Jedenfalls scheint ein solcher Versuch gemacht worden, aber mißlungen zu sein [3]. Wohl aber gelang es, wie es scheint, jetzt schon, wenn auch nicht Israel, so mindestens einigen Geschlechtern der ihm nahestehenden Wüstenstämme | der Gegend von Qades, sich im Süden des Landes festzusetzen und dadurch dem späteren Vorgehen der andern einen wichtigen Stützpunkt zu schaffen. Für die Gesamtheit der wandernden Stämme schien dieser Weg nicht gangbar. Die gemachten Erfahrungen hatten darüber belehrt, daß die kriegerischen Stämme an den Südabhängen des judäischen Gebirgslandes ein nicht zu verachtender Gegner seien.

7. Die letzthin auch durch die Wüste sich fortpflanzende Kunde von dem, was draußen in der Welt vorgeht, hatte Israel die Nachricht zugetragen, daß im Osten des Jordan sich ein sicherer Weg, ans Ziel zu gelangen, zu eröffnen scheine. Die große von Norden her flutende Völkerwelle hatte hier das seit einiger Zeit bestehende A m o r i t e r r e i c h weiter und weiter nach Süden geschoben.

Schon in den Tagen Sethos' I., etwa zwei Menschenalter vor unserer Zeit, hatte derselbe Amurrustaat, den in der Amarnazeit Abd-Aschirta und Aziru beherrscht hatten, aufs neue von sich reden gemacht. Der fortschreitende Niedergang des ägyptischen Reiches nach der Amarnazeit hatte seinen Fürsten Anlaß gegeben, sich vollends ganz von Ägypten loszusagen. Schon damals hat er sich vielleicht bis nach Galiläa und an die Nordabhänge des Gebirges Efraim vorgeschoben [4]. Die Erfolge Sethos' I.

---

1) Daher wird Greßm.s Preisgabe des Sinai (ob. S. 341[1]. 343[2]. 348[1] a. E.) zum Verhängnis für seine ganze Auffassung.   2) Siehe oben S. 370, weiter S. 361, Anm. 1. 3) Weiteres darüber unten in § 37, 1. 2.   4) Siehe darüber oben S. 357, bes. Anm. 4; weiter S. 358f. und dazu Böhl a. a. O. (oben S. 357[2]).

scheinen die Amoriter genötigt zu haben, auch unter Ramses II. es noch
mit Ägypten zu halten. Doch ernten sie wenig Dank. Als Ramses seinen
Frieden mit den Hetitern schloß, scheint lediglich das Eintreten der letzteren den Amoriterfürsten Bente-šina auf dem Throne erhalten zu haben.
Die Amoriter werden jetzt wieder, wie ehedem, Vasallen der Hetiter. Aber
die Freiheit ihrer Bewegung ist ungehemmt. Bis tief in die syrische Wüste
hinein und bis an die Grenzen des zum Kleinstaat herabgesunkenen Babylon
richten sie eine weithin gefürchtete Herrschaft auf, in den Gebieten zwischen dem Kulturland und der östlichen Steppe nach freiem Ermessen
schaltend.

Wenn demnach E, wahrscheinlich aber auch J, davon weiß, daß der
Amoriterstaat sich unter einem König Sihon[1] in den Wirren der | Zeit im
Ostjordanland bis über den Jabboq vorgeschoben und die Herrschaft der
Moabiter dort eingeschränkt habe, so liegt keinerlei Veranlassung vor, an
der Richtigkeit dieser Mitteilung zu zweifeln[2]. Die hier geschaffene Lage

1) Auf eine alte Amoriterkultur im (etwas nördlicheren) Ostjordanlande weist
vielleicht der von Thiersch und Hölscher 'gefundene Basaltlöwe von Schech Saʿd
bei Muserib, MDOG. 23 (1904), 32, sowie das jüngst gefundene, von mir in ZDPV.
38 (1915), 149 ff. besprochene Basaltbild von Gamala. Viel wichtiger aber ist gerade für unsere Angelegenheit das jüngst von Dussaud besprochene Niederrelief
von Schihan (Les Monum. palest. et jud. 1912, 1 ff.) im Louvre (Katalognummer
AO. 5055), weil es zeigt, daß der Name selbst sich als Ortsname bis heute erhalten
hat und mit ihm die Spur einer hetitisch-amoritischen Kultur und Herrschaft in Moab.
Auffallenderweise ist es bisher so gut wie unbekannt geblieben. Weder Meyer, Isr.
noch Greßm., Mose kennen es. Es stellt einen Krieger in hetitisch-ägyptischem Stil
dar, bartlos mit wulstigen Lippen und zurücktretender Stirn und entspricht auffallend
dem von Garstang, Land of Hit., Taf. 83 abgebildeten Hetitertypus der Zeit Ramses II.
Dieser Zeit weist auch Duss. das Denkmal mit Recht zu. Nun sind die Amoriter
vielfach die Nachfolger und Erben der Hetiter, wie auch ihr Gesichtstypus sich stark
berührt (ob. S. 44 und Garst. Taf. 84). Das Denkmal von Schihan wird also einen
Amoriterdynasten des 14. oder 13. Jahrh. darstellen. Es erweist dann nicht bloß das
Bestehen einer hetitischen Kultur jener Zeit, sondern auch einer Amoriterherrschaft
in jenen Gegenden bis südlich vom Arnon. Vgl. über den Ort Schihan Palmer, Wüstenwanderung 375 f. Buhl, Geogr. 270. Musil, Ar. Petr. I, 376. Es ist der Name einer
Stadt und des sie tragenden Berges. Baedeker 7 142 (6 135) redet von einem Tell. Die
Frage, ob etwa der Name des Herrschers lediglich am Orte haften geblieben, oder ob
er dem Orte entlehnt sei (Greßm., Schr. AT. II, 1, 58), verliert der Tatsache der
Amoriterherrschaft gegenüber alle Bedeutung. 2) Über die quellenmäßige Begründung dieser Kämpfe s. oben S. 333. Die von Meyer geäußerten Zweifel an dem
hohen Alter des von E in seine Erzählung eingeschalteten Liedes (Num. 21, 27—30)
haben sich uns als nicht begründet erwiesen. Wir haben es vielmehr mit einem
alten, geschichtlich wertvollen Dokument zu tun, welches uns verbürgt, daß in der
mosaischen Zeit die Amoriter unter Sihon sich auch im Ostjordanland festsetzten
und hier Moab zum Teil aus seinen Sitzen verdrängten. — Allein man erklärt
(Meyer in ZAW. I, S. 128; vgl. noch Israeliten, S. 73), die Erzählung des E sei
deshalb unglaubhaft, weil sie den tatsächlichen Verhältnissen widerspreche. In Wirklichkeit seien diese Gegenden, welche die Erzählung und das Lied als Reich Sihons
bezeichnen, recht eigentlich moabitisch. Die Beweise dafür sind der Zeit Mesas und
Jesajas entnommen, für welche Periode freilich niemand an der Wahrheit dieses
Satzes zweifelt. Allein was wissen wir über den Bestand des Moabitergebietes in
mosaischer Zeit, abgesehen von den Nachrichten bei E? Sofern die Quellen die
Gegend als „Moabitergebiet" benennen, so haben sie hierzu das volle Recht, da
das Land vorher und nachher moabitisch ist, somit wohl den Namen ʿarbot Moab als
feste geographische Bezeichnung führte. Auch die Annahme Meyers (ZAW. 5. S. 44),
Sihons Gebiet sei selbst im Sinne von Richt. 11 gar nicht Moab (so ist für Ammon
zu lesen) abgenommen, sondern ursprünglich amoritisches Gebiet gewesen, kann ich
nicht für richtig halten. Ohne jene Voraussetzung hätte der Moabiter in Richt. 11, 13

gibt Israel Veranlassung, sein Augenmerk | nach Nordosten zu richten, sich in die im Ostjordanlande ausgebrochenen Händel zu mischen und unter Umgehung von Edom und Moab die Amoriter unmittelbar anzugreifen, um sich in den Besitz einiger von diesen unlängst erworbener Gebiete zu setzen. Der Wüstenzug hat damit sein Ende erreicht.

§ 36.
Fortsetzung. Mose und seine Religion [1].

1. Mit Absicht ist im vorigen Paragrafen der Name Mose im ganzen vermieden und nur gelegentlich genannt. Die Überlieferung führt aber bekanntlich das Werk der Befreiung Israels, seiner Führung durch die Wüste wie seiner religiösen Gestaltung, auf ihn zurück. Die gewaltige und entschlossene Persönlichkeit Moses ist ihr der Retter Israels, der Stifter seines Volkstums, der profetische Gründer der israelitischen Religion. Stehen wir auch damit auf geschichtlichem Grunde, oder hat die dichtende Sage diese Figur aus sich selbst gebildet und als leuchtende Erscheinung an die Spitze der Geschichte der Nation gestellt?

Es hat sich erwiesen, daß die Geschichte des Auszugs und der Wüstenwanderung wenigstens eine Reihe von Hauptdaten darbietet, die als geschichtlich gesichert festgehalten werden müssen. Israel hat Ägypten verlassen, ist durchs Rote Meer nach Qades und zum Sinai gezogen, hat dort die Grundzüge seiner späteren Gottesverehrung und Lebensordnung erhalten und ist sodann an die Ostgrenze Kanaans weiter gewandert. Ja wir besitzen noch einige Dokumente, welche ihren Ursprung auf diese kurzweg die mosaische Zeit genannte Periode der Wüstenwanderung, aller Wahrscheinlichkeit nach mit Recht, zurückführen. Nun enthält von jenen alten Dokumenten freilich nur eines [2] den Namen Moses selbst. Doch ist dieses eine schon, bei der Kargheit der ältesten Nachrichten, von Gewicht. Dazu bringen die Berichterstatter wie das ganze nationale Werk jener Tage, so besonders einen Teil jener Dokumente in die nächste Beziehung zu Mose. Auch einer, vielleicht zwei, der früheren unter den literarisch tätigen Profeten [3] wissen, auch wenn sie nicht geradezu den Namen nennen, die Erhebung der alten Zeit sich nicht anders als in Verbindung mit Moses Person zu denken. Schon damit ist die Geschichtlichkeit der Person Moses ernstlich nahegelegt. Sie wird aber durch eine Erwägung allgemeinerer Art vollends zur Gewißheit erhoben. Stehen die Ereignisse jener Zeit| im allgemeinen fest, so fordern sie selbst zu ihrem Verständnis eine Persönlichkeit ähnlicher Art, wie die Quellen sie in Mose darbieten. Allem

gar keinen Anlaß, die Gebiete als sein Eigentum zu reklamieren. Der einzige Sinn der Worte Jeftas kann sein, daß Moab allerdings der ehemalige, aber nicht durch Israel, sondern durch Sihon vertriebene Besitzer jener Gebiete war, daher er auch kein Recht habe, dieselben von Israel zurückzufordern. Läge dieser Gedanke nicht zugrunde, so brauchte sich Jefta gar nicht in die Erörterung einzulassen. Ähnlich jetzt auch Greßm. 308.
1) Vgl. zu diesem ganzen Abschnitt jetzt Söderblom, Das Werden d. Gottesglaub. (1916) Kap. 8 und meine Relig. d. V. Israel (1921), 34 ff. Die Darstellung geht hier z. T. etwas andere Wege als im vorliegenden Werke (bes. auf S. 37 ff.) und mag als dessen Ergänzung gelten. 2) Der Bericht über die Amaleqiterschlacht Ex. 17, 8 ff. Vgl. S. 371 [4]. 3) Jedenfalls Hos. 12, 14, vielleicht Micha 6, 4; vgl. Jer. 7, 25. Jes. 63, 11.

nach ist Israel in Ägypten nichts weniger als eine Nation: gerade sie
muß erst geschaffen werden. Den unterdrückten und geknechteten Massen,
die in Gefahr sind, das eigene Selbst zu verlieren, mußte erst der Geist
der Zusammengehörigkeit und der Selbstbehauptung wieder eingehaucht
werden. Ein solches Werk vollzieht sich nicht von selbst. Es geschieht
nur, wenn als treibende Kraft hinter der Masse eine die andern überragende, den Gedanken des Volkstums mit heiliger Begeisterung in ihnen
zur Flamme entfachende Persönlichkeit steht. Beim Auszug und in Qades
ist Israel ein Volk geworden [1]. Mose hat es dazu gemacht. Ohne ihn
blieb Israel, was es war.

Dazu kam vollends der Auszug selbst und die Ereignisse am Sinai.
Der Zug aus Ägypten und durch die Wüste, der Kampf mit den nachsetzenden Ägyptern und widerstrebenden Amaleqitern, und was alles sonst
die Wüste bringen mochte, sind Dinge, die eine feste einheitliche Leitung
voraussetzen. Der ungeordnete Haufen hebräischer Geschlechter, den
Mose in Ägypten vorfand und der sich ihm anschloß, hätte das von sich
aus nicht vermocht. Es bedurfte dazu eines Führers, der imstande
war, die Menge zu beherrschen, die widerstrebenden Elemente zusammen-
zuhalten, die zagenden aufzurichten, dem Feinde zu wehren, den Streit
zu schlichten — kurz eines genialen Leiters, eines umsichtigen Feldherrn
und Richters, eines entschlossenen, wagenden Patrioten an der Spitze des
neugeschaffenen Volkes [2].

Endlich die religiöse Neubildung in Israel, wie sie an den Aufenthalt in der Wüste sich knüpft, die neue Gottes- und Rechtsoffenbarung,
läßt sich noch weniger als die vorhin genannten Errungenschaften jener
Zeit loslösen von einer eigenartig gotterfüllten, profetischen Persönlichkeit.
Bahnbrechend neue Gebilde auf dem Gebiete der Religion und Sitte vollziehen sich am allerwenigsten spontan aus den Tiefen des Volkslebens
heraus. Sie schlummern hier, aber sie steigen nicht auf, ohne daß ein
von ihnen in seinem innersten Wesen erfaßter Geist sie in sich vorfindet,
ergreift und verkündet und so zum religiösen und moralischen Heros, zum
Profeten seines Volkes wird. Der Name Mose täte nichts zur Sache.
Hätte die Sage den Träger desselben frei erschaffen, so müßte ein anderer
seine Stelle ausgefüllt haben. Aber da er gut bezeugt, dazu wohl nicht
einmal hebräischen Klanges ist [3], haben wir allen Grund, ihn festzuhalten [4].

---

1) Vgl. Stade, Bibl. Theol., § 14, 2. 4. Man kann natürlich über den Ausdruck
„Volk" streiten. Eine geschlossene Nation mit wirklich nationalem Leben ist Israel
erst durch das Königtum geworden. Aber das beweist nur, daß es den Gedanken der
Zusammengehörigkeit der Stämme nach Mose wieder fast vollständig verloren hat. Daß
er latent doch da war, zeigt der Zusammenschluß im Namen Jahves unter Debora.
Auf die Zahl der Eidgenossen kommt es nicht an; sie mögen wir uns verhältnismäßig
bescheiden denken. 2) Wie Meyer, Isr. 72 f. bestreiten kann, Mose gelte der Überlieferung als der politische Führer, ist mir nicht verständlich. Als der Vertreter Israels
dem Pharao gegenüber, als Leiter des Auszuges und der Wüstenwanderung, als derjenige, der die Kundschafter aussendet, die Empörung Datans und Abirams zu bestehen hat Num. 16, der noch in Qades die Verantwortung für den Auszug trägt
Num. 20, 4; 21, 5, mit Edom verhandelt 20, 14 (vgl. 21, 31), ist er doch nicht bloßer
Priester. Daß gelegentlich nur von Israel die Rede ist, kann dagegen nicht aufkommen.
3) Siehe schon Josefus Arch. II, 9, 6. c. Ap. I, 31; richtiger aber Lepsius,
Chronol. I, S. 326; Ebers, Durch Gosen³, S. 539 u. a. · S. ob. § 30, 1 (bei Ex. 2).
4) Weitere Beweisgründe (Bileam und die Eliden) bei Beer, Mose 12. Daß Mose geschichtlich ist, würde außerdem durch Richt. 18, 30 bezeugt, wo Jonatan ben Gersom
ben Mose, also ein Enkel Moses, als Priester in Dan erscheint, falls diese Stelle als

2. Ist also Mose geschichtliche Person, so darf er als solche zu aller-meist um seiner religiös-moralischen Schöpfung willen gelten. Sie ist das Großartigste, Fruchtbarste und Bleibendste, was Mose hervorgebracht hat. Aus ihr ist später die Einheit des Volkes, welche unter der Macht seiner Persönlichkeit und dem Druck der Ereignisse jetzt vorläufig ge-worden war, zu einer gewissen Dauer und Haltbarkeit erwachsen. Auf ihr hat sodann das Staatsleben Israels sich aufgebaut. Und wurde das letztere bald wieder zerstört — sie hat sich erhalten. Sie hat in den erschütternden Schicksalsschlägen, welche die Jahrhunderte der Geschichte über Israels Volkstum brachten, dieses lange kräftig und bis heute, wenn auch vielfach entartet und entstellt, wenig|stens notdürftig am Leben er-halten. Sie hat, während längst der Staat dem Untergang geweiht, das Volk der Zersplitterung und unfruchtbaren Sonderbestrebungen preisgegeben war, neue lebenskräftige und weltbezwingende Triebe gezeitigt.

Wie erklärt sich dieses Rätsel der Geschichte [1]? Ganz gewiß nicht durch das Bestreben Moses, eine Weltreligion zu stiften. Aber auch nicht durch die besonders günstigen Schicksale und Verhältnisse, die seinem Volke und seiner Stiftung vor andern geblüht hätten. Denn die äußeren Verhältnisse waren in andern Völkern, deren Machtstellung ungleich größer

---

alt angesehen werden darf, was nicht sicher ist. Beachtung verdient jedenfalls, daß Mose hier früh im Texte zugunsten Manasses getilgt wurde. Aber auch ohne dieses Zeugnis steht Mose als geschichtlich fest durch Dt. 33, 8 ff., wo nur er gemeint sein kann. Daß Mose zugleich Levit ist, und zwar Angehöriger des Stammes Levi (gegen Guthe, Gesch. Isr.³ 30 und Steuern., Einwand. 99 ff. 102 f., wo Mose zu Josef [oder Jaqob] verwiesen wird, s. Meyer, Isr. 78), geht daneben aus Dt. 33, 8 ff. hervor, wozu natürlich Ex. 2, 1 zu vergleichen ist. Auch in Richt. 17, 7 darf Levit nicht anders denn als Angehöriger des Stammes Levi gefaßt werden, aber seitdem der alte Stamm zerschlagen ist, bilden die Leviten keinen eigentlichen Stamm mehr (sie haben keinen Grundbesitz, sondern leben als Schutzbürger oder fahrende Gottesleute bei andern\. Vgl. noch S. 299 unt. u. zur Frage des geschichtlichen Charakters Moses bes noch Stade, Entst. d. V. Isr. (Ak. Red. u. Abh) 106; anderseits Meyer 451. Über Mose als Le-viten s. auch Hölscher, Profet. 114 f.

1) Das Problem der mosaischen Zeit nach ihrer religiösen Seite liegt darin, einerseits die gewaltige Erhebung der Religion Israels zum ethischen Monotheismus verständlich erscheinen zu lassen und daneben die primitiven und naturalistischen Züge nicht zu übersehen, die sowohl in der ältesten Jahvesage als in der nachmosaischen Volksreligion augenscheinlich zutage treten. Was aus der Religion Moses geworden ist, fordert, daß sie selbst so war, daß es werden konnte: die Keime höchter Er-hebung müssen schon in der Stiftung gelegen haben. Das weist auf eine überragende Persönlichkeit. Wenn irgendwo, so ist in tiefgreifenden Religionsbildungen die Macht des Persönlichen und des Außerordentlichen, des Genius, bestimmend. Mose muß die Zeitgenossen und die nächste Nachwelt weit überragt haben. Er muß die Religion reiner und tiefer erfaßt haben, als die nachmosaische Volksreligion ahnen läßt, und als die Mosesagen, die in nachmosaischer Zeit formuliert sind, als man ihn noch mehr vollkommen verstand, z. T. erwarten lassen. Vgl. auch Westphal, Jahves Wohn-stätten 37 (Mitte), wo auf die Betonung von Moses religiöser Einzigkeit Ex. 33, 11. Dt. 34, 10 und Num. 12, 8 hingewiesen ist (mit ihm allein verkehrte Jahve „Antlitz gegen Antlitz" und „Mund gegen Mund"). Der andere Gesichtspunkt aber weist auf eine schwerbewegliche, träge Masse von Volksgenossen, wie sie bei allen großen natio-nalen und religiösen Bewegungen die Regel zu sein pflegt. Von der Person des Leiters fortgerissen, nimmt sie den Funken der Begeisterung auf, läßt ihn aber unter dem lähmenden Einfluß des Alltags ebenso rasch erkalten. So entsteht die Volksreli-gion, in der das Neue nicht durchgedrungen, sondern nur äußerlich auf das Alte auf-gepfropft ist. Die alte El-religion und die alten Elim bleiben unter dem Namen Jahves — genau so wie später die alten Gottheiten vielfach den Namen Marias und der Heiligen annahmen. Vgl. auch Marti, StKr. 1908, 329.

oder deren Einfluß auf andere der Verbreitung und Verewigung ihrer Religion viel günstiger war, ungleich mehr dazu angetan. Warum also hat der Glaube des Nillandes, warum der Babyloniens, warum haben die Religionssysteme der Amoriter, der Philister und der meerbefahrenden Kanaanäer nicht dieselbe Bedeutung erlangt? Es muß von Anfang an in der Religion Moses etwas gelegen sein, was sie zu einer besonderen Entwicklung befähigte. Es muß in ihr die Kraft gelebt haben, trotz ungünstiger Verhältnisse, trotz der Schwäche und des Zusammenfalls der Nation, ja alle ihr ungünstigen Faktoren schließlich überwindend und in ihren Dienst ziehend, sich zu solcher | Macht und Pracht, zu solcher Reinheit, Kraft und Höhe zu entfalten, wie wir sie später vor uns sehen. Das heißt: Mose selbst schon muß seinem Volke etwas gegeben haben, das seinen Glauben über den der andern Völker — der Heiden — hinaushob, ihn reiner, fruchtbarer, entwicklungskräftiger machte. Was dies war, werden wir zu fragen haben.

Man hat sich mehrfach in neuerer Zeit [1], an ältere Vorgänger [2] anschließend, bemüht, den Nachweis zu erbringen, daß der sog. ethische Monotheismus Israels, wie ihn die Profeten seit Amos und Hosea zum immer vollkommeneren Ausdruck bringen, nicht die Religion der mosaischen Zeit, sondern ein Erzeugnis eben jener, dann im engeren Sinne die profetische Zeit genannten, Periode der schreibenden Profeten gewesen sei. Aus dem sog. vorprofetischen, jener Periode vorangehenden, Gottesglauben Israels habe sich mit Notwendigkeit unter dem Einfluß der Weltereignisse der profetische Glaube in seiner Reinheit entwickelt.

Nun wird man schwerlich leugnen können, daß allerdings der Glaube der alten Zeit, so auch derjenige Moses, nach manchen Richtungen hin anderer Art war und noch unentwickeltere Gestalt zeigt als derjenige jener profetischen Epoche. Der Begriff der Welt und des Weltreiches, wie ihn jene Profeten in erschütternder Weise unter den erbarmungslosen Hammerschlägen des Schicksals kennen lernten, war Mose und seinem Volk vielleicht noch fremd. Was ein Weltreich und ein Weltherrscher war, lehrte freilich nicht erst Assur. Ägypten hatte den Gedanken längst erfaßt, im Grunde auch schon die altbabylonischen Herrscher. Aber man muß damit rechnen, daß in Israel erst die Profeten oder ihre nächsten Vorgänger dem irdischen Großkönig den überirdischen Allkönig, Jahve den Weltbeherrscher, und dem Weltreich das Gottesreich gegenüberstellten. Und sind Weltreich und Welt noch außer Moses Gesichtskreis, so wohl auch der Gedanke an die göttliche, die sittliche Weltordnung, die alles in der Welt bewegt und auf eine Gottesherrschaft zusteuert [3]. Erst an dem Widerstreit von Ideal und Wirklichkeit, an der grimmen Not der Zeit, lernen die Profeten in dem Ringen nach Harmonie und nach Ausgleichung der herben, für Israel | trostlosen Wirklichkeit mit der Idee ihres Gottes diese Erfahrung machen. Sie erfinden jenen Begriff des Gottesreiches und der moralischen Weltordnung nicht, aber sie entdecken ihn,

---

1) Seit Kuenen, Godsdienst van Israel; Duhm, Theologie der Profeten; Wellhausen; Stade, Gesch. Is.; Kuenen, Volksreligion und Weltreligion 1883. 2) Besonders Vatkes bibl. Theol. I. Siehe die übrige ältere Literatur z. B. bei König, Die Hauptprobleme der altisr. Religionsgesch. (1884), S. 2 f. 3) Man sieht daraus, wie wenig begründet der diesem Buche früher da und dort gemachte Vorwurf ist, nach unserer Schilderung Moses bleibe den Profeten nichts mehr zu tun übrig.

sobald sie die Fäden ihres überkommenen mosaischen Glaubens zusammenfassen und das Bild ihrer veränderten Zeit darein verweben. Aber es ist anderseits auch nicht berechtigt, die Erkenntnis dieses Fortschritts, welcher in der Entfaltung der mosaischen Gedanken durch die Profeten und profetische Männer nach Mose gemacht ist, dahin zu deuten, als wäre die ältere Zeit, so auch die Zeit Moses, eine Periode der bloßen N a t u r r e l i g i o n gewesen, und als hätte Mose selbst nichts anderes geleistet, als daß er auf das gemeinsame semitische Heidentum, das er im übrigen unverändert beibehielt, den Namen Jahves übertrug [1]. Wäre dies der Fall, wäre Moses Religion nur im Namen Jahves geübtes gemeinsemitisches oder arabisch-qenitisches Heidentum gewesen, so erklärten sich weder die Wirkungen der Religion in Israels alter Zeit selbst, noch die oben besprochene mächtige Entfaltung derselben. Vor allem ließe sich dann nicht erkennen, weshalb nicht Kemosch oder Milkom oder Ba'al, oder auch Amon-Rē dem Jahve den Rang streitig zu machen imstande waren. Es geht darum auch nicht an, Mose als Z a u b e r p r i e s t e r oder Medizinmann zu fassen [2]: gewiß steht er in seiner Zeit; aber er steht zugleich hoch über ihr. Man kann sich daher eher — vergleicht man den Geist der Zeit und die Art der Naturvölker — wundern, wie wenig der geschichtlich bezeugte Mose im Grunde vom Zauberer an sich hat.

Die hier zurückgewiesene Meinung übersieht zwei Punkte. Einmal, daß jene Profeten, so gewiß sie sich bewußt sind, Israels alten Glauben den neuen Verhältnissen anzupassen, doch nichts anderes sein wollen als die E r h a l t e r und E r n e u e r e r eines alten in ihrer Zeit nur vergessenen und beiseite gesetzten, nicht aber die Gründer eines neuen Glaubens [3]. In ihren wichtigsten Wahrheiten, die sie verkünden, wissen sie sich im Einklang mit der dem Volke bekannten und längst verkündigten Tora Jahves [4]. Sodann aber kann ich es nicht für richtig halten, wenn neuerdings vielfach die ganze vorprofetische Periode als einheitliche Größe zu-

---

1) Das bedeutet im Grunde die Stiftung Moses, wenn sie sich auf den Satz beschränkt: „Jahve der Gott Israels und Israel das Volk Jahves", von dem man seit Wellhausen in allen Lehrbüchern so viel Aufhebens macht. Meyer, Isr. 451 hat ihn grob, aber nicht ganz unbillig eine inhaltlose Phrase genannt. Er ist es hier insofern, als er gar nichts für Israel Spezifisches enthält. Jeder Volksgott kann das von sich sagen.   2) So wieder. Beer, Mose 18 u. ZDMG. 66 (1912), 773 f., dazu König ebda 67, 660 ff.; vgl. schon ob. S. 331, Anm. 4. Vieles gehört der erweiternden Sage an. Ein Kern bleibt, zu dem besonders der Gottesstab gehört. Aber man erwäge, daß auch Samuel und Elias ähnliche Züge an sich haben und noch Jesaja den König mit einem Feigenpflaster, selbst Jesus jemand durch den Speichelbrei geheilt haben sollen. „Medizinmänner" sind sie darum nicht lange nicht. Solche Züge gehören zum Bilde des Gottesmanns und Führers der alten Zeit. Im alten Arabien sind die Heerführer zum Teil Seher (Wellh, Reste[1] 130; vgl. [2]140); noch heute nimmt man an, daß dem Anführer besondere göttliche Kräfte innewohnen, und schon J. L. Burckhardt, Bed. 239 schreibt: „Der Agyd (Musil, Arab. Petr. III, 375 'a%id = der Anführer) und noch mehr sein Amt wird mit Verehrung betrachtet. Man hält ihn für eine Art von Augur oder Heiligen. Er entscheidet oft die Operationen des Krieges durch seine Träume oder Visionen oder Weissagungen; er verkündet auch den glücklichen Tag für den Angriff." Über diesen Agid oder 'aqid s. auch Jaußen, Coutumes 166 ff. Auch vgl. Jos. 8, 17: Josua erhebt beschwörend die Lanze gegen die feindliche Stadt; und Elisa schießt 2 Kön. 13, 14 ff. in demselben Sinne einen Pfeil gegen den Feind. Weiter Jos. 10 und 6.   3) Vgl. dazu schon Bd. II[4] 403 f. 414.   4) Vgl. Aussprüche wie Am. 2, 4: Juda verschmäht Jahves Tora; Hos. 2, 15: Israel hat Jahve vergessen; 4, 6: es hat die Tora seines Gottes vergessen; 8, 12: Jahve hat Israel Torot in Menge vorgeschrieben; Mi. 6, 8: dem Menschen ist gesagt, was Jahve fordert.

sammengefaßt und der profetischen gegenübergestellt wird. So gewiß anzuerkennen ist, daß Israel in den Zeiten der Richter und ersten Könige
in vielen Stücken Elemente der kanaanäischen Naturreligion sich zu eigen
gemacht hat, so darf man doch nicht übersehen, daß jene Zeiten der
mosaischen gegenüber vielfach einen Niedergang bedeuten, dazu mehr
als Ein Gesicht zeigen. Der Aufschwung der Moseperiode, die unleugbar in
ihr lebende originale Kraft und Begeisterung einer großen schöpferischen
Zeit wird aber ganz vergessen, wenn der Volksglaube und die von ihm
beherrschte Sitte der Zeit nach Mose zum Maßstab der sogenannten vorprofetischen Periode genommen werden und man die mosaische Zeit ausschließlich nach der Analogie jener letzteren darstellt.

3. Die mosaische Zeit und Moses Werk müssen vielmehr aus sich
selbst und von den in ihnen lebenden Kräften aus verstanden werden.
Hierzu können uns nur die freilich spärlichen, aber doch ausreichenden
Quellen der mosaischen Geschichte den Schlüssel bieten. In Qades
und bei den qenitischen Priestern von Midjan [1] mag Mose den Gott von
Qades, die Weise seiner Verehrung und die Geheimnisse seiner Orakel-
weisheit, vielleicht auch die heilige Lade des Gottes kennen gelernt haben.
Was er aus jenem El von Qades machte, oder vielmehr was ihm am Sinai
dieser El ward, als er ihn Jahve nennen lernte, das läßt sich weder von
vorwärts noch von rückwärts her konstruieren [2]. Es ist | entweder
im Dunkel des Geheimnisses zu lassen oder aus der zusammenfassenden
Urkunde seiner Stiftung, wofern wir eine solche besitzen, zu entnehmen.
Für unsere Frage ist der mosaische Dekalog entscheidend. Aus ihm
muß das Eigentümliche der Religionsstiftung Moses zu entnehmen sein.
Der Dekalog, wie wir ihn heute besitzen, ist reichlich mit erklärenden
Zusätzen und Erweiterungen versehen. Die zehn Worte, wie sie auf den
Steintafeln gestanden haben, mögen gelautet haben [3]:

1.

I. Ich Jahve bin dein Gott: du sollst keine anderen Götter neben
mir haben.
II. Mache dir kein Götterbild.
III. Führe den Namen deines Gottes Jahve nicht für Nichtiges [4] im
Munde.

---

1) Vgl. dazu Eisler, Weibinsch. 82; auch Völter ZAW. 37 (1917/18) 129: hier
werden die Qeniter (Qain = Schmied) mit den Erzgruben der Sinaihalbinsel in Verbindung gebracht.   2) Die Methode, nach der Moses Person und Werk in unsern
gangbaren Kommentaren und Lehrbüchern behandelt wird, kann ich nicht für richtig
halten. Man bemüht sich, seine Bedeutung festzuhalten, ja ihn zum Teil in hoch-
tönenden Worten zu feiern. Aber wenn wir nur die Mosesagen des Exodus, so, wie
sie meist datiert und gedeutet werden, als Quellen haben, steht das meiste davon in
der Luft. Auch wenn wir von der nachmosaischen Zeit aus rückwärts schließen,
kommen wir über ganz allgemeine Schlüsse in der Art des oben S. 380 Anm. Gesagten
nicht hinaus. Es ist auch der Fehler des schönen Büchleins von Volz (Mose 1907),
ohne Urkunden mehr geben zu wollen. Siehe im übrigen schon oben S. 340, Anm. 5
und S. 342, Anm. 1   3) Vgl. Ewald, Gesch. Isr.³ II. S. 231; Vatke, Einl. ins AT.,
S. 338; Wildeboer, Die Literat. d. AT. (1895), 19; Driver, Exod 195 ff.; Eerdm. 3, 135.
[Dazu Beilage I am Ende dieses Bandes, und über die Steintafeln Beilage III]   4) Vgl.
dazu Dillm., auch Driver, Exod. *schaw'* bedeutet sowohl das Nichtige, Unreale, als
das Falsche, Unlautere. Es wird wesentlich an falsche Eide und an Verwendung zu
Fluch und Zauber aus nichtigen Anlässen gedacht sein (S. 382). Die Beduinen scheuen
den Eid, dem sie eine gefährliche Zauberkraft beimessen. Burckh., Bed. 233 f.

IV. Gedenke des Sabbattags, ihn zu heiligen.
V. Ehre Vater und Mutter.

2.

VI. Morde nicht.
VII. Brich nicht die Ehe.
VIII. Stiehl nicht.
IX. Rede nicht Lügenzeugnis gegen deinen Nächsten.
X. Begehre nicht das Haus [1] deines Nächsten.

Die Art, wie Mose der Gottheit nähertritt, für sich und die Seinen, wird als **Bund** gedacht; d. h. die Beziehung, die zwischen beiden geknüpft wird, vollzieht sich in denselben Formen, mit denen unter Menschen Verträge abgeschlossen werden. Die dem menschlichen Vertrag entlehnten Formen werden auch diesem Hergang den Namen geliehen haben. Wie jede Bindung ähnlicher Art enthält auch diese Verpflichtungen für beide Teile: für den Gott, dem Volke Schutz und | Hilfe zu gewähren, es zu „seinem" Volke zu machen, für das Volk, des Gottes Dienst zu üben und seinen Willen zu tun. Aber die Hauptpflicht liegt auf der Seite der Menschen: Jahve legt dem Volk seinen Willen vor. Israel hat nur zuzustimmen. Eine Art **Gesetz**, eine Willensäußerung und Satzung des Gottes, ist somit in der Bundschließung allezeit einbegriffen. Demgemäß ist auch diese von Mose stammende Tora nichts anderes als die Zusammenfassung derjenigen Satzungen und Regeln, die als das Wesentliche des Gotteswillens galten [2]. |

---

1) *Bait* bedeutet die Behausung im weitesten Sinn; nach der Etymologie sowohl als nach dem arab. Sprachgebrauch kann auch das Zelt so heißen. 2) Das Alter der **Idee des Bundes** in Israel ist vielfach, teilweise mit großem Eifer bestritten worden (Wellh., Gesch. Isr.[1] 434 f., Prol.[2] 443 f.; Stade, Bibl. Theol. 36 [gg. 35] und bes. Kraetzschmar, Die Bundesvorstell. im AT. 1896). Doch liegt hierzu kein Grund vor. Das Alter der Vorstellung ist sicher bezeugt durch den Bundesbaal, auch Bundes-el von Sikem in Richt. 9; vgl. dazu oben S. 202 f. Der Bund, dessen Hüter er ist, ist das in Sikem bestehende Verhältnis zwischen dem Gott und seinen Verehrern. Daß ein solches in Sikem vorhanden war, ist durch Jos. 24, 1. 25 ff. bezeugt, wo Josua Israel in Sikem versammelt, um es zu verpflichten, Jahve zu dienen, nicht andern Göttern. „An jenem Tag schloß Josua einen Bund mit dem Volk und stellte ihm auf **Satzung und Recht** (*wa-jāsem lō choq umišpaṭ*) in Sikem." Dann schreibt er „diese Worte" [die, in denen Satzung und Recht besteht] auf in das Buch der Tora Gottes und nimmt einen großen Stein und richtet ihn auf unter der Terebinthe, die beim Heiligtum Jahves in Sikem stand. Der Stein soll Zeuge des Bundes sein, „weil er alle Worte, die Jahve mit uns geredet hat, hörte" V. 25—27. Als Josua in Kanaan eindrang, soll er also Sikem zum Ort des Vertragsabschlusses gemacht haben. Ob die Nachricht geschichtlich ist, hängt von der Frage ab, ob Josua überhaupt Sikem gewann, auf die hier nicht einzugehen ist (vgl. § 40 a. E.). Jedenfalls muß in Sikem ein solcher Ritus, wie er hier beschrieben ist, üblich gewesen sein, und da Richt. 9 uns einen kanaanäischen Bundesbaal nennt, so muß angenommen werden, daß der Gedanke des **Gottesbundes** schon in vorisraelitischer Zeit in Sikem üblich war und daß dieser Bund nach Riten vollzogen wurde, die in Jos. 24 beschriebenen analog waren. Das Wesentliche an den Bräuchen ist die Mitteilung der Satzungen, die auch *tora* heißen; daneben spielen der heilige Stein, die Massebe und der heilige Baum eine Rolle. Beide werden auch sonst genannt; letzterer heißt Gen. 12, 6 die Terebinthe (Gottesbaum, אלון, אלה) des Toraerteilers (מורה) oder Richt. 9, 6 אלון מצב, was vielleicht „Gottesbaum mit der Massebe" heißt; vgl. Meyer, Isr. 542 f., über den ersteren vgl. Gen. 33, 18 ff. (ob. S. 237); 35, 1 ff. Es fällt auf, daß in Jos. 24 das **Opfer** fehlt; sicher ist es vorausgesetzt, und mit ihm das **Mahl**. Über weitere Formen der Bundesschließung ist schon oben S. 202 f. gehandelt, wozu

In welchen Formen sich der Bund am Sinai vollzog, läßt sich, da unsere Nachrichten auseinandergehen, nicht mehr bestimmen. Auch nicht mit Sicherheit, welche Rolle die Tora dabei spielte. Vielleicht erfolgte die Verpflichtung lediglich auf den Dienst und Willen Jahves. Dann boten die Tafeln mit dem Dekalog lediglich die nachträgliche, auf wenige grundlegende Sätze gebrachte Zusammenfassung der obersten Regeln des neuen Zustandes der Dinge. Aber sie konnten nicht alles enthalten. Sie geben nur Grundsätze und Richtlinien des religiösen und bürgerlichen Lebens. Eine nähere Ausführung war unumgänglich. Auch für sie mußte Mose Sorge tragen. Was er selbst hierüber darbot, für die Gegenwart in der Steppe und wohl auch vorausblickend für die Zukunft im Lande, ist uns nicht mehr erhalten. | Was wir heute als das sogenannte **Bundesbuch** lesen, ist vermutlich dasjenige, was unter Verwendung seiner Anregungen

noch das reiche Material bei Meyer 556 ff zu vergleichen ist. — Nun ist schon oben S. 372 ausgeführt, daß der Zusammenschluß der Israelstämme unter sich sowohl als mit den Qadesstämmen eine Art Bundesschließung, eine Konföderation der Stämme, voraussetzt. Schon sie konnte nicht ohne bestimmte Rechte und Satzungen für das Zusammenleben, also ohne *choq* und *mišpaṭ* gedacht werden; die Mose, der Leiter, gab. Schon damit wird Mose zum **Gesetzgeber**. Nun führt **Qades** die Namen *meriba* Schiedstätte und *ˁēn mišpaṭ* Rechtsquelle (s. ob. S. 310f. 371) und war demgemäß wohl längst eine Gerichtstätte. Wird Mose das Haupt jenes Bundes, so spricht er hier fortan nach den neuen Satzungen Recht (Ex. 15, 25; *sam lō choq umišpaṭ* klingt auffallend an Jos. 24, 25 an: „Aufstellen von Satzung und Recht" wird eine feststehende Redensart in solchen Fällen gewesen sein). — Weiterhin berichten aber sowohl J als E, daß auch das neue Verhältnis, in das Israel durch Mose am **Sinai-Horeb** zur Gottheit trat, die Form eines solchen **Bundes** erlangen habe, bei welchem der Dekalog und das sog. Bundesbuch die Bundessatzungen darstellten (s. oben in § 29 u. 30). Bei E Ex. 24, 3—8 gleicht der Vollzug im einzelnen vielfach dem von Sikem: das Volk versammelt sich zum Anhören der Bundesverpflichtungen; es wird ein Altar mit 12 Masseben als den Zeugen des Bundes errichtet und die Satzungen werden in ein Buch eingetragen (dann folgt das Opfermahl mit Blutsprengung). Meyer, Isr. 550. 558 (vgl. dazu Steuern., Einw. 87; Holz. und Baentsch im Komm.) scheint um der Ähnlichkeit willen geneigt, einfache Übertragung des Ritus von Sikem auf den Sinai anzunehmen. Doch liegt dazu kein Anlaß vor; die Riten sind augenscheinlich viel verbreitet und werden immer wieder angewandt worden sein, können also auch E unabhängig von Sikem geläufig sein. Bei J ist nun aber die älteste Überlieferung (s. ob. S. 315³. 316) die von j gewesen, die Bundesschließung selbst habe sich lediglich in einem festlichen Gemeinschaftsmahle vollzogen, dessen Mose mit Aaron und den Ältesten gewürdigt war, und bei dem sie die Gottheit selbst **schauen** dürfen. In welcher Form die Verpflichtung sich abspielt, hören wir nicht. Es scheint, daß das Schauen hier die Tafeln und das Buch ersetzen soll und alles in sich beschließt, auch die Verpflichtung, dem Geschauten zu dienen. Doch ist diese Version Ex. 24, 9—11 nur ein, wenn auch ältester, volkstümlicher Nebentrieb der Überlieferung. Auch für J ist im übrigen das Vorhandensein von Tafeln und einem Buch feststehend. Doch kann die Meinung gewesen sein, daß Mose mindestens das Bundesbuch erst als nachträgliche Zusammenfassung des Willens Jahves erließ. — Als **Ergebnis** dürfen wir unter allen Umständen annehmen, daß nichts im Wege steht, sowohl den Begriff **Gesetz** als denjenigen des **Bundes** der mosaischen Zeit zuzuschreiben. Vgl. noch Sellin, Beitr. z isr. u. jüd. Religionsgesch. I (1896); Giesebrecht, Die Geschichtlichkeit des Sinaibundes, 1901; Karge, Bundesgedanke im AT. 1909 (ein Buch von unleidlicher Breite, wenn auch meist kundig). Caspari, Gottesgemeinde am Sinai 1922 (von noch unerträglicherer Schwerfälligkeit, die größte Tugendübung des Lesers). Die Frage, ob *berit* Vertrag oder Bindung heiße, ist untergeordnet: was bei Menschen Vertrag ist, ist bei der Ungleichheit der Partner Gott gegenüber Bindung. Ein sittlicher Prozeß vollzieht sich schon hier. Daß die späteren Profeten ihn tiefer und grundsätzlicher erfassen, ändert daran nichts (Casp. 146).

die Priester der nachmosaischen Zeit für den Bedarf des Volkes in Kanaan zusammengestellt haben [1].

Das Programm der neuen Religion liegt in dem Satze, der die zehn Worte einführt: Ich Jahve bin dein Gott [2]. Es ist angesichts dieser Einführung des Dekalogs und angesichts der übereinstimmenden bestimmten Behauptung [3] des entgegengesetzten Tatbestandes durch E und P wie durch die Profeten [4] schwer glaubhaft, daß der Name Jahve schon vor Mose und Israel sollte existiert haben. Der einzige mit Jahve zusammengesetzte Name aus älterer Zeit, derjenige von Moses Mutter Jokebed, ist am wenigsten dafür zu verwenden. Denn bei der Unklarheit seiner Bedeutung [5] liegt die Möglichkeit zu nahe, daß | er eine spätere Umbildung im Sinne des neuen Gottesglaubens erfahren hat.

4. Die Bedeutung des Namens Jahve ist nicht übereinstimmend ermittelt und kaum sicher zu bestimmen. Unter allen Umständen wird man kein Recht haben, sie außerhalb des hebräisch-arabischen oder gar des semitischen [6] Sprachgebietes zu suchen. Aber auch innerhalb des-

---

1) Über den literarischen Charakter und das Alter des Bundesbuches und verwandter Stücke ist an anderer Stelle ausreichend gehandelt (ob. § 29 f u. Bd. II [4], 63 f.). Hier mag lediglich die Frage noch Erwähnung finden, ob es überhaupt wahrscheinlich sei, daß Mose selbst schon irgendwelche Anregungen und Richtlinien für das künftige Leben seines Volkes gegeben habe. Aber wenn es sich überhaupt um eine neue Ordnung der Dinge für Israel handelte, und wenn anderseits Mose mit dem Vordringen nach Kanaan rechnete, so konnte er sich mit jenen allgemeinen und kurzen Sätzen nicht begnügen. Mit allgemeinen Erwägungen, wie sie heute vielfach üblich sind (vgl. Baentsch, Ex. S. L.; Holz., Ex. 101), als könnten Gesetze erst festgelegt werden, wenn man befürchten müsse, die Tradition des Brauches und Gewohnheitsrechtes könne verloren gehen, kommt man nicht aus [s. Beilage IV]. Ich kann hier nur Eerdmans zustimmen, der Altt. Stud. 3, 124 f. betont, daß wir eigentlich über die Kodifikation des Gewohnheitsrechtes im Altertum viel zu wenig wissen, um Gesetze über die Bedingungen aufstellen zu können, unter welchen eine solche Kodifikation stattfinden müsse. Hammurapis Gesetzeskodex ist gewiß nicht der Sorge entsprossen, das geltende Recht könne vergessen werden, sondern der Absicht, es jedermann leicht zugänglich zu machen und eine unverrückbare Norm zu haben. „Man kodifiziert das Recht nicht, weil man zu wissen wünscht, was das Recht vergangener Zeiten gewesen ist, sondern weil die Gegenwart das Recht als lebendiges Recht kennt und braucht" (Eerdm. 125). So mußte auch Mose am Herzen liegen, den Priestern Israels die Normen festzulegen, nach denen sie das Volk zu belehren und im Namen Jahves Rechtsentscheidungen zu geben hatten — wahrscheinlich gegründet auf mancherlei von ihm selbst gegebene Entscheidungen in Rechtsfällen. Worin sie im einzelnen bestanden, wissen wir nicht mehr; das BB. in seiner heutigen Gestalt sind sie nicht. Aber reicht das BB., wie anderwärts dargelegt, in frühe nachmosaische Zeit hinein, so muß es so entstanden sein, wie der Text annimmt. S. auch Nowack in Festschr. Budde 132 ff., der nach längerer Darlegung schließlich dem hier vertretenen Ergebnis ziemlich nahekommt. 2) Besonders, aber zu ausschließlich, betont dies Wellh., s. ob S. 382 [1]. 3) Ex. 3, 14; 6, 3. Die Übertragung des Namens in die Urzeit bei J ist nicht Theorie, sondern doch wohl naive Geschichtslosigkeit 4) Hos. 12, 10; 13, 4. Ez. 20, 5. 5) *Ikabod*, freilich für sich wieder dunkel, scheint dasselbe zu bedeuten. Der älteste mit Jahve zusammengesetzte Name ist *Josua*. 6) Vgl. im allgem. m. Art. Jahve in PRE.³. Dazu ebda Bd. 23, 665 und über die Geschichte der Aussprache Moore in Am. J. Theol. 12 (1908), 34 ff. Am. J. Sem. Lang. 25 (1909), 312 ff.; 28 (1912), 56 ff. Dort der Nachweis, daß „Jehova" schon 1278 n. Chr. nachweisbar ist. — Die längere Zeit die Gemüter erregende (von Jerem.³ 272 u. Landersdorfer, Bibl. Ztschr. 10 (1912), 24 ff. auf Umwegen wieder aufgenommene; vgl. Breitschaft: ebda 238 ff.) Meinung von Delitzsch, Jahve sei in den Namen *Ja-ʾ-PI-ilu* und *Ja-PI-ilu* im alten Babylonien festgestellt, ist nunmehr endgültig als irrig nachgewiesen, vgl. Clay, Amurru (1909) 202 ff. und Thureau-Dangin, Lettres et contr. 1910 (dazu Ranke in Th. Lit.-Z. 1911, 102: *jawi* ist Verbalform). Als gesichert bleibt von ausländischen Erwähnungen Jahves

selben bleibt die Wahl zwischen mancherlei Möglichkeiten. Die geringste Schwierigkeit bietet die biblische Deutung selbst. Sie ergibt den, *„der ist"*, aber nicht im Sinne des Seienden als des ruhenden, sondern als des bewegten Seins, somit den sich wirksam Erweisenden, den, der sich **be- tätigt, sich offenbart**[1]. So hat man in Israel in der Zeit der Könige und Profeten über Jahve gedacht, wenn sie den Namen Jahves priesen und ihren Schwur mit „es lebt Jahve" bekräftigen. Ihnen war Jahve der Inbegriff der lebendigen Hilfe und der helfenden Fürsorge für sein Volk, der Gott der geschichtlichen Offenbarung, der Erlösung. Darin liegt zweifellos geschichtliche Wahrheit. Die Gottestat am Horeb und am Roten Meer hat Mose zum Profeten und Verkünder dieses Gottes, die rettende Tat ihn zum Religionsstifter und zum Anfänger einer geschichtlichen Religion gemacht. Die **G e s c h i c h t e** wird hier zur **O f f e n b a r u n g.** Und solange Israel lebte, war seine Religion von nun an an seine Geschichte geknüpft und seine Geschichte an die Religion: sie ist Gottestat und Erleben Gottes. Man spürt in Israel Gottes Hand in ihr. Eine ganz andere Frage ist freilich, was der Name im Sinne **M o s e s** bedeutete. Hier kommen wir über Vermutungen nicht hinaus.

Nur soviel wird man sagen können: hätte er nicht etwas die neue von der bisherigen Verehrung Israels Unterscheidendes in sich geschlossen, Mose hätte ihn nicht angenommen. Die Wahrscheinlichkeit spricht dafür, daß Mose die am Sinai ihm in merkwürdigen Betätigungen ihrer Macht und der Gewalt über die Natur nahetretende Gottheit als die Herrin | der **h i m m l i s c h e n G e w a l t e n** spürte. Der Gott, den er von den Vätern her kannte, der übergewaltige *El schaddaj* und himmlische *El ro'ī, El 'olām* und *El 'eljōn,* der Schöpfer von Himmel und Erde, zugleich als der El von Qades der rechtsprechende, Hader schlichtende Gott, wird von ihm nun in gewaltigen Ereignissen erlebt als der in Staunen und Ehrfurcht erregenden Naturgewalten sich lebendig betätigende, als der Herr über Sturm und Wetter und alle Himmelsmächte. Der stillwaltende, gütige, fast **r u h e n d e**[2] Himmels- und Schöpfergott der Väter ist ihm zum **t ä t i g e n,** ja zum wild aufbrausenden, zehrend eifersüchtigen Jahve geworden. Die Not der Zeit, die ihn heischte, und die Wetter des Sinai, die ihn kündeten, hatten ihn dazu gemacht[3]. Als solcher ergreift und bezwingt er Mose. Seine Stiftung wird zur Religion der **E r g r i f f e n h e i t.**

(vgl. dazu Zimmern in KAT.³ 468) allein übrig der Gott des nordsyrischen Hamat (am Orontes) *Ja'u* in dem dortigen Königsnamen *Ja'u-bidi* = *Ilu-bidi* und vielleicht des nordsyrischen Landes Jaudi in dem Königsnamen *'Azri-ja'u,* beide im 8. Jahrh. (Beim letzteren kommt freilich wegen des Fehlens des Gottesdeterminativs vielleicht schon die in Beilage V genannte Deutung = „irgendeiner" in Betracht.) Wie sie dahin kommen, läßt sich erklären: der Ruhm Davids und Salomos hob das Ansehen Jahves in ganz Syrien: man denke an den Syrer Na'man zu Elisas Zeiten, der Jahveverehrer wird; die Entlehnung Jahves von dort her wird schon durch ihre Jugend ausgeschlossen. — Von neueren Deutungen Jahves verdient noch Erwähnung die von Stade: „Fäller"; weiter Anm. 3, jetzt auch König, ZAW. 35 (1915), 45. [Vgl. bes. noch die Beilage V, auch S. 392.]

1) So in Ex. 3, 13 ff. Siehe darüber oben S. 323, Anm. 1.   2) Hofmann, Begr. d. rel. Erf. (1920) 104 stößt sich an dieser Bezeichnung angesichts des „Schreckens Isaaqs" (oben S. 278³). Aber der Schreck Isaaqs oder der mit Jaqob am Jabboq Ringende sind Ausnahmen, die die Regel nicht umstoßen. Die Anschauung ist keine volle Einheit. Neben freundlichen gehen auch schreckhafte Erfahrungen einher. Aber die ersten beherrschen weitaus.   3) Da Jahve am Sinai (Ex. 19, 16) sich im Wetter, unter Blitz- und Donnererscheinungen offenbart (vgl. be-

Jedenfalls will das Verbot, andere Götter neben Jahve zu verehren, Israels Gottesglauben bewußt über den anderer Völker emporheben.
Ob Mose die Existenz anderer Götter neben Jahve geglaubt hat, wissen
wir nicht. Das nachmosaische Israel hat es zum Teil getan [1]. Es läßt
sich eben daher auch schwerlich behaupten, daß Mose den absoluten, nicht
den relativen Monotheismus, die Einzigkeit Gottes im strengen Sinne, nicht
die bloße Einzigartigkeit, mit diesem Gebote verband [2]. Trotzdem steht
er auch mit ihm weit über der Masse der ihn umgebenden Religionen.
Mag auch in ihnen ein einzelner Gott die erste Stelle als ·Hauptgott den
anderen gegenüber behaupten; überall duldet er jene neben sich. Jeder
derselben hat teils das ihm entsprechende weibliche Prinzip, teils ihm
untergebene Untergötter, einzelne Söhne neben sich. Jahve allein schließt,
so wie ehedem der ägyptische Aton — und doch wieder ganz anders —
jeden Gott neben sich aus. Von hier aus erklärt sich auch der dem Jah-
vismus von | Anfang an anhaftende kräftige Zug zur Ausschließlich-
keit, ja zur Unduldsamkeit [3], jener im Unterschied von der milden El-
religion der Väter herbe, fast harte Zug des Jahvismus. Es ist das gewaltige, nirgends in der Welt so vorhandene Tabu, das Mose mit seinem
Gotte verbindet. Jahve ist ein Gott schreckhafter Heiligkeit. Es muß
ein Feuer in Moses Seele gebrannt haben, eine Lohe heiliger Begeisterung,
wie sie nur Profeten einer ganz großen Sache kennen. Die Vielgötterei
und deren überall sich findendes Gegenstück, die Naturreligion, sind damit im Grundsatz abgelehnt.

Israel ist Jahves Volk. Es erhält von ihm Hilfe im Krieg [4] und in
den Segnungen der Natur [5]. Doch kann die Hilfe auch ausbleiben, sie ist
von sittlichen Bedingungen abhängig [6]. Es erhält ferner von ihm seine
Tora, die Kundgebung seines Willens. Moses Stiftung bringt einen Gott
des sittlichen Willens. Im Namen Jahves spricht Mose Recht [7] und
gibt er Gesetze. Auch dies mag bei andern Völkern sich finden. Auch
ihnen sind die Götter nicht allein Spender des Lebens und Segens, sie
können selbst die Wächter des Rechts und der guten Sitte, die Rächer
menschlicher Schuld sein. Die Babylonier haben schon in verhältnismäßig
früher Zeit ergreifende Bußpsalmen gesungen. Aber es kommt doch alles
auf den Inhalt, vor allem der Gesetze und des Rechtes an. Chuenatens

sonders auch die durchaus als Ausmaluug der Sinaioffenbarung erscheinende Schilderung
der Theofanie in Ps. 18, 9 ff.), so schiene mir am ansprechendsten die Zusammenstellung mit arab. *hawa*, was als Verb. „wehen", als Subst. geradezu „das Wetter"
bedeutet. Die ihm hier am Sinai nahetretende Gottheit wäre demnach Mose besonders
dadurch aufgefallen, daß sie als Herrin der himmlischen Gewalten in die Erscheinung
trat, und hierin müßte das Unterscheidende des neuen Gottes gegenüber dem überkommenen Gott der Väter (über ihn oben S. 288 ff.) und dem in Qades bei den dortigen
Priestern kennen gelernten El von Qades (S. 372 Mitte) liegen. Vielleicht darf hier an
die merkwürdige Doppelheit im Wesen des altarischen Gottes erinnert werden, nach
der er für die östliche Gruppe ein milder, gütiger, für die westliche Kriegs- und
Gewittergott ist; vgl. S. 210.
1) Vgl. besonders Richt. 11, 24. 1 Sam. 26, 19 f. Für die richtige Deutung
dieser Stellen ist Bd. II [4] 247². 369². 390² zu vergleichen. 2) Immerhin mag S 389,
Anm. 3 (Ende) verglichen werden. 3) Auf der andern Seite liegt natürlich in dieser
geschichtlich feststehenden Ausschließlichkeit (man denke an den *cherem*, den Blut-
bann) eine starke Stütze für das Alter des Gebotes. 4) Ex. 14 f. (Richt. 5). Ex 17;
die „Kriege Jahves" 5) Ex 14, 21 (רוח קדים); ferner die Versorgung in der Wüste,
die Einführung nach Kanaan. 6) Z. B. Num. 14 und 16; s. oben S. 319. 331.
7) Ex. 15, 25 vgl. Jos. 24, 25 (dazu oben S. 385, Anm.); Ex. 18.

Monotheismus kennt überhaupt die sittliche Seite der Gottheit kaum [1]. Aton ist kein Gott der Gerechtigkeit. Das Gesetz hingegen, das Mose offenbart, bringt das Gute reiner, keuscher, vollendeter zum Ausdruck als Recht und Sitte der Nachbarn. Und mag es seinen Satzungen nach dem ägyptischen Totenbuche noch so verwandt sein: es atmet einen anderen Geist, den Geist einer reineren Frömmigkeit und zugleich edler Würde, Freiheit und Menschenachtung.

Man streitet, ob der Begriff der sittlichen Heiligkeit Jahves dem Mosaismus bekannt sei, weil spätere Zeiten vielfach seine Heiligkeit als physische Eigenschaft, als verzehrende Macht und Unnahbarkeit verstanden haben [2]. Jedoch der Sache nach kann — mag der Begriff selbst noch gefehlt haben — eine Religionsstiftung nicht ferne von jener Art der Heiligkeit Gottes gewesen sein, in der Gott selbst nach so vielen Seiten hin der Urheber und Wächter nicht allein des vermeintlich Guten, sondern des wirklich Guten und sittlich Reinen, d. h. des | Heiligen im späteren, zugleich in unserem Sinne ist [3]. Ist auch Mose der Begriff der sittlichen Weltordnung [4] noch nicht erschlossen: den der sittlichen Volksordnung kann man ihm nicht bestreiten [5]. Wie stark das Moment des Sittlichen [6] in der Stiftung Moses vertreten ist, zeigt wohl nichts deutlicher als der Umstand, daß er mit dem Zehngebote nicht den Kultus, sondern die Ethik an die Spitze seines Lebenswerkes stellt. Will man seine Gottesanschauung nach ihren beiden wesentlichen Seiten auf einen kurzen Ausdruck bringen, so wird man sie am besten als einen der monolatrischen Praxis entsprechenden ethischen Henotheismus bezeichnen [7].

Steht damit der Jahve Moses nach so vielen Seiten über den gewöhnlichen Volksgöttern der Nachbarstämme, so kann es schließlich auch

---

1) Sofern er über die bloße, der philos. Spekulation entsprossene Lehre von der Einheit hinausgeht, beschränkt sie sich auf die etwas weichlich empfundene Idee der Weltverbrüderung ohne praktische Spitze.   2) Kuenen, Volksrelig. und Weltrelig., S. 115; Stade, Gesch. Isr. I, S. 433 f. Bibl. Theol. 87 f.   3) Wie weit für Mose Jahve „absolut groß und absolut gut" ist (Volz 96 ff.), läßt sich nicht mit Sicherheit bestimmen. Der nachmosaischen Zeit war er es nicht ohne weiteres (s. S. 388[1], auch 380[1]), und über eine sittliche Volksordnung hat Mose nicht hinausgegriffen (s. Anm. 2). Es käme daher alles auf den Umfang des persönlichen Überragens Moses über die Umwelt und Nachwelt an, den wir feststellen, aber nicht bestimmter umgrenzen können. Vgl. noch Beil. II gg. E.   4) In Ägypten hat man ja wohl seit alter Zeit mit dem Gedanken des Weltreichs auch den des Weltgottes erfaßt. Aber nicht einmal Amen. IV. hat ernste praktische Folgerungen hieraus gezogen, geschweige das Altertum.   5) Vor allem dürfen die Gebote VI—VIII nicht als allgemeine Menschheitssatzungen verstanden werden. Es handelt sich (Eerdm. 140) nicht um die Sicherstellung des menschlichen Lebens, der Ehe, des Eigentums an sich — ein „Stehlen" z. B. gab es dem Stammfremden gegenüber, der nicht *ger*, d h. Schutzbefohlener war, kaum (vgl. noch Dt. 23, 21) —, wohl aber um die Festlegung der Moral innerhalb Israels in dem Sinne, daß diese Güter hier ihren Schutz fanden. Demgemäß wird auch der „Nächste" in IX der Volksgenosse sein wie sonst, und das „Begehren" in X darf nicht lediglich als Gesinnung, wie Jesus es deutet, gefaßt werden. Man vgl. Ex. 34, 24: „es soll niemand dein Land begehren (חמד), wenn du (zum Fest) hinaufziehst". Es handelt sich augenscheinlich um Anschläge, Intrigen u. dgl. gegen das fremde Eigentum, kurz um den Versuch, die Gesinnung zur Tat zu machen, Matthes in Teyl. TT. 1906, 17. Indem man das Gebot im Sinne Jesu vergeistigt, muß man es freilich der profetischen Zeit zuschreiben (Baentsch, Ex. 184, Holz., Ex. 75). — Weiteres über das Alter des Zehngebotes siehe in Beilage I am Ende des Bandes.   6) Vgl. auch Marti in StKr. 1908, 332; Baentsch, Exod. LIII; Burney im JThS. 1908, 327 ff.   7) So auch Driver, Exod. 413. [Vgl. d. Beilage VI am Ende des Bandes.]

nicht befremden, ihm schon durch Mose die B i l d l o s i g k e i t zugeschrieben zu sehen [1]. Man hat gerade dieses Stück des Dekalogs am meisten bezweifelt [2]. Besonders hat man sich auf die unleugbar in nachmosaischer Zeit lange mehr oder minder unbeanstandet geübte | Verehrung Jahves im Bilde berufen [3]. Aber die hierdurch geschaffene Schwierigkeit wird mit der Streichung des Bilderverbotes aus dem Dekalog nicht gehoben. Das Hauptheiligtum, wie wir es zu Salomos, Davids und schon Elis Zeit kennen lernen, hat ohne allen Zweifel kein Jahvebild besessen. Jene Zeiten m ü s s e n also das Bilderverbot gekannt haben. Und doch finden wir trotz des Verbots in der Richter- und Königszeit die Neigung zum Bilderdienst. Sie schafft sich endlich im Nordstaate seit Jerobeam I. ihre bleibende Stätte, so sehr, daß selbst Elias und Elisa im Kampf gegen den Fremdkult diese Art der Jahveverehrung noch dulden müssen. Wenigstens ist uns von ihnen keine Äußerung gegen sie bekannt [4]. Dies beweist zur Genüge, daß aus dem tatsächlich da und dort geübten Bilderdienst auf das Nichtvorhandensein des Verbotes kein Schluß zu ziehen ist. Dasselbe würde die Vergleichung des zuzeiten, selbst unter Salomo, geübten Fremdkultes mit dem Verbot der Verehrung anderer Götter belegen. Sucht man anderseits in der Geschichte nach dem Punkte, an dem das Bilderverbot hätte entstehen können, so wird man notwendig bis in die Zeit Moses zurückgeführt. Es muß demnach ein Stück seiner Gesetzgebung gebildet haben: Mose will mit ihm den Dienst Jahves in bestimmten Gegensatz zu der anderwärts — es mag besonders an Ägypten gedacht sein — üblichen Versinnlichung des Göttlichen stellen. Die Erhebung seiner Religion über den, polytheistisch-sinnlichen Naturdienst erreicht damit ihren Höhepunkt.

Der hier vertretenen Auffassung sind nun die neueren Ausgrabungen insofern wesentlich zu Hilfe gekommen, als sie den überzeugenden Nachweis erbracht haben, daß auch im alten Kanaan die bildliche Verehrung der Gottheit durchaus nicht die Regel bildete. Wenigstens nicht im öffentlichen Gottesdienst [5]. Ebenso haben die neueren Forschungen auf anderen Gebieten die vorher schon beträchtliche Zahl der Beispiele bildloser Gottesverehrung noch erheblich vermehrt. Auch von hier aus gewinnt demnach die innere Wahrscheinlichkeit der Forderung bildloser Gottesverehrung durch Mose an Boden [6].

Nun ist freilich nicht zu verkennen, daß nicht jeder bildlose Kultus ein Beweis hoher Gottesanschauung ist. Es gibt eine naive | Art anikonischen, also bildlosen Gottesdienstes, bei der das Unvermögen, die

1) Siehe König, Die Bildlos. d. legit. Jahvekultus (1886); dessen Hauptprobl. 53 ff.; Dillm., ExLev.³ 228 f. Driver, Ex. 315 f. Greßm., Mose 476. Sellin, Z. Einl. 19 f.; weiteres sofort. 2) Vatke, Bibl. Theol. I, S. 233 f.; Kuenen, Godsd. I, S. 232 f. 283 ff.; Stade, Gesch. Isr I, S. 466 und seither viele andere. Baudissin, Einl. 66 will wegen Elias dieses Gebot aus dem mos. Dekalog ausscheiden. Doch s. im Text. 3) Stade, Gesch. I, S. 449 ff. 4) Immerhin mag über den Karmel m. Komm. zu 1 Reg. 18 (S. 143 u.) verglichen werden. 5) Oben S. 129 u. 139 f.; dazu Bd. II⁴ 82. 272, auch 206 u. ö. 6) Reichel, Vorhell. Gött 53; Karo, ARW. 7, 117 ff. (Kreta); auch ob. S. 194 Anm. Dalman, Petra 55 (die Nabatäer); vgl. Meyer, Isr. 538 (Tabor), 551 Anm. 559 (Sikem); Greßm. AT. II 1, 19. Cornill, Zur Einl. 26. Außerdem Gades (Hölscher, Prof. 144 f.); die Araber (ebda 216²), auch ob. S. 129. 194. Von andern Gebieten, wie der persischen (Herodot), altrömischen (Numa?) und germanischen Götterlehre, mag hier abgesehen werden, um so mehr, als sie z. T. bestritten sind (Scheftelowitz, Altp. Rel. 10). Geg. Greßm. s. noch S. 374¹.

Gottheit konkret vorzustellen oder sie im Bilde darzustellen, das Fehlen
des Bildes erklärt. Aber mit dieser primitiv-anikonischen Weise
hat höchstwahrscheinlich schon die kanaanäische Religion — wie die hohe
Kultur Kanaans zeigt —, auch wohl die kretische auf der Stufe, auf der
wir sie beobachten können, nichts mehr zu tun. Im Gegenteil scheinen
hier ehedem vorhandene primitive Idole allmählich abgekommen zu sein.
Es wird sich also eher um eine aus jener herausgewachsene Scheu vor
der Abbildung der Gottheit handeln. Dasselbe wird von der mosaischen
Religion gesagt werden dürfen. Ist ihr bildloser Charakter nach dem
vorhin Dargelegten an sich wahrscheinlich, so ist bei der fast allgemein
anerkannten geistigen und sittlichen Tendenz dieser Religion auch dieser
Zug aus bewußter Ablehnung des Gottesbildes zu erklären: schon für
Mose ist die Gottheit zu groß, um durch Menschenhände dargestellt zu
werden.

Fassen wir zusammen, so ist das Eigenartige, was Moses Religionsstiftung über die heidnischen Religionen hinaushob, was ihr die Zukunft
sicherte und sie zum Kleinod Israels und der Menschheit bestimmte, darin
gegeben: sie weiß ihren Gott nicht bloß als den Gewalthaber, sondern
zugleich als den lebenspendenden Helfer, in dem darum die Idee der
Liebe geborgen liegt; sie weiß denselben als den Gott einziger Art, der
alle andern ausschließt, und birgt darin seine schlechthinnige Einheit, sie
kennt ihn als den Rechtspender und Richter und ahnt in der Hoheit seiner
Gebote und seines Richtens seine Heiligkeit und Bundestreue; sie erkennt
ihn als den Unsinnlichen, Geistigen und vollendet damit den Protest gegen
die herrschenden Glaubensarten.

5. Noch ist ein Wort über die Frage zu sagen: wie und woher
Mose diesen Glauben schöpfte.

Die negative Seite derselben ist im bisherigen erledigt. Darf als erwiesen angesehen werden, daß der Name Jahve nicht außerhebräischen
Ursprungs ist, so ist damit auch die Entlehnung der Idee und des Dienstes
Jahves vom Auslande abgewiesen. Im Ernste konnte es sich in dieser
Hinsicht nur um Ägypten handeln. Die eine Zeitlang beliebte Meinung,
als habe Mose aus der ägyptischen Geheimlehre die Idee Jahves aufgenommen [1], bedarf heute keiner eingehenden Widerlegung mehr. Wohl
aber kann allen Ernstes in Frage kommen, ob nicht Mose damals, als er
sich am Sinai in großer Stunde in die Nähe der Gottheit versetzt sah, den
El von Qades und vom feurigen Dornbusch, den er hier kennen gelernt
hatte und den er dann im Gewitter und | schon in der Großtat am Roten
Meere neu erlebte, als denselben erfassen lernte, den er von Anregungen
her, die er aus Ägypten und aus Kanaan aufgenommen hatte, ahnend in
seiner Seele trug [2]. Was im Nillande 1½ Jahrhunderte zuvor vorgegangen war
und bei den religiös Suchenden sicher seine Spur hinterlassen hatte, und
was in Kanaan hochdenkende Geister, unter ihnen wohl auch die Väter
Israels selbst, bewegt hatte, konnte unmöglich ganz verschollen sein. In
Moses Seele wäre dann der Wetter-, Blitz- und Feuergott vom Sinai mit
dem El ʿeljon und El schaddaj der Väter in Kanaan zu einer Einheit
zusammengeflossen, die alles das beschloß, was für Mose

---

1) Ältere Literatur bei König, Hauptprobl., S. 31.   2) Näheres darüber in
Beilage II am Ende des Bandes.

die Gottheit bedeutete und die daher mit dem Namen Jahve bezeichnet wurde.

So würde sich zugleich erklären, daß, wenn nicht bei Mose selbst, so bei seinen Zeitgenossen und der Nachwelt, im Bilde Jahves naturhafte Züge mit sittlichen, nationale mit übernationalen wechseln und sich je und dann geradezu die Wage zu halten scheinen. So würde auch über dem reichen Inhalt der Gottesvorstellung die Frage an Bedeutung verlieren, ob etwa Mose den N a m e n Jahve aus dem Kreise der im weiteren Sinne hebräischen Stämme aufgenommen habe. Man hat in dieser Beziehung daran erinnert, daß Mose seine erste Jahveoffenbarung während seines Aufenthalts bei dem Priester von Midjan erhielt; daß er auch künftig von ihm sich beeinflussen ließ; endlich daß der Sinai selbst, der Sitz Jahves, im Gebiete jenes midjanitisch-qenitischen Wüstenstammes lag [1]. Doch fehlen gerade darüber, daß Jahve ursprünglich der Gott der Q e n i t e r war oder daß der El von Qades den Namen Jahve führte, alle Nachrichten, was um so befremdlicher ist, da wir in einem andern Stücke, der Verfassung Israels, den qenitischen Einfluß noch in der Tradition verfolgen können [2].|

Ist sonach Jahve, der Lebendige, Alleingebietende, Unsichtbare weder in Israel schon bekannt gewesen noch von außen her Mose zugekommen — und wenn je, so wäre es nur dem Namen, nicht dem Inhalte des Be-

---

1) von der Alm; Tiele, Vergel. Geschied., S. 555 ff.; Kompend. der Rel.-Gesch.[1], S. 94; Stade, Gesch. Isr. I, S. 130 f. und seither viele Gelehrte. 2) Ex. 18. Vgl. dazu oben S. 329. Es handelt sich um die Art der richterlichen Tätigkeit Moses und die Organisation der Rechtsprechung mit Hilfe von Unterrichtern. Geistreich hat Budde mehrfach, zuletzt besonders in: Relig. d. V. Isr. ([2]1911), 16 ff., aus dem judäischen (dann wohl judäisch-qenitischen) Charakter von J auf qenitischen Ursprung von Jahve geschlossen. Ebenso erklärt er a. a. O. 17 f. die Jahve preisenden Worte Jitros in Ex. 18, 10 f. daraus, daß Jitro s e i n e n Gott, den Gott der Qeniter, als den mächtigsten rühme. Aber gerade davon steht nichts im Texte. Im Gegenteil („nun weiß ich") sieht es ganz so aus, als habe Jitro j e t z t erst das Wesen Jahves voll erkannt. Über das Opfer von V. 12 s. S 329 Anm. 3. Ich habe über diese sog. Qeniterhypothese, besonders auch über den nur Verwirrung schaffenden Begriff der „Wahlreligion", in PRE.[3] 8, 539/40 eingehend gehandelt. Doch mag hier wenigstens soviel gesagt sein: 1. in seiner Religion d. h. in seiner Gottesverehrung hat Israel seine Eigenart und das, was es allein in der Geschichte groß macht, besessen. Vor allem hat es in ihr die Kraft besessen, andere Elemente in sich aufzusaugen. Wenn Jahve ein Qenitergott war, so wären die Qeniter, nicht Israel, das Volk der Zukunft geworden, und Israel wäre in den Qenitern aufgegangen. 2. Die Qeniter haben jedenfalls eine N a t u r religion, und ihr Gott ist ein Naturgott. Israels Religion ist s i t t l i c h e Religion. Damit stellen beide einen grundsätzlichen Gegensatz dar. Hätte Mose seinen Jahve dort übernommen, so müßte er zugleich aus dem Gotte etwas ganz a n d e r e s gemacht haben, als er bei den Qenitern war. 3. Dann hätte er ihn aber gerade dem Wesen nach nicht entlehnt, und die ganze Hypothese würde damit so gut wie bedeutungslos. Ihr Wahrheitskern besteht lediglich darin, daß der am Sinai Mose kundgewordene Gott natürlich auch S p u r e n lokaler Beeinflussung an sich trägt. Aber sein Wesen geht darin nicht auf. — Sollte sich je einmal ein früher Zusammenhang zwischen dem Jahve Israels und dem n o r d s y r i s c h e n und vielleicht altwestsemitischen oder babylonischen *Jau* nachweisen lassen (worüber oben S. 386 f. und in den Beilagen), so wäre er m. E. eher so zu denken, daß einzelne Israelgeschlechter, etwa Levi, den Namen schon aus Kanaan nach Ägypten und der Wüste brachten, Mose ihn aber hier neu erfaßte, vielleicht auch ihn erst in *Jahve* umformte, jedenfalls aber seine Bedeutung mit den von ihm und seiner Umgebung gesprochenen Dialekten in Verbindung brachte. Da Jahve Ex. 3, 6 Mose gegenüber „Gott deines Vaters" genannt wird, könnte er als *Jau* am ehesten gerade in der Familie Moses schon seine Verehrung gehabt haben. Doch sind das alles vorläufig Vermutungen (zu ihnen auch Ungnad in ThLZ. 1913, 422).

griffes nach —, so bleibt nichts übrig, als daß der Jahveglaube, den Mose
erlebte und weitertrug, im Innern der Seele des Mannes selbst entstanden
ist. Angeregt von außen her, sowohl befruchtet mit einzelnen Ideen des
ägyptischen Gottesglaubens als abgestoßen durch die Vielheit, Sinnlichkeit
und Unwürdigkeit des ägyptischen wie des semitischen Götterwesens, mag
er wohl in der Einsamkeit der Wüste das wahre Wesen Gottes gesucht
und gefunden haben. Hier muß durch seine Seele ein Gedanke davon
geblitzt sein, daß das Größte, was er seinem Volke geben könne, welches
zu retten er entschlossen war, die wahre Gottheit sei. Das große Erlebnis
am Roten Meere und das noch größere am Sinai brachten ihm und den Seinen
die volle Gewißheit. Sie drückten seinem Glauben das Siegel auf. Mose
trat damit für sein Volk und — unbewußt wohl, aber doch vielleicht die
Größe seines Strebens ahnend — für die Menschheit in einen Kampf ein,
wie er gewaltiger, solange die Welt steht, auf dem Gebiete des Geistes
und der Gesittung nicht gekämpft wurde[1].|
　　Wer den Irrwahn und die erniedrigende Knechtung kennt, in denen
das ägyptische Leben — ohne Zweifel aus seiner Gottesanschauung heraus — das Volk des Nillandes gefangen hielt; wer vollends die das sittliche Gefühl aufs tiefste beleidigende, alle Menschenwürde in den Staub
tretende Religionsübung der vorderasiatischen Semiten mit ihren sinnver-
wirrenden Orgien bedenkt und damit den Geist der Religion Moses vergleicht, kann die Bedeutung jenes Kampfes um eine neue Gottesverehrung
ermessen[2]. Die Naturreligion mit ihrer die Menschen knechtenden, ihre
natürliche Freiheit wie ihre sittliche Würde verachtenden Tendenz mußte
den Völkern mehr und mehr das Erbgut der Gesittung und Menschlich-
keit rauben. Mose hat mit seiner Stiftung für sein Volk und die Welt
d e n W e g z u r F r e i h e i t u n d M e n s c h e n w ü r d e u n d z u r E n t f a l-
t u n g r e i n e r M e n s c h l i c h k e i t erkämpft.
　　W i e über das oben Angedeutete hinaus in Moses Seele jenes neue
und erhabene Erfassen der Gottheit geriet — dies bleibt das Geheimnis
seines großen Geistes. Jeder Genius auf Erden ist der Geschichte ein
Rätsel. Das größte ist immer der religiöse Genius. Denn aus der Zeit-
geschichte läßt sich jede geniale Neubildung wohl zu einem Teile, nicht
aber ohne Rest erklären. Den größten Rest aber, weil sie am tiefsten in
die verborgenen Gründe des Lebens eingreift, läßt die religiöse Schöpfung.
　　Der Historiker steht hier vor einem Geheimnis, das fast einzigartig
in der Geschichte dasteht. Eine Lösung zeigt sich nur, wenn in jene Lücke
ein Faktor eingesetzt wird, dessen Recht streng historisch nicht mehr zu
erweisen ist. Es gibt Punkte im Leben der Menschheit, wo die Geschichte
in Geschichtsphilosophie übergeht und die Spekulation mit ihrem zusammen-
schauenden und deutenden Lichte die sonst dunkel bleibenden Gänge des
geschichtlichen Prozesses erleuchten muß. Hier ist ein solcher. Nur eine
u n m i t t e l b a r e B e r ü h r u n g Gottes selbst mit dem Menschen, ein per-

---

1) Die oft geäußerte Befürchtung, bei dieser Auffassung von Mose bleibe den
Profeten nichts mehr zu tun übrig, ist wie sich in Bd. II zeigen wird, gegenstandslos,
sie ruht aber außerdem auf irriger Voraussetzung. „Einfache, große, ja geniale Er-
kenntnisse" — schreibt L. v. Schröder, Arische Relig. 105 mit Beziehung auf die
ältesten Upanischaden — „sind schon in sehr frühen Stadien der Kulturentwicklung
sehr wohl möglich. D a s W u n d e r d e s M e n s c h e n g e i s t e s b e s t e h t b e r e i t s a m
A n f a n g d e r M e n s c h h e i t s e n t w i c k l u n g."　　2) Siehe Ranke, Weltgesch. I, 1,
S. 37 f.

sönliches Erleben der Gottheit durch ihn, kann die wahre Gotteserkenntnis erzeugen oder den Menschen um einen wirklichen Schritt ihr näherbringen. Denn in sich selbst | findet der Mensch nur die Welt und sein eigenes Ich. Weder das eine noch das andere gibt mehr als das Heidentum; jenes eine niedere, dieses eine höhere Form desselben. Leuchtete in Mose die Gewißheit auf, daß Gott weder die Welt noch das idealisierte Bild des Menschen, sondern daß er der Herr des Lebens und der über Vielheit und Sinnenwelt erhabene Schöpfer der sittlichen Gebote ist, welcher den Menschen nicht niederdrückt, sondern ihn adelt: so hatte er diese Gewißheit nicht aus seiner Zeit und nicht aus sich selbst — er hatte sie aus unmittelbarem Kundwerden dieses Gottes in seinem Gemüte, hatte sie erlebt. Er gehört zu den Profeten, in denen ein Gott waltet[1].

---

1) Während des Satzes geht mir eine neue Schrift von Sellin zu: Mose u. s. Bed. f. d. isr.-jüd. Rel gesch. 1922. Die Hauptthese über Moses Gestalt und Schicksal stützt sich leider in erster Linie auf den schon im Texte vielfach so unsichern Hosea. Ich muß mich begnügen, dem verdienten Mitforscher hier einigermaßen zu folgen. 1. Hosea über Israels Vergangenheit in Kanaan (9 ff.). Sie ist ein fortlaufender Abfall. Hier wird stark auf Sichem 68 – 73 zurückgegriffen. Das Blutbad von Richt. 12, 1 ff. soll bei Adam von Fürsten und Priestern aus Mizpa verübt worden sein, Hos. 6, 7 f. und in Sikem sollen die Priester, d h. die von Levi in Gen. 34, alles Männliche gemordet haben, V. 8. Während S. noch im Komment. 1921/22 keine bestimmte Beziehung der *berīt* kennt und bei V. 8 an eine der bekannten Verschwörungen im Nordstaat denkt, glaubt er hier und in Sich. 68 f. durch neue Konjekturen seiner Sache vollkommen sicher zu sein. Ich sehe von letzteren mit Ausnahme des *zakar*, was Männliches und nicht „das" Männliche heiße und wegen des folgenden Lokativs „nach Sikem" kaum geeignet ist, *derek* zu ersetzen, ab. Aber sicher weist 7 b viel eher auf ein spezifisch religiöses Verhalten, und mit dem Wegfall des Männlichen bleibt wenig von Gen. 34 übrig. Besonders überzeugend scheinen S. zu sein 9, 15 u. 12, 12. Aber 9, 15 ist doch viel zu allgemein (Kom. 75) und 12, 12 ist einmal die Übersetzung: „wenn sie nicht Gileaditen wären" (trotz 13, 4) höchst zweifelhaft, sodann aber die Lesung *sarim* deshalb abzulehnen, weil die Zerstörung der Altäre in 12 b doch wohl an den Kultus denken heißt. Weder das „Blutgericht" von Richt. 12, 6 noch eine „Hinschlachtung von Fürsten an heiliger Stätte" von Richt. 9, 1 ff. scheint also Hosea zu meinen. In 5, 1 endlich stört vor allem die Beseitigung des in Dt 33, 19 wohl bezeugten (s. Kom.) Tabor durch den *ad hoc* hereingebrachten Tabbur. — 2. Hosea über Israels Zukunft (16 ff.). Hier hat S., glaube ich, vortrefflich beobachtet, daß die Wüste den Gottessitz und die Gottesgemeinschaft bedeutet. Dieses Stück ist das wertvollste. — 3. Hosea über Mose (31 ff.). Hier kann ich dem über 6, 1–3 und 12, 11 Gesagten in den Hauptsachen nur zustimmen: Hosea scheint den Dekalog bereits als mosaische Urkunde zu kennen und ihn allein gelten zu lassen. Um so bedenklicher aber sind die weiteren Sätze (43): Mose hat sein Leben „als Märtyrer seines Glaubens" darangegeben und ist von seinem eigenen Volk getötet worden". Die Beweise sollen in 5, 1 f.; 9, 7–14; 12, 14 f. liegen. In 5, 2 ist analog dem kultischen Vergehen von 5, 1 gewiß von Num. 25 die Rede. Aber gibt schon nichts Veranlassung, Greßmanns kühne Hypothese über Num 25 lediglich, weil Mose ein midianisches Weib besaß und einmal Jahve bat, ihn für das Volk hinzunehmen, durch die kühnere zu überbieten, er habe durch Priesterhand den Tod gefunden: so ist vollends kein Anlaß, dies alles in Hos. 5, 1 f. zu finden. Volle „Sicherheit" (46) soll aber erst 9, 7–14 bringen. Das wäre vielleicht der Fall, wenn S.s Textänderungen zwingend wären. Aber gerade hier täuscht sich S. stark. Weder „Schittim" (Komm. „Anfeindung") 8 b noch die „Giftpflanze" und der „Profet" in 13 (Komm. „Hindin" u. „seine Söhne") werden jemand anderen als den unter dem Zwang seiner Hypothese stehenden Autor voll überzeugen. So ist auch in 12, 14: 13, 1 die Beziehung auf Mose und vollends die Fassung: „er (Mose) büßte wegen des Baal und wurde getötet" recht willkürlich. Ich habe gegen Hypothesen nichts einzuwenden. Aber sie richten Unheil an, wenn sie „mit der größten Sicherheit als historisch bezeichnet werden" (51).

Viertes Buch.
Das Eindringen in Kanaan [1].

———

Daß Mose vor dem Eintritt seines Volkes in das westjordanische Land starb, ist eine allen unseren Quellen gemeinsame Überlieferung. Erst nach seinem Tode sollen die Israelstämme sich angeschickt haben, jenen Hauptteil des gelobten Landes zu gewinnen.

Überblickt man die allgemeinen politischen Verhältnisse, wie wir sie früher kennen gelernt haben [2], so wird man sagen können, daß sie günstiger für das Eindringen fremder Horden ins Land nicht gedacht werden konnten. Dürfen wir den Auszug aus Ägypten unter Merneptah, also zwischen 1250 und 1220 ansetzen, so wäre Moses Tod etwa dem Auftreten Ramses III., das gewöhnlich um 1200 angesetzt wird (1198), vielleicht aber um 1220 angenommen werden darf, gleichzusetzen. Jedenfalls fällt mit ihm zusammen der Ansturm der Seevölker und das Eindringen der Philister im Lande. Mit diesem Ereignis aber deckt sich zeitlich der Zerfall des Hetiterreiches, während der ungefähr gleichzeitige Aufschwung Assurs unter Asurdān I. sich in zu weiter Ferne abspielt, um für Palästina Bedeutung zu gewinnen. So konnten die Israelstämme, von hier aus angesehen, eine günstigere Gelegenheit, sich des Landes zu bemächtigen, nicht finden. Ägypten im Süden machtlos und trotz des kraftvollen Auftretens Ramses III. im Zerfall begriffen; das mächtige Hetiterreich im Norden in kraftlose Teilfürstentümer zerschlagen; von Westen her die Philister mit den Herren des Landes in erbitterter Fehde: — was konnten die Eindringlinge sich besseres wünschen, wenn sie es auf einzelne Teile des Landes abgesehen hatten?

Die Geschichte der Eroberung ist uns im Buche Josua zusammenhängend erzählt. Aber auch hier lassen sich verschiedene Berichte scheiden. Im großen ganzen sind es, wie bekannt, dieselben Quellen, welche der Pentateuch darbot, aber mit dem Unterschied, daß die dort reichlicher fließenden älteren Berichte J und E hier erheblich spärlicher erhalten sind. Dazu lassen die verhältnismäßig wenigen Spuren, welche mit einiger Sicherheit auf J weisen, noch mehrfach die Annahme zu, daß sie uns heute nicht mehr genau in derjenigen Gestalt vorliegen, in welcher sie aus der Feder ihres ersten Verfassers geflossen sind [3]. Nicht viel anders steht es mit E; auch diese Quelle ist im Buche Josua nur in verhältnismäßig

———

1) Vgl. dazu Sellin, Gilgal 1917; Burney, Israels Settlement in Can. 1918; Sellin, Wie wurde Sichem isr. Stadt? 1922. 2) Bes. § 34 a. E. 3) Siehe darüber S. 400 [4, 8]. 403 [1]. 409 [1]. 413 [9]; anderseits 412. 414. 416 u. ö.

wenigen Resten auf uns gekommen. Die späteren, wenngleich viel eingehenderen Berichte, in welche heute diese Trümmerstücke verwoben sind, sind zwar an Umfang viel beträchtlicher, bringen aber wenig oder kein Material zur Kenntnis der Hergänge selbst bei. Sie arbeiten mit dem älteren Überlieferungsstoffe und bearbeiten ihn unter ihren eigentümlichen moralischen und theokratischen Gesichtspunkten. Vor allem hat der das heutige Buch Josua beherrschende Gedanke, als habe Israel unter Josua das Land Kanaan so gut wie r e s t l o s i n B e s i t z g e n o m m e n, in den Tatsachen keine Unterlage. Der wirkliche Sachverhalt ist infolge davon im heutigen Josuabuche vielfach getrübt und geradezu verdunkelt | worden. Unsere Kunde über die Vorgänge der Eroberung muß sich demgemäß auf zwar recht wertvolle, aber dem Umfange nach bescheidene Mitteilungen beschränken.

Zum Glück für den Stand unserer Kenntnis jenes Zeitraums hat auch das Richterbuch ein größeres Stück von J aufbewahrt, das eine Reihe von wertvollen Notizen enthält. Wir haben uns zunächst mit diesem wichtigen Bestandteil älterer Überlieferung und einigen ihm nahestehenden Stücken zu befassen.

§ 37.
Die Übersicht über die Eroberung in Richt. 1, 1—2, 5 und verwandte Stücke.

1. D e r T e x t. — Das Erzählungsstück Richt. 1 [1], obwohl äußerlich dem Verband des Richterbuches zugewiesen, gehört, wie seit längerer Zeit erkannt ist, seinem Inhalte nach nicht dem letzteren, sondern dem Buche Josua zu. Es kann ursprünglich nicht als Einleitung zur Geschichte der Richterzeit, welche Stelle es jetzt vertritt, gedient haben. Wenigstens nicht in der Weise, daß darin Ereignisse aus der Zeit n a c h Josua berichtet gewesen wären. Nur die Überschrift konnte früher etwa darüber täuschen. Wird sie losgelöst [2], so kann kein Zweifel sein, daß wir es hier mit einer noch einmal über die Ereignisse der Eroberung, somit auf den Anfang unseres heutigen Josuabuches zurückgreifenden Erzählung zu tun haben Strenggenommen ist das Stück mehr Übersicht als wirkliche Erzählung. Es kann sich daher sehr wohl die Frage erheben, ob es nicht in der Tat bloßer Auszug [3] aus einer ausführlichen, dem heutigen Josuabuche parallelen Erzählungsschrift sei.

Hierzu kommt die willkommene Tatsache, daß wir im jetzigen Buch Josua selbst noch — teilweise wörtlich gleichlautende — Pa|rallelen zu einzelnen Versen dieses Stückes besitzen. Über das gegenseitige Verhältnis dieser übereinstimmenden Abschnitte haben besonders Meyer und

---

1) Siehe im allgemeinen darüber Studer, Das Buch d. Richter 1835 (²1842), S. 1ff. Wellh., Einl.⁴, S. 181ff.; Ed. Meyer, Kritik der Berichte über die Erob. Paläst. in ZAW. I (1881), S. 117ff.; Bertheau, Das Buch der Richter² 1883, S. 1ff.; Budde, Richter und Josua in ZAW. 7 (1887), S. 93—166 (= RiSa. 1—83), ferner die Kommentare von Budde, Nowack, Moore u. Burney, sowie Kittel in Kautzsch⁴. 2) Wellh., JDTh. 21, 585 hielt für sachgemäßer die Worte: „nach dem Todc M o s e s", woraus jedoch nicht folgt, daß die Anfangsworte ursprünglich so hießen. Die Formel gehört der Redaktion an. Siehe im übrigen Bertheau, Richt.², S. 5f. Meyer, ZAW. I, S. 135. Wellh., Einl.⁴ 181. Stade, Gesch. Israels I, 136 und die Komm. zur St. 3) So schon Wellh., JDTh. 21, 585.

Budde gehandelt. Ersterer[1] hat durchweg den Richtertext bevorzugt und läßt die entsprechenden Notizen in Josua einfach von ihm entlehnt sein. Budde[2] dagegen hat, wie ich glaube, den Nachweis erbracht, daß mehrfach das Josuabuch den früheren Text besitzt[3]. Dieser Befund erhöht die Wahrscheinlichkeit der Annahme, daß wir es in Richt. 1 mit einem bloßen Auszug, genauer noch: einer bedeutend verkürzten und da und dort etwas veränderten Wiedergabe einer einst ausführlicheren Erzählung über die Eroberung Kanaans zu tun haben. Spärliche Reste jener alten Erzählung, und zwar, wie es scheint, mehrfach, wenngleich nicht durchweg, ihrem ursprünglichen Bestande näher stehend, sind uns in jenen Parallelversen des Buches Josua erhalten[4].

Bei der Wichtigkeit jenes in Richt. 1 vorliegenden Bestandteils unserer ältesten Überlieferung ist es notwendig, den Wortlaut dieser Übersicht über die Eroberung, soweit er sich gewinnen läßt, wenigstens in der ältesten uns heute noch erreichbaren Gestalt zunächst festzustellen. Es kann dies nach dem Obengesagten nur geschehen durch Zuhilfenahme der Paralleltexte im Buche Josua, zu denen noch einige andere mit Richt. 1 zusammengehörige Stücke kommen.

a. Die ersten Versuche der Eroberung reichen nach der Überlieferung schon in die Mosezeit zurück[5]. Mose selbst schon wird die Absicht zugeschrieben, von Süden her einen Vorstoß zu wagen. Er sendet Kundschafter, die aber mit Ausnahme von Josua und Kaleb ein das Volk entmutigendes Bild von dem Lande und seinen Bewohnern entwerfen. Es folgt Jahves Strafurteil über diesen Kleinglauben. Trotz des Verbotes Moses will das reumütige Volk nun doch zum Angriff übergehen und zieht gegen Kanaan. Eine schwere Niederlage, in der Israel bis nach Horma versprengt wird, ist die Folge[6].

b. Unbestimmte Zeit nach diesem mißglückten Vorstoße, aber schwerlich erst am Ende des Wüstenzuges, kommt es zu einem neuen | Zusammentreffen mit den Kanaanitern. Die Urkunde erzählt darüber in einer Weise, die den Eindruck macht, als schlösse sich der Bericht unmittelbar an das eben erwähnte Ereignis an. In Num. 21, 1—3 lesen wir: „Als nun der Kanaaniter (der König von Arad[7]), der in Negeb wohnte, hörte, daß Israel auf dem Wege von Atarim[8] herangezogen sei, zog er aus in den Kampf gegen Israel und nahm einige von ihnen gefangen. Da tat Israel ein Gelübde Jahve gegenüber: Wenn du dies Volk in meine Hand gibst, so will ich an ihm und seinen Städten den Bann vollziehen. Da hörte Jahve auf die Stimme Israels und gab den Kanaaniter in seine Hand. Und er (Israel) vollzog an ihnen und ihren Städten den Bann. Deshalb nannte man den Ort[9] von da an Horma = Bannstadt. . . .“

---

1) ZAW. 1, S. 134 f.; ihm stimmt bei Bertheau a. a. O., S. XVIII.   2) ZAW. 7, 97 ff. (RiSa. 4 ff); vgl. auch schon Dillm., NuDtJo., S. 442.   3) Wenngleich dies nicht immer zutrifft, z. B. in Jos. 15, 13; auch in Jos. 17, 11 liegt zum Teil jüngerer Text vor.   4) Die Überschrift Richt. 1, 1a α stammt von R.   5) Siehe oben § 29 u. 30. Vgl. dazu Steuernagel, Einwanderung, S. 70 ff ; Meyer, Israel 75 ff.   6) (Num. 13, 1 ff. 21 ff) Num. 14, 39 ff. J und E. Der Name Horma ist hier vorgreifend genannt. Diese Bemerkung hat Greßm. 295[3] nicht „bedacht". Eine Eroberung durch Kaleb kennt hier nur die Phantasie einzelner Gelehrten. 7) König von A. ist vielleicht Glosse. 8) Damit wird jedenfalls die Karawanenstraße gemeint sein, die von Qades zum Negeb führte. Vgl. die LA. הההרים. 9) Nicht gerade Arad, sondern den Ort der Schlacht (Ṣefat). Nach Richt. 1, 17 ist Ṣefat der alte Name von Horma.

Hier scheint nun das Richterbuch einzusetzen:

c. „... Da fragten die Söhne Israel bei Jahve: wer von uns soll zuerst wider den Kanaaniter hinaufziehen, mit ihm zu kämpfen? Jahve sprach: Juda soll hinziehen, siehe ich habe das Land in seine Hand gegeben. Aber Juda sprach zu seinem Bruder Simeon: zieh du mit mir hinauf in mein Los, daß wir (zusammen) mit dem Kanaaniter kämpfen, so werde ich auch mit dir in dein Los ziehen. So zog Simeon mit ihm ...[1]. Und sie fanden den Adonibezeq [bei Bezeq[2]?] und kämpften wider ihn und schlugen den Kanaaniter und den Perizziter[3]. Adonibezeq aber floh, und sie jagten ihm nach und ergriffen ihn und hieben ihm die Daumen an Händen und Füßen ab. Da sprach Adonibezeq: Siebzig Könige mit abgehauenen Daumen an Händen und Füßen lasen auf unter meinem Tisch[4]: wie ich getan habe, so vergilt mir Gott. Und sie[5] brachten ihn nach Jerusalem, wo er starb (Richt. 1, 1 a β b—3. 5—7). Jahve aber war mit Juda, und er eroberte das Gebirge. Aber die Bewohner der Ebene vermochte er nicht zu verjagen, denn sie hatten eiserne Wagen. Auch den Jebusiter | von Jerusalem konnten[6] die Söhne Judas[7] nicht verjagen, und er blieb unter ihnen wohnen in Jerusalem bis auf diesen Tag" (Richt. 1, 19. 21[8]. Jos. 15, 63).

d. „Kaleb aber, dem Qenaz-Sohn[9], wies er (Josua) [sein Erbteil inmitten der Söhne Juda, und zwar] Hebron an, wie Mose[10] verordnet hatte. Und Kaleb[11] zog gegen den Kanaaniter, der in Hebron wohnte. Hebron aber hieß vorher Qirjat-arbaʿ. Und Kaleb schlug [vertrieb?] die drei Riesenkinder Sesaj, Aḥiman und Talmaj. Von dort zog er hinauf[12] gegen die Bewohner von Debir. Debir aber hieß vorher Qirjat-sefer[13]. Und Kaleb sprach: wer Qirjat-sefer schlägt und es einnimmt, dem will ich meine Tochter ʿAksa zum Weibe geben. ʿOtniel, der Qenaz-Sohn, der [jüngere[14]] Stammesbruder Kalebs nahm es ein; da gab ihm Kaleb seine Tochter ʿAksa zum Weibe. Als nun ʿAksa ihm zugeführt ward, reizte er (ʿOtniel) sie an, sie möge von ihrem Vater ein[15] Feld verlangen.

---

1) In V. 4 ist besonders das Auftreten Judas allein befremdend. Er gehört wohl R und nimmt das Folgende voraus.   2) Siehe dazu S. 405 f. u. unten bei der Besprechung von Kap. 10 (S. 436).   3) V. 5 ist von Meyer, S. 135 ohne Grund gestrichen.   4) Ähnlich verfahren die Athener mit den Äginern: Aelian, Var. Hist. II 9; vgl. noch Moore. Es ist Kampfunfähigkeit und Schändung zugleich.   5) Natürlich die Seinen, so schon Reuß und Cassel und jetzt die meisten Neueren. — Das alte Mißverständnis, als wären die Judäer das Subjekt, hat beim Überarbeiter zu V. 8 geführt, im Widerspruch mit V. 21. Auch V. 9 (וירד) mag im Zusammenhang damit und durch dieselbe Hand entstanden sein.   6) So nach Josua 15, 63. Ein Rest des gestrichenen Gedankens findet sich noch in dem לא להוריש V. 19.   7) So statt Benjamin nach Jos. 15, 63.   8) Die Einschaltung dieser zwei Verse, sowie des V. 20 an diesen Ort und ihre Umstellung ist durch Jos. 15, 13ff. geboten. Siehe Meyer, S. 137.   9) Sohn Jefunne in Jos. 15, 13 ist zwar möglich, aber wegen des sonstigen Charakters des Verses schwerlich ursprünglich. J scheint über Kalebs Vater keine bestimmte Tradition zu besitzen.   10) Hier hat Richt. 1, 20 das Ursprünglichere gegenüber Jos. 15, 13. Der ursprüngliche Text ist oben aus diesem Vers und Richt. 1, 10. 20 zu ermitteln gesucht.   11) Nach dem Zusammenhang statt Juda in Richt. 1, 10. Die Änderung dort ist durch die Versetzung der Kalebverse veranlaßt.   12) In Richt. 1, 11 lies וירכב nach Hollenberg, ZAW. I, S. 101.   13) Zum Namen oben S. 154.   14) Nur diese Fassung wäre möglich, vgl. Dillm., NuDtJo., S. 523. Doch fehlt der Zusatz in Jos. 15, 17 und ist wohl Glosse. Siehe PRE.[8] „Otniel" und BHK. zu Ri. 1, 13.   15) In Richt. 1, 14 lies nach LXX und Jos. שדה und vorher nach LXX das Mask. „Alle fremden Stämme, welche den Brunnen besuchen, geben dem Besitzer Geschenke ... und die Araber sagen, daß der Besitzer zuverlässig glücklich sein werde, indem ihn alle segnen, die vom Wasser des Brunnens trinken." Burckh., Bed. 185.

Sie glitt also vom Esel und Kaleb sagte zu ihr: was ist dir? Sie sprach
zu ihm: gib mir doch einen Segen; denn nach einem dürren (südlichen)
Land hast du mich vergeben, so gib mir denn Wasserbrunnen! Da gab
er ihr Wasserbrunnen in der Höhe und in der Niederung" (Jos. 15, 13.
14 = Richt. 1, 20. 10 z. T.; Richt. 1, 11—15 = Jos. 15, 15—19).

e. „Und die Söhne des Q e n i t e r s [1], des Schwähers Mose, zogen |
herauf [waren heraufgezogen?] aus der Palmenstadt [2] [mit den Söhnen Juda]
in die Wüste [Juda, die am Abhang [3] von] ʿArād [4] [liegt]. Und sie machten
sich auf und ließen sich [5] bei dem ʿAmaleqiter [6] nieder [hatten sich auf-
gemacht und hatten sich . . . niedergelassen?]. Und [Juda zog mit seinem
Bruder Simeon, und] sie schlugen den Kanaaniter, der zu Sefat wohnte,
und bannten es, und man nannte den Namen der Stadt H o r m a. Und
das Gebiet des Edomiters erstreckte sich vom Skorpionensteig an nach
Sela [Petra?] hin [7] und weiter hinauf" (Richt. 1, 16. 17. 36).

f. „Und das Haus Josef zog hinauf gegen Betel. Bei ihnen war
Josua [8]. Und das Haus Josef ließ Betel auskundschaften. Die Stadt hieß
aber früher Luz. Da sahen die Spione einen Mann, der zur Stadt her-
auskam. Sie sprachen zu ihm: zeig uns doch den Eingang der Stadt, so
werden wir dir Gnade erzeigen. Er zeigte ihnen den Eingang der Stadt.
Sie aber schlugen die Stadt mit des Schwertes Schärfe, und den Mann
und sein ganzes Geschlecht ließen sie gehen. | Der Mann ging ins Land
der Hetiter und baute eine Stadt und nannte sie Luz, so heißt sie bis auf
diesen Tag (Richt. 1, 22—26). . . ."

g. „. . . Und die Söhne [9] Josef redeten mit Josua: warum hast du
mir nur e i n Los und e i n e Meßschnur als Erbteil gegeben, da ich doch
viel Volk bin, weil [10] Jahve mich bis hierher gesegnet hat? Und Josua
antwortete ihnen: wenn du viel Volk bist, so steige hinauf in das Wald-

---

1) Lies בני הקיני. Der Name ist ohne Zweifel ausgefallen; s. oben S. 318. Der
Vorschlag von Meyer (ZAW. I, 137; Isr. 90), zu lesen: „und Qain der Schwager Mose"
scheitert trotz Richt. 4, 11, wo Qain das qenitische Geschlecht ist, daran, daß der
Schwager Moses nie sonst Qain heißt. Von den zwei in LXX überlieferten Namen
kann nach Num. 10, 29 (J) nur Hobab in Betracht kommen. Dann aber müßte auch
hier *chatan* gelesen werden. 2) Ob Jericho? ist nicht sicher, da wir Hobabs Ent-
schließung Num. 10, 29 ff nicht kennen. Es kann auch ein südliches Tamar gemeint
sein (s. Nowack und schon Bertheau z d. St.). Dann müßte jedoch אל־במר־ gelesen
werden. Doch steht die Wahrscheinlichkeit wenigstens im heutigen Texte auf Seite
Jerichos. Um so wahrscheinlicher aber ist zugleich, daß „mit den Söhnen Juda"
Zusatz ist, und daß der erste Erzähler ein südliches Tamar im Sinne hatte. Damit ist
dann auch gefordert, daß die Verba in Richt. 1, 16 — obwohl man im Sinne des
heutigen Erzählers nicht so übersetzen darf — eigentlich den Sinn von Plusquamper-
fekten haben müßten. Über den Zusatz in betreff Judas in V. 17 s. unten. 3) Nach
der Lesung במורד; vgl. LXX Luc. ἐπὶ καταβάσεως Ἀράδ. Doch ist vielleicht das Ein-
geklammerte Glosse. 4) Dafür Sefat zu setzen (Meyer, S. 137), ist kein Grund.
5) Entweder sind die Verba pluralisch zu lesen oder ist hier Qain als Name des
Stammes ausgefallen. 6) So nach Hollenberg, ZAW. I, S. 102, bestätigt durch
allerlei wichtige Textzeugen, s. Bibl. Hebr. 7) Über die Versetzung dieses Verses
Budde, ZAW. 7, 110 (RiSa. 19). Gemeint ist der Paß eṣ Ṣāfā. 8) Der Vorschlag
Buddes, ZAW. 7, 144: statt יהוה mit LXX Luc. zu lesen יהודה und dieses als Ände-
rung für יהושע anzusehen, klingt zwar willkürlich, hat aber doch, wie mir scheint,
guten Grund. Die Lesart der LXX ist, wenn sie nicht im Texte stand, unerklärlich.
Anderseits ist in Richt. 1 die Neigung, Josua auszuschalten, von selbst gegeben (vgl.
S. 409). 9) Ursprünglich vielleicht: das Haus Josef. Vgl. dazu Dillmann, NuDtJo.,
S. 546. 10) Lies על־אשר.

land[1] und rode dir daselbst[2], wenn dir das Gebirge Efraim zu enge ist.
— Und die Söhne Israel sprachen: das Gebirge reicht uns nicht zu, aber
eiserne Wagen sind in den Händen aller Kanaaniter, die im Flachland
wohnen, (besonders) bei denen, die Bēt-scheān und ihre Tochterstädte und
die Ebene Jezreel innehaben. Josua antwortete dem Hause Josef[3]: du
bist viel Volk und hast große Kraft, du sollst nicht nur ein Los haben.
Dir soll das Gebirge gehören, denn es ist noch Wald und du magst ihn
roden und seine Ausgänge gewinnen (= darüber hinausgreifen in die Ebene).
Denn du wirst (dann) den Kanaaniter vertreiben, obwohl er eiserne Wagen
hat und stark ist (Jes. 17, 14—18). . . ."

h. „Aber die Söhne Israel vertrieben nicht den Geschuriter und
Maʿakatiter, und Geschūr und Maʿakā blieben wohnen in Israel bis auf
diesen Tag (Jos. 13, 13). Und Manasse konnte nicht erobern: Bēt-scheān,
Taʿanak, Dōr, Jibleam, Megiddo — je mit ihren Töchtern. So mochte
der Kanaaniter in dieser Gegend wohnen bleiben. Aber als die Söhne
Israel erstarkten, machten sie den Kanaaniter dienstbar, vertrieben ihn
aber nicht (Richt. 1, 27 f. = Jos. 17, 11—13). Efraim vermochte den Ka-
naaniter, der in Gezer wohnte, nicht zu verjagen. Und der Kanaaniter
wohnte inmitten Efraims bis auf diesen Tag, aber er wurde dienstbar[4].
Sebulon vermochte nicht zu verjagen die Bewohner von Qiṭron und von
Nahalol. Und der Kanaaniter wohnte in seiner Mitte und wurde dienstbar.
Asser vermochte nicht zu vertreiben die Bewohner von ʿAkko, Ṣidon,
Aḥlab[5], ʿAkzib, [Ḥelba,] Afik und Reḥob. Und Asser wohnte inmitten
der Kanaaniter, die jene Gegend bewohnten, | denn er konnte sie nicht
vertreiben. Naftali konnte nicht vertreiben die Bewohner von Bet-Schemesch
und von Bet-ʿanāt und wohnte inmitten der Kanaanäer, und sie wurden
ihm dienstbar" (Richt 1, 29 = Jos. 16, 10. Richt. 1, 30—33).

„Die Amoriter aber drängten die Söhne Dan auf das Gebirge und
ließen sie nicht in die Ebene herabsteigen. So machten sie ihnen ihr Erbteil zu enge; da zogen die Söhne Dan hinauf und griffen Leschem[6] an
und eroberten es und schlugen es mit der Schärfe des Schwertes, nahmen
es in Besitz und wohnten darin und nannten Leschem Dan nach dem
Namen ihres Vaters Dan. So mochte der Amoriter in Harḥeres, Aijalon
und Šaʿalbim wohnen bleiben. Als aber die Hand des Hauses Josef schwer
(auf ihnen LXX) lag, wurden sie dienstbar" (Richt. 1, 34[7] + Jos. 19, 47a
[= Jos. 19, 47b der LXX, und nach diesem Text[8] teilweise herzustellen].
Jos. 19, 47b. Richt. 1, 35).

„Und der Engel Jahves zog hinauf vom Gilgal nach Betel[9]. Dort
opferte man dem Jahve" (2, 1a. 5b).

---

1) Budde, ZAW. 7, 125 (RiSa. 35 ff.) will Gilead hier einsetzen. Aber ich glaube
mit Steuern., Jos. 220, daß man besser tut, beim Westjordanlande zu bleiben. Es ist
das nördlich von Sikem und südlich vom Karmel gelegene Gebiet   2) Die folgenden
Worte: im Lande des Perizziters und der Refaim sind, weil in LXX fehlend, wohl
Glosse.   3) Die Worte: Efraim und Manasse wohl ebenfalls nach LXX zu tilgen.
4) Nach Jos. 16, 10 ergänzt. Der Richtertext (j) fällt damit vor Salomo.   5) Oder
Mahlab s. BH.; Helba ist Variante.   6) Mit Wellh., De gent Jud., p. 37 vielleicht
Lešām zu sprechen.   7) V. 34—36 werden von Meyer mit Unrecht angefochten. Der
Hauptgrund mag für ihn האמרי V. 34 sein.   8) Über das Verhältnis der beiden
Texte s. besonders Dillmann, NuDtJo. 567 und Budde, ZAW. 7, 119 ff. (RiSa. 27 ff.).
Offenbar hat LXX in Jos. 19, 47 f. einen vollständigeren und älteren Text bewahrt,
aus dem der MT. der Josua- und Richterstelle je in eigentümlicher Weise verkürzt
ist.   9) So nach LXX. Jedenfalls scheint hier bei J, wie Jos. 18, 1 bei P, das

Beim Blick auf dieses ganze Erzählungsstück fällt nun freilich sofort
in die Augen, daß der Faden desselben nicht ununterbrochen fortläuft.
Er ist mehrfach abgerissen und muß dann je und je etwas künstlich hergestellt werden. Dennoch zeigt sich deutlich, daß die heute auseinander-
gesprengten Glieder Teile eines einst wohlgeordneten Ganzen gewesen sind.
Nicht nur sind sie in den formellen Merkmalen zusammenstimmend [1] und
lassen ohne Ausnahme auf die Schrift J schließen, sondern sie sind auch
mit wenigen Ausnahmen von einem einheitlichen Gedankengang beherrscht
und weisen so auf eine bestimmte, unter allen Umständen sehr früh in die
Tradition Israels aufgenommene Vorstellung über den Hergang der Gewinnung Kanaans. Daß die Erzählung nicht vollständig ist, leuchtet ein.
Schon der Umstand, daß eigentlich nur von Juda mit Simeon und von
Josef gesagt | ist, was sie taten, von den andern nur, was sie n i c h t zu-
stande brachten, beweist wohl zur Genüge, daß wir es mit einem bedauerlich kurzen Fragment zu tun haben. Mindestens erwartet man eine Auskunft über das übrige Gebiet Josefs. Auch sonst enthält das Stück noch
mancherlei S c h w i e r i g k e i t e n. Wo befindet man sich eigentlich? Nach
2, 1 im Gilgal. Aber gehört 2, 1 zum ursprünglichen Text? und wo liegt
Gilgal? Nach 1, 16 unfern der Palmenstadt. Aber ist damit wirklich
Jericho gemeint? Und w e n n man sich, wie meist angenommen wird, im
Gilgal am Jordan befindet, warum wird von der E r o b e r u n g J e r i c h o s
nichts gesagt? Denn ohne Jericho zu besitzen kann man nicht zum Gebirge Juda hinaufsteigen. Ist sie aber, wie ebenfalls meist angenommen
wird, vorausgesetzt, warum heißt es dann: wer soll z u e r s t gegen den
Kanaaniter hinaufziehen? In Jericho müssen doch auch Kanaaniter sitzen.
So wird es wohl verständlich, daß S e l l i n auch hier von dem Gilgal bei
Jericho nichts wissen will, sondern das bei Sikem voraussetzt und annimmt,
der Vorstoß Judas und Josefs sei von Sikem aus erfolgt. Doch werden
damit nur neue Nöte geschaffen. Vor allem erklärt sich die Eroberung des
Negeb auch auf diesem Wege am allerwenigsten. Wir müssen also einfach unser Nichtwissen bekennen und zugeben, daß die Beziehung des
Stückes uns vollkommen dunkel ist. Einiges L i c h t in dasselbe ist nur
zu bringen, wenn wir, wie oben angenommen, v o r a u s s e t z e n dürfen,
daß Jericho schon erobert und somit das Gilgal am Jordan gemeint ist.
Sicher ist ferner auch von anderen Stämmen etwas Positives zu sagen
gewesen statt der bloßen Aufzählung dessen, was sie n i c h t erreichten.
Auch daß die Übersicht einige gar nicht nennt, ist in hohem Maße auffallend. Ohne Schwierigkeit erklärt sich das Fehlen von Ruben und Gad,
ebenso das von Levi. Aber daß Issakar und Benjamin, bei denen diese
selben Gründe nicht vorliegen, damals noch nicht existiert haben
sollten, ist durchaus unwahrscheinlich. Auch Benjamin, obwohl der jüngste
Stamm und nach manchen erst jetzt in Kanaan an Israel angeschlossen,
spielt doch im Deboraliede und in den auf Jaqob zurückgeführten alten
Segenssprüchen [2] schon eine so bedeutsame Rolle, daß die Annahme sehr

---

Bewußtsein noch 'vorhanden, daß vor David die Bundeslade außerhalb Judas war.
Dillm., NuDtJo., S 619 weist übrigens V. 1 und 5 E zu.
  1) Siehe darüber außer Meyer, ZAW. I, S. 138 besonders Budde in ZAW. 7, 97ff.
(RiSa. 1ff.) an verschiedenen Örten.   Zu Richt. 1 überhaupt s. auch S. 410 oben.
  2) Vgl. Gen. 49, 27. Ri. 5, 14 (daß seine Scharen hier sich an Efraim anschließen,
beweist nur seine noch bescheidene Volkszahl).

zweifelhaft wird. Auch der Umstand, daß Benjamin fast immer Bruder
Josefs heißt, während Efraim und Manasse als Josefs Söhne gelten, müßte
diejenigen, die geneigt sind, die ganze ältere Stammgeschichte aus den
Verwandtschaftsverhältnissen der Erzväter abzuleiten, bedenklich machen.
Entscheidend aber scheint mir neben der selbständigen Rolle, die Benjamin
schon vom Anfang der Richterzeit[1] an spielt, das Königtum Sauls zu sein.
Schwerlich hätte man in Israel einem Stamme das erste Königtum übertragen, dessen Zugehörigkeit zur Nation noch so jungen Datums gewesen
wäre. Das Fehlen von Issakar und Benjamin muß also besondere Gründe
haben. Und so darf wohl auch angenommen werden, daß in derselben
Weise wie das, was wir besitzen, einmal auch die Eroberung von Jericho
und ʿAi und die Erwerbung der Gegend um Sikem erzählt war. Streng
genommen ist dieses Stück 1, 27—35, obwohl gewiß jahvistisch, doch ganz
anderer Art als das übrige. Schon daß nicht vom Haus Josef die Rede
ist, sondern von Efraim und Manasse, fällt auf. Noch mehr der Umstand,
daß außer ihnen fast nur Namen von Stämmen genannt sind, die allem Anschein nach gar nicht in Ägypten waren, also auch nicht unter Josua ins
Land eindrangen. Das führt auf den Gedanken, daß hier ein Dokument
besonderer Art vorliege: außer Sebulon sind nur Bastardstämme genannt,
d. h. solche, die schon in alter Zeit stark mit fremden, wohl landsässigen
Elementen gemischt waren. Es mag aus den Kreisen der galiläischen
Stämme Dan Asser Naftali stammen und von J übernommen sein.

2. Das Verhältnis der einzelnen Stücke zueinander und
die ersten Vorstöße von Süden. — Übersieht man die einzelnen
Erzählungsstücke, so fällt zunächst das eigentümliche Verhältnis ins Auge,
in dem das unter b. aufgeführte Erzählungsglied zu dem mit e. bezeichneten
steht. In beiden handelt es sich um die Eroberung derselben Distrikte.
Es sind Gebiete des später israelitischen Negeb, also des südlichen Juda,
die durch die Namen Horma (Ṣefat) und Arad gekennzeichnet sind[2]. Nur
sollen sie nach der ersten Notiz von Israel schlechtweg, nach der zweiten
zunächst von dem Qeniter [Hobab?], weiterhin dann von Juda und Simeon
erobert worden sein. Ferner aber sollen sie nach Num. 21 schon in der
Zeit des Wüstenzuges, nach Richt. 1 erst in der Josuazeit gewonnen
sein. — Daß historische Erinnerungen zugrunde liegen, kann keinem Zweifel
unterliegen. Ebenso aber auch, daß sie unter sich nicht übereinstimmen,
und daß daher erst der genauere historische Sachverhalt ermittelt werden muß.

Wie sind also diese Widersprüche zu erklären?[3] Zunächst wird man
grundsätzlich davon absehen müssen, an zwei verschiedene Begebenheiten denken zu wollen. Die in beiden Erzählungsstücken betonte Herleitung des Namens Horma, das „Bann, Vernichtung" bedeuten soll, von
jenem Siege und dem, was mit ihm zusammenhing, kann keinen Zweifel
darüber aufkommen lassen, daß hier ein und dasselbe Ereignis gemeint
ist. Weiter wird nun die Verschiedenheit des handelnden Subjektes sich
ohne große Schwierigkeit deuten lassen. Es scheint, daß in Num. 21,
das danach sich als Ri. 1, 16 gegenüber sekundär ausweise, dem Volke
schlechtweg zugeschrieben wird, was nach der genaueren in Richt. 1, 16

---

1) Vgl. außer Ri. 5 noch Ehud, vielleicht auch zum Teil Ri. 19—21. Siehe zur
Frage noch in § 35, 3 (S. 425).   2) Über die Lage s. nachher.   3) Vgl. auch
Eisler, Weihinsch. 82 ff. 92.

erhaltenen Erinnerung nur einem bestimmten, von Hause aus nicht einmal
zu Israel gehörigen Teile der Stämme zukommt. Der Sache nach wird
diese Deutung auch durch Num. 21 selbst nahegelegt, insofern ja das dort
der Nation Zugeschriebene für sie ganz ohne weitere F o l g e n bleibt.
Dürfen wir Num. 21 so verstehen, so wäre damit die Differenz in Beziehung auf das eine Subjekt gehoben. Immerhin bleibt noch diejenige
in betreff des zweiten Subjektes (Juda und Simeon Richt. 1, 17) und in
betreff der Zeit. Beide hängen enge zusammen. Natürlich wird, wenn
die Eroberung der Gegend um Horma nur einmal in dieser charakteristischen Weise geschehen sein kann, das Ereignis auch nur entweder in die
mosaische o d e r in die nachmosaische Zeit fallen. Müssen wir also wählen,
so werden wir uns für die mosaische, also für die von Num. 21 entscheiden, weil das Ereignis, wenn auch in beiden Fällen hinreichend begründet (hier durch den bald nach einer schweren Niederlage Israels erfolgenden Angriff der Kanaaniter, dort durch den jetzt eröffneten Angriff
auf sie), doch nur im Richterbuche eine Neigung zur U m g e s t a l t u n g
der Überlieferung klar zutage treten läßt. Die Eroberung des eigentlichen
Negeb wird hier zum Teil den Qenitern, zum Teil Juda mit Simeon zugeschrieben. Das fällt auf, weil schon Hebron, das viel weiter nördlich
liegt, nicht mehr von Juda und Simeon selbst erobert ist, ebensowenig das
wahrscheinlich unweit südwestlich davon liegende Debir (h. *ez-Za arije*).
Arad aber (h. *Tell ʿArad*) liegt eine schwache Tagereise südlich von Hebron
und Ṣefat (h. *Naḳb-eṣ-Ṣāfā*) gar mehr als doppelt soweit südlich, fast halbwegs Qades. Ob so weit Juda damals vordrang — falls es, wie Richt. 1
angenommen ist, seine Richtung von Norden nach Süden nahm —, ist
nach dem Gesagten und nach Nu. 21 mehr als zweifelhaft. Es ist daher
wahrscheinlich, daß in Richt. 1 das Anrecht Judas an den „Negeb Judas"
durch die Eroberungsgeschichte begründet | werden soll. Deshalb wird auch
das Vorgehen der Qeniter gegen Arad und Horma auf die Rechnung Judas
gesetzt und in jene Zeit verlegt. Damit erklärt sich zugleich das Herein-
kommen Judas und Simeons, der in Richt. 1 mit Juda zusammengeht, an
dieser Stelle [1].

Ziehen wir das E r g e b n i s und fragen wir zugleich nach dem geschichtlichen Tatbestand, so hat also ein e r s t e r d o p p e l t e r V o r s t o ß
v o n S ü d e n her bereits in der mosaischen Zeit stattgefunden. Er endete
zunächst mit einer schweren Niederlage gewisser Teile Israels, die die
Stämme nötigte, noch eine längere Zeit in der Wüste zuzubringen, hatte
aber zuletzt doch noch einen, wenn auch bescheidenen Erfolg dadurch,
daß der Qeniterstamm [unter Hobab?] sich in den Besitz eines Teiles des
Gebirges in der Steppe südlich von Juda setzte. Damit war für später
ein wichtiger Stützpunkt gewonnen. —

Eine weitere Frage, die uns beschäftigen muß, ist die nach der Zeit
der unter d. genannten Ereignisse und damit nach dem Verhältnis unseres
K a l e b zu dem Kaleb der Kundschaftergeschichte [2].

---

1) Die Darstellung ist, wie man sieht, schon in Richt. 1 sekundär jahvistisch,
noch mehr in Num 21. Hier redet J[2], in Richt. 1 J selbst, aber auf Grund von j.
Die Beteiligung Judas ist sowohl in Ri. 1, 16 als in V. 17 nicht ursprünglich. Genauer ist zu sagen, daß V 16f. in der Urgestalt, ebenso 19—21 und 27—35 zu j gehören. Vgl. schon Bd. II⁴, 14¹ u. 235⁸. In 16f. kann eine qenitische Quelle benutzt
sein (Burn.); über 27—35f. s. S. 402.	2) Vgl. dazu Baentsch zu Nu. 14 u. 21 und
Nowack zu Ri. 1, 9ff.

Kaleb heißt Sohn von Qenaz, d. h. Angehöriger des Geschlechtes Qenaz [1]. Demselben Clan gehört sein Schwiegersohn Otniel an. Daß Kaleb nicht von Hause aus Judäer ist, geht schon aus der Bemerkung Jos. 15, 13 hervor, daß er seinen Wohnsitz „inmitten Judas" erhalten habe. In Gen. 36, 11. 15. 42 heißt ein edomitisches Geschlecht Qenaz. Von dem Qeniter [Hobab?] haben wir eben vernommen, daß er sich in der Mosezeit im Süden des späteren Juda festgesetzt habe, in der Nähe der Amaleqiter. Ist Qenaz ein edomitisches Geschlecht, so würde es vortrefflich in diese Gegend, und sein Vordringen in sie vortrefflich zu dem Hobabs oder der Qeniter passen. Dazu würde ferner stimmen, daß in der unter a. berührten Erzählung der Kundschafter Kaleb eine besondere Rolle spielt, und daß dort Num. 14, 30 (38) Kaleb und Josua allein unter den Kundschaftern zugesagt ist, daß sie das Land betreten sollen. Teilt nun auch Kaleb diesen Vorzug mit Josua, so hat er bei ihm als nicht Vollisraeliten doch eine andere Bedeutung. Man darf also vielleicht auch daraus schließen, daß sein Vordringen in den Negeb | schon mit demjenigen der Qeniter zusammenfiel. Vor allem aber spricht dafür die Wiedererwähnung der aus der Kundschaftergeschichte wohlbekannten Riesenkinder von Hebron [2].

In welcher Zeit aber spielt die Geschichte von Richt. 1, 10 ff.? Es liegt nahe, das Ganze als eine Sage anzusehen, die lediglich dem Zwecke diente, die Aufnahme der edomitischen Kalebiten in den Stamm Juda zu begründen. Und da man jetzt vielfach geneigt ist, den Eintritt Kalebs, auch Otniels (als eines qenizzitischen Unterstammes), in Juda erst der Zeit Davids zuzuschreiben, so folgt daraus für viele, daß die Sage überhaupt erst in der Zeit nach David entstanden sei [3]. Allein tatsächlich wissen wir über die Zeit, wann die Qenazgeschlechter Kaleb und Otniel in Israel aufgenommen worden sind, gar nichts. Daß dies nicht erst durch David geschah, scheint mir aus 1 Sam. 27, 10; 30, 29 mit Sicherheit hervorzugehen, obgleich gerade aus diesen Aussagen meist das Gegenteil erschlossen wird. Denn nur bei unserer Annahme hat David Grund, mit seiner Lüge bei Akis einigen Glauben zu finden [4]. Anderseits ist es viel wahrscheinlicher, daß die Übergabe von Hebron und Debir, die lange vor David israelitisch geworden sind — sonst hätte David Hebron nicht zur Hauptstadt erkoren — und deren Gewinnung Kaleb und Otniel zugeschrieben wird, die Aufnahme von Kaleb und Otniel in Israel entweder voraussetzten oder bewirkten.

Dann gestaltet sich in diesem Punkte unser E r g e b n i s folgendermaßen: Kaleb, ein arabisch-edomitischer Clan, hatte sich Israel schon in der Wüste angeschlossen. Zugleich mit den Qeniten unternimmt Kaleb einen kühnen V o r s t o ß n a c h d e m N e g e b und setzt sich von dort aus in Hebron fest. Als dann die Judäer sich früher oder später gegen das Gebirge Juda aufmachen, finden sie durch Kaleb, der seit längerer Zeit hier ansässig ist, kräftige Unterstützung. Vor allem Otniel, ein qenizzitisches Stammhaupt, soll sich dabei hervorgetan haben; er soll Kalebs

---

1) Er heißt gelegentlich auch geradezu Qenizzi, Qenizziter Num. 32, 12. Jos. 14, 6. 14.   2) Vgl. dazu Num. 13, 22 (auch V. 27 und 33) mit Ri. 1, 10.   3) Siehe z. B. bei Nowack, Richter, S. 23.   4) Siehe Bd. II⁴, 134, Anm. 2 und über Otniel in PRE.³ 14, 524.

Eidam geworden sein. Von da an gehören die von Kaleb, obwohl ihrer Abkunft sich noch lange erinnernd, von Rechts wegen zum Stamme Juda.

3. **Juda und Simeon.** — Die dritte Frage, die uns beschäftigt, betrifft das Vorgehen Judas und sein Verhältnis zu Simeon (das Erzählungsstück c.).

Wir haben bereits gehört[1], daß in alter Zeit Simeon zusammen mit Levi einen Angriff auf Sikem unternommen hatte und was dabei | sein und Levis Schicksal war. Dort sind auch die Gründe dargelegt, weshalb mir jenes gemeinsame Tun und Erleiden von Simeon und Levi der vorägyptischen Zeit anzugehören scheint. Nun wird uns hier von einem König namens Adonibezeq und einer in der Nähe von Bezeq geschlagenen Schlacht erzählt, in der Adonibezeq gefangen und verstümmelt wurde, so daß er von den Seinen nach Jerusalem gebracht werden muß, wo er stirbt. Einen Ort Bezeq kennen wir bis jetzt nur auf dem Gebirge Efraim[2] und vielleicht bei Gezer[3].

Wie käme aber (bei der ersten Annahme) Juda mit Simeon plötzlich aufs Gebirge Efraim? Von der Annahme ausgehend, daß jenes Vorgehen Simeons mit Levi gegen Sikem unserer Zeit angehöre, haben deshalb einige neuere Forscher[4] die Nennung von Bezeq zu der Vermutung benutzt, unsere Erzählung und jene Episode von Gen. 34 stehen im engsten Zusammenhang zueinander, es handle sich auch hier um einen Vorstoß gegen das Gebirge Efraim, und Simeon sowohl als Juda haben ihre ersten Sitze ebenso wie Levi hier gehabt. Wir hätten dann hier in Richt. 1 einen dunkeln, fast vollkommen verschollenen Nachklang der Tatsache, daß einst von Juda, Simeon und Levi zusammen ein Vorstoß gegen das Gebirge Efraim unternommen wurde. — Allein dem stehen gewichtige Bedenken entgegen. Vor allem erklärt diese Hypothese nicht, wie Juda und Simeon in den Süden des Landes kommen. Diese Tatsache aber steht unbedingt fest; waren also einmal Simeon und Levi auf dem Gebirge Efraim ansässig, wie Gen. 34 vorauszusetzen scheint, so wird es wohl dabei bleiben müssen, daß zwei verschiedene Stöße dieser Stämme oder des einen von ihnen zu zwei verschiedenen Zeiten auf das Land Kanaan erfolgten, der eine vor, der andere nach der ägyptischen Wanderung. So allein verstehen wir auch, weshalb Levi hier nicht beteiligt ist. Nach jener Annahme, bei der es sich in beiden Fällen um dasselbe Ereignis oder um zwei eng zusammenhängende Begebenheiten handelt, vermißt man in Richt. 1 Levi. Ist er bei der ersten Aktion noch stärker aufgerieben worden als Simeon, oder hat er sich inzwischen infolge jenes Mißgeschicks anderen Aufgaben zugewandt, so wissen wir sein Fehlen bei der zweiten zu würdigen.

Wo haben dann aber jene späteren Ereignisse stattgefunden[5] und wie haben wir sie zu denken? Wenn der schwerverwundete Adonibezeq nach der Schlacht nach Jerusalem gebracht wird, um dort zu sterben, so muß wohl angenommen werden, daß Jerusalem seine damalige Residenz war. Vor allem | aber: wenn die Schlacht auf dem Gebirge Efraim, wie die erste Annahme fordert, geschlagen, der verstümmelte König aber nach

---

1) Siehe oben S. 265ff. 299f.   2) Das heutige *ibzīq*, nordöstlich von Nablus gegen Betsean hin.   3) Heute: *bezqa*. Das Onomastikon weiß tatsächlich von 2 Bezeq, allerdings beide auf dem Gebirge Efraim.   4) Vgl. Nowack, Komment. z. Richterb.; Guthe, Gesch. Israel, § 16 u. a.   5) Siehe dazu Budde im Kommentar.

Jerusalem verbracht worden sein soll, so muß tatsächlich entweder der Kampf sich in die Gegend von Jerusalem fortgesponnen haben[1], oder er muß von Anfang an in der Nähe von Jerusalem geführt worden sein. Im letzteren Falle müßte, wofern wir nicht ein südliches[2] Bezeq annehmen dürfen, die Schlacht in Wirklichkeit anderswo als bei Bezeq geschlagen worden sein. Der Zusatz „bei Bezeq" müßte dann eine aus dem Namen in der Deutung „Herr von Bezeq", entnommene Vermutung enthalten und Glosse sein, wofür Handschriften von LXX angeführt werden könnten. Unter allen Umständen liegt die Annahme einer unweit von Jerusalem geschlagenen Schlacht am nächsten. Es handelt sich um die Er-oberung des Gebirges Juda, und Adonibezeq, dessen Name, nach der Analogie ähnlich gebildeter Namen zu schließen, einen Gottesnamen Bezeq enthalten kann[3], wäre der führende König der verbündeten Kana-anäer des Südens. Mit dem efraimitischen Ort Bezeq ·wird er nichts zu tun haben.

Damit wäre eine wenigstens mögliche Erklärung gegeben, wenn sich verständlich machen ließe, wie der Stamm Juda von Jericho aus auf das Gebirge Juda, als dessen Mittelpunkt wir etwa die Gegend von Betlehem und das Land von hier bis Hebron zu denken haben, kommen konnte, um Jerusalem zu besitzen. Auf jenes Gebirge führt indes kein anderer Weg als über Jerusalem. Damit fällt auch die zweite Annahme. In die Gegend von Gezer, also den Westen von Jerusalem konnte ein Angreifer erst recht nicht wohl kommen, ohne Herr jener Stadt zu sein. Unter diesen Umständen wird man sich entschließen müssen, anzunehmen, daß Juda mit Simeon von Süden her in sein Land eindrang. Hierbei mag ihm in der Tat der König von Jerusalem als der führende Fürst des südlichen Kanaan entgegengetreten sein.

Es mag der Übersicht halber gut sein, auch hier gleich das Ergebnis herauszustellen. Der dritte Vorstoß gegen das Gebirgsland des süd-lichen Palästina erfolgt spätestens zur Zeit Josuas, wahrscheinlich schon vorher[4]. Der führende Kanaaniterfürst dieser Gegend tritt den Eindring-lingen entgegen, wird aber unweit von Jerusalem besiegt. Auf seiten Israels wird der Angriff geführt von Juda, gestützt auf die schon an-sässigen Kaleb und Otniel (Qain und Qenaz). Simeon, nach Blutsverwandt-schaft und Schicksal auf die Anlehnung an den stärkeren Juda angewiesen, gewinnt mit Juda zusammen seine Wohnsitze neben diesem im Südlande. Es wird sich gegen früher nur wenig nach Norden geschoben haben und reicht hernach von Süden her Juda die Hand. Bald wird dann auch Jerachmeel sich Juda angeschlossen haben.

4. Die Verteilung und Josua. — Als einer der Grundgedanken der ganzen Erzählung von Richt. 1 tritt nun, ist die oben von uns be-folgte Anordnung der Stücke richtig, heraus, daß das Land, ehe man zur Eroberung schreitet, an die einzelnen Stämme verteilt wird. Nach dem Sinn der ganzen Übersicht scheint es nicht dem Zufall überlassen, wie die Stämme sich gerade in Kanaan Landbesitz erwerben. Vielmehr scheint

---

1) Vgl. V. 6: sie verfolgten ihn.   2) An ʼAsēqa in Juda zu denken (Sellin), wage ich nicht.   3) Siehe zum Namen in § 40 (S. 436).   4) Hierin bekundet die Darstellung von Richt. 1, 3 ff. ihren sagenhaften Charakter. Der Jahvist weiß wohl, daß Juda mit Simeon den ersten Hauptstoß gegen das Gebirge des Westjordanlandes führte. Aber Zeit und Richtung sind ihm schon entschwunden.

gemein|same V e r a b r e d u n g getroffen und ihr gemäß jedem Stamme ein
gewisses Gebiet als sein „Los" zugeteilt[1]. Die Voraussetzung dieser
Maßregel ist neben der Gliederung des Volkes nach Stämmen das Bewußtsein ihrer Zusammengehörigkeit. Die einzelnen Geschlechter sind
so weit in sich geschlossen gedacht, daß sie im ganzen für sich stehen
und selbständig ihre Gebiete in Besitz nehmen. Deutlich blickt die Vorstellung durch: die Stämme gehen, so weit ihr Vorgehen hier erzählt ist,
f ü r s i c h vor. Findet eine Ausnahme hiervon statt, so wird sie ausdrücklich erwähnt: Juda schließt sich mit Simeon zusammen, das Haus
Josef geht gemeinsam ans Werk. Sonst aber wird von allen hier genannten Stämmen einzeln aufgeführt, was sie nicht erobern konnten; schon
hieraus ist zu entnehmen, daß der Erzähler als ihre, nicht als des gesamten
Israel Aufgabe die Eroberung ihres Stammgebietes annimmt, wohl auch
daß er einst auch manche ihrer positiven Schritte zur Gewinnung ihrer Gebiete erzählte. Aber daneben erscheint doch das Ganze als ein Unternehmen
Israels (1, 1) und Josua als dessen Leiter. Und der Ausdruck „Los" kann
nicht anders, als vorhin angegeben, verstanden werden, nämlich als Ergebnis einer vorläufigen Verständigung über die zu erobernden Landstriche.
        Freilich muß sich hier die Frage erheben: ob eine solche vorläufige
Verteilung und die nachfolgende Einzeleroberung der Gebiete nicht zwei
sich gegenseitig widersprechende Vorstellungen seien, die gar nicht von
einem und demselben Schriftsteller erzählt sein konnten, ja ob nicht
— auch diese Frage mag gleich angeschlossen werden — eine solche Vorstellung lediglich der Phantasie eines unvollkommen unterrichteten Erzählers
entstamme[2]. Man wird geneigt sein, zu sagen: gerade die Tatsache der
vereinzelten Eroberung, die als gesicherte historische Erinnerung durch-
blicke, schließe diejenige der vorhergehenden Verteilung aus. Denn hätten
die Stämme so viel Zusammenhalt besessen, um die Gebiete zu verteilen,
so hätten Klugheit und Pflicht geboten, auch durch gemeinsames Handeln
das Land zu erobern, statt Stamm für Stamm sich selbst zu überlassen.
Die vorausgehende Verteilung verfällt somit dem Verdacht, als wäre in
ihr künstliches System, und die andere Vorstellung hat das Vorurteil für
sich, dem natürlichen Hergang zu entsprechen. Der wirkliche Gang der
Dinge würde demnach gewesen sein, daß im Laufe längerer Zeit ein Stamm
um den andern den Jordan überschritt oder sonstwie im Lande eindrang,
jeder den ihm zusagenden oder durch die Umstände ermöglichten Gebiets-
teil sich erstritt und so nach Verfluß geraumer Zeit allmählich alle in
Frage kommenden Stämme sich wenigstens im Gebirge des Westlandes
festgesetzt hätten. Hierzu scheint es | keiner Vorverteilung zu bedürfen.
Ja sie scheint, als unnatürlich und durch wenig geschichtliche Analogien
gestützt, schon für sich das Gepräge späterer Erfindung an sich zu tragen.
        Nun ist nach dem bisher Ausgeführten soviel zunächst vollkommen
klar: wenn die bisher vertretene Annahme zutrifft, daß ein Teil der Israelstämme das Land Kanaan überhaupt n i c h t v e r l a s s e n haben und demnach auch Auszug aus Ägypten und Wüstenwanderung nur bei einem Teil
der Stämme in Frage kommen, so kann auch die Anweisung von „Losen"

---

1) Vgl. über den Ausdruck „Los" גּוֹרָל Richt. 1, 3, dazu S. 408.   2) Vgl.
Kuenen, TT. 22, 494 (= Ges. Abh. 448), der gegen die obige Darstellung ausruft:
„ist dergleichen denkbar, hat jemals oder irgendwo solch eine Anweisung eines, wohl-
gemerkt, noch bewohnten Landes stattgefunden?"

zur Eroberung sich unmittelbar nur auf die jetzt eindringenden Stämme bezogen haben, auf die anderen oder einige von ihnen höchstens mittelbar. Für jene erste Stammgruppe hat die Verabredung über die in Angriff zu nehmenden Gebiete m. E. gar keine Schwierigkeit, für die andere empfiehlt es sich in mehreren Fällen, sie anzunehmen. Hat der Hergang der Dinge sich so oder ähnlich abgespielt, wie oben angenommen ist, so ist es ganz natürlich, daß die zum Eindringen ins Land gerüsteten Stämme sich mit ihren dort schon ansässigen Brüdern v e r s t ä n d i g e n. Die Entfernungen sind nicht groß genug, die Verhältnisse nicht schwierig genug, als daß nicht Boten hin und her gegangen wären und beispielsweise Simeon und Kaleb oder auch Asser und Issakar hätten auffordern können, gleichzeitig mit den Eindringenden ans Werk zu gehen und der Zusammengehörigkeit mit ihnen sich kräftig zu erinnern. — Aber auch unter sich haben die eindringenden Stämme allen Anlaß sich zu verständigen. Wenn irgend die Überlieferung von einem Sinaibunde zu Recht besteht, so müssen die dort versammelten Stämme bei aller Selbständigkeit doch damals zu einer idealen Einheit verschmolzen sein. Sie aber wird sich beim Angriff auf Kanaan schwerlich ganz verleugnet haben.|

Irre ich nicht, so hängt die Abneigung mancher Forscher gegen diese in der Überlieferung wohlbezeugte vorläufige Zuteilung von Gebieten mit der Vorstellung zusammen, die uns P von dem Hergang überliefert hat. Hier wird, nachdem das Land vollständig erobert ist, den einzelnen Stämmen, und zwar durchs Los, ihr Gebiet angewiesen, auch den Stämmen, die gar nicht in Ägypten waren. Ja nach Jos. 19, 1 ff. entsteht im Vergleich mit 18, 1 ff der Schein, als ob sogar Simeon, obwohl er sein Gebiet längst erobert hatte, noch der Verlosung unterworfen worden sei[1]. Allein es ist wahrscheinlich, daß diese Idee der „Verlosung" lediglich die Folge des im alten Berichte gebrauchten Ausdruckes „Los" ist. Dieser aber bedeutete dort ehedem einfach den Anteil. Von einer wirklichen Verlosung redet J nirgends. Für ihn scheint vielmehr lediglich eine v o r - l ä u f i g e V e r s t ä n d i g u n g über die von den einzelnen Hauptgruppen Israels in Angriff zu nehmenden Gebiete stattgefunden zu haben[2]. Eine solche wird man aber, war das Land bewohnt oder unbewohnt, geschichtlich weder für überflüssig noch für ungereimt ansehen können.

Es kommt dazu die Analogie der mosaischen Zeit. Auch in ihr haben wir tatsächlich ein Zusammengehen der Stämme Israels, das bei einer gewissen Freiheit der Bewegung einzelner doch die schechthinige Gleichgültigkeit derselben gegen die Gesamtheit ausschließt. So scheinen auch hier die Verhältnisse gedacht werden zu müssen. Israel besitzt | noch lange kein geschlossenes Staatswesen, darum auch noch keine Verantwortlichkeit des einen für alle: jeder Stamm mag im Grunde seinen eigenen Weg gehen und sein eigenes Fortkommen suchen. Aber es besteht doch das Gefühl nicht allein der Blutsverwandtschaft, sondern auch einer gewissen gemeinsamen G e s c h i c h t e und damit der Zusammengehörigkeit. Man

---

1) Siehe das Nähere darüber unten in § 40, 2.   2) Ähnlich Nowack zu Richt. 1, 1 ff. (S. 2 unten). Vgl auch unt. S. 409, Anm. 5. Am deutlichsten blickt der wahre Sachverhalt in J noch durch in Jos. 17, 14: Du hast uns „ein Los gegeben", d. h. a n g e w i e s e n. Die Stämme verständigen sich unter sich und mit Josua, Josua als Leiter der Stämme weist auf Grund davon die „Lose" zu. Das Wort „Los" ist demnach bildlich gebraucht. Vgl. noch unten S. 411.

wird freilich sagen können, es liege darin eine Unklarheit, etwas Widerspruchvolles. Nur suche man die Unklarheit nicht in der Darstellung, sondern in den Verhältnissen selbst. Die Verhältnisse sind noch nicht abgeschlossen, sie sind erst im Werden; das Bewußtsein der Einheit ist noch jung und hat sich erst durchzuringen. So wundere man sich nicht, wenn es hier, obwohl vorhanden, doch nur unvollkommen in die Erscheinung tritt.

Natürlich hängt die Frage auch mit der nach der Stellung J o s u a s eng zusammen. Man hat in neuer Zeit mehrfach in J o s u a keine historische Person sehen zu dürfen geglaubt. Er schien nur der von der Sage festgehaltene Widerschein der glanzvollen Gestalt des großen Mose zu sein. Hatte sich vollends die Sage der Eroberung Kanaans in der Weise bemächtigt, daß auch hier an Stelle des wahren Herganges ein unnatürlicher Zusammenschluß der Stämme gleich dem der mosaischen Zeit frei gestaltet wurde: so bedurfte dieser Zusammenhalt der Verkörperung in einem Führer, welcher, vom Geiste Moses erfüllt, in seiner Weise und als sein Nachfolger das begonnene Werk zu Ende brachte. Besonders die Annahme, daß die Quelle J Josua nicht kenne [1] und die Eroberung des | Landes ohne Rücksicht auf ihn darstelle, schien dieser Beseitigung Josuas eine bedeutsame Bestätigung zu bieten. Nahm man anderseits wahr, daß gerade E, die efraimitische Quelle, Josua öfter erwähnte und sogar sein Grabmal auf dem Gebirge Efraim noch kannte: so schien der — freilich reichlich rasch gewonnene — Schluß genügend gerechtfertigt: Josua sei überhaupt keine Person, sondern der Name eines efraimäischen Clans, dessen gleichnamigen Stammesheros man in Timnat-ḥeres begraben dachte [2].

Dieser Schlußreihe ist in erster Linie die von Kuenen [3], sodann von Dillmann [4] und hernach von Budde [5] geltend gemachte Tatsache gefährlich, daß sich Josua in J so gut als in E findet. In der Tat kann hieran nicht wohl gezweifelt werden. Daß neben unzweifelhaftem Vorkommen Josuas in J sein Name in Richt. 1 fehlt, hat wohl besonders zu jener Annahme beigetragen. Allein sein Wegbleiben erklärt sich hier nur zu natürlich aus der Notwendigkeit, ihn zu beseitigen, wollte die Erzählung überhaupt im Richterbuch Aufnahme finden. Die sicher als Redaktionszusatz erkannten Anfangsworte des Buches: „nach Josuas Tode" lassen darüber jeden Zweifel schwinden. Anderseits setzt, worauf Budde [6] richtig aufmerksam macht, schon der Beginn der oben wiedergegebenen Übersicht mit der Frage: wer soll den Kampf beginnen? und die Bezeichnung der Gebiete als Los deut-

---

1) Meyer, ZAW. I, 134 und schon Wellh., JDTh. 21, 585 (= Komp.³ 116, doch unbestimmt; Jos. war nach W. bei J vielleicht der Führer Josefs); ferner Stade, ZAW. I, 147; Gesch. Isr. I, 135. 161. Ähnlich auch jetzt wi·der Steuern., Jos. 134; doch will Steuern. trotzdem die Geschichtlichkeit Josuas als efraimitischen Heros festhalten (S. 151). Der unbestreitbar jahvistische Charakter von Jos. 17, 14—18 (oder mindestens wichtiger Teile des Stücks) macht, da Josua hier eine Hauptrolle spielt, Steuern. a. a. O, S. 133 einige Not. Er rät deshalb auf J² — womit dann freilich die Tatsache eben doch belegt ist, daß Josua in jahvistischen Kreisen wohl bekannt war. Aber ich halte es doch für bedenklich, aus der Nichterwähnung Josuas in dem kurzen, stark volkstümlich erzählenden Fragment Richt. 1 zu schließen, daß J selbst oder j überhaupt nichts von ihm gewußt habe. Über Jos. 9 siehe unten. Vgl. noch S. 399, Anm. 8. 2) Meyer a. a. O., S. 143. Anm 2. 3) Einl., § 13, Nr. 14. 4) Im Kommentar zu NuDtJo mehrfach. 5) ZAW. 7, 130 f. (RiSa. 42 f.). 6) A. a. O., S. 96. 128 f. (RiSa. 4. 40 f.). Im Komment. zu Richt. S. 1 redet B. von wirklicher Verlosung. Siehe darüber ob. S. 40ˣ, Anm. 2.

lich genug eine Überlieferung von vorangegangener gemeinsamer Abmachung, und diese eine einheitliche Leitung voraus. Richt. 1 kann unter keinen Um-. ständen der Anfang eines selbständigen Zusammenhanges sein, sondern greift auf einen früheren zurück. In ihm wird Josua die führende Rolle gespielt haben, so wie er sie jetzt noch in einem der im Josuabuche und sonst erhaltenen Reste einer Parallelerzählung spielt[1]. Jenes Stück hängt aufs engste mit der Person Josuas zusammen: sobald wir über das Richter-buch, wo Josua gestrichen werden mußte, hinaus den Faden der Erzählung verfolgen, tritt Josua wie von selbst an die Spitze — ein deutliches Zeichen, daß die Überlieferung von J ihn sehr wohl kannte.|

5. **Ergebnis.** — Damit sind denn auch schon die Hauptpunkte an-gegeben, aus denen der Hergang der Eroberung, soweit er sich aus unserem Stück entnehmen läßt, sich zusammensetzt.

Die aus Ägypten kommenden Israelstämme haben noch unter Moses Leitung den Osten, wenigstens in der südlichen Hälfte, gewonnen. Die Stämme Ruben und Gad lassen sich, soweit sie nicht schon früher da waren, hier nieder, werden deshalb an der Übersicht nicht mehr erwähnt. Schon vorher hatten einzelne Israel nahestehende Geschlechter, von Süden her vordringend, sich auf dem südlichen Teile des späteren Gebirges Juda und seinen südlichen Ausläufern festgesetzt. Ihnen waren Juda und Simeon gefolgt. Die Hauptmasse des aus Ägypten und der Wüste kommenden Volksteiles, in der Hauptsache das Haus Josef, überschreitet den Jordan in der Gegend des Toten Meeres beim Gilgal. Dies geschieht unter des Efraimiten Josua Leitung[2], der nach Moses Tode die Führung übernommen hat. Vom Gilgal aus wird der Angriff auf das Westjordanland unter-nommen, und zwar so, daß das feste Lager der Eindringenden zunächst noch hier ist: der Engel des Herrn, heißt es, und die Lade bleiben hier, bis sie nach der Eroberung von Betel dorthin fortrücken. In jenes Stand-quartier kehren sie also wohl nach den einzelnen Erfolgen vorläufig wieder zurück.

Juda, der gemeinsam mit dem dem Gebiete nach auf ihn ange-wiesenen Simeon zuerst vorgeht, besiegt einen führenden kanaanitischen König Adonibezeq und setzt sich in dem von jetzt an so genannten Ge-birge Juda fest. Seinen Mittelpunkt hat er wohl zunächst in der Gegend von Betlehem, dem eigentlichen Kernland des Stammes Juda. Der von Hause aus nicht judäische Stammfürst Kaleb, dem mit Juda gemeinsame Sache machenden Clan Qenaz entstammend, hat sich bereits hier festgesetzt und bietet Juda einen willkommenen Stützpunkt. Ihm wird für seine Ver-dienste beim Wüstenzug die uralte Feste Qirjat-arbaʿ (Vierstadt) zugeteilt. Er soll das dort hausende Riesengeschlecht bezwungen und die Stadt Hebron genannt haben. Ein anderer judäisch-qenizzitischer Gaufürst ʿOtniel, als Kalebs Stammesbruder bezeichnet, erobert das südjudäische Debīr und wird Kalebs Eidam. Mit Juda macht ferner gemeinsame Sache der aus der nördlichen Sinaihalbinsel kommende Beduinenstamm der Qeniter, dem Israel durch Mose eng verbunden war. Er hatte sich nach dem Aus-zug aus Ägypten Israel angeschlossen und hatte von Qades aus einen glücklichen Vorstoß nach den Südabhängen des Gebirges Juda gewagt

---

1) Jos. 17, 14—18. Siehe darüber ob. S. 409, Anm. 2) Jos. 17, (14 f.) 16 ff. Richt. 1, 22, falls die Einsetzung seines Namens dort berechtigt ist (s. oben S. 399).

und war vom Negeb aus jetzt zu Juda gestoßen. Er führt, wie es scheint,
zunächst in der Wüste Juda sein nomadisches Leben fort. Später müssen
sich Teile von ihm mehr nach Norden gezogen haben, denn das Qeniter-
weib Jael zeltet in der Gegend der Deboraschlacht. Ebenfalls südlich
von Juda, von den qenitischen Nomaden und den amaleqitischen Vollbeduinen begrenzt, vielfach wohl auch zwischen ihnen wohnend, setzt sich
mit Hilfe Judas Simeon fest [1]. Als Südgrenze des gelobten Landes gegen
Edom hin gilt der Skorpionensteig genannte Paß Ṣafā.

Wendet sich Juda dem Süden des Landes zu, so die Josefstämme
nach Norden. An ihrer Spitze steht der efraimitische Führer Josua. Josua
darum bloß zum efraimitischen Stammeshelden [2] zu machen, ist jedenfalls
nicht im Sinne unserer Quellen, wenn es auch der Wahrheit nicht allzu
fern ist. Das oben mitgeteilte Bruchstück einer Gebietsanweisung durch
Josua [3] geht ohne Zweifel von der Voraussetzung aus, daß der Führer
in derselben Weise, wie er dem Hause Josef sein „Los" zuteilt, auch
anderen Geschlechtern ihre Wohnsitze bestimmt hat — freilich, wie das
Stück selbst am besten zeigt, nicht ohne vorhergegangene Rede und Gegen-
rede zwischen ihm selbst und den Stämmen, wohl auch zwischen den
Stämmen unter sich, d. h. nach vorhergegangener Verständigung nach
beiden Seiten.

Als gemeinsame Handlung der unter Josuas Leitung stehenden | Josef-
stämme muß jedenfalls die durch den Verrat eines Bürgers begünstigte
Einnahme Betels angesehen werden. Sie setzt allerdings den Besitz von
ʿAi voraus. Da der Gesamtredaktion hierüber ein eigener Bericht in
Jos. 8 vorlag, muß man annehmen, ein solcher sei hier gestrichen, ebenso
wie im Josuabuch der über Betel.

Hier bricht unsere Übersicht ab. Dem Redaktor ist es, weil seine
Aufgabe ist, vom Buch Josua auf das Richterbuch überzuleiten, nicht
mehr um die positiven Erfolge, sondern um die Mißerfolge, welche die
Zustände der Richterzeit erklären, zu tun. Sicherlich aber hat J einst
sowohl die außer der Einnahme Betels bekannten Waffentaten Josuas an
der Spitze der vereinigten Stämme, als auch die Erfolge der einzelnen
Stämme für sich berichtet [4]. Spuren einer ausführlicheren Form seiner
Erzählung, als sie Richt. 1 besitzt, haben wir oben schon gefunden. Sie
oder ihr verwandte Elemente weiter zu verfolgen, wird eben darum unsere
nächste Aufgabe sein.

§ 38.

Die Eroberung Kanaans nach dem Buch Josua bis zum Bündnis mit Gibeon.

Eine Anzahl von Abschnitten im Buch Josua führt die in der Übersicht angesponnenen Fäden fort, und zwar so, daß die letzteren sich vielfach ausfüllend in das dort offen gelassene Fachwerk einfügen. Es empfiehlt sich, unter diesen Stücken jedesmal zunächst diejenigen ins Auge
zu fassen, welche mit Richt. 1 in näherer Verwandtschaft stehen und

---

1) Näheres oben S. 406.   2) Hierzu ist Kuenen a. a. O. geneigt; vgl. schon
Wellhausen, JDTh. 21, S. 585. Siehe übrigens weiter unten S. 423/4.   3) Jos. 17,
14 ff. Vgl S. 409, Anm. 1. (Als Typus dessen, was geschah, darf die Erzählung unter
allen Umständen gelten.)   4) Siehe Budde, ZAW. 7, 104. 128 (RiSa. 13. 40 f.), außerdem oben S. 401.

daher J zugerechnet werden müssen. Der Anschluß dieser Abschnitte an die uns bekannte Übersicht wird dadurch am besten gewahrt. Sofort erhebt sich freilich eine literarische Frage. Haben wir in Richt. 1 ein Stück vor uns, das fast ausnahmslos den Charakter des Exzerpts hat und wohl auch in der Tat als ein solcher Auszug aus einem größeren Erzählungsganzen angesehen werden muß; und haben sich ihm einzelne Stücke aus anderer Umgebung als auch nach dieser Seite hin gleichartig mit Richt. 1 angeschlossen, so ist die Frage, ob die jetzt in Rede stehenden J-Bestandteile des Buches Josua derselben Art sind. Ihrer Erzählungsweise nach scheinen sie, wenn sie auch meist kurze und nur in Bruchstücken vorhandene Berichte sind, doch nicht den Charakter bloßer Auszüge zu tragen. Wir werden sie demnach weniger für direkte Fortsetzungen von Richt. 1 als für Parallelen zu ihm halten müssen, die wohl zum Teil dem Originalwerke angehören, aus welchem der in Richt. 1 noch vorhandene Auszug entnommen wurde. Zum | andern und größeren Teil allerdings werden sie einer späteren Ausgabe desselben angehören [1].

1. Josua an der Spitze des Stämmebundes. — Richt. 1 ließ annehmen, daß hier Josua als an der Spitze der aus Ägypten kommenden Stammvereinigung den Jordan überschreitend und vom Gilgal aus gegen Jericho und das Gebirge vordringend gedacht war. Diese Annahme wird zur Gewißheit erhoben durch die ersten Kapitel des Buches Josua. Sie bieten uns eine Reihe teils mit Richt. 1 im engem Zusammenhang stehender, teils von jener Übersicht unabhängiger Berichte, in denen der Hergang in der dort angedeuteten Weise vor sich geht. Die deuteronomistische Überarbeitung hat diese älteren Berichte teils erweitert, teils umgestaltet, ohne aber ihren ursprünglichen Charakter ganz zu verwischen.

Eine deuteronomistisch gehaltene Einleitung bereitet in Kap. 1 den Jordanübergang und den Kampf um das gelobte Land vor. Sie hat vielleicht einzelne ältere Elemente [2] verwandt, ist aber im ganzen von Dt frei eingearbeitet [3]. Wir haben sie als rhetorisch-paränetische Einführung für unsern Zweck beiseite zu lassen. Ebenfalls vorläufig zu übergehen ist die daran angeschlossene Erzählung über die Auskundschaftung Jerichos, Kap. 2. Sie hängt mit der Geschichte der Eroberung dieser Stadt enge zusammen.

Als erstes Hauptereignis tritt uns der Übergang über den Jordan entgegen [4]. Wellhausen hat darin zwei ältere Berichte ausgeschieden, in denen aller Wahrscheinlichkeit nach die Erzählungen von J und E erkannt werden dürfen. Der leitende Gedanke seiner Scheidung bleibt, wenn auch die Zuteilung sich etwas anders gestalten mag.

Der Gang der Erzählung in J läßt sich etwa so herstellen. Von Sittim aus, wo das Volk längere Zeit gelegen war, dringt Josua vor gegen

---

1) Vgl. zu der folgenden Erörterung Dillmann, NuDtJos.; Albers, Die Quellenberichte in Jos. 1—12 (1891); Steuernagel und Holzinger, Kommentar zu Josua; Procksch, Die Elohimquelle; Greßmann, Schrift. d. AT I 2, 127 ff.; endlich Holz. in Kautzsch' AT.³ u. ⁴ u. Smend, Hexat.; Sellin, Gilgal 28 ff. 2) Es könnte sein, daß die Verse 1. 2. 10. 11 handeln (so auch Smend). 3) Hollenberg, StKr. 1874, 473. Wellh., JDTh. 21, 586. Kuen., Einl. § 7, 26. 4) Kap 3 und 4. Vgl. dazu JDTh. 21, S. 586 ff. (Komp.² 116 ff.), ferner auch Dillm., NuDtJo., S. 450 ff. Etwas andere Wege gehen Holz. und Procksch (jener will auch noch J² neben J¹ scheiden), während Steuern. auch hier, wie fast immer, J ablehnt.

den Jordan ¹. Hier stellt er dem Volk für den folgenden Tag Jahves Wunderhilfe in Aussicht ². Sodann gibt er ihm das Zeichen an, an dem Israel Jahves Allmacht erkennen könne: die Lade Jahves, | des Herrn der Erde, werde vor ihnen herziehen, und wenn die Füße der Priester, welche sie tragen, im Wasser stehen, werden die Wasser abbrechen und zu Haufen stehen. So geschieht es. Als das Volk zum Jordanübergang sich anschickt und die Priester mit der Lade das Wasser betreten, stellt sich das neu zufließende Wasser [bei Adam], während das übrige sich verläuft. Die Priester bleiben mit der Lade mitten im Flußbett stehen, bis das ganze Volk durchgezogen ist ³. — Nachdem dies geschehen, erhält Josua den Befehl, vom Standort der Priester im Jordan zwölf Steine nach dem Lagerort der nächsten Nacht mitzunehmen als Wahrzeichen in ihrer Mitte ⁴.

Kürzer lautet die Darstellung in E. Josua bricht in der Frühe mit dem ganzen Israel an den Jordan auf (von Siṭṭim?). Hier versammelt er die Söhne Israels um sich, damit sie Jahves Befehl vernehmen ⁵. Sie sollen zwölf Männer auswählen, welche vor der Lade her in die Mitte des Jordanbettes gehen. Jeder soll einen Stein auf der Schulter dorthin tragen zum ewigen Gedächtnis für die Söhne Israel ⁶. Darauf vollzieht sich der Übergang: sobald die Träger der Lade an den Jordan herankommen und ihre Füße das Wasser nur berühren, weicht dasselbe zurück ⁷ ... Was nachfolgt oder zwischeneingearbeitet ist, stammt teils ⁸ von P, teils ⁹ von Dt, teils wohl auch von R^d, kann aber für die Erhebung des Tatsächlichen entbehrt werden. Es werden keine neuen Züge hinzugebracht, sondern

---

1) Jos. 3, 1 a β b; vgl. Num. 25, 1 = J. 2) Jos. 3, 5; vgl. Ex. 19, 22 = J ² ? 3) Jos. 3, 10 a (10 b ist Zusatz von D ²). 11 (statt הברית lies יהוה Wellh., S. 587). 13 f. (V. 14 am Ende streiche הברית). 15 b. 16 f. („Weithin bei Adam, der Stadt, die seitlich von Sartan liegt" kann mit „gegenüber Jericho" nicht zusammengehen. Jenes ist die Furt ed-damije an der Jabboqmündung [30 Km nördlich von Jericho]. Eines muß also Glosse sein, durch R aus einer zweiten Überlieferung eingearbeitet. Aus formellen Gründen scheidet Adam aus; der Satz müßte, wäre es ursprünglich, ganz anders lauten [daher das Qere „von Adam"]. Aber die richtige Erkenntnis bleibt, daß ein Übergang bei Adam überliefert war. Eine ganz andere Erklärung von A, 3, 16 bietet Jastrow JBL 1917, 53 ff. Er will 1 Kön. 7, 46 zu Grunde legen und danach hier lesen במעבה האדמה für מאדם מאת העיר (also „im festen Erdreich zur Seite von Sartan") unter Berufung auf das Ereignis von 1266 (unt. S. 428) Die Operation ist recht gewaltsam; das Einzige, was sie verständlich machen könnte, ist der gewiß nicht leicht zu machende Umstand, daß Adam außer hier nie sicher bezeugt ist. 4) Jos. 4, 1 a (Dillm. E). 1 b. 3 (von נשא an). 6 a (wegen קרבכם, was besser zum Malzeichen auf dem Lande paßt). 8. 5) Jos. 3, 1 a α γ. 9 (in J ist der Vers überflüssig und störend; vgl. auch die ersten Worte mit denen in V. 5). Etwas anders Greßm. und Sellin. 6) Mit dem Namen Gilgal haben die Steine hier nichts zu tun: vorhanden waren sie sicher einmal. 7) Jos. 3, 12; 4, 5. 7 b. 9; 3, 15 a (lies ורגליהם נשבכו. Die hier vorgenommene Umstellung ist dadurch geboten, daß 4, 5 notwendig vor den Übergang gehört. 4, 4 wird dann wie V. 2 überflüssig und ist nur von R^d eingefügt, um den Anschluß der versetzten Teile herzustellen. R^d oder eher Dt. gehört auch V. 6 b und 7 a, da ויהי 7 b direkt an V 5 anschließt. 8) Vielleicht in 4, 15—17. 19. 9) Außer den schon genannten Stücken besonders 3. 2—4. 6—8, sodann die Hauptsache von 4, 10 an. Es scheint aber, als sei in 3, 8 b mit der Weisung an die Priester, mit der Lade am Ufer stehen zu bleiben, noch der Rest einer ältesten Version aus J (bzw. j) erhalten. Dazu hätte dann 15 a gehört (Holz. ⁸; weniger gut Smend). Diese Version hat vielleicht einfach das Volk an der Lade vorbei über den Fluß ziehen lassen, so daß die Lade die Stelle der Furt angab und ihr Schutz über dem Durchzug waltete. Daß sie überhaupt nicht da war (Steuern. 160. Westphal, Wohnst. 58), kann ich nicht aus dem Text herauslesen.

bald E bald J erweitert oder | beide vermittelt. Zu J gehört wohl auch noch die Notiz, daß das Steinmal den Namen *Gilgal* erhielt[1]. Man sieht deutlich, wie hier bei J und E die seit E geläufige Auffassung vom Zug durchs Rote Meer zum Muster gedient hat. Die älteste Schilderung in J, die dort so anschaulich und ohne die Hilfe magischer Mittel berichtet, kann hier kaum ganz andere Vorstellungen überliefert haben. Der jahvistische Bericht wird daher J[2] zuzuweisen sein. Aber die Spur der jahvistischen Vorlage hat sich wahrscheinlich doch noch erhalten[2].

Zu E gehört hingegen der Kern einer an die Erzählung vom Jordanübergang sich unmittelbar anschließenden Erzählung. Sie bietet eine andere Erklärung des für jene Anfangszeit in Kanaan so wichtigen Ortsnamens Gilgal. Schon Hollenberg[3] hat den Kern richtig herausgeschält: „In jener Zeit sprach Jahve zu Josua: mache dir Steinmesser und beschneide[4] die Söhne Israel. Da machte sich Josua Steinmesser und beschnitt die Söhne Israel auf dem Hügel der Vorhäute. Und nachdem das ganze Volk beschnitten war, blieben sie im Lager, bis sie wieder heil waren. Jahve aber sprach zu Josua: heute habe ich die Schmach Ägyptens von euch abgewälzt. Und er nannte den Namen des Ortes *Gilgal*, Wälzort, bis auf diesen Tag[5]."

Auch diese Erzählung ist von R[d] stark überarbeitet[6] wesentlich zu dem Zwecke, um die hier mitgeteilte Notiz von der Annahme der Beschneidung durch Israel bei der Einwanderung in Kanaan mit der Angabe von P zu vermitteln, nach welcher schon Abraham die Beschneidung für sich und seine Nachkommen angenommen hatte. Ferner hat der Redaktor eine kurze Notiz von P über die Feier des Passa im Gilgal hier eingereiht[7]. Ganz am richtigen Orte wäre hier auch die aus J stammende Notiz über die Josua gewordene Erscheinung eines Mannes, welcher sich ihm als der Fürst des Heeres Jahves kundtut[8], | falls statt Jericho der Gilgal als die Stätte der Begebenheit angenommen werden dürfte. Gehört das Ereignis nach Jericho, so stünde es besser an einem späteren Orte.

Dem Übergang über den Jordan muß der Angriff auf die Kanaaniter folgen. Ist der Übergang beim Gilgal oder jedenfalls in der Nähe der Jordanmündung erfolgt, so steht dem weiteren Vordringen zunächst J e r i c h o im Wege. Es ist der Schlüssel des Landes. Das nächste Ereignis ist die Eroberung Jerichos.

Die Erzählung über sie steht fast durchweg auf älterer Grundlage und

---

1) 4, 20. Hier muß eine alte Kultusstätte gestanden haben; s. Kittel zu Ri 2, 1 ff. Der Name ist unweit von Jericho nicht mehr erhalten. Vgl. über die wahrscheinliche Lage PJB. 7 (1911), 30 u. 9, 20 f. Bei der Quelle *el-raṛābe* findet sich tatsächlich eine kleine alte Ortslage. Steinkreis (Kromlech) und Gilgal sind jedenfalls in der Hauptsache dasselbe. Es ist ein altes (heute verschwundenes) megalithisches Heiligtum s. oben א. 24[4].   2) Über den Meerzug s. oben § 29 f, über die Vorstufe von J vorhin in der vorletzten Anm.   3) A. a. O., S. 493 f. Vgl. noch unt. S. 428 f.   4) ושוב und שיית ist wohl mit LXX zu streichen.   5) Jos. 5, 2 f. 8 f. (Holz.[4] J[1]).   6) Ihm gehört 5, 4—7, wohl auch V. 1. Doch könnte hier auch an D[2] gedacht werden.   7) Jos. 5. 10—12. Hier soll Israel zum letztenmal das Manna geworden sein: in der Tat gedeiht dort noch eine mannatragende Tamariske PJB 10 (1914), 12.   8) Jos. 5, 13—15; vgl. Ex. 3, 5 = J (zur Sache oben S. 307[4], außerdem Dillm., NuDtJos. 457. 462, Procksch., Holz.; Sell. E). Da gerade das, was der Engel zu sagen hatte, fehlt, läßt sich schwer bestimmter urteilen. Das macht auch Greßmanns interessanten Lösungsversuch unsicher.

bietet zwei in sich geschlossene Berichte, welche Wellhausen in fast ab-
schließender Vollkommenheit ausgeschieden hat[1]. Der einfachere Bericht
ist hier derjenige von J. Jahve befiehlt Josua, Israel solle die Stadt sechs
Tage hindurch je einmal (lautlos), am siebenten Tag aber siebenmal (mit
lautem Kriegsgeschrei) umkreisen, dann werden sie in die Stadt eindringen
können. Demgemäß belehrt Josua das Volk für den Umzug: Lärmet nicht
und laßt eure Stimme nicht vernehmen, kein Wort gehe aus eurem Munde
bis an den Tag, da ich es euch sage, dann sollt ihr Kriegsgeschrei erheben.
So umkreisen sie die Stadt einmal und kehren über Nacht ins Lager zurück[2]. Dasselbe geschieht am folgenden Tag und so sechs Tage nach-
einander. Am siebenten Tag umziehen sie die Stadt in derselben Weise
(siebenmal?). Nun erst heißt Josua das Volk Kriegsgeschrei erheben. So
dringen sie in die Stadt ein und nehmen sie[3].

Erheblich weniger einfach, darum wohl später, ist die Darstellung des
Verlaufes bei E. Hier soll Israel an einem Tag, die Vorhut voran,|
die Priester mit der Lade folgend, sodann das Heer, siebenmal die Stadt
umziehen. Beim siebenten Umzug stoßen die Priester in die Jobelhörner,
worauf das Volk den Kriegsruf erhebt, so daß die Mauern stürzen[4]. Der
Kern dieser Version liegt in den Worten: „Und Josua machte sich am
Morgen früh auf, und die Priester trugen die Lade Jahves. Aber sieben
Priester trugen sieben Jobelhörner vor der Lade Jahves her, und die Ge-
rüsteten gingen vor ihnen her, und die Nachhut folgte der Lade Jahves.
Das siebente Mal aber stießen die Priester in die Hörner, und da das Volk
den Schall des Horns hörte, erhoben sie lautes Kriegsgeschrei, so daß
die Mauer zusammenstürzte[5].“

Nun kann, auch wenn die Erzählung nicht stärker deuteronomisch
überarbeitet ist, doch auch hier kaum angenommen werden, daß der Bericht die älteste Vorstellung des Hergangs wiedergibt. Mindestens dürfen
wir J, wie wir diesen Erzähler sonst kennen, eine so wenig dem Leben
selbst abgelauschte Darstellung nicht zutrauen. Auch hier redet J[2]. Wie
seine Vorlage erzählte, wissen wir leider nicht. Jedenfalls ungleich ein-

1) Jos. Kap. 6. Vgl. JDTh. 21, 589f. (Komp.[3] 120f.), dazu besonders noch
Steuern. und Procksch. Steuern. 170 weist mit Recht auf die besondere Unsicherheit
der Scheidung wegen der starken Abweichungen der LXX vom MT. Aber die Verschiedenheit der Haupttypen bleibt; auch in V. 20 bleibt die Dublette. Greßm. in
Einzelheiten anders, grundsätzlich ist der Unterschied nicht Vgl. noch Haupt in Wien.
Z. f. Kunde d. Morg. 23, 355 ff.   2) Jos. 6, 3 (die oben eingeklammerten Worte
müssen im Text gestanden haben und sind durch R[d] beseitigt). 4aβ (was übrigens
Dillm. z. d. St. vielleicht mit Recht R zuweist). 5bβ (zu יבל vgl. ZDPV. 1914, 83).
10. 11 (zu lesen ויסבו את העיר).   3) Jos. 6, 14. 15a 16b. 20a. 20bβ (von ויעל an;
s. Anm. 2). — Die angegebenen Verse enthalten das Mindestmaß. Dillm., NuDtJo.,
S. 462 will es dabei bewenden lassen, Wellh. fügt noch V. 17a. 19. 21. 24, Budde,
ZAW. 7, 141 wohl mit Recht, noch V. 26 bei. Ob auch die Rücksichtnahme auf
Rahab in V. 17 und 22f. schon in J gehört, hängt von Kap. 2 ab. Ich halte es
nicht für unmöglich. Axiome wie das bei Greßm. 136, Anm. 5 entscheiden nicht.
4) Jos. 6, 4ab. 5abα. 6. 7—9. 12f. 16a. 20bα.   5) V. 12. 13aαb (V. aβ ist
mißverständlicher Zusatz, ebenso die drei letzten Worte des Verses). 16a. 20bα. —
Bei E ist deutlich, daß er das göttliche Wirken, dem allein man bei der Festigkeit
der Mauern den Fall der Stadt zuzuschreiben wagt, durch Zauber vermittelt dachte:
Geschrei und Hörnerschall bringt (durch Analogie, indem sie das Getöse des Ein-
sturzes vorbilden, doch vgl. Schwally, Sem. Kriegsalt. 25. 27; Scheftelowitz, ARW. 15
[1912], 483 ff.) die Mauer zu Fall. Ob J[2] ähnlich dachte oder nur Einschüchterung
im Sinne hatte, ist nicht zu entscheiden. Zauber scheint auch hier im Spiele wegen
des unbemerkten lautlosen Umziehens, das andere Absichten ausschließt.

facher.   Einige noch erhaltene Spuren können uns vielleicht den Weg weisen [1].

Mit dem jetzigen Kapitel 6 hängt nach vorne die Erzählung von den nach Jericho gesandten Kundschaftern und ihrer Errettung durch die Hure Rahab, nach hinten diejenige von dem Diebstahl 'Akans zusammen. Besonders bei der ersteren Erzählung ist es sehr wohl denkbar, daß sie schon mit einem dieser beiden älteren Berichte verbunden war. Ist dies der Fall, so ginge sie wohl in der Hauptsache von J aus, wofür auch manche Anzeichen in dem Stücke selbst sprechen [2]. Sie | mag sich auf den Umstand gründen, daß es im spätern Jericho noch eine kanaanitische Sippe Rahab gab, die dem allgemeinen Blutbad entronnen war. Auch bei der 'Akangeschichte, einer etymologischen Sage zur Erklärung des Namens Unglückstal ('Akor), läßt sich ein Bericht von J neben einem solchen von E erkennen [3].

Zwei Hauptereignisse, welche die Übersicht in Richt. 1 nur voraussetzt, nicht aber selbst erzählt, sind nun mitgeteilt: der Jordanübergang und die Eroberung von Jericho, das dem weiteren Vordringen ins Land den Rücken decken muß. Bei Jericho scheiden sich die Wege. Nordwestlich führen mehrere durch die sich öffnenden Wadis aufs Gebirge Efraim gegen 'Ai und Betel hin, südwestlich einer hinauf nach Jerusalem und dem Gebirge Juda. Bis hierher ist nach dieser Überlieferung Josua der Führer aller über den Jordan ziehenden Stämme gewesen. Nun erst scheint nach ihr die Trennung einzutreten.

So reiht sich in unsern Nachrichten das jetzt Gewonnene ohne Schwierigkeit an das früher Ermittelte an. Der Jordanübergang und die Eroberung Jerichos bilden die Voraussetzung für das in Richt. 1, 1—26 Gemeldete und sie müssen für den Erzähler zeitlich vorangehen. Wie lange nach dem Jordanübergang andauernd der Aufenthalt im festen Lager zu Gilgal gedacht war, ist nicht wohl zu ermitteln. Immerhin scheint er nicht allzu kurz gemeint zu sein. Zuerst verläßt dann Juda das gemeinsame Stand-

1) Holz., Komm. 15 und Kautzsch [3] weist darauf hin, daß LXX statt V. 3 f. eine ganz kurze Weisung des Inhalts gibt, Josua solle seine Streiter im Kreise um die Stadt stellen. Demnach könnte es sich in der Vorlage von J um einen Handstreich gehandelt haben, bei dem nach der von Jacob (Vorislam. Beduinen 124) gemeldeten arab. Kriegssitte die Stadt nachts oder am frühen Morgen umstellt wurde. Durch Überrumpelung mag dann nach dieser Version der Eintritt in die Stadt an einem bestimmten Punkte (LXX zu 2, 18) erzwungen worden sein. 2) Kap. 2. Vgl. die fließende und nicht breite Erzählung; ferner שטים V. 1, עשה חסד ואמת V. 14, האשה (ohne Namen) und האנשים V. 3. 4. 5 usw. wie öfter in J z. B. Gen. 18, 2. 16; 19, 12; 34, 7 und 24, 21. 26. 30. 61; 37, 15. 16. Daß Rᵈ mittätig war, zeigt jedenfalls V. 10 f. Aber auch E hat Anteil, wahrscheinlich in V. 6. 8. 12 b. 13. 14 u. 18—21. Zur Sache vgl. oben S. 290, Anm. 5 a. E. Auch bei Hammurapi gilt Wirtshaus und öffentliches Haus gleichviel. Weiter jetzt Windisch in ZAW 37 (1917/18) 188 ff. u. Hölscher in 38, 54 ff. W. macht auf 2 Parallelen in Capua und Abydos aufmerksam, die freilich z. T. stark von Jos. 2 abweichen. Aber sie zeigen immer, daß überall im Altertum — ob nur in ihm? — das Dirnentum starken Einfluß auf gewisse kriegerische Ereignisse ausübt. Weiter führt H. mit der Erinnerung, daß der Tempel der Aphrodite πόρνη in Abydos ätiologisch gedeutet sei und daß demnach wohl auch in Jericho ein Prostituiertengeschlecht Rahab im Dienst eines Heiligtums der Astarte existierte. Der Gunst der Göttin und dem Verdienst ihrer Hierodulin werde die Eroberung zugeschrieben. 3) Vgl. Greßm. 141 f. Da nach 7, 26 die Spuren der Steinigung Akans später noch zu sehen waren, knüpft die Geschichte augenscheinlich an einen Steinhaufen an, der an eine Untat als Ursache des „Unheils" (עכור) erinnern sollte. Zur Lage PJB 8, 62; 9, 18.

quartier: sodann machen sich — wohl einige Zeit später — die Söhne Josef gegen das Gebirge Efraim hin auf. Das Lager am Gilgal wird als Rückhalt noch beibehalten. Freilich ist damit die Frage nicht erledigt, was für die Überlieferung aus den andern Stämmen wird. | Die Bericht-erstattung beschränkt sich darauf, in 1, 27—35 über einen Teil von ihnen kurze Andeutungen zu geben, doch auch diese wohl aus ganz anderem Zu-sammenhang und wahrscheinlich ohne jede Verbindung mit Josua.

Deutlich aber ist hiermit der Anschluß an das Buch Josua wieder gewonnen. Die Fortsetzung seiner Erzählung ist als Schilderung der Er-folge Josuas an der Spitze des Hauses Josef und der sich ihm etwa an-schließenden Stämme anzusehen. Die Geschicke Judas werden für jetzt beiseite gelassen. Nur dürfen wir auch hier nicht vergessen, daß die vor-angehende Untersuchung uns längst darüber belehrt hat, daß die Über-lieferung, auch die von J, durchaus nicht in allen Stücken den Sachverhalt unverändert wiedergibt. Vor allem was die Stellung Josuas anlangt. In Wahrheit ist er Führer Josefs und Juda ging seinen eigenen Weg.

2. Josua an der Spitze des Hauses Josef. — Der eine Weg nach dem Kamm des Gebirges wird durch die kanaanitische Königsstadt ʿAi verlegt. Ihre Eroberung ist das nächste Ziel Josuas. Auch sie ist in doppelter Erzählung berichtet, wie schon Knobel und Schrader, sodann noch genauer Wellhausen und Dillmann erkannt haben [1].

Die Erzählung von J setzt einen früheren, mißlungenen Versuch der Eroberung voraus (V. 5) und knüpft damit an Bestandteile von Kap. 7 an. Josua macht sich aufs neue gegen ʿAi auf. Vor der Stadt angelangt sendet er von seinem Standort aus [2] in der Nacht 3000 (?) [3] Mann ab mit dem Befehl, sie sollten einen Hinterhalt im Westen der Stadt bilden. Er selbst wolle mit dem Heere gegen die Stadt anrücken: ziehen die Feinde ihnen entgegen wie das vorigemal, so heuchle er Flucht; während der Ver-folgung soll dann der Hinterhalt die von Verteidigern verlassene Stadt besetzen und sie in Brand stecken. Die Umgegend der Ruinenstätte et-Tell, wenig südöstlich von Betel, wo man am besten die Reste des alten ʿAi suchen wird, bietet mehrere Täler und Einsenkungen dar, die zu verdeckter Aufstellung und damit zur Anlegung eines Hinterhaltes Ge-legenheit boten [4]. Dem Befehl gemäß lagert sich der Hinterhalt über Nacht in dem öden Steingelände zwischen Betel und ʿAi. Josua aber bleibt die Nacht über im Talgrunde [5] nahe der Stadt, vermutlich dem Wadi Muchaiṣe oder ed-Dschäje nördlich von ʿAi, um den Feind zum An-griff zu reizen [6]. Wie | der König von ʿAi (am Morgen) Israels ansichtig

---

1) Jos. 8. Vgl. dazu Wellh., JDTh. 21, 592 f. (Komp.² 125 f.). Er scheidet einen zweiten Bericht in V. 3a. 12 f 14. 18. 20 c. 26 aus. Kuen, Einl., § 8, 20 stimmt ihm zu und sieht darin den Bericht des J (?), ebenso Budde, ZAW. 7, 141 f., der jedoch lieber nur V. 18 b für ursprünglich hielte; ähnlich Greßmann 144. (Vgl. übrigens auch schon Ewald, Gesch. Isr.³ II, S. 350.) Weiter dann Dillm , NuDtJo., S. 472; Albers 108 ff. Procksch 138 f. Smend 300. Holz. 2) Nicht vom Gilgal aus, woraus natürlich folgen würde (Wellh. Kuen. Holz.), daß 3 a und 3 b verschiedenen Berichten angehören. Siehe Dillm., S. 473 und Albers. 3) Der Text hat 30 000; vielleicht darf שלשת gelesen werden. 4) Vgl. Sellin, MuN. 1900, 3 f. und Hölscher bei Procksch 136, Anm. 2; besonders aber Dalman, PJB. 9, 28 f. 5) So mit Ewald, Gesch. Isr.³ II, S. 350 nach der Lesart בתוך העמק V. 9. Damit fällt auch die Deutung. als hätte Josua, während der Hinterhalt schon einen Tag an seinem Orte war, noch am Gilgal geweilt. קרב אל 5 = nahen. 6) Jos. 8, (1 b?) 2 b—9. Sie bilden einen geschlossenen Zu-sammenhang (für J vgl. bes. V. 9 mit Gen. 12, 8 [von E übernommen 12]), der aber nicht

wird, beeilt er sich, es anzugreifen. Josua aber und „ganz Israel" lassen sich schlagen und fliehen in der Richtung der Wüste, d. h. wohl gegen Osten nach dem vor ʿAi liegenden öden Gebiete, dem Wadi er-Rummāmane zu. Die von ʿAi verfolgen sie und trennen sich von der Stadt, so daß niemand zurückbleibt. „Da erhob sich der Hinterhalt eilends, drang in die Stadt ein und zündete sie an. Und da die Männer von ʿAi zurücksahen, gewahrten sie den Rauch ihrer Stadt. Aber sie konnten weder hierhin noch dorthin fliehen, denn die Israeliten, die zur Wüste geflohen waren, wandten sich zurück gegen die Verfolger. Und sie schlugen sie, den König aber ergriffen sie lebendig und führten ihn vor Josua. Und nachdem Israel die ʿAiten auf dem Felde, nämlich in der Wüste, wohin sie ihnen nachgejagt waren, getötet hatte, kehrten sie nach ʿAi zurück und schlugen es mit der Schärfe des Schwertes, so daß an diesem Tage an Männern und Weibern 12 000 erschlagen wurden [1]."

In diese Erzählung eingearbeitet, läßt sich ein Bericht von E erkennen [2]. Josua mustert frühmorgens (beim Gilgal) das Heer und zieht an seiner Spitze mit den Ältesten Israels vor ʿAi. Im Norden der Stadt lagern sie sich, so daß das Tal zwischen Ihnen und ʿAi liegt — demnach nahe demselben Orte wie in J: am Nordrande des Wadi Muchaiṣe oder ed-Dschāje, an dessen südlichem Rande ʿAi liegt. Dann nimmt Josua 5000 Mann und legt sie in Hinterhalt. Durch das genannte Tal konnten sie unbemerkt nach Westen gelangen. In der Frühe des folgenden Morgens machen die von ʿAi einen Ausfall, Israel aber flieht nach dem vorher abgemachten Orte in der Steppe [3]. Jene jagen Josua nach und lassen die Stadt offen zurück. [Israel wendet sich und greift die Verfolger an, der Hinterhalt kommt ihm zu Hilfe [4], die ʿAiten | werden geschlagen] und kommen alle um durch die Schärfe des Schwerts bis zur Vernichtung [5]. Nun heißt Jahve Josua seine Lanze gegen ʿAi hin ausstrecken, denn er habe die Stadt in seine Hand gegeben. Josua tut es und zieht sie nicht zurück, bis ʿAi ganz und gar gebannt ist [6].

Welche der beiden Erzählungen die ursprünglichere sei, ist schwer zu sagen. Beiden kommen eigentümliche und ursprüngliche Züge zu. Auch betrifft die Verschiedenheit im ganzen nur Nebendinge.

Wie frei aber die Redaktion des heutigen Josuabuches mit dem überlieferten Stoff der Eroberungsgeschichte schaltete, zeigt die Weglassung der Eroberung Betels. Denn bei der unmittelbaren Nähe dieser Stadt ist

auf V. 10 und 11 ausgedehnt werden darf (Wellh.). Der neue Anfang der Rede, die Sprache (וישכם, bei E beliebt; die Ältesten wie in Ex. 1 ff. = E), sowie die neue Ortsbestimmung in 11 gegenüber V. 9 zeigen, daß schon mit V. 10 der andere Bericht beginnt. 1) Jos. 8, 14 (außer a α*) 15a. 16b. 17a. 19. 20 (auch 20b gehört, schon wegen מדבר, notwendig hierher). Ferner von V. 22 die Worte ויכו אותם (das übrige wie V. 21 ist von R^d; vgl. besonders die Formel V. 22 b). 23. 24 a α b. 25.   2) Über die Zugehörigkeit zu E siehe die vorletzte Anm..   3) Unter ערבה und מדבר ist dasselbe zu verstehen, der Ort, wohin Josua flieht.   4) Allem nach hat hier in E das Eingreifen des Hinterhalts nicht die Besetzung der Stadt, sondern den Sieg über die Feinde zum ersten Zweck. Die Stadt wird erst nachher genommen. 5) Jos. 8, 10—12 (V. 13 ist Einsatz von R^d). 14 a α*. 15 b 16 a 17 b. ... 24 a β.   6) Jos. 8, 18 (hierher scheint V. 18 zu gehören) 26. Ob im folgenden noch einiges zu E gehörte, ist, wenn auch nicht unmöglich, so doch nicht sicher; ebenso kann noch einiges, z. B. das Schicksal des Königs, in J gestanden haben. Die Sache kehrt auch im german. und röm. Altertum wieder: Rich. M. Meyer, Altgerm. Relgesch. 235. Vgl. noch Schwenn, Menschenopfer usw. 142 ff. Jedenfalls steckt auch in Israel in dem Speer irgendein Kriegszauber; s. oben zu S. 382.

es ganz undenkbar, daß die Erzählung nicht auch ihrer gedachte [1]. Man muß annehmen, daß R den Bericht in Richt. 1 für genügend hielt. Von derselben Freiheit erhalten wir ein für unsere Geschichtskenntnis noch mißlicheres Beispiel in den 'Aigeschichte nachfolgenden Versen [2]. Mit Betel ist der Weg zum Gebirge Efraim und die Möglichkeit des Vordringens nach Norden gewonnen. Entweder sofort oder später mußte an Israel die Aufgabe herantreten, in diesem eigentlichen Zentrum des heiligen Landes festen Fuß zu fassen. Daß Israel sich hier festsetzte, und dann doch wohl unter Josua — denn hier wurde später sein Grab gezeigt —, ja daß hier in der Richterzeit das Leben Israels pulsierte, wissen wir aus anderweitigen Nachrichten. Aber wann und wie die Festsetzung sich vollzog, darüber ist jede Kunde verloren gegangen. Die Eroberungsgeschichte schweigt von Sikem und dem mittleren Lande ganz und gar.

Daß sie nie etwas über die Schicksale dieses wichtigen Landstriches berichtete, ist bei dem engen Zusammenhang, in welchem jene Gebiete mit dem Namen Josuas selbst stehen, schlechthin undenkbar. Es bleibt nur die Annahme, daß dieser Teil der Geschichte Josuas uns verloren ist. (Hier setzt Sellin einen der Hebel für seine Theorie ein.) Einen dürftigen Rest, wie es scheint das Einzige, was R besonders bedeutsam erschien, besitzen wir in Jos. 8, 30—35. Das | Stück ist in der Hauptsache von Dt geschrieben. Einzelne Teile davon lassen sich jedoch auf E zurückführen. Hierzu gehört jedenfalls die Mitteilung, daß Josua auf dem Berge Garizzim Jahve einen Altar baute und das Volk dort Brand- und Dankopfer darbrachte [3]. Die Notiz setzt selbstredend die vorhergehende Erzählung auch über die Erwerbung des Gebietes um Sikem oder darüber, in wessen Hand es sich zu jener Zeit befand, voraus [4].

Auch nach diesen Kämpfen läßt der Erzähler Josua wieder ins feste Lager beim Gilgal zurückkehren [5]. Hier liegt es nun allerdings sehr nahe anzunehmen, daß die lebendige Überlieferung ehedem das von Sellin neuerdings stark in den Vordergrund gestellte Gilgal bei Sikem im Sinne hatte. So wenig die Benützung eines festen Standquartiers als Aufenthalt für Weiber, Kinder und Troß und als Rückhalt für die Kämpfenden gegenüber den Wechselfällen des Krieges zu beanstanden ist [6], so wenig wäre die Rückkehr zum Jordan jetzt noch zu verstehen [7].

Hier beim Gilgal stößt Josua nach der Rückkehr von 'Ai [und Sikem?] ein Begegnis zu, das bis auf die Zeit Davids herab nachwirken sollte. Im Lager am Gilgal stellen sich Abgesandte ein mit alten Säcken auf ihren Eseln und geflickten Weinschläuchen. An den Füßen tragen sie schadhafte und ausgebesserte Sandalen, am Leibe alte Kleider; ihr Brot, das sie als Zehrung mit sich führen, ist vertrocknet und zu Krumen ge-

---

1) Auch setzt die Abmachung mit Gibeon und den zugehörigen Städten der nächsten Umgegend doch wohl den Besitz Betels voraus. Eine Glosse in Jos. 8, 17 sucht dies nachzuholen, freilich in wenig geschickter Weise.   2) Jos. 8, 30—35. Siehe nachher.   3) V. 30. 31 b (AT. Ebal). Vgl. dazu Jos. 24 und unten S. 438; zur Glaubwürdigkeit: Steuern., Festschr. Wellh. 344.   4) Eine Vermutung hierüber s. unten § 39 (S. 423).   5) Jos. 9, 6.   6) Der Stamm Dan hatte, ehe er sich im Norden festsetzte, wie es scheint, eine längere Zeit überhaupt keinen anderen Aufenthalt als ein solches Standlager.   7) Ähnlich müßte es sich in 10, 15, 43 verhalten, wenn die in LXX fehlende Notiz ursprünglich ist. Wahrscheinlich ist Gilgal, wie der Name vermuten läßt (S. 414[1]), ehedem allgemeine Bezeichnung für gewisse hl. Stätten gewesen, so daß das mehrfache Vorkommen nicht auffällt.

worden. Sie erklären [Josua und] den Männern von Israel: | „wir sind eure Knechte [1], schließet einen Bund mit uns". Die Männer von Israel sprachen zu den Fremdlingen [2]: „vielleicht wohnst du in meiner Mitte" — d. h. inmitten des Israel zur Eroberung und Ausrottung angewiesenen Gebietes — „wie sollte ich da einen Bund mit dir schließen?" Sie versichern, daß sie aus sehr fernem Lande kommen, veranlaßt durch den Namen Jahves. Sie haben gehört, was er an den Ägyptern getan habe, daher haben ihre Ältesten und Volksgenossen sie hierher gesandt und ihnen aufgetragen, Israel anzubieten: „wir sind eure Knechte, so schließet nun einen Bund mit uns". Sie weisen zum Beleg ihrer fernen Herkunft auf ihr Brot, ihre Weinschläuche und Kleider, die sie frisch von Hause mitgenommen haben wollen. Da nahmen die Männer [von Israel] von ihrer Zehrung und schlossen einen Bund mit ihnen [3], den Mund Jahves aber fragten sie nicht. Aber nach drei Tagen hörten sie, daß sie ihnen nahe waren und in ihrer Mitte wohnten [4]. Es waren Vertreter von Gibeon [5], Kefira, Be'erot und Qirjat Je'arim [6].

Josua, ohne welchen in der Überlieferung — er war wohl abwesend gedacht — die Verhandlungen geführt wurden, und der nun, nachdem der Vertrag geschlossen ist, dazukommt, stellt sie zur Rede über den an Israel verübten Betrug. Er verflucht sie und die Ihren zu ewiger Knechtschaft als Holzhauer und Wasserschöpfer beim Altar | Jahves, schützt sie aber vor der Wut des Volkes, das die Abgesandten, nachdem der Betrug entdeckt ist, ermorden will [7].

§ 39.
Der historische Charakter der Erzählung.

Es ist, ehe wir der weiteren Tradition nachgehen, angezeigt, hier einen Ruhepunkt eintreten zu lassen, um die Frage nach dem historischen Charakter des bisher ermittelten Überlieferungsstoffes zu stellen, soweit sie nicht in betreff einzelner Punkte schon bisher im Zusammenhang der Darstellung der Überlieferung vorweggenommen werden mußte.

---

1) Dies scheint mir mit Budde für die Worte „aus fernem Lande kommen wir" einzusetzen, s. nachher.   2) Als Hivviter werden sie auffallenderweise V. 7 bezeichnet. Sie sind also wohl ein Zweig der Amoriter, vgl. Jes. 17, 9 und Procksch 385, auch Sellin, Sch. 48.   3) Dies ist aus V. 15a heraufzunehmen (Budde).   4) Jos. 9, 3—7. 9. 11—14. 16. — Ist diese Herstellung der Erzählung, wie sie Budde (RiSa. 50 ff.) vorschlägt, richtig, so besitzen wir über den Hergang nur einen Hauptbericht, und dieser kann dann nur aus J stammen. Es ist aber anzuerkennen, daß die Annahme zweier Berichte, wie sie Hollenberg und Wellhausen (StKr. 1874, 496 und JDTh. 21, 594), weiterhin dann Dillmann (NuDtJo. 480) und jüngst Procksch 141 f. und Greßm. vertreten, ebenfalls Gründe für sich hat. Steuern., Jos. 185 will nur in V. 6 f. J anerkennen, alles übrige den Spätern, besonders D' und R⁴ (neben P) zuweisen. Auf richtiger Beobachtung scheint mir nun aber weiter Holz's Annahme zu ruhen, daß der Hauptbericht von J auch hier eine ältere jahvistische Überlieferung voraussetze (also unser j). Er findet sie in 6 b. 7. 14 b. 15 a β. 16 b β. Demnach hat nach dem ältesten Bericht „der israelitische Mann" die Verhandlung geführt. Und wenn man V. 14, wie mir scheint, ganz zu j ziehen darf, so aßen sie mit ihnen das Bundesbrot. Daß Josua fehlt, scheint am ehesten schon künstliche Verdunkelung der Überlieferung. V. 1 f. 8. 10. 24 f. stammen aus R⁴ bzw. Dt.; V. 15 b. 17—21 aus P.   5) So auch V. 3.   6) Diese drei Städte der nächsten Umgegend kommen nach der glaubhaften Notiz in P V. 17 dazu.   7) Zum ursprünglichen Bericht gehören noch V. 22 f. und 26, aber sie sind zum Teil von R⁴ überarbeitet.

1. Charakter und Zeit der Überlieferung. — Gelegentlich
zeigte sich im bisherigen J als die einzige uns noch fließende Quelle.
Boten sich zwei ältere Berichte dar, so trat bald J bald E als die relativ
ursprünglichere Fassung enthaltend an die Spitze. Auch hat sich im bisherigen Verlauf der Erzählung ein wohlgeordneter, in sich gegründeter
Fortgang der Ereignisse ermitteln lassen. Wo in einem Falle Zweifel über
den einheitlichen Gang der Erzählung aufkommen konnten — bei der
Verständigung über die Verteilung des Landes unter die Stämme —, da
glaubten wir sie durch näheres Eingehen auf das in der Erzählung zutage
tretende Gesamtbild des Hergangs beseitigen zu können.

Mit alledem ist freilich ein wichtiger Schritt zum Erweis der Geschichtlichkeit dieser Erzählung getan; es ist die notwendige Grundlage für sie
gewonnen. Die Geschichtlichkeit des Hergangs selbst aber ist auch hier,
bei dem Verhältnis der Quellen zum Tatbestande, weder mit dem Nachweis der ältesten Überlieferung noch mit dem Erweis ihrer inneren Einstimmigkeit in gewissen Hauptzügen schon wirklich dargetan. Sie ist
nur dann erwiesen, wenn der übrige uns bekannte Verlauf der | Geschichte
sie stützt und keinerlei uns sonst feststehende Tatsachen sie verbieten.

Fassen wir die Eigenart der Überlieferung über die Eroberung des
Landes nun etwas genauer ins Auge, so zeigt sich, daß sie vielfach dieselben Züge an sich trägt wie diejenige über die Mosezeit. J hat im
ganzen die Führung; wo E auftritt, verrät er vorwiegend eine etwas jüngere
Stufe der Überlieferung. Neu hingegen ist hier der· erheblich stärkere Anteil der jüngeren Schicht in J (also J²) an der Erzählung. Steht schon
J selbst der Zeit nach merklich von der Periode ab, die uns hier beschäftigt, so wird der Abstand der Berichterstattung von den Ereignissen
bei J² entsprechend größer, und mit ihm die Unsicherheit des Erzählten.
Haben wir also in der mosaischen Periode bei J und E mehrfach starken
Anteil der dichtenden Sage an der Erzählung feststellen müssen, so wird
hier nicht anders zu urteilen sein. Ja bei dem starken Überwuchern der
sekundären Elemente aus der Schule von J und E und weiterhin vollends
der deuteronomistischen Bearbeitung, müßte man mehrfach überhaupt auf
die Ermittlung des Tatbestandes verzichten, wenn uns nicht wenigstens
da und dort noch einzelne Reste einer älteren Schicht erhalten wären, die
wir im ganzen den früher für j in Anspruch genommenen Elementen gleichsetzen können. Den Ereignissen selbst werden auch sie nur selten gleichzeitig sein. Wir haben sogar geradezu Spuren davon entdeckt, daß sie
gelegentlich selber schon an der Verdunkelung des eigentlichen Tatbestandes
Anteil haben [1]. Aber im ganzen stoßen wir hier doch wenigstens da und
dort, auf einem Boden, wo ganze Schichten aus bröckelndem Geröll und
sekundärem Geschiebe bestehen, auf festes Gestein, auf dem sich Fuß
fassen läßt. Damit ist die Hoffnung gegeben, daß wir wenigstens die
großen Hauptzüge des Herganges noch werden erkennen können.

2. Allgemeine Gesichtspunkte. — Ein Erfolg der in Kanaan
eindringenden Israelstämme, wenigstens im Gebirge, war bei der Festigkeit der kanaanäischen Städte und der überlegenen Kriegskunst ihrer Bewohner zum voraus nur dann denkbar, wenn die Bevölkerung von Kanaan
selbst keine geschlossene Einheit darstellte, vor allem aber, wenn die

---

1) Siehe über die Ausschaltung Josuas in Jos. 9 S. 420, Anm. 4.

ägyptische Oberherrschaft über das Land entweder überhaupt nicht mehr
bestand oder wenigstens tatsächlich nicht mehr ausgeübt wurde. Wie es
sich hiermit verhält, ist früher eingehend dargelegt. Nahmen wir oben
mit Recht die Zeit Merneptahs als diejenige des Auszugs an und haben
wir zugleich richtig gesehen, wenn wir forderten, | daß die Zeit des Wüsten-
zuges verhältnismäßig kurz anzusetzen sei [1], so würde als die Zeit des Eindringens in Kanaan das Ende der Regierung Merneptahs und diejenige
seiner unfähigen Nachfolger bis Sethos II., vielleicht bis Ramses III., in
Frage kommen (um und nach 1220 oder 1215). Daß in dieser Zeit von
einer Ausübung der ägyptischen Herrschaft in Syrien keine Rede sein
kann, hat die frühere Darstellung gezeigt. Im Gegenteil, wenn irgend
etwas das Eindringen der Israelstämme in Kanaan begünstigen konnte, so
waren es die politischen Verhältnisse der Zeit: neben der Schwäche der
ägyptischen Herrschaft vor allem der Ansturm der Seevölker, der geradezu
eine Einladung zur Nachahmung an die dem Lande nach Abstammung und
Vergangenheit viel näherstehenden Israelstämme bedeutete [2].

Über die Zustände unter den Bewohnern des Landes selbst werden
wir in vielen Stücken neben dem, was die Ausgrabungen lehren, ohne
weiteres die Amarnabriefe zu Rate ziehen dürfen. Was das Buch Josua
und noch das Richterbuch uns in betreff der Dynasten im Lande an die
Hand gibt, entspricht so sehr dem aus jenen Briefen gewonnenen Bilde,
daß wir keinen Anstand nehmen dürfen zu sagen, es werde sich nach der
Richtung, die für uns hier in Frage kommt, nichts Wesentliches geändert
haben. Der hervorstechendste Charakterzug ist der vollständige Mangel
einer festen Zentralgewalt. Eine große Zahl für sich stehender Einzel-
herrscher und Kleinkönige, in gewöhnlichen Zeiten eher einander befehdend
und sich gegenseitig Böses gönnend als zusammenhaltend, und nur in Zeiten
höchster Gefahr sich mühsam zu gemeinsamem Tun verbindend, — das
mag das Bild der Machthaber in Kanaan wie damals so auch jetzt gewesen sein. Für Israel aber war damit eine der wesentlichen Bedingungen
seines Vordringens gegeben, die uns zugleich auch die sonst befremdlich
erscheinende mehrfache Verzettelung desselben verständlich macht.

Soweit gewinnen wir das Bild der Verhältnisse, die Israel sich zunutze machen kann, aus den uns unmittelbar zur Verfügung stehenden
Zeugnissen. Wir haben aber ein Recht, in wohl gegründeter Vermutung
noch einen Schritt weiter zu gehen. Es ist früher schon darüber geredet,
daß das „Israel" der Merneptahstele damals im Lande war, und zwar wohl
auf dem später sogenannten Gebirge Efraim, ja daß vorher schon Züge
von Jaqob-Israelstämmen ins mittlere Land gekommen sein mögen [3]. Ebenso
daß im Süden Juda bereits Stammverwandte im Lande besaß. Beide Teile,
Juda und das Haus Josef, haben damit tatsächlich in den Gebieten, nach
denen sie streben, schon vorher feste Stützpunkte. | Gelang es ihnen,
ihren Brüdern die Hand zu reichen, so war die halbe Arbeit getan. Nun
ist oben schon die Frage gestellt, warum in unseren Texten über die Festsetzung an so wichtigen Punkten wie Sikem, überhaupt auf dem mittleren
Gebirge nördlich von Betel, nicht besonders die Rede sei [4]. Merkwürdiger-

---

1) Über beides siehe oben S. 370 und 375, bes. aber § 34 a. E. und vor § 37.
2) Siehe über diese Verhältnisse S. 360 ff., über die Zeit auch S. 370 [4].   3) Ob. S. 294
Text und Anm. u. 299.   4) S. 419.

weise handelt es sich hier gerade um dasjenige Gebiet, das wir als das
Land jenes „Israel" im besouderen Sinne voraussetzen müssen, vor allem
um das, von dem eine alte Sage meldete, daß Jaqob es vor Zeiten teils
mit Gewalt, teils durch Kauf für die Seinen erschlossen habe. Es ist
daher wohl möglich, daß sich hier Dinge vollzogen, denen die spätere
Berichterstattung lieber aus dem Wege ging. Es mag zur eigentlichen Eroberung des Gebirges Efraim für jetzt gar nicht gekommen sein. Vorgänge der Art, wie uns einer aus Gibeon überliefert ist, mögen sich des
öfteren abgespielt haben [1]. Dort hat die Trübung, in der der Hergang
auf uns gekommen ist, die Erzählung vor der Beseitigung geschützt. In
Sikem und auf dem Gebirge Efraim mag das ansässige Israel schon so
stark mit den Kanaanäern verbunden gewesen sein, daß es unternehmen
konnte, eine Einigung zwischen den draußen stehenden Brüdern und
den Bewohnern des Landes herbeizuführen, die beiden Teilen ernste Kämpfe
ersparte. Vieles in der Richterzeit wird durch diese Annahme verständ-
licher [2].

Sellin hat nun unlängst die oben S. 419 berührten Schwierigkeiten
dazu benutzt, die ganze Erzählungsreihe über Jericho und Ai, ebenso die
Eroberung von Betel und den Jordanübergang bei Jericho zu streichen.
Indem er an Dt 11 und 27 gleich Jos. 3. 5. 8, 30 ff. 24 anschließt und Adam
in 3, 16 besonders betont, schaltet er den Übergang bei Jericho, die Eroberung von Jericho, Ai und Betel aus der Überlieferung aus und will
lediglich an einen Übergang bei Adam und ein Gilgal bei Sikem glauben.
Sikem und Betel treten wie Gibeon in Vertragsverhältnis zu Israel ein.
Erst später kommt es zum Bruch und zu Kämpfen gegen Süden und
Norden, wobei auch Juda und Simeon ihre Stammgebiete gewinnen [3]. Daß
hier ernste Probleme vorliegen, ist nicht zu verkennen. Aber es fragt
sich, ob es angeht, die Eroberung von Jericho und was an ihr hängt, kurzweg ins Gebiet der Dichtung zu verweisen [4]. Die Entstehung der ganzen
Erzählungsreihe kann ich wenigstens nicht hinreichend begründet finden.
Die obige Darstellung betritt einen anderen Weg, der was an Sellins
Theorie richtig ist, festzuhalten sucht. Aber als der Hauptfehler jener
Annahme will mir scheinen, daß die Grundlage für die friedliche Festsetzung in der Gegend von Sikem, die in früheren Vorgängen zu suchen
ist, nicht gewürdigt wird [5].

3. Die Art des Eindringens. — Daß die Persönlichkeit Josuas
damit nicht beseitigt werden kann, daß man ihn als ausschließlich efraimäischen Stammesheros, oder nur als Heros eponymos eines efraimitischen
Clans, der in und um Timnat-heres seinen Sitz gehabt hätte, ansieht, mußte
oben schon [6] vorgreifend im Zusammenhang der | in Richt. 1 vorliegenden

---

1) Man erinnere sich des früher über die sog. „Bastard"stämme Ausgeführten.
In ihnen ist eine solche Einigung und Verschmelzung schon längst vorgebildet.   2) Vgl.
dazu noch unten S. 426.   3) Gilgal 80 ff. Weiter unt. S. 428.   4) Vgl. S. 426 ob.
5) Die Folge der neusten Stellung Sellins wäre eigentlich, sehe ich recht, die Preisgabe des ägyptischen Aufenthaltes und die Ersetzung des Sinai durch Gilgal - Sikem.
Seine Meinung ist das nicht (S. 87 f.). Vielmehr sollen nun Abraham und Jaqob
doch in vormos. Zeit in Beerseba und Hebron geweilt haben und von da nach
Ägypten gedrängt sein. Dadurch entsteht eine starke Unsicherheit Die Deutung
der Vätersage schwankt zwischen der vormos. und der Zeit Josuas. Vor allem
aber wird unklar, was vom Sinaibunde bleibt.   6) Siehe S. 409. Einen inschrift-
lichen Beleg für die Geschichtlichkeit Josuas hätten wir, falls eine von Prokop von

Übersicht zur Erörterung kommen. Denn einmal ist damit, daß auf dem Gebirge Efraim später noch sein Grab gezeigt wird [1], doch gewiß noch nichts gegen die Geschichtlichkeit seiner Person gesagt. Sodann aber ist die Grundvoraussetzung dieser ganzen Annahme: die Meinung, als käme Josuas Name in J gar nicht vor, sei also wohl erst in E d. h. in Efraim erdacht, quellenkritisch unhaltbar. Damit fällt auch die Meinung, als sei das ganze Buch Josua erst von E und seinen Nachfolgern dem erdachten Helden zuliebe ersonnen [2]. Fallen diese Einwände weg und erklärt es sich anderseits zureichend, weshalb in Richt. 1 und in Jos. 9 Josua heute fehlt [3], so ist denn auch kein Grund, Josua nicht mehr als geschichtliche Gestalt anerkennen zu wollen. Im Gegenteil die Israel bevorstehende Aufgabe fordert nach Moses Tode einen Nachfolger des ersten Führers, der in seiner Weise und seinem Geiste die Stämme dem von ihm erstrebten Lande zuführte. | Freilich Führer aller aus Ägypten kommenden Israelstämme kann Josua, nachdem Juda und Simeon ihren eigenen Weg gegangen sind, nicht mehr heißen. Im wesentlichen ist er das Haupt des Josefhauses und der ihm etwa angeschlossenen Stämme oder Geschlechter. Auch ist er dem Genius Mose gegenüber nur Epigone. Natürlich findet die spätere Sonderstellung Judas damit ihre beste Erklärung.

Es mag hier noch die Frage erwogen werden, warum der Erzähler und die etwa hinter ihm stehende Überlieferung Juda den Zug mit Mose und Josua durchs Ostjordanland mitmachen läßt, statt ihn mit Simeon unmittelbar von Süden her in sein Gebiet vordringen zu lassen. | Denn ohne zwingende Gründe wäre diese den Sachverhalt verschiebende Tradition sicher nicht geschaffen worden. Man darf vermuten, daß die Einigung der Stämme unter David das Bedürfnis rege werden ließ, Judas Stellung auch in der

Caesar. (Sekretär des Belisar, 6. Jahr. n. Chr.), De bello Vandal. II, 10, 22 und einigen andern (Moses v. Chorene, Johann v. Ant.; s. Haury, Proc. Caes. op. I, 462 f.) erwähnte phönizische Inschrift verbürgt wäre. Dieselbe soll bei Tigisis (Tingis?) in Numidien auf zwei Steinsäulen gestanden haben und lauten: „Wir sind, die vor dem Räuber Josua, Sohn Naue, flohen". Vgl. Bertheau, Zur Gesch., S 271. Movers, Phöniz. II, 2, S. 432 f. Ewald, Gesch. Isr. II², S. 323 f. Köhler, Bibl. Gesch. I, S. 488. Der Wert der Nachricht ist seit Movers vielfach schlechthin angefochten worden. Wenn aber Prokop betont (10, 20), daß die Phöniken καὶ ἐς ἐμέ dort ihre Sprache behalten haben und dann fortfährt: ἔνϑα στῆλαι δύο .. ἄγχι κρήνης εἰσὶ τῆς μεγάλης, so gewinnt man doch den Eindruck, daß er die Stelen selbst noch gesehen habe. Aber ob er sie lesen konnte? Und ob sie überhaupt alt waren? Das erste möchte ich angesichts der gelehrten Interessen des geborenen Palästiners (vgl Schwyzer in Festschr. Blümner [1914], 303 ff.) und der großen Zahl spätpunischer Inschriften, die doch alle Leser fanden, nicht bezweifeln. Desto mehr das zweite. Stand in der Inschrift בן נון, so lag freilich einem der LXX Kundigen die irrige Wiedergabe NAYH für NAYN (= נון) ohne weiteres im Sinn. Auch wäre wohl möglich, daß viele damals heimatlos gewordene Kanaanäer sich ihren Kolonien zuwandten. Aber da die Nachricht aus einer Zeit stammt, in der bereits der Fremdenverkehr und damit die Sucht der Reiseführer, Altertümer zu erfinden, auch in diesen Gegenden blühte, so ist nichts mehr aus ihr zu entnehmen, als daß irgend einmal phönikische Kolonen der Gegend dort eine Massebe mit Inschrift aufstellten zum Gedächtnis an ihre glückliche Errettung vor einem Seeräuber Namens Josua. Er mag jüdischer Abkunft gewesen sein (vgl. Act. 13, 6). Alles das ist durchaus möglich. Das Weitere haben die Reiseführer von selbst besorgt. Sie haben ihn auch zum Sohn Nuns gemacht, der bei Joh. Dam. fehlt. Daß die Inschrift selbst nicht rein erfunden ist, beweist aber schon der Ausdruck ἀπὸ προσώπου = מִפְּנֵי. So schrieb kein Grieche aus sich.

1) Richt. 2, 9; dazu Jos. 19, 50 und 24, 30, wo der Ort Timnat Serah heißt (zur Ortslage PJB. 9, 39; 10, 30).   2) Meyer, ZAW. I, 143; vgl. Israeliten 438 ff.
3) Vgl. oben S. 420⁴. 409.

Vorzeit einwandfrei zu zeigen. Man hatte in Juda, dem J entstammt, Grund, die alte, gewiß vielfach getadelte Absonderung vergessen zu machen.

Ist aber Josua der Leiter und Heerführer des Hauses Josef, so kann auch kein anderer als er den Jordanübergang und die zunächst geforderte Eroberung Jerichos leiten. Die Eroberung Jerichos und der mit ihr zusammenhängende Übergang Josefs ins Westland bedarf, weil neuerdings in Zweifel gezogen, einiger Worte. Während nämlich Meyer [1] dieses Stück der Überlieferung Israels hinsichtlich der Gewinnung Kanaans als das allein glaubwürdige festhielt, glaubte anderseits Stade gerade gegen diese Auffassung ernstliche Bedenken äußern zu müssen. Israel ist seiner Meinung nach bei seiner Einwanderung in Kanaan überhaupt nicht bei Jericho, sondern erheblich nördlicher, in der Gegend des Jabboq über den Jordan gegangen. Was Stade dazu bestimmt, ist in erster Linie die von ihm geteilte Voraussetzung, das Jericho gegenüberliegende Gebiet sei in jener Zeit gar nicht israelitischer, sondern moabitischer Besitz gewesen [2]. Wir haben diese Annahme früher als unberechtigt geglaubt abweisen zu sollen. Weiterhin beruft sich Stade auf die Entstehungsgeschichte des Stammes Benjamin [3]. Die Geburt Benjamins im heiligen Lande deute an, daß dieser Stamm sich erst nach der Einwanderung in Kanaan durch die Loslösung einzelner Geschlechter von Josef gebildet habe. Das Gebiet Benjamins, zu dem Jericho und ῾Ai gehörten, wurde demnach, wie er meint, erst in späterer Zeit, von Norden her, für Israel erobert.

Mir scheint hiegegen manches zu sprechen. Wenn Benjamin erst einige Zeit nach der hier in Frage stehenden Besetzung Kanaans entstanden ist, so ist es kaum erklärlich, wie so bald nachher aus diesem Stamme der König Israels gewählt werden konnte. Die Kämpfe der Richterzeit stehen lange nicht so weit von der Zeit Sauls ab, daß nicht noch eine Erinnerung an sie hätte bleiben müssen. Schwerlich konnte der Stamm Benjamin, war er wirklich so jung, schon unter Saul solche Bedeutung erlangt haben, wie die Königswahl sie doch für den Stamm des zu Wählenden voraussetzen läßt. Überhaupt aber scheint mir die von Stade vorgeschlagene Deutung der Patriarchengeschichte [4], so sehr sie von berechtigten Grundgedanken ausgehen mag, zu Unzuträglichkeiten zu führen, sobald sie in mechanischer Weise angewandt wird. Was soll es z. B. heißen, wenn Benjamin auf der einen Seite der jüngste, erst in Kanaan entstandene Stamm, und anderseits als Oheim von | Efraim und Manasse doch entschieden älter als diese ist? Hat Benjamin als jüngster Stamm sich erst von Efraim losgelöst, warum heißt er dann nicht Sohn Efraims, sondern dessen Oheim? Hat er sich aber, wie vermutlich Stade sich den Sachverhalt denken mochte, losgelöst zu einer Zeit, als Efraim und Manasse selbst noch ungeschieden als Stamm Josef galten — warum heißt er dann nicht Sohn, sondern Bruder Josefs, da er doch jedenfalls seiner Größe nach viel eher als Efraim und Manasse für einen bloßen Sohn, d. h. Unterstamm Josefs hätte gelten können [5]? Kurz, man kommt mit diesen Deutungen zu keinem Resultat, und man wird gut tun, auf sie nicht allzu

---

1) ZAW. I, S. 141 f.   2) Gesch. Isr. I, S. 137 f.   3) ZAW. I, S. 146 f.
4) Stade, Gesch. Isr. I, S. 106 f. Vgl. schon oben S. 302³. 401/2.   5) Ferner: was deutet die Geburt Efraims und Manasses von der ägyptischen Priestertochter an? Sind Efraim und Manasse ägyptisch-hebräische Mischstämme überhaupt, oder sind sie eine Mischung hebräischen Bluts mit dem eines ägyptischen Priesterstammes?

viele Schlüsse zu bauen. Die Entstehung Benjamins erst in nachmosaischer Zeit kann keinesfalls daraus entnommen werden. Damit ist aber auch jedes Hindernis der Annahme einer Eroberung Jerichos in Josuas Zeit beseitigt.

Doch hat man nicht allein die Persönlichkeit Josuas und den Übergang bei Jericho, sondern überhaupt die Art, wie unsere Quellen sich das Eindringen Israels in Kanaan vorstellen, in Zweifel gezogen. Nicht als Eroberer, sondern friedlich, nimmt Stade an [1], sind die Hebräer nach Kanaan gelangt. Lange Zeit waren sie zuerst im Ostjordanlande als Nomaden ansässig. Mit der Zeit gingen sie zum Ackerbau über. Ihre Volkszahl schwoll an, und sie mußten nach einem Abfluß ins Westjordanland suchen. Durch Kauf oder Vertrag mögen daher einzelne Geschlechter Land von den Landesbewohnern erhalten haben. Der Versuch kriegerischen Vordringens wäre von den Israel überlegenen Kanaanitern mit leichter Mühe zurückgewiesen worden. Mit der Zeit wanderte ein Clan nach dem andern hinüber. Unter den Kanaanitern wohnend verschmolz so Israel zum Teil mit ihnen [2] und nahm ihre Kultur und ihre heiligsten Heiligtümer von ihnen an [3]. Nur die Religion war die Israels, und so trug das Mischvolk schließlich israelitischen Typus. Die Städte widerstanden länger dieser friedlichen Eroberung. Auch sie werden nur teilweise durch Gewalt genommen. Erst mit der Königszeit beginnt eine Entfremdung und gegenseitige Feindschaft der beiden Teile, welche jetzt erst zur schließlichen Unterjochung der älteren Bevölkerung führt [4].

Es ist anzuerkennen, daß in dieser Darstellung eine wesentliche Seite des wahren Hergangs zutreffend herausgehoben ist: die Tatsache, daß Israel nicht durch Gewalt allein in den Besitz seines Landes gelangt ist. Das vielfach friedliche Nebeneinanderwohnen Israels und der Kanaaniter, wie es in der Richterzeit zutage tritt, ist ein deutlicher Beweis hiefür. Ebenso ist die Tatsache, daß Israel lange nicht sein ganzes Land schon unter Josua eroberte, später aber keine erheblichen Kämpfe mit den Kanaanitern bestand, dafür maßgebend. Aber es muß hier daran erinnert werden, daß oben bereits von ganz anderen Erwägungen aus die Vermutung aufgestellt wurde, Israel sei auf friedlichem Wege in einzelne Gebiete eingedrungen. Trotzdem wird es in hohem Grade fraglich, ob das Eindringen Israels ins Westjordanland sich zunächst nur durch friedlichen Vertrag und erst später etwa in vereinzelten Fällen durch Gewalt sollte vollzogen haben. Die Überlieferung, wie sie hierüber vor allem in den schlichten Mitteilungen von Richt. 1, aber auch im Buch Josua vorliegt, trägt doch in ihren Grundzügen zu sehr das Gepräge des aus der Wirklichkeit Geschöpften, als daß sie ohne die allertriftigsten Gründe beseitigt werden könnte.

Man wird auch den zwischen beiden Teilen herrschenden Frieden nicht allzu hoch anschlagen dürfen. Die Unfähigkeit, die Landesbevölkerung zu verdrängen, nötigte Israel, sich mit ihr zu vertragen. Insofern vermissen wir freilich mehrfach die „tödliche Feindschaft" [5] zwischen beiden. Wenn wir aber wissen, daß Israel, sobald es dazu imstande war, überall die Landesbevölkerung unterjochte [6], so sehen wir daraus, daß das leidlich

---

1) ZAW. I, S. 148 f. Gesch. I, S. 133 f. 138 f.   2) Gesch. Isr. I, S. 140.
3) ZAW. I, S. 149.   4) Gesch. Isr. I, S. 140 f. Vgl. zur Frage schon oben S. 423.
5) Stade a. a. O., S. 135.   6) Richt. 1, 27 ff. Vgl. daneben V. 21. Jos. 13, 13.

gute Einvernehmen weniger grundsätzlich, als temporum ratione habita bestand. Daß die Unterjochung erst durch Salomo vollendet wurde [1], beweist nicht, daß sie nicht schon erheblich früher begann. Im Gegenteil, der Umstand, daß schon Saul gegen die — im Unterschied von andern ihresgleichen — durch Vertrag geschützten Gibeoniten mit Gewalt vorgeht [2], deutet deutlich an, daß er damit einer unter den streng jahvistisch gesinnten Elementen [3] Israels länger schon bestehenden Strömung nachgab.

Der einzige Grund, der für die ausschließlich friedliche Ansiedlung geltend gemacht werden kann, ist die verhältnismäßige Überlegenheit der Kanaanäer gegenüber Israel, wie sie in manchen Stellen zum Ausdruck kommt. Allein sie findet ihre genügende Berücksichtigung in der Tatsache, daß Israel die Städte und die Ebene mehrfach nicht zu erobern vermochte. Dadurch ist das spätere Nebeneinanderwohnen und die Notwendigkeit einer friedlichen Auseinandersetzung von selbst ge'geben. Daß im übrigen die Kanaanäer, auch wenn sie ihre festen Städte zum Teil zu behaupten vermochten und mit Hilfe ihrer Wagen in der Feldschlacht der Ebene Israel überlegen waren, dieses auch von dem Gebiet, das die ältere Tradition als von Israel erobert ansieht, zurückzuhalten vermochten, wird sich schwer erweisen lassen. Drang Israel nur einigermaßen zielbewußt vor, so mußte es den in sich wenig einheitlich organisierten, in einzelne selbständige Gemeinwesen auseinanderfallenden Kanaanitern als achtunggebietende Macht gegenüberstehen. Dies umsomehr als die Landesbevölkerung, worauf manche Anzeichen deuten, ein schon durch längeres Kulturleben in Sittenlosigkeit und darum wohl auch in Schlaffheit versunkenes Geschlecht ist [4], das mehr durch kriegerische Kunst als durch natürliche Kraft Israel imponierte, und dem hier ein noch in frischer Jugendkraft stehendes unverdorbenes, an rauhen Kampf und harte Entbehrung gewöhntes Volk gegenübersteht. Schwerlich brauchte Israel da, wo es mit gleichen Waffen kämpfte, die kriegerische Entscheidung zu scheuen [5].

4. Die einzelnen Vorgänge. — Von hier aus wird es denn auch keine Schwierigkeit bieten, über den historischen Gehalt der weiteren Erzählung ein Urteil zu gewinnen. Die Berichte über den Jordanübergang und die Eroberung Jerichos stimmen zwar unter sich nicht vollkommen

---

1) 1 Kön. 9, 21.   2) 2 Sam. 21, 1 ff.   3) 2 Sam. 21, 2 b.   4) Siehe hierüber oben S. 140f. und 290⁵.   5) Eine teilweise, wenn auch ganz eigenartige Erneuerung hat Stades Theorie gefunden durch Sellin: Gilgal, ein Beitr. z. Gesch. d. Einwand. Isr. i. Pal. 1917. S. weist, wie ich glaube, richtig nach: 1. daß es, wie schon Schlatter behauptet hatte und inzwischen auch auf manchen Karten angenommen wird, ein Gilgal bei Sikem gab; 2. daß in Jos. 3, 16 Ket. noch die Spur eines Jordanübergangs bei Adam gegenüber der Mündung des Jabboq durchblickt (so schon Steuern.); 3. daß nach Dt. 11, 29 f. Dt. 27 u. Jos. 8, 30 ff. doch wohl eine feierliche Verpflichtung bei Sikem stattfand; 4. daß demnach wohl von Adam aus ein Vormarsch in der Richtung auf Sikem und Gilgal stattfand; 5. daß hier an ein friedliches Eindringen gedacht sein kann. — Hingegen scheinen mir u. a. folgende Punkte Schwierigkeiten zu bereiten: 1. Zum Krieg gegen die Kanaaniter kommt es doch sofort; das friedliche Eindringen könnte also nur eine allererste Phase gebildet haben; 2. Die Eroberung von Jericho weist auf einen kräftigen Vorstoß hier hin; 3. Das Vorgehen gegen das Gebirge Juda kann S. nur unbefriedigend erklären. — Für mich ergibt sich daraus, daß der Versuch alles auf eine Formel zu bringen, kaum zum Ziele führen wird. Der Hauptfehler Sellins scheint mir, daß auch hier alles auf einer Ebene liegend gedacht ist. Sobald wir verschiedene Vorstöße zu verschiedenen Zeiten annehmen und zugleich uns dessen erinnern, daß es schon lange vor Josua auch ein Jaqob und Israel im Lande gab, erklärt sich vieles (§ 28, 4 a. E., § 39, 2 a. E.).

überein, geben aber doch ein in den Hauptzügen klares und durchsichtiges
Bild des Herganges, freilich auch nur in ihnen. Josuas Scharen sind
danach beim Gilgal über den Jordan geschritten, wohl unfern derselben
Stelle, an der heute noch der Übergang gewonnen wird [1], und haben in
der Kraft Jahves Jericho erobert. In welcher Weise die Einzelheiten der
beiden Ereignisse sich folgten, läßt sich mit voller Deutlichkeit heute nicht
mehr feststellen. Der Umstand, daß die Vorgänge mit Wundertaten Jahves
verbunden sind, zeigt uns lediglich, daß Israel das Bewußtsein bewahrte,
die Wunderhilfe seines Gottes in diesen entscheidenden Anfängen seines
Vordringens in Kanaan in besonderem Maße erfahren zu haben. Doch
gibt uns das nicht das Recht, deshalb schon den ganzen Hergang in das
Gebiet der Dichtung zu verweisen [2]. |

Was Jericho für jene Zeit bedeutete, haben uns erst die neuesten
Grabungen richtig gezeigt [3]. Wenn auch nicht beide durch die Ausgrabungen ermittelten Mauern Jerichos kanaanäischen Ursprungs zu sein
scheinen, so muß doch die stattliche Doppelmauer, die nach ihrem früheren Fall augenscheinlich sofort wieder aufgebaut wurde, die Stadt für
das aus der Wüste kommende Israel zu einer schwer einnehmbaren Festung
gemacht haben. Auch lag noch der Glanz der Vorzeit auf ihr. Fiel sie
doch den Scharen des von Osten anstürmenden [4] Josua in die Hände, so
muß ein besonders erfolgreicher Handstreich oder es müssen Glücks-
umstände besonderer Art — vielleicht ein Erdbeben — den Angreifern
zu Hilfe gekommen sein. In beiden mag man die waltende Hand Jahves
erkannt haben, die Jerichos unbezwingliche Mauern zu Falle brachte. Voraussetzung ist dabei, daß die Stadt nach einer ersten israelitischen Eroberung wieder in den Besitz der Kanaaniter gekommen war: Israel, genauer Jaqob hatte sie ehedem wohl übernommen, aber sie nicht halten
können. Man drang ins Westland vor, und die im Rücken der Eroberer
liegende Feste ging mit der Zeit wieder an die alten Inhaber verloren.
Nun erst kommt sie wieder in Israels Besitz [5].

An den Übergang schließt sich die Erzählung von Israels Beschneidung an. Auch in ihr wird man eine wenn auch vollkommen frei ge-
staltete historische Erinnerung wiederfinden müssen. Freilich daß der jetzige
Augenblick dazu benutzt worden wäre, die Wehrhaftigkeit der Eindringlinge unmittelbar vor den Toren der Feste Jericho für etliche Tage aufs

---

1) Man vergleiche die anschauliche Schilderung des Übergangs Davids und seiner
Leute in 2 Sam. 19, 16 ff. Nach V. 19 scheint der Hof mit einer Fähre, wie sie bis
zur Errichtung der heutigen Brücke benutzt wurde, übergesetzt worden zu sein,
während die Menge die Furt benutzte. Über die wichtigsten Furten s. Baedeker [7]
122. Als Grundlage der Erzählung vom Jordanübergang darf die öfter beobachtete
Stauung des Jordans angenommen werden, die in der starken Strömung und dem
weichen Mergel der steilen Ufer, die, vom Wasser unterwaschen, leicht nachfallen,
ihren Grund hat. Am 8. Dez. 1266 war der Jordan dort 10 Stunden, im Okt. 1914
angeblich 24 Stunden verstopft. PEF. 1895, 253 ff. MuN. 1899, 35. Dalman, Orte
und Wege Jesu 80.   2) Nöldeke, Unters., S. 95 findet in dem Jordanübergang den
bloßen Reflex des Durchgangs durchs Rote Meer. Konsequenter würde umgekehrt der
Zug durchs Rote Meer aus dem Jordanübergang abgenommen sein. Denn wenn irgend
etwas Israel feststehen mußte, so war es die Tatsache, daß es einmal über den Jordan
gekommen war. Richtig ist trotzdem, daß man sich den Hergang in späterer Zeit
nicht anders vorzustellen wußte, als nach dem Schema der spätern Ausmalung des
Meerzuges, s. oben S. 324 f. 336 und dazu S. 370.   3) Vgl. dazu oben S. 105 ff.
4) Sellin-Watzinger 32.   5) Vgl. oben S. 299.

empfindlichste zu gefährden, kann kaum angenommen werden. Hier hat sich die Überlieferung aufs stärkste verschoben. Wohl aber mag richtig sein, daß die Beschneidung erst jetzt in Israel allgemein wurde[1], sowie daß Gilgal eine der heiligen Stätten war, an | denen der feierliche Ritus mit den Knaben Israels mit Vorliebe vorgenommen wurde[2]. Wahrscheinlich ist, da J und P die Beschneidung schon in der Zeit der Patriarchen bekannt und geübt sein lassen[3], der Hergang so zu denken, daß unter ägyptischem Einfluß schon in alter Zeit einzelne Israelgeschlechter und einzelne Kanaaniter die Beschneidung annahmen, diese jedoch nie allgemein durchgeführt war, in Ägypten sogar bei Israel vielfach wieder abkam und nun erst allgemein wurde. Daß die Beschneidung nicht erst in mosaischer oder nachmosaischer Zeit neu aufkam, sondern dem Volke von alters her bekannt war, findet seine stärkste Bestätigung in der Tatsache, daß sie gar nicht Gegenstand der Gesetzgebung wird, sondern man sie von Anfang an als bestehend voraussetzt. Dazu stimmt der Umstand, daß augenscheinlich die Kanaaniter der nachmosaischen Zeit den Brauch schon allgemein übten: sie werden nie als „Unbeschnittene" bezeichnet. Hatten Israelstämme schon vorher Beziehung zu Kanaan, so werden sie dort jenen Brauch erstmals angenommen haben[4].

Mit der Gewinnung Jerichos hat, wie wir sahen, in der Überlieferung Josuas Führerschaft über die Gesamtheit der Eindringenden ihr Ende erreicht. Tatsächlich hat sich schon vorher Juda von den übrigen Stämmen getrennt und mit Hilfe von Simeon sein Gebiet erobert. Die Art, wie die Taten Judas gegen Adonibezeq beschrieben sind; die Schilderung der Eroberung Hebrons durch Kaleb, derjenigen von Debīr durch 'Otniel; das offene Eingeständnis der Unzulänglichkeit Judas in der Ebene und gegenüber den festen Mauern von Jebus; die Zeichnung der tapferen Recken Kaleb und 'Otniel; die Einflechtung der Rittersinn und Frauenschöne verherrlichenden 'Aksageschichte: — das alles trägt so sehr die Farbe des Lebens, daß man kein Recht hat, an der Geschichtlichkeit des | Ganzen zu zweifeln[5].

---

1) Wenn sie jetzt die „Schmach Ägyptens" abwälzen Jos. 5, 9, so darf daraus geschlossen werden, daß sie in Ägypten nicht oder nicht allgemein beschnitten waren, was auch Ex. 4, 24 f. voraussetzt. Es hat sich, während die Beschneidung, wie es scheint, eigentlich aus Ägypten stammte, gerade in Ägypten ein gewisser Gegensatz gegen die ägyptische Sitte herausgebildet. (Auch in Assur scheint die Beschneidung nicht üblich: Mviß. 394.) Nach Jos 5, 5 ff. wäre die Beschneidung erst in der Wüste unterblieben. Doch ist dann das Höhnen der Ägypter unverständlich. Zum Ganzen s. Meyer, Isr. 449 und ZAW. 29 (1909), 152; Matthes ebenda 70 ff.   2) Der „Hügel der Vorhäute" hatte vielleicht schon vorher seinen Namen, so daß Israel hier nur den kanaanäischen heiligen Ortsbrauch übernommen hätte. An sich könnte man auch hier geneigt sein, an das efraim. Gilgal (und etwas spätere Zeit) zu denken. Aber der Hügel muß doch wohl am Jordan gelegen haben.   3) Vgl. Gen. 34 und Gen. 17. Die Sage, daß die Jaqobsöhne den Hamorleuten von Sikem die Forderung der Beschneidung stellten, wäre kaum entstanden, wenn die Landesbewohner (außer den Philistern) ausnahmslos beschnitten gewesen wären. Es muß sich, als sie entstand, noch die Erinnerung erhalten haben, daß die Jaqobstämme den Brauch vor Teilen der Kanaaniter oder Amoriter übernahmen. Daß die Übernahme bei beiden Teilen in vorägyptischer Zeit erfolgte, beweist der Umstand, daß die Phi'ister schon in der frühen nachmosaischen Zeit mit so großer Entschiedenheit, die Kanaaniter usw. aber nie mehr nach Gen. 34 als „Unbeschnittene" gelten.   4) Siehe schon oben S. 207, auch 308⁴. Auf eine frühe Übernahme der Beschneidung weisen auch die an das Steinzeitalter erinnernden Instrumente Ex. 4, 25. Jos. 5, 2. Vgl. dazu Tylor, Forsch. üb. d. Urgesch. 274 ff., bes. 279 f.   5) So Meyer, ZAW. I, 141; Stade, Gesch. Isr., S. 137 („durchaus nicht auf irgendwelcher Überlieferung historischer Ereignisse") u. a. —

Nicht jeder Einzelzug ist freilich hier Geschichte. Die 'Aksaepisode ist eine hübsche Sage romantischer Art; ob die zwei Quellen, die man in späterer Zeit als zu Debīr gehörig kannte, auf diese oder andere Art in den Besitz Otniels kamen, mag auf sich beruhen. Aber die grundlegenden Tatsachen selbst: Judas Vordringen aufs Gebirge, und daß ihm hier Kaleb und Otniel sowie Simeon die Hand reichen, gehören der Geschichte an. Die Annahme, daß die Hergänge zwar geschichtlich sein mögen, aber späterer Zeit angehören [1], verwickelt nur die Sachlage, insofern die Richterzeit ihre eigenen Kämpfe besitzt und über sie ja manche wertvolle eigene Erinnerung bewahrt hat.

Josua, um wieder zu ihm zurückzukehren, wendet sich nun gegen das Gebirge Efraim und erobert 'Ai und Betel. Die Berichte darüber haben die Erinnerung bewahrt, daß der Eroberung 'Ais eine Niederlage vorausgegangen war und die Stadt sodann mit Hilfe einer Kriegslist genommen wird, wie daß Betel durch Mitwirkung eines verräterischen Einwohners der Stadt in die Hände der Eroberer fällt. Auch hierin dürfen wir wenigstens im großen geschichtliches Material erkennen. Wie weit solchen Episoden wie die letztgenannte zu trauen ist, mag wiederum die Frage sein. Aber die Tatsache der Einnahme der Städte hängt von ihnen nicht ab. Immerhin sagen sie uns, daß bei der geringen Vertrautheit Israels mit den Kriegsmitteln der Gegner Kriegslist und Verrat häufig zu seinen Waffen gehören.

Nachdem sodann Josua, wahrscheinlich durch Verträge, die unter dem Einfluß der schon ansässigen Israel-Leute mit den andern Bewohnern geschlossen werden, das eigentliche Gebirge Efraim bis gegen | Sikem hin — dieses selbst wohl eingeschlossen — in seine Hände gebracht hat [2], soll er die Seinen noch einmal nach dem Gilgal zurückgeführt haben, wobei

---

Meyer, Israelit. 438 hält die Geschichte von Adonibezeq für ein „Märchen, welches den typischen orientalischen König schildert. ... Daß es mit der Eroberungsgeschichte gar nichts zu tun hat, ist klar. denn daß die Judäer ihn nach der Verstümmelung laufen lassen, ist zwar für das Märchen ganz korrekt, nicht aber für einen Krieg. bei dem die Hauptaufgabe sein mußte, Jerusalem zu bekommen, das in dieser Erzählung nicht nur nicht angegriffen wird, sondern seinen König wiederbekommt". Ich denke, wenn die Judäer den verstümmelten König in einem Zustand laufen lassen, der ihn nicht nur kampfunfähig, sondern auch zum Gespötte seiner eigenen Leute machen mußte und der ihn bald darauf das Leben kostete (Richt. 1, 7), so haben sie ausreichend kriegsmäßig gehandelt. Daß sie Jerusalem selbst vorläufig nicht gewinnen konnten, ist offen anerkannt, ändert aber an den Tatsachen gar nichts. 1) So wohl Wellh., Proleg.[7] 382. 2) In einer während der Drucklegung dieses Buches erschienenen weiteren Schrift: Wie wurde Sichem isr. Stadt? 1922 geht Sellin noch einen Schritt weiter als in „Gilgal". Er will in Richt. 9 eine „Abimelechgeschichte" und eine „Abimelechsage" unterscheiden. Nach jener wäre A. überhaupt nicht Sohn von Gideon, sondern von Jerubbaal, Gideons Bruder. Er schlachtet die einheimische Adelssippe von Sikem ab und macht sich zum König. Eine Gegenrevolution führt sein Ende herbei. Aber Sikem ist und bleibt seitdem israelitisch. Erst eine spätere Zeit hat die heutige Abim.sage von Richt. 9 geschaffen, nach der Gideon = Jerub. und Abim. als Sohn von Gideon-Jerub. erscheint. Hingegen wurde die Inbesitznahme Sikems in die Zeit der Väter zurückdatiert, vor allem in Gen 34. In Wahrheit hat erst Abim. Sikem für Israel erworben. — Auf die Einzelheiten kann hier nicht eingegangen werden. Doch hebe ich drei Punkte heraus, die mir zu denken geben: 1. Zu S. 22. Wenn Gideon in Ofra herrschte, konnte er Sikem kaum entbehren. Daß 9, 2 keine gleichzeitige Herrschaft aller 70 Söhne im Sinne hat, ist wohl selbstverständlich. Die Meinung ist: ein beliebiger oder einige von den 70. 2. Zu S. 33. Daß 9, 56f. denen von Sikem die Auflehnung gegen Abim.s Gewaltherrschaft

man am besten an die efraimitische heilige Stätte dieses Namens denken
wird. Hier soll den Seinen, nach einer |Überlieferung wohl in augenblick-
licher Abwesenheit des Josua, die Überlistung durch die Abgesandten von
G i b e o n (*ed-Dschib*) und ihren Tochterstädten zugestoßen sein. Es ist
nicht ganz leicht, diese Erzählung in den Zusammenhang der Ereignisse
der Josuazeit einzureihen. Daher begreift man die mehrfachen Versuche,
das Bündnis mit Gibeon als erst in der späteren Richterzeit[1] oder gar
erst kurz vor Saul[2] entstanden anzusehen. Indessen scheint mir die innere
Wahrscheinlichkeit der Sache entschieden für das Alter des Bündnisses
zu sprechen. Zugleich scheint die jedenfalls alte Tradition von einem
wichtigen Treffen bei Gibeon, hervorgerufen durch eine gegen diese Stadt
gebildete Vereinigung kanaanäischer Könige, doch nur in diesem Bündnis, das naturgemäß den Kanaanäern als Abfall gelten mußte, ihren Boden
zu haben.

Als Hauptgründe für die spätere Ansetzung des Bündnisses mit Gibeon werden zwei Umstände geltend gemacht. Den Gibeoniten wird der
von Israel erschlichene Vertrag gehalten, aber sie werden zu Knechten
des Heiligtums erniedrigt. Diese Meinung, nimmt Stade[3] an, konnte vor
Salomo nicht entstehen. Denn er erst machte die noch nicht unterwor-
fenen Reste der älteren Bewohner des Landes zu Hörigen, während unter
David die Gibeoniten noch ihre volle Freiheit besitzen. Es ist möglich,
daß Stade recht hat. Wenn der Altar von Jerusalem als der gedacht ist,
dem sie von Anfang an dienstbar werden, so kann in der Tat ihre Dienst-
barkeit beim Heiligtum nicht vor der Zeit Davids oder Salomos eingetreten
sein. Sie wäre dann wohl die Folge der auf etwas gewaltsame Weise erfolgten endgültigen Unterdrückung der Kanaaniter durch Salomo[4]. Doch
stand bekanntlich lange vor dem Tempel eine berühmte Anbetungs- und
Opferstätte in G i b e o n selbst. Gerade die Geschichte Salomos zeigt
uns, welche Bedeutung sie bis auf seine Zeit besaß. Es liegt deshalb viel
näher anzunehmen, daß die Gibeoniten[5] hier, an ihrem eigenen Orte,
Hierodulen Jahves wurden. Von Salomo werden sie dann, nachdem der
Tempel an die Stelle des | Heiligtums von Gibeon getreten war, nach
Jerusalem übernommen worden sein[6].

Verhält es sich so, so ist die Wahrscheinlichkeit groß, daß das Bündnis
schon in der Zeit Sauls der frühen Vergangenheit angehörte. Die berühmte Höhe von Gibeon — man sucht sie jetzt gern auf dem weithin
sichtbaren Gipfel des hochragenden Nebī Samwīl — kam in den Besitz

---

zum Verbrechen anrechnen soll, klingt abenteuerlich. Ihr Vergehen ist der Verrat an
Gideon. 3. Zu S. 46. Nicht minder abenteuerlich ist der Gedanke, Gideons Erst-
geborener Jeter (8, 20) habe zugunsten von Abim. verzichtet. Was soll dann aber
aus ihm und seinen Brüdern und der ganzen Herrschaft von Ofra geworden sein?
Die Antwort bleibt S. schuldig.

1) Budde, ZAW. VII, S. 135 (RiSa. 49 ff.).　　2) Stade, Gesch. Isr. I, S. 161.
Vgl. auch Kuenen, Gesamm. Abhandl. 449.　　3) Gesch. Isr. I, S. 135 f.　　4) Siehe
Bd. II[4], 192 f. Vgl. 1 Kön. 9, 20.　　5) Daß nur die Unterhändler aus Gibeon in Betracht kommen (Sellin nach Bruno), wäre weder billig, noch ist es irgendwo gesagt.
6) Siehe über Gibeon 1 Kön. 3, 4 f. — Man beachte, daß schon zur Zeit Davids, und
zwar bald nach seinem Regierungsantritt, in Gibeon „der Berg Jahves" und ein Jahve-
heiligtum steht 2 Sam. 21, 6. 9, und daß die Gibeoniten nicht etwa fordern, daß die
Sauliden vor Baal ausgestellt werden, sondern v o r J a h v e. Sie sind also längst Jahveverehrer und halten doch an ihrem Vertrag fest. Sie werden ihn demnach (wovon
auch 2 Sam. 21, 2 allein redet) von ihrer nationalen Eigenart verstanden haben.

Israels und Jahves. Die Bewohner des Ortes werden gegen die Regel geschont und dürfen in ihren alten heimischen Verbänden und wohl auch in ihren Besitzverhältnissen bleiben, dafür aber werden sie Jahve als Knechte geschenkt und sind als solche zu gewissen Leistungen und niederen Diensten an seinem Heiligtum verpflichtet. Das ist ein Hergang, den wir uns in der Zeit Josuas durchaus vorstellen können. Zu ihm stimmt es auch, daß bei der Erläuterung des eigentümlichen Verhältnisses, in welchem Gibeon später zu Israel stand, keineswegs der Eindruck erweckt wird, als wäre jenes Bündnis erst durch Saul oder etwa kurz vor ihm geschlossen worden[1]. Vielmehr wird es als etwas von alters her Überkommenes angesehen, als ein Bündnis, das vorzeiten die Söhne Israel geschlossen hatten und das nun, nachdem es ein bis zwei Jahrhunderte bestanden, von Saul mutwillig gebrochen wird.

Einen weiteren Grund nennt Budde[2]. Das Deboralied zeigt, daß in der Zeit nach Josua eine tiefe Kluft zwischen Juda und dem Hause Josef bestand. Für Debora ist Juda wie nicht vorhanden. Dies, nimmt Budde an, erkläre sich nur, wenn von Jebus an, das jedenfalls in den Händen der Kanaanäer bleibt, bis zum Meere hin ein Streifen kanaanäischen Gebietes lief, der die Verbindung des mittleren Landes mit dem Süden unterbrach. Der kanaanäische Keil gehe aber nur dann ununterbrochen durch bis Jebus, wenn Gibeon und die ihm zugehörigen[3] Orte Beërot, Kefira, Qirjat-Je'arim so gut wie die umliegenden Städte | Jebus, Gezer, Scha-'albim, Aijalon[4] zur Zeit der Debora noch kanaanäisch waren, d. h. wenn das Bündnis erst der späteren Richterzeit angehörte.

Zwingend ist auch dieser Grund keineswegs. Judas Sonderleben in der älteren Zeit ist freilich unbestritten. Aber es hat tatsächlich seine Ursache viel weniger in jenem Streifen Land zwischen Juda und Efraim, als vielmehr in Judas Vorgeschichte. Ist sein Zusammenhang mit dem übrigen Israel so lose, daß viele heute allen Ernstes und mit Recht zweifeln, ob Juda überhaupt mit über den Jordan gezogen und nicht wie Simeon von Süden her ins Land eingedrungen sei[5], so ist damit seine Absonderung hinreichend erklärt. Sie blieb bestehen, auch wenn Gibeon sich jetzt schon mit Israel abgefunden hatte.

Daß es dies tat und daß Josua in ein Abkommen willigte, ist nun aber nach dem, was wir oben über Josuas Verhalten der Gegend von Sikem gegenüber vermutet haben[6], nicht nur möglich, sondern geradezu wahrscheinlich: reichte die Kraft der Waffen nicht zu, so mußte Josua suchen, durch friedliche Abkommen da und dort festen Fuß im Lande zu fassen. Es ist darum auch nicht wahrscheinlich, daß Josua und Israel hier überlistet wurden. Die List Gibeons mag der späteren, das Bündnis entschuldigenden Sage angehören — dieses selbst ist alt und durch innere Wahrscheinlichkeit wohl bezeugt.

---

1) Vgl. 2 Sam. 21, 2: „die Söhne Israels hatten ihnen geschworen". 2) A. a. O., bes. RiSa. 47 ff. Es mag zu RiSa. 50, Anm. 1 noch erwähnt werden, daß ich das „er suchte sie zu schlagen" 2 Sam. 21, 2 so fasse, wie in Kautzsch[3, 4] angenommen ist. Weil sie nicht willig alles aufgeben, braucht er Gewalt. In welcher Form, wissen wir nicht, vor allem zweifle ich, ob man von einem „Eroberer der freien Stadt" reden darf. Vgl. noch B. im Komm. zu Sam. 3) Siehe oben S. 420, dazu vgl für Beerot (el-bīre?, nach Dalm., PJB 8, 18 chirb. el-bijār?) 2 Sam. 4, 2f. Bd. II[4], 167[1] u. 145[3]. 4) Richt. 1, 21. 29. 35. 5) Siehe oben S. 424. 6) S. 423. Über den Grund, weshalb Josua im alten Bericht fehlen wird, vgl. S. 420, Anm. 4.

Zu allen diesen Erwägungen tritt nun hinzu die schon erwähnte Tatsache, daß bei Gibeon zur Zeit Josuas eine bedeutende Schlacht geschlagen worden sein soll, welche die Überlieferung in nächsten Zusammenhang mit dem zwischen Israel und Gibeon geschlossenen Abkommen bringt. Wird jener Kampf sich als geschichtlich herausstellen, so ist vollends an der Tatsache des Bündnisses nicht mehr zu zweifeln. Die Schlacht bei Gibeon liegt uns daher zunächst zur Prüfung vor.

§ 40.
Die Ereignisse nach dem Bündnis mit Gibeon.

1. Die Schlacht bei Gibeon. — Der Tatbestand, wie er in den Quellen vorliegt, ist folgender. In die Erzählung der auf das Bündnis mit Gibeon folgenden Vorgänge verwoben finden wir das Bruchstück eines alten Liedes mit kurzem begleitenden Texte [1]:

„Damals tat Josua einen Spruch — und sprach vor den Augen Israels [2]:
,Sonne zu Gibeon halt ein — und Mond im Grunde von Aijalon!'
Und die Sonne hielt ein, und der Mond [blieb stehn] — bis das Volk sich
rächte an seinen Feinden [3].

Siehe das ist geschrieben im Buch des Braven. Und die Sonne blieb stehen in der Mitte des Himmels und eilte nicht unterzugehen fast einen vollen Tag. Und kein Tag war wie dieser weder vorher noch nachher, an dem Jahve auf die Stimme eines Menschen gehört hätte, denn Jahve kämpfte für [4] Israel."

Die in der vorstehenden Übersetzung gesperrt wiedergegebenen Worte scheiden sich nach Form und Inhalt leicht als Zusätze von Dt aus. Sie stimmen im Sprachgebrauch zu Dt und bringen zur Erzählung nichts

---

1) Jos. 10, 12—14. Vgl. außer den Kommentaren bes. Matthes in ZAW, 29 (1909), 259 ff. Dort weitere Literatur. 2) Der heutige Text des Anfangs lautet: „Damals redete Josua mit Jahve, am Tage da Jahve die Amoriter dahingab vor Israel", und sprach vor den Augen Israels." Hier ist zunächst das gesperrt Gedruckte Zusatz, denn mit „damals" verträgt sich die zweite Zeitbestimmung übel. Aber auch „mit Jahve" kann nicht ursprünglich sein, denn nicht er, sondern Sonne und Mond sind nachher angeredet. Sie müßten also entweder Sonne und Mond gestanden haben, oder *dibber* steht hier absolut im Sinne von reden = einen Spruch tun. Die Sonne allein (Matthes) konnte nicht gut angeredet sein. — Zur Redeweise „dahingeben vor" vgl. Deut. 1, 8. 21 u. ö. Den Ausdruck „vor den Augen" jemands hingegen kann ich nicht beanstanden; daß er selten außerhalb des Deut. vorkommt, ist sicher Zufall (vgl. Ex. 4, 30 J). Daß die Worte in LXX durch etwas ganz anderes ersetzt sind, wird kaum ins Gewicht fallen. 3) Die Redeweise ורדם השמש וירח עמד fällt im höchsten Grade auf: die Sonne hat den Artikel, der Mond nicht. Es muß wohl ungefähr geheißen haben: וירחמו שמש וירח „und Sonne und Mond hielten ein". So entstehen drei Zeilen von je 3+3 Hebungen. Nun hat Matthes das Imperf. יקם beanstandet und deshalb jene Worte überhaupt als Glosse streichen wollen, so daß das Imperf. zum Imperativ gehören würde und hieße: „bis das Volk sich gerächt haben wird". Doch ist dazu kein Anlaß. Das Imperf. kann auch heißen: „bis es sich gerächt haben würde", so daß nicht die Tatsache selbst, sondern die Absicht Jahves bzw. von Sonne und Mond bei ihrem Stillestehen ausgesprochen wird. — Andere (so Stade, Gesch. I, 50) wollen das Zitat in 13b finden. Aber die Form der Nennung der Quelle nach dem Zitat spricht ebenso dagegen wie das Metrum. Jene Worte würden als 4 + 4 ganz aus dem Tenor des andern herausfallen. 4) יי נלחם לישראל vgl. Deut. 1, 30; 3, 22; 20, 4.

Neues hinzu, sondern bieten nur erweiternde Erläuterung des übrigen Textes[1]. Sieht man von diesen Zusätzen ab, so besitzen wir in dem Rest ein jedenfalls altes, am ehesten von J oder E überliefertes Stück. Das Ganze, soweit es zum alten Bestande des Textes | gehört, ist Bestandteil eines größeren Liedes. Der Anfang „damals" läßt keinen Zweifel, daß eine Beschreibung der vorhergehenden Ereignisse voranging. Was wir besitzen, setzt sich daher selbst wieder aus zwei Stücken zusammen: dem Spruch Josuas und dem uns erhaltenen Teil des erzählenden Liedes, in das der Spruch aufgenommen war. Den Dichter des Liedes kennen wir nicht, wohl aber das Buch, in dem es stand. Dem Namen des letzteren nach und nach dem Charakter des Gedichtes dürfen wir auf ein altes Siegeslied in der Weise des Deboraliedes und verwandter Schlachtgesänge aus der Zeit der Heldenkämpfe Israels schließen.

Was sagt das Lied? Es meldet, daß Josua in entscheidender Stunde an einem Schlachttag bei Gibeon einen Spruch zum Himmel sandte, mit dem er Sonne und Mond bannte, und daß diese darauf ihren Lauf einhielten, bis die Verfolgung der Feinde zu Ende geführt war.

Sagen dieser Art stehen nicht vereinzelt. Besprechung und Beschwörung der Gestirne ist überall da, wo die Sternenwelt beseelt und von Geistwesen besiedelt gedacht ist, nichts Seltenes[2]. Was der wirkliche Hergang in der Natur war, oder was etwa Anlaß zu einer solchen Sage gab, und vollends wie jener Hergang sich abspielte, entzieht sich unserem Wissen. Aber wenn nicht lange nachher bei Debora die Sterne ihre Bahnen verlassen, um an der Schlacht gegen Sisera teilzunehmen, und ihr Eingreifen sich in verheerendem Gewitter und Wolkenbruch äußert, so ist uns der Weg gewiesen. Hier erzählt der Bericht von gewaltigem Hagel[3], der die Feinde vernichtet. Außerordentliche Naturereignisse spielten also auch hier im Spiele und in ihnen ist das Mitkämpfen der himmlischen Mächte zugunsten Israels gewährleistet.

Daß der Bericht, auch in seiner ältesten erreichbaren Form, ein wunderbares Langewähren des Tages und nichts anderes im Sinne hat, hätte man nie in Zweifel ziehen sollen[4]. Auch läßt sich, sind einmal | außergewöhnliche Naturvorgänge festgestellt, im Zusammenhang mit ihnen irgendein uns unbekanntes Phänomen, das man so deuten konnte, wohl vorstellen — wenigstens wenn von der vergröbernden Ausdeutung im späteren Bericht abgesehen wird.

Es liegt kein Grund vor, hierin dem Liede und der alten Sage, von der es uns Kunde gibt, nicht Glauben zu schenken. Mit der sonderbaren

---

1) In V. 12 sind die Worte: „am Tage" usw. neu einsetzende Erläuterung zu: „damals redete" usw. (s. o.); V. 13 b. 14 erläutern das Lied. Vgl. auch schon Ewald, Gesch. Isr.[3] II, S. 330. Hollenberg, StKr. 1874, S. 498. 2) Beispiele von Sonnenzauber s. bei Matthes a. a. O. 264 f. Vgl. auch die Analogien bei Scheftelowitz, Altp. Rel. 115: Rigv. 4, 16; 5, 29 ff.; Il 2, 412 ff. 3) Vgl. Jos. 10, 11; dazu Richt. 5, 20 f, wo gleichzeitig die Sterne mitkämpfen und der Bach Qison die Feinde wegschwemmt, was auf Gewitter mit Wolkenbruch weist. 4) Man redet gern von einem poetischen Bilde für den Wunsch, der Abend möchte nicht eintreten, bis die Verfolgung zu Ende gebracht sei, vgl. Valeton bei Matthes a. a. O. 263. Ähnlich Dillmann, NuDtJo. 489, der annimmt, es liege im Liede ein Bild langen angestrengten Schlagens und Verfolgens vor. Aber die Worte sind zu klar; bei aller Anerkennung des poetischen Charakters des Stückes kann man nicht zweifeln, daß schon das Lied und hernach Dt. an ein wirkliches Ereignis dachten.

Himmelserscheinung ist nun aber die Nachricht von einer S c h l a c h t verknüpft, die in jener Gegend bei Gibeon und ʿAijalon geschlagen wurde. Gibt das Lied selbst mit seinem „Damals" auch nur die Tatsache der Verknüpfung seines Inhaltes nach vorne, so kann doch kaum bezweifelt werden, daß die spätere Überlieferung, wie sie der Erzähler wiedergibt, den Anlaß richtig bewahrt hat. Demnach hätte das Abkommen Gibeons mit Israel den Unwillen der übrigen Kanaaniter wachgerufen und sie zu einem Rachezug gegen Gibeon veranlaßt. Israel unter Josua zieht Gibeon zu Hilfe und schlägt die Verbündeten aufs Haupt. Die V e r f o l g u n g der Fliehenden wird besonders begünstigt durch ein inzwischen losgebrochenes Unwetter und neben ihm noch durch die besonderen vorhin erwähnten Umstände.

Bis hierher lassen die überlieferten Tatsachen sich, wie ich glaube, ohne ernste Schwierigkeiten aus dem Liede entnehmen. Die Schwierigkeit beginnt meines Erachtens eigentlich erst, wenn wir nach Namen und Herkunft der V e r b ü n d e t e n fragen. Es handelt sich nach der Erzählung um eine Vereinigung kanaanäischer Fürsten, an deren Spitze der König Adoniṣedeq von Jerusalem steht. Ihm schließen sich an Hebron Jarmut Lakis ʿEglon. Gibeon ruft Josua um Hilfe an, der sie, vom Gilgal heranziehend, auch gewährt. Er überrascht die Feinde, schlägt sie bei Gibeon und verfolgt sie in der Richtung gegen Bet-horon. Während sie den Abhang vom oberen zum unteren Bet-horon zur Flucht benutzen wollen, reibt ein von Jahve gesandter Hagel sie auf und tötet viele. Die länger währende Verfolgung und die dabei Israel gewordene weitere Hilfe Jahves beschreibt dann das Lied [1]. — Neu | anhebend und daher einer andern Quelle folgend berichtet sodann dasselbe Kapitel noch eingehend über die Fortsetzung der Verfolgung bis gegen Maqqēdā hin und die Hinrichtung der verbündeten in einer Höhle bei Maqqēdā geborgenen Könige [2].

Hier erheben sich nun allerdings in den Einzelheiten der Erzählung allerlei Anstände. Hebron ist, wie wir sahen, längst durch Juda erobert, ebenso Debir, das in der aus Dt stammenden Fortsetzung der Erzählung ebenfalls erobert wird [3]. Mindestens kann also der König von Hebron an dem Bündnis nicht beteiligt sein. Es ist damit zugegeben, daß die Schlacht bei Gibeon, eben weil sie ein glänzender vielbesungener Sieg war, schon

---

1) Jos. 10, 1—11. 15. V. 1—15 stellt, die Zusätze von Dt. abgerechnet, eine Einheit dar und stammt wohl aus E. So auch Dillm , NuDtJo., S. 485, der jedoch 12—15 als Zusatz von Dt ausscheidet (ähnlich wie Hollenberg, Wellhausen, Budde). Aber V. 12—14 sind nur stärker überarbeitet, gehörten aber wohl schon anfänglich zu E. Auch hier wird an das Gilgal bei Sikem zu denken sein. — Holz. will die Erzählung zwischen J und E so teilen, daß die Flucht nach Süden hin (Maqqeda und ʿAzeqa) zu J gehöre, findet aber schon in 1—15 zwei Berichte. Doch können wir eigentlich, ehe die Lage von Maq. und ʿAz. festgestellt ist, nichts Sicheres sagen. Dürfte man sie (vgl. Burn Settl. 12) in der Gegend von Eqron und Soko suchen, so wäre keine übergroße Schwenkung nach Süden nötig. Liegen sie aber tiefer im Süden, so ist wohl der Schluß von V. 10 als Glosse auszuscheiden. Ist demnach schon der neue Vorstoß nach Süden 16ff. verdächtig, so jedenfalls die Fortführung der S c h l a c h t dorthin.   2) Jos. 10, 16—28, wohl aus J od'r J² (vgl. V. 21 b mit Ex. 11, 7; V. 24 'שׂי שׂיא), jedoch überarbeitet (besonders V. 25). Zur Sache s. d. vor. Anm. — V. 28 bis 43 ist freier Zusatz von Dt. und verstößt mehrfach gegen die ältere Tradition; s. u. In Jos 10, 24 (Setzen des Fußes auf den Nacken, vgl Ps. 110, 1) mag wohl ein Stück alten Kriegszaubers stecken; was den 5 Königen geschieht, soll ihren Völkern zuteil werden. 3) Jos. 10, 39, wobei außerdem das Mißverständnis passiert, daß V. 37 auch der längst tote König von Hebron noch einmal erschlagen wird (vgl. 26).

frühe zu einer gewissen Erweiterung des ursprünglichen Sachverhaltes in der Überlieferung Anlaß gegeben hat. Anderseits aber ist es ebenso ungerechtfertigt, um der unberechtigten Hereinziehung Hebrons willen die ganze Erzählung über die judäisch-philistäische Vereinigung gegen Josua als ungeschichtlich beiseite zu legen[1]. Sie ist durch die Schlacht von Gibeon und den ganzen Zusammenhang der Dinge zu gut bezeugt. Jebus, Jarmut, Lakis, 'Eglon sind durch Richt. 1 direkt oder indirekt als von Juda nicht erobert bezeichnet, konnten und mußten also wohl gegen Gibeon gemeinsam vorgehen. Ja man kann im Gegenteil eher sagen: wäre ein solcher Versuch des Zusammenschlusses der Angegriffenen und in ihrem Besitzstand so empfindlich Bedrohten nicht berichtet, wir müßten ihn ernstlich vermissen. Irgend einmal und auf irgendeine Weise mußte doch eigentlich auf der Seite der Dynasten des Landes der Versuch gemacht werden, in der Stunde der Gefahr den alten Hader zu lassen und sich zur Abwehr der Eindringlinge zusammenzutun. So gut er unter Sisera einige Zeit später, tatsächlich zu spät, gemacht wurde, so gut wird er auch jetzt unternommen worden sein. Daß die Sage sich dieses dankbaren Stoffes bemächtigt und den Erfolg Israels vergrößert hat, indem sie einige weitere Gegner mit heranzieht, kann die Tatsache selbst nicht in Frage stellen.

Freilich sucht man den unhistorischen Charakter der Erzählung besonders noch durch Berufung auf Adonişedeq zu stützen[2]. Die | griechische Übersetzung bietet statt dieses Namens Adonibezeq. So liegt der Gedanke nahe, daß es sich hier überhaupt nur um den in Richt. 1 erzählten Kampf der Judäer mit Adonibezeq handle, der aber durch die späteren Erzähler absichtlich zu einem Kampf Josuas und Gesamtisraels wider Jerusalem und Juda umgestaltet worden sei. Dies um so mehr als Budde scharfsinnig erwiesen hat, daß jener Adonibezeq selbst gar nicht König von Bezeq, sondern in der Tat König von Jerusalem war. Aber ich habe doch ernste Bedenken gegen diese Auffassung. In der Tat liegt gegen einen König Adonişedeq von Jerusalem nichts vor. Er mag der Nachfolger jenes von den Judäern getöteten Adonibezeq gewesen sein. Wenn aber jemand im Lande Anlaß hatte, gegen Israel und gegen das Jerusalem nächstliegende Gibeon zu Felde zu ziehen und sich nach Verbündeten hierfür umzusehen, so war es der Dynast von Jerusalem[3].

---

1) So z B. Stade, Gesch. Isr. J, S. 133. Meyer, Isr. 440.   2) Vgl. über ihn Wellh.-Bleek[4], S. 182. Budde, RiSa. a. a. O.; Moore, Budde und Nowack zu Richt. 1. 3) *Adonişedeq* ist ein durchaus richtig gebildeter und an sich sehr wohl möglicher Name, ebenso wie *Malkişedeq*; vgl. dazu oben S. 184 u. 190 und S. 287. Er weist auf die uns sonst bezeugte Verehrung des kanaanäischen Baal als *adonī* im Sinn von „mein Herr" und birgt vielleicht in seiner zweiten Hälfte eine Gottheit *Şedeq*: „Mein (göttlicher) Herr ist Şedeq" Doch ist auf der Kulturstufe der Zeit natürlich ebenso möglich: „Mein Herr ist Gerechtigkeit." (Auch Namen wie *Adonirām* oder *Adoniqām* enthalten an zweiter Stelle kaum einen Gott.) Daß LXX ihn mit Adonibezeq verwechselt, kann die Folge eines bloßen Versehens sein (2 Codd. haben *Αδωνι-ζεβεχ*, was die Grundlage bilden könnte, wenn nicht sonst fast durchweg σ = Σ und ζ = צ zu sein pflegte). Jedenfalls darf hierauf nicht viel gegeben werden, um so weniger, wenn man sieht, wie stark verstümmelt die andern Namen von Jos. 10, 3 gerade in LXX auftreten. Vgl überhaupt über die Mangelhaftigkeit des LXXtextes zu Josua bei Dillm., NuDtJos 690. Es geht deshalb wohl auch nicht an, von hier aus gegen die Ri htigkeit des Namens *Adonibezeq* in Richt. 1, 5 Bedenken zu erheben. *Bezeq* mag eine Gottheit darstellen. Die Ortschaft *ibziq* konnte eine ihrer Verehrungsstätten gewesen sein, hat aber mit Adonibezeq, der König von Jerusalem ist, nichts zu tun. Immerhin kann der Name auch den Besitzer der Ortschaft (Schwellung, Hügel) zu tun.

Wie groß der Erfolg der Schlacht bei Gibeon war, können wir trotzdem nicht genauer bestimmen. Eine Eroberung des Südens und seiner festen Städte ist überhaupt im älteren Texte von Josua nicht ausgesagt. Sofern sie in dem weiteren Verlauf erzählt wird, scheint sie auf Mißverständnis des späteren Bearbeiters zu ruhen [1]. Die Eroberung des Südens war Aufgabe Judas und Simeons. Hebron und Debir sind von ihnen eingenommen worden, die übrigen Städte für jetzt wohl schwerlich.

2. Der Rest der Nachrichten. — Noch eine letzte Waffentat Josuas wird von der Überlieferung mitgeteilt. Am entgegengesetzten Ende Kanaans, im hohen Norden, verbündet sich Jabin, König von | Ḥaṣor [2], mit einer Anzahl nordkanaanäischer Könige zum Kampf gegen Josua. Sie lagern sich an den Wassern Mērom, worunter meist der See Ḥūle verstanden wird. Doch ist fraglich, ob man nicht nach dem Onomastikon an die Gegend von Dotan zu denken hat. Hier überrascht Josua, Jahves Befehl folgend, die Feinde unversehens und vernichtet sie [3].

Eine geschichtliche Grundlage mag auch für diesen Bericht angenommen werden, wenngleich der genauere Hergang sich nicht mehr feststellen läßt. Es ist wohl möglich, daß Josua auch nach der Festsetzung im mittleren Lande — vielleicht erhebliche Zeit nach ihr — noch Gelegenheit gehabt hat, vereinzelte Kämpfe mit den nördlichen Kanaanitern zu bestehen. Die spätere in Dt und P niedergelegte Überlieferung hat die hier und im vorigen Kapitel vorausgesetzten vereinzelten Waffentaten Josuas im Süden und Norden als Vollendung der Eroberung des Landes durch Josua gedeutet. So folgt denn ein Verzeichnis der von Josua geschlagenen Könige [4], welches eine Reihe von nach den älteren Quellen noch nicht eroberten Gebieten [5] in sich begreift und daher eher den späteren Stand der Dinge, mißverständlich auf Josua übertragen, als die Erfolge Josuas selbst zur Darstellung bringt [6].

Hier verläßt uns die Geschichte der Eroberung. Die nun folgenden Kapitel des Buches Josua [7] gehören fast ausschließlich Dt und P an und bieten ein Idealbild der Verteilung des Landes unter die einzelnen Stämme. Sie gehen aus von der Annahme einer vollständigen, beinahe restlosen Unterjochung des ganzen Landes durch Josua. Sofern diese Voraussetzung nicht zutrifft, mag auch jene Verteilung den Stand einer späteren Zeit, in der Meinung, er sei schon von Josua geschaffen, in das Altertum zu-

bezeichnen, woraus nicht folgt, daß sein Träger gerade dort wohnt oder herrscht. Der Name kann alter Prägung sein. Daß die Schlacht von Richt. 1, 5 „bei Bezeq" geschlagen worden sei, ist schon (s. BHK.) textkritisch verdächtig; weiter oben S. 405 f.
1) Jos. 10, 28—43; vgl. auch die Beispiele oben S. 435, Anm. 3.   2) Wohl am ehesten in der Nähe von Qedes Naftali zu suchen, sei es nun Tell Harrawi (so Guérin, Gal. II, p. 363 sqq. Dillmann, NuDtJo., S. 495) oder Tell Churēbe (so Robinson, NBF., S. 479 f.) oder eher Chirbet el-Ḥaṣīre. Mit Madon mag Chirb. Madin unweit des galil Meeres gemeint sein. Über die megalithischen Festungsbauten der Gegend s. Karge 377 f.   3) Jos. 11, 1—9. Die Verse enthalten eine wohl auf Grund von (E oder) J von Dt entworfene Erzählung. Das Folgende (V. 10—23) ist ein fast ganz von Dt frei hinzugefügte Erweiterung.   4) Jos. Kap. 12.   5) Vgl. V. 21 f. mit Richt. 1, 27 f.   6) Das Bewußtsein der Unvollkommenheit der Eroberung ist auch noch Jos. 13, 1 erhalten und zwar wohl im anderen Sinne, als dies jetzt der Zusammenhang (Dt) ergibt. V. 1 ist älter.   7) Jos. 13 ff. Über die Quellenscheidung ist noch keine Einheit erzielt; s. Wellh., JDTh. 21, 496 ff. Kuen., Einl., § 6, Nr. 49 ff.; § 7, Nr. 27 ff. und die Kommentare zu den betr. Kapp. Über einige Abschnitte aus J s. oben S. 396 ff.

rückverlegt haben. So wertvoll jene Kapitel als geschichtliche und geografische Denkmale hinsichtlich der Wohnsitze | der einzelnen Stämme sind, so können sie doch für den Stand der Dinge zu Josuas Zeit nicht unmittelbar als Quelle verwandt werden. Soweit wir darüber eine Kunde zu erhalten vermögen, haben wir sie ausschließlich in den früher behandelten ältesten Bestandteilen dieser Kapitel zu suchen. Das Lebenswerk Josuas verliert sich damit stark im Halbdunkel der weiterbildenden Sage. So wahrscheinlich es ist, daß er selbst der Geschichte angehört, so läßt die Unsicherheit mancher Teile der Überlieferung von ihm doch kein vollkommen klares Bild seines Tuns, vor allem von dem Umfang seiner Erfolge gewinnen. Immerhin lassen sich die letzteren so weit übersehen, daß von ihm gesagt werden kann, er habe die ihm von Mose überlassene Arbeit so weit getan, daß die Eroberung und Inbesitznahme des Landes durch ihn begonnen und bis zu einem gewissen, die Zukunft Israels im Lande verbürgenden Abschluß gebracht wurde. Ein Mose ist er nicht gewesen, weder politisch noch religiös.

Das letzte Kapitel des Buches Josua berichtet, wie Josua in Sikem die Stämme um sich versammelte, um vor seinem Scheiden ihnen den Bund mit Jahve zu erneuern und das Halten des Bundeswillens Jahves einzuschärfen. Über die Formen, unter denen dies geschieht, ist früher gehandelt. Wenn es aber richtig ist, was oben vermutet wurde, daß Josua Sikem und das umliegende Land durch Vertrag für die Seinen erschloß [1], so ist auch keineswegs ausgeschlossen, daß jener Nachricht eine wirkliche Tatsache zugrunde liegt. Josua hätte dann, in derselben Weise, wie Israel es von Qades und dem Sinai her gewohnt war, hier im Herzen des neugewonnenen Landes, an einer Stätte, an der ähnliche Gepflogenheiten von alters her üblich waren, zugleich den Vertrag mit Jahve erneuert und die schon vorhandenen Satzungen neu eingeschärft. Es ist ferner nicht ausgeschlossen, daß der aus späterer Zeit bezeugte feierliche Brauch, nach welchem in Sikem, unter Ausstoßung schrecklicher Flüche über die Übertreter, die Bundessatzungen vorgetragen wurden, hier schon seine Wurzel hätte [2].

Mit der endgültigen Festsetzung der Israelstämme im Lande ist | die Aufgabe dieses Teiles der Geschichte Israels, der die Urzeit des Volkes beschrieb, erschöpft. Die Art seines Einlebens im Lande und seine mancherlei ihm hier zustoßenden Schicksale stellt der zweite Band dieses Werkes dar. Hier mögen wir uns nur dessen erinnern, wie viel für Israel noch zu tun war, ehe es das Land wirklich sein eigen nennen konnte. Auch mögen wir nicht vergessen, daß über die im Alten Testament gegebenen Mitteilungen hinaus die ägyptischen Quellen uns wissen lassen,

---

1) Siehe über beides oben S. 384 f. und 422 f. · 2) Vgl. Jos. 24 und dazu besonders Deut. 27, 1 ff. 11 ff. Es wäre möglich, daß bei dieser Gelegenheit schon das Bundesbuch oder etwas ihm Ähnliches zutage trat. Die in Dt. 27, 4; Jos. 8, 30 ff. (oben S. 419) erwähnte Sitte des Eintragens der Gesetze auf öffentlich aufgestellten Steinblöcken (auf dem Garizzim [MT Ebal]) kennen wir nicht nur von Hammurapi, sondern auch aus Ägypten (oben S. 356) und Kreta (Gortyn). Auch Steuern. (Festschr. Wellh. 345) ist der Meinung, daß Josua hier tatsächlich (vgl. Jos. 24, 23) die von einzelnen Stämmen noch beibehaltenen Reste von Fremdkulten (bes. aram. und kanaan.) beseitigt und Jahve als den Gott Gesamtisraels erklärt habe. Auch den Altar aus unbehauenen Steinen Jos. 8, 30 f. vgl. Ex. 20, 24 will St. auf Josua und Sikem zurückführen.

daß gerade in der Zeit der eigentlichen Festsetzung und des ersten Einlebens Israels im Lande Ramses III. wie von einer selbstverständlichen
Tatsache von dem Umstand redet, daß die Bewohner Syriens ihre **Tri-
bute** nach Ägypten liefern und daß die ägyptischen Tempel hier ihr
Eigentum und ihnen gehörige Städte besitzen [1].

Das läßt uns ahnen, daß die Verhältnisse ungleich weniger einfach
lagen, als die schlichte, wesentlich auf das Eindringen Israels ins Land
und seine Auseinandersetzung mit den kanaanäischen Orten und Dynasten
gerichtete Darstellung der biblischen Urkunden erwarten läßt. Weshalb
ein Zusammenstoß mit Ägypten nicht stattfand, ist oben dargelegt [2]. Aber
auch wenn es zu ihm nicht kam, muß doch wohl angenommen werden,
daß bei den eindringenden Israelstämmen wie bei ihren kanaanäischen
Widersachern stillschweigend das Bewußtsein im Hintergrunde lag, daß
das Land eigentlich unter ägyptischer Oberhoheit stehe und daß man gut
daran tue, der ägyptischen Obrigkeit das Ihre nicht vorzuenthalten. Wenn
die uns aufbehaltene Überlieferung Israels von diesen Verhältnissen vollkommen schweigt, so mögen dabei nationale Erwägungen mitbestimmend
gewesen sein. Aber der Hauptgrund liegt doch wohl darin, daß die
wichtigsten Teile des Buches Josua so jungen Datums sind, daß diese
freilich mit der Zeit immer loser werdenden Beziehungen zu Ägypten schon
so gut wie ganz in Vergessenheit geraten sind. Freilich darf aus der
Tatsache, daß sie vergessen werden k o n n t e n, auch immer wieder
der Schluß gezogen werden, daß sie doch tatsächlich in jener Zeit nicht
mehr tiefgreifend genug waren, um sich dauernd ins Gedächtnis einzu-
prägen.

§ 41.
Die Zustände im Lande.

1. Die Amarnazeit hat uns das Bild bewegten Lebens in Kanaan
dargeboten. Die seit alters hier seßhaften Städter und Bauern werden
wie schon manchmal so auch jetzt wieder durch eindringende Wanderstämme in Unruhe versetzt. Sie sehen sich genötigt, sich um ihren Besitz
zu wehren und da und dort den Eindringlingen Zugeständnisse zu machen.
Dies Spiel hat sich bis auf die Tage Josuas des öftern wiederholt. Bald
mit dem Schwert in der Hand, bald durch Vertrag haben sich so seit
Jahrhunderten eine Anzahl von Stämmen und Geschlechtern im Lande
eingenistet, die nach Blut und Vergangenheit den jetzt aus Ägypten Kommenden nahe standen. Sie bilden den Grundstock der nicht kanaanäischen Bevölkerung im Lande. Mit dem Ausbruch von Israelstämmen
aus Ägypten kommt neue Bewegung unter die Landesbewohner.

Mose hatte einen Stämmebund geschaffen, der in zwei Abteilungen
ins Land eingedrungen war. Juda und Simeon — wohl mit Teilen von
Levi — dringen im Süden ein. Getrennt von ihnen, aber doch durch den
Mosebund mit ihnen zusammengehalten, hat sich das Haus Josef auf dem
Gebirge Efraim festgesetzt. Eine dritte Gruppe von Israelstämmen bildeten
die eben genannten schon im Lande anwesenden Geschlechter. Wie stellten
sie sich zu den Ankömmlingen? Bestimmtes können wir nicht sagen.
Aber es darf vermutet werden: je stärker sie schon mit den Kanaanäern
vermischt sind, desto gleichgültiger oder ablehnender, und je stärker sie

---

1) Siehe oben S. 363, besonders Anm. 9.   2) Vgl. S. 362.

noch in ihrer alten Eigenart geblieben waren, desto freundlicher und ent-
gegenkommender. Die letztere Gruppe, zu der wir Stämme wie Asser
Sebulon Issakar, auch Dan Naftali Gad rechnen können, mögen sich
dann mehr und mehr dem Stämmebund der mosaischen Eidgenossen angeschlossen und sich zur Josuagemeinde gehalten haben. Es ist eine an-
sprechende Vermutung, daß in S i k e m immer aufs neue die Verbrüderung
durch feierliche Riten besiegelt und daß hier die Zugehörigkeit zu Jahve
und seinen Satzungen immer neu bekräftigt worden sei.

Wie stellte man sich zu den bisherigen Herren des Landes? Nach
der Amarnazeit zu schließen[1] zerfielen die Kanaaniter der Städte in stadtsässigen Adel, bestehend aus wehrhaften Grundherren oder Rittern, und
in ein städtisches Bürgertum, bestehend aus Kaufleuten, Handwerkern,
halbfreien Kleinbürgern und Taglöhnern, sowie aus unfreien Knechten und
Sklaven. Dazu kommen auf dem Lande die freien Bauern, soweit sie
Herren des Bodens sind, und neben ihnen die halbfreien Pächter der ägyptischen Regierung oder der städtischen Grundherren, vermutlich auch die
Inhaber der Militärpfründen und königlichen Lehen; endlich die ländlichen Taglöhner und Sklaven. Die ersteren bilden zugleich den Heerbann.

Aber auch die andere Gruppe, die Eidgenossen, stellen nichts weniger
als eine Einheit dar. So läßt sich zum voraus vermuten, daß das Auf-
einandertreffen beider Teile die verschiedenartigsten Verhältnisse geschaffen
haben werde. Wo die Ankömmlinge mit G e w a l t in die S t ä d t e eindringen, wie etwa in Jericho oder Betel, da müssen sie den Beamtenadel
durch eigene Kräfte ersetzen, sie nehmen die Stadtverwaltung in die Hände
und werden ihre leitenden Männer in den Besitz der größeren Erbgüter
gesetzt und aus den Resten der Bevölkerung sich Handwerker und Kaufleute gedingt haben. Die Masse der letztern, soweit sie erhalten bleibt,
sinkt zu Halbfreien und Unfreien herab[2]. Wo sie durch V e r t r a g zu-
gelassen werden, wie in Sikem vor Abimelek, da bleibt die alte Obrigkeit
und die ganze frühere Oberschicht, und sie müssen sehen, sich durch
Handel oder als Arbeiter und Handwerker, die Kriegstüchtigen wohl auch
als Soldaten und Offiziere im Dienste der Dynasten oder der Adelssippen,
ihre Stellung zu schaffen. Im Lauf der Jahre mögen sie dann an Einfluß gewonnen und da und dort selbst die Stadt in die Hand bekommen
haben.

Werden hier aus umherziehenden Hirtenstämmen städtische Adels-
und Bürgersippen teils freier teils unfreier Art, so hat die Entwicklung
im palästinischen B e r g l a n d augenscheinlich andere Wege eingeschlagen.
Hier ist es bekanntlich den Eindringenden viel leichter geworden, sich
mit Gewalt festzusetzen. Oft genug werden sie auch hier den Weg des
Vertrages gewählt haben. Im ersteren Falle setzen sie sich kurzer Hand
in den Besitz der Bauerngüter und Weidetriften. Die Kunst, jene zu be-
wirtschaften, müssen sie die alten Besitzer oder ihre Hörigen lehren. Ihre
Arbeitskraft machten sie sich durch Ackerdienst und Fron zunutze und werden selbst aus Wanderhirten zu Bauern. Die Triften übernehmen sie vielfach sicher ohne an ihrer Lebenshaltung viel zu ändern. Ja es mögen alle

---

1) Vgl. dazu ob. S. 82, welche Ausführung nach dem hier Gesagten zu ergänzen
ist.   2) Vgl Richt. 1, 27 ff. Das Ideal ist hier die Vertreibung, also daß die Unter-
legenen das Feld räumen. Gelingt sie nicht, so strebt man allmähliches Herabdrücken
zur Fronpflicht an.

Zwischenstufen zwischen dem Halbbeduinen, der noch in räuberischen Horden das Land unsicher macht[1], oder dem Wanderhirten, der schon gelegentlichen Landbau treibt, bis zum vollansässigen Bauern vertreten sein. Schon die Verschiedenheit der Landschaft und der Gewöhnung und Neigung einzelner Geschlechter brachte das mit sich. — Wird aber der Weg des Vertrages gewählt, so vollzieht sich in der Hauptsache derselbe Prozeß, nur langsamer und weniger gewaltsam und vielfach so, daß an Stelle der schon Anwesenden die Eindringenden in geduldete oder abhängige Stellung geraten[2]. Nicht selten wird die friedliche Abmachung dem schwächeren Teil einfach das — natürlich mit allerlei Leistungen erkaufte — Schutzverhältnis garantiert haben[3].

2. Daß die **Kultur** dieser Erstzeit, soweit von einer solchen die Rede sein kann, nichts weniger ist als eine einheitliche Größe, muß aus dem Gesagten von selbst hervorgehen.

Die schon im Lande befindlichen Israelleute von der Art der in der **Merneptah-Inschrift** genannten sind selbstverständlich schon stark in die bodenständige kanaanäische Kultur hineingewachsen. Gewiß nicht alle in derselben Weise, sondern je länger sie im Lande sind, desto mehr, und wiederum da stärker, wo sie in Städten wohnen[4] als da, wo sie Bauern geworden oder Hirten geblieben sind. Soweit sie dem Sinaibund beitreten — und wo sie es nicht tun, da scheiden sie für Israel überhaupt aus —, werden gerade diese Elemente die hervorragendsten **Vermittler** zwischen der alten und der neuen Schicht geworden sein. Sie werden den Ankömmlingen vielfach die Wege gewiesen und in zahllosen Fragen des Einlebens, Eingewöhnens und Umlernens ihre vornehmsten Lehrmeister gebildet haben.

Die **Einziehenden** ihrerseits[5] aber werden, wo es ihnen gelingt in einzelnen Städten die Herrschaft an sich zu reißen, viel rascher sich die Art und die Sitten der alten kanaanäischen Grundherren und Patriziersippen angewöhnt haben als wo sie dort nur geduldet sind. Begabte Köpfe werden sich schnell in die neue Lage gefunden, die Stadtverwaltung an sich genommen, die städtischen Grundstücke und die ländlichen Besitztümer unter sich verteilt, ihren Beamten und Kriegern zu Lehen gegeben[6], an die Bewohner der Landstädte und Dörfer in Pacht überlassen, sich des Karawanenhandels und der Märkte bemächtigt und sich so sozial, finanziell und politisch ihre bevorrechtete Stellung geschaffen haben. In der Bürgerschaft der eroberten Städte erstehen israelitische Baumeister, Künstler, Handwerker: Weber, Töpfer, Waffen- und Goldschmiede usw., die, was sie etwa an Handfertigkeit aus dem Wanderleben mitbringen, an dem im Lande Beobachteten und von den alten Bewohnern Gelernten

---

1) Vgl. den räuberischen Dan in Gen. 49, 17 (eine Viper am Wege). 2) Im ganzen wird sich vielfach der Hergang von S. 268 unt. u. S. 291 unt. wiederholt haben. 3) Vgl. die Gibeoniten in Jos. 9. Oft genug mögen die Schutzsuchenden umgekehrt die von Israel gewesen sein. Ein Beispiel aus Muhammeds Zeit: Berthol. 104. Durch Erbgang (Gen. 15, 3) oder Heirat (Richt. 3, 6) verwischt sich dann leicht der Unterschied und aus Klienten werden Herren. 4) Man vergleiche, was Gen. 49, 20 über Assers üppiges Leben und seinen Dienst an (kanaan.) Königshöfen und V. 21 über Naftalis „anmutige Reden" sagt (dazu Bd. II[4] 16 f.). 5) Was Bertholet, Kulturgesch. Isr. in dem Kapitel: „Die Kultur der Einziehenden" darbietet, hat den Kern der Frage nicht erfaßt; s. schon ob. S. 89. 6) Man vergleiche, was Saul 1 Sam. 22, 7 seinen edlen Stammgenossen vorhält: gewiß uralter Brauch; s. auch 8, 14 f.

ergänzen. Daß sie die Vorgänger, deren Übung zum Teil auf Jahrhunderte zurückgeht, vielfach nicht voll erreichen, ist nicht zu verwundern. — Wo statt der Gewalt der Weg des Vertrags gewählt wird, da vollzieht sich dieser Prozeß, wie wir sahen, naturgemäß viel langsamer. Aber er vollzieht sich. Die Ankömmlinge beginnen als geduldete, gewissen Beschränkungen unterworfene Vertragsgenossen, den Metöken der griechischen Städte vergleichbar. Mehr und mehr nehmen sie die Gelegenheit wahr, die herrschende Schicht zu werden.

Daß alle diese Verhältnisse den Keim vielfacher Kämpfe und Verwicklungen in sich schließen, ist leicht zu erkennen. Die in die Stellung von geduldeten Gästen herabgedrückten, vielfach aus ihrer sozialen Stellung verdrängten früheren Besitzer der Stadt müssen genau so wie die als bloß Geduldete in die Stadt zugelassenen Ankömmlinge nach Kräften suchen, ihre Stellung zu heben. Vor allem aber bietet die stadtsässige Lebensform, wo Adel und Bürgerschaft, freie, durch Verschuldung und Verarmung halbfreie Bürger und Sklaven, dazu Landstädte und Dörfer, die der Stadt angegliedert sind, neben (und in der rauhen Wirklichkeit oft genug gegen) einander stehen, reichlichen Anlaß zur Entwicklung und Verschärfung sozialer Gegensätze. Der Adel steht der Bürgerschaft, der Grundherr dem mittleren und kleinen Bauern oder Pächter gegenüber, er selbst in der Versuchung, seine Übermacht auszubeuten, jener in der Gefahr, zur halbhörigen oder proletarischen Schicht herabzusinken.

Was sich so schon innerhalb der Stadt und ihrer nächsten Umgebung abspielt, das vollzieht sich in noch höherem Grade dem Lande gegenüber. In Sikem wird den Jaqobsöhnen gestattet, daß sie ihre Herden in der Umgebung der Stadt weiden. Abraham zieht, bald da bald dort sein Zelt aufschlagend, mit seinen Herden im Lande hin und her zwischen der ansässigen Bevölkerung [1]. Ganz ähnlich vollzieht sich das Hirtenleben der aus Ägypten kommenden Israelstämme, die zunächst Hirten bleiben, ob sie nun mit Gewalt oder auf gütlichem Wege ins Land gekommen sind. Reichere und Ärmere gibt es auch unter ihnen. Aber der Besitz wechselt rasch: Jaqob wird in wenig Jahren aus einem Knecht bei Laban ein reicher Herdenbesitzer. Und vor allem: die Unterschiede haben ihre Grenzen. Lebenshaltung und Lebenslos ist im Grunde für alle dasselbe. Auch der „reiche" Schēch ist bei Wanderhirten nur der Erste unter Gleichen. Auch wo man gelegentlich das Feld bestellt und etwas Gerste oder Weizen pflanzt, ändert sich das Bild an sich nicht. Es ändert sich erst, wo der Wanderhirt mit dem Bauern und Städter zusammentrifft oder es ihm gleichtun will.

Neben den Teilen Israels, die Hirten blieben, stehen solche, die zum seßhaften Leben als Bauern übergehen. So besonders im mittleren Lande. Das Deboralied weckt den Eindruck, als habe das Volksheer Israels in den ersten Zeiten der Ansiedlung im Lande wesentlich aus dem Heerbann der Bauern bestanden [2]. Es gab also wohl zu Anfang unter der seßhaft gewordenen Landbau treibenden Bevölkerung einen freien Bauernstand. Wie lange er sich erhalten hat, wissen wir ebensowenig als auf welche Weise die Verteilung des Besitzes auf dem Lande sich vollzog. Wahrscheinlich werden die Führer der Eindringenden den namhaften Sippen

---

1) Gen. 34, 10. 21 ff.; 13, 12.   2) Richt. 5, 11.

die besseren, den untergeordneten die bescheideneren Stellen überwiesen haben. Wo der Eintritt mit Gewalt erfolgte, stehen die alten Besitzer als hörige Beisassen und ihre Knechte als Fronarbeiter zur Verfügung. Aber es ist klar, daß zwischen den auf ihren Stellen sitzenden Bauern und den auf den Weidetriften hin und her wandernden Hirten vielfache Meinungsverschiedenheit über ihre Rechte und die Grenzen ihres Gebietes entstehen konnten. Noch mehr aber, daß zwischen beiden und den städtischen Grundherren die Reibungen nicht ausblieben. Der städtische Grundbesitzer wird leicht den Ertrag seines Besitzes, und ist er zugleich Handelsherr, seinen Handelsgewinn zur Vermehrung seines Landes anwenden. Der freie Bauer, vollends wenn er durch Heerdienst, dessen große Kosten ihm selbst zufallen, oder durch Mißwachs in Nöte geraten ist, ist leicht das Opfer seiner Gier. Die spätere Entwicklung, die wir hinreichend kennen, läßt vermuten, daß schon in den ersten Siedlungsverhältnissen der Keim für das frühe Schwinden des freien Bauernstandes lag. Wahrscheinlich sind die ehemals freien Bauern vielfach früh in halbe oder ganze Abhängigkeit von den städtischen Großen gekommen. Sie werden zu einer Art von Plebejern. Und rascher noch als bei ihnen wird der Prozeß der Verarmung sich bei den Hirten wenigstens des mittleren Landes und im Bereich der Städte vollzogen haben. Drückt auf den Bauer der Städter, so auf den ländlichen Kleinhirten dieser und der Bauer. Hier mögen auch die Bestimmungen des Wohlwollens im isr. Gesetz ihre letzte Wurzel haben.

3. An den hier gewonnenen Maßstäben ist nun wohl auch das geistige und religiöse Leben dieser Erstzeit in Kanaan zu messen. Zwei Grundsätze stehen nach dem Gesagten fest: die geistige Struktur stellt keine Einheit dar, sondern ein überaus vielgestaltiges Gebilde; und sodann: es ist nirgends ein Fertiges, sondern alles erst im Werden.

Beginnen wir wieder mit dem Typus der Merneptahstämme, so ist deren geistiges und religiöses Leben zunächst wohl ganz oder zumeist von Kanaan aus bestimmt. Das Neue ist für sie nur der Anschluß an den Sinaibund und damit der Eintritt in die Jahvegemeinde. „Jahve der Gott Israels" wird für sie eine Formel und ein Bekenntnis von besonderer Bedeutung. Hier aber werden wir wohl auch die eigentliche Wurzel der späteren religiösen Schwierigkeiten und Nöte zu sehen haben. Kommen die Stämme von Kanaan und seiner Religion, also doch wohl vom Baal oder dem aramäischen Stiergott Hadad her, so verstehen wir, welche Mühe es ihnen machen mußte, nun den Sinaigott wirklich an die Stelle Baals oder Hadads zu setzen und nicht nur neben ihn und ihre alten Stammgötter wie Gad und Asser [1]. So bahnt sich hier schon ein zähes Ringen an zwischen dem, was wir die Stamm- und Volksreligion im späteren Israel und die universale Jahvereligion nennen.

Im außerreligiösen Geistesleben mögen gerade diese Stämme wieder zu besonderen Trägern und Vermittlern der zum Teil ja so hohen kanaanäischen Geisteskultur Israel gegenüber berufen worden sein. Was an Kunst und Dichtung, an Mythen und Erzählungen, an Rechtskunde [2] und

---

1) Man denke besonders an das oben S. 301 u. 303 über die Bastardstämme Ausgeführte. Auch ist an die S. 259 [1] erwähnte, noch lange in Israel fortlebende Neigung, von Elohim zu reden, zu erinnern. 2) Caspari redet in Archiv f. Soz.wiss. 49 (1922) 60 ff. von dem vorisraelit. Teil des Bundesbuchs wie von einer bekannten, feststehenden Größe. Die Tatsache, daß ein solcher da war, kann man recht wahrscheinlich finden.

Wissenschaft etwa in Kanaan schon lebte, das kann auf diesem Wege am besten und raschesten zu Israel übergeleitet worden sein — oft genug gewiß in erstarrter Form.

Schwieriger ist der geistige Besitzstand der jetzt Ein dringenden zu bestimmen. Gemeinsam ist ihnen Jahve der Sinaigott und die mosaische Stiftung. Nur daß es den im Süden des Landes bleibenden Hirten oder dem Hirtenleben noch näher stehenden Stämmen viel leichter wird, der Vermischung ihres Jahve mit dem kanaanäischen Baal Widerstand entgegenzusetzen. Im übrigen sind sie sicher je nach ihrer Vergangenheit auch sehr verschieden geistig bestimmt. Die nicht in Ägypten gewesenen Geschlechter wie Kaleb, Qain, Jerachmeel sind ohne Zweifel stark von der beduinischen Kultur der sinaitisch-arabischen Steppe beeinflußt. Bei ihnen darf in Anschauungen, Lebensauffassung, Sitten, Dichtung und religiösem Denken ein starker Einschlag beduinischen Lebens und Denkens vorausgesetzt werden. Er mag noch lange nachwirken [1].

Hingegen sind die ehemals in Kanaan und später in Ägypten weilenden Stämme während des Wüstenzuges viel zu kurz diesen Einflüssen ausgesetzt gewesen, als daß man eine stärkere Nachwirkung annehmen könnte. Hier wird man sich auf gelegentliche Spuren beschränken müssen, die aber ebensogut der grauen beduinischen Vorzeit, die auch bei ihnen anzunehmen ist, wie dem Wüstenzug entstammen können. Was sie an geistigem Besitz mitbringen, setzt sich im übrigen zusammen aus Urerinnerungen an die frühe Vorzeit in den aramäischen Steppen, aus Erinnerungen an das Weilen in Ägypten und auf Erlebnisse und Errungenschaften in der Wüste. Die einzelnen Gebiete zu scheiden, wird uns heute nur ganz ausnahmsweise noch gelingen können. Trotzdem ist es nicht unwichtig, wenigstens den allgemeinen Grundsatz festzuhalten. Er wird uns vor manchen Fehlschlüssen und vorschnellen Urteilen bewahren können.

Daß ihre Religion neben der grundsätzlichen Übernahme der mosaischen Stiftung noch stark durchsetzt ist mit Erinnerungen an die ägyptische und vorägyptische Vergangenheit [2], liegt abermal in der Natur der Sache. Es ist zugleich ein weiterer Quell späterer Verwicklungen und Kämpfe. Besonders gehört zu jenen Erinnerungen das Festhalten der alten nomadischen Geschlechtsverfassung im Kultus. Die uralte Kultgenossenschaft und mit ihr wohl auch der göttliche Ahnherr treten noch lange nachher im Geschlechtsopfer [3] zutage.

Und wenn er da war, gehörten wohl in erster Linie solche Stücke dazu, die sich besonders nah mit dem Cod. Ham. berühren wie Ex. 21, 29; 22, 8. 10; 21, 6. Aber was darüber hinausgeht, sagt doch fast durchweg mehr als wir wissen können.
1) Für sie wird am ehesten Bertholets Schilderung a. a. O. zutreffen. 2) Vgl. über sie m. RVI., S. 33 ff. u. ob. S. 264 f. 3) Vgl. 1 Sam. 20, 6 und dazu Namen wie Abihu, Amminadab u. a.

Beilage I.

Das Alter des Dekalogs.

Die oben S. 383 ff. gegebene Antwort auf die Frage nach dem Alter des Dekalogs ist nun freilich vielfach bestritten. Ich hoffe durch die gegebene Darlegung manchen von der Richtigkeit der hier gebotenen Lösung überzeugt zu haben. Die wichtigsten weiteren Gegengründe mögen indes noch Erwähnung finden. Man vergleiche dazu noch die im wesentlichen zu ganz verwandten Ergebnissen kommenden Ausführungen von Eerdmans, ATl. Stud. 3, 133 ff. u bes. Greßmann, Mose 475 ff., auch Nowack, Der erste Dekalog in Festschr. Baud. 381 ff. Greßmann sieht im Dekalog von Ex. 20 den Katechismus der Hebräer in der mosaischen Zeit.

1. Es wird vielfach angenommen, das älteste Zehngebot lasse sich überhaupt nicht mehr ermitteln, da auch Ex. 34, 11—26 den Anspruch erhebe, der älteste Dekalog zu sein. Über diese Frage der zwei Dekaloge s. oben S. 315 ff. 327 f.

2. wird geltend gemacht, daß ein Grundgesetz mit vorwiegend ethischem Inhalte nicht der altisraelitischen Zeit angehören könne. Nach allgemeinen Gesetzen der Religionsgeschichte stehen bei einem Volke nicht ethische, sondern kultische Vorschriften an der Spitze. (Schon aus diesem Grunde wird Ex. 34, 11—26 für älter erklärt als Ex. 20.) So redet seit Wellhausen einer dem andern nach. Allein auch hier wie beim Bundesbuch sind allgemeine Erwägungen über das Mögliche und Unmögliche weniger am Platze als der Blick auf die Tatsachen. Gerade weil in Israel Recht und Moral auf die Gottheit zurückgeführt wird, ist es an sich geboten, daß auch die Satzung von Anfang an nicht nur den Gottesdienst, sondern auch jene Gebiete enthalte. Wie wenig dies für die mosaische Zeit unerhört ist, lehren besser als allgemeine Sätze die Analogien. Das ägyptische Totenbuch enthält im 125. Kapitel [1] das Bekenntnis, das der Tote, wenn er in die Gerichtshalle des Osiris eintritt, vor den 42 Totenrichtern abzulegen hat. Aus der Form der Beichte, in die des Gebotes umgesetzt, enthält es nichts anderes als einen Moralkodex. In ihm finden sich Sätze wie die folgenden:

Ich habe nicht getötet,
Ich habe nicht zum Töten angestiftet,
Ich habe nicht die Ehe gebrochen,
Ich habe nicht gestohlen,
Ich habe nicht Lüge geredet.|

Ähnliches gilt von den babylonischen Beschwörungen (Šurpu). Sie dienen zur Lösung von Flüchen und fragen bei der Gottheit an, ob der Betroffene etwa diese oder jene Sünde getan habe. Auch hier können die Fragen in Imperative

---

1) Vgl. Ranke in TuB. I, 186 ff.

umgesetzt werden, um den Religions- und Sittenkodex der Zeit zu erlangen. Hier finden sich die Fragen:

Hat er Vater und Mutter verachtet?

Hat er zu Nein Ja gesagt?

Hat er das Blut seiner Genossen vergossen?

War sein Mund gerade, sein Herz aber unwahr?

Man wird angesichts dieser Tatsachen einfach zugestehen müssen: was das alte Babylonien und das Ägypten der vormosaischen und mosaischen Zeit als Stücke des Sittenkodex kannten, darf auch für das mosaische Israel nicht für unmöglich erklärt werden; überhaupt liegt kein Anlaß vor, eine Zusammenstellung von Sprüchen, weil sie ethischen Inhalts ist, der mosaischen Zeit abzusprechen.

Ein hochinteressantes Gegenstück endlich bietet Söderblom, Gottesglaube 147 aus dem Gebiet der Primitiven. Bei den australischen Zentralstämmen werden die den Knaben eingeschärften Grundregeln in die vier Punkte zusammengefaßt:

1. Gehorsam gegen die Eltern;

2. Beobachtung der Eheregeln;

3. Wahrheit und Zuverlässigkeit im Gespräch;

4. Respekt vor Leben und Eigentum der Stammesgenossen.

Söderblom schließt daraus geradezu, daß die Gebote 4—8 in unserem Dekalog älter als Mose und wie die entsprechenden indischen Verbotsreihen und das chinesische *hsiao* von primitiver Herkunft seien.

Soweit etwa also der Satz von dem zeitlichen Vorangehen des Kultus vor der Moral richtig ist, mag es bei ihm ruhig sein Bewenden haben. (Er ist es freilich nur in beschränktem Maße, vgl. Eerdm. 3, 83.) Nur muß man sich gegenwärtig halten, daß das mosaische Israel die Kulturstufe, für die dieser Satz gelten mag, längst überschritten hatte. Immerhin sollte man nicht vergessen, daß tatsächlich die vier ersten Sätze sämtlich den Kultus betreffen. Noch weniger sollten diejenigen, welche im Dekalog den Ausdruck der profetischen Religion erkennen und ihn deshalb der profetischen Zeit zuschreiben, übersehen, daß in Wirklichkeit die Hauptforderungen der Profeten ganz anders lauteten: weder von einem Gegensatz von Moral und Kultus noch von der Einschärfung der Gerechtigkeit im Gericht oder der Milde gegen Arme und Schutzbedürftige sagt er etwas.

3. Mit besonderem Nachdruck wird endlich noch das Sabbatgebot betont. Früher hatte man sich gerne darauf berufen, der Nomade könne keinen Ruhetag halten, habe Tag für Tag weiterzuziehen und seine Herde zu weiden und zu tränken [1] — wogegen mit Recht gesagt werden kann, daß auch der Wanderhirt allerlei Beschäftigungen kennt, wie Weben, Färben und Gerben, Herstellung von Kleidern, Zeltdecken, Säcken, die er heute tun und morgen lassen kann; ja daß an den Oasen wie Qades Getreide und Fruchtbäume gepflanzt werden und einzelne Beduinen selbst Rinder züchten [2]; daß | man in der Wüste allezeit auch Sklaven kannte; daß es dort Handwerkerstämme wie Schmiede, Sattler u. dgl. gibt, außer-

---

1) Vgl. z. B. Stade, Bibl. Theol. 177.   2) Vgl. ZDPV. 1914, 113 und im besondern über Qades und den Aufenthalt Israels dort: oben S. 370 f., dazu auch Guthe, Gesch.⁸ 37: „Der lange Aufenthalt in Kades bedeutete . . . den Anfang des seßhaften Wohnens . . . in Kades hat man sicherlich gepflügt, gesäet und geerntet, wie man es heute dort tut." Auch Musil (Anz. d. Wien. Ak., phil-hist. Kl. v. 16. III. 1904, Nr. IX) berichtet von den Ṣaḥr-Beduinen, daß sie an gewissen Sabbaten keine wichtigere Handlung vollziehen, da sie Unheil bringe. Ihr Wandern hindert sie nicht, den Sabbat zu kennen.

dem, daß auch die Nomaden ihre Ruhetage haben [1]. Ausschließlich an die Ruhe des Ackerbauers zu denken liegt kein Grund vor; es handelt sich um einen nach jeder Richtung Jahve geweihten Tag. Neuerdings hat M e i n h o l d die ganze Frage in geistreicher Weise von neuen Gesichtspunkten aus behandelt. Er geht davon aus [2], daß Stellen wie Am. 8, 4 f. Hos. 2, 13. Jes. 1, 13 ff. 2 Kön. 4, 23 den Sabbat in Verbindung mit dem Neumond nennen und schließt daraus, die Bezeichnung Sabbat möge ehedem dem Gegenstück des Neumonds, dem V o l l - m o n d, gegolten haben. Der Sabbat sei ein dem Neumondfest entsprechender alter Volksfeiertag gewesen, den erst das Deut. abgeschafft habe. Erst im Exil sei daraus der Wochensabbat, zugleich als Sabbat Jahves, geworden. Nun würde es für die hier vertretene Anschauung, da das Zehngebot selbst sich auf Er- wähnung des Sabbats beschränkte, das Ruhen gerade am 7. Tage aber nicht er- wähnte, nichts verschlagen, ob der Sabbat ehedem der Vollmonds- oder der 7. Wochentag war. Jedoch ist schon wegen Ex. 23, 12 wahrscheinlich, daß Mose den letzteren meinte. Tatsächlich läßt sich eine Vollmondsfeier im alten Israel n i r g e n d s nachweisen; sie ruht auf bloßer Vermutung. Ehe diese für sich selbst feststeht, darf sie nach guten methodischen Grundsätzen nicht zu weiteren Schlüssen verwandt werden. Höchste Beachtung verdient dabei, daß, während die Neumondsfeier sich im späteren Judentum und bis zum heutigen Tage erhalten hat, auch die Spätzeit vom Vollmond nichts weiß.· Bestand im alten Kanaan eine Feier, so muß sie sehr früh erloschen sein.

Ferner läßt sich in keiner Weise befriedigend erklären, wie aus der M o n a t s feier plötzlich eine W o c h e n feier werden konnte. Solche Übergänge sind unerhört. Auch darf nicht übersehen werden, daß noch der späte Verfasser von Jesaja 66 (V. 23) Sabbat und Neumond genau so zusammenstellt, wie die ältern Schriftsteller. Die ganze Beweisführung aus jenen Stellen wie Am. 8, 4 f. 2 Kön. 4, 23 usw. wird damit in Frage gestellt [3].

Endlich ist es nicht richtig, daß erst Ezechiel (20) den Sabbat zum Tag „Jahves" gemacht habe. Die Polemik der Profeten beweist hier nichts: sie eifern auch gegen die Jahvefeste und selbst das Gebet zu Jahve. Auch die Heiligtümer Israels nennen sie Götzenstätten, woraus noch niemand gefolgert hat, daß sie nicht Jahve geweiht waren. Trotzdem kann der Sabbat einmal ein Baalstag gewesen sein; aber für Israel wurde er von selbst zum Jahvetag. Der Tatbestand wird sein, daß man schon im alten Kanaan (aus Gründen und unter Einflüssen, die wir noch nicht kennen [4]) den 7. Tag als Ruhetag heilig hielt.

---

1) Buhl zum letzteren: in PRE.[3] VII, 23; sonst bes. Burckh. Bed. 52.   2) Sabbat und Woche im AT. 1905; die Entstehung des Sabbats ZAW. 29 (1909), 81 ff.   3) Vgl. auch noch Meinhold, Zur Sabbatfrage in ZAW. 36 (1916), 108 ff. Er berichtet nach Ellis über Stämme der Sklavenküste, daß einzelne unter ihnen (die Tschi) die Siebentage - Woche haben. Die Yoruba haben die fünftägige Woche. Der erste Tag Ajo·ojo ist Tag allgemeiner Ruhe; zugleich Unglückstag (nämlich für die etwa trotzdem getane Arbeit). Daneben gibt es Stämme, die Mendis und die Betschuana, bei denen nur der Neumondstag Ruhetag ist. An Folgerungen für den biblischen Sabbat scheint mir nur bedeutsam der hier deutlich erklärte Zusammenhang zwischen Unglückstag und Ruhetag. So wohl auch in der bekannten assyr. Hemerologie, wo der 7. 14. 21. usw. Tag als Unglückstag gilt, weil die hier getanen Arbeiten Unheil bringen.   4) Von dem babylonischen Material, als zu stark umstritten, ist bis auf weiteres besser abzusehen; vgl. dazu Zimmern, ZDMG. 58 (1904), 458 ff.; Delitzsch, Babel und Bibel (1905), 65; Hehn. Siebenzahl und Sabbat bei den Babylon. 1907; Meinhold, ZAW. 29, 103 ff ; Hehn, Bibl. Zsch. 1917; Landsberger, Bab. Festkalender; Delitzsch, Bab.-Bib. N. Ausg. (1921) 63 f. Vor allem müßte erst über das bekannte *šabattu* (sekundär *šapattu*), wohl = Versöhnung, Feiern, Einigung erzielt werden.

Es ist nicht ausgeschlossen, daß auch die umliegende | Steppe von dieser Sitte irgendwie beeinflußt war. Jedenfalls will Mose auch diesen Brauch seinem Volke sichern — schwerlich zunächst aus sozialen Gründen und im Gedanken an den Ackerbau, sondern aus religiösen: der Tag Jahves ist das Wesentliche am Sabbat, nicht die Erholung des Menschen. Auch der Umstand, daß in P Gott bei der Schöpfung sich (wie ein Mensch) am 7. Tage ausruht, belegt nicht allein das Alter der ältesten Grundlage von Gen. 1 (s. oben S. 247), sondern auch des Sabbats und zwar als des Tages der Gottheit. — Von allen Seiten ergibt sich demnach die überwiegende Wahrscheinlichkeit, daß Mose recht wohl in der Lage war, den Sabbat in den Dekalog einzureihen. Daß er neben ihm nicht auch andere heilige Zeiten wie den Neumond oder das sicher schon bestehende Passa nennt, bleibt ein Rätsel, das wir überhaupt erst werden lösen können, wenn wir einmal über die Vorgeschichte des Sabbats Genaueres wissen werden. Vgl. noch Bohn, Der Sabb. im AT. 1903; Beer, Schabbath 1908, 11 ff.[1], besonders aber jetzt Volz, Altert. 83 ff. Bemerkenswert bleibt jedenfalls, daß der Sabbat das einzige Fest ist, das der Dekalog einschärft. Da das Passa schon da ist, mag er das einzige sein, das Mose einführte, während die Erntefeste erst in Kanaan aufkamen. In der Tat läßt sich außer der mosaischen keine Zeit in Israel denken, in der ausschließlich der Sabbat geboten werden konnte.

Beilage II.
Mose und der ägyptische Monotheismus.

Wir haben früher gehört (oben S. 83), wie Amenhotep IV. gerade in einer Zeit, in der das Pharaonenreich fast mehr denn je eines starken und politisch interessierten Herrschers bedurfte, sich in religiöse Spekulationen und mystische Betrachtungen über die Fragen der priesterlichen Theologie versenkte. Mit der gewaltigen Ausdehnung des Reiches durch die asiatischen Kämpfe hatte sich auch der Gesichtskreis der Ägypter erweitert. Die obern Götter Ägyptens hatten ehedem im Nillande gewaltet — jetzt haben sie ihre Besitzung und ihr Herrschaftsgebiet auch draußen. Der König betet um Sieg, damit das Gebiet des Gottes sich erweitere (Breasted-Ranke, Gesch. Ägypt. 295). Aus dem Gott des Landes ist damit der Weltgott geworden; das Universalreich schafft den Universalgott. (Schon seit der 5. Dynastie hatte man ähnliche Gedanken. Aber jetzt werden sie neu belebt.) Welcher unter den obern Göttern diese Rolle einnehmen sollte, war zunächst noch zweifelhaft. Die Priesterschaften, die jene Theorie vom Weltgott ausgedacht hatten, stritten jede für ihren Herrn um diese Ehre. Eine Weile schien Amenhotep IV. geneigt, den alten Sonnengott Rē in die Rolle des höchsten Gottes einzusetzen. Bald aber zeigte sich, daß er überhaupt nicht die Sonne als solche, das Sonnen|gestirn im Sinne hatte, sondern den „Herrn der Sonne", das lebenschaffende Prinzip in ihr, das Wesen, das sich in der Sonne offenbart. Darum gibt er diesem Gott einen neuen Namen: *Aton* „Glanz, der in der Sonne ist" und ein neues Bild: eine Scheibe, die Strahlen zur Erde sendet, deren Enden je in eine Hand auslaufen, die das Lebenszeichen hält. Wie stark hier die Spekulation mitspielt, zeigt der Umstand, daß

---

1) Ein gelegentliches Zusammenfallen mit dem Neumond brauchte m. E. nicht zu stören (geg. Beer 12).

Chuenaten, so nennt er sich selbst bald, gern von seiner „Lehre" spricht, wenn er den neuen Glauben meint. Da der Widerspruch der Amonspriester nicht ausblieb, kommt es selbst zur Verfolgung der dem neuen Kultus Widerstrebenden. Aton tritt jetzt geradezu an die Stelle Amons, nicht nur neben ihn, und wird so der e i n z i g e. Die Namen der andern Götter werden sorgsam aus den Denkmälern getilgt, ihre Verehrung verboten. Wer des Königs Gunst genießen wollte, mußte sich rühmen können, daß er „seine Lehre ausführe". Ja jenes in Ägypten vollkommen neue Zeichen hat in seiner klaren Allgemeinverständlichkeit augenscheinlich das Absehen auf die Völker jenseits der ägyptischen Grenze gerichtet, und so kann es nicht wundernehmen, wenn geschäftige Vasallen draußen in Syrien, gleich den Großen in Ägypten selbst, sich befleißigen, den König wissen zu lassen, daß sie der „Lehre" des Königs getreu folgen [1].

Ein großes Lied, das vielleicht als Kultusliturgie diente, feiert Aton geradezu als den „einzigen Gott, dessen Macht kein anderer hat", in einem andern heißt er „einziger Gott, außer dem es keinen andern gibt". Daneben wird er als Schöpfer des Weltalls und alles Einzelnen in ihm gefeiert, auch heißt es im Liede: „Seitdem du die Erde gründetest, hast du sie aufgerichtet für deinen Sohn, der aus dir selbst hervorging, den König." Nur eines vermißt man in dem schönen Hymnus, die Betonung irgendeiner s i t t l i c h e n Seite im Höchsten und Einzigen [2]. Rechnet man dazu, daß Chuenaten es trotz der Betonung des Einen nicht lassen kann, nach alter ˏWeise sich selbst als den leiblichen S o h n des Gottes zu bezeichnen, womit strenggenommen die ganze Erkenntnis wieder aufgehoben war, so wird man denen recht geben müssen, die in seiner „Lehre", wie sie sich bezeichnenderweise nennt, keinen religiösen Monotheismus sehen [3]. Schon vor ihm hatten rationalistische Priesterspekulationen die alte Götterlehre philosophisch umgedeutet [4]. Er selbst huldigt einer Art von r a t i o n a l e m D e i s m u s ohne religiöse Kraft und Konsequenz. Es ist ein ästhetisch schön durchgedachter, menschlich tief empfundener G e d a n k e, aber keine Grundlage für eine neue Religion (Kees). Daß er Aton vom höchsten zum einzigen Gotte macht, war dazu mehr fanatische Reaktion gegen Widerstrebende und die altägyptische Überlieferung als religiös gewonnene Einsicht.

Trotzdem ist die W i r k u n g s e i n e r L e h r e auf Ägypten und das Ausland unbestreitbar. Sie reizte zum Nachdenken und hatte damit eine stark anregende Kraft. Auch spricht alle Wahrscheinlichkeit dafür, daß außer Günstlingen und um Gunst buhlenden Vasallen sowohl in Ägypten als anderwärts auch freie Männer den Anregungen des merkwürdigen Philosophen und Träumers auf dem Pharaonenthrone nachgingen. Im Geiste solcher Männer konnte aus jenem solaren Monotheismus rationalistischer Spekulation möglicherweise etwas ganz anderes werden [5]. |

Nun haben wir ferner gehört, daß in K a n a a n selbst sich, abgesehen von jenen Bekenntnissen einzelner Fürsten zur Lehre des Pharao, wenn auch vielleicht unter dem Einfluß der letzteren, mancherlei Spuren von monotheisierenden Anschauungen geltend machten (S. 172). Es ist die Rede von einem „Herrn der Götter" und von einem El ʿeljon, das letztere merkwürdigerweise in Jerusalem, einem der Orte jener Vasallenbekenntnisse zur solaren Einheitslehre (S. 233, Anm. 2). Ja auch über diesen monarchischen Polytheismus hinüber ergaben

---

1) Vgl. oben S. 187. 200. 171, Anm. 2.   2) Breast.-R, a. a. O. 307.   3) Vgl. Erman, Äg. Rel.² 81.   4) Breast.-R. 294 f.   5) Vgl. oben S. 171, Anm. 2 und S. 200.

sich Spuren eines religiösen Monismus, der die Gottheit als solche als die über und hinter den Einzelgöttern stehende höhere Einheit faßte (S. 172 f.). Das alles sind Tatsachen, auch wenn man von Abraham und der Beziehung, n welche wir ihn mit ihnen glaubten bringen zu sollen, absieht. Nun redet die Überlieferung von einer hohen und neuen Gottesoffenbarung, die Mose zuteil geworden sei, und bringt sie in Verbindung mit der Ablehnung anderer Götter außer einem, dazu den Vermittler jener neuen Erkenntnis in Verbindung mit Ägypten einer- und dem Gott der Väter in Kanaan anderseits. Unter diesen Umständen werden wir sagen müssen: war Mose wirklich in Ägypten oder nur in Verbindung mit ihm und hatten er oder sein Stamm irgendwelche Beziehung zu Kanaans Vergangenheit und zu dem Kanaan der Gegenwart, so mußten ihm auf diesem oder jenem Wege jene dort gepflogenen Gedanken von der Gottheit zugegangen sein [1]. War er ferner der, als den wir ihn kennen lernten, eine originale, die Zeit überragende und schöpferische Persönlichkeit, so konnten diese Gedanken nicht an ihn herantreten, ohne zu zünden und neue in ihm wachzurufen. Weiß Mose, von solchen Gedanken bewegt, am Sinai sich in die Nähe der Gottheit versetzt, ja erlebt er sie hier neu und unmittelbar, so mußte er die dort ihm nahetretende Gottheit notwendig mit den schon gewonnenen Ideen und Eindrücken in Verbindung bringen und als den Einen und Einzigartigen empfinden. Ja er mag dem Gedanken an den Einzigen nicht ferngestanden haben.

Beilage III.
Die steinernen Tafeln. (Zu S. 383 f.)

Vielleicht stand auch das Bundesbuch einmal auf Tafeln, vgl. dazu S. 438, Anm. 2. Es wäre dann nicht unmöglich, daß die spätere Überlieferung gelegentlich den Inhalt beider Tafeln verwechselte, so daß man tatsächlich nicht immer klar sieht, was als auf den Tafeln stehend gemeint ist. Das ist der berechtigte Kern der Hypothese von Eerdmans, daß nur das Bundesbuch auf den zwei Tafeln gestanden habe (Altt. Stud. III, 96. 130) [2]. — Des öfteren ist auch schon die Frage erwogen worden, in welcher Schrift der Dekalog geschrieben war. Unlängst hat sich dazu wieder geäußert Berger in Mélanges Hartwig Derenbourg 1909, 15 ff. („Comment était écrit le Décalogue?"). Er hält die „Gottesschrift" von Ex. 32, 16 (מכתב אלהים) nach | Analogie des phönikischen כלב אלה, was einen geweihten Hund bedeutet, für die „heilige" Schrift der ägyptischen Hieroglyphen, im Unterschied von der vulgären oder demotischen „Leuteschrift" von Jes. 8, 1. Nun ist es nach jenen beiden Stellen in der Tat wahrscheinlich, daß es auch in Israel zwei verschiedene Schriftarten, eine heilige, hieratische und eine demotische, gab. Die neuen Funde von Samarien legen zugleich nahe, die Leuteschrift mit der Kursive, die sich dort schon anbahnt, die „heilige" mit der Inschriftenschrift zusammenbringen, s. oben S. 110. Eine ganz andere Frage aber ist, ob man zu Moses Zeiten oder gar noch später in Israel wirklich ägyptische Hieroglyphen schrieb. Was oben S. 156 dargelegt ist, weist viel eher auf die Möglichkeit, daß schon damals die althebräische oder alt-

---

1) Hätten Hehn, Gottesidee 383 f. u. König, ATl. Rel.[2] 200 diese Worte mit dem S. 393/4 Gesagten zusammengehalten, so hätten sie sich wohl weniger über sie aufgeregt.
2) Auch Ex. 34, 28 (vgl. S. 316) ist vielleicht so zu verstehen.

kanaanäische Schrift, richtiger die westsemitische oder eine ihr nahe verwandte im Gebrauch war. Der Umstand, daß man auf der Sinaihalbinsel schon zur Zeit der 18. Dynastie in einer ihr nahestehenden Schrift schrieb (vgl. Fl. Petrie, Researches in Sinai, Abh. 139 und oben S. 156), spricht entschieden dafür. Über die Sprache des Dekalogs vgl. Matthes, ZAW. 24 (1904), 27 ff., besonders 23 und dagegen Eerdm. a. a. O. 145. Soweit die Israelstämme aus Kanaan kamen, sprachen sie wohl auch in Ägypten und der Wüste die Sprache Kanaans. Die andern Elemente nahmen die Sprache der Mehrheit an. Araber wurden die Israeliten in der Wüste ebensowenig, als sie wirkliche Beduinen wurden. — Vgl. noch Greßm., Mose 189 f.; Volz, Altert. 9.

Beilage IV.
Bundesbuch und Gewohnheitsrecht.

Zu S. 386, Anm. 1 vergleiche man noch Lehmann-Haupt, Israel (1911), 250: „Wenn ein großer Gesetzgeber wie Moses seinem Volke für seine zukünftige Ausbildung die Richtschnur geben will, so kann er sich sehr wohl und wird er sich die Verhältnisse zum Muster nehmen, denen er sein Volk zuführen will. Daraus folgt, daß ... die Anschauung, das Bundesbuch könne erst erheblich nach dem Eintritt völliger Seßhaftigkeit geschaffen worden sein, einer erneuten Prüfung bedarf." Schon im Altertum sind gewiß nicht alle Gesetzgebungen lediglich als Kodifikatonen des Gewohnheitsrechtes anzusehen. Daß Gesetze überhaupt und immer erst als Niederschlag der Sitte bestehen, also nicht bevor, sondern erst nachdem sie geübt sind, läßt sich in dieser Allgemeinheit sicher nicht behaupten. Tatsächlich entstehen sie, wenn das Bedürfnis da ist, die Sitte zu regeln, sei es die bestehende festzulegen, sei es sie umzugestalten. Die Gründung auf vorhandenes Material (Hammurapi) oder vorausgegangene Einzelentscheidungen bekannter Autoritäten — in diesem Fall Moses — ist dabei selbstverständlich. Die Kommentatoren des Exodus denken meist ausschließlich an das römische Zwölftafelgesetz (s. unten). Aber schon das Recht von Gortyn auf Kreta | (vgl. Bücheler und Zitelmann 1885 [= Rhein. Mus. N. F. 40 Ergänzungsheft], S. 46) enthält mannigfache Neuerungen. Noch mehr tritt bei Solon der Charakter des Rechts„neuerers" hervor, vgl. Schömann-Lipsius, Griech. Altert.⁴ I, 343 ff., so daß bei ihm keinesfalls von bloßer Fixierung des schon Bestehenden die Rede sein kann. Seine Gesetzgebung ist vielfach die freie Schöpfung eines genialen Geistes. Eine gewisse Reform des Bestehenden hat auch schon die Gesetzgebung des Drakon dargeboten [1], obwohl sie wie das römische Zwölftafelgesetz ausgesprochenermaßen dem Bedürfnis entsprossen war, als Schutz vor der Willkür eine schriftliche Norm zu haben (Lipsius a. a. O. 338 f.). Jenes, das römische Zwölftafelgesetz, stellt die Fixierung des Gewohnheitsrechtes dar, um der Willkür in den Rechtsentscheidungen und besonders in dem, was für Gewohnheitsrecht ausgegeben wurde, vorzubeugen. Aus ähnlichen Erwägungen mag der Kodex Hammurapi entsprossen sein.

---

1) Ähnliches gilt von dem unlängst gefundenen hetitischen Gesetz, s. ob. S. 69³. Auch das neugefundene altassyrische Rechtsbuch ist keineswegs bloße Wiedergabe des Gewohnheitsrechtes seiner Zeit, sondern ist eher in einer Rechtsschule oder an einem Gericht entstanden, und zwar so, daß konkrete Einzelfälle zur Aufstellung von Rechtsregeln Anlaß geben; vgl. Koschaker, Altass. Rechtsb. 1922, 9. 12.

In Israel aber liegen die Dinge wesentlich weniger einfach, weil es sich zugleich um den Eintritt in ein neues Gebiet mit selbständigen Rechtssitten handelt. In der Hauptsache wird in Kanaan ein dem Kodex Hammurapi analoges, den örtlichen Bedürfnissen angepaßtes Recht bestanden haben. Tritt Israel in den Bereich dieses Rechtes ein, so kann es da, wo es für sich allein lebt, seinen alten, aus Ägypten und der Steppe mitgebrachten Rechtsformen treu bleiben; wo Israel hingegen — wie es bekanntlich oft der Fall war — mit Kanaanitern zusammenwohnt, muß es wohl seine eigenen ererbten Satzungen und Rechtsgewohnheiten dem Gewohnheitsrecht des Landes anpassen. Das Ergebnis dieses Prozesses der Anpassung wird das Bundesbuch sein. Es bietet das in der frühen nachmosaischen Zeit festgelegte Gewohnheitsrecht Israels dar, wie es sich in den ersten Generationen nach dem Eintritt ins Land auf Grund des längst herrschenden kanaanäischen Rechtes gestaltet hatte. Hat nun die Überlieferung von Mose als dem Urheber des israelitischen Gesetzes überhaupt geschichtlichen Grund — und es ist schwer zu denken, wie sie anders entstanden sein könnte —, so muß sie wohl darauf zurückgehen, daß jene Umbildung des Rechtes irgendwie im Zusammenhang mit ihm stand. Stammt das Recht des Bundesbuchs nicht von ihm selbst, sondern aus nachmosaischer Zeit, so müssen wohl gewisse leitende Grundsätze und bedeutsame Anregungen für es von Mose ausgegangen sein. Dürfen wir Mose als schöpferischen Geist ansehen, so wird er es an solchen nicht haben fehlen lassen — um so weniger, wenn er selbst schon vielfach in der Steppe Gelegenheit hatte, Rechtsentscheidungen aller Art zu fällen (vgl. Ex. 18).

Nun bestehen aber die ältesten auf Mose zurückgeführten Satzungen durchaus nicht bloß in Rechtssätzen im engeren Sinn und von der Art, daß sie erst in Kanaan für Israel praktisch werden konnten. Manches, wie das Ehe- und Sklavenrecht, das jus talionis, der Ersatz für ein veruntreutes Depositum u. a., kann auch für Stämme, die in den Oasen der Steppe sitzen, gelten. Anderes, wie die meisten Bestimmungen in Ex. 22, 17 ff.; 23, 1 ff., sind allgemeine religiöse oder moralische Satzungen, die keineswegs auf Kanaan beschränkt sind. Sie können sehr wohl schon zu dem Recht des Stämmebundes von Qades gehört haben. Ähnliches gilt von manchen sakralen Satzungen in Ex. 34, 14 ff., wie besonders über das Passa, über andere Götter, über Gottesbilder, über das Böcklein. Vor allem aber sind die moralischen | und religiösen Grundsätze des Zehngebots von Ex. 20 mindestens ihrer überwiegenden Mehrzahl nach derart, daß sie weder an Kanaan geknüpft sind, noch bei ihnen von bloßer Fixierung des Gewohnheitsrechtes die Rede sein kann.

Beilage V.

Jahve außerhalb Israels? (Zu S. 386, Anm. 6, auch 392 Anm. 2) [1]

Zu den früher schon bekannten Namen der Hammurapizeit [2] *Ja-u-um-ilu* („Jau ist Gott"), *Ḫa-li-ja-um* („Oheim ist Jau") und *Lipuš-i-a-um* [3] sind in neuerer Zeit noch einige weitere hinzugetreten, für die eine Zusammensetzung mit Jau = Jahu oder Jahve in Frage kommen kann. Es sind Namen der

---

1) Vgl. auch Hehn, Bibl. u. babyl. Gottesidee 230 ff.; Burney, Judg. 243 ff.
2) Cun. Texts IV, 27 = Ranke, Bab. Pers. Nam. 1905, 200 [5]. 85; Zim. KAT.[3] 468 [6].
3) Frauenname schon aus der Zeit Naramsins, s. Thureau. Dangin, Sum. akk. Kön.insch. 166 (vgl. Anm. d. u. e).

Kassitenzeit (s. oben S. 71), wie *Ja-u-ba-ni* („Jau ist Erzeuger, Schöpfer"), *Ja-u-a* (vgt. bibl. Jehu), *Ja-u-tum* usw. (Clay, Bab. Exped., Ser. A, Vol. XV, p. 32, Anm. 2). Alle diese Namen werden meist als Namen westsemitischer Art angesehen, und es wäre demnach, falls dies sich bestätigt, in der Tat möglich — freilich auch nicht mehr, schon weil durchgehends das Gottesdeterminativ fehlt —, daß es eine westsemitische Gottheit des Namens *Jau* gab. Es wäre das um so bedeutsamer, als wir nun auch aus den neuen Ostraka von Samarien wissen (Theol. LitBl. 1911, Nr. 3. 4), daß die Kurzform für Jahve jedenfalls schon im 9. Jahrhundert auch *Jaw* oder *Jau* (יו) neben sonst bekanntem *Jahu* war [1], neben der freilich schon um dieselbe Zeit das *Jahwe* des Mesa-steines bezeugt ist. Ferner gewinnt unter diesem Gesichtspunkt natürlich auch das *Jahu* der Papyri von Elefantine neue Bedeutung. Danach wäre es immer-hin auch möglich, daß jenes nordsyrische *Jau* von Hamat (und vielleicht Jaudi) im Zusammenhang mit dem westsemitischen *Jau* stünde, obwohl seine Erklärung aus dem biblischen Jahve keine Schwierigkeit bietet. — Eine andere Frage ist, ob jenes von vielen behauptete westsemitische Jau des 21./20. oder 15./14. Jahr-hunderts, zu dem dann vielleicht auch noch der 2. Teil des in Taanak ge-fundenen Namens *A i-jami* (vgl. bibl. Aḥija) gehören könnte, eventuell mit dem mosaischen *Jahve-Jahu-Jau* irgend etwas zu tun hat. Um darüber urteilen zu können, müßte man erst den sicheren Beweis haben, daß es sich um einen G o t t e s n a m e n *Jau* | handelt; ferner für den — wegen *Jau-bani* („Jau ist Schöpfer") immerhin erwägenswerten; doch fehlt auch hier das Gottesdeterminativ, so daß es sich um einen bloßen E r s a t z eines Gottesnamens handeln könnte [2] — Fall der Bejahung, ob ein zufälliger Gleichklang oder eine innere Beziehung der beiden Namen vorliege. Ehe diese Fragen beantwortet sind, wird sich immer

---

1) Was dieses *Jahu* selbst und so auch *Jau (Jaw)* und *Jah* anlangt, so wird man wohl dabei stehen bleiben müssen, daß es sekundäre Bildung aus *Jahwe* ist (wohl im Alltagsleben und im Volksmunde statt der feierlichen Vollform beliebt, vielleicht auch schon früh mit der Absicht angewandt, die eigentliche Aussprache zu meiden und zu verdecken). Auch was Beer, ZAW. 34 (1914), 55 vom Standpunkte der grammat. Ana-logie dagegen einwendet, ist gerade für einen an den so dunkeln Eigennamen nicht recht überzeugend. Ähnliches gilt von Grimme, OLZ 15 (1912), 12 f und Leander ebda. 151, die eine unhebräische Urform *Jáho* oder *Jáhō*, deren Weiterbildung Jahwe sei, annehmen. Auch hier überzeugen die Gründe (Gr.: Pluralendung *ai*) wenig. Vgl. noch Knudtzon ebda 468 ff. u Clay, Busin. Doc. etc. = Univ. Pens. II, 1 [1912] (Jeho— = *Jāhū*, Jahu = *Jāma*); richtiger m. E. König, Gesch. d. altt. Rel. (1912) 156 f. 160 f. u. OLZ. 16, 107 ff. u. Schwally, OLZ. 15, 164 (Kürzung aus relig. Scheu). Viel Treffendes sagt auch Hehn 222 ff., aber daß Jahu und Jahwe bloße Varianten seien, geht zu weit. — Am wenigsten kann den Gründen zugestimmt werden, die un-längst wieder Del. zugunsten der Aussprache *Jaho* vorgebracht hat (Gr. Täusch. II, 74 f.). Hier ist eine Fülle von Irrtümern zusammengetragen. Daß Kürzungen wie *Jehō* und *Jāhū* ohne Analogie seien, ist angesichts von *wa-jischtăchū* (Pause), *sāchū* Schwimmen usw. einfach falsch. (Auf die Herkunft der letztern Form kommt gar nicht an.) Ist *Jāhū* in den Anfang des Wortes gerückt, so wird es ganz von selbst zu *Jĕhū*, und dieses wohl gleichzeitig unter dem nachwirkenden Einfluß des ver-schwindenden *a* zu *Jĕhō*. Ganz irrig ist dabei, daß das *Jĕ* in *Jĕhū* (für älteres *Jŏhū*) bloßes Bildungselement sei. Desgleichen daß die Wiedergaben des Tetragramms bei den Vätern Origenes, Theoderet usw. lediglich geraten seien. 2) Dies um so mehr als daneben auch *Hammurapi-bani* (Ranke 86) vorkommt. Vgl. im übrigen Hehn 238 f., der 243 für möglich hält, *Jau-bani* und *Arad-jau* heiße: „Irgend einer (der Götter) ist Schöpfer", „Diener irgend eines (Gottes)". Dem wird freilich von Ungnad, ThLZ. 1913, 422 widersprochen. Aber man darf vielleicht doch, anknüpfend an das von König, ZAW. 1915, 46 Ausgeführte fragen, ob nicht „Irgendeiner", „Jemand" absichtlich a n d e u t e n d e r Ausdruck für eine bestimmte Gottheit sein könnte, vgl. Num. 24, 17: ich sehe „ihn" aber nicht jetzt. Immerhin wird ein unbefangener Be-

noch höchste Zurückhaltung empfehlen. Es muß doch immer zu denken geben, daß der einzige unter allen *Jau*-Namen, in denen Jau nachweislich eine Gottheit bezeichnet, eben jener oben S. 387 behandelte Jau-bi'di von Hamat ist, der nach Ort und Zeit seines Vorkommens eine ganz andere Erklärung zuläßt. Überall sonst fehlt das Determinativ. Nun ist dessen Fehlen freilich gerade in jener alten Zeit doch lange kein Beweis dafür, daß in *Jau(m)* kein Gottesname vorliege. Aber immer muß das Fehlen des Gottesdeterminativ uns doch hindern, mit Bestimmtheit zu behaupten, *Jau(m)* sei ein Gottesname. Einen eigenen babylonischen Gottesnamen *Jau* darf man daher bis auf weiteres nicht anders als mit einer gewissen Wahrscheinlichkeit behaupten[1]. Von dem angeblichen Namen *Ja-ma-e-ra-aḫ* („*Ja* ist gewiß der Mond"?) Cun. Texts VIII 17) wird, wie mir Zimmern aufs neue freundlich mitteilt, besser abgesehen, weil die Lesung unsicher und der ganze Zusammenhang sehr schlecht erhalten ist. Auf keinen Fall aber wird man ihn mit bibl. *Jerachme'el* (so Burney 252) zusammenbringen und darauf weitere Schlüsse bauen dürfen. *Jerachma'el* wäre doch immer noch nicht *Jamaerach*; vor allem aber bietet jener Name bei der Ableitung von hebr. רחם einen so guten Sinn, daß kein Anlaß ist, von ihr abzugehen (vgl. vielmehr bab. *Jarchamu*, Ranke 234)[2]. Noch weniger ist wohl mit dem von Del. Bab. Bib. (N. A.) 1921, 80 herangezogenen Syllabar und Vokabular (Sᵃ I 18—20; Cun. T. XII 4) anzufangen, wonach *ja'u* auf ein bab. Adj. „erhoben" zurückgehe (vgl. auch Burn. 247). Im Grunde ist doch hier alles unsicher. — Vgl. noch Daiches in Zsch. Assyr. 22 (1909), 135, auch Clay, Amurru (1909). 89 f. 202 ff. und Böhl, Kan. 30.

Beilage VI.

Henotheismus und Monolatrie. (Zu S. 389.)

Die Bezeichnung Henotheismus ist hier nicht in dem Sinne gebraucht, den Max Müller-Oxford s. Z. mit ihr verband. Er versteht darunter die (auch Kathenotheismus genannte) Erscheinung, daß gelegentlich bald dieser, bald jener Gott als der oberste angesehen wird und sie so eine (leicht zum Pantheismus führende) Einheit darstellen. Hier hingegen ist dieselbe Erscheinung gemeint, die sonst gerne als Monolatrie bezeichnet wird. Nur ist Monolatrie streng-

urteilen nicht leugnen können, daß gerade bei *Arad* Diener, Verehrer der bloß andeutende Ersatz des Eigennamens etwas Befremdliches hätte. Hier wird man also geneigt sein, *Jau* als Gottesnamen zu fassen. Doch ist angesichts von Namen wie *Arad-ilāni* „Verehrer der Götter" auch diese Erwägung nicht zwingend.
1) Damit wird auch die wie früher schon, so auch neuerdings wieder von Ward empfohlene Heranziehung des hetitisch-aramäischen Donner- und Wettergottes Teschub-Adad (Hadad-Rammān) zur Erklärung der Entstehung des Jahvekultus hinfällig (bei M. Jastrow, Bildermappe z. Rel. Ass. usw. Text [1912], 103). Ebenso aber auch die um der Beziehung Abrahams zur Mondstation Haran und Moses zum Sinai willen so verlockende Gleichsetzung Jau-Jahves mit dem bab. Mondgott Sin (Burn.). Vgl. das im Text über Jamaerach und Jerachme'el Gesagte. 2) Neuerdings hat Völter ZAW. 37 (1917/18), 127 ff. wieder die ägyptische Herkunft von Jahve behauptet: Jahve im Dornbusch soll dem unter dem Lotos-Dornbaum sitzenden Sopd entsprechen. Allein der Beweis dafür, daß Jahve von Hause aus Sonnengott war, ist nicht wohl zu erbringen. Seine Feuernatur ist, wie z. B. Ex. 19 und Ps. 18 zeigen, ganz anderer Art. Auch die Wolken- und Feuersäule hat mit der Sonne nichts zu tun. Jahves Hülle ist die Gewitterwolke.

genommen nur eine P r a x i s, die Verehrung nur eines Gottes, während wir bei
der Frage nach der Gottesanschauung zugleich die theoretische, in der religiösen
Vorstellungswelt liegende Grundlage dieser monolatrischen | Praxis suchen. Daß
sie kein strenger, also absoluter Monotheismus ist, ist oben vorausgesetzt. Eher
könnte man von einem „r e l a t i v e n" (wäre hierin nicht strenggenommen eine
Contradictio in adjecto enthalten) oder einen nur „p r a k t i s c h e n", nicht theo-
retisch ausgesprochenen Monotheismus reden. Gewiß wird man damit der Wahrheit nahekommen, wenn man auch bei Mose von einem solchen latenten oder
inkonsequenten Monotheismus redet, der die bestimmte Gottheit behandelt, als
wäre sie die einzige. Aber wenn wir Mose so vorstellen dürfen, wie es oben
geschehen ist, so muß ihm — unbeschadet alles großen Erlebens — auch ein
Nachdenken über die Gottheit zugetraut werden (vgl. besonders noch vorhin
S. 450 ob.), das ihn dem Monotheismus naheführte. Diese wenn auch unbestimmte
Erfassung der Gottheit als einer Einheit ist oben im Unterschied vom Monotheismus, dem sie, ohne mit ihm schon ganz zusammenzufallen, nahesteht, als
H e n o t h e i s m u s bezeichnet.

Register.

Wichtigere Abkürzungen

Es sind hier nur die im Texte in stärker abgekürzter Form angezogenen Werke aufgeführt und auch sie nur, sofern sie nicht aus dem Zusammenhang oder dem Anfang
des betreffenden Abschnittes leicht zu ermitteln sind.

Altt St.	Alttestam. Studien. Rud. Kittel zum 60. Geburtstag dar-gebracht (= BWAT, 13) 1913.
Amr. .	Amarnabriefe.
ArchAnz.	. Archäologischer Anzeiger vgl. S. 95⁶.
Baentsch, Ex.-Num.	Kommentar zu Exod. Lev. Num. von B. 1905.
Baethgen, Beitr.	Beiträge zur semitischen Religionsgeschichte von B. 1888.
BAW. . . .	Berliner Akademie der Wissenschaften.
B(eitr.) WAT.	Beiträge zur Wissenschaft vom Alt. Test. herausgeg. v. R. Kittel.
BZAW. .	Beihefte zur ZAW.
Benz, Arch. .	Hebräische Archäologie von B. ² 1908.
BH(K). .	Biblia Hebraica adjuvantibus . . . edidit R. Kittel.
Bl(eek)⁴	Einleitung in das AT. von Friedr. Bleek. 4. Aufl. v. Wellhausen 1878.
Bliß, a mound .	A mound of many cities . . . by Bliß, Lond. 1894.
Breast(ed)-R(anke) .	Geschichte Ägyptens von J. H. Breasted, deutsch von Ranke 1910.
Breast.-Rec. .	Ancient Records of Egypt, Bd. I—V, Chic. 1906 f.
Bu(dde) RiSa.	Die Bücher Richter und Samuel von B. 1890.
—, Urg. .	Die biblische Urgeschichte . . . v. B. 1883.
—, Komm.	Desselben Kommentare zu Richter oder Samuel 1897 u. 1902.
Bur(n). Jud.	Burney, The book of Judges 1918.
—, Settl.	Burney, Israels Settlement in Can. 1918.
Corp. Inscr. Sem. (CIS.) .	Corpus Inscriptionum Semiticarum
Corn(ill) Grundr. . .	Grundriß der theol. Wissenschaften. Einleitung ins Alte Test. von C. seit 1891.
Dalman, Petr.	Petra und seine Felsheiligtümer v. D. 1908.
Dillm. Gen. .	Dillmann, Kommentar zur Genesis⁶ 1892.
—, ExLev.	Ders. zu Exodus u. Levitik.² 1880 (³herausg. v. Ryssel 1897).
—, NtDtJos. .	Ders. zu Numeri, Deuter. u. Josua 1886.
DOG. . . .	Deutsche Orientgesellschaft.
Driver, Introd.. .	Introduction to the Literature of the Old Test. by D. seit 1891. (Deutsch von J. W. Rothstein 1896.)
—, Gen., Ex.. .	The book of Genesis seit 1904 und Exodus 1911.

Eerdm., Stud.	Eerdmans, Alttestam. Studien I—IV 1908 ff.
Greßm. Mo.	Greßmann, Mose u. seine Zeit 1913.
—, AT. .	S. Schr. d. AT.
Gunk. ². ³	Gunkel, Die Genesis übers. u. erkl. 1902 u. 1910.
Holz, Hex.	Einleitung in den Hexateuch v. Holzinger 1893.
—, Gen. Ex. .	Desselben Kommentare zu Genesis und Exodus 1898 u. 1900.
—, Num. Jos. .	Dasselbe zu Numeri und Josua 1903 u. 1901.
HWB. oder HBA. .	Handwörterbuch des biblischen Altertums für gebildete Bibelleser. Herausg. von Ed. Riehm. 2. Aufl. (v. Baethgen) 1893 f.
JBL. .	Jorn. of Bibl. Literat. and Exeg.
JDTh. . .	Jahrbücher für Deutsche Theologie.
Jer., ATAO.	Das AT. im Lichte des alten Orients v. Alf. Jeremias.
JPTh.	Jahrbücher für Protestant. Theologie.
KAT.³ .	Die Keilinschriften und das Alte Testament von Eberh. Schrader, 3. Aufl. von Winckler und Zimmern 1903.
Kautzsch ⁴ .	Die heilige Schrift des Alten Testaments in Verbindung mit ... von K. 4. Aufl. seit 1921.
KB(ibl) .	Keilinschriftliche Bibliothek in Verbindung mit ... herausgegeben von Eb. Schrader 1889 ff.
Kittel, Alt. Wiss.	Die Alttestamentl. Wissenschaft ... dargestellt von R. K.⁴ 1921.
—, Festschr. .	S. Altt. St.
—, Kön.	Die Bücher der Könige, übers. u. erkl. von R. K. 1900 (in Nowacks Komm.).
— Richt. .	Das Buch der Richter, übers. u. erkl. von R. K. 1922 (in Kantzsch⁴).
— Sam.	Die Bücher Samuel, übers. u. erkl. von R. K. (ebenda).
— RVI.	Die Relig. d. Volk. Isr. von R. K. 1921.
Kn. .	Knudtzon, Die El-Amarna-Tafeln 1910 (vgl. S. 81¹). Die Ziffern bezeichnen in der Regel die Nummer des Briefes.
Köhler, (Bibl) Gesch. .	Lehrbuch der biblischen Geschichte des Alten Testamentes von A. Köhler 1875 ff.
Kuen., Einl. .	Historisch-kritische Einleitung in die BB. des AT. von A. Kuenen. Deutsch von Weber u. Müller 1887 ff. Die den §§ folgenden Ziffern bedeuten die Anmerkungen.
—, Ond.	Hist.-Krit. Onderzoek² 1885 ff. (das holländ. Original des vorigen Werkes).
Lagrange, Ét. .	Études sur les religions sémitiques² 1905.
Lidzb.	Lidzbarski, Handb. der Nordsemit. Epigraphik I. Text 1898.
Meiß.	Br. Meißner, Bab. u. Assyr. I 1920.
Mey(er), Gesch. (d. Alt.) .	Geschichte des Altertums von Ed. M. 3. Aufl. I. Bd., 2. Hälfte 1913.
—, Isr(ael). .	Die Israeliten und ihre Nachbarstämme von Ed. M. 1906.
Müller, Asien.	Asien u. Europa nach altägypt. Denkm. v. W. M. M. 1893.
—, Res.	Egyptological Researches, Washingt. 1906.
MDOG. .	Mitteilungen der Deutsch. Orient-Gesellsch.
MuN.	Mitteilungen u. Nachrichten des D. Paläst.-Ver.
Mutes. .	Schumacher, Tell el-Mutesellim. vgl. S. 98²
Musil, Ar.	Arabia Petraea Bd. I—III v. M. 1907

Nachlese . .	Sellin, Eine Nachlese aus dem Tell Ta'anak, vgl. S. 95⁴.
Nöld., Unters.	Nöldecke, Untersuchungen zur Kritik des A T. 1869.
NkZ.	Neue kirchliche Zeitschrift.
OLZ.	Orientalistische Literat.-Zeitung.
PEF.	Palestine Exploration Fund (s. Qu. St.).
PJB. . . .	Palästina-Jahrbuch des ev. archäol. Instituts in Jerusalem.
Qu(art) St(at.)	Quarterly Statements of the Pal. Explor. Fund.
PRE.³ .	Realencyklopädie f. Protestantische Theologie u Kirche. 3. Auflage von Hauck. Leipzig 1896—1908.
Pietschm , Phön.	Geschichte der Phönizier von R. Pietschmann 1889.
Petrie, Res. .	Researches in Sinai by Flind. Petrie 1906.
Procksch, Sag.	Das nordhebräische Sagenbuch; die Elohimquelle v. P. 1906.
—, Gen. . . .	Die Genesis übers. u. erklärt v. P. 1913.
Ranke, Pers. nam. .	Early Babylon. Personal Names by H. Ranke 1905 (= The Babyl. Exped. of the Univers. of Pennsylv. Ser. D, Voll. III).
Rob(inson), Pal.	Robinson, Palästina und die südl. angrenzenden Länder 1841 ff.
—, NBF. . .	Neuere biblische Forschungen 1857.
Palm, Schaupl.	Palmer, Der Schauplatz der 40jährigen Wüstenwanderung 1870.
Sachße I. II . .	Die Bedeut. d. Nam. Isr. von S. 1910 u. 1922.
Scheft., Altp. R.. . .	Scheftelowitz, D. altpers. Rel. u. d. Judent. 1921.
Schr. d. AT.	Die Schriften des ATestam. Gött. 1911 ff.
Sellin, Einl.	Einleitung in das AT. von S. (Ev.-Theol. Bibl., 2) 1910 (³1921).
—, Ta'an. .	s. Ta'an.
Smend, Hex. . .	Smend, Die Erzählung des Hexateuch 1912.
Söderbl. . .	Söderblom, Das Werden des Gottesglaubens 1916.
Sta(de), Gesch.	Geschichte des Volkes Israel von St. 1. Band 1887.
—, Theol.	Biblische Theologie des AT. von St. I 1905.
Steuern , Dt. od Jos	Steuernagel, Kommentar zu Deuteron. u. Josua 1900.
— Einl..	Ders. Einleitung ins A. T. 1912.
StKr.	Theologische Studien und Kritiken.
Ta'an.	Sellin, Tell-Ta'anek, vgl. S. 95⁴.
TT. . .	Theolog. Tijdschrift.
Teyl. TT.	Teylers Theol. Tijdschrift.
Th.StW.	Theologische Studien aus Württemberg.
TuB. . .	Altorientalische Texte und Bilder zum AT. . . . herausg. v. Greßmann 1909.
Ung. Rel. . . .	Ungnad, Rel. d. Bab. u. Ass. 1921.
Vinc(ent) Can(aan) .	Canaan d'après l'exploration récente par V. Paris 1907.
Volz Altert. . .	Paul Volz, Die biblischen Altertümer 1914.
Web. O.	Otto Weber bei Kn. (s. d.).
Web. M. . . .	Ges. Aufs. z. Rel. Soziolog. (d. ant. Judent.) 1921.
Wellh., Komp.².³	Die Komposition des Hexateuchs und der historischen Bücher des AT. von J. Wellhausen. 2. Druck. 1889. (³ 1899.)
Wellh., Nachtr. . .	Nachträge zum obigen Werke.
—, Bl.⁴	s. Bleek⁴.
—, Prol. . .	Prolegomena zur Geschichte Israels von J. W. 2. und folg. Ausgaben der Geschichte Israels, Band I (von 1878) seit 1883.

Wellh., Reste	Reste arabischen Heidentums² von J. W. 1897.
— Festschr. .	Studien z. sem. Phil u. Rel.gesch. J. Wellh. zum 70. Geburtstag dargebracht (= BZAW. 27) 1914.
Westph., Wohnst. . .	Jahves Wohnstätten nach den . . . alt. Hebr. 1908.
Winckl. Textb. od. TB.	Keilschriftl. Textbuch zum AT. 2. Aufl. 1903, 3. Aufl. 1909
ZAW.	Zeitschrift für alttestamentliche Wissenschaft.
ZDMG. .	Zeitschrift der Deutschen Morgenländischen Gesellschaft.
ZDPV. .	Zeitschrift des Deutschen Palästinavereins.
ZkWL. .	Zeitschrift für kirchliche Wissenschaft und kirchliches Leben.
W. Amrn. .	Winckler, Die Amarnatafeln (= KB. V). Vgl. zu Kn.

Druck von Friedrich Andreas Perthes A.-G. Gotha